Die Frankfurter Seminare Theodor W. Adornos
Band 4

Die Frankfurter Seminare
Theodor W. Adornos

Gesammelte Sitzungsprotokolle 1949–1969

Herausgegeben von Dirk Braunstein

Band 4

Sommersemester 1964 – Sommersemester 1969

Herausgegeben von Dirk Braunstein

unter Mitwirkung von
Nico Bobka, Maischa Gelhard, Jessica Lütgens,
Hannes Weidmann, Lena Welling und Marcel Woznica

DE GRUYTER

ISBN 978-3-11-111029-5
e-ISBN (PDF) 978-3-11-072284-0
e-ISBN (EPUB) 978-3-11-072298-7

Library of Congress Control Number: 2020952377

Bibliografische Information der Deutschen Nationalbibliothek
Die Deutsche Nationalbibliothek verzeichnet diese Publikation in der Deutschen
Nationalbibliografie; detaillierte bibliografische Daten sind im Internet
über http://dnb.dnb.de abrufbar.

© 2022 Walter de Gruyter GmbH, Berlin/Boston
Dieser Band ist text- und seitenidentisch mit der 2021 erschienenen
gebundenen Ausgabe.
Druck und Bindung: CPI books GmbH, Leck

www.degruyter.com

Inhalt

Editorische Richtlinien —— 1
        Textgestalt —— 1
        Anmerkungsapparat —— 4

Siglenverzeichnis —— 6

Protokolle

Sommersemester 1964: Kant, »Kritik der praktischen Vernunft« —— 19
372   Peter Gorsen, 23. Juli 1964 —— 20

Sommersemester 1964: Zum Problem von Individuum und Gesellschaft —— 26
373   Eduard Parow, 12. Mai 1964 —— 27
374   Herbert Schwab, 26. Mai 1964 —— 32
375   Hans-Helmut Thielen, 2. Juni 1964 —— 38
376   Peter Birke, 16. Juni 1964 —— 43
377   Sigrid Schneider, 23. Juni 1964 —— 47
378   Horst Steiger, 30. Juni 1964 —— 53
379   Gundel Kordatzki, 7. Juli 1964 —— 57
380   Hubert J. Zilch, 14. Juli 1964 —— 65
381   Manfred Bretz, 21. Juli 1964 —— 71
382   Gerhard Vinnai, 28. Juli 1964 —— 77

Wintersemester 1964/65: Hegels »Logik« —— 80
383   Rainer Dorner, 12. November 1964 —— 81
384   Michael Bärmann, 26. November 1964 —— 84
385   Roswitha Christfreund, 10. Dezember 1964 —— 90
386   Hans-Hagen Hildebrandt, 17. Dezember 1964 —— 94
387   Manfred Schlichting, 7. Januar 1965 —— 97
388   Helga Pesel, 14. Januar 1965 —— 101
389   Reimar Klein, 21. Januar 1965 —— 104
390   Rüdiger Hillgärtner, 28. Januar 1965 —— 109
391   Manfred Clemenz, 4. Februar 1965 —— 113
392   Jeremy J. Shapiro, 11. Februar 1965 —— 118

Sommersemester 1965: Kants Ideenlehre — 123
393   Gerhard Stamer, 13. Mai 1965 — **124**
394   Klaus Hofmann, 15. Juli 1965 — **129**
395   Friedhelm Herborth, 22. Juli 1965 — **133**
396   Rainer Habermeier, 29. Juli 1965 — **136**

Wintersemester 1965/66: Negation bei Hegel — 140
397   Gisela von Wysocki, 18. November 1965 — **141**
398   Günther Schiwy, 25. November 1965 — **149**
399   Volker Gigas, 2. Dezember 1965 — **154**
400   Ulrich Beyer, 9. Dezember 1965 — **159**
401   Günther Frank, 16. Dezember 1965 — **164**
402   Helga Pesel, 6. Januar 1966 — **169**
403   Wolfgang Schöpping, 13. Januar 1966 — **175**
404   Georg Galland, 20. Januar 1966 — **181**
405   Hans-Jürgen Krahl, 3. Februar 1966 — **186**
406   Regina Pelzer, 10. Februar 1966 — **192**
407   Heide Schlüpmann, 17. Februar 1966 — **197**
408   Rainer Habermeier, 24. Februar 1966 — **202**

Wintersemester 1965/66: Zum Begriff der Gesellschaft — 207
409   Ewald Englert, 9. November 1965 — **208**
410   Hans-Jürgen Eckl, 16. November 1965 — **212**
411   Hubert J. Zilch, 23. November 1965 — **218**
412   Eckart Fröhlich, 30. November 1965 — **225**
413   C. Rainer Roth, 7. Dezember 1965 — **231**
414   Christian Strohbach, 14. Dezember 1965 — **236**
415   Werner Lichtwark, 4. Januar 1966 — **241**
416   Gisela Zimpel, 11. Januar 1966 — **248**
417   Manfred Bretz, 18. Januar 1966 — **255**
418   Leonie Hegger, 25. Januar 1966 — **262**
419   Jochen Bauer, 1. Februar 1966 — **269**
420   Lili Biesalski, 8. Februar 1966 — **274**
421   Edgar Sauter, 15. Februar 1966 — **281**

Sommersemester 1967: Negative Dialektik [I] — 288
422   Gisela Bezzel-Dischner, 27. April 1967 — **289**
423   Bernd Moldenhauer, 11. Mai 1967 — **293**
424   Helga Pesel, 15. Juni 1967 — **296**
425   Udo Riechmann, 29. Juni 1967 — **301**

426   Rolf Wiggershaus, 6. Juli 1967 —— **305**

Sommersemester 1967: Soziologische Zentralbegriffe —— 308
427   Bernd Grass, 18. April 1967 —— **309**
428   Angela Klüsche, 25. April 1967 —— **316**
429   Hans-Joachim Asmus, 2. Mai 1967 —— **321**
430   Christel Glaß, 9. Mai 1967 —— **325**
431   Norbert Kutz, 23. Mai 1967 —— **328**
432   Hannelore Schneider, 30. Mai 1967 —— **333**
433   Peter Karasek, 6. Juni 1967 —— **338**
434   Konrad Schacht, 13. Juni 1967 —— **343**
435   Manfred Juttka, 20. Juni 1967 —— **351**
436   Rolf Wiggershaus, 4. Juli 1967 —— **358**
437   Henning Becker, 11. Juli 1967 —— **363**

Wintersemester 1967/68: Negative Dialektik II —— 369
438   Bettina von Thümen, 2. November 1967 —— **370**
439   Manfred Schreck, 24. November 1967 —— **373**
440   Irmhild Hoof, 30. November 1967 —— **378**
441   Volker Müller, 7. Dezember 1967 —— **382**
442   Helmut Reinicke, 25. Januar 1968 —— **388**
443   Wolfgang Kröpp, 1. Februar 1968 —— **400**

Wintersemester 1967/68: Probleme
der autoritätsgebundenen Persönlichkeit —— 403
444   Peter Liebl, 24. Oktober 1967 —— **404**
445   Wiltrud Oßwald, 31. Oktober 1967 —— **409**
446   Michael Moering, 7. November 1967 —— **412**
447   Olga-Maria Reintko, 14. November 1967 —— **423**
448   Renate Sadrozinski, 21. November 1967 —— **429**
449   Rainer Ruge, 28. November 1967 —— **432**
450   Jörg Sachs, 5. Dezember 1967 —— **436**
451   Almut Jesse, 12. Dezember 1967 —— **447**
452   Heinz-Dieter Loeber, 9. Januar 1968 —— **450**
453   Norbert Kutz, 16. Januar 1968 —— **456**
454   Wolfgang Pohrt, 23. Januar 1968 —— **461**
455   [N.N.], 30. Januar 1968 —— **463**
456   Diether Heesemann, 6. Februar 1968 —— **466**
457   Rainer Ruge, 13. Februar 1968 —— **470**

Sommersemester 1968: Hegel, »Ästhetik« —— **473**
458 Gerhard Stamer, 25. April 1968 —— **474**
459 Christian Strohbach, 9. Mai 1968 —— **480**
460 Rolf Wiggershaus, 6. Juni 1968 —— **487**
461 Michael Hildebrand, 20. Juni 1968 —— **491**
462 Heinz Brüggemann, 27. Juni 1968 —— **493**
463 Arnulf Marzluf, 11. Juli 1968 —— **499**

Sommersemester 1968: Übungen zur Vorlesung »Einleitung in die Soziologie« —— **501**
464 Gerhard Rupp, 23. April 1968 —— **502**
465 Herwig Milde, 30. April 1968 —— **508**
466 Axel Depireux, 7. Mai 1968 —— **512**
467 Gerd Müller, 14. Mai 1968 —— **517**
468 Rolf Wiggershaus, 21. Mai 1968 —— **525**
469 Elmar Stracke, 11. Juni 1968 —— **528**
470 Udo Rossbach, 18. Juni 1968 —— **532**
471 Manfred Juttka, 25. Juni 1968 —— **536**
472 Hans Schinke, 2. Juli 1968 —— **539**
473 Konrad Knappe, 9. Juli 1968 —— **546**

Sommersemester 1969: Subjekt-Objekt-Dialektik —— **555**
474 Friedrich W. Schmidt, [ohne Datum] —— **556**
475 Michael Kelpanides, 12. Juni 1969 —— **559**
476 Margret Möllmann, 19. Juni 1969 —— **565**
477 Maja Oesterlin, 26. Juni 1969 —— **568**
478 Bettina von Thümen, 3. Juli 1969 —— **574**

Personenverzeichnis —— **581**

Gesamt-Personenverzeichnis der Bände 1–4 —— **588**

Editorische Richtlinien

Textgestalt

Insofern die Sitzungsprotokolle dazu dienten, innerhalb des Seminars verlesen zu werden, hatte der Herausgeber, um sie Dekaden später einem Lesepublikum zugänglich zu machen, zum einen zu beachten, dass den Protokollen keine Werkförmigkeit eignet, zum anderen war auf den Wechsel des Mediums – von Texten, die von ihren Verfassern innerhalb des Seminarkontexts verfasst und verlesen wurden, hin zu Texten, die Teil eines öffentlich rezipierbaren Korpus werden –, zu reagieren. So hatte der Herausgeber, was die Darbietung des Texts betrifft, nicht lediglich den Rezipienten bei deren Rezeption zu helfen, als vielmehr sehr gelegentlich den Texten selbst, die für den unmittelbaren Gebrauch verfasst wurden und deren Verfasser damit rechneten, sie würden nach dem Verlesen im Seminar, spätestens aber nach dessen Beendigung jenem Vergessen anheimfallen, vor dem sie diese Edition nun bewahren will. Textdarbietung und Einrichtung des Anmerkungsapparats folgen dieser Aufgabe.

Diese Ausgabe ist entsprechend rezeptionsorientiert ediert. Im Vordergrund stehen die Sitzungsprotokolle, nicht die Umstände ihrer Entstehung, das heißt, es wird keine Textgenese dargestellt, sondern ein insofern ›fertiger‹ Text, als er seine intendierte Funktion beim Verlesen innerhalb des Seminars vollständig erfüllt hat. Weil die Texte Dekaden später nicht etwa gehört, sondern gelesen werden – zum ersten Mal und in einer grundlegend veränderten Rezeptionssituation –, sah sich der Herausgeber veranlasst, in die Textgestalt einzugreifen, um dieser Veränderung editorisch gerecht zu werden. Denn schwerlich dürften Rezipienten ein Interesse am Schreibprozess von Protokollen haben, deren häufig unbekannte Verfasser jene in aller Regel mit der Schreibmaschine verfassten. Aus diesem Grund schied jede Edition aus, deren Prinzipien an kritische oder gar historisch-kritische Maßgaben angelehnt wäre. Ein Grundsatz der Edition war des Weiteren von Anfang an, formale Fehler stillschweigend zu tilgen, um die Verfasser nicht etliche Jahrzehnte später gegebenenfalls einer Genugtuung derer auszusetzen, die es vermeintlich besser wissen: Ein Interesse daran, ob sich im Protokoll einer Verfasserin oder eines Verfassers etwa ein orthographischer Lapsus eingeschlichen hat oder nicht, will die Edition keinesfalls bedienen.

Das bedeutet im Einzelnen:

Sämtliche offenkundigen Interpunktions- und Rechtschreibfehler[1] wurden ebenso stillschweigend korrigiert wie offenkundige Grammatikfehler. Das um-

---

[1] Zugrunde gelegt wurde der »Duden«; vgl. Duden. Bd. 1. Rechtschreibung der deutschen

fasst neben wenigen fehlerhaften Numerusbildungen auch gelegentlich vorkommende eindeutig fehlerhafte Konjunktive, nämlich den Gebrauch des Konjunktiv II, wo der Konjunktiv I unzweifelhaft geboten wäre; auch hier werden offenkundige Grammatikfehler ebenfalls stillschweigend korrigiert. Alle anderen Eingriffe in die Textgestalt sind in den Anmerkungen mit Beschreibung des Originaltexts nachgewiesen.

Ebenfalls stillschweigend korrigiert sind fehlerhafte Werktitel, offensichtlich inkorrekte Dopplungen von Wörtern oder Satzteilen, wie sie bei der Abfassung eines Sitzungsprotokolls zuweilen unterlaufen sind, sowie kleine Versehen in der Zitation, wie etwa unterschlagene Hervorhebungen innerhalb der Quelle; bei offenkundig inkorrekten sowie bei unvollständigen Zitaten werden die entsprechenden Abschnitte in den Anmerkungen korrekt wiedergegeben.

Eine Ausnahme von der Korrektur in die damals geltende Rechtschreibung hat der Herausgeber bei lateinischen Wörtern gemacht, die ins Deutsche eingewandert sind. So wird etwa die Schreibung »status quo« nicht in die mögliche Schreibung »Status quo« umgewandelt, sondern als fachspezifischer Terminus beibehalten. In keinem Fall hat der Herausgeber in die Textgestalt inhaltlich einzugreifen versucht; nirgends sollte ein Text ›geglättet‹ oder einer abweichenden inhaltlichen oder formalen Ansicht angepasst werden. Sämtliche vom Herausgeber hinzugefügten Morpheme, Wörter oder Satzteile, die die Semantik des Texts verändern, sind durch eckige Klammern, »[ ]«, gekennzeichnet.

Im Übrigen werden die Texte der Vorlagen unterschiedslos als *eine* Textschicht wiedergegeben: Der gegebenenfalls mittels Sofortkorrekturen seitens der Verfasserinnen und Verfasser erstellte Text wird als gültig betrachtet und entsprechend dargelegt. Offenkundig nachträglich erfolgte Textierung – Benotungen, An- und Unterstreichungen sowie anderweitige Lektürespuren – findet keine Beachtung. Ausnahmen werden nur in den äußerst seltenen Fällen gemacht, wo Adorno in die Vorlage eingriff: Hier wird zwar der vom jeweiligen Verfasser hergestellte Text als gültig wiedergegeben, in den Anmerkungen werden jedoch zugleich Adornos Eingriffe nachgewiesen. – Keine Ausnahme ohne Ausnahme: Benotungen, mit denen Adorno zuweilen die als Prüfungsleistung eingereichten Sitzungsprotokolle auf deren ersten Seite beurteilte, bleiben unnachgewiesen.

In einigen wenigen Fällen ließ sich nicht entscheiden, welcher Korrekturvorgang vom Autor des Protokolls durchgeführt worden war und welcher danach geschah; etwa, wenn sichtlich zwei Korrektoren am Werk waren, von denen keiner als Verfasserin oder Verfasser des Sitzungsprotokolls identifiziert werden konnte.

Sprache und der Fremdwörter, hrsg. von der Dudenredaktion auf der Grundlage der amtlichen Rechtschreibregeln, 19. Aufl., Mannheim, Wien und Zürich 1986.

Nur in diesem unentscheidbaren Fall werden beide Korrekturvorgänge als gleichberechtigt behandelt. Weist hingegen die Vorlage eine Korrektur auf, ohne dass das Korrigierte, als zu Ersetzendes, gestrichen wurde, wird wie bei einer Sofortkorrektur verfahren, in der das Korrigierte zu streichen vergessen wurde, d. h., die Sofortkorrektur wird als verbindlicher Text betrachtet, bei dem das zu Ersetzende fortfällt. Korrekturen, die ihrerseits gestrichen wurden, werden nicht wiedergegeben.

Abkürzungen werden dann nicht aufgelöst, wenn der »Duden« sie aufführt.[2] Einzige Ausnahme ist die Abkürzung »u.«, die, wenn sie innerhalb des Textes (und nicht etwa in Literaturangaben oder als Teil einer umfassenderen Abkürzung, wie etwa »u.dgl.«) steht, ebenso wie das Pluszeichen, »+«, in entsprechenden Fällen um der Lesbarkeit willen zu »und« aufgelöst wurde. Abgekürzte Wörter in Werktiteln wurden stets aufgelöst. In wenigen Fällen hatte der Herausgeber abgekürzte Nachnamen stillschweigend zu ergänzen, so dass etwa »M.W.« zu »M. Weber« wurde.

Alle Auszeichnungen (Unterstreichungen, Versalien, Sperrungen) in der Vorlage werden kursiv wiedergegeben.

Eine Vereinheitlichung von Anführungszeichen innerhalb eines Protokolls wird im Allgemeinen nicht vorgenommen; eine Ausnahme wird gemacht bei Unregelmäßigkeiten bei der Nennung von Werktiteln, wenn also evident ist, dass die Unterschiede der Anführungen keine semantischen sind: Wenn die Vorlage etwa zunächst »Negative Dialektik« bietet, dann ›Negative Dialektik‹, dann *Negative Dialektik*, wird stets die erste benutzte Form für alle weiteren Kennzeichnungen von Werktiteln übernommen.

Sämtliche einfachen Absätze in den Vorlagen, seien sie durch einfachen Absatz markiert, durch Einzug, Auszug, Lehrzeile und ähnlichem, werden durch einfachen Absatz mit Einzug wiedergeben. Eine Ausnahme stellen durch Absätze getrennte Aufzählungen dar, etwa im Literaturverzeichnis innerhalb der Vorlage, die mit einfachen Absätzen ohne Einzug wiedergegeben werden. Bietet die Vorlage offenkundig Absätze höherer Ordnung, so werden diese Absätze durch Lehrzeilen wiedergegeben, während innerhalb dieser Absätze wiederum solche mit Einzug die Unterordnung gliedern. Daraus folgt, dass mehr als zwei Lehrzeilen nicht reproduziert werden, auch nicht bei der Wiedergabe von Titelblättern, wie sie sich zuweilen den Sitzungsprotokollen vorangestellt finden. Anfang und Ende eines Titelblatts sind in der Edition durch einen senkrechten Strich, »|«, gekennzeichnet. Sowohl die Elemente der Titelei als auch die Signatur eines Protokolls werden dennoch in ihrer Anordnung abzubilden versucht.

---

2 S. vorige Anm.

Eckige Klammern in den Vorlagen sowie in Zitaten, die in den Anmerkungen gegeben werden, werden stets als geschweifte Klammern, »{ }«, wiedergegeben, um sie von den eckigen Klammern abzugrenzen, die für Einfügungen bzw. Auslassungen seitens des Herausgebers reserviert sind.

Anmerkungsziffern und -zeichen in der Vorlage werden stets durch fortlaufende Ziffern ersetzt und im Protokolltext in eckige Klammern gesetzt sowie – um Kollisionen mit vom Herausgeber ergänzten einfachen Ziffern zu vermeiden – mit einem vorangestellten Asterisk versehen: »[*1]«, »[*2]«, usw. Die Anmerkungen der Vorlage werden stets im Anschluss an den Haupttext wiedergegeben. Diese Vereinheitlichungen sind Resultat der veränderten Seitenaufteilung innerhalb dieser Edition.

Doppelte oder mehrfache Bindestriche, die schreibmaschinenbedingt als Ersatz für den Gedankenstrich verwendet wurden, »--«, sind stillschweigend durch einen Gedankenstrich ersetzt: »–«.

Anführungszeichen innerhalb von Passagen, die mit Anführungszeichen markiert sind, werden immer als einfache wiedergegeben. Schließt ein Zitat im Original mit einem Punkt ab, während in der Vorlage bei Satzende der Punkt erst nach den abschließenden Anführungszeichen gesetzt ist, wird der Punkt stillschweigend ins Zitat gesetzt; aus »›[...] xyz‹.« wird in diesem Fall also »›[...] xyz.‹«.

Etwaige Seitenzahlen, mit denen die Vorlage paginiert wurde, werden nicht mitgeteilt.

Sofern die Verfasser ihren Namen oder das Datum der protokollierten Sitzung nicht im Protokoll selbst vermerken, geschah die Zuordnung zu Verfasser und Datum, wenn möglich, entweder mittels der Kennzeichnung der Protokolle durch Dritte oder einer von Dritten nachträglich angefertigten Inhaltsangabe des Konvoluts, dem die Vorlage entstammt. Auf diese Weise sind auch gegebenenfalls jene Titel sowie Verfasser von Referatstexten eruiert, die selbst nicht mehr aufgefunden wurden.

Die überlieferten Sitzungsprotokolle sind zu Seminaren zusammengefasst, die chronologisch wiedergegeben werden, mit den philosophischen vor den soziologischen Seminaren, wie sie auch in den zeitgenössischen Vorlesungsverzeichnissen aufgeführt sind, ohne jedoch irgendeinen Vorrang jener vor diesen nahelegen zu wollen.

Anmerkungsapparat

Die vom Herausgeber gemachten Anmerkungen wollen eine Orientierungshilfe bieten, zumal vor dem Hintergrund der oben erläuterten veränderten Rezeptionssituation. Ihnen geht es nicht um die Kommentierung des Texts, nicht um

Rezeptionslenkung; keinesfalls sollen sie einer vermeintlich notwendigen ›Ergänzung‹ der überlieferten Texte dienen. Ebenso wenig ist an eine erste Sekundärliteratur zu den Sitzungsprotokollen gedacht. Stattdessen handelt es sich bei den Anmerkungen, neben vereinzelten formalen Beschreibungen bei Besonderheiten der Vorlage sowie Konjekturen, Korrekturen und Personennachweisen, zum größten Teil um Zitatnachweise und -kontextualisierungen. Dabei sind nicht zwangsläufig die damals benutzten Zitationsquellen – die im Übrigen auch gar nicht vollständig zu rekonstruieren wären – in Anspruch genommen, sondern die Anmerkungen weisen nach Möglichkeit den Text nach, dem das jeweilige Zitat entstammt, um die Leserschaft darüber zu informieren, wo sie es – möglichst unkompliziert – gegenwärtig finden kann. Hierzu gehört auch, nach Möglichkeit deutschsprachige Übersetzungen zitierter fremdsprachiger Schriften heranzuziehen, sofern es nicht, wie in einzelnen Fällen, innerhalb eines Sitzungsprotokolls gerade um das Originalzitat geht.

Edieren heißt, banal, auch interpretieren; jede Interpretation birgt die Möglichkeit eines Irrtums, und so macht sich der Herausgeber der vorliegenden, denn doch einigermaßen umfassenden Edition keine Illusionen darüber, dass er die Leserschaft mit der ein oder anderen Anmerkung womöglich unabsichtlich in die Irre führt, sie andererseits durch eine unterlassene Anmerkung, wo eine erwünscht wäre, mit dem Text der Sitzungsprotokolle alleine lässt.

Und schließlich sind alle Zitate sowie Titel von Schriften, die von Adorno stammen oder an denen er mitgewirkt hat, ohne Anführungszeichen kursiv gesetzt: eine Reminiszenz an das Vorgehen, wie es Rolf Tiedemann gewählt hatte, dessen Andenken diese Edition hiermit freundschaftlich gewidmet sei.

Siglenverzeichnis

Archivzentrum Archivzentrum an der Universitätsbibliothek Johann Christian Senckenberg, Frankfurt a. M.

BGS Walter Benjamin, Gesammelte Schriften, unter Mitw. von Theodor W. Adorno und Gershom Scholem hrsg. von Rolf Tiedemann und Hermann Schweppenhäuser, Frankfurt a. M.
  Bd. I: Abhandlungen, hrsg. von Rolf Tiedemann und Hermann Schweppenhäuser, 1974
  Bd. II: Aufsätze, Essays, Vorträge, hrsg. von Rolf Tiedemann und Hermann Schweppenhäuser, 1977
  Bd. IV: Kleine Prosa, Baudelaire-Übertragungen, hrsg. von Tillman Rexroth, 1972
  Bd. V: Das Passagen-Werk, hrsg. von Rolf Tiedemann, 1982
  Bd. VII: Nachträge, hrsg. von Rolf Tiedemann und Hermann Schweppenhäuser, unter Mitarb. von Christoph Gödde, Henri Lonitz und Gary Smith, 1989

FGA J[ohann] G[ottlieb] Fichte, Gesamtausgabe der Bayerischen Akademie der Wissenschaften, hrsg. von Erich Fuchs, Hans Gliwitzky, Hans Jacob, Reinhard Lauth und Peter K. Schneider, Stuttgart
  Bd. I/1:   Werke 1791–1794, hrsg. von Reinhard Lauth und Hans Jacob, unter Mitw. von Richard Schottky und Manfred Zahn, 1964
  Bd. I/2:   Werke 1793–1795, hrsg. von Reinhard Lauth und Hans Jacob, unter Mitw. von Manfred Zahn, 1965
  Bd. I/4:   Werke 1797–1798, hrsg. von Reinhard Lauth und Hans Gliwitzky, unter Mitw. von Richard Schottky, 1970
  Bd. I/7:   Werke 1800–1801, hrsg. von Reinhard Lauth und Hans Gliwitzky, unter Mitw. von Erich Fuchs und Peter K. Schneider, 1988
  Bd. I/9:   Werke 1806–1807, hrsg. von Reinhard Lauth und Hans Gliwitzky, unter Mitw. von Josef Beeler, Erich Fuchs, Marco Ivaldo, Ives Radrizzani, Peter K. Schneider und Anna-Maria Schnurr-Lorusso, 1995
  Bd. II/13: Nachgelassene Schriften 1812, hrsg. von Reinhard Lauth, Erich Fuchs, Peter K. Schneider, Hans Georg von Manz, Ives Radrizzani und Günter Zöller, 2002
  Bd. II/15: Nachgelassene Schriften 1813, hrsg. von Erich Fuchs, Hans Georg von Manz, Ives Radrizzani, Peter K. Schneider, Martin Siegel und Günter Zöller, unter Mitw. von Gunter Meckenstock und Erich Ruff, 2009
  Bd. III/2: Briefwechsel 1793–1795, hrsg. von Rainhard Lauth und Hans Jacob, unter Mitw. von Hans Gliwitzky und Manfred Zahn, 1970
  Bd, IV/1: Kollegnachschriften 1796–1798, hrsg. von Reinhard Lauth und Hans Gliwitzky, unter Mitw. von Michael Brüggen, Kurt Hiller, Peter Schneider und Anna Maria Schurr, 1977
  Bd. IV/2: Kollegnachschriften 1796–1804, hrsg. von Reinhard Lauth und Hans Gliwitzky, unter Mitw. von José Manzana, Erich Fuchs, Kurt Hiller und Peter K. Schneider, 1978

FGW	Sigm[und] Freud, Gesammelte Werke. Chronologisch geordnet, London
Bd. IV:	Zur Psychopathologie des Alltagslebens, unter Mitw. von Marie Bonaparte hrsg. von Anna Freud, E[dward] Bibring, W[ilhelm] Hoffer und E[rnst] Kris, 1941
Bd. VII:	Werke aus den Jahren 1906–1909, unter Mitw. von Marie Bonaparte hrsg. von Anna Freud, E[dward] Bibring, W[ilhelm] Hoffer, E[rnst] Kris und O[tto] Isakower, 1941
Bd. VIII:	Werke aus den Jahren 1909–1915, unter Mitw. von Marie Bonaparte hrsg. von Anna Freud, E[dward] Bibring, W[ilhelm] Hoffer, E[rnst] Kris und O[tto] Isakower, 1943
Bd. IX:	Totem und Tabu, unter Mitw. von Marie Bonaparte hrsg. von Anna Freud, E[dward] Bibring, W[ilhelm] Hoffer, E[rnst] Kris und O[tto] Isakower, 1940
Bd. X:	Werke aus den Jahren 1913–1917, unter Mitw. von Marie Bonaparte hrsg. von Anna Freud, E[dward] Bibring, W[ilhelm] Hoffer, E[rnst] Kris und O[tto] Isakower, 1946
Bd. XI:	Vorlesungen zur Einführung in die Psychoanalyse, unter Mitw. von Marie Bonaparte hrsg. von Anna Freud, E[dward] Bibring, W[ilhelm] Hoffer, E[rnst] Kris und O[tto] Isakower, 1944
Bd. XII:	Werke aus den Jahren 1917–1920, unter Mitw. von Marie Bonaparte hrsg. von Anna Freud, E[dward] Bibring, W[ilhelm] Hoffer, E[rnst] Kris und O[tto] Isakower, 1947
Bd. XIII:	Jenseits des Lustprinzips/Massenpsychologie und Ich-Analyse/Das Ich und das Es, unter Mitw. von Marie Bonaparte hrsg. von Anna Freud, E[dward] Bibring, W[ilhelm] Hoffer, E[rnst] Kris und O[tto] Isakower, 1940
Bd. XIV:	Werke aus den Jahren 1925–1931, unter Mitw. von Marie Bonaparte hrsg. von Anna Freud, E[dward] Bibring, W[ilhelm] Hoffer, E[rnst] Kris und O[tto] Isakower, 1948
Bd. XV:	Neue Folge der Vorlesungen zur Einführung in die Psychoanalyse, unter Mitw. von Marie Bonaparte hrsg. von Anna Freud, Edward Bibring und Ernst Kris, 1944
Bd. XVI:	Werke aus den Jahren 1932–1939, unter Mitw. von Marie Bonaparte hrsg. von Anna Freud, E[dward] Bibring, W[ilhelm] Hoffer, E[rnst] Kris und O[tto] Isakower, 1950
GS	Theodor W. Adorno, Gesammelte Schriften, hrsg. von Rolf Tiedemann, unter Mitw. von Gretel Adorno, Susan Buck-Morss und Klaus Schultz, Frankfurt a.M.
Bd. 1:	Philosophische Frühschriften, 3. Aufl., 1996
Bd. 2:	Kierkegaard. Konstruktion des Ästhetischen, 2. Aufl., 1990
Bd. 3:	*Max Horkheimer und Theodor W. Adorno*, Dialektik der Aufklärung. Philosophische Fragmente, 3. Aufl., 1996
Bd. 4:	Minima Moralia. Reflexionen aus dem beschädigten Leben, 2. Aufl., 1996
Bd. 5:	Zur Metakritik der Erkenntnistheorie/Drei Studien zu Hegel, 5. Aufl., 1996
Bd. 6:	Negative Dialektik/Jargon der Eigentlichkeit, 5. Aufl., 1996
Bd. 7:	Ästhetische Theorie, 6. Aufl., 1996
Bd. 8:	Soziologische Schriften I, 4. Aufl., 1996
Bd. 9·1:	Soziologische Schriften II. Erste Hälfte, 3. Aufl., 1997
Bd. 9·2:	Soziologische Schriften II. Zweite Hälfte, 3. Aufl., 1997

	Bd. 10·1:	Kulturkritik und Gesellschaft I: Prismen/Ohne Leitbild, 2. Aufl., 1996
	Bd. 10·2:	Kulturkritik und Gesellschaft II: Eingriffe/Stichworte, 2. Aufl., 1996
	Bd. 11:	Noten zur Literatur, 4. Aufl., 1996
	Bd. 12:	Philosophie der neuen Musik, 2. Aufl., 1990
	Bd. 13:	Die musikalischen Monographien, 3. Aufl., 1985
	Bd. 14:	Dissonanzen/Einleitung in die Musiksoziologie, 3. Aufl. 1990
	Bd. 15:	*Theodor W. Adorno und Hanns Eisler*, Komposition für den Film. Der getreue Korrepetitor, 2. Aufl., 1996
	Bd. 16:	Musikalische Schriften I–III: Klangfiguren/Quasi una fantasia/Musikalische Schriften III, 2. Aufl., 1990
	Bd. 17:	Musikalische Schriften IV: Moments musicaux. Impromptus, 1982
	Bd. 18:	Musikalische Schriften V, 1984
	Bd. 19:	Musikalische Schriften VI, 1984
	Bd. 20·1:	Vermischte Schriften I, 1986
	Bd. 20·2:	Vermischte Schriften II, 1986
HEH	\multicolumn{2}{l	}{Husserliana · Edmund Husserl · Gesammelte Werke, hrsg. von H[erman] L[eo] Van Breda bzw. in Verb. mit Rudolf Boehm unter Leitung von Samuel IJsseling et al., Den Haag u. a.}
	Bd. I:	Cartesianische Meditationen und Pariser Vorträge, hrsg. von S[tephan] Strasser, 1950
	Bd. III:	Ideen zu einer reinen Phänomenologie und phänomenologischen Philosophie. Erstes Buch. Allgemeine Einführung in die reine Phänomenologie, hrsg. von Walter Biemel, 1950
	Bd. IV:	Ideen zu einer reinen Phänomenologie und phänomenologischen Philosophie. Zweites Buch. Phänomenologische Untersuchungen zur Konstitution, hrsg. von Marly Biemel, 1952
	Bd. XVII:	Formale und Transzendentale Logik. Versuch einer Kritik der logischen Vernunft, hrsg. von Paul Janssen, 1974
	Bd. XVIII:	Logische Untersuchungen. Erster Band. Prolegomena zur reinen Logik, hrsg. von Elmar Holenstein, 1975
	Bd. XIX/1:	Logische Untersuchungen. Zweiter Band. Erster Teil. Untersuchungen zur Phänomenologie und Theorie der Erkenntnis, hrsg. von Ursula Panzer, 1984
	Bd. XIX/2:	Logische Untersuchungen. Zweiter Band. Zweiter Teil. Untersuchungen zur Phänomenologie und Theorie der Erkenntnis, hrsg. von Ursula Panzer, 1984
	Bd. XXV:	Aufsätze und Vorträge (1911–1921), hrsg. von Thomas Nenon und Hans Rainer Sepp, 1987
HGS	\multicolumn{2}{l	}{Max Horkheimer, Gesammelte Schriften, hrsg. von Alfred Schmidt und Gunzelin Schmid Noerr, Frankfurt a. M.}
	Bd. 3:	Schriften 1931–1936, hrsg. von Alfred Schmidt, 1988
	Bd. 4:	Schriften 1936–1941, hrsg. von Alfred Schmidt, 1988
	Bd. 6:	›Zur Kritik der instrumentellen Vernunft‹ und ›Notizen 1949–1969‹, hrsg. von Alfred Schmidt, 1991
	Bd. 7:	Vorträge und Aufzeichnungen 1949–1973, 1. Philosophisches 2. Würdigungen 3. Gespräche, hrsg. von Gunzelin Schmid Noerr, 1985

Siglenverzeichnis — 9

Bd. 8: Vorträge und Aufzeichnungen 1949—1973. 4. Soziologisches 5. Universität und Studium, hrsg. von Gunzelin Schmid Noerr, 1985
Bd. 12: Nachgelassene Schriften 1931 – 1949, hrsg. von Gunzelin Schmid Noerr, 1985

HJu Georg Wilhelm Friedrich Hegel, Sämtliche Werke. Jubiläumsausgabe in zwanzig Bänden, auf Grund des von Ludwig Boumann, Friedrich Förster, Eduard Gans, Karl Hegel, Leopold von Henning, Heinrich Gustav Hotho, Philipp Marheineke, Karl Ludwig Michelet, Karl Rosenkranz und Johannes Schulze bes. Originaldruckes im Faksimileverfahren neu hrsg. von Hermann Glockner, Stuttgart
Bd. 1: Aufsätze aus dem kritischen Journal der Philosophie und andere Schriften aus der Jenenser Zeit, mit Vorw. von Hermann Glockner, 1927
Bd. 2: Phänomenologie des Geistes, mit Vorw. von Johannes Schulze, 1927
Bd. 3: Philosophische Propädeutik, Gymnasialreden und Gutachten über den Philosophie-Unterricht, mit Vorw. von Karl Rosenkranz, 1927
Bd. 4: Wissenschaft der Logik. Erster Teil. Die objektive Logik, mit Vorw. von Leopold von Henning, 1928
Bd. 5: Wissenschaft der Logik. Zweiter Teil. Die subjektive Logik oder Lehre vom Begriff, mit Vorw. von Leopold von Henning, 1928
Bd. 7: Grundlinien der Philosophie des Rechts oder Naturrecht und Staatswissenschaft im Grundrisse, mit Vorw. von Eduard Gans, 1928
Bd. 8: System der Philosophie. Erster Teil. Die Logik, mit Vorw. von Leopold von Henning, 1929
Bd. 9: System der Philosophie. Zweiter Teil. Die Naturphilosophie, mit Vorw. von Karl Ludwig Michelet, 1929
Bd. 11: Vorlesungen über die Philosophie der Geschichte, mit Vorw. von Eduard Gans und Karl Hegel, 1928
Bd. 16: Vorlesungen über die Philosophie der Religion. Zweiter Band, mit Vorw. von Philipp Marheineke, 1928
Bd. 17: Vorlesungen über die Geschichte der Philosophie. Erster Band, mit Vorw. von Karl Ludwig Michelet, 1928
Bd. 19: Vorlesungen über die Geschichte der Philosophie. Dritter Band, mit Vorw. von Karl Ludwig Michelet, 1928

HSW Georg Wilhelm Friedrich Hegel, Sämtliche Werke, hrsg. von Georg Lasson, Leipzig
Bd. I: Erste Druckschriften, 1928 (Philosophische Bibliothek; 62)
Bd. II: Phänomenologie des Geistes, 2. Aufl., 1921 (Philosophische Bibliothek; 114)
Bd. III: Wissenschaft der Logik. Erster Teil, 1923 (Philosophische Bibliothek; 56)
Bd. IV: Wissenschaft der Logik. Zweiter Teil, 1923 (Philosophische Bibliothek; 57)
Bd. V: Encyclopädie der philosophischen Wissenschaften im Grundrisse, 2. Aufl., 1920 (Philosophische Bibliothek; 33)
Bd. VI: Grundlinien der Philosophie des Rechts. Mit den von Gans redigierten Zusätzen aus Hegels Vorlesungen, 1911 (Philosophische Bibliothek; 124)
Bd. VIII: Vorlesungen über die Philosophie der Weltgeschichte, Erster Halbband: 1. Einleitung des Herausgebers: Hegel als Geschichtsphilosoph. 2. Die Vernunft in der Geschichte, 1920 (Philosophische Bibliothek; 171e)

HVA Georg Wilhelm Friedrich Hegel's Werke. Vollständige Ausgabe durch einen Verein von Freunden des Verewigten: Ph[ilipp] Marheineke, J[ohann] Schulze, Ed[uard] Gans, L[eo]p[old] v. Henning, H[einrich] Hotho, K[arl] Michelet, F[riedrich] Förster, Berlin
- Bd. 2: Phänomenologie des Geistes, hrsg. von Johann Schulze, 1832
- Bd. 3: Wissenschaft der Logik. Erster Theil. Die objektive Logik. Erste Abtheilung. Die Lehre vom Seyn, hrsg. von Leopold von Henning, 1833
- Bd. 4: Wissenschaft der Logik. Erster Theil. Die objektive Logik. Zweite Abtheilung. Die Lehre vom Wesen, hrsg. von Leopold von Henning, 1834
- Bd. 5: Wissenschaft der Logik. Zweiter Theil. Die subjektive Logik, oder: Die Lehre vom Begriff, hrsg. von Leopold von Henning, 1834
- Bd. 6: Encyclopädie der philosophischen Wissenschaften im Grundrisse. Erster Theil. Die Logik, hrsg. von Leopold von Henning, 1840
- Bd. 7.1: Vorlesungen über die Naturphilosophie als der Encyclopädie der philosophischen Wissenschaften im Grundrisse. Zweiter Teil, hrsg. von Carl Ludwig Michelet, 1842
- Bd. 8: Grundlinien der Philosophie des Rechts, oder Naturrecht und Staatswissenschaft im Grundrisse, hrsg. von Eduard Gans, 1833
- Bd. 9: Vorlesungen über die Geschichte der Philosophie, hrsg. von Eduard Gans, 1837
- Bd. 11: Vorlesungen über die Philosophie der Religion. Nebst einer Schrift über die Beweise vom Daseyn Gottes. Erster Theil, hrsg. von Philipp Marheineke, 2. Aufl., Berlin 1840
- Bd. 18: Philosophische Propädeutik, hrsg. von Karl Rosenkranz, 1840

HW Georg Wilhelm Friedrich Hegel, Werke, auf der Grundlage der Werke von 1832–1845 neu edierte Ausgabe, Red.: Eva Moldenhauer und Karl Markus Michel, Frankfurt a. M. (Theorie-Werkausgabe)
- Bd. 1: Frühe Schriften, 1971
- Bd. 2: Jenaer Schriften (1801–1807), 1970
- Bd. 3: Phänomenologie des Geistes, 1970
- Bd. 4: Nürnberger und Heidelberger Schriften 1808–1817, 1970
- Bd. 5: Wissenschaft der Logik · I. Erster Teil. Die objektive Logik. Erstes Buch, 1969
- Bd. 6: Wissenschaft der Logik · II. Erster Teil. Die objektive Logik. Zweites Buch. Zweiter Teil. Die subjektive Logik, 1969
- Bd. 7: Grundlinien der Philosophie des Rechts oder Naturrecht und Staatswissenschaft im Grundrisse. Mit Hegels eigenhändigen Notizen und den mündlichen Zusätzen, 1970
- Bd. 8: Enzyklopädie der philosophischen Wissenschaften im Grundrisse (1830). Erster Teil. Die Wissenschaft der Logik. Mit den mündlichen Zusätzen, 1970
- Bd. 9: Enzyklopädie der philosophischen Wissenschaften im Grundrisse (1830). Zweiter Teil. Die Naturphilosophie. Mit den mündlichen Zusätzen, 1970
- Bd. 10: Enzyklopädie der philosophischen Wissenschaften im Grundrisse (1830). Dritter Teil. Die Philosophie des Geistes. Mit den mündlichen Zusätzen, 1970
- Bd. 11: Berliner Schriften 1818–1831, 1970
- Bd. 12: Vorlesungen über die Philosophie der Geschichte, 1970

	Bd. 13:	Vorlesungen über die Ästhetik · I, 1970
	Bd. 14:	Vorlesungen über die Ästhetik · II, 1970
	Bd. 16:	Vorlesungen über die Philosophie der Religion · I, 1969
	Bd. 17:	Vorlesungen über die Philosophie der Religion · II. Vorlesungen über die Beweise vom Dasein Gottes, 1969
	Bd. 18:	Vorlesungen über die Geschichte der Philosophie · I, 1971
	Bd. 20:	Vorlesungen über die Geschichte der Philosophie · III, 1971
IfS	Institut für Sozialforschung, Frankfurt a. M.	
KW	Immanuel Kant, Werke in zwölf Bänden, hrsg. von Wilhelm Weischedel, Frankfurt a. M. 1968	
	Bd. III:	Kritik der reinen Vernunft · 1
	Bd. IV:	Kritik der reinen Vernunft · 2
	Bd. V:	Schriften zur Metaphysik und Logik · 1
	Bd. VI:	Schriften zur Metaphysik und Logik · 2
	Bd. VII:	Schriften zur Ethik und Religionsphilosophie · 1
	Bd. VIII:	Schriften zur Ethik und Religionsphilosophie · 2
	Bd. IX:	Kritik der Urteilskraft und naturphilosophische Schriften · 1
	Bd. X:	Kritik der Urteilskraft und naturphilosophische Schriften · 2
	Bd. XI:	Schriften zur Anthropologie, Geschichtsphilosophie, Politik und Pädagogik · 1
MEW	Karl Marx, Friedrich Engels, Werke, hrsg. vom Institut für Marxismus-Leninismus beim ZK der SED bzw. vom Institut für Geschichte der Arbeiterbewegung Berlin bzw. von der Bundesstiftung Rosa Luxemburg · Gesellschaftsanalyse und Politische Bildung, Berlin	
	Bd. 1:	Karl Marx und Friedrich Engels, [1839 bis 1844], 13. Aufl., Leitung der Editionsarb.: Erich Kundel, Roland Nietzold, Richard Sperl und Hildegard Scheibler, editorische Bearb. von Anni Krüger, verantwortlich für die Red.: Waltraud Bergemann und Gisela Schmitt, 1981
	Bd. 2:	Karl Marx und Friedrich Engels, [1844 bis 1846], 12. Aufl., Leitung der Editionsarb.: Ludwig Arnold, editorische Bearb. von Arthur Wilde, unter Mitarb. von Hilde Schönherr, verantwortlich für die Red.: Walter Schulz, 1990
	Bd. 3:	Karl Marx und Friedrich Engels, [1845 bis 1846], 5. Aufl., Leitung der Editionsarb.: Ludwig Arnold, verantwortlich für die Red.: Walter Schulz, 1978
	Bd. 4:	Karl Marx und Friedrich Engels, {Mai 1846–März 1848}, 8. Aufl., Leitung der Editionsarb.: Ludwig Arnold, editorische Bearb. von Arthur Wilde, unter Mitarb. von Marguerite Kuczynski, Hans-Dieter Krause und Hannes Skambraks, verantwortlich für die Red.: Walter Schulz, 1977
	Bd. 6:	Karl Marx und Friedrich Engels, {November 1848–Juli 1849}, 7. Aufl., Leitung der Editionsarb.: Ludwig Arnold, editorische Bearb. von Horst Merbach und Richard Sperl, unter Mitarb. von Ella Ruben und Anna Krüger, verantwortlich für die Red.: Walter Schulz, 1982

Bd. 7: Karl Marx und Friedrich Engels, {August 1849–Juni 1951}, 9. Aufl., Leitung der Editionsarb.: Erich Kundel, Roland Nietzold, Richard Sperl und Hildegard Scheibler, editorische Bearb. von Anni Krüger, Leni Hoffmann und Eva-Maria Späthe, verantwortlich für die Red.: Waltraud Bergemann und Gisela Schmitt, 1990

Bd. 8: Karl Marx und Friedrich Engels, {August 1851–März 1853}, 4. Aufl., Leitung der Editionsarb.: Ludwig Arnold, editorische Bearb. von Marguerite Kuczynski, unter Mitarb. von Anna Krüger und Peter Langstein, verantwortlich für die Red.: Walter Schulz, 1973

Bd. 13: Karl Marx und Friedrich Engels, {Jan[uar] 1859–Feb[ruar] 1860}, 11. Aufl., Leitung der Editionsarb.: Ludwig Arnold, editorische Bearb. von Richard Sperl, unter Mitarb. von Käte Schwank und Anna Krüger, verantwortlich für die Red.: Walter Schulz und Richard Sperl, 1961

Bd. 17: Karl Marx und Friedrich Engels, {Juli 1870–Februar 1872}, 9. Aufl., Leitung der Editionsarb.: Ludwig Arnold, editorische Bearb. von Ruth Stolz, unter Mitarb. von Rosi Rudich und Heinz Ruschinski, verantwortlich für die Red.: Walter Schulz und Richard Sperl, 1999

Bd. 19: Karl Marx und Friedrich Engels, {März 1875–Mai 1883}, 9. Aufl., Leitung der Editionsarb.: Ludwig Arnold, editorische Bearb. von Käte Schwank, unter Mitarb. von Christa Müller und Peter Langstein, verantwortlich für die Red.: Walter Schulz und Richard Sperl, 1987

Bd. 20: Karl Marx und Friedrich Engels, {Anti-Dühring, Dialektik der Natur}, 10. Aufl., Leitung der Editionsarb.: Ludwig Arnold, editorische Bearb. von Bernhard Dohm, unter Mitarb. von Leni Hoffmann, verantwortlich für die Red.: Walter Schulz und Richard Sperl, 1990

Bd. 21: Karl Marx und Friedrich Engels, [Mai 1883–Dezember 1889], 7. Aufl., Leitung der Editionsarb.: Ludwig Arnold, editorische Bearb. von Charlotte Fischer, unter Mitarb. von Anna Krüger, Therese Winkelmann und Dieter Müller, verantwortlich für die Red.: Walter Schulz und Richard Sperl, 1981

Bd. 22: Karl Marx und Friedrich Engels, [Januar 1890–August 1895], 4. Aufl., Leitung der Editionsarb.: Horst Merbach, editorische Bearb. von Dieter Krause und Hanni Wettengel, unter Mitarb. von Renate Merkel und Adelheid Wolf, verantwortlich für die Red.: Walter Schulz und Richard Sperl, 1974

Bd. 23: Karl Marx, Das Kapital. Kritik der politischen Ökonomie. Erster Band. Buch I: Der Produktionsprozeß des Kapitals, Leitung der Editionsarb.: Horst Merbach, editorische Bearb. von Artur Schnickmann, unter Mitarb. von Jutta Nesler, Ilse Reinhold und Hannes Skambraks, verantwortlich für die Red.: Walter Schulz, 1962

Bd. 24: Karl Marx, Das Kapital. Kritik der politischen Ökonomie. Zweiter Band. Buch II: Der Zirkulationsprozeß des Kapitals. Hrsg. von Friedrich Engels, Leitung der Editionsarb.: Horst Merbach, editorische Bearb. von Ilse Reinhold, Jutta Nesler und Hannes Skambraks, verantwortlich für die Red.: Walter Schulz, 1963

Bd. 25:	Karl Marx, Das Kapital. Kritik der politischen Ökonomie. Dritter Band. Buch III: Der Gesamtprozeß der kapitalistischen Produktion. Hrsg. von Friedrich Engels, Leitung der Editionsarb.: Horst Merbach, editorische Bearb. von Artur Schnickmann, unter Mitarb. von Jutta Nesler und Hannes Skambraks, verantwortlich für die Red.: Walter Schulz, 1964
Bd. 26·1:	Karl Marx, Theorien über den Mehrwert. (Vierter Band des »Kapitals«). Erster Teil. Erstes bis siebentes Kapitel und Beilagen, Leitung der Editionsarb.: Horst Merbach, editorische Bearb. von Bernhard Dohm, Hannes Skambraks, verantwortlich für die Red.: Walter Schulz, 1965
Bd. 26·2:	Karl Marx, Theorien über den Mehrwert. (Vierter Band des »Kapitals«). Zweiter Teil. Achtes bis achtzehntes Kapitel, Leitung der Editionsarb.: Rolf Dlubek, Erich Kundel und Richard Sperl, editorische Bearb. von Horst Merbach und Artur Schnickmann, verantwortlich für die Red.: Walter Schulz, 1967
Bd. 26·3:	Karl Marx, Theorien über den Mehrwert (Vierter Band des »Kapitals«). Dritter Teil. Neunzehntes bis vierundzwanzigstes Kapitel und Beilagen, Leitung der Editionsarb.: Rolf Dlubek, Erich Kundel und Richard Sperl, editorische Bearb. von Artur Schnickmann, Manfred Müller, Jutta Nesler und Hannes Skambraks, verantwortlich für die Red.: Walter Schulz, 1968
Bd. 30:	Karl Marx und Friedrich Engels, [Briefe: Januar 1860 bis September 1864], 4. Aufl., Leitung der Editionsarb.: Horst Merbach, editorische Bearb.: Waldtraud Opitz, Leni Hoffmann und Manfred Müller, verantwortlich für die Red.: Walter Schulz, 1982
Bd. 31:	Karl Marx und Friedrich Engels, {Briefe: Okt[ober] 1864–Dez[ember] 1867}, 4. Aufl., Leitung der Editionsarb.: Horst Merbach, editorische Bearb.: Ruth Stolz, Heidi Wolf und Renate Merkel, verantwortlich für die Red.: Walter Schulz, 1986
Bd. 36:	Karl Marx und Friedrich Engels, [Briefe: April 1883 bis Dezember 1887], 2. Aufl., Leitung der Editionsarb.: Rolf Dlubek, Erich Kundel, Richard Sperl, editorische Bearb. von Werner Ettelt, Ruth Stolz, Käte Heidenreich, Rosie Rudich und Heidi Wolf, verantwortlich für die Red.: Walter Schulz, 1973
Bd. 40:	Karl Marx, Schriften und Briefe. November 1837–August 1844, 2. Aufl., Leitung der Editionsarb.: Rolf Dlubek, Erich Kundel und Richard Sperl, editorische Bearb. von Bernhard Dohm, Inge Taubert und Käte Heidenreich, verantwortlich für die Red.: Walter Schulz, 1990
Bd. 42:	Karl Marx, Ökonomische Manuskripte 1857/1858, Leitung der Editionsarb.: Erich Kundel, Roland Nietzold, Richard Sperl und Hildegard Scheibler, editorische Bearb. von Hildegard Scheibler, Gerda Lindner, Jutta Nesler und Resi Winkelmann, verantwortlich für die Red.: Waltraud Bergemann und Ludwig Lehmann, 1983

MWG	Max Weber, Gesamtausgabe, hrsg. von Horst Baier, Gangolf Hübinger, M. Rainer Lepsius, Wolfgang J. Mommsen, Wolfgang Schluchter und Johannes Winckelmann, Tübingen
Bd. I/7:	Zur Logik und Methodik der Sozialwissenschaften. Schriften 1900–1907, hrsg. von Gerhard Wagner, in Zusammenarb. mit Claudia Härpfer, Tom Kaden, Kai Müller und Angelika Zahn, 2018

Bd. I/9: Asketischer Protestantismus und Kapitalismus. Schriften und Reden 1904–1911, hrsg. von Wolfgang Schluchter, in Zusammenarb. mit Ursula Bube, 2014

Bd. I/12: Verstehende Soziologie und Werturteilsfreiheit. Schriften und Reden 1908–1917, hrsg. von Johannes Weiß, in Zusammenarb. mit Sabine Frommer, 2018

Bd. I/17: Wissenschaft als Beruf 1917/1919. Politik als Beruf 1919, hrsg. von Wolfgang J. Mommsen und Wolfgang Schluchter, in Zusammenarb. mit Birgitt Morgenbrod, 1992

Bd. I/18: Die protestantische Ethik und der Geist des Kapitalismus/Die protestantischen Sekten und der Geist des Kapitalismus. Schriften 1904–1920, hrsg. von Wolfgang Schluchter, in Zusammenarb. mit Ursula Bube, 2016

Bd. I/22-1: Wirtschaft und Gesellschaft. Die Wirtschaft und die gesellschaftlichen Ordnungen und Mächte. Nachlaß. Teilband 1: Gemeinschaften, hrsg. von Wolfgang J. Mommsen, in Zusammenarb. mit Michael Meyer, 2001

Bd. I/22-2: Wirtschaft und Gesellschaft. Die Wirtschaft und die gesellschaftlichen Ordnungen und Mächte. Nachlaß. Teilband 2: Religiöse Gemeinschaften, hrsg. von Hans G. Kippenberg, in Zusammenarb. mit Petra Schilm, unter Mitw. von Jutta Niemeier, 2001

Bd. I/22-3: Wirtschaft und Gesellschaft. Die Wirtschaft und die gesellschaftlichen Ordnungen und Mächte. Nachlaß. Teilband 3: Recht, hrsg. von Werner Gephart und Siegfried Hermes, 2010

Bd. I/22-4: Wirtschaft und Gesellschaft. Die Wirtschaft und die gesellschaftlichen Ordnungen und Mächte. Nachlaß. Teilband 4: Herrschaft, hrsg. von Edith Hanke, in Zusammenarb. mit Thomas Kroll, 2005

Bd. I/22-5: Wirtschaft und Gesellschaft. Die Wirtschaft und die gesellschaftlichen Ordnungen und Mächte. Nachlaß. Teilband 5: Die Stadt, hrsg. von Wilfried Nippel, 1999

Bd. I/23: Wirtschaft und Gesellschaft. Soziologie. Unvollendet 1919–1920, hrsg. von Knut Borchardt, Edith Hanke und Wolfgang Schluchter, 2013

Bd. I/24: Wirtschaft und Gesellschaft. Entstehungsgeschichte und Dokumente, hrsg. von Wolfgang Schluchter, 2009

Bd. I/25: Wirtschaft und Gesellschaft. Gesamtregister, bearb. von Edith Hanke und Christoph Morlok, 2015

NaS Theodor W. Adorno, Nachgelassene Schriften, hrsg. vom Theodor W. Adorno Archiv, Frankfurt a. M. und Berlin

Bd. I·1: Beethoven. Philosophie der Musik. Fragmente und Texte, hrsg. von Rolf Tiedemann, 3. Aufl., 1999

Bd. I·2: Zu einer Theorie der musikalischen Reproduktion. Aufzeichnungen, ein Entwurf und zwei Schemata, hrsg. von Henri Lonitz, 2001

Bd. I·3: Current of Music. Elements of a Radio Theory, hrsg. von Robert Hullot-Kentor, 2006

Bd. IV·1: Erkenntnistheorie (1957/58), hrsg. von Karel Markus, 2018

Bd. IV·2: Einführung in die Dialektik (1958), hrsg. von Christoph Ziermann, 2010

Bd. IV·3: Ästhetik (1958/59), hrsg. von Eberhard Ortland, 2009

Bd. IV·4: Kants »Kritik der reinen Vernunft« (1959), hrsg. von Rolf Tiedemann, 1995

Bd. IV·6:	Philosophie und Soziologie (1960), hrsg. von Dirk Braunstein, 2011
Bd. IV·7:	Ontologie und Dialektik (1960/61), hrsg. von Rolf Tiedemann, 2002
Bd. IV·9:	Philosophische Terminologie I und II, hrsg. von Henri Lonitz, 2016
Bd. IV·10:	Probleme der Moralphilosophie (1963), hrsg. von Thomas Schröder, 1997
Bd. IV·12:	Philosophische Elemente einer Theorie der Gesellschaft (1964), hrsg. von Tobias ten Brink und Marc Phillip Nogueira, 2008
Bd. IV·13:	Zur Lehre von der Geschichte und von der Freiheit (1964/65), hrsg. von Rolf Tiedemann, 2000
Bd. IV·14:	Metaphysik. Begriff und Probleme (1965), hrsg. von Rolf Tiedemann, 1998
Bd. IV·15:	Einleitung in die Soziologie (1968), hrsg. von Christoph Gödde, 1993
Bd. IV·16:	Vorlesung über Negative Dialektik. Fragmente zur Vorlesung 1965/66, hrsg. von Rolf Tiedemann, 2003
Bd. IV·17:	Kranichsteiner Vorlesungen, hrsg. von Klaus Reichert und Michael Schwarz, 2014
Bd. V·1:	Vorträge 1949–1968, hrsg. von Michael Schwarz, 2019

NW Friedrich Nietzsche, Sämtliche Werke. Kritische Studienausgabe in 15 Bänden, hrsg. von Giorgio Colli und Mazzino Montinari, 2. Aufl., Berlin, New York 1988

Bd. 1:	Die Geburt der Tragödie · Unzeitgemäße Betrachtungen I–IV · Nachgelassene Schriften 1870–1873
Bd. 2:	Menschliches, Allzumenschliches I und II
Bd. 3:	Morgenröte · Idyllen aus Messina · Die fröhliche Wissenschaft
Bd. 4:	Also sprach Zarathustra I–IV
Bd. 5:	Jenseits von Gut und Böse · Zur Genealogie der Moral
Bd. 6:	Der Fall Wagner · Götzen-Dämmerung · Der Antichrist · Ecce homo · Dionysos-Dithyramben · Nietzsche contra Wagner
Bd. 11:	Nachgelassene Fragmente 1884–1885

SW Schellings Werke. Münchner Jubiläumsdruck. Nach der Originalausgabe in neuer Anordnung, hrsg. von Manfred Schröter, München

Bd. 1:	Jugendschriften 1793–1798, 1927
Bd. 2:	Schriften zur Naturphilosophie, 1799–1801, 1927
Bd. 3:	Schriften zur Identitätsphilosophie 1801–1806, 1927
Bd. 4:	Schriften zur Philosophie der Freiheit 1805–1815, 1927
Bd. 5:	Schriften zur geschichtlichen Philosophie 1821–1854, 1928
Ergänzungsbd. 1:	Zur Naturphilosophie 1792–1803, 1956
Ergänzungsbd. 2:	Zur Identitätsphilosophie 1804, 1956
Nachlaßbd.:	Die Weltalter. Fragmente. In den Urfassungen von 1811 und 1813, 1946

TWAA Theodor W. Adorno Archiv, Frankfurt a. M.

UAF Universitätsarchiv der Johann Wolfgang Goethe-Universität Frankfurt a. M.

Protokolle

Sommersemester 1964:
Kant, »Kritik der praktischen Vernunft«

Philosophisches Hauptseminar mit Max Horkheimer

In diesem Semester hält Adorno zudem die philosophische Vorlesung »Elemente einer philosophischen Gesellschaftstheorie« und gibt das soziologische Hauptseminar »Zum Problem von Individuum und Gesellschaft« sowie das soziologische »Praktikum zur Umfrageforschung«

Das Seminar findet donnerstags von 18 bis 20 Uhr statt

372 Privatbesitz Peter Gorsen

372 Peter Gorsen, 23. Juli 1964

|Adorno/Horkheimer
Philosophisches Hauptseminar Sommersemester 1964|[1]

Als Naturwissenschaftler und Kritizist weiß Kant die Ideen und Ideale als bloße Hirngespinste, als entia rationis, die ohne objektive Realität sind, zu desillusionieren; zugleich aber werden gerade die Ideen und der sie krönende Abschluß einer unbedingten Totalität als ›unentbehrliches Richtmaß‹ für den empirischen Vernunftgebrauch festgehalten und sind insofern ›keineswegs bloße Hirngespinste‹.[2] Solcher dialektischen Einsicht liegt die richtige Beobachtung zugrunde, daß es einen Fortschritt der Erkenntnis, Erfahrung im emphatischen Sinn nicht gibt, wenn die Idee der absoluten Vollständigkeit gegebener Welterscheinungen, wie sie die transzendentale Kosmologie vorstellt, wenn schließlich das Ideal als der Inbegriff aller möglichen Mannigfaltigkeiten in der Einheit, wie sie die transzendentale Theologie in Gott vorstellt, fallen gelassen wird. Kant hat gegen die transzendenten Erdichtungen von Kosmologie und Theologie Idee und Ideal als ›heuristische Fiktionen‹ als undurchstreichbar, als zum Denken noch der ärmlichsten Fachwissenschaft a priori notwendig durchschaut.[3] Damit, daß Kant dem szientifischen Ideal der Voraussetzungslosigkeit das transzendentale einer vorauszusetzenden letzten allbefassenden Einheit entgegensetzt, hat er dem Fortschreiten der Wissenschaft mehr gedient als der ideenflüchtige Purismus des Positivismus selber. Der empirische Regreß lebt auf allen Stufen seiner wissen-

---

[1] Das Protokoll ist vom Verfasser dem Hrsg. gegenüber datiert worden; als Vorlage für diese Edition dient eine vom Verfasser angefertigte Abschrift des eigenen Protokolls, das selbst nicht aufgefunden wurde.
[2] »So wie die Idee die *Regel* gibt, so dient das Ideal in solchem Falle zum *Urbilde* der durchgängigen Bestimmung des Nachbildes, und wir haben kein anderes Richtmaß unserer Handlungen, als das Verhalten dieses göttlichen Menschen in uns, womit wir uns vergleichen, beurteilen, und dadurch uns bessern, obgleich es niemals erreichen können. Diese Ideale, ob man ihnen gleich nicht objektive Realität (Existenz) zugestehen möchte, sind doch um deswillen nicht für Hirngespinste anzusehen, sondern geben ein unentbehrliches Richtmaß der Vernunft ab, die des Begriffs von dem, was in seiner Art ganz vollständig ist, bedarf, um danach den Grad und die Mängel des Unvollständigen zu schätzen und abzumessen.« (KW, Bd. IV, 513f. [B 597f.; A 569f.])
[3] »Die Vernunftbegriffe sind, wie gesagt, bloße Ideen, und haben freilich keinen Gegenstand in irgend einer Erfahrung, aber bezeichnen darum doch nicht gedichtete und zugleich dabei für möglich angenommene Gegenstände. Sie sind bloß problematisch gedacht, um, in Beziehung auf sie (als heuristische Fiktionen), regulative Prinzipien des systematischen Verstandesgebrauchs im Felde der Erfahrung zu gründen.« (Ebd., S. 653 [B 799; A 771])

schaftlichen Betätigung von der Idee, den Reihen der untersuchten Naturbedingungen möge am Ende schließlich ›unbedingte Vollständigkeit‹ beschieden sein.[4] Auf dieses Ideal zu verzichten, bedeutete das Ende ebenso der Wissenschaft wie der Metaphysik, weil jene nur in dieser sich erfüllen, das empirische Stückwerk nur in der Idee des vollkommenen Ganzen den Menschen fruchtbar und vielversprechend werden kann. *Kant ist Metaphysiker aus dem Glauben an die Wissenschaft.* In dieser vielleicht tiefsten Einsicht des Kantischen Systems rotieren These und Antithese der Antinomien zur schwindelnden Höhe des transzendentalen Ideals, das die absolute Versöhnung von Metaphysik und Wissenschaft, von Sein und Denken vorwegnimmt – aber bloß in Gedanken. Versöhnung – und aus dieser Gewißheit fällt ein Schatten auf den transzendentalen Elan – ist nur als Inbegriff aller ihrer Möglichkeiten, nicht als tatsächlich erfüllte Identität von Denken und Sein möglich. Letzten Endes lebt nur noch die Wissenschaft von der Metaphysik, deren Vollendung vor Augen jene in der Idee sich asymptotisch nähert, ohne sie je ganz – denn eine selbständige an und für sich schöpferische Vernunft ist unmöglich – erreichen zu können. Kant ist *Wissenschaftler aus Verzweiflung an der Unmöglichkeit von reiner Metaphysik*. Metaphysik ist nur mehr als Impuls der fortschreitenden Wissenschaft möglich, aber gerade als solcher ist sie nicht bloß heuristische Fiktion, sondern schöpferisches Konstituens jeder Forschung. Idee und Ideal haben das Widersprechende an sich, daß sie einerseits dem Denken in der Erfahrung aufgegeben aber unerreichbar sind, andererseits aber, was man als Konsequenz daraus erwartet, trotz ihrer absoluten Irrealität und Unverifizierbarkeit das Erkenntnissubjekt nicht zum Stillstand und zur Resignation bewegen können. Es fährt fort, nicht bloß als ob es ein Unbedingtes gäbe, sondern in der Gewißheit der Hoffnung: Wenn jenes Unbedingte und Hirngespinst und eine unbekannte Ursache der Erscheinungen nicht existierten, gäbe es nicht ›mich‹ und das geringste Bedürfnis nach Erkenntnis der Natur und ihrer Zusammenhänge. In der Unstillbarkeit des Erkenntnisbedürfnisses und seiner unendlichen Bemühung, die kein positives Bewußtsein ihrer Vergeblichkeit unter-

---

4 »Da es, wie wir mehrmalen gezeigt haben, keinen transzendentalen Gebrauch, so wenig von reinen Verstandes- als Vernunftbegriffen gibt, da die absolute Totalität der Reihen der Bedingungen in der Sinnenwelt sich lediglich auf einen transzendentalen Gebrauch der Vernunft fußet, welche diese unbedingte Vollständigkeit von demjenigen fo[r]dert, was sie als Ding an sich selbst voraussetzt; da die Sinnenwelt aber dergleichen nicht enthält: so kann die Rede niemals mehr von der absoluten Größe der Reihen in derselben sein, ob sie begrenzt, oder *an sich* unbegrenzt sein mögen, sondern nur, wie weit wir im empirischen Regressus, bei Zurückführung der Erfahrung auf ihre Bedingungen, zurückgehen sollen, um nach der Regel der Vernunft bei keiner andern, als dem Gegenstande angemessenen Beantwortung der Fragen derselben stehen zu bleiben.« (Ebd., S. 477 [B 543f.; A 515f.])

brechen kann, sieht Kant Metaphysik einzig noch aufgehoben. Sie ist als Wissenschaft nur mehr in der Wissenschaft möglich, als ›Metaphysik der Natur‹.[5] Als Lehre von den transzendenten Wesenheiten ist sie bloßer Schein und nicht mehr zu retten; als Lehre von den unentbehrlichen transzendentalen Hirngespinsten ist sie der Wissenschaft, dem Denken schlechthin notwendig immanent.

Der höchste Punkt der Transzendentalphilosophie erweist sich als irrealer Ziel- und Ursprungspunkt eines Denkens, das die Grenzen seines in sich selbst unendlich gefangenen Erfahrungskontextes in Gedanken von Anfang und Ende, von absoluter Totalität überfliegt. Kant will die Transzendenz ohne den intentionalen transzendenten Gegenstand, jene als zur fortschreitenden Synthesis des Mannigfaltigen der intentio des Erkenntnistriebes schlechthin notwendig retten, diesen als transzendentale Selbsttäuschung einer sich schöpferisch verstehenden, stillstehenden Vernunft entlarven. Was auf der Stufe der transzendentalen Apperzeption noch als sich selbst undurchsichtiges Zerfallprodukt der Analyse vorgestellt war: das Selbstbewußtsein als auseinandergerissen in einen sich selbst erscheinenden und einen an sich selbst seienden, anonymen Pol, entschlüsselt sich auf der Höhe der transzendenten Transzendenz als das Ideal eines höchsten ursprünglichen Selbst, das nach der realen Seite der unbedingten Vollständigkeit der Reihe der Bedingungen den ›Allbesitz der Realität‹ (ens realissimum) oder Inbegriff aller möglichen realen Prädikate,[6] nach der formalen Seite der allbe-

---

[5] »Alle reine Erkenntnis a priori macht also, vermöge des besondern Erkenntnisvermögens, darin es allein seinen Sitz haben kann, eine besondere Einheit aus, und Metaphysik ist diejenige Philosophie, welche jene Erkenntnis in dieser systematischen Einheit darstellen soll. Der spekulative Teil derselben, der sich diesen Namen vorzüglich zugeeignet hat, nämlich die, welche wir *Metaphysik der Natur* nennen, und alles, so fern es *ist* (nicht das, was sein soll), aus Begriffen a priori erwägt, wird nun auf folgende Art eingeteilt.« (Ebd., S. 704 [B 873; A 875]) – Die Einteilung folgt dann ebd., S. 704–706 (B 873–875; A 845–847).

[6] »Der Unwissende hat keinen Begriff von seiner Unwissenheit, weil er keinen von der Wissenschaft hat, u.s.w. Es sind also auch alle Begriffe der Negationen abgeleitet, und die Realitäten enthalten die Data und so zu sagen die Materie, oder den transzendentalen Inhalt, zu der Möglichkeit und durchgängigen Bestimmung aller Dinge. *[Absatz]* Wenn also der durchgängigen Bestimmung in unserer Vernunft ein transzendentales Substratum zum Grunde gelegt wird, welches gleichsam den ganzen Vorrat des Stoffes, daher alle mögliche Prädikate der Dinge genommen werden können, enthält, so ist dieses Substratum nichts anders, als die Idee von einem All der Realität (omnitudo realitatis). Alle wahre Verneinungen sind alsdenn nichts als *Schranken*, welches sie nicht genannt werden könnten, wenn nicht das Unbeschränkte (das All) zum Grunde läge. *[Absatz]* Es ist aber auch durch diesen Allbesitz der Realität der Begriff eines *Dinges an sich selbst*, als durchgängig bestimmt, vorgestellt, und der Begriff eines entis realissimi ist der Begriff eines einzelnen Wesens, weil von allen möglichen entgegengesetzten Prädikaten eines, nämlich das, was zum Sein schlechthin gehört, in seiner Bestimmung angetroffen wird.« (Ebd., S. 517 f. [B 603 f.; A 575 f.])

fassenden Einheit der Reihe der Bedingungen uneingeschränkten Umfang und synthetische Geschlossenheit (in einem Ganzen vor den Teilen) verbürgend, jene real unerfüllte, als unendliche Aufgabe aufgegebene, aber unerfüllbare Identität von empirischem und transzendentalem Subjekt, von überhaupt sensibler und intelligibler Welt geleistet denkt. Sie war als oberste konstruktive ›Einheit der Erklärungsgründe‹ von den vorangegangenen transzendentalen Analysen immer schon notwendig antizipiert, weil sie – wie Kant ihre Anonymität lüftend erklärt – ›nothwendig bei allem, was existiert, angetroffen wird‹, ihm ›zum Grunde liegt und die oberste und vollständige materiale Bedingung seiner Möglichkeit ausmacht, auf welcher alles Denken der Gegenstände überhaupt ihrem Inhalte nach zurückgeführt werden muß. Es ist aber auch das einzige eigentliche Ideal, dessen die menschliche Vernunft fähig ist; weil nur in diesem einzigen Falle ein an sich allgemeiner Begriff von einem Dinge durch sich selbst durchgängig bestimmt, und als die Vorstellung von einem Individuum erkannt wird‹.[7]

Jene zuerst rätselhafte auferlegte Einheit der Apperzeption, die bloß ›mein‹ individueller Gedanke schien und doch der ganzen Welt ihr transzendentales Gesetz vorschreiben durfte, ist das transzendentale Ideal selber. In ihm als einem bloßen Ding an sich denkt die Vernunft die Stufenleiter der vielen möglichen synthetischen Einheiten von nur ›gewisser Vollständigkeit‹ aus Psychologie und Kosmologie wie zu einer letzten allbefassenden Einheit vereinigt, das Einzelne und Einzige, das Besondere und Allgemeine, das Menschliche und Göttliche versöhnt, ihren analytisch festgestellten Dualismus entmündigt.[8] Das Denken von

---

[7] »Es ist aber auch durch diesen Allbesitz der Realität der Begriff eines *Dinges an sich selbst*, als durchgängig bestimmt, vorgestellt, und der Begriff eines entis realissimi ist der Begriff eines einzelnen Wesens, weil von allen möglichen entgegengesetzten Prädikaten eines, nämlich das, was zum Sein schlechthin gehört, in seiner Bestimmung angetroffen wird. Also ist es ein transzendentales *Ideal*, welches der durchgängigen Bestimmung, die notwendig bei allem, was existiert, angetroffen wird, zum Grunde liegt, und die oberste und vollständige materiale Bedingung seiner Möglichkeit ausmacht, auf welcher alles Denken der Gegenstände überhaupt ihrem Inhalte nach zurückgeführt werden muß. Es ist aber auch das einzige eigentliche Ideal, dessen die menschliche Vernunft fähig ist; weil nur in diesem einzigen Falle ein an sich allgemeiner Begriff von einem Dinge durch sich selbst durchgängig bestimmt, und als die Vorstellung von einem Individuum erkannt wird.« (Ebd., S. 518 [B 604; A 576])

[8] »Wir haben oben gesehen, daß durch reine *Verstandesbegriffe*, ohne alle Bedingungen der Sinnlichkeit, gar keine Gegenstände können vorgestellet werden, weil die Bedingungen der objektiven Realität derselben fehlen, und nichts, als die bloße Form des Denkens, in ihnen angetroffen wird. Gleichwohl können sie in concreto dargestellt werden, wenn man sie auf Erscheinungen anwendet; denn an ihnen haben sie eigentlich den Stoff zum Erfahrungsbegriffe, der nichts als ein Verstandesbegriff in concreto ist. *Ideen* aber sind noch weiter von der objektiven Realität entfernt, als *Kategorien*; denn es kann keine Erscheinung gefunden werden, an der sie sich in concreto vorstellen ließen. Sie enthalten eine gewisse Vollständigkeit, zu welcher keine

Verstand und Vernunft, von Wissenschaft und Metaphysik soll nur eines sein können. Doch die Hoffnung, daß, was bloß in der Idee und nicht wirklich existiert, sich einmal erfülle, dieser höchste Punkt des Kantischen Systems, bezeichnet zugleich auch den tiefsten, den ein Denken, es heiße Wissenschaft oder Metaphysik, gegen sich selber zu setzen überhaupt fähig ist: Denn jene Idee des in individuo aufgegebenen unum, verum, perfectum kann sich nie erfüllen, obwohl unser ganzes Denken aus ihr lebt oder gar nicht; unser empirisches Dasein hängt auf ewig an einer Fiktion, an der Metaphysik als unerfüllbarer Aufgabe, und keine Wissenschaft der Welt kann davon ab. Jene fixiert das gelobte Ziel, das diese wissend nie erreicht. Das macht den untröstlichen Weltschmerz des Kantischen Denkens aus. In der notwendigen absoluten Identität oder totalen Affinität mit dem göttlichen Selbstbewußtsein erkennt sich ›mein‹ individuelles von diesem gerade am weitesten entfernt, als ein eben absolut unschöpferisches und unwissendes Bewußtsein der Sinnlichkeit und Rezeptivität. Mit der asymptotischen Annäherung an den absoluten idealen Wert rückt seine Verwirklichung in immer weitere Ferne, und wo der erfahrende Verstand auf das absolut Andere noch hoffen durfte, bleibt die Vernunft mit ihrer Resignation allein. Ihr bleibt zum Trost, das Göttliche und die Metaphysik als Impetus, als Impuls im unendlichen empirischen Regressus respektiv aufzusuchen. In dessen blindem Optimismus läßt sich noch einmal, wenn auch unerkannt und undurchschaut, wiederfinden, was die Vernunft durch die Kantische Selbstkritik für immer verlor. Sie prophezeit schon die heraufkommende Geburt des Irrationalismus aus dem Geiste der Verzweiflung an der Unmöglichkeit von Metaphysik.

Im transzendentalen Ideal erweist sich die ursprüngliche Einheit der Apperzeption, die allen kategorialen Einheiten, dem synthetisierenden Verstand zugrunde liegt, der undurchsichtige, irrationale Charakter ihrer Gegebenheit auf der Stufe der transzendentalen Deduktion einerseits aufgeklärt als das göttliche Selbstbewußtsein selber, das als absolutes constituens für ›mein‹ und jedes mögliche andere Bewußtsein fungiert, andererseits aber wird aus der zum Denkfortschritt fruchtbaren Unwissenheit der transzendental-analytischen Reflexion, wie ein transzendentales Bewußtsein einem realen persönlichen zum Grunde liegen kann, die schließlich desillusionierende Gewißheit der Vernunft, daß dies schlechterdings unmöglich ist. Die absolute Nichtidentität von Gott und Mensch entdeckt, daß jene behauptete Identität von transzendentalem und empirischem Subjekt in der ursprünglichen Apperzeption selber bloß eine Idee, nur

---

mögliche empirische Erkenntnis zulangt, und die Vernunft hat dabei nur eine systematische Einheit im Sinne, welcher sie die empirische mögliche Einheit zu nähern sucht, ohne sie jemals völlig zu erreichen.« (Ebd., S. 512 [B 595 f.; A 567 f.])

die Antizipation der Unversöhnbarkeit von Sein und Denken als von Grund und Begründetem ist. Retrospektiv von der gebrochenen Höhe des transzendentalen Systems aus ließe sich rekapitulieren, in der transzendentalen Analyse hatte der Transzendentalphilosoph sich die zum Denken unentbehrlich erkannte Einheit von empirischem und transzendentalem Subjekt in einem göttlichen Selbstbewußtsein aufgegeben, um in der transzendentalen Dialektik erkennen zu müssen, es ist als solches letztlich unrealisierbar, ist bei jedem Urteil, das wir fällen, als notwendige Bedingung und Regel seiner immer schon unbestreitbar in Geltung und doch in dem Ansich seiner Voraussetzung, seiner transzendenten Transzendenz dem erkennenden Subjekt unfaßbar; unser gesamtes Denken bis hinunter zu seinen ersten Schritten hängt an einer bloßen begrifflichen Fiktion, ohne daß wir uns ihrer deswegen einfach als überflüssig entledigen und zugleich uns selber behalten könnten. In der paradoxen Einsicht von der für unseren Verstand konstitutiven, schöpferischen Dignität einer Fiktion zirkuliert der Gedankenlauf des transzendentalen Systems. Er steht unter dem ausdrücklichen Zwang einer unbekannten, an und für sich seienden selbständigen Vernunft, obwohl sie Kant zugleich als ›bloßes Selbstgeschöpf‹ des Denkens durchschauen und relativieren läßt.[9] Der höchste Punkt des Kantischen Transzendentalismus, Ursprung und Ziel der ursprünglichen Apperzeption, ist nicht ein einiger, in sich ruhender unbewegter Pol, der transzendente Gott, reduziert und entstofflicht auf ein ›transzendentales Substratum‹ zum Glauben überhaupt, ist nicht säkularisierte Theologie, sondern reproduziert die sinnliche Unruhe des mit sich selbst in Anschauung und Begriff entzweiten Bewußtseins. Seine Wahrheit gegenüber dem absolut und triumphierend auftrumpfenden Idealismus ist, daß es erst recht am Ende des Systems sich als unglückliches Bewußtsein erfährt: nicht – wie es als Lebensstrom ungebrochen hofft – sich selbst in individuo zu erlösen vermag, als wäre es Gott oder der absolute Geist selber.

Peter Gorsen

---

[9] »Ungeachtet dieser dringenden Bedürfnis der Vernunft, etwas vorauszusetzen, was dem Verstande zu der durchgängigen Bestimmung seiner Begriffe vollständig zum Grunde liegen könne, so bemerkt sie doch das Idealische und bloß Gedichtete einer solchen Voraussetzung viel zu leicht, als daß sie dadurch allein überredet werden sollte, ein bloßes Selbstgeschöpf ihres Denkens sofort für ein wirkliches Wesen anzunehmen, wenn sie nicht wodurch anders gedrungen würde, irgendwo ihren Ruhestand, in dem Regressus vom Bedingten, das gegeben ist, zum Unbedingten, zu suchen, das zwar an sich und seinem bloßen Begriff nach nicht als wirklich gegeben ist, welches aber allein die Reihe der zu ihren Gründen hinausgeführten Bedingungen vollenden kann.« (Ebd., S. 523 [B 611 f.; A 583 f.])

Sommersemester 1964:
Zum Problem von Individuum und Gesellschaft

Soziologisches Hauptseminar

In diesem Semester hält Adorno zudem die philosophische Vorlesung »Elemente einer philosophischen Gesellschaftstheorie« und gibt das philosophische Hauptseminar »Kant, Kritik der praktischen Vernunft« sowie das soziologische »Praktikum zur Umfrageforschung«

Das Seminar findet dienstags von 17 bis 19 Uhr statt

373–382 UAF Abt. 139 Nr. 13

373 Eduard Parow, 12. Mai 1964

|*Protokoll*
zur Sitzung vom 12. 5. 1964 des
Hauptseminars von Prof. Adorno:

»*Individuum und Gesellschaft*«

stud. phil. Eduard *Parow*|

Die erste Sitzung des Seminars leitete Herr Prof. Adorno mit einigen Bemerkungen hinsichtlich des Themas der Veranstaltung ein. Er bat zu bedenken, daß die Beziehung zwischen Individuum und Gesellschaft die naive, nicht reflektierte Ansicht eines lediglich äußeren Gegensatzes übersteige. Es solle vielmehr gezeigt werden, wie das eine das andere bedinge, wie »Individuum« durch die Gesellschaft erst konstituiert werde. Insofern laute die das Seminar beherrschende These:

»*Das Individuum ist in sich selbst ein Soziales, nicht nur ein Natürliches*« (d. h. bloß Biologisches oder Psychologisches)

Von Individualität im geistigen Sinn könne man erst seit Petrarca, Montaigne oder Shakespeare sprechen. Jene Dichter erfaßten zuerst den uns geläufigen Individualitätsbegriff.

Prof. Adorno warnte davor, seine Behauptung, der Gegensatz von Individuum und Gesellschaft werde durch Reflexion aufgehoben, so zu verstehen, als solle der Gegensatz aufgeweicht werden. Es solle vielmehr die Interdependenz beider beleuchtet werden. Die einzelnen Abschnitte des Seminars sollten dogmengeschichtlich orientiert sein.

Als erstes Referat trug Herr Preus seine Arbeit:

»*Individuum und Gesellschaft in der klassischen Nationalökonomie*« vor.[1] Die Beziehung zwischen Individuum und Gesellschaft stellt ein Prozeß her, der – so lautet die These – das gesellschaftliche Leben selbst weitgehend hervorbringt: der Reproduktionsprozeß. Damit sind Individuum und Gesellschaft aber ökonomisch bestimmte Kategorien.

Im England des späten 17. und frühen 18. Jahrhundert war das Bürgertum und damit der freie Unternehmer diejenige Schicht, die diesen Prozeß vorantrieb,

---

[1] Otmar Preus, »Individuum und Gesellschaft in der klassischen Nationalökonomie (Smith, Ricardo, Mill)«, UAF Abt. 139 Nr. 13.

indem es bisher unbekannte Mengen von Produktivkräften entwickelte. Diese Kräfte brachten es zustande, daß das Feudalsystem überwunden werden konnte. Mit seiner Befreiung von der Autorität des Adels und der Kirche erlangte das Individuum eine Selbständigkeit, auf Grund deren sich ein bürgerliches Verantwortungsbewußtsein herausbildete. Die enge Beziehung der Begriffe: Individuum und Verantwortungsbewußtsein wurde von Prof. Adorno und dem Referenten näher erläutert:

Der typische Bürger, der freie Unternehmer, übernehme durch seine wirtschaftliche Autonomie Verantwortung für den Gedeih seines Unternehmens. Diese Verantwortung setze ein Bewußtsein von Freiheit voraus, zwinge ihn zu originärem Denken, zur Verfolgung festumrissener Ziele zur Bildung dessen, was wir Charakter nennen, und unterscheide sich hierin wesentlich von der Verantwortung, wie sie in der feudalen Epoche verstanden wurde (als eine Art Anpassung). In diesem Sinn seien Individuum und Verantwortung zusammengehörige bürgerliche Kategorien.

Das Bewußtsein von Selbständigkeit ist aber insofern ideologisch, als der Unternehmer tatsächlich vom Marktmechanismus abhängig ist.

Der Einzelne, der immer zugleich gesellschaftliche Funktion innehabe und dessen Autonomie von der Gesellschaft eingeschränkt werde, müsse glauben, er habe völlig freie Hand, damit das gesellschaftliche System ungehindert funktionieren könne. Er fühle nur in naivem Denken nicht, daß er gesellschaftlichen Forderungen untergeordnet sei. Insofern werde die Kategorie des Individuums hypostasiert. Auf dieser Vorstellung basiere die klassische Nationalökonomie.

Wie der Referent ausführte, haftet dem Schlagwort »laissez faire« der Ökonomisten jener Zeit vorerst ein rein wirtschaftlicher Zweckmäßigkeitscharakter an. Individuelle Freiheit wurde aus wirtschaftlichen Gründen, nicht als solche und also auch nicht in politischer Hinsicht gefordert. Derselbe Sachverhalt kennzeichnet auch die auf naturrechtlicher Grundlage beruhende freie Wirtschaftspolitik jener Epoche. In beiden Fällen war die Zeit noch nicht gekommen, Freiheit auf Grund der Menschenrechte zu fordern. Zwar basierte der klassische Liberalismus auf freien, gleichen Individuen als Subjekte des Tausches von Äquivalenten, er entwickelte deshalb aber noch keine Gesellschaftstheorie.

Sprecher des frühen Liberalismus war Adam Smith, der im Zeitalter der Erfindungen mit seinen Werken: »Theorie der ethischen Gefühle« (1759)[2] und »Un-

---

[2] Vgl. Adam Smith, Theorie der ethischen Gefühle [1759], hrsg. von Horst D. Brandt, übers. von Walther Eckstein, Hamburg 2010 (Philosophische Bibliothek; 605).

tersuchungen über Ursachen und Wesen des Volkswohlstandes« (1776)³ die ideologische Begründung lieferte.

Prof. Adorno machte anhand des zweiten Titels (Wealth of Nations)⁴ darauf aufmerksam, daß der Liberalismus bereits in seiner Frühzeit die Nation als wirtschaftliche Einheit gedacht habe. Zu den Ausführungen von Herrn Preus, der im Zusammenhang mit dem ersten Titel (Theorie der ethischen Gefühle) die Meinung vertrat, diese Abhandlung sei unter anderem eine psychologische Begründung des Prinzips der Individualität gewesen, sagte Prof. Adorno, daß tatsächlich aber nicht nur der Liberalismus, sondern jede klassische Wirtschaftstheorie das Psychologische am Individuum vernachlässige und nur mit seiner Rationalität kalkuliere. Sie tue dies in der Annahme, daß sie, indem sie mit der Ratio des Individuums rechnet und vom Psychologisch-Individuellen abstrahiert, das allen Menschen Gemeinsame aktiviere. Erst in neuester Zeit rechne die Wirtschaft mit psychologischen Faktoren, seit sie entdeckt habe, daß der Konsum zu steuern ist. Zwar sei im englischen Denken des 18. Jahrhunderts von psychologischen Begriffen die Rede, diese seien jedoch rationalisiert, man könnte sagen, in eine allgemeine Psychologie umgewandelt gewesen.

Im weiteren Verlauf des Referats kam Herr Preus auf die Bedeutung des Begriffes »Sympathie« bei Smith zu sprechen. Adam Smith schreibt: Der Mensch hat trotz aller Selbstsucht einige Züge, die ihn am Schicksal anderer Anteil nehmen lasse. Die Sympathie ist einer dieser Züge; sie stellt das Korrektiv zur angeborenen Selbstsucht dar und garantiert damit das reibungslose Zusammenspiel des wirtschaftlichen und damit auch des gesellschaftlichen Räderwerks. Die Sympathie – ein unfehlbarer individueller Verhaltensmaßstab – ist empirisch angeeignet, beruht also nicht auf moralischer Basis, da der Menschheit ein moralischer Sinn abgeht. (Die Erfahrung lehrt, daß man mit Sympathie für den Mitmenschen am weitesten kommt.) Auf die gleiche Art bildet sich unser Gewissen.⁵

Ein Einwurf von Prof. Adorno gab zu bedenken, wie weit Smiths Kategorie der Sympathie nur eine ideologische Konstruktion sei, ohne die sein System der Konkurrenz nicht funktionieren könne: Der späte Liberalismus komme ohne diese Begriffe aus.

---

3 Vgl. Adam Smith, Untersuchung über das Wesen und die Ursache des Volkswohlstandes (Der Wohlstand der Nationen) [1776], übers. von Franz Stöpel, mit einer Einführung von Horst Claus Recktenwald, Frankfurt a. M. [2009].
4 Der Originaltitel lautet: »An Inquiry into the Nature and Causes of the Wealth of Nations« (London 1776).
5 Vgl. den Abschnitt »Von dem Gefühl für das sittlich Richtige«, in: Smith, Theorie der ethischen Gefühle, a.a.O. (s. Anm. 2), Bd. 1, S. 1–32, und darin insbesondere den Abschnitt »Von der Sympathie«, ebd., S. 1–9.

Nach Smith beläßt die Harmonie, wie Herr Preus ausführte, die gesellschaftliche Einteilung in Klassen, so wie es die »weise Natur« eingerichtet hat. »Jeder trägt an seinen Platz am besten zur wirtschaftlichen und gesellschaftlichen Entwicklung bei«, so lautet die Parole. Die Zusammensetzung, d. h. die Substanz der Gesellschaftsordnung wird nicht in Frage gestellt, noch wird untersucht, ob die bestehende Gesellschaftsform die beste sei. Der Bestand überlieferter Formen ist zum Prinzip gemacht. Jede Störung im Ablauf soll vermieden werden.

Hier zeigt sich Smiths Unsicherheit und Inkonsequenz in der gleichzeitigen Forderung nach Beibehaltung der feudalen Ständeordnung und nach individueller Freiheit. Bei all diesen Überlegungen sind Individuum und Gesellschaft nicht zwei gleichwertige Teile eines Komplexes, einer in dialektischer Abhängigkeit vom andern: Die Sympathie und Rücksichtnahme gilt nur zwischen Individuen und bedeutet deshalb nur insofern gesellschaftliche Norm, als das Individuum die Gesellschaft konstituiert. Der Einzelmensch hat den Primat vor der Gesellschaft; in ihm ist diese als Naturanlage vorhanden. Prof. Adorno betonte, daß der Liberalismus hier zweifellos etwas Richtiges gesehen habe, das Individuum sei gesellschaftlich vermittelt, Gesellschaft sei *im* Individuum; auch Hegel habe das gesehen.

Zwar löst bei Smith die wirtschaftliche Freiheit einen Teil der herkömmlichen Lebensverhältnisse auf, jedoch ist das alte System noch festgefügt. Der feudale Gedanke der »Vasallentreue« kehrt bei Smith in leicht veränderter Form als »Sympathie« wieder. Smiths Theorie war aber der Realität nicht gewachsen. Die unbewußte Restauration feudaler Prinzipien wird spätestens dann problematisch, wenn der gesellschaftliche Fortschritt mit dem der Produktivkräfte nicht mehr Schritt hält. Dennoch stellt Smith optimistische Prognosen: Die wachsenden Produktivkräfte verlangen Arbeitsteilung; Tausch und allgemeiner Handel ermöglichen, daß jedermann sich auf die Arbeit konzentrieren kann, die ihm am meisten gemäß ist. Der Produktionsüberschuß schafft Wohlstand bis in die untersten Klassen, wobei der natürliche Preismechanismus und die freie Konkurrenz den Markt regulieren. Arm und Reich erhalten somit von einer »Invisible hand« je soviel an lebensnotwendigen Gütern, »als ob die Erde zu gleichen Teilen unter all ihre Bewohner aufgeteilt worden wäre«. (Theorie der ethischen Gefühle. S. 316[6])[7]

---

[6] Korrigiert für: »31«.
[7] »Der Ertrag des Bodens erhält zu allen Zeiten ungefähr jene Anzahl von Bewohnern, die er zu erhalten fähig ist. Nur daß die Reichen aus dem ganzen Haufen dasjenige auswählen, was das Kostbarste und ihnen Angenehmste ist. Sie verzehren wenig mehr als die Armen; trotz ihrer natürlichen Selbstsucht und Raubgier und obwohl sie nur ihre eigene Bequemlichkeit im Auge haben, obwohl der einzige Zweck, welchen sie durch die Arbeit all der Tausende, die sie beschäftigen, erreichen wollen, die Befriedigung ihrer eigenen eitlen und unersättlichen Begierden

Die Vorstellung, daß Gerechtigkeit durch Konkurrenz entstehe, findet sich sowohl bei Kant, als auch im Sozialismus. Der Sozialismus sei insofern liberal.

Herr Prof. Adorno verglich an dieser Stelle die »Unsichtbare Hand« mit der Säkularisierung der göttlichen Vernunft. Die folgende kurze Diskussion bewegte sich um das unbefriedigend gelöste Verhältnis von Konkurrenz und Sympathie bei Adam Smith.

Der Vortrag des Referats wird in der nächsten Sitzung zu Ende geführt.

---

ist, trotzdem teilen sie doch mit den Armen den Ertrag aller Verbesserungen, die sie in ihrer Landwirtschaft einführen. Von einer unsichtbaren Hand werden sie dahin geführt, beinahe die gleiche Verteilung der zum Leben notwendigen Güter zu verwirklichen, die zustandegekommen wäre, wenn die Erde zu gleichen Teilen unter alle ihre Bewohner verteilt worden wäre; und so fördern sie, ohne es zu beabsichtigen, ja ohne es zu wissen, das Interesse der Gesellschaft und gewähren die Mittel zur Vermehrung der Gattung.« (Smith, Theorie der ethischen Gefühle, a.a.O. [s. Anm. 2], Bd. 2, S. 316)

374 Herbert Schwab, 26. Mai 1964

Institut für Sozialforschung
Johann-Wolfgang-Goethe-Universität

Hauptseminar: »Zum Problem von Individuum und Gesellschaft«
    Prof. Adorno   Sommersemester 1964

Protokoll der Sitzung vom 26. 5. 1964
    Herbert Schwab, phil.   5. Semester

Im Zusammenhang mit der Fortsetzung des Referats »Der Begriff des Individuums und der Gesellschaft in der klassischen Nationalökonomie« wurden einige Begriffe in den Lehren von Adam Smith, David Ricardo und John Stuart Mill diskutiert; zunächst der der »invisible hand« bei Adam Smith.[8]

Diesem Bilde, daß die Vorsehung es so eingerichtet habe, daß jeder, ob arm oder reich, sein Leben gleich glücklich führen könne, liegt die Vorstellungswelt des 18. Jahrhunderts zugrunde; ein mechanisches Modell, in dem in einem Kontinuum angeordnet vom König bis zum Bettler alles an der richtigen Stelle ist. Der geschichtliche Stellenwert solcher Vorstellungen muß durch deren Voraussetzungen erläutert werden. Es hat im 18. Jahrhundert zeitweise tatsächlich so ausgesehen, als würde sich der »tableau économique« der Physiokraten auf längere Zeit bewahrheiten; als könne die bürgerliche Gesellschaft sich statisch reproduzieren. Die relative Statik des Kapitalismus zu jener Zeit – das Bürgertum war sich des fundamentalen Bruchs mit den vergangenen Wirtschaftsweisen auch noch nicht voll bewußt – bedingte, daß man noch nicht sehen konnte, daß die nun mögliche erweiterte Reproduktion des Reichtums aufs engste verknüpft war

---

8 »Nun ist das Jahreseinkommen jedes Volkes immer gerade so groß, wie der Tauschwert der gesamten Jahresergebnisse seines Fleißes oder vielmehr das Einkommen ist nichts anderes, als dieser Tauschwert selber. Da aber jeder sein Kapital möglichst zur Unterstützung des inländischen Gewerbefleißes zu verwenden und diesen Gewerbefleiß so zu leiten sucht, daß sein Produkt den größten Wert erhält, so arbeitet auch jeder notwendig dahin, das Jahreseinkommen des Volks so groß zu machen, als er kann. Allerdings beabsichtigt er in der Regel weder, das allgemeine Wohl zu fördern, noch weiß er, in welchem Maß er es befördert. Wenn er dem heimischen Gewerbefleiß vor dem fremden den Vorzug gibt, so hat er nur seine eigene Sicherheit vor Augen, und wenn er diesen Gewerbefleiß so lenkt, daß sein Produkt den größten Wert erhält, so bezweckt er lediglich seinen eignen Gewinn und wird in diesem wie in vielen anderen Fällen von einer unsichtbaren Hand geleitet, einen Zweck zu befördern, der ihm keineswegs vorschwebte.« (Smith, Untersuchung über das Wesen und die Ursache des Volkswohlstandes, a.a.O. [s. Anm. 3], S. 524)

mit der erweiterten Reproduktion der Armut. So konnte man noch an dem Modell der Gleichheit der Voraussetzungen festhalten, solange noch nicht durch die Appropriation der fremden Arbeit, durch welche die Produktion ins Ungeheure gestiegen war, eine Differenzierung von Reichtum und Armut in geometrischem Verhältnis stattfand. Erst dadurch wurde offenbar, daß jene Gleichheit der Voraussetzungen nicht galt; die Ungleichheit nicht einfach Konservierung von Reich und Arm aus feudaler Zeit bedeuteten. Der Liberalismus wurde zur Ideologie in dem Maße, in dem die Verhältnisse sich in dieser Richtung entwickelten.

Damit nun durch die »invisible hand« eine Harmonie der Gesellschaft garantiert werden kann, muß sich jeder an die Regeln des »fair play« halten. Dieser Begriff resultiert bei Smith nicht etwa aus einer angenommenen gütigen und soziablen Menschennatur. Das »fair play« vollzieht sich wohl durch die Verfolgung des eigenen Interesses.[9] Durch die Einhaltung rationaler Spielregeln aber – etwa durch die Orientierung an objektiven Wertgesetzen – wird es verhindert, daß die bloße außerrationale Gewalt sich durchsetzt. In dieser Argumentation liegt folgendes moralische Moment: Durch Einhaltung eines rationalen Minimums, durch Verzicht auf alles, was der ökonomischen Vernunft widerspricht, wird die gesellschaftliche Harmonie gewährleistet. Die Moral besteht hier nicht in einem Appell an das Gefühl, sondern eben in der Unterordnung unter die Rationalität. Hier gleichen Smiths Erwägungen denen Kants zu diesem Problem. Ein moralischer Sinn ist dem Menschen nicht angeboren.

David Ricardo richtete sein Interesse vor allen Dingen auf die Analyse der Gesetze der Verteilung der Produktion nach dem Vorbild eines rechnerischen Verkehrswirtschaftsmodells unter Ausschaltung der soziologischen und psychologischen Momente. In seiner Auffassung ist die Hauptaufgabe der Volkswirtschaftslehre die Untersuchung der Verteilung der Produkte auf die drei Gesellschaftsklassen in den Formen: Lohn, Profit und Rente.[10] Alle drei sind Ausdrucksweisen von Wert.

---

9 Bei Smith heißt es: »In dem Wettlauf nach Reichtum, Ehre und Avancement, da mag er [scil. jeder] rennen, so schnell er kann und jeden Nerv und jeden Muskel anspannen, um all seine Mitbewerber zu überholen. Sollte er aber einen von ihnen niederrennen oder zu Boden werfen, dann wäre es mit der Nachsicht der Zuschauer ganz und gar zu Ende. Das wäre eine Verletzung der natürlichen Spielregeln, die sie nicht zulassen könnten. Der andere ist für sie in jeder Hinsicht so gut wie dieser; sie stimmen jener Selbstliebe nicht zu, in der er sich selbst so hoch über den anderen stellt, und sie können die Motive nicht nachfühlen, die ihn bewogen, den anderen zu Schaden zu bringen. Deshalb sympathisieren sie bereitwillig mit dem natürlichen Vergeltungsgefühl des Geschädigten und der Beleidiger wird zum Gegenstand ihres Hasses und ihres Unwillens.« (Smith, Theorie der ethischen Gefühle, a.a.O. [s. Anm. 2], S. 133)
10 Vgl. die Abschnitte »Über den Lohn«, »Über den Profit« und »Über die Rente«, in: David Ricardo, Grundsätze der Volkswirtschaft und Besteuerung [1817], übers. von Heinrich Waentig, 3.

Dieser mißt sich für Ricardo jedoch nicht, wie man vermuten könnte – da er vornehmlich den Verteilungsprozeß betrachtet – an der Konsumtion, sondern am Produktionsprozeß und dessen Grundlage, der Arbeit. (Maß der Werte = Verausgabung körperlicher Leistung.) Die Wahrheit, der unideologische Charakter einer solchen objektiven Wertlehre liegt darin, anzuzeigen, daß die Gesellschaft von der Produktion, von einem objektiven Zusammenhang bestimmt wird. Die menschlichen Bedürfnisse werden bei Ricardo zu einem bloßen Anhängsel des Produktionsprozesses. Die späteren ökonomischen Theorien – obwohl sie sonst oft viel ausgefeilter sind als die klassische – gehen an diesem Faktum vorbei, denn sie bemühen sich vornehmlich nicht mehr um den Produktionsprozeß selbst, sondern um die psychologischen Reaktionen auf ihn (s. subjektive Wertlehre und Grenznutzentheorie).

Marx vereinigte, um Ricardo zu korrigieren, in seiner Ökonomie eine Theorie der Werte und eine solche der Produktionskräfte. Ricardo hatte nämlich eine Analyse der letzteren, die bei Smith noch einen großen Raum einnimmt, durch eine Analyse der Produkte abgelöst. Obwohl hier methodisch eine Verengung vorliegt, kommt dadurch das Moment, daß tatsächlich der Tausch das in der Gesellschaft Bestimmende geworden ist, deutlicher zum Ausdruck als bei Adam Smith. Die Entwicklung der gesellschaftlichen Realität selbst veranlaßte Ricardo zu ihrer illusionsloseren Vergegenwärtigung. Der tendenzielle Fall des Unternehmergewinns (relativ gesehen), der Marx zu objektiven Schlußfolgerungen veranlaßte,[11] war auch schon Ricardo bekannt. Er gelangte jedoch durch diese Einsicht zu keiner Krisentheorie, sondern er vermutete eine Lösung der Schwierigkeiten (im Sinne Durkheims) durch eine höher entwickelte Form der Arbeitsteilung.[12] Die Lehren, die er im Hinblick auf diese Situation formulierte, blieben im Bereich des subjektiven Wirtschaftens, der Ratschläge, um dem Fall der Pro-

---

Aufl., Jena 1923 (Sammlung sozialwissenschaftlicher Meister; 5), S. 81–98; ebd., S. 98–118; ebd. S. 52–72.
11 Vgl. den Abschnitt »Gesetz des tendenziellen Falls der Profitrate«, MEW, Bd. 25, S. 221–241.
12 Tatsächlich heißt es bei Ricardo: »Es ist mein Bestreben gewesen, in diesem ganzen Werke zu zeigen, daß die Profitrate nur durch ein Sinken des Lohnes wachsen, und ein dauerndes Sinken des Lohnes nicht anders erfolgen kann, als durch ein Sinken der Bedarfsartikel, für welche der Lohn verausgabt wird. Wenn daher die Nahrungsmittel und Bedarfsartikel des Arbeiters durch die Erweiterung des ausländischen Handels oder durch maschinelle Verbesserungen zu einem niedrigeren Preise auf den Markt gebracht werden können, werden die Profite steigen. [...] Niemals wird die Profitrate durch bessere Arbeitsverteilung, durch maschinelle Erfindungen, Wege- und Kanalbauten oder durch irgendwelche anderen Mittel erhöht, welche die Arbeit entweder bei der Fabrikation oder bei der Beförderung von Waren abkürzen. Das sind Ursachen, die auf den Preis wirken [...]; aber auf den Profit haben sie keinerlei Einfluß.« (Ricardo, Grundsätze der Volkswirtschaft und Besteuerung, a.a.O. [s. Anm. 10], S. 124 f.)

fitrate aus der Sicht des Unternehmers zu begegnen. Das Moment der Reflexion über den dynamischen Zusammenhang der Gesellschaft – man faßt die ökonomischen Gesetze als natürliche und nicht als historische – kommt in der klassischen Ökonomie noch nicht vor. Es wurde noch nicht gesehen, daß die rechnerische Ökonomie dem Unternehmer auf die Dauer – wenn die Zahl der Arbeitslosen zu sehr ansteigt, sinken die Absatzmöglichkeiten – auch schaden kann.

John Stuart Mill – der letzte Theoretiker, der den Liberalismus retten will, genannt – kritisiert Adam Smiths Betonung des Gefühls, dem dieser damit den Vorrang vor der Vernunft gebe.[13] Gefühle ließen sich aus Gewohnheit ableiten. Mill bezeichnet damit das Problem von Individuum und Gesellschaft, denn durch die Gewohnheit: durch Abschleifungs- und Anpassungsvorgänge bilden sich die bürgerlichen Individuen. Individuum und Gesellschaft, die bei Smith nicht unvermittelt aufgefaßt wurden – Gesellschaft bestand für ihn durch die Zusammenfassung von Individuen –, werden bei Mill aber in naiver Weise getrennt. Individualität und Gesellschaft haben jeweils ihre eigenen Bereiche.

Für Mill gilt noch die Regel des »laissez faire«.[14] Dem darin liegenden Glauben an das Individuum fehlt jedoch der Optimismus, da zu Mills Zeit die kapitalistische Produktionsweise bereits so weit entwickelt ist, daß man bereits dringend Überlegungen darüber anstellen muß, wie ganze Teile der Gesellschaft (nicht nur die traditionellen Armen) vor Hunger zu bewahren sind. Das Vertrauen in die Kraft des Individuums kann also bereits nicht mehr halten, was es versprach: das Wohl der Gesamtheit.

Das Pathos, mit dem Mill die Individualität bemüht, deutet darauf hin, daß diese eigentlich in der Gesellschaft immer mehr abnimmt. Es weicht die Antithese von Autonomie und Heteronomie. Zwar verschwindet die Herrschaft im traditionellen feudalen Sinne, in der Auseinandersetzung, mit welcher sich die bürgerliche Individualität gebildet hatte. Zugleich werden aber auch die Möglichkeiten der »Individuen« geringer, sich als solche zu betätigen.

---

[13] Vgl. den Abschnitt »{Untersuchung der Vorteile der Arbeitsteilung}«, in: John Stuart Mill, Grundsätze der Politischen Ökonomie [1848], in: John Stuart Mill, Schriften zur Politischen Ökonomie in fünf Bänden, hrsg. von Michael S. Aßländer, Dieter Birnbacher und Hans G. Nutzinger, Bd. 5, hrsg. von Michael S. Aßländer und Hans G. Nutzinger, übers. von Markus Schenkel-Nofz und Florian Wolfrum, Marburg 2016, 1. Teilbd., S. 142–149.
[14] Vgl. den Abschnitt »Von den Gründen und Grenzen des *Laisser-faire-* oder Nichteinmischungsprinzips«, ebd., 3. Teilbd., S. 1075–1116.

Schon die Diskussion der Bedeutung des Problems von Individuum und Gesellschaft im klassischen Liberalismus zeigt, daß die bürgerliche Gesellschaft in ihrem Fortschreiten gar nicht dieses Individuum im emphatischen Sinne hervorbringt, wie ihre Ideologie es zu tun behauptet. Stärker noch zeigt es sich in den nachklassischen Epochen, daß es, statt gestärkt zu werden, Abschwächungen erleidet.

Die Kategorie des Individuums, die in der liberalistischen Auffassung als etwas letztes erscheint, bleibt von der Gesellschaft nicht isoliert und unbehelligt. Individualität wird von ihr nicht honoriert. In dem amerikanischen Wort »individualism« stecken: Initiativfreudigkeit, Vitalität, Robustheit. Käme nun jemand in den USA auf den Gedanken als Positionsträger in der Ideologie als positiv und förderlich dargestellte Eigenschaften in Wirklichkeit umzusetzen – z.B. ständig mit eigenen Vorschlägen hervorzutreten und sich auch um Dinge zu kümmern, die nicht streng in seine Zuständigkeit fallen –, so würde er dadurch wohl nicht »besser vorankommen«, sondern vermutlich gemaßregelt oder entlassen werden.

Obwohl Individualität ein Ideal der Gesellschaft ist, wird der, der sich allgemeinen Normen nicht anpaßt, leicht als komisch gebrandmarkt, was sich beispielsweise in dem amerikanischen Idiom »quite a character« für ein den Normen in irgendeiner Weise nicht entsprechendes, lächerlich wirkendes »Individuum« ausdrückt. Um nicht »quite a character« zu werden, muß man gerade die Individualität auslöschen. Platz für solche aus der Reihe tanzende Individuen – also gerade die Leute, die nicht den Gesetzen von Angebot und Nachfrage gehorchen; nicht bürgerlich sind – ist nur in den präliberalen oder postliberalen Sektoren der Gesellschaft. Sie entstehen höchstens als »Produktionsfehler der Gesellschaft«.

Mit dem fortschreitenden gesellschaftlichen Entwicklungsprozeß gehen nicht nur die realen Möglichkeiten des Individuums, ein solches zu sein, zurück, sondern in der Theorie schwindet das Bewußtsein, daß die Willensakte der Individuen ihrerseits konstitutiv für das soziale System sind, welches in den frühen ökonomischen Theorien durchaus noch vorhanden war, wie auch bei Hegel, für den das Individuum eine komplexe Gesellschaft im Kleinen darstellt, da dieses in seinem eigenen Prozeß die Gesellschaft produziert und reproduziert.

Das Problem der Individualität erscheint somit als Antinomie: Einerseits werden normativ Tugenden der Autonomie gefordert; andererseits wird man faktisch zur Anpassung gezwungen. Praktisch sichtbar wird dies in der ideologischen Funktion der Horoskope (s. »Aberglaube aus zweiter Hand«, Th. W. Adorno in: M. Horkheimer und Th. W. Adorno: »Sociologica II«)[15]. Die Determi-

---

15 Vgl. T[heodor] W. A[dorno], *Aberglaube aus zweiter Hand* [1957], nach einer Übers. von Hermann Schweppenhäuser, in: Max Horkheimer und Theodor W. Adorno, *Sociologica II. Reden und*

nation der Gesellschaft wird in die Sterne projiziert. Andererseits wird aber auch immer wieder zu eigener Aktivität angehalten. In diesen Verhältnissen wird die Dialektik der puren Selbsterhaltung – des Prinzips der bürgerlichen Gesellschaft – sichtbar; oder anders ausgedrückt: eine Verschränkung von Selbsterhaltung und Selbstvernichtung. Die bürgerliche Gesellschaft hat das Individuum im emphatischen Sinne produziert. Das reine Selbsterhaltungsbestreben: der konsequente Konkurrenzkampf zwingt es aber wieder zur Negation seiner selbst.

Die Resultate der bisherigen Diskussion des Problems der Entwicklung der Individualität gelten in erster Linie für den Modellfall des Unternehmers und seiner Qualitäten. Die Begriffe Individualität und Persönlichkeit haben als Produkte der bürgerlichen Gesellschaft ja auch immer zu einem Teil den Charakter des Privilegs.

Für die Arbeiterschaft stellt sich diese Problematik im Positiven wie im Negativen daher anders dar. Wie die Entwicklung hier ist – ob sie vielleicht gegenläufig geht – muß gesondert untersucht werden.

Vorträge, Frankfurt a. M. 1962 (*Frankfurter Beiträge zur Soziologie*; 10), S. 142–167; vgl. GS, Bd. 8, S. 147–176.

375 Hans-Helmut Thielen,
2. Juni 1964

Institut für Sozialforschung
an der J. W. Goethe-Universität

Hans-Helmut Thielen
Soziologie, 5. Sem.

Protokoll zum
Seminar von Prof. Adorno:
Individuum und Gesellschaft

4. Sitzung: *Individuum und Gesellschaft in der bürgerlichen Freiheitsbewegung*

Der das bürgerliche Bewußtsein beherrschende Begriff von Individualität kann nur sowohl als Resultat als auch als Konstituens der bürgerlichen Gesellschaft begriffen werden. Wie diese selbst hat es historischen Charakter. Wird das Individuum als das einzelne gefaßt, worin die je dominierenden Reproduktionsmechanismen der Gesamtgesellschaft sich durchsetzen, so kann es nicht länger wie im naiven Bewußtsein als Naturkategorie, als ein immer sich selbst gleiches vorgestellt werden. Vielmehr ist es historisch entsprungen und in verschiedenen Gesellschaftsformen und besonders: Klassenlagen etwas sehr Verschiedenes.

Die Gestalt des Individuums, wie sie von der bürgerlichen Gesellschaft hervorgebracht wurde, war von Anfang an in sich widersprüchlich. Die Idee der individuellen Freiheit und Selbstbestimmung hat ihr nichtideologisches positives Moment in der Ablehnung unmittelbarer Herrschaft und heteronomer Dogmen. Zur Entfesselung der Produktivkräfte ist die bürgerliche Gesellschaft aufs autonome Individuum angewiesen, während der Tauschmechanismus als Prinzip ihrer gesellschaftlichen Vermittlung lebendige Individualität abschleift und die Einzelnen zur Anpassung aneinander und an die Wechselfälle des naturwüchsigen gesellschaftlichen Ganzen zwingt. Gerade vermöge ihrer absoluten Vereinzelung setzt sich das durch gesellschaftliche Arbeitsteilung irreversibel gemachte Moment ihrer wechselseitigen Abhängigkeit den Individuen gegenüber als Naturzwang durch. Dieser objektive Zwang setzt sich, sozialpsychologisch vermittelt, als Tendenz zur Verachtung des Einzelnen ins Bewußtsein der Individuen selbst fort. Weil die Idee der bürgerlichen Gesellschaft zusammenfällt mit der Konstituierung und Befreiung des Individuums, die bürgerliche Gesellschaft ihrer Struktur nach jedoch ihr Versprechen nicht halten kann, richtet sich eine Wut gegen individuelle Besonderheit, zumal den Einzelnen beim Fehlen unmittelbar persönlichen Zwanges der Ursprung der Repression verborgen bleibt.

Aus diesem Ressentiment heraus resultiert auch das bürgerliche Verständnis der Idee der Gleichheit. In ihrer kleinbürgerlichen Verformung bedeutet sie weniger, daß alle mit den gleichen materiellen Möglichkeiten ihre individuelle Verschiedenheit entfalten können, als vielmehr, daß es keiner besser haben soll als der andere, nach dem populären Motto: Wir sitzen alle in einem Boot. Gerade Marx und Engels bekämpften diese kleinbürgerliche Abneigung gegen jede Art von Glück, den Neid gegenüber andersartigen und die Negation des Gebrauchswerts und der Verschiedenheit der Bedürfnisse.

Die Undurchsichtigkeit des Repressionsmechanismus wird in den Einzelnen durch Verinnerlichung verankert. Sie macht zum Bestandteil der inneren Zusammensetzung des Individuums, was es vorher als Unterdrückung von außen bloß erfuhr. Daher war auch der Sklave, der sich noch im Gegensatz zu seinem Herrn wußte, freier als der »freie« Lohnarbeiter. Als Resultat der Verinnerlichung gesellschaftlichen Zwanges ist, was dem naiven Bewußtsein als Eigenschaften der Persönlichkeit als einer extrasozialen Kategorie erscheint, zutiefst gesellschaftlich vermittelt:

Liebe zur Arbeit als Selbstzweck, Disziplin, Fleiß, Sparsamkeit etc. ermöglichten als solche subjektive Qualitäten mit der fortschreitenden Beherrschung der Natur zugleich eine der Menschen. Das Bürgertum bekämpfte im Namen der Freiheit und Gleichheit die persönliche Abhängigkeit von weltlichen und geistigen Autoritäten nur, um ein Vergesellschaftungsprinzip durchzusetzen, das die Unterdrückung der Massen in einer weniger durchsichtigen Weise besorgte. Daher kommen in der bürgerlichen Gesellschaft die Individuen in einem emphatischen Sinne nicht vor.

Die Tugend ist unter diesen Umständen ein Instrument der Herrschaft. Durch Predigen der Askese wird das Elend des Volkes in eine Tugend verkehrt. Als Ersatz für die Repression darf es den Richter über die Außenseiter spielen. Da die Identität des besonderen und des Allgemeininteresses als Bedingung der persönlichen Autonomie nur partiell durch Zwang hergestellt wird, bedarf dieser noch einer ideologischen Begründung. Im Rekurs auf die Religion wird die Unterwerfung unter die Tugend zur freien Entscheidung für den Schöpfergott, und die »invisible hand« setzt sich in der Sphäre der Transzendenz als deus absconditus fort. In der Französischen Revolution suchte Robespierre sein Tugendideal der Askese durch den verordneten Glauben an ein höchstes Wesen zu befestigen. Sein Kultus bestand in der Verehrung der Tugend. Aus der Notwendigkeit, den Verzicht gegenüber den armen Massen zu legitimieren, entspringt das gesellschaftliche Bedürfnis, sie durch irrationale Veranstaltungen zu befriedigen und durch Antiintellektualismus. Auch bei Luther hängen Verdammung des Genusses und Geistfeindschaft auf das engste zusammen. In diesem Zusammenhang konkretisiert sich ein in der phantasielos-nüchternen bürgerlichen Existenz normalerweise bloß latent vorhandenes irrationales Bedürfnis.

Das 3. Reich z. B. wäre aus sozialpsychologischen Gründen ohne das Brimborium seiner Symbolik nicht möglich gewesen. Rassenkultus, Fahnen, Rangstufen, Massenveranstaltungen etc. erwiesen sich als realitätsgerecht, wie sehr sie auch dem common sense angesichts der technischen ratio der Industriegesellschaft als anachronistisch vorkommen mögen.

Weiterhin sucht sich die bürgerliche Gesellschaft ideologisch zu stabilisieren, indem sie ihren Gliedern einredet, sie hätten sich aus freier Willensentscheidung heraus vertraglich an deren politische Herrschaftsformen gebunden.

Friede und Eintracht, die die bürgerliche Gesellschaft im Gegensatz zu den Stammesfehden primitiver Völker oder selbständiger Fürsten kennzeichnen sollen, haben ebenfalls ideologischen Charakter. Der individuelle Egoismus wird verdammt und in der kollektiven Identifikation zugleich toleriert. Er wird auf gesamtgesellschaftlich sanktionierte Zielhandlungen umgeleitet und dient deren nach außen gerichteten aggressiven Tendenzen. Darin liegt die sozialpsychologische Funktion des Nationalismus, der von der bürgerlichen Gesellschaft nicht zu trennen ist und dessen Tendenzen schon in der Französischen Revolution deutlich wurden.

Diese Revolution intendierte von Anfang an nicht sowohl die radikale Befreiung der Massen als vielmehr die politische Sanktionierung eines sozialökonomisch schon bestehenden neuen Klassengegensatzes.[16] Ihr Anspruch, die Philosophie zu verwirklichen, ist daher Ideologie. Weil die Interessen der Bürger anfangs in der Negation der rechtlichen Ungleichheit und der politischen Ohnmacht mit den Formulierungen der Philosophie übereinstimmten, konnten die

---

16 Vgl. Adornos Vorlesung *Zur Lehre von der Geschichte und von der Freiheit* aus dem Wintersemester 1964/65: *Jedenfalls ist es so gewesen, daß um die Zeit, als die große Französische Revolution stattgefunden hat, die entscheidenden wirtschaftlichen Positionen bereits von dem Bürgertum besetzt waren; das heißt also, daß das manufakturelle und bereits das beginnende industrielle Bürgertum die Produktion beherrschte, während demgegenüber, wie es ja zu jener Epoche von dem großen Soziologen Saint-Simon ausgesprochen worden ist, die feudale Klasse und die mit ihr assoziierten und in der absolutistischen Sphäre zusammengefaßten Gruppen eigentlich an Produktivität im Sinne der gesellschaftlich nützlichen Arbeit kaum mehr einen Anteil gehabt haben. Diese Schwäche des Absolutismus ist die Bedingung dafür gewesen, daß die Revolution hat ausbrechen können, und man wird gerade nach den neueren Forschungen schwer bestreiten können, daß das, was in der Selbstglorifizierung des revolutionären Bürgertums wie eine unbeschreibliche Tat der Freiheit erschien, eigentlich viel mehr eine Verifizierung eines Zustands ist, der bereits gegeben war.* (NaS, IV·13, S. 53f.)

Bürger die Theorie als Ideologie benutzen. Keineswegs aber ist der Begriff aus sich heraus umgeschlagen.

Zwar hat der Rousseausche Begriff der Volkssouveränität das Repressive schon in sich, dessen Ideologie er dann bei Robespierre abgibt. Jedoch geschieht diese Umfunktionierung des Begriffs zur Ideologie des Zwanges als Verinnerlichung, die in der bürgerlichen Gesellschaft die Zustimmung der Beherrschten zum status quo garantiert, und zum harten Terror gegen jene, die diese Zustimmung verweigern, von außen, unterm Druck der gesellschaftlichen Verhältnisse, die dann in die veränderte Begriffsbildung eingehen. Andere mehr liberale als radikal-demokratische Theorien – z. B. Lockes Konzept einer parlamentarisch-repräsentativen Demokratie – erwiesen sich in ihren politischen Konsequenzen als weniger repressiv. Rousseaus Idee der Volkssouveränität lief in der Französischen Revolution auf nackte Herrschaft hinaus. Erst nachdem die Subjekte in sich das Besondere eliminiert haben, können sie freiwillig dem zustimmen, was sich jeweils als volonté générale als Verkörperung und Verwirklichung der Tugend ausgibt.

In Kants Grundlegung zur Metaphysik der Sitten werden Freiheit und Selbstbestimmung der Erfüllung des Sittengesetzes gleichgesetzt.[17] In der formalen Bestimmung der Pflicht als ein vorgegebenes, dem man blind gehorchen muß, liegt das philosophische Sublimat gesellschaftlicher Repression. Das tertium comparationis ist dabei der Begriff der Naturbeherrschung. Ich bin nach Kant frei, wofern ich meine innere Natur beherrsche.[18] In solchen Formulierungen erweist sich Philosophie als an ihre gesellschaftlichen Voraussetzungen gebunden.

Der aus der bürgerlichen Wirklichkeit entspringende Zwang zur Verinnerlichung erscheint auch in Robespierres Tugendideal: Die Menschen sollen einen Instinkt haben, der sie ohne Nachhilfe des Intellekts zur Sittlichkeit befähigt.[19] In

---

17 So heißt es etwa: »Der Satz aber: der Wille ist in allen Handlungen sich selbst ein Gesetz, bezeichnet nur das Prinzip, nach keiner anderen Maxime zu handeln, als die sich selbst auch als ein allgemeines Gesetz zum Gegenstande haben kann. Dies ist aber gerade die Formel des kategorischen Imperativs und das Prinzip der Sittlichkeit: also ist ein freier Wille und ein Wille unter sittlichen Gesetzen einerlei.« (KW, Bd. VII, S. 81 f. [BA 98 f.])
18 Vgl. den Abschnitt »Der Antinomie der reinen Vernunft dritter Widerstreit der transzendentalen Ideen«, KW, Bd. IV, S. 426–433 (B 472–479; A 444–451).
19 Im »Rapport sur les rapports des idées religieuses et morales avec les principes républicains, et sur les fêtes nationales« von 1794 bemerkt Robespierre: »L'idée de l'Être suprême et de l'immortalité de l'âme est un rappel continuel à la justice; elle est donc sociale et républicaine. La Nature a mis dans l'homme le sentiment du plaisir et de la douleur qui le force à fuir les objets physiques qui sont nuisibles, et à chercher ceux qui lui conviennent. Le chef-d'œuvre de la société serait de créer en lui, pour les choses morales, un instinct rapide qui, sans le secours tardif du raisonnement, le portât à faire le bien et à éviter le mal; car la raison particulière de chaque

dem zynischen Spruch »Arbeit macht frei«, der in Auschwitz den Häftlingen Moral einbleuen sollte, verdichten sich die negativen Elemente des bürgerlichen Begriffs vom Individuum: die Repression, die bis in den Tod geht; die Freiheit als Ideologie; die Verabsolutierung sinnloser Arbeit.

Der inneren Widersprüchlichkeit des Individuums in der bürgerlichen Gesellschaft entspricht der Doppelcharakter der Arbeit als der Form seiner Entäußerung. Die abstrakte Arbeit als Substrat der Waren gibt es – wie die abstrakte Individualität – nur unter der Bedingung der Mannigfaltigkeit qualitativ verschiedener Arbeiten und als deren Negation. Die Quantifizierung der Arbeit wird sinnfällig in der Fließbandarbeit.

Dem Individuum in der bürgerlichen Gesellschaft konnten seine inneren Widersprüche noch bewußt werden. Angesichts der heute sich abzeichnenden völligen Integration der Menschen in die verwaltete Produktion und Konsumtion schwindet mit dem Phänomen des unglücklichen Bewußtseins auch die Möglichkeit von Freiheit. Es erhebt sich die Frage, ob die Menschen nicht ihrem Begriffe nach auf das Leben unter repressiven Institutionen angewiesen sind, weil nur diese ihre destruktiven inneren Tendenzen zu zügeln vermögen. In solcher Argumentation wird ein Sachverhalt, der allerdings in aller bisherigen Geschichte sich durchhält, dogmatisch der menschlichen Natur zugeschrieben. In der überschaubaren Geschichte kann man jedoch die repressiven gesellschaftlichen Bedingungen angeben, die das entindividualisierte Leben erzwangen. Überdies zeigte die Tiefenpsychologie die außerordentliche Plastizität der Triebenergie und die Offenheit des menschlichen Verhaltens. Wir wissen heute, daß die destruktiven und neurotischen Tendenzen des Einzelnen wesentlich sekundär sind und mit repressiven gesellschaftlichen Institutionen aufs engste zusammenhängen. Der Trieb läßt sich so weit modifizieren, daß nicht einzusehen ist, warum nicht die psychodynamischen Mechanismen der Verdrängung und blinden destruktiven Triebbefriedigung verschwinden sollen, wenn ihre sozialen Bedingungen wegfallen. Daher kann man aus der bisherigen Geschichte nicht schließen, was überhaupt künftig möglich sein wird.

---

homme, égarée par ses passions, n'est souvent qu'un sophiste qui plaide leur cause, et l'autorité de l'homme peut toujours être attaquée par l'amour-propre de l'homme.« (Discours et Rapports de Robespierre, eingel. und mit. Anm. von Charles Vellay, Paris 1908, S. 347–378; hier: S. 361)

376 Peter Birke, 16. Juni 1964

Peter Birke

Hauptseminar: Zum Problem von Individuum und Gesellschaft

Protokoll über die Sitzung am 16. Juni 1964

Dem Referat über »Individuum und Gesellschaft in der Theorie des Sozialismus«[20] schickte Prof. Adorno die Bemerkung voraus, daß Marx explizit vom Problem des Individuums kaum spricht und das Referat daher die Stellung des Individuums in der Marxschen Theorie nicht ganz klarstellen könne. Das Individuum ist bei Marx vielmehr hinter anderen Begriffen verborgen, zum Beispiel dem der Spontaneität, welche die Aktionen der Individuen meint, insofern ihr ganzes Sein nicht mit dem gesellschaftlichen identisch ist. Man müsse also den indirekten Weg beschreiten und derartige Kategorien analysieren, um durch Extrapolation zu bestimmen, welche Bedeutung dem Individuum hier zukommt und inwieweit diese Kategorie bei Marx doch behandelt wird.

Die Forschung hat bisher noch wenig den an Paradoxie grenzenden Optimismus Marx' bezüglich der Entfaltung des Geistes betrachtet. Wenn er bemerkt, noch der schlechteste menschliche Baumeister sei der besten Biene im Zellenbauen überlegen, denn der Mensch habe den Plan zu seinem Bauwerk schon vor der Ausführung im Kopf,[21] so steckt hinter dieser Behauptung ein grenzenloser Optimismus. Marx meint damit auch, die schlechteste Stufe einer Phase der gesellschaftlichen Entwicklung sei immer noch der vollendetsten Ausprägung der vorausgegangenen Phase vorzuziehen. Das impliziert, daß auch der Kapitalismus in seiner Verfallsform, mit all seinen Widersprüchen besser sei als der höchstentwickelte Feudalismus. – Brecht hat diesen Gedanken weitergetrieben und führt zur Verteidigung der DDR an, ihm sei ein unvollkommener Sozialismus

---

20 Walter Siebel, »Individuum und Gesellschaft in der Theorie des Sozialismus«, UAF Abt. 139 Nr. 13.
21 »Wir unterstellen die Arbeit in einer Form, worin sie dem Menschen ausschließlich angehört. Eine Spinne verrichtet Operationen, die denen des Webers ähneln, und eine Biene beschämt durch den Bau ihrer Wachszellen manchen menschlichen Baumeister. Was aber von vornherein den schlechtesten Baumeister vor der besten Biene auszeichnet, ist, daß er die Zelle in seinem Kopf gebaut hat, bevor er sie in Wachs baut. Am Ende des Arbeitsprozesses kommt ein Resultat heraus, das beim Beginn desselben schon in der Vorstellung des Arbeiters, also schon ideell vorhanden war.« (MEW, Bd. 23, S. 193)

lieber als der beste Kapitalismus;²² das ist aber eine Pervertierung der Marxschen Idee, denn der dort tatsächlich praktizierte, repressive Sozialismus ist ein Widerspruch in sich. – Eine nähere Untersuchung dieser unterschwelligen Züge bei Marx, die sogar das Bewußtsein von den anwachsenden Antagonismen überlagern, würde sicher aus der unfruchtbaren Stagnation herausführen, die die Positionen zwischen der absoluten Marxfeindschaft und dem Marx-Dogmatismus verfestigt hat.

Die Fortentwicklung der Menschen vollzieht sich nach Marx durch dessen Umgestaltung der Natur: Indem der Mensch die Natur verändert, verändert er auch sich selbst, seine eigene Natur entfaltet sich in der Arbeit an der Natur. Die Natur ist bei Marx einerseits nur als vermittelte begriffen, nämlich durch die sie gestaltende Arbeit des Menschen – ein abstrakter Naturbegriff existiert hier nicht. Zugleich wird der Begriff der Natur, mit seinen Implikationen des Naturwüchsigen, Gegebenen, nicht fallengelassen. Wenn er die Arbeit, als Vermittlungsinstanz gegenüber der Natur, verabsolutieren würde, müßte er einer Glorifizierung der Arbeit verfallen; nichts lag Marx ferner. Die Natur wird negiert und als Schranke des Individuums festgehalten. Dr. Schmidt²³ ergänzte, daß gegenüber dem Menschen die Natur eine chaotische Vielgestaltigkeit zeigt, für sich aber gesetzmäßig ist. Ihre Gesetzmäßigkeit wird sichtbar, insoweit der Mensch in der Geschichte die Gesetze der Natur erkennt. Diese erweist sich also als ein durch sich selbst bestimmtes, insoweit sie ein von Menschen bestimmtes ist.

Der von Marx hervorgehobene Vorrang der Produktion, die sich ihre Nachfrage schafft, gilt auch für die geistigen Bereiche: Die Kunstwerke schaffen sich ihr Publikum – sofern sie den emphatischen Anspruch, Kunstwerke zu sein, erfüllen; sie werden nicht für die Ansprüche und den Konsum des Publikums geschaffen. Die Ideologie besteht heute in einer Anbetung der Kunst, weil sie angeblich etwas »bieten« soll, man beurteilt ein Kunstwerk danach, wieviel es einem »gibt«. Von Marx und Hegel wurde noch der Vorrang der autonomen Produktion hervorgehoben.

Wenn Marx doch einmal explizit vom Individuum spricht, so meint er den Menschen als das einzelne Gattungswesen. Die Geschichtlichkeit der Kategorie Individuum wird zwar festgestellt, doch bleibt ihre Genese relativ allgemein. Die verschiedenen Gestalten des Individuums in der Geschichte erscheinen nur als Korrelate der verschiedenen Grade von Fertigkeiten, die sich die Menschen in ihrem Umgang mit der Natur erwerben. Mit der Aneignung dieser »skills« ver-

---

22 Nicht ermittelt.
23 Alfred Schmidt wird 1960 mit der Schrift »Der Begriff der Natur in der Lehre von Marx« in Frankfurt a. M. promoviert.

ändert sich auch das Individuum in seiner inneren Zusammensetzung. Was das Individuum ist, hängt von diesen Fertigkeiten ab, zu denen auch die Intellektuellen wie das Erkenntnisvermögen gehören. Marx kennt also keinen abstrakten »Menschen überhaupt«, sondern immer nur den »sinnlich konkreten«. Er kann einen solchen Menschen an sich auch daher nicht der Gestalt des Individuums, wie sie sich im industriellen Zeitalter darbietet, als »Leitbild« gegenüberstellen. Wenn man den Menschen verbessern will, so muß man damit rechnen, wie er ist, seine Veränderung wird nicht von einem invarianten Bild des Menschen bestimmt.

Bezüglich der Stellung des Individuums zur Gesellschaft hat Marx den Gegensatz zwischen den Auffassungen überwunden, deren eine Position nur das gute, unverdorbene, besondere Individuum im Gegensatz zur Gesellschaft sieht, und deren andere dem Menschen nur insoweit ein Wesen zuerkennt, als er vergesellschaftet ist. Marx erkennt, daß der Mensch durch seine Besonderung hindurch zu einem gesellschaftlichen Wesen und gesellschaftlich orientiert wird. Er hat die Vorstellung, daß nur durch die Individuation, durch die individuellen Fähigkeiten, sich das Allgemeine verwirklicht. Die Produktivität ist eine Funktion der Produktivität und der Fähigkeiten der einzelnen Menschen. Die Kategorie des Individuums ist nicht nur die Negation der Gesellschaft, sondern auch die einzige Form, unter der sich Marx Produktivität vorstellen kann. Die Besonderung des Menschen macht ihn erst zu einem gesellschaftlichen Wesen, dadurch daß ich individuiert bin, bin ich Gemeinwesen. Marx würde sagen, daß dagegen das Individuum des Liberalismus, der rational gemäß seinem Eigeninteresse handelnde und planende homo oeconomicus, gerade nicht Individuum, sondern das schlechte Allgemeine sei, eine Charaktermaske. In ihm setzen sich nämlich die objektiven ökonomischen Gesetze durch und nicht die Individualität. Die Pointe der Marxschen Theorie lautet: Die individualistische Gesellschaft ist deswegen so schlecht, weil es in ihr kein Individuum gibt.

Das Marxsche Wertgesetz erklärte Prof. Adorno dahingehend, daß sich der Wert eines Gutes – bei Marx immer Tauschwert – zunächst nach der gesellschaftlich darauf verwendeten Arbeitszeit bemißt, die sich nach den gesellschaftlichen Produktionsverhältnissen richtet. Diese gesellschaftlichen Relationen werden erst im vollzogenen Tauschverhältnis, also auf dem Markt offenbar. Über den Wert einer Ware wird also letztlich hier auf dem Markt entschieden. Das steht in gewissem Widerspruch zu der Theorie, daß die Marktvorgänge gegenüber der Produktion sekundär seien. Dieses Bewußtsein von der Übermacht des Wertgesetzes hat Marx bereits in den Frühschriften, was in dem Zitat zum Ausdruck kommt, daß der Mensch in der kapitalistischen Produktion von den

Machwerken seiner eigenen Hand beherrscht werde.[24] Dr. Schmidt stellte fest, daß sich die Tendenz, das Übergewicht der versteinerten Verhältnisse zu betonen, von denen der Mensch gleichsam nur noch hinterhergezerrt werde, beim älteren Marx immer mehr verstärkt. Alle Kategorien, die am Anfang noch ein idealistisches, Hegelsches Pathos aufwiesen, modifizieren sich unter dem Eindruck der zunehmenden Entmenschlichung der Arbeit, wie sie Marx in der englischen Industrie kennenlernte. Eine Selbstverwirklichung in der Arbeit ist unter diesen Bedingungen nicht mehr möglich. Die Gesellschaft setzt das Individuum durch die Übermacht des objektiven Produktionsapparates so sehr zum Schein herab, daß es kein Individuum mehr gibt, das sich verwirklichen könnte. Auch der schon angeführte Satz: »Die Produktion schafft sich ihren Bedarf«[25] wird nun zu einem negativen und kritischen Begriff, wohl unter dem Eindruck des Kolonialismus, der den Eingeborenen etwas aufdrängt, dessen sie gar nicht bedürfen.

Marx' bekannteste Absicht ist es, auch Herrschaftsverhältnisse aus ökonomischen Verhältnissen herzuleiten, das ganze »Kapital« dient ja der Analyse des ökonomischen Tauschverhältnisses. Das Referat ergab aber, daß er für die Analyse der kapitalistischen Tauschgesellschaft eigentlich das Klassenverhältnis, das ja ein Herrschaftsverhältnis ist, schon voraussetzt, denn das Individuum ist in seine Klasse, als Besitzer oder Nichtbesitzer von Produktionsmitteln eingespannt und tritt als Verkäufer oder Nachfrager von Arbeitskraft eigentlich gar nicht als Individuum auf. Wenn Marx so das Klassenverhältnis für den Tauschvorgang auf dem Arbeitsmarkt schon voraussetzt, dann durchbricht er seine Theorie, daß auch die Herrschaft aus der Ökonomie folge – deren absoluter Primat wird dann fragwürdig. Beides hat aber seine Wahrheit: Es gibt keine reine abstrakte, von der Ökonomie abgelöste Herrschaftstheorie und auch keine abstrakte Lehre vom Markt, sondern nur eine Theorie vom Leben und der Reproduktion des Lebens der Gesellschaft. Marx kann nicht durch die Soziologie oder die Ökonomie allein gemessen werden, seine Konzeption bezieht sich auf eine Sphäre, die sich dieser arbeitsteiligen Bestimmung verweigert.

---

24 Das Zitat stammt aus dem ersten Band des »Kapitals« [1867] und lautet: »Wie der Mensch in der Religion vom Machwerk seines eignen Kopfes, so wird er in der kapitalistischen Produktion vom Machwerk seiner eignen Hand beherrscht.« (MEW, Bd. 23, S. 649)
25 Bei Marx heißt es: »Nicht nur der Gegenstand der Konsumtion, sondern auch die Weise der Konsumtion wird daher durch die Produktion produziert, nicht nur objektiv, sondern auch subjektiv. Die Produktion schafft also den Konsumenten.« (MEW, Bd. 13, S. 624)

377 Sigrid Schneider, 23. Juni 1964

|*Protokoll des Hauptseminars von Herrn Prof. Adorno*
Sitzung vom 23. 6. 64

Sigrid Schneider|

Zu Beginn der Sitzung verlas Herr Siebel drei Thesen zum Begriff des Individuums bei Marx:[26]

1. Mit der Entwicklung der Produktivkräfte entfaltet der Mensch zugleich auch seine Fähigkeiten. Die Selbstverwirklichung der Menschen ist aber nur soweit möglich, als die objektiven Verhältnisse es erlauben. Die freie Entwicklung der Individuen kann es daher nur in einer freien Gesellschaft gehen. Diese soll die kommunistische Revolution herbeiführen.
2. Die Verwirklichung einer freien Gesellschaft ist Aufgabe des Proletariats, das den »völligen Verlust des Menschen« darstellt.[27] Um diesen Zustand aufheben zu können, muß das Proletariat zu einem wahren theoretischen Bewußtsein und zur Einsicht in seine Lage gelangen. Der Widerstand gegen die Kapitalisten ist nur möglich, solange die Verelendung der Arbeiter nicht so weit fortgeschritten ist, daß sie ihr Leben nicht mehr aus eigener Arbeitskraft reproduzieren. Vernunft, Freiheit und Spontaneität sind damit Bedingungen der Revolution, die diese erst schaffen soll.

---

26 Walter Siebel, »Thesen zum Begriff des Individuums bei Marx«, UAF Abt. 139 Nr. 13.
27 »Wo also die *positive* Möglichkeit der deutschen Emanzipation? *[Absatz]* Antwort: in der Bildung einer Klasse mit *radikalen Ketten*, einer Klasse der bürgerlichen Gesellschaft, welche keine Klasse der bürgerlichen Gesellschaft ist, eines Standes, welcher die Auflösung aller Stände ist, einer Sphäre, welche einen universellen Charakter durch ihre universellen Leiden besitzt und kein *besondres Recht in* Anspruch nimmt, weil kein *besondres Unrecht,* sondern das *Unrecht schlechthin* an ihr verübt wird, welche nicht mehr auf einen *historischen,* sondern nur noch auf den *menschlichen* Titel provozieren kann, welche in keinem einseitigen Gegensatz zu den Konsequenzen, sondern in einem allseitigen Gegensatz zu den Voraussetzungen des deutschen Staatswesens steht, einer Sphäre endlich, welche sich nicht emanzipieren kann, ohne sich von allen übrigen Sphären der Gesellschaft und damit alle übrigen Sphären der Gesellschaft zu emanzipieren, welche mit einem Wort der *völlige Verlust* des Menschen ist, also nur durch die *völlige Wiedergewinnung des Menschen* sich selbst gewinnen kann.« (MEW Bd. 1, S. 390)

3. In den Frühschriften hält Marx das Reich der Freiheit für noch nicht erreicht, solange Notwendigkeit zur Arbeit besteht.[28] Die Arbeit ist aber das Mittel der Naturbeherrschung und damit der Reproduktion des Lebens. Im »Rohentwurf zum Kapital« akzeptiert er ein bestimmtes Maß an Arbeit, das durchaus den Bedürfnissen des Menschen entspricht.[29] Dieses Maß notwendiger Arbeit soll bewußt geplant und auf ein Minimum beschränkt werden. Erst jenseits der Sphäre der materiellen Produktion, in der Freizeit, beginnt für die Menschen die Ausbildung zu vielseitigen, autonomen Individuen.

– Für eine vollkommene Befreiung müßte auch dieser Rest repressiver Arbeit fallen; dies ist auch in der kommunistischen Gesellschaft nicht durchführbar. –

Professor Adorno wandte ein, daß Marx im Gegensatz zu Bacon und den utopischen Sozialisten, besonders Saint-Simon, in der Voraussage technischer Möglichkeiten sehr vorsichtig war. Aufgrund des damaligen Standes der Produktivkräfte konnte er die ungeheure technische Entwicklung und damit Steigerung der Produktivität der Arbeit nicht voraussehen. Doch hütet sich Marx auch, in den Lobgesang auf die Arbeit einzustimmen, wie die Liberalisten es taten.

Professor Adorno meinte, daß durchaus an einen dialektischen Umschlag von Quantität in eine ganz andere Qualität zu denken ist; wenn keine Lebensmittel zur Verfügung stehen, hört das Leben auf. Ist die Arbeit nicht mehr bestimmend für das Leben, so entfallen auch die daraus abgeleiteten Folgerungen, und das Fortbestehen des Reichs der Notwendigkeit wird fragwürdig.

Dr. Schmidt referierte anschließend einige Thesen über den Begriff des Individuums bei Marx. Er bezog sich hauptsächlich auf den »Rohentwurf zum Kapital«, weil dieser eine Stellung zwischen den philosophischen und ökonomischen Schriften einnimmt. Obwohl Marx nur wenig Chancen sieht, wie die Menschen die Gesellschaft als die ihre durchschauen und indem sie sie aktiv gestalten, zu Individuen werden könnten, gibt er den Anspruch des Menschen, Individuum zu sein, nicht auf.

Die menschlichen Beziehungen sind zu einer eigenen Gewalt erstarrt, die die Menschen nicht mehr beherrschen. In der Zirkulation treten sie als selbständige, von den Individuen verschiedene Verhältnisse auf. Die liberale Theorie, die besagt, daß durch die egoistische Verfolgung der Einzelinteressen das Gesamtwohl erreicht werde, wird von Marx als Ideologie entlarvt. Die freien und gleichen In-

---

[28] »Das Reich der Freiheit beginnt in der Tat erst da, wo das Arbeiten, das durch Not und äußere Zweckmäßigkeit bestimmt ist, aufhört; es liegt also der Natur der Sache nach jenseits der Sphäre der eigentlichen materiellen Produktion.« (MEW, Bd. 25, S. 828)
[29] Vgl. etwa MEW, Bd. 42, S. 103–105.

dividuen sind abhängig vom Marktmechanismus und der Bewegung des Kapitals und sind somit nicht das, als was sie sich ausgeben. Die Veränderung und Befreiung der Menschen muß von der Veränderung der ökonomischen Bedingungen ausgehen.

»Nicht die Individuen, sondern das Kapital ist freigesetzt in der Gesellschaft. Freie Konkurrenz ist die Beziehung des Kapitals auf das Kapital als ein anderes«.[30] Die Freiheit der freien Konkurrenz ist demnach illusorisch. Die Individuen reproduzieren nur die bestehenden Verhältnisse, um sich am Leben zu erhalten. Unter diesen Bedingungen ist das Individuum für Marx nicht verwirklicht; er begegnet damit dem Einwand gegen den Sozialismus, daß dieser die Unfreiheit bedeute. Marx nimmt den Liberalismus ernster als dieser sich selbst. Immer wieder wird die Differenz von Begriff und Wirklichkeit aufgezeigt. Der von feudalen Banden gelöste »homo oeconomicus« der liberalen Theorie hat sich zwar schon ein bestimmtes Maß an Freiheit errungen, er entspricht aber noch nicht dem autonomen Individuum.

Diskussion:

Prof. Adorno meinte, daß der Einzelne heute zwar über ein größeres Maß an Freiheit verfüge als es im Feudalismus üblich war, wie Freizügigkeit und Arbeitsverweigerung, dieses Mehr könne aber auch ein Weniger sein. Das Leben des Sklaven sei garantiert gewesen, der Lohnarbeiter könne in der Freiheit zugrunde gehen. Die Freiheit ist immer abhängig von der konkreten Gestalt der Gesellschaft.

In den Romanen der frühindustriellen Revolution (Balzac, Dickens) hätten die Menschen wohl eine neue Individualität, diese zeige sich jedoch in einer besonderen Deformation, nämlich der zum Kauz und Geizhals. Die Individuen fungierten nur als Agenten wirtschaftlicher Interessen.

Je mehr wir gesellschaftliche Individuen seien, desto weniger als individuelle.

Wie Dr. Schmidt sagte, war der Feudalismus objektiv irrationaler als der Kapitalismus, dem einzelnen Bewußtsein erschien er aber klarer und durchsichtiger. Der Arbeitstag gliederte sich eindeutig in eigene Arbeit und solche für den Herrn.

---

30 »Die *freie Konkurrenz* ist die Beziehung des Kapitals auf sich selbst als ein andres Kapital, d. h. das reelle Verhalten des Kapitals als Kapitals. Die innern Gesetze des Kapitals – die nur als Tendenzen in den historischen Vorstufen seiner Entwicklung erscheinen – werden erst als Gesetze gesetzt; die auf das Kapital gegründete Produktion setzt sich nur in ihren adäquaten Formen, sofern und soweit sich die freie Konkurrenz entwickelt, denn sie ist die freie Entwicklung der auf das Kapital gegründeten Produktionsweise; die freie Entwicklung seiner Bedingungen und seines als diese Bedingungen beständig reproduzierenden Prozesses. Nicht die Individuen sind frei gesetzt in der freien Konkurrenz; sondern das Kapital ist frei gesetzt.« (Ebd., S. 550)

Für Marx war es bedeutend schwieriger, diesen Doppelcharakter der Arbeit in der kapitalistischen Gesellschaft aufzuzeigen.

Prof. Adorno wies dann auf einen vermeintlichen Zirkelschluß bei Marx hin, wie er in der zweiten These von Herrn Siebel expliziert worden war. Da die Veränderung der Gesellschaft nur von schon freien und autonomen Individuen ausgehen kann, die Gesellschaft aber gerade die Erlangung dieses Bewußtseins verhindert, kommt es nie zur Ausbildung von Individuen und damit auch nicht zur Revolution und freien Gesellschaft. Doch nach Marx sollte es zu einem dialektischen Umschlag von Repression in Freiheit kommen derart, daß die Arbeiter gezwungen durch die extreme Notlage zur richtigen Einsicht gelangten.

Dazu kamen mehrere Bedenken. In der »Deutschen Ideologie« sei Marx der Auffassung, daß erst die Revolution die Veränderung des Bewußtseins bringen werde.[31] Das Bewußtsein könne die Entwicklung zwar beschleunigen, es spiele aber keine so große Rolle. Das Individuum komme erst im Kampf zu sich. Die Rolle des theoretischen Bewußtseins im Verlauf der Revolution sei bei Marx nicht ganz stimmig. Einmal sei die Revolution Voraussetzung des theoretischen Bewußtseins, andererseits setze die Revolution theoretisches Bewußtsein voraus.

Weiterhin wurde eingewandt, daß der Einzelne die bestehenden gesellschaftlichen Zustände nicht aufheben könne, durch einen Zusammenschluß zur Organisation wäre es aber möglich, eine fortschrittlichere Gesellschaftsordnung zu erreichen, – wie es sich etwa bei den Entwicklungsländern im Kampf gegen den Kolonialismus zeige. –

Prof. Adorno erwiderte darauf, daß schon Lenin daran zweifelte, daß die Arbeiterschaft sich ohne Avantgarde erheben könnte.[32] Die Arbeiter müßten von

---

31 In der »Deutschen Ideologie« [1932] von Marx und Engels heißt es etwa: »Innerhalb der kommunistischen Gesellschaft, der einzigen, worin die originelle und freie Entwicklung der Individuen keine Phrase ist, ist sie bedingt eben durch den Zusammenhang der Individuen, ein Zusammenhang, der teils in den ökonomischen Voraussetzungen besteht, teils in der notwendigen Solidarität der freien Entwicklung Aller, und endlich in der universellen Betätigungsweise der Individuen auf der Basis der vorhandenen Produktivkräfte. Es handelt sich hier also um Individuen auf einer bestimmten historischen Entwicklungsstufe, keineswegs um beliebige zufällige Individuen, auch abgesehen von der notwendigen kommunistischen Revolution, die selbst eine gemeinsame Bedingung ihrer freien Entwicklung ist. Das Bewußtsein der Individuen über ihre gegenseitige Beziehung wird natürlich ebenfalls ein ganz andres und daher ebensowenig das ›Liebesprinzip‹ oder das Dévoûment wie der Egoismus sein.« (MEW, Bd. 3, S. 424f.)
32 Vgl. W. I. Lenin, Was tun? Brennende Fragen unserer Bewegung [1902], in: W. I. Lenin, Werke, hrsg. vom Institut für Marxismus-Leninismus beim ZK der KPdSU, übers. vom Institut für Marxismus-Leninismus beim Zentralkomitee der SED, Bd. 5, 3. Aufl., Berlin 1959, S. 355–551.

den Intellektuellen mit revolutionärem Gedankengut infiltriert werden, da die Verelendung nicht so eingetreten sei, wie Marx es sich gedacht hatte. Für die zurückgebliebenen Länder sei es womöglich wahr, daß die Individuen im Kampf zum rechten Bewußtsein durchdringen, weil sie noch nicht so sehr verwaltet und noch zu größerer Spontaneität fähig seien.

Die Mystifizierung des Proletariats hänge mit der Enttäuschung über die reale Entwicklung zusammen, die ganz anders verlaufen sei, als die Theoretiker des Proletariats sie sich vorgestellt hatten. Die charismatische Rolle des Proletariats sei denn bei Lukács auch mit dem Hegelschen absoluten Geist identifiziert worden.[33]

Marx' Methode der Negation des Bestehenden beinhaltet keine positive Theorie des Individuums, auch keine Psychologie. Individualität als Gegenteil des herrschenden Bewußtseins gibt es nicht, die Individuen sind bis heute Charaktermasken gesellschaftlicher Kräfte, und die Bemühung Individuum zu werden, ist mit Gefahr verbunden.

Die Befreiung von einem Teil der Arbeit zwingt zum Konsum, und damit wird die Fesselung an das System noch enger. Wie ein Leben ohne Arbeit aussieht, weiß man nicht, ebensowenig was Individualität ist.

Anschließend folgte das Referat von Herrn Shapiro:
Zur Problematik des Individuums in der griechischen Kulturgeschichte.[34]

Es stützte sich im wesentlichen auf Jacob Burckhardt. Diesem zufolge lagen die Ursprünge der griechischen Individualität in der Entstehung der Polis, dem Aufstieg der Geldwirtschaft und dem erweiterten Handel im 6. und 7. Jahrhundert v. Chr.[35] Die Individuen entwickelten sich im Wettstreit miteinander zu Gleichen und Freien. Der Agon bestimmte die Ausbildung der Aristokraten. Mit zunehmender Demokratisierung verlor die aristokratische Schicht ihren Einfluß, der Agon wurde zur politischen und ökonomischen Konkurrenz aller, die Individuen zu Funktionen des ökonomischen Selbstinteresses.

---

33 Vgl. den Abschnitt »Die Verdinglichung und das Bewußtsein des Proletariats«, in: Georg Lukács, Geschichte und Klassenbewußtsein. Studien über marxistische Dialektik [1923], in: Georg Lukács, Werke, Bd. 2, Neuwied und Berlin 1968, S. 161–517; hier: S. 257–397.
34 Jeremy J. Shapiro, »Zur Problematik des Individuums in der Griechischen Kulturgeschichte«, UAF Abt. 139 Nr. 13.
35 Vgl. hier und im folgenden den Abschnitt »Der koloniale und agonale Mensch«, in: Jacob Burckhardt, Griechische Kulturgeschichte. Vierter Band [1902], in: Jacob Burckhardt, Gesammelte Werke, Bd. VIII, Darmstadt 1957, S. 59–159.

Prof. Adorno zweifelte an der These, daß die Individuen sich im Konkurrenzkampf bildeten, weil die Konkurrenz nur ein gesellschaftliches Epiphänomen sei.

Nach Burckhardt wurde die Emanzipation des Individuums aus der Sippenorganisation vom Staat garantiert, der die erreichte Freiheit für die Einzelnen sichern sollte, sie in seiner Machtstellung aber auch zugleich beschränkte.

Anstelle des Genos und der patriarchalischen Familie trat die legale politische Ordnung der Polis, die als großer Markt- und Tauschplatz neue Klassenstrukturen hervorbrachte. Das wirtschaftliche Wachstum, das wesentlich auf der Ausweitung beruhte, akkumulierte Reichtum bei den Kaufleuten und Handwerkern, während die in der Konkurrenz unterlegenen Bauern verarmten.

Die demokratische Regierung – mit der Einführung der Wahl, Veröffentlichung der Gesetze, allgemeiner Beteiligung an den Ämtern, individueller Rechtsfreiheit – war das Resultat von Revolutionen und Konflikten zwischen den Klassen. Damit war den Individuen über die Verpflichtung und Bindung an die Polis, als der gemeinsamen Autorität, freie wirtschaftliche und persönliche Entwicklung zugesichert. Im Schutze der Demokratie erstarkten die Individuen und setzten die Verfassung außer Kraft, sobald private Macht und Wirtschaftsinteressen sich der Rechtsprechung bemächtigten. Die verschärfte Konkurrenz vertiefte die Klassenspannungen und sprengte die Polis.

Der Sieg des wirtschaftlichen Individualismus engte den Begriff des Individuums auf ökonomische Kategorien ein und machte ihn damit wieder zunichte.

Prof. Adorno bemerkte, daß Burckhardts Gesellschaftstheorie vom Ursprung und Verfall des Individuums den ersten Versuch darstelle, die Kategorie des Individuums mit Inhalt zu füllen. Man müsse sich aber hüten, die Freiheit des Einzelnen in der antiken Gesellschaft zu romantisieren. Die wichtigste Auffassung von Burckhardt sei die, daß die Individuen ihre Größe nur in der Identifikation mit der Polis erreicht hätten und zugrunde gingen, als sie mit ihrer errungenen Macht und Autonomie die Polis zerstörten.

Der Ansatz von Burckhardt sei dem von Marx entgegengesetzt, da er mehr vom Überbau als vom Unterbau ausgegangen sei.

Zu fragen wäre, ob das Individuum als geistige Reflexionsform von kulturellen oder von materiellen Bedingungen abhängig sei.

378 Horst Steiger, 30. Juni 1964

Horst Steiger   Sommersemester 1964

Protokoll der Seminarsitzung vom 30. Juni 1964

Thema der Stunde: Das Verhältnis von Individuum und Gesellschaft in der griechischen Antike

Zu Beginn der Stunde wurde zunächst der Schluß des Referats: Zum Problem der Individualität in der griechischen Kulturgeschichte (J. Burckhardt) verlesen.

Zur Einleitung der Diskussion wies Prof. Adorno auf die Unterscheidung zwischen dem Individuum als realer Kategorie einerseits und dem Individuum, wie es in der griechischen Philosophie erscheint, hin. Die Epoche der Demokratie bis hin zum Hellenismus war ein Zeitalter des Individualismus. Gerade die Entfesselung des Individuums bildete die Voraussetzung des geistig-philosophischen Klimas in Athen, ohne das die Philosophie niemals zur allbeherrschenden Macht in Griechenland geworden wäre. Auf der anderen Seite aber spielt der Begriff des Individuums gerade in der griechischen Philosophie eine geringere Rolle als in der neueren. Die größere Bedeutung des Individuums in der neueren Philosophie führte Prof. Adorno auf die Lehre von der Unsterblichkeit der Seele als spezifisch christliche Konzeption zurück. Man findet zwar schon bei Platon Anklänge an eine solche Lehre, jedoch bleibt sie bei ihm auf das Denkvermögen des Individuums beschränkt, d. h. auf sein Allgemeines und nicht auf seine Individualität. In der Antike kann also von einer expliziten Lehre der Individualität nicht gesprochen werden.

Anschließend trug Frl. v. Alth ein Koreferat zum o. g. Thema vor.[36] Es ging über Burckhardt hinaus und warf die Frage auf:

Ist die Kultur, d. h. der geistige Überbau, oder der ökonomische Unterbau für das Individuum konstituierend?

Die Ägypter und Phönizier hatten zur gleichen Zeit wie die Griechen einen hohen Stand materieller Kultur. Wie kam es aber zu einer Ausbildung von Individuen bei den Griechen, während sich bei den Ägyptern und Phöniziern eine solche Entwicklung nicht beobachten ließ?

---

[36] Ein entsprechender Referatstext von Michaela von Alth, nachmals von Freyhold, wurde nicht aufgefunden.

Für Burckhardt waren die Herrschaftsverhältnisse bedeutend zur Ausbildung der Individualität. So muß z. B. ein bestimmtes Verhältnis zwischen Bürgern und Heloten bestanden haben, damit die Bürger überhaupt die Möglichkeit hatten, zu Individuen zu werden. Außerdem mußten einzelne Gruppen imstande gewesen sein, sich der Staatsgewalt zu entziehen. Das war erst möglich in der Epoche des griechischen Kolonialismus, in der man in andere Länder ausweichen konnte.

Schließlich diente noch der Tauschplatz (Markt) zur Ausbildung der Individualität bei den Griechen. Dabei geht Burckhardt vom geistigen Tauschplatz aus, dessen Voraussetzung aber der materielle Tauschplatz (Athen) bildete.

Die Polis bekommt nun die entscheidende Bedeutung. Sie produziert Individuen, gipfelt aber selbst in ihnen. Geht die Polis – das Allgemeine – unter, dann wird auch der Individualität – dem Besonderen – die Basis entzogen; sie wird substanzlos, rein zufällig. In der Polis stehen die Individuen in notwendigem Gegensatz zueinander. Der Staat hat die Aufgabe, diesem Hang zur Gegnerschaft der Individuen zu begegnen. Damit schränkt er die Individualität in gewisser Weise ein. Der Verinnerlichungsprozeß, der daraufhin einsetzt, bedingt die Ausbildung neuer individueller Qualitäten in der Polis.

Die Diskussion wurde fortgesetzt mit der Erörterung des Begriffes der gesellschaftlichen Krise (im Gegensatz zur politischen oder ökonomischen Krise) bei Burckhardt.[37] Die Krise der Gesellschaft beginnt dann, wenn die Kultur den Staat umzuformen beginnt; die Menschen werden unkritisch in der Wahl ihrer Mittel. Dabei wurde an das Beispiel der Französischen Revolution erinnert: Die augenblicklichen Träger der Revolution werden von ihren Nachfolgern beseitigt und damit auch ihre Ideen. Das gleiche geschah später mit der Polis: Durch dauernde Reibereien der Stadtstaaten gingen sie schließlich unter.

Dazu bemerkte Prof. Adorno, daß die Krise praktisch schon in der Poetik des Aristoteles zu sehen ist. Diese Poetik kann man als Wirkungsästhetik bezeichnen, weil sie den Wert eines Dramas an der Wirkung auf das Publikum mißt. Das war der Tradition der griechischen Tragödie fremd.

Die Referentin fuhr fort, daß sich die Entwicklung des Individuums auch in der Diskussion um die Begriffe ›nomos‹ und ›physis‹ zeigt.[38] Als Zusammenfassung ergibt sich, daß sich das Individuum nicht aus der ›Bildung‹ konstituiert, sondern aus der Auseinandersetzung mit der Natur.

Anschließend warf Prof. Adorno noch einmal die Frage auf: Ist der Ursprung des Individuums ein Geistiges, von der Kultur bedingtes, oder kann man diesen

---

37 Vgl. den Abschnitt »Der hellenistische Mensch«, ebd., S. 395–604; hier v. a. S. 469–519.
38 Zumal in der sophistischen Aufklärung des fünften Jahrhunderts ist die Frage nach dem antithetischen Verhältnis zwischen ›Nomos‹, dem Gesetz, das auf Vereinbarungen beruht, und ›Physis‹, der Natur mit ihren unwandelbaren Eigengesetzlichkeiten, zentral.

Ursprung auf den realen Produktionsprozeß, auf Herrschaft über die Natur zurückführen?

Die Begriffe Kultur und Individuum gehen nicht ineinander auf. Man kann nicht sagen, es gebe soviel Kultur wie Individuen und umgekehrt. Vielmehr gehören diese beiden Begriffe als Momente eines Spannungsverhältnisses zusammen. Die Kategorie des Individuums ist der Kultur im Grunde immanent. Dieses Spannungsverhältnis verbietet es, eine Kategorie auf die andere zu reduzieren oder abzuleiten. Beide Kategorien sind aufeinander bezogen. Sie bilden Reflexionsformen der Auseinandersetzung mit der Natur.

Das Individuum kann also nicht einfach aus dem geistigen Überbau abgeleitet werden, wie es Burckhardt getan hat.

Auf die Entgegnung einer Seminarteilnehmerin, daß man Burckhardt nicht einfach auf diese Kulturthese festlegen könne – sie erinnerte dabei an die Ausbildung eines individuellen Herrschertyps bei Burckhardt – erklärte Prof. Adorno, daß sich bei Burckhardt Herrschaft und Kultur nicht vereinbaren lassen; denn Herrschaft ist mit Roheit verbunden. Burckhardt übersieht aber dabei, daß die Konstitution des Individuums, welches Geschmack entwickelt, mit der Konstitution von Herrschaftsverhältnissen einhergeht. Prof. Adorno erinnerte daran, daß die Idee des Individuums selbst nichts weiter als die Sozialisierung des feudalen Begriffs des ›Herren‹ sei.

Anschließend wurde das Problem von Form und Inhalt aufgeworfen. Ein Seminarteilnehmer bemerkte dazu, daß Individualität betrachtet werden könne als etwas, was der Formung widerstrebt.

Darauf entgegnete Prof. Adorno, daß gerade die mangelnde Vermittlung zwischen Form und Inhalt einer der Hauptvorwürfe gegen die griechische Philosophie sei. Das Individuum hat zwar Eingang gefunden in die griechische Philosophie, als Besonderes kommt es jedoch dort nur in abstracto vor. In der ganzen Antike hat etwas an dem gefehlt, was wir heute Individuum nennen. Prof. Adorno führte diesen Mangel in der philosophischen Konstruktion des Individuums in der Antike auf die fehlende Erfahrung der Griechen zurück. Aber gerade die Kategorie des Individuums ist eine entscheidend historische Kategorie und damit auch vergänglich.

Die Referentin bemerkte zu diesem Problem, daß die Reflexion über das Individuum in der Antike deswegen gefehlt hat, weil es als selbstverständlich angesehen wurde. Es wurde erst dann wirklich, als es für die Griechen problematisch wurde, Individuen zu bleiben.

Das Individuum ist nicht ein biologisches Einzelwesen im unmittelbaren Sinn, erwiderte Prof. Adorno, sondern eine Reflexionskategorie. Es setzt voraus, daß es sich seiner Individualität, d. h. seiner selbst bewußt ist. Dieses Selbstbewußtsein gewinnt das Individuum erst im Unterschied und im Gegensatz zu anderen. Nur so reflektiert es sich als ein Geistiges. Ein solches Individuum als Reflexionskategorie (z. B. Hamlet) existierte in der Antike tatsächlich noch nicht. Selbst bei Kant spielte das Individuum nur insofern eine Rolle, soweit sich in ihm das Allgemeine verwirklichte.

Das Individuum ist eine gesellschaftliche Kategorie, ehe es eine Naturkategorie ist. Zur Individualität kommt es genau soweit, wie innerhalb des gesellschaftlichen Gesamtprozesses so etwas wie Individualität verlangt wird. Das Individuum antwortet auf etwas Gesellschaftliches; nur so weit individuelle Tugenden gefragt werden, gibt es individuelle Tugenden. Das Kernprinzip bildet dabei: identisch sein mit sich, verschieden von anderen sein, d. h. Ausbildung eines festen Ich, weil die Anforderungen im Produktionsprozeß es verlangen. Die Gesellschaft honoriert ein solches Verhalten in starkem Maße.

Die Anforderungen an ein starkes Ich fehlten in der Antike; denn die materielle Reproduktion des Lebens wurde von Sklaven besorgt. Der Vorwurf, die Griechen hätten an technischen Errungenschaften der Nachwelt nichts Besonderes überliefert, ist unberechtigt. Die technischen Kenntnisse der Griechen entsprachen etwa unserem Stand der Technik im 17. Jahrhundert. Jedoch wurden diese Kenntnisse nicht ausgenutzt, weil kein Bedürfnis danach bestand: Die billige Sklavenarbeit enthob die Griechen der Anstrengung, die technischen Produktivkräfte anzuwenden.

Gesellschaftlich vermittelt sein heißt: Du mußt Individuum sein, Du mußt konsequent sein, auf Dich muß Verlaß sein, damit Du gesellschaftlich verwertbar bist. Wenn die Tugenden der Zuverlässigkeit, die zur Identität gehören, fehlen, dann hat dieses Individuum wenig Chancen; in der bürgerlichen Gesellschaft ist das ein Mensch, der tendenziell seine Schulden nicht bezahlt.

Die Momente der Selbsterhaltung, die in der Antike nur eine geringe Rolle gespielt haben, führen, als entscheidend bürgerliche Kriterien, zur Selbstreflexion: Individualität ist Selbstreflexion der Selbsterhaltung unter dem Zwang einer rationalisierten Tauschgesellschaft.

379 Gundel Kordatzki, 7. Juli 1964

Prof. Adorno – Hauptseminar:
Zum Problem von Individuum und Gesellschaft

Protokoll der Sitzung vom 7. Juli 1964

Einleitend zum Referat »Kritik am Liberalismus als Kritik an der Individualität«[39] sagte Prof. Adorno, manche der Zuhörenden mögen wohl, wenn sie von vergessenen Soziologen wie Othmar Spann und Albert Schäffle hören, fragen, warum man sich mit ihnen abgeben solle; die dogmengeschichtliche Betrachtungsweise gehöre doch nur an den Rand der Soziologie. Er glaube dagegen, daß es im Bereich der Soziologie einen Begriff des Überholten und Veralteten, wie er in den mathematischen Wissenschaften durchaus existiert, nicht gibt. Die Wahrheit schatte sich hier sehr vielfältig ab. Er glaube nicht, im Verdacht des Synkretismus zu stehen, wenn er auch dieser Betrachtungsweise Gewicht beimißt. Neues an dogmengeschichtlichen Dingen könne man nur beibringen, wenn es von einem Entwurf der Gesellschaft her konzipiert sei. (Übrigens habe gerade Spann in Österreich auch heute noch weitreichende Bedeutung). In der Dogmengeschichte sei ein Reichtum der Aspekte zu finden, der in der konsequent durchgebildeten Theorie leicht verloren geht. Man möge deshalb diese Betrachtungsweise nicht nur tolerieren, sondern in ihr die Hegelsche Konzeption entdecken, die die Geschichte als ein Stück der sich entfaltenden Objektivität der Sache selbst begreift.

Für die Diskussion gab Prof. Adorno die Anregung, nicht den Organizismus zu widerlegen, was schon oft genug geschehen sei; man möge die Courage besitzen, zu fragen, was in dieser organizistischen Theorie an Wahrem drinstecke, was sie richtig gesehen habe. Selbst in den abstrusesten Gedankengängen, selbst wenn Metaphern verdinglicht werden, habe sie doch Dinge beigebracht, die von einer nicht-borniertenTheorie aufgenommen werden sollten.

Im Referat wurde zuerst die Liberalismus-Kritik von Othmar Spann behandelt. Ein zentraler Punkt seiner Kritik ist das »absolute« Individuum, das seine Fähigkeiten

---

39 Gisela Zimpel, »Kritik am Liberalismus als Kritik an der Individualität (Othmar Spann/Albert Schäffle)«, UAF Abt. 139 Nr. 13.

aus sich selbst heraus, vor jedem Zusammentreffen mit anderen Individuen, also ohne Anteil eines gesellschaftlichen Zusammenhanges entwickelt.⁴⁰

Dies sei, wie Prof. Adorno bemerkte, eine Anspielung auf Leibniz' Theorie, nach der jede Monade kraft prästabilierter Harmonie das ganze Universum in sich vorstellt. Diese Kritik am Individualismus verfahre nach dem bewährten Schema, sich zuerst eine Vogelscheuche aufzubauen, um sie dann mit großem Aufwand abzuschießen.

Der Universalist Spann stellt diesem absoluten Individuum das in die Gesellschaft als Glied gebundene gegenüber. Die Gesellschaft ist eine Ganzheit, die zu ihrer Konkretisierung des Einzelnen bedarf. Im Individualismus wird der Begriff des Allgemeinen ausgeschaltet; der Universalismus dagegen behält den Begriff des einzelnen bei »indem man zum Allgemeinen als zu seinem höheren Ganzen aufsteigt«. (Spann.)⁴¹

Prof. Adorno warnte vor der äußersten Abstraktheit und Formalität von Begriffen wie Ganzheit oder Glied. Man möge nachdenken, ob dieses Ganze auf den Begriff der Ganzheit zu bringen und mit dem theologischen Begriff der »Bindung« zu fassen sei, oder ob man nicht vielmehr einen mechanistischen Zusammenhalt vertreten müsse. Wenn man Spanns Theorie hört, könne man gut verstehen, warum bei Max Weber die Wertfreiheit zu einem solch zentralen Punkt wurde: Anfangs logisch-formale Kategorien werden unvermerkt mit Werten beladen, ohne daß dieses Verhältnis expliziert wird, in dem diese Kategorien plötzlich als solche höherer Dignität erscheinen. Für Ganzheit werde der Begriff der Bindung eingeführt: Akzente würden auf Wünschbares gesetzt. *Warum* etwas so sein soll, gehe nicht hervor aus der Theorie Spanns. Ähnliche Theorien wie die Spanns, daß das Individuum erst in der Gemeinschaft mit anderen zum eigentlichen Menschen werde, könne man auch bei Hegel und Marx lesen, nur ohne solche Akzentsetzung.

Im Referat wurde dann die Analogie zwischen Gesellschaft und Organismus, wie Spann sie konzipiert hat, ausgeführt: Die gesellschaftlichen Institutionen verhalten sich in ihrer geistigen Wechselwirkung zueinander wie die Organe im biologischen Körper; alle Tätigkeiten sind sinnvoll zueinander geordnet. Sie bilden in sich eine Hierarchie, wo jeder Individualität eine »nächsthöhere Indivi-

---

40 In Spanns Schriften finden sich etliche Passagen, die das Gemeinte ausführen; vgl. etwa den Abschnitt »Der Universalismus oder die Ganzheitslehre«, in: Othmar Spann, Gesellschaftslehre [1914], 2. Aufl., Leipzig 1923, S. 85–183.
41 Bei Spann heißt es etwa: »*Der Allgemeinbegriff ist nicht leer, sondern hat die Fülle seiner Glieder potentiell in sich; das Glied ist nicht nur von seinen einmaligen Eigenschaften voll, sondern hat auch das Allgemeine seiner höheren Ganzheit in sich.*« (Othmar Spann, Geschichtsphilosophie, Jena 1932 [Ergänzungsbände zur Sammlung Herdflamme; 5], S. 104)

dualität« (Spann) übergeordnet ist, zum Beispiel Familie – Gemeinde usw. bis Gott. Individualität ist also »ein Kollektiv, das vom Individuum Abhängigkeit, Opferbereitschaft und Hingabe erheischt«.[42]

Hier gab Prof. Adorno einen – wie er sagte: pädagogischen – Hinweis: Wie im Reagenzglas könne man an dieser Theorie e contrario lernen, einem Denken nicht zu verfallen, das Kierkegaard als Prämissen-Denken bezeichnet hat.[43] Es wäre geistige Enge, wenn man die Berechtigung nicht anerkennen wollte, die die positivistische Kritik an Spann hat. Sie insistiert darauf, sich der Sache zu überlassen, und nicht wie Spann, die Sache darauf einzurichten, was herauskommen soll. Es sei charakteristisch für restauratives Denken heute, sich als rein wissenschaftliche Betrachtung der Sache selbst zu geben, durch Manipulationen aber genau darauf hinauszulaufen, was gewünscht wird. Man könne nicht von vornherein die Begriffe so organisieren, daß schließlich an der Spitze der Hierarchie der liebe Gott herausschaut. Hier könne man beobachten, was man mit »ideology in action« bezeichnet und wie es zu Ideologien überhaupt kommen kann (auch zu der heutigen Theorie, die behauptet, daß es keine Ideologien mehr gibt und sie selbst auch keine ist).

Im Referat wurde dann auf Spanns Kritik an der »mechanistischen« Gesellschaft und am »utilitaristischen« Staat eingegangen: Im Gegensatz zum Liberalismus, wo der Staat als notwendiges Übel begriffen wird (laut Spann), kann sich im Universalismus der einzelne als Glied in einem sinnvollen Zusammenhang fühlen, wodurch die Erfahrung von Antagonismen von vornherein ausgeschlossen wird.[44]

Diese Gedankengänge waren, wie Prof. Adorno bemerkte, im Nationalsozialismus oppositionell und berührten sich doch mit faschistischem Gedankengut (z. B. Schmähung des autonomen Denkens, organischer Zusammenhang der Glieder, Kritik des formalen Rechts). Antagonismen in der Gesellschaft könnten nicht durch subjektives Selbstbewußtsein (wie der Gliedhaftigkeit) ausgeschaltet werden; sie seien eine reale Gewalt in der Gesellschaft. Jemand meinte darauf, es sei ein typischer Zug des Nationalsozialismus, reale Probleme in die Ideologie abzuwälzen. Mit richtiger Einstellung zeige sich die Welt als richtig. Prof. Adorno sagte dagegen, der Hitler-Faschismus sei weniger ideologisch als Spann gewesen.

---

42 Vgl. den Abschnitt »Das Verhältnis des Allgemeinen und des Einzelnen aus dem Stufenbau der Ganzheiten erklärt«, ebd., S. 100 – 111.
43 Vgl. die Ausführungen Kierkegaards über »Prämissen« und über »Prämisse-Schriftsteller« in der »Einleitung« in: Sören Kierkegaard, Das Buch über Adler [1872], in: Sören Kierkegaard, Gesammelte Werke, 36. Abt., übers. von Hayo Gerdes, Düsseldorf und Köln 1962, S. 7 – 28.
44 Vgl. den Abschnitt »Die Einheit der Anstalten oder der Staat«, in: Spann, Gesellschaftslehre, a. a. O. (s. Anm. 40), S. 455 – 469.

Eine Kommilitonin verwahrte sich dagegen, Spann mit der Parallele zum deutschen Faschismus Unrecht zu tun. Prof. Adorno sagte, Spann sei seiner subjektiven Überzeugung nach kein Faschist gewesen, wenn er auch einen autoritären Staat, zwar mit humanem Rechtscharakter, schaffen wollte. Der objektive Gehalt der Theorie tendiere aber zum Faschismus.

Die Referentin ergänzte, daß sich der Nationalsozialismus mit dem Universalismus in wissenschaftlicher Form auseinander gesetzt habe. Letzterer hätte aber für den Geschmack der Nationalsozialisten dem Rassenbegriff nicht genügend Rechnung getragen und sei zu sehr christlich beeinflußt gewesen.

Spann leugnet soziale Spannungen und Divergenzen nicht; sie beruhen jedoch nur auf der Unvollkommenheit einzelner Glieder, die sich dadurch selbst zum Untergang bestimmen. Zu dem Zitat von Spann: »Durch diese Selbstreinigung sorgt der liebe Gott dafür, daß ihm das Böse nicht über den Kopf wachse«,[45] sagte Prof. Adorno, dies sei höchste Blasphemie. Wenn Spann schon Gott in die Soziologie einführe, dann sei er als Allmächtiger dagegen gefeit, daß das Böse zu viel Macht gewinnt. Theologie werde hier nicht mehr ernstgenommen. Sie sei ausgehöhlt durch säkularistisches Denken, und nur noch eine Parodie dessen, was sie in besseren Tagen war. Einen derartigen Satz könne man nur noch finden in der äußersten Abflachung der Aufklärung, zum Beispiel bei Christian Wolff.

Für Spann ist die Staatsgewalt eine Norm, die keiner Kontrolle untersteht. Er legt besonderen Wert auf die Stände, in denen er die eigentlichen Träger der Souveränität sieht. Vorbild ist ihm der mittelalterliche Feudalstaat.

Im Referat wurde dann auf Spanns Kritik an den liberalen Forderungen der Freiheit, Gleichheit und Gerechtigkeit eingegangen; Freiheit des Individuums kann sich nach universalistischer Auffassung nur in der Gesellschaft verwirklichen. Am Ende bedeutet sie »Unterwerfung des Individuums unter die Erfordernisse der Gesellschaft zwecks Vervollkommnung seiner selbst, – vor allem aber wieder: zwecks Vervollkommnung der Gesellschaft«. Er definiert also den liberalen Begriff der Freiheit neu für die Erfordernisse des universalistischen Systems. Den Begriff der Gleichheit lehnt er völlig ab; er bedeutet für ihn eine jeder organischen Gliederung widersprechende Nivellierung. Der Gerechtigkeit im individualistischen Sinn stillt Spann eine neue Definition gegenüber, gemäß der die Gerechtigkeit die richtige Korrelation zwischen den Ansprüchen des Individuums und denen der Gemeinschaft zum Inhalt hat.

Spann hat richtig erkannt, daß das Individuum von der Gesellschaft total abhängt. Prof. Adorno widersprach hier: sowohl dem Bewußtsein als auch dem Handeln nach könne das Individuum der Gesellschaft autonom gegenübertreten,

---

45 Dies und das folgende Zitat entstammen dem Referat.

wenn auch in begrenztem Sinn. Aus der totalen Vergesellschaftung werde eine Norm gemacht, ohne daß gedacht wird, daß in einer befreiten Gesellschaft sowohl Individualismus als auch Herrschaft des Ganzen über die Teile gesteht. Spann mache aus der Ganzheit eine Partikularität, eine Norm; er schlichte die dialektische Wechselwirkung zwischen Individuum und Gesellschaft zugunsten der Gesellschaft.

Außerdem sah Spann richtig, daß die Freisetzung des Individuums in der bürgerlichen Epoche Gefahren mit sich brachte, die er auf den geistigen Zusammenhalt der Gesellschaft bezog.

Der 2. Teil des Referates befaßte sich mit Albert Schäffle. Wie Spann vertritt auch er den Vorrang des Ganzen vor den Teilen und betont den geistigen Zusammenhang der Gesellschaft, der die menschliche von tierischen unterscheidet; auch er faßt die Gesellschaft in Analogie zum biologischen Organismus und bestimmt die individuelle Existenz als Beitrag zum Wohle des Ganzen.[46] Dafür wird der einzelne von der Gesellschaft angemessen entlohnt. Dieser Begriff der angemessenen Entlohnung, warf Prof. Adorno ein, sei ein thomistischer Begriff aus der katholischen Soziallehre.

In ihrer Stellung zu den Ideen der Freiheit und Gleichheit unterscheiden sich die beiden Theoretiker. Schäffle vertritt einen Sozialdarwinismus, gemäß dem die Gesellschaft der Kampfplatz des permanenten Krieges aller gegen alle ist. Aufgrund der Auslese der Besten verläuft die Entwicklung progressiv. Der individuellen Entfaltung soll möglichst großer Raum gelassen werden, wodurch die Effektivität für das Ganze zu einem Höchstmaß gesteigert wird. Hier geht Schäffle parallel mit den liberalistischen Forderungen nach einem Minimum an Staatsgewalt und einem Maximum an individueller Freiheit.

Schäffle kritisiert Freiheit und Gleichheit als absolute ethische Postulate; er bringt sie dagegen in Zusammenhang mit den gesellschaftlichen Umständen. Freiheit und Gleichheit sind für ihn nur insoweit anzustreben, als sie dem Wohle des Ganzen dienen. Im Liberalismus seien sie zu sehr zum Wohle des einzelnen auf Kosten des Ganzen durchgesetzt. Deshalb kritisiert er die klassische Natio-

---

46 Bei Schäffle heißt es: »Den organischen Leibern und der Thierseele verglichen ist zwar der sociale Körper und Gemeingeist auch eine Zusammenstellung organischer Bestandtheile und ihrer innewohnenden seelischen Energieen. Allein, die Gemeinschaft der menschlichen Individuen ist nicht mehr organisch-physiologischer (biologischer), sondern nur noch social-psychischer (symbolisch-technischer) Art. *Der sociale Körper ist kein Organismus im Sinne einer den organischen Körpern gleichwerthigen Erscheinung.*« (Albert E. Fr. Schäffle, Bau und Leben des Socialen Körpers. Erster Band. Einleitung und erste Hälfte des allgemeinen Theils [1875], 2. Aufl., Tübingen 1881, S. 8)

nalökonomie und die herrschenden sozialen Zustände.[47] Er sieht in einem Ständestaat, den er »sozialistisch« nennt,[48] die angemessene Form für die »versittlichte Gesellschaft«.[49]

---

[47] Schäffle spricht etwa vom »Nationalunglück des 30jährigen Krieges, aus welchem das Volk materiell und geistig arm, erniedrigt und decimirt hervorgeht, um endlich widerstandslos der Absolutie in die Arme zu sinken und eine unglaubliche Bevormundung wie gottgesandte Fürsorge und Gnade hinnehmen zu müssen. *[Absatz]* Kaum hatte es sich wieder gehoben, so beginnt im 18. Jahrhundert der Einfluß einer zopffeindlichen, allen Privilegs-Korporationen abgeneigten, durchaus individualistischen *Staats- und Rechtsphilosophie.* Die dieser Philosophie verschwisterte Nationalökonomie und Jurisprudenz ist der Koncentration der Staatsgewalt und der weiteren Erniedrigung der Korporationen günstig, während sie gleich zeitig der Ausbreitung der Begriffe der individuellen Freiheit und des gleichen Staatsbürgerthums aller Einzelnen Vorschub leistet. Die Aufklärungsphilosophie, von der die liberale Rechts- und Moralphilosophie des 18. Jahrhunderts nur einen Seitenzweig bildet, fand Gunst beim Hof und bei den Staatsdienern; sie verfolgte die einzige dem Absolutismus noch Troz bietende selbstständige Macht, den papistischen Katholicismus mit tödtlichem Haß; *écrasez l'infame!* ist das *Ceterum censeo* von Voltaire.« (Albert E. Fr. Schäffle, Bau und Leben des socialen Körpers. Zweiter Band. Allgemeiner Theil, zweite Hälfte: Das Gesez der socialen Entwickelung [1878], 2. Aufl., Tübingen 1881, S. 110)
[48] »Wir glauben, daß dem gereinigten Socialismus – nach einer allerdings noch nicht bestimmbaren Frist – die Zukunft gehört; wir glauben es aber nicht, weil wir annehmen, daß er ein geringeres, sondern weil wir glauben, daß er ein höheres Maß der individuellen Freiheit bringen wird, ja daß jenes Maß und jene Allgemeinheit individueller Freiheit, welche von den höheren Machtanforderungen künftiger Selbsterhaltung unbedingt gefordert sein werden, nur der gereinigte Socialismus zu verwirklichen im Stande ist. Verhehlen wir uns eben nicht, daß die individuelle Freiheit heute weder allgemein, noch in höchstmöglichem Grade besteht. Die Ungleichheit des Besizes und die Auslieferung der Mittel gesellschaftlicher Production an den Privatbesiz hindert die Massen, allgemein höhere Grade der Anpassung zu erreichen, nach der Rangordnung der individuellen Tüchtigkeit den überlieferten Besiz geistiger und materieller Güter mitzugebrauchen, auf allen Ringpläzen Zulassung zu finden und nirgends einer anderen Uebermacht weichen zu müssen, als jener des höheren Talentes und der tüchtigeren Ausbildung. Wir glauben daher nachweisen zu können, daß der realisirbare Socialismus einen bedeutenden Schritt weiter auf der Bahn individueller Freiheit vollziehen und vom Kommunismus der Anfänge der menschlichen Civilisation sich weiter entfernen muß als der herrschende Kapitalismus der Gegenwart.« (Ebd., S. 120)
[49] So heißt es bei Schäffle: »Vollkommen sittlich und gerecht sind Einzelne und Collektivpersonen nur dann, wenn sie den socialen Beruf und die Selbsterhaltung voll kommen solidarisch gestalten und einander decken lassen. Wenn das einzelne Subject nach der ihm verliehenen Gabe einen besonderen Beruf für das Ganze erfüllt, erhält es sich sowohl um des Ganzen, als seiner selbst willen! Indem es sich selbst menschlich erhält und entfaltet, leistet es dem Ganzen den besten Berufsdienst. Umgekehrt handeln die Gemeinschaften sittlich, indem sie ihre Selbsterhaltung mit der individuellen Erhaltung und Entfaltung aller in ihrem Dienst stehenden Berufsarbeiter in vollen Einklang sezen. Die allgemeinste Forderung des Ethischen, der Moral und des Rechtes, ist von der einen Seite gesehen: höchste individuell menschliche Selbstentfaltung durch höchste sociale Berufsleistung, von der anderen Seite gesehen: höchste Gesammtent-

Weder Spann noch Schäffle versuchen, das Individuum, dessen nur ideologische Freiheit im Individualismus der Liberalen sie erkannten, wahrhaft frei zu machen. »Aus der sozialen Vermitteltheit des Menschen folgern sie, er sei nur um der Gesellschaft willen da; – deshalb begegnen sie dem Liberalismus mit dem autoritären Staat.«[50]

Prof. Adorno wies darauf hin, daß die Theorien desto romantischer würden, je weniger sich ständische Ideale in der entwickelten Industriegesellschaft durchsetzen lassen.

Er fuhr fort, man sage, die Gesellschaft sei ein Organismus, weil sie ihrer Mitglieder bedürfe wie ein Organismus seiner Teile. Ist das wirklich wahr: Ist die Gesellschaft wirklich ein Organismus in dem Sinn, daß sie aller einzelnen bedarf um zu funktionieren?

Ein Kommilitone meinte, daß die Gesellschaft sehr wohl bestimmte Teile entbehren könne. Prof. Adorno bestätigte dies durch den Hinweis, daß es sich längst gezeigt habe, daß die Gesellschaft einen Stand der Entwicklung erreicht hat, wo sie nicht nur vieler Mitglieder nicht bedarf, sondern der viele überflüssig macht. derer sie sich durch Mittel wie Gaskammern oder Atombomben entledigt. Die Analogie Gesellschaft–Organismus könne nur historisch in Zeiten des Aufstieges und des Aufbaus der Produktivkräfte und auch da nur eingegrenzt auf diesen einen Aspekt, daß sie aller Glieder bedarf, gelten. Sobald die Gesellschaft nicht weiter sich expandiere, brauche sie nicht länger alle Organe. (Genaugenommen gelte nicht einmal mehr die Tatsache, daß der Organismus aller Organe bedürfe, wie man zur Zeit einer weniger gut entwickelten Kenntnis der Biologie wohl annehmen durfte.) Gerade daraus entstehe das für unsere Zeit so spezifische Gefühl der Malaise, daß jeder weiß, daß er als einzelner *nicht* für die Gesellschaft notwendig ist, daß es ohne ihn genauso geht. Man sei total zur Funktion der Gesellschaft geworden und gerade dadurch ersetzlich.

Prof. Adorno fragte weiter, ob der Zusammenhalt der Gesellschaft nicht mehr eine erzwungene Einheit sei als eine organische? Ein Kommilitone wollte diese Frage ins Konkrete auflösen und mit Merton fragen, ob eine Sache functional oder dysfunctional für die Gesellschaft sei.

Prof. Adorno erinnerte dazu an Marx, der gesellschaftlich nützliche Arbeit das nannte, was auf dem Markt honoriert wird. Nach den Marktgesetzen habe aber dann Milton keine gesellschaftlich nützliche Arbeit geleistet, da sein Werk »Pa-

---

wickelung unter Entfaltung alles wahrhaft Menschlichen in den individuellen Trägern der besonderen Berufe.« (Schäffle, Bau und Leben des Socialen Körpers. Erster Band, a.a.O. [s. Anm. 46], S. 588)

50 D.i. der letzte Satz des Referats.

radise Lost« für lächerlich wenig Geld verkauft wurde.[51] Durch dieses Beispiel setze Marx die Begriffe functional und dysfunctional sofort unter Ironie; er bringe immanente Kriterien, was einer Gesellschaft organisch und nicht-organisch sei.

Prof. Adorno bestand darauf, daß am Vergleich der Gesellschaft mit einem Organismus ein gewisser Wahrheitsgehalt zu finden sein müsse, da er ja bereits seit der Antike üblich ist. Die Meinung eines Kommilitonen, die Gesellschaft dulde – wie ein Organismus – nicht, daß eine Gruppe revolutionär würde, weil dann das Ganze in Gefahr käme, betrachtete Prof. Adorno nicht als ausreichend für eine Analogie.

Ein Kommilitone wies darauf hin, daß sich ein biologischer Organismus mit der Welt um ihn herum auseinandersetzen müsse; ebenso sei ein gesellschaftlicher Organismus zum Zwecke der Reproduktion zur Auseinandersetzung mit der Natur gezwungen. Prof. Adorno bekräftigte das: Es stecke im Begriff des Organischen, daß die Reproduktion des Lebens immer noch ein Stück Naturgeschichte ist, etwas Heteronomes, das uns aufgezwungen wird. Durch die Situation des Mangels an Nahrung, in der die Menschheit bis heute steht, nehme sie als ganze Züge an, die an einen Organismus erinnern. Sie biete das Schreckbild eines zusammengebackenen Ungetüms, das sich als geschickt erweist, aus der Natur das zu entnehmen, was es benötigt. Die Gesellschaft zeige sich als genauso blind, so unfrei, so befangen, wie es bei den Organismen in der Natur der Fall ist. Spann verurteile die Freiheit; er hebe apologetisch ein Moment hervor, das die Gesellschaft zu einem Organismus macht.

Ein Kommilitone meinte, der Vergleich mit der Natur habe also deshalb Evidenz, weil auch in einer freien Gesellschaft ein Stoffwechsel mit der Natur nötig ist. Prof. Adorno wollte aber den Marx'schen Terminus des Stoffwechsels mit der Natur nicht positiv akzeptieren. Eine Gesellschaft sei erst dann menschenwürdig, wenn sie nicht mehr unter dem Gesetz des Stoffwechsels steht.

Gundel Kordatzki
stud. phil.
Frankfurt/Main

---

51 »*Dieselbe* Sorte Arbeit kann *produktiv* oder *unproduktiv* sein. *[Absatz]* Z. B. Milton, who did the ›Paradise Lost‹ for 5 *l.* [scil. 5 Pfund Sterling] war ein *unproduktiver Arbeiter*. Der Schriftsteller dagegen, der Fabrikarbeit für seinen Buchhändler liefert, ist ein *produktiver Arbeiter*. Milton produzierte das ›Paradise Lost‹ aus demselben Grund, aus dem ein Seidenwurm Seide produziert. Es war eine Betätigung *seiner* Natur. Er verkaufte später das Produkt für 5 *l.* Aber der Leipziger Literaturproletarier, der unter Direktion seines Buchhändlers Bücher (z. B. Kompendien der Ökonomie) fabriziert, ist ein *produktiver Arbeiter;* denn sein Produkt ist von vornherein unter das Kapital subsumiert und findet nur zu dessen Verwertung statt.« (MEW, Bd. 26·1, S. 377)

380 Hubert J. Zilch,
14. Juli 1964

|stud. sc. ed.
Hubert J. Zilch
5. Semester
Sozialkunde

Prof. Theodor W. Adorno:

Hauptseminar: *Zum Problem von Individuum und Gesellschaft*

Protokoll zur Sitzung vom 14. Juli 1964|

Im bisherigen Verlauf des Seminars galt als »Individuum« in seiner spezifischen Bedeutung der Mensch, der, »indem er sich selbst setzt, und sein Für-sich-Sein, seine Einzigkeit zu seiner eigentlichen Bestimmung erhebt.«[52][*1] Individuum in diesem Sinne ist eine Kategorie des Bewußtseins. Das Selbstbewußtsein des einzelnen jedoch ist ein gesellschaftliches. Unerörtert blieb bisher, ob der Mensch nicht schon als biologisches Einzelwesen Individuum sei und wieweit es von »natürlichen« Invarianten bestimmt werde. Diskussionsgrundlage hierzu bildete das Referat über das Individuum als biologische und gesellschaftliche Kategorie.

Die Anthropologie versucht auf Grund der biologischen Bedingungen des Menschen, seines Organismus und seiner natürlichen Umwelt, »den« Menschen – auch als konkretes gesellschaftliches Wesen – ganz zu erfassen. Sie gibt vom Menschen ein ahistorisches, aus dem gesellschaftlichen Funktionszusammenhang herausgelöstes abstraktes Modell. »Der« Mensch wird dann abstrakt als »handelndes Wesen« der Natur als Inbegriff seiner dinglichen Umwelt gegenübergestellt.

Dem Tier gegenüber ist der Mensch durch seine »natürliche« Beschaffenheit benachteiligt. Er hat eine unvollständigere und schwächer ausgebildete Organausrüstung als das Tier. Der Begriff des Individuums der Anthropologie wird letztlich von einem Mangel abgeleitet. Dadurch, daß der Mensch eben ein »typi-

---

52 »Aber was ›Individuum‹ im spezifischen Sinne heißt, ist überhaupt nicht das biologische Einzelwesen. Es entsteht, indem es gewissermaßen sich selbst setzt, und sein Für-sich-sein, seine Einzigkeit zu seiner eigentlichen Bestimmung erhebt.« (Institut für Sozialforschung, *Soziologische Exkurse. Nach Vorträgen und Diskussionen*, Frankfurt a. M. 1956 [*Frankfurter Beiträge zur Soziologie*; 4], S. 46)

sches Mängelwesen« ist (Gehlen)[53], ist er im Gegensatz zum Tier frei (Portmann)[54]. Hierin findet die Anthropologie den Grund für die »Weltoffenheit« des Menschen gegenüber der »Umweltgebundenheit« des Tieres. Das Tier lebt in einer artspezifischen Umwelt und erlebt diese nur durch den Filter seiner selektiven Sinnesorgane. Die Sinnesorgane des Menschen sind weniger spezialisiert und schwächer ausgebildet, dafür aber aufnahmebereit für alle Eindrücke und Impulse der Außenwelt. Der zwangshafte Ablauf Triebimpuls – Handlung – Triebbefriedigung beim Tier wird beim Menschen durch die Notwendigkeit von Reflexion nur noch zu einer Möglichkeit der Triebbefriedigung. Der Mensch begegnet als »Mängelwesen« der feindlich erlebten Natur durch seine intelligenten Fähigkeiten. Der Mensch muß im Gegensatz zum Tier mehr als die nur vorfindlichen Lebensmöglichkeiten ausnützen, um leben zu können. Die Natur veranlaßt den Menschen durch seine organische Konstitution, sich tätig mit ihr durch Arbeit – in der Formulierung Gehlens durch Handlung – auseinanderzusetzen.

Die »psycho-physisch« neutrale Kategorie »Handlung allgemein«[55] (Gehlen) ist ganz weit und unbestimmt gefaßte »Arbeit«. (Arbeit gilt in diesem Sinne fast für jede zielgerichtete Bewegung.) Gesellschaftliche Arbeit als Produktion und Selbstproduktion wird im Werk Gehlens zu einer abstrakten Handlung. Gehlen würde den abstrakten Begriff »Handlung« gegenüber konkreter gesellschaftlicher Arbeit insofern rechtfertigen, indem er auf den »geschichtlichen Index« des Begriffes »Arbeit« hinweisen würde. Entgegen dem durch den Wortlaut der Schriften Gehlens hervorgerufenen Eindruck wäre dem Autor nach Meinung Prof. Adornos Arbeit nicht allein abstrakte Handlung, sondern auch mitbestimmt durch die Totalität der Gesellschaft.

---

53 Vgl. den Abschnitt »Grundzüge einer Gesamttheorie vom Menschen: Mängelwesen und Prometheus«, in: Arnold Gehlen, Ein Bild vom Menschen [1941], in: Arnold Gehlen, Philosophische Anthropologie und Handlungslehre, in: Arnold Gehlen, Gesamtausgabe, hrsg. von Karl-Siegbert Rehberg, Bd. 4, hrsg. von Karl-Siegbert Rehberg, unter Mitw. von Heinrich Wahlen und Albert Bilo, Frankfurt a. M. 1983, S. 50–62, sowie den Abschnitt »Erster Begriff vom Menschen«, in: Arnold Gehlen, Der Mensch. Seine Natur und seine Stellung in der Welt [1940], in: Gehlen, Gesamtausgabe, a. a. O., Bd. 3, hrsg. von Karl-Siegbert Rehberg, unter Mitw. von Zuhal Bayraktar, Albert Bilo, Harry Klinkenberg, Herbert Müller, Joachim Mansky und Diethard Neugebauer, Frankfurt a. M. 1993, S. 29–40.
54 »*Umweltgebunden und instinktgesichert – so können wir in vereinfachender Kürze das Verhalten des Tieres bezeichnen. Das des Menschen mag demgegenüber weltoffen und entscheidungsfrei genannt werden.*« (Adolf Portmann, Zoologie und das neue Bild vom Menschen. Biologische Fragmente zu einer Lehre vom Menschen [1944], 2. Aufl., Hamburg 1956, S. 67)
55 Zitat aus dem Referat von Leo Darrelmann, »Individuum als biologische und als gesellschaftliche Kategorie«, UAF Abt. 139 Nr. 13; vgl. den Abschnitt »Der Mensch – ein handelndes Wesen«, in: Gehlen, Ein Bild vom Menschen, a. a. O. (s. Anm. 53), S. 55–57.

Die Lehre Freuds von der weitgehenden Plastizität der menschlichen Triebe[56] greift auch die Anthropologie auf und unterscheidet hierin den Menschen ebenfalls vom Tier mit dessen festgelegterem Triebmechanismus. Nur schreibt die Anthropologie den Sachverhalt einer Plastizität der menschlichen Triebenergie dogmatisch der menschlichen Natur zu. Damit aber – könnte man argumentieren – sei der Mensch seinem Begriffe nach in seinem Leben auf repressive Institutionen angewiesen, weil nur sie die einem Pansexualismus entsprungenen, destruktiven inneren Tendenzen zu zügeln vermöchten. Tatsächlich gibt Gehlen auch eine nahezu entsprechende Lehre von den Institutionen.[57][*2]

Die Plastizität der Triebe und ein gewisser Triebüberschuß beim Menschen erfordern nach Gehlen »Zucht«.[58] Gehlens »Zuchtsystem« läßt sich bei aller sonstiger Gegensätzlichkeit in einer Hinsicht mit dem Freud'schen »Ich« vergleichen: Beide haben zuvörderst die Aufgabe, die plastische Triebenergie zu fixieren, den Triebüberschuß zu dämmen, ordnend in ein chaotisches Triebkonglomerat einzugreifen.

Praktisch bringt der Tatbestand von der Plastizität der Triebe und dem daraus abgeleiteten Zuchtsystem die Lehre Gehlens einem gewissen Sozialdarwinismus nahe. Gesellschaft wird zum Naturzustand. Wahr daran ist, daß bis zum heutigen Tage die Gesellschaft tatsächlich noch zu einem großen Teil der Naturgeschichte unterworfen ist. Sie hat es eben noch nicht vermocht, sich völlig frei von der Natur zu machen. Falsch jedoch hat Gehlen insofern gesehen, als er die Zucht als Naturnotwendigkeit hypostasierte.

---

56 Bei Freud heißt es etwa: »Wir sollten uns nicht so weit überheben, daß wir das ursprünglich Animalische unserer Natur völlig vernachlässigen, dürfen auch nicht daran vergessen, daß die Glücksbefriedigung des einzelnen nicht aus den Zielen unserer Kultur gestrichen werden kann. Die Plastizität der Sexualkomponenten, die sich in ihrer Fähigkeit zur Sublimierung kundgibt, mag ja eine große Versuchung herstellen, durch deren immer weiter gehende Sublimierung größere Kultureffekte zu erzielen. Aber so wenig wir darauf rechnen, bei unseren Maschinen mehr als einen gewissen Bruchteil der aufgewendeten Wärme in nutzbare mechanische Arbeit zu verwandeln, so wenig sollten wir es anstreben, den Sexualtrieb in seinem ganzen Energieausmaß seinen eigentlichen Zwecken zu entfremden. Es kann nicht gelingen, und wenn die Einschränkung der Sexualität zu weit getrieben werden soll, muß es alle Schädigungen eines Raubbaues mit sich bringen.« (FGW, Bd. VIII, S. 59)
57 Vgl. etwa den Abschnitt »Institutionen«, in: Arnold Gehlen, Urmensch und Spätkultur. Philosophische Ergebnisse und Aussagen, Bonn 1956, S. 7–137.
58 Vgl. den Abschnitt »III«, in: Arnold Gehlen, Zur Systematik der Anthropologie [1942], in: Gehlen, Philosophische Anthropologie und Handlungslehre, a.a.O. (s. Anm. 53), S. 61–112; hier: S. 73–77.

Auch Freud glaubt, daß das Zerbrechen von Gruppen und Institutionen unbedingt Panik zur Folge habe.[59] Gegen Freud und Gehlen gleichermaßen sich wendend, weist Adorno zunächst auf die Tatsache hin, daß Panik und Chaos eigentlich sehr selten ausbrechen. Als schlagendes Beispiel könnte der totale Zusammenbruch des 3. Reiches dienen: Auch hier traten keinerlei Panikreaktionen auf. Chaos tritt kaum auf, weil die Organisation der Menschen durch die Zivilisation doch schon ziemlich gefestigt ist.

Überdies spricht auch Freud von ganz bestimmten Ich-Trieben, die der Selbsterhaltung dienen und die Voraussetzung für die Ausübung der Sexualtriebe bilden. Eine Verbindung von Selbsterhaltungstrieben und Sexualtrieben trägt aber eher zu einer Stärkung der Ordnung bei, als sie das Chaos heraufbeschwört.

Paniken im eigentlichen Sinne scheinen an große Massen auf kleinem, überschaubaren Raum gebunden zu sein. In einer restaurativen Soziologie scheint das Chaos eine ideologische Funktion übernommen zu haben: Die Panik ist eine Imago zur Verhinderung des Umsturzes sozialer Ordnung. Die gesellschaftswissenschaftliche These von der Unausweichlichkeit von Paniken beim Zerbrechen von Ordnungssystemen ist mit den Worten Prof. Adornos ein »ideologisches Scheinproblem« mit dem Zweck der Erhaltung der Ordnung.

Nun sollte man sich wahrlich vor einer Gleichsetzung der rationalistischen Theorie Freuds mit der Gehlens, die sich durch irrationale Momente kennzeichnet, hüten. Doch so weit sei Freud der Meinung Prof. Adornos nach von Gehlen wiederum nicht entfernt: Das Freud'sche »*Es* soll *Ich* werden«[60], das Prinzip, in dem er die Befreiung vom Unbewußten sieht – dem Elemente, dem das Chaos entquillt –, charakterisiert sich durch Zwangsmechanismen. So ließe sich die ketzerische Behauptung aufstellen, auch bei Freud sei der gleiche Zwang der Institutionen (als Vermittlungsinstanzen des Ich) gefordert wie bei Gehlen. Arbeit, bei Gehlen das Mittel, die Menschen in Zucht zu halten und am chaotischen Ausleben der Triebe zu hindern, habe bei Freud die gleiche Funktion.

---

59 »Einen Wink [...], das Wesen einer Masse bestehe in den in ihr vorhandenen libidinösen Bindungen, erhalten wir auch in dem Phänomen der Panik, welches am besten an militärischen Massen zu studieren ist. Eine Panik entsteht, wenn eine solche Masse sich zersetzt. Ihr Charakter ist, daß kein Befehl des Vorgesetzten mehr angehört wird, und daß jeder für sich selbst sorgt ohne Rücksicht auf die anderen. Die gegenseitigen Bindungen haben aufgehört und eine riesengroße, sinnlose Angst wird frei.« (FGW, Bd. XIII, S. 104)

60 Freud bemerkt über die Psychoanalyse: »Ihre Absicht ist ja, das Ich zu stärken, es vom Über-Ich unabhängiger zu machen, sein Wahrnehmungsfeld zu erweitern und seine Organisation auszubauen, so daß es sich neue Stücke des Es aneignen kann. Wo Es war, soll Ich werden.« (FGW, Bd. XV, S. 86)

Hinter der Rechtfertigung von Zwang zur Aufrechterhaltung der Ordnung steckt nicht zuletzt die Furcht, daß sonst etwas Unvorstellbares, Fürchterliches sich ereignen könnte. Doch sollte man sehen, daß Zwang und Not heute abschaffbar geworden sind, ohne daß man damit das Chaos provozieren würde.

Gehlens entscheidende Erfahrung – hierin Schopenhauer ähnlich – ist die menschliche Eingefangenheit in die Natur. Auf dieser Grunderkenntnis baut sich seine Soziologie auf und führt ihn zur Rechtfertigung repressiver Momente, im Glauben, der Mensch sei von Natur aus auf Zwang angewiesen. Eine solche Akzeptierung von Zwang zieht unweigerlich ihre politischen Folgerungen nach sich. Ein Elitebegriff wird geschaffen, ein Rassebegriff etc. Worauf diese Tendenz hinausläuft läßt sich leicht absehen. Am Beispiel Gehlens zeigt sich, wie eine bestimmte Art Verzweiflung selber dann zur Ideologie wird.

Während Hobbes bei seiner Konzeption des Staates am konkreten absoluten Staat sich orientierte, Freud die autoritären Mächte aus der bürgerlichen Vernunft, wie sie sich in der Familie offenbart, zu erklären versuchte – bei beiden also der Rechtsgrund der staatlichen Institutionen gegeben war –, entfällt bei Gehlen der historische Rechtsgrund für Institutionen als Herrschaftsmittel. Folge ist eine viel größere Abstraktheit seiner Thesen. Bei Hobbes und Freud wird die Notwendigkeit des Zwanges auf Grund des Destruktionstriebes gerechtfertigt. Gehlen hat diese Möglichkeit nicht: Weil er diese früheren, konkreten Zwangsinstitutionen nicht sehen will, muß er ganz abstrakt zu Institutionen kommen. (Sein Elitebegriff ist zunächst ganz abstrakt.) Die meisten normativen Institutionen gelten restaurativen Soziologen nur als völlig abstrakte Strukturen. Da sie erst in concreto gefunden werden müssen, werden die bestehenden zu autoritativen Instanzen »ausgebaut« und zur Bewahrung der Ordnung legitimiert und verklärt.

Es stellt sich die Frage, wie sich eine solche Anthropologie (Gehlen) das Individuum eigentlich vorstellt. Durch die Nivellierung des Individuums auf das Biologische wird das Individuum als autonomes, autarkes Wesen negiert. Der Mensch wird zum bloßen Gattungswesen. Abgesehen von der Tatsache, daß nicht alle Menschen gleichermaßen der Natur unterworfen sind, ist »Individuum« im eigentlichen Sinn gar nicht das biologische Einzelwesen, sondern im wesentlichen eine Reflexionsform, eine Kategorie des Bewußtseins. Das Selbstbewußtsein des einzelnen jedoch, das ihn erst zum Individuum macht, ist – wie eingangs schon gesagt – ein gesellschaftliches. Der Mensch wird nur insofern zum Individuum, als er gesellschaftliches Wesen ist. Individuum erscheint bei Gehlen als vergängliche, der Gemeinschaft untergeordnete Kategorie. Bedingt durch diese Ungleichheit fehlt die dialektische Vermittlung von Individuum und Gesellschaft. Gehlen übersieht den dialektischen Zusammenhang zwischen Individuum und Gesellschaft, weil er das Individuum nur als biologisches und nicht als gesellschaftliches Wesen faßt.

Die menschlichen Bedürfnisse hängen wesentlich vom kulturellen Zusammenhang ab. Invariante, »natürliche« Bedürfnisse, wie Gehlen sie annimmt – er geht ja von einem objektiven Notzustand der Menschen aus –, gibt es nicht. Zum Beweis läßt sich die Tatsache anführen, daß Menschen einer Hochkultur nicht als »Wilde« leben können. Die These Gehlens, die alle Tatsachen der Vergesellschaftung aus dem Naturzustand herleitet, vermag nicht konsequent zu bleiben. So räumt Gehlen denn schließlich auch hier ein, daß die Bedürfnisse des Menschen mitbeeinflußt seien von der Kultur.[61]

Gehlens abstrakte Konzeption des Individuums hält der Realität nicht stand und zwingt Gehlen immer wieder zu Einschränkungen, die der Totalität des Kulturzusammenhangs gerecht zu werden trachten.

[*1] Institut für Sozialforschung, Soziologische Exkurse, Frankfurt a. M. 1956, S. 46
[*2] Auch Portmann geht von einer Plastizität der menschlichen Triebe aus, kommt aber zu völlig anderen Ergebnissen: Er leitet daraus nicht die Notwendigkeit des Zwanges, sondern die Möglichkeit menschlicher Freiheit ab.[62]

---

[61] Gehlen spricht davon, »daß auch die Zuordnung von Bedürfnisgefühlen, Abhilfebewegungen und Erfüllungsbildern beim Menschen empirisch erfolgt, Erfahrungssache ist und gelernt werden muß. Wir haben keinen Grund anzunehmen, daß der Hunger des kleinen Kindes ihm anders gegeben ist, denn als schmerzhaftes Unlustgefühl. Die *Orientierung* dieses Gefühls an wiederholten Eindrücken und Bildern der Abhilfe schafft erst mit der Zeit ein gerichtetes, konkretes, d. h. zusammengewachsenes Bedürfnis, nämlich ein solches, das, sobald es fühlbar wird, in den Phantasmen der Erfüllungen sich meldet, das also jetzt als *bestimmter* Antrieb, als Hunger – nach – solchem faßlich wird.« (Gehlen, Zur Systematik der Anthropologie, a. a. O. [s. Anm. 58], S. 102f.)
[62] S. oben, Anm. 54.

381 Manfred Bretz,
21. Juli 1964

Soziologisches Seminar Sommersemester 1964; *Protokoll der Sitzung vom 21. 7.:* Zur Krise des Individuums heute (nach A. Gehlen)
Referent: Herr Wegeleben[63]

Ein Großteil der Phänomene, die Arnold Gehlen beschreibt, trifft die Realität. Als Beispiel gelte seine Analyse der Tendenzen in der Kunst: Prof. Adorno wies darauf hin, daß es möglich sei, die Entwicklung der Musik seit der Zwölftonmusik als Versuch der »Entlastung« (Gehlen) aufzufassen; das Hören wird entlastet durch die Substitution von Techniken. Ebenso sei die These zunehmender Abstraktheit der künstlerischen ›Spitzenproduktion‹[64] die exakte Beschreibung dessen, was heute in der Musik sich abspielt. Nicht mehr einzelne Werke werden komponiert, sondern Möglichkeiten durchprobiert, nach denen man komponieren kann. Es handelt sich also eher um Typen von Verfahrensweisen, um »Kompositionen zweiten Grades«. (Es wurde ferner verwiesen auf Paul Klees Schrift ›Moderne Kunst‹, in der er bereits 1925 ähnliches in bezug auf die Malerei feststellte.)[65]

Problematisch sind also weniger Gehlens Deskriptionen, als die Stringenz der daraus gezogenen Konsequenzen:

Einsicht in gesellschaftliche Phänomene ist nicht neutral gegen die verwandten Kategorien, da von ihnen das Verhalten gegenüber den beschriebenen Fakten abhängig ist. Der notwendige Zusammenhang von Philosophie und Soziologie besteht gerade darin, Tatsachen nicht allein mit (scheinbar wertfreien) Begriffen zu »bearbeiten«, sondern gleichzeitig die Form der Begriffsbildung zu reflektieren.

---

63 Gunter Wegeleben, »Zur Krise des Individuums heute (nach Gehlen)«, UAF Abt. 139 Nr. 13.
64 So heißt es etwa bei Gehlen: »Überall ist der Informierte vom Nicht-Informierten, ist der Sachkenner vom Laien, ist der Berufserfahrene vom Dilettanten getrennt, und vor allem hat sich dieser Zustand durchgesetzt, er ist reibungslos eingewöhnt und wird akzeptiert. Dabei entstehen ganz merkwürdige Erscheinungen, wenn auf Gebieten, auf denen bisher die Zuständigkeit von jedermann anerkannt war, die Unzugänglichkeit der Expertenthematik erscheint. So in den Künsten, wo es eine dem Laien schwer verständliche Kunst für Künstler gibt, voll von hochbewußter Kennerschaft.« (Arnold Gehlen, Über kulturelle Kristallisation [1961], in: Gehlen, Gesamtausgabe, a. a. O. [s. Anm. 53], Bd. 6, hrsg. von Karl-Siegbert Rehberg, unter Mitw. von Holm Bräuer, Hagen Delport, Jens Forkel, Christian Heinisch, Claudia Petzold und Pedro Schmechting, Frankfurt a. M. 2004, S. 298–314; hier: S. 304)
65 Vgl. Paul Klee, Über die moderne Kunst, Bern 1945.

Deshalb ist die Kritik an Kategorien wesentlich, die mit dem Anspruch auftreten, umfassend zu sein, wie etwa die Theorien Spenglers oder der – für Gehlen zentrale – Begriff der Industrialisierung, der eine »absolute Kulturschwelle« bezeichnen soll[66] (vgl. »Umbruch«, »Atomzeitalter«). Solche unreflektiert sprachlich-begriffliche Verfahrensweise verdeckt das Plädoyer für das Allgemeine zuungunsten des Einen, Lebendigen, und verbirgt, daß man selbst an der Großartigkeit der gefundenen Kategorien partizipieren will. Die vorgegebene Objektivität dieser Konstruktionen ist nur eine scheinbare, denn das Individuum wird durch die [Verwendung] derartiger Begriffe herabgesetzt zu einem Nichts, das sich dafür jedoch schadlos hält durch die Gunst, an der Größe des Allgemeinen teilnehmen zu dürfen.

Es erhebt sich die Frage, ob nicht Gehlens Begriffsapparatur so abstrakt ist, daß die spezifischen Momente verschwinden, an denen sich zeigen ließe, daß seine Kategorien keineswegs so »abschlußhaft« sind, wie sie erscheinen. Das gilt für den Begriff der Handlung, der den Anschein erweckt, als sei er identisch mit dem der Arbeit, insbesondere jedoch für den »Schlüsselbegriff« der Industrialisierung. Wenn letzterer den Kategorien ›Technik‹ und ›Naturwissenschaft‹ etwas Neues hinzufügen soll, dann muß er bezogen werden auf die organisatorischen Formen, auf die gesellschaftlichen Verhältnisse der Produktion, unter denen die technischen Produktivkräfte stehen. Zwar sind Produktivkräfte und Produktionsverhältnisse gegenseitig abhängig aber ›Industrialisierung‹ erweckt den Eindruck, als ob ein Sekundäres wie die gesellschaftlichen Verhältnisse völlig fusioniert wäre mit dem, was es unter sich faßt. Ein Doppeltes ist impliziert: Der Technik wird zugeschrieben, was an der gesellschaftlichen Organisationsform liegt, und diese selbst soll notwendig aus der Natur der Technik folgen (vgl. Max Weber: Rationalisierung und Bürokratie). So geht es scheinbar um geistige Prinzipien, wo in Wirklichkeit gesellschaftliche Verhältnisse in Frage stehen, die sehr wohl gewandelt werden können.

Verdinglichung erhält damit den Charakter von Fatalität, und unter dem Eindruck der Unwiderstehlichkeit der Verdinglichungstendenz wird dann die Herstellung eines menschenwürdigen Zustands nicht mehr konzipiert. Es geschieht nichts weniger, als daß die Verdinglichung des Bewußtseins und die repressiven Formen der Gesellschaft gerechtfertigt werden, weil sich mit ihnen besser leben läßt (»Apologetik aus Verzweiflung«). Gegenüber der Übermacht der

---

66 Vgl. den Abschnitt »Neue Kulturschwelle«, in: Arnold Gehlen, Die Seele im technischen Zeitalter. Sozialpsychologische Probleme in der industriellen Gesellschaft [1957], in: Gehlen, Gesamtausgabe, Bd. 6, a.a.O. (s. Anm. 64), S. 7–137; hier: S. 96–99.

Verhältnisse scheint nur noch die »Identifikation mit dem Angreifer«[67] helfen zu können; die mögliche Kritik weicht der Angst, das Odium des Romantikers zu erhalten. Statt verdinglichte Formen aufzudecken, schlägt sich auch Gehlens Sprache weitgehend zu den Institutionen, um nicht der Romantik geziehen zu werden (vgl. die Theorie Schelers).

Gehlen sieht, daß mit der Kultur auch die Formen der Erfahrung selbst sich verändern. (Erwägungen über Modifikationen der Erfahrungstypen finden sich bereits bei Paul Valéry und Marcel Proust.[68] Die Wissenschaft muß hinter der Kunst herhinken, weil diese – ohne die Scheuklappen der wissenschaftlichen Methode – unmittelbarer zum Objekt sich verhalten kann.) Bei Gehlen wird jedoch die Automatisierung des Menschen, die »steigende organische Zusammensetzung des Menschen« (Adorno)[69], statt zur kritischen zur positiven Kategorie, während es andererseits scheint, als hinge es nur vom Einzelnen ab, Situationen zu erkennen, die die Rückverwandlung in lebendiges Bewußtsein gestatten, als erstrecke sich der – für unausweichlich angesehene – Prozeß der Automatisierung keineswegs auf das Ganze.

Der Schluß Gehlens von der Einsicht in den Menschen als Kulturwesen auf den notwendig repressiven Charakter der Gesellschaft ist falsch, denn gerade in der Repression setzt sich Naturwüchsigkeit fort. Die Theorie Gehlens ist der »seiner selbst bewußte Fetischismus« (Prof. Adorno): Kulturelle Repression wird kompensiert durch den Trost, daß sie vollzogen wird durch von Menschen geschaffene Institutionen. Der Untergang durch das Selbst-Produzierte soll nicht Natur sein, während er gerade die Fortsetzung der Natur ist. Die Apologetik Gehlens ist gar nicht direkt, sondern sie geschieht durch »Hinaufsteigerung zur essentiellen Beschaffenheit der Dinge« (Dr. Schmidt).

Gehlen dämonisiert die Warenwelt, die dadurch den Charakter der Unwiderstehlichkeit erhält. So bleibt er gegen den Gedanken verblendet, die Verdinglichung könne gewendet werden, (ebenso wie Max Weber die Rationalisierung als das Schicksal des Abendlandes ansieht, weil er sie nur auf die Mittel, nicht auf die Zwecke bezieht, oder Nietzsche, dessen Begriff des Lebens im amor fati mündet[70]) (Dr. Schmidt).

---

67 Der Terminus geht auf Anna Freud zurück; vgl. den Abschnitt »Die Identifizierung mit dem Angreifer«, in: Anna Freud, Das Ich und die Abwehrmechanismen [1936], mit Vorw. von Lottie M. Newman, München [1964], S. 115–127.
68 Vgl. Adornos Schrift *Valéry Proust Museum* [1953], GS, Bd. 10·1, S. 181–194.
69 Vgl. den Aphorismus *Novissimum Organum* in den *Minima Moralia* [1951], GS, Bd. 4, S. 261–264.
70 »*Zum neuen Jahre.* – Noch lebe ich, noch denke ich: ich muss noch leben, denn ich muss noch denken. Sum, ergo cogito: cogito, ergo sum. Heute erlaubt sich Jedermann, seinen Wunsch und

Die zentrale Frage gegenüber Gehlens Anpassungstheorie ist die nach der Unabänderlichkeit der Bedingungen der Außenwelt, also ob die ›zweite Natur‹ wirklich Natur ist: Einerseits insistiert Gehlen selbst darauf, daß die gesellschaftlichen Verhältnisse als Produkte zu begreifen sind, gleichzeitig jedoch schreibt er ihnen den Charakter der Invarianz zu. Weil der Begriff der Produktionsverhältnisse ersetzt wird durch die vage Kategorie der Industriekultur, können diese von Menschen gemachten Verhältnisse und die historischen Reaktionsformen als nicht zu verändernde gesetzt werden, kann die Forderung nach Anpassung erhoben werden. Herr Schröder[71] wies darauf hin, daß Gehlen gesellschaftliche Tatbestände nur oberflächlich-phänomenologisch beschreibt (»undurchsichtiger Ereignisstrom«)[72], ohne die wesentliche Frage zu stellen, inwieweit es sich dabei um ideologische Kategorien handelt, statt dessen geht er über zu anthropologischen Konstanten (»Bedürfnis nach Ordnung«), um die Reaktionen zu rechtfertigen.

Wenn aber Phänomene objektiv unwahr sind, können sie nicht deswegen gerechtfertigt werden, weil sie zu einem angenehmeren Leben beitragen. Während Horkheimer und Adorno vom gesellschaftlichen »Kitt« sprechen und dessen Kritik als Aufgabe der Soziologie bezeichnen, ist Gehlens Formel »Sozialzement«[73] durchaus apologetisch zu fassen; so kann er sogar Ideologien postulieren

---

liebsten Gedanken auszusprechen: nun, so will auch ich sagen, was ich mir heute von mir selber wünschte und welcher Gedanke mir dieses Jahr zuerst über das Herz lief, – welcher Gedanke mir Grund, Bürgschaft und Süssigkeit alles weiteren Lebens sein soll! Ich will immer mehr lernen, das Nothwendige an den Dingen als das Schöne sehen: – so werde ich Einer von Denen sein, welche die Dinge schön machen. Amor fati: das sei von nun an meine Liebe! Ich will keinen Krieg gegen das Hässliche führen. Ich will nicht anklagen, ich will nicht einmal die Ankläger anklagen. *Wegsehen* sei meine einzige Verneinung! Und, Alles in Allem und Grossen: ich will irgendwann einmal nur noch ein Ja-sagender sein!« (NW, Bd. 4, S. 521)

71 D.i. Horst Schröder.
72 »Der Mensch hat die Fähigkeit zur Ausbildung sehr zahlreicher, beweglicher und recht präziser begrifflicher Grundmodelle (Kategorien) und das elementare, wohl instinkthaft in seiner ›riskierten‹ Konstitution verwurzelte Bedürfnis, in das halbgeordnete Durcheinander des Ereignisstromes und der erfahrbaren Welt ein Maximum an Ordnung, Zusammenhang und Regelmäßigkeit hineinzuinterpretieren.« (Gehlen, Die Seele im technischen Zeitalter, a.a.O. [s. Anm. 66], S. 51)
73 »Die Entlastungsleistung der Automatismen ist vor allem auch im intellektuellen Bereich deutlich. Der ganze Umkreis der intellektuellen Arbeit mit allen Merkmalen, Gesetzen, Tatsachenregeln und Fallanwendungen ist ebenfalls habitualisiert. Die individuelle Lernarbeit und die anfangs mühevolle Aufmerksamkeit sind längst abgezogen und durch Assoziationen und Denkfiguren ersetzt, die zwar auf hohe Reizschwellen und feine Unterschiede abgestimmt, aber doch schematisch sind. Ein derart versachlichtes und an der Sache automatisiertes Denken ist kritikfest und einwandsimmun. Diese Kritikfestigkeit ist eine generelle Eigenschaft aller Habi-

als etwas, woran man sich halten kann, ohne zu sehen, daß mit dieser Forderung die Unwahrheit dessen bereits mitgesetzt ist, an das man sich hält. Gerade die schlimmsten Bestialitäten geschehen im Namen solcher pragmatistischen Ideologien, an die man selbst nicht glauben kann. Dr. Schmidt verwies in diesem Zusammenhang auf Pareto und Nietzsche, die ebenfalls auf der »Lebensnotwendigkeit des Unwahren« bestehen.[74]

Herr Dr. Thomssen[75] wandte ein, daß die Tatsache der »Machbarkeit der Welt« zur Kritik an Gehlen nicht ausreiche, denn sie impliziere noch nicht die Möglichkeit spontaner Veränderungen der Gesellschaft, da diese sich aufbaue auf einem langwierigen Prozeß. Gehlens Behauptungen könnten dann so verstanden werden, daß die Menschen sich an das anzupassen hätten, was Generationen vorher »lieferten«.

(Prof. Adorno:) Eine solche These enthält zwar ein richtiges Moment, denn ohne ein bestimmtes Maß an Anpassung kann man nicht leben. Die Übermacht der Verhältnisse ist wahr, aber damit ist nicht ihre Invarianz gesetzt. Die Möglichkeit aber, daß man die Prozesse begreift, um sie zu verändern, kommt bei Gehlen nicht vor.

Dr. Teschner[76] zeigte auf, daß sich die anthropologischen Gesellschaftstheorien am ehesten anhand der Kategorie ›technologischer Schleier‹[77] fassen lassen.

---

tualisierungen, und sie erscheinen auf der untersten Stufe, im Bereiche der motorischen Gewohnheiten, als der starke Widerstand, den diese ihrer Auflösung und Neukombination entgegenstellen. Diese Invarianz auch der geistigen und Gefühlsgewohnheiten ist übrigens wieder die Bedingung aller zuverlässigen Traditionen und Weitergabe, und daher von der äußersten Bedeutung als Sozialzement.« (ebd., S. 117f.)

74 Vgl. die Lehre von den ›Residuen‹ und ›Derivationen‹, in: Vilfredo Pareto, Allgemeine Soziologie [1916], bes. von Hans Wolfram Gerhard, übers. und eingel. von Carl Brinkmann, Tübingen 1955, S. 50–231, sowie Nietzsches Schrift »Ueber Wahrheit und Lüge im aussermoralischen Sinne« [1896], NW, Bd. 1, S. 873–890.

75 Wilke Thomssen wird erst 1970 mit der Schrift »Wirtschaftliche Mitbestimmung und sozialer Konflikt« in Frankfurt a. M. promoviert.

76 Manfred Teschner wird 1960 mit der Schrift »Entwicklung eines Interessenverbandes. Ein empirischer Beitrag zum Problem der Verselbständigung von Massenorganisationen« in Frankfurt a. M. promoviert.

77 In der *Dialektik der Aufklärung* [1947] heißt es etwa: *Der Schauer lebt von der Übermacht der Technik als ganzer – und des Kapitals, das hinter ihr steht – über jedes einzelne Ding. Das ist die Transzendenz in der Massenkultur. Das dichterische Geheimnis des Produkts, sein Mehr als es selber Sein, besteht in seiner Teilhabe an der Unendlichkeit der Produktion, und die Ehrfurcht, die von der Nüchternheit bewerkstelligt wird, fügt sich dem Schema der Reklame ein. Gerade in dem Nachdruck auf bloßem Dasein, das so stark und groß sein soll, daß keine subjektive Intention etwas darüber vermag – und dieser Nachdruck entspricht der wahren Ohnmacht der Kunst gegenüber der Gesellschaft heute – versteckt sich die Verklärung, gegen welche die Nüchternheit gestikuliert. Dasein*

Beispiel sind die Theorien von Gehlens Schüler Schelsky: Die »technische Zivilisation« wird gar nicht als entfremdete gesehen, sondern eindeutig positiv gesetzt, als vom Menschen geschaffene, als Verlängerung seines Wesens.[78] Indem sie als Entäußerung erscheint, als Ausdruck reinen menschlichen Geistes, verschwindet die Differenz zwischen Produktivkräften und Produktionsverhältnissen. Gegenüber Prof. Adorno stellte Dr. Teschner die These auf, daß nicht der Fetischismus selbst noch anthropologisch unmittelbar erscheine, sondern daß es für Gehlen und Schelsky keinen Fetischismus gebe, da Entfremdung im Sinne des Warenfetischismus nicht vorkommen könne.

Die anthropologische Soziologie verbaut also, selbst wenn sie keine Invariantenlehre ist, die soziologische Einsicht dadurch, daß alles Soziale als Entäußerung aus reinem Sich-Entfalten des abstrakten Menschen abgeleitet wird, und daß dazu nicht gehört, sich in ein wesenhaft Unmenschliches zu entäußern. Das antagonistische Wesen wird verschleiert, weil das Nicht-Menschliche als unmittelbar Menschliches erscheint.

Zum Schluß warf Dr. Teschner die Frage auf, ob die bloße Rückführung der Gehlenschen Theorie auf Verzweiflung an der Übermacht der Verhältnisse nicht verschleiere, daß eine solche Theorie Ausdruck des bürgerlichen Bewußtseins sei und jeweils auf seiten der Herrschaft stehe. Zur Entgegnung wurde darauf verwiesen, daß Herleitung aus Verzweiflung lediglich immanente Analyse sei, keine wissenssoziologische Lokalisierung.

Manfred Bretz[79]
(Manfred Bretz)

---

wird zu seiner eigenen Ideologie durch die Zauberei seiner treuen Verdopplung. So webt sich der technologische Schleier, der Mythos des Positiven. (GS, Bd. 3, S. 301)
78 Vgl. Helmut Schelsky, Der Mensch in der wissenschaftlichen Zivilisation, Köln und Opladen 1961 (Arbeitsgemeinschaft für Forschung des Landes Nordrhein-Westfalen · Geisteswissenschaften; 96).
79 Unterschrift.

382 Gerhard Vinnai, 28. Juli 1964

28. 7. 1964

Protokoll – Hauptseminar Prof. Adorno

Zu Beginn der Sitzung verlas Herr Wegeleben sein Referat über Schelskys Buch »Der Mensch in der technischen Zivilisation.«[80]

Hierzu machte Prof. Adorno folgende Anmerkungen:

Die von Schelsky festgestellte Adäquanz von technischer Entwicklung und psychischen Reaktionen erscheint fraglich.[81] Zwar ändern sich die psychischen Dispositionen mit der technischen Entwicklung, es entstehen aber hierbei Konflikte und Anpassungsprobleme, die nicht zu übersehen sind. Spannungen zwischen ungleichzeitigen technischen und psychischen Entwicklungen sind festzustellen.

Die von Anders aufgestellte Antithese, daß die Technik dem Menschen davongelaufen sei und ihn mit Angst erfülle,[82] ist zwar in ihrer Übertreibung falsch, enthält aber ein Moment der Wahrheit, das festgehalten zu werden verdient.

Prof. Adorno erhob die Forderung, daß gleichzeitig mit der Anpassung des Menschen an die Technik, diese an ihn anzupassen sei.

Die Schelskysche These, daß die Technik kein dem Menschen gegenüberstehendes Absolutes sei, sondern der Mensch als Wissenschaft und Arbeit selbst sei,[83] übersieht, daß die Erzeugnisse der Menschen sich gegenüber diesen verselbständigt haben und ihr Schicksal als ihnen entfremdete Mächte bestimmen.

---

80 S. oben, Anm. 63.
81 Vgl. Schelsky, Der Mensch in der wissenschaftlichen Zivilisation, a. a. O. (s. Anm. 78), S. 6–10.
82 Vgl. den Abschnitt »Über prometheische Scham«, in: Günther Anders, Die Antiquiertheit des Menschen. Band I. Über die Seele im Zeitalter der zweiten industriellen Revolution, München 1956, S. 21–95.
83 »Der Mensch löst sich vom Naturzwang ab, um sich seinem eigenen Produktionszwang wiederum zu unterwerfen. Wir produzieren die wissenschaftliche Zivilisation nicht nur als Technik, sondern notwendigerweise in viel umfassenderem Maße dauernd auch als ›Gesellschaft‹ und als ›Seele‹. Damit ist jene Zwischenphase, in der eine nach außen gehende Beherrschung der Natur in Technik und planender Organisation als *Zivilisation* von dem Weg nach Innen in schöpferisch geistiger Selbststeigerung des Menschen und ihrer Dokumentation in den geisterfüllten sozialen Gebilden als *Kultur* unterschieden werden konnte, nicht mehr aufrechtzuerhalten: der Mensch ist sich selbst als soziales und als seelisches Wesen eine technisch-wissenschaftliche Aufgabe der Produktion geworden.« (Schelsky, Der Mensch in der wissenschaftlichen Zivilisation, a. a. O. [s. Anm. 78], S. 17)

Wenn Schelsky die Ablösung von Herrschaft durch Verwaltung feststellt, die eine neue Managerschicht vornimmt,[84] verkennt er, daß das Bedienen von Apparaten in dieser Gesellschaft Herrschaft darstellt. Daneben ist das Auftreten einer neuen Managerschicht nur in begrenztem Maße festzustellen; vielmehr erweist sich die Schicht der heute Herrschenden als Amalgam von Besitzenden und Managern.

Schelskys technische Rationalität kehrt sich in Irrationalität um, wenn planvolle Manipulation der Menschen einer irrationalen Willensbildung dient. Eine verhängnisvolle Äquivokation des Begriffs »Ratio« wird sichtbar, wenn rational über Menschen verfügt werden soll, um ihr Bewußtsein in Irrationalität verfangen zu halten.

Im Zusammenhang mit dem Phänomen der Manipulation warf Prof. Adorno die Frage auf, in wieweit die Irrationalisierung der Menschen durch manipulative Willensbildung heute gelungen sei.

Grobe unmittelbar dargebotene Ideologien scheinen heute meist durchschaut zu werden, zumal wenn sie das eigene Interesse der Menschen direkt tangieren; die Manipulation erscheint heute sublimere Mittel zu erfordern. Zur genauen Erforschung dieser Phänomene bedarf es noch eingehender Untersuchungen.

Die an die Verlesung des Referats anschließende Diskussion eröffnete Prof. Adorno mit der Feststellung, daß bei Schelsky, ebenso wie bei Gehlen, eine oft weitgehend zutreffende Darstellung gesellschaftlicher Entwicklungstendenzen gegeben werde, die Einsicht in die Macht dieser Tendenzen führe aber beide dazu, diese Tendenzen metaphysisch als unwiderstehlich zu verklären.

Ihre Feststellungen ähneln damit dem Hegelschen Gedanken des sich durchsetzenden Weltgeistes, auf dessen positivistisches Element hingewiesen wurde.

Der Weltgeist erscheint hier als Tendenz zur Technifizierung bzw. universaler Naturbeherrschung. Die dabei auftretenden Mechanismen erscheinen unbegrenzt vernünftig, auch wenn sie die Liquidation des Individuums einschließen, dessen Widerstandskraft eine Soziologie dieser Art zu brechen hilft.

Bei der Diskussion des Begriffs der Rationalität bei Schelsky wurde festgestellt, daß diese nur nach der Angemessenheit der Mittel an Zwecken fragt, deren Rationalität nicht untersucht wird. Die Form der Rationalität wird dadurch zu einer partialen, die selbst Lügen und die Manipulation des Bewußtseins erlaubt.

Herr Thomssen schränkte dies ein, indem er bemerkte, daß zwar die Sachgesetzlichkeiten bei Schelsky vorgegeben wären, daß aber nach der Verwirklichung dieser Sachgesetzlichkeiten in einer zukünftigen Gesellschaft Manipulati-

---

84 Vgl. ebd., S. 25 f.

on der Menschen überflüssig erscheine und eine Unmittelbarkeit zwischen Mensch und Unwelt möglich sei.

Herr Dr. Teschner warf die Frage auf, inwieweit die von Schelsky festgestellten Tendenzen der Verwandlung von Politik in Verwaltung bzw. zum Handeln nach Sachgesetzlichkeiten im gesellschaftlichen Bereich zutreffend seien. Das Problem der Arbeitslosigkeit infolge der Automation, die Ereignisse in Cuba und Vietnam usw. stellten diese These in Frage. Im Zusammenhang mit dieser Frage wurde die Forderung nach immanenter Kritik soziologischer Texte diskutiert.

Prof. Adorno hob die Notwendigkeit immanenter Kritik nachdrücklich hervor, da sie allein der Überwindung von »Standpunktsoziologien« diene. Daneben sei allerdings noch ein transzendenter Standpunkt erforderlich, da das reine Anschauen der Sache, die Unwahrheit nicht immer sofort zum Herausspringen nötige.

Die immanente Kritik soziologischer Texte erfordert allerdings, daß ihre Qualität einen bestimmten Schwellenbereich überschreitet und ihre Formalisierung nicht so weit fortgeschritten ist, daß eine Konfrontation mit der gesellschaftlichen Realität unmöglich wird.

Die immanente Kritik von Texten ist nur möglich, solange diese sich dem Begriff der Rationalität stellen.

Bei Schelsky führt immanente Kritik dazu, daß der Widerspruch der Theorie gegenüber ihren eigenen Prämissen sichtbar wird, wenn sein Vernunftbegriff sich in sein Gegenteil verkehrt, sobald er dazu dient, die Manipulation von Menschen zu rechtfertigen.

Zum Schluß der Sitzung wies Dr. Teschner auf die ideologische Funktion soziologischer Theorien hin, die durch die abstrakte Form ihrer Begriffe und ihre Formalisierung unter Absehung vom Lebensprozeß der Gesellschaft, kritische Impulse abtöten und damit der Rechtfertigung bestehender gesellschaftlicher Zustände dienen.

Wintersemester 1964/65:
Hegels »Logik«

Philosophisches Hauptseminar mit Max Horkheimer

In diesem Semester hält Adorno zudem die philosophische Vorlesung »Zur Lehre von der Geschichte und von der Freiheit« und gibt das soziologische Hauptseminar »Empirische Beiträge zur Soziologie des Lachens«

Das Seminar findet donnerstags von 18 bis 20 Uhr statt

383–392 Archivzentrum Na 1, 897

383 Rainer Dorner, 12. November 1964

Protokoll
vom 12. 11. 1964

Der Begriff der Logik ist bei Hegel wesentlich von dem der formalen Logik unterschieden. Die dialektische Logik bleibt nicht beim Satz vom Widerspruch stehen, an dem sich die traditionelle Logik orientiert, sondern ist eine immanente Kritik des Satzes vom Widerspruch, indem sie sich gerade um die nichtidentischen Momente des Begriffs bemüht.

In Hegels transzendentaler Logik hat jedoch die formale Logik ihren Stellenwert, da Natur nur als gedachte, als zweite Natur zugänglich ist, und somit das Nichtidentische doch bereits stets ins Identische, ins Denken aufgelöst ist. Dies ist bereits bei Kant in gewisser Weise der Fall, der im Ich den gesamten Umfang aller denkbaren Beziehungen angelegt sieht. Die Konstitution des Gegenstandes und das Denken sind identisch.

Methodisch geht Hegel aus von den obersten allgemeinen Begriffen, die immer sachhaltiger werden, bis sie in die subjektiven Kategorien umschlagen. Objektivität und Subjektivität fallen schließlich zusammen. Die subjektive Vermitteltheit der allgemeinen Begriffe, die im Verlauf der Analyse sichtbar wird, ist allerdings bereits vorausgesetzt. Somit ist Hegels Logik formale Logik und transzendentale Logik zugleich.

Die traditionelle Logik ist Subsumtionslogik, eine Hierarchie statischer Begriffe, die zu immer größerer Abstraktheit aufsteigen. Der dialektischen Logik ist es um die Eigenbewegung des Begriffes zu tun. Dennoch bleiben die Kategorien, deren Dynamik bis zum Absoluten entfaltet wird, statisch. Dieser Widerspruch von Invarianz und Dynamik wird insofern aufgehoben, als die je neu zu erreichende Stufe immer zugleich der Rückgriff auf das in der Antithesis Negierte ist, – als[1] also im Resultate wesentlich das enthalten ist, woraus es resultiert.

Durch die Identität von Invarianz und Dynamik sind in Hegels Logik prima philosophia und aus dem absoluten Bewußtsein entwickelte Kategorienlehre vereinigt.

---

1 Konjiziert für: »daß«.

Den ersten Teil seiner Logik, »Die Lehre vom Sein«[2], beginnt Hegel mit der Frage: »Womit muß der Anfang der Wissenschaft gemacht werden?«[3] Der Nachweis, daß der Anfang weder ein Vermitteltes noch Unmittelbares sein könne, bezeichnet genau die Unzulänglichkeit der prima philosophia, – aber auch den Mangel des Cartesischen Versuchs eines Rückgangs auf reine Unmittelbarkeit. Das ego cogitans, das der Welt abstrakt entgegengesetzt wird, ist das Ich eines realen Menschen und somit als res extensa bereits selbst ein Stück Welt. Die cogitationes sind nur für das je denkende Subjekt unmittelbar, an sich jedoch bereits vermittelte.

Der Anfang einer Philosophie bleibt immer ein subjektiver, »in dem Sinne einer Art und Weise, den Vortrag einzuleiten«, das Interesse geht jedoch stets auf den bestimmten Inhalt des Anfangs, »das Wahre, was der absolute Grund von allem sei«[4]. Auch Kants Rekurs auf das transzendentale Subjekt als auf das höchste Prinzip aller Philosophie folgt dem Interesse an objektiver Wahrheit. Kant zeigt, daß die Beschaffenheit der Sinnlichkeit und des Verstandes das Konstituens der Objektivität ist. Natur und mögliche Erfahrung sind identisch.

Hegels Interesse geht darauf zu zeigen, daß das Erste nichts den Ausführungen Vorhergehendes sei, sondern die Ausführung selbst. Mit dem Begriff des Seins wird nur deshalb angefangen, weil er der umfassendste ist und sich somit als Anfang darbietet. Die Voraussetzung jeder Form des Anfangs ist jedoch das konkrete Ganze. Der Dogmatik der prima philosophia, ein abstrakt erstes Prinzip anzusetzen, will Hegel sich durch die Einheit von Prinzip und System entziehen.

Hegel begreift, daß das Problem des Anfangs, das sich für die vorkantische Philosophie noch nicht stellte, da es ihr nur um das »Erweisen des Prinzips« oder um »das Finden eines subjektiven Kriteriums gegen dogmatisches Philosophieren« ging,[5] erst thematisch wird in dem Augenblick, wo »das subjektive Tun als

---

2 Vgl. HW, Bd. 5, S. 63–457.
3 Vgl. ebd., S. 65–79.
4 »Das Anfangen als solches [...] bleibt als ein Subjektives in dem Sinne einer zufälligen Art und Weise, den Vortrag einzuleiten, unbeachtet und gleichgültig, somit auch das Bedürfnis der Frage, womit anzufangen sei, unbedeutend gegen das Bedürfnis des Prinzips, als in welchem allein das Interesse *der Sache* zu liegen scheint, das Interesse, was das *Wahre*, was der *absolute Grund* von allem sei.« (Ebd., S. 65)
5 »Aber die moderne Verlegenheit um den Anfang geht aus einem weiteren Bedürfnisse hervor, welches diejenigen noch nicht kennen, denen es dogmatisch um das Erweisen des Prinzips zu tun ist oder skeptisch um das Finden eines subjektiven Kriteriums gegen dogmatisches Philosophieren, und welches diejenigen ganz verleugnen, die wie aus der Pistole aus ihrer inneren Offenbarung, aus Glauben, intellektueller Anschauung usw. anfangen und der *Methode* und Logik überhoben sein wollten. Wenn das früher abstrakte Denken zunächst nur für das Prinzip als *Inhalt* sich interessiert, aber im Fortgange der Bildung auf die andere Seite, auf das Benehmen des

wesentliches Moment der objektiven Wahrheit erfaßt« wird. Was Bedingung der Möglichkeit der Erkenntnis ist, das transzendentale Subjekt, soll nun auch das »Erste im Gange des Denkens« sein, damit Form und Prinzip vereint seien.

Der bisherige Gang von Hegels Ausführung resultiert einzig aus der logischen Analyse des Begriffs »Anfang«.

Dies stellt das Ideal Hegelscher Logik dar, nämlich einen Begriff solange als das, [als] was er sich selbst gibt, zu betrachten, bis er zu leben beginnt. Der Begriff ist nämlich nicht eine abstrakte, ununterschiedene Einheit, noch eine Allgemeinvorstellung, die durch eine Anzahl von Merkmalen völlig bestimmt werden könnte, sondern der schöpferische Gedanke, der die Vielzahl seiner Momente auseinanderlegt und wieder in sich zurücknimmt.

Hinter diesem Ideal bleibt die Hegelsche Philosophie aber oft genug zurück.

Erkennens zu achten getrieben ist, so wird auch das *subjektive* Tun als wesentliches Moment der objektiven Wahrheit erfaßt, und das Bedürfnis führt sich herbei, daß die Methode mit dem Inhalt, die *Form* mit dem *Prinzip* vereint sei. So soll das *Prinzip* auch Anfang und das, was das *Prius* für das Denken ist, auch das *Erste* im *Gange* des Denkens sein.« (Ebd., S. 65 f.)

384 Michael Bärmann, 26. November 1964

Protokoll der Seminarsitzung 26. 11. 1964
Leitung: Herr Professor Adorno

---

1. Eine Schwierigkeit, die Gliederung des ersten Bandes der Hegelschen Logik in die Lehre vom Sein und die Lehre vom Wesen zu verstehen, taucht auf, wenn man die im ersten Buch explizierten Kategorien von denen des zweiten auf der Grundlage unterscheidet, daß das Sein zuerst in seiner Unmittelbarkeit, dann im Wesen als seine Reflexion genommen sei:[6] Sind nicht die Bestimmungen des Seins selbst Reflexionsbestimmungen? Und was anderes geschieht in der Logik von Anfang an als die Reflexion der Reflexionsbestimmungen?

Eine solche Fragestellung kommt von der bloßen Hegel-Paraphrase los und macht das Hegel-Verständnis überhaupt erst zum Problem. Sie verlangt die erneute Anstrengung, ihm auf die Spur zu kommen, anstatt ohne Bewußtsein den eingefahrenen Gleisen nachzufahren.

Der Unterschied zwischen der Lehre vom Sein und der Lehre vom Wesen liegt in der Akzentsetzung. Die Reflexionsbestimmungen werden durch die Reflexion wiederum in zwei Gruppen geteilt. Eine solche Unterscheidung findet sich auch bei Kant: in der Gegenüberstellung der Kategorien von Quantität und Qualität auf der einen, von Relation und Modalität auf der anderen Seite. Er merkt zu seiner Kategorientafel an: »(...) daß sich diese Tafel, welche vier Classen von Verstandesbegriffen enthält, zuerst in zwei Abtheilungen zerfallen lasse, deren erstere auf Gegenstände der Anschauung (der reinen sowohl als empirischen), die zweite aber auf die Existenz dieser Gegenstände (entweder in Bezug auf einander oder auf den Verstand) gerichtet sind.« (Akademieausgabe III, 95)[7] Sind die Kategorien der Relation und Modalität als nicht-empirische den anderen, weniger in ihrer Dualität in sich reflektierten gegenübergestellt, so finden wir hier etwas Ähnliches wie John Lockes Unterscheidung zwischen ideas of sensation und ideas of re-

---

[6] Der Übergang von der Seinsphilosophie zur Wesensphilosophie innerhalb der »Wissenschaft der Logik« [1812/1816] wird eingeleitet mit dem Satz: »Die *Wahrheit* des *Seins* ist das *Wesen*.« (HW, Bd. 6, S. 13)

[7] Immanuel Kant, Kritik der reinen Vernunft. Zweite Auflage 1787 [1781], in: Kant's gesammelte Schriften, hrsg. von der Königlich Preußischen Akademie der Wissenschaften, Bd. III, Berlin 1904, S. 95 (B 110); vgl. KW, Bd. III, S. 121.

flection[8] wieder. Man könnte jetzt von einem Versuch Hegels sprechen, die Kritik der reinen Vernunft in eine dialektische Logik umzuschreiben. Zugleich würde durch diesen Vergleich deutlich, wie die Lehre vom Wesen nach den Begriffen der traditionellen Philosophie in den Zuständigkeitsbereich der Erkenntnistheorie gehörte, indem nämlich in ihr die Grundkategorien der die Gegenständlichkeit konstituierenden Subjektivität durchgenommen werden.

2. Jedoch abgesehen von diesen äußerlichen Trennungen, wird die Hegelsche Logik zugleich durch die Art ihres Fortschreitens im Inneren zusammengehalten. »Das Wesentliche für die Wissenschaft ist nicht so sehr, daß ein rein Unmittelbares der Anfang sei, sondern daß das Ganze derselben ein Kreislauf in sich selbst ist, worin das Erste auch das Letzte und das Letzte auch das Erste wird.« (Logik, Ausg. Lasson, I, 56)[9]

Diese ideale Figur des Kreises impliziert einen von Hegel hier nicht genannten Aspekt seiner Logik: Sie ist in solcher Rückkehr auf sich selbst ein Bild der Totalität, der geschlossenen Immanenz des Systems. Die Widerlegung jeglicher prima philosophia wird zur Gründung einer neuen. Statt wie Fichte von einem obersten Grundsatz auszugehen, setzt Hegel Prinzip und System durch das Bild des Kreises (mit Reminiszenzen an die alte astronomische Epizyklentheorie) in eins.[10]

Aber diese schematische Unterscheidung täuscht darüber hinweg, daß der Kreis nicht Ursache seiner selbst ist, sondern durch die »wissenschaftliche Fortbewegung« beschrieben wird. »Das Fortgehen besteht nicht darin, daß nur ein *Anderes* abgeleitet, oder daß in ein wahrhaft Anderes übergegangen würde; – und insofern dies Übergehen vorkommt, so hebt es sich ebensosehr wieder auf. So ist der Anfang der Philosophie die in allen folgenden Entwicklungen gegenwärtige

---

8 Reflexion sei, so Locke, »die Wahrnehmung der Operationen des eigenen Geistes in uns, der sich mit den ihm zugeführten Idee beschäftigt. [...] Diese Quelle von Ideen liegt ausschließlich im Innern des Menschen, und wenn sie auch kein Sinn ist, da sie mit den äußeren Objekten nichts zu tun hat, so ist sie doch etwas sehr Ähnliches und könnte füglich als innerer Sinn bezeichnet werden. Während ich im ersten Fall von Sensation rede, so nenne ich diese Quelle Reflexion, weil die Ideen, die sie liefert, lediglich solche sind, die der Geist durch eine Beobachtung seiner eigenen inneren Operationen gewinnt.« (John Locke, Versuch über den menschlichen Verstand [1690]. In vier Büchern. Band I: Buch I und II, übers. von Carl Winckler, Hamburg 2006 [Philosophische Bibliothek; 75], S. 108 f.)
9 HSW, Bd. III, S. 56; vgl. HW, Bd. 5, S. 70.
10 »Durch diesen Fortgang denn verliert der Anfang das, was er in dieser Bestimmtheit, ein Unmittelbares und Abstraktes überhaupt zu sein, Einseitiges hat; er wird ein Vermitteltes, und die Linie der wissenschaftlichen Fortbewegung macht sich damit *zu einem Kreise*.« (HSW, Bd. III, S. 56; vgl. HW, Bd. 5, S. 71)

und sich erhaltende Grundlage, das seinen weitern Bestimmungen durchaus immanent Bleibende.« (Logik I, 56.)[11] Auf das vorher Gesagte bezogen heißt das, daß Hegel zwar an der Idee der geschlossenen Immanenz festhält, aber sie nicht künstlich konstruieren, sondern sie »durch die Natur der Sache und des Inhalts selbst« (Logik I, 57) sich konstruieren lassen will.[12] »Phänomenologisches«, rückhaltloses sich der Sache Zuwenden führt ihre Bestimmtheit als unmittelbare hinaus auf ihren Vermittlungszusammenhang; darin hebt sich ihre erste Qualität auf, d. h., sie wird zu Ende geführt und zugleich bewahrt.

3. Dieser Methode folgt Hegel bei der Kritik an einer Ansicht von Carl Leonhard[13] Reinhold über die Möglichkeit, in der Philosophie von einem Wahren und Gewissen von Anfang an auszugehen. Reinhold schreibt: »Das gegenseitige Voraussetzen, von Einander-Abhängen, und Durch-Einander und In-Einander Bestehen der Wahrheit und Gewißheit *an sich*, und der Vorstellung von Beyden, sind dialektische Blendwerke, die nur so lange fortdauern, bis die Wahrheit und Gewißheit in ihrer Unabhängigkeit von aller Vorstellung *ausdrücklich ausgesprochen* wird, und sonach der wirklich deutliche, wahre und gewisse Begriff von Beyden gefunden, errungen und anerkannt ist.« (Reinhold, Das menschliche Erkenntnisvermögen, Kiel 1816, S. 140.)[14] Folglich muß sich die Philosophie vorläufig »mit

---

11 HSW, Bd. III, S. 56; vgl. HW, Bd. 5, S. 71.
12 »Darum aber, weil das *Resultat* erst als der absolute Grund hervortritt, ist das Fortschreiten dieses Erkennens nicht etwas Provisorisches noch ein problematisches und hypothetisches, sondern es muß durch die Natur der Sache und des Inhaltes selbst bestimmt sein. Weder ist jener Anfang etwas Willkürliches und nur einstweilen Angenommenes, noch ein als willkürlich Erscheinendes und bittweise Vorausgesetztes, von dem sich aber doch in der Folge zeige, daß man recht daran getan habe, es zum Anfange zu machen; nicht wie bei den Konstruktionen, die man zum Behuf des Beweises eines geometrischen Satzes zu machen angewiesen wird, es der Fall ist, daß von ihnen es sich erst hinterher an den Beweisen ergibt, daß man wohlgetan habe, gerade diese Linien zu ziehen und dann in den Beweisen selbst mit der Vergleichung dieser Linien oder Winkel anzufangen; für sich an diesem Linienziehen oder Vergleichen begreift es sich nicht.« (HSW, Bd. III, S. 56 f.; vgl. HW, Bd. 5, S. 71 f.)
13 Korrigiert für: »Leopold«.
14 »Die Wahrheit und Gewissheit an sich wird durch die *Vorstellung* von Beyden, durch das Gefühl sowohl als durch den Begrif von Beyden vorausgesetzt. Sie selber aber setzt keine Vorstellung, weder das Gefühl noch den Begrif ihrer selbst voraus. Sie ist durchaus keiner Begründung bedürftig und fähig, und das *Vorstellen*, in welchem sie vorgestellt wird, das Gefühl und der Begrif von ihr, kann nur allein durch sie begründet seyn. Sie selber ist von aller Vorstellung Gefühl und Begrif ihrer selbst, nicht weniger, als von der Unwahrheit und Ungewissheit, und von dem täuschenden Scheine, und von der negativen Wahrheit und Gewißheit, und von der Wahrscheinlichkeit durchaus unabhängig. Das gegenseitige Voraussetzen, von Einander-Abhängen, und Durch-Einander und In-Einander Bestehen der Wahrheit und Gewißheit *an sich*, und der

undeutlichen und scheinbar deutlichen Begriffen von der Wahrheit behelfen, durch welche sie entweder im Skeptizismus den wahren Begriff der Wahrheit für unerreichbar hält, oder im Dogmatismus denselben schon zu besitzen glaubt.« (Ueber den Begrif und die Erkenntniß der Wahrheit, Kiel 1817, S. 5 f.)[15] Um sich der Wahrheit offenhalten zu können, wird – nach Reinhold – »das Bestreben der philosophierenden Wahrheitsforscher (...) immer im Suchen, und Versuchen, bestehen können und müssen.« (Das menschliche Erkenntnisvermögen, 141)

Für Hegel ist erneut die Frage nach dem Anfang und das Problem der prima philosophia aufgeworfen. Er konzidiert, daß Reinhold mit diesen Gedanken bereits den traditionellen Begriff des Anfangs kritisiert und seine »spekulative Na-

---

Vorstellung von Beyden, sind dialektische Blendwerke, die nur so lange fortdauern, bis die Wahrheit und Gewißheit in ihrer Unabhängigkeit von aller Vorstellung *ausdrücklich ausgesprochen* wird, und sonach der wirklich deutliche, wahre und gewisse Begrif von Beyden gefunden, errungen und anerkannt ist. Bis dahin wird das das Bestreben der philosophierenden Wahrheitsforscher nach *derjenigen Erkenntniß*, welche nur in der *Übereinstimmung des deutlichen Begriffes* und dem *klaren Gefühle* der Wahrheit und Gewißheit *an sich* bestehen, und welche allein das so lange gesuchte und versuchte philosophische *Wissen* ausmachen kann, immer im Suchen, und Versuchen, bestehen können und müssen.« (Carl Leonhard Reinhold, Das menschliche Erkenntnißvermögen, aus dem Gesichtspunkte des durch die Wortsprache vermittelten Zusammenhangs zwischen der Sinnlichkeit und dem Denkvermögen, Kiel 1816, S. 140 f.)

15 Nachdem Reinhold vom Gefühl der Wahrheit gesprochen hat, schreibt er: »Eine ganz andere Bewandtniß hat es mit dem Begriffe der Wahrheit, welcher zu jenem unstreitigen Gefühle, wenn sich die wirklich philosophische Erkenntniß der Wahrheit und das Einverständniß der Wahrheitsforscher über das Wesen dieser Erkenntniß einfinden soll. Daß, und warum, und inwieferne es eigentlich zunächst und vor allem Andern nur der deutliche Begrif der Wahrheit seyn kann und muß, was in dem philosophirenden Forschen vermißt, und durch dasselbe gesucht wird, kann auch von den Forschenden nur dann erst erkannt werden, wann dieser Begrif bereits wirklich gefunden ist. Dieser aber kann selbst unter dem Einflusse und der Anleitung des Wahrheitsgefühles gleichwohl nur durch das mit der Sprache und der Erfahrung sich allmählig entwickelnde discursive Vorstellen, nach langwierigen Vorübungen und einander herbeiführenden und verdrängenden Versuchen, endlich gefunden werden, und kann nicht eher wirklich gefunden seyn, als bis derselbe auch durch unzweideutige Wörter ausgesprochen, sonach die Frage: was ist die Wahrheit? mit unstreitiger Ausdrücklichkeit und ausdrücklicher Unstreitigkeit beantwortet ist. Bis dahin muß sich die Philosophie mit wirklich undeutlichen und scheinbar deutlichen Begriffen von der Wahrheit behelfen, durch welche sie entweder im Scepticismus den wahren Begrif der Wahrheit für unerreichbar hält, oder im Dogmaticismus denselben schon zu besitzen glaubt. Sie weiß auch so lange eigentlich weder was sie wissen kann, noch was sie zu wissen glaubt; und die Frage: was ist die Wahrheit? Scheint ihr keiner Antwort entweder fähig oder bedürftig, und daher in beider Rücksicht für sie auch gar keine Frage zu seyn.« (Carl Leonhard Reinhold, Ueber den Begrif und die Erkenntniß der Wahrheit. Lehrern der Logik und Metaphysik mit der Bitte um belehrende Prüfung, und Zuhörern als Grundlage für mündliche Erörterungen mitgetheilt, Kiel 1817, S. 5 f.)

tur« erkannt hat.¹⁶ Aber wenn der Anfang so zufällig erscheint, fragt Hegel wiederum nach dem Anfang selbst *in* solcher Zufälligkeit. Zufällig ist der Anfang als ein beliebiger Standpunkt in der Kreisbewegung, zugleich ist aber notwendig, daß der Anfang in dieser Kreisbewegung genommen wird. Das heißt aber auch, daß diese Figur des Kreises selbst die Darstellung des Anfangs ist. So schlägt die Hegelsche Logik, die hier im Anschluß an Reinhold mit einer prima philosophia abrechnet, selbst in eine solche um. Der Anfang mit dem reinen Sein ist die Kritik und Neugründung einer prima philosophia zugleich.

Die direkte Kritik an Reinhold bedeutet aber auch, daß Hegel sich in der Metaphysik nicht mit einstweiligen Annahmen und willkürlich erscheinenden Hypothesen zufriedengeben will, die die Sache nicht unmittelbar ins Licht setzen, sondern den Philosophierenden gewissermaßen hinters Licht führen und auf dunklen Pfaden zu etwas hinleiten, das Wahrheit zu nennen er als einen geradeso beliebigen Akt empfinden muß wie den bloß zufälligen Anfang. Hegel vergleicht solches Suchen und Versuchen dem Beweis eines geometrischen Satzes, der anhand von Hilfskonstruktionen und künstlichen Vergleichen durchgeführt wird, die den Satz sich nicht durch sich selbst erklären lassen. Hegels Ideal wäre, auch in der Mathematik die Sache nur an ihr selbst zu begreifen.

4. Er maskiert es nun als einen »Vorschlag zur Güte«, wenn er das Argument zuläßt und prüft, ob man in der Logik nicht überhaupt mit dem Anfang selbst als Anfang auskommen könnte. Dieser Anfang wäre aber nichts als die Vorstellung des Anfangs. »Es ist also nur zu sehen, was wir in dieser Vorstellung haben. Es ist noch Nichts, und es soll Etwas werden.« (Logik I, 58)¹⁷

Die Negation, die der Anfang so ist, ist bestimmte Negation nach dem Muster »omnis determinatio est negatio«. Hegel führt hier am Beispiel des Anfangs den Unterschied zwischen nihil privativum und nihil absolutum, zwischen und μὴ ὄν und οὐκ ὄν, so wie er ihn versteht, vor.¹⁸ In der Formulierung »Es ist noch Nichts,

---

16 »Die Einsicht, daß das Absolut-Wahre ein Resultat sein müsse, und umgekehrt, daß ein Resultat ein erstes Wahres voraussetzt, das aber, weil es Erstes ist, objektiv betrachtet, nicht notwendig und nach der subjektiven Seite nicht erkannt ist, – hat in neuern Zeiten den Gedanken hervorgebracht, daß die Philosophie nur mit einem *hypothetischen* und *problematischen* Wahren anfangen und das Philosophieren daher zuerst nur ein Suchen sein könne, eine Ansicht, welche *Reinhold* in den späteren Zeiten seines Philosophierens vielfach urgiert hat, und der man die Gerechtigkeit widerfahren lassen muß, daß ihr ein wahrhaftes Interesse zugrunde liegt, welches die spekulative Natur des philosophischen *Anfangs* betrifft.« (HSW, Bd. III, S. 55; vgl. HW, Bd. 5, S. 69)
17 HSW, Bd. III, S. 58; vgl. HW, Bd. 5, S. 73.
18 »Es ist noch Nichts, und es soll Etwas werden. Der Anfang ist nicht das reine Nichts, sondern ein Nichts, von dem Etwas ausgehen soll; das Sein ist also auch schon im Anfang enthalten. Der

und es soll Etwas werden«, liegt zweifellos ein Anklang an den biblischen Schöpfungsmythos. Jedoch ist zu fragen, ob hier nicht mehr geschieht als bloß dessen Säkularisation. Der Zusammenhang mit der Mystik ist enger. Die Mystik kann als ein Versuch verstanden werden, die Verselbständigung der Begriffe zu für sich bestehenden, des Begreifens des Absoluten, Göttlichen nicht fähigen Wesenheiten, wie sie im Nominalismus schließlich erreicht worden war, im subjektiven Akt der Identifikation mit dem Absoluten aufzuheben und jene Wesenheiten als wesenlos zu erklären. Hier liegt ein nicht nur geschichtlicher, sondern auch theoretischer, dogmatischer Zusammenhang mit dem Deutschen Idealismus vor. Es sei zum Schluß eine Stelle aus der Logik zitiert, wo dieser in der Rolle der bestimmten Negation liegende Zusammenhang mit der Mystik deutlich wird. »Die *Qualierung* oder *Inqualierung*, ein Ausdruck der Joacob *Böhmischen*, einer in die Tiefe, aber in eine trübe Tiefe gehenden Philosophie, bedeutet die Bewegung einer Qualität (der sauern, herben, feurigen usf.) in ihr selbst, insofern sie in ihrer negativen Natur (in ihrer *Qual*) sich aus anderem setzt und befestigt, überhaupt die Unruhe ihrer an ihr selbst ist, nach der sie nur im Kampfe sich hervorbringt und erhält.« (Logik I, 101)[19] – So wäre die »Qual des Anfangs: Es ist noch Nichts, und es soll Etwas werden.«

Michael Bärmann

Anfang enthält also beides, Sein und Nichts; ist die Einheit von Sein und Nichts; – oder ist Nichtsein, das zugleich Sein, und Sein, das zugleich Nichtsein ist.« (HSW, Bd. III, S. 58; vgl. HW, Bd. 5, S. 73)

19 HSW, Bd. III, S. 101; vgl. HW, Bd. 5, S. 122.

385 Roswitha Christfreund,
10. Dezember 1964

Roswitha Christfreund   Herr Professor Horkheimer
                                          Herr Professor Adorno

Protokoll der Seminarsitzung des
Philosophischen Hauptseminars vom 10. Dezember 1964

Es ist der spezifisch idealistische Anspruch, Identität zum Kriterium der Wahrheit zu machen. Hegels Satz von der »Identität der Identität und Nichtidentität«[20] scheint dadurch, daß er Nichtidentität ins Spiel bringt, diesen Anspruch zu kritisieren. Letztlich stellt sich aber absolute Einheit von Identität und Nichtidentität her, so sehr das Nichtidentische auf allen Stufen der Dialektik den Motor des Fortschreitens ausmacht. Indem von Nichtidentität als *der* Nichtidentität gesprochen wird, ist es ein Wirkliches.[21] Zu fragen wäre freilich, ob Hegel nicht eben mit diesem Gedanken einer undialektischen Alternative verfällt, sofern etwas entweder Begriff oder aber ein Irrationales, nicht Aussagbares sein soll. Nicht einmal, daß es das Nichts sei, soll Hegel zufolge vom Nichtidentischen gesagt werden können, denn das hieße, sich einen Begriff machen wollen von dem, was noch nicht erfaßt ist. Hegels System insgesamt liegt zugrunde, daß er es mit Denken, weil mit der Sprache, so ungeheuer ernst nimmt. Sofern die Sprache nicht bloßes Instrument ist, muß sie in jeder Aussage den Anspruch erheben, nicht nur wahr, sondern absolut wahr zu sein. Darauf beruht der Idealismus.

---

[20] »Die Analyse des Anfangs gäbe [...] den Begriff der Einheit des Seins und des Nichtseins – oder, in reflektierterer Form, der Einheit des Unterschieden- und des Nichtunterschiedenseins – oder der Identität der Identität und Nichtidentität.« (HW, Bd. 5, S. 74)

[21] Vgl. dagegen einen Passus aus dem Abschnitt über »Die offenbare Religion« innerhalb der »Phänomenologie des Geistes« [1807], wo es heißt: »Sosehr daher gesagt werden muß, daß nach diesem ihrem Begriffe das Gute und Böse, d. h. insofern sie nicht das Gute und das Böse sind, *dasselbe* seien, ebensosehr muß also gesagt werden, daß sie *nicht* dasselbe, sondern schlechthin *verschieden* sind, denn das einfache Fürsichsein oder auch das reine Wissen sind gleicher Weise die reine Negativität oder der absolute Unterschied an ihnen selbst. – Erst diese beiden Sätze vollenden das Ganze, und dem Behaupten und Versichern des ersten muß mit unüberwindlicher Hartnäckigkeit das Festhalten an dem anderen gegenübertreten; indem beide gleich recht haben, haben beide gleich unrecht, und ihr Unrecht besteht darin, solche abstrakte Formen, wie *dasselbe* und *nicht dasselbe*, die *Identität* und die *Nichtidentität*, für etwas Wahres, Festes, Wirkliches zu nehmen und auf ihnen zu beruhen. Nicht das eine oder das andere hat Wahrheit, sondern eben ihre Bewegung, daß das einfache Dasselbe die Abstraktion und damit der absolute Unterschied, dieser aber, als Unterschied an sich, von sich selbst unterschieden, also die Sichselbstgleichheit ist.« (HW, Bd. 3, S. 567 f.)

Der nachweisbare Fehler des Hegelschen Ansatzes liegt darin, daß das nicht im Begriff sich Erschöpfende ebenso zum Begriff gehören soll wie dieser selbst. Wenn aber das Nichtidentische nicht mit seinem eigenen Begriff identisch ist, so hat freilich die Wahrheit dessen, was über das Nichtidentische gesagt wird, nicht mehr diejenige Dignität, die vom Begriff seit der klassischen Philosophie stets gefordert worden ist. Indem der Materialismus dem Nichtidentischen Eigenbestimmtheit einräumt, ist er damit zugleich mit einem Moment des Positivistischen behaftet und würde nicht auf einem emphatischen Begriff von absoluter Wahrheit insistieren. Im Grunde besagt die materialistische Ansicht, daß das, was wir heute für wahr halten, es vielleicht morgen nicht mehr sein kann. Umgekehrt muß ein Denken, das von sich selber Absolutheit prädiziert, stets idealistisch sein. Im Anspruch des Denkens auf Wahrheit schlechthin liegt bereits etwas Idealistisches, was im Materialismus, der immer auch den Bereich der Philosophie selber überschreitet, so nicht gefordert wird. Schon früh in der Geschichte der Philosophie tritt die Überlegung auf, daß, wenn ein Wort gesagt ist, absolute Wahrheit intendiert sei. Wenn aber die Welt letztlich sinnlos ist, wie steht es dann um die Möglichkeit des Absoluten? Das ist in der materialistischen Opposition gegen den Idealismus enthalten.

Für diesen ist in seiner Hegelschen Gestalt der Anspruch auf absolute Wahrheit identisch mit dem auf absolute Voraussetzungslosigkeit. Das zeigt sich an Hegels Kritik des Fichteschen Ichbegriffs.[22] Zum absoluten Prinzip gemacht, kann es eigentlich nicht als Ich bezeichnet werden, da es infolge seiner Trennung vom Nichtich abstrakt bleibt; erst in fortschreitender Erkenntnis selbst vermag es sich als Ich zu produzieren. Ist alles durch das Ich gesetzt, so gehört auch das Nichtich dem Denken an; das Ich als absolutes enthält keine Reminiszenz mehr an ein empirisches Ich, wie es im platonischen Reich der Ideen kein Subjekt gibt. Dadurch, daß Hegel in seinem Begriff des absoluten Geistes den Ichbegriff Fichtes mit dem platonischen Begriff der an sich seienden Ideen zu vereinigen sucht, haftet jenem noch etwas Empirisch-Subjektives an – eine Erkenntnis, die bereits in den Worten des Evangeliums ausgesprochen ist: »Ich bin ... die Wahrheit ...« (Joh. 14, 6)[23] Die Wahrheit soll Subjekt, ja Individuum sein, das Allgemeine als Individuelles sich darstellen. In der Philosophie des absoluten Geistes steckt das

---

22 Vgl. HW, Bd. 5, S. 76–79.
23 »Jhesus spricht zu jm [scil. Thomas] / *Jch bin der Weg / vnd die Warheit / vnd das Leben. Niemand kompt zum Vater / denn durch Mich.* Wenn jr mich kennetet / so kennetet jr auch meinen Vater. Vnd von nu an kennet jr jn / vnd habt jn gesehen.« (Joh, 14,6 f.)

ganze Christentum mit seiner durch den Platonismus vermittelten und letztlich unaufgelösten Problematik.

Es folgte ein Referat über Plessners Buch »Über den Anfang der Bildung transzendentaler Wahrheit«,[24] dessen Quintessenz ist: Die logische Ursprungseinheit der Bildung jeglicher Begriffe ist selbst nicht kontinuierlich ableitbar, sondern als erste Einheit Grund aller Begriffe. Durch Reflexion auf diese ihre grundlegende Konstitutivität wird diese erste Willkürlichkeit als notwendig erkannt und verliert so das Moment des Willkürlichen.

Das Seminar wandte sich dann einer allgemeinen Erörterung des Anfangsproblems zu: Bei Kant bleibt das Problem des Anfangs undiskutiert, doch liegt auch in der Kantischen Bevorzugung des Singularis vor dem Pluralis – auch die Kategorie der Vielheit ist eine Funktion der Einheit – das Primat des Einen über das Viele, wenn auch die Einheit des Verstandes stets auf die sinnliche Mannigfaltigkeit verwiesen ist. Darin, daß das Viele unter das Eine subsumiert wird, drückt sich ein Moment von Herrschaft aus. Gegen ein Denken, das das Eine gegenüber dem Vielen als ein Höheres ansieht, muß eingewandt werden, daß vielleicht gerade diejenige Erkenntnis die wahrere ist, die in differenzierter Weise auf das Viele eingeht.

Eine Philosophie, die kritisch sich selbst reflektiert, müßte auf einen emphatischen Begriff des Anfangs verzichten, der im Grunde immer eine Vorentscheidung zugunsten der abstrakten Identität bedeutet. In jeder prima philosophia soll der Anfang, das Erste immer schon das Wahrste sein. Freilich muß das Denken irgendwo anfangen, doch erst aus der Konstellation der Begriffe im Fortgang seiner selbst entfaltet es sich. Bei Hegel soll das ganze System der Begriff sein, in dem die Wahrheit sich darstellt. Das Ideal der Erkenntnis, die sich des emphatischen Begriffs des Anfangs entäußert hat, sollte weder positivistisch die verstreuten Einzeldinge noch idealistisch das Moment der Einheit verabsolutieren.

Die französischen Enzyklopädisten und schon ihre Vorläufer verzichteten in ihrem Versuch, das Universum rational zu erklären, im Grunde auf philosophische Systematik und damit auf den emphatischen Wahrheitsanspruch, den der deutsche Idealismus stellte. Was die einzelnen Wissenschaften zusammenhielt, war die szientifische Methode.

Die Frage, ob der Begriff um des Vielen willen da ist und zurückgenommen werden kann, nachdem es erkannt ist, oder ob das Viele bloßes Material für die

---

24 Ein entsprechender Referatstext wurde nicht aufgefunden. – Vgl. Helmuth Plessner, Vom Anfang als Prinzip der Bildung transzendentaler Wahrheit (Begriff der kritischen Reflexion), Heidelberg 1917.

Subsumtion durch den Begriff ist, läßt sich nur in einem Denken entscheiden, das erkennt, daß das Einheitliche in den Dingen bereits selbst enthalten ist. Je mehr das Denken, um ihm gerecht zu werden, sich in das Einzelne versenkt, um so mehr erfährt es auch seine Vermitteltheit und das Einheitsmoment in ihm selbst. Das Moment der Einheit, das es zu retten gilt, ist nicht Vereinheitlichung. Hegels »bestimmte Negation« zeigt der Erkenntnis den Weg, auf dem sich der Begriff an dem Vielen berichtigen und regenerieren kann.

386 Hans-Hagen Hildebrandt, 17. Dezember 1964

Hans-Hagen Hildebrandt

Protokoll der Sitzung des Philosophischen
Hauptseminars am 17. Dezember 1964

Die Hegelsche Formulierung, das Sein sei »frei von der Bestimmtheit gegen das Wesen«[25], greift voraus auf den Unterschied zwischen dem ersten und dem zweiten Teil der Logik. Auf dieser Stufe ist das Sein noch ein unbestimmtes, unmittelbares. Da der Begriff des Wesens noch nicht entfaltet ist, kann »frei gegen sein Wesen« nur heißen: Es besteht noch kein Gegensatz zwischen dem Begriff und dem darunter Gefaßten, und das macht die Unbestimmtheit aus. Das Sein, als weder gegen einen Begriff noch innerhalb seiner selbst bestimmtes, ist das reflexionslose Sein. Nach Hegel verfällt es durch Abtrennung von aller äußeren und inneren Bestimmtheit einer Dialektik: Durch seine Differenz vom bestimmten Sein ist es, als schlechthin Unbestimmtes, der Bestimmtheit Entgegengesetztes, selber schon bestimmt; es ist als das Unbestimmte bestimmt.[26]

Der Anakaluth »Sein – reines Sein – ohne alle weitere Bestimmung« zeugt von Hegels Versuch, das Unbestimmte, Unmittelbare dadurch zu denken, daß er es der Form des prädikativen Urteils entzieht; er versucht, das Sein, als von aller Bestimmung freies, ohne Prädikation auszusprechen. Doch ist der Anakoluth selbst ein Satz und enthält insofern die Prädikation.

Das Sein soll allem Seienden gegenüber allgemein sein und deshalb nichts als die reine Unbestimmtheit in ihm gedacht werden können. Weil im Sein nichts anzuschauen, weil es das Unbestimmte, Unmittelbare ist, soll es nach Hegel in Nichts übergehen, Nichts sein; die Unbestimmtheit, welche das Sein an sich habe, sei, als abstrakte Negation, ein leeres Gedankending, Nichts. Hegels Argumentation geht fast unmerklich vom reinen Unbestimmtsein zu einer allgemeinen Bestimmtheit über; dadurch hebt es die Unmittelbarkeit des Seins auf: Er spricht

---

25 »Das Sein ist das unbestimmte Unmittelbare; es ist frei von der Bestimmtheit gegen das Wesen sowie noch von jeder, die es innerhalb seiner selbst erhalten kann. Dies reflexionslose Sein ist das Sein, wie es unmittelbar nur an ihm selber ist.« (HW, Bd. 5, S. 82)

26 »*Sein, reines Sein*, – ohne alle weitere Bestimmung. In seiner unbestimmten Unmittelbarkeit ist es nur sich selbst gleich und auch nicht ungleich gegen Anderes, hat keine Verschiedenheit innerhalb seiner noch nach außen. Durch irgendeine Bestimmung oder Inhalt, der in ihm unterschieden oder wodurch es als unterschieden von einem Anderen gesetzt würde, würde es nicht in seiner Reinheit festgehalten. Es ist die reine Unbestimmtheit und Leere.« (Ebd.)

vom Sein nicht als dem Unbestimmten, sondern als der »Unbestimmtheit und Leere«. Das, wodurch das Sein gerade Nichts ist, das Substrat der Bestimmung »Unbestimmtheit und Leere«, verschwindet in der Abstraktion; der Begriff »Unbestimmtheit« bezeichnet ein gemeinsames Merkmal aller Unbestimmten, und nur von ihm läßt sich sagen, daß er Nichts sei. Sein ist also eskamotiert mit Hilfe der ihm gegenüber äußerlich vollzogenen Abstraktion. Dieser Abstraktionsvorgang ist der der Sprache selbst, die Hegel hier ontologisch auffaßt. Da sich in der Sprache immer schon das Subjekt verbirgt, wird im Grunde der Anfang doch wieder ins Subjekt verlegt, was freilich bedeutet, daß das Nichts Subjekt oder Denken ist.

Einzelnes Seiendes ist immer bestimmt, abgegrenzt von anderem. Dem reinen Sein, der letzten und leersten in der Reihe der Abstraktionen, soll im Denken nichts mehr entsprechen, und darum soll es Nichts sein, und dieses Nichts reines Denken. Ein solches Denken wäre reines Ansichsein der Gedankenformen, der Konstituentien von Sein, es wäre wie sie Nichts. Dieser Gedanke ist bei Kant und Fichte bereits angelegt. Bei Kant ist im Grunde das transzendentale Subjekt Inbegriff der reinen Form, reines Bestimmen; in ihm soll keine Spur vom empirischen Subjekt enthalten sein. Das reine, das transzendentale, von aller Egoität reine Subjekt, ist darum nicht seiendes, sondern absolutes, aus dem nach Fichte dann alles hervorgehen soll. Hegel entscheidet durch die Gleichsetzung von Sein und Nichts alles zugunsten des Denkens. Reine Form ist ihm zugleich Nichts und das, aus dem aller Inhalt abgeleitet werden kann – im Gegensatz zu Kant, der lehrte, daß aus der reinen Form der Übergang zum Etwas nicht vollzogen werden kann, weil Denken sich immer auf etwas bezieht, das es selbst nicht ist.[27] Hegel versucht, den Übergang zum Moment der Nichtidentität aus dem Denken, dem Nichts selbst, abzuleiten. Er beruft sich dabei auf die Sprache. Sprache ist unfähig, das Nichts auszusprechen; alle Sätze über das Nichts sind im Grunde Bestimmungen, die es aufhören lassen, reines Nichts zu sein. In der »Geschichte der Philosophie« sagt Hegel (Werke 17, S. 310): »Das Nichts verkehrt sich in der That in Etwas, indem es gedacht oder gesagt wird. Wir sagen etwas, denken etwas, wenn wir das Nichts denken und sagen wollen.«[28]

Der Übergang von Sein in Nichts soll in folgender Stelle vollzogen werden:

»– Insofern Anschauen oder Denken hier erwähnt werden kann, so gilt es als ein Unterschied, ob etwas oder *nichts* angeschaut oder gedacht wird. Nichts Anschauen oder Denken hat also eine Bedeutung; beide werden unterschieden, so

---

27 Vgl. den Abschnitt »Von dem Grunde der Unterscheidung aller Gegenstände überhaupt in Phaenomena und Noumena«, KW, Bd. III, S. 267–285 (B 294–315; A 235–261).
28 HJu, Bd. 17, S. 310; vgl. HW, Bd. 18, S. 288.

ist (existiert) Nichts in unserem Anschauen oder Denken; oder vielmehr ist es das leere Anschauen und Denken selbst und dasselbe leere Anschauen oder Denken als das reine Sein. – «[29]

Nichts anschauen und Nichts denken setzt Hegel gleich mit dem absoluten Nichts. Nichts in reines Denken aufzulösen, gelingt nur, weil Nichts, das ebenso leer ist wie reines Denken, nur als Begriff Inhalt von Denken sein kann. Nichts soll Sein im Denken haben, Denken als mit sich und dem Nichts identisch sein. Die Argumentation setzt der Struktur nach subjektive Reflexionskategorien mit den Substratkategorien gleich. Weil reines Sein schon auf reines denken reduziert ist, kann Hegel sagen: »... so ist (existiert) Nichts in unserem Anschauen oder Denken selbst ...«. Der tautologische Charakter der Argumentation läßt sie stagnieren; der Gedanke kann an dieser Stelle nicht fortschreiten, weil es nicht gelingt, den Unterschied zwischen Etwas und Nichts als nichtig zu erweisen und das Etwas zu eliminieren. Die Erkenntnis blitzt auf, daß dadurch, daß etwas nichts ist, sein Begriff noch nicht »Nichts« ist. Die berühmte Frage, wie es nach der Gleichsetzung von Sein und Nichts zum Werden kommt, bleibt auch an dieser Stelle dunkel.

---

[29] HW, Bd. 5, S. 83.

387 Manfred Schlichting, 7. Januar 1965

Protokoll des
Philosophischen Hauptseminars
am 7. 1. 1965

M. Schlichting

Der Hegel'sche Satz: »Das reine Sein und das reine Nichts ist also dasselbe«[30], ist nur so zu verstehen, daß mit ihm die Notwendigkeit ausgedrückt ist, die unmittelbare Identität wieder herzustellen. Als unmittelbare Identität ist sie aber ebenso ihre unmittelbare Disjunktion. Identität, die aus bloßer Bestimmungslosigkeit hervorgeht, reduziert die Bestimmung von Sein und Nichts auf bloße Gleichgültigkeit. Wollte man nämlich den affirmativen Satz nicht zugleich auch als ein Gewordenes verstehen, sondern so, daß Sein und Nichts einfach als identisch behauptet werden, so wäre ein ontologisches Verhältnis hergestellt, Sein = Nichts, das ja schon rein sprachlich den größten Gegensatz ausspricht. Die zum abstrakten Resultat verabsolutierte Aussage schlösse jedes Fortgehen im Denken aus: Die vorgegebene Identität wäre als bloß äußerliche Identifizierung eine unbegriffliche, weil ihre verselbständigten Momente aus ihr ausgeschlossen wären.

Bei Hegel jedoch ist die dritte Stufe des logischen Dreitakts von Thesis, Antithesis und Synthesis immer zugleich ein Schritt vorwärts wie auch einer zurück. Das Denken geht bei Hegel nicht wesentlich in seinem jeweiligen Resultat auf, es vergißt nicht die Momente seiner Bewegung. Das Moment des Vergessens im Denken wird von der Synthesis korrigiert; die von der Antithesis aufgehobene Thesis kommt in der Synthesis zu ihrem Recht, – Synthesis ist die durch Antithesis konkretisierte Thesis. So stellt sich die Identität von Sein und Nichts nur her, indem sie im Gegensatz ihrer Momente resultiert. Sein und Nichts sind daher identisch als Nichtidentische. Indem sie dasselbe sind, bestehen sie als ununterschiedene Unterschiedenheit. Deshalb ist die Wahrheit ihrer Geltung weder das abstrakte Resultat, noch erschöpft sie sich in der fixierten formalen Entgegensetzung. In Wahrheit erweisen sich Sein und Nichts als die Momente einer Be-

---

30 »*Das reine Sein und das reine Nichts ist also dasselbe.* Was die Wahrheit ist, ist weder das Sein noch das Nichts, sondern daß das Sein in Nichts und das Nichts in Sein – nicht übergeht, sondern übergegangen ist.« (Ebd.)

wegung, in der jedes in seinem Gegenteil verschwindet. Insofern. als das Sein im Nichts und das Nichts im Sein verschwindet, und jedes der beiden als voneinander unterschieden wechselseitig bestimmt ist, haben sie beide aufgelöst als Momente ihr Bestehen.

Dem wurde entgegengehalten, daß Hegel durch die reinen Bestimmungen von Sein und Nichts notwendig zu einer Dialektik bloßer Wortbedeutungen gelangt. Als solche entbehren sie in den Prädikaten des analytischen Urteils jeder Konkretion. Die Trennung von Form und Materie bewegt sich somit schwerelos in bloß begrifflichen Distinktionen, die Auflösung der Widersprüche bliebe letztlich durch die Wortbedeutung vorbestimmt. Der Widerspruch erwiese sich als disponiert. Daher sind materialiter reines Sein und Nichts dasselbe, formaliter sind die absolut Entgegengesetzte.

Ginge es aber an, den Begriff in abstrakter sprachlicher Bedeutung auf den bloß verbalen Sinn zu reduzieren, dann erschöpfte sich die Hegelsche Dialektik im Balancieren logischen Argumentierens. Die Intention Hegels jedoch ist es, die Sache selbst der Sprachlichkeit zu erschließen und sprachliche Schwierigkeiten als solche der Sache selbst zu begreifen. Der Begriff von Sein hat nur in der Beziehung auf etwas als dessen allgemeinste Form seine Geltung. Erst an einem Etwas als dem materialen Substrat erhält das Sein als Denkbestimmung seine Legitimation. Eine Interpretation, die reines Sein und Nichts solchermaßen als leere Denkbestimmungen ansieht, übersieht die Anstrengung Hegels, diese Bestimmungen in konkreter Begrifflichkeit aufzuheben. Ein Verständnis, das von solchen Erwägungen sich leiten ließe, sähe sich der Schwierigkeit gegenüber, das mögliche Resultat der Kritik an Hegel zu seiner Basis zu machen.

Die abstrakte Trennung von materialem und formalem Aspekt ist untriftig: Sie koinzidieren im Übergehen. An diesem Indifferenzpunkt von Form und Materie ergibt sich der Vorgang ihres Verschwindens als reversibel. Die Unmittelbarkeit des Verschwindens des einen im anderen ist ebensosehr unmittelbare Ununterschiedenheit der Unterschiedenen wie deren Bestehen, die reversible Bewegung als Einheit des Seins und des Nichts.

»Was die Wahrheit ist, ist weder das Sein noch das Nichts, sondern daß das Sein in Nichts und das Nichts in Sein – nicht übergeht, sondern übergegangen ist.« In der Betonung des Perfekts gegen das Präsens, in der Bedeutung, die dem Gewordenen gegenüber dem Werden zugemessen wird, zeigt sich das positive Moment der Hegelschen Dialektik. Dynamik ist nur sinnvoll, wenn sie sich auf ein Festes, ein Resultat zubewegt, das als die höhere Stufe auftritt. Ohne diesen Bezug auf ein Resultat verbliebe die Dialektik im ständigen Changieren, im Ineinander sich vernichtender Bestimmungen. Bewegung würde zum zufälligen Fortgang, zur bloßen Abfolge strukturlosen zeitlichen Geschehens. Zwar ist die Bewegung nicht als bloße Zeitlichkeit zu verstehen, aber etwas ist nur als ein im zeitlichen Prozeß Bestehendes. Die Denkbestimmungen haben als Resultat überzeitliche Geltung, sind aber nicht abgedichtet gegen die Erfahrungen des Denkens als eines zeitlichen; die zeitliche Genese des Begriffs gehört seiner Wahrheit an.

»Wie eins eintritt, ist das andre vernichtet; aber da dieses eine bloß unter dem Prädikat des Gegenteils vom andern eintreten kann, mithin mit seinem Begriff der Begriff des andern zugleich eintritt und es vernichtet, kann selbst dieses eine nicht eintreten.«[31][*1]

Die Hegelsche Kritik an der Wissenschaftslehre Fichtes erkennt dessen Grundsätze, insofern sie in die Konstruktion der Totalität eingehen als »ideelle Faktoren«.[32] Diese Idealität der Bestimmungen läßt das Entgegengesetzte aus der Vermittlung herausfallen. Bei Fichte bleiben Setzung und Entgegensetzung geschieden, die Synthese tritt als bloß äußerliche Veränderung hinzu. Im Fichteschen Begriff von Synthese sind die Entgegengesetzten vernichtet, und indem die Synthese additiv zu den Setzungen hinzukommt, verhalten sie sich als ideelle Faktoren, als Funktionen des synthetischen Vermögens: Ihr Charakter ist in der Synthese ein anderer als außerhalb ihrer.

Dagegen ist festzuhalten, daß in der Synthese bei Hegel – zumindest der Konzeption der dialektischen Methode nach – Sein und Nichts identisch als Nichtidentische sind. Ihre entgegengesetzten Bestimmungen erweisen sich als dasselbe, im gegenseitigen Verschwinden bestehen sie in bestimmter Bestimmungslosigkeit fort. Der Widerspruch in der Identität erhält im Übergang seines Bestehens zugleich sein formales und materiales Moment, indem in der unmittelbaren Auflösung des Unterschieds ebenso an diesem festgehalten wird. Die sich ergebende Einheit ist im

---

31 HSW, Bd. I, S. 45; vgl. HW, Bd. 2, S. 59.
32 »Fichte hat in der Wissenschaftslehre für die Darstellung des Prinzips seines Systems die Form von Grundsätzen gewählt [...]. Der erste Grundsatz ist absolutes Sich selbst Setzen des Ich, das Ich als unendliches Setzen; der zweite absolutes Entgegensetzen oder Setzen eines unendlichen Nicht-Ich; der dritte ist die absolute Vereinigung der beiden ersten durch absolutes Teilen des Ich und des Nicht-Ich, und ein Verteilen der unendlichen Sphäre an ein teilbares Ich und an ein teilbares Nicht-Ich. Diese drei absoluten Grundsätze stellen drei absolute Akte des Ich dar. Aus dieser Mehrheit der absoluten Akte folgt unmittelbar, daß diese Akte und die Grundsätze nur relative, oder, insofern sie in die Konstruktion der Totalität des Bewußtseins eingehen, nur ideelle Faktoren sind.« (HSW, Bd. I, S. 43; vgl. HW, Bd. 2, S. 56)

idealistischen Äther nachkantischen Philosophierens auch eine von Begriff und Sache.

Verstünde man aber den Ansatz Hegels im Sinne eines transzendentalen Idealismus, dann entstände schon am Anfang die Schwierigkeit, die Gegenstände aus dem Denken zu deduzieren. Die Welt müßte im Gegensatz zu den gesetzten Prinzipien abgeleitet werden, das Nichtidentische würde von den Begriffen ferngehalten. Die Hegelsche Intention impliziert jedoch gerade, daß der Anspruch der Identität auch des Nichtidentischen auf allen Stufen zu erfüllen sei. Das Pathos der Heterogenität ist bei Hegel gegen die systematische Geschlossenheit zu akzeptieren.

Die Aporie konkreter Begrifflichkeit ist, daß der vom endlichen Bewußtsein gedachte Begriff über seinen Charakter bloß reflektiver Bestimmtheit hinausgeht und zugleich das Unendliche zu denken prätendiert.

[*1] Hegel, Differenz des Fichte'schen und Schelling'schen Systems der Philosophie, Hamburg, 1962.[33] S. 45.

---

[33] Bei diesem Band handelt es sich um den unveränderten Abdruck aus HSW, Bd. I, S. 1–113.

388 Helga Pesel,
   14. Januar 1965

Helga Pesel

Philosophisches Hauptseminar
Protokoll der Sitzung vom 14. Januar 1965

Daß Hegel in der Wissenschaft der Logik mit den abstrakten Begriffen Sein und Nichts beginnt, provoziert den Einwand, daß er damit schon eine Vorentscheidung im Sinne des absoluten Idealismus getroffen habe; daß die gesamte Dialektik, die sich aus Sein und Nichts entfalten soll, nur eine von Worten werden könne, weil die Begriffe, mit denen begonnen wird, nicht auf einen Inhalt verweisen. Durch seine Bemühungen, Sein und Nichts vorzustellen als völlig leere Begriffe, versucht Hegel dem Verdacht zu entgehen, daß die gesamte Wissenschaft der Logik nichts als ein einziges analytisches Urteil sei, über das hinauszugelangen gerade die Intention seiner Dialektik ist. Die Erwägungen Hegels, warum nicht mit dem Etwas der Anfang gemacht werden könne, das man gemeinhin dem Nichts entgegenzusetzen pflegt,[34] zeigen, wie sehr ihm daran gelegen ist, mit reinen Abstraktionen, die von sich aus nicht auf Material verweisen, zu beginnen. Die Frage ist, ob der Fortgang von diesen leeren Abstraktionen Sein und Nichts zu konkreten Begriffen überhaupt möglich ist, ohne daß deren Inhalt unvermittelt eingeführt wird. Es führen diese Überlegungen um den Anfang der Wissenschaft der Logik zu der Frage, wieweit die Philosophie, die nicht anders als im begrifflichen Medium sich bewegen kann, möglich ist, ohne von vornherein zwangsläufig Idealismus zu sein. Wohl wurde auch der Not der Philosophie, nur mit Begriffen umgehen zu können, weil sie Inhalte nichts anders als im Begriff festhalten kann, eine Tugend gemacht und der Begriff genommen als das Absolute, als das er sich selbst erscheint. Nicht aber darf aus der Kritik an dieser Tugend ein Verbot gemacht werden, mit Begriffen überhaupt umzugehen. Festzuhalten ist ebenso die Einsicht, daß Inhalte für das Denken nur im Begriff sein können, wie die Überlegung, daß ein Begriff sich nicht erschöpft in seiner eigenen Begrifflichkeit, sondern vielmehr auf Nichtbegriffliches verweist. Es hätte der Begriff seiner eigenen Begrifflichkeit sich zu entäußern, damit das Nichtbegriffliche an ihm durch diese zweite Reflexion hervorgebracht würde. Ein Begriff, der

---

34 »*Nichts* pflegt dem *Etwas* entgegengesetzt zu werden; Etwas aber ist schon ein bestimmtes Seiendes, das sich von anderem Etwas unterscheidet; so ist also auch das dem Etwas entgegengesetzte Nichts, das Nichts von irgend Etwas, ein bestimmtes Nichts. Hier aber ist das Nichts in seiner unbestimmten Einfachheit zu nehmen.« (HW, Bd. 5, S. 84)

nicht auf Ontisches sich bezöge, müßte dann als nichts sich erweisen. Wären die Begriffe, mit denen die Hegelsche Logik anhebt, nicht mit Hinsicht auf diese zweite Reflexion gemeint, dann würde Hegel seine eigene Kritik am Identitätsprinzip Schellings in der Differenzschrift auf sich selbst beziehen müssen. Es ist die dialektische Natur des Hegelschen Begriffs, daß er zwar durch Nichtbegriffliches vermittelt ist, aber als Begriff von den unter ihm befaßten onta als deren abstrakte Einheit sich wiederum entfernt. Die Unmittelbarkeit der Begriffe erweist sich in der Reflexion als Schein, sie ist nicht das erste, sondern Abstraktionsprodukt. Das Resultat als scheinbare Unmittelbarkeit wird als Anfang gesetzt und im Fortgang in seiner Vermitteltheit aufgewiesen.

Doch auch, wenn man dies alles als Intention Hegel zugibt, bleibt es problematisch, wie aus den leeren Abstraktionen Sein und Nichts ein Inhalt hervorgehen kann. Es müßte Hegel, da er auf Sein und Nichts als reinen Abstraktionen, deren Inhalt völlige Leerheit ist, besteht, ein unerwünschtes Zugeständnis sein, daß sie in der Unmittelbarkeit, die sie als Abstraktionen sind, auf Nichtidentisches verweisen sollen. Nähme man Sein und Nichts in ihrer Leerheit, dann müßte die Logik mit dem Nichts enden. Die vollzogene Abstraktion, die den Inhalt aus den Begriffen entfernte, soll zwar Schritt für Schritt wieder rückgängig gemacht werden und damit den Begriffen ihren Inhalt zurückgeben. Weil die Begriffe in ihrer Abstraktheit aber nur auf Denken verweisen, muß aus dem Anfang mit Sein und Nichts notwendig der absolute Idealismus folgen, indem aller Inhalt durch Denken gesetzt ist. Sein und Nichts als Momente, als Position und Negation, sind zwar konstitutiv für jeden Begriff. Völlig isoliert jedoch werden sie bei Hegel zum Anfang der Philosophie erhoben, aus dem deshalb zur Konkretion nicht fortzugelangen ist. In ihrem Übergang ineinander bestimmten sich Sein und Nichts als Momente des Werdens und verlieren ihren abstrakten Charakter in dieser Einheit, aus der Dasein als bestimmtes Sein, Negation des Nichts, hervorgehen soll. Wie soll dabei das Nichtidentische Inhalt des Begriffs werden können, wenn es sich darin erschöpft, wie bei Hegel bloßes Moment der Negation selbst zu sein.

Warum nicht mit dem Etwas der Anfang gemacht werden könne, führt Hegel in der 1. Anmerkung aus. »Nichts pflegt dem Etwas entgegengesetzt zu werden; Etwas aber ist schon ein bestimmtes Seiendes, das sich von anderem Etwas unterscheidet«. Versteht man das ›schon‹ im Sinne des Fortgangs der Wissenschaft der Logik, dann bedeutet der Satz, daß mit dem Etwas eine spätere Stufe der Logik vorweggenommen würde, insofern Etwas als Bestimmtes schon mit der Negation behaftet ist. Damit wäre der Anfang mit dem Etwas der Anfang mit einem Vermittelten. Gesteht man Hegel die idealistischen Prämissen einmal zu, daß in einem System der Philosophie ein Anfang gemacht werden muß, dann ist nicht einzusehen, warum nicht von dem abstrakten Unmittelbaren zum konkreten

Vermittelten fortgegangen werden sollte. Mit dem Etwas anzufangen, hätte deshalb für Hegel keine Schwierigkeiten, weil es als Vermitteltes gezeigt und auf die Negation der Negation oder Sein und Nichts leicht zurückgeführt werden könnte. Es ist dies eine Überlegung, die Hegel selbst in dem zitierten Abschnitt anstellt.[35] Daß alle Bestimmtheit sich der Negation verdankt, dem Denken also, ist allerdings überzeugender mit dem Anfang aus Sein und Nichts zu zeigen, die als Abstraktionen nur auf Denken verweisen, als mit dem Etwas, von dem erst erwiesen werden müßte, daß es an sich, unmittelbar, Schein ist und alle Bestimmtheit nur durch Denken erhalten hat. Die Wissenschaft der Logik erwiese sich in ihrem Resultat nicht ganz so triumphal als gigantisches analytisches Urteil, wenn nicht der Anfang mit den allerallgemeinsten Begriffen gemacht würde. Es ist dies einerseits eine geschickte Strategie Hegels, andererseits folgt er darin auch dem philosophischen Vorurteil, daß das Allgemeinste zugleich das Substantiellste sei.

An Hegels Erwägung, warum nicht »statt des Nichts dem Sein das Nichtsein entgegengesetzt würde«, läßt sich zeigen, daß er Nichts zugleich als nihil privativum und als nihil absolutum festhalten möchte. »Im Nichtsein ist die Beziehung auf das Sein enthalten; es ist beides, Sein und die Negation desselben in einem ausgesprochen ... Aber es ist zunächst nicht um die Form der Entgegensetzung, d. i. zugleich der Beziehung zu tun, sondern um die abstrakte, unmittelbare Negation, das Nichts rein für sich, die beziehungslose Verneinung.« Das Nichts, das als Negation in die Dialektik hineingenommen wird, wäre allerdings ein nihil privativum, als Resultat der Abstraktion soll es zugleich absolutes Nichts sein. Formal wird dieselbe Kritik, die Hegel am reinen Sein übt, auch auf das reine Nichts angewandt: Das nihil absolutum, zu dem die Abstraktion gelangte, erweist sich im Fortgang als bloßes nihil privativum, als Negation eines bestimmten Positiven.

---

35 »Wollte man es für richtiger halten, daß statt des Nichts dem Sein das *Nichtsein* entgegengesetzt würde, so wäre in Rücksicht auf das Resultat nichts dawider zu haben, denn im *Nichtsein* ist die Beziehung auf das *Sein* enthalten; es ist beides, Sein und die Negation desselben, in *einem* ausgesprochen, das Nichts, wie es im Werden ist. Aber es ist zunächst nicht um die Form der Entgegensetzung, d. i. zugleich der *Beziehung* zu tun, sondern um die abstrakte, unmittelbare Negation, das Nichts rein für sich, die beziehungslose Verneinung, – was man, wenn man will, auch durch das bloße *Nicht* ausdrücken könnte.« (Ebd.)

389 Reimar Klein,
   21. Januar 1965

Philosophisches Hauptseminar　　　　　　　　　　　　　　　　Reimar Klein

Prof. Horkheimer
Prof. Adorno

Protokoll der Sitzung am 21. 1. 1965

Die prinzipielle Schwierigkeit aller prima philosophia, die Hegel gleichzeitig vollendet und aufhebt, wie nämlich von einem Ersten, ohne es in seiner Reinheit anzutasten, zu einem Zweiten zu kommen sei, erscheint am Anfang der Logik in der Frage, wie weiterzugehen, wie über die Leerheit und Unbestimmtheit des Nichts hinaus – und zum Bestimmten zu gelangen ist. Das kann nur gelingen, wenn die Identität von Sein und Nichts nicht im eklen Sinne rein ist. Ihrem eigenen Begriff nach verweist Identität auf das Nichtidentische, von dem allein Identität ausgesagt werden kann. Das Nichts ist mehr als bloßes Nichts. Es ist ebensosehr Sein, dessen nihil privativum läßt jenes in sich verschwinden, zehrt es so absolut auf, daß es nihil absolutum wird. Und gerade als dieses absolute muß es sich an das erinnern lassen was in ihm verging, das Sein, und erweist sich als relativ. Generell kennzeichnet es einen Lebensnerv der Hegelschen Philosophie, Absolutismus und Relativismus aufeinander zu beziehen, in ihrer Bedingtheit als korrelativ zu durchschauen und in ihrer abstrakten Entgegensetzung aufzuheben: darin eines Sinnes mit Zarathustra, daß »die Wahrheit sich noch niemals an den Arm eines Unbedingten hängte«[36].

Fallen nun aber Sein und Nichts nicht in der abstrakten Identität der absoluten Unbestimmtheit zusammen, so deutet das Moment ihre Unterschiedenheit zugleich auf eines ihrer Bestimmtheit. Sein und Nichts tragen so die Spur ihrer Erdentage noch an sich. Sie sind mehr als das rein Unbestimmte, und denen, »welche auf dem Unterschiede von Sein und Nichts beharren wollen«[37] und ihn

---

36 »Aber die Stunde drängt sie: so drängen sie dich. Und auch von dir wollen sie Ja oder Nein. Wehe, du willst zwischen Für und Wider deinen Stuhl setzen? *[Absatz]* Dieser Unbedingten und Drängenden halber sei ohne Eifersucht, du Liebhaber der Wahrheit! Niemals noch hängte sich die Wahrheit an den Arm eines Unbedingten.« (NW, Bd. 4, S. 66)
37 »*Die, welche auf dem Unterschiede von Sein und Nichts beharren wollen, mögen sich auffordern, anzugeben, worin er besteht.* Hätte Sein und Nichts irgendeine Bestimmtheit, wodurch sie sich unterschieden, so wären sie, wie erinnert worden, bestimmtes Sein und bestimmtes Nichts, nicht das reine Sein und das reine Nichts, wie sie es hier noch sind. Ihr Unterschied ist daher völlig leer,

nicht benennen können, weil Sein und Nichts nicht zu benennen sind, ihnen wird durch den Fortgang zum Werden stillschweigend zugestanden, daß die Differenz mehr ist als bloßes »Meinen als eine Form des Subjektiven.«[*1]

Als äußerste Abstraktion, die in der Form der Unmittelbarkeit auftritt, hat das Sein die Bestimmung durch Denken absolut in sich aufgenommen und wird sie doch nicht los. Das Resultat, vom Prozeß der Abstraktion abstrahierende Unmittelbarkeit, gänzliche Unbestimmtheit, das Sein, ist reines Denken. Es bedarf, wenn es bei sich nicht stehenbleiben will, der Erinnerung an das, wodurch es wurde: die reflektierende Abstraktion. Indem deren Negativität sich auf sich selber bezieht, in der Reflexion auf ihr geronnenes Produkt, wird das wiedergewonnen, was um der Unmittelbarkeit des Seins, um des Anfangs mit reinem Denken willen unterschlagen wurde: Vermitteltheit. Nähme man den Anfang der Logik ganz wörtlich, dann wären Etwas und Dasein nicht zu deduzieren, nur durch einen Sprung würde man vom ersten zum zweiten gelangen.

Ein Anfang mit dem weniger abstrakten Begriff des Etwas – und nur wenn er bestimmter wäre als der des Seins, als nicht sogleich wieder mit diesem identisch, ist die Alternative sinnvoll – der Anfang also mit dem Etwas, dem τόδε τι der sinnlichen Gewißheit, würde nicht dieselben strategischen Vorteile gewähren. Der Begriff des Seins ermöglicht eher die Eskamotierung des Nichtidentischen, des ontischen Moments, und zugleich, weil es aus ihm schon eliminiert ist, seine Wiedergewinnung. Das bezeichnet die Vorentschiedenheit durch den Anfang. Mit dem Etwas am Anfang ginge das Spiel nicht so leicht auf, der Weg von ihm hinauf zum abstrakten Sein wäre komplizierter als der umgekehrte, weniger gradlinig führte er zum absoluten Idealismus. Der Versuch, das Etwas, die unbestimmte und wesenlose Materie, das Substrat eines jeden Satzes, nachzuweisen als Nichts, bloßes Abstraktionsprodukt, dieser Versuch würde das Prinzip der idealistischen Dialektik ebenso unverblümt zu Tage treten wie fragwürdig werden lassen. Denn das Etwas ist die notwendige Bedingung der Logik, eines jeden Urteils, das eines über etwas ist; es ist nicht zu eliminieren, und die Form hat überhaupt nur Sinn in Beziehung auf es. Wäre es selber auch nur Denken, dann müsste die Dialektik im Platonischen κόσμος νοητός verbleiben[38] und könnte ihren eigenen Anspruch als Dialektik nicht einlösen.

---

jedes der beiden ist auf gleiche Weise das Unbestimmte; er besteht daher nicht an ihnen selbst, sondern nur in einem Dritten, im *Meinen*. Aber das Meinen ist eine Form des Subjektiven, das nicht in diese Reihe der Darstellung gehört.« (HW, Bd. 5, S. 95)

38 Vgl. Platons Verständnis der intelligiblen Welt, wie es sich im Höhlengleichnis ausdrückt (vgl. Platon, Politeia, in: Platon, Sämtliche Werke, hrsg. von Ursula Wolf, Bd. 2, übers. von Friedrich Schleiermacher, Reinbek bei Hamburg 1994 [Rowohlts Enzyklopädie; 562], S. 195–537; hier: S. 420–424 [514a–518a]).

Das Erste behauptet auch bei Hegel die Sonderstellung als Grundlage, Substanz und Wesen, die ihm in jeder prima philosophia zugeschrieben wird. Streng aus ihm das Folgende zu entwickeln, in der Vermittlung den Abgrund zwischen principium und principiatum zu schließen, ist unmöglich. Der Anfang der Philosophie soll der Anfang der Welt sein, doch auf Kosten der Welt; sie sinkt zu einem Akzidentellen herab, zu einer Beispielsammlung. Daß das Wirkliche Beispiele soll liefern können für die Identität von Sein und Nichts, bedeutet mehr als eine sprachliche Ungenauigkeit. Der innere Grund ist eine petitio principii im umfassenden Sinn; alles Wirkliche – vorkritisch als ein Mittleres, ein Gemisch aus Sein und Nichts festgelegt – soll auf einen Schlage Gedanke sein, den automatisch darin allenthalben aufzufinden nicht schwer wäre. Das philosophische Vorurteil, das Allgemeinste und Bleibende sei auch das Substantiellste, bestätigt Hegel mit dialektischen Mitteln noch einmal. Allein Nietzsche durchschaute es als Trug und das Allgemeine als ein Gewordenes: bedingt und wenig edlem Hause entstammend.

Im Werden sind Sein und Nichts als Momente ausgehoben; jedes ist nur es selbst, indem es an ihm das Gegenteil seiner hat, sich selbst aufhebt; nur als verschwindende sind sie unterschieden und in ihrer Selbständigkeit aufgehoben. Als Momente haben sie die Stufe der ersten Unmittelbarkeit verlassen und eine neue bestimmtere erreicht. Dieses Resultat bezeichnet stets bei Hegel der Begriff des Moments: ein Unmittelbares, das mit dem Anspruch auf Absolutheit auftritt, wird, analog der Vermittlung zwischen Absolutheit und Relativität überhaupt, zum Moment herabgesetzt durch den Nachweis, daß es sich selbst nur erhalten kann, wenn es sich seiner Negation ausliefert, und durch sie hindurch. Es muß aus sich selber heraus- und in die Einheit mit seinem Entgegengesetzten treten, um durch Aufheben seiner unmittelbaren Identität, die als solche noch gar keine ist, seine bestimmte zu gewinnen. Das kann nicht gelingen, wenn es nur äußerlich in einen Zusammenhang eingerückt wird, vielmehr werden die Momente durch das zu Momenten, was sie an sich selber sind, womit sie über sich hinausweisen und zu dem werden, was sie sind. Dem Moment im idealistischen Verstande gewährt dies allererst der Geist in der absoluten Totalität, dem Medium vollständiger Vermitteltheit und Idealität. Gibt es bei Aristoteles nichts, was nicht durch den Unterschied und die Distinktion die Negation und den Mangel an sich hätte: die στέρησις qua Materie – so kann für Hegel nicht mehr unmittelbar die Form diesen Mangel beheben, sondern nur die Vermittlung. Sie negiert die Negation, hebt das Unmittelbare zur Idealität eines Momentes auf. Das einzelne Endliche kann nur durch das Ganze seiner inneren Vermittlungen seine Beschränktheit und Hinfälligkeit verlieren.

Unternimmt es eine Philosophie, in ihrer Gesamtheit die Identität des Ontischen mit dem Begriff zu erweisen, soll also die Totalität der Begriffe identisch sein mit der der Realität, dann muß mit dieser der absolute Begriff oder der Begriff des Absoluten zusammenfallen. In ihm kann kein Unterschied zwischen existentia und essentia, Wirklichkeit und Möglichkeit mehr angetroffen werden, wie er für alles Partikulare gilt und wie ihn Kant in der Kritik des ontologischen Gottesbeweises nominalistisch auch fürs Absolute geltend macht. Der Zusammenhang, in dem die Existenz steht, ist nicht auf den Erfahrungsbereich zu beschränken, sondern ist der Zusammenhang der Kategorien selber, wie ihn die Logik entwickelt. Und sie ist es, die aus ihrem eignen Zusammenhang die Unmittelbarkeit in Form von Existenzkategorien produziert: Sein und Dasein, Existenz und Wirklichkeit und am Ende Objektivität. Von dem Unterschied eines bestimmten Begriffs von einem bestimmten Sein (der 100 Taler)[39] kann nicht auf eine Differenz des absoluten Begriffs von seinem Sein geschlossen werden, vielmehr bestimmt sich durch deren Identität erst die Nichtidentität des Endlichen, vor dem der Begriff sonst ohnmächtig verharren müßte. Ein unwahrer, weil vom Sein getrennter Begriff: »Wenn ein Philosophieren sich beim Sein nicht über die Sinne erhebt, so gesellt sich dazu, daß es auch beim Begriffe nicht den bloß abstrakten Gedanken verläßt; dieser steht dem Sein gegenüber.«[40][*2] Das Sein, das solches Philosophieren dem absoluten Begriff abspricht, ist selber »nichts anderes als das abstrakte Moment des Begriffs, welches abstrakte Allgemeinheit ist, die auch das, was man an das Sein verlangt, leistet, *außer* dem Begriff zu sein«[41][*3], das vom Denken verlassene Denken, das im Gang der Logik, in der Entwicklung des absolut Vermittelten – d. i. Existierenden, denn »die Existenz ist

---

39 »Sein und Nichtsein ist dasselbe; *also* ist es dasselbe, ob ich bin oder nicht bin, ob dieses Haus ist oder nicht ist, ob diese hundert Taler in meinem Vermögenszustand sind oder nicht. – Dieser Schluß oder Anwendung jenes Satzes verändert dessen Sinn vollkommen. Der Satz enthält die reinen Abstraktionen des Seins und Nichts; die Anwendung aber macht ein bestimmtes Sein und bestimmtes Nichts daraus. Allein vom bestimmten Sein ist, wie gesagt, hier nicht die Rede. Ein bestimmtes, ein endliches Sein ist ein solches, das sich auf anderes bezieht; es ist ein Inhalt, der im Verhältnisse der Notwendigkeit mit anderem Inhalte, mit der ganzen Welt steht.« (HW, Bd. 5, S. 87) – Hegel bezieht sich hier auf den Abschnitt »Von der Unmöglichkeit eines ontologischen Beweises vom Dasein Gottes« der »Kritik der reinen Vernunft« (vgl. KW, Bd. IV, S. 529 – 536 [B 620 – 630; A 592 – 602]; hier zumal S. 534 [B 627; A 599]).
40 HW, Bd. 6, S. 404.
41 »Das *Sein*, als die ganz *abstrakte, unmittelbare Beziehung auf sich selbst*, ist nichts anderes als das abstrakte Moment des Begriffs, welches abstrakte Allgemeinheit ist, die auch das, was man an das Sein verlangt, leistet, *außer* dem Begriff zu sein; denn sosehr sie Moment des Begriffs ist, ebensosehr ist sie der Unterschied oder das abstrakte Urteil desselben, indem er sich selbst sich gegenüberstellt. Der Begriff, auch als formaler, enthält schon unmittelbar das *Sein* in einer *wahreren* und *reicheren* Form, indem er, als sich auf sich beziehende Negativität, *Einzelheit* ist.« (Ebd.)

überhaupt die Seite der Vermittlung«[42][*4] – zu sich selber kommt. Faßt aber Hegel Gott als dieses Allerallgemeinste, als den absoluten Begriff, und nicht gemäß der traditionellen Theologie wie ein bestimmtes Subjekt, ein einzelnes Seiendes, dessen Beweis Kant kritisierte, so erficht er für die Theologie einen Pyrrhussieg: Der von der Wirklichkeit ungetrennte Gott ist nicht der ihre, kommt er ohne Vorbehalt in die Welt, so bedeutet das seinen Tod.

[*1] Hegel, Logik I, Leipzig. o. J.[43]
[*2] Logik III,[44] S. 188
[*3] Logik III, l.c.[45]
[*4] Logik II,[46] S. 137

---

[42] »Es ist bereits oben auf das, was Kant hiergegen erinnert, Rücksicht genommen und bemerkt worden, daß Kant unter *Existenz* das *bestimmte* Dasein versteht, wodurch etwas in den Kontext der gesamten Erfahrung, d.h. in die Bestimmung eines *Andersseins* und in die Beziehung auf *Anderes* tritt. So ist als Existierendes Etwas vermittelt durch Anderes und die Existenz überhaupt die Seite seiner Vermittlung.« (Ebd., S. 126)
[43] Vgl. Georg Wilhelm Friedrich Hegel, Wissenschaft der Logik. Erster Band: Die objektive Logik. Erstes Buch. Die Lehre vom Sein, Leipzig [1963]. Das Zitat, auf das sich die Anmerkungsziffer bezieht, findet sich hier auf S. 104.
[44] Vgl. Georg Wilhelm Friedrich Hegel, Wissenschaft der Logik. Zweiter Band: Die subjektive Logik. Drittes Buch: Die Lehre vom Begriff, Leipzig [1963].
[45] Das Zitat findet sich ebd., S. 187.
[46] Vgl. Georg Wilhelm Friedrich Hegel, Wissenschaft der Logik. Erster Band: Die objektive Logik. Zweites Buch: Die Lehre vom Wesen, Leipzig [1963].

390 Rüdiger Hillgärtner, 28. Januar 1965

Rüdiger Hillgärtner

Philosophisches Hauptseminar
Protokoll der Sitzung vom 28. 1. 1965

Nach Hegel wird in der Parmenideischen Lehre von der Identität des Seins und des Denkens[47] zum ersten Mal in der Geschichte des Geistes die Sphäre der reinen Wissenschaft oder der Philosophie erreicht.[48] Der Übergang von Mythos zu Logos, der sich in dem Parmenideischen Lehrgedicht vollzieht, ist dadurch angezeigt, daß der Prozeß, der zum Sein führt, selbst ein mythischer ist. Dieses Sein, aus dem alles Nichtsein, jede Negation ausgeschlossen sein soll, wird von Hegel als der systematische Anfang der Logik interpretiert, aus dem immanent das Nichtsein entwickelt werden könne. Obwohl Parmenides selbst diesen Übergang ausschließt, liegt er doch bereits in dem Verhältnis des ersten Teils des Lehrgedichts zum zweiten beschlossen: im Verhältnis des Nous zur Doxa.[49]

Nur dadurch kann er die Identität des reinen Seins mit sich bestimmen, daß er sie der Doxa entgegensetzt, das heißt sie auf ein anderes, Nichtidentisches bezieht. Was den dialektischen Fortgang der Hegelschen Logik erzwingt, ist in dem Verhältnis von Nous und Doxa bei Parmenides bereits angedeutet. Zwar erscheint dort die Dialektik als Mittel ihrer eigenen Aufhebung und als Affirmation reiner Identität, aber eben darin zeigt sich, daß bloßes Identitätsdenken nicht möglich ist, ohne daß dabei dessen eigenes Prinzip verletzt würde.

---

[47] »Wolan so will ich denn verkünden (Du aber nimm mein Wort zu Ohren), welche Wege der Forschung allein denkbar sind: der eine Weg, dass {das Seiende} ist und dass es unmöglich nicht sein kann, das ist der Weg des Glaubens (denn er folgt der Wahrheit), der andere aber dass es nicht ist und dass dies Nichtsein notwendig sei, dieser Pfad ist – so künde ich Dir – gänzlich unerforschbar. Denn das Nichtseiende kannst Du weder erkennen (es ist ja unausführbar) noch aussprechen. [...] Denn {das Seiende} denken und sein ist dasselbe.« (Parmenides, Lehrgedicht. Griechisch und Deutsch. Mit einem Anhang über griechische Thüren und Schlösser, hrsg. von Hermann Diels, Berlin 1897, S. 33)
[48] »Den einfachen Gedanken *des reinen Seins* haben die *Eleaten* zuerst, vorzüglich *Parmenides* als das Absolute und als einzige Wahrheit, und, in den übergebliebenen Fragmenten von ihm, mit der reinen Begeisterung des Denkens, das zum ersten Male sich in seiner absoluten Abstraktion erfaßt, ausgesprochen: *nur das Sein ist, und das Nichts ist gar nicht.*« (HW, Bd. 5, S. 84)
[49] Vgl. Parmenides, Lehrgedicht, a.a.O. (s. Anm. 47).

Die Möglichkeit einer unmittelbaren Identifikation des parmenideischen Seinsbegriffes mit dem Anfang der Wissenschaft bei Hegel ist von der modernen klassischen Philologie als problematisch aufgewiesen worden. Da nach Karl Reinhardt Parmenides das Sein noch nicht substratlos denken konnte,[50] erscheint das Ineinssetzen von Sein und Denken als Zurückführung des Weltstoffes ionischer Naturphilosophie auf kleinste, nur noch dem Denken faßbare, unzerstörbare Teilchen. Diese Interpretation rückt den Seinsbegriff des Parmenides wieder in größere Nähe zum mythologischen Denken, weist auf die Distanz griechischen Denkens zum heutigen hin.

Wenn Hegel im ontologischen Gottesbeweis die Totalität seines Systems gegen Kant behaupten will,[51] muß er einerseits die Unterschiedenheit von Essenz und Existenz, andererseits aber auch den Begriff ihrer Einheit im Absoluten aufrechterhalten. In der von Kant durchgeführten Betrachtung der Begriffe, die sich a priori auf Gegenstände beziehen, als Kategorie jedoch – als nicht den Gegenstand entstammend – dem Selbstbewußtsein als dem subjektiven Ich vindiziert werden, enthält das Denken in jedem Falle Gegenständliches, Bestimmtes. Das Hegelsche reine Sein und das reine Nichts würden zu bestimmten Sein und bestimmtem Nichts, womit die Identität des bloß Relativen im Absoluten aufgehoben wäre und an deren Stelle die absolute Unterschiedenheit träte. Für das im Gleichnis von den hundert Talern als Zustand zum Gegenstand hinzutretende und ihm Existenz verleihende Sein wäre es nun nicht mehr gleichgültig, als Sein oder als Nichts gedacht zu werden. Als bestimmtes Sein oder bestimmtes Nichts erweist es die Endlichkeit des Unendlichen und damit Gottes.

Hegel konzediert Kant, daß Essenz und Existenz im Endlichen verschieden bleiben, daß die Essenz dann nicht aus der Existenz abgeleitet werden kann. Seinerseits bestimmt er die von Gegenständlichem gereinigten Begriffe als relative, als auf ihre Einheit im Absoluten verwiesen. Die Form der Wiederaufnahme des ontologischen Gottesbeweises bei Hegel setzt somit voraus, daß Realität sich auf begrifflich fixierte Realität beschränkt, das Stoffliche vergessend, das beim Aufbau der Logik vorhanden war. Die Kritik Kants bleibt in Kraft.

---

50 »Aus dem Pantheismus oder Monotheismus des Xenophanes, so stellte man fest, habe er den reinen Seinsbegriff herausgezogen, mehr gesondert und gereinigt als gefunden oder geschaffen. Dabei sei es ihm nicht übel gelungen, Gott aus diesem Begriffe hinauszubringen, aber die Materie sei ihm unversehens daringeblieben, habe das reine Sein erdrückt und in der Gestalt der alles umfassenden Weltkugel sich selber an dessen Stelle gesetzt.« (Karl Reinhardt, Parmenides und die Geschichte der griechischen Philosophie [1916], 2. Aufl., Frankfurt a. M. 1959, S. 1)
51 Vgl. HW, Bd. 5, S. 88–92.

In der Hegelschen Rettung des ontologischen Gottesbeweises ist jedoch die Einsicht enthalten, daß jedes endliche Urteil, das Wahrheit beansprucht, die Geltung einer absoluten Wahrheit voraussetzt und daß es keine Wahrheit gibt, wenn man das Absolute von ihr trennt. Diese Trennung würde das Chaos beschwören, daß dem Beginn der Denktätigkeit voranging. Hegel rettet die Objektivität absoluter Wahrheit, aber so, daß sie im Rettungsprozeß zum Inbegriff relativer Wahrheit wird. Wenn dem Positivismus ein Moment der Erkenntnis zukommt, so liegt es in dem Argument, daß der Zerfall der absoluten Wahrheit in viele relative Wahrheiten auf die bloßen Fakten als einzigem Kriterium der Wahrheit verweise. Er verzichtet damit freilich auf das im emphatischen Sinn Geistige und gibt sich als Nichtphilosophie zu erkennen. Hegel dagegen klammert – allerdings auf höherer Reflexionsstufe – das Faktische aus, indem er alles in den Begriff mithineinnimmt. Nur durch diesen Verzicht auf bloß Faktisches kann das Absolute in der Relativität gerettet werden. Der Verzicht ist indessen nicht zu rechtfertigen, da die Beteiligung des Etwas am Aufbau der Logik nicht zu verheimlichen ist. Eines fällt jeweils unter den Tisch, sowohl beim Begriff, der sich im Begriff erschöpft, als auch beim Faktum, zu dem seine zufällige sinnliche Gewißheit äußerlich hinzutritt, und es ist ohne dieses Fehlende nicht möglich, die Wahrheit zu erkennen.

Im Kantischen Begriff der Erkenntnis ist die Überzeugung enthalten, daß sich Wahrheit weder auf bloße Faktizität noch auf den reinen, mit sich identischen Begriff reduzieren läßt. Seine Konzeption des Dings an sich impliziert den Versuch, an einer Realität unter Einschluß des Faktischen und des Begriffs festzuhalten. Dadurch, daß das Nichtidentische streng in seiner Besonderheit verbleibt, kommt es zu keiner Relativität. Der Widerspruch bleibt bestehen. Kant verweist das Absolute als das noch zu Verwirklichende in das Reich der Ideen. Es erscheint als die Konvergenz, die alle Bestimmungen der subjektiven Vernunft intendieren, der aber selbst keine Objektivität zukommt, da sie von der Vernunft nur gedacht, nicht erkannt werden kann.

Die Hegelsche Ablehnung der Kantischen Kritik am ontologischen Gottesbeweis resultiert einmal aus der Illusion, das Absolute wissen zu können, zum andern aus dem Widerstand gegen die Resignation, die dem Gedanken zugrunde liegt, den Zerfall des Absoluten in viele Relativitäten nicht aufhalten, das Begehrte zwar ahnen, aber nicht fassen zu können. In seine Philosophie ist die Erfahrung eingegangen, daß die Welt des Tatsächlichen nur durch ein sie transzendierendes Begriffssystem vor jener Nichtigkeit bewahrt wird, in die der Positivismus sie münden läßt und der bereits ein einziger erfüllter Augenblick widerspricht. Alles fällt zwar der Vergängnis anheim, ist darum jedoch nicht nichtig.

Dialektik und damit das Prinzip des Nichtidentischen gibt es nur, insofern sie an etwas ihre Grenze hat. Sie hat zu ihrer eigenen Substanz und Voraussetzung das, was sie selber nicht ist, wenn sie nicht eine bloße Tautologie sein soll. Der Gegenstand des ontologischen Gottesbeweises, das heißt die Synthese der Begriffe des Identischen und Nichtidentischen, ist die Realisierung absoluter Wahrheit. Der Inhalt der absoluten Wahrheit als ein erst zu realisierender, ist die Utopie. Es kann ein Absolutes geben, von dem die Wahrheit jedes einzelnen zehrt, doch könnte der Gedanke zugleich unfähig sein, das Absolute zu erkennen.

391 Manfred Clemenz, 4. Februar 1965

Philosophisches Hauptseminar
Protokoll vom 4. 2. 1965
Manfred Clemenz

Aus der Betrachtung von Sein und Nichts hatte sich ergeben: Sein und Nichts ist dasselbe. Als Ausdruck des Resultats, das auf dieser Stufe der Logik im Übergang zum Werden erreicht wurde, ist diese Formulierung unvollkommen. Das synthetische Urteil spricht die Identität von Sein und Nichts aus; nicht ausgedrückt wird in ihm, daß beide, wie die Form des Satzes zeigt, zugleich auch unterschieden sind. Gälte nur Einheit in der Synthese, so wäre vergessen, wodurch diese Einheit überhaupt erst zustande kommt. Der Satz: Sein und Nichts ist dasselbe, *enthält* somit zwar das Resultat, vermag es aber in der sprachlichen Form des prädiktiven Urteils nicht auszudrücken. Aber nur indem diese Einheit von Sein und Nichts als notwendig unvollkommener Ausdruck des Resultats ausgesprochen und festgehalten wird, manifestiert sich der Widerspruch als der von Form und Inhalt des Satzes. Durch diesen Widerspruch löst der Satz: Sein und Nichts ist dasselbe, sich auf, ohne daß der Prozeß auf seine Momente Sein und Nichts zurückfällt oder in ständiger Wechselbestimmung von Identität und Nichtidentität verharrt. Damit geschieht Hegel zufolge an dem Satz selbst das, »was seinen eigentlichen Inhalt ausmachen soll, nämlich das *Werden*.«[52] Vorläufig ist dies noch Hegels Programm: Es ist fraglich, ob auf dieser Stufe der Logik unter Werden mehr verstanden werden kann als bloße Dynamik.

Um fortschreiten zu können, greift Hegel auf das zurück, was behandelt wurde, als sei es bereits erledigt: auf Nichtidentität. Indem er sich auf die retrograden Momente besinnt und zugleich das Resultat festhält, treibt er den Prozeß weiter. Der Weg zurück erweist sich als der Weg nach vorwärts. Die Hegelsche Logik ist so ein bis ins Unendliche reichender Revisionsprozeß – oder, wie Hegel es formuliert, ein »unendlicher rückwärts gehender Progreß« (»Wissenschaft der Logik« II, S. 500)[53].

---

[52] »Insofern nun der Satz ›*Sein und Nichts ist dasselbe*‹ die Identität dieser Bestimmungen ausspricht, aber in der Tat ebenso sie beide als unterschieden enthält, widerspricht er sich in sich selbst und löst sich auf. Halten wir dies näher fest, so ist also hier ein Satz gesetzt, der, näher betrachtet, die Bewegung hat, durch sich selbst zu verschwinden. Damit aber geschieht an ihm selbst das, was seinen eigentlichen Inhalt ausmachen soll, nämlich das *Werden*.« (Ebd., S. 93)
[53] »Indem nun diese Bestimmtheit die nächste Wahrheit des unbestimmten Anfangs ist, so rügt sie denselben als etwas Unvollkommenes, sowie die Methode selbst, die von demselben ausge-

Die Einsicht, die sich aus dem Gang der Logik ergab, daß der Satz in Form eines prädikativen Urteils zwar das Resultat enthält, ohne dieses selbst zugleich auszudrücken, veranlaßt Hegel zu der Bemerkung, daß der Satz nicht geeignet ist, spekulative Wahrheiten auszudrücken.[54] Die kritische Spitze ist hier vor allem gegen Fichte gerichtet. Anders als in Form des entfalteten Systems ist das Ganze, das sich durch endliche Definitionen seiner selbst hindurch verwirklicht, nicht möglich. Durch den notwendig unvollkommenen Ausdruck, den spekulative Resultate im einfachen Urteil finden, erscheint spekulatives Denken den mit ihm nicht Vertrauten Hegel zufolge leicht in einem »paradoxen und bizarren Licht«. Spekulatives Denken wird dabei an etwas gemessen, was von ihm selbst als Moment erkannt und als isoliertes Kriterium außer Kraft gesetzt wurde: an Identität, wie sie im Urteil festgehalten wird. Ist aber der Inhalt des Satzes spekulativ, »so ist auch das *Nichtidentische* des Subjekts und Prädikats wesentliches Moment, aber dies ist im Urteile nicht ausgedrückt«. Das Unrecht, das dem spekulativen Satz widerfährt, ist das der Einseitigkeit von kontradiktorisch aufeinander bezogenen Momenten wird eines – hier Identität – herausgegriffen.

Die Schwierigkeiten, die spekulative Wahrheit auszudrücken, werden nicht dadurch behoben, daß der abstrakten Identität eine ebenso abstrakte Nichtidentität gegenübergestellt wird. Hegels Kritik an der »unverbundenen« Konfrontation von Identität und Nichtidentität, die davon absieht, daß beide ihrem Sinn nach notwendig aufeinander bezogen sind,[55] fordert Versenkung des Den-

---

hend nur formell war. Dies kann als die nunmehr bestimmte Forderung ausgedrückt werden, daß der Anfang, weil er gegen die Bestimmtheit des Resultats selbst ein Bestimmtes ist, nicht als Unmittelbares, sondern als Vermitteltes und Abgeleitetes genommen werden soll, was als die Forderung des unendlichen *rückwärts* gehenden Progresses im Beweisen und Ableiten erscheinen kann, – so wie aus dem neuen Anfang, der erhalten worden ist, durch den Verlauf der Methode gleichfalls ein Resultat hervorgeht, so daß der Fortgang sich ebenso *vorwärts* ins Unendliche fortwälzt.« (HSW, Bd. IV, S. 500; vgl. HW, Bd. 6, S. 567)

54 »Es muß hierüber sogleich im Anfange diese allgemeine Bemerkung gemacht werden, daß der Satz, in *Form eines Urteils*, nicht geschickt ist, spekulative Wahrheiten auszudrücken; die Bekanntschaft mit diesem Umstande wäre geeignet, viele Mißverständnisse spekulativer Wahrheiten zu beseitigen. Das Urteil ist eine *identische* Beziehung zwischen Subjekt und Prädikat; es wird dabei davon abstrahiert, daß das Subjekt noch mehrere Bestimmtheiten hat als die des Prädikats, sowie davon, daß das Prädikat weiter ist als das Subjekt. Ist nun aber der Inhalt spekulativ, so ist auch das *Nichtidentische* des Subjekts und Prädikats wesentliches Moment, aber dies ist im Urteile nicht ausgedrückt. Das paradoxe und bizarre Licht, in dem vieles der neueren Philosophie den mit dem spekulativen Denken nicht Vertrauten erscheint, fällt vielfältig in die Form des einfachen Urteils, wenn sie für den Ausdruck spekulativer Resultate gebraucht wird.« (HW, Bd. 5, S. 93)

55 »Der Mangel wird zum Behuf, die spekulative Wahrheit auszudrücken, zunächst so ergänzt, daß der entgegengesetzte Satz hinzugefügt wird, der Satz ›*Sein und Nichts ist nicht dasselbe*‹, der

kens in die Sache. Divergierendes dürfte nicht isoliert aneinandergereiht werden; es muß vielmehr versucht werden, durch die Divergenz hindurch zugleich eine Beziehung herzustellen, die der Struktur der Sache entspringt, nicht einer der Sache von Subjekt oktroyierten Synthesis. Denken ist für Hegel nicht, wie für Kant, Synthetisierung von Mannigfaltigem als Subsumtion unter den Begriff, sondern Bestimmung, wie die Dinge aus sich selbst heraus zueinander und zum Ganzen stehen. Hegel warnt davor, Ordnung und Verwaltungsakte des Geistes mit Erkenntnis zu verwechseln. Ähnliches gilt auch in der Ästhetik. An den Beethovenschen Sonaten etwa läßt sich beobachten, daß die Themenkomplexe einander nicht unvermittelt gegenüberstehen, sondern daß das neue Thema im bereits Exponierten schon vorgezeichnet ist. – In äußerster Verkürzung ließe sich sagen, daß mit Hegel die ältere spekulative Philosophie wieder in den Prozeß des Denkens aufgenommen wird: Hegel macht Leibniz – der Kant zufolge das »Innere der Dinge« erkennen wollte[56] – *gegen* Kant geltend – und das führt ihn über Kant hinaus.

Hegels Kritik an der abstrakten Subsumtion richtet sich gegen das »so zu sagen unglückliche Wort: Einheit«,[57] gegen einen der zentralen Begriffe der Kantischen Philosophie. Während die subjektive Reflexion einerseits Einheit durch *Vergleichen* der Gegenstände zu finden glaubt, unterstellt sie andererseits *Gleichgültigkeit* der Gegenstände gegenüber dieser Einheit, »so daß dies Verglei-

---

oben gleichfalls ausgesprochen ist. Allein so entsteht der weitere Mangel, daß diese Sätze unverbunden sind, somit den Inhalt nur in der Antinomie darstellen, während doch ihr Inhalt sich auf ein und dasselbe bezieht und die Bestimmungen, die in den zwei Sätzen ausgedrückt sind, schlechthin vereinigt sein sollen, – eine Vereinigung, welche dann nur als eine *Unruhe* zugleich *Unverträglicher*, als *eine Bewegung* ausgesprochen werden kann.« (Ebd., S. 94)

56 »In Ermangelung einer [...] transzendentalen Topik, und mithin durch die Amphibolie der Reflexionsbegriffe hintergangen, errichtete der berühmte Leibniz ein *intellektuelles System der Welt*, oder glaubte vielmehr, der Dinge innere Beschaffenheit zu erkennen, indem er alle Gegenstände nur mit dem Verstande und den abgesonderten formalen Begriffen seines Denkens verglich.« (KW, Bd. III, S. 292 [B 326; A 270])

57 »Es ist hierbei noch das sozusagen unglückliche Wort ›Einheit‹ besonders zu erwähnen; die *Einheit* bezeichnet noch mehr als die *Identität* eine subjektive Reflexion; sie wird vornehmlich als die Beziehung genommen, welche aus der *Vergleichung*, der äußerlichen Reflexion entspringt. Insofern diese in zwei *verschiedenen Gegenständen* dasselbe findet, ist eine Einheit so vorhanden, daß dabei die vollkommene *Gleichgültigkeit* der Gegenstände selbst, die verglichen werden, gegen diese Einheit vorausgesetzt wird, so daß dies Vergleichen und die Einheit die Gegenstände selbst nichts angeht und ein ihnen äußerliches Tun und Bestimmen ist. Die Einheit drückt daher die ganz *abstrakte* Dieselbigkeit aus und lautet um so härter und auffallender, je mehr die, von denen sie ausgesprochen wird, sich schlechthin unterschieden zeigen. Für Einheit würde daher insofern besser nur *Ungetrenntheit* und *Untrennbarkeit* gesagt; aber damit ist das *Affirmative* der Beziehung des Ganzen nicht ausgedrückt.« (HW, Bd. 5, S. 94)

chen und die Einheit die Gegenstände selbst nichts angeht und ein ihnen äußerliches Tun und Bestimmen ist«. Was nicht in den Allgemeinbegriff eingeht, der Einheit angibt, wird vergessen. Dagegen intendiert das Hegelsche Denken, die Abstraktion durch deren Selbstreflexion zu berichtigen und damit das Vergessene wieder bewußt zu machen. Der Begriff der Gleichgültigkeit ist allerdings einer der belastetsten in Hegels Logik. Während er hier noch kritisch verstanden wird, erscheint er in der Wesenslogik ins Positive gewendet. Das Gleichgültige ist dort das gegenüber dem Begriff Gleichgültige; indem es aber auf den Begriff bezogen ist, bildet es zugleich dessen Konstituens. Es wurde darauf hingewiesen, daß Hegel es nicht allzu schwer hat, das Gleichgültige, das außerhalb des Begriffs verbleibt, dann als durch den Begriff ersetzt zu erweisen. Der Begriff der Einheit drückt Hegel zufolge »abstrakte Dieselbigkeit« aus, nicht aber das *Affirmative* des Ganzen. Die affirmative Bestimmung des Ganzen richtet sich auf ein von den Momenten untrennbares Drittes und Neues, statt auf ein den Elementen abdestilliertes Gleiches.

Ein Unterschied zwischen Sein und Nichts, denen jede Bestimmung und jeder Inhalt fehlen, der nicht an ihnen selbst besteht, kann nach Hegel nur im Meinen liegen.[58] Dennoch sollte man sich nicht einschüchtern lassen von der etwas terroristisch anmutenden Aufforderung Hegels, man möge diesen Unterschied, wenn man dennoch auf ihm beharrt, doch angeben.[59] Es muß dem Begriff des Seins ein Minimum an Inhalt zugestanden werden, der nicht auf bloßes Meinen reduziert werden kann. Daß der Begriff des Seins völlig unbestimmt sein soll, kann nicht darüber hinwegtäuschen, daß ein Unterschied besteht zwischen einem Begriff, in dem das Etwas – wenngleich in äußerster Abstraktion – noch enthalten ist und einem Begriff, in dem dieses Etwas völlig extirpiert ist.

Es wurde darauf hingewiesen, daß auch die neuscholastische Hegelinterpretation auf diesem Unterschied von Sein und Nichts besteht und ihn kritisch gegen Hegel ausspielt. Für sie gilt es als »unmittelbar und klar einsichtig, daß zwischen beiden ein unversöhnlicher Gegensatz« besteht.[60][*1] Damit verfallen

---

58 Vgl. ebd., S. 95.
59 S. oben, Anm. 37.
60 »So läßt sich nun der Sinn des Widerspruchsprinzips, wie er von der Scholastik verstanden wird, kurz so zusammenfassen: Das Ursprüngliche bildet der formal-kontradiktorische Gegensatz zwischen dem ›Sein‹ und ›Nichtsein‹; wer den Sinn von ›Sein‹ und ›Nicht‹ und damit auch von ›Nichtsein‹ erfaßt, dem wird auch aus dem Vergleich von ›Sein‹ und ›Nichtsein‹ unmittelbar und klar einsichtig, daß zwischen beiden ein unversöhnlicher Gegensatz besteht, daß mit dem einen das formell aufgehoben wird, was mit dem anderen gesetzt wird.« (Lorenz Fuetscher, Die ersten Seins- und Denkprinzipien, Innsbruck 1930 [Innsbrucker Institut für scholastische Philosophie · Philosophie und Grenzwissenschaften; 3], S. 29 f.)

die Neuscholastiker jedoch der Kritik Hegels. Hegel könnte zeigen, daß der neuscholastische Gott, das »ipsum esse« als kreatives Prinzip, ein durch Negativität vermittelter Gott ist.

[*1] L. Fuetscher, »Die ersten Seins- und Denkprinzipien«, S. 30 – zitiert in: K. H. Haag, »Kritik der neueren Ontologie«, S. 50[61]

---

[61] »Die Aufforderung, die ›Begriffsinhalte Sein und Nichtsein‹ zu vergleichen, um ihrer ›Unvereinbarkeit‹ innezuwerden, schließt die andere in sich, anzugeben, worin der Inhalt von ›Sein‹ besteht. Dies zu sagen aber hat der Suarezianismus durch seine Lehre von der Irrealität der Seinsprinzipien sich selbst die Möglichkeit entzogen. Wen immer man von seinen Apologeten zitieren mag, sie alle begnügen sich mit der bloßen Versicherung: ›Aus dem Vergleich von Sein und Nichtsein‹ werde ›unmittelbar und klar einsichtig, daß zwischen beiden ein unversöhnlicher Gegensatz‹ bestehe.« (Karl Heinz Haag, Kritik der neueren Ontologie, Stuttgart 1960, S. 50)

392 Jeremy J. Shapiro,
11. Februar 1965

Philosophisches Hauptseminar

Protokoll vom 11. 2. 1965

Jeremy J. Shapiro

Alle Begriffe Hegels retten durch den Prozeß des Denkens das, was in der naiven Bedeutung von Wörtern gemeint ist. Dies vermögen sie, indem sie, im Gegensatz zum isolierten Satz, Widersprüche enthalten können; die Einseitigkeit des Satzes wird dadurch verhüllt, daß er von der Meinung, dem subjektiven Schein, es mit konkreten Objekt zu tun zu haben, begleitet wird. Deswegen gibt Hegel in seinem System dem Begriff den Vorrang über den Satz, und jener wird zum Subjekt der spekulativen Wissenschaft, die sich aus dem Gegensatz zwischen dem Gesagten und dem eigentlich Gemeinten entwickelt, bis alles, was auf den niedrigen Stufen nur gemeint war, vollständig ausgedrückt worden ist.

Hegels Begriff der Spekulation hat, obwohl er hauptsächlich gegen den gesunden Menschenverstand gerichtet ist, mit dessen Vorstellung von Spekulation gemeinsame Aspekte. Beide sind sich einig in der Mißachtung eines Denkens, das kein fundamentum in re hat, ob, wie es dem gesunden Menschenverstand vorkommt, in der Form von armchair thinking oder den Hirngespinsten der Metaphysiker, deren Beschäftigung wohl von Saint-Simon und Comte zusammen mit der finanziellen Spekulation zu dem produktiven Berufsstand gerechnet wurde, oder in der Versicherung der Intuition und intellektuellen Anschauung als besonderen Quellen der Erkenntnis, eine Schellingsche Ansicht, die Hegel heftig angreift,[62] wodurch er Nietzsches Vorwurf, er selber hätte die Mentalität eines Bankiers, auf sich zog.[63] Hegel leugnet, daß die Spekulation eine Ausschweifung in intelligiblen Welten sei, wie sie es nach der Kantischen Vernunftkritik sein

---

[62] »Irgendein Dasein, wie es im *Absoluten* ist, betrachten, besteht hier in nichts anderem, als daß davon gesagt wird, es sei zwar Jetzt von ihm gesprochen worden als von einem Etwas: im Absoluten, dem A = A, jedoch gebe es dergleichen gar nicht, sondern darin sei alles eins. Dies eine Wissen, daß im Absoluten alles gleich ist, der unterscheidenden und erfüllten oder Erfüllung suchenden und fordernden Erkenntnis entgegenzusetzen oder sein *Absolutes* für die Nacht auszugeben, worin, wie man zu sagen pflegt, alle Kühe schwarz sind, ist die Naivität der Leere an Erkenntnis.« (HW, Bd. 3, S. 22)
[63] Nicht ermittelt.

müßte. Die Spekulation kommt nach Hegel nicht zu dem Verstand hinzu, sondern ist die Reflexion, die sich selber reflektiert, sich darin als endlich erkennt, und genötigt ist, über sich selbst hinauszugehen. Das Denken nimmt sich in sich hinein und wird sich selbst zum Inhalt. Durch diese Bewegung, die notwendig aus dem Verstand selbst hervorgeht, kann das Ding-an-sich, obgleich nur mittelbar, erkannt werden.

Der Unterschied zwischen Hegels Begriff der Spekulation und der »gemeinen« Vorstellung von ihr besteht darin, daß gerade die Philosophie, die für diese als Spekulation gilt, nach Hegel noch dem Bereich des gesunden Menschenverstandes selber angehört;[64] die Abstraktionen der traditionellen Philosophie reproduzieren die des Menschenverstandes nur auf einer höheren Stufe. Die undialektische Philosophie hat mit dem gesunden Menschenverstand gemeinsam, daß sie ihre Gedanken an sinnliche Vorstellungen knüpft: so wie die Unterscheidung von Sein und Nichts mit der Vorstellung von Licht und Finsternis, von Klarheit und Dunkelheit in Verbindung gebracht wird.[65] Der Begriff der Klarheit ist theologischen Ursprungs, wurde dann aber im Nominalismus hypostasiert, indem dieser die Begriffe allein der Subjektivität zuschrieb, die objektive Welt dadurch aber selbst aller Rationalität entkleidete und sie dabei verdunkelte. Bei Descartes kommt Klarheit nur zu der res cogitans in ihrer Beziehung auf sich selbst zu,[66] eine Beziehung, die im Deutschen Idealismus verabsolutiert worden ist. Klarheit ist geschichtlich zum bloßen Wie der Erkenntnis geworden, die ver-

---

[64] Vgl. den Abschnitt »Verhältnis der Spekulation zum gesunden Menschenverstand« aus der Schrift zur »Differenz des Fichteschen und Schellingschen Systems der Philosophie« [1801], HW, Bd. 2, S. 31–35.

[65] »Aber man stellt sich wohl das Sein vor – etwa unter dem Bilde des reinen Lichts, als die Klarheit ungetrübten Sehens, das Nichts aber als die reine Nacht – und knüpft ihren Unterschied an diese wohlbekannte sinnliche Verschiedenheit. In der Tat aber, wenn man auch dies Sehen sich genauer vorstellt, so kann man leicht gewahr werden, daß man in der absoluten Klarheit soviel und sowenig sieht als in der absoluten Finsternis, daß das eine Sehen so gut als das andere, reines Sehen, Sehen von Nichts ist. Reines Licht und reine Finsternis sind zwei Leeren, welche dasselbe sind. Erst in dem bestimmten Lichte – und das Licht wird durch die Finsternis bestimmt –, also im getrübten Lichte, ebenso erst in der bestimmten Finsternis – und die Finsternis wird durch das Licht bestimmt –, in der erhellten Finsternis kann etwas unterschieden werden, weil erst das getrübte Licht und die erhellte Finsternis den Unterschied an ihnen selbst haben und damit bestimmtes Sein, *Dasein* sind.« (HW, Bd. 5, S. 96)

[66] »Denn da mir nunmehr bekannt ist, daß die Körper selbst nicht eigentlich durch die Sinne oder durch das Vorstellungsvermögen, sondern durch den Verstand allein erfaßt werden, und daß sie nicht dadurch erfaßt werden, daß sie berührt oder gesehen werden, sondern allein dadurch, daß sie eingesehen werden, so erkenne ich sehr genau, daß nichts leichter oder auch evidenter von mir erfaßt werden kann als mein Geist.« (René Descartes, Meditationen [1641], hrsg. und übers. von Christian Wohlers, Hamburg 2009 [Philosophische Bibliothek; 596], S. 37)

gißt, was erkannt werden sollte. Die Klarheit-an-sich in Zusammenhang mit der subjektiven Gewißheit ist zu einem Schlüsselbegriff der neuzeitlichen Wissenschafts- und Erkenntnistheorie geworden. Die spekulative Philosophie hat solche Abstraktionen nicht von außen zu kritisieren, sondern ihre Logik darzustellen, d. h., sie kraft ihrer eigenen Widersprüche auflösen zu lassen. Trotzdem erreicht die spekulative Wissenschaft am Ende ihrer Entwicklung eine neue Identität mit dem gesunden Menschenverstand. Denn dieser irrt, nach Hegel, wenn er Spekulation

»für seine Gegnerin (hält); denn die Spekulation fordert in ihrer höchsten Synthese des Bewußten und Bewußtlosen auch die Vernichtung des Bewußtseins selbst, und die Vernunft versenkt damit ihr Reflektieren der absoluten Identität und ihr Wissen und sich selbst in ihren eignen Abgrund, und in dieser Nacht der bloßen Reflexion und des raisonierenden Verstandes, die der Mittag des Lebens ist, können sich beide begegnen.« (»Differenz«-Schrift)[67]

Letztes Endes sympathisiert Hegel mit dem faßbaren bestimmten einzelnen Seienden. Da das Absolute nicht transzendent, sondern selbst Moment des Endlichen ist, hat das Positive mit seiner Unvollkommenheit Gewicht gegenüber dem bloß Absoluten, sofern es für ein abstrakt Jenseitiges, allem Endlichen Entgegengesetztes gehalten wird. Hier ist Hegel realistisch im negativen Sinne, und sein Denken hat gemeinsam mit dem gesunden Menschenverstand ein antiutopisches Element. Hierin kann man seine Ähnlichkeit mit Goethe sehen und seinen Gegensatz zu Hölderlin, dessen Begriff des »Äthers« der eines Transzendierenden ist.[68] Nicht zuletzt hängt Hegels negativer Realismus mit seinem Idealismus zusammen. Denn obwohl das, was dem gesunden Menschenverstand als utopisch aber unwirklich vorkommt, in Hegels Begriff als wirklich aufbewahrt wird, wird alles Wirkliche aus dem Denken entwickelt. Der Geist kann das Ding-an-sich nur erkennen, wenn das Ding-an-sich selber schon ist. Das, was nicht in die Idee aufgeht, wird als nicht wirklich unterschlagen, so daß die Idee sich als abstrakte Identität erweist und der Wirklichkeit gegenüber als Zwang,

---

[67] »Wenn für den gesunden Menschenverstand nur die vernichtende Seite der Spekulation erscheint, so erscheint ihm auch dies Vernichten nicht in seinem ganzen Umfang. Wenn er diesen Umfang fassen könnte, so hielte er sie nicht für seine Gegnerin; denn die Spekulation fordert in ihrer höchsten Synthese des Bewußten und Bewußtlosen auch die Vernichtung des Bewußtseins selbst, und die Vernunft versenkt damit ihr Reflektieren der absoluten Identität und ihr Wissen und sich selbst in ihren eigenen Abgrund, und in dieser Nacht der bloßen Reflexion und des räsonierenden Verstandes, die der Mittag des Lebens ist, können sich beide begegnen.« (HW, Bd. 2, S. 35)

[68] Vgl. etwa Hölderlins Gedicht »An den Aether« [1797], in: Friedrich Hölderlin, Sämtliche Werke. ›Frankfurter Ausgabe‹. Historisch-kritische Ausgabe, hrsg. von D. E. Sattler, Bd. 3, hrsg. von D. E. Sattler und Wolfram Groddeck, Frankfurt a. M. 1977, S. 80 f.

»daß der Mensch sich zu dieser abstrakten Allgemeinheit in seiner Gesinnung erheben soll, in welcher es ihm in der Tat gleichgültig sei, ob die hundert Taler, sie mögen ein quantitatives Verhältnis zu seinem Vermögenszustand haben, welches sie wollen, seien oder ob sie es nicht seien, ebenso sehr als im gleichgültig sei, ob er sei oder nicht, d. i. im endlichen Leben sei oder nicht« (Logik I)[69].

Aus dem Zwang kommt Hegels für den Idealismus typische Intoleranz gegenüber anderen philosophischen Theoremen zum Ausdruck – eine Intoleranz, die bei Empiristen vom Type Humes nicht vorkommt – sowie auch gegenüber Einfällen,[70] als ob man in der Philosophie ohne Phantasie auskäme.

Bei seiner Diskussion des Werdens und des Übergehens weist Hegel darauf hin, daß die Philosophie die empirische Existenz voraussetzt, mit anderen Worten, selbst nur ein Moment des Ganzen ist.[71] Etwas von dem Aufblitzen dieser

---

[69] »Wenn nämlich ein Aufhebens von den hundert Talern gemacht wird, daß es in meinem Vermögenszustand einen Unterschied mache, ob ich sie *habe* oder *nicht*, noch mehr, ob Ich sei oder nicht, ob Anderes sei oder nicht, so kann – ohne zu erwähnen, daß es Vermögenszustände geben wird, für die solcher Besitz von hundert Talern gleichgültig sein wird – daran erinnert werden, daß der Mensch sich zu dieser abstrakten Allgemeinheit in seiner Gesinnung erheben soll, in welcher es ihm in der Tat gleichgültig sei, ob die hundert Taler, sie mögen ein quantitatives Verhältnis zu seinem Vermögenszustand haben, welches sie wollen, seien oder ob sie nicht seien, ebensosehr als es ihm gleichgültig sei, ob er sei oder nicht, d. i., im endlichen Leben sei oder nicht (denn ein Zustand, bestimmtes Sein ist gemeint) usf. – selbst *si fractus illabatur orbis, impavidum ferient ruinae*, hat ein Römer gesagt, und der Christ soll sich noch mehr in dieser Gleichgültigkeit befinden.« (HW, Bd. 5, S. 91)

[70] »Es würde eine vergebliche Mühe sein, alle Wendungen und Einfälle der Reflexion und ihres Räsonnements gleichsam einfangen zu wollen, um ihr die Auswege und Absprünge, womit sie sich ihren Widerspruch gegen sich selbst verdeckt, zu benehmen und unmöglich zu machen. Darum enthalte ich mich auch, gegen vielfache sich so nennende Einwürfe und Widerlegungen, welche dagegen, daß weder Sein noch Nichts etwas Wahrhaftes, sondern nur das Werden ihre Wahrheit ist, aufgebracht worden sind, Rücksicht zu nehmen; die Gedankenbildung, die dazu gehört, die Nichtigkeit jener Widerlegungen einzusehen oder vielmehr solche Einfälle sich selbst zu vertreiben, wird nur durch die kritische Erkenntnis der Verstandesformen bewirkt; aber die, welche am ergiebigsten an dergleichen Einwürfen sind, fallen sogleich über die ersten Sätze mit ihren Reflexionen her, ohne durch das weitere Studium der Logik sich zum Bewußtsein über die Natur dieser kruden Reflexionen zu verhelfen oder verholfen zu haben.« (Ebd., S. 98)

[71] »Die Einheit, deren Momente, Sein und Nichts, als untrennbare sind, ist von ihnen selbst zugleich verschieden, so ein *Drittes* gegen sie, welches in seiner eigentümlichsten Form das *Werden* ist. *Übergehen* ist dasselbe als Werden, nur daß in jenem die beiden, von deren einem zum anderen übergegangen wird, mehr als außereinander ruhend und das Übergehen als *zwischen* ihnen geschehend vorgestellt wird. Wo und wie nun vom Sein oder Nichts die Rede wird, muß dieses Dritte vorhanden sein; denn jene bestehen nicht für sich, sondern sind nur im Werden, in diesem Dritten. Aber dieses Dritte hat vielfache empirische Gestalten, welche von der Abstraktion beiseite gestellt oder vernachlässigt werden, um jene ihre Produkte, das Sein und das Nichts, jedes für sich festzuhalten und sie gegen das Übergehen geschützt zu zeigen. Gegen solches

Erfahrung, die sich hier gegen Hegels idealistische Intention durchsetzt, erinnert an Kants Theorie des Erhabenen. Noch Kant gibt »die Unwiderstehlichkeit (der) Macht (der Natur) uns, als Naturwesen betrachtet, zwar unsere physische Ohnmacht zu erkennen, aber entdeckt zugleich ein Vermögen, uns als von ihr unabhängig zu beurteilen, und eine Überlegenheit über die Natur, worauf sich eine Selbsterhaltung von ganz anderer Art gründet, als diejenige ist, die von der Natur außer uns angefochten und in Gefahr gebracht werden kann, wobei die Menschlichkeit in unserer Person unerniedrigt bleibt, obgleich der Mensch jener Gewalt unterliegen müßte.« (Kritik der Urteilskraft)[72]

Die »ganz andere Art« dieser Selbsterhaltung ist die gesellschaftliche des bürgerlichen Subjekts, das sich als gleichzeitig absolut mächtiges und ohnmächtiges weiß.

Auf Hegels Einsicht von der empirischen Bedingtheit gerade auch der Philosophie zurückkommend, wurde entwickelt, daß sie sich nicht nur einer Sprengung des idealistischen Ansatzes verdankt, sondern zugleich dessen Konsequenz ist. Wenn alles Geist ist, wird es letztlich gleichgültig, was wovon abhängt. So sind Hegel im Rahmen seiner idealistischen Generalthesis immer wieder für sich genommen materialistische Einsichten zugänglich. Hier wird auch deutlich, wie Hegel selbst die Fortentwicklung seiner Lehre zur Marxschen Dialektik vorbereitet hat, denn diese setzt jene gerade da voraus, wo sie am idealistischsten ist.

---

einfache Verhalten der Abstraktion ist ebenso einfach nur an die empirische Existenz zu erinnern, in der jene Abstraktion selbst nur Etwas ist, ein Dasein hat.« (HW, Bd. 5, S. 97)

72 Kant schreibt: »so wie wir zwar an der Unermeßlichkeit der Natur, und der Unzulänglichkeit unseres Vermögens, einen der ästhetischen Größenschätzung ihres *Gebiets* proportionierten Maßstab zu nehmen, unsere eigene Einschränkung, gleichwohl aber doch auch an unserm Vernunftvermögen zugleich einen andern nicht-sinnlichen Maßstab, welcher jene Unendlichkeit selbst als Einheit unter sich hat, gegen den alles in der Natur klein ist, mithin in unserm Gemüte eine Überlegenheit über die Natur selbst in ihrer Unermeßlichkeit fanden: so gibt auch die Unwiderstehlichkeit ihrer Macht uns, als Naturwesen betrachtet, zwar unsere physische Ohnmacht zu erkennen, aber entdeckt zugleich ein Vermögen, uns als von ihr unabhängig zu beurteilen, und eine Überlegenheit über die Natur, worauf sich eine Selbsterhaltung von ganz andrer Art gründet, als diejenige ist, die von der Natur außer uns angefochten und in Gefahr gebracht werden kann, wobei die Menschheit in unserer Person unerniedrigt bleibt, obgleich der Mensch jener Gewalt unterliegen müßte.« (KW, Bd. X, S. 350 [B 104f.; A 103f.])

Sommersemester 1965:
Kants Ideenlehre

Philosophisches Hauptseminar mit Max Horkheimer

In diesem Semester hält Adorno zudem die philosophische Vorlesung »Metaphysik: Begriff und Probleme« und gibt das soziologische Hauptseminar »Sozialer Konflikt«

Das Seminar findet donnerstags von 18 bis 20 Uhr statt

393 Privatbesitz Gerhard Stamer; **394–396** Archivzentrum Na 1, 897

393 Gerhard Stamer,
   13. Mai 1965

Protokoll vom 13. 5. 65
für das philosophische Hauptseminar von Prof. Adorno,
Gerhard Stamer

Erkenntnisapparat und Erkenntnismaterial treffen im Vollzug der Erkenntnis wie Form und Stoff aufeinander, greifen ineinander und vereinen sich, so daß es einer Erkenntniskritik bedarf, zu scheiden, was an der Erkenntnis zur Form und was zum Stoff gehört. Dieses Unternehmen, ausgeführt in Kants »Kritik der reinen Vernunft« mit dem Ziel, durch die Scheidung dem Erkenntnisvermögen die Grenze zu weisen, bis zu der es Erkenntnis zu leisten vermag, scheint aber, indem ihm diese Sonderung gelingt, der Form einen doppelten Charakter aufzubürden. Dies ist der Dualismus des Formbegriffs in der »Kritik der reinen Vernunft«, wie er von Cassirer in seinem Werk über das Erkenntnisproblem beschrieben wird[1] und wie er Ausgangspunkt für den Verlauf des vergangenen Seminars war[2].

Die Form ist einerseits Form an sich. Von der reinen Anschauung heißt es, sie enthalte lediglich die Form, unter welcher etwas angeschaut werde, sie wird aber zugleich als rezeptive gekennzeichnet und die ihr aberkannte Aktivität dem »Etwas« zugesprochen, das der Form soeben nur als das Unbestimmte ihres Anschauens zu dienen schien: wodurch die Form Form eines Inhalts ist.[3]

---

1 Bei Cassirer heißt es: »Aber je unzweideutiger von seiten der psychologischen, wie der transzendentalen Analyse der konstruktive Charakter der reinen Anschauung hervortritt und je schärfer er von Kant selbst betont wird, um so mehr drängt sich eine andere Schwierigkeit auf. Der Gegensatz zwischen den Formen der Sinnlichkeit und den Formen des Verstandes scheint sich jetzt mehr und mehr zu verwischen. Die Sinnlichkeit bedeutet nicht länger ein rein ›rezeptives‹ Vermögen, sondern sie gewinnt eine eigene Selbsttätigkeit. [...] Die Sonderung kann sich nur innerhalb der Grenzen des gemeinsamen Oberbegriffs der Synthesis vollziehen; es besteht somit von Anfang an eine übergeordnete Einheit, die die beiden Glieder des Gegensatzes umfaßt und die ihre beiderseitige Stellung bestimmt. [...] Wieder drohen die Grenzen der sinnlichen und der intelligiblen Welt ineinander überzugehen; wieder scheinen die apriorischen Erkenntnisweisen als freischaltende geistige Vermögen über alle Schranken des ›gegebenen‹ empirischen Materials hinausgreifen zu können.« (Ernst Cassirer, Das Erkenntnisproblem in der Philosophie und Wissenschaft der neueren Zeit. Zweiter Band [1907], 3. Aufl., Hildesheim und New York 1971, S. 693)
2 Ein Protokoll der entsprechenden Seminarsitzung wurde nicht aufgefunden.
3 »Anschauung und Begriffe machen also die Elemente aller unsrer Erkenntnis aus, so daß weder Begriffe, ohne ihnen auf einige Art korrespondierende Anschauung, noch Anschauung ohne Begriffe, ein Erkenntnis abgeben können. Beide sind entweder rein, oder empirisch. *Empirisch,* wenn Empfindung (die die wirkliche Gegenwart des Gegenstandes voraussetzt) darin enthalten ist; *rein* aber, wenn der Vorstellung keine Empfindung beigemischt ist. Man kann die letztere die

Nicht anders der Verstand, obwohl ihm dank seiner Spontaneität, Vorstellungen aus sich selbst hervorzubringen, mehr Eigenständigkeit zukommt. Seine reinen Begriffe enthalten zum einen »allein die Form des Denkens eines Gegenstandes überhaupt« (B 75), sind aber zum anderen mit der Sinnlichkeit, dem beständigen Anwalt der Materie vor dem Erkenntnisvermögen unlöslich verkoppelt. »Ohne Sinnlichkeit würde uns kein Gegenstand gegeben, und ohne Verstand keiner gedacht werden. Gedanken ohne Inhalt sind leer. Anschauungen ohne Begriffe sind blind.« (B 75)[4] »Denn, daß der Begriff vor der Wahrnehmung vorhergeht, bedeutet dessen bloße Möglichkeit; die Wahrnehmung aber, die den Stoff zum Begriff hergibt, ist der einzige Charakter der Wirklichkeit.« (B 273)[5] Die Betonung, die der Stoff durch das Postulat, die Wirklichkeit der Dinge zu erkennen, erhält, wird aber wieder durch die Hervorhebung der Gesetzmächtigkeit des Verstandes ausgeglichen: »Der Verstand schöpft seine Gesetze (a priori) nicht aus der Natur, sondern schreibt sie dieser vor.« (Prolegomena A 113)[6]

Hierzu eine Passage von Cassirer: »Wenn die Kategorien einerseits an die Anschauung gebunden, wenn sie, schroff ausgedrückt, nur um ihretwillen vorhanden sind, so erweisen sie sich andererseits eben kraft dieses unlöslichen Zusammenhangs als ein notwendiges Moment für die Anschauung selbst; ein Moment, von dem sich zwar vorübergehend aus methodischen Rücksichten abstrahieren läßt, das aber, sachlich betrachtet, eine positive und unumgängliche Bedingung für die Setzung der räumlichen und zeitlichen Ordnung selber darstellt.« (S. 695)[7]

Die beiden Charaktere der Form als durcheinander vermittelte sind in Sinnlichkeit und Verstand angezeigt: Die formalen Bedingungen des Erkenntnisver-

---

Materie der sinnlichen Erkenntnis nennen. Daher enthält reine Anschauung lediglich die Form, unter welcher etwas angeschaut wird, und reiner Begriff allein die Form des Denkens eines Gegenstandes überhaupt. Nur allein reine Anschauungen oder Begriffe sind a priori möglich, empirische nur a posteriori.« (KW, Bd. III, S. 97 [B 74 f.; A 50 f.])

4 Ebd., S. 98 (B 75; A 51).

5 Ebd., S. 253 (B 273; A 225).

6 »Wir müssen aber empirische Gesetze der Natur, die jederzeit besondere Wahrnehmungen voraussetzen, von den reinen, oder allgemeinen Naturgesetzen, welche, ohne daß besondere Wahrnehmungen zum Grunde liegen, bloß die Bedingungen ihrer notwendigen Vereinigung in einer Erfahrung enthalten, unterscheiden, und in Ansehung der letztern ist Natur und *mögliche Erfahrung* ganz und gar einerlei, und, da in dieser die Gesetzmäßigkeit auf der notwendigen Verknüpfung der Erscheinungen in einer Erfahrung (ohne welche wir ganz und gar keinen Gegenstand der Sinnenwelt erkennen können), mithin auf den ursprünglichen Gesetzen des Verstandes beruht, so klingt es zwar anfangs befremdlich, ist aber nichts desto weniger gewiß, wenn ich in Ansehung der letztern sage: *der Verstand schöpft seine Gesetze* (a priori) *nicht aus der Natur, sondern schreibt sie dieser vor.*« (KW, Bd. V, S. 189 [A 113])

7 Cassirer, Das Erkenntnisproblem, a.a.O. (s. Anm. 1), S. 695.

mögens, Raum und Zeit und die Kategorien, sind zugleich rein und als Form von etwas funktionell auf das Geformte bezogen.

Wenn sich die Formen aber von der Gebundenheit an die Materie lösen und ihrer inneren Notwendigkeit nach sich aus sich selbst entrollen, Vernunft werden, vom Bedingten des in der Sinnlichkeit Gegebenen zum Unbedingten fortschreiten, zeigt sich erst recht ihr Dualismus. Einerseits entspricht ihnen nichts mehr in der Anschauung, sie sind an sich, entwerfen Vorstellungen wie Freiheit, Gott und Unsterblichkeit. Als synthetische Urteile aus reinen Begriffen sind sie in sich widerspruchslos, nur mit der Einschränkung, daß sie mit anderen kontradiktorischen Prämissen konfrontiert werden können. Und das verweist auf die andere Seite des Kantischen Ansatzes, die Form zu bestimmen. Die sich verselbständigenden Formen geraten, die Anschauung hinter sich lassend, in unauflösbare Widersprüche, können ihre Freiheit nicht nutzen zu konstitutiven Erkenntnissen, sondern lediglich zu regulativem Gebrauch, Ordnung in den Verstand zu bringen. Die zu Beginn der transzendentalen Dialektik erhobene Frage: »Kann man die Vernunft isolieren, und ist sie alsdann noch ein eigener Quell von Begriffen und Urteilen, die lediglich aus ihr entspringen, und dadurch sie sich auf Gegenstände bezieht ...?« (B 362),[8] ist negativ beantwortet. Zwar gehen die Formen mit Notwendigkeit über das Materielle hinaus, schlagen aber um in unvermeidliche Illusion, das Subjektive für das Objektive haltend, den Gedanken für die Sache selber, [und] bestätigen so indirekt, daß sie doch – wenn es auf Erkenntnis der Wirklichkeit ankommt – auf das Materielle angewiesen sind, daß sie doch Formen von etwas sind. Das Kantische Problem, in welcher Weise die Synthesis von Form und Stoff vorzustellen sei, zeigt sich bereits bei Aristoteles. Aristoteles unternimmt es in der Metaphysik, die platonischen Ideen so zu behandeln, daß die Materie als Potenz, als etwas, was final auf die Form hin geordnet ist, erscheint.[9]

---

[8] »Kann man die Vernunft isolieren, und ist sie alsdann noch ein eigener Quell von Begriffen und Urteilen, die lediglich aus ihr entspringen, und dadurch sie sich auf Gegenstände bezieht, oder ist sie ein bloß subalternes Vermögen, gegebenen Erkenntnissen eine gewisse Form zu geben, welche logisch heißt, und wodurch die Verstandeserkenntnisse nur einander und niedrige Regeln andern hohem (deren Bedingung die Bedingung der ersteren in ihrer Sphäre befaßt) untergeordnet werden, so viel sich durch die Vergleichung derselben will bewerkstelligen lassen?« (KW, Bd. III, S. 318 [B 362; A 305])

[9] Bei Aristoteles heißt es: »weder die Materie entsteht noch die Form, ich meine nämlich die letzte Materie und die letzte Form. Denn bei jeder Veränderung verändert sich etwas und durch etwas und in etwas. Dasjenige, wodurch es sich verändert, ist das erste Bewegende; das, was sich verändert, ist der Stoff; das, worin es sich verändert, ist die Form. Man müßte also ins Unendliche fortschreiten, wenn nicht nur das Erz rund würde, sondern auch das Runde und das Erz würde.« (Aristoteles, Metaphysik, nach der Übers. von Hermann Bonitz bearb. von Horst Seidl, in: Aristoteles, Philosophische Schriften in sechs Bänden, Bd. 5, Hamburg 1995, S. 249 [1069a f.])

Die Formen wiederum sind funktionell dem Material zugeordnet: analog zur Kantischen Transzendentalphilosophie. Während in ihr jedoch die ursprüngliche Einheit der Apperzeption die Synthesis stiftet, bewirkt sie in der Aristotelischen Metaphysik der göttliche nous.[10] Dadurch, daß Aristoteles die platonischen Ideen als das Wahre voraussetzt, erhebt sich bei ihm kein Zweifel an der Möglichkeit der Metaphysik, der gerade für Kant bezeichnend ist.

So heißt bereits der erste Satz in der Vorrede der ersten Ausgabe der »Kritik der reinen Vernunft«: »Die menschliche Vernunft hat das besondere Schicksal in einer Gattung ihrer Erkenntnisse (der Metaphysik): daß sie durch Fragen belästigt wird, die sie nicht abweisen kann, denn sie sind ihr durch die Natur der Vernunft selbst aufgegeben, die sie aber auch nicht beantworten kann, denn sie übersteigen alles Vermögen der menschlichen Vernunft.«[11] Diese Fragen, die von ihren Antworten abgeschnitten sind, notwendig aber von der Subjektivität aus sich heraus gestellt werden, sind Formen, die, indem sie sich radikal von dem Materiellen der Anschauung trennen, selbst Inhalt werden müßten, um beantwortet werden zu können. Und es kommt nicht nur zur Präzision der Fragen, es kommt sogar zu Antworten, deren jede sich allerdings mit ihrer gleichfalls als Antwort gegebenen Antithese antinomisch vereint findet. Bedarf es hier vielleicht lediglich noch der Vermittlung, um Inhalt denken zu können? – Je mehr Kant die Form isoliert, je mehr er sie über die Sinnlichkeit hinaustreiben läßt in ihre Entfaltung – und sei's die von Widersprüchen –, um nachzuweisen, daß sie denn doch auf die Materie der Anschauung bezogen bleiben muß, verleiht er ihr gegen seinen Willen Substantialität. Er macht sie zum Inhalt. Form ist so sehr Form von etwas, daß sie dort, wo sie getrennt wird vom »Etwas«, und diese Trennung liegt als Tendenz in ihr, aus sich heraus Inhalt erzeugt. Daraus haben die Idealisten die Konsequenz gezogen. Die Form wird bei ihnen zum Inbegriff allen Inhalts. Hier liegt ernste Dialektik vor. Genau das, wodurch Kant die Grenze setzt, nämlich die Trennung von Intelligiblem und Sinnlichem, führt zum Überschreiten der Grenze. Die abgelöste Form wird verdinglicht, positiv und schlägt in Metaphysik um. Sie wird zu jener Metaphysik erhoben, die ausgerottet werden soll. Die Abdrosselung der Kontamination führt zum Befürchteten, so daß Kant selbst die spätere Entwicklung inauguriert.

Der Gedanke, daß kein Stoff ohne Form und auch keine Form ohne Stoff denkbar sei – methexis nicht ohne das Teilhabende, energeia nicht ohne die dynamis – führt weiter eingedenk dessen, daß beide Sätze nicht auf einer Ebene stehen, denn die Verbegrifflichung des Stofflichen ist schon eine Verfehlung ge-

---

10 Vgl. »Buch XII«, ebd., S. 247–267 (1069a–1076a).
11 KW, Bd. III, S. 11 (A VII).

genüber dem Stoff, führt weiter zu der Frage, ob auch die mit dem Stoff vereinigte Form, die Form von etwas, einer solchen Dialektik unterworfen sei wie die Form an sich, oder ob sie beim Stoff zur Ruhe komme. Nämlich gerade dadurch, daß Form Form von etwas ist, wird sie von dem »Etwas« unterschieden. Sie ist nicht mit dem »Etwas« solche Synthesis eingegangen, daß man von ihr als Gesonderter nicht sprechen könnte. Das bedeutet ihre Isolierung.

So ergeben sich für beide Charaktere der Form eigene Prozesse, die sich aber in der »Kritik der reinen Vernunft« zu einem schließen.

Die mit dem Stoff verbundene Form, funktionell bezogen auf jenen, ist – gemäß der Formulierung – Form von etwas, somit vom »Etwas« unterschieden und in die Selbständigkeit hineingetrieben. Als selbständige, als Form an sich, wird sie hypostasiert, sie wird ihr eigener Inhalt.

Die zwiefache Fassung der Form, die diese Entwicklung veranlaßt, motiviert zugleich die zwei entscheidenden Momente in der »Kritik der reinen Vernunft«: das erkenntniskritische und das antimetaphysische. Die Bestimmung der Form als an sich hat allein methodischen Grund, erkenntniskritisch die Form vom Inhalt zu unterscheiden, während es die Intention Kants ist, die Form als Form von etwas zu etablieren, entsprechend seinem Grundsatz: »Alle Erkenntnis von Dingen, aus bloßem reinen Verstande, oder der Vernunft, ist nichts als lauter Schein, und nur in der Erfahrung ist Wahrheit.« (Prolegomena A 205)[12]

---

12 »Der Grundsatz, der meinen Idealism durchgängig regiert und bestimmt, ist dagegen: ›Alles Erkenntnis von Dingen, aus bloßem reinen Verstande, oder reiner Vernunft, ist nichts als lauter Schein, und nur in der Erfahrung ist Wahrheit‹.« (KW, Bd. V, S. 253 [A 205])

394 Klaus Hofmann, 15. Juli 1965

Klaus Hofmann
Darmstadt-Arheilgen

> Protokoll der Sitzung des Philosophischen
> Hauptseminars vom 15. Juli 1965

Der Konfrontation der Kantischen Ideenlehre mit der des Platon im Referat des Herrn Markis[13] ging anläßlich des Protokolls der vorigen Sitzung[14] eine andere Gegenüberstellung voraus: Wie sich die Begriffe Möglichkeit und Wirklichkeit bei Kant resp. bei Aristoteles zueinander verhielten. »Die Kopernikanische Wendung Kants behauptet gegenüber dem Aristotelismus, der die Möglichkeit hinter der Wirklichkeit zurücktreten läßt, in Gestalt der subjektiven Konstitution von Objektivität den Primat des Möglichen.« (Protokoll von Frl. Thyssen) Zu dieser Feststellung läßt sich bedenken, ob Potenz und Akt dem Begriffspaar Möglichkeit/Wirklichkeit genau korrespondieren. Visiert doch »actus« gerade das Formelement an, das für Kant die Möglichkeit eines Dinges ausmacht, während »potentia« die Seite des Materials, die Erfüllbarkeit durch Erfahrung vermeint, die dem Möglichen die Wirklichkeit verleiht. Insofern ist ein Primat des Möglichen durchaus traditionell. Zum andern gilt der Primat des Möglichen bei Kant nicht uneingeschränkt. Die Vernunftbegriffe gelten nicht auf Grund ihrer bloßen Möglichkeit, sondern auf Grund ihrer Notwendigkeit, in der sie eine subjektive (transzendentale) Wirklichkeit haben. Ihr Mangel an objektiver Realität wird dabei ausdrücklich betont, und daß sie in dieser Hinsicht »*nur* eine Idee« genannt werden können,[15] darf wohl als Einschränkung, zumindest Abgrenzung des Primats verstanden werden. So wird denn auch die rationale Psychologie, die sich

---

13 Dimitrios Markis, »Platon und die Kantische Ideenlehre«, Archivzentrum Na 1, 897.
14 Das entsprechende Protokoll, verfasst von Stefanie Thyssen, wurde nicht aufgefunden.
15 »Wenn man eine Idee nennt: so sagt man dem Objekt nach (als von einem Gegenstande des reinen Verstandes) *sehr viel*, dem Subjekte nach aber (d. i. in Ansehung seiner Wirklichkeit unter empirischer Bedingung) eben darum *sehr wenig*, weil sie, als der Begriff eines Maximum, in concreto niemals kongruent kann gegeben werden. Weil nun das letztere im bloß spekulativen Gebrauch der Vernunft eigentlich die ganze Absicht ist, und die Annäherung zu einem Begriffe, der aber in der Ausübung doch niemals erreicht wird, eben so viel ist, als ob der Begriff ganz und gar verfehlt würde: so heißt es von einem dergleichen Begriffe: er ist *nur* eine Idee.« (KW, Bd. III, S. 331 [B 384; A 327 f.])

auf die Idee der absoluten Einheit des denkenden Subjekts gründen will, als ein Gebäude von Paralogismen kritisiert. Als Gegenstand der Erkenntnis ist die Seele Phänomen unter anderen. Das Subjekt an sich entgleitet dem Zugriff des Erkennens allemal, ist, sobald es Gegenstand der Erkenntnis wird, eben dies, Gegenstand, und somit auf die Objektseite umgesprungen. Freilich ist die Selbstgegebenheit des Ich im inneren Sinn qualitativ verschieden von der Erfahrung des äußeren Sinnes. Schopenhauer nahm diese Verschiedenheit der Erfahrung des Selbst zum Ansatzpunkt seiner Spekulation auf An-sich-Seiendes in der Motivation des Willens.[16]

Das Referat von Herrn Markis führte weiter in die Problematik ein, die mit der Kantischen Differenzierung von Verstandes- und Vernunftbegriffen gegeben ist, um die Kantische Ideenlehre im Hinblick auf die des Platon zu erläutern.

Daß die besagte Differenzierung nicht als Trennung von Verstand und Vernunft in völlig verschiedene Fakultäten mißzuverstehen ist, erhellt der Hinblick auf die Ableitung der Vernunftbegriffe aus den nach Urteilsrelationen klassifizierten Schlußverfahren, die über die Erfahrung hinausführen. Verstand und Vernunft sind im Ursprung eines: Vernunft im Sinne des widerspruchsfreien Denkens. Ihre Einheit ist vorgegeben; zu fragen ist eher, wie es zur Differenzierung kommen kann. (Theoretische/praktische Vernunft, Verstand/Vernunft.) Der Idealismus hat denn diese Trennungen auch als äußerlich, als Entäußerungen der Vernunft verstanden, die in der Selbstreflexion ihre Einheit wieder herstellen müsse.

Es ist gerade im Hinblick auf diese Einheitlichkeit der Vernunft fraglich, ob die Vernunftbegriffe ›abstrakter‹ zu nennen seien als die Kategorien. Treten doch gerade letztere dem sinnlich Gegebenen völlig abstrakt entgegen, wohingegen sich die reine Vernunft »niemals geradezu auf Gegenstände, sondern auf die Verstandesbegriffe von denselben« (A 335)[17] bezieht, also immerhin auf ihresgleichen trifft. Nach der ersten unvermittelten Hinwendung zur Sinnlichkeit, die die Vernunft als Verstand vollzog, hat sie es nunmehr in einer Synthesis gleichsam zweiter Stufe nicht mehr mit Heterogenem zu tun, sondern findet dieses kategorial vermittelt vor. Ihre Tätigkeit ist weder abstrakt im Sinne einer Fremdheit gegenüber dem Vorwurf, noch ist sie abstrakt im Sinne einer isolierten Beschäftigung der Vernunft mit sich selbst. Handelt es sich doch bei ihrem Vorwurf um Verstandesbegriffe *von Gegenständen*. Wenn sie auch an den Gegenständen selbst

---

16 Vgl. § 26 in Arthur Schopenhauer, Die Welt als Wille und Vorstellung. Erster Band. Vier Bücher, nebst einem Anhange, der die Kritik der Kantischen Philosophie enthält [1819], in: Arthur Schopenhauers Werke in fünf Bänden, hrsg. von Ludger Lütkehaus, Bd. I, Zürich 1988, S. 187–198.
17 »Denn die reine Vernunft bezieht sich niemals geradezu auf Gegenstände, sondern auf die Verstandesbegriffe von denselben.« (KW, Bd. III, S. 336 [B 392; A 335])

nichts erkennt, so leitet sie doch die Erkenntnis derselben durch den Verstand, antizipiert oder verheißt zumindest die Koinzidenz von Sinnlichkeit und Vernunft und ist somit konkreter als der Verstand, der der Sinnlichkeit unmittelbar – und deshalb abstrakt – entgegentritt.

Das Insistieren auf der letztlichen Einheitlichkeit der Vernunft in all ihren Funktionen hat Kant freilich zu allzu abrupten Rückgriffen auf die als formallogisch verstandene Urnatur der Vernunft verleitet. Nur so ist die formalistische Verwendung der drei Schlußverfahren als Ableitungsgrund der Ideen zu erklären. Gerade wo Kant der formalen Logik entkommen will, muß er sich an sie halten und gibt zu erkennen, daß die transzendentale Logik die ins Subjekt eingebrachte formale ist. Eine Kritik der formalen Logik, wie sie Hegel vom Stande seiner Dialektik aus unternimmt, kann Kant nicht üben.

Das Motiv der vergeblichen Flucht vor einem laut Programm zurückgelassenen Denken findet sich in anderem Zusammenhang bei Platon,[18] dessen Ideenwelt noch sehr der Mythologie verhaftet ist. Allerdings ist es unbillig, weil unhistorisch, Platon das Versäumnis einer dialektischen Vermittlung von Idee und Phänomen vorzuwerfen. Nicht einmal die Voraussetzung, nämlich die Heterogenität von Phänomenon und Noumenon, ist bei Platon deutlich entwickelt. Vielmehr ist dieser Dualismus, zu dessen Versöhnung der spätere Idealismus sich anschickt, geradezu unplatonisch. Das Phänomen ist für Platon nichts, sofern es nicht an der Idee partizipiert, und die Ideen ihrerseits sind nicht das, was Nietzsche generalisierend als »Hinterwelt« bezeichnet.[19] (Erst recht ist der Aristotelischen Philosophie eine Trennung von phänomenaler und noumenaler Sphäre fremd; Gattungs- und Artbegriffe machen da die Qualität von Dingen aus, die wiederum Anlaß ihrer Ableitung sind.)

Die Platonische Dialektik kann zunächst eine Vermittlung von Idee und Sinnlichkeit deshalb nicht als ihre Aufgabe sehen, weil sie eigentlich nichts als Organon, Methode der Begriffsbildung sein will. Ihr Vorhaben ist ein Aufsteigen zu Begriffen und deren Distinktion gemäß der Natur des Gegenstandes. Die Platonischen Ideen sind denn auch größtenteils Allgemeinbegriffe, den Kantischen Kategorien, wenn nicht gar empirischen Begriffen, eher als Kantischen Ideen zu vergleichen. In beiden Systemen, dem Kantischen wie dem Platonischen, wird die Abhängigkeit der Ideen, d.h. der Verstandesbegriffe, von der Sinnlichkeit zur Bedingung der Erkenntnis gemacht, wenn diese Beziehung auch grundverschie-

---

18 Vgl. die ungelösten Widersprüche der Ideenlehre, wie sie in Platons »Parmenides« Thema sind; vgl. Platon, Parmenides, in: Platon, Sämtliche Werke, hrsg. von Ursula Wolf, Bd. 3, übers. von Friedrich Schleiermacher, Reinbek bei Hamburg 1994 (Rowohlts Enzyklopädie; 563), S. 91–146; hier: S. 96–106 (127d–135c).
19 Vgl. den Abschnitt »Von den Hinterweltlern«, NW, Bd. 4, S. 35–38.

den gestaltet ist; den Platonischen Ideen ist die Affinität zur Sinnlichkeit aus der Ableitung her gegeben, während den Kantischen Kategorien eine Erfüllung durch Erfahrung zur Auflage gemacht wird.

Die Idee nach Kantischer Terminologie kennt Platon im Rahmen der praktischen Philosophie; wie Kant beansprucht er hier für die Idee Unabhängigkeit von den Gegebenheiten sinnlichen Materials. – Damit ist erinnert, daß Platons Ideenlehre sich nicht in der Entwicklung und Aufstellung von Allgemeinbegriffen erschöpft. Platons Dialektik ist zunächst, aber nicht nur, Abstraktionstheorie.[20] Es ist schließlich im Fortschreiten seiner metaphysischen Theorie ein qualitativer Sprung zu beobachten, nach welchem die Ideen nicht mehr Abstraktionsprodukte, sondern an sich seiende ontologische Konzeptionen sind. Nach diesem Sprung tritt nun das Bedürfnis nach Vermittlung auf, doch wird sie von Platon nicht unternommen, wenigstens nicht im philosophischen Begriff. Mythische Mittlerkonzepte wie Enthusiasmus oder Anamnesis verdecken die Notwendigkeit einer Vermittlung eher, als sie diese durchführten.[21] Ein radikales Auseinandertreten von phänomenaler und noumenaler Welt wird in der unproblematischen Behauptung der Methexis vermieden.[22] Der Chorismos bleibt ungeheilt, weil er gar nicht erst aufbrechen darf.

---

20 In seiner Vorlesung zur *Einführung in die Dialektik*, gehalten im Sommersemester 1958, bemerkt Adorno: *Bei Platon heißt Dialektik, der philosophische Gedanke lebt nicht so weiter, wie er an Ort und Stelle steht, sondern er lebt in einer Weise weiter, daß er unser Bewußtsein, ohne daß wir es realisieren, formt. Platonische Dialektik ist die Lehre, die Begriffe richtig zu ordnen, aufzusteigen vom Konkreten zum Allerhöchsten und Allgemeinen. Die Ideen sind zunächst nichts anderes als die obersten Allgemeinbegriffe, zu denen das Denken sich erhebt. Auf der anderen Seite bedeutet Dialektik auch wieder, daß man die Begriffe von oben her in der richtigen Weise unterteilt.* (NaS, Bd. IV·2, S. 9f.)
21 Vgl. den Abschnitt »Beginn der zweiten Rede des Sokrates. Drei Arten göttlichen Wahnsinns als Urheber größter Güter«, in: Platon, Phaidros, in: Platon, Sämtliche Werke, a.a.O. (s. Anm. 18), Bd. 2, übers. von Friedrich Schleiermacher, Reinbek bei Hamburg 1994 (Rowohlts Enzyklopädie; 562), S. 539–609; hier: S. 564f. (244a–245a), sowie den Abschnitt »Begriff der Wiedererinnerung«, in: Platon, Phaidon, ebd., S. 103–184; hier: S. 128f. (72e–73e).
22 Zum Konzept des Teilhabeverhältnisses der Dinge an den Ideen vgl. etwa ebd., S. 162f. (100b–101b).

395 Friedhelm Herborth, 22. Juli 1965

Friedhelm Herborth

Protokoll des Philosophischen Hauptseminars vom 22. Juli 1965

In der Kantischen wie in der Platonischen Philosophie sind es die Ideen, welche letztlich Verbindlichkeit von Erkenntnis, Wahrheit, verbürgen sollen. Doch ist die Stiftung von Objektivität in beiden Philosophien entgegengesetzt gedacht: Die Ideen Kants entspringen aus der Vernunft, »von ihnen ist keine objektive Deduktion möglich«, aber es kann »eine subjektive Ableitung derselben aus der Natur unserer Vernunft« (Kritik der reinen Vernunft, A 336) unternommen werden.[23] (Kants Subjektivismus zeigt sich hier insofern als extremer Realismus, als er von einer Gegebenheit des Materials und auch der Formen der Erkenntnis spricht.)

Die Ideen Platons haben ontologische Bedeutung. Wohl haben sie im Fortgang der Platonischen Dialektik als einer Methode der Begriffsbestimmung zunächst den Charakter von Reflexionsbegriffen. Aber sie entsprechen nicht den Kategorien Kants – welche die Funktion der Akzidenzien erfüllen, die bei Aristoteles die εἴδη bestimmten,[24] bei Kant eine entqualifizierte Materie formen[25] – da sie durch das Prädikat der Absolutheit, das auch Kant in der Schicht der Ideenlehre den Vernunftbegriffen zuerkennt, ein An-sich-Sein gewinnen;[26] wobei die entscheidende Differenz darin liegt, daß bei Platon die Grenze zwischen einer Abstraktion als Produkt der Subjektivität und einer absoluten Objektivität besitzenden Idee im Ernst nicht problematisch wird, indem die Resultate der vergessenen menschlichen Abstraktion als unmittelbare objektive Wesenheiten erscheinen.

---

[23] »Von diesen transzendentalen Ideen ist eigentlich keine *objektive Deduktion* möglich, so wie wir sie von den Kategorien liefern konnten. Denn in der Tat haben sie keine Beziehung auf irgend ein Objekt, was ihnen kongruent gegeben werden könnte, eben darum, weil sie nur Ideen sind. Aber eine subjektive Anleitung derselben aus der Natur unserer Vernunft konnten wir unternehmen, und die ist im gegenwärtigen Hauptstücke auch geleistet worden.« (KW, Bd. III, S. 337 [B 393; A 336])

[24] Vgl. Aristoteles, Kategorien, übers. von Eugen Rolfes, in: Aristoteles, Philosophische Schriften in sechs Bänden, Bd. 1, Hamburg 1995, S. 1–42; hier: S. 3–10 (2a–4b).

[25] Vgl. den Abschnitt »Von den reinen Verstandesbegriffen oder Kategorien«, KW, Bd. III, S. 116–125 (B 102–116; A 76–83).

[26] Vgl. ebd., S. 329f. (B 380–382; A 324–326).

Platon gelangt durch vergleichende Abstraktion zum Allgemeinen, das er dann als das Wesen dessen hinstellt, woraus es resultiert. Der Bruch zwischen Abstraktion und dem, wovon abstrahiert wird, zwischen der Methode, welche erst zu den Ideen führen soll, und der Sache, deren Erkenntnis die Ideen schon voraussetzt, zu welchem Bruch diese Abtrennung der Genesis des Allgemeinen führt, ist der systematische Ort für den Platonischen Enthusiasmos. Die Aporie, daß Begriffe nicht allein durch Begriffe zu bestimmen sind, zwingt zu dem qualitativen Sprung vom Denken zur Schau eines unmittelbaren Seins. Die Ideen, die ein Anderes als Denken sind, können nur geschaut werden. Zwischen ihrem An-sich-Sein und ihrer quasi sinnlichen Gegebenheit besteht ein logischer Zusammenhang. (In allen Philosophien, in denen Ideen hypostasiert werden, spielt das Moment der unmittelbaren Anschauung von Wesenheiten eine entscheidende Rolle.)

Kants Ideen stehen als die höchsten Produkte der Vernunft selber dieser nicht dogmatisch als ein Fremdes gegenüber. Wie kann aber diesen Ideen, die doch der Subjektivität angehören, Transzendenz zugesprochen werden? Die Autorität der Idee über die Erkenntnis steht in Frage, weil diese Autorität die Idee der Erkenntnis selber ist. Die Subjektivität wird somit zum alleinigen Garanten von Objektivität; das Denken wird zum Kriterium seiner selbst, wird, nur sich selber denkend, sich selbst zur Wahrheit.

Auch bei Platon besitzen die Ideen Autorität gegenüber den Einzelding. Aber in seinem System ist Wahrheit nicht auf Subjektivität reduzibel. Indem er der Kontinuität der Vernunft nicht entspricht, sondern Nichtidentität setzt, gibt er der Idee gegenüber der Vernunft jenes Moment von Objektivität, das sie bei Kant nicht hat. Das Setzen von Nichtidentität ist nur dogmatisch möglich, aber es ist die einzige Möglichkeit, der Idee ein Moment zu verleihen, das sie von der Subjektivität unterscheidet. Die so unmittelbar gesetzte Wahrheit führt aus dem Kreislauf subjektiver Tautologien heraus, doch nur um den Preis, daß der Weg zu ihr irrational, sie selber, das An-sich, heteronom wird. Einzig dieser Sprung vom Denken zum Sein aber kann das »Andere«, das nicht Denken ist, retten.

Das Problem der Vermittlung von Denken und Sein ist nicht durch die Entscheidung für die Position Kants oder diejenige Platons, für ein Extrem der Alternative: Nominalismus–Realismus zu lösen, welche Extreme insofern identisch sind, als in beiden Geist absolut gesetzt ist. Statt einer Deduktion des Nicht-Geistigen aus Geist kann immer nur verwiesen werden auf das, was deduziert werden soll. Auch der Versuch des Hegelschen Idealismus, die Voraussetzungen des Denkens zu seiner eigenen Setzung zu machen, kann nicht mehr leisten.

Das Denken kann sein fundamentum in re, seine Voraussetzungen, nicht erzeugen, es kann sie nur explizieren, ja, Denken ist nichts anderes als die Explikation seiner Voraussetzungen, in welcher fortschreitend beide, Denken und sein Gegenstand, sich in bestimmter Weise formieren. Es kann das, was es denkt, nicht erst durch einen Mechanismus der Begriffsscheidung produzieren. Der Sprung vom Denken zum Sein ist daher notwendig, solange jene Voraussetzungen, die doch nur vom Denken erfaßt werden können, nicht vollständig bestimmt sind, das absolute Wissen nicht erreicht ist, das die Vermittlung des Einen und des Vielen nicht nur als eine formale im Medium des Gedankens, sondern auch material begriffen hätte.

396 Rainer Habermeier,
29. Juli 1965

Rainer Habermeier
Frankfurt am Main
Am Ameisenberg 18

Prof. Dr. Adorno
Philosophisches
Hauptseminar
Protokoll vom 29. 7. 1965

Gegen den identifizierenden Vergleich der Platonischen Ideen mit den Kantischen Kategorien steht allein schon die unbegrenzte Zahl der Ideen: Jedem Begriff erkennt Plato virtuell die Dignität einer Idee zu; während die Kantischen Kategorien gerade ein Dutzend ausmachen, welche begrenzte Anzahl kategorialer Genesis und zugleich dem Zweck entspringt: transzendental deduziert aus den zwölf Arten logischer Urteile, sollen sie den Kanon der reinen Erkenntnis bilden, eine systematische Ordnung stiften; bei Platon sind nur Spuren legerer Systematik zu finden, erwähnt wird bloß die Spitze einer Ideenhierarchie, Kalokagathia, und ihre untere Grenze im Bereich dessen, was zu trivial ist, um mit einer Deklaration zur herrschaftlichen Idee gewürdigt zu werden.[27] Strenge Formierung des idealen Gewimmels ist für Platon nicht vonnöten, da seine Ideen das eigentlich Reale selbst sind, nicht methodische Verstandesbegriffe zur Erkenntnis des Realen. Eine Kategorienlehre, um ein Organon der Erkenntnis zu statuieren, entsteht nur, wo Denken und sein Gegenstand strikt unterschieden werden, die stets reflektierte Trennung des Subjekts vom Objekt statthat.

Der ontologischen Würde seiner Ideen fällt Platon unbewußt bisweilen selbst in den Rücken: In Partien des Phaidros und [des] Kratylos werden nominalistisch

---

[27] »Und dünkt dich etwas die Ähnlichkeit selbst zu sein, getrennt von jener Ähnlichkeit, die wir an uns haben, und so auch das Eins und das Viele und alles, was du eben vom Zenon gehört hast? – Mich dünkt es, habe Sokrates gesagt. – Auch etwa dergleichen, ein Begriff des Gerechten für sich und des Schönen und Guten, und von allem, was wiederum dieser Art ist? – Ja, habe er gesagt. – Und wie, auch einen Begriff der Menschen, getrennt von uns und allen, welche ebenso sind wie wir, einen Begriff selbst des Menschen oder des Feuers oder des Wassers? – Hierüber, habe er gesagt, bin ich oftmals in Zweifel gewesen, o Parmenides, ob man auch hiervon eben das behaupten soll, wie von jenem, oder etwas anderes. – Etwa auch über solche Dinge, o Sokrates, welche gar lächerlich herauskämen, wie Haare, Kot, Schmutz und was sonst noch recht geringfügig und verächtlich ist, bist du in Zweifel, ob man behaupten solle, daß es auch von jedem unter diesen einen Begriff besonders gebe, und wiederum etwas anderes ist als die Dinge, die wir handhaben, oder ob man es nicht behaupten solle? – Keineswegs, habe Sokrates gesagt, sondern daß diese eben das sind, was wir sehen, und daß zu glauben, es gebe noch einen Begriff von ihnen, doch gar zu wunderlich sein möchte.« (Platon, Parmenides, a.a.O. [s. Anm. 18], S. 99f. [130b–d])

die Ideen als bloße Abstraktionen behandelt;[28] infolge der zwingenden Evidenz, obgleich sonst gegen Angriffe nominalistischer Observanz Platon das ebenso evidente Argument setzt, daß Abstraktion des Einen aus dem Vielen die Kenntnis des Einen, also dessen Existenz, schon supponiere; dennoch vermag er die Amphibolie der Ideen nicht gänzlich zugunsten abstrakter Geltung der Ontologie zu umgehen: Nach der Affirmation, daß in der Sphäre des reinen philosophischen Denkens die Ideen sich als ansichseiend enthüllen, konzediert er, herablassend, der Sphäre der Psychologie, der niederen des gemeinen Denkens, daß Ideen sich auch abstrahieren lassen, aber Insistenz auf solcher Genesis der Idee menschlicher Vergeßlichkeit entspringt.

Gegenüber den imperialen Ideen Platonischer Konzeption laborieren die subjektiven Ideen Kants an ihrer Geltung, ermangeln sie doch gänzlich ontologischer Autorität. Kant heißt sie zwar als Totalität der Bedingungen unbedingt und absolut[*1],[29] sofern ihm aber nicht transzendentale Subreption selbst imputiert werden soll, können seine Ideen nicht absolut, sondern nur Ideen vom Absoluten sein, analog Platonischen Begriffen, die Abbilder realer Ideen vorstellen. Kant vermag nicht den Bereich von Subjektivität zu transzendieren, davon Objektivität nur Funktion bleibt; in dieser Immanenz des Denkens leuchtet noch das alte rationalistische Motiv auf, daß Denken den index veri et falsi in sich trage, aber in kritisch-subjektivistischer Bescheidung: Während Spinoza im Absoluten more geometrico sich einrichtet, indem der chorismos zwischen Immanenz und Transzendenz noch in der Einen Substanz geborgen ist,[30] schrumpft Erkenntnis bei Kant infolge des von ihm endlich aufgewiesenen chorismos auf Subjektivität zusammen.

Die Antilogien der Idee sieht positivistische Kritik heute als erledigt an, zugunsten der nominalistischen Entlarvung; nicht nur die Platonischen Ideen werden als bloße Hypostasis demaskiert, auch Kants Vernunftbegriffe, obgleich ihnen als regulativen schon ein heuristisches Element innewohnt, zum metaphysischen

---

28 Vgl. etwa den Abschnitt »Die zwei Prinzipien des Zusammenfasens und Zerteilens«, in: Platon, Phaidros, a.a.O. (s. Anm. 21), S. 591f. (265c–266b), sowie den Abschnitt »Verfertigung der Wörter im Hinblick auf das, was das Wort in Wahrheit ist«, in: Platon, Kratylos, in: Platon, Sämtliche Werke, a.a.O. (s. Anm. 18), Bd. 3, übers. von Friedrich Schleiermacher, Hieronymus Müller und Friedrich Müller, Reinbek bei Hamburg 1994 (Rowohlts Enzyklopädie; 563), S. 11–89; hier: S. 23f. (389a–390a).
29 Vgl. KW, Bd. III, S. 329f. (B 380–382; A 324f.).
30 Vgl. Spinozas Lehre von der Substanz im ersten Teil der »Ethik« [1677], »Von Gott«, in: Baruch de Spinoza, Ethik in geometrischer Ordnung dargestellt. Lateinisch – Deutsch, in: Baruch de Spinoza, Sämtliche Werke, Bd. 2, hrsg., übers. und eingel. von Wolfgang Bartuschat, 4. Aufl., Hamburg 2015 (Philosophische Bibliothek; 92), S. 5–97.

Gerümpel geworfen. Die Verzweiflung angesichts der absoluten Leere jedoch straft solch aufklärerische Geste Lügen; zumal, was der demonstrierten Absurdität der Ideen Rechnung trägt, auch Heideggers prätentiöse Abstinenz von allen Idealen,[31] in welcher Konformation ans Bestehende er mit dem Positivismus konvergiert, sich jeder kritischen Möglichkeit gegen die Realität entschlägt und in Kapitulation vorm schlechten Seienden mündet. Doch der Restauration der Ideen aus Kantischem Bedürfnis wie aus Interesse der Menschheit an ihrer Anagenesis widersetzt sich die von Nietzsche raffinierte Aufklärung: Der Ideologiekritik hält weder das naive wishful thinking noch die Schelersche Reservation[32] stand. So steht aporetisch das Denken gegen sich, Aufklärung droht sich selbst zu liquidieren. Die Aporie löst sich aber als nur scheinbare in der Selbstreflexion.

Die massive Identität der Idee ist aufzulösen in Vielheit; ihre Invarianz ist nur historisch, entstanden im Zuge des 18. Jahrhunderts aus Interesse des Bürgertums, seiner Emanzipation einen metaphysischen Stoßkeil zu schaffen. Durch die hypostasierte Abstraktion war das Telos, die ganze Freiheit, dem Schlund ökonomischer Unfreiheit entrissen; Hegel ahnt diesen ideologischen Akt des Interesses, wenn er die Ideen der Französischen Revolution als »französische Abstraktionen« verspottet.[33]

Die Erlösung der Idee aus gesetzter Invarianz zur Vielheit einzelner Begriffe versteht sich als Schritt zur Realisation, in der bestimmten Negation blitzt die abwesende Idee auf: Die Hegelsche Konfrontation von Begriff und gemeintem Gegenstand, die Dialektik schlechthin, enthüllt Diskrepanz, den Hohlraum der

---

31 In »Sein und Zeit« [1927] etwa äußert Heidegger: »Die Behauptung ›ewiger Wahrheiten‹, ebenso wie die Vermengung der phänomenal gegründeten ›Idealität‹ des Daseins mit einem idealisierten absoluten Subjekt gehören zu den längst noch nicht radikal ausgetriebenen Resten von christlicher Theologie innerhalb der philosophischen Problematik.« (Martin Heidegger, Sein und Zeit, 9. Aufl., Tübingen 1960, S. 229)

32 So spricht Scheler etwa in seiner Schrift »Vom Ewigen im Menschen« [1921] davon, dieser Titel solle »andeuten, daß der Verfasser aufrichtig bemüht ist, seinen geistigen Blick zu erheben über die Stürme und Gischte dieser Zeit – in eine reinere Atmosphäre, und ihn zu richten auf das im Menschen, wodurch er Mensch ist, d. h. wodurch er am Ewigen teil hat.« (Max Scheler, Vom Ewigen im Menschen, 4. Aufl., in: Max Scheler Gesammelte Werke, Bd. 5, hrsg. von Maria Scheler, Bern 1954, S. 7)

33 In seiner Schrift »Über die englische Reformbill« [1831] schreibt Hegel: »Weil es in England nicht der Fall sein kann, daß diese Grundsätze [scil. Ideen, welche die Grundlagen einer reellen Freiheit ausmachen] von der Regierungsgewalt, die bis jetzt in den Händen jener privilegierten Klasse ist, aufgenommen und von ihr aus verwirklicht werden, so würden die Männer derselben nur als Opposition gegen die Regierung, gegen die bestehende Ordnung der Dinge und die Grundsätze selbst nicht in ihrer konkreten praktischen Wahrheit und Anwendung wie in Deutschland, sondern in der gefährlichen Gestalt der französischen Abstraktion eintreten müssen.« (HW, Bd. 11, S. 122)

Nichtidentität zwischen Subjekt und Objekt als idealen Ort. Immanente Kritik ist die Gestalt des Bewußtseins, darin Ideen sich negativ konkretisieren, durch Insistenz auf dem ideologischen Anspruch des Seienden, schon das Wahre, d. h. seinem Begriff gerecht zu sein. Im intransigenten Feststellen der Nichtidentität überlebt die zu realisierende Idee, aber nicht den Übergang der Negation der Negation in Affirmation, als positive Identität traditionellen Schlages; über ihrer positiven Konfiguration hängt wie überm jüdischen Absoluten ein Bilderverbot. Utopisches Denken muß den Zwang der Verhältnisse und deren Schleier, was Konstruktives zu leisten, strikt mißachten: Solche Mißachtung macht seine Freiheit aus.

Daß schon Nichtidentität des Denkens mit seinem Objekt den Impetus zur Idee verursache, rührt aus der Genealogie des Denkens selbst her; wie das sublimste, Philosophie, aus einem »Bewußtsein von Nöten« entspringt,[34] so das erste roheste Denken dem Zwang der Naturgewalt: Um deren drohenden Empiremen standzuhalten, erhebt sich das Bewußtsein zum Subjekt und, indem es Natur das Netz beherrschender Abstraktion überwirft, transzendiert es das Seiende. Denken ist von jeher Transzendieren der bloßen Fakten. Hegel zufolge verhält sich jedoch auch jedes praktische Bewußtsein zur Realität als Idealismus. Ins Auge springt die Verschwisterung von Denken und Praxis, beide transzendieren Realität; im Schwung ihrer Bewegung übers Faktische hinaus lebt die Idee. Nach Kant sind im kategorialen Apparat der Erkenntnis die Ideen notwendig angelegt; solche Anlage verheißt, daß in den Mechanismen der Naturbeherrschung, sofern sich diese ihrer innewird, das Ende der Naturbeherrschung als blinder steckt.

[*1] Kant, Kritik der reinen Vernunft, A[35] 324f.

---

34 In seiner Schrift über *Engagement* [1962] schreibt Adorno: *Aber jenes Leiden, nach Hegels Wort das Bewußtsein von Nöten, erheischt auch die Fortdauer von Kunst, die es verbietet; kaum wo anders findet das Leiden noch seine eigene Stimme, den Trost, der es nicht sogleich verriete.* (GS, Bd. 11, S. 423) – Auf das Mißverständnis, das Adorno zu dieser irrigen Lesart Hegels verführt, macht Jürgen Trabant, »Bewußtseyn von Nöthen«. Philologische Notiz zum Fortleben der Kunst in Adornos ästhetischer Theorie, in: Text+Kritik. Zeitschrift für Literatur, Sonderheft »Theodor W. Adorno«, 2. Aufl. 1983, S. 130–135, aufmerksam.
35 Vgl. Immanuel Kant, Critik der reinen Vernunft, Riga 1781.

Wintersemester 1965/66:
Negation bei Hegel

Philosophisches Hauptseminar mit Max Horkheimer

In diesem Semester hält Adorno zudem die philosophische Vorlesung »Negative Dialektik« und gibt das soziologische Hauptseminar »Zum Begriff der Gesellschaft« sowie ergänzende Übungen zum soziologischen Hauptseminar

Das Seminar findet donnerstags von 18 bis 20 Uhr statt

397–408 Archivzentrum Na 1, 899

397 Gisela von Wysocki, 18. November 1965

|Gisela v. Wysocki

Protokoll des philosophischen Hauptseminars vom 18. November 1965

(Prof. Adorno und Prof. Horkheimer)|

Die vergangene Seminarsitzung bestimmte den Begriff der Negation und kann als Einleitung in das uns beschäftigende Thema dieses Seminars gelten. Dabei zeigte es sich, daß die adäquate Darstellung dessen, was bei *Hegel* Negation heißt, nur gelingen kann, wenn sie das formallogische Verfahren der traditionellen Philosophie in sich aufnimmt, sei es auch nur, um die Differenz zu ihm aufzudecken, die eine konstituierende ist.

Negation in der aristotelischen Logik meinte eine Form des Urteilens, bei der ein wie immer gesetzter Sachverhalt A durch die Hinzufügung eines B nicht näher bestimmt wird und sich damit, als bloße Reflexionsform, nicht synthetisch verhält. So ist die der formalen Logik entstammende Figur, in der die Negation der Negation zur Position führte, möglich, weil sich Subjekt und Prädikat dieses Schlusses unverbunden, gleichsam bei sich selber bleibend, nur durch den formallogischen Akt zusammenzwingen lassen.

Auch die anderen Strukturen der traditionellen Logik, etwa der Beweis, daß von zwei kontradiktorischen Aussagen nur eine richtig sein kann, sind auf den Satz der Identität rückführbar. Das ihm inhärierende Postulat des zu vermeidenden Widerspruchs ist in der Hegelschen Logik nicht ebenso erhoben: Es ist ihr wesentlich, daß Negation der Negation nicht einfach Rückkehr zur Position bedeutet, sondern Affirmation – Position und Affirmation sind um eine Differenz verschieden. In der traditionellen Logik nämlich kann davon ausgegangen werden, daß, wenn auch nicht inhaltlich, so doch formal, non-A dasselbe bedeute wie A; der formallogische Akt hinterläßt seine Glieder als bloße Resultate, obwohl der fortgeschrittene Positivismus versuchte, vom abstrakt formalen Schema Identität–Nicht-Identität loszukommen. In den Variablen einer Funktion soll das Moment der Einheit in der Abfolge wechselnder Positionen dargestellt werden.

In der Dialektik dagegen ist A nur eine Setzung und sein exaktes Gegenteil ist nicht möglich; denn in der dialektischen Reflexion verhält sich die Identität zu sich, womit an ihr die Momente als an sich selbst unterschiedene hervortreten. Dadurch bestätigt sich die ursprüngliche Setzung und erweist sich als notwendig.

Hier entsteht die Frage, ob die Begriffsbestimmung von dialektischer Negation auch so erfolgen kann, daß sie dort, wo es sich um logische Fixierungen handeln sollte, nicht ausweicht ins Genetische, indem sie es nur einfach dabei bewenden läßt, das Positive als ein Gesetztes zu durchschauen. Die Gefahr liegt nahe, daß man den Anspruch der Hegelschen Philosophie hypostasiert, wobei man die Behauptung, daß es so sei, schon für deren gelungenen Nachweis annimmt.

Eine Schwierigkeit besteht auch darin, daß man den Begriff der Negation gleichsam von zwei verschiedenen Ebenen aus denkt – einmal von der formallogischen aus, wo es nach dem Satz des Widerspruch zugeht, und zum anderen von der erkenntnistheoretischen her, wo dieser Satz keine absolute Geltung beanspruchen kann. Dialektik heißt ja, daß Etwas A und Nicht-A zugleich sein kann und muß. Hegel hat zwar die Abstraktheit der formalen Logik kritisiert, aber seine eigene hat sich selber in ihr bewegt (wie er sie denn auch im 3. Abschnitt der »Wissenschaft der Logik« behandelt)[1]. So darf also keinesfalls davon ausgegangen werden, daß formale Logik und Erkenntnistheorie schlechthin auseinanderweisen. Am Ort der Abstraktion sollten formale und dialektische Logik vermittelt werden; denn weil sich in der Hegelschen Philosophie alles in der Wirklichkeit des Begriffs abspielt und nicht an die daseiende Realität herangetragen wird, versetzt sie einen oft gleichsam in die Rolle eines Gastes, der schon von der Speisekarte, nicht vom Essen satt werden soll.

Es scheint sinnvoll, hier bei der Kantischen Kritik an der Aristotelischen Logik einzusetzen, die an dieser zu bemängeln hat, daß sie von den inhaltlichen Bestimmungsgründen wahrer Sätze absieht. Füglich wäre Dialektik der Versuch, die Transzendentalphilosophie und den Begriff der Synthesis mit den Mitteln der Aristotelischen Logik zusammenzubringen. Damit ließe sich aufzeigen, daß Synthesis im allgemeinsten Sinn stets nur in Gestalt eines dialektischen Widerspruchs formuliert wurde: Synthesis als sich in sich negierende Negation. Aber der Rekurs auf Kant impliziert doch eine erhebliche Schwierigkeit. Kant spricht zwar im Gegensatz zur formalen von der transzendentalen Logik, aber die logische Vernunft selbst bleibt bei ihm durchaus unkritisiert, ja, sie ist im Grunde nichts als das Vermögen, ganz im Sinne der traditionellen Logik, stimmige Begriffe und richtige Urteile zu bilden.

Es besteht Einigkeit darüber, daß eine Vermittlung zwischen dem formalen und dialektischen Moment der Logik geleistet werden muß, und es wäre zu fragen, inwieweit dies nicht bereits auf dem Boden der formalen Logik zu bewerkstelligen ist. Es müßte gelingen, das in ihr enthaltene »missing link« aufzuweisen, das sie

---

1 Vgl. »Die subjektive Logik oder: Die Lehre vom Begriff«, HJu, Bd. 5; vgl. HW, Bd. 6, S. 241–573.

davon freispricht, eine unversöhnt neben der Dialektik stehende Denkweise zu sein.

Wenn wir von dem Beispiel A = B ausgehen, und gleichzeitig bedenken, daß in der traditionellen Logik das Identitätsprinzip gilt, so ist es schwierig, die Verschiedenheit von A und B in Gestalt eines Existentialsatzes zu formulieren. Sie geht unter, weil ihre Formalisierung verdeckt, daß die gesetzten Bestimmungen Momente eines Identischen sind. Hier wäre an den Begriff der Hegelschen Abstraktion zu erinnern. Symbole haben nämlich nur dann einen Sinn, wenn sie sich auf Gegenstände beziehen. Indem sie so aber der Erfüllung bedürfen, ist bereits stipuliert, daß in ihnen eine Anweisung liegt auf etwas, was sie nicht selbst sind.

Die traditionelle Logik bedingt auf der anderen Seite, daß die Form der Identifikation von A und B gerade in einem Absehen von den Momenten besteht, die nicht A und B sind. Damit verliert die Behauptung der Identität ihren Sinn.

Die in Hegels Philosophie erhobene Forderung, Identität nur durch Nicht-Identität zu denken, scheint bereits dort überall eingelöst, wo in einem Satz die Copula erscheint, mit welcher der Widerspruch gesetzt ist. Indem von einem A ausgesagt wird, daß es ist, ist es bereit etwas anderes als nur A. Identität ist nur dann sinnvoll zu denken, wenn sie auf ein Nicht-Identisches geht, wie es in Hegels »Differenzschrift« heißt: »*A* = *A* enthält die Differenz des *A* als Subjekts und *A* als Objekts zugleich mit der Identität, so wie *A* = *B* die Identität des *A* und *B* mit der Differenz beider.«[2][*1] Um überhaupt die Gleichheit von zwei Symbolen prädizieren zu können, müssen wir also notwendig auch ihre Nicht-Gleichheit mitdenken – ein Zug, den man der aristotelischen Logik nicht bestreiten kann, wenn sie sich auf das bezieht, wovon sie sich abhebt. Im logischen Positivismus dagegen wird Identität zu einem An-sich-Seienden gemacht, als habe sie, unabhängig von jedwedem Sachbezug einen Sinn, während sie doch immer nur eine Anweisung ans Denken in seinem Verhältnis zu Gegenständen sein kann. Hier wird deutlich, was der Satz meinte; die Logik hat ihren Widerspruch in sich, denn von den geronnenen Regeln der aristotelischen her sieht dieses im Sinne der Logik gelegene Verhältnis immer so aus wie der abstrakt fixierte Widerspruch, wogegen der dialektische die Erscheinung der Beziehung der Logik auf Sachen ist. Es zeigt sich das erwähnte Moment, daß Dialektik versucht, mit den Mitteln der klassischen Logik die Prinzipien einer transzendentalen, deren Vollzug durch die Copula bestimmt wurde, nach dem Satz der Identität einzuholen.

Kant hatte die Insuffizienz der formallogischen Operation, ein Subjekt A solle auf ein Prädikat B bezogen werden können, aufzuweisen versucht: Das B tritt

---

2 HW, Bd. 2, S. 39.

nicht als Moment des A in Erscheinung. Darum bleibt die Setzung des Prädikats eine beliebige und könnte auch C, D, E, also schlechthin Nicht-A, heißen.

Wenn man formallogische Aussagen formuliert, kommt notwendig die Beziehung auf das Metalogische hinein. Daß die formale Logik auf etwas Nicht-Logisches bezogen ist, geht aus ihrem Namen schon hervor: Sie bezieht sich auf ein Material – eine Tatsache, die sie in ihr Bewußtsein nicht aufnimmt. Die inhaltlichen Momente besitzen – nach dem Selbstverständnis der traditionellen Logik – keine Wirkung auf die formale Struktur. Dagegen aber wäre hervorzuheben, daß auch die Logik, von ihrer formalen Seite her betrachtet, etwas Selbständiges ist, ohne die etwa Fortschritt nicht denkbar ist. Diese Selbständigkeit der Logik nun soll in ihren Formen für Inhalte überhaupt gelten. Zu fragen wäre, ob damit nicht eine unzulässige Formalisierung des Begriffs des Inhalts untergeschoben wird, aber da ja Formen stets auf Inhalte bezogen bleiben, sind diese notwendig sedimentiert in ihnen enthalten, ja, »der Inhalt ist überhaupt nichts Anderes, als solche Bestimmungen der absoluten Form«[3].[*2] »Indem die Logik Wissenschaft der absoluten Form ist, so muß dies Formelle, damit es ein Wahres seye, an ihm selbst einen Inhalt haben, welcher seiner Form gemäß sei«[4].[*3]

Die Frage nach der Contradictio ist in der traditionellen Logik nur Urteilen gegenüber sinnvoll. Von einem Begriff zu sagen, er sei identisch mit sich, ist im strengen Sinne nicht möglich. Insofern ist in der Sphäre des Begriffs diese ganze Problematik nicht beheimatet, sondern kommt erst dort zustande, wo es sich um Urteile handelt, mithin um Synthesis. Betrachtet man aber die Hegelschen Be-

---

3 »Gegen diese konkreten Wissenschaften, welche aber das Logische oder den Begriff zum innern Bildner haben und behalten, wie sie es zum Vorbildner hatten, ist die Logik selbst allerdings die *formelle* Wissenschaft, aber die Wissenschaft der *absoluten Form*, welche in sich Totalität ist, und die *reine Idee der Wahrheit selbst* enthält. Diese absolute Form hat an ihr selbst ihren Inhalt oder Realität; der Begriff, indem er nicht die triviale, leere Identität ist, hat in dem Momente seiner Negativität oder des absoluten Bestimmens die unterschiedenen Bestimmungen; der Inhalt ist überhaupt nichts Anderes als solche Bestimmungen der absoluten Form; der durch sie selbst gesetzte und daher auch ihr angemessene Inhalt. – Diese Form ist darum auch von ganz anderer Natur, als gewöhnlich die logische Form genommen wird. Sie ist schon *für sich selbst die Wahrheit*, indem dieser Inhalt seiner Form, oder diese Realität ihrem Begriffe angemessen ist, und die *reine Wahrheit*, weil dessen Bestimmungen noch nicht die Form eines absoluten Andersseyns oder der absoluten Unmittelbarkeit haben.« (HJu, Bd. 5, S. 27; vgl. HW, Bd. 6, S. 265)
4 Vollständig lautet der Satz korrekt: »Indem die Logik Wissenschaft der absoluten Form ist, so muß dieß Formelle, *damit es ein Wahres seye*, an ihm selbst einen *Inhalt* haben, welcher seiner Form gemäß sey, und um so mehr, da das logische Formelle die reine Form, also das logische Wahre, die *reine Wahrheit* selbst seyn muß.« (HJu, Bd. 5, S. 29; vgl. HW, Bd. 6, S. 267)

griffsmodelle näher, so weisen sie durch ihre metalogischen Implikationen über sich hinaus: Sie sind bereits Urteile, denn jeder Begriff ist *der* Begriff und *ein* Begriff; jeder ist als allgemeiner und als besonderer. Selbst von dem Satz der Identität läßt sich, worauf Cornelius hingewiesen hat, nicht sagen, daß er an sich gilt, womit er sich zu Recht gegen eine Ontologisierung der formalen Logik wandte.[5] So nahm die Hegelsche Kritik am Satz der Identität daran Anstoß, daß mit der bloßen Setzung des A notwendig zugleich auch ein Urteil, das unreflektiert bleibt, ausgesprochen sei: Der Anakoluth, aus dem I. Teil der »Wissenschaft der Logik« – »*Seyn, reines Seyn,* – ohne alle weitere Bestimmung«[6] – läßt die Copula lediglich unausgesprochen, ein Verfahren, das sich einzig durch deren Bestimmungslosigkeit legitimiert.

Daß Hegels Logik mit dem Sein einsetztest nicht zufällig, sondern in der Tradition des philosophischen Denkens begründet; denn bei Aristoteles findet sich nicht das formallogische Symbol A, sondern das mehr auf inhaltliche Erfüllung ausgerichtete ὄν, und dieses kann nicht μὴ ὄν sein. Aristoteles versuchte zu zeigen, daß die Analyse des Urteils zur Synthesis führt, die ὄν und μὴ ὄν enthält.[7]

Alles spätere Denken verfällt leicht der Gefahr, frühere Denkbemühungen im Sinne des eigenen kategorialen Apparats zu begreifen: Der Begriff des Chorismos etwa ist, wie wir ihn denken, nicht schlüssig aus Aristoteles zu entnehmen; auch

---

5 »Ich verstehe also unter dem Princip der Identität nicht einen ›Grundsatz‹, der als wahr anzuerkennen wäre, sondern eine Forderung, die zu erfüllen oder unerfüllt zu lassen in unserer Willkür steht, ohne deren Erfüllung aber [...] der Gegensatz von Wahrheit und Irrtum unserer Behauptungen seinen Sinn verliert. Der vermeintliche logische Grundsatz der Identität nämlich, den man in dem angeblich selbstverständlichen, ›tautologischen‹ Satz ›a ist a‹ zu formulieren pflegt, drückt durchaus nicht eine selbstverständliche und über jeden Zweifel erhabene, unbeweisbare und unerklärbare, letzte und geheimnisvolle Wahrheit aus, sondern die Wahrheit dieses Satzes ist ihrerseits *abhängig von der Erfüllung des Indentitätsprincips* im obigen Sinne, d. h. von der Erfüllung der Forderung des Festhaltens der Bedeutung der Bezeichnungen, und ist eine Folge der Erfüllung dieser Forderung. Wird diese Forderung hinsichtlich des Zeichens a *nicht* erfüllt, so ist auch der Satz ›a ist a‹ nicht mehr richtig; denn wenn wir in diesem Satz das zweitemal unter a nicht dasselbe verstehen wie das erstemal, so ist das erste a eben nicht mehr das zweite a, d. h. der Satz ›a ist a‹ gilt dann nicht mehr.« (Hans Cornelius, Transcendentale Systematik. Untersuchungen zur Begründung der Erkenntnistheorie, München 1916, S. 159f.)
6 HJu, Bd. 4, S. 87; vgl. HW, Bd. 5, S. 82.
7 Bei Aristoteles heißt es: »Jedes ohne Verbindung gesprochene Wort bezeichnet entweder eine Substanz oder eine Qualität oder eine Quantität oder eine Relation oder ein Wo oder ein Wann oder eine Lage oder ein Haben oder ein Wirken oder ein Leiden.« (Aristoteles, Kategorien, übers. von Eugen Rolfes, in: Aristoteles, Philosophische Schriften in sechs Bänden, Bd. 1, Hamburg 1995, S. 1–42; hier: S. 3 [1b])

wäre etwa der Supposition zu mißtrauen, in der Platonischen Philosophie solle jede Idee mit sich identisch sein, während doch jede an der Idee der Verschiedenheit partizipiert. Insofern geht es bei den Quellen der formalen Logik noch nicht so strikt formallogisch zu, wie es in manchen positivistischen Programmen erscheinen mag. Darauf könnte man einwenden, daß eben die Logik eine unendlich lange Geschichte hat, in der sie metaphysisch war, so daß sie jetzt erst gleichsam in ihr »positives« Stadium getreten sei. Zu fragen ist, ob das Auseinandertreten von Metaphysik und Logik, das die Entmythologisierung der logischen Sphäre allgemein kennzeichnet, nicht gerade zu ihrer Mythologisierung führt, indem sie sich als ein An-sich-Seiendes absolut setzt und damit zu einem Unwahren wird. »Die vor Aberrationen behütete, autarkische und sich selbst unbedingt dünkende Erkenntnis als methodische hat zum τέλος die rein logische Identität. Damit aber substituiert sie sich als Absolutum für die Sache. Ohne die Gewalttat der Methode wären Gesellschaft und Geist, wären Unterbau und Überbau kaum möglich gewesen, und das verleiht ihr nachträglich die Unwiderstehlichkeit, welche die Metaphysik als transsubjektives Sein zurückspiegelt.«[8][*4]

Wittgenstein zufolge sind sinnvolle Sätze zwischen Tautologie und Widerspruch angesiedelt;[9] dazwischen liegt der problematische Punkt für alle ältere Philosophie, ebenso wie für die Hegelsche. Was das »Zwischen« sei, wird bei Wittgenstein nicht weiter thematisch. Es ist – im Gegensatz zu seiner Bestimmtheit als einer Kategorie bei Aristoteles[10] – ein Etwas, das sowohl gegen seine Erfüllung wie gegen seine Genese gleichgültig ist. Der Begriff des Gleichgültigen wird hier hypostasiert, anders als bei Hegel, wo er als »verschwindender Schein« zugleich notwendig ist.

---

8 GS, Bd. 5, S. 20.
9 Punkt 4.46 des »Tractatus logico-philosophicus« lautet: »unter den möglichen Gruppen von Wahrheitsbedingungen gibt es zwei extreme Fälle. *[Absatz]* In dem einen Fall ist der Satz für sämtliche Wahrheitsmöglichkeiten der Elementarsätze wahr. Wir sagen, die Wahrheitsbedingungen sind *tautologisch*. *[Absatz]* Im zweiten Fall ist der Satz für sämtliche Wahrheitsmöglichkeiten falsch: Die Wahrheitsbedingungen sind *kontradiktorisch*. *[Absatz]* Im ersten Fall nennen wir den Satz eine Tautologie, im zweiten Fall eine Kontradiktion.« (Ludwig Wittgenstein, Tractatus logico-philosophicus · Logisch-philosophische Abhandlung [1921], in: Ludwig Wittgenstein, Schriften, [Bd. I], [hrsg. unter Mitw. von Gertrude Elizabeth Margaret Anscombe und Rush Rhees], Frankfurt a. M. 1960, S. 7–83; hier: S. 41); vgl. die erläuternden Zusätze 4.461–4.4661 (ebd., S. 41–43).
10 Vgl. Aristoteles, Kategorien, a.a.O. (s. Anm. 7), S. 37 (14b f.).

Identität wird nicht negiert, indem zwei nicht-identische Momente in ihr als identisch gefaßt werden, sondern, indem das, was identisch ist, im Akt der Identifikation zugleich als ein Nicht-Identisches erscheint. Die dialektische Negation ist eine dem Urteil und vielleicht dem Begriff immanente Negation. Die formallogische ist gekennzeichnet durch eine Veranstaltung: Einander äußerliche und gleichgültige Momente werden aufeinander bezogen, während die dialektische Negation als eine im Inhalt selbst vollzogene Negation erscheint. Die identisch gedachte Sache erweist sich, nicht das zu sein, als was sie sich ausgibt. Ein weiteres Kriterium der dialektischen Negation wäre, daß, im Gegensatz zu den einander gleichgültigen Bestimmungen der traditionellen logischen Negation, die Bestimmungen der dialektischen nicht gleichgültig gegeneinander sind. Das bedeutet, daß sie nicht beieinander bleiben können, sondern über sich hinaustreiben. Dieser Zwang zum Weitergehen macht nun im Gegensatz zur traditionellen Logik die dialektische zu einer dynamischen.

Es erhebt sich nun die Frage, ob die Dynamisierung der Ontologie als der Logik der Sache schon in der Antike und Mittelalter Gegenstand philosophischen Denkens wurde. Bei Thomas von Aquin ist die distinctio realis zwischen essentia und existentia eine zwischen constitutiva entis, die keine selbständigen Entitäten sind.[11] Sie soll zwar noch, unabhängig vom menschlichen Denken ein Bestehen an sich haben, doch keines jenseits der Sache. Die principia entis sind ihm zufolge verschieden nur in ihrer Identität als der Sache, die sie konstituieren. Bei Duns Scotus läßt sich diese Dynamisierung der Realität deutlicher erblicken. Essentia und existentia sind, wie bei Thomas, keine entia und gelten eben daher nicht als real distinkt, sondern ihre Verschiedenheit ist eine bloß formale.[12] Bei Hegel dann ist der Ursprung der Dialektik nicht nur die subjektive Reflexion, sondern zugleich ein von der res her determinierter. Damit bringt Hegel Aristoteles wieder in Kant zu Ehren.

---

11 Vgl. Thomas von Aquin, Über Seiendes und Wesenheit. De ente et essentia [1475]. Lateinisch – Deutsch, hrsg., übers., eingel. und kommentiert von Horst Seidl, Hamburg 1988 (Philosophische Bibliothek; 415).
12 Bei Scotus heißt es, »die Seinsweise der Existenz {esse existentiae} – wie sie sich von der Seinsweise der Wesenheit {essentiae} unterscheidet – ist nicht von sich aus unterschieden und bestimmt (denn die Seinsweise der Existenz hat keine eigenen Differenzen, die anders sind als diejenigen der Seinsweise der Wesenheit, sonst müsste man eine eigene Koordination der Existenzen annehmen, die sich von der Koordination der Wesenheiten unterscheidet), sondern sie wird durch die Bestimmung der Seinsweise der Wesenheit bestimmt. Also bestimmt sie nicht etwas anderes.« (Johannes Duns Scotus, Über das Individuationsprinzip. Ordinatio II, distinctio 3, pars 1, hrsg., übers. und eingel. von Thamar Rossi Leidi, Hamburg 2015 [Philosophische Bibliothek; 668], S. 29)

Man kann die Formalisierung der Logik nicht widerrufen. Zu polemisieren wäre lediglich gegen ihr Selbstverständnis und gegen eine Philosophie, die sich an dem vergegenständlichten Resultat von Logik orientiert.

[*1] G. W. F. Hegel: »Differenz des Fichte'schen und Schelling'schen Systems der Philosophie«, Hamburg, 1962,[13] S. 28
[*2] G. W. F. Hegel: »Wissenschaft der Logik«, 2. Teil, Stuttgart, 1949,[14] S. 27
[*3] a. a. O., S. 29
[*4] T. W. Adorno: »Zur Metakritik der Erkenntnistheorie«, Stuttgart, 1956,[15] S. 20

---

[13] Vgl. Georg Wilhelm Friedrich Hegel, Differenz des Fichte'schen und Schelling'schen Systems der Philosophie, in Beziehung auf Reinhold's Beyträge zur leichtern Übersicht des Zustands der Philosophie zu Anfang des neunzehnten Jahrhunderts, 1. Heft [1801], Hamburg 1962 (Philosophische Bibliothek; 62a); vgl. HW, Bd. 2, S. 7–138.
[14] D. i. die dritte Auflage von HJu, Bd. 5.
[15] Vgl. Theodor W. Adorno, *Zur Metakritik der Erkenntnistheorie. Studien über Husserl und die phänomenologischen Antinomien*, Stuttgart 1956; vgl. GS, Bd. 5, S. 7–245.

398 Günther Schiwy,
25. November 1965

|*Protokoll*
der Sitzung vom 25. November 1965

des Philosophischen Hauptseminars
»Negation bei Hegel«
der Professoren Adorno und Horkheimer

Günther Schiwy|

Bevor wir den § 81 der Hegelschen »Encyclopädie der philosophischen Wissenschaften im Grundrisse« (herausgegeben von Georg Lasson, 2. Auflage)[16], nämlich über »das dialektische Moment«[17] diskutierten, sprach Herr Dr. Altwicker über Voraussetzungen eines richtigen Verständnisses der Hegelschen Logik.[18] Er hielt sich dabei an Hegel selbst, der seiner »Wissenschaft der Logik« eine Abhandlung »Vorbegriff« vorausschickt,[19] in der er philosophiegeschichtlich vorangeht und drei »Stellungen des Gedankens zur Objektivität« darstellt.[20]

Die »erste Stellung des Gedankens zur Objektivität« ist jene Unbefangenheit, die »alle anfängliche Philosophie, alle Wissenschaften, ja selbst das tägliche Tun und Treiben des Bewußtseins« (a.a.O., § 26, S. 60) auszeichnet.[21] Man ist der

---

16 Vgl. HSW, Bd. V, S. 105; vgl. HW, Bd. 8, S. 172–176.
17 »Das *dialektische* Moment ist das eigene Sichaufheben solcher endlichen Bestimmungen und ihr Übergehen in ihre entgegengesetzten.« (HSW, Bd. V, S. 105; vgl. HW, Bd. 8, S. 172)
18 Ein entsprechender Referatstext wurde nicht aufgefunden; Norbert Altwicker wird 1951 mit der Schrift »Der Begriff der Zeit im philosophischen System Hegels« in Frankfurt a. M. promoviert.
19 Vgl. HSW, Bd. V, S. 52–106; vgl. HW, Bd. 8, S. 67–180.
20 Vgl. »Erste Stellung des Gedankens zur Objektivität. Metaphysik«, HSW, Bd. V, S. 59–64; vgl. HW, Bd. 8, S. 93–106, und »Zweite Stellung des Gedankens zur Objektivität«, »I. Empirismus«, HSW, Bd. V, S. 64–67; vgl. HW, Bd. 8, S. 106–112, sowie »II. Kritische Philosophie«, HSW, Bd. V, S. 67–87; vgl. HW, Bd. 8, S. 112–147, und »Dritte Stellung des Gedankens zur Objektivität. Das unmittelbare Wissen«, HSW, Bd. V, S. 87–106; vgl. HW, Bd. 8, S. 148–168.
21 »Die erste Stellung ist das *unbefangene* Verfahren, welches, noch ohne das Bewußtsein des Gegensatzes des Denkens in und gegen sich, den *Glauben* enthält, daß durch das *Nachdenken* die *Wahrheit erkannt*, das, was die Objekte wahrhaft sind, vor das Bewußtsein gebracht werde. In diesem Glauben geht das Denken geradezu an die Gegenstände, reproduziert den Inhalt der Empfindungen und Anschauungen aus sich zu einem Inhalte des Gedankens und ist in solchem als der Wahrheit befriedigt. Alle anfängliche Philosophie, alle Wissenschaften, ja selbst das tägliche Tun und Treiben des Bewußtseins lebt in diesem Glauben.« (HSW, Bd. V, S. 59 f.; vgl. HW, Bd. 8, S. 93)

Meinung, die Dinge sind an sich so, wie sie uns erscheinen und wie wir sie denken. Doch wäre es falsch, diese gleichsam bewußtlose, nämlich noch »ohne Bewußtsein des Gegensatzes des Denkens in und gegen sich« (ebd., § 26) vorgehende Erkenntnishaltung des Subjekts nur mit der vormaligen »*Metaphysik, wie sie vor der Kantischen Philosophie bei uns beschaffen war*«, in Verbindung zu bringen.²² »Für sich ist« diese Stellung des Gedankens zur Objektivität »überhaupt immer vorhanden«, es ist »die bloße Verstandes-Ansicht der Vernunft-Gegenstände« (ebd., § 27).

Unter der »zweiten Stellung des Gedankens zur Objektivität« versteht Hegel im wesentlichen die Position der »kritischen Philosophie«. Weil Hegel der Meinung ist, die kritische Philosophie habe es »mit dem Empirismus gemein, die Erfahrung für den einzigen Boden der Erkenntnisse anzunehmen, welche sie aber nicht für Wahrheiten, sondern nur für Erkenntnisse von Erscheinungen gelten läßt«,²³ leitet Hegel diesen Abschnitt mit einem kurzen Exkurs über den »Empirismus« ein. Während bei Descartes das Subjekt noch einmal versucht, sich philosophisch der objektiven Realität der Gegenstände im Sinne der alten Metaphysik zu versichern, tritt das Problem der Subjektivität überhaupt, das seit dem Nominalismus latent vorhanden war, mit Kant ins helle Bewußtsein. »Aber die kritische Philosophie erweitert den Gegensatz so, daß in die *Subjektivität* das *Gesamte* der Erfahrung, d. h. jene beiden Elemente zusammen, fällt, und derselben nichts gegenüber bleibt als das *Ding-an-sich*.« (ebd., § 41, S. 68)²⁴ Die Fragestellung des Seminars wird im § 48 berührt:²⁵ Die kritische Philosophie habe den Widerspruch thematisch gemacht, er ist ihr in den Antinomien zu Gesicht gekommen, und zwar als ein notwendiger. »Dieser Gedanke, daß der Widerspruch, der am Vernünftigen

---

22 »Dieses Denken *kann* wegen der Bewußtlosigkeit über seinen Gegensatz ebensowohl seinem Gehalte nach echtes *spekulatives* Philosophieren sein als auch in *endlichen* Denkbestimmungen, d. i. in dem *noch unaufgelösten* Gegensatze verweilen. Hier in der Einleitung kann es nur das Interesse sein, diese Stellung des Denkens nach seiner Grenze zu betrachten und daher das letztere *Philosophieren* zunächst vorzunehmen. – Dieses in seiner bestimmtesten und uns am nächsten liegenden Ausbildung war die *vormalige Metaphysik*, wie sie vor der Kantischen Philosophie bei uns beschaffen war. Diese Metaphysik ist jedoch nur in Beziehung auf die Geschichte der Philosophie etwas *vormaliges*; für sich ist sie überhaupt immer vorhanden, die *bloße Verstandes-Ansicht* der Vernunft-Gegenstände. Die nähere Betrachtung ihrer Manier und ihres Hauptinhaltes hat daher zugleich dies nähere präsente Interesse.« (HSW, Bd. V, S. 60; vgl. HW, Bd. 8, S. 93)

23 »Die kritische Philosophie hat es mit dem Empirismus gemein, die Erfahrung für den *einzigen* Boden der Erkenntnisse anzunehmen, welche sie aber nicht für Wahrheiten, sondern nur für Erkenntnisse von Erscheinungen gelten läßt.« (HSW, Bd. V, S. 67; vgl. HW, Bd. 8, S. 112)

24 HSW, Bd. V, S. 68; vgl. HW, Bd. 8, S. 113.

25 Vgl. HSW, Bd. V, S. 73 f.; vgl. HW, Bd. 8, S. 126–129.

durch die Verstandesbestimmungen gesetzt wird, *wesentlich* und *notwendig* ist, ist für einen der wichtigsten und tiefsten Fortschritte der Philosophie neuerer Zeit zu achten. So tief dieser Gesichtspunkt ist« – nun Hegels Kant-Kritik auf eine Formel gebracht –, »so trivial ist die Auflösung; sie besteht nur in einer Zärtlichkeit für die weltlichen Dinge. Das weltliche Wesen soll es nicht sein, welches den Makel des Widerspruchs an ihm habe, sondern derselbe *nur* der denkenden Vernunft, dem *Wesen* des *Geistes*, zukommen.« (ebd., § 48, S. 73)[26] Damit bleibt die Dialektik im Bereich des Formallogischen, des Subjekts; die Sache, die Welt, die Objektivität wird nicht von ihr affiziert. Hierzu wurde gefragt, ob Hegel Kant gerecht wird. Könnte man nicht, das Kantische Selbstverständnis und die Hegelsche Kritik zugleich übersteigend, in dem Kantischen »Ding an sich« und in der diesem gegenüber ohnmächtigen Vernunft einen radikaleren Ausdruck der objektiven Antinomie erblicken als in der Hegelschen Vernunft, die vorgibt, diesen Widerspruch und alle übrigen dialektisch denkend einzuholen, und so letztlich Subjekt und Objekt in einer fraglichen Identität aufgehen läßt.

Wie dem auch sei: Hegel stellt sich noch rückhaltloser als Kant den Antinomien, weil er erkannt hat, daß die Vernunft nicht bei sich bleiben darf um einer trügerischen Absolutheit willen, »abstrakte Identität ... und Sein sind die zwei Momente, deren Vereinigung es ist, die von der Vernunft gesucht wird; sie ist das Ideal der Vernunft« (ebd., § 49, S. 74).[27] Hegel versucht, den Kantischen Dualismus dadurch zu überschreiten, daß er zeigt, wie die Antinomien nicht nur im Denken, sondern ebensosehr in der Objektivität gründen.

Der philosophische Irrationalismus, der aus dem Kantischen Dualismus folgt, wird von Hegel am Anfang der Abhandlung über die »dritte Stellung des Denkens zur Objektivität« kritisiert: Es ist »das unmittelbare Wissen«, das versucht, sich des Unendlichen, das im kategorialen Denken immer verendlicht und damit als unwahr erscheinen muß, unmittelbar, nämlich durch Glauben, zu versichern. »Mit dem, was hier Glauben und unmittelbares Wissen heißt, ist übrigens ganz dasselbe, was sonst Eingebung, Offenbarung des Herzens, ein von Natur in den Menschen eingepflanzter Inhalt, ferner insbesondere auch gesunder Menschen-

---

26 HSW, Bd. V, S. 73; vgl. HW, Bd. 8, S. 126 f.
27 »Der *dritte* Vernunftgegenstand ist Gott [...], welcher erkannt, d. i. *denkend bestimmt* werden soll. Für den Verstand ist nun gegen die einfache *Identität* alle Bestimmung nur eine *Schranke*, eine Negation als solche; somit ist alle Realität nur schrankenlos, d. i. *unbestimmt* zu nehmen, und Gott wird als Inbegriff aller Realitäten oder als das allerrealste Wesen zum *einfachen Abstraktum*, und für die Bestimmung bleibt nur die ebenso schlechthin abstrakte Bestimmtheit, das *Sein*, übrig. Abstrakte *Identität*, welche auch hier der Begriff genannt wird, und *Sein* sind die zwei Momente, deren Vereinigung es ist, die von der Vernunft gesucht wird; sie ist das *Ideal* der Vernunft.« (HSW, Bd. V, S. 74; vgl. HW, Bd. 8, S. 130)

verstand, *common sense*, Gemeinsinn, genannt worden ist. Alle diese Formen machen auf die gleiche Weise die Unmittelbarkeit, wie sich ein Inhalt im Bewußtsein findet, eine Tatsache in diesem ist, zum Prinzip.« (ebd., § 63, S. 91)[28] Aus dieser Position folgt nach Hegel auch der »moderne Standpunkt« der »die Wissenschaften des Empirischen und Endlichen ganz auf diese Weise« fortführt, andererseits aber »alle Methoden für das Wissen von dem, was seinem Gehalte nach unendlich ist«, verwirft; »er überläßt sich darum der wilden Willkür der Einbildungen und Versicherungen, einem Moralitäts-Eigendünkel und Hochmut des Empfindens oder einem maßlosen Gutdünken und Räsonnement, welches sich am stärksten gegen Philosophie und Philosopheme erklärt« (ebd., § 77, S. 103).[29]

Auf dem Hintergrund dieses philosophiegeschichtlichen Abrisses gibt Hegel nun einen »näheren Begriff und (eine) Einteilung der Logik« in seinem Sinne.[30] Wird das »dialektische Moment« »vom Verstand für sich abgesondert genommen«, nämlich als »die bloße Negation« einer vom Verstand gesetzten festen Bestimmtheit, so führt die Dialektik in den Skeptizismus. Die Bewegung auf die Wahrheit hin wird sistiert, die eine Bestimmtheit scheint ebenso wahr wie die ihr entgegengesetzte, man kann sie nicht versöhnen und enthält sich des Urteils; man »erhält die bloß Negation als Resultat des Dialektischen« (ebd., § 81, S. 105).[31] Ein zweites Mißverständnis der Dialektik hält sie für »eine äußere Kunst«, die einen bloßen »Schein von Widersprüchen« hervorbringt.[32] Noch schärfer verwahrt sich

---

[28] HSW, Bd. V, S. 91; vgl. HW, Bd. 8, S. 152.
[29] Nach Darlegung der Kartesischen Philosophie fährt Hegel fort: »Der moderne Standpunkt ändert dabei einerseits nichts an der von Cartesius eingeleiteten Methode des gewöhnlichen wissenschaftlichen Erkennens und führt die daraus entsprungenen Wissenschaften des Empirischen und Endlichen ganz auf dieselbe Weise fort, andrerseits aber verwirft dieser Standpunkt diese Methode, und damit, weil er keine andere kennt, *alle* Methoden für das Wissen von dem, was seinem Gehalte nach unendlich ist; er überläßt sich darum der wilden Willkür der Einbildungen und Versicherungen, einem Moralitäts-Eigendünkel und Hochmut des Empfindens oder einem maßlosen Gutdünken und Räsonnement, welches sich am stärksten gegen Philosophie und Philosopheme erklärt. Die Philosophie gestattet nämlich nicht ein bloßes Versichern noch Einbilden noch beliebiges Hin- und Herdenken des Räsonnements.« (HSW, Bd. V, S. 103; vgl. HW, Bd. 8, S. 167)
[30] Vgl. den Abschnitt »Näherer Begriff und Eiteilung der Logik«, HSW, Bd. V, S. 104–106; vgl. HW, Bd. 8, S. 168–180.
[31] »Das Dialektische, vom Verstande für sich abgesondert genommen, macht insbesondere, in wissenschaftlichen Begriffen aufgezeigt, den *Skeptizismus* aus; er enthält die bloße Negation als Resultat des Dialektischen.« (HSW, Bd. V, S. 105; vgl. HW, Bd. 8, S. 172)
[32] »Die Dialektik wird gewöhnlich als eine äußere Kunst betrachtet, welche durch Willkür eine Verwirrung in bestimmten Begriffen und einen bloßen *Schein* von *Widersprüchen* in ihnen hervorbringt, so daß nicht diese Bestimmungen, sondern dieser Schein ein Nichtiges und das Ver-

Hegel gegen die Verdächtigung, die Dialektik sei »weiter nichts als ein subjektives Schaukelsystem von hin- und herübergehende Räsonnement«. Hegel wird diese Versuchung der Dialektik gekannt haben, und er selbst scheint ihr nicht immer entgangen zu sein, weil man in seiner eigenen Logik manchmal den Eindruck hat, daß »der Gehalt fehlt und die Blöße durch solchen Scharfsinn bedeckt wird, der solches Räsonnement erzeugt« (ebd.). Demgegenüber ist die Dialektik nach Hegel das »*immanente* Hinausgehen, worin die Einseitigkeit und Beschränktheit der Verstandesbestimmungen sich als das, was sie ist, nämlich als ihre Negation darstellt. Alles Endliche« – und Hegels ganze Philosophie scheint in diesem einen Satz enthalten – »ist dies, sich selbst aufzuheben« und dadurch das Unendliche zu konstituieren.[33] Diese Theorie erinnert an Schopenhauer, demzufolge das Unendliche der Untergang des Endlichen ist.[34] Diese Relativierung des Endlichen, dessen Prinzip sein eigener Untergang sein soll, scheint das Endliche derart zu entwerten, daß auch die es verschlingende Positivität des Unendlichen dagegen nicht zu trösten vermag. Ob Hegel mit der Behauptung, »das Dialektische macht daher die bewegende Seele des wissenschaftlichen Fortgehens aus«, den Wissenschaftsbetrieb seiner Zeit kritisieren oder sanktionieren wollte, und ob er sich damit auf die Seite des verdinglichten Bewußtseins geschlagen hat, ist schwer zu entscheiden. Auffällig ist in diesem Paragraphen die in der gesamten Tradition immer wieder feststellbare Neigung der Philosophen, in ihren Werken auch für sich selbst durch rhetorischen Aufwand Reklame zu machen.

---

ständige dagegen vielmehr das Wahre sei. Oft ist die Dialektik auch weiter nichts als ein subjektives Schaukelsystem von hin- und herübergehendem Räsonnement, wo der Gehalt fehlt und die Blöße durch solchen Scharfsinn bedeckt wird, der solches Räsonnement erzeugt.« (HSW, Bd. V, S. 105; vgl. HW, Bd. 8, S. 172)

33 »Die Reflexion ist zunächst das Hinausgehen über die isolierte Bestimmtheit und ein Beziehen derselben, wodurch diese in Verhältnis gesetzt, übrigens in ihrem isolierten Gelten erhalten wird. Die Dialektik dagegen ist dies *immanente* Hinausgehen, worin die Einseitigkeit und Beschränktheit der Verstandesbestimmungen sich als das, was sie ist, nämlich als ihre Negation darstellt. Alles Endliche ist dies, sich selbst aufzuheben. Das Dialektische macht daher die bewegende Seele des wissenschaftlichen Fortgehens aus und ist das Prinzip, wodurch allein *immanenter Zusammenhang und Notwendigkeit* in den Inhalt der Wissenschaft kommt, so wie in ihm überhaupt die wahrhafte, nicht äußerliche Erhebung über das Endliche liegt.« (HSW, Bd. V, S. 105; vgl. HW, Bd. 8, S. 172f.)

34 Vgl. Arthur Schopenhauer, Die Welt als Wille und Vorstellung. Zweiter Band, welcher die Ergänzungen zu den vier Büchern des ersten Bandes enthält [1844], in: Arthur Schopenhauers Werke in fünf Bänden, hrsg. von Ludger Lütkehaus, Bd. II, Zürich 1988, S. 540–542.

399 Volker Gigas, 2. Dezember 1965

|*Protokoll*

der Sitzung vom 2. Dezember 1965
des philosophischen Hauptseminars
»Negation bei Hegel«
der Professoren Adorno, Horkheimer

Volker Gigas
Germanistik/Philosophie
6. Semester|

Dem Versuch Hegels, das naive Bewußtsein als Impuls für den ersten Schritt der philosophischen Reflexion auszuweisen, hängen sich sogleich Zweifel an: Wo der Laienverstand den Betrieb der Selbsterhaltung sich zum eigenen Prinzip gemacht hat, wird er dem kritischen Fortgang des Denkens eher resistieren als ihn antreiben – selbst, wo er, in Einzelwissenschaften tätig, sich interessiert gibt, verwehrt er sich doch der Entfaltung des Begriffs durchs Beharren auf Definitionen. Sein Interesse scheint nur insofern auf Philosophie zu gehen, als es auf deren Ende abzielt.

Solcher Gefahr, ein Funke des Neuen könne zu bald in der Konvention verlöschen, wurde traditionelle Philosophie durchaus inne; sie war immer eifrig, die fables convenues aus dem Wege zu räumen, bevor sie an die Ausbreitung ihrer Systeme ging. Nicht so Hegel. Bei ihm fällt gerade die Konzession an das vorphilosophische Bewußtsein ins Auge, so wie es umgekehrt auffällig ist, wie viele Splitter seiner Terminologie sich in den alltäglichen Umgang zerstreut haben.

Dergestalt kollegial, setzt Hegel dann auch mit dem 1. Zusatz des § 81 der Enzyklopädie ein: »In unserm gewöhnlichen Bewußtseyn erscheint das Nicht-Stehenbleiben bei den abstrakten Verstandesbestimmungen als bloße Billigkeit, nach dem Sprichwort: leben und leben lassen, so daß das Eine gilt und *auch* das Andere.«[35] So vermag das naive Denken den dialektischen Ansatz aus sich selber zu entwickeln. So sicher etwa, wie der einfache Bauersmann den Tod gewahr wird am Tag, an dem er seine Frau zu Grabe trägt, so wird sich alles, was lebt, seiner Hinfälligkeit bewußt und trifft auf den Widerspruch zwischen sich und dem Begriff, unter dem es gefaßt ist. Jedoch dabei verweilt Hegel nicht länger: »Das

---

35 HJu, Bd. 8, S. 190; vgl. HW, Bd. 8, S. 173.

Nähere aber ist, daß das Endliche nicht bloß von außen her beschränkt wird, sondern durch seine eigne Natur sich aufhebt und durch sich selbst in sein Gegentheil übergeht.«[36] Die Vermitteltheit von Endlichem und Ewigem, die sich mutatis mutandis selbst in der medizinischen Forschung abgedrückt hat, wo das Sterben als Konsequenz des Lebensprozesses durchschaut wird, (diese Vermitteltheit) erfährt bei Hegel sogleich ihre positive Wendung. Im prompten Verfahren, worin das Endliche, seiner Nichtigkeit gewahr werdend, am Absoluten partizipiere, diffundieren akutes Verlangen und uneingelöste Versicherung. Was sich in diesem Gedanken unaufgelöst absetzt, sind Theoriestücke aus der protestantischen Mystik. Bei Jakob Böhme im II. Buch »De Signatura Rerum« heißt es: »Das göttliche Wasser mußte wieder in das brennende Seelenfeuer eingehen und den grimmen Tod im herben Fiat, als in der Begierde zur Natur, löschen, daß sich die Liebesbegierde in der Seele wieder anzündete, welche Gottes begehrte«[37] und weiter: »Denn des Menschen Seligkeit stehet in dem, daß er in sich habe eine rechte Begierde nach Gott.« Das Motiv der Rückkehr, in dieser Passage, mag Hegel schon wegen seiner Doppelschichtigkeit aufgenommen haben. Es ist dynamisch und statisch zugleich. Die Rufe alles Hinfälligen nach seiner großen Heimat organisieren sich zu Musik aus ihr selber.

Der Appell ans Bewußtsein, momentweise aus dem vorphilosophischen Zustand herauszutreten, hat etwas vom Aufruf des Scharlatans: Reflexion wird aufgebracht, um gegen ihre Begrenztheit zu prallen, und durchs kurze Weh wird sie sogleich im schmerzfreien Zustand des Allgemeinen aufgehoben. Wäre Hegel aus dem Auditorium die ideologisch überspitzte Entschuldigung entgegengedrungen: »Wir wollten alle einmal anders«, die Vorwegnahme seines eigenen

---

36 HJu, Bd. 8, S. 190; vgl. HW, Bd. 8, S. 173.
37 »Nun war ihm doch kein Rath, Gottes Begierde ginge denn wieder in den erstorbenen Sulphur, das ist sein todtes Sul, als in die erstorbene Menschheit ein, und zündete dasselbe wieder an mit dem Liebefeuer, welches in Christo geschah, allda stund der himmlische Leib, darinnen Gottes Licht scheinet, wieder auf. Sollte es aber geschehen, so mußte die Liebebegierde wieder in des entzündeten Zornes Begierde eingehen, und den Zorn mit der Liebe löschen und überwinden; das göttliche Wasser mußte wieder in das brennende Seelenfeuer eingehen und den grimmen Tod im herben Fiat, als in der Begierde der Natur, löschen, daß sich die Liebebegierde in der Seele wieder anzündete, welche Gottes begehrete. [...] Denn des Menschen Seligkeit stehet in dem, daß er in sich habe eine rechte Begierde nach Gott: denn aus der Begierde quillet die Liebe aus, das ist, wenn die Begierde Gottes Sanftmuth in sich empfähet, so ersinkt die Begierde in der Sanftmuth in sich, und wird wesentlich, das ist alsdann himmlische oder göttliche Wesenheit oder Leiblichkeit; und darinnen stehet der Seele Geist (welcher im Zorne, als im Tod verschlossen lag) in der Liebe Gottes wieder auf, denn die Liebe tingiret den Tod und die Finsterniß, daß sie der göttlichen Sonne Glanz wieder Fähig ist.« (Jakob Böhme, De Signatura Rerum oder von der Geburt und Bezeichnung aller Wesen [1622], in: Jakob Böhme's sämmtliche Werke, hrsg. von K[arl] W[ilhelm] Schiebler, Bd. 4, Leipzig 1842, S. 269–492; hier: S. 305]

Exkurses hätte ihn verlegen machen müssen; etwas nämlich vom Konsensus wäre laut geworden, der verschwiegen schon immer zwischen naivem Bewußtsein und seiner (Hegels) durch die Nicht-Identität entwickelten Position kommuniziert. Noch bei Nietzsche scheint die Position, anachronistisch gleichsam, fundiert. Die Schlußzeilen aus dem »Trunknen Lied« wurden im Seminar zitiert:
Doch alle Lust will Ewigkeit –
Will tiefe, tiefe Ewigkeit![38]

Doch wiewohl das Lied die für Hegel so bedeutsame Negation ausspricht, hält es diese doch länger an, als es Hegel lieb wäre. Die pathetisch hilflose Repetition von »tief« will den Anspruch vom Schein eines bloßen Privilegs auf Zeit befreien und ihn dauernd machen. Die Vermitteltheit, obschon sie auf Ewigkeit geht, behält dabei ihre Reziprozität. Aus bleibt das Resultat durchs insistente Verlangen nach ihm.

Wegen resultativen Mangels auch Hegels mépris gegen die Sophisterei. Nicht, weil sie bloß bei isolierten Verstandesbestimmungen bliebe und den Akzent auf Individuum und staatlicher Ordnung je nach Interessenlage vertausche, sondern weil sie durch solch willkürliches Manipulieren nicht zur Position gelange.[39] Der Hinweis kam auf die tiefe Hegelsche Ambivalenz gegenüber der Sophistik. Gerade die einsträngige Methode vom Subjekt zur Sache macht den ersten Schritt zu ihr selber. Als legitim erweist sich die abstrakte Bestimmung, radikal einseitig gefaßt, soweit sie die Negation als Moment der idealistischen Dialektik hervortreibt. So sehr jedoch das abstrakt denkende Subjekt für die Bewegung der Sache tätig ist, so wird es doch nachträglich von Hegel mit geradezu vordialektischer Geringschätzung bezahlt, als sei seine Arbeit als bloßes Hin- und Herräsonieren zu gar nichts nütze gewesen. In der süffisanten Manier, mit der die anfangs notwendigen isolierten Bestimmungen gegen den vermittelten Begriff ausgespielt werden, agiert die Angst, das gewonnene Resultat könne durch jene wieder in Frage geraten. So wird es Zeit, sie zu diffamieren: »Eben so ist in meinem Handeln meine

---

38 Am Ende jenes Abschnittes des vierten Teils des »Zarathustra« [1885] – der in der Werkausgabe von Karl Schlechta »Das trunkne Lied« genannt wird (vgl. Friedrich Nietzsche, Werke in drei Bänden, hrsg. von Karl Schlechta, München 1954, Bd. 2, S. 551–558), in der Ausgabe von Giorgio Colli und Mazzino Montiari hingegen »Das Nachtwandler-Lied« heißt (vgl. NW, Bd. 4, S. 395–404) – läßt Nietzsche seinen Zarathustra sagen: »Singt mir nun selber das Lied, dess Name ist ›Noch ein Mal‹, dess Sinn ist ›in alle Ewigkeit!‹, singt, ihr höheren Menschen, Zarathustra's Rundgesang! [Absatz] Oh Mensch! Gieb Acht! / Was spricht die tiefe Mitternacht? / ›Ich schlief, ich schlief –, / Aus tiefem Traum bin ich erwacht: – / Die Welt ist tief, / Und tiefer als der Tag gedacht. / Tief ist ihr Weh –, / Lust – tiefer noch als Herzeleid: / Weh spricht: Vergeh! / Doch alle Lust will Ewigkeit –, / – will tiefe, tiefe Ewigkeit!‹« (Ebd., S. 403f.)
39 Vgl. HJu, Bd. 8, S. 190–194; vgl. HW, Bd. 8, S. 173–175.

subjektive Freiheit, in *dem* Sinn, daß bei dem, was ich thue, ich mit meiner Einsicht und Ueberzeugung bin, ein wesentliches Princip. Raisonnire ich aber aus diesem Princip *allein*, so ist dieß gleichfalls Sophisterei, und werden damit alle Grundsätze der Sittlichkeit über den Haufen geworfen.«[40]

Bei der grobgespannten Recherche nach dialektischen Ansätzen zu anderen Zeiten in der Philosophie rangieren gleichfalls jene höher, worin der Vorrang des Einen, Ersten und Festen schon präformiert ist. Platon wird, wie folgt, honoriert: »So leitet er z. B. im Parmenides vom Einen das Viele ab, und zeigt demungeachtet, wie das Viele nur dieß ist, sich als das Eine zu bestimmen. In solcher großen Weise hat Platon die Dialektik behandelt.«[41] Der Hegelsche Applaus über die grandiose Methode übertönt ihren Zwang; ein Leichtes, wo im »Parmenides« selber die verstreuten Einzelheiten die Methode schon auf sich ziehen: »Und ganz zermalmt wird, glaube ich, notwendig durch Zerstückelung alles Seiende, was nur irgend jemand in seinem Verstande auffaßt, denn es würde immer als Masse ohne Eins aufgefaßt.«[42] Die Bewegung in den Dingen für sich, sich zu retten, ist zugleich der dialektische Hebel, sie an und für sich zu behandeln. So werden auch die Kantischen Antinomien als dialektische Ansätze in Gang gebracht. Der Widerspruch zwischen Sache und Begriff ist Struktur der Sache selber. Ihr bislang verborgenes An-Sich ist, die Begrenztheit ihrer Bestimmung zu transzendieren. Heimisch wird sie im dialektischen Begriff, der eben diese Bewegung ist.

Hegels Hybris, die ganze Welt als Beispiel der Dialektik zu offerieren, resultiert[43] aus dem Triumphzug des Verfahrens. Als habe er Menschen, Vieh, Pflanzen und Sterne erzeugt, führt er sie denn auch vor: »Alles, was uns umgiebt, kann als ein Beispiel des Dialektischen betrachtet werden. Wir wissen, daß alles Endliche, anstatt ein Festes und Letztes zu seyn, vielmehr veränderlich und vergänglich ist, und dieß ist nichts Anderes, als die Dialektik des Endlichen, wodurch dasselbe, als an sich das Andere seiner selbst, auch über das, was es unmittelbar ist, hinausgetrieben wird und in sein Entgegengesetztes umschlägt.«[44] Hier wurde angedeutet, wie Hegel Gefahr laufe, sich durchs Beispiel zu entdialektisieren. Identität erheischend will das Beispiel nichts Ungeschlichtetes mehr herausgeben. Zugleich will sein dogmatischer Zug jedoch auch das Äußerste an Wahrheit beschreiben; nämlich die Reflexion, worin alles Endliche einem Letzten und Fe-

---

40 HJu, Bd. 8, S. 191; vgl. HW, Bd. 8, S. 173.
41 HJu, Bd. 8, S. 192; vgl. HW, Bd. 8, S. 174.
42 Platon, Parmenides, in: Platon, Sämtliche Werke, hrsg. von Ursula Wolf, Bd. 3, übers. von Friedrich Schleiermacher, Hieronymus Müller und Friedrich Müller, Reinbek bei Hamburg 1994 (Rowohlts Enzyklopädie; 563), S. 91–146; hier: S. 145 (165 b).
43 Konjiziert für: »schlägt«.
44 HJu, Bd. 8, S. 192f.; vgl. HW, Bd. 8, S. 174.

sten entgegentreibt, hat in sich selber etwas vom objektiven Zwang, unter dem Kritisches sich in die Totalität ausatmet. Die Schellingsche Formel vom Prinzip der Dialektik als Vorstellung von der Macht Gottes[45] will bei Hegel erfüllt werden – indem sich alle Negationen versammeln, zugleich aber auf ihre längere Exposition verzichten, um ihrem Schicksal ganz getreu zu bleiben. Kritik an der Welt löst sich in die romanhafte Reproduktion von ihr auf. Der Anstoß im naiven Bewußtsein, einmal aus seinem sicheren Geschäft herauszugehen, impliziert, daß es darein zurückgekehrt sei. Was aus dem Hegelschen Resultat als ›Eile mit Weile‹ herausquillt, ist die Weisheit, in der das vorphilosophische Bewußtsein bereits etabliert ist.

---

45 »Wenn der Philosophie das dialektische Princip, d.h. der sondernde, aber eben darum organisch ordnende und gestaltende, Verstand, zugleich mit dem Urbild, nach dem er sich richtet, entzogen wird, so, daß sie in sich selbst weder Maß noch Regel mehr hat: so bleibt ihr allerdings nichts anderes übrig, als daß sie sich historisch zu orientiren sucht, und die *Ueberlieferung*, an welche bei einem gleichen Resultat schon früher verwiesen worden, zur Quelle und Richtschnur nimmt. Dann ist es Zeit, wie man die Poesie bei uns durch die Kenntniß der Dichtungen aller Nationen zu begründen meinte, auch für die Philosophie eine geschichtliche Norm und Grundlage zu suchen. Wir hegen die größte Achtung für den Tiefsinn historischer Nachforschungen, und glauben gezeigt zu haben, daß die *fast* allgemeine Meinung, als habe der Mensch erst allmählich von der Dumpfheit des thierischen Instinkts zur Vernunft sich aufgerichtet, nicht die unserige sey. Dennoch glauben wir, daß die Wahrheit uns näher liege, und daß wir für die Probleme, die zu unserer Zeit rege geworden sind, die Auflösung zuerst bei uns selbst und auf unserem eignen Boden suchen sollen, ehe wir nach so entfernten Quellen wandeln. Die Zeit des bloß historischen Glaubens ist vorbei, wenn die Möglichkeit unmittelbarer Erkenntniß gegeben ist.« (SW, Bd. 4, S. 307)

400 Ulrich Beyer,
   9. Dezember 1965

|Ulrich Beyer

Protokoll des Seminars vom 9. 12. 1965|

Hegels Verhältnis zum vorphilosophischen Bewußtsein ist nicht bloß das einer Differenz zu diesem Alltäglichen. Solange war es das wesentliche Interesse der Philosophie gewesen, einfach über jenes Gewöhnliche hinaus zu kommen, um von dieser Höhe her einen Weg zu finden, der Gewalt des gegen sich selbst Blinden zu steuern. Die Geschichte zeigt indes das fortwährende Mißlingen der Bemühung, die Übermacht des einfach seienden Alltäglichen menschlicher Herrschaft zu unterwerfen. Für Hegel war umgekehrt das, was ist und sich begibt – nicht zuletzt in seiner Stellung zur Französischen Revolution sich äußernd – mit Grund, sich nicht bloß über das in seiner Einfachheit als Selbstverständliches erscheinende hinaus zu erheben. Nach ihm sollen wir uns vielmehr »ebenso unmittelbar oder aufnehmend verhalten, also nichts an ihm (dem Seienden), wie es sich darbietet, verändern und von dem Auffassen das Begreifen abhalten.« (Hegel, Phänomenologie des Geistes, die sinnliche Gewißheit)[46] Diese Insistenz der Philosophie auf der sinnlichen Unmittelbarkeit darf jedoch nicht als eine Konzession an den Frieden mit dem Übermächtigen interpretiert werden. Einzig durch diese Sinnlichkeit nämlich ist Erfahrung und darin der Begriff von der Stellung des Subjektes in dem dumpf Geschehenden möglich. Bei Hegel faßt sich »die Theorie, die äußerlich als das Fortspinnen und Ausspinnen der Spekulation, als die innere Entfaltung des philosophischen Gedankens zum System erscheinen kann, ... als der Austrag des durch die Revolution gestellten Problems, daß die Kontinuität der Weltgeschichte für sie selber ... nicht mehr besteht und zerbrochen ist.« (Joachim Ritter, Hegel und die französische Revolution)[47] Die Ohnmacht des

---

[46] »Das Wissen, welches zuerst oder unmittelbar unser Gegenstand ist, kann kein anderes sein als dasjenige, welches selbst unmittelbares Wissen, *Wissen des Unmittelbaren* oder *Seienden* ist. Wir haben uns ebenso *unmittelbar* oder *aufnehmend* zu verhalten, also nichts an ihm, wie es sich darbietet, zu verändern und von dem Auffassen das Begreifen abzuhalten.« (HW, Bd. 3, S. 82)

[47] »Die philosophische Theorie, die äußerlich als das Fortspinnen und Ausspinnen der Spekulation, als die innere Entfaltung des philosophischen Gedankens zum System erscheinen kann, erweist sich als der *Austrag des durch die Revolution gestellten Problems, daß die Kontinuität der Weltgeschichte für sie selber wie für ihren restaurativen Gegner nicht mehr besteht und zerbrochen ist. Was mit der neuen Zeit und mit der Revolution heraufkommt, ist für beide das Ende der bisherigen Geschichte; die Zukunft ist ohne Beziehung zur Herkunft.*« (Joachim Ritter, Hegel und die

subjektiven Geistes gegenüber dem Lauf der Geschichte wird danach von Hegel zu einer Bestimmung des Begriffes von Geist erhoben. Die Rechtfertigung des Übermächtigen mit den Mitteln des Geistes sollte dieses selber als Geist erweisen.

Die Manifestation der Ohnmacht des subjektiven Geistes, sein Untergang, wird hierbei unmittelbar in seinen Sieg verkehrt. Dieses Untergehen ist für Hegel die konkrete Endlichkeit des einzelnen Subjektes. Der Tod ist dies Untergehen und die Vollendung des Endlichen. In ihm soll sich dieses als eine Bestimmung des Absoluten und darin als selbst Absolutes erweisen. Das unmittelbare Hervorgehen des Positiven aus dem absolut werdenden Endlichen oder Negativen ist in solcher Einfachheit indes auch dogmatische Affirmation. Sie enthält säkularisierte Topoi protestantischer Mystik – Jakob Böhmes –, denen zufolge die Ewigkeit des Einzelnen in seiner zeitlichen Nichtigkeit beschlossen war.[48] Dieser Zusammenhang zwischen Hegel und Böhme ist aber eingeschränkt: Die Unendlichkeit des Einzelnen wird durch seine Endlichkeit nicht endgültig, nicht positiv bestimmt. Der christlichen Religion bleibt der Jüngste Tag, vor dem alle bestehende Notwendigkeit endlich, negativ ist. Für Hegel ist umgekehrt jede andere Unendlichkeit, als welche den Tod in sich aufgehoben hat, bloß »schlecht«. Er läßt keine Möglichkeit jenseits der hierin bestimmten Notwendigkeit gelten. Für einen Sterbenden ist diese Unentrinnbarkeit aber kein Trost. Sie mag ihm deshalb als bloße Rechtfertigung der Faktizität erscheinen, und die Philosopheme, in denen sie ausgesprochen ist, als Gleichgültiges, wo es um ein besseres Anderes geht.

Gerade diese Trostlosigkeit der Existenz des Einzelnen ist der Philosophie nach Hegel als Negatives erschienen, gegen das die Negativität des Denkens sich wandte. Bei Nietzsche ist das durch die Negation der Negativität des Todes sich Hervorkehrende die Lust. Sie wird von ihm als das über die gegebene Unmittelbarkeit Hinausweisende, als das durch die Zeit erscheinende Unvergängliche er-

---

französische Revolution, Köln und Opladen 1957 [Arbeitsgemeinschaft für Forschung des Landes Nordrhein-Westfalen · Geisteswissenschaften; 63], S. 30)

[48] So heißt es bei Böhme etwa: »Und darum muß das alte Cadaver verfaulen und hinfallen, denn es ist nicht tüchtig ins Reich Gottes. Es führt nur sein Mysterium in seinen ersten Anfang, als seine Wunder und Werke, verstehet: in der Essenz des ersten Principii, welches unsterblich und unvergänglich ist, als das magische Seelenfeuer. Und nicht alleine dieses, sondern es soll auch das Ende in den Anfang einführen und einigen. Denn die äußere Welt ist aus der inneren ausgeboren und in ein greiflich Wesen geschaffen worden. Deren Wunder gehören in (den) Anfang, denn sie sind in der Weisheit Gottes als in der göttlichen Magia von Ewigkeit erkannt worden, wohl nicht im Wesen, aber im Spiegel der jungfräulichen Weisheit Gottes, aus welchem die ewige Natur immer und von Ewigkeit urständet.« (Jakob Böhme, Theosophische Sendbriefe [1618 – 1624], hrsg. von Gerhard Wehr, Frankfurt a. M. und Leipzig 1996 [insel taschenbuch; 1786], S. 162)

fahren.⁴⁹ Hierin gerät Nietzsche in einen Gegensatz zur ganzen traditionellen Philosophie. In jener ist Lust als ein bloß Untergehendes begriffen, die Idee aber als das, was bleibt. Auf diese Weise erhält die Wirklichkeit der Idee dort die Bedeutung, durch die Nichtigkeit der Lust das Leid zu verewigen.

Die in Positivität übergehende Negativität, der zur Affirmation kommende Widerspruch ist bei Hegel der Begriff der erscheinenden Wirklichkeit der abgeschlossenen Totalität. Für Kant dagegen sind die Antinomien nicht positive Bestimmungen der Welt, sondern nur in Negativität verharrende Kritik der Vernunft. Danach wird bei ihm »die Antinomie der reinen Vernunft ... gehoben, dadurch, daß gezeigt wird, sie sei bloß dialektisch und ein Widerstreit eines Scheines, der daher entspringt, daß man die Idee der absoluten Totalität, welche nur als eine Bedingung der Dinge an sich selbst gilt, auf Erscheinungen angewandt hat, die nur in der Vorstellung und sonst gar nicht existieren.« (Kant, Kritik der reinen Vernunft, Entscheidung des kosmologischen Streites.)⁵⁰ Für Kant war deshalb die Welt als ein Beispiel für etwas jenseits von ihr noch möglich. Innerhalb der dialektischen Logik Hegels kommt dagegen die bestimmte Totalität der Welt unmittelbar durch das Fortschreiten dieser Logik selber zustande. Die dialektische Logik hat folglich in der Welt nicht bloß ein Beispiel von sich. Das implizierte abermals einen Begriff von Dialektik jenseits der Welt als einer bloß subjektiven Kategorie für sie.

Bei Hegel erweist sich nun das Einzelne als Negatives, indem sein Begriff als Negatives erscheint. Der Begriff ist zuerst nur die einfache Ununterschiedenheit seiner Bestimmungen unter ihm. Auf dieser abstraktesten Stufe, die noch nicht einmal die Unterscheidung des Begriffs von der Sache faßt, stellt sich aber der Begriff schon als die absolute Negation dar: »Die Bestimmungen (des Begriffs) sind als Determinationen überhaupt Negationen. Ebenso ist ferner das Weglassen derselben ein Negieren. Es kommt also beim Abstrakten gleichfalls die Negation der Negation vor.« (Hegel, die subjektive Logik, der allgemeine Begriff)⁵¹ Der reine

---

49 S. oben, Anm. 38.
50 »So wird demnach die Antinomie der reinen Vernunft bei ihren kosmologischen Ideen gehoben, dadurch, daß gezeigt wird, sie sei bloß dialektisch und ein Widerstreit eines Scheins, der daher entspringt, daß man die Idee der absoluten Totalität, welche nur als eine Bedingung der Dinge an sich selbst gilt, auf Erscheinungen angewandt hat, die nur in der Vorstellung, und, wenn sie eine Reihe ausmachen, im sukzessiven Regressus, sonst aber gar nicht existieren.« (KW, Bd. IV, S. 470 [B 534; A 506])
51 »Vom Allgemeinen, welches ein vermitteltes, nämlich das *abstrakte*, dem Besonderen und Einzelnen entgegengesetzte Allgemeine ist, ist erst bei dem bestimmten Begriffe zu reden. – Aber auch schon das *Abstrakte* enthält dies, daß, um es zu erhalten, erfordert werde, andere Bestimmungen des Konkreten *wegzulassen*. Diese Bestimmungen sind als Determinationen überhaupt

Begriff ist hierbei als die abstrakte oder allgemeine Identität einer von ihm abgezogenen Vielheit ihn bestimmender und als Momente in ihm aufgehobener Merkmale verstanden. Der Begriff gibt sich als die Negation des vom ihm Befaßten, er negiert die einfache Faktizität und setzt sich für jene. Mit ihm wird die Sache durch ein Geistiges ersetzt. Der Begriff ist das Nicht der Sache. Aber der Begriff bleibt nicht bloß bei dieser Negativität gegenüber der Sache. Indem er sie ausdrückt soll er das Andere, die Sache, selber auch sein. In diesem Moment besteht – nach Hegel – die Positivität der Sache im Begriff, seine Identität mit ihr.[52] In dieser Darstellung ist aber unausgesprochen vorausgesetzt, der einmal bei seiner einfachen Identität mit sich angekommene Begriff könne danach noch wieder aus sich heraus in die Sache übergehen. In dieser Voraussetzung liegt aber das Problem: Wie kann aus dem Begriff selbst der Unterschied zwischen Begriff und Sache abgeleitet werden, und der Begriff selber, indem der Unterschied aus ihm hervorgeht, als die Identität dieses in ihm Unterschiedenen? Bei Hegel scheint sich dieses Problem zunächst nicht zu stellen, nachdem er – seinem eigenen Verständnis nach über die Prinzipienphilosophie hinaus – die Vorstellung von einem absoluten Anfang kritisiert. Aus solchem Verhältnis zur Schwierigkeit des Anfangs stellt sich dieser der dialektischen Logik zuerst als die Beliebigkeit dar, aus dem Sein wie jedem Begriff überhaupt hervorgehen zu können. Dann aber erweist sich bei Hegel das Verhältnis der dialektischen Philosophie zu der der Prinzipien als selber noch einmal in sich widersprüchlich. Die Beliebigkeit des Anfangs wäre nur die abstrakte Negation der Strenge des Anfangs aus bloß einem einzigen bestimmten Begriff. Hegel will in einem nicht prima philosophia und diese doch sein. Es bleibt bei ihm deshalb die für das Prinzip sich ergebende ungelöste Schwierigkeit, den Anfang zu begreifen, aufgehoben. Hegels Anfang mit dem Sein ist auf diese Weise zwar der Möglichkeit eines Anfangs mit einem anderen Begriff nach beliebig, in Wirklichkeit aber notwendig. Hegel kann nicht mit einem Etwas anfangen. Das wäre ontisch. Die Absolutheit des Begriffs ließe sich aus dem nicht erweisen. Diese Absolutheit ist aber die Bedingung der Möglichkeit des absoluten Subjektes, das zum vollständigen Begriff von sich selber

---

Negationen; ebenso ist ferner das *Weglassen* derselben ein *Negieren*. Es kommt also beim Abstrakten gleichfalls die Negation der Negation vor.« (HW, Bd. 6, S. 275)

52 »Die Bestimmtheit ist als bestimmter *Begriff* aus der Äußerlichkeit *in sich zurück gebogen*; sie ist der eigene, immanente *Charakter*, der dadurch ein Wesentliches ist, daß er, in die Allgemeinheit aufgenommen und von ihr durchdrungen, von gleichem Umfange, identisch mit ihr, sie ebenso durchdringt; es ist der Charakter, welcher der *Gattung* angehört, als die von dem Allgemeinen ungetrennte Bestimmtheit. Er ist insofern nicht eine nach außen gehende *Schranke*, sondern *positiv*, indem er durch die Allgemeinheit in der freien Beziehung auf sich selbst steht. Auch der bestimmte Begriff bleibt so in sich unendlich freier Begriff.« (Ebd., S. 278)

gekommen ist. Im Sein als dem in einem vollständigsten und leersten Begriff ist das absolute Subjekt vorweggenommen.

Das Sein ist das Anfangen des Geistes bei sich. Damit ist zwar keine grundlegende Differenz zu Fichtes Anfang mit dem absoluten Ich begründet. Dem Anfang nach ist Hegel Fichtianer. Die absolute Identität von Begriff und Sache, von Subjekt und Objekt im Sein, erlaubt aber den immanenten Fortgang bis zum Ende, dem sich schließenden Kreis, ohne daß – wie bei Fichte – ein irreduzibler Rest bliebe. Dieser immanente Fortgang kommt auf der anderen Seite zustande, indem die Vernunft aus dem Begriff nur das herausholt, was sie vorher in ihn hineingesteckt hat. Von hier hat die Interpretation Hegels als eines einzigen gigantischen analytischen Urteils ihr Recht. Bei Hegel selber ist der Prozeß des zu seinem Wesen werdenden Seins auch als analytischer begriffen. Aber dieser Begriff erscheint bei ihm in der Logik als aufgehobener, nachdem in ihr der Begriff als der eines dialektischen Urteils gefaßt ist, welches die Einheit des Analytischen und des Synthetischen in sich schließt. Das Sein ist in jenem Prozeß der Anfang wie das Ende, es bleibt sich selbst also gleich. Das resultierende Sein ist ein gleichwohl Neues, nämlich ein vollständig Bestimmtes.

Der Prozeß, der zu diesem Resultat führt, ist dieses selber schon, weil er innerhalb der Absolutheit des Seins verbleibt, das Ausgang wie Ende ist. Im abgeschlossenen System ist die absolute Negativität des am Anfang leeren Seins zu ihrer eigenen Bestimmtheit durch die nunmehr erreichte Bestimmtheit des Seins gekommen. Aber indem der Prozeß das Resultat selber ist, ist er in jedem Moment ebenso auch diese absolute Negativität. Die sich in ihm vollziehende Negation der Negation ist diese absolute Negativität und ist sie nicht in dem Moment, noch nicht beim letzten Resultat, beim Ende des Neues hervorbringenden Prozesses angekommen zu sein.

401 Günther Frank,
   16. Dezember 1965

Protokoll der Sitzung vom 16. 12. 1965 des Hauptseminars von
Prof. Adorno und Horkheimer »Negation bei Hegel«.

Verlesung und Diskussion des Referats über den Begriff der bestimmten Negation bei Hegel wurden fortgesetzt.[53]

Sein versteht sich in der Hegelschen Logik als Produkt eines Abstraktionsprozesses, der beim bestimmten Seienden seinen Ausgang nimmt. Dem Begriff des Seins ist die Totalität alles Seienden subsumiert. Sein ist so betrachtet ›alles Seiende‹ – aber in der Weise, daß die Totalität nach der Seite ihrer mannigfaltigen Differenzen aufgelöst ist, indem sie als Sein gefaßt wird: Alles Seiende ist zugleich auch kein bestimmtes Seiendes – Sein ist Nichts. Das Seiende ist dem Sein gleichgemacht, aber die Ungleichheit beider auch erhalten; darum ist Sein unmittelbar der Umschlag in sein rein absolut Anderes, in Nichts. In dem als unbestimmt bestimmten Sein, das identisch mit seiner Vermittlung, der Negation des differenzierten, bestimmten Seienden ist, ist Hegel zufolge die Differenz zwischen Sein und Seiendem aufgehoben. Sein ist diese Vermittlung selbst als Unmittelbares, so daß im Terminus Sein wesentlich dies zu denken ist: ›alles Seiende als Nichtseiendes‹. Die Vermittlung, gefaßt als Unmittelbarkeit des Seins, ist an sich selbst das Negative. Das Sein als ›unbestimmtes Unmittelbares‹ ist absolut unterschiedslos, sich selbst gleich; aber indem es nicht unter anderem *auch*, sondern *wesentlich* und *ausschließlich* die Negations- und Vermittlungsbeziehung und ›alles Seiende als Nichtseiendes‹ ist, ist es zugleich das Sich-von-sich-Abstoßen der Unterschiedslosigkeit, sich selbst absolut ungleich, Nichts. »... ebensosehr ist die Wahrheit nicht ihre (Sein und Nichts) Ununterschiedenheit, sondern daß sie nicht dasselbe, daß sie absolut unterschieden, aber ebenso ungetrennt und untrennbar sind ...« (Logik I S. 67)[54]. Da Sein durch die Negation aller

---

53 Der Referatstext von Hans Imhoff, »Der Begriff der bestimmten Negation bei Hegel«, wurde nicht aufgefunden.
54 »Was die Wahrheit ist, ist weder das Sein, noch das Nichts, sondern daß das Sein in Nichts, und das Nichts in Sein – nicht übergeht, – sondern übergegangen ist. Aber ebensosehr ist die Wahrheit nicht ihre Ununterschiedenheit, sondern daß *sie nicht dasselbe*, daß sie *absolut unterschieden*, aber ebenso ungetrennt und untrennbar sind und unmittelbar *jedes in seinem Gegenteil verschwindet*. Ihre Wahrheit ist also diese *Bewegung* des unmittelbaren Verschwindens des Einen in dem Anderen: *das Werden*; eine Bewegung, worin beide unterschieden sind, aber durch einen Unterschied, der sich ebenso unmittelbar aufgelöst hat.« (HSW, Bd. III, S. 67; vgl. HW, Bd. 5, S. 83)

Bestimmungen vermittelt ist, das Eigentümliche von Vermittlung und Negation aber darin besteht, daß sie grundsätzlich Vermittlung und Negation ›von etwas überhaupt‹ sind, kehrt sich, auf die reine, absolute Spitze getrieben, Vermittlung gegen sich selbst, und die bestimme Negation ist Einheit von Vermittlung und ihrer Negation.

Hegels Fortschritt gegenüber der philosophischen Tradition besteht nicht zuletzt darin, daß er das Sein, mit dem die Logik beginnt, als abstrakte, unwahre Bestimmung, nicht als Reichstes begreift. Sein ist die Totalität, aber nicht als entfaltete Totalität, sondern im Ansatz. Sein ist darum die legitime Bestimmung für den Anfang, weil es als ein gänzlich Irreduzibles, gleichsam als das hypostasierte ›Überhaupt‹ (des Kantischen Sprachgebrauchs vom ›Bewußtsein überhaupt‹ und in ihrer ursprünglichen Korrelation vom ›Gegenstand überhaupt‹) allem Seienden, allem Etwas gemeinsam ist. Von Sein als einem bloßen *Allgemeinbegriff* kann darum nur mit Vorbehalt und Einschränkung die Rede sein, weil im Terminus Sein gerade jener Indifferenz- und Beziehungspunkt intendiert ist, dessen es allenthalben notwendig bedarf, wenn es sinnvoll sein soll, von Begriff *und* Sache, d. h. Begriff als Begriff in Differenz zur Sache, aber bezogen auf sie, zu sprechen.

Wie in Wahrheit weder das Sein als solches noch das Nichts als solches ist, »sondern das Sein in Nichts und das Nichts in Sein – nicht übergeht, sondern übergegangen ist« (Logik I S. 67), so zeigt sich mit Rücksicht auf das in der spekulativen Logik thematische Verhältnis von Begriff und Sache, Begriff des Seins und Sein als Nichtbegrifflichem, daß Sein in eben der Weise die Einheit seiner selbst als Begriff und als Nichtbegriffliches ist, wie die in der Begriff-Sache-Relation prinzipiell in Anspruch genommene Beziehungseinheit der Momente notwendig und in jedem Falle als Einheit der Einheit der Bezogenen und ihrer Differenz, mithin als Identität der Identität und der Nichtidentität sich darstellt. Daß Sein und Nichts »absolut unterschieden, aber ebenso ungetrennt und untrennbar sind und unmittelbar jedes in seinem Gegenteil verschwindet« (ebd. S. 67), bringt dasselbe zum Ausdruck, nur in einer allgemeineren, von der Besonderheit des Verhältnisses Begriff-Sache absehenden Weise. Genau betrachtet, fängt die Logik weder mit Sein noch mit Nichts, sondern mit der Untrennbarkeit der absolut Getrennten, mit Werden an. Aber die »haltungslose Unruhe« des Werdens hebt sich auf;[55] also fängt sie mit Etwas an usw. In gewisser Hinsicht läßt sich sagen,

---

55 »Das Gleichgewicht, worin sich Entstehen und Vergehen setzen, ist zunächst das Werden selbst. Aber dieses geht ebenso in *ruhige Einheit* zusammen. Sein und Nichts sind in ihm nur als Verschwindende; aber das Werden als solches ist nur durch die Unterschiedenheit derselben. Ihr Verschwinden ist daher das Verschwinden des Werdens oder Verschwinden des Verschwindens

daß jedes Moment der Logik ein neuer Anfang ist bzw. die Struktur des Anfangs wiederholt.

Das reine Sein ist zugleich Denken. Hegel findet den Fortgang zum konkreten Seienden, indem er erkennt, daß im Sein als dem Ersten und Ursprünglichen die Vermittlung enthalten ist und zwar als absolute, sich gegen sich selbst kehrende, so daß Sein in Nichts über- und zurückspringt, Vermittlung in Unmittelbarkeit um- und zurückschlägt. In der »haltungslosen Unruhe« des Werdens bringt sich dies zur Geltung, daß kein durch Denken vermittelter Ursprung als Ursprung und Unmittelbarkeit schlechthin festgehalten werden kann.

Die Bestimmung Etwas, als erste Stufe von Konkretion und als ein wahreres Unmittelbares denn das reine Sein des Anfangs, ist die Aufhebung des als nichtgesetzt gesetzten Ursprungs.

Das Sein ist der Begriff als logische Form des Allgemeinen, das sein eigener Grund ist. Die Wahrheit der Dinge ist nur in ihrem Begriff, der ihr Wesen als verschieden von der Mannigfaltigkeit ihrer erscheinenden Existenz ausdrückt. Das Faktum konstituiert sich erst, indem es ins Allgemeine, in den Begriff, der die bestimmte Negation ist, gehoben wird – was im Gegensatz zur Vorstellungsweise des Empirismus steht, der alle Erkenntnis aus der Sinneserfahrung ableitet. Was außerhalb des Denkens ist, wird wirklich erst, indem es sich in den Begriff wandelt, d.h., erst als Begriffener ist der Gegenstand wirklicher Gegenstand. Der Fortgang vom Sein zum Wesen gibt sich damit zugleich als ein Rückgang ins Sein der Dinge zu erkennen, dessen Wesen der Begriff ist. Die Bildung des Begriffs geschieht nicht unabhängig von einer als an sich seiend vorausgesetzten Wirklichkeit, sondern ist in eins das Wirklichwerden des Begriffenen. Die Unmittelbarkeit des Gegenstandes ist vermittelt und begründet durch dessen Begriff. Dieser ist als immanente Fortentwicklung jenes Indifferenz- und Beziehungspunktes der Unterschiedenen: Begriff und Gegenstand anzusehen, der sich im Anfang als die absolute Ruhelosigkeit des Werdens herausstellt.

Problematisch erscheint an Hegels Ontologisierung des Idealismus, daß Erkenntnis gänzlich zum Erzeugungsprozeß der Dinge als wirklicher wird. Erkenntnis und Genesis, immanentes Werden der Dinge sind identisch, indem der Begriff sich zugleich als Grund weiß.

Die Wesenslogik entwickelt, daß Sein und Wesen sich negativ gegeneinander verhalten. Die das Wesen konstituierende Negation der Bestimmungen des Seins löst diese auf: Zugleich ist etwas vom Sein in die Negation eingegangen, denn die Negation ist prinzipiell Negation von Etwas, das in weitestem Sinne anders ist als

---

selbst. Das Werden ist eine haltungslose Unruhe, die in ein ruhiges Resultat zusammensinkt.« (HSW, Bd. III, S. 93; vgl. HW, Bd. 5, S. 113)

sie, und das sich Widersprechende löst sich nicht in Null auf. Sein ist im Wesen aufgehoben, deshalb erscheint das Wesen als Unmittelbares. Das Wesen der seienden Dinge ist der Prozeß, in dem die Substanz des Seienden, die Subjekt ist, dessen Bestimmungen als Momente ihrer eigenen Selbstverwirklichung setzt, um so im Begriff durch das Andere des Begriffs hindurch zu sich zurückzukehren.

Dialektik als immanentes Hinausgehen über jede einfache Bestimmtheit setzt die Arbeit des Verstandes voraus, der als abstrahierender isoliert und fixiert und, statt jedwedes Bestimmte als vermittelt durch sein Anderes zu erkennen, die Grenze generell, ohne die freilich alles in einem trüben Einerlei verschwimmen würde, verabsolutiert, d. h. einseitig nur in ihrer ausschließenden Funktion erfaßt. Die Konkretisierung der formallogischen Begriffe in und kraft der dialektischen Vernunft kann ohne das Abstraktionsvermögen des Verstandes nicht gedacht werden.

Für Hegel wird der Verstand zur Vernunft dadurch, daß er sich in seiner konstitutiven Bedeutung gerade auch für die Grenze, die ihn beschränkt, erkennt. Der Verstand ist so nicht mehr rein; vielmehr wird er als seine Beschränktheit durchschauender, als zur Vernunft, die sein eigenes Ansich ist, gebrachter Verstand konkret wie das Resultat dieses Prozesses, der spekulative Begriff. Kritik wäre hier an Hegels These anzumelden, daß der Verstand, lediglich ohne ein explizites Bewußtsein davon zu haben, bereits der absolute Geist selber ist, daß somit die abstrakten Allgemeinbegriffe, die das Werk des Verstandes sind, als Momente *des* Begriffs die objektive Realität so reproduzieren, wie sie Produkt des Absoluten ist. Der Prozeß des Vernünftigwerdens des Verstandes, seine Vermittlung mit dem Absoluten läßt inhaltlich alles beim Alten. Treten bei Kant Verstand und Anschauung auseinander, ist der Verstand somit transzendental, so ist er bei Hegel als das Andere der Anschauung selber ein Empirisches, gleichsam ein »Stück Welt« und als solches Moment der Selbsterfahrung des absoluten Begriffs notwendiges Moment seiner Selbstentäußerung und Selbstentfremdung.

Kritik an Hegel hätte in erste Linie auf solche Verabsolutierung des subjektiv-idealistischen Standpunktes sich zu beziehen, auf eine Form von Dialektik, in der ungeachtet aller Polemik gegen den Idealismus Fichtes, der das Objekt vergewaltige, die Vermittlung von Subjekt und Objekt, Begriff und Sache kaum anders sich abspielt, als in der ›Wissenschaftslehre‹, in der das absolute Ich alles Nicht-Ich setzt. Das individuelle Denken ist Produkt des Allgemeinen, des Geistes. Es gewinnt Realität nur durch Negation seiner selbst als des Denkens individueller empirischer Subjekte.

Das Nichtbegriffliche, Nichtidentische folgt bei Hegel nicht einfach im Stil des alten ontologischen Gottesbeweises aus dem Begriff, wird mithin auch nicht einfach erschlichen; sondern der spekulative Begriff ist von vornherein so angesetzt, daß er das Nichtidentische umfaßt. Hegel hält durchaus daran fest, daß Sein (im Sinne von Existenz) kein reales Prädikat ist. Die immanente Widersprüchlichkeit des Begriffs des Begriffs ist der Index dafür, daß er als prädikatives Merkmal impliziert, was nicht reales Prädikat und Merkmal ist. Indem der Begriff als Wesen zum Grunde der Dinge wird, der selber noch eine Wesens- und Reflexionsbestimmung ist und als Grund im Widerspruch zugrunde geht, tritt die Existenz hervor, tritt der Begriff in die Existenz.

Zuletzt entzündete sich die Diskussion an der Frage, ob der Begriff des Begriffs, der die Existenz als das grundsätzlich Andere des Begriffs einschließt, nicht gerade durch die Integration des Nichtidentischen, Metalogischen irrational wird, ob somit die Logik Hegels, die sich ja nicht umsonst als das Denken Gottes vor der Erschaffung der Welt begreift, durch ein endliches, an das Postulat der Widerspruchsfreiheit gebundenes Denken überhaupt verstanden werden kann. Daß Existenz zum Schlüsselwort des modernen Irrationalismus werden konnte, hat sein fundamentum in re. Der scholastische Satz ›individuum est ineffabile‹ konstatiert als unaussprechbar ein Moment X, das, weil es in keinem angebbaren Sinne ›Etwas‹ ist, lediglich als eine Differenz überhaupt zum Begriff in Erscheinung tritt. Durch die Existenz, so Kant, komme etwas in den Kontext der gesamten Erfahrung; wir bekommen dadurch einen Gegenstand der Wahrnehmung mehr, aber unser Begriff von dem Gegenstand wird dadurch nicht vermehrt. Hegel übernimmt die traditionelle Scheidung von Essenz und Existenz, und obwohl beide als Momente eines dialektischen Prozesses aufgewiesen werden, der entwickelt, daß die Unterscheidung der Momente ihre Einheit impliziert, wie umgekehrt ihre Einheit nur auf dem Grunde ihres Unterschiedenseins möglich ist, so bleibt es doch ein nicht unerhebliches Problem, ob die Vermittlungseinheit im Unterschied, die der existierende oder Begriff des Begriffs ist, soweit überhaupt eine Denkbarkeit darstellt, daß die entscheidende Frage nach der Wahrheit oder Falschheit der dialektischen Vermittlung von Begriff und Existenz legitimerweise sich daran knüpfen läßt.

Günther Frank[56]

---

56 Unterschrift.

402 Helga Pesel, 6. Januar 1966

Helga Pesel

Philosophisches Hauptseminar
Protokoll der Sitzung vom 6. Januar 1966

Unmittelbarkeit und Vermittlung sind bei Hegel nicht einander schlechthin entgegengesetzt, sondern gehen auseinander hervor. Die Unmittelbarkeit eines Begriffs ist ein, wenngleich notwendiger, Schein, zu durchschauen als Resultat der vorangegangenen Vermittlung. Unmittelbarkeit ist die jeweils neue Gestalt, in der die Vermittlung aufgehoben ist. Es ist dies an der Hegelschen Philosophie nicht nur als ihr wesentliche Struktur zu sehen, die innerhalb des Systems den Fortgang ermöglicht, sondern auch auf seinen Erfahrungskern zu bringen. Gegen die empiristische Erkenntnistheorie machte Hegel geltend, daß die scheinbare Unmittelbarkeit für das Bewußtsein dadurch zustande kommt, daß die Vermittlung des Denkens, der Prozeß der Abstraktion darin verschwunden ist. Dennoch hat die Unmittelbarkeit eines Begriffs ihr wahres, und der Begriff verliert nicht durch die Tatsache der Vermitteltheit seine Gültigkeit als Unmittelbares. Kein Rekurs auf die vermittelnden Momente ändert etwas an der Verbindlichkeit etwa der Gestalt, in der formale Logik auftritt. »Es ist als faktisch falsch aufgezeigt worden, daß es ein unmittelbares Wissen gebe, ein Wissen welches ohne Vermittlung es sey mit anderem oder in ihm selbst mit sich sey. Gleichfalls ist es für faktische Unwahrheit erklärt worden, daß das Denken nur an durch Anderes vermittelten Bestimmungen fortgehe, und daß sich nicht ebenso in der Vermittlung diese Vermittlung selbst aufhebe. Von dem Faktum aber solchen Erkennens, das weder in einseitiger Unmittelbarkeit noch in einseitiger Vermittlung fortgeht, ist die Logik selbst und die ganze Philosophie das Beispiel.« (Werke Bd. 8, S. 181.)[57]

Das reine Sein mit dem die Wissenschaft der Logik anhebt, ist in diesem Sinne zu verstehen als Unmittelbares, der Fortgang der Wissenschaft der Logik als

---

[57] Der Passus lautet vollständig korrekt: »Es ist hiemit als *faktisch* falsch aufgezeigt worden, daß es ein unmittelbares Wissen *gebe*, ein Wissen welches ohne Vermittlung es sey mit Anderem oder in ihm selbst mit sich sey. Gleichfalls ist es für faktische Unwahrheit erklärt worden, daß das Denken *nur* an durch *Anderes vermittelten* Bestimmungen, – endlichen und bedingten, – fortgehe, und daß sich nicht ebenso in der Vermittlung diese Vermittlung selbst aufhebe. Von dem *Faktum* aber solchen Erkennens, das weder in einseitiger Unmittelbarkeit noch in einseitiger Vermittlung fortgeht, ist die *Logik* selbst und die *ganze* Philosophie das *Beispiel*.« (HJu, Bd. 8, S. 181; vgl. HW, Bd. 8, S. 164 f.)

Aufweis von dessen Vermitteltheit. Es wäre unter diesem Aspekt die gesamte Hegelsche Logik als Kritik am Anfang selber, der ein schlechthin unmittelbares sein will, zu interpretieren. Daß Hegel dies gegen die vorangegangene Metaphysik geltend macht, ist jedoch nur ein Moment seines Denkens. Zugleich wird Metaphysik wieder etabliert, denn wird auch das Sein in seiner Unmittelbarkeit kritisiert, so bleibt noch bei Hegel selbst der Aufweis seiner Vermitteltheit noch Ausdruck des Absoluten. Aus der erkenntnistheoretischen Einsicht, daß Objektivität allein durch das Subjekt vermittelt ist, resultiert die Verabsolutierung des Subjekts, und der reale Prozeß wird wie der nachträgliche erkenntnistheoretische zu einem bloßen Nachzeichnen eines Vorgegebenen. Auf diese Weise wird der Prozeß selber ontologisiert.

Der Umschlag von Sein in Nichts kann nur gelingen, weil durch den Abstraktionsprozeß zum reinen Sein jeglicher Inhalt daraus gewichen ist, reines Sein sich in reines Denken verflüchtigte. Nur als reine Vermittlung, auf keinen Inhalt bezogen, kann Sein in Nichts übergehen. Die äußerste Konsequenz des absoluten Idealismus hat Heidegger gezogen, dessen Seinsbegriff die hypostasierte Vermittlung ist. Bei Hegel ist der Fortgang von diesen inhaltsleeren Bestimmungen zur Konkretion nur möglich, indem aller Inhalt durch Denken, das ihn daraus verbannte, wieder zurückgeholt wird, d.h. selbst durch Denken gesetzt ist. Aus der Erkenntnis, daß ohne abstrahierendes Denken am Etwas nichts erkannt werden kann, zieht Hegel die Folgerung, daß die Negation die Bestimmung des Etwas auch ihrem Inhalt nach setze.

An Kants Philosophie kritisiert Hegel, daß Begriff und Wirklichkeit auseinanderweisen. Aus dem Kantischen Ansatz ist aber durchaus zu schließen, daß, da die Welt Konstitutum ist, von einer Wirklichkeit die nicht Begriff ist, nicht zu reden sei. Statt dessen bleibt bei Kant »die ganze Erkenntnis innerhalb der Subjektivität stehen, und drüben ist als äußeres das Ding an sich.« (Werke Bd. 19, S. 572.)[58] Die subjektiven Empfindungen sind nach Kant aufzufassen als Affektionen des Bewußtseins durch die Dinge an sich; darin folgt er unkritisch dem Empirismus. Sie sind jedoch, wie Hegel triftig darlegte, nicht das Unmittelbare, als das sie auch bei Kant noch verstanden werden, vielmehr vermittelt durch die ontische Welt, und damit Konstituta wie diese. Die Konsequenz von Kants Kopernikanischer Wende, die Fichte und am radikalsten Hegel zogen, war, daß das Subjekt, das alleine

---

58 »In der That ist in dem, was wir gesehen, nur das empirische, endliche Selbstbewußtseyn beschrieben, das eines Stoffes von Außen nöthig hat, oder das ein einzelnes, beschränktes ist. Es wird nicht gefragt, ob diese Erkenntnisse an und für sich dem Inhalte nach wahr oder nicht wahr sind. Die ganze Erkenntniß bleibt innerhalb der Subjektivität stehen, und drüben ist als Aeußeres das Ding an sich. Dieses Subjektive ist jedoch konkret in sich, Denken, Verstand, der bestimmt ist (Kategorien).« (HJu, Bd. 19, S. 572f.)

Objektivität der Erkenntnis stiftet, einzig auch den Inhalt von Objektivität bestimmt. Daß Kant gegenüber der Einheit stiftenden Subjektivität die Selbständigkeit des Materials festhielt, rettete für ihn wohl eine Welt jenseits der Erfahrbarkeit, machte aber dennoch Welt als Erscheinung zum Konstitutum von Subjektivität.

Fichte hat nun »die kantische gedankenlose Inkonsequenz, durch die es dem ganzen System an spekulativer Einsicht fehlt, aufgehoben.« (Werke Bd. 19, S. 613.)[59] Denn seiner Einsicht nach ist das Ich als Prinzip »die begriffene Wirklichkeit, denn die Wirklichkeit ist eben das Anderssein für das Bewußtsein, welches begriffen ist, das das Selbstbewußtsein in sich zurückgenommen hat.« (Bd. 19, S. 614 f.[60].)[61] Wenn Fichte die Ableitung des Nichtich aus dem Ich mißlang, so weil er zwar das Ich als absoluten Begriff aufstellte, »allein zur Realisierung aus sich selbst hat er ihn nicht gebracht. ... Er hat die Absolutheit, insofern er nur der nicht realisierte Begriff ist, und also selbst der Realität wieder gegenübertritt.« (Bd. 19, S. 615.)[62] Das Subjekt bei Hegel ist so gefaßt, daß es unmittelbar in sein Gegenteil überzugehen vermag.

Marx hat dem Vorrang des Subjekts bei Hegel gründlich mißtraut. Allerdings ist seine Kritik an Hegel nicht erkenntnistheoretisch fundiert; denn versteht man Dialektik als Reflexionskategorie, dann muß es dunkel bleiben, wie Dialektik bei Marx zustande kommen soll, wenn das Subjekt daraus nur gestrichen ist. An

---

59 »Es muß bei dem, was fichte'sche *Philosophie* genannt wird, ein Unterschied gemacht werden zwischen seiner eigentlichen spekulativen Philosophie, die streng konsequent fortschreitet – sie ist weniger bekannt –: und seiner popularen Philosophie, zu der die Vorlesungen in Berlin vor einem gemischten Publikum gehören, so die Schrift ›Vom seligen Leben‹. Sie haben Ergreifendes, Erbauliches – sich so nennende Fichtianer kennen oft nur diese Seite –; sie sind für das gebildete religiöse Gefühl eindringende Reden. Diese können in der Geschichte der Philosophie nicht beachtet werden, sie können durch ihren Inhalt den größten Werth haben; der Inhalt muß aber spekulativ entwickelt werden, das ist nur in seinen früheren philosophischen Schriften vorhanden. [...] Diesen Mangel, die kantische gedankenlose Inkonsequenz, durch die es dem ganzen System an spekulativer Einsicht fehlt, hat Fichte aufgehoben.« (Ebd., S. 612 f.)
60 Korrigiert aus: »615«.
61 Hegel beschreibt das Ich nach Fichte als »reines Denken; oder Ich ist das wahrhafte synthetische Urtheil *a priori*, wie es Kant genannt hat. *[Absatz]* Dieß Princip ist die begriffene Wirklichkeit; denn die Wirklichkeit ist eben das Andersseyn für das Bewußtseyn, welches begriffen ist, das das Selbstbewußtseyn in sich zurückgenommen hat.« (Ebd., S. 614 f.)
62 »Es existirt überall nichts weiter, als das Ich; und Ich ist da, weil es da ist: was da ist, ist nur im Ich und für Ich. Fichte hat nun nur diesen Begriff aufgestellt; allein zur Wissenschaft, zur Realisierung aus sich selbst, hat er ihn nicht gebracht. Denn dieser Begriff fixiert sich ihm als dieser Begriff; er hat die Absolutheit für ihn, insofern er nur der nicht realisirte Begriff ist, und also selbst der Realität wieder gegenüber tritt. Fichte hat damit die Natur der Realisirung und die Wissenschaft selbst nicht gefunden.« (Ebd., S. 615)

dessen Stelle hat in gewisser Weise der Produktionsprozeß den Vorrang, der über die Sphäre subjektiver Erzeugung hinausweist. Der dialektische Prozeß wird »mystifiziert« als ein in den Sachen sich abspielender, faßt man nicht das Tauschprinzip auf derart, daß sich darin bereits Subjektivität vergegenständlichte. (Die Konsequenz, die man im Sinne Hegels ziehen könnte, wäre jedoch eben diese: daß die Objektivität, als die das Tauschverhältnis erscheint, als subjektive Setzung zu durchschauen wäre; während Marx es als Objektivität schlechthin gegen Hegel geltend macht.)

In der Geschlossenheit des Hegelschen Systems ist impliziert, daß Wahrheit nur in der Totalität des erscheinenden Wissens sein könne. Der Zwang, der von dem allumfassenden System ausgeht, macht den vereinzelten Gedanken zur Unwahrheit. Man müßte kritisch gegen Hegel sagen, daß zum Maß von Wahrheit im Grunde eine quantitative Bestimmung gemacht wird, wenn nur der aus dem System deduzierbare Gedanke Anspruch auf Wahrheit hat, nicht aber ein einzelner. Allem Systemdenken haftet etwas von diesem Zwang an, nichts außerhalb seiner gelten zu lassen. Durch die Pedanterie der Veranstaltung soll ersetzt werden, was der bloß subjektiv gesetzten Ordnung abgeht: objektive Verbindlichkeit. Aus der Geschichte der Philosophie ließe sich belegen, daß erst, als Ontologie unhaltbar geworden war, Philosophie den Anspruch erhob, deduktives System zu sein in dem Sinne, alles aus der ratio abzuleiten, was vordem als verbindliche Weltordnung vorgegeben war. Die Triftigkeit der Beweisführung soll den Gedanken zu folgen zwingen. Im gesamten Deutschen Idealismus ist ein Unwille spürbar gegen den abschweifenden Gedanken, bei Kant als Vernünfteln, bei Hegel als Räsonieren geringschätzig bezeichnet.[63]

Philosophisches Denken müßte die Kraft aufbringen, sich dem Zwang, der vom System ausgeht, zu entwinden. Es sollte ein Moment des Spielerischen haben, das einstünde für die Freiheit des Gedankens. Die Gängelung des Denkens – mit dem Hinweis auf die Gefahr, die ihm im ungesicherten Gelände drohe – ist ihm weit gefährlicher als seine Befreiung. Niemand sah das deutlicher als Nietzsche, dem der Gedanke, der nicht gefährlich ist, nicht wert war, gedacht zu werden. Der Zwang, der den Gedanken im System verhält, ist gleichzusetzen der Repression, mit der das System den Subjekten als Individuen gegenüber auftritt. Weil Vernunft, die von der objektiven Ordnung befreite, zugleich ihre eigene an deren

---

[63] Kant spricht in der Vorrede zur »Kritik der reinen Vernunft« [1781] von der »wißbegierigen Jugend, die beim gewöhnlichen Dogmatism so frühe und so viel Aufmunterung bekommt, über Dinge, davon sie nichts versteht, und darin sie, so wie niemand in der Welt, auch nie etwas einsehen wird, bequem zu vernünfteln« (KW, Bd. III, S. 33 [B XXX]), und Hegel nennt das Räsonieren in der »Vorrede« zur »Phänomenologie des Geistes« [1807] »die Freiheit von dem Inhalt und die Eitelkeit über ihn« (HW, Bd. 3, S. 56).

Stelle setzte, negiert sie wiederum die Freiheit, die sie intendierte. Daß Vernunft die Objektivität nicht ist, als die sie behauptet wird, spricht am deutlichsten gerade Hegel aus in der Aufforderung an die Individuen, Welt als Vernunft zu sehen: »Wer die Welt vernünftig ansieht, den sieht sie auch vernünftig an; beides ist in Wechselwirkung.« (Geschichtsphilosophie Reclam-Ausg. S. 51.)[64]

Es ließe sich ähnliches wohl auch schon an Spinozas System zeigen. Alle Dinge sind Erscheinungsweisen der Einen Substanz, als solche deren endliche Beschränkung und damit Negation. Für das Individuum heißt es seine Unsterblichkeit darin zu erkennen, daß das Wesen seines Geistes in der ewigen Substanz gründet und das deshalb teilhat an der Ewigkeit.

Hegels Sympathien für das Spinozistische System sind verständlich aus dessen Ansatz: einem Absoluten, durch dessen Einschränkung sich das Endliche bestimmt. »Wenn man anfängt zu philosophieren, so muß man zuerst Spinozist seyn. Die Seele muß sich baden in diesem Aether der einen Substanz, in der Alles, was man für wahr gehalten hat, untergegangen ist. Es ist diese Negation alles Besonderen, zu der jeder Philosoph gekommen seyn muß; es ist die Befreiung des Geistes und seine absolute Grundlage.« (Bd. 19, S. 376.)[65] Jedoch bleibt die Negation bei Spinoza abstrakt, wird nicht zum Prinzip, das aus der Substanz die Endlichkeit hervorbrächte. Sie bleibt einfache Negation, die dadurch nicht zur Affirmation gelangt. Diese Einseitigkeit des Spinozistischen Systems kritisiert Hegel: »In die eine Substanz gehen alle Unterschiede und Bestimmungen der Dinge und des Bewußtseins nur zurück; und so kann man sagen, wird Alles nur in diesen Abgrund der Vernichtung hineingeworfen. Aber es kommt nichts heraus; und das Besondere, wovon er spricht, wird nur vorgefunden, aufgenommen aus der Vorstellung, ohne daß es gerechtfertigt wäre ... Spinoza müßte es deduzieren, ableiten aus seiner Substanz; sie schließt sich nicht auf, das wäre die Lebendigkeit, Geistigkeit.« (Bd. 19, S. 377.)[66]

---

64 Der Satz lautet korrekt und vollständig: »Auch der gewöhnliche und mittelmäßige Geschichtsschreiber, der etwa meint und vorgibt, er verhalte sich nur aufnehmend, nur dem Gegebenen sich hingebend, ist nicht passiv mit seinem Denken und bringt seine Kategorien mit und sieht durch sie das Vorhandene; bei allem insbesondere, was wissenschaftlich sein soll, darf die Vernunft nicht schlafen, und muß Nachdenken angewandt werden; wer die Welt vernünftig ansieht, *den* sieht sie auch vernünftig an, beides ist in Wechselbestimmung.« (Georg Wilhelm Friedrich Hegel, Vorlesungen über die Philosophie der Geschichte [1833–1836], hrsg. von Fritz Brundstäd, mit einer Einführung von Theodor Litt, Stuttgart 1961 [Reclams Universal-Bibliothek; 4881/4885b]; vgl. HW, Bd. 12, S. 23)
65 HJu, Bd. 19, S. 376.
66 »In die Eine Substanz gehen alle Unterschiede und Bestimmungen der Dinge und des Bewußtseyns nur zurück; so, kann man sagen, wird im spinozistischen System Alles nur in diesen Abgrund der Vernichtung hineingeworfen. Aber es kommt nichts heraus; und das Besondere,

Welt als natura naturata geht aus der natura naturans, der göttlichen Substanz hervor, jedoch als einfache Explikation der einen Substanz, die causa immanens ist. Das bedeutet, daß das Negative nicht sich aus dem Absoluten hervorbringt, sondern in ihm beschlossen bleibt. Diesen Gedanken der Einheit von Gott und Welt entnahm Spinoza der Lehre der Mystik und verband ihn mit dem Descartes'schen Rationalismus. Letztlich ist es wohl der mystische Gehalt der Spinozistischen Lehre, den Hegel durch Schelling vermittelt daraus übernahm. Den Schritt über Spinoza hinaus tut Hegel derart, daß die an sich uneingeschränkte Substanz ihre Beschränkung aus sich setzt und durch deren Aufhebung zum anundfürsich Unbeschränkten wird, »daß die Idee zunächst nur die Eine, allgemeine Substanz ist aber ihre entwickelte wahrhafte Wirklichkeit ist, daß sie als Subjekt und so als Geist ist.« (Bd. 8, S. 424.)[67]

---

wovon er spricht, wird nur vorgefunden, aufgenommen aus der Vorstellung, ohne daß es gerechtfertigt wäre. Sollte es gerechtfertigt seyn; so müßte Spinoza es deduciren, ableiten aus seiner Substanz; sie schließt sich nicht auf, das wäre die Lebendigkeit, Geistigkeit« (Ebd., S. 377)

67 »Die Idee selbst ist nicht zu nehmen als eine Idee *von irgend Etwas*, so wenig als der Begriff bloß als bestimmter Begriff. Das Absolute ist die allgemeine und Eine Idee, welche als *urtheilend* sich zum *System* der bestimmten Ideen besondert, die aber nur dieß sind, in die Eine Idee, in ihre Wahrheit zurückzugehen. Aus diesem Urtheil ist es, daß die Idee *zunächst* nur die Eine, allgemeine *Substanz* ist, aber ihre entwickelte wahrhafte Wirklichkeit ist, daß sie als *Subjekt* und so als Geist ist.« (HJu, Bd. 8, S. 423 f.; vgl. HW, Bd. 8, S. 368)

403 Wolfgang Schöpping, 13. Januar 1966

Prof. Dr. M. Horkheimer – Prof. Dr. Th. W. Adorno
Philosophisches Hauptseminar – Frankfurt/Main
Wintersemester 1965/66

Protokoll von der Sitzung am 13. Januar 1966

Wolfgang Schöpping

»Ich bin indessen Spinozist geworden. – Staune nicht! Du wirst bald hören, wie? – Spinoza'n war die Welt (das Objekt schlechthin, im Gegensatz gegen das Subjekt) – *alles*; mir ist es das Ich. Der eigentliche Unterschied der kritischen und dogmatischen Philosophie scheint mir darin zu liegen, daß jene vom absoluten (noch durch kein Objekt bedingten) Ich, diese vom absoluten Objekt oder Nicht-Ich ausgeht. Die letztere in ihrer höchsten Konsequenz führt auf Spinozas System, die erstere aufs Kantische.«[68]

Diese Worte Schellings aus einem Brief an Hegel (vom 4. 2. 1795) führen uns mitten in die Thematik der letzten Seminarsitzung. Zunächst, weil darin die in sich zweideutige Erkenntnistheorie Kants zugunsten eines reinen Gegensatzes zum Empirismus interpretiert wird, insofern die synthetische Einheit der transzendentalen Apperzeption als notwendige Bedingung aller Erkenntnis prononciert wird, unter Weglassung der ebenso gültigen Feststellung »alles Denken aber muß sich, es sei geradezu (directe) oder im Umschweife (indirecte) – vermittelst gewisser Merkmale – zuletzt auf Anschauungen, mithin, bei uns, auf Sinnlichkeit beziehen, weil uns auf andere Weise kein Gegenstand gegeben werden kann.« (Kritik der reinen Vernunft Reclam S. 48)[69]

---

68 Schelling an Hegel, 4. Februar 1795, in: Briefe von und an Hegel, hrsg. von Johannes Hoffmeister, Bd. I., 3. Aufl., Hamburg 1969 (Philosophische Bibliothek; 235), S. 22.
69 »Die Fähigkeit (Receptivität), Vorstellungen durch die Art, wie wir von Gegenständen afficirt werden, zu bekommen, heißt Sinnlichkeit. Vermittelst der Sinnlichkeit also werden uns Gegenstände gegeben, und sie allein liefert uns Anschauungen, durch den Verstand aber werden sie gedacht, und von ihm entspringen Begriffe. Alles Denken aber muß sich, es sei geradezu (directe), oder im Umschweife (indirecte) {{vermittelst gewisser Merkmale}} zuletzt auf Anschauungen, mithin, bei uns, auf Sinnlichkeit beziehen, weil uns auf andre Weise kein Gegenstand gegeben werden kann. *[Absatz]* Die Wirkung eines Gegenstandes auf die Vorstellungsfähigkeit, so fern wir von demselben afficirt werden, ist Empfindung. Diejenige Anschauung, welche sich auf den Gegenstand durch Empfindung bezieht, heißt empirisch. Der unbestimmte Gegenstand einer empirischen Anschauung heißt Erscheinung.« (Immanuel Kant, Kritik der reinen Vernunft. Text

Wiewohl nämlich Kant den Sensualismus auf der Humschen Stufe, wo die »impressions« das nicht weiter Ableitbare ausmachen, hinter sich gelassen hat, und die Empfindungen – darin Locke ähnlicher – als die »Wirkung eines Gegenstandes auf die Vorstellungsfähigkeit, sofern wir von demselben affiziert werden«, bezeichnet werden, und damit zum Nebensächlichen herabsinken, zeigen sich beim genauen Zusehen Spuren von Dialektik. Stellt sich doch die Frage, wie weit bei Kant die Empfindungen wirklich unmittelbar sind, oder ob nicht deren Unmittelbarkeit dadurch zustande kommt, daß wir von der vermittelnden Zutat des Subjekts abstrahieren. Meine Empfindungen haben nie die Form meiner Anschauungen. Andererseits sind sie mir nur durch die Form meiner Anschauungen gegeben, also nicht völlig unabhängig von ihr. Wieso kommt es also zu Empfindungen, da ja auch diese ein Stück Welt sind? Wieso ist die Empfindung, das Subjektivste also, zugleich dem Subjekt fremd, insofern das Subjekt auf das Sinnenmaterial als von außen Kommendes verwiesen ist? Was bei Kant draußen bleibt, ist unbestimmt, sind doch die Gegenstände Konstituta und insofern in das Ich eingezogen.

Aber erst bei Fichte wird die kritische Philosophie zu ihrer höchsten Konsequenz gebracht, während sie sich als dialektische Philosophie an den Schwierigkeiten (der transzendentalen Apperzeption) abarbeitet und so Kant von seinem dialektischen Ansatz her zu Ende denkt.

Fichtes absolutes Ich enthält ebenso alle Realität wie Spinozas eine absolut-unendliche Substanz, »in der sich die Seele baden muß«[70], um den Prozeß der Einswerdung der Natur mit Gott zu vollziehen; jene Befreiung von der Gebundenheit an das je Eigene und Vergängliche, worin das gesuchte Glück besteht, das aber den Verlust der Individualität impliziert. Darin ist das Moment des Schmerzlichen im Spinozismus begründet, »denn nicht das Allgemeine im Menschen verlangt Glückseligkeit, sondern das Individuum.«[71] (Philosophie der Mythologie S. 823)[72]

---

der Ausgabe 1781 mit Beifügung sämmtlicher Abweichungen der Ausgabe 1787 [1877], hrsg. von Karl Kehrbach, 2. Aufl., Leipzig [1878], S. 48 [B 33f.; A 19f.]; vgl. KW, Bd. III, S. 69)

70 »Wenn man anfängt zu philosophieren, so muß man zuerst Spinozist sein. Die Seele muß sich baden in diesem Äther der einen Substanz, in der alles, was man für wahr gehalten hat, untergegangen ist. Es ist diese Negation alles Besonderen, zu der jeder Philosoph gekommen sein muß; es ist die Befreiung des Geistes und seine absolute Grundlage.« (HW, Bd. 20, S. 165)

71 »Es hat sich [...] gezeigt, wie dem Ich das Bedürfnis, Gott außer der Vernunft (Gott nicht bloß im Denken oder in seiner Idee) zu haben, durchaus praktisch entsteht. Dieses Wollen ist kein zufälliges, es ist ein Wollen des Geistes, der vermöge innrer Nothwendigkeit und im Sehnen nach eigner Befreiung bei dem im Denken eingeschlossenen nicht stehen bleiben kann. Wie diese Forderung vom Denken nicht ausgehen kann, so ist sie auch nicht Postulat der praktischen Vernunft. Nicht diese, wie Kant will, sondern nur das Individuum führt zu Gott. Denn nicht das

Diese Einswerdung der Natur mit Gott ist – wie der Hervorgang der endlichen Modi aus der unendlichen Substanz – ein logischer Prozeß. Alles wird nur von oben her, vom Begriff, abgehandelt. Vergleicht man Hegel in diesem Punkt mit Spinoza, so wird hinsichtlich des Pantheismus bei Hegel dieser Vergleich wohl zur Auflösung des Begriffs des Pantheismus selber führen. Was die Lehre vom Sein bei Hegel betrifft, so hängt es eng mit der Problematik des Anfangs zusammen, daß unverkennbar Ähnlichkeiten zwischen beiden Systemen bestehen.

Das Referat von Herrn Schmidt mit dem Thema: »Zum Begriff der Negativität bei Schelling«[73] begann bei der kritischen Auseinandersetzung des mittleren Schelling mit Spinozas Problematik, wie »das Absolute aus sich selbst herausgehen und eine Welt sich entgegensetzen könne?«[74]

Schelling folgt Spinoza darin, daß dem endlichen Subjekt das ewige Streben immanent sei, sich im Unendlichen zu verlieren. Nach Kant und der durch ihn bewegten Emanzipation des Subjekts, mußte jedoch die Negation des Subjekts als selbständiger Kausalität – die notwendige Implikation dieser Vorstellung – Schelling problematisch bleiben.

Spinoza ertrug das vernichtende Prinzip, indem er den amor intellectualis Dei als das Höchste, das eigentliche Leben des Geistes auffaßte.[75] Dagegen setzt Schelling den Gedanken, daß in jedem Falle, ob das Subjekt mit dem Absoluten oder das Absolute mit dem Subjekt identisch werde, dieses Höchste der intellektualen Anschauung ein Übergang zum Nichtsein, ein Moment der Vernichtung impliziere, weil die Aufhebung des Subjekts die des Objekts, wie umgekehrt die Negation des Objekts die des Subjekts einschließe.[76] Ein Gedanke, der sich in einem Brief Hölderlins an Hegel (aus dem Jahre 1795) ähnlich findet: »Sein (Fichtes) absolutes Ich (= Spinozas Substanz) enthält alle Realität; es ist alles und außer ihm ist nichts. Es gibt also für dieses absolute Ich kein Objekt, denn sonst wäre nicht alle Realität in ihm; ein Bewußtsein ohne Objekt ist aber nicht denkbar, und wenn ich selbst dieses Objekt bin, so bin ich als solches notwendig

---

Allgemeine im Menschen verlangt nach Glückseligkeit, sondern das Individuum.« (SW, Bd. 5, S. 751)

72 Auf welche Ausgabe sich diese Angabe bezieht, ist nicht ermittelt.

73 Der Referatstext von Friedrich W. Schmidt, »Zum Begriff der Negativität bei Schelling«, wurde nicht aufgefunden.

74 Vgl. etwa die »Zwölfte Vorlesung«, in: Friedrich Wilhelm Joseph von Schelling, Philosophie der Offenbarung, in: Friedrich Wilhelm Joseph von Schellings sämmtliche Werke, 2. Abt., Bd. 3, hrsg. von K[arl] F[riedrich] A[ugust] Schelling, Stuttgart und Augsburg 1858, S. 240–261.

75 Vgl. Baruch de Spinoza, Ethik in geometrischer Ordnung dargestellt [1677]. Lateinisch-Deutsch, hrsg., übers. und eingel. von Wolfgang Bartuschat, 4. Aufl., in: Baruch de Spinoza, Sämtliche Werke, Bd. 2, Hamburg 2015 (Philosophische Bibliothek; 92), S. 565–583.

76 Vgl. SW, Bd. 1, S. 126–140.

beschränkt, sollte es auch nur in der Zeit sein, also nicht absolut. Also ist in dem absoluten Ich kein Bewußtsein denkbar, als absolutes Ich habe ich kein Bewußtsein, und insofern ich kein Bewußtsein habe, insofern bin ich (für mich) nichts, also das absolute Ich ist (für mich) Nichts«.[77]

Weder der Dogmatismus Spinozas noch der Kritizismus Kants und Fichtes vermag also durch theoretische Vernunft das Absolute zu erreichen. Deshalb greift Schelling auf Platons Anamnesis zurück und führt eine empirische Handlung, eine Reflexion in uns selbst, ein, durch die wir »aus der intellektualen Anschauung wie aus dem Zustand des Todes erwachen.« (8. Brief)[78] Die Zuverlässigkeit unseres Wissens beruht also auf der Unmittelbarkeit der Anschauung. Wenn auch der Akzent auf dem Begriff des Unmittelbaren liegt, so geht die Vermittlung doch nicht ganz verloren, vielmehr erhält der endliche Geist die Sehnsucht nach Identität, weil er sich im Realen befangen fühlt.

Der Versuch, die bei Kant nur abstrakt vollzogene Einheit von Empirismus und Idealismus in einer Synthese von Transzendental- und Naturphilosophie durchzuführen, bleibt bei Schelling in der Behauptung der Nichtrealität der gesamten Materie und im absoluten Chorismos zwischen erscheinender und sogenannter schlechthin realer Welt als Erkenntnisbedingung stehen. Hegel konnte dem entgehen, weil er die empirische Sphäre in ihrer subjektiven Vermitteltheit ableitet, was Schelling an ihm als einen zu abstrakten Anfang kritisiert, da er die Natur aus der Logik erst herausspinne.[79] Freilich wird dieses Hervorgehen bei Hegel als ein ewiges Hervorgehen verstanden. Schelling hat gegen Hegel insofern recht, als der Geist gleichwohl als absolut Erstes bestimmt wird. Schelling faßt die Natur als mehr oder weniger schlafenden Geist, der im Menschen zu sich kommt. Der intellektualen Anschauung heben sich damit Natur und Naturphilosophie auf. Natur und Geist schlagen ineinander um. Da die Materie, die Natur, in sich bereits diese treibende Tendenz hat, so, daß der Geist im mystisch-gnostischen Sinn ein Gewordenes ist, wird hier ein kryptomaterialistisches Moment deutlich. (Dieses Motiv nehmen Kierkegaard und Marx wieder auf.)

---

77 Friedrich Hölderlin an Hegel, 26. Januar 1795, in: Briefe von und an Hegel, a. a. O. (s. Anm. 67), S. 19 f.
78 »Wir erwachen aus der intellektualen Anschauung wie aus dem Zustande des Todes. Wir erwachen durch *Reflexion*, d. h. durch abgenöthigte Rückkehr zu uns selbst. Aber ohne Widerstand ist keine Rückkehr, ohne *Objekt* keine Reflexion denkbar. Lebendig heißt die Thätigkeit, die *bloß* auf Objekte gerichtet ist, todt eine Thätigkeit, die sich in sich selbst verliert. Der Mensch aber soll weder lebloses noch bloß lebendiges Wesen seyn. Seine Thätigkeit geht nothwendig auf Objekte, aber die geht ebenso nothwendig in sich selbst zurück. Durch *jenes* unterscheidet er sich vom leblosen, durch *dieses* vom bloß lebendigen (thierischen) Wesen. – « (SW, Bd. 1, S. 249)
79 Vgl. etwa die »Siebente Vorlesung«, in: Schelling, Philosophie der Offenbarung, a. a. O. (s. Anm. 73), S. 115–146.

Das wahre Wissen wendet sich vom bloßen Widerschein des Unendlichen im Endlichen ab und dem An-Sich, dem Urwissen, zu, wodurch das Besondere sich im Allgemeinen auflöst. Diese Aufhebung des Chorismos erinnert an die Methexis-Diskussion zwischen Plato und Aristoteles.[80] Die Substanz »versinkt ganz in der Bejahung des Einzelnen und ist es selbst völlig.« (Werke Bd. IV, S. 145)[81]

Zwangsweise entspringt der Identitätsphilosophie das Theodizee-Problem: die Existenz des Bösen erklären zu müssen, welches als Negation schwerlich als Gott immanent oder von ihm hervorgebracht gedacht werden kann.

Gelang es Schelling durch die Einführung der »privatio« an Stelle der »negatio« die absolute Identität zu retten, so blieb die Freiheit des Menschen in Frage gestellt, wenn nicht Gott selbst die absolute Möglichkeit zu sein oder nicht zu sein war, was Schelling in den Satz faßt: »Damit also das Böse nicht wäre, müßte Gott selber nicht sein.« (Werke IV, S. 295)[82]

Mit dem bloß formalen Freiheitsbegriff der Transzendentalphilosophie unzufrieden, stellt er im Fortgang seiner Überlegungen die Frage nach dem Ende des Bösen, womit die neue Frage nach dem Sinn der Schöpfung und ihres Prozesses überhaupt verbunden ist.

So gerät das Böse, das relativ Nichtseiende und doch zugleich höchst reale Wesen, in den Mittelpunkt der spekulativen Bemühungen, wodurch Gedanken der Mystik reflexionsphilosophisch vorgetragen werden. Dabei verfährt Schelling insofern kritischer als Hegel, als das Negative aus der Dialektik herausgebrochen und nicht zum bloßen Moment degradiert wird. Dadurch hat seine Philosophie eine große Kraft. (Freilich um den Preis, daß das Nichtbegriffliche, Negative, zum Nichtbegreiflichen, also zum Irrationalen wird.) Das Negative wird nicht im

---

80 Platon erörtert sein Konzept der Teilhabe unterschiedlicher Klassen, den Gattungen als den höheren, den Arten als den niederen, aneinander u. a. in: Platon, Phaidon, in: Platon, Sämtliche Werke, a. a. O. (s. Anm. 42), Bd. 2, übers. von Friedrich Scheiermacher, Reinbek bei Hamburg 1994 (Rowohlts Enzyklopädie; 563), S. 103–184; hier: S. 162–164 (100c–102a). Diese Konzeption wird von Aristoteles in der »Metaphysik« kritisiert (vgl. Aristoteles, Metaphysik, nach der Übers. von Hermann Bonitz bearb. von Horst Seidl, in: Aristoteles, Philosophische Schriften in sechs Bänden, Bd. 5, Hamburg 1995, S. 28–30 [990b–991b], sowie ebd., S. 277 f. [1079b–1080a]). Seine eigene Auffassung legt Aristoteles in der »Topik« dar: »Wiederum hat man darauf zu sehen, ob die Gattung an etwas, was zu ihr gehören soll, teilhaben muß oder kann. Teilhaben heißt den Begriff dessen zulassen, woran etwas teilhat. Daraufhin ist klar, daß die Arten an den Gattungen, aber die Gattungen nicht an den Arten teilhaben.« (Aristoteles, Topik, übers. von Eugen Rolfes, in: Aristoteles, Philosophische Schriften in sechs Bänden, Bd. 2, Hamburg 1995, S. 1–206; hier: 67 [121a])
81 »Wir haben gesehen, daß das Leibliche eines Dings für sich in der That die ganze Substanz ist [...], wie sie nämlich, verschlungen in ihre Bejahungskraft und gleichsam fortgeschritten von derselben, ganz in die Bejahung des Einzelnen versenkt und es selbst völlig ist.« (SW, Bd. 4, S. 145)
82 »Damit also das Böse nicht wäre, müßte Gott selbst nicht seyn.« (Ebd., S. 295)

Denkprozeß aufgelöst, und jede endliche Anstrengung, es aus der Realität zu eskamotieren, bleibt vergeblich.

Während Hegel das Böse zu leicht nimmt, ist es bei Schelling als Urprinzip schon notwendig im Ursprung enthalten, der somit selbst das Schreckliche ist. Ein Gedanke, der sich bereits in der mystischen Spekulation Jakob Böhmes vom »Ungrund«, der als Nichtgrund Urgrund aller Gründe ist, findet[83] und bei Hölderlin, Bachofen und Nietzsche, Schwere gewinnt.

Schelling formuliert ihn in der »Philosophie der Weltalter« so: »Aber aller Anfang beruht darauf, daß das nicht sei, was eigentlich sein soll (das an sich Seiende). Da nun ein Wesen, das nichts außer sich hat, nichts wollen kann als eben sich selbst, so kann der unbedingte, der schlechthin erste Anfang nur im Sich-Wollen liegen. Aber sich wollen und sich verneinen als seiend ist eins und dasselbe. Also kann auch nur im Sich-Verneinen als seiend der erste Anfang sein.« (Werke IV, S. 600[84])[85]

Die Negation wird allerdings nur in Beziehung auf ein in oder außer sich bestehendes Positives sinnvoll. Aller Anfang liegt im Widerspruch. »Jede Philosophie, die nicht *im* Negativen ihre Grundlage behält und *ohne* dasselbe, also unmittelbar das Positive, das Göttliche erreichen will, stirbt zuletzt an unvermeidlicher geistiger Auszehrung.« (Werke V, S. 246)[86] Wobei allerdings angemerkt werden muß, daß das Negative als leeres Prinzip genauso problematisch ist wie das Positive.

---

83 Bei Böhme heißt es etwa: »»Günstiger Leser, merke den Sinn recht! Wir verstehen nicht mit solcher Beschreibung einen Anfang der Gottheit, sondern wir zeigen euch die Offenbarung der Gottheit durch die Natur; denn Gott ist ohne Anfang, und hat einen ewigen Anfang, und ein ewig Ende, das ist Er selber, und die Natur der innern Welt ist in gleichem Wesen von Ewigkeit. Wir geben euch dieß vom göttlichen Wesen zu verstehen. [...] Außer der Natur ist Gott ein Mysterium, verstehet in dem Nicht; denn außer der Natur ist das Nichts, das ist ein Auge der Ewigkeit, ein ungründlich Auge, das in nichts stehet oder siehet, dann es ist der Ungrund; und dasselbe Auge ist ein Wille, verstehet ein Sehnen nach der Offenbarung, das Nichts zu finden.« (Böhme, De Signatura Rerum, a. a. O. [s. Anm. 37], S. 284 f.)
84 Korrigiert für: »Werke V, S. 246«.
85 »Aber aller Anfang beruht darauf, daß das nicht sey, das eigentlich seyn soll (das an sich Seyende). Da nun ein Wesen, das nichts außer sich hat, nichts wollen kann als eben sich selbst, so kann der unbedingte, der schlechthin erste Anfang nur im sich-Wollen liegen. Aber Sich wollen und Sich verneinen als seynd ist eins und dasselbe. Also kann auch nur im sich verneinen als seynd der erste Anfang seyn.« (SW, Bd. 4, S. 600)
86 SW, Bd. 5, S. 246.

404 Georg Galland, 20. Januar 1966

|Prof. Dr. M. Horkheimer – Prof. Dr. Th. W. Adorno

Philosophisches Hauptseminar Wintersemester 1965/66

Protokoll der Sitzung vom 20. 1. 1966

Georg Galland|

Hegels System ist in der offiziellen Geschichtsschreibung immer wieder als Pantheismus bezeichnet worden. Diese Bezeichnung ist nur in dem abstrakten Sinne zutreffend, als der Panentheismus im Unterschied zum Pantheismus dem Endlichen, das im Absoluten enthalten ist, ein Moment von Selbständigkeit zugesteht. In der traditionellen Philosophie (Thomas v. Aquin) wurde Gott als ens a se, ipsum esse, d. h. als reine Identität bestimmt.[87] Hegel hat in äußerster Konsequenz dieser Tradition Gott als reinen Begriff gefaßt und letztlich alles Einzelne auf den Begriff reduziert. Auch insofern ist es legitim, ihn als Pantheisten zu bezeichnen. Jedoch ist die Feststellung, alles sei Begriff, ebenso abstrakt wie jene Bezeichnung, insofern die Identität sich erst in und durch die differenzierenden Bestimmungen des Nichtidentischen konstituiert. Eine ontologische Betrachtung versagt gegenüber der dialektischen Konzeption Hegels, der zufolge das Singuläre nicht unter Gott als einem klassifikatorischen Oberbegriff befaßt wird, sondern das Absolute nichts anderes als die immanente Bewegung alles Einzelnen ist. Der Akzent der Hegelschen Philosophie liegt nicht auf der Identität, die nur als Resultat erscheint, sondern auf der Unterschiedenheit ihrer Momente. Es ist daher ebenso einseitig, Hegel einen Pantheisten zu nennen; beide Bezeichnungen verabsolutieren je eine der im Hegelschen System sich durchdringenden gegenläufigen Bewegungen und werden zu schiefen Projektionen.

---

87 Bei Thomas heißt es: »Das Lebendige ist vollkommener als das bloß Seiende, und das mit Weisheit Begabte vollkommener als das bloß mit Leben Begabte. Also ist auch Leben vollkommener als Sein und Weise-sein vollkommener als Leben. Die Wesenheit Gottes aber ist das Sein selbst.« (Thomas von Aquin, Gottes Dasein und Wesen. I, 1–13, 3. Aufl. [Nachdruck], Graz, Wien und Köln 1982, in: Die deutsche Thomas-Ausgabe. Vollständige, ungekürzte deutsch-lateinische Ausgabe der Summa Theologica, übers. von Dominikanern und Benediktinern Deutschlands und Österreichs, Bd. 1, S. 84 [1a. 4, 2])

Die Fortsetzung des Referats über die Negativität bei Schelling[88] ging von der in den Weltalter-Spekulationen zentralen Frage aus, wie ein positives Absolute formuliert werden könne, das weder bloß willkürliche Setzung ist noch als durch die Aufhebung des Widerspruchs Konstituiertes mit dem Widerspruch behaftet wäre. Im Gegensatz zur Spätphilosophie begreift Schelling in seiner mittleren Phase Gott nicht primär als Prozeß, sondern als lauteres Sein, das dem Gegensatz von Natur und Geist vorgeordnet ist. Die Beziehung zwischen Gott und der endlichen Negativität kann nicht rational hergestellt werden, wenn Gott nur mehr die ruhende Ursache von dem von ihm Verschiedenen sein darf. In dieser Konstruktion Schellings setzt sich der nominalistische Gottesbegriff durch. Duns Scotus hatte zuerst gegen Thomas v. Aquin das voluntaristische Moment in Gott betont, obgleich er noch an dem Begriff der essentia divina festhielt.[89] Dieser wurde dann endgültig von Wilhelm v. Ockham aufgegeben, der Gott als eine blinde Macht begreift, aus deren Willkür alle Realität hervorgeht.[90] Dabei haben beide Prinzipien, essentia divina und potestas absoluta, insofern ein Moment von Irrationalität, als über die essentia divina inhaltlich ebensowenig auszumachen ist wie über jenen blinden Willen, der dem Nominalismus als das Absolute galt. Reiner Wille, insofern er leere Identität ist, ist mit reinem Denken identisch. Weil die Irrationalität dieses Resultats sachlich motiviert ist, können beide philosophischen Richtungen nicht umstandslos dem Irrationalismus zugerechnet werden; der Vorwurf des Irrationalismus trifft sie nur insofern zurecht, als sie dieses Resultat als das Absolute verherrlichen.

Gegenüber dem lauteren Sein des Absoluten sinkt das Endliche zu einem »bzw. nicht Seiendem« herab,[91] das erst in der Beziehung auf Gott böse oder

---

88 S. oben, Anm. 72.
89 Duns Scotus stellt das Axiom auf: »nihil creatum formaliter est a deo accepta« (zitiert nach: Werner Dettlof, Das Gottesbild und die Rechtfertigung in der Schultheologie zwischen Duns Scotus und Luther, in: Wissenschaft und Weisheit. Zeitschrift für augustinisch-franziskanische Theologie und Philosophie in der Gegenwart, Bd. 27, 1964, S. 197–210; hier: S. 198), aus dem im Anschluss die Vorstellung entwickelt wird, es gebe keine absolute Notwendigkeit für Gott, seine Gnade den Menschen (oder bestimmten Menschen) zuteilwerden zu lassen.
90 Karl Vorländer schreibt in seiner »Geschichte der Philosophie« dementsprechend über Ockham: »Auch ihm wie seinem Landsmanne Scotus erscheint die Willkür und Machtfülle Gottes unbeschränkt, was ihn mitunter zu wunderlichen, fast frivolen Absurditäten führt, wie z. B. der, daß Gott statt der menschlichen auch die Eselsnatur (natura asinina) hätte annehmen können!« (Karl Vorländer, Geschichte der Philosophie [1903], Bd. 1, 5. Aufl., Leipzig 1919, S. 279)
91 »Jenes anfängliche Leben der blinden Nothwendigkeit konnte kein seyendes heißen, weil es niemals eigentlich zum Verstand, zum Seyn gelangte, sondern nur im Streben und der Begierde nach Seyn stehen blieb. Jetzt ist ihm diese Begierde gestillt, inwiefern es in jener unterordnung nun wirklich zum ruhenden Seyn gelangt ist; aber sie ist ihm nur gestillt, inwiefern es sich un-

negativ heißen kann: »Jenes anfängliche blinde Leben, dessen Natur nichts als Streit, Angst und Widerspruch ist ..., kann darum weder ein krankhaftes noch ein böses heißen, denn diese Begriffe werden erst möglich, nachdem es der besänftigenden Einheit untertan, aber zugleich frei ist, hervorzutreten, sich ihr zu entziehen und in seine eigene Natur einzugehen.« (Weltalter S. 643f.[92])[93] Dem liegt der Gedanke zugrunde, daß der Gegensatz von Gut und Böse etwas Entsprungenes ist, denn erst nachdem, der Geist sich der Natur entrungen hat, gibt es so etwas wie moralische Kategorien. Durch die Erkenntnis, daß die bloße Tatsache des Entsprungenseins noch nichts über den Wahrheitsgehalt des Entsprungenen sagt, geht die idealistische Philosophie über die Tradition hinaus, für die das Frühere immer das Wahrere ist. Diesen Gedanken hat dann vor allem Nietzsche scharf akzentuiert.[94]

Indem das endliche Subjekt jene abstrakte Bestimmung, Gott sei lauteres Sein, nicht anders als durch seine Selbstaufhebung, d.h. negativ zu konkretisieren vermag, wird das Absolute zu nichts anderem als der immanenten Negation des Endlichen.

Damit vollzieht Schelling implizit dieselbe idealistische Hypostasis des Absoluten, auf der auch Hegels Begriff der Aufhebung beruht, gegen den dann

---

terworfen, d.h. inwiefern es sich als Seyendes niederer Ordnung, als ein beziehungsweise nicht Seyendes erkannt hat.« (SW, Bd. 4, S. 643)

92 Korrigiert für: »643«.

93 Der Satz lautet vollständig und korrekt: »Jenes anfängliche blinde Leben, dessen Natur nichts als Streit, Angst und Widerspruch ist, wenn es jemals für sich, wenn es nicht von Ewigkeit durch ein höheres verschlungen und in die Potentialität zurückgesetzt war, konnte darum doch weder ein krankhaftes noch ein böses heißen; denn diese Begriffe werden erst möglich, nachdem es der besänftigenden Einheit unterthan, aber zugleich frei ist, hervorzutreten, sich ihr zu entziehen und in seine eigne Natur einzugehen.« (Ebd., S. 643f.)

94 Vgl. einen Passus aus Nietzsches »Götzen-Dämmerung« [1889], den Adorno fast vollständig in seiner *Metakritik der Erkenntnistheorie* [1956] zitiert (vgl. GS, Bd. 5, S. 25f.), um das hier gemeinte zu belegen: »Die *andre* Idiosynkrasie der Philosophen ist nicht weniger gefährlich: sie besteht darin, das Letzte und das Erste zu verwechseln. Sie setzen Das, was am Ende kommt – leider! denn es sollte gar nicht kommen! – die ›höchsten Begriffe‹, das heist die allgemeinsten, die leersten Begriffe, den letzten Rauch der verdunstenden Realität an den Anfang *als* Anfang. Es ist dies wieder nur der Ausdruck ihrer Art zu verehren: das Höhere *darf* nicht aus dem Niederen wachsen, *darf* überhaupt nicht gewachsen sein ... Moral: alles, was ersten Ranges ist, muss causa sui sein. Die Herkunft aus etwas Anderem gilt als Einwand, als Werth-Anzweiflung. Alle obersten Werthe sind ersten Ranges, alle höchsten Begriffe, das Seiende, das Unbedingte, das Gute, das Wahre, das Vollkommne – das Alles kann nicht geworden sein, *muss* folglich causa sui sein. Das Alles aber kann auch nicht einander ungleich, kann nicht mit sich im Widerspruch sein ... Damit haben sie ihren stupenden Begriff ›Gott‹ ... Das Letzte, Dünnste, Leerste wird als Erstes gesetzt, als Ursache an sich, als ens realissimum ... Dass die Menschheit die Gehirnleiden kranker Spinneweber hat ernst nehmen müssen! – Und sie hat theuer dafür gezahlt ...« (NW, Bd. 6, S. 76)

Kierkegaard rebellierte: Wenn der absolute Untergang des Subjekts in der Negation seiner Endlichkeit die einzige Gestalt ist, in der das Einzelne am Absoluten teilhat, so ist solche Teilhabe für das Endliche ein schwacher Trost und seine Ewigkeit ein Schein. Daß jene Aufhebung von Schelling letztlich nicht geleistet werden konnte, gründet darin, daß ihm zufolge weder das Absolute noch das negative Endliche einer totalen Vermittlung unterliegen durfte, einer Vermittlung, die Hegel zu leisten sich anheischig machen konnte, weil ihm zufolge beides sich in der Sphäre des Begriffs konstituiert. Daran, daß Schelling darauf verzichtete, das Endliche und Unendliche zu vermitteln, brach sein System in eine negative und [eine] positive Philosophie auseinander. Die negative Philosophie hat die Reflexion von Begriffen zu ihrem Gegenstand, die nur die Essenz der Dinge bezeichnen. Über die Existenz, das reine »Daß« des Sein indessen, vermag das Denken nichts auszusagen. Die Negation der Negation resultiert nicht in einem Positiven. Die Vernunft ist daher gehalten, in einer Selbstnegation oder Revision das Absolute der Anschauung zugänglich zu machen. Die beiden Intentionen der Spätphilosophie Schellings gehen dahin, dem Endlichen einen Sinn zu geben, der nicht von seiner Negativität korrumpiert ist, und dasjenige, das diesen Sinn stiftet: Gott, unmittelbar zu erkennen.

Schellings Einsicht, daß kein Positives gesetzt werden könne, gilt ebenso vom Negativen. Schelling, der die Dogmatisierung des positiv Absoluten vermeiden wollte, hat die Negativität, die nur als Negation von Etwas sinnvoll ist, zum Ersten gemacht. Beide Prinzipien werden mit der Begründung wieder hypostasiert, daß die Verabsolutierung ihres jeweiligen Gegenteils negiert wird. Je mehr Positives über das Absolute als ein choris seiendes ausgesagt wird, desto mehr bleibt das Negative sich selbst überlassen. Indem Schelling über das Absolute wie über ein Sein sui generis spekuliert, tritt die insistente Reflexion des Endlichen zurück. So sind auch die Schellingschen »Weltalter« keine geschichtsphilosophischen Epochen, sondern Weltzeiten im Absoluten selber: Den Bestimmungen Vergangenheit, Gegenwart und Zukunft kommt selber Ewigkeit zu. In diesem Sinn hat auch Schelling alles zu Geist sublimiert. Wenn das Einzelne vorkommt, erscheint es bereits als Begriff. Während Hegel sich ins Einzelne versenkt, begnügt Schelling sich mit einer allegorischen Darstellung und rekurriert auf Motive vorphilosophischer Erfahrung; darin noch idealistischer als Hegel. Das Einzelne wird der Theorie nach anerkannt, so daß Schellings absoluter Idealismus nicht in seinen expliziten Thesen erscheint, sondern im Duktus seiner Spekulationen, die sich nicht mit der psychologischen, gesellschaftlichen und historischen Realität einläßt. Der Vorwurf gegen Hegel, er habe das Einzelne nur verklärt, kann nicht darüber hinwegtäuschen, daß er sich in dessen Inhalte hineinbegeben hat.

Das Paradoxe an der Differenz zwischen Schelling und Hegel besteht darin, daß, je absoluter der Idealismus wurde, er um so fähiger war, sich des Einzelnen zu versichern. Indem das Denken bei Schelling vor dem Einzelnen halt macht, fällt seine Philosophie hinter Hegels zurück.

So problematisch es sein mag, Negativität als Urprinzip zu setzen, so ist doch zu fragen, ob nicht die Erfahrung des Negativen, das Bewußtsein des Schrecklichen am Anfang, wie es von Schelling in der Philosophie der Weltalter und ähnlich von Hölderlin formuliert worden ist, die Annahme einer Priorität des Negativen verständlich macht; ob nicht alles Schöne aus der Negation des Häßlichen hervorgeht, und ob nicht alle positiven Begriffe und Erfahrungen reaktiv sind gegen das Leiden, das ihnen vorangeht. Die von der Psychoanalyse geleistete Entmythologisierung zielt eben darauf ab, das Ältere nicht ohne weiteres zum Besseren zu erheben, sondern das Glück als die Negation der Negation zu begreifen. Sie konnte jedoch nicht verhindern, daß noch heute die herrschende Ideologie der verlorenen Einheit nachtrauert. Indem sie sich einbildet, die Entfremdung aufzuheben, stellt sie sie erst vollends her.

405 Hans-Jürgen Krahl, 3. Februar 1966

Protokoll der Sitzung des *Philosophischen Hauptseminars* (Prof. Adorno) vom 3. Febr. 1966

Protokollant: Hans-Jürgen Krahl

Interpretation und Diskussion einer Textstelle der Wesenslogik (Wissenschaft der Logik, Bd. 2, ed. G. Lasson, S. 7)[95]

Das Wesen einer Sache bestimmt sich durch seinen Gegensatz zum ihrem unmittelbaren Sein. Mit dieser klassischen Definition der ›essentia rei‹ durch die überlieferte Metaphysik anhebend, daß nämlich »hinter diesem Sein noch etwas anderes ist als das Sein selbst, daß dieser Hintergrund die Wahrheit des Seins ausmacht« (p. 3)[96], argumentiert die Hegelsche Wesenslogik auch gegen jene Bestimmung. Denn im Widerspruch zu dem, das sich empirisch unmittelbar als wirklich ausgibt, erweist sich das Wesen als zunächst unwirklich, ebenso als Schein. Die wesentliche Beziehung auf eine Sache ist, da sie vom Bereich der sinnlichen Erfahrung absieht, gleichgültig gegen ihre empirischen Momente. Indem aber das Wesen, »die Wahrheit des Seins«, dessen raum-zeitliche Bestimmungen zu bloßem Schein herabsetzt, negiert sie diese. Der Begriff der Negation ist insofern zentral für den des Wesens, als mit der Unterscheidung von Wirklichkeit und Wesen, Schein und Wirklichkeit keine bloß gleichgültige, sondern

---

[95] Die entsprechende »*Textstelle*« lautet: »Das Wesen kommt aus dem Sein her; es ist insofern nicht unmittelbar an und für sich, sondern ein *Resultat* jener Bewegung. Oder das Wesen zunächst als ein unmittelbares genommen, so ist es ein bestimmtes Dasein, dem ein anderes gegenüber steht; es ist nur *wesentliches* Dasein gegen *unwesentliches*. Das Wesen ist aber das an und für sich aufgehobene Sein; es ist nur *Schein*, was ihm gegenübersteht. Allein der Schein ist das ganze Setzen des Wesens. [Absatz] Das Wesen ist *erstens Reflexion*. Die Reflexion bestimmt sich; ihre Bestimmungen sind ein Gesetztsein, das zugleich Reflexion in sich ist; es sind [Absatz] *zweitens* diese *Reflexions-Bestimmungen* oder die *Wesenheiten* zu betrachten. [Absatz] *Drittens* macht sich das Wesen, als die Reflexion des Bestimmens in sich selbst, zum *Grunde* und geht in die *Existenz* und *Erscheinung* über.« (HSW, Bd. IV, S. 7; vgl. HW, Bd. 6, S. 17)
[96] »Die *Wahrheit* des *Seins* ist das *Wesen*. [Absatz] Das Sein ist das Unmittelbare. Indem das Wissen das Wahre erkennen will, was das Sein *an und für sich* ist, so bleibt es nicht beim Unmittelbaren und dessen Bestimmungen stehen, sondern dringt durch dasselbe hindurch, mit der Voraussetzung, daß *hinter* diesem Sein noch etwas anderes ist als das Sein selbst, daß dieser Hintergrund die Wahrheit des Seins ausmacht.« (HSW, Bd. IV, S. 3; vgl. HW, Bd. 6, S. 13)

eine explizit negative Beziehung vorliegt, »das durch die Negativität seiner selbst sich mit sich vermittelnde Seyn« (Enzyklopädie § 112[97])[98].

Das Wesen weiß sich gegenüber der Unmittelbarkeit des Seins als ein vermitteltes. »Erst indem das Wissen sich aus dem unmittelbaren Sein *erinnert*, durch diese Vermittlung findet es das Wesen.« (p. 3)[99] Zwar hat auch die Seinslogik nicht die Unmittelbarkeit zum Gegenstand, sondern handelt von Begriffen mit immer auch wesenslogischen Implikaten, doch im Unterschied zur Wesenslogik zielt die des Seins in ›intentione recta‹ auf die Kategorien und arbeitet ihre Begriffe direkt aus dem Sein heraus. Negation ist in ihr vor allem Distinktion. Die Wesenslogik hingegen begreift die so erhaltenen Seinsbestimmungen als Abstraktionsprodukte und zeigt den kategorialen Objektbereich als einen Zusammenhang von Reflexionsbestimmungen auf, die in einem anderen Stadium des Erkenntnisprozesses sich wieder zu solchen des Seins vergegenständlichen. Hegel skizziert die Differenz der Wesenslogik zu der des Seins: »Dieses Bestimmen ist denn anderer Natur als das Bestimmen in der Sphäre des Seins, und die Bestimmungen haben einen andern Charakter als die Bestimmtheiten des Seins. ... Die Negativität des Wesens ist die *Reflexion*, und die Bestimmungen {sind} *reflektierte*, durch das Wesen selbst gesetzte und in ihm als aufgehoben bleibende.« (p. 5)[100] Die Wesenslogik als Selbstreflexion der in der Seinslogik entwickelten Kategorien entspricht der kantischen Vernunftkritik, aber ohne Konstitutionslehre, die einseitig subjektive Begründung von Objektivität zu sein.

Das vermittelte Wesen ist dem Sein, dem es sich entgegensetzt, nicht schlechthin transzendent, sondern resultiert aus dessen Selbstreflexion. »Das Wesen kommt aus dem Sein her; es ist insofern nicht unmittelbar an und für sich, sondern ein Resultat jener Bewegung.« (p. 7) Die Erkenntnis des Wesens als der Transzendenz des Seins ist dessen immanentes Hinausgehen; sie geht »den Weg des Hinausgehens über das Sein oder vielmehr des Hineingehens in dasselbe« (p. 3)[101], in dessen Verlauf das Sein zu sich selbst kommt.

---

97 Korrigiert aus: »64«.
98 »Das Wesen, als das durch die Negativität seiner selbst sich mit sich vermittelnde Seyn, ist die Beziehung auf sich selbst, nur indem sie Beziehung auf Anderes ist, das aber unmittelbar nicht als Seyendes, sondern als ein *Gesetztes* und *Vermitteltes* ist.« (HJu, Bd. 8, S. 261; vgl. HW, Bd. 8, S. 231)
99 HSW, Bd. IV, S. 3; vgl. HW, Bd. 6, S. 13.
100 HSW, Bd. IV, S. 5; vgl. HW, Bd. 6, S. 15.
101 »Diese Erkenntnis ist ein vermitteltes Wissen, denn sie befindet sich nicht unmittelbar beim und im Wesen, sondern beginnt von einem Andern, dem Sein, und hat einen vorläufigen Weg, den Weg des Hinausgehens über das Sein oder vielmehr des Hineingehens in dasselbe zu machen.« (HSW, Bd. IV, S. 3; vgl. HW, Bd. 6, S. 13)

Das Wesen, Reflexionsprodukt des Seins, »ist aber das an und für sich aufgehobene Sein; es ist nur *Schein*, was ihm gegenübersteht« (p. 7). Im engeren systematischen Kontext gewinnt die Lesart, das Sein sei als Schein vom Wesen abgesetzt, grammatisch an Plausibilität. In einem zentralen Sinn erweist sich jedoch die Wesenslogik als eine Logik des Scheins, welche der »negativen Natur des Wesens« gerecht wird. Jedoch nur »der Schein ist das eigene Setzen des Wesens«. (p. 7) Damit aber bestimmt sich das sich von der unmittelbaren Wirklichkeit auf ein ihm zunächst Scheinbares entfernende wesentliche Erkennen als Reflexion, die vom unmittelbaren Schein sich dadurch unterscheidet, daß sie der »in sich gegangene, hiemit seiner Unmittelbarkeit entfremdete Schein ist« (p. 13)[102]. Der so verwendete Reflexionsbegriff ist nicht der pejorativ von der Spekulation unterschiedene des bloßen Verstandesgebrauchs, sondern metaphorisch aus dem Bereich der Optik übertragen, deutet er auf die Widerspiegelung einer Entität in sich selbst. Nicht erst durch ein von außen hinzutretendes Bewußtsein reflektiert sich das Sein zum Wesen, sondern es scheint in sich selbst, was freilich nur gelingen kann im Rahmen der Sein vorweg zu Geist auflösenden Generalthesis des absoluten Idealismus. Die Reflexionsbestimmungen sind sowohl subjektiv gesetzt als objektiv begründet. »Die Reflexion bestimmt sich; ihre Bestimmungen sind ein Gesetztsein, das zugleich Reflexion in sich ist.« (p. 7) Darin ist enthalten, daß die Sache von sich aus die Unterscheidung dessen fordert, was ihr wesentlich und was ihr unwesentlich sei. Die subjektive Reflexion des Wesens ist von der Sache selber stimuliert.

Im systematischen Gang der immanenten Selbstreflexion des Wesens vergegenständlicht es sich zu den Kategorien, deren Analyse die Ableitung der ontischen Bestimmungen aus denen der Reflexion zum Thema hat, und soll es sich schließlich wieder raumzeitlich objektivieren; »das Wesen muß erscheinen« (p. 101)[103].

Diese Dialektik von Wesen und Schein bezeichnet Hegels Kritik der philosophischen Tradition. Insofern er das Wesen gegenüber der sinnlichen Mannigfaltigkeit immer auch als Schein begreift, nimmt er die nominalistische und transzendentalphilosophische Metaphysikkritik auf und sucht sie zugleich metakritisch zu überbieten, da der Schein nicht nur subjektive ›thesis‹ ist, sondern ein ›fundamentum in re‹ hat; doch fällt die Rehabilitation des metaphysischen Wesensbegriffs nicht naiv hinter jene Ontologiekritik zurück; sie geht in dem Maße über sie hinaus, als die Objektivität der Reflexionsbestimmungen selber

---

102 »Der Schein ist dasselbe, was die *Reflexion* ist; aber er ist die Reflexion als *unmittelbare*; für den in sich gegangenen, hiemit seiner Unmittelbarkeit entfremdeten Schein haben wir das Wort der fremden Sprache, die *Reflexion*.« (HSW, Bd. IV, S. 13; vgl. HW, Bd. 6, S. 24)
103 HSW, Bd. IV, S. 101; vgl. HW, Bd. 6, S. 124.

noch reflexiv ans begreifende Subjekt gebunden ist: immanente Selbstreflexion des Gesetztseins. Damit sucht die Wesenslogik in Korrespondenz zum Anfang der ›Phänomenologie des Geistes‹ deren kritisches Programm der Erkenntnistheorie, das eigentlich im Nachweis ihrer Unmöglichkeit als einer reinen, also inhaltsleeren Methodologie besteht, auszuführen.

Solange das Sein bloß ein »unwesentliches Dasein« gegenüber einem »wesentlichen« ist, fällt das Wesen, auf dieser Stufe »bestimmte Negation« (p. 8)[104] in die Akzidentalität zurück. »Das Wesen aber ist die absolute Negativität des Seins« (p. 9)[105], das sich vom noch unwesentlichen Dasein zum »wesenlosen Sein« negiert. Diese Selbstaufhebung des Seins, seine immanente Nichtigkeitserklärung, versucht freilich im Rahmen der Dialektik von Wesen und Schein eine Kritik der tradierten ontologischen Diskreditierung des Seins. Gerade als nichtiger Schein sei es mehr als ein »bloß unwesentliches Dasein« (p. 9)[106], nicht einfach dem Wesen gegenüber zu vernachlässigen, in dessen Licht es erst als das erscheint, was es ist. Der Schein selber ist wesentlich; »außer seiner Nichtigkeit, außer dem Wesen ist er nicht« (p. 9)[107]. Das ist freilich eine schon wieder identitätsphilosophische Bestimmung, der unter der Hand die kritische Intention, das in der europäischen Philosophie Nichtige als auch wesentlich zu erweisen, idealistisch in den Versuch umschlägt, das Andere als nur scheinbar Anderes zu ins System zu integrieren. Andererseits verweist Hegels Identifikation des Wesens mit seiner

---

104 »Das Wesen ist das *aufgehobene Sein*. Es ist einfache Gleichheit mit sich selbst, aber insofern es die *Negation* der Sphäre des Seins überhaupt ist. So hat das Wesen die Unmittelbarkeit sich gegenüber als eine solche, aus der es geworden ist und die sich in diesem Aufheben aufbewahrt und erhalten hat. Das Wesen selbst ist in dieser Bestimmung *seiendes*, unmittelbares Wesen, und das Sein nur ein Negatives *in Beziehung* auf das Wesen, nicht an und für sich selbst, das Wesen also eine *bestimmte* Negation. [...] Der Unterschied von Wesentlichem und Unwesentlichem hat das Wesen in die Sphäre des *Daseins* zurückfallen lassen, indem das Wesen, wie es zunächst ist, als unmittelbares seiendes, und damit nur als *Anderes* bestimmt ist gegen das Sein.« (HSW, Bd. IV, S. 7 f.; vgl. HW, Bd. 6, S. 18)

105 »Das Wesen aber ist die absolute Negativität des Seins; es ist das Sein selbst, aber nicht nur als ein *Anderes* bestimmt, sondern das Sein, das sich sowohl als unmittelbares Sein wie auch als unmittelbare Negation, als Negation, die mit einem Anderssein behaftet ist, aufgehoben hat.« (HSW, Bd. IV, S. 9; vgl. HW, Bd. 6, S. 19)

106 »Das Sein oder Dasein hat sich somit nicht als Anderes, denn das Wesen ist, erhalten, und das noch vom Wesen unterschiedene Unmittelbare ist nicht bloß ein unwesentliches Dasein, sondern das *an und für sich* nichtige Unmittelbare; es ist nur ein *Unwesen*, der *Schein*.« (HSW, Bd. IV, S. 9; vgl. HW, Bd. 6, S. 19)

107 »*Das Sein ist Schein*. Das Sein des Scheins besteht allein in dem Aufgehobensein des Seins, in seiner Nichtigkeit; diese Nichtigkeit hat es im Wesen, und außer seiner Nichtigkeit, außer dem Wesen ist er nicht. Er ist das Negative gesetzt als Negatives.« (HSW, Bd. IV, S. 9; vgl. HW, Bd. 6, S. 19)

Negativität, dem Schein, der »nicht ein Äußerliches, dem Wesen anderes, sondern sein eigener Schein« (p. 7[108])[109] ist, auf die Selbstunterscheidung des Wesens, die selber die Differenz zwischen Wesentlichem und Unwesentlichem ist. Die Unterscheidung von Wesen und Schein ist keine formallogische, sie reflektiert sich kritisch aus der traditionellen Logik als eine wesentlich negative: Distinktionen, die voneinander als getrennt vorgestellt werden, sind sowohl durch Gegensatz wie Identität vermittelt – Motiv der Vermittlung durch den Widerspruch, das konstitutiv für die dialektische Logik ist. So fällt der Schein als eine selber noch wesentliche Unterscheidung in die Logik des Wesens. Noch ist nach dieser Seite die wesentliche Differenz auch wieder eine unwesentliche; denn das Sein, das sich zum wesenlosen Schein reflektiert, läßt das Wesen aus sich hervorgehen, was es nur vermöge der Bestimmungen, die ihm im ersten Teil der Logik prädiziert wurden und seiner Reflexion auf sie zu leisten vermag. Aber die Unwesentlichkeit der durchs Sein bedingten wesentlichen Unterscheidung ist selbst noch eines ihrer Momente. Die Differenz von Wesentlichem und Unwesentlichem, die Fähigkeit zu geistiger Erfahrung, ist konstitutiv für eine Lehre von der Erkenntnis überhaupt, und zwar um so relevanter, je mehr der Positivismus im Rekurs auf das, was ihm in historisch wechselnden Manifestationen als das jeweils unmittelbar Gewisse galt, diese als der sinnlosen Metaphysik verdächtig einzuebnen trachtet.

Die Annahme eines deutlichen methodischen Bruchs zwischen der Seins- und der Wesenslogik, etwa derart, daß im prozessualen Erkenntnisvollzug dort ein »Übergehen«, hier nur ein »Setzen« erfolge, wird hinfällig, wenn damit die Wesenslogik in eine bloß subjektive ›thesis‹ zurückfiele – eine Vermutung, die vergäße, daß die Logik des Seins von sich aus verbindlich das Wesen verlangt. Allerdings reflektiert sich die Sache nur dadurch, daß alle Bestimmungen in ihrer Abstraktheit genommen sich in sich reflektieren. Das subjektive Moment kann nur deshalb aus allen herausgeholt werden, weil es ihnen vorweg inhäriert. Die Wesenslogik bringt die subjektive Abstraktion zum Bewußtsein ihrer selbst, wobei aber die Reflexionsbestimmungen nur aus der Objektivität der Seinskategorien begründet werden können. Die Seinslogik bestimmt sich wesentlich als Kritik der diskursiven Logik, die Logik des Wesens beinhaltet zentral die genetische Kritik und enthält im engeren Sinn die »genetische Exposition des Begriffs« (vgl.

---

108 Korrigiert aus: »9«.
109 »Das Wesen aus dem Sein herkommend scheint demselben gegenüber zu stehen; dies unmittelbare Sein ist *zunächst* das *Unwesentliche.* [Absatz.] Allein es ist *zweitens* mehr als nur unwesentliches, es ist wesenloses sein, es ist *Schein.* [Absatz.] *Drittens*, dieser Schein ist nicht ein Äußerliches, dem Wesen Anderes, sondern er ist sein eigener Schein. Das Scheinen des Wesens in ihm selbst ist die *Reflexion.*« (HSW, Bd. IV, S. 7; vgl. HW, Bd. 6, S. 17)

p. 213¹¹⁰)¹¹¹. Die immanente Entfaltung dieser negativen, also wesentlichen Bewegung vermag pointiert werden: Je eindringlicher sich das Erkennen in die Analyse des Objekts vertieft, desto mehr zeigt sich das Objekt qua Objekt als Subjekt.

(Anm.: Die in Klammern angegebenen Seitenzahlen beziehen sich, wenn nicht anders vermerkt, auf G. W. F. Hegel, Wissenschaft der Logik, Bd. II, ed. Lasson, Leipzig 1934¹¹²)

---

110 Korrigiert aus: »214«.
111 »Die *objektive Logik*, welche das *Sein* und *Wesen* betrachtet, macht [...] eigentlich die *genetische Exposition des Begriffes* aus.« (HSW, Bd. IV, S. 213; vgl. HW, Bd. 6, S. 245)
112 D.i. die 2. Aufl. von HSW, Bd. IV.

406 Regina Pelzer, 10. Februar 1966

Regina Pelzer

Protokoll der Seminarsitzung am 10. 2. 1966

Man kann das Bewegungsgesetz der »Logik« als ständiges Wechseln von Sätzen und Kritik an diesen bezeichnen. Um über Abstraktheit hinauszugelangen, wird jede Bestimmung des Begriffs in Distinktion zu einem Anderen gesetzt. Andererseits ist Abstraktheit aber unentbehrlich, wenn der Antagonismus zwischen Subjekt und Objekt je aufgehoben werden soll. So sind auch alle Bestandteile der »Logik« paradox und wollen gerade hierdurch das Paradoxe auflösen. »Ihn (den Verstand) zum Bewußtsein darüber zu bringen, daß, indem er seine Befriedigung in der Versöhnung der Wahrheit erreicht zu haben meint, er in dem unversöhnten, unaufgelösten, absoluten Widerspruch sich befindet, müßten die Widersprüche bewirken, in die er nach allen Seiten verfällt, so wie er sich auf die Anwendung und Explikation dieser seiner Kategorien einläßt.«[113][*1] Nicht eine zu simple Versöhnung, sondern das, was sich in sich selbst widerspricht, könnte den Anspruch auf Wahrheit erheben.

Die Erörterung des Teils A »Das Wesentliche und das Unwesentliche« des 1. Kapitels des 1. Abschnitts im 2. Band der »Wissenschaft der Logik«[114] ging von der Frage aus, was »einfache Gleichheit mit sich selbst« sei. Nachdem die Sphäre des Wesens als Resultat einer Bewegung, nämlich der der Aufhebung des unmittelbaren Seins im Wesen charakterisiert ist, gewinnt das so vermittelte Wesen Selbständigkeit gegenüber dem in ihm untergegangenen Sein. Dem verdeutlichenden Beispiel der Zahlen, die selbständig, ohne Rücksicht auf das Gezählte, behandelt werden, könnte vielleicht ein weiteres hinzugefügt werden: Die Intention eines Künstlers ist wahrscheinlich nur in der Befreiung von dem hemmenden Gedanken, daß *er es ist*, der den Kunstgegenstand herstellt, realisierbar; wenn also das von ihm Gemachte in seinem Bewußtsein noch während des

---

113 »So das Unendliche gegen das Endliche in qualitativer Beziehung von *Anderen* zueinander gesetzt, ist es das *Schlecht-Unendliche*, das Unendliche des *Verstandes* zu nennen, dem es für die höchste, für die absolute Wahrheit gilt; ihn zum Bewußtsein darüber zu bringen, daß, indem er seine Befriedigung in der Versöhnung der Wahrheit erreicht zu haben meint, er in dem unversöhnten, unaufgelösten, absoluten Widersprüche sich befindet, müßten die Widersprüche bewirken, in die er nach allen Seiten verfällt, sowie er sich auf die Anwendung und Explikation dieser seiner Kategorien einläßt.« (HW, Bd. 5, S. 152)
114 Vgl. ebd., S. 18f.

Prozesses des »Machens« ihm als gleichsam 2. Natur gegenübertritt. Auf dieser Stufe der Reflexion gibt es noch keinen Schein. Erst indem der »einfachen Gleichheit mit sich selbst« deren Negation beigefügt wird, ist der Fortgang möglich. Ein Fortgang, der zugleich eine Rückführung zum Sein bedeutet, das nach Hegels Intention später als aufgehobene Unmittelbarkeit wiederhergestellt werden soll. Hier aber wird noch von dem Wesen als bestimmter Negation des Seins gesprochen, wodurch Sein zunächst als nichtseiend charakterisiert wird. Aber da die oben erläuterte Selbständigkeit des Wesens sich ja gerade aus der Negation dessen, wodurch es ist, herleitet, wird die Gefahr einer Hypostasierung der Wesenskategorie umgangen. Das Wesen muß demnach als Relationskategorie verstanden werden. Dem Sein, zu dem das Wesen in Relation steht, spricht Hegel an dieser Stelle ebenfalls Unmittelbarkeit zu.[115] Als Folge dieser Unmittelbarkeit des Wesens wie auch des Seins stehen sich beide gleichgültig als Wesentliches und Unwesentliches gegenüber, was Sein und Wesen in (bloßes) Dasein zurückfallen läßt.

– Im 1. Buch der »Logik« wird jedoch Dasein als Gewordenes, das gleichzeitig Sein hat, aufgefaßt.[116] Das Wiederauftauchen des Begriffs in diesem Kontext verwickelt den Leser in eine ähnliche Schwierigkeit wie in die, welche sich bei der Interpretation der folgenden Textstelle ergibt: »... das Sein (ist) nur ein Negatives in Beziehung auf das Wesen, *nicht* (ein Negatives) *an und für sich selbst* ...«[117] Beide Kategorien, »Dasein« wie »An und für sich sein« berechtigen im jeweiligen Zusammenhang zu der Frage, ob sie emphatisch oder in sprachlich laxer Weise verstanden werden sollen. Die Vertreter einer emphatischen Deutung des »an und für sich selbst Seins« führen ein Zitat aus der Einleitung der »Wissenschaft der Logik« an: »Aber es (das absolute Wesen) muß zum Dasein übergehen; denn es ist *An-und-Fürsichsein*, d. h. es *unterscheidet* die Bestimmung, welche es *an sich* enthält; weil es Abstoßen seiner von sich oder Gleichgültigkeit gegen sich, *ne-*

---

115 »Sein und Wesen verhalten sich auf diese Weise wieder als *Andere* überhaupt zueinander, denn *jedes hat ein Sein, eine Unmittelbarkeit*, die gegeneinander gleichgültig sind, und {beide} stehen diesem Sein nach in gleichem Werte.« (Ebd., S. 18)
116 »Aus dem Werden geht das Dasein hervor. Das Dasein ist das einfache Einssein des Seins und Nichts. Es hat um dieser Einfachheit willen die Form von einem *Unmittelbaren*. Seine Vermittlung, das Werden, liegt hinter ihm; sie hat sich aufgehoben, und das Dasein erscheint daher als ein Erstes, von dem ausgegangen werde.« (HW, Bd. 5, S. 116)
117 »Das Wesen ist das *aufgehobene Sein*. Es ist einfache Gleichheit mit sich selbst, aber insofern es die *Negation* der Sphäre des Seins überhaupt ist. So hat das Wesen die Unmittelbarkeit sich gegenüber als eine solche, aus der es geworden ist und die sich in diesem Aufheben aufbewahrt und erhalten hat. Das Wesen selbst ist in dieser Bestimmung *seiendes*, unmittelbares Wesen, und das Sein nur ein Negatives *in Beziehung* auf das Wesen, nicht an und für sich selbst, das Wesen also eine *bestimmte* Negation.« (HSW, Bd. IV, S. 8f.; vgl. HW, Bd. 6, S. 18)

gative Beziehung auf sich ist, setzt es sich somit sich selbst gegenüber und ist nur insofern unendliches Fürsichsein, als es die Einheit mit sich in diesem seinem Unterschiede von sich ist.«[118] An- und Fürsichsein sei in derselben Weise dem Sein zuzusprechen, es sei an sich als Affirmatives, durch dessen Negation die Konstitution des Wesens erst möglich werde – bei Husserl heißt dieses Gegründetsein des Wesens auf das Sein ein »Fundierungsverhältnis« und ist als solches mit großem Nachdruck versehen[119] – für sich sei es, weil es in seiner Negation im Wesen sich reflektiere. Darum müsse das »an und für sich selbst Sein« des Seins an der strittigen Stelle in Hinblick auf den Unterschied zur einfachen Negation interpretiert werden. Gegen diese Argumentation wurde eingewandt, daß Hegel, indem er philosophiere, auf einen Vertrag eingegangen sei, dessen oberste Spielregel ihn verpflichte, die Resultate seines Denkens nicht im Verlaufe von dessen philosophischer Entfaltung vorwegzunehmen und *vorauszusetzen*. Werde dem Sein emphatisch An- und Fürsichsein schon hier zuteil, dann würde dies ein Voraussetzen des Resultats der gesamten »Logik« bedeuten und ein Mitvollziehen des Hegelschen Gedankenablaufs zumindest wesentlich erschweren. – Alles könne dann alles bedeuten. – Man dürfe auch nicht vergessen, daß Hegels Schriften Stenogramme von Gesprochenem seien. Zusammengefaßt sprächen diese Argumente für eine Interpretation, die jene Stelle als sprachlich etwas unscharf formuliert bezeichne.

In ähnlichem Gegensatz stehen die Begründungen der zwei folgenden Versuche zueinander, die Kategorie »Dasein«, wie sie sich in dem bereits zitierten Textausschnitt findet, zu interpretieren. Beide, so argumentiert die eine Partei, das Sein wie auch das Wesen, fielen quasi wie Gegenstände in das bloß unmittelbare Dasein zurück. Das im Dasein enthaltene Sein sei zwar An- und Fürsichsein, aber jenem äußerlich; unmittelbar sei Dasein infolge des mit Negation versehenen Seins. »Das Erkennen kann überhaupt nicht bei dem mannigfaltigen *Dasein*, aber auch nicht bei dem *Sein*, *dem reinen Sein* stehenbleiben; es dringt sich unmittelbar die Reflexion auf, daß dieses *reine Sein*, die Negation alles Endlichen, eine *Erinnerung* und Bewegung voraussetzt, welche das unmittelbare Dasein zum reinen Sein gereinigt hat.«[120][*2] – Ebenfalls ein Zitat aus der Einleitung zur »Wissenschaft der Logik« kann von der opponierenden Partei zur

---

118 HSW, Bd. IV, S. 4f.; vgl. HW, Bd. 6, S. 15.
119 »Die Fundierung eines Teils in einem anderen kann [...] [Absatz] α) eine *unmittelbare* oder [Absatz] β) eine *mittelbare* sein, je nachdem die beiden Teile in unmittelbarer oder mittelbarer Verknüpfung stehen. Dieses Verhältnis ist [...] natürlich nicht an die individuell vorliegenden Momente gebunden, sondern geht das Fundierungsverhältnis nach seinem Wesensbestande an.« (HEH, Bd. XIX/1, S. 271)
120 HSW, Bd. IV, S. 3; vgl. HW, Bd. 6, S. 13.

Erhärtung ihrer Deutung herangezogen werden: »Es (das Wesen) setzt sich in seiner Bewegung in folgende Bestimmungen: 1) als *einfaches*, ansichseiendes Wesen in seiner Bestimmung innerhalb seiner, 2) als heraustretend in das Dasein, oder nach seiner Existenz und *Erscheinung*, 3) als Wesen, das mit seiner Erscheinung eins ist, *als Wirklichkeit*.«[121] Das »Dasein« resultiere hiernach gerade aus seiner Relation zum Sein, nicht unmittelbar werde es infolge der Negation sondern zur 2. Unmittelbarkeit, zur vermittelten, gewordenen Unmittelbarkeit also. Solches »Dasein« sei Sein auf höherer Stufe. Die Bewegung, die hierhin führe, gleiche dem Verschwinden des Geschöpfs im Schöpfungsakt – ein Gedanke, der in Heideggers »Sein und Zeit« wohl vorhanden sei, aber nicht hervorgehoben werde. – Ein 3. Interpretationsversuch könnte vielleicht hinzugefügt und erwogen werden: Infolge der Indifferenz des Wesentlichen gegenüber dem Unwesentlichen fallen beide in bloß unmittelbares Dasein zurück, aber weil andererseits die Unterscheidung von Wesentlichem und Unwesentlichem den Begriff des Wesens selbst voraussetzt und in diesem das Unmittelbare aufgehoben ist, geht Dasein über seine Unmittelbarkeit hinaus.

Die Erläuterung des Abschnitts über das Wesentliche und das Unwesentliche fährt nun mit der Untersuchung der Kategorien »wesentlich« und »unwesentlich« fort. Unwesentlich ist das Sein gegenüber dem Wesen, indem es sich von ihm als Anderes unterscheidet. Dagegen wird das Wesen, stehen Wesen und Sein sich derart gegenüber, zum Wesentlichen, d. h., wenn beide in einfacher Gleichheit mit sich selbständig sind. Weil sich Wesentliches und Unwesentliches gleichgültig als bloße Selbständige gegenüberstehen, bilden sie eine Einheit. Einheit wäre aber nicht herzustellen, wenn sie sich nicht zunächst zueinander differierend verhielten. Darum ist es berechtigt zu sagen, daß Wesentliches und Unwesentliches, indem sie in ihrer Gleichgültigkeit zu einander zum Ununterscheidbaren, zur Einheit werden, ihre Differenz gerade in diesem notwendigen Übergang beweisen. Sie bleiben einander gleichgültig, solange nicht die Reflexion die Beziehung zwischen ihnen herstellt. Hegels Haltung hinsichtlich des Verschiedenen ist ambivalent zu nennen: Einerseits ist es gleichgültig, andererseits gibt es für ihn, den Idealisten, nichts Gleichgültiges. Fichtes Ablehnung des Realismus (Einleitungen zur Wissenschaftslehre)[122] ist in dieser Ambivalenz wiederzuerkennen. –

---

121 »Das Wesen *scheint* zuerst *in sich selbst*, oder ist *Reflexion*; zweitens *erscheint* es; drittens *offenbart* es sich. Es setzt sich in seiner Bewegung in folgende Bestimmungen, *[Absatz]* I. als *einfaches*, ansichseiendes Wesen in seinen Bestimmungen innerhalb seiner; *[Absatz]* II. als heraustretend in das Dasein, oder nach seiner Existenz und *Erscheinung*; *[Absatz]* III. als Wesen, das mit seiner Erscheinung eins ist, *als Wirklichkeit*.« (HSW, Bd. IV, S. 6; vgl. HW, Bd. 6, S. 16)
122 So heißt es bei Fichte etwa: »Nun giebt es zwei Stufen der Menschheit; und im Fortgange unsers Geschlechts, ehe die letztere allgemein erstiegen ist, zwei HauptGattungen von Menschen.

Die Kategorie »unwesentlich« hat schon allein vom allgemeinen Sprachgebrauch her einen abwertenden Beigeschmack. Hier erklärt sich dieser inhaltlich durch die Charakterisierung des Unwesentlichen als eines bloß anderen, d. h. als unmittelbares Sein oder als unmittelbares Wesen im Gegensatz zu dem im Wesen aufgehobenen Sein oder im Sein aufgehobenen Wesen. – Wenn man das Wesen ausschließlich in die Sphäre der Negativität verbannen wollte, so fiele man in einen cartesianischen Dualismus zurück. Man darf den Bereich der Negativität nicht als Substanz behandeln. Das unmittelbare Sein hat erst die Bestimmung, im Wesen aufgehoben zu werden, oder umgekehrt. Man kann also sagen: Das Unwesentliche hat gegenüber dem Wesentlichen die Bestimmung als Negiertes im Wesen (Sein) ein Aufgehobenes zu sein und so das Wesentliche herzustellen.

Daß das Wesentliche allein durch das Aufheben des Unwesentlichen in ihm zu dem wird, was es ist, läßt vermuten, daß die Unterscheidung des Wesentlichen und Unwesentlichen eine zu überwindende Stufe in der fortführenden Denkbewegung ist.

- - - - - - - - - - - - - - - - -

[*1] Hegel: Wissenschaft der Logik 1. Buch[123] 1. Abschnitt S. 128
[*2] Hegel: Wissenschaft der Logik 2. Buch[124] Einleitung

Einige, die sich noch nicht zum vollen Gefühl ihrer Freiheit, und absoluten Selbstständigkeit erhoben haben, finden sich selbst nur im Vorstellen der Dinge; sie haben nur jenes zerstreute, auf den Objecten haftende, und aus ihrer Mannichfaltigkeit zusammen zu lesende Selbstbewußtseyn. Ihr Bild wird ihnen nur durch die Dinge, wie durch einen Spiegel, zugeworfen; werden ihnen diese entrissen, so geht ihr Selbst zugleich mit verloren; sie können um ihrer selbst willen den Glauben an die Selbstständigkeit derselben nicht aufgeben: denn sie selbst bestehen nur mit jenen. Alles, was sie sind, sind sie wirklich durch die AußenWelt geworden. Wer in der That nur ein Product der Dinge ist, wird sich auch nie anders erblicken; und er wird recht haben, so lange er lediglich von sich, und seines gleichen redet. Das Princip der Dogmatiker ist Glaube an die Dinge, um ihrer selbst willen: also, mittelbarer Glaube an ihr eignes zerstreutes, und nur durch die Objecte getragenes Selbst.« (FGA, Bd. I/4, S. 194)
123 Vgl. HSW, Bd. III; vgl. HW, Bd. 5.
124 Vgl. HSW, Bd. IV; vgl. HW, Bd. 6.

407 Heide Schlüpmann,
   17. Februar 1966

Heide Schlüpmann

Philosophisches Hauptseminar Wintersemester 65/66
Prof. Adorno/Prof. Horkheimer

Protokoll vom 17. 2. 66

Die erste Negation der Sphäre des Seins durch die des Wesens, wie sie in der Unterscheidung von Wesentlich und Unwesentlich sich ausdrückt, läßt – so sagt Hegel – das Wesen in die Sphäre des Daseins zurückfallen.[125] Die Logik reflektiert in der Bestimmung dieses Daseins auf die Gültigkeit formallogischer Sätze. In der Entwicklung des Gedankens der Hegelschen Logik wird die Setzung der formalen Logik einbegriffen als sich Herstellen der Unmittelbarkeit des Begriffs, das auf der Negation der Bewegung des Denkens, der die Begriffe entspringen, beruht. Mit der Einsicht in die Notwendigkeit logischer Skelettierung des Denkens verbindet sich eine Kritik an der Fetischisierung der formalen Logik. Die Kategorie »Rückfall« identifiziert die Bestimmung der philosophiegeschichtlichen Setzung der Logik mit der Kritik ihrer Fetischisierung. (In dieser Identifizierung mag Hegel die scholastische Wiederaufnahme der aristotelischen Metaphysik vor Augen gehabt haben.) In der identifizierenden Bestimmung verdeckt sich eine Indifferenz gegenüber der Regression des Denkens in seiner Fixierung an den logischen Begriff. Diese Indifferenz erlaubt es dem Hegelschen Denken, sich noch einmal in Form einer Logik zu äußern. Hegel unterbricht den Fortgang der Logik von der Verfallsform des Wesens in der bloßen Bestimmtheit – als Identität der formalen Logik – zu der reflektierten Gestalt des Wesens als absoluter Negativität des Seins, indem er noch einmal ausdrücklich auf den Unterschied von wesentlich und unwesentlich zurückkommt. Er unterbricht den Fortgang, um ihn zugleich in der abstrakten Bestimmung des Unterschieds zu identifizieren. Die Bestimmung des Unterschieds von wesentlich und unwesentlich als äußerlich spiegelt ein Moment der Äußerlichkeit des Fortgangs der Logik. Reflektiert man die Weltgeschichte an dieser Stelle des Systems als noch nicht in dem absoluten Geist aufgehoben und bezieht die Intention des Begriffs auf sie als Gegenstand, so erscheint in der Be-

---

[125] »Der Unterschied von Wesentlichem und Unwesentlichem hat das Wesen in die Sphäre des *Daseins* zurückfallen lassen, indem das Wesen, wie es zunächst ist, als unmittelbares seiendes und damit nur als *Anderes* bestimmt ist gegen das Sein.« (HW, Bd. 6, S. 18)

stimmung der Äußerlichkeit der Unterscheidung von wesentlich und unwesentlich eine Kritik an der Fixierung einer Wesensstruktur in einem geschichtlichen Dasein. Eine Philosophie, die, wie die neuere Phänomenologie, sich auf die Reflexion von Wesensstrukturen spezialisiert, hat in der Voraussetzung dieser Strukturen sich unreflektiert dem gesellschaftlichen Rahmen angepaßt, der allein einen objektiven Unterschied begründet. Das Denken, das den Unterschied von wesentlich und unwesentlich fixiert, reproduziert noch einmal das Unrecht, das die Gesellschaft dem nicht in ihr Integrierten antut.

Das Moment der Unmittelbarkeit des Unterschieds von wesentlich und unwesentlich liegt gerade in dem, was im Denken einen Widerspruch gegen jegliche Identitätssetzung bildet, – weswegen es auch von Hegel verschwiegen wird – es ist das Moment der Phantasie, oder auch das der geistigen Erfahrung, in der das Denken die Intention der Sache aufnimmt, die nicht in dieser realisiert ist. In der Unterscheidung von wesentlich und unwesentlich an einem Dasein versucht das Denken, diese Intention in der Realität wiederzufinden, da es sie nicht in ihr bestimmen kann, läßt es sich nie mit der Bestimmung der Realität identifizieren. In der Unterbrechung des Fortgangs der Logik stellt sich jenes Moment des Unendlichen in der Bewegung des Denkens durch die Intention der Sache dar, auf das Hegel nicht reflektiert, um der Identität und Absolutheit des Begriffs willen, und das sich in der Identifizierung des Gangs der Logik verdeckt.

An den Ontologien kritisiert Hegel, daß sie das Wesen schon als die reine Aufhebung des Seins fassen, – so verfiele das Wesen zu bloßer Bestimmtheit, als welche es die Reflexion an die Sätze der abstrakten Logik fixiert.[126] Das Wesen ist in einer relativen Selbständigkeit von den ontischen Momenten zu sehen, von denen es abgehoben wird. Der Ansatz zu einer Aufhebung der Äußerlichkeit der Reflexionsbestimmungen erscheint darin, daß sich die Gleichgültigkeit des Wesens gegenüber dem unmittelbar bestimmten reflektiert und in der Objektivität dieser Reflexion, im Schein, die Nichtigkeit der Unmittelbarkeit des Daseins sich bestimmt.

Hegel intendiert in der Aufhebung der Äußerlichkeit der Reflexionsbestimmungen die totale Bestimmtheit zugleich. Im Satz des Parmenides »Das Sein ist Schein«[127] bezieht Hegel die Dialektik des Scheins auf den Anfang der Logik.

---

126 Vgl. ebd., S. 18 f.
127 Bei Parmenides heißt es: »Denn *das Seiende* denken und sein ist dasselbe.« (Zitiert nach Hermann Diels, Die Fragmente der Vorsokratiker. Griechisch und deutsch [1903], Bd. 1, 2. Aufl., Berlin 1906, S. 117.) – Hegel sagt: »*Das Sein ist Schein.* Das Sein des Scheins besteht allein in dem Aufgehobensein des Seins, in seiner Nichtigkeit; diese Nichtigkeit hat es im Wesen, und außer

Dessen unreflektierte Voraussetzung der Identität von Sein und Begriff wird in der Konstruktion der Logik des Scheins innerhalb der Wesenslogik neu fixiert. Der Begriff des Scheins hat hier seine Identität an einer Negation der Differenz zwischen dem Schein bei Parmenides, der das Seiende als Inhalt des Seins schlechthin nennt, und dem Begriff des Scheins, der aus der Reflexion aufs Subjekt hervorgeht. Diese in der Setzung des Begriffs des Scheins verdrängte Differenz spielt in die Entwicklung seiner Dialektik herein. Der Konstruktion der Logik des Scheins innerhalb der Wesenslogik haftet die Prätension an, den zweiten Erkenntnisweg des Parmenideischen Lehrgedichts, der mit dem Seienden beginnt, als in dem ersten aufgehoben zu erweisen.

In der Bestimmung des Scheins als Rest, der noch von der Sphäre des Seins übrig bleibt, erscheint das ambivalente Verhältnis Hegels zur Residualphilosophie, oder der Philosophie, die sich als Negation der Seinsphilosophie darstellt.[128] Es nennt sich in dieser Kategorie die Intention einer kritischen Reflexion auf die Residualphilosophie, die diesem Abschnitt der Logik zugrunde liegt. Indem Hegel den Begriff »Rest« an dieser Stelle überhaupt als eine Bestimmung des Scheins setzt, verrät sich darin, daß Hegel, was er vorgibt: das Moment des Scheins aufzuheben, nicht durchführen kann, vielmehr es bei der ohnmächtigen Negation des Scheins im bloßen Begriff bleibt; das aber, was dem Schein zugrunde liegt – ein Unaufgelöstes im Verhältnis von Einheit und Vielheit, Form und Inhalt, Denken und Sein, läßt sich nicht auflösen in einer Aufhebung des Unterschieds im absoluten Begriff. Gegenüber dem Schein als Rest bestimmt sich das Wesen als Rest ebenso. Die Identität des Begriffs, die sich herausstellt im Verschwinden des Scheins, läßt mit diesem das ideelle Moment des Wesens verschwinden und stellt[129] sich zuletzt als leere Form heraus. Der Zusammenhang der Erscheinungen im Begriff wird damit wieder ein deduktiver, Hegel ist aus dem Rahmen der Residualphilosophie, den er durchbrechen möchte, noch nicht herausgetreten.

In der Bestimmung des Scheins als »leerer Bestimmung der Unmittelbarkeit des Nichtdaseins«[130] erscheint vorausgesetzt das Sein als Subjekt. Der kritische

---

seiner Nichtigkeit, außer dem Wesen ist er nicht. Er ist das Negative gesetzt als Negatives.« (HW, Bd. 6, S. 19)

128 »Der Schein ist der ganze Rest, der noch von der Sphäre des Seins übriggeblieben ist. Er scheint aber selbst noch eine vom Wesen unabhängige unmittelbare Seite zu haben und ein *Anderes* desselben überhaupt zu sein. Das *Andere* enthält überhaupt die zwei Momente des Daseins und des Nichtdaseins.« (Ebd., S. 19)

129 Konjiziert für: »kehrt«.

130 »Das Unwesentliche, indem es nicht mehr ein Sein hat, so bleibt ihm vom Anderssein nur das *reine Moment des Nichtdaseins*; der Schein ist dies *unmittelbare* Nichtdasein so in der Be-

Begriff der Aufhebung des Seinsbegriffs in dem Unterschied von Wesen und Schein hat in sich nicht jene Fixierung der Reflexion an die Unmittelbarkeit des Bewußtseins aufgehoben, die er prätendiert und in der er noch den Kantischen Kritizismus überwunden zu haben glaubt. In dem Begriff der Aufhebung des Seinsbegriffs im Begriff des Scheins zeichnet sich die Stellung Hegels zur Kritik Kants am ontologischen Gottesbeweis ab. Die Kritik der Abstraktheit der Kantischen Kritik bleibt dieser in bestimmter Weise äußerlich. – Wie sie hier ungenannt aus der Reflexion auf die Problematik des Scheins in der Philosophie Kants hervorgeht, erhellt sich in ihr der scheiternde Versuch des Denkens, sich selbst zu ergreifen. Er stellt sich heraus als Abstraktion des Wesens der Philosophien von ihrer Erscheinung in der Fixierung der Reflexion ihrer Intentionen durch den logisch systematischen Zusammenhang. Der Gedanke der Hegelschen Logik kristallisiert sich in der Gestalt der Identifizierung der Ontologie in der Logik durch ein Moment unmittelbarer Negation der Gestalt des transzendentalen Subjekts in ihm. Die Logik als negative Gestalt der Ontologie gibt vor, die subjektiven Reflexionsbestimmungen seien in der absoluten Reflexion aufgehoben. In dem Begriff der absoluten Reflexion, der die Negation des transzendentalen Subjekts enthält, ist verdeckt, daß das Denken in der Hegelschen Philosophie die Identität des Begriffs, in der es sich sucht, findet als etwas, in welchem ihm die nichtbegriffliche Realität als Negation seiner eigensten Intention begegnet.

Die Äußerlichkeit der Kritik der Logik an dem Begriff des Scheins der neueren Philosophie kommt zum Ausdruck darin, daß sie sich in Form einer ausdrücklichen Kritik an diesen Philosophien in den Zusammenhang der Logik einschiebt. Hegels Kritik an dem Festhalten der Unmittelbarkeit der logischen Bestimmungen, da doch gleichzeitig die Unmittelbarkeit als Nichtdasein reflektiert wird, fiele letztlich auf ihn selber zurück, würde sie sachlich durchgeführt. Der Idealismus wird in einem Atemzug mit dem Skeptizismus kritisiert[131] – darin äußert sich die

---

stimmtheit des Seins, daß es nur in der Beziehung auf Anderes, in seinem Nichtdasein Dasein hat, das Unselbständige, das nur in seiner Negation ist. Es bleibt ihm also nur die reine Bestimmtheit der *Unmittelbarkeit*; es ist als die *reflektierte* Unmittelbarkeit, d. i. welche nur *vermittels* ihrer Negation ist und die ihrer *Vermittlung* gegenüber nichts ist als die leere Bestimmung der Unmittelbarkeit des Nichtdaseins.« (Ebd., S. 19 f.)

131 »So ist der *Schein* das Phänomen des *Skeptizismus* oder auch die Erscheinung des Idealismus eine solche *Unmittelbarkeit*, die kein Etwas oder kein Ding ist, überhaupt nicht ein gleichgültiges Sein, das außer seiner Bestimmtheit und Beziehung auf das Subjekt wäre. ›Es *ist*‹ erlaubte sich der Skeptizismus nicht zu sagen; der neuere Idealismus erlaubte sich nicht, die Erkenntnisse als ein Wissen vom Ding-an-sich anzusehen; jener Schein sollte überhaupt keine Grundlage eines Seins haben, in diese Erkenntnisse sollte nicht das Ding-an-sich eintreten. Zugleich aber ließ der Skeptizismus mannigfaltige Bestimmungen seines Scheins zu, oder vielmehr sein Schein hatte

Intention, noch eine Distanz zu dem Idealismus, auch dem Fichteschen zu setzen, die hier in dem Maße, wie sie prätendiert wird, nicht begründbar ist. Die Hypostasierung der Unmittelbarkeit im Skeptizismus, in der das Denken die Intention der Wahrheit aufgibt, ist den metaphysischen Systemen so entgegengesetzt wie der Hegelschen Philosophie. Der gemeinsame Vorwurf, der hinter der Kritik dieser Philosophien steht, daß der Gedanke der Erzeugung nicht durchgeführt, die subjektive Reflexion gleichgültig gegen das Absolute bleibe, suggeriert Hegel, habe die Problematik der idealistischen Philosophien vor ihm aufgelöst. Diese deutet sich jedoch nur wieder als die des Begriffs an, der eine Negation des ideellen Moments des Denkens impliziert und doch zugleich auch wieder allein die Äußerung des spekulativen Denkens trägt.

Hegel kritisiert an Fichte die Relativierung des Absoluten auf das endliche Ich, die das Absolute zwar zu einer Bestimmtheit im Ich macht (im Unterschied zu Kants Ding an sich), zugleich aber auch es als ein Gleichgültiges in der Bestimmung des Ichs auftauchen läßt.[132] In der Bestimmung des Anstoßes, den das Ich sich selber gibt, dringt der Schöpfungsmythos in die begriffliche Darstellung ein. Die Intention der Aufklärung, welche die Emanzipation des Denkens trug, kehrt sich in der Verabsolutierung des Denkens gegen sich selbst. Die Spannung zwischen der Intention absoluter Erhellung des Bestehenden und dem Umschlag der Intention in die Nacht der Indifferenz erscheint zum äußersten getrieben in der Hegelschen Philosophie. Der Mythos, den die Logik in der Reflexion auf die Philosophiegeschichte verdrängt, dringt als Moment der Gewalt der Tradition In der Setzung der Identität der Begriffe in diesen wieder hervor. Das Denken, das sich der Hegelschen Philosophie nähert, gerät in einen Bann, derart, daß es Gefahr läuft stillzustehen und nur noch den Wortlaut zu reproduzieren. Etwas von der Gewalt, der es ohnmächtig in der Realität widerspricht, erfährt das Denken wieder in dem Versuch, in dem begrifflichen Zusammenhang das bewegende Moment, die Intention der Sache, in dessen Negation sich der Zusammenhang fixiert, gegen diese Fixierung neu hervorzurufen; vorzutragen wäre dieses Moment wohl nur wieder in einer Wendung des Begriffs gegen die reale Gewalt in der Erkenntnis und Darstellung des in dem Zwangszusammenhang der Gesellschaft nur verdrängten, aber nicht aufgehobenen Chaos, das durch ihn hindurchbrechen kann.

---

den ganzen mannigfaltigen Reichtum der Welt zum Inhalte. Ebenso begreift die Erscheinung des Idealismus den ganzen Umfang dieser mannigfaltigen Bestimmtheiten in sich.« (Ebd., S. 20)
132 »Der unendliche Anstoß des *Fichteschen* Idealismus mag wohl kein Ding-an-sich zugrunde liegen haben, so daß er rein eine Bestimmtheit im Ich wird. Aber diese Bestimmtheit ist eine dem Ich, das sie zu der seinigen macht und ihre Äußerlichkeit aufhebt, zugleich *unmittelbare*, eine *Schranke* desselben, über die es hinausgehen kann, welche aber eine Seite der Gleichgültigkeit an ihr hat, nach der sie, obzwar im Ich, ein *unmittelbares* Nichtsein desselben enthält.« (Ebd., S. 20)

408 Rainer Habermeier,
24. Februar 1966

Rainer Habermeier
Frankfurt am Main
Am Ameisenberg 18

Prof. Dr. Adorno
Philosophisches
Hauptseminar
Protokoll v. 24. 2. 66

In der Seinslogik vermerkt Hegel kritisch, daß Parmenides Sein und Nichts streng isoliert gesetzt habe,[133] welche statarische Abstraktion jede Vermittlung verwehre, der absolute chorismos von Denken und empirischer Vielheit fordere die dualistische Struktur zweier Anfänge; und infolge solch substantieller Abstraktheit, des Mangels an Subjektivität, vermag Hegel eine Linie quer durch die Geschichte von Parmenides bis zur Fichteschen Reflexionsphilosophie zu ziehen. Gegen Hegels Verdikt der eleatischen Lehre aber kann die neueste philologische Interpretation angeführt werden: daß die doxa[134] nicht säuberlich vom Sein abgetrennt, sondern innerhalb dessen rangiert. Womit dem vorher verachteten meon[135], vom milden Glanz virtueller Vermittlung erhöht, die sinistre Gerechtig-

---

[133] »Den einfachen Gedanken *des reinen Seins* haben die *Eleaten* zuerst, vorzüglich *Parmenides* als das Absolute und als einzige Wahrheit, und, in den übergebliebenen Fragmenten von ihm, mit der reinen Begeisterung des Denkens, das zum ersten Male sich in seiner absoluten Abstraktion erfaßt, ausgesprochen: *nur das Sein ist, und das Nichts ist gar nicht.*« (HW, Bd. 5, S. 84) – Bei Parmenides heißt es: »Nötig ist dies zu sagen und zu denken, daß *nur* das Seiende existiert. Denn seine Existenz ist möglich, die des Nichtseienden dagegen nicht; das heiß ich Dich wohl zu beherzigen.« (Zitiert nach Diels, Die Fragmente der Vorsokratiker, a. a. O. [s. Anm. 126], S. 117.)

[134] Über die ›δόξα‹, dem Begriff der Meinung bei Parmenides, schreibt Adorno in der *Metakritik der Erkenntnistheorie*, sie sei *der Überschuß der Sinnenwelt übers Denken, Denken sein wahres Sein. Nicht sowohl fragt authentisch die Vorsokratik durch die Schuld späterer Entweihung verstummte Ursprungsfragen, als daß in ihr und noch in Platon der Bruch, die Entfremdung rein und unverstellt ausgesprochen ward. Das ist ihre Würde, die des Gedankens, der das Unheil noch nicht verschleiert, von dem er zeugt.* (GS, Bd. 5, S. 21)

[135] Über das ›μὴ ὄν‹ im Sinne des nicht Seienden, sondern Werdenden heißt es bei Platon: »Zuerst nun haben wir, meiner Meinung nach, dies zu unterscheiden: was ist das stets Seiende, das Entstehen nicht an sich hat, und was das stets Werdende, aber niemals Seiende; das eine, stets gemäß demselben Seiende ist durch Vernunft vermittels vernunftloser Sinneswahrnehmung vorstellbar, als entstehend und vergehend, nie aber wirklich seiend.« (Platon, Timaios, in: Platon, Sämtliche Werke, a. a. O. [s. Anm. 42], Bd. 4, übers. von Hieronymus Müller und Friedrich Schleiermacher, Reinbek bei Hamburg 1994 [Rowohlts Enzyklopädie; 564], S. 11–103; hier: S. 27 [27d f.])

keit des suum cuique[136] widerfährt, das Denken endlich zur Totalität Hegelschen Ausmaßes sich blähen kann, indem es das bis dahin sperrige, darum zum meon deklassierte Viele verschlingt. Eine dialektische Verkettung des philosophischen Fortschritts blitzt in diesem historisch-philologischen Gegenstand auf: verurteilt Hegel die herrschaftliche Abstraktheit des isolierenden Verstandes, so kommt die Kritik der imperialen Expansion der Vernunft zugute, als welche sich das Denken tarnt; wie umgekehrt in Kants Tadel der spekulativen Vernunft ebensolche Herrschaftlichkeit triumphiert hätte, der stete kritische Dialog Kant–Hegel dreht sich ums Denken als Herrschaft.

Immerhin läßt auch aus der Sicht Hegels ein Ansatz zur Dialektik in der Parmenideischen Dichotomie sich finden,[137] auf die schon der Schüler Zenon[138], Aristoteles zufolge der »Erfinder der Dialektik«[139], und Platons »Parmenides«[140] verweisen. Indem Hegelischer als Hegel darauf insistiert wird, daß zwar jedes Setzen seine Willkür des Anfangs ausspricht, aber im Unmittelbaren, dessen Gegebenheit als Gesetztheit durchschaut wird, immanente Selbstbewegung sich entzündet, Reflexion auf seine Vermitteltheit, Setzung durchs Denken, das Parmenides im Sein materialisiert erblickt. Die Konzession, meon zu erwähnen, die falschen Meinungen der Früheren, gilt nur prophylaktisch dem möglichen Irrtum der Späteren, aber objektiv, hinter Parmenides' Rücken, schließt damit sich schon der chorismos in der Identität der Identität und des Nichtidentischen, da dies Nichtidentische im Denken seiend, wie Sein selbst, wird. Hegels Kritik richtet

---

136 ›Suum cuique‹, ›Jedem das Seinige‹, ist ein philosophiehistorischer Topos einer Gerechtigkeitsvorstellung, die von Cicero herstammt: »Den gelehrtesten Philosophen hat es gefallen die Untersuchung vom Gesetze anzufangen: und ich denke mit Recht, wenn anders das Gesetz, wie sie es beschreiben, die höchste in der Natur wesentlich gegründete Ursache ist, welche befiehlt, was geschehen soll, und das Gegentheil verbiethet. Wenn eben diese Ursache von der Seele des Menschen erkannt und genehmigt ist, heist sie Gesetz. Daher schliessen sie, die Klugheit sey das Gesetz, welches gebiethet, gerade zu handeln, und Abweichung untersaget: sie meynen auch dasselbe sey bey den Griechen von zutheilen genannt, weil es einem iedweden das Seine zutheilet; in unserer Sprache kömmt sein Name, wie ich glaube, von wählen.« (Marci Tulli Ciceronis drey Bücher von den besten Gesetzen, übers. von Johann Michael Heinze, Göttingen 1788, S. 16 f.)
137 Bei Hegel heißt es etwa: »*Parmenides* hielt das Sein fest und war am konsequentesten, indem er zugleich vom Nichts sagte, daß es *gar nicht ist*, nur das Sein ist.« (HW, Bd. 5, S. 98)
138 Vgl. die Fragmente Zenons über die Natur, in: Diels, Die Fragmente der Vorsokratiker, a. a. O. (s. Anm. 126), S. 133–135.
139 Diogenes Laertios überliefert das Wort des Aristoteles, dem zufolge »Empedokles die Rhetorik, Zenon aber die Dialektik zuerst erfunden habe.« (Aristoteles, Werke in deutscher Übersetzung, hrsg. von Hellmut Flashar, Bd. 20·1, übers. von Hellmut Flashar, Uwe Dubielzig und Barbara Breitenberger, Berlin 2006, S. 74)
140 Platons »Parmenides« thematisiert u. a. die Vermitteltheit vom seienden und vom nichtseienden Einen; vgl. Platon, Parmenides, a. a. O. (s. Anm. 42), S. 91–146.

nicht die objektiven implicata, sondern bloß mögliche subjektive Intention des Eleaten, entgegen der erledigenden Gebärde, womit sonst Hegel Reflexionen auf die nicht entfaltete Subjektivität zu Recht bedenkt. Seine transzendente Kritik fällt unters eigene Verdikt des Standpunkts, wie jeder Polemik. Auch im ständigen Tadel der Reflexionsphilosophie rumort ein schlechtes Gewissen; was Hegel Fichte vorrechnet, hat er selbst nicht geleistet, die Erlösung der blinden Vielheit zur Identität, auch wenn er Nichtidentität qua Bestimmung konzipiert, zum guten Schluß ist sie als Moment im Bauch der totalen Identität ohnehin verdaut. Aber Hegel war raffinierter. Während Fichte, dessen identitätsphilosophischen Schritt über Kant hinaus Hegel allerdings unterschätzt, noch mit dem trockenen Sollen das Unauflösliche quantitativ einzuschnüren strebt, wie der Bürger mit der Axt vorm Urwald steht und sich zuvor versichert hat, daß er ihn einst selbst gepflanzt hätte, – hat Hegel das widerspenstige Element der Begriffstranszendenz vorweg eliminiert und vermag den zugerichteten Rest total zu identifizieren, seine Identität impliziert notwendig schon die gezähmte Nichtidentität. Die bloße Perlusion des Absoluten verhindert dennoch nicht, daß die metaphysische Struktur des identitätsphilosophischen Denkens sich gegenüber der Reflexion wandelt: indem das Subjekt nach außen sich umstülpt, sich versenkt in das Mannigfaltige der Bestimmtheiten, verliert es den bürgerlichen Status der Distanz. Hegelsche Texte wirken gegen Fichtesche objektiv, gesättigt, »Hegels Philosophie rauscht wie nur große Musik«[141][*1]; aber solche Erfahrung kontrolliert Hegel am Gängelband der Identität, das Nichtidentische gewahrt er konziliant, weil die Rückkehr zur Identität apriorisch gesichert ist.

Die in der Alltagssprache anzutreffende Prägung »an und für sich« ist vermutlich kein Neologismus Hegels, der infolge der Popularisierung seiner Philosophie in die Volkssprache des 19. Jahrhunderts eingedrungen wäre, sondern existiert, darin schon vor Hegels Einfluß, wie ihr nicht-terminologischer Gebrauch durch Kant und Goethe anzeigt (Grimmsches Wörterbuch)[142]. Ihre mögliche Vorstufe steckt in der scholastischen Unterscheidung der res obiective spectata und

---

141 *Der Mensch Hegel hat, wie das Subjekt seiner Lehre, im Geist beides, Subjekt und Objekt in sich hineingesaugt: das Leben seines Geistes ist in sich das volle Leben noch einmal. Sein Zurücktreten vom Leben ist daher mit der Ideologie der Gelehrten-Entsagung nicht zu verwechseln. Als sublimierter Geist tönt die Person vom Auswendigen, Leibhaftigen so wie nur große Musik: Hegels Philosophie rauscht.* (GS, Bd. 5, S. 294)
142 »an *neben pronomen:* an sich, *per se,* an sich selbst; an und für sich; die tugend ist an und für sich begehrenswerth, *virtus per se expetenda est*; begriffe die an und für sich selbst unauflöslich sind. *Kant* [...]; gegenwärtig ruht in meinem gemüt die masse dessen, was der staat war, an und für sich. *Göthe* [...]« (Jacob Grimm und Wilhelm Grimm, Deutsches Wörterbuch, Bd. 1 [1854], München 1984, Sp. 287).

subiective spectata bzw. der res und des conceptus rei, die auf Aristoteles zurückweist; die Volkssprache mag diese Termini durch Wolffische Übersetzung rezipiert haben. Ob Hegel sie der vorterminologischen Sprache oder der philosophischen Tradition entnommen hat, ist nicht zu entscheiden. In jedem Falle hat er ihren Sinn so extrem ausgeweitet, daß er sie zu zentralen Termini belastet. Gegen seine sonstige implizite Sicht der Sprache, die Hegel ohne Aufhebens nominalistisch, instrumental braucht, stünde hier eine seiner wenigen sprachrealistischen Deutungen[*2]. Mit der Vernachlässigung des mimetischen Moments, mit dem Ressentiment gegen rhetorische Eleganz, verschränkt sich die Affinität des Hegelschen Denkens zur Herrschaft. Platons Einsicht im Kratylos, daß Sprache in zwei Momenten sich entfalte, im mimetischen des Ursprungs und im signifikativen der Konvention und Geschichte,[143] hält die Mitte, Sprache in eins physei und nomo. Wenn Heidegger, um der subjektiven Verfügung der Signifikation, die den Ursprung verschütte, zu entgehen, prätendiert, allein der Sprache und deren Raunen sich zu überlassen, vergewaltigt er das andere Moment, da der Sprache alle Geschichte, darin die Entwicklung der Konvention stattfindet, abgeschnitten wird: Worte sollen als transzendente Runen erscheinen, und die Vermittlung vom zu dechiffrierenden Signum zum offenbaren Sein ist das winzige Surrogat der Geschichte, um deren Vielheit es einmal ging. Zu solchen Veranstaltungen lockt die deutsche Sprache wie kaum eine andere, verleihen ihr doch etymologische Offenheit, die Lust, zum prätentiösen Ursprung hinunterzublicken, ihre Dehnbarkeit, die eine streng normative Rolle der Konvention wie die romanischen Sprachen kaum kennt, den Charakter einer philosophischen Sprache kat' exochen, dem nur noch das Griechische gleichkam.

Nach dem Übergang der Seins- in die Wesenslogik verfängt sich Hegel im Widerstand des aufgehobenen Seins, das sein »Unwesen« als Schein treibt und intransigent ihn zwingt, die Aufhebung auf höherer Stufe innerhalb des Wesens zu wiederholen. Zum Schein geworden, soll es als Moment selbst ins Wesen hineingezogen werden; dabei zeigt die reproduzierte Aufhebung eine Resistenz dieses widerspenstigen »Restes« an, das nicht der raison der Identität sich fügen will. Hegels logisches Sensorium spürt, daß die forcierte Bewegung nur knirschend über diese Renitenz hinwegrollen könnte. Die philosophische Ehre, die er allein dem Schein antut, indem er eine unabhängige Seite gegen das Wesen ihm konzediert,[144] tut er dem eigenen Denken an. Diese Bestimmung aber ist dem

---
143 Vgl. Platon, Kratylos, in: Platon, Sämtliche Werke, Bd. 3, a.a.O. (s. Anm. 42), S. 11–89.
144 So heißt es bei Hegel: »Das Wesen kommt aus dem Sein her; es ist insofern nicht unmittelbar an und für sich, sondern ein *Resultat* jener Bewegung. Oder das Wesen zunächst als ein unmittelbares genommen, so ist es ein bestimmtes Dasein, dem ein anderes gegenübersteht; es ist nur *wesentliches* Dasein gegen *unwesentliches*. Das Wesen ist aber das an und für sich aufgehobene

Schein nur zugestanden, da er als Negativität des Wesens ohnehin nicht ist, die Unmittelbarkeit nur zum Schein hat, um sie ad maiorem gloriam dem Wesen zu übertragen. Wenn Hegel schließlich programmatisch erklärt, daß sie dazu nicht erst aufzuheben ist, weil die Totalität des Seins, als dessen aufgehobener Rest der Schein sich weiß, schon ins Wesen erinnert ist, so sinkt die Unabhängigkeit des Scheins, zu einem Moment des Wesens selbst herab, und der bewältigte Schein ist dem dialektischen Fluß einverleibt. Aber zum Preis einer Verflechtung mit dem Wesen, wie sie vor Hegel kein Skeptizismus behauptet hat, dessen Aphasie des Wesens seinen abstrakten Schein zu transzendieren sich verbietet. Hegels dialektische Ausführung des Scheins bricht dessen Unmittelbarkeit, auf der die Skepsis insistiert, auf zur Goetheschen Bewegung: »Der Schein, was ist er, dem das Wesen fehlt? Das Wesen, wär' es, wenn es nicht erschiene?«[145]

Indem die Nichtigkeit des Scheins das Nichtsein des Wesens selbst ist, ist er nicht Nichts, sondern Nichtsein; ohne Aseität zwar, als nichtseiend aber bedingt seiend in der Negation des Wesens, das qua Wesen gegen ein anderes Wesen, negativ sein muß. Der Schein, gegen den das Wesen negativ sich wendet, ist als dies Negative des Wesens ein notwendiges Konstituens des Wesens: Schein ist dem Wesen wesentlich. Solche Konstitution enthüllt das Wesen als Prozeß; worin schon die ideologiekritische Intention Marxens steckt, daß ein prätentiös Unmittelbares in Geschichte aufzulösen ist, die Zerstörung des angeblich zeitlosen Ansich, zugleich die wesentliche Natur von Ideologie als eines notwendigen Scheins.

[*1] Adorno, Drei Studien zu Hegel, S. 64[146]
[*2] Vgl. Logik, 1. Buch, 1. Abschnitt, 3. Kapitel, A. b) Sein-für-Eines. Anmerkung: Was für eines[147] und 2. Buch Einleitung: »Die Sprache hat im Zeitwort *Sein* das Wesen in der vergangenen Zeit ›gewesen‹ behalten; denn das Wesen ist das vergangene, aber zeitlos vergangene Sein.«[148]

Sein; es ist nur *Schein*, was ihm gegenübersteht. Allein der Schein ist das eigene Setzen des Wesens.« (HW, Bd. 6, S. 17)
145 Johann Wolfgang Goethe, Die natürliche Tochter. Trauerspiel, in: Goethes Werke, hrsg. im Auftrage der Großherzogin Sophie von Sachsen, Bd. I·10, Weimar 1889, S. 245–383; hier: S. 296.
146 Die Angabe verweist auf Adornos *Aspekte* [1957], in: Theodor W. Adorno, *Drei Studien zu Hegel. Aspekte · Erfahrungsgehalt · Skoteinos oder Wie zu lesen sei*, Frankfurt a.M. 1963 (edition suhrkamp; 38), S. 11–65.
147 Vgl. HW, Bd. 5, S. 117–181.
148 HSW, Bd. IV, S. 3; vgl. HW, Bd. 6, S. 13.

Wintersemester 1965/66:
Zum Begriff der Gesellschaft

Soziologisches Hauptseminar

In diesem Semester hält Adorno zudem die philosophische Vorlesung »Negative Dialektik« und gibt das philosophische Hauptseminar »Negation bei Hegel« sowie ergänzende Übungen zum soziologischen Hauptseminar

Das Seminar findet dienstags von 17 bis 19 Uhr statt

409–421 UAF Abt. 139 Nr. 15

409 Ewald Englert,
 9. November 1965

|*Wintersemester 1965/66*

Soziologisches Hauptseminar
Thema: Zum Begriff der Gesellschaft
Vorlesungsverzeichnis Nr.: 3030/3015
Leitung: Prof. Dr. T. W. Adorno

Protokoll der Seminarsitzung vom 9. 11. 1965

Protokollant:
Ewald Englert|

Protokoll: 9. Nov. 1965

In seiner Einleitung verwies Professor Adorno auf einen Artikel in der Kölner Zeitschrift für Soziologie und Sozialpsychologie, darin sich die Forderung widerspiegelt, daß die Soziologie als Wissenschaft an Techniker und kontrollierte Techniken überzugehen habe.[1]

In diesem Artikel werde der Intellektuelle als Relikt dargestellt, von dem zu erwarten sei, daß es bald verschwinde. Diese Ansicht bestätige die Tatsache, daß der Intellektuelle heute einer sehr weitgehenden Diffamierung unterliege. Nach Professor Adornos Meinung jedoch seien Intellektuelle nicht Menschen besonderer Art; nur begnügten sie sich nicht mit dem bloßen Registrieren der Sache, sondern gingen in die Probleme hinein, die mit der Arbeitsteilung in Konflikt kämen, indem sie das, was durch die Arbeitsteilung abgeschnitten werde, zu ergründen suchten. Daß der Intellektuelle über Sachkenntnis verfügen müsse, sei selbstverständlich; denn ohne dieses Element sei die geistige Bearbeitung eines Problems freilich nicht möglich.

Heute sei der Intellektuelle überholt. An Menschen, die nicht innerhalb der gängigen Spielregeln dächten, liege kein Bedarf vor. Daß die Maschinerie jedoch funktioniere, sei kein Kriterium dafür, daß sie richtig funktioniere. Ein solches Funktionieren könne ein Funktionieren zum Untergang hin sein. Der Weg zur

---

[1] Vgl. Erwin K. Scheuch, Sozialer Wandel und Sozialforschung. Über die Beziehungen zwischen Gesellschaft und empirischer Sozialforschung, in: Kölner Zeitschrift für Soziologie und Sozialpsychologie, 17. Jg., 1965, H. 1, S. 1–48.

Technifizierung des Denkens sei der über die Anpassung an die Maschinerie. Man solle sich nur die Entwicklung der kybernetischen Maschinen vergegenwärtigen, um vor Augen zu haben, wie der Schwachsinn als wissenschaftliches Ziel propagiert werde. Je mehr aber die Anpassung vorangetrieben werde, desto mehr bedürfe es des Intellektuellen. Zwar versuche man, sich des Intellektuellen zu entledigen, aber die Prophezeiung des Aussterbens des Intellektuellen sei denn doch zu optimistisch! Heute zeichne sich eine Übermacht der Fakten ab. Deshalb habe heute der Intellektuelle einen anderen Stellenwert in der Gesellschaft als früher, als diese Übermacht noch nicht so groß war.

Professor Adorno benutzte die erste Sitzung des Seminars dazu, um – wie er sagte – in das einzuführen, worüber in diesem Seminar geredet werden solle. Professor Adorno verlas dazu ein Manuskript, geschrieben als Lexikonartikel für das Evangelische Staatslexikon.[2] Daraus erkläre sich, daß der Artikel konzentriert gefaßt sei und auf geschichtliche Exkurse und Beiwerk verzichte. Das Ganze weise dogmatischen Charakter auf; die Gedanken würden thesenhaft vorgestellt, ohne daß sie dabei begründet würden. Dies würde dadurch gerechtfertigt, ob etwas Wesentliches getroffen werde.

Einem solchen Entwurf werde der Vorwurf der Spekulation entgegengebracht; aber: Es werde hier versucht, nicht entsprechend der Mode von Daten auszugehen, sondern etwas über die Objektivität der Gesellschaft zu sagen, innerhalb deren das Subjektive seinen Stellenwert finden müsse, will das Gesagte nicht in Gefahr geraten, nichtig zu sein. Es werde versucht, eine Theorie zu geben, die aufs Ganze gehe. Dabei gehe es darum, die Sache »Gesellschaft« selbst zu begreifen, ganz im Gegensatz zu gängigen wissenschaftlichen Verfahrensweisen.

Nachdem das Manuskript »Gesellschaft« verlesen war, schloß sich die Diskussion an:

Es wurde gefragt, was Professor Adornos Theorie für die Praxis bedeute, wie angesichts der gegenwärtig herrschenden Verhältnisse Praxis überhaupt noch möglich sei.

Professor Adorno antwortete dazu, daß der Versuch ja gegeben worden sei, indem man zur Kenntnis nehme, daß es so und nicht anders um die Gesellschaft bestellt sei. Eine Möglichkeit, das Bestehende zu verändern, sehe er im Moment nicht. Es könnten sich aber Situationen ergeben, die die Möglichkeit der Verän-

---

[2] Vgl. Theodor W. Adorno, *Gesellschaft*, in: Evangelisches Staatslexikon, hrsg. von Hermann Kunst und Siegfried Grundmann, in Verb. mit Wilhelm Schneemelcher und Roman Herzog, Stuttgart und Berlin, 1966, Sp. 636–643; vgl. GS, Bd. 8, S. 9–19.

derung aufkommen ließen. Was man jetzt und hier tun könne, sei: nicht hochmütig zu sein. Die Veränderung des Ganzen könne temporär verstärkt werden; stellvertretend für eine Veränderung des Ganzen stehe etwa die Strafrechtsreform,[3] an der sich aufzeigen ließe, was eigentlich erst geschehen müßte. Stets jedoch müsse man sich in bezug auf Verbesserungen der Beschränktheit und potentiellen Ohnmacht bewußt bleiben.

Eine weitere Frage galt dem Begriff der Rolle. In den Ausführungen über die Gesellschaft sei ein Rollenbegriff im Dahrendorfschen Sinn verwandt worden,[4] wie aber habe man sich gegenüber einem Rollenbegriff zu verhalten, aus dem der Zwangscharakter verschwunden sei.

Professor Adorno meinte dazu, daß, wenn die Rolle vom Zwangscharakter befreit sei, es gleich sei, ob man das, was übrigbleibe, noch Rolle nenne oder nicht. Hier sei die Dialektik von Individuum und Gesellschaft abgebrochen. Der daraus resultierende Kollektivismus z. B. in den USA sei genauso summarisch wie ein schlechter Individualismus, wie er typisch für Europa sei. Eine einseitige Reduktion sei nicht möglich. – Es sei kein Zweifel, daß der Begriff des Individuums ein geschichtlich entsprungener sei; psychologisch gesprochen: Die Rückbildung des Menschen auf Funktionen mache den Menschen zu dem, aus welchem er sich herausgearbeitet habe, entspräche also einer Regression.

Im nächsten Diskussionsbeitrag wurde dargelegt, daß die Vorstellung Schwierigkeiten bereite, Gesellschaft sei aufgrund der Abstraktion nicht unmittelbar erfahrbar, sondern die Erfahrung von Gesellschaft könne nur theoretisch gemacht werden.

Zu diesem Problem sagte Professor Adorno, daß nur durch die Theorie eingelöst werden könne, was Gesellschaft sei; stets jedoch würden wir auch auf die Zwangsmomente stoßen, in denen uns die Gesellschaft unmittelbar entgegen-

---

3 Die ›Große Strafrechtsreform‹ in der Bundesrepublik Deutschland nimmt 1953 ihren Anfang, als das Bundesjustizministerium ein Gutachten zu jener Reform in Auftrag gibt. Von 1954 bis 1959 tagt in der Folge die ›Große Strafrechtskommission‹, die in den Jahren darauf reformierte Gesetzesentwürfe vorlegt, deren endgültige Fassungen schließlich 1969 im Parlament beschlossen werden. Neben der Abschaffung der Zuchthausstrafe werden diejenigen Taten nicht mehr unter Strafe gestellt, die zwar einigen als unmoralisch gelten mögen, aber keinerlei Rechtsgut verletzen; dies betrifft u. a. die sogenannte Kuppelei, den gleichgeschlechtlichen Sexualverkehr sowie die Verbreitung ›unzüchtiger Schriften‹.
4 Vgl. Ralf Dahrendorf, Homo Sociologicus. Ein Versuch zur Geschichte, Bedeutung und Kritik der Kategorie der sozialen Rolle [1958], Köln und Opladen 1959.

trete. Zwar bedürfe es der Theorie, aber auch Abstraktes könne in bezug auf Gesellschaft erfahren werden.

Dr. Teschner[5] vertrat die Meinung, daß die Entfremdung nicht als etwas Gesellschaftliches erfahren werde; in diesem Sinne komme es also nicht zu einer Erfahrung der Gesellschaft. Nur durch die Theorie könne hier die Gesellschaft erfahren werden.

Professor Adorno fügte dem hinzu, daß es der Erweckung des Bewußtseins bedürfe, daß das, was vorliege, Erfahrung der Gesellschaft sei, und daß sich eben an solchen Stellen Erfahrung im emphatischen Sinn ankündige.

---

5 Manfred Teschner wird 1960 mit der Schrift »Entwicklung eines Interessenverbandes. Ein empirischer Beitrag zum Problem der Verselbständigung von Massenorganisationen« in Frankfurt a. M. promoviert.

410 Hans-Jürgen Eckl,
16. November 1965

Soziologisches Hauptseminar Wintersemester 65/66
Zum Begriff der Gesellschaft

Protokoll der Seminarsitzung vom 16–11–1965
Thema: Der Begriff der Gesellschaft bei Hegel
Referent: Dr. Herbert Schnädelbach[6]
Protokoll: Hans-Jürgen Eckl

Zu Beginn umriß Prof. Adorno noch einmal kurz den Ausgangspunkt des Seminars, nämlich: lernen, was Gesellschaft ist, wobei dies von dogmenhistorischen Erwägungen nicht schematisch zu trennen, die Absicht jedoch eine systematische sei.

Zur Einleitung des Referats machte Prof. Adorno darauf aufmerksam, daß der Referent sich ein wenig von den Texten distanziert habe, um aus der terminologischen Verschalung Hegels die verdeckten Begriffe des Gesellschaftlichen deutlicher hervorzuheben.

Im Folgenden will der Protokollant versuchen, einen beschränkten Abriß des Referats zu geben – sich wohl der Fragwürdigkeit solcher Verkürzung bewußt –, um den Zusammenhang mit den zusätzlichen Erläuterungen Prof. Adornos und des Referenten zu erstellen.

Ausgang ist die detaillierte Kritik Hegels an den vorhergegangenen bürgerlichen Naturrechtslehren, die für sich beanspruchten, die obersten Prinzipien der Vergesellschaftung erkannt zu haben. Kern dieser ersten Differenz zu den vorangegangenen Gesellschaftstheorien ist Hegels Feststellung der Identität des Apriorischen und Aposteriorischen.[7] Hier wies Prof. Adorno darauf hin, daß in dieser Gleichsetzung des Begriffs mit seiner Sache eine ganz deutliche Beziehung zwischen Hegel und Fichte besteht; gerade innerhalb der Extreme erfolgt so eine Wendung zur Erfahrung, die unendlich folgenreich für die abstrakte Formulierung der Gesellschaft wird.

Weiter wendet sich Hegels Kritik gegen die Vorstellung eines Gesellschaftsvertrags.[8] Prof. Adorno: In der Vertragsvorstellung steckt der absolute Nomina-

---

6 Herbert Schnädelbach, »Der Begriff der Gesellschaft bei Hegel«, UAF Abt. 139 Nr. 15; Schnädelbach wird 1965 mit der Schrift »Hegels Theorie der subjektiven Freiheit« in Frankfurt a.M. promoviert.
7 Vgl. HW, Bd. 7, S. 30–46.
8 Vgl. etwa ebd., S. 399–404.

lismus: die Vorstellung, daß Gesellschaft die Zusammenkunft Einzelner ist, bedarf dieser begrifflichen Konstruktion, die diese Zusammenkunft ermöglicht und die die eigentliche Grundlage der Vertragstheorie ist. Hingegen muß nach Hegel der Begriff Gesellschaft von der Dissoziation der Gesellschaft ausgehen, denn für ihn ist Geschichte »Fortschritt im Bewußtsein der Freiheit«[9], dieser ist wesentlich mit dem Konstitutionsprozeß freier und ihrer Freiheit bewußter Individuen identisch, wobei die Kategorie des Individuums nicht etwas Absolutes, sondern etwas Gewordenes ist. Zu dem in diesem Zusammenhang auftauchenden Vorwurf des Präfaschismus bei Hegel führte Prof. Adorno aus: Es gibt zwar in seiner Rechtsphilosophie Stellen, die die Perpetuanz des Krieges glorifizieren; aber das Primat des Ganzen über die Teile ist bei ihm nichts Ungebrochenes: Das Recht des einzelnen Wesens gegenüber der Gesellschaft nimmt zu mit zunehmender Entwicklung.

Hegel zeigt, daß unter der Voraussetzung einer Vielheit ›fürsichseiender‹, voneinander unabhängiger Subjekte diese sich nur dann als selbständige Individuen erfahren können, wenn es ihnen gelingt, alles Gegenständliche, d. h. vor allem, die anderen Individuen zu etwas Unselbständigem herabzusetzen; zugleich ist jedes Individuum selbst die Vermittlung der universalen Beziehung des Kampfes um die individuelle Selbständigkeit, denn es setzt durch seine Tätigkeit das allgemeine gesellschaftlich-ungesellschaftliche Verhältnis.

Zur Verdeutlichung führte Prof. Adorno an dieser Stelle den zentralen Begriff des Tausches auf: Zwar werden auf der Seite des universalen Tauschvorgangs alle Momente einander kommensurabel gemacht, Individualität aber ist nur möglich vermöge dieser Beziehung, denn Individualität ist nicht rein Fürsichseiendes, sondern wird es nur in Beziehung zum Anderen. So ist der Prozeß der Nivellierung in sich zugleich ein Prozeß der Differenzierung und auch der Individualisierung. Individualität als Differenzierung entsteht durch Vergleichbarkeit mit den Anderen. Der Akt der Unterscheidung ist in sich so ein Akt der Vergesellschaftung; Individuation und Individualität also ein Moment der Gesellschaft.

Die unendliche Überlegenheit sogenannter philosophischer Soziologie zeigt sich darin, daß die Kategorie der Vergesellschaftung nicht nur äußerlich aufs Individuum bezogen wird, sondern das Individuum selbst einbezieht und daraus erwächst. Die Verbindung von Philosophie und Soziologie erweist sich daher als eminent nützlich, da hier die Momente stecken, die dadurch relevant sind, daß sie mit der einfachen Methodologie der Soziologie nicht erfaßt werden können. Es gilt im Gegensatz zu den primitiven Vorstellungen der heutigen Soziologie, die den

---

9 »Die Weltgeschichte ist der Fortschritt im Bewußtsein der Freiheit – ein Fortschritt, den wir in seiner Notwendigkeit zu erkennen haben.« (HW, Bd. 12, S. 32)

Einzelnen in der statistischen Zahl verschwinden läßt, aufzuweisen, daß dieser Einzelne selber bereits durchs Ganze in sich vermittelt ist. Nach Hegel: Ein absolut Erstes gibt es nicht, die Kategorien stehen in Wechselwirkung. Ganzes und Teile, Gesellschaft und Individualität bedingen einander wechselseitig und entfalten sich in der Geschichte: Mit der Bildung der Individualität schreitet die Entwicklung der Geschichte fort.

(Zum Terminus ›abstrakt‹ bei Hegel: Abstrakt heißt so viel wie isoliert. Abstrakt sind alle Bestimmungen unter Absehung der Bedingungen, unter denen sie entstehen. Diese Reduktion aufs Einzelne, während es doch im Zusammenhang steht, ist das, was Hegel abstrakt nennt.)

Bei der nun folgenden Darlegung des Referenten über die Dialektik von Herrschaft und Knechtschaft bei Hegel wies Prof. Adorno darauf hin, daß der Marxsche Gedanke – Individuum ist gleichzeitig Produzierendes und Produziertes der Gesellschaft – sein Urbild in eben dem Kapitel von Herrschaft und Knechtschaft besitzt.[10] Es ist bei Hegel so, daß die Scheinwahrheit des Bewußten zugleich gesellschaftliche Kategorie ist. Der Geist als das Ganze ist die reale Gesellschaft. Da Hegel von einem Deutschland als handwerklich strukturell organisiert ausgeht, bedingt dies die notwendige Relativierung des Hegelschen Begriffs der Arbeit als Selbstverwirklichung des Einzelnen. Für Hegel sind Dissoziation der gesellschaftlichen Totalität und Integration der Individuen nicht zwei einmalige geschichtliche Ereignisse, auch nicht zwei Phasen der gesellschaftlichen Entwicklung, die aufeinanderfolgten, sondern Momente des aktuellen gesellschaftlichen Prozesses selber.

Der Ort des gesellschaftlichen Individuationsprozesses ist nach Hegel zunächst die Familie: Im einzelnen Fall wird der Mensch durch die Familie vergesellschaftet, tritt aus der Familie heraus, um nun hinwiederum eine Familie zu begründen.[11]

Hegels Begriff der ›bürgerlichen Gesellschaft‹ umfaßt die gesamte Organisationsform der gesellschaftlichen Reproduktion des Lebens. Zentraler Gegenstand der Hegelschen Theorie der bürgerlichen Gesellschaft ist die gesellschaftliche Gesetzmäßigkeit, die sich gerade dadurch als entfremdete konstituiert, daß alle Individuen blind ihr Privatinteresse verfolgen: Individualisierte Bedürfnisse können nur durch die Arbeitsteilung befriedigt werden; sie läßt die Menschen in dem Maße, wie sie sie durch Spezialisierung ihrer Tätigkeit individualisiert, zugleich voneinander abhängig werden. Diese universale Abhängigkeit zwingt die

---

10 Vgl. den Abschnitt »Selbständigkeit und Unselbständigkeit des Selbstbewußtseins; Herrschaft und Knechtschaft«, HW, Bd. 3, S. 145–155.
11 Vgl. den Abschnitt »Die Familie«, HW, Bd. 7, S. 307–309.

Individuen, ihre Privatinteressen dem Gesetz des Ganzen zu fügen. Dieses Allgemeine, dem die Individuen in ihren Handlungen Rechnung tragen müssen, nimmt nach Hegel institutionelle Gestalt an: Das ökonomische Getriebe der Konkurrenzwirtschaft bleibt nur funktionsfähig, wenn es allgemein anerkannte oder zumindest durch Polizeimaßnahmen garantierte Gesetze gibt.[12] Ökonomische Basis der Gleichheit, die jedem Individuum vor diesem Gesetz zustehen soll, ist die abstrakte, d. h. vergleichbare Arbeit,[13] ein Begriff, den Marx später direkt von Hegel übernommen hat.

Das bürgerliche Eigentumsrecht ist positiv im Hegelschen Sinne, weil es als nichts willkürlich Gesetztes sich den subjektiven Interessen als eine objektive Schranke entgegenstellt. Prof. Adorno: Hegel glaubte schließlich, daß durch staatlichen Reglementismus die Entwicklung der Expropriation gesteuert und gebremst werden kann.

Das gesellschaftlich Allgemeine stellt sich den Individuen als fremde Macht entgegen, weil diese es aus objektiven Gründen nicht als das Produkt ihrer eigenen Tätigkeit erkennen können.[14] Die bürgerliche Entfremdung bildet sich fort zu dem Widerspruch, daß sich in einer Gesellschaft, die ihrem eigenen Begriff zufolge nach dem Prinzip der Gleichheit aller organisiert ist, Herrschaft reproduziert. Durch diese Einsicht wird Hegels Theorie zur Kritik der bürgerlichen Gesellschaft. Die bürgerliche Entfremdung bildet sich fort zu dem realen Widerspruch zwischen der Form und dem Inhalt des positiven Rechts: Seinem eigenen Begriff nach garantiert es jedem Individuum ohne Ansehen der Person den Schutz seines Eigentums; weil es aber das Eigentum nur formal, unabhängig von seiner Quantität und gesellschaftlichen Funktion garantiert, wird es notwendig zur institutionellen Sicherung der realen Ungleichheit des Eigentums, der ökonomischen Herrschaft von Menschen über Menschen, ohne daß ein Gesetz geändert werden müßte. Durch diesen Widerspruch wird die bürgerliche Gesellschaft über sich hinausgetrieben, doch sieht Hegel in diesem Transzendieren eine die drohende Selbstzerstörung der bürgerlichen Gesellschaft hemmende Gegenkraft; die Widersprüche der bürgerlichen Welt des ›sichentfremdeten Geistes‹ tragen selbst das Potential der Versöhnung in sich. Der ›in sich versöhnte Geist‹ setzt nach Hegel die totale Entfremdung genetisch voraus, damit sich die Individualität zuvor ganz ausbilden und dann die entfremdete Totalität als Produkt ihrer eigenen Entäußerung erkennen kann. Die Versöhnung soll sich durch die freie Einsicht der autonom gewordenen Individuen hindurch vollziehen. Prof.

---

12 Vgl. den Abschnitt »Die Polizei und Korporation«, ebd., S. 382–398.
13 Dieser Begriff findet sich so nicht bei Hegel; vgl. aber den Abschnitt »Das System der Bedürfnisse«, ebd., S. 346–360.
14 Vgl. die Einleitung zum Abschnitt »Die bürgerliche Gesellschaft«, ebd., S. 339–346.

Adorno: Das Prinzip des Staates, das nicht aus dem freien Kräftespiel folgt, trotzdem dessen Produkt sein soll, gründet darauf, daß das Kräftespiel immanent zu dem führt, das sich ihm zu entziehen scheint. Nirgends kann man bei den großen Theoretikern so viel lernen, wie gerade an ihren Übersteigerungen und Exzentrizitäten.

Die sich der Explizierung des Hegelschen Gesellschaftsbegriffs anschließende Kritik beendete das Referat, das Prof. Adorno vor allem deshalb als Meisterleistung bezeichnete, da es dem Referenten gelungen sei, eine Gesellschaftslehre, die fast durchgehend von Philosophie inspiriert ist, nahtlos in gesellschaftliche Begriffe zu übertragen, das sei aber auch kennzeichnend, wie fließend die Grenze zwischen Philosophie und Soziologie ist.

Die nachfolgende Diskussion erbrachte hauptsächlich zwei Fragen:

Frage 1: Welches ist eigentlich der Zusammenhang zwischen der empirischen Einzelforschung und dieser spekulativen Theorie? So wurde der Begriff des Interventionismus herausgesponnen, der so explizit doch kaum bei Hegel vorzufinden ist.

Dr. Schnädelbach: Es gibt natürlich nicht den Begriff des Interventionsstaates de facto. Hegel hat gesehen, daß eine Instanz vorliegt, die sich auf den Prozeß kontrollierend legt.

Frage 2: Etwas zur Gleichsetzung von Logik und gesellschaftlicher Theorie, z. B. Selbständigkeit nicht ohne Unselbständigkeit. Hat der Knecht, also das Proletariat, die Chance der geschichtlichen Befreiung?

Prof. Adorno: Der Begriff des Proletariats erscheint bei Hegel ambivalent und nicht nachdrücklich. Er erscheint in der Auffassung von der Verelendung, wenn er die Armut aus dem Reichtum ableitet,[15] aber subjektiv leitet er den ›Pöbel‹ aus den älteren Vorstellungen des Lumpenproletariats ab.[16] Indem Hegel am hoffärtigen

---

[15] »Wenn die bürgerliche Gesellschaft sich in ungehinderter Wirksamkeit befindet, so ist sie innerhalb ihrer selbst in *fortschreitender Bevölkerung* und *Industrie* begriffen. – Durch die *Verallgemeinerung* des Zusammenhangs der Menschen durch ihre Bedürfnisse und der Weisen, die Mittel für diese zu bereiten und herbeizubringen, vermehrt sich die *Anhäufung der Reichtümer* – denn aus dieser gedoppelten Allgemeinheit wird der größte Gewinn gezogen – auf der einen Seite, wie auf der andern Seite die *Vereinzelung* und *Beschränktheit* der besonderen Arbeit und damit die *Abhängigkeit* und *Not* der an diese Arbeit gebundenen Klasse, womit die Unfähigkeit der Empfindung und des Genusses der weiteren Freiheiten und besonders der geistigen Vorteile der bürgerlichen Gesellschaft zusammenhängt.« (Ebd., S. 389)

[16] »Das Herabsinken einer großen Masse unter das Maß einer gewissen Subsistenzweise, die sich von selbst als die für ein Mitglied der Gesellschaft notwendige reguliert – und damit zum Verluste des Gefühls des Rechts, der Rechtlichkeit und der Ehre, durch eigene Tätigkeit und Arbeit zu bestehen –, bringt die Erzeugung des *Pöbels* hervor, die hinwiederum zugleich die größere

Begriff des Pöbels festgehalten hat, innerviert er, daß das Proletariat im Gegensatz zu den Knechten durch den sozialen Prozeß nicht entfaltet sondern verstümmelt wird; das Moment der Lösung des Pöbels führt zur Skepsis, da der Pöbel an subjektiven Eigenschaften gemessen wird und nicht an seiner Funktion.

Dr. Schnädelbach: Der systematische Zusammenhang würde fordern, daß die Dialektik von Herrschaft und Knechtschaft an den Passagen über den Pöbel in der Rechtsphilosophie angezeigt sei.

Leichtigkeit, unverhältnismäßige Reichtümer in wenige Hände zu konzentrieren, mit sich führt.« (Ebd.)

411 Hubert J. Zilch,
23. November 1965

|stud. phil. Hubert J. Zilch
6452 Steinheim
Häfnerstr. 5

Prof. Dr. Theodor W. Adorno

Hauptseminar: *Zum Begriff der Gesellschaft*

Protokoll zur Sitzung vom 23. November 1965|

Der von Prof. Adorno intendierte Zweck des Seminars ist nicht dogmengeschichtlicher Natur, wie es die Thematik der Eingangsreferate nahezulegen scheint. Es geht vielmehr um die Entwicklung eines soziologisch brauchbaren Begriffs der Gesellschaft als Totalzusammenhang, dessen eine kritische Soziologie im Gegensatz etwa zu René König und Schelsky nicht entbehren zu können glaubt. Aufgabe des Seminars, insbesondere der Referate, ist es, Brauchbarkeit und Legitimität eines solchen Begriffes für die Soziologie aufzuweisen.

Für die in der letzten Sitzung referierte Hegelsche Gesellschaftstheorie bedeutet dies: Inwiefern taugt diese Konstruktion als Modell der sozialwissenschaftlichen Theorie? Prof. Adorno bemerkte hierzu, daß eine Theorie ihrem Wesen nach den Modellcharakter durchstoßen müsse. Dem gilt der Versuch einer thesenhaften Skizzierung der Bedeutung der Hegelschen Gesellschaftslehre für die moderne Soziologie (Dr. Schnädelbach)[17]. Freilich kann eine solche Theorie nach Prof. Adorno nicht gänzlich unter soziologische Kategorien subsumiert werden, darf es nicht, weil dies eine Verfälschung präjudizierte. Die Theorie transformieren in blanke Anweisungen zur Forschung hieße, die Theorie eigentlich zu zerstören. Eben darin, daß sie nicht bruchlos sich in Hypothesen übersetzen läßt, spiegelt sie nur etwas vom Wesen der Gesellschaft selbst zurück in deren gleichfalls spannungsvoller Scheidung in Wesen und Erscheinung. Hat die Empirie ein gewisses Recht auf Blindheit in ihrem Vorgehen, weil sie gerade dadurch oft fruchtbare Ergebnisse zeitigt, so die Theorie auf Spekulation.

---

[17] Herbert Schnädelbach, »Thesen über die Bedeutung der Hegelschen Gesellschaftstheorie für die heutige Soziologie«, UAF Abt. 139 Nr. 15.

Zur Relevanz der Gesellschaftstheorie Hegels für die Soziologie läßt sich im einzelnen feststellen:

ad 1) *Zur soziologischen Methode:* Hegels Einsicht, daß auf Grund der Scheidung von Wesen und Erscheinung gerade dort, wo es sich um bloße Epiphänomene der Gesellschaft zu handeln scheint, Analyse fruchtbar einsetzen könne und solle, bedingt für eine sinnvoll betriebene Soziologie, nicht vom unwesentlich *erscheinenden* Einzelphänomen zu abstrahieren, wie es etwa im Sinne der Theorie Parsons' ist, sondern vielmehr umgekehrt im konkret Historischen die Gesetze zu bestimmen. Der Hegelsche Gedanke, nicht im abstrakten Allgemeinen sei das Wesentliche zu suchen, sondern in der Erforschung des konkreten hic et nunc fordert aber eine *dynamische Soziologie.*

ad 2) *Zum Begriff des Individuums:* Der Dynamik des historischen Ganzen der Gesellschaft wird eine Soziologie gerechter, die sich Hegels Auffassung des Individuums als selbst schon gesellschaftlich Vermitteltes, als eine gesellschaftliche Kategorie aneignet und so vermag, von der Betrachtung des Individuums selber schon Schlüsse über die Gesamtverfassung der Gesellschaft zu ziehen, als eine Soziologie, die die Kategorie des Individuums als Isoliertes und somit Letztes faßt und sich damit der Einsicht in die Dynamik von Allgemeinem und Besonderem versperrt (letztlich trifft dies auch auf Parsons zu).

ad 3) Vor diesem Hintergrund müssen atomistische und organizistische Gesellschaftstheorien gleichermaßen das Verhältnis von *Individuum und Gesellschaft* verkennen, indem sie außer acht lassen, daß Individualisierung und Integration nur Momente ein und desselben Prozesses sind, miteinander und durcheinander vermittelt, zuletzt erklärbar aus der ökonomischen Grundlage der bürgerlichen Gesellschaft: aus Arbeitsteilung und Tauschprozeß.

ad 4) Bei Hegels *Theorie der sozialen Entwicklung* stellt sich die Frage, wieweit das hierin zum Ausdruck kommende Verhältnis von Herrschaft und Knechtschaft eine soziologische Kategorie abgeben könne zur Anwendung auf die Realität. Hegels Konstruktion der Dialektik von Herrschaft und Knechtschaft ist Prof. Adorno zufolge als *Strukturproblem* von ungeheurer Bedeutung. Hier ist nicht die Frage zu stellen, wann oder ob überhaupt solche Konstruktionen *wirklich* waren – die Antwort könnte nur lauten: solange Klassengegensätze herrschen –, wichtig ist vielmehr das *Einfangen der Dynamik* durch derartige dialektische Begriffe. Indem sie das *Wesen* der Vermittlung erfassen, liefern sie erst die Voraussetzung richtiger Erkenntnis und möglicher Besserung des Sachverhaltes. Die Anstrengung, die gedanklichen Konstruktionen in die Wirklichkeit hineinzutragen, völlig in sie einzupassen, verdürbe nur den Ansatz, wie den Marx in diesem Bemühen vor allem in seinem Spätwerk nachweislich hinter seinen eigenen Begriff, die dialektische Methode zurückfällt. »Dialektik heißt Intransigenz gegenüber jeglicher Verdinglichung« (Prismen, München 1963, S. 22)[18]. Die Theorie im emphatischen Sinn kommt zu bestimmten *Grundkategorien*. Möglich ist das jedoch nur, solange die Gesellschaft in Gestalt der bürgerlichen zu einem wesentlichen Teil Naturzusammenhang, Geschichte – Naturgeschichte ist. Zugleich sind ihre Begriffe aber von Anfang an *dynamisch* und müssen es um der Dynamik des Ganzen willen auch bleiben.

ad 5) und 6) Hegels *Begriff der Freiheit* und sein ideologiekritischer Gehalt bezüglich der Gesellschaft sowie die Frage, wieweit Marx noch in der idealistischen Voraussetzung einer in sich geschlossenen Systematik der Geschichte in Hegels *Theorie der Revolution* verhaftet ist, bleiben unerörtert.

Die *Diskussion* im Anschluß an die Thesen kreist um zwei Grundfragen:

A) *Welchen Forderungen muß eine soziologische Theorie der Gesellschaft genügen?*

B) *Kann Hegels Gesellschaftstheorie für die heutige Soziologie fruchtbar gemacht werden?*

ad A): Nicht um eine Apologie Hegels geht es Prof. Adorno, sondern um eine Verwertung seiner entscheidenden Erkenntnisse. Spekulation und Empirie sollten sich überhaupt fruchtbar ergänzen. Es erhebt sich der Einwand, daß von einer soziologischen Theorie legitimerweise Handlungsanweisungen in der Praxis zu fordern seien, dies aber auf eine im Sinne des Seminarleiters konzipierte eingestandenermaßen nicht zuträfe. Dem Einwand läßt sich nach Prof. Adorno entgegenhalten, daß die zunächst geforderte Anwendbarkeit der Theorie auf die Praxis ein nicht ohne weiteres selbstverständliches Axiom darstellt und lediglich behauptet wird. Nimmt man an, die Realität verbiete eine Anwendung der Erkenntnis, ist es dann nicht erst recht Aufgabe der Theorie, das Schlechte und Unverwirklichbare klar zu bezeichnen? Und – muß nicht erst Theorie da sein, damit die Praxis sich an ihr orientieren kann? Der unreflektierte Übergang von Theorie in frischfröhliche Praxis birgt die Gefahr in sich, eher dem mehr schlecht als recht funktionierenden Bestehenden sich einzugliedern, als dieses nach der eigenen Intention zu ändern.

ad B): Zwei gegensätzliche Positionen kristallisieren sich heraus:

---

18 Vgl. Theodor W. Adorno, *Prismen. Kulturkritik und Gesellschaft* [1955], München 1963, S. 22; vgl. GS, Bd. 10·1, S. 26.

1) Hegels Theorie hat einen verschleiernden Charakter für die Erkenntnis der Gesellschaft und läßt sich daher nicht für die Soziologie aktualisieren (Dr. Mautz[19], Dr. Teschner).

2) Trotz der Schranken der Hegelschen Erfahrung leuchtet bei ihm das durch, was einer positivistischen Soziologie abgeht: Gesellschaft als Totalzusammenhang und der sich in diesem Licht ergebenden Erkenntnisse und Konsequenzen für eine soziologische Theorie (Prof. Adorno).

zu 1): Interpretiert man Hegel als noch organologisch, kommt man zwangsläufig zu der Ansicht, daß sein Begriff der Gesellschaft negativ, polemisch also, von ihm gebraucht wird im Gegensatz zu einem ideal darüber konstruierten Staat. Es muß dann in der Tat äußerst fragwürdig erscheinen, einen solchen Begriff – der an und für sich Polemik wäre – für uns wissenschaftlich zu aktualisieren (Dr. Mautz).

zu 2): Von »noch organologisch« kann man bei Hegel nicht sprechen, sollte sich erweisen, daß der Staat bei ihm schließlich doch aus der Analyse der bürgerlichen Gesellschaft als Idealzustand gewonnen ist. Der Staat bildet zugleich die Form der bürgerlichen Gesellschaft, damit sie nicht gesprengt werde durch jene dynamischen Kräfte, die Hegels eigener Theorie zufolge aus ihr selbst über sie hinaustreiben. Bei Hegel wie bei Comte sind Statik und Dynamik noch in eins. Was bei diesem die Soziologie, ist bei jenem der Staat: Wahrer der bürgerlichen Gesellschaftsordnung. Der Wunsch als Vater des Gedankens läßt sie etwa so verfahren: Zunächst trennt man säuberlich Statik und Dynamik, um sie dann wieder zusammenzuaddieren zur Gesellschaft, »als bestünde ihr Wesen aus beiden unmittelbar, anstatt daß beide, in ihrer Verschiedenheit, auf ihre Einheit in der realen Gesellschaft gebracht würden.« (Sociologica II, Frankfurt 1962, S. 230)[20] Weil man nicht einsieht oder einsehen will, daß die Gesellschaft kraft ihrer eigenen Dynamik in eine höhere, d.h. menschenwürdigere Form sich überzuführen vermag, erwartet man von einem Dritten den Ausgleich der Antagonismen. Entgegen einer eingefrorenen Erhaltung der bürgerlichen Gesell-

---

19 Kurt A. Mautz wird 1936 mit der Schrift »Die Philosophie Max Stirners im Gegensatz zum Hegelschen Idealismus« in Gießen promoviert.

20 *Comtes Denken ist verdinglicht. Es installiert, der Absicht nach, Denkformen als höchste Kategorien, wie die Einzelwissenschaften sie Objekten gegenüber anwenden, die ihnen weder der Konstitution nach problematisch sind noch in ihrer Beziehung aufs denkende Subjekt: die fertige Apparatur der Wissenschaft verwechselt sich mit der Philosophie. Darum addiert er die Gesellschaft aus Statik und Dynamik zusammen, als bestünde ihr Wesen aus beiden unmittelbar, anstatt daß beide, in ihrer Verschiedenheit, auf ihre Einheit in der realen Gesellschaft gebracht würden.* (T[heodor] W. A[dorno], *Über Statik und Dynamik als soziologische Kategorien* [1956], in: Max Horkheimer und Theodor W. Adorno, *Sociologica II. Reden und Vorträge*, Frankfurt a. M. 1962 [*Frankfurter Beiträge zur Soziologie*; 10], S. 223–240; hier: S. 230; vgl. GS, Bd. 8, S. 225)

schaft, wie sie in Systemen von der Art Keynes' sich findet, ist Hegels Konstruktion auf die Totalität der Gesellschaft und ihre ändernden Kräfte hin durchsichtig (Prof. Adorno).

Tatsächlich ist Hegels Denken noch stark vom Bilde des Staatsbürgers (citoyen statt bourgeois) geprägt. Man darf bei ihm nicht nur von einer interventionistischen Auffassung der Gesellschaft ausgehen, sondern auch von einem vernünftigen Zustand derselben. Zwar sieht Hegel die Vermittlung von Individuum und Gesellschaft, handelt beide aber auf verschiedener Ebene ab: Die Gesellschaft ist gleichsam wichtiger, realer. Im Wert ist die Gesellschaft vorrangig. Daß Hegel die reale Übermacht der Gesellschaft über das Individuum ummünzt in eine wertmäßige Vorrangigkeit, macht bei ihm die Doppelschlächtigkeit des Verhältnisses beider aus (Dr. A. Schmidt)[21].

zu 1): Angesichts der offensichtlichen Schranken der Hegelschen Erkenntnis sollte gefragt werden, inwieweit oder ob überhaupt unsere Kenntnisse über die Gesellschaft noch von Hegels Theorie erweitert werden können. Weiterhin: Was setzt die Grenzen bei Hegel, und warum endet das bei ihm mit dem Verlust der Dialektik? Untersucht man, worin die Fehler bei Hegel liegen, kann man nach Dr. Teschner Hegels Gesellschaftslehre für die Soziologie nicht verwertbar machen: Weil Hegel die ökonomische Seite der Dialektik nicht bewältigt, kann er eigentlich keine soziologisch brauchbare Theorie der Gesellschaft geben.

zu 2): Auf die *Frage nach der Erweiterung der Erkenntnis der Gesellschaft durch Hegel* läßt sich im Gegensatz dazu feststellen: Hegel geht über die klassische liberale Ökonomie hinaus, als er Gesellschaft als dynamischen Prozeß und die sprengenden Kräfte erkannte. Diese Einsicht gewinnt er paradoxerweise deswegen, weil er in einer gewissen Distanz zur Ökonomie steht und die bürgerliche Gesellschaft, anders als bei den Angelsachsen, in Deutschland damals noch nicht so entwickelt ist, wie überhaupt das Bewußtsein als bürgerliches bei den Deutschen quasi oberflächlicher ist als bei Engländern und Franzosen.

Zur Frage nach der Schranke der Erkenntnis bei Hegel:

Letztlich dachte Hegel noch in merkantilistischen Kategorien. Die Rechtsordnung ist für ihn realer als die darunter aufeinanderprallenden ökonomischen Gegensätze, die er in Rechtsfragen umbiegt. Die staatliche Ordnung erscheint bei ihm – wie schon bei Platon – fetischisiert. Das Recht ist Modell der Wirklichkeit, und nicht umgekehrt. Im Bewußtsein der bürgerlichen Gesellschaft rangierte aber in der Tat das Recht vor dem materiellen Lebensprozeß. Insofern reproduziert

---

21 Alfred Schmidt wird 1960 mit der Schrift »Der Begriff der Natur in der Lehre von Marx« in Frankfurt a. M. promoviert.

Hegel nur die Ideologie der bürgerlichen Gesellschaft; sein Denken ist objektiver Ausdruck des objektiven Geistes des Bürgertums.

Das Neue an Hegel ist, wie Dr. Schnädelbach betont, die Erkenntnis, daß die Gesellschaft bestimmte Institutionen entwickelt. Das Recht wird bei Hegel auch als Ausdruck der Gesellschaft abgeleitet. Die materielle Ableitung besteht jedoch nur dem Scheine nach, weil sie von Merkantilismen überlagert wird.

ad 1) Ist Gesellschaft bei Hegel letztlich eine Form des Geistes, bedeutet das eine Verharmlosung des Entfremdungszusammenhangs der Gesellschaft. Hegel übersieht die ökonomische Bedeutung der Entfremdung und liefert auch insofern keine soziologische Theorie der Gesellschaft (Dr. Teschner).

ad 2) Dagegen stellt Prof. Adorno fest, Hegel habe sehr wohl gesellschaftliche Entfremdung in ihrer Bedeutung gesehen, nur eben nicht als ökonomischen Zusammenhang.

Zum Thema »*Geist bei Hegel*«: Hegels Konzeption des Geistes verbietet eigentlich eine Partikularisation. Weil »Geist« bei Hegel das Ganze ist, bedeutet er letzten Endes die reale Gesellschaft. Hegel ist kein Geistesphilosoph wie etwa Dilthey. Der Wortgebrauch zwingt ihn jedoch wieder zur Partikularität, zum Spiritualisieren.

Zum Thema »*soziologische Theorie*«: Hegel war kein soziologischer Theoretiker im Sinne einer politisch-ökonomischen Theorie. Doch leuchtet durch die Totalität des Hegelschen Gedankensystems die Totalität der Gesellschaft hindurch. Diesen Erfahrungsgehalt gilt es zu berücksichtigen, um der Dynamik der Gesellschaft selber innezuwerden. Natürlich ist das keine ausschließlich durchsichtige Theorie der Gesellschaft, gibt jedoch Tiefe und Erkenntnis. Nicht umsonst konnte Marx in seiner starken Kritik gerade vom Hegelschen Instrumentarium profitieren. Prof. Adorno geht soweit, den ästhetischen Blick auch im Theoretischen zu fordern und nicht wie Hegel bei bloßem Verbalismus stehenzubleiben.

ad 1) Daß dem so sei, bestreitet die gegnerische Position nicht, beharrt jedoch auf der Feststellung, es sei Schein bei Hegel, direkt soziologische Theorie finden zu können; allenfalls als durchleuchtend ist sie bei ihm erkennbar.

ad 2) Hierzu meint Prof. Adorno, daß Hegel zwar Ökonomie anführt, nicht aber durchführt, während Marx sie als Basis des Lebensprozesses auffaßt, dadurch aber in die Rolle des Spezialisten für Ökonomie gedrängt wird (Das Kapital, Bd. 4).[22] Hegel ist hierin Dilettant. Dafür bleibt ihm aber der Blick aufs Ganze eher gewahrt als bei Marx, der, je tiefer er in die Ökonomie einsteigt, das Ganze immer

---

22 Vgl. MEW, Bd. 26.1–3.

mehr aus dem Auge verliert. Es ergibt sich daraus die Notwendigkeit der Selbständigkeit der Soziologie der Ökonomie gegenüber.

Es ist das Résumé dieser Position die spekulative – wenn man will: irrationale – Einsicht, daß die Abweichung Marxens von der Philosophie in der völligen Hinwendung zur Ökonomie trotz aller Notwendigkeit etwas Bedenkliches an sich hat.

412 Eckart Fröhlich, 30. November 1965

Soziologisches Seminar von Professor Adorno:
»Zum Begriff der Gesellschaft«

Protokoll der Sitzung vom 30. 11. 65

In der Sitzung trug zuerst Herr Rödel sechs Thesen vor, in denen Bestimmungsstücke einer kritischen Gesellschaftstheorie sowie ihr Verhältnis aufgezeigt wurden.[23] Anschließend wurde über die Thesen diskutiert.

I. Zusammenfassung der einzelnen Thesen

1. Die kritische Theorie der Gesellschaft, die sich als Antwort auf die problematischen gesellschaftlichen Verhältnisse versteht, ist eine Theorie sozialen Handelns insofern, als sie vom Interesse an der Emanzipation von unaufgelösten Herrschaftsformen und der Maximierung der Rationalität sozialen Handelns, über die Zweckrationalität hinaus, motiviert ist.
2. Das kritische Interesse und die objektive Wahrheit der Theorie müssen sich im historischen Zusammenhang bewähren. Das heißt, die Theorie muß innerhalb der herrschenden Verhältnisse alternative, rationalere Handlungsmöglichkeiten entwerfen, die sich an den gegebenen Stand des Produktionsprozesses anschließen können. D. h.
3., daß die alternativen Formen rationalen Handelns nicht abstrakte Postulate sein dürfen, die zu den gesellschaftlichen Strukturen bloß querstehen. Dazu bedarf es einer Analyse sowohl der gegenwärtigen ökonomischen Prozesse, wobei die Marxschen Grundkategorien nicht als zutreffend vorausgesetzt werden dürfen, als auch des subjektiven Bewußtseinstandes der agierenden Menschen und seiner Widersprüche, die ein Potential des Protestes und der Kritik sein können.
4. Ein gesellschaftliches Subjekt, das in der kritischen Sache der Emanzipation seine eigene sähe, läßt sich nicht nennen.
5. Die Frage ist nun: Gibt die kritische Theorie sich nicht selbst auf, wenn sie diese Situation hinnimmt und auf Praxis verzichtet, weil sie nicht möglich sei und sich zu sehr in die bestehenden Verhältnisse verstricke?

---

[23] Ulrich Rödel, »Zum Verhältnis von kritischer Gesellschaftstheorie und Praxis«, UAF Abt. 139 Nr. 15.

6. Die kritische Theorie muß zur Praxis drängen, ohne ihre Forderungen ständig aufzustocken, was Herbert Marcuse für konsequent und notwendig hält, sondern sie in Aufklärung und Anweisung umsetzen, mit deren Hilfe den einzelnen Mitgliedern der ökonomisch abgehängten Klasse die rationale Lösung ihrer Konflikte einsichtig gemacht werden kann.

II. Zusammenfassung der Diskussion

Zur ersten These bemerkte Herr Prof. Adorno, daß die Auffassung von kritischer Theorie als einer des sozialen Handelns in die Nähe der heute herrschenden, konformistischen theory of social action rücke, die die Institutionen verherrlicht, aber gleichwohl den Anschein erweckt, als ob sie eine Theorie des unmittelbaren menschlichen Verhaltens wäre, das seinerseits gerade von den Verhältnissen der gesellschaftlichen Produktion determiniert ist. In dieser Lage muß man zögern, kritische Theorie als eine von social action zu begreifen, da es demgegenüber ihre Aufgabe ist, die Einzelspontaneitäten wirklich ernst zu nehmen und die Analyse auf die Institutionen zu konzentrieren.

Wenn die zweite These meint, daß die objektive Wahrheit der Theorie sich im historischen Zusammenhang bewähren müsse, so klingt das zu pragmatistisch im Sinne von Wahrheit durch Erfolg. Denkbar ist, daß eine konsequente Theorie richtig die Katastrophe voraussagt; als eine Anweisung zum Handeln bewährt sie sich dann fraglos nicht. Eine Theorie, die die Möglichkeit der Katastrophe im Ernst in sich einbegreift, ohne sogleich Rettungsaktionen anzugeben, ist nicht einfach objektiv falsch. Nur eine Theorie, die auch die Möglichkeit einer abgeschnittenen Verwirklichung in sich aufgenommen hat, enthält heute die Chance, der Praxis zu dienen. Der Aktivismus, der in einer Art Praxisfrömmigkeit den Gedanken abbricht, indem er ständig an die Möglichkeit der Verwirklichung denkt, sistiert letztlich die Theorie und wird zur Ideologie. Das aber ist gerade die Signatur unseres Zeitalters, daß, so wie früher die Theorie fetischisiert wurde, heute das gleiche für die Praxis gilt, an der alles sich messen soll.

Das Verhältnis von Theorie und Praxis muß von Grund auf neu durchdacht werden. Weder ist die alte Auffassung der sich selbst genügenden Theorie noch die Unterordnung der Theorie unter die Praxis zu akzeptieren. Weder ist die Einsicht preiszugeben, daß die Theorie einen Stand erreichen kann, in dem die Praxis als terminus ad quem der Theorie zu deren eigenem Moment wird, noch die gegenwärtige Situation zu verharmlosen, indem man hier und jetzt praktisch verändern zu können glaubt. Nur eine wahre Theorie führt zu einer wahren Praxis.

Wie aus dieser Aporie herauszukommen ist, läßt sich noch nicht übersehen. Eine künftige Auflösung wird jedoch einbeziehen müssen, daß zwischen Theorie und Praxis kein reines Kontinuum herrscht, sondern daß zur Praxis noch etwas dazugehört, ein »Hinzutretendes«, das selber nicht rein in Theorie auflösbar ist.

Zum zweiten Teil der zweiten These im Zusammenhang mit der sechsten: daß die kritische Theorie innerhalb der bestehenden Verhältnisse alternative, rationalere Handlungsmöglichkeiten entwerfen müsse, ohne ihre Forderung nach Emanzipation ständig aufzustocken, sondern sie in Anweisung und Aufklärung zu übersetzen, sagte Herr Prof. Adorno, daß die Arbeit des Übersetzens fast unvermeidlich eine Anpassung an genau das präformierte Bewußtsein bedeutet, gegen das der kritische Gedanke sich wendet. Übersetzen heißt dann soviel wie ein Rückgängigmachen der kritischen theoretischen Arbeit.

Herr Rödel wandte ein, daß die Polarisierung in Anpassung und radikale theoretische Analyse zu abstrakt ist. Auch Herbert Marcuse kommt nach seinen Analysen nur zu abstrakten Postulaten, etwa daß die Menschen sich ihrer Subjektivität bewußt werden und die Verhältnisse beseitigen müßten. Dagegen muß die Möglichkeit der schrittweisen Veränderung der Verhältnisse durch Aufklärung und Bildung wahrgenommen werden, d. h., kritische Theorie muß im Nachvollzug ihrer eigenen Geschichte lehrbar sein. Bemüht man sich nicht derart um Praxis aus Furcht, dem Sog der bestehenden Verhältnisse zu unterliegen, so besteht die Gefahr, daß die kritische Theorie dem Sog ihrer Ohnmacht unterliegt und sich selbst aufgibt (These 5).

Herr Prof. Adorno bemerkte dazu, daß die Polarisierung nur aufzeigen soll, wie die Verhältnisse sich darstellen: Kritische Theorie kann den Aspekt der Möglichkeit von Veränderung nicht preisgeben. Versucht man nun aber Bildung, so zeigt sich, daß man sofort auf Schranken innerhalb des Systems stößt, die das nicht gestatten. Gerade die Postulate von Herbert Marcuse zeugen von der objektiven Not, daß die aus der Analyse der Verhältnisse gezogenen Forderungen nicht realisierbar sind. Widersprüche können Widersprüche in der Sache sein und müssen nicht immer nur mangelnder Klugheit oder mangelnder moralischer Kraft entspringen. Man kann heute nur sagen: Es ist unmöglich, aber man muß es doch versuchen. Das ist aber nicht mehr wissenschaftlich zu begründen, sondern entspringt der Ohnmacht des Denkens, Widersprüche immer nur aushalten zu müssen.

Ein zweites ist, daß die sozialpädagogische Aufgabe der Bildung auf Grund der arbeitsteiligen Situation nicht jedem abverlangt werden kann. Es ist Sache des Theoretikers, so weit und so konsequent zu denken, wie es nur geht, gerade den Begriff der Arbeitsteilung kritisch zu reflektieren, nicht dagegen sich unmittelbar selber so zu benehmen, als ob er jenseits der Arbeitsteilung lebe.

Gegen den Tenor der Diskussion, daß das Dilemma der Vermittlung von Theorie und Praxis die bestehenden Verhältnisse seien, wandte Herr Dr. Teschner ein, daß das Problem der Vermittlung von der Einsicht in die Bedingungszusammenhänge und Ursachen abhängt, die einen Zustand herbeiführen. Zwar kann die Theorie Phänomene der Verdinglichung, der Entfremdung, der Möglichkeit der Katastrophe aufzeigen, nicht aber ableiten, wovon dann die Möglichkeit von Umsetzung, die Möglichkeit, sich verständlich zu machen und Ansatzpunkte für praktisches Handeln aufzuzeigen, betroffen wird. Es zeigt sich in diesem Zusammenhang überhaupt eine Tendenz innerhalb der kritischen Theorie, wieder in Philosophie gleichsam »zurückzufallen«, was an den objektiven Verhältnissen liegen kann, – zu beobachten ist jedenfalls ein Zug der Theorie zur Nur-Interpretation hin, die Marx kritisiert hat (11. These über Feuerbach).[24]

Herr Prof. Adorno sagte dazu, daß, diese Tendenz als Rückbildung in Philosophie zu interpretieren, nicht die einzig denkbare Interpretation ist. Möglich ist, daß darin der Versuch liegt, ein Moment der Arbeitsteiligkeit der Theorie selber, nämlich ihre Beschränkung auf im engeren Sinn nationalökonomische Kategorien, aufzulösen. Die Kritik der Feuerbachthese wurde in einer Zeit ausgesprochen, in der eine Veränderung in absehbarer Zeit zu denken noch möglich war. Es wäre ideologisch, heute daran festhalten zu wollen.[25]

Im Zusammenhang mit einem Beitrag aus dem Seminar: daß man zwar in einigen Fällen angeben kann, wie gesellschaftliche Macht wirkt, nicht aber, worin sie besteht, fragte Herr Dr. Teschner, ob eine philosophische oder eine ökonomische Analyse für die Erklärung und Ableitung gesellschaftlicher Herrschaftsverhältnisse mehr leiste.

Herr Prof. Adorno versicherte daraufhin, daß es der schwerste Mangel für eine kritische Theorie heute ist, keine ökonomische Theorie der gegenwärtigen Gesellschaft zu haben. Diese Theorie zu leisten, stellen sich mehrere Widerstände

---

[24] »Die Philosophen haben die Welt nur verschieden *interpretiert*, es kömmt drauf an, sie zu *verändern*.« (MEW, Bd. 3, S. 7)

[25] Vgl. die ersten Sätze aus der Einleitung der *Negativen Dialektik* [1966]: *Philosophie, die einmal überholt schien, erhält sich am Leben, weil der Augenblick ihrer Verwirklichung versäumt ward. Das summarische Urteil, sie habe die Welt bloß interpretiert, sei durch Resignation vor der Realität verkrüppelt auch in sich, wird zum Defaitismus der Vernunft, nachdem die Veränderung der Welt mißlang. Sie gewährt keinen Ort, von dem aus Theorie als solche des Anachronistischen, dessen sie nach wie vor verdächtig ist, konkret zu überführen wäre. Vielleicht langte die Interpretation nicht zu, die den praktischen Übergang verhieß. Der Augenblick, an dem die Kritik der Theorie hing, läßt nicht theoretisch sich prolongieren. Praxis, auf unabsehbare Zeit vertagt, ist nicht mehr die Einspruchsinstanz gegen selbstzufriedene Spekulation, sondern meist der Vorwand, unter dem Exekutiven den kritischen Gedanken als eitel abzuwürgen, dessen verändernde Praxis bedürfte.* (GS, Bd. 6, S. 15)

entgegen: Möglich, wenn auch am unwahrscheinlichsten ist, daß sich die gegenwärtige Ökonomie überhaupt einer bündigen Theorie entzieht, weil die Kritik am liberalen Wirtschaftsmodell in einer theoretisch einstimmigen Weise nicht mehr zu vollziehen ist.[26] Ein zweiter möglicher Grund wäre, daß diejenigen, die eine kritische Theorie der Ökonomie aufzustellen fähig sind, aus Abscheu vor der Übermacht des Wirtschaftlichen von dieser Arbeit sich abwenden. Drittens wird jeder Versuch eines kritischen Ansatzes von der akademischen, hochspezialisierten Ökonomie abgewiesen. Ein Theoretiker einer kritischen ökonomischen Theorie müßte also vollkommen sattelfest in akademischer Ökonomie sein und zugleich gewissermaßen in diesem Sattel nicht reiten wollen. Ein vierter möglicher Grund besteht in der Fülle und dem Eigengewicht der ökonomischen Tatsachen, die es nicht mehr – wie noch bei Marx – mit einer Analyse reiner ökonomischer Formen auszukommen gestatten. Je mehr aber an Empirie in die Theorie hineingenommen werden muß, um so schwerer wird eine Analyse der Struktur der Marktverhältnisse. Andererseits – zur Antwort auf Herrn Dr. Teschners Frage – enthält eine philosophische Theorie Gedanken, die der Ökonomie nicht glatt einzuverleiben sind. Im Studium ökonomischer Werke, auch der Marxschen, zeigt sich, daß sie sich selber im Bereich der verdinglichten Wissenschaft bewegen und daß sie nicht die Art von Reflexion, auch der gesamten Formen der Wissenschaft, enthalten, die gefordert wäre. Einerseits ist im Kapitalismus die Theorie zur Arbeitsteiligkeit verurteilt worden, weil die Welt von der Ökonomie abhängt; und nur ein Begreifen der Ökonomie läßt die Welt erkennen. Andererseits muß die kritische Theorie dem Interesse für Fragen der Ethik, der Struktur des Geschichtsprozesses, des Zusammenhanges von Natur- und Menschenbeherrschung nachgehen, Fragen, die sich nicht zugunsten einer immanent ökonomischen Analyse als irrelevant abschieben lassen.

In diesem Zusammenhang wies Herr Dr. Schmidt darauf hin, daß man Philosophie und Ökonomie nicht so einfach auseinandertreiben kann, wenn man nicht unter der üblichen Marxkritik rangieren will, die unterhalb aller Kritik ist. Sowohl

---

[26] Im *Einleitungsvortrag zum 16. Deutschen Soziologentag, Spätkapitalismus oder Industriegesellschaft?*, von 1968 sagt Adorno: *Denkbar, daß die gegenwärtige Gesellschaft einer in sich kohärenten Theorie sich entwindet. Marx hatte es insofern leichter, als ihm in der Wissenschaft das durchgebildete System des Liberalismus vorlag. Er brauchte nur zu fragen, ob der Kapitalismus in seinen eigenen dynamischen Kategorien diesem Modell entspricht, um in bestimmter Negation des ihm vorgegebenen theoretischen Systems eine ihrerseits systemähnliche Theorie hervorzubringen. Unterdessen ist die Marktökonomie so durchlöchert, daß sie jeglicher solchen Konfrontation spottet. Die Irrationalität der gegenwärtigen Gesellschaftsstruktur verhindert ihre rationale Entfaltung in der Theorie.* (GS 8, S. 359)

eine Bestandsaufnahme ökonomischer Fakten als auch deren kritische Reflexion wird – wie schon bei Marx – auch heute vonnöten sein.

Eckart Fröhlich[27]
3. Semester Soziologie

---

[27] Unterschrift.

413 C. Rainer Roth, 7. Dezember 1965

Protokoll vom 7. 12. 1965

Herr Reichelt legte dem Seminar einige Thesen über den Gesellschaftsbegriff bei Marx vor.[28] Gesellschaft ist Marx ein selbstgeschaffener Lebenszusammenhang, den die Menschen in gegenseitiger Abhängigkeit reproduzieren. Die Arbeitsteilung ist Ausdruck der »Borniertheit der gesellschaftlichen Entwicklung«[29] (Borniertheit im Sinne objektiver, nicht subjektiver Beschränktheit). In der vernünftigen Gesellschaft, die nur mehr als Assoziation freier Menschen besteht, gibt es nicht mehr die Spezialisierung auf nur einen Beruf. Die Aufhebung der Arbeitsteilung und die Beseitigung von Begriffen wie Volk, Nation und Staat ist Programm einer Theorie, die mit der Beseitigung ihrer Bedingungen ebenfalls verschwindet.

Prof. Adorno führte zur Einleitung aus, daß Marx sich um die Fassung eines Begriffs der Gesellschaft wenig bemüht habe, da dieser ihm noch selbstverständlich schien. Er sei vielmehr dem Primat einer Praxis gefolgt, in der die Veränderung der Gesellschaft, weniger ihre Begriffserklärung angestrebt war. In der sozialistischen Gesellschaft bestünden nicht mehr die Zwangsverhältnisse des Tauschs! Das meinte Marx mit »Assoziation freier Menschen«.[30] Er stelle sich das Individuum als eine Invariante vor. Da es nur zugedeckt sei von den Zwangsverhältnissen des Tauschs, könne es durch deren Beseitigung wieder freigelegt werden. In dieser Beziehung sei Marx ein bürgerlicher Liberaler gewesen.

Das Allgemeine, unter das die Individuen subsumiert seien, sei das Kapital. Nicht das Geldkapital ist damit gemeint, sondern das Gesamtsystem, das durch die Verfügungsgewalt weniger über die Produktionsmittel charakterisiert ist. Trotz der schon abzusehenden Verbürgerlichung des englischen Proletariats, stellte Marx 1867 im Kapital die zukünftige Entwicklung des Kapitalismus auf das eherne

---

28 Helmut Reichelt, »Thesen zum Begriff der Gesellschaft bei Marx«, UAF Abt. 139 Nr. 15.
29 In der Schrift »Die deutsche Ideologie« [1932] von Marx und Engels u. a. heißt es: »Bei einer kommunistischen Organisation der Gesellschaft fällt jedenfalls fort die Subsumtion des Künstlers unter die lokale und nationale Borniertheit, die rein aus der Teilung der Arbeit hervorgeht, und die Subsumtion des Individuums unter diese bestimmte Kunst, so daß es ausschließlich Maler, Bildhauer usw. ist und schon der Name die Borniertheit seiner geschäftlichen Entwicklung und seine Abhängigkeit von der Teilung der Arbeit hinlänglich ausdrückt.« (MEW, Bd. 3, S. 379)
30 Im »Kapital« [1867] heißt es: »Stellen wir uns endlich, zur Abwechslung, einen Verein freier Menschen vor, die mit gemeinschaftlichen Produktionsmitteln arbeiten und ihre vielen individuellen Arbeitskräfte selbstbewußt als eine gesellschaftliche Arbeitskraft verausgaben.« (MEW, Bd. 23, S. 92)

Gesetzt der Verelendung ab, das nur durch gewisse Umstände modifizierbar sei.[31] Durch den Umschlag von Quantität in Qualität löst sich mit dem Begriff auch sein materielles Substrat auf. Eine ähnliche Konstruktion ist das Gesetz vom tendenziellen Fall der Profitrate,[32] dessen Bereinigung ein Ansatzpunkt für die ökonomische Theorie sei. Die negative politische Ökonomie (Engels)[33] erlaubt auch Aussagen über vorbürgerliche Verhältnisse. Sie hat zwei Strukturkategorien. Einmal sachliche Abhängigkeiten, die als sachliche erscheinen (z. B. in Geld). Die bürgerliche Gesellschaft ist unfreier als die feudale, weil sie sachlicher Gewalt subsumiert ist. Obwohl die Tauschbeziehungen der Subjekte in der Zirkulationssphäre gleich sind, ist die Gleichheit der Zirkulationssphäre reiner Schein, da sie in der Produktionssphäre, wo das Individuum eins für andere ist, aufgehoben ist. Erst eine Einheit von Zirkulations- und Produktionssphäre wäre Freiheit.

Prof. Adorno stellte fest, daß Marx, obwohl ein Begriff von Gesellschaft bei ihm fehlt, eine Reihe Kategorien des Gesellschaftsbegriffes gesehen habe, wie die der Objektivität, des Zwangsmechanismus der notwendig scheinhaften Tauschverhältnisse, der Totalität und des Antagonismus. Das zu einer abstrakten Theorie

---

31 An anderer Stelle heißt es im »Kapital«, »alle Methoden zur Produktion des Mehrwerts sind zugleich Methoden der Akkumulation, und jede Ausdehnung der Akkumulation wird umgekehrt Mittel zur Entwicklung jener Methoden. Es folgt daher, daß im Maße wie Kapital akkumuliert, die Lage des Arbeiters, welches immer seine Zahlung, hoch oder niedrig, sich verschlechtern muß. Das Gesetz endlich, welches die relative Übervölkerung oder industrielle Reservearmee stets mit Umfang und Energie der Akkumulation in Gleichgewicht hält, schmiedet den Arbeiter fester an das Kapital als den Prometheus die Keile des Hephästos an den Felsen. Es bedingt eine der Akkumulation von Kapital entsprechende Akkumulation von Elend. Die Akkumulation von Reichtum auf dem einen Pol ist also zugleich Akkumulation von Elend, Arbeitsqual, Sklaverei, Unwissenheit, Brutalisierung und moralischer Degradation auf dem Gegenpol, d. h. auf Seite der Klasse, die ihr eignes Produkt als Kapital produziert.« (Ebd., S. 674 f.)
32 Vgl. den Abschnitt »Gesetz des tendenziellen Falls der Profitrate«, MEW, Bd. 25, S. 221–241.
33 In seiner Schrift »Herrn Eugen Dührings Umwälzung der Wissenschaft« [1877] schreibt Engels: »Die politische Ökonomie als die Wissenschaft von den Bedingungen und Formen, unter denen die verschiednen menschlichen Gesellschaften produziert und ausgetauscht und unter denen sich demgemäß jedesmal die Produkte verteilt haben – die politische Ökonomie in dieser Ausdehnung soll jedoch erst geschaffen werden. Was wir von ökonomischer Wissenschaft bis jetzt besitzen, beschränkt sich fast ausschließlich auf die Genesis und Entwicklung der kapitalistischen Produktionsweise: es beginnt mit der Kritik der Reste der feudalen Produktions- und Austauschformen, weist die Notwendigkeit ihrer Ersetzung durch kapitalistische Formen nach, entwickelt dann die Gesetze der kapitalistischen Produktionsweise und ihrer entsprechenden Austauschformen nach der positiven Seite hin, d. h. nach der Seite, wonach sie die allgemeinen Gesellschaftszwecke fördern, und schließt ab mit der sozialistischen Kritik der kapitalistischen Produktionsweise, d. h. mit der Darstellung ihrer Gesetze nach der negativen Seite hin, mit dem Nachweis, daß diese Produktionsweise durch ihre eigne Entwicklung dem Punkt zutreibt, wo sie sich selbst unmöglich macht.« (MEW, Bd. 20, S. 139)

auszubauen, hätte Marx sich aber gesträubt, da er Gesellschaft nicht unabhängig von konkreten Produktionsverhältnissen habe analysieren wollen. In einem gewissen Widerspruch dazu habe er trotzdem analysieren wollen, wie es dem Begriff entspricht, und ähnlich wie Hegel für relativ allgemeine prozessuale Kategorien allgemeine Gültigkeit gefordert.

Mehrere Fragen bezogen sich auf den Begriff des Tauschs. Ob aus dem Tauschverhältnis allein sich Herrschaftsverhältnisse ableiten ließen, bezweifelte Herr Reichelt, indem er auf die Rolle des absolutistischen Staates bei der Entstehung des Kapitalismus hinwies. Nur durch dessen Druck hätte die Unterordnung der Lohnarbeiter unter das Kapital sich erhalten können. Prof. Adorno erweiterte das. Marx sei bei diesem Problem nicht eindeutig gewesen. Er habe Schwierigkeiten gehabt bei dem Versuch, historische und systematische Analyse zu vereinigen. Historisch bestünden keine reinen Tauschformen, deren Ursachen kalkulabel seien. Werden Tauschverhältnisse jedoch aus dem Begriff entwickelt, hat der Begriff das Primat.

Den Grund für den Vorrang ökonomischer Analyse sieht Adorno in Marx' polemischer Stellung gegen den Anarchismus, dem es, weil er bloß politisch war, auch nur abstrakt um Veränderung ging. Marx und Engels hätten dagegen politische Veränderung bei einer Veränderung der Ökonomie angesetzt. Im Tauschvorgang würden Klassenverhältnisse vorausgesetzt. Darin stecke implizit ihre Anerkennung und ein Moment des Fetischistischen. Bei Marx und, wie Herr Reichelt hinzufügte, noch offensichtlicher bei Engels, könne man geradezu von einer Theologie der Produktivkräfte sprechen, die auch für Gesellschaften aufrechterhalten würde, die keine entwickelten Tauschgesellschaften seien. Kapitalist wie Arbeiter seien nur Personifikationen ökonomischer Bewegungsgesetze, beide der Totalität der Entwicklung unterworfen. Im Begriff des Kapitals drücke sich schon die Anonymität der Produktionsverhältnisse aus und ihre Selbständigkeit gegen die Subjekte. Marx sei es um eine objektive Theorie der Gesellschaft gegangen im Gegensatz zur theory of social action, wo sich gesellschaftliche Objektivität auf die Akte von Subjekten reduziert.

Dr. Schmidt sagte dazu, daß sich bei Marx die Vermittlung in der Unmittelbarkeit verlebendige. Die bürgerliche Gesellschaft, die den Feudalismus aufgehoben habe, hemme durch sachliche Abhängigkeit die Individualisierung. Gegen die Anarchisten, die diese abstrakte Allgemeinheit in bewußte Aktion haben auflösen wollen, habe Marx den Fetischismus des verdinglichten Abstrakten gesetzt, dessen Auflösung nur gesellschaftlich erfolgen könne.

Adorno ergänzte, daß das Allerwirklichste ein Schein werde, wenn gesellschaftliche Prozesse dadurch idealisiert würden, daß man sie für den Inbegriff aller Handlungen erklärt. Die Objektivität sei selber ein Gewordenes.

Auf die Frage, ob es einen Bereich gebe, der aus dem Tauschverhältnis herausfalle, sagte er, diese Frage setze den totalen Charakter der Ökonomie voraus. Nicht die Ausschließlichkeit zu betonen sei der Sinn ökonomischer Analyse, sondern die Abschaffung der Zustände. Heute gebe es eine Tendenz, daß unmittelbare Beziehungen zunehmend vergesellschaftet würden. Allerdings wäre es falsch, den Ideologiebegriff zu totalisieren, vielmehr sei richtiges und falsches Bewußtsein zu unterscheiden. Erst dadurch sei die Möglichkeit eines anderen gegeben.

Die Enge des Tauschbegriffs, der sich schon in der Institutionalisierung des Kapitalbegriffs zeige, belegte ein Einwand damit, daß sich die Vergesellschaftung der Leistungen, die früher einzelne getragen hätten, nicht aus dem Tausch erklären ließen. Die Konkurrenz als Bedingung des Tauschs sei durch Monopole aufgehoben worden, diese Verfestigung sei nicht aus dem Tausch erklärbar.

Prof. Adorno nannte als ein weiteres Moment der Verfestigung den Druck, den die Existenz des Sozialismus auf die kapitalistischen Gesellschaften ausübe. Marx habe nicht gesehen, daß die Antithese zur bürgerlichen Gesellschaft so etwas wie ein Gesamtsubjekt bei ihr entwickelt habe. Die Leistung der Monopole sei Fabrikation synthetischer Humanität, die Regie des unmittelbaren Verhaltens. Das habe jedoch auch etwas Progressives, denn Funktionen, die früher zufällig erfüllt wurden, würden heute planmäßig erfüllt.

Auf eine Frage, wie Marx die Arbeitsteilung habe aufheben wollen, ergab sich, daß seine Haltung zu diesem Problem ambivalent gewesen ist. Einerseits sprach er von der Borniertheit einer arbeitsteiligen Gesellschaft, dann aber auch wieder davon, daß eine Gesellschaft ohne Arbeitsteilung ein primitiver Rückfall sei. Das Problem der Arbeitsteilung werde durch die Anähnelung der Arbeit im Prozeß fortschreitender Automation tendenziell unbedeutender. Dr. Schmidt wies darauf hin, daß dem späten Marx Freiheit nicht mehr von der Arbeitsteilung abgehangen habe. Da habe der Bereich der Technologie relativ selbständigen Charakter angenommen. Das Referat habe sich vornehmlich auf den frühen Marx bezogen, der noch romantische Vorstellungen gehabt habe, insofern als er die auseinandergefallene Arbeit im ökonomischen Bereich selber hat einigen wollen. Später habe Marx das Reich der Freiheit nicht mehr in der Aufhebung der Arbeitsteilung, sondern in der Befreiung von der Arbeit gesehen.

Auf mehrere Einwände, ob das Individuum bei Marx tatsächlich konstant gefaßt sei und ob dann nicht die Dialektik durchbrochen wäre, antwortete Adorno, daß Marx noch nicht die Entwicklung hat sehen können, die alles Individuelle im Begriff sei zu funktionalisieren. Für ihn sei das Individuum bloß in Bande geschlagen, die eine vernünftige Praxis wieder lösen könne. Damit habe Marx die Dialektik der Individualisierung übergangen, daß nämlich das Individuum erst das Produkt historischer Entwicklung sein könne, nicht aber deren

Voraussetzung. Mit dem geschichtlichen Prozeß verändere sich das Individuum auf seine Freiheit hin. Zwar habe auch er den Menschen als ein geschichtliches Produkt angesehen, er habe das aber in bezug auf eine dialektische Anthropologie nicht mehr weiter reflektiert, weil es ihm mehr um eine Analyse der Bewegungsgesetze gegangen sei. Der Ökonomisierung bei Marx sei es auch zuzuschreiben, daß er die Rolle des Proletariats nicht genügend reflektiert habe. Prof. Adorno wies ferner darauf hin, daß es schwer sei zu unterscheiden, ob jemand die Objektivität von gesellschaftlichen Prozessen bloß nachkonstruiere oder deren Überlegenheit über die Subjekte behaupte. Marx könne man jedenfalls die Intention gegen den Vorwitz der Subjekte nicht ohne weiteres absprechen.

Zum Schluß meinte Dr. Teschner, er wundere sich, warum das zentrale Thema Marxens, nämlich die private Aneignung des Mehrwerts, nicht in die Diskussion gekommen sei. Das Große an Marx sei ja gerade, daß er die Möglichkeit zur Identifizierung ökonomischer Prozesse biete und so einen Hebel zu rationaler politischer Praxis. Prof. Adorno verwies auf die nächste Seminarsitzung, für die dieses Thema aufgespart sei.

C. Rainer Roth

414 Christian Strohbach, 14. Dezember 1965

|Professor Dr. Adorno

Soziologisches Hauptseminar Wintersemester 1965/66
»Der Begriff der Gesellschaft«
Protokoll vom 14. 12. 1965
Christian Strohbach|

Herr Backhaus trägt acht Thesen zur Lehre von der Wertform und dem Begriff der Gesellschaft bei Marx vor.[34]

These 1:

»Das wirkliche Verständnis der Marx'schen Wirtschaftslehre«, wie es die positivistische Marxinterpretation verspricht, der zufolge die Marx'sche Theorie der Gesellschaft »philosophisch« (Schumpeter)[35] und »dialektischer Hokuspokus« (Böhm-Bawerk)[36] sein soll, verfehlt die kritische Intention der Marx'schen Werttheorie. Diese ist eine qualitative und transzendentale Theorie des Wertes. Wobei »transzendental« der größten Einschränkung bedarf (Professor Adorno),

---

[34] Hans-Georg Backhaus, »Die Lehre von der Wertform und der Begriff der Gesellschaft bei Marx«, UAF Abt. 139 Nr. 15.

[35] Tatsächlich sagt Schumpeter, dass die Argumentation von Marx »überall auf sozialen Tatsachen beruht« und dass von den »eigentlichen Quellen seiner Behauptungen […] keine auf dem Gebiet der Philosophie liegt.« (Joseph A. Schumpeter, Kapitalismus, Sozialismus und Demokratie [1942], eingel. von Edgar Salin, übers. von Susanne Preiswerk, 4. Aufl., München 1950 [Uni-Taschenbücher; 172], S. 25)

[36] Hinsichtlich der Arbeitswerttheorie von Marx schreibt Böhm-Bawerk von der »Logik und […] Methodik […], mit welcher Marx seinen Fundamentalsatz von der Arbeit als alleinige Grundlage des Wertes in sein System einführt. Ich halte es für vollkommen ausgeschlossen, daß dieser dialektische Hokuspokus für Marx selbst Grund und Quelle der Überzeugung war. Ein Denker vom Range Marx' – und ich schätze ihn für seine Denkkraft allerersten Ranges – hätte, wenn es sich für ihn darum gehandelt hätte, seine eigene Überzeugung erst zu bilden und den tatsächlichen Zusammenhang der Dinge wirklich erst mit freiem, unparteiischem Blick zu suchen, ganz unmöglich von Haus aus auf einem derart gekrümmten und naturwidrigen Wege suchen, er hätte ganz unmöglich aus bloßem unglücklichen Zufall in alle die geschilderten logischen und methodischen Fehler der Reihe nach hineintappen und als naturwüchsiges, nicht vorausgewußtes und vorausgewolltes Ergebnis eines solchen Forschungsweges die These von der Arbeit als alleiniger Wertquelle heimbringen können.« (Eugen von Böhm-Bawerk, Zum Abschluß des Marxschen Systems [1896], in: Etappen bürgerlicher Marx-Kritik. Materialien zur Auseinandersetzung der Nationalökonomie mit der Theorie von Karl Marx, hrsg. von Horst Meixner und Manfred Turban, Bd. 1, Gießen und Lollar 1974, S. 47–132; hier: S. 100 f.)

weil bei Marx auf keine Form des Bewußtseins, kein Geistiges, wie bei Kant oder Schelling, zurückgegangen werden soll, vielmehr die Wertform selber zurückgeführt wird – und zwar auf den Tausch –, die solange als objektive Grundform der politischen Ökonomie gelten wird, als getauscht wird. Daß die Schaffung des Wertes – im Gegensatz zum allgemeinen Sprachgebrauch meint Wert bei Marx immer Tauschwert (Professor Adorno) – nicht im Belieben des einzelnen Produzenten steht, doch aber der Erfahrung angehört, zeigt dies: daß der Wert sich konstituiert in der Produktionssphäre, aber auf dem Markt sich deklariert; daß, was der Produzent sich als Wert denkt, gleichgültig ist demgegenüber, was der Markt dann daraus macht.

Ist »Tauschwert« das, was man schlechterdings »Preis« nennt (Herr Backhaus) *eine* Erscheinungsform des Wertes, die verkehrter Weise sich als Geld äußert, eine quantitative Kategorie, eine Kategorie der Vergleichbarkeit, so ist Gebrauchswert das unmittelbare materielle Ding, das für uns, unmittelbar, einen Wert hat, eine qualitative Kategorie. Der Weg des »Kapitals« ist nun der, daß Marx von einer Analyse des Tauschwertes zu einer Analyse der Aneignung des Mehrwerts, zur Akkumulation kommt.

Die Frage der Arbeitswerttheorie ist ganz allgemein die nach den Bedingungen dafür, wie in der Anarchie der Warenproduktion die gesellschaftliche Gesamtarbeit sich in optimaler Weise auf die einzelnen Produktionszweige verteile; wobei man mit »optimaler Weise« vorsichtig zu sein hat (Professor Adorno), da zwischen Produktion und Konsumtion nun einmal Disproportionalität herrscht. Die Lehre von der *Wertform*, die die Differenz Marx–Ricardo ausmacht, markiert den Wendepunkt in der Geschichte der politischen Ökonomie, an dem ihr System in die Kritik desselben umschlägt.

These 2:
Weil eine abgeschlossene Arbeitswerttheorie von Marx nicht vorliegt, muß, aus den dialektischen Implikationen der Begriffe: Erscheinungsform, Verdoppelung, Metamorphose, Verkehrung und Verdinglichung, diese erst interpretiert werden.

These 3:
Logische Struktur und sozialen Gehalt der Ware–Geldgleichung hat die klassische Theorie, die für sich entdeckte, daß »Wert« bloß sachlicher Ausdruck geronnener menschlicher Arbeit sei, nicht analysiert und damit auch den gegenständlichen Schein des gesellschaftlichen Charakters der Arbeit nicht aufgelöst. »Wert« bleibt dem Bewußtsein immer noch ein »anderes«. Abstrahiert die subjektivistische Schule vom *absoluten Moment des Wertes*, so sehen die utopischen Sozialisten nicht *die Arbeit als Tauschwert der Produkte*, als einer vor ihnen bestehenden sachlichen Eigenschaft.

These 4:
Mit dem »vertrackten Ding, voll metaphysischer Spitzfindigkeit und theologischer Mucken« (Kapital 1, 1, 4),[37] der Ware, meint Marx zunächst etwas ganz Einfaches: daß der Wert, den die Ware hat, der ein gesellschaftliches Verhältnis ist, der bei ihm auch ein Funktionsbegriff ist, fetischisiert wird. Dieser Fetischcharakter nimmt Schlüsselgestalt für das subjektive Bewußtsein an.

These 5:
Die Ware–Geldgleichung ist die ökonomische Aufhebung des Satzes der Identität. Als Wert ist die Ware stets austauschbar – im wirklichen Austausch ist sie es nur, wenn sie besondere Bedingungen erfüllt, wenn sie Abnehmer findet, wenn sie Gebrauchswert *und* Tauschwert hat. So ist die Ware ein Paradoxon, sie selbst und zugleich ihr anderes: Geld. Der Warenaustausch produziert die »Verdoppelung« der Ware in Ware und Geld, dem immanenten Gegensatz von Gebrauchswert und Tauschwert entsprechend. Wobei Geld, selber eine Ware, einerseits wesentliches Konstituens der bürgerlichen Gesellschaft, andererseits bloßer Schleier ist. Als Ware der Ware ist Geld ein »abstraktes Ding« (Dr. Schmidt). Am spezifischen Warencharakter des Geldes geht einem »Verdinglichung« auf.

Daß Gebrauchswert und Tauschwert Gegensätze sind – schon gegen Hegel wurde vorgebracht, von Trendelenburg und Croce etwa, daß er Differenzen in willkürliche Widersprüche verwandele[38] –, zeigt sich daran: daß die Ware wesentlich Tauschwert wird, unwichtig wird, was sie unmittelbar für die Menschen bedeutet, den Menschen nicht sie selber, sondern nur noch Träger dessen ist, was sie *bedeutet*, und was man dafür bekommen kann.

Macht einerseits die Unterscheidung von Gebrauchswert und Tauschwert möglich, daß die Zufälligkeit der Produktion sozialisiert, gesellschaftlich allgemein wird, so haben andererseits die Menschen teuer zu zahlen damit, daß alle

---

37 Im vierten Teil des ersten Kapitels des ersten Abschnitts des ersten Bands des »Kapitals« heißt es: »Eine Ware scheint auf den ersten Blick ein selbstverständliches, triviales Ding. Ihre Analyse ergibt, daß sie ein sehr vertracktes Ding ist, voll metaphysischer Spitzfindigkeit und theologischer Mucken.« (MEW, Bd. 23, S. 85)

38 Bei Trendelenburg heißt es etwa: »Läßt sich die reale Opposition auf bloß logischem Wege gewinnen? Inwiefern in ihr etwas Neues gesetzt wird, schiebt sich immer die setzende Anschauung unter. Wir haben bereits oben gezeigt, daß sich logisch nicht einmal ein Merkmal auffinden lässt, woran man den konträren Begriff erkennen könnte. Zur Beseitigung oder Bestätigung dieses Zweifels fragen wir näher nach dem Factum. Wie gelangt die dialektische Methode zu dem negativ entgegenstehenden Begriff? In vielen Fällen, müssen wir behaupten, durch *reflectirende* Vergleichung, so hoch sich auch die Dialektik über die Reflexion erhoben zu haben meine.« (Adolf Trendelenburg, Logische Untersuchungen. Erster Band, Berlin 1840, S. 32) – Vgl. B[enedetto] Croce, Lebendiges und Totes in Hegels Philosophie, mit einer Hegel-Biographie [1907], übers. von K[arl] Büchler, Heidelberg 1909.

Dinge ein Für-anderes werden, deren »raison d'être« tendenziell negiert wird. Sind in der kapitalistischen Gesellschaft die Gebrauchswerte auch immer noch vorhanden, so prävaliert der Warencharakter durch die Verwandlung in den Tauschwert so, daß die menschlichen Bedürfnisse nicht mehr das Primäre sind. Nur als gesellschaftlicher kann dieser Widerspruch innerhalb der Wertform verstanden werden: Durch das nämliche Prinzip, durch das die Gesellschaft verknüpft wird, das Tauschprinzip, werden die Menschen voneinander, von den Dingen gerissen. Alles, was man über Verdinglichung und Entfremdung sagen kann, hängt genau damit zusammen. Ein gesellschaftliches Verhältnis wird in der Ökonomie ausgedrückt.

Auf der einen Seite war das Problem von Marx ein politisch-ökonomisches: was sich als rein ökonomischer Vorgang darstellt, auf seine gesellschaftliche Wurzel zurückzuführen; andererseits: Weil er als Materialist den Primat der Ökonomie behauptet, ist es der Anspruch des reifen Marx, aus rein ökonomischen Analysen die gesellschaftlichen Formen zu entwickeln. Ob es dieses »Erste« überhaupt so gibt – setzt die Ökonomie doch immer schon Gesellschaftliches voraus –, oder ob das ein falsches Denkmodell ist, das ist die Frage. Terminologisch ist bei Marx die »ökonomische Gesellschaftsformation«[39] (Dr. Schmidt). Es würde sich die Frage, ob die Gesellschaft durch Ökonomie bedingt ist, oder ob das Ökonomische die Gestalt der Gesellschaft ausmacht, weil *das* Ökonomische gemeint ist, das einen vorgegebenen Zeitabschnitt zur Totalität macht, gar nicht erheben.

Unter dem Gesichtspunkt ihrer gesellschaftlichen Bedeutung jedoch ist die Marx'sche Ökonomie noch nicht herausgearbeitet worden. Es liegen von der Sache her im Verhältnis von Ökonomie und Gesellschaft bei Marx außerordentlich schwere Probleme (Prof. Adorno).

These 6:

Gegen die subjektive Ökonomie – Marx hätte gesagt (Dr. Schmidt), subjektivistisch darf die Ökonomie schon sein, nur muß das Subjekt die Gesamtgesellschaft sein – wird von Marx eingewandt, daß »Wert« auch etwas Objektives und auch ein Funktionsbegriff ist. Wert kann wohl nur der eines Produktes sein; als ein

---

[39] Im Vorwort zum ersten Band des »Kapitals« schreibt Marx: »Zur Vermeidung möglicher Mißverständnisse ein Wort. Die Gestalten von Kapitalist und Grundeigentümer zeichne ich keineswegs in rosigem Licht. Aber es handelt sich hier um die Personen nur, soweit sie die Personifikation ökonomischer Kategorien sind, Träger von bestimmten Klassenverhältnissen und Interessen. Weniger als jeder andere kann mein Standpunkt, der die Entwicklung der ökonomischen Gesellschaftsformation als einen naturgeschichtlichen Prozeß auffaßt, den einzelnen verantwortlich machen für Verhältnisse, deren Geschöpf er sozial bleibt, sosehr er sich auch subjektiv über sie erheben mag.« (MEW, Bd. 23, S. 16)

gesellschaftlich Gedachtes (Professor Adorno) allerdings ist er eine Art von Transzendenz den einzelnen Menschen gegenüber: Nicht nur erscheint er als ein An-sich Seiendes den Menschen, sie müssen sich auch danach richten. »Wert« ist immanent dem »objektiven Geist«, so kann man sagen, nicht dem einzelnen individuellen Bewußtsein. Eine Gesellschaft ist durch den Grad dieser Abstraktion definiert (Dr. Schmidt); – und Abstraktion ist, was »unmittelbar«, tagtäglich geschieht, und die konkrete Bestimmung, die Definition einer Tauschgesellschaft obläge der Theorie.

These 7:

Diese abstrakte Wertgegenständlichkeit – denn Wert ist zunächst etwas sehr Durchsichtiges und gewinnt erst durch die Vergegenständlichung seine irrationalen Momente – ist für Marx gesellschaftliche Objektivität schlechthin. Marx kann von objektiven Widersprüchen sprechen, weil das Dasein des »sinnlich-übersinnlichen Dinges« begrifflich vermittelt ist. Die abstrakte Wertgegenständlichkeit ist nicht ein Unmittelbares, sondern verdankt sich der Bewußtlosigkeit der Beteiligten.

These 8:

Eine spezifische historische Form der gesellschaftlichen Arbeit bedingt es, daß der materielle Reproduktionsprozeß als Basis, die bewußten Beziehungen aber als bloßer Überbau des gesellschaftlichen Gesamtzusammenhanges in der Analyse behandelt werden müssen, dadurch: daß »Wert« in sich selber bereits das vergessen läßt, was er ist, die lebendige Beziehung zwischen Menschen; dadurch ist falsches Bewußtsein gesetzt.

Der Vortrag von Herrn Backhaus soll durch Thesen über die Mehrwerttheorie bei Marx ergänzt werden.

415 Werner Lichtwark, 4. Januar 1966

Werner Lichtwark
Frankfurt/M
Auerhahnstr. 111

Soziologisches Hauptseminar v. Prof. Adorno Wintersemester 65/66:
>Zum Begriff der Gesellschaft

Protokoll

der Sitzung vom 4. 1. 66

Da Professor Adorno an dieser Sitzung nicht teilnehmen konnte,[40] übernahm Herr Schafmeister[41] die Leitung des Soziologischen Hauptseminars, dem ein Referat über den modernen Positivismus zugrunde lag.[42] Die Referentin legte anhand der positivistischen Ansätze von René König, George A. Lundberg und Karl R. Popper dar, daß im modernen Positivismus dem eigentlichen und ursprünglichen Gegenstand der Soziologie, nämlich dem Begriff der Gesellschaft, keine Bedeutung mehr zukomme. Dort hat die Gesellschaft als Realität keine Existenz mehr, denn sie wird nicht als Gesamtprozeß verstanden, sondern als Summe von Fakten und Erscheinungen, die einer naturwissenschaftlichen Methodologie zugänglich seien. Eben diese Methodologie aber wird verabsolutiert, so daß die positivistische Soziologie zu einer Soziologie ohne Gesellschaft wird. Die Sache, um die es eigentlich geht, wird einem Faktenfetischismus geopfert, der letztlich nur Auskunft über das rein äußerliche Wie gesellschaftlicher Tatbestände, nicht aber über deren Woher und Warum gibt. Soziologie wird hier praktisch verwertbar als Technik für eine »reibungslose« Verwaltung, als Mittel zur Anpassung an die Gesellschaft und nicht zu deren Veränderung; ihre Konsequenz ist die unreflektierte Integration in das jeweils Bestehende.

Wenn René König anstelle der Gesellschaft das »Soziale« als prozeßhaftes Geschehen im zwischenmenschlichen Bereich zum Gegenstand einer Soziologie

---

40 Der Grund hierfür ist nicht ermittelt.
41 D.i. Peter Schafmeister.
42 Godula Kosack und Stephen Castles, »Soziologie ohne Gesellschaft: Der moderne Positivismus«, UAF Abt. 139 Nr. 15.

erklärt,⁴³ kommt er dem positivistischen Ideal das sich auf das Gegebene, das Sammeln und Beschreiben von »facts« beschränkt, sehr nahe, obwohl er eine Identifizierung mit diesem Ideal ablehnt.⁴⁴ Auch Königs Distanzierung von Leopold von Wieses »Beziehungslehre«⁴⁵ ist eher eine »Eifersucht der kleinen Differenzen«⁴⁶. Wenn die Wissenschaft allein als durch die Methode und nicht durch die Sache bestimmt definiert wird, wird eine tatsächliche Übereinstimmung des Wesens der Sache mit deren rein methodologisch untersuchten Schein dem Zufall überlassen. Als einziges Wahrheitskriterium einer solchen Theorie bleibt ihre Überprüfbarkeit durch Reproduktion der Methode. Eine derart ahistorische Soziologie, die leugnet, daß das Soziale ein geistig Vermitteltes ist, muß sich von ihren Methoden vorschreiben lassen, was zum Gegenstand ihrer Arbeiten wird. Prof. Adorno sieht hierin einen reinen Zirkelschluß, denn die Sache wird durch eine Methode untersucht, die selbst entscheidet was die Sache sei. König muß konsequenterweise eine Trennung zwischen Natur- und Sozialwissenschaften ablehnen, denn bei der von ihm angenommenen Unabhängigkeit der Methode von der Sache, kann die Methode auch nicht zwischen Natur- und Sozialwissenschaften variieren; sie sei immer die gleiche, während nur die Art der Technik gegenstandsspezifisch sei.

---

43 »Schließlich wird Gesellschaft auch in einem Sinne verstanden, den wir am besten durch den Ausdruck ›*das Soziale*‹ umschreiben. Hierbei handelt es sich im wesentlichen um ein prozeßartiges Geschehen zwischenmenschlicher Natur, das jedoch – im Gegensatz zur Auffassung der Beziehungslehre [...] – auch Teil- und Gesamtstrukturen hervorbringt, die sowohl der makro- wie der mikrosoziologischen Betrachtungsweise offenstehen. Dies ist auch der Begriff Gesellschaft, wie er im Mittelpunkt der modernen Soziologie steht.« (René König, Gesellschaft, in: Soziologie, hrsg. von René König, Frankfurt a. M. 1958 [Das Fischer Lexikon; 10], S. 96–104; hier: S. 98)
44 So heißt es etwa über die Auffassung, »daß eine rein statistische Massenhaftigkeit des Auftretens bestimmter Erscheinungen diese schon als sozialer Natur ausweise«: »Dies ist jedoch keineswegs immer der Fall; statistische und soziale Gesetzmäßigkeiten sind keinesfalls identisch. So muß jeder statistischen Beschreibung erst eine soziologische Analyse folgen.« (Ebd., S. 103)
45 Vgl. Leopold von Wiese, System der Allgemeinen Soziologie als Lehre von den sozialen Prozessen und den sozialen Gebilden der Menschen (Beziehungslehre) [1924/1929], 2. Aufl., München und Leipzig 1933.
46 Anspielung auf Freud, bei dem es heißt: »Ich habe mich einmal mit dem Phänomen beschäftigt, daß gerade benachbarte und einander auch sonst nahe stehende Gemeinschaften sich gegenseitig befehden und verspotten, so Spanier und Portugiesen, Nord- und Süddeutsche, Engländer und Schotten usw. Ich gab ihm den Namen ›Narzißmus der kleinen Differenzen‹, der nicht viel zur Erklärung beiträgt. Man erkennt nun darin eine bequeme und relativ harmlose Befriedigung der Aggressionsneigung, durch die den Mitgliedern der Gemeinschaft das Zusammenhalten erleichtert wird. Das überallhin versprengte Volk der Juden hat sich in dieser Weise anerkennenswerte Verdienste um die Kulturen seiner Wirtsvölker erworben; leider haben alle Judengemetzel des Mittelalters nicht ausgereicht, dieses Zeitalter friedlicher und sicherer für seine christlichen Genossen zu gestalten.« (FGW, Bd. XIV, S. 473 f.)

Die bloße Auflösung der Gesellschaft in Einzelbereiche und -institutionen kann weder diese noch die Totalität erklären, »Gesellschaft« und »gesellschaftliche Totalität« werden als gleichsam metaphysische Begriffe abgewiesen. König sieht zwischen Empirie und Theorie keinen Gegensatz: Das empirische Material lasse Regelmäßigkeiten deutlich werden, die, auf einen Nenner gebracht, zum Gegenstand einer »ad-hoc-Theorie« werden.[47] Derartige Theorien bilden wiederum das Skelett einer »Theorie der mittleren Reichweite«, wie sie von König in Anlehnung an Robert Merton bezeichnet wird.[48] Die Ableitung einer Theorie aus der Empirie durch zunehmende Abstraktionsgrade geht von der Voraussetzung aus, daß das Ganze nichts anderes sei, als die Summe seiner Teile. So muß sie bei der Erklärung gesamtgesellschaftlicher Zusammenhänge scheitern, da sie auf diesem Wege nur zu klassifikatorischen Oberbegriffen gelangen kann. Obwohl doch gerade der Empiriker in der Regel nach Beispielen ruft, bleibt bei König der Zusammenhang von Empirie und Theorie abstrakt, René König grenzt seine »Soziologische Theorie«, die er als mit deutlich abgegrenzten Problemen auf Fakten basierend konzipiert, gegen eine »Theorie der Gesellschaft« ab, die bei dem Versuch einer Deutung der Totalität der Ideologie verfalle, indem sie keine Soziologie, sondern nur Kulturkritik zur Verfolgung eines bestimmten Zieles sei und das Postulat der Wertfreiheit vernachlässige.[49] Die Analyse des scheinbar

---

[47] Über Theorien zum Verhältnis von »Fruchtbarkeit und soziale[n] Klassen« sagt König: »Alles, was hier gewagt werden kann, sind sogenannte *ad-hoc-Theorien*, d. h. Hypothesen, die ausschließlich dazu dienen, die vorliegenden (begrenzten) Regelmäßigkeiten auf einen Zusammenhang von theoretischen Sätzen zu bringen, ohne daß diese in weitere theoretische Zusammenhänge (etwa: einer Theorie der Bevölkerung) integriert würden, noch ohne daß sie in ihrem Geltungsbereich auf weitere Räume oder Zeiten angewandt würden. Trotzdem vermögen aber solche ad-hoc-Theorien allen logischen Voraussetzungen der Theoriebildung Genüge zu leisten.« (René König, Grundlagenprobleme der soziologischen Forschungsmethoden (Modelle, Theorien, Kategorien), in: Sozialwissenschaft und Gesellschaftsgestaltung. Festschrift für Gerhard Weisser, hrsg. von Friedrich Karrenberg und Hans Albert, unter Mitw. von Hubert Raupach, Berlin 1963, S. 23–44; hier: S. 30f.)
[48] Vgl. ebd., S. 31; vgl. den Abschnitt »Die Theorien mittlerer Reichweite«, in: Robert K. Merton, Soziologische Theorie und Soziale Struktur [1949], hrsg. von Volker Meja und Nico Stehr, übers. von Hella Beister, Berlin und New York 1995, S. 3–8.
[49] »Während sich die soziologische Theorie in einzelnen, deutlich gegeneinander abgrenzbaren Problemen bewegt, die auf bestehender Erkenntnis weiterbauen oder diese auch widerlegen, bemüht sich die Theorie der Gesellschaft um die Deutung der Totalität des sozialen Daseins. Dabei werden gewiß einzelne Bestandteile der soziologischen Theorien verarbeitet, aber nicht in einem eigentlich theoretischen Zusammenhang, sondern einzig um der Deutung willen. Diese ist ihrerseits teils Rechtfertigung, teils Polemik, niemals aber sachlich interessiert. Die heute vorwiegende Form dieser Denkweise ist *Kulturkritik*, die nur allzu häufig in der Öffentlichkeit ent-

unmittelbar Gegebenen aber erfüllt die Aufgabe einer Theorie nicht: Die Fakten gehören selbst dem »Verblendungszusammenhang«, wie Prof. Adorno sagt, an, den eine Theorie, die notwendigerweise immer kritisch sein muß, auseinanderflechten sollte.

Mit der Forderung, die Soziologie solle nichts weiter als Soziologie sein,[50] hypostasiert König die wissenschaftliche Arbeitsteilung. Er denunziert Philosophie, Sozialethik und Sozialpolitik als »social thought«, womit man sich in der angelsächsischen Literatur in der Regel polemisch gegen pseudowissenschaftliches Gerede wendet. Ein Sich-Überschneiden von Philosophie und Soziologie raube der Soziologie den wissenschaftlichen Charakter.

Im Gegensatz zu König fehlt George A. Lundbergs Soziologismus jeder Schein von Konkretheit.[51] Indem Lundberg nur das menschliche Verhalten in Form von Reaktionen zum Forschungsgegenstand der Soziologie macht, verzichtet er auch auf die Intention, vom Besonderen zum Allgemeinen fortzuschreiten. In seiner Soziologie findet die Gesellschaft als irrelevanter Begriff keinen Platz mehr; die reale Existenz der Sache überhaupt wird geleugnet, da der Begriff der Sache nicht erfahrbar sei. Wissen beschränkt sich hier so sehr auf unmittelbare Sinnesdaten, daß sogar König an dieser Theorie einen Mangel an Reichweite kritisiert.[52] Lundbergs Soziologie wird zu einer reinen Anpassungswissenschaft, indem ihre Aufgabe auf die Gewinnung von »basic knowledge« beschränkt wird.[53] Auch die Wissenschaft im allgemeinen erfülle ihre Aufgabe immer dann am besten, wenn der Grad ihrer Anwendbarkeit für das Gegebene möglichst hoch ist. So wird Soziologie also praktisch verwertbar, sie wird zum Manipulationsinstrument partieller Interessen zuungunsten eines gesamtgesellschaftlichen Fortschrittes, womit der in Lundbergs Theorie enthaltene Sozialdarwinismus zum Vorschein kommt.

Im Gegensatz zu König und Lundberg erkennt Karl R. Popper den Prozeßcharakter der Wissenschaft. Obwohl er einen Begriff von der Sache zu haben scheint, sind bei Popper die Begriffe dem Erkenntnisprozeß a priori vorgegeben.

---

weder in engster Nachbarschaft mit der Soziologie gesehen oder gar mit ihr ineinsgesetzt und verwechselt wird.« (René König, Einleitung, in: Soziologie, a. a. O. [s. Anm. 43], S. 7–14; hier: S. 10)
50 König schreibt in der »Einleitung« zum »Fischer Lexikon« »Soziologie«, das Buch mache »am Schluß eine Soziologie sichtbar [...], *die nichts als Soziologie ist*, nämlich die wissenschaftlich-systematische Behandlung der allgemeinen Ordnungen des Gesellschaftslebens, ihrer Bewegungs- und Entwicklungsgesetze, ihrer Beziehungen zur natürlichen Umwelt, zur Kultur in allgemeinen und zu den Einzelgebieten des Lebens und schließlich zur sozial-kulturellen Person des Menschen.« (Ebd., S. 7)
51 Vgl. George A. Lundberg, Foundations of Sociology, New York 1939.
52 Vgl. König, Grundlagenprobleme der soziologischen Forschungsmethoden, a. a. O. (s. Anm. 47), S. 31 f.
53 Dies ist kein Zitat, sondern Interpretation.

Der Gesellschaft würde Popper als Begriff nur dann einen Platz einräumen, wenn ihre Subsumtion unter ein theoretisches Modell gelänge. Da er sich aber ein solches Modell nur als frei von Widersprüchen denken kann, wird auch in Poppers »Offener Gesellschaft« der Begriff der Gesellschaft selbst verbannt.[54] So zeigt sich auch hier der Verlust der Sache. Die absolute Wahrheit als Übereinstimmung der Theorie mit der Wirklichkeit könne niemals erkannt werden.

In Anlehnung an den assoziationstheoretischen Ansatz des »Trial and Error« bei amerikanischen Psychologen wie Thorndike[55] beginnt bei Popper die wissenschaftliche Erkenntnis mit *Problemen*, die aus der Spannung zwischen Wissen und Nicht-Wissen entstehen. Indem er der Philosophie wieder einen Ort in der Soziologie zugesteht, denn sie diene als Kriterium für die Auswahl der wissenschaftlich zu untersuchenden Probleme, hängt Popper nicht einer unbedingten Wertneutralität etwa im Sinne René Königs (s. o.) an, da er diese selbst als einen Wert ansieht. Ein abstrakter »Dualismus von Tatsachen und Entscheidungen« tritt an die Stelle der Wertfreiheit.[56] Eine derartige »Problemorientierung« der Soziologie gegenüber einer bloßen Orientierung an Fakten erscheint zunächst als durchaus attraktiv. Woher nun diese Probleme aber stammen, bleibt ungeklärt, denn zunächst einmal wird nur mit der Untersuchung der Probleme begonnen, die der Methode selbst immanent sind.

Popper lehnt eine »geschlossene Gesellschaft«, in der die Allgemeinheit über das Individuum herrsche, da der Unterschied zwischen sozialen Normen und Naturgesetzen verschleiert werde, ab,[57] was Habermas dazu veranlaßt, ihn als »redlichen Positivisten« zu bezeichnen.[58] Aber auch die Liberalität Poppers muß

---

54 Karl R. Popper, Die offene Gesellschaft und ihre Feinde. Band I. Der Zauber Platons [1945], übers. von Paul K. Feyerabend und Klaus Pähler, 7. Aufl., Tübingen 1992, sowie Karl R. Popper, Die offene Gesellschaft und ihre Feinde. Band II. Falsche Propheten. Hegel, Marx und die Folgen [1945], übers. von Paul K. Feyerabend und Klaus Pähler, 7. Aufl., Tübingen 1992.
55 Vgl. etwa Edward Thorndike, Some Experiments on Animal Intelligence, in: Science, 7. Jg., 1898, S. 818–824.
56 So heißt es bei Popper etwa: »Ich glaube an einen Dualismus von Tatsachen und Entscheidungen (oder Forderungen), an einen Dualismus des ›Seins‹ und des ›Sollens‹; mit anderen Worten: Ich glaube an die Unmöglichkeit einer Einschränkung von Entscheidungen oder Forderungen auf Tatsachen, obgleich ich natürlich zugebe, daß sich Entscheidungen als Tatsachen behandeln lassen.« (Karl R. Popper, Die offene Gesellschaft und ihre Feinde. Band I, a. a. O. [s. Anm. 53], S. 254, Anm. 11)
57 Vgl. etwa den Abschnitt »Der Historizismus und der Schicksalsmythos«, ebd., S. 12–15.
58 Habermas schreibt, die »Ergänzung des Positivismus durch *Mythologie*« entbehre »nicht eines logischen Zwangs, dessen abgründige Ironie nur Dialektik zum Gelächter befreien könnte. [Absatz] Redliche Positivisten, denen solche Perspektiven das Lachen verschlagen, Positivisten also, die vor der halblauten Metaphysik objektiver Wertethik und subjektiver Wertphilosophie so zurückschrecken wie vor der erklärten Irrationalität von Dezisionismus und gar Remythisierung,

sich verraten, denn sein Modell läuft darauf hinaus, *jeder* Art von individueller Freiheit zu dienen. Da eine Entwicklung nur im jeweils Bestehenden möglich sei und es das Ziel sei, nur partielle Institutionen der Gesellschaft zu verändern, ist Poppers Neutralität nur eine scheinbare: Sie dient dem Bestehenden zur weiteren Festigung. Der Poppersche Rationalismus wird so zum reinen Zweckrationalismus, das Wissen zum technischen Wissen einer etablierten Gesellschaft. Indem Popper *nur* ins Einzelne geht, will er das Wesen dieser Gesellschaft nicht verstehen, denn das Denken des Positivisten ist der Sache äußerlich.

In der sich an das Referat anschließenden kurzen Diskussion wurde bemerkt, daß im Positivismus durchaus eine Theorie enthalten sei, die versuche, *alle* Fakten auf einen Nenner zu bringen. Auf die Intervention eines Kommilitonen hin, der aus dem Referat heraus den Positivismus als Theorie des Gegebenen definierte und dazu bemerkte, daß sich jeder Soziologe an das Gegebene zu halten habe, wie sich auch Marx und Lenin in diesem Sinne als Positivisten verhalten hätten, wurde von Herrn Schafmeister auf Prof. Horkheimer hingewiesen, der einmal gesagt hat, die eigentlichen Positivisten seien die Dialektiker, weil sie sich an das Gegebene halten.[59] Der kennzeichnende Unterschied sei der, daß der Begriff des Wesens einer Sache von den Positivisten als unwissenschaftlich abgelehnt werde in der Meinung, daß jede Erscheinung auf ihre Idee zu reduzieren sei, also als genaues Abbild des Wesens zu verstehen sei. Erscheinungen können eine Sache aber nicht erklären, ohne daß dabei auf den gesellschaftlichen Zusammenhang rekurriert wird.

Dr. Teschner bemerkte abschließend, daß wir durchaus nicht von einer Position aus diskutierten, die dem Positivismus abgewandt ist. Es gebe keine selbständige dialektische Methodologie. Daß der Positivismus aufgrund seiner Methodologie keinen Gesellschaftsbegriff hat, veranlasse Prof. Adorno zu seiner Kritik im Namen der »Sache selbst«. Versuche man aber diesen Begriff inhaltlich zu füllen, so sei die »Sache selbst« letztlich der Kapitalismus etwa in der Erscheinungsform um 1870. Dabei bleibe der Wandel, der sich im Kapitalismus seither vollzogen hat, unberücksichtigt. Wenn man sich aber nicht bemühe, die-

---

suchen Halt in einer verselbständigten Ideologiekritik, die in der von Feuerbach bis Pareto entwickelten planen Gestalt einer Entkräftung von Projektionen selber zum weltanschaulichen Programm geronnen ist.« (Jürgen Habermas, Theorie und Praxis. Sozialphilosophische Studien, Neuwied und Berlin 1963 [Politica. Abhandlungen und Texte zur politischen Wissenschaft; 11], S. 243)

59 Horkheimer schreibt etwa, es erweise »sich gerade in der Hegelschen Konstruktion der sozialen Gegebenheiten als eines Sinnvollen ein latenter Positivismus, von dem seine positivistischen Feinde nichts ahnen.« (HGS, Bd. 8, S. 257)

sem Wandel Rechnung zu tragen, so begebe man sich ebenfalls in die Gefahr, der der Positivismus erlegen sei.

416 Gisela Zimpel,
11. Januar 1966

Adorno: Soziologisches Hauptseminar Wintersemester 1965/66
Protokoll vom 11. 1. 1966   Gisela *Zimpel*

Thema: »Die ökonomische Problematik der Mehrwerttheorie«
Referent: Dipl. Kfm. Mohl[60]

I *Die Bedeutung der Wertlehre für das Gesamtsystem bei Marx:*

Die Mehrwertlehre und vornehmlich der Stellenwert, der ihr innerhalb des Gesamtsystems bei Marx zukommt, sind umstritten.

Während orthodoxe Marxinterpreten der Mehrwerttheorie seit jeher die Schlüsselposition zum Verständnis des Werkes zugeschrieben haben, sieht im Gegenteil der Revisionismus (Joan Robinson) den Mehrwert bei Marx als irrelevant an für die sozio-ökonomische Analyse.[61] Diese revisionistische Auslegung aber mißversteht Marx. Ohne die Mehrwertlehre bleiben sowohl Akkumulation des Kapitals, d.h. zugleich Entwicklung der bürgerlichen Gesellschaft, unverstanden, als auch vor allem die Kräfte, die sie zum Ende führen, sinkende Profitrate bei wachsender organischer Zusammensetzung des Kapitals und schließlich Zusammenbruch des Kapitalismus als strukturelle Notwendigkeit.

Gerade weil Marx' Wertgesetz im Rahmen eines kapitalistischen Wirtschafts- und Gesellschaftssystems nicht korrigierbar ist, treibt es über dieses hinaus. Es scheint daher sehr wohl berechtigt, vom Schlüsselcharakter der Wertlehre bei Marx zu sprechen.

Marx' Wertlehre knüpft an Ricardo an, der bereits (gegen Smith) den Güterwert nicht durch den gezahlten Preis erklärt, sondern durch die in diesem Gut enthaltene geleistete Arbeit, gemessen in Zeiteinheiten.[62] – Höher dotierte qua-

---

60 Ernst Theodor Mohl, »Anmerkungen zur Marxschen Mehrwertlehre«, UAF Abt. 139 Nr. 15.
61 Vgl. etwa den Abschnitt »Die Werttheorie der Klassiker«, in: Joan Robinson, Doktrinen der Wirtschaftswissenschaft. Eine Auseinandersetzung mit ihren Grundgedanken und Ideologien [1962], übers. von Albert Jeck, München 1965, S. 36–59.
62 So schreibt Marx: »Die Bestimmung des Wertes durch die Arbeitszeit ist für Ricardo das Gesetz des Tauschwertes [...]. Ricardos Theorie der Werte ist die wissenschaftliche Darlegung des gegenwärtigen ökonomischen Lebens [...]. Ricardo konstatiert die Wahrheit seiner Formel, indem er sie aus allen wirtschaftlichen Vorgängen ableitet und auf diese Art alle Erscheinungen erklärt,

lifizierte Arbeit wird dabei in mengenmäßig mehr Einheiten »einfacher Arbeit« umgedeutet, somit [werden] qualitative Elemente quantifiziert.

Marx bleibt nicht beim abstrakten generellen Wertbegriff Ricardos stehen, sondern versucht, den Wert als etwas im Tauschakt Gewordenes, auf die spezifische historische und gesellschaftliche Situation Bezogenes, zu fassen. Das impliziert zugleich eine methodologische Kritik an Ricardo, – der abstrakten axiomatischen Definition von Begriffen wird ein Verfahren entgegengestellt, das zu der Wahrheit vorstoßen will, indem Allgemeines und Besonderes, Theorie und Empirie, nicht mehr voneinander getrennt sind.

Aus den für die bürgerliche Gesellschaft maßgebenden Elementen leitet Marx Kategorien ab, er geht aus von der Struktur seines Systems, von dem er die theoretischen Grundkategorien (z. B. Werttheorie) hat, um dann an der vorgefundenen Realität zu differenzieren, wobei die Differenzierungen ihrerseits die kategorialen Voraussetzungen modifizieren; auf diese Weise erklären sich auch manche ›Widersprüche‹ im 3. Band des ›Kapitals‹. Wenn die Kategorien nicht, wie es Marx Ricardo zum Vorwurf macht, abstrakt nebeneinanderstehen, sondern als dynamische, entsprungene gefaßt werden, ergibt sich auch der »Wert« nicht aus der isolierten Definition, sondern zeigt sich erst auf dem Markt.[63] – Erst auf dem Markt erfahren die Produzenten, wieviel Wert ihre Ware hat. Das Tauschprinzip geht nicht auf die subjektiven Willen der Einzelnen zurück, sondern erweist sich als eine objektive Gesetzmäßigkeit, die den subjektiven Bedürfnissen vorgeordnet ist. Das Wertgesetz erhält damit universale Geltung, denn

1.) werden die Waren prinzipiell nach ihren Werten getauscht

2.) stellt dieser Tausch zugleich das Prinzip dar, nach dem sich die Gesellschaft produziert und reproduziert.

Die ökonomische Problematik der Marx'schen Wertlehre ist mit der gesellschaftlichen auf das engste verflochten.

II *Gebrauchswert, Tauschwert, Wert:*

Alle Wertbegriffe sind bei Marx von der kapitalistischen Produktionsweise abgeleitet, er unterscheidet dabei in ›Gebrauchswert‹, ›Tauschwert‹, und ›Wert‹; – der Begriff des Wertes entbehrt einer distinkten Abgrenzung gegenüber jedem Tauschwert, wird mit diesem zuweilen sogar identifiziert.

---

selbst diejenigen, welche im ersten Augenblick ihr zu widersprechen scheinen, wie die Rente, die Akkumulation der Kapitalien und das Verhältnis der Löhne zu den Profiten. Gerade das ist es, was seine Lehre zu einem wissenschaftlichen System macht [...].« (MEW, Bd. 4, S. 81f.)

63 Vgl. etwa den Abschnitt »{[...] Ricardos Negierung der absoluten Rente – eine Folge seiner Fehler in der Werttheorie}«, MEW, Bd. 26·2, S. 122–126.

Gebrauchswert: – konstituiert sich durch die Nützlichkeit eines Gutes. Damit drückt er noch kein gesellschaftliches Produktionsverhältnis aus, was allerdings nicht bedeutet, er sei ökonomisch irrelevant. Im Gegenteil: Gerade in der Werttheorie kommt dem Gebrauchswert eine ganz zentrale Bedeutung zu, denn ›Mehrwert‹ kommt ja gerade dadurch zustande, daß die menschliche Arbeitskraft einen höheren Gebrauchswert hat im Vergleich zu ihrem Tauschwert, d. h., den Mehrwert zeitigt gerade die Differenz zwischen dem, was die Arbeitskraft hergibt und dem, was zu ihrer Reproduktion notwendig ist. – Im 3. Band des ›Kapitals‹ scheint Marx darüber hinaus dem Gebrauchswert sogar die Steuerungsfunktion zuzuweisen, die die gesellschaftliche Arbeit auf die verschiedenen Produktionszweige verteile (Mohl). Das aber führte zu einer Negation der gesamten Mehrwertlehre, die ja gerade *nicht* den Konsumentenbedürfnissen, sondern der Kapitalverwertung die Steuerung des Gesamtprozesses zuschreibt. Mit diesem Einwand die Mehrwerttheorie zu konfrontieren ist wenig sinnvoll und schon darum nicht überzeugend, weil die Verteilung der gesellschaftlichen Arbeitszeit von Marx bereits den Derivaten zugerechnet wird, die dem Tauschvorgang gegenüber nur von sekundärer Bedeutung ist.

Tauschwert/Wert: – Tauschwert entsteht erst mit dem Tauschakt, in ihm drückt sich die Proportion der getauschten Gebrauchswerte aus. Die Waren tauschen sich nach der in ihnen enthaltenen durchschnittlichen gesellschaftlich notwendigen Arbeitszeit.

Tauschwert erklärt sich auch als die Erscheinungsform des ›Wertes‹. Aber der Wert des Produktes erscheint dann bereits als etwas an sich Seiendes; der in ihm enthaltene Mehrwert wird verdeckt, es ist nicht mehr erkennbar, daß der Wert durch die Tauschrelation ja erst geworden ist; – anders: er kann damit als die fetischisierte Gestalt des Tauschwertes bezeichnet werden, wobei der Tauschwert als das Konstitutive bereits unsichtbar geworden ist. Der Wert verdeckt also das gesellschaftliche Verhältnis, das in der Ware steckt, er tritt dem Bewußtsein als Absolutes gegenüber, während das Bewußtsein ihn als produzierten erkennen muß.

Marx nennt ihn auch ein: »unter dinglicher Hülle verdecktes Verhältnis von Personen.«[64]

Der Tauschwert ist also das Primäre, der Wert abgeleitet, objektiviert. Keinesfalls darf man bei Marx einen Wert unabhängig vom Austausch annehmen, der als solcher produziert sei. Der Wert konstituiert sich immer im Tauschakt, nicht in der Produktion.

---

64 »Wenn es [...] richtig ist zu sagen, daß der Tauschwert ein Verhältnis zwischen Personen ist, so muß aber hinzugesetzt werden: unter dinglicher Hülle verstecktes Verhältnis.« (MEW, Bd. 13, S. 21)

III *Die Entstehung von Mehrwert:*

Im Gegensatz zur geschlossenen Hauswirtschaft, die ausschließlich für den Eigenbedarf produziert, versteht man unter Warenproduktion die arbeitsteilige Produktion für den Markt.

Je nach Entwicklung der Produktivkräfte, d. h. zugleich je nach der Art, wie sich Arbeiter und Produktionsmittel verbinden, unterscheidet Marx in:
    a.) einfache Warenproduktion (handwerksmäßig)
    b.) kapitalistische Warenproduktion (mechanische Arbeitsmittel und Trennung der unmittelbaren Produzenten von den Produktionsmitteln)
    zu a.)

In der einfachen Warenproduktion ist der Eigentümer der Produktionsmittel prinzipiell noch identisch mit dem Produzenten (Handwerksmeister). Die abhängige Stellung von Gesellen und Gehilfen ist nur eine zeitlich befristete, bis sie selbst Eigentümer werden. Der Austausch der Waren erfolgt nach dem Schema: G–W–G (Geld–Ware–Geld), wobei der Warenpreis nach der in den Produkten enthaltenen durchschnittlichen Arbeitszeit bezahlt wird. Tauschgewinne und Tauschverluste kompensieren sich durch die Konkurrenz, der Marktpreis tendiert stets zum Wert.

    zu b.)

Kapitalistische Warenproduktion ist gekennzeichnet durch die Trennung von Produktionsmittel und Produzent, von Kapital und Arbeit; die Arbeitskraft selbst wird zur Ware, ihr Preis ist der Arbeitslohn. Der Wert der Arbeitskraft bestimmt sich nach ihren Reproduktionskosten, d. h. der gesellschaftlich notwendigen Arbeitszeit, die für Herstellung der Subsistenzmittel auf der Basis des Existenzminimums erforderlich ist. Dabei bedeutet ›Existenzminimum‹ kein Fixum, sondern variiert mit dem jeweiligen Lebensstandard der jeweiligen Epoche. Dadurch wird eine Deutung der ›Verelendung‹ auch heute erschwert.

Der Arbeiter produziert nun täglich über den Wert seiner Arbeitskraft hinaus; dennoch erhält er nur den Lohn in Höhe seiner Reproduktionskosten alimentiert. Die Differenz zwischen effektiv geleisteter Arbeit und der für die Reproduktion des Arbeiters notwendigen Arbeit fließt dem Unternehmer als der ›*Mehrwert*‹ zu. Mehrwert ist demnach unbezahlte Mehrarbeit, er entsteht in der Produktionssphäre, seine einzige Quelle ist die Arbeitskraft.

Die Unternehmer streben danach, diese unbezahlte Mehrarbeit nach Möglichkeit zu maximieren, d. h., die organische Zusammensetzung des Kapitals in:
    c – (konstantes Kapital wie z. B. Gebäude, Maschinen)
    und

v – (variables Kapital, Lohnfonds)[65]
soll sich zu ihren Gunsten verändern, um die ›Profitrate‹ (das Verhältnis des Mehrwerts zum insgesamt aufgewendeten Kapital) zu steigern.

Das kann geschehen:
durch Verkürzung der notwendigen Arbeitszeit
bzw.
durch gesteigerte Produktivität der Arbeit (relativer Mehrwert). Die Jagd nach steigendem Profit zwingt den Unternehmer bei Strafe seines Untergangs, zu expandieren und rationalisieren.[66] Bei gleichbleibender Mehrwertrate und steigendem absoluten Profiten sinkt jedoch tendenziell die Profitrate, denn mit der Rationalisierung wächst das konstante Kapital, während das variable, die Arbeitskraft, anteilsmäßig abnimmt.[67] Damit zeigt die Mehrwerttheorie ihren dynamischen Charakter: Sie ist mehr als bloße Verteilungslehre, die sich [darin] erschöpft, eine durch Konkurrenz verursachte Angleichung der Profite zur durchschnittlichen gesellschaftlichen Profitrate im vollentwickelten Kapitalismus festzustellen und damit eine starke Divergenz zwischen Marktpreis und Wert. Die Mehrwerttheorie deckt auf, daß die objektiven Zwänge des Marktes bzw. der Konkurrenz dem Kapitalisten keine andere Wahl lassen als Investition und progressive Akkumulation von Kapital.

Zugleich aber treibt diese Wirtschaftsexpansion durch das Gesetz der sinkenden Profitrate zur Krise. Das konstante Kapital (Maschinen) verdrängt die menschliche Arbeitskraft, – nach Marx entsteht so die Freisetzung von Arbeitskräften, die ›industrielle Reservearmee‹ (Verelendung), die dann in einem revolutionären Akt den Zusammenbruch des Kapitalismus vollenden soll.[68]

---

65 Vgl. etwa den Abschnitt »Konstantes Kapital und variables Kapital«, MEW, Bd. 23, S. 214–225.
66 »Die Bedingungen der unmittelbaren Exploitation und die ihrer Realisation sind nicht identisch. Sie fallen nicht nur nach Zeit und Ort, sondern auch begrifflich auseinander. Die einen sind nur beschränkt durch die Produktivkraft der Gesellschaft, die andren durch die Proportionalität der verschiednen Produktionszweige und durch die Konsumtionskraft der Gesellschaft. Diese letztre ist aber bestimmt weder durch die absolute Produktionskraft noch durch die absolute Konsumtionskraft; sondern durch die Konsumtionskraft auf Basis antagonistischer Distributionsverhältnisse, welche die Konsumtion der großen Masse der Gesellschaft auf ein nur innerhalb mehr oder minder enger Grenzen veränderliches Minimum reduziert. Sie ist ferner beschränkt durch den Akkumulationstrieb, den Trieb nach Vergrößerung des Kapitals und nach Produktion von Mehrwert auf erweiterter Stufenleiter. Dies ist Gesetz für die kapitalistische Produktion, gegeben durch die beständigen Revolutionen in den Produktionsmethoden selbst, die damit beständig verknüpfte Entwertung von vorhandnem Kapital, den allgemeinen Konkurrenzkampf und die Notwendigkeit, die Produktion zu verbessern und ihre Stufenleiter auszudehnen, bloß als Erhaltungsmittel und bei Strafe des Untergangs.« (MEW, Bd. 25, S. 254f.)
67 Vgl. den Abschnitt »Gesetz des tendenziellen Falls der Profitrate«, ebd., S. 221–241.
68 S. oben, Anm. 31.

IV *Die These vom Zusammenbruch des Kapitalismus:*

Sinkende Profitrate und damit Zusammenbruch des Kapitalismus werden *allein* durch die Mehrwerttheorie erklärt, sie ergeben sich folgerichtig aus den Prämissen des Marx'schen Systems. – Die bürgerliche Nationalökonomie dagegen kann den Profit nicht erklären, sondern nur im Konkurrenzmodell, welches Kosten und Preise berücksichtigt, die Angleichung der Profite feststellen. Sie ist bloße Produktions- und Verteilungstheorie mit dem Ideal, alle Größen in meßbare Einheiten umzusetzen. Orientiert an der klassischen Physik, verzichtet sie auf das Wertgesetz.

Diesem klassisch-naturwissenschaftlichen Ideal kann die Mehrwertlehre nicht genügen, denn sie hat es nicht auf die Quantifizierung wirtschaftlicher Größen angelegt. (Das Verhältnis von Mehrarbeit zur notwendigen Arbeit läßt sich zahlenmäßig z. B. nicht ausdrücken.)

Dafür aber vermag die Mehrwertlehre allein, Strukturen und Tendenzen des Kapitalismus durchsichtig zu machen. – Die Tatsache, daß der von Marx antizipierte Zusammenbruch des Kapitalismus dennoch nicht eingetroffen ist, bietet die meisten Angriffspunkte für eine Kritik. Nur drei Probleme seien hier angedeutet:

a.) Aus der steigenden organischen Zusammensetzung des Kapitals folgert Marx die wachsende Freisetzung von Arbeitskraft, die zur Verelendung des Proletariats führt. Es fehlt aber die Begründung, weshalb die Arbeiterbevölkerung notwendig schneller wachsen solle als der Lohnfonds. – Hier finden sich Anklänge an Malthus.[69]

b.) Zudem beweist die Wirtschaftsgeschichte, daß bei niedrigen Löhnen tendenziell arbeitsintensiv produziert wird, – damit aber wäre die Verelendungstheorie in Frage gestellt.

c.) Krelle schließlich hat nachgewiesen, daß bei technischem Fortschritt die organische Zusammensetzung des Kapitals nicht notwendig steigen muß.[70] Durch

---

[69] Vgl. Thomas Robert Malthus, Eine Abhandlung über das Bevölkerungsgesetz oder eine Untersuchung seiner Bedeutung für die menschliche Wohlfahrt in Vergangenheit und Zukunft, nebst einer Prüfung unserer Aussichten auf eine künftige Beseitigung oder Linderung der Übel, die es verursacht [1798], übers. von Valentine Dorn, eingel. von Heinrich Waentig, 2 Bde., 2. Aufl., Jena 1924/1925 (Sammlung sozialwissenschaftlicher Meister; 6).

[70] »Marx behauptet zwar mit großer Bestimmtheit, aber ohne den Schatten eines Beweises, daß die Arbeiterbevölkerung schneller wächst als das variable Kapital, das zu seiner Beschäftigung zur Verfügung steht. Könnte aber die Arbeiterbevölkerung nicht ebensogut mit einer geringeren Rate zunehmen? Dann fallen alle Folgerungen dahin. Wenn man die organische Zusammensetzung des Kapitals mit ›Kapitalintensität der Produktion‹ identifizieren darf, kommt noch ein zweiter Kritikpunkt hinzu. Die Kapitalintensität ist nämlich selbst ein ökonomisches Problem: bei niedrigen Löhnen ist die arbeitsintensive Produktion rentabler, bei hohen die kapitalintensive. [...]

die Kapitalintensität der Produktion steigen die Arbeitsintensität und damit auch die Löhne. Gleichbleibende Profitraten erklären sich auf diese Weise auch ohne Imperialismustheorie.

Andere Entwicklungskräfte unserer Gesellschaft und Wirtschaft: Konzentration des Kapitals, Entfremdung und eine nachweisliche Grundtendenz zur relativen Verelendung, scheinen Marx wieder zu bestätigen. – Eine ernstgemeinte Analyse der kapitalistischen Produktion kann wohl auf die Werttheorie nicht verzichten.

Bei sinkenden Löhnen besteht daher gar keine Veranlassung zur ständigen Erhöhung der Kapitalintensität der Produktion. Im Gegenteil wird dann arbeitsintensiver produziert, wodurch die Arbeitsnachfrage wieder steigt. Es gibt also bei beweglichen Löhnen eine, wenn auch nur längerfristig wirkende, Tendenz zur Einregulierung der Arbeitsintensität der Produktion derart, daß Vollbeschäftigung besteht. Damit fällt auch die Ursache für eine ›industrielle Reservearmee‹ und die ganze Verelendungstheorie dahin.« (Wilhelm Krelle, Verteilungstheorie, Wiesbaden 1962, S. 26)

417 Manfred Bretz,
18. Januar 1966

|Soziologisches Hauptseminar Wintersemester 1965/66
Zum Begriff der Gesellschaft

Protokoll der Sitzung vom 18. 1. 1966

Manfred Bretz
6 Frankfurt/Main
Wiesenau 32 I|

In der Seminarsitzung vom 18. 1. sollte auf der Grundlage des Referats über die Mehrwertlehre bei Marx die Frage diskutiert werden, welche Bedeutung dieser Theorie für eine kritische Analyse der Gesellschaft zukommt.

Eine Behandlung des Problems ist deshalb wichtig, weil innerhalb des gesamten Aufbaus der Marxschen Theorie der kapitalistischen Gesellschaft die Ableitung des Mehrwerts eine Schlüsselstellung einnimmt. Von ihm hängt ab das Gesetz der sinkenden Profitrate bei steigender organischer Zusammensetzung des Kapitals, und von dieser Prognose wiederum die Voraussagen von Verelendung, Krisen und dem schließlichen Zusammenbruch des Kapitalismus als struktureller Notwendigkeit. Das Prinzip, daß die Akkumulation des Kapitals, die den Fortbestand der bürgerlichen Gesellschaft überhaupt erst sichert, eben diese bürgerliche Gesellschaft zerstören muß, gilt damit nur, insofern die Mehrwerttheorie richtig ist; denn wenn die Antagonismen, die nach Marx zum Auseinanderbrechen des Kapitalismus führen, nicht auf Gründe zurückgingen, die in der Struktur des kapitalistischen Produktionsprozesses liegen, könnten diese Widersprüche auch innerhalb des Kapitalismus behoben werden.

Für die Konzeption der Mehrwertlehre ist auch nicht entscheidend, ob eine Differenz zwischen Tauschwert und Wert besteht dahingehend, daß der Wert das Umfassende, der Tauschwert das bestimmte Einzelne ist. Wichtig für die Theorie des Kapitalismus ist der Gegensatz zum Gebrauchswert, dabei gehören Wert und Tauschwert auf dieselbe Seite. (Entgegen einer sich an Marx anlehnenden Formulierung des Referats hat somit auch der Gebrauchswert seinen Platz im System der politischen Ökonomie, soweit er nämlich als Träger von Tauschwert fungiert,[71] – im Kapitalismus dann tendenziell seine einzige Funktion.)[*1]

---

[71] »Was den Warenbesitzer namentlich von der Ware unterscheidet, ist der Umstand, daß ihr jeder andre Warenkörper nur als Erscheinungsform ihres eignen Werts gilt. Geborner Leveller und

Es stellt sich aus verschiedenen Gründen die Frage, ob heute noch mit Hilfe der Marxschen Kategorie des Mehrwerts die entscheidenden gesellschaftlichen Gesetzmäßigkeiten gefaßt werden können oder ob die historische Entwicklung diesen Begriff tangiert. Es handelt sich hier um ein Problem, das bereits dem methodischen Ansatz von Marx implizit ist: Die Mehrwerttheorie wurde in der Analyse des Produktionsprozesses des Kapitals entwickelt, letztere aber wurde nach Marx rückwirkend durch die Analyse der Gesamtgesellschaft affiziert. Inwieweit gilt das auch für die Mehrwerttheorie? Geht die Wirksamkeit gesellschaftlicher Prozesse weiter als Marx vermutet?

1. Angesichts der ins Unübersehbare gestiegenen organischen Zusammensetzung des Kapitals stellt sich die Frage, ob unter den historischen Bedingungen der Automation der Begriff der produktiven Arbeit als Quelle des Mehrwerts zu halten ist. Es wäre sehr mechanisch gedacht, nähme man an, der Mehrwert habe seinen Ursprung in der Verwertung der Arbeitskraft des einzelnen Arbeiters, der z. B. eine automatische Fabrik allein überwacht. Dialektisches Denken hätte zu untersuchen, ob eine solche quantitative Verschiebung nicht in neue Qualität umschlägt.

2. Das Problem ergibt sich noch von einem anderen Aspekt her: Marx begrenzt die Produktionssphäre sehr eng, nämlich auf die Herstellung materieller Güter. Diese Begrenzung erscheint jedoch fraglich, wenn man die zahlenmäßige Bedeutsamkeit etwa des Reparatursektors berücksichtigt (und den dort relativ höheren Anteil an lebendiger Arbeit). Eine Änderung des Begriffs der produktiven Arbeit wäre jedoch mit Konsequenzen verbunden für die Konstituierung des Marxschen Systems, dessen Materialismus in diesem Begriff begründet ist, d. h. in der Vorrangigkeit des Bereichs der materiellen Güterproduktion.

3. Das weist hin auf eine generelle Schwierigkeit: Bei Marx zeigt sich bei der Verwendung des Begriffs der produktiven Arbeit eine Spannung zwischen dem materialistischen und dem dialektischen Motiv: Der Begriff wird auf der einen Seite als ein der bürgerlichen Gesellschaft immanenter bezeichnet, aber diese kritische Fassung ist nicht das Ganze, denn die Kategorie der produktiven Arbeit wird in die Ökonomie weitgehend als eine positive übernommen. Das Verhältnis beider Momente wäre zu klären.

Zyniker, steht sie daher stets auf dem Sprung, mit jeder andren Ware, sei selbe auch ausgestattet mit mehr Unannehmlichkeiten als Maritorne, nicht nur die Seele, sondern den Leib zu wechseln. Diesen der Ware mangelnden Sinn für das Konkrete des Warenkörpers ergänzt der Warenbesitzer durch seine eignen fünf und mehr Sinne. Seine Ware hat für ihn keinen unmittelbaren Gebrauchswert. Sonst führte er sie nicht zu Markt. Sie hat Gebrauchswert für andre. Für ihn hat sie unmittelbar nur den Gebrauchswert, Träger von Tauschwert und so Tauschmittel zu sein. Darum will er sie veräußern für Ware, deren Gebrauchswert ihm Genüge tut.« (MEW, Bd. 23, S. 100)

4. Nach Marx stammt der Mehrwert allein aus der (wie oben erwähnt, vielleicht zu eng gefaßten) Produktionssphäre, als die Differenz zwischen dem Gebrauchswert und dem Tauschwert der Ware Arbeitskraft. Diese Tatsache findet sich jedoch auch in der Distributionssphäre, denn dort wird ebenfalls die Arbeitskraft für eine längere Zeit in Anspruch genommen als zu ihrer Reproduktion notwendig wäre. Welche Konsequenzen ergeben sich aber für die Mehrwerttheorie, wenn Ausbeutung nicht nur von der Produktionssphäre behauptet werden kann?
5. Die gesellschaftliche Entwicklung tendiert zum Monopolkapitalismus (heute in der Form einiger weniger den Markt beherrschenden Oligopole). Hier ist also das liberale Modell der Preisbildung unterbrochen. Es wäre zu untersuchen, wie Mehrwert dort erzeugt wird, wo das für ihn konstitutive Prinzip des Äquivalententauschs suspendiert ist.
6. Die Konsequenzen müssen geprüft werden, die die Änderung und Ausweitung der Funktionen des Staates (v. a. also der Interventionismus auf dem Gebiet der Wirtschaft) für die Mehrwerttheorie hat.

zu Frage 6:

Fragt man nach der Quelle des Tauschwerts des im staatlichen Bereich akkumulierten Kapitals,[*2] so zeigt sich, daß hier kein Tatbestand vorliegt, der die Aussagen von Marx über den Ursprung des Mehrwerts trifft. Es handelt sich lediglich um eine Frage der Distribution von bereits angeeignetem Mehrwert, angeeignet im Produktionsapparat, vornehmlich auf der Seite des fixen Kapitals auf der Basis der erweiterten Reproduktion. In jedem gesellschaftlichen System muß ein Teil der Mehrarbeit einbehalten werden für die ›allgemeinen‹ Bedürfnisse. Dieser Bereich hat nach Marx im Kapitalismus nur komplementäre Funktion zum privatwirtschaftlichen Sektor.[72] Auch wenn in einer bestimmten historischen Phase sich für den Staat die Notwendigkeit ergibt, immer öfter interventionistisch in die Wirtschaft einzugreifen, um die Erzeugung von Mehrwert überhaupt zu sichern, kollidiert das nicht mit der Mehrwerttheorie: Das Problem bleibt eines der Verwertung von Mehrwert.

Die staatliche Aneignung von Mehrwert hat zwei Aspekte: (1) In einem Stadium seiner geschichtlichen Dynamik wird der Kapitalismus zu Zugeständnissen gezwungen gegenüber denjenigen, die von dem Besitz an Produktionsmitteln ausgeschlossen sind (ohne daß dies an der Verfügungsgewalt etwas ändert). Dieses theoretische Modell ist vielleicht eine der Erklärungen für den gegenwärtigen Zustand: Ein Teil des Mehrwerts fließt an die Arbeiter zurück im Interesse

---

[72] Vgl. etwa den Abschnitt »Distributionsverhältnisse und Produktionsverhältnisse«, MEW, Bd. 25, S. 884–891.

der Erhaltung des Gesamtsystems, und diese Redistribution ist ein Grund, warum sich trotz bestehender Antagonismen die kapitalistische Gesellschaft am Leben erhält.

Dabei haben empirische Untersuchungen in den USA und in der Bundesrepublik ergeben, daß dieser Vorgang in der Regel nicht einmal so geschieht, daß Teile des bereits appropriierten Mehrwerts der Verfügung der Eigentümer entzogen werden, sondern daß sich die sozial-politische Aktivität des Staates vornehmlich als Einkommensumverteilung erklären läßt (z. B. durch indirekte Steuern).

(2) Allerdings ist diese Ausgleichsfunktion nicht die einzige. Darüber hinaus ist wichtig, daß Werte der privaten Verfügungsgewalt entzogen werden als Regulativ für eventuelle Krisensituationen.

Aus dem bisher Gesagten ergibt sich die Notwendigkeit einer Verschiebung der Problemstellung von der Frage, ob durch die ökonomische Rolle des Staates der Mehrwert tangiert ist, zu der, ob die Theorie des Mehrwerts für die weitere Entwicklung der Gesellschaft noch zentral ist, d. h., ob nicht das, was von Marx als zerstörerische Funktion der Aneignung von Mehrwert bezeichnet wurde, durch Planung und Redistribution ›produktiv‹ aufgehalten werden kann.

Wenn man allerdings vom kritischen Aspekt des Begriffs der produktiven Arbeit bei Marx ausgeht, der verbunden ist mit der Erhaltung des materiellen Lebens der Menschen, muß man fragen, inwieweit Planung und Redistribution heute diesem Begriff von produktiv entsprechen können (Rüstung!), ohne gerade dadurch die kapitalistische Form der Produktion zu gefährden. Mit der Veränderung des Verhältnisses von Privatsphäre und Öffentlichkeit hat die traditionelle Art des Klassenkampfes an Bedeutung verloren, das Proletariat ist nicht mehr die treibende Kraft der gesellschaftlichen Entwicklung, die Krisenerscheinungen sind anderer Qualität als die bei Marx aufgezeigten. Aber die gegenwärtige Rolle des Staates führt nicht zur Aufhebung der grundlegenden Widersprüche, es handelt sich um ein ›Kurieren an Symptomen‹.

Das leitet zurück auf die Frage nach der ›Quelle des Unheils‹. Die Mehrwerttheorie als einzige löst das Problem der Akkumulation und der Selbstzerstörung des Kapitalismus strukturimmanent und nicht als Frage der Verteilung innerhalb eines bereits konstituierten Systems.

zu Frage 5:

Allerdings haben weder Marx noch Engels etwas über das Verhältnis von Monopolkapitalismus und Mehrwerttheorie ausgesagt, obwohl es bei ihnen Perspektiven auf Monopol- bzw. Staatskapitalismus gibt. Einerseits ist dort das Gesetz des Äquivalententauschs suspendiert, die Mechanismen der Preisbildung entsprechen nicht mehr der ›klassischen‹ Ableitung des Mehrwerts, andererseits dauert der Grundwiderspruch des Kapitalismus fort, der Arbeiter erhält nicht den vollen Ertrag seiner Arbeit; das Wertgesetz ist also aufgehoben und gilt weiter, Monopolkapitalismus und liberaler Kapitalismus sind identisch und nicht-identisch.

Der heutige oligopolistische Kapitalismus unterscheidet sich vom frühkapitalistischen Modell dadurch, daß für die Monopole Mehrwert aus anderen Bereichen abgeschöpft wird, mit dem Effekt, daß die Akkumulation des Kapitals sich beschleunigt. Für die soziologische Analyse ist also wichtig zu wissen, wo der Mehrwert herkommt und wohin er fließt sowie welchen Einfluß die Formen der Verteilung auf die Bewegungsgesetze der Gesellschaft haben. Allerdings muß man fragen, ob wirklich ›die Art der Verteilung relevanter ist als das zu Verteilende‹. Ist der Kapitalismus allein gekennzeichnet durch die Realisierung von Mehrwert mittels des Tauschprinzips, und entstehen die entscheidenden Differenzen in der Sphäre der Distribution? Gesellschaft wäre nach Marx in Ordnung, wenn der durch diese Gesellschaft produzierte Mehrwert nicht mehr privat angeeignet würde. Daraus aber zu schließen, das Spezifische des Kapitalismus sei die Form der Appropriation des Mehrwerts, nicht die Tatsache seiner Produktion, unterschätzt, wie auf dieses Argument entgegnet wurde, das liberale Moment bei Marx: In einer richtig eingerichteten Gesellschaft gibt es seiner Theorie nach keinerlei Aneignung von Mehrwert; die Menschen erhalten den vollen Ertrag ihrer Arbeit. Die Kritik am Schein der Gleichheit im ›liberalen‹ Kapitalismus ist das Ideal wirklicher Gleichheit, und es findet sich bei Marx auch kein Hinweis auf die Institutionalisierung einer übergeordneten, verwaltenden und verteilenden Instanz.

Es wurde noch darauf verwiesen, daß sich im Monopolkapitalismus letztlich doch die Tendenzen durchsetzen, die das Wertgesetz beinhaltet, denn was durch die beschleunigte Akkumulation entsteht, ist eine Annäherung an die von Marx abgeleitete steigende organische Zusammensetzung des Kapitals: die Automation.

zu Frage 1:
 Damit war die Frage berührt nach dem Ursprung des Mehrwerts in einer voll automatisierten Wirtschaft. Marx geht von der Annahme aus, daß unter den Verhältnissen der einfachen Tauschwirtschaft die Menschen den ganzen Tag arbeiten müssen, um ihr Leben zu reproduzieren. Mehrwert kann erst dort entstehen, wo die Arbeit erleichtert wird. In der bürgerlichen Ökonomie werden die dies bewirkenden Faktoren dem Kapital zugerechnet, Mehrwert erscheint in der Form des Kapitalzinses. Auf dieser Basis ergibt sich kein qualitativer Sprung zur automatisierten Wirtschaft. Der Begriff des subjektiven Bedürfnisses, auf den solche Ökonomie sich stützt, läßt sich jedoch nur sehr schwer halten angesichts der

tatsächlichen Übermacht der Institutionen. Dagegen liegt der Vorzug der objektiven Werttheorie darin, daß sie dem gesellschaftlichen Verhältnis von Macht und Ohnmacht adäquater ist. Von diesem Aspekt her erscheint der Versuch einer Umrechnung auf subjektive Faktoren als ideologisch, weil er ein Ablenken von der Objektivität beinhaltet, d.h., die Antagonismen durch die Eleganz der Begriffe wegerklärt. (Ein Problem, das auch in der Soziologie zentral ist: Gibt es eine objektive Analyse gesellschaftlicher Zusammenhänge, oder müssen, weil nur subjektive Verhaltensweisen beobachtbar sind, diese zum Realgrund gemacht werden?)

Wenn man sich nun die Logik des Marxschen Wertgesetzes anschaut, ergibt sich die Vermutung, daß Marx gewissermaßen die Frage präjudiziert, wo der Mehrwert herkommt, da er von dem frühkapitalistischen Modell kleiner Warenbesitzer ausgeht, und somit von einer in etwa gleichmäßig steigenden organischen Zusammensetzung des Kapitals. Von einem bestimmten Zustand an[73] aber verselbständigt sich der technische Fortschritt. Marx hat seine Auffassung vom Stellenwert der technischen Produktivkräfte en bloc aus der französischen Theorie (Saint-Simon) übernommen, eine theoretische Integration ist nicht erfolgt.[74] Er geht aus von einem sozusagen idealtypischen Modell der Technik, das der von ihm gefundenen Gesetzmäßigkeit der steigenden organischen Zusammensetzung des Kapitals unterliegt. Letztere tangiert zwar die Mehrwertrate, nicht aber die Erzeugung des Mehrwerts selbst, die eine Sache der lebendigen Arbeit ist. Es bleibt die Frage zu klären, ob dieser Begriff zu halten ist, wenn die organische Zusammensetzung des Kapitals so sprunghaft steigt, wie es gegenwärtig der Fall ist.

Aus dem Hinweis darauf, daß ein Pendant zur Automation geschaffen werde in der zunehmenden Organisiertheit der Menschen, und der sich daraus ergebenden Frage, ob die für die Erzeugung von Mehrwert notwendige Trennung der Arbeiter von den Produktionsmitteln nicht durch ihre eigene Gesetzmäßigkeit die Aneignung von Mehrwert wieder problematisch werden läßt, ergab sich der Versuch, über eine Bestimmung der neuen Herrschaftsverhältnisse, die Entstehung des Mehrwertes näherungsweise zu lokalisieren. Folgendes wäre dabei zu berücksichtigen: Einerseits ist an die Stelle der unmittelbaren sozialen Herrschaft die Abhängigkeit vom System getreten (Begriff der Totalität bei Marx), andererseits scheint die Aneignung von Mehrwert heute eher über unmittelbare Herrschaftsverhältnisse zu geschehen als durch äquivalenten Tausch.

---

73 Konjiziert für: »ab«.
74 Diese These findet sich häufiger bei Adorno, vgl. etwa NaS, Bd. IV·15, S. 27f.

Zum Schluß der Seminarsitzung wurde noch ein weiterer Aspekt angeführt: Wenn man von der Weltwirtschaft ausgeht, gibt es Länder mit äußerst verschiedener organischer Zusammensetzung des Kapitals. Kommt vielleicht der Mehrwert innerhalb der Industrienationen dadurch zustande, daß er in weniger industrialisierten Ländern geschaffen und sozusagen in die Länder mit hoher organischer Zusammensetzung des Kapitals importiert wird (Rohstoffeinfuhren)?

[*1] Vgl. dazu die schriftlichen Ergänzungen zu seinem Referat durch Herrn Mohl[75]
[*2] Zu berücksichtigen ist, daß Aspekte, die den Geldwert betreffen, die Mehrwerttheorie in keinem Fall affizieren können.

---

75 Ernst Theodor Mohl, »Nachträge«, UAF Abt. 139 Nr. 15; das Referat zitiert u. a. ausgiebig aus folgenden zwei Absätzen des ersten Bands des »Kapitals«: »Betrachten wir nun das Residuum der Arbeitsprodukte. Es ist nichts von ihnen übriggeblieben als dieselbe gespenstige Gegenständlichkeit, eine bloße Gallerte unterschiedsloser menschlicher Arbeit, d. h. der Verausgabung menschlicher Arbeitskraft ohne Rücksicht auf die Form ihrer Verausgabung. Diese Dinge stellen nur noch dar, daß in ihrer Produktion menschliche Arbeitskraft verausgabt, menschliche Arbeit aufgehäuft ist. Als Kristalle dieser ihnen gemeinschaftlichen gesellschaftlichen Substanz sind sie Werte – Warenwerte. [Absatz] Im Austauschverhältnis der Waren selbst erschien uns ihr Tauschwert als etwas von ihren Gebrauchswerten durchaus Unabhängiges. Abstrahiert man nun wirklich vom Gebrauchswert der Arbeitsprodukte, so erhält man ihren Wert, wie er eben bestimmt ward. Das Gemeinsame, was sich im Austauschverhältnis oder Tauschwert der Ware darstellt, ist also ihr Wert. Der Fortgang der Untersuchung wird uns zurückführen zum Tauschwert als der notwendigen Ausdrucksweise oder Erscheinungsform des Werts, welcher zunächst jedoch unabhängig von dieser Form zu betrachten ist.« (MEW, Bd. 23, S. 52f.)

418 Leonie Hegger, 25. Januar 1966

Prof. Adorno
Soziologisches Hauptseminar
Zum Begriff der Gesellschaft
Protokoll vom 25.[76] 1. 1966

Leonie Hegger
stud. phil.

Zu Beginn der Sitzung trug Herr Griese eine Intervention Oskar[77] Langes zur Arbeitswertlehre vor.[78]

(Oskar[79] Lange: Marxian Economics and Modern Economic Theory, in: The Review of Economic Studies, vol. 11, 1934–35, S. 189 ff.)[80]

Lange verwirft bei einer Gegenüberstellung der Marxschen Theorie und der ökonomischen Gleichgewichtstheorie die Arbeitswertlehre von Marx. Er bezeichnet die Arbeitswertlehre als ein Element einer statischen Gleichgewichtstheorie, die nur in einer einfachen Konkurrenzwirtschaft gelte und auf dem Marktmechanismus basiere. Wenn man annimmt, daß der Preis der Ware Arbeitskraft sich auf dem Markt nach den Gesetzen der Konkurrenz bestimmt und nicht auf ihren Wert bezogen wird, so sei die Arbeitswertlehre ein unzulängliches theoretisches Instrument zur Erklärung der kapitalistischen Entwicklung.[81]

---

76 Korrigiert für: »24.«.
77 Korrigiert für: »Oscar«.
78 Friedrich Griese, »Beitrag zum Seminar von Prof. Adorno vom 25. 1. 1966«, UAF Abt. 139 Nr. 15.
79 Korrigiert für: »Oscar«.
80 Vgl. O[skar] Lange, Marxian Economics and Modern Economic Theory, in: The Review of Economic Studies, 11. Jg., 1934/1935, S. 189–201.
81 »The profit of the capitalist entrepreneur, from which also interest on capital is derived, is explained by Marx to be due to the difference between the value of the worker's labour power and the value of the product created by the worker. Now, according to the labour theory of value, the value of labour power is determined by its cost of reproduction. As in any civilised society a worker is able to produce more than he needs for his subsistence he creates a surplus which is the basis of his employer's profit. However, the crucial point in the Marxian theory is the application of the labour theory of value to the determination of wages. If the market price of cotton cloth exceeds its ›natural price‹ capital and labour flow into the cotton cloth industry until, through increase of the supply of cotton cloth, its market price conforms to the ›natural price‹. But this equilibrating mechanism, which is the foundation of labour theory of value, cannot be applied to the labour market. If wages rise above the ›natural price‹ of labour power so as to threaten to annihilate the employers' profits, there is no possibility of transferring capital and labour from other industries to the production of a larger supply of labour power. In this respect labour power differs fundamentally from other commodities. Therefore, in order to show that wages cannot

Von einer parallelen Bewegung der Marktpreise und des Wertes kann heute keine Rede mehr sein. Die Produktivität hat sich durch den technischen Fortschritt erhöht, damit ist der Wert, ausgedrückt in Arbeitszeit, der durchschnittlichen Einzelware gesunken, doch ist das Preisniveau gestiegen. Man kann also Preis nicht anhand der Entwicklung des Arbeitswerts bestimmen.

Das Plus der Marxschen Wertlehre sieht Lange in der Erklärung der antagonistischen Klassenverhältnisse.[82]

Herr Schäfer[83] fügte an, daß der Kern des Arguments bei Lange doch sei, daß die Arbeitskraft nicht zu den Gestehungskosten gehalten werden kann, wie es bei Marx heißt.[84] Aber es habe sich doch heute eine Konkurrenzsituation um den Faktor Arbeitskraft gebildet, der sich auf die Höhe der Löhne auswirke. Außerdem würde der Trend der Löhne nach oben durch eine inflationistische Bewegung in seiner Wirkung aufgehoben. Das sei besonders an einer Betrachtung der Reallöhne gegenüber den Nominallöhnen zu sehen.

Prof. Adorno stellte drei Thesen zu der Theorie Langes auf:

1) Es ist eine völlige Verkennung der Mehrwertlehre, wenn Lange sie auf den Konkurrenzmechanismus bezieht. Der Mehrwert bildet sich in der Produktion, bevor die Ware überhaupt auf den Markt kommt, der Konkurrenzmechanismus findet in der Zirkulationssphäre, nach der Aneignung des Mehrwerts statt.

2) Marx hat niemals den Anspruch erhoben, daß Wert und Preis identisch seien. Gerade die Differenz von Wert und Preis wird im 3. Band des »Kapitals« abgeleitet.[85] An dem von Marx Geleisteten geht die Kritik vorbei.

---

exceed a certain maximum and thus annihilate profits a principle different from the ordinary mechanism making market prices tend towards ›natural prices‹ must be introduced.« (Ebd., S. 198 f.)

82 Bei Lange heißt es: »Our results may be summarised as follows: *[Absatz]* (1) The superiority of Marxian economics in analysing Capitalism is not due to the economic concepts used by Marx (the labour theory of value), but to the exact specification of the institutional datum distinguishing Capitalism from the concept of an exchange economy in general. *[Absatz]* (2) The specification of this institutional datum allows the establishment of a theory of economic evolution from which a ›necessary‹ trend of certain data in the capitalist system can be deduced. *[Absatz]* (3) Jointly with the theory of historical materialism this theory of economic evolution accounts for the actual changes occurring in the capitalist system and forms a basis for anticipating the future.« (Ebd., S. 201)

83 Nicht ermittelt.

84 Von »Gestehungskosten« spricht Marx bei der theoretischen Darlegung nicht, sondern benutzt das Wort nur – sehr selten – innerhalb von Zitaten; vgl. etwa MEW, Bd. 26·2, S. 216.

85 Vgl. die Abschnitte »Die Verwandlung des Mehrwerts in Profit und der Rate des Mehrwerts in Profitrate«, MEW, Bd. 25, S. 33–150, und »Die Verwandlung des Profits in Durchschnittsprofit«, ebd., S. 151–220.

3) Es ist unmöglich, die Mehrwerttheorie von der Voraussetzung der subjektiven Ökonomie her zu kritisieren. Die subjektiven Kategorien sind dem Marxschen System inkommensurabel, man kann sie nicht von außen herantragen.

In einem Diskussionsbeitrag nahm Prof. Horkheimer Bezug auf den Marxschen Versuch der Erklärung der Ökonomie in materialistischer Weise. Der Tausch spielt dabei nur die Rolle der Vermittlung. Der Grundgedankengang sei folgender: Die Gesellschaft bringt eine bestimmte Menge von Gütern hervor. Es sind Konsumgüter und Instrumente zu ihrer Herstellung. Bei Marx kommt es aber immer auf die Konsumgüter an, sie sind wichtig zur Reproduktion des Lebens der Menschen. – Die Arbeiter leben im wesentlichen vom »gerechten Tausch« und bekommen dadurch so viel, wie sie zur Reproduktion ihres eigenen Lebens brauchen. Es erhebt sich die Frage, ob sie heute nicht mehr bekommen. Die nächstliegende Erklärung wäre folgende: In der rein ökonomischen Weise ist es beim alten geblieben. Durch gewisse Kompromisse der beiden Klassen wird den Arbeitern zwar noch etwas dazu geliefert. Der Grund dieser Erscheinung ist, daß:
1) die Kapitalistenklasse Interesse daran hat, die Arbeiter bei der Stange zu halten;
2) sie durch Verhandlungen mit den Gewerkschaften eine Art Bestechung der Arbeiterklasse erzielt.

Wenn man das Tauschprinzip rein ökonomisch anwendet, ist es aber doch beim alten geblieben. Es läßt sich daraus die Erhöhung des Lohnes nicht erklären. Vermag diese Lücke aber eine andere Theorie zu schließen? Nach Adolf Löwe[*1] versage die gesamte nationalökonomische Theorie vor diesem Problem.[86] Löwe versucht, die Frage nach dem Lohn durch außerökonomische Faktoren zu erklären. Eine Klasse hat Macht, Besitz, die andere hat nur ihre Arbeitskraft. Das, was der Arbeiter verkauft, bekommt er durch Entlohnung seiner Arbeitsstunden wieder. Was der Arbeiter rein ökonomisch braucht, ist also vorhanden, alles andere beruht auf Macht und ist außerökonomisch vorhanden. Es ist undenkbar, zu sagen, daß die Arbeiter, die Dienste leisteten, die nicht unmittelbar der Produktion von Waren für die Bedürfnisbefriedigung dienen, von den anderen unterschieden wären. Marx leitet die ökonomischen Beziehungen aus dem Gedankengang ab, daß alle Dienste letztlich davon abhängen, ob genügend Konsumgüter vorhanden sind. Die Gesellschaft kann nur verstanden werden als eine solche, die sich erhält und wieder erhält, daher die ausgezeichnete Stellung der Ökonomie. Die herrschende Klasse ist gezwungen, den Arbeitern so viel zu geben, wie sie nötig haben, um arbeiten zu können.

---

[86] Vgl. Adolph Lowe, Politische Ökonomik [1965], übers. von H. Wilhelm, Frankfurt a.M. und Wien.

Prof. Adorno fügte hinzu, daß die subjektive Ökonomie von dem Etablierten ausgehe und nur innerhalb des bestehenden Rahmens untersuche. Zwischen ihr und der objektiven Marxschen Lehre besteht also eine Verschiedenheit der Erkenntnisziele.

Prof. Horkheimer sagte, daß das, was die Marxsche Theorie leiste, das sei, worum sich die Ökonomie bemühe. Nach Keynes gibt es keine Krisen mehr, man kann sie durch Planung ausschalten,[87] die auch in einer subjektiven Wirtschaft nötig wird. Wieweit Krisen ausbrechen würden, wenn man die Rüstungsproduktion ausschalte, ist nicht ohne weiteres zu sagen. Es taucht die Frage auf, ob Arbeiter, die Waffen herstellen, überhaupt produktive Arbeit leisten. Oder ist diese Produktion nur ein Moment zur Verhinderung der Krise? Die subjektive Theorie kümmert sich nicht um diese Frage. Es geht hier auch um den Begriff der Gesellschaft. Gerade hier hat Marx Entscheidendes geleistet, indem er die ökonomischen Kategorien aus der Grundtatsache ableitete, daß sich die Gesellschaft reproduzieren muß und daß die Menschen dabei bestimmte Produktionsverhältnisse eingehen, d. h. in der kapitalistischen Wirtschaft, daß sie sich scheiden in Besitzer und Nichtbesitzer von Produktionsmitteln.

Prof. Adorno wies in diesem Zusammenhang nochmals auf die Verschiedenheit der Erkenntnisziele bei Marx und den subjektiven Theoretikern hin. Ein Teil des Mehrwerts wird an die Arbeiter zurückgegeben, um Krisen zu verhindern. Das geschieht im Rahmen und zur Erhaltung des bestehenden Systems.

Ein Kommilitone stellte folgende Frage zur Diskussion: Wenn die Kompromisse der beiden Klassen durch außerökonomische Faktoren zu erklären seien, dann sei auch der Mehrwert nicht mehr *das* Moment des gesellschaftlichen Getriebes.

Prof. Horkheimer antwortete auf diesen Einwand. Wenn man die Mehrwerttheorie ganz allgemein faßt, so bedeutet das doch, daß die Gesellschaft sehr viel mehr an Gütern produziert, als sie zu ihrer Reproduktion braucht. Diese Mehrproduktion fällt unter den bestehenden Machtverhältnissen einer bestimmten Klasse zu. Das ist das Grundphänomen der kapitalistischen Wirtschaft. Natürlich ist der Klassenkampf, d. h. der Kampf um das Mehrprodukt, nicht allein ökonomisch zu erklären. Bestimmt spielen auch heute drohende außenpolitische Krisen mit hinein.

---

[87] Vgl. den Abschnitt »Bemerkungen über den Konjunkturzyklus«, in: John Maynard Keynes, Allgemeine Theorie der Beschäftigung, des Zinses und des Geldes [1936], übers. von Fritz Waeger, Berlin 1955, S. 265–281.

Marx selber spricht nur von der Gesellschaft und von den konkurrierenden Individuen innerhalb der Gesellschaft. Es ist schwierig, die Außenpolitik aus der Innenpolitik abzuleiten, da nicht alle Nationen kapitalistische Gesellschaften sind.

Prof. Adorno sagte, daß man auf der einen Seite an der Marxschen Theorie festhalten müsse. Es herrsche immer noch das Tauschprinzip, und zwar werde um des Profits und gerade nicht um der Bedürfnisse der Menschen willen produziert. Ansonsten haben sich sehr wohl außerökonomische Determinanten ergeben, und zwar zur Erhaltung der bürgerlichen Gesellschaft. Der Begriff der Dialektik sei bei Marx sehr ernst zu nehmen. Die Widersprüche in der Theorie müssen auf die Widersprüche der Sache selbst zurückgeführt werden, auf die Antagonismen der Gesellschaft, denn eine Tauschgesellschaft ist wesentlich durch Klassengegensätze bestimmt.

Es wurde eingewandt, daß man über den Wert nichts Empirisches aussagen könne, wenn man die Sphäre des Marktmechanismus gegenüber der Produktionssphäre abwerte.

Prof. Adorno erklärte, daß Marx von den objektiven Produktionsverhältnissen ausgegangen sei, um zu erklären, wie die Gesellschaft ihr Leben reproduziere. Um was für Differenzen es hier geht, wurde anhand der Diskussion zwischen Silbermann und Adorno über die Interpretation der Massenmedien erklärt.[88] Nach Silbermann komme man mit der Theorie nie an das Verhalten der Menschen heran. Empirisch feststellbare Reaktionen des Publikums müßten vielmehr erst statistisch erfaßt werden.[89] Adornos Theorie lautet dagegen, daß Massenmedien zunächst Mechanismen sozialer Kontrolle sind. Die Machtverhältnisse, die hinter den Massenmedien stehen, erst beeinflussen die subjektiven Reaktionen, diese sind aber schon etwas Determiniertes.

---

88 Vgl. Adornos *Thesen zur Kunstsoziologie* [1967], GS, Bd. 10·1, S. 367–374, und Theodor W. Adorno, *Thesen zur Kunstsoziologie. Einleitung zum Vortrag im Rundfunk*, in: Theodor W. Adorno, *Elf Nachträge zu den Gesammelten Schriften*, hrsg. von Rolf Tiedemann, in: Frankfurter Adorno Blätter, 1994, H. III, S. 139–141, sowie Alphons Silbermann, Anmerkungen zur Musiksoziologie. Eine Antwort auf Theodor W. Adornos »Thesen zur Kunstsoziologie«, in: Kölner Zeitschrift für Soziologie und Sozialpsychologie, 19. Jg., 1967, H. 3, S. 538–545.
89 Vgl. den Abschnitt »Vom Sinn und Unsinn der Musikstatistik«, in: Alphons Silbermann, Musik, Rundfunk und Hörer. Die soziologischen Aspekte der Musik am Rundfunk [1954], Köln und Opladen 1959 (Kunst und Kommunikation. Schriften zur Kunstsoziologie und Massenkommunikation; 1), S. 27–38.

Es wurde gefragt, ob Marx die Reproduktion der Arbeitskraft nicht in einem ungeachteten Moment betrachtet habe. Man kann doch wohl kaum sagen, daß der Arbeiter das, was er zum Leben benötigt, etwa nicht bekäme. Zur heutigen Reproduktion bedarf es sogar eines Mehr, was dem Arbeiter zugestanden werden muß, z. B. ein Erholungsaufenthalt. Prof. Adorno entgegnete, daß in der Tat die Vorstellung von dem Lohn als dem Existenzminimum heute keine Kategorie mehr sei. Unter Reproduktion der Arbeitskraft müsse man die Reproduktion gemäß dem jeweiligen kulturellen Standard verstehen. Durch die Entfaltung solcher Marxscher Kategorien könne ein Umschlag herbeigeführt werden, durch den das System einen anderen Akzent bekommt.

Zu der Intervention von Herrn Griese merkte Prof. Adorno noch an, daß der Tausch gar nicht mehr reine Zirkulation sei. Die Produktionssphäre selber sei schon Konkurrenz oder Zirkulation. Beim Tauschwert gibt es einen Punkt, wo dieser unmittelbar mit der Produktion zusammenhängt, das ist der Tausch der Ware Arbeitskraft. Nach Lange aber sei der Tausch immer Zirkulationsphänomen und selber nicht produktiv.

Dr. Schnädelbach fügte hinzu, daß an dem Wert festgehalten werden muß, zeige, daß der Begriff ein strategischer, ein gesellschaftlicher sei. Der Begriff würde bei Marx durch die Intention eingeführt, hinter die Fassade des empirisch Faßbaren stoßen zu können.

Prof. Adorno merkte an, daß wenn die Fakten selber Epiphänomene seien, die Theorie in ihr korrektives Recht eintrete: Im Begriff des Tausches ist das Äquivalenzprinzip mitgesetzt. Die Analyse der politischen Ökonomie zeigt aber, daß das Prinzip der Äquivalenz schon an seinem Ursprung verletzt ist, indem es eingehalten wird. Der Begriff der Tauschgesellschaft sei als ein immanent kritischer zu sehen. Der Tausch der Arbeitskraft sei schon kein Äquivalententausch mehr. In einer nicht ausbeutenden Gesellschaft könnte der Tausch als äquivalenter realisiert werden.

Herr Mohl wandte ein, ob Marx nicht einen Kapitalismus kritisiere, den es heute nicht mehr gäbe.

Prof. Adorno antwortete, daß angesichts der Inflation als Dauerinstitution das Steigen der Löhne zumindest problematisch sei. Keynes' Interventionismus stehe ja im Zusammenhang mit dieser laufend bestehenden Inflationsgefahr. Durch die Inflationen verstärken sich die Klassengegensätze. Die, die über die Mittel der Produktion verfügen, werden von der Inflation nicht berührt, weil die Mittel der

Produktion durch die Inflation nicht berührt werden. Ist unter diesen Gesichtspunkten nicht daran zu zweifeln, daß die Keynessche Theorie Marx überwunden habe?

Herr Mohl sagte zum Abschluß, daß die Wachstumstheorie zugebe, daß sie zur Lösung obiger Probleme nicht ohne langfristige sekundäre Inflationsrate auskomme. Durch die Inflationsrate können die krisenhaften Erscheinungen teilweise, aber eben nicht vollständig korrigiert werden. Anpassungsperioden sind notwendig. Diese Probleme werden Reaktionen der politischen Praxis auslösen[90].

Die Widersprüche der Effizienz des Gesamtsystems und der partikularen Interessen stelle aber doch die ökonomische Theorie vor einen Fragenkomplex.

[*1] On Economic Knowledge, Harpers and Row 1965.

---

90 Konjiziert für: »hinnehmen«.

419 Jochen Bauer,
1. Februar 1966

Jochen Bauer
Klein-Auheim
Seligenstädter Str. 33

Prof. Dr. Th. W. Adorno:
Hauptseminar: Zum Begriff der Gesellschaft

Protokoll vom 1. 2. 1966

I. Einführung:
   Das Thema der Sitzung, die Theorie der Joan Robinson,[91] muß, Prof. Adorno zufolge, als Versuch gesehen werden, die Mehrwerttheorie aus dem Marxschen System herauszulösen. Es ist überhaupt ein sozial-philosophisches Problem, daß Erörterungen, die vor 60 – 70 Jahren noch ungeheuer relevant waren – zu denken ist an die Revisionismus-Debatte in der sozialistischen Bewegung[92] – heute nahezu unbedeutend geworden sind. Feststellbar ist allgemein ein *Funktionswechsel* bestehender Theoreme des Marxismus innerhalb dieser Zeitspanne.

II. Anmerkungen zum Referat:
   Der Entwurf Marxens, in dem sich der Entwicklungsprozeß des Kapitalismus darstellt, darf nach Prof. Adorno nicht *nur* praktisch begriffen werden, sondern auch theoretisch. Eine Partikularisierung der Theorie auf lediglich praktische Intention hieße auf Grund eines solchen Pragmatismus die Theorie verfälschen. Diese hat bei Marx objektive Gültigkeit. Theorie und Praxis müssen als Einheit gesehen werden. Praxis ist bei Marx selbst ein theoretischer Begriff (Dr. Schmidt). Bei Marx meint politische Ökonomie den Bezug auf das Ganze: Das Ökonomische *und* Gesellschaftliche: Bei Joan Robinson ist das Ökonomische losgelöst vom Ursprung der Klassenverhältnisse, weil die wirtschaftlichen Prozesse Gegenstand politischer Entscheidungen sind.
   In der Annahme von Robinson, das ökonomische System unabhängig vom institutionellen Rahmen bestimmen zu können, reflektiert sich das Bewußtsein

---

91 Ulrich Rödel, »Thesen zur Theorie der Joan Robinson«, UAF Abt. 139 Nr. 15.
92 Um 1896 beginnt die sogenannte Revisionismusdebatte der deutschen Sozialdemokratie im Anschluss an das ›Erfurter Programm‹ der Partei von 1891, mit dem dessen Autoren um Eduard Bernstein gegen den klassenkämpferischen und revolutionären Marxismus und für einen gemäßigten Reformismus eintreten.

moderner wissenschaftlicher Arbeitsteilung. Indem man die Sache durch Zuweisen zu grundverschiedenen, streng arbeitsteiligen Wissenschaften zergliedern zu können glaubt, geht man der Sache selber verlustig. Wieweit im Ökonomischen die Machtverhältnisse ursprünglich angelegt werden und wieweit andererseits jenes durch Machtverhältnisse sich erklären läßt, übersieht man somit. Durch die Masche der wissenschaftlichen Methodologie rutschen die eigentlichen Probleme hindurch.

Die Konstanz der *Ausbeutungsquote* in allen Industriezweigen läßt sich nach Prof. Adorno, entgegen dem Wortlaut des Referates, nicht eindeutig feststellen. Eine Angleichung der Tendenz, von der allenfalls gesprochen werden kann (Gleichbleiben des Lohnes, Gleichbleiben des Kapitals), bezieht sich bei Marx auf die *gesamte* Ausbeutung. Die Tendenz einer spezifischen Arbeitsweise setzt sich durch, wird allgemein, aber nur auf einer *bestimmten* Entwicklungsstufe. (Der Fortschritt der Technologie kann den Arbeitern zu besserem Wohlstand verhelfen, [während] jedoch die Ausbeutungsquote gleichbleiben, ja sich erhöhen kann.)

Zusammenfassend wurde zunächst über die Theorie der Joan Robinson noch folgendes ausgeführt: In ihrem System hat der Staat eine zentrale Stellung inne. Er garantiert das Gleichgewicht. Die Gesellschaft kann sich nicht länger naturwüchsig produzieren und reproduzieren, sondern sie vollzieht sich planmäßig (Planification).[93]

Nach den Worten von Prof. Adorno läuft die Theorie der Joan Robinson, im Gegensatz zu Marx, darauf hinaus, daß der Kapitalismus nicht durch seine eigenen Bedingungen tendenziell auf seine eigene Vernichtung hinwirkt, sondern sich, allerdings nur auf Grund einer Bedingung, erhalten kann: paradoxerweise der Bedingung, die seinem klassisch-liberalistischen Wesen ursprünglich diametral entgegengesetzt war: durch den *Interventionismus*. Das bestehende ökonomische System kann allein durch außerökonomische, nämlich durch politische Maßnahmen des Staates erhalten werden.

(Konsequenz für die Gesellschaft: Der Konjunkturzyklus, dem der Kapitalismus historisch unterworfen ist, kann nur verhindert werden, indem ökonomische Probleme auf der politischen Ebene gelöst werden.)

---

93 Vgl. etwa Joan Robinson, Die Überwindung vermeidbarer Armut [1943], in: N[icolas] Kaldor, Joan Robinson u. a., Wege zum Wohlstand. Wirtschaftsfragen und Wiederaufbaupläne, übers. von Paul Kämmer, Köln und Krefeld 1958, S. 7–14.

III. Diskussion:

Vermag die Gesellschaft die in ihr grundsätzlich angelegten Widersprüche endgültig zu harmonisieren oder führen diese Gegensätze zur gesellschaftlichen Explosion?

1. Zu der Anmerkung des Referenten, daß auch innerhalb der Marxschen Theoreme ähnliche Tendenzen sich feststellen ließen, führt Prof. Adorno folgendes aus: Das Marxsche System ist nicht ein in sich geschlossenes Denkganzes. Nur so läßt sich die Tendenz der Disproportionalitäts- und Konsumtheorie neben der Krisentheorie erklären. Die Motive haben bei Marx alle ein unterschiedliches Gewicht; das gerade ist das Entscheidende. Die Hegelsche Erkenntnis, daß das Prinzip des Todes zugleich auch das des Lebens sei,[94] übersetzt Marx ins Ökonomische. In das Tauschgesetz, nach dem die Gesellschaft funktioniert, sie sich produziert und reproduziert, gehen zugleich auch jene dynamischen Kräfte mit ein, die über das System hinausweisen und es zu sprengen drohen. So stellt sich Marx das Proletariat einerseits als *Objekt* der Gesellschaft innerhalb der Herrschaftsverhältnisse dar insofern, als es ausgebeutet wird; andererseits aber zugleich als *Subjekt*, weil es innerhalb der Produktionsverhältnisse Arbeit verrichtet und Produktion hervorbringt. In dem höchst dialektischen Sinne war es auf der einen Seite *in* der Gesellschaft, jedoch stand es in anderer Beziehung *außerhalb*. Die völlige Integration des Proletariats heute hat ihren Grund vornehmlich in der Tatsache, daß die Arbeiterschaft durch ihre Regulationsfähigkeit für den Kapitalismus zum systemerhaltenden Moment wird. Integriert wird die Arbeiterschaft gerade dadurch, wodurch Marx die Sprengung des gesellschaftlichen Ganzen garantiert glaubte: der Klassenkampf, der zum »Spiel« reduziert, »dem freien Spiel der Kräfte« und damit dem System dient. Prof. Adorno weist auf die sonderbare Tatsache hin, daß sich im ökonomischen System von Robinson der gesellschaftliche Antagonismus erhält. Hierin erkennt man den Primat der Ökonomie über die Politik an. Es erhebt sich die Frage, ob nicht am Ende die Herrschenden der ökonomischen Sphäre auch im politischen Bereich immer mehr

---

94 »In unserem gewöhnlichen Bewußtsein erscheint das Nicht-Stehenbleiben bei den abstrakten Verstandesbestimmungen als bloße Billigkeit, nach dem Sprichwort: ›leben und leben lassen‹, so daß das eine gilt und *auch* das andere. Das Nähere aber ist, daß das Endliche nicht bloß von außen her beschränkt wird, sondern durch seine eigene Natur sich aufhebt und durch sich selbst in sein Gegenteil übergeht. So sagt man z.B.: der Mensch ist sterblich, und betrachtet dann das Sterben als etwas, das nur in äußeren Umständen seinen Grund hat, nach welcher Betrachtungsweise es zwei besondere Eigenschaften des Menschen sind, lebendig und *auch* sterblich zu sein. Die wahrhafte Auffassung aber ist diese, daß das Leben als solches den Keim des Todes in sich trägt und daß überhaupt das Endliche sich in sich selbst widerspricht und dadurch sich aufhebt.« (HW, Bd. 8, S. 173)

Macht auf sich vereinigen. Dies wäre dann gleichzusetzen mit dem Wegfall der Kontrolle, die Robinson vom Staat garantiert sehen möchte. Sie übersieht aber die Unterwanderung dieses Kontrollorgans, da sich die Politik ökonomisiert.

2. Der Staat als bewußter Vertreter der Kapitalisten dient der Wahrung des gesellschaftlichen Ganzen, insbesondere in Krisenzeiten. Der politische Interventionismus[95] bedeutet genau genommen, nach Prof. Adorno, die Konservierung des Liberalismus. Mit Prof. Adorno wäre jetzt zu fragen, ob es nicht dadurch, infolge des antagonistischen Charakters der gesellschaftlichen Totalität, im Robinsonschen System zu totalitären Maßnahmen kommen muß, die genau das zerstören, was sie bewahren wollten. Prof. Adorno geht dabei von der Vorstellung aus, es gäbe eine Krise, verbunden mit einer allgemeinen Senkung des Lebensstandards. Folge wären verstärkte Interessenkonflikte bis zu dem Punkt, wo die Gewerkschaften nicht mehr so systemgerecht zu funktionieren in der Lage wären. Die Arbeiterorganisation müßte mit Hilfe politischer Mittel (Zwangsmaßnahmen) zur Räson gebracht werden. Der Faschismus z. B. trachtete die Arbeiterbewegung in seine Organisationen zu integrieren, gleichsam als Vorwegnahme einer Integration, die sich in späteren »besseren« Zeiten von selbst einstellt.

3. Es ließe sich die Theorie Robinsons als ein neues Konkurrenzmodell ansehen, wobei ähnlich dem System von Adam Smith das Ganze sich durch eine neue Art von »invisible hand« erhält. Die Konkurrenz in diesem Modell beschränkt sich auf die Monopole in Gestalt des Monopolkapitalismus einerseits und der Gewerkschaft andererseits. Dagegen läßt sich nach Meinung des Referenten einwenden, daß ein Konkurrenzmodell bei Robinson höchstens in Andeutungen vorfindbar ist. Dieser Ausgleich soll bei Robinson nicht durch eine Selbstregelung stattfinden, sondern durch bewußte politische Lenkung in Gestalt des Staates. Hier ist eine Ähnlichkeit mit anderen Arten des Interventionismus festzustellen.

Einer anderen Ansicht (Dr. Teschner) zufolge kann man bei Robinson überhaupt nicht von Konkurrenz reden. Die Kritik an Robinson müßte vielmehr bei der Frage ansetzen, welcher Art die Stabilisationsmaßnahmen von seiten des Staates zur Ausgleichung gesellschaftlicher Antagonismen seien. Die Antwort kann angesichts der heutigen gesellschaftlichen Realität nur die sein, daß die Angleichung durch Rüstungsproduktion und Sozialinvestitionen erreicht wird. Könnte aber unter den bestehenden Bedingungen der Staat allein durch Sozialinvestitionen die Gegensätze aufheben, wenn jene eine Umverteilung der wirtschaftlichen Machtverhältnisse mit sich bringen?

---

95 Konjiziert für: »Interventionalismus«.

Dem entspricht in Hinblick auf die gesellschaftliche Totalität, daß diese sich u. a. dadurch erhält, weil sie ständig unter dem Zwang einer atomaren Katastrophe steht.

4. Der eminente Widerspruch im System von Joan Robinson besteht nach Prof. Adorno darin, daß das Moment der Autonomie durch das Gegenteil dieser Autonomie erhalten werden soll. Kann ein solches im Ursprung schon widersprüchliches System Bestand haben? Nach Keynes und anderen erfaßt die Politik den gesamten wirtschaftlichen Bereich. Es gibt keine ökonomische Autonomie, sondern alles wird interventionistisch geregelt. Von ungeheurer Wichtigkeit ist jedoch für uns die Frage, ob das bestehende System sich aufgrund der immer wieder hinausgeschobenen und auf höherer Ebene sich erweiternden Gegensätze ausgleichen kann oder ob es schließlich zur Katastrophe kommen wird?

420 Lili Biesalski,
8. Februar 1966

L. Biesalski

Soziologisches Hauptseminar
Sitzung vom 8. Februar 1966

Dem Seminar lag zu dieser Sitzung eine Arbeit über den Begriff der industriellen Gesellschaft vor, die zunächst rein dogmatisch, dem Selbstverständnis der betreffenden Theoretiker entsprechend referiert und dann durch kritische Thesen ergänzt wurde.[96]

Es komme darauf an, betonte Prof. Adorno eingangs, die latent hinter diesem Thema stehende Problematik erst einmal herauszuschälen, ehe man zu den wesentlichen Fragen vordringen könne: Der Begriff der industriellen Gesellschaft entstammt der amerikanischen Soziologie und verbindet sich insbesondere mit Richtungen, wie sie von Parsons, Bendix und Lipset vertreten werden und denen in Frankreich Aron und in Deutschland Dahrendorf nicht fernstehen.[97] Die Bestrebungen dieser Theorie laufen darauf hinaus, die dem Kantianismus immanente Problematik aus der Welt zu schaffen, indem man versucht, durch ein neutrum generis die Differenz zwischen Sozialismus und Kapitalismus aufzuheben. Als Beleg dafür, daß dieser Gegensatz überholt sei, wird auf die strukturelle Anähnelung zwischen den USA und der UdSSR verwiesen. Es wäre nun zu fragen, inwieweit es sich bei dieser Theorie um eine reine Ideologie handelt: oder ob sich nicht, bei einer näheren Untersuchung der tatsächlichen Relationen, auch etwas an ihr bewahrheitet.

Beansprucht man neben Saint-Simon, Comte und Spencer auch Veblen als Ahnherrn der technologischen Theorie, dann darf nicht vergessen werden, daß er nur mit scharfer Differenz in diesem Zusammenhang genannt werden dürfte; seine Analyse der Institutionen als Beitrag zur ökonomischen Theorie unterschlägt nicht, wie in subjektiv eingeschliffenen Verhaltensweisen die irrationalen gesellschaftlichen Verhältnisse sich durchsetzen. Die harmonistischen Theorien vernachlässigen strukturelle Fragen, die sich von der Ökonomie her ergeben. Statt

---

96 Klaus Körber, »Zum Begriff der industriellen Gesellschaft«, UAF Abt. 139 Nr. 15.
97 Vgl. Talcott Parsons, Structure and Process in Modern Societies, New York 1960; Seymour Martin Lipset und Reinhard Bendix, Social Mobility in Industrial Society, Berkeley und Los Angeles 1959; Raymond Aron, Die industrielle Gesellschaft. 18 Vorlesungen [1962], übers. von Gernot Gather, Frankfurt a. M. und Hamburg 1964; Ralf Dahrendorf, Soziale Klassen und Klassenkonflikt in der industriellen Gesellschaft, Stuttgart 1957 (Soziologische Gegenwartsfragen · Neue Folge; 2).

dessen funktionalisieren sie strukturelle Unterschiede und heben die Steigerung der gesamtgesellschaftlichen Leistungsfähigkeit, die jene zur Folge hätten, heraus. So wird auch die im Westen wie im Osten sich zunehmend ausbreitende Bürokratisierung und Rationalisierung zuungunsten der jeweiligen ökonomischen und gesellschaftlichen Besonderheiten stärker berücksichtigt. Um den Stellenwert dieser Theorie zu beurteilen, muß man sich klarmachen, daß sie stillschweigend die Maximierung der Produktion zur Norm erhebt und die Erhöhung des allgemeinen Lebensstandards eher als Begleiterscheinung betrachtet. Von vornherein rangieren die menschlichen Bedürfnisse nicht als Prius, sondern sind ein nebensächliches Ergebnis der hauptsächlichen Tendenz.

Die Gegenüberstellung von partikularistischen und universalistischen Normen- und Wertsystemen soll das Spezifische der Normen der industriellen Gesellschaft, nämlich deren tendenzielle Gültigkeit für alle gesellschaftlichen Bereiche hervorheben, während sich partikularistisch auf die Eigenart der historisch gewordenen einzelnen Struktur bezieht. Fords Ausspruch: »What is good for General Motors is good for America«[98] sähe die Universalität der Normen darin, daß die Gewinnmaximierung eines einzelnen Unternehmens letztlich der ganzen Gesellschaft zugute kommt. Die Feststellung der Universalität der Normen trifft nichts Neues. Im Grunde mußte der Einzelne schon immer der objektiven Dynamik der Gesellschaft folgen, statt daß das subjektive Profitinteresse ein besonderes Gewicht gehabt hätte. Interessant ist, daß die objektiven Bedingungen der von der Theorie vermerkten Spezialisierung der Rollen entgegenwirken und eine immer weitergehende Anähnelung der Tätigkeiten mit sich bringen. Der Rollenbegriff unterstellt die Fremdbestimmtheit der Arbeit und verhüllt die antagonistischen Momente der Gesellschaft, in der sie geleistet wird. Es wird argumentiert, daß die höhere Effektivität den Ausschluß der Arbeiter von der Verfügungsgewalt über die Produktionsmittel zur Voraussetzung habe: Ob dies allerdings in der Art und Weise, in der es im Osten wie im Westen der Fall ist, eine rationale Notwendigkeit darstellt, wäre zu fragen.

---

[98] Der Ausspruch stammt, offensichtlich, nicht von Henry Ford, sondern von Charles Erwin Wilson, zunächst im Vorstand des US-amerikanischen Automobilkonzerns ›General Motors‹, danach unter Dwight D. Eisenhower Verteidigungsminister der Vereinigten Staaten. Gefragt, ob er sich vorstellen könne, eine Entscheidung zu treffen, die zwar gut für die USA, aber schlecht für ›General Motors‹ sei, antwortet er: »Yes sir, I could. I cannot conceive of one because for years I thought what was good for our country was good for General Motors, and vice versa.« (Zitiert nach Steven G. O'Brien, American Political Leaders. From Colonial Times to the Present, hrsg. von Paula McGuire, Santa Barbara, Denver und Oxford 1991, S. 446)

Die These der Auslese der beruflich Qualifizierten, die sich auf das angeblich universell herrschende Leistungsprinzip stützt, ist unrealistisch.[99] Zahlreiche amerikanische Untersuchungen haben zutage gefördert, daß von uneingeschränkter vertikaler Mobilität wohl nicht zu reden ist. Beispielsweise sei nur Mills' »Power Elite« genannt, die auf die Verflechtung militärischer, wirtschaftlicher und politischer Spitzenpositionen und deren Abspaltung von der mittleren Machtebene hingewiesen hat,[100] was den Begriff der offenen Leistungselite fragwürdig erscheinen läßt.

Das Zwei-Phasen-Modell der industriellen Gesellschaft macht das Stadium der Industrialisierung zu einer bloßen Vorstufe der hochindustriellen Gesellschaft: Technisch-ökonomische Rationalität setze sich gegenüber emotionalen, solidarischen Gruppenbeziehungen durch. Es werden damit die Klassenkämpfe zu bloßen Kinderkrankheiten der industriellen Gesellschaft degradiert und dieser ganzen Problematik die Fangzähne ausgebrochen. Ein mit wissenschaftlicher Sachgesetzlichkeit sich abspielender Prozeß entzöge sich, so wird gesagt, der politischen Kontrolle. Dabei steht dahin, wie die Kategorie der Oligarchie – die Entwicklung zur Oligarchie wird als unvermeidlich angesetzt – mit dem Leistungsprinzip und der reinen Rationalität vereinbar sein soll.

Man kann hier von einem Pferdefuß der Ideologie sprechen, die erklärt, der gesellschaftliche Prozeß müsse sich selbst überlassen werden, ohne daß erwogen würde, daß das freie Spiel der Kräfte in Diktatur münden könnte; so würde aus lauter Liberalismus der Liberalismus selber abgeschafft.

Wird von Lipset gesagt, daß die Gegeneinanderstellung von Kapitalismus und Sozialismus *noch* das ökonomisch definierte Zentralproblem der Industrialisierung bezeichne,[101] so kündigt sich in diesem Noch ein Topos aller heutigen apologetischen Theorien an. Will man etwas disqualifizieren, dann belegt man es nicht mehr mit dem Prädikat »zersetzend«, wie es der Faschismus tat, sondern bezeichnet es, dem Kultus der Novität entsprechend, schlicht als veraltet. Das Rezenteste auf dem Markt figuriert gegenüber dem im chronologischen Sinn Überholten als das Beste. Kapitalismus und Sozialismus werden dem umfangslogisch höheren Begriff der industriellen Gesellschaft untergeordnet. Zugestan-

---

99 Diese »These« wird im Referat aufgestellt.
100 Vgl. C. Wright Mills, Die amerikanische Elite. Gesellschaft und Macht in den Vereinigten Staaten [1956], übers. von Hans Stern, Heinz Neunes und Bernt Engelmann, Hamburg 1962.
101 Im Referat heißt es, Seymour Martin Lipset bezeichne »nicht mehr das Verhältnis von Kapitalismus und Sozialismus, das noch ›ökonomisch definierte‹ politische Zentralproblem der Industrialisierungsphase, sondern (im Anschluß an Max Weber) das Verhältnis von Bürokratie und Demokratie als das zentrale Problem des bürokratischen Industrialismus.« (UAF Abt. 139 Nr. 15)

den sind sie lediglich als konkurrierende Methoden, die das Stadium der industriellen Gesellschaft einleiten und die somit nur einen graduellen Unterschied aufweisen. (Man könnte pointiert sagen, daß hier dem Sozialismus der UdSSR, in dessen Theorie es mit dem Staat nicht weit her ist, heimgezahlt werde, daß er den Staatskapitalismus eingeführt hat.)

Die analytische Trennung der angeblich autonomen Sphären Wirtschaft und Politik ist so dogmatisch wie die Behauptung, daß der Staat eine Funktion der Wirtschaft sei, und sie ist in dieser Schärfe selbst nicht von Max Weber formuliert worden, auf dessen Vorgehen man sich dabei beruft. Hier wird eine begrifflich vollzogene Scheidung hypostasiert, die sich die Einsicht in die realen Verhältnisse durch eine logisch deduzierte Ordnung versperrt. Die Aufgabe eines wirklich empirischen social research wäre demnach, dem, was behauptet wird, erst einmal nachzugehen. Man kann die idealtypischen Bestimmungen nicht so handhaben als wären sie identisch mit der Sache selbst.

Man muß verstehen, inwiefern sich in dem Versuch, den Kapitalismus der Gesellschaften Westeuropas und Nordamerikas im 19. Jahrhundert als eine prinzipiell zufällige Ausprägung ihrer Industrialisierung darzustellen, so etwas wie die Mehrwertlehre verbirgt. Die Unterscheidung von »historisch notwendig« und »prinzipiell zufällig« vergißt, daß eben bisher die Geschichte wesentlich aus dem Prinzip der Zufälligkeit erfolgt ist. Die Dichotomie von historischen Akzidentien und von Rationalität eliminiert das Wesentliche zwischen diesen beiden Momenten: die rationale Kritik.

Eine ideologische Komponente ist auch in der These Parsons' enthalten, die die historische Funktion der Familienfirma in der Etablierung der Unabhängigkeit der ökonomischen von der politischen Organisation erblickt.[102] So könnte man etwa von der Firma Krupp kaum sagen, sie habe sich unabhängig von der politischen Sphäre aufgebaut, wie das hier behauptet wird.

(Parsons' Darstellung der Entwicklung des Kapitalismus, das muß allerdings in Rechnung gestellt werden, orientiert sich wesentlich an amerikanischen Verhältnissen: So hat in Amerika z. B. keine Fusion feudaler mit industriellen Kräften stattgefunden, die Legitimität des Eigentums ist dort nie in Frage gestellt worden, es gab keinen Sozialismus von nennenswertem Ausmaß.) Die Ära der Familienfirma figuriert als eine vom Standpunkt der Gegenwart aus gesehen überwundene Phase, wobei die auch heute noch wirksamen traditionalen und irrationalen Momente bei der Möglichkeit des sozialen Aufstiegs – z. B. die Vererbung von

---

[102] Das Referat zitiert Talcott Parsons und Neil J. Smelser, Economy and Society. A Study in the Integration of Economic and Social Theory, Glencoe 1956; vgl. den Abschnitt »Some Historical and Theoretical Perspectives«, ebd., S. 284–294.

Besitztiteln – ausgeklammert werden. Die universale Gültigkeit des Leistungsprinzips, die sich auch auf Spitzenpositionen erstrecken soll, trifft nur mit starken Einschränkungen zu. Für deutsche Verhältnisse hat Helge Pross die Thesen der managerial revolution[103] untersucht und in ihrer Habilitationsschrift »Manager und Aktionäre in Deutschland« gezeigt, daß die Verallgemeinerung dieser Thesen irreführend ist.[104] Das Profitstreben wie die Leistung des Einzelnen erweisen sich bei kritischer Betrachtung nur als das Schmieröl der sich entfaltenden Akkumulation; bezogen auf die realen Verhältnisse sind diese Vorstellungen mythisch. Es gibt in Amerika eine Ideologie, der zufolge jeder Schuhputzer sich durch persönliche Tüchtigkeit zum Millionär hocharbeiten könne – eine Überzeugung, wie sie im 19. Jahrhundert beispielsweise in den Lebensbeschreibungen von Horatio Alger ihren Niederschlag gefunden hat; das Motiv des »struggling upwards«[105] könnte man als eine Säkularisierung von »per aspera ad astra« bezeichnen.

---

103 Vgl. James Burnham, Das Regime der Manager [1941], übers. von Helmut Lindemann, mit Nachw. von Léon Blum, Stuttgart 1948.
104 »Der Terminus ›Manager‹ bürgerte sich in Deutschland erst nach dem Zweiten Weltkrieg ein. Sein Fehlen in wissenschaftlichen und politischen Debatten früherer Epochen ebenso wie seine häufige Verwendung in der Gegenwart könnten zu der Annahme verleiten, das Phänomen, auf das er sich in beinahe jeder Variation bezieht: die Verdrängung der Kapitalbesitzer durch kapitallose Angestellte, sei jüngeren Datums, entstanden oder doch bedeutsam geworden erst in den Nachweltkriegsjahren. Bereits ein oberflächlicher Blick in die Literatur bestätigt, daß dieser Anschein trügt. Manager hat es gegeben, längst ehe der Begriff im deutschen Sprachbereich auftauchte und lange bevor James Burnham die Formel vom ›Managerregime‹ präsentierte.« (Helge Pross, Manager und Aktionäre in Deutschland. Untersuchungen zum Verhältnis von Eigentum und Verfügungsmacht, Frankfurt a. M. 1965 [*Frankfurter Beiträge zur Soziologie*; 15], S. 9) Allerdings: »Die Einsicht, daß die Chance auch privater Gruppen, über große Summen unkontrolliert zu disponieren, unmittelbar die politischen und sozialen Kräfteverhältnisse bestimmen und damit die politische Demokratie verfälschen kann, scheint heute verdunkelt. Die Tatsache selbst, nämlich die Konzentration großer Macht in den Händen der die Großunternehmen dirigierenden Gruppen, wird nicht zuletzt von den Machthabern gern geleugnet. Theorien, die die Aufmerksamkeit einseitig auf die durch objektive Zwänge geschaffenen Beschränkungen der Macht richten, leisten diesem Selbstverständnis Vorschub. Sie geben denen Argumente an die Hand, die Macht ausüben und durch Verschleierung dieses Tatbestandes von ihm ablenken wollen. Gewiß sind auch Manager und kontrollierende Eigentümer Räder in einem großen Getriebe, das sich oft unabhängig von ihren Handlungen bewegt. Gleichwohl können sie, stärker als die Majorität aller anderen Menschen, die Geschicke vieler, ihrerseits weitgehend einflußloser Individuen bestimmen. Wer das leugnet und auf diese Weise die Verantwortlichen von der Verantwortung für das, was sie tun, entbindet, leistet den Mächtigen Schützendienst.« (Ebd., S. 188)
105 Der US-amerikanische Schriftsteller Horatio Alger Jr. verfasst im 19. Jahrhundert eine lange Reihe von Geschichten, die in der Regel dem Mythos des einfachen, aber grundgerechten Tel-

Es wird die Überlegenheit des Westens über den Osten durch das »demokratische Wirtschaftsprinzip« darauf zurückgeführt, daß letztlich die Konsumentenbedürfnisse den wirtschaftlichen Gesamtprozeß steuern und damit auch die pluralistische demokratische Struktur begünstigten und erhielten. Hierzu müßte man sagen, daß heute der politische Wähler eher nach dem Bild des Käufers gemodelt wird als umgekehrt.

Spricht man über prinzipielle statt über empirische Sachverhalte, dann erklärt diese Theorie, die im Grunde nur einen »blueprint« der Gesellschaft abgibt, nichts. Bei den entscheidenden Thesen wird der Empirismus ad acta gelegt. Sobald das Cui bono? sich durchsetzt, rekurriert man auf die Hypothese, die eigentlich nur heuristisch angesetzt war, d.h. empirisch erst untermauert werden sollte, und setzt sie an Stelle der Sache. Parsons' theoretische Konstruktion ist eine Adaptation von Max Webers Analyse der Bürokratie an das gesellschaftliche Gesamtsystem, wobei die kritischen Momente Webers unter den Tisch fallen. Parsons hat früher die verschiedenen gesellschaftlichen Sphären im Sinne des pigeonholing getrennt. Ungewollt folgte er aber wieder Marxschen Überlegungen, indem er, unter dem Eindruck der Geschehnisse zur Zeit der Weltwirtschaftskrise in den USA die getrennten Bereiche zu einem Gesamtsystem zusammenfügte, und wie das Referat zeigt, läuft dies im Ende auf den Primat der Wirtschaft hinaus.

Gegen Ende der Sitzung erinnerte Prof. Adorno noch einmal an die einleitende Frage, die den Gehalt der These der Konvergenz von Ost und West zur Diskussion stellte.

Diese These stützt sich auf die Verabsolutierung der Produktivität in den beiden Gesellschaftssystemen. Dr. Teschner verwies darauf, daß bei der Konzeption der industriellen Gesellschaft die Differenz von Produktivkräften und Produktionsverhältnissen entfiele und daß sie den Begriff der Bürokratisierung sehr undifferenziert verwende – Mills z.B. berücksichtige stärker die damit einhergehende Militarisierung der Gesellschaft. Ob ein konkreter Sinn mit der Unterscheidung von Kapitalismus und Sozialismus verbunden werde, hinge davon ab, welches von beiden Systemen eigentlich den Konflikt herausfordere. Es folgte ein Einwand, der versuchte, die Konvergenz faktisch zu belegen: Man könne die Einführung von Preisen als Bewertungsmaßstab in der UdSSR einerseits und die Planifikation in Frankreich, die die blinde Dynamisierung des Mehrwerts einschränken soll, andererseits als kapitalistische bzw. sozialistische Annäherung auffassen, unabhängig von der Frage, wer wesentlich zur Konvergenz beitrüge. Prof. Adorno hielt dagegen, daß es eine andere Frage sei, inwieweit gewisse

---

lerwäschers folgen, der durch Rechtschaffenheit zum Millionär wird, darunter auch »Struggling Upward; or, Luke Larkin's Luck« (Boston 1868).

Neuerungen sich durchsetzten, denn die Libermanschen[106] Reformvorschläge seien in der UdSSR höchst umstritten;[107] statt dessen sei zu fragen, ob die Konvergenz nicht damit zusammenhänge, daß die Gesellschaftsform der UdSSR staatskapitalistisch und nicht sozialistisch sei. Ein anderes Argument nahm Anstoß daran, daß die Libermanschen[108] Reformen als Einführung kapitalistischer Momente bezeichnet worden waren: Die Schwierigkeiten, die die UdSSR bei der Größe des Landes habe, Bedürfnisse aufzuspüren, Lagerstaus zu verhindern, die Nachfrage zu überprüfen etc. seien die Probleme, die man zu lösen versuche. Prof. Adorno meinte, es sei zu abstrakt, immanente Tendenzen gegen die der Konvergenz auszuspielen. Der Referent wandte ein, daß die Konvergenzthese zu abstrakt sei, wenn man sie vollkommen von historischen und ökonomischen Besonderheiten ablöse. In der UdSSR sei die Planung eingeführt worden, um Mangel zu beseitigen, im Westen aber, um die Überproduktion zu drosseln. Diese Überlegung würde die Konvergenz nur zu einem Epiphänomen machen.

Ob die Konvergenz nur Epiphänomen sei, wäre zu fragen, erklärte Prof. Adorno: Diese Darstellung löse das Problem nicht.

---

106 Korrigiert für: »Libermannschen«.
107 Der Ökonom Jewsei Grigorjewitsch Liberman ist federführend daran beteiligt, im Zuge der sowjetischen Wirtschaftsreformen von 1965 Momente kapitalistischer Produktionsweise wie Profitabilität und Umsatzsteuerung in die Planwirtschaft zu integrieren.
108 Korrigiert für: »Libermannschen«.

421 Edgar Sauter, 15. Februar 1966

Protokoll vom 15. 2. 1966
Edgar Sauter

Zum Begriff der ›industriellen Gesellschaft‹ bei Herbert Marcuse[109]

Herbert Marcuse charakterisiert ›industrielle Gesellschaft‹ als eine Gesellschaftsform, in der die große Industrie die Natur praktisch zum Verschwinden gezwungen hat. Entgegen dem subjektiven soziologischen Ansatz sieht er die Verhaltensweisen der Menschen in Abhängigkeit von der gesamtgesellschaftlichen Reproduktion. Die Individuen unterliegen einer totalen Integrierung nicht durch Terror, sondern durch demokratische Prozeduren und Prosperität. Sie werden reglementiert von Verordnungen und Gesetzen, denn letztlich ist es das immer dichter werdende Netz von gesellschaftlichen Kontrollen, das den Zwangscharakter in der Objektivität der Gesellschaft ausmacht. In der Zeit des Absolutismus läßt gerade die Vielzahl der Verordnungen und Gesetze auf mehr Freiheit in den unreglementierten Zwischenräumen schließen. Somit wird die Verordnung zum Index für Freiheit. Wenn Knechte ohnehin nur das wählen, was die Herrschaft aufrecht erhält, ist auch der letzte Rest von Freiheit verschwunden.[110] Trotz aller Dynamik wird die Gesellschaft eine statische, Veränderungen sind im Grunde nur Variationen auf diese eigentümliche Statik. Beispiel ist hier die Immergleichheit des Jazz, in dem sich die ›sogenannten Improvisationen auf mehr oder minder schwächliche Umschreibungen der Grundformeln reduzieren lassen‹. Die zeitlose Mode ›wird so zum Gleichnis einer planmäßig eingefrorenen Gesellschaft‹. (Adorno, Prismen)[111]

---

109 Dietrich Giering, »Die totale Gesellschaft – Zu Herbert Marcuses One Dimensional Man«, UAF Abt. 139 Nr. 15. – Vgl. Herbert Marcuse, Der eindimensionale Mensch. Studien zur Ideologie der fortgeschrittenen Industriegesellschaft [1964], übers. von Alfred Schmidt, in: Herbert Marcuse, Schriften, Bd. 7, Frankfurt a. M. 1989.
110 »Unter der Herrschaft eines repressiven Ganzen läßt Freiheit sich in ein mächtiges Herrschaftsinstrument verwandeln. Der Spielraum, in dem das Individuum seine Auswahl treffen kann, ist für die Bestimmung des Grades menschlicher Freiheit nicht entscheidend, sondern *was* gewählt werden kann und was vom Individuum gewählt *wird*. Das Kriterium für freie Auswahl kann niemals ein absolutes sein, aber es ist auch nicht völlig relativ. Die freie Wahl der Herren schafft die Herren oder die Sklaven nicht ab.« (Ebd., S. 27)
111 *Jeder gewitzigte Halbwüchsige in Amerika weiß, daß die Routine heutzutage der Improvisation kaum mehr Raum läßt und daß, was auftritt, als wäre es spontan, sorgfältig, mit maschineller Präzision einstudiert ist. Selbst dort aber, wo einmal wirklich improvisiert ward, und in den oppo-*

Weiteres Kennzeichen dieses Systems ist die ständige Mobilisation aller Kräfte gegen den inneren und äußeren Feind. Die Zusammenfassung dieser Kräfte integriert die Individuen und liefert zugleich die Rechtfertigung, daß die ureigensten Möglichkeiten des Systems von diesem selbst unterdrückt werden. Eine vernünftige Abrüstung ist illusorisch, solange die gegenseitige Rüstung und Drohung die Strukturunterschiede der Blöcke stabilisiert.[112]

Der Arbeiter verliert die Kräfte der Negation, Herrschaft über die Natur liefert auch die Mittel zur Herrschaft des Menschen über den Menschen. Die positivistischen Richtungen von Philosophie, Soziologie und Psychologie helfen bei der ›Aufhebung des Denkens‹, indem sie allein die etablierte Ordnung zum unübersteigbaren Rahmen der Begriffsbildung und -entfaltung machen. ›Kulturelle Werte‹ werden zum Instrumentarium des Kampfes gegen den Kommunismus.[113]

Die gesellschaftliche Rolle der Triebenergie hat sich gewandelt, Sublimierung ist überflüssig geworden, der totale Entfremdungszusammenhang läßt die Indi-

---

sitionellen Ensembles, die vielleicht heute noch auf dergleichen zu ihrem Vergnügen sich einlassen, bleiben die Schlager das einzige Material. Daher reduzieren sich die sogenannten Improvisationen auf mehr oder minder schwächliche Umschreibungen der Grundformeln, unter deren Hülle das Schema in jedem Augenblick hervorlugt. Noch die Improvisationen sind in weitem Maß genormt und kehren stets wieder. [...] In der Unüberwindlichkeit eines der eigenen Art nach Zufälligen und Willkürlichen spiegelt sich etwas von der Willkür gegenwärtiger sozialer Kontrolle. Je vollständiger die Kulturindustrie Abweichungen ausmerzt und damit die Entwicklungsmöglichkeiten des eigenen Mediums beschneidet, um so mehr nähert sich der lärmend dynamische Betrieb der Statik an. Wie kein Jazzstück, im musikalischen Sinn, Geschichte kennt; wie alle seine Bestandteile umzumontieren sind, und wie kein Takt aus der Logik des Fortgangs folgt, so wird die zeitlose Mode zum Gleichnis einer planmäßig eingefrorenen Gesellschaft, gar nicht so unähnlich dem Schreckbild aus Huxleys ›Brave New World‹. (GS, Bd. 10·1, S. 125 – 127)

112 Vgl. den Abschnitt »Die Unterbindung des gesellschaftlichen Wandels«, in: Marcuse, Der eindimensionale Mensch, a. a. O. (s. Anm. 107), S. 42 – 54.

113 »Als neues Merkmal kommt hinzu, daß der Antagonismus zwischen Kultur und gesellschaftlicher Wirklichkeit dadurch eingeebnet wird, daß die oppositionellen, fremden und transzendenten Elemente der höheren Kultur getilgt werden, kraft deren sie *eine andere Dimension* der Wirklichkeit bildete. Die Liquidation der *zweidimensionalen* Kultur findet nicht so statt, daß die ›Kulturwerte‹ geleugnet und verworfen werden, sondern so, daß sie der etablierten Ordnung unterschiedslos einverleibt und in massivem Ausmaß reproduziert und zur Schau gestellt werden. *[Absatz]* Praktisch dienen sie als Instrumente gesellschaftlichen Zusammenhalts. Die Größe einer freien Literatur und Kunst, die Ideale des Humanismus, die Sorgen und Freuden des Individuums, die Erfüllung der Persönlichkeit sind wichtige Punkte im Konkurrenzkampf zwischen Ost und West. Sie sprechen schwerwiegend gegen die heutigen Formen des Kommunismus, und sie werden täglich verordnet und verkauft. Die Tatsache, daß sie der Gesellschaft widersprechen, die sie verkauft, zählt nicht.« (Ebd., S. 76 f.)

viduen die Welt nicht mehr als feindlich fühlen.[114] Hier scheint H. Marcuse die negative Harmonie zu überschätzen. In der Angst drückt sich immer noch die ganze Spannung des antagonistischen Systems aus, dem die Individuen unterworfen sind. An solchen Phänomenen bewährt sich das philosophische Begriffspaar von Wesen und Erscheinung auch in der Soziologie.

An die Stelle von Introjektion, in der das Individuum früher die gesellschaftlichen Kontrollen verinnerlichte, tritt Mimesis, die laufende Identifikation des Individuums mit seiner Gesellschaft.[115] Mimesis, so wie der Begriff bei H. Marcuse gebraucht wird, bedarf der Differenzierung. Als eine Kategorie der Regression ist Mimesis gesellschaftlich vermittelt; hat die industrielle Gesellschaft Natur ausgerottet, ist auch Mimesis verdrängt worden, die Wiederkehr kann nur in pathologischer Weise vor sich gehen. In den Stücken Samuel Becketts zeigt sich, daß die Menschen gerade auf diesen ›Zustand von Lurchen zurückgeworfen sind‹.[116]

---

[114] Vgl. den Abschnitt »Der Sieg über das unglückliche Bewußtsein: repressive Entsublimierung«, ebd., S. 76–102.

[115] »Aber vielleicht beschreibt der Terminus ›Introjektion‹ nicht mehr die Weise, in der das Individuum von sich aus die von seiner Gesellschaft ausgeübten äußeren Kontrollen reproduziert und verewigt. Introjektion unterstellt eine Reihe relativ spontaner Prozesse, vermittels derer ein Selbst (Ich) das ›Äußere‹ ins ›Innere‹ umsetzt. Damit schließt Introjektion das Bestehen einer inneren Dimension ein, die von äußeren Erfordernissen verschieden und ihnen gegenüber sogar antagonistisch ist – ein individuelles Bewußtsein und ein individuelles Unbewußtes, unabhängig von der öffentlichen Meinung und dem öffentlichen Verhalten. Die Idee der ›inneren Freiheit‹ hat hier ihre Realität: sie bezeichnet den privaten Raum, worin der Mensch ›er selbst‹ werden und bleiben kann. [Absatz] Heute wird dieser private Raum durch die technologische Wirklichkeit angegriffen und beschnitten. Massenproduktion und -distribution beanspruchen das *ganze* Individuum, und Industriepsychologie ist längst nicht mehr auf die Fabrik beschränkt. Die mannigfachen Introjektionsprozesse scheinen zu fast mechanischen Reaktionen verknöchert. Das Ergebnis ist nicht Anpassung, sondern *Mimesis:* eine unmittelbare Identifikation des Individuums mit *seiner* Gesellschaft und dadurch mit der Gesellschaft als einem Ganzen.« (Ebd., S. 30)

[116] *Die Eliminierung der Qualitäten, ihre Umrechnung in Funktionen überträgt sich von der Wissenschaft vermöge der rationalisierten Arbeitsweisen auf die Erfahrungswelt der Völker und ähnelt sie tendenziell wieder der der Lurche an. Die Regression der Massen heute ist die Unfähigkeit, mit eigenen Ohren Ungehörtes hören, Unergriffenes mit eigenen Händen tasten zu können, die neue Gestalt der Verblendung, die jede besiegte mythische ablöst. Durch die Vermittlung der totalen, alle Beziehungen und Regungen erfassenden Gesellschaft hindurch werden die Menschen zu eben dem wieder gemacht, wogegen sich das Entwicklungsgesetz der Gesellschaft, das Prinzip des Selbst gekehrt hatte: zu bloßen Gattungswesen, einander gleich durch Isolierung in der zwangshaft gelenkten Kollektivität.* (GS, Bd. 3, S. 53 f.)

Das ›glückliche Bewußtsein‹, auf das A. Huxley in seiner ›Brave New World‹ in der stetigen Wiederkehr des Satzes ›Everybody's happy now‹ hinweist,[117] ist Zeichen für das verdinglichte Bewußtsein der Menschen, das an die Stelle des Gewissens getreten ist; Ichschwäche, ein Kennzeichen der authoritarian personality, wird allgemein. Wie weit die Verdinglichung fortgeschritten ist, zeigt etwa die Fetischisierung der Vollbeschäftigung als eines Wertes an sich, während doch Arbeit tendenziell überflüssig wird.[118]

H. Marcuse benutzt den Terminus ›industrielle Gesellschaft‹ in einem sardonischen Sinn gegenüber Parsons und der amerikanischen Soziologie. Industrielle Gesellschaft versteht er als Gesellschaft ohne Menschen, seine Erörterungen des Begriffes sind Variationen auf das Thema: der Mensch als Anhängsel der Maschinen.[119] Aufhebung der Klassengegensätze ist für H. Marcuse nur in der Zirkulationssphäre möglich. In der Sphäre der Produktion nivellieren sich die Klassengegensätze nur zwischen den Beherrschten, die Kluft zu den immer weniger Herrschenden bleibt.[120]

---

[117] In dem Roman führen die Figuren Lenina und Bernard Marx eine Auseinandersetzung darüber, ob die – dystopisch gezeichnete – Gesellschaft, in der sie leben, ihnen Freiheit gewährt oder nicht: »Lenina was shocked by his blasphemy. ›Bernard!‹ she protested in a voice of amazed distress. ›How can you?‹ / In a different key, ›How can I?‹ he repeated meditatively. ›No, the real problem is: How is it that I can't, or rather – because, after all, I know quite well why I can't – what would it be like if I could, if I were free – not enslaved by my conditioning.‹ / ›But, Bernard, you're saying the most awful things.‹ / ›Don't you wish you were free, Lenina?‹ / ›I don't know what you mean. I am free. Free to have the most wonderful time. Everybody's happy nowadays.‹ / He laughed, ›Yes, ‹Everybody's happy nowadays.› We begin giving the children that at five. [...]‹« (Aldous Huxley, Brave New World, London 1932, S. 105 f.)

[118] In Adornos Schrift *Über Statik und Dynamik als soziologische Kategorien* [1961] heißt es: *Die immanente Entfaltung der Produktivkräfte, die menschliche Arbeit bis zu einem Grenzwert überflüssig macht, birgt das Potential von Änderung; die Abnahme der Quantität von Arbeit, die technisch heute bereits minimal sein könnte, eröffnet eine neue gesellschaftliche Qualität, die sich nicht auf einsinnigen Fortschritt zu beschränken brauchte, wenn nicht einstweilen die Drohung, die eben daraus den Produktionsverhältnissen erwächst, das Gesamtsystem dazu verhielte, in seine borniere Tendenz unerbittlich sich zu verbeißen. Vollbeschäftigung wird zum Ideal, wo Arbeit nicht länger das Maß aller Dinge sein müßte.* (GS, Bd. 8, S. 236)

[119] In seinem *Einleitungsvortrag zum 16. Deutschen Soziologentag, Spätkapitalismus oder Industriegesellschaft?* bemerkt Adorno: *Stets noch sind die Menschen, was sie nach der Marxischen Analyse um die Mitte des 19. Jahrhunderts waren: Anhängsel an die Maschinerie, nicht mehr bloß buchstäblich die Arbeiter, welche nach der Beschaffenheit der Maschinen sich einzurichten haben, die sie bedienen, sondern weit darüber hinaus metaphorisch, bis in ihre intimsten Regungen hinein genötigt, dem Gesellschaftsmechanismus als Rollenträger sich einzuordnen und ohne Reservat nach ihm sich zu modeln. Produziert wird heute wie ehedem um des Profits willen.* (Ebd., S. 361)

[120] »Die Präformierung beginnt nicht mit der Massenproduktion von Rundfunk und Fernsehen und mit der Zentralisierung ihrer Kontrolle. Die Menschen treten in dieses Stadium als langjährig

Hat es noch Sinn, von Entfremdung zu reden, wenn Menschen sich in ihr wohlfühlen? Gesellschaftliche Macht und Ohnmacht sind an die Stelle der Entfremdung getreten. Das Geflecht der Herrschaft ist zum Netz der Vernunft geworden. In einer teuflischen Dialektik wird die Entfremdung total, indem sie sich den Schein der Nichtentfremdung gibt. Die Änderung des bestehenden Systems ist für H. Marcuse nur durch qualitativen Wandel möglich. Neue Formen der Freiheit können nur durch Negation des bestehenden Zustandes ausgedrückt werden: Freiheit von repressiver Kontrolle, Wiederherstellung individuellen Denkens. Solche Forderungen werden aber fatal und deklamatorisch, ist doch eine Wiederherstellung individuellen Denkens nur möglich, wenn es Individuen gibt. Die kritische Theorie der Gesellschaft hat ihre Kategorien am Modell der Gesellschaft des 19. Jahrhunderts ausgebildet. Nur insofern diese Kategorien unverändert auf den heutigen Zustand angewendet werden, sind sie Leerformeln. Kritische Kategorien sind immer nur aus den in jeder Gesellschaft angelegten Möglichkeiten zu beziehen; die Gesellschaft produziert aus sich heraus andere Kategorien.

Eine qualitativ von der bestehenden sich unterscheidende Gesellschaft hätte nach H. Marcuse die Möglichkeiten zu entwickeln und eine offene zu sein.[121]

---

präparierte Empfänger ein; der entscheidende Unterschied besteht in der Einebnung des Gegensatzes (oder Konflikts) zwischen dem Gegebenen und dem Möglichen, zwischen den befriedigten und den nicht befriedigten Bedürfnissen. Hier zeigt die sogenannte Angleichung der Klassenunterschiede ihre ideologische Funktion. Wenn der Arbeiter und sein Chef sich am selben Fernsehprogramm vergnügen und dieselben Erholungsorte besuchen, wenn die Stenotypistin ebenso attraktiv hergerichtet ist wie die Tochter ihres Arbeitgebers, wenn der Neger einen Cadillac besitzt, wenn sie alle dieselbe Zeitung lesen, dann deutet diese Angleichung nicht auf das Verschwinden der Klassen hin, sondern auf das Ausmaß, in dem die unterworfene Bevölkerung an den Bedürfnissen und Befriedigungen teil hat, die der Erhaltung des Bestehenden dienen.« (Marcuse, Der eindimensionale Mensch, a.a.O. [s. Anm. 107], S. 28)

[121] »So muß die Frage noch einmal ins Auge gefaßt werden: wie können die verwalteten Individuen – die ihre Verstümmelung zu ihrer eigenen Freiheit und Befriedigung gemacht haben und sie damit auf erweiterter Stufenleiter reproduzieren – sich von sich selbst wie von ihren Herren befreien? Wie ist es auch nur denkbar, daß der *circulus vitiosus* durchbrochen wird? *[Absatz]* Paradoxerweise scheint nicht die Vorstellung neuer gesellschaftlicher *Institutionen* die größte Schwierigkeit zu bieten bei dem Versuch, diese Frage zu beantworten. Die bestehenden Gesellschaften selbst schicken sich an, die grundlegenden Institutionen im Sinne erhöhter Planung zu verändern oder haben es bereits getan. Da die Entwicklung und Nutzung aller verfügbaren Ressourcen zur allseitigen Befriedigung der Lebensbedürfnisse die Vorbedingung der Befriedung ist, ist diese unvereinbar damit, daß partikulare Interessen vorherrschen, die dem Erreichen dieses Ziels im Wege stehen. Qualitative Änderung hängt davon ab, daß für das Ganze gegen diese Interessen geplant wird, und eine freie und vernünftige Gesellschaft kann sich nur auf dieser Basis erheben.« (Ebd., S. 261f.)

(Gerade Popper interpretiert die Gesellschaft noch als eine offene.)¹²² Sie hätte die Leistungen der Zivilisation zu erhalten und fortzuführen, müßte die wahre Struktur des Bestehenden erklären und sich neu auf die menschlichen Bedürfnisse und Anlagen besinnen. ›Die Abschaffung des materiellen Elends ist eine Möglichkeit innerhalb des Bestehenden – die Abschaffung der Arbeit, der Friede, die Freude sind es nicht. Und doch ist dies die einzig mögliche Überwindung des Bestehenden‹. (Marcuse, Kultur und Gesellschaft I)¹²³

Im zivilisatorischen Moment der Naturbeherrschung liegt jedoch die Repressivität, zeigt sich doch gerade im Begriff der freien Entwicklung der Persönlichkeit das Ellenbogenhafte.

Die Postulate von H. Marcuse zeugen von einer objektiven Not; auf der einen Seite zeigt er den aporetischen Charakter der Gesellschaft, aber weil er das nicht aushält, wendet er sich der Positivität zu und nimmt das vorherige Negative nicht mehr schwer genug. Die Forderungen aus der Analyse des Bestehenden lassen sich nicht realisieren. Sich der Positivität zu enthalten hat seinen theoretischen Grund; im Tempo des Denkens, daß man selbst nicht darüber hinaus ist, ist selbst ein Moment von Wahrheit.

Das deutlichste Beispiel für die Möglichkeit des bestehenden Systems ist die Automation, in der tendenziell die Aufhebung gesellschaftlich notwendiger Arbeit angelegt ist. Wenn die Arbeiter gegen die Automation kämpfen, identifizieren sie sich mit der noch notwendigen gesellschaftlichen Arbeitsdisziplin, auf der das System angelegt ist, und verhindern eine effektivere Nutzung des Kapitals. Es ist abzusehen, daß der Ost-West-Gegensatz den Kapitalismus zwingen wird, die Automation durchzuführen, wohlfahrtsstaatliche Maßnahmen werden jede politische Artikulation der Arbeiter verhindern und weiterhin die Strukturgestalt einer totalen Gesellschaft zu festigen wissen.

Im ›One-Dimensional Man‹ ist nicht viel von einer ökonomischen Theorie die Rede, weil die Analyse der verwalteten Welt im Vordergrund steht, doch würde auch H. Marcuse sicher zugeben, daß es eine Theorie der Gesellschaft ohne ökonomische Theorie nicht geben kann.

Die totale Gesellschaft hat kein gesellschaftliches Subjekt mehr, das dazu prädestiniert wäre, eine qualitative Änderung in Art einer Revolution durchzuführen. Die gesamte Bevölkerung ist zum Objekt des Apparats und damit zum Subjekt einer möglichen und notwendigen Revolution geworden.

---

122 S. oben, Anm. 53.
123 Herbert Marcuse, Kultur und Gesellschaft 1, Frankfurt a. M. 1965 (edition suhrkamp; 101), S. 19.

Diskussion:
Eine Revolution, in der eine Klasse die Menschenrechte einführt, ist veraltet. Wenn kein gesellschaftliches Subjekt mehr zu erkennen ist, kann auch nicht an der Revolution als einer Invarianten festgehalten werden, der Begriff der Revolution unterliegt selbst der Veränderung. Die totale Revolution, bei der die Gesamtheit der Menschen Subjekt der Veränderung sein könnte, weil alle Menschen bei Drohung der Katastrophe ein objektives Interesse daran hätten, ist weder etwas Evolutionäres, noch läßt sie sich von der Trieblehre her verstehen, denn der Primat für die Lebensverhältnisse der Menschen liegt in der Revolutionierung dieser Verhältnisse. H. Marcuse ist kein Idealist, dem es in erster Linie auf die innere Freiheit ankäme; ohne Veränderung der tatsächlichen Gesellschaft kann es keine Freiheit geben.

Es stellt sich die Frage nach dem Verhältnis der Antagonismen zum ›Apparat‹, an dem die ganze Theorie Marcuses zu hängen scheint. Wird der Klassenkampf schärfer? Und was ist unter dem abstrakten Begriff des ›Apparates‹ zu verstehen?[124] Ist die mangelnde Konkretisierbarkeit der Theorie in Widersprüchen der Sache begründet?

Die Struktur der alten antagonistischen Gesellschaft besteht im Profitsystem weiter, doch von der subjektiven Seite aus hat sich die Struktur verselbständigt, und es könnte so zu einer Solidarität aller kommen, um etwas zu ändern. Zur subjektiven Seite hin läßt sich dann auch sagen, daß es keine herrschende Klasse mehr gibt; der Entscheidungsbereich des Kapitalisten wird von der Tendenz zum Monopolkapitalismus und dem Wirken des Interventionsstaates immer mehr beschränkt. Doch liegen hier die Widersprüche in der Sache vor, ist doch der Einwand gerechtfertigt, nach dem der Kapitalist schon immer nur die Personifikation ökonomischer Kategorien war und die qualitativen Unterschiede hier nicht recht deutlich werden.

Der Vorwurf der Abstraktheit der Theorie ist berechtigt. Wenn man jedoch das Ganze treffen will, wird jede Theorie von dem Vorwurf der Abstraktheit getroffen. ›Herrschaft der Apparatur‹ läßt sich zum Beispiel weiter konkretisieren, doch stehen dem subjektive Momente gegenüber. Zum Teil mag es auch an der Verteilung der geistigen Triebenergie liegen, auf jeden Fall ist hier ein Punkt erreicht, an dem die objektive Problematik zu einer subjektiven wird.

---

[124] So heißt es etwa: »Politische Macht setzt sich heute durch vermittels ihrer Gewalt über den maschinellen Prozeß und die technische Organisation des Apparats.« (Marcuse, Der eindimensionale Mensch, a.a.O. [s. Anm. 107], S. 23)

Sommersemester 1967:
Negative Dialektik [I]

Philosophisches Hauptseminar mit Max Horkheimer

In diesem Semester hält Adorno zudem die philosophische Vorlesung »Ästhetik I« und gibt das soziologische Proseminar »Soziologische Zentralbegriffe« sowie ein 14-tägiges soziologisches Kolloquium (Privatissimum)

Das Seminar findet donnerstags von 18 bis 20 Uhr statt

422–426 Archivzentrum Na 1, 902

422 Gisela Bezzel-Dischner, 27. April 1967

Seminar von Professor Th. W. Adorno:
»Negative Dialektik« – Protokoll vom 27. April 1967

Gisela Bezzel-Dischner
Frankfurt, Hans-Thoma-Str. 11

»Das Bedürfnis, Leiden beredt werden zu lassen, ist Bedingung aller Wahrheit. Denn Leiden ist Objektivität, die auf dem Subjekt lastet; was es als sein Subjektivstes erfährt, sein Ausdruck, ist objektiv vermittelt.« (27)[1]

Dieser Satz aus der »Negativen Dialektik« zeigt, in welcher Weise die in der Seminarstunde aufgeworfene Frage nach dem Verhältnis von Skepsis und Spekulation zu diskutieren ist.

Leiden, das als negative Objektivität definiert wird, gibt der abstrakten Gestalt des Hegelschen Widerspruches ein reales Gesicht: das der gesellschaftlichen Antinomien. Hegel behält recht, wenn er gegen den abstrakten Skeptizismus jene Philosophie ausspielt, die »das Skeptische als ein Moment in sich enthält, nämlich als das Dialektische.«[2][*1] Auf den Begriff der – solch abstrakten Skeptizismus transzendierenden – Spekulation kann nicht verzichtet werden. Nur ist diese nicht als das »Positiv-Vernünftige«, wie es Hegel definiert,[3] zu akzeptieren. Bei Hegel wird das Resultat, eben als Resultat das Positive. Gegen diese Form des »Spekulativen oder Positiv-Vernünftigen«, das den Widerspruch zum Positiven verklärt, richtet sich negative Dialektik.

Es gilt, die bestimmte Negation in der Auseinandersetzung mit der Gesellschaft zu entfalten und den Widerspruch, vorwärtstreibendes Moment der Dialektik, nicht wie Hegel zur absoluten Bewegung zu ontologisieren.

---

1 Theodor W. Adorno, *Negative Dialektik*, Frankfurt a. M. 1966, S. 27; vgl. GS, Bd. 6, S. 29.

2 »Wenn übrigens der Skeptizismus noch heutzutage häufig als ein unwiderstehlicher Feind alles positiven Wissens überhaupt und somit auch der Philosophie, insofern es bei dieser um positive Erkenntnis zu tun ist, betrachtet wird, so ist dagegen zu bemerken, daß es in der Tat bloß das endliche, abstrakt verständige Denken ist, welches den Skeptizismus zu fürchten hat und demselben nicht zu widerstehen vermag, wohingegen die Philosophie das Skeptische als ein Moment in sich enthält, nämlich als das Dialektische.« (HW, Bd. 8, S. 176)

3 »Das *Spekulative* oder *Positiv-Vernünftige* faßt die Einheit der Bestimmungen in ihrer Entgegensetzung auf, das *Affirmative*, das in ihrer Auflösung und ihrem Übergehen enthalten ist.« (Ebd.)

»Mit dem Begriff der bestimmten Negation hat Hegel ein Element hervorgehoben, das Aufklärung von dem positivistischen Zerfall unterscheidet, dem er sie zurechnet. Indem er freilich das gewußte Resultat des gesamten Prozesses der Negation: die Totalität in System und Geschichte, schließlich doch zum Absoluten machte, verstieß er gegen das Verbot und verfiel selbst der Mythologie.«[4][*2]

Professor Horkheimer wies darauf hin, daß bei Hegel der Begriff selbst, auch der des Widerspruchs, ein Subjektives bleibt.

Weil aber, entgegen der Identitätsthese, in negativer Dialektik der Gegenstand im Begriff nicht aufgeht – allerdings der Begriff auch nicht zum bloßen nominalistischen Zeichen depraviert wird –, kann der Widerspruch an sich selbst nicht positive Identität werden wie bei Hegel, sondern er ist »Index der Unwahrheit von Identität« (15)[5].

Negative Dialektik als »sich vollziehender Skeptizismus« im Gegensatz zum »sich vollbringenden Skeptizismus« bei Hegel,[6] der ein Ziel intendiert, bleibt nicht abstrakte Negation, sondern hält sich als *bestimmte* Negation an die *bestimmten* Erscheinungsformen der Gesellschaft, deren Antagonismen sie aufdeckt. Indem sie das Leiden am Bestehenden artikuliert, läuft sie nicht Gefahr, sich zum absoluten Widerspruch zu verhärten. Negation ist, wie Professor Horkheimer betonte, immer streng an dem von Menschen vermittelten, veränderbaren gesellschaftlichen Zusammenhang zu vollziehen.

Die Hegelsche Kritik jener Form von Skeptizismus, die bei abstrakter Negation stehenbleibt, kann negative Dialektik nicht berühren, die als »sich vollziehender Skeptizismus« den Satz von der Objektivität des Widerspruchs an der Objektivität

---

4 GS, Bd. 3, S. 41.
5 *Der Widerspruch ist nicht, wozu Hegels absoluter Idealismus unvermeidlich ihn verklären mußte: kein herakliteisch Wesenhaftes. Er ist Index der Unwahrheit von Identität, des Aufgehens des Begriffenen im Begriff. Der Schein von Identität wohnt jedoch dem Denken selber seiner puren Form nach inne. Denken heißt identifizieren. Befriedigt schiebt begriffliche Ordnung sich vor das, was Denken begreifen will. Sein Schein und seine Wahrheit verschränken sich.* (Adorno, Negative Dialektik, a.a.O. [s. Anm. 1], S. 15; vgl. GS, Bd. 6, S. 17)
6 In der »Phänomenologie des Geistes« [1807] bemerkt Hegel, der Weg des Zweifels sei »die bewußte Einsicht in die Unwahrheit des erscheinenden Wissens, dem dasjenige das Reellste ist, was in Wahrheit vielmehr nur der nicht realisierte Begriff ist. Dieser sich vollbringende Skeptizismus ist darum auch nicht dasjenige, womit wohl der ernsthafte Eifer um Wahrheit und Wissenschaft sich für diese fertig gemacht und ausgerüstet zu haben wähnt; nämlich mit dem *Vorsatze*, in der Wissenschaft auf die Autorität {hin} sich den Gedanken anderer nicht zu ergeben, sondern alles selbst zu prüfen und nur der eigenen Überzeugung zu folgen oder, besser noch, alles selbst zu produzieren und nur die eigene Tat für das Wahre zu halten. Die Reihe seiner Gestaltungen, welche das Bewußtsein auf diesem Wege durchläuft, ist vielmehr die ausführliche Geschichte der *Bildung* des Bewußtseins selbst zur Wissenschaft.« (HW, Bd. 3, S. 72f.)

des gesellschaftlichen Zwangs, dem das Subjekt ausgeliefert ist, im Vollzug verifiziert und nicht ein Vollbrachtes anstrebt. Sie *wird* also bestimmte Negation ohne den Umschlag in die Unwahrheit des Positiven: Die bestimmte Negation *wird* in negativer Dialektik immer wieder neu, das heißt, sie ist in keiner Weise vordefiniert wie die bestimmte Negation bei Hegel, die doch abstrakte Negation bleibt, weil sie sich dem Begrifflosen, Nichtidentischen, Besonderen nicht aussetzt, sondern sich seiner im Begriff versichert.

Von der bürgerlichen Skepsis andererseits, »die der Relativismus als Doktrin verkörpert« (45[7])[8], unterscheidet sich negative Dialektik durch den zwar negativ evozierten, darum jedoch nicht weniger emphatischen Wahrheitsanspruch; sie orientiert sich weder am Relativismus noch am Absolutismus »nicht, indem sie eine mittlere Position zwischen beiden aufsucht, sondern durch die Extreme hindurch, die an der eigenen Idee ihrer Unwahrheit zu überführen sind.« (43 f.)[9]

Indem der Begriff der Vermittlung ernst genommen wird, versucht negative Dialektik dem einheitsheischenden Identitätsdenken Widerstand zu leisten.

»Die Wendung zum Nichtidentischen bewährt sich in ihrer Durchführung« (155).[10] Weder wird das Nichtidentische dem Begriff gewaltsam einverleibt und ihm gleichgemacht noch als das unerhebliche »Besondere« ausgeschlossen. Deshalb kann es keine festen logisch bestimmten Kategorien geben, diese können nur, wie Professor Adorno erläuterte, »als notwendige Momente im Geflecht der Erfahrung« gezeigt werden; die Dignität von Kategorien wird vielmehr der »Konstellation« (162 ff.) zugesprochen,[11] in der sich das Kategoriale nur noch als

---

7 Korrigiert aus: »44«.
8 *Die angeblich soziale Relativität der Anschauungen gehorcht dem objektiven Gesetz gesellschaftlicher Produktion unterm Privateigentum an den Produktionsmitteln. Bürgerliche Skepsis, die der Relativismus als Doktrin verkörpert, ist borniert.* (Adorno, *Negative Dialektik*, a. a. O. [s. Anm. 1], S. 45; vgl. GS, Bd. 6, S. 47)
9 *Das Ärgernis bodenlosen Denkens für Fundamentalontologen ist der Relativismus. Diesem setzt Dialektik so schroff sich entgegen wie dem Absolutismus; nicht, indem sie eine mittlere Position zwischen beiden aufsucht, sondern durch die Extreme hindurch, die an der eigenen Idee ihrer Unwahrheit zu überführen sind.* (Adorno, *Negative Dialektik*, a. a. O. [s. Anm. 1], S. 43 f.; vgl. GS, Bd. 6, S. 47 f.)
10 *Solche Ambivalenz von Identität und Nichtidentität erhält sich bis in die logische Problematik der Identität hinein. Die Fachsprache hätte für diese die geläufige Formel von der Identität in der Nichtidentität parat. Ihr wäre zunächst die Nichtidentität in der Identität zu kontrastieren. Solche bloß formale Umkehrung indessen ließe Raum für die Subreption, Dialektik sei trotz allem prima philosophia als »prima dialectica«. Die Wendung zum Nichtidentischen bewährt sich in ihrer Durchführung; bliebe sie Deklaration, so nähme sie sich zurück.* (Adorno, *Negative Dialektik*, a. a. O. [s. Anm. 1], S. 155; vgl. GS, Bd. 6, S. 157)
11 Vgl. Adorno, *Negative Dialektik*, a. a. O. (s. Anm. 1), S. 162–166; vgl. GS, Bd. 6, S. 164–168.

Moment bewährt, das nicht länger vom Nichtidentischen getrennt und verabsolutiert werden kann.

Entscheidend für diese – allem Apriorischen, Vorgeordneten widerstehende – Intention scheinen mir Begriffe wie »Entfaltung« (25)[12], »Prozeß« (164)[13], »Vollzug« (36f.)[14], »Verlauf« (26, 114)[15], »Durchführung« (155) etc. zu sein, die ihre Analoga in moderner Kunsttheorie haben.

Die »plötzlichen Erkenntnisse« kommen weder aus dem Nichts noch aus dem Ewigen; sie leuchten, wie die Joyceschen Epiphanien, in Augenblicken auf, die den eingeschliffenen Bewußtseinszusammenhang durchbrechen.

[*1] Hegel, Werke 8,[16] S. 195
[*2] »Dialektik der Aufklärung«,[17] S. 37

---

12 *Philosophie ist nicht abzuspeisen mit Theoremen, die ihr wesentliches Interesse ihr ausreden wollen, anstatt es, sei es auch durchs Nein, zu befriedigen. Das haben die Gegenbewegungen gegen Kant seit dem neunzehnten Jahrhundert gespürt, freilich stets wieder durch Obskurantismus kompromittiert. Der Widerstand der Philosophie aber bedarf der Entfaltung.* (Adorno, *Negative Dialektik*, a.a.O. [s. Anm. 1], S. 25; vgl. GS, Bd. 6, S. 27)
13 *Erkenntnis des Gegenstands in seiner Konstellation ist die des Prozesses, den er in sich aufspeichert. Als Konstellation umkreist der theoretische Gedanke den Begriff, den er öffnen möchte, hoffend, daß er aufspringe etwa wie die Schlösser wohlverwahrter Kassenschränke: nicht nur durch einen Einzelschlüssel oder eine Einzelnummer sondern eine Nummernkombination.* (Adorno, *Negative Dialektik*, a.a.O. [s. Anm. 1], S. 163f.; vgl. GS, Bd. 6, S. 165f.)
14 *Hegel hatte gegen die Erkenntnistheorie eingewandt, man werde nur vom Schmieden Schmied, im Vollzug der Erkenntnis an dem ihr Widerstrebenden, gleichsam Atheoretischen. [...] Der Gedanke, der nichts positiv hypostasieren darf außerhalb des dialektischen Vollzugs, schießt über den Gegenstand hinaus, mit dem eins zu sein er nicht länger vortäuscht; er wird unabhängiger als in der Konzeption seiner Absolutheit, in der das Souveräne und das Willfährige sich vermengen, eines vom anderen in sich abhängig.* (Adorno, *Negative Dialektik*, a.a.O. [s. Anm. 1], S. 36f.; vgl. GS, Bd. 6, S. 38f.)
15 *Auch Musik, und wohl jegliche Kunst, findet den Impuls, der jeweils den ersten Takt beseelt, nicht sogleich erfüllt, sondern erst im artikulierten Verlauf.* (Adorno, *Negative Dialektik*, a.a.O. [s. Anm. 1], S. 25f.; vgl. GS, Bd. 6, S. 27f.) – *Nichtig ist der unmittelbare Ausdruck des Unausdrückbaren; wo sein Ausdruck trug, wie in großer Musik, war sein Siegel das Entgleitende und Vergängliche, und er haftete am Verlauf, nicht am hindeutenden Das ist es. Der Gedanke, der das Unausdrückbare denken will durch Preisgabe des Gedankens, verfälscht es zu dem, was er am wenigsten möchte, dem Unding eines schlechthin abstrakten Objekts.* (Adorno, *Negative Dialektik*, a.a.O. [s. Anm. 1], S. 114; vgl. GS, Bd. 6, S. 116)
16 D.i. HJu, Bd. 8.
17 Vgl. Max Horkheimer und Theodor W. Adorno, *Dialektik der Aufklärung. Philosophische Fragmente*, Amsterdam 1947.

423 Bernd Moldenhauer, 11. Mai 1967

Protokoll der Seminarsitzung vom 11. V. 1967

Idealistische Systeme und kapitalistische Wirtschaftsform gleichen einander in dem für beide konstitutiven Bestreben, alles was draußen ist, in ihren Funktionszusammenhang hineinzuziehen. Diese Dynamik der bürgerlichen Denk- wie Produktionsweise, die die Statik der feudalen Verhältnisse und der sie reflektierenden scholastischen Ontologie ablöst, ist aber selber statischen Wesens. Das ist philosophisch abzulesen am Versuch Hegels, die Bewegung der Begriffe in einem absoluten Geist zum Stillstand zu bringen, und wird soziologisch besonders an spätbürgerlichen Gesellschaftstheorien offenbar wie der Paretos, dessen Theorem vom Wechsel der Eliten ein Bild unablässiger Dynamik zeichnet, während die Verhältnisse selber gänzlich unbewegt bleiben.[18] »Die Gesellschaft selber ist gleichsam ... das idealistische System, das die Philosophie vergeblich zu sein beansprucht.« (Referat S. 15)[19] Bürgerliches Systemdenken erweist sich als schlechte Säkularisierung der Theologie. Was auf deren Gott projiziert wurde: eine Welt geschaffen zu haben nach seinem Bilde, das unternimmt nach einer Bemerkung aus dem »Kommunistischen Manifest« die Bourgeoisie in eigener Regie.[20]

Seine Grenze hat dieser gesellschaftliche Idealismus am Nichtidentischen, demjenigen an den Dingen, was ökonomisch unter der Kategorie ›Gebrauchswert‹ befaßt ist. Aber bereits dessen bloße Wahrnehmung wird von der Herrschaftsperspektive des Systems verhindert. Negative Dialektik soll dagegen nach einem Postulat Benjamins von der Perspektive der Unterdrückten ausgehen.[21] Prof.

---

18 Vgl. Vilfredo Pareto, Allgemeine Soziologie [1916], bes. von Hans Wolfram Gerhard, übers. und eingel. von Carl Brinkmann, Tübingen 1955, S. 221–224.
19 Der entsprechende Referatstext wurde nicht aufgefunden.
20 »Die Bourgeoisie reißt durch die rasche Verbesserung aller Produktionsinstrumente, durch die unendlich erleichterten Kommunikationen alle, auch die barbarischsten Nationen in die Zivilisation. Die wohlfeilen Preise ihrer Waren sind die schwere Artillerie, mit der sie alle chinesischen Mauern in den Grund schießt, mit der sie den hartnäckigsten Fremdenhaß der Barbaren zur Kapitulation zwingt. Sie zwingt alle Nationen, die Produktionsweise der Bourgeoisie sich anzueignen, wenn sie nicht zugrunde gehn wollen; sie zwingt sie, die sogenannte Zivilisation bei sich selbst einzuführen, d. h. Bourgeois zu werden. Mit einem Wort, sie schafft sich eine Welt nach ihrem eigenen Bilde.« (MEW, Bd. 4, S. 466)
21 Vermutlich eine Anspielung auf die VIII. »Geschichtsphilosophische These« Benjamins: »Die Tradition der Unterdrückten belehrt uns darüber, daß der ›Ausnahmezustand‹, in dem wir leben, die Regel ist. Wir müssen zu einem Begriff der Geschichte kommen, der dem entspricht. Dann wird

Adorno kritisiert das noch Undialektische an diesem Vorschlag: Dialektisch wäre erst die Auflösung des Standpunktdenkens selber durch ein Verfahren, welches die untersuchten Phänomene überhaupt nicht aus irgendeiner Perspektive betrachtet, sondern sie an ihrem eigenen Begriff mißt.

Das gilt aber auch für das System selber: Es ist nicht abstrakt zu negieren. Vielmehr ist an ihm der systematische Impuls zu retten, der Einsicht in objektive Zusammenhänge ermöglicht, die sowohl mit Mitteln des subjektiven Idealismus wie der formalen Logik sich nicht gewinnen ließen. Ein solches Denken enthielte durchaus spekulative Momente. »Der veränderte Begriff der Spekulation ist Modell der Stellung der negativen Dialektik zur positiven Hegelschen.« (Referat S. 17) Hegel kennt Spekulation nur als absolute, in der das Moment skeptischer Negativität am Denken durchs Denken selber bereits aufgehoben sein soll. Spekulation ist daher ungebrochener Ausdruck des Totalitätsanspruches des Systems. Eine negative Dialektik ist dagegen auf die Durchdringung dessen aus, was immer aus den Systemen herausfiel: des Nichtidentischen. Dazu also ist Spekulation notwendig: »Ohne jene aktive Erhebung des Begriffs über das bloß Unmittelbare muß heute das Denken zur hinnehmenden Ideologie entarten, denn einzig die Spekulation hält mit der platonischen Praxis, der gesellschaftlichen Dialektik von Wesen und Erscheinung noch Schritt.« (Referat S. 16) Spekulation als Ausdruck des Widerstandes gegen die Objektivität tritt in ein andres Verhältnis zur Skepsis: Sie ist nicht mehr Vorstufe der Spekulation, sondern fällt mit ihr zusammen.

Solches in eins spekulatives und skeptisches Denken ist offen, ungedeckt, seine Bestimmungen sind nicht in einem System abgesichert. Fragmente sind die angemessene Form dieser Philosophie. Sie zeigen an, daß Dialektik als negative ausschließlich in ihrem Vollzug besteht und abbricht, wo dessen immanente Bewegung es erfordert. Die Kontingenz dieses Verfahrens ist geringer als die des systematischen, welches seine Notwendigkeit und Sicherheit daraus herleitet, daß es vor jeder konkreten Analyse schon Bescheid weiß. Absolute Immanenz schlägt um in ihr Gegenteil. Negative Dialektik kalkuliert die unaufhebbare Transzendenz des Gedankens seinem Gegenstand gegenüber ein, ohne darum Transzendenz zu hypostasieren. Ihr Verfahren stellt sich dar als Konfiguration einander korrigierender Elemente. An der speziellen Erkenntnis, die aus solchen

---

uns als unsere Aufgabe die Herbeiführung des wirklichen Ausnahmezustands vor Augen stehen; und dadurch wird unsere Position im Kampf gegen den Faschismus sich verbessern. Dessen Chance besteht nicht zuletzt darin, daß die Gegner ihm im Namen des Fortschritts als einer historischen Norm begegnen. – Das Staunen darüber, daß die Dinge, die wir erleben, im zwanzigsten Jahrhundert ›noch‹ möglich sind, ist kein philosophisches. Es steht nicht am Anfang einer Erkenntnis, es sei denn der, daß die Vorstellung von Geschichte, aus der es stammt, nicht zu halten ist.« (BGS, Bd. I·2, S. 697)

Konfigurationen entspringt, zeichnet sich die Möglichkeit einer Veränderung des Begriffs der Erkenntnis selber ab.

Die erste der Thesen des Referenten stellt zur Diskussion, ob Dialektik als objektiv motiviertes Denken den Umkreis der bürgerlichen Verhältnisse zu überschreiten vermag – etwa in Form einer philosophischen Anthropologie und Geschichtstheorie –, oder ob sie unter veränderten Bedingungen möglicherweise selber hinfällig wird. Die Frage, ob es »später einmal« Dialektik noch geben werde, wird verschärft durch den Umstand, daß bis jetzt jenseits von Dialektik nur Regression abzusehen ist.

In einem ersten Lösungsversuch wird auf Marx verwiesen, dessen Intention zufolge dialektische Kategorien im dem Maße verifiziert sind, als sie in der Praxis aufgehoben sind. Eine solche Verifikation wäre außertheoretisch, sie mündete nicht in ein System von Aussagen, sondern in die Realität. Zudem sind Marxens Kategorien kritisch, nicht ontologisch. Damit wäre Dialektik inhaltlich wie formal an die bürgerliche Gesellschaft gebunden als die Erfahrung, die diese Gesellschaft mit sich selber macht. Für die ›Negative Dialektik‹ wird dagegen von ihrem Autor beansprucht, daß in ihr – ohne Antizipation – Modelle geistiger Verhaltensweisen entwickelt worden seien, die für ein befreites Denken nicht ohne Konsequenz wären. Der Grund für die größere Widerstandskraft einer negativen Dialektik dem Bestehenden gegenüber ist in ihrem Versuch zu sehen, Nichtidentisches ohne jede Hypostasierung zu denken. Bergson, der eine konkrete Vorstellung von solcher Nichtidentität hatte, hat diese als Positivität ausgesprochen und damit verfälscht.

Charakteristisch für negative Dialektik ist, daß sie in der Frage nach ihrem künftigen Schicksal ein Moment der prima philosophia entdeckt: Ein befreites Denken wäre unter anderem nämlich dadurch ausgezeichnet, daß es diese Frage nicht mehr so zwanghaft zu stellen brauchte.

Als nähere Bestimmung des befreiten Denkens taucht die Wendung von der mimetischen Anschmiegung des Denkens an die Sachen auf. Sie wird dahingehend korrigiert, daß erst die Dialektik zu leisten vermöchte, was Mimesis als Schein leisten sollte. Daher kann auch ein vom Systemzwang freies Denken auf logische Kategorien nicht verzichten. Dafür verändert es diese selber durch kritische Reflexion. Die Formulierung einer Logik, die durch Selbstreflexion konkret über die Logik hinausreicht, ist die zentrale Intention der ›Negativen Dialektik‹.

Bernd Moldenhauer[22]

---

22 Unterschrift.

424 Helga Pesel, 15. Juni 1967

Helga Pesel

Philosophisches Hauptseminar
Protokoll[23] der Sitzung vom 15. Juni 1967

Die Intention Wohlfarths ist es wohl ebenso wie die Adornos, Kritik am Rationalismus in seiner heutigen Gestalt zu üben und das zu retten, was er im unaufhaltsamen Fortschreiten immer mehr verhindert: das Glück der Menschen.[24]

Doch können die Wohlfarthschen Thesen, gerade in dem Kontext der Negativen Dialektik, nicht unwidersprochen hingenommen werden. Es scheint sich in ihnen eine Position abzuzeichnen, die von der Adornos wohl zu unterscheiden ist, nämlich letztlich undialektisch Glück und ratio gegeneinander auszuspielen und damit in einen Irrationalismus zu fallen. Der Verdacht, daß Wohlfarth mit einigen Formulierungen in bedenkliche Nähe zu Heidegger gerate, darf nicht als eine böswillige Unterstellung falscher Prämissen oder Verzerrung des Zusammenhangs mißverstanden werden. Er wurde wohl geäußert aus der Besorgnis, daß hier eine bloße Reaktion auf den Rationalismus vorliege, die sich ihres Charakters als Reaktion nicht bewußt ist, und sich darin wiederhole, was aus der Geschichte der Philosophie hinlänglich bekannt ist: wie berechtigte Kritik an der bloß partikularen Rationalität in abstrakte Negation der ratio mündet. Ist es aus der Perspektive dessen, der Kenntnis der ideologischen Ausbeutung irrationalistischer Philosopheme hat, verantwortbar, eine Forderung auszusprechen wie die, man müsse wagen, in den Abgrund zu springen?[25] Zwar verliert ein wahrer Gedanke nichts von seiner Wahrheit durch den Hinweis darauf, daß er mißver-

---

23 Die Verfasserin des Sitzungsprotokolls schickt einen Durchlag desselben an Horkheimer nach Montagnola, begleitet von den Worten: »Sehr geehrter Herr Professor Horkheimer, / gestatten Sie, daß ich Ihnen – auf die Veranlassung von Prof. Adorno hin – einen Durchschlag des Protokolls der Seminarsitzung schicke, an der Sie teilgenommen haben. Ich glaube, daß ich im Namen des ganzen Seminars spreche, wenn ich die Bitte hinzufüge, Sie mögen doch möglichst oft nach Frankfurt kommen. / Helga Pesel.« (Archivzentrum Na 1, 902) – Horkheimer antwortet am 8. Juli 1967: »Sehr geehrtes Fräulein Pesel, / Nur ein Wort des Dankes für Ihr sehr schönes Protokoll der Sitzung des Seminars vom 15. Juni. Ich habe mich ganz aufrichtig gefreut, nicht zuletzt auch mit den begleitenden Worten. / Die im letzten Abschnitt angeschlagenen Themen sind so aktuell, daß wir im nächsten Semester einmal eine eigene Sitzung darauf verwenden sollten. / Mit vielen Grüßen / Ihr« (ebd.).
24 Irving Wohlfarth, »Zwei Thesen«, ebd.
25 So im Referat.

standen oder propagandistisch genutzt werden könnte. Das wäre gegen den Einwand, wie er vorgebracht wurde, zu sagen. Aber ist es überhaupt wahr, daß der Abgrund die Rettung sein kann? Kann ich, nachdem der Abgrund des Unbewußten ständig mobilisiert wird, um aus der Welt eine Hölle zu machen, ihn noch unbefangen für den Himmel in Anspruch nehmen?

Wenn in der Negativen Dialektik alle Kraft aufgeboten wird, um durch den Begriff über den Begriff hinauszugelangen, so scheint dagegen in den Thesen Wohlfarths der Vorschlag zu liegen, die Begriffe wegzuwerfen und zu sehen, was danach noch übrig bleibt.

Wohl ist die Einsicht richtig, daß das Chaos des Mannigfaltigen der Erkenntnistheorie »zugleich Schrecken und Produkt des schwachen Ichs ist« (Thesen S. 2), vom Denken selbst als sein Widerpart aufgerichtet; so daß identifizierende ratio nachträglich verschlingen kann, was sie sich vorher als Fraß zubereitete. Was Adorno den »paranoischen Eifer der bürgerlichen Philosophie« nennt, »nichts zu dulden als sie selbst, und es mit aller List der Vernunft zu verfolgen« (Negative Dialektik S. 31)[26], resultiert eben daraus. Aber es spiegelt doch jede Erkenntnistheorie, wie immer auch verzerrt oder verkürzt, den Prozeß wider, der die Menschheit aus der Naturverfallenheit herausführte. Das Chaos des Mannigfaltigen ist nicht nur eine Projektion des identifizierenden Subjekts und insofern dessen eigenes Produkt, das nur weganalysiert werden müßte, damit die Welt korrigiert würde; sondern es ist, bezogen auf die Genesis von Kultur, durchaus real. Das Ich denke, das alle unsere Vorstellungen soll begleiten können,[27] ist Resultat der Anstrengung, die aus dem Naturzustand völliger Indifferenz eine begriffliche Welt machte, wie schwach auch immer die Position von Vernunft bis heute sein mag. Das Wahnhafte, das zumindest als Tendenz an allen philosophischen Systemen sich aufzeigen ließe, hat seinen Grund wohl in eben dieser schwachen Position von Vernunft, die alles begründen soll und doch sich selbst nicht aus dem Naturzusammenhang zu lösen vermag. Vernunft spreizt sich auf als das Absolute und ist doch bloß eine partikulare, die das Ganze, das sie zu setzen vermeint, nicht erreicht. Partikulare Rationalität bedeutet die Irrationalität des

---

26 *Große Philosophie war vom paranoischen Eifer begleitet, nichts zu dulden als sie selbst, und es mit aller List ihrer Vernunft zu verfolgen, während es vor der Verfolgung weiter stets sich zurückzieht. Der geringste Rest von Nichtidentität genügte, die Identität, total ihrem Begriff nach, zu dementieren.* (Adorno, *Negative Dialektik*, a.a.O. [s. Anm. 1], S. 31; vgl. GS, Bd. 6, S. 33)

27 »Das: *Ich denke*, muß alle meine Vorstellungen begleiten *können*; denn sonst würde etwas in mir vorgestellt werden, was gar nicht gedacht werden könnte, welches eben so viel heißt, als die Vorstellung würde entweder unmöglich, oder wenigstens für mich nichts sein. Diejenige Vorstellung, die vor allem Denken gegeben sein kann, heißt *Anschauung*.« (KW, Bd. III, S. 136 [B 131f.])

Ganzen, und Vernunft muß ohnmächtig bleiben, solange sie dessen sich nicht besinnt.

Wenn geäußert wurde, daß in solcher Selbstreflexion des Denkens man ohne die Psychoanalyse nicht auskomme,[28] so ist dem zuzustimmen. Philosophie an dieser Stelle den Vorwurf des Psychologismus zu machen, ist nicht gerechtfertigt, weil Psychoanalyse ihr spezifisches Interesse jenseits von Psychologie hat. Etwa die für die Selbstbesinnung der ratio wesentliche Einsicht in den Zwangscharakter des Systems wäre ohne die Erkenntnisse der Psychoanalyse schwerlich begrifflich zu fixieren. Vorgeworfen wird Wohlfarth allerdings zu Recht, daß er in dem Aufklärungsprozeß der Vernunft über sich selbst dem Unbewußten der Psychoanalyse Schlüsselcharakter gibt. Der Sprung in den Abgrund des ins Unbewußte Verdrängten soll die Rettung sein. Kontrovers ist keineswegs die Intention: daß es alleine darauf ankomme, den partikularen Fortschritt und damit die fortschreitende Irrationalität aufzuhalten und Fortschritt zu einem von Vernunft zu machen.

Die notwendige Selbstreflexion von Vernunft hätte zu erkennen, daß ratio als bloß quantifizierende schon entstellt ist, daß ihre qualitativen, unterscheidenden Momente im Zuge ihres Fortschritts untergegangen, in quantitative aufgelöst worden sind, und sie hätte zu versuchen, sich wieder in ein Verhältnis zum Qualitativen zu bringen.

Ohne Zweifel hat die entstellte ratio die Individuen geprägt, und die schlechte Realität steht in einem Kausalverhältnis zu dem von Verdrängtem vollen und deshalb beängstigenden irrationalen Unbewußten. Aber es tut zunächst gut, die Begriffe zu klären: Das Unbewußte enthält nicht nur Verdrängtes, sondern Triebregungen überhaupt, gleichgültig, welches Schicksal sie erleiden; und Triebe sind allererst eine Naturkategorie. Insofern ist für die Irrationalität des Unbewußten nicht Vernunft allein verantwortlich. Sublimierung des Triebes und Verdrängung spielen gleicherweise im Unbewußten sich ab, d. h., nur ihre Äußerung wird bewußt. Wenn auch Freud kein immanent psychologisches Kriterium zur Unterscheidung von Sublimierung und Verdrängung gibt, sondern die Differenz sich an einem Äußerlichen, der Kultur, erweist, kann man doch wenigstens sagen, daß im sublimierten Trieb nichts von Verdrängung ist. Er findet seine, wenn auch nicht ursprüngliche Befriedigung, während der verdrängte Trieb aufgestaut wird infolge der Befriedigungsversagung und zu unkontrollierbaren Reaktionsbildungen neigt. Bei der Verdrängung sowohl als auch bei der Sublimation werden die Menschen um die volle Triebbefriedigung betrogen. Allerdings gilt auch das

---

[28] Diese These wird im Referat geäußert.

Umgekehrte: Volle und unmittelbare Befriedigung des Triebes ist ebenso ein Trug, weil der umgekehrte Schluß nicht zulässig ist. Wie die Psychoanalyse lehrt, schafft erst der Triebaufschub überhaupt die Fähigkeit, Lust und Unlust zu unterscheiden. Lust und Verbot sind voneinander abhängig, und im Verbot steckt die ganze Kultur. Zeigt Freud im »Unbehagen in der Kultur« den Preis an Triebverzicht auf, der für die Kulturleistungen dargebracht wurde und ständig weiter gezahlt werden muß,[29] so ist dagegen zu fragen, ob er notwendig so hoch ist. Ist nicht der Zustand einer versöhnten Gesellschaft denkbar, die keinen Triebverzicht fordert, den Trieb aber auch nicht als blinden, irrationalen entläßt, sondern in der der freigesetzte Trieb konvergiert mit einer mündigen ratio.

Es schien die kühne These Wohlfarths, über die traditionellen Begriffe von Rationalität und Irrationalität hinauszugehen. Aber sie erwies sich beim näheren Zusehen als ein bloßes Gegeneinanderstellen der Begriffe, ein Spiel mit der Sprache. Das jenseits der ratio Stehende soll erreicht werden im Traum, der dem Verdrängten zur Sprache verhelfe. Aber der Traum ist ein Verbündeter der schlechten Realität, über die hinauszugelangen wäre. Er ist Flucht vor der Realität und – wenn er glücklich ist – deren vorgetäuschte Bewältigung, psychische Arbeit, die dem Realitätsprinzip unterstellt ist; das Erlösende allerdings schlicht, weil er Spannungszustände aufhebt. Aber weder kann der Traum für das Lustprinzip allein einstehen, noch gar Bände der Logik aufwiegen.

Wohl könnte man Freud nachweisen, daß er die Sphäre des Irrationalen mit einem ganz rationalistischen, ökonomischen Denkmodell einzufangen sucht und ihr damit nicht gerecht wird; daß er mit der Kategorisierung der psychischen Abläufe Rationalität in die wesentlich irrationalen Vorgänge notwendig hineinträgt. Wenn am Freudschen Rationalismus kritisiert werden muß, daß die psychischen Vorgänge weit differenzierter sind, als sie sich mit dessen Mitteln darstellen lassen, so besteht doch zumindest die Verpflichtung, der Psychoanalyse entlehnte termini so differenziert zu verwenden, wie sie an Ort und Stelle gemeint sind. Kritik an der Unzulänglichkeit von Begriffen darf nicht, wie es in den Thesen allem Anschein nach geschieht, stillschweigend zu deren Ersatz durch die Metapher führen; das wäre unreflektierte Reaktion.

Nicht zu leugnen ist, daß zwangsläufig jedem Begriff etwas Metaphorisches anhaftet, weil er nicht das Besondere, das er subsumiert, ausspricht, sondern nur dessen allgemeines Bild, ein Schema. Es wäre an der Philosophie, eben diese

---

[29] Freud schreibt, es sei »unmöglich zu übersehen, in welchem Ausmaß die Kultur auf Triebverzicht aufgebaut ist, wie sehr sie gerade die Nichtbefriedigung (Unterdrückung, Verdrängung oder sonst etwas?) von mächtigen Trieben zur Voraussetzung hat. Diese ›Kulturversagung‹ beherrscht das große Gebiet der sozialen Beziehungen der Menschen; wir wissen bereits, sie ist die Ursache der Feindseligkeit, gegen die alle Kulturen zu kämpfen haben.« (FGW, Bd. XIV, S. 457)

Differenz, das Nichtidentische an den Dingen hervorzubringen; sich ihres metaphorischen Charakters bewußt zu werden. Tut sie das nicht, sondern verwischt zudem die in den Begriffen immerhin herausgebildeten Differenzen mit deren Substitution durch Metaphern, dann macht sie sich des doppelten Unrechts an den Dingen schuldig. Der Traum als Gegenbild der ratio vermag nicht über sie hinauszuführen, vielmehr ist zu befürchten, daß seine Proklamation als ein positives Bild des Irrationalen zu einem noch falscheren Bewußtsein führt. Die metaphorische Sprache, mit der operiert wird, legt den Verdacht nahe, daß die Rettung, entgegen der Intention doch jenseits der ratio gesucht wird.

Wenn hier der Vorwurf des Irrationalismus erhoben wird, so soll damit nicht dessen Stellenwert unterschlagen werden. Bei Klages etwa gibt sich der Irrationalismus als Geistfeindschaft, die zwar der ratio berechtigt die Unterdrückung anlastet, selbst aber Kategorien wie den Stamm oder die Horde verklärt zu einem Jenseits von Repression, die sie doch beinhalten.[30] Sicherlich ist von Wohlfarth eine Befreiung von Repression gemeint. Doch beängstigend, wie rechter und linker Extremismus einander ähneln. So scheinen Passagen aus dem ›Manifeste du Surréalisme‹ von Breton sich zunächst nur schwer von faschistischen Parolen zu unterscheiden.[31] Und die Tücke der Wohlfarthschen Thesen ist, daß man zwar ihren Impuls nachzuvollziehen vermag, nicht weniger aber den der Heideggerschen Philosophie. Es leisten die Thesen wohl doch nicht mehr, als die Not des gegenwärtigen Denkens zu signalisieren, nicht aber einen Ausweg zu zeigen.

---

30 Bei Klages heißt es etwa: »Aus und vorbei ist es mit den Indianern, vorbei mit den Urbewohnern Australiens, vorbei mit allen besten der polynesischen Stämme; die tapfersten Negervölker widerstreben und erliegen der ›Zivilisation‹; und soeben erlebten wir es, daß Europa gleichmütig zusah, wie sein letztes Urvolk, die Albaner, die ›Adlersöhne‹, die ihren Stamm bis auf die sagenhaften ›Pelasger‹ zurückführen, von den Serben zu Tausenden und Abertausenden planmäßig umgebracht wurden. – Wir täuschten uns nicht, als wir den ›Fortschritt‹ leerer Machtgelüste verdächtig fanden, und wir sehen, daß Methode im Wahnwitz der Zerstörung steckt. Unter den Vorwänden von ›Nutzen‹, ›wirtschaftlicher Entwicklung‹, ›Kultur‹ geht er in Wahrheit auf *Vernichtung des Lebens* aus.« (Ludwig Klages, Mensch und Erde. Zehn Abhandlungen [1920], 5. Aufl., Stuttgart 1956 [Kröners Taschenausgabe; 242], S. 12)
31 Vgl. André Breton, Erstes Manifest des Surrealismus 1924, in: André Breton, Die Manifeste des Surrealismus, übers. von Ruth Henry, Reinbek bei Hamburg 1968, S. 9–43.

425 Udo Riechmann,
29. Juni 1967

Prof. Adorno: Philosophisches Hauptseminar zur »Negativen Dialektik«. Protokoll der Sitzung vom 29. 6. 1967 (Udo Riechmann).

Hegels spekulative Kritik an der bewußtlosen Beziehung des gesunden Menschenverstands auf das Absolute, in der jener die »relativen Identitäten«, deren er sich jeweils versichert, »in ihrer beschränkten Form« verabsolutiert,[32] vernichtet schließlich die, wenn auch gegeneinander unvermittelten, Wahrheiten des gesunden Menschenverstandes in der »absoluten Identität« des im Objekt verschwindenden Subjekts. Der spekulative Tod des Endlichen, das ex negativo gewonnene Absolute stellt sich dar »als die Vernichtung des Bewußtseins selbst«, »die Nacht der bloßen Reflexion«, in der der gesunde Menschenverstand im Unendlichen aufgehoben ist, das für die Spekulation »der Mittag des Lebens« ist.[33][*1]

Negative Dialektik verzichtet weder auf den Momentcharakter der Gegenstände und damit ihren durch Denken erkennbaren Zusammenhang untereinander, noch setzt sie sich über die einzelnen Erscheinungen spekulativ hinweg: »Sie nötigt das Denken, vorm Kleinsten zu verweilen. Nicht über Konkretes ist zu philosophieren, vielmehr aus ihm heraus.« (Negative Dialektik, S. 41)[34] Die Erkenntnis des Konkreten konstituiert überhaupt erst eine inhaltliche Kritik an der bestehenden gesellschaftlichen Ordnung. Kritik in geschichtsphilosophischem und gesellschaftstheoretischem Sinn ist abhängig von der Erkenntnis der differentia specifica, die in der ontologischen Tradition in den Nebensatz herabgesetzt wurde. Wie alle Philosophie muß negative Dialektik identifizieren, fixieren; aber im Bewußtsein des zeitlichen Charakters von Wahrheit und der prinzipiellen

------

32 »Die relativen Identitäten des gesunden Menschenverstands, die ganz, wie sie erscheinen, in ihrer beschränkten Form auf Absolutheit Anspruch machen, werden Zufälligkeiten für die philosophische Reflexion.« (HW, Bd. 2, S. 31)

33 »Wenn für den gesunden Menschenverstand nur die vernichtende Seite der Spekulation erscheint, so erscheint ihm auch dies Vernichten nicht in seinem ganzen Umfang. Wenn er diesen Umfang fassen könnte, so hielte er sie nicht für seine Gegnerin; denn die Spekulation fordert in ihrer höchsten Synthese des Bewußten und Bewußtlosen auch die Vernichtung des Bewußtseins selbst, und die Vernunft versenkt damit ihr Reflektieren der absoluten Identität und ihr Wissen und sich selbst in ihren eigenen Abgrund, und in dieser Nacht der bloßen Reflexion und des räsonierenden Verstandes, die der Mittag des Lebens ist, können sich beide begegnen.« (Ebd., S. 35)

34 Adorno, *Negative Dialektik*, a. a. O. (s. Anm. 1), S. 41; vgl. GS, Bd. 6, S. 43.

Nichtidentität des Gegenstandes mit seiner begrifflichen Darstellung entgeht sie der Gefahr der Hypostase. Sie versenkt mimetisch sich in die Dinge selbst, riskiert sich, aber indem sie die [in] diesem Prozeß so gründlich in sich zu reflektieren versucht, »daß er in eine theoretische Einsicht umschlägt, die nicht das Besondere fortläßt, sondern es in sich bewahrt und es aus der Kraft der eigenen Bewegung ins Verbindliche treibt.«[35][*2]

Mangels dieser Versenkung ins konkret Einzelne verfällt der Relativismus, indem er nicht nur das abstrakt Allgemeine, sondern jegliches leugnet, der Beliebigkeit. Er spiegelt damit nur den Zustand einer Gesellschaft partikularer Interessen und borniert Meinungen, in der zwar jeder meinen und wenn nur nicht zu laut fordern darf, in der jedoch niemand einen Anspruch hat. Die Bedingtheit des Denkens wäre nicht nur abstrakt zu behaupten, sondern zu ergänzen durch die Einsicht in die Bedingungen, die solches Denken hervorbringen. Aber gerade das verhindert die Verabsolutierung. Der zynische Verweis auf das kümmerliche Denken der Individuen soll diese zur Raison bringen. Denn nicht etwa sind reale Verhältnisse relativ, sondern Aussagen über sie und daraus sich ableitende Ansprüche auf Veränderung. Indem der Relativismus die Sinnlosigkeit der Geschichte und die Zufälligkeit aller ihrer Erscheinungen postuliert, setzt er jedoch noch keine positive Theorie der Relativität. Der verbreitete Vorwurf, er setze zumindest eines absolut, nämlich sich selbst, trifft ihn deshalb nicht. Diese immanente Fortführung des Relativismus liefert erst Heideggers Theorie der Geschichtlichkeit, indem sie die Geschichte, das bloße Werden zum konstituierenden Element aller Erscheinungen erklärt.

Während Relativismus und Fundamentalontologie die Qualitäten des konkreten Einzelnen als zufällig und nicht identisch abtun, setzt der Positivismus sich einfach über sie hinweg: Was sich nicht in sein Koordinatensystem einpaßt, existiert nicht oder interessiert ihn zumindest nicht. Anpassung, nicht mehr Scheinindividualität wie im Relativismus, wird zum obersten Prinzip. Wer sich nicht in die Maschen des Fangnetzes einpaßt, mit dem Popper die formale Logik

---

35 *Der mittlere, sich einfühlende Kunstverständige, der Mann mit Geschmack ist zumindest heute und wahrscheinlich schon stets in Gefahr, die Kunstwerke zu verfehlen, indem er sie zu Projektionen seiner Zufälligkeit erniedrigt, anstatt ihrer objektiven Disziplin sich zu unterwerfen, Valéry bietet den fast einzigartigen Fall des zweiten Typus, dessen, der vom Kunstwerk durchs métier, den präzisen Arbeitsprozeß weiß, in dem aber dieser Prozeß sogleich so glücklich sich reflektiert, daß er in die theoretische Einsicht umschlägt, in jene gute Allgemeinheit, die nicht das Besondere fortläßt, sondern es in sich bewahrt und es aus der Kraft der eigenen Bewegung ins Verbindliche treibt. Er philosophiert nicht über Kunst, sondern durchbricht, im gleichsam fensterlosen Vollzug des Gestaltens selber, die Blindheit des Artefakts.* (GS, Bd. 11, S. 117)

vergleicht,³⁶ kommt nicht ohne Schäden davon. Die ratio, wie sie sich in der Neuzeit als Inbegriff quantifizierenden und kalkulierenden Denkens herausgebildet hat, abstrahiert von den Qualitäten der einzelnen Gegenstände. Das von Leibniz definierte substitutionslogische Identitätsprinzip eadem sunt, quorum unum potest substitui altere salva veritate,³⁷ entspricht dem gegen die qualitativen Gebrauchswerte gleichgültigen Austauschverhältnis der Waren untereinander. Gleichwohl enthält die ratio, insofern ihr Begriff den des analytischen Verstandes enthält, das qualitative Moment der differenzierenden Analyse ununterschiedener Identität. Erst »die Thätigkeit des Scheidens«, »die Kraft und die Arbeit des Verstandes«³⁸[*3] ermöglichen es, »das Sein zu fixieren und es gegen den Übergang (ins Nichts) zu bewahren«³⁹[*4], es qualitativ zu bestimmen. Der analytische Verstand differenziert zwar das zuvor Ungeschiedene, aber indem er die Momente aus dem Zusammenhang herauslöst, in dem sie sich allererst konstituieren, fixiert er sie auf abstrakte, gegeneinander indifferente Positionen. Der Eskamotion der qualitativen Eigenschaft der Gegenstände, ihrer Gebrauchswerte durch eine bloß quantitative, zurichtende ratio wäre zu begegnen nicht mit Irrationalität, sondern mit einer verstärkten Konzentration der ratio auf die einzelnen Dinge. Die Irrationalität des Systems ist die einer borniertenRationalität.

---

36 »Wissenschaftliche Theorien sind allgemeine Sätze. Sie sind, wie jede Darstellung, Symbole, Zeichensysteme. Wir halten es aber nicht für zweckmäßig, den Gegensatz zwischen ihnen und den besonderen oder ›konkreten‹ Sätzen durch die Bemerkung zu kennzeichnen, Theorien seien *nur* symbolische Formeln oder Schemata: auch die ›konkretesten‹ Sätze sind ja nichts anderes. *[Absatz]* Die Theorie ist das Netz, das wir auswerfen, um ›die Welt‹ einzufangen – sie zu rationalisieren, zu erklären und zu beherrschen. Wir arbeiten daran, die Maschen enger zu machen.« (Karl R. Popper, Logik der Forschung [1935 (recte: 1934)], 2. Aufl., Tübingen 1966 [Die Einheit der Gesellschaftswissenschaften. Studien in den Grenzbereichen der Wirtschafts- und Sozialwissenschaften; 4], S. 31)
37 »Quae eadem sunt, eorum unum alteri substitui potest salva veritate [...]« (Gottfried Wilhelm Leibniz, Demonstratio axiomatum de identitate ac diversitate [1686], in: Gottfried Wilhelm Leibniz, Sämtliche Schriften und Briefe, hrsg. von der Berlin-Brandenburgischen Akademie der Wissenschaften und der Akademie für Wissenschaften in Göttingen, 6. Reihe, Bd. 4, Teil A, hrsg. von der Leibniz-Forschungsstelle der Universität Münster, bearb. von Heinrich Schepers, Martin Schneider, Gerhard Biller, Ursula Franke und Herma Kliege-Biller, Berlin 1999, S. 814 f.; hier: S. 815).
38 »Die Tätigkeit des Scheidens ist die Kraft und Arbeit des *Verstandes*, der verwundersamsten und größten oder vielmehr der absoluten Macht.« (HW, Bd. 3, S. 36)
39 »Wenn der Gegensatz in dieser Unmittelbarkeit als *Sein* und *Nichts* ausgedrückt ist, so scheint es als zu auffallend, daß er nichtig sei, als daß man nicht versuchen sollte, das Sein zu fixieren und es gegen den Übergang zu bewahren. Das Nachdenken muß in dieser Hinsicht darauf verfallen, für das Sein eine feste Bestimmung aufzusuchen, durch welche es von dem Nichts unterschieden wäre.« (HW, Bd. 8, S. 186)

[*1] Hegel, Differenz des Fichte'schen und Schelling'schen Systems der Philosophie, Hamburg 1962,[40] S. 21 ff.
[*2] T. W. Adorno, Der Artist als Statthalter, in Noten zur Literatur, Frankfurt 1958[41]
[*3] Hegel: Phänomenologie des Geistes, Hamburg 1952,[42] S. 29
[*4] Hegel: Enzyklopädie der philosophischen Wissenschaften, Hamburg 1959,[43] S. 107

---

40 Vgl. Georg Wilhelm Friedrich Hegel, Differenz des Fichte'schen und Schelling'schen Systems der Philosophie, in Beziehung auf Reinhold's Beyträge zur leichtern Übersicht des Zustands der Philosophie zu Anfang des neunzehnten Jahrhunderts, 1. Heft [1801], Hamburg 1962 (Philosophische Bibliothek; 62a); vgl. HW, Bd. 2, S. 7–138.
41 Vgl. Theodor W. Adorno, Der Artist als Statthalter [1953], in: Theodor W. Adorno, Noten zur Literatur, Berlin und Frankfurt a. M. 1958, S. 173–193; vgl. GS, Bd. 11, S. 114–126.
42 Vgl. Georg Wilhelm Friedrich Hegel, Phänomenologie des Geistes [1807], in: Georg Wilhelm Friedrich Hegel, Sämtliche Werke. Neue kritische Ausgabe, hrsg. von Johannes Hoffmeister, Bd. V, 6. Aufl., Hamburg 1952 (Philosophische Bibliothek; 114).
43 Vgl. Georg Wilhelm Friedrich Hegel, Enzyklopädie der philosophischen Wissenschaften im Grundrisse (1830), 6. Aufl., hrsg. von Friedhelm Nicolin und Otto Pöggeler, Hamburg 1959 (Philosophische Bibliothek; 33).

426 Rolf Wiggershaus, 6. Juli 1967

|Rolf Wiggershaus Hauptseminar
Prof. Adorno
Sommersemester 1967

Protokoll vom 6. 7. 67|

Über der Frage, wieweit bei Sartre von Dispensation der Transzendenz die Rede sein könne und was bei ihm Transzendenz heiße, entstand eine Diskussion über die Differenz zwischen Sartre und Heidegger und über beider Beziehung zu Fichte.

Die Veränderung, die von »Das Sein und das Nichts« bis zur »Kritik der dialektischen Vernunft« eingetreten ist,[44] ließe sich als solche Dispensation der Transzendenz verstehen. Diese bedeutet bei Heidegger den Übertritt des Seins ins Seiende als ein subjektloses Geschehen. Das Sein ereignet sich; und was sich ereignet, ist sanktioniert. Dem ist die absolute Spontaneität bei Sartre analog, die in der Entscheidung ihre Freiheit manifestiert; und die Aktion, wie sie ausfällt, ist als solche sanktioniert.

Daß Sartre solche absolute Spontaneität dem empirischen Subjekt zuordnet, führte auf den Zusammenhang mit Fichte. Daß ein nicht zu sich selbst gekommener Nominalismus solche Zuordnung ermöglicht, führte auf die Differenz zu Heidegger.

Bei Heidegger wird Existenzialphilosophie zu Fundamentalontologie. Seinsverständnis muß aus dem Sein erklärt werden. Dasein schlägt ins Sein um. Der konsequent durchgeführte Nominalismus führt auf reine Vermittlung, subjektloses Ereignis.

Bei Sartre steht der Insistenz auf eine mögliche Ontologie zutiefst ein extremer Nominalismus gegenüber. Freiheit soll aus der absoluten Spontaneität des Subjekts erklärt werden. Weil diese ans empirische Subjekt gebunden bleibt, steht es unvermittelt da. Der Nominalismus kommt nicht zu sich selbst. Demgegenüber bleibt deshalb die Insistenz auf mögliche Ontologie unreflektiert. Im Gegensatz zu Heidegger wird auf diese bei Sartre immer mehr verzichtet.

---

44 Vgl. Jean-Paul Sartre, Das Sein und das Nichts. Versuch einer phänomenologischen Ontologie [1943], hrsg. und übers. von Justus Streller, Hamburg 1952, sowie Jean-Paul Sartre, Kritik der dialektischen Vernunft, 1. Bd., Theorie der gesellschaftlichen Praxis [1960], übers. von Traugott König, Reinbek bei Hamburg 1967.

Die Differenz zwischen beiden läßt sich in Beziehung zu Fichte verdeutlichen. Bei ihm geht um 1800 das absolute Ich seinerseits auf in die moralische Weltordnung, das Sein.

Sartres Position in »Das Sein und das Nichts« läßt sich dem frühen Fichte zuordnen, bei dem nicht ausgemacht war, ob das alles aus sich produzierende Ich das empirische oder transzendentale sein sollte. Sartre nimmt das Subjekt als empirisches. Er ordnet ihm die absolute Spontaneität zu, die nur dem transzendentalen Ich zukommt. Das Ich abstrahiert von Entscheidungssituationen. Es degradiert das, worin objektiv sinnvoll zu entscheiden wäre, zum Material. Damit entgleitet dem Ich die Situation. In seiner notwendigen Willkür kehrt die Heteronomie wieder.

Heidegger geht vom späten Fichte aus. Das transzendentale Subjekt, soll es unbedingt sein, kann sich nicht mehr als solches anerkennen. Es schlägt in Sein um. Bei Sartre blieb das Subjekt verstrickt. Bei Heidegger wird es zum Anhängsel: Dasein schlägt in Sein um. Darin liegt der Unterschied von nicht zu sich selbst gekommenem und konsequent durchgeführtem Nominalismus.

Zugleich wird ein Gesamtzug abendländischer Philosophie deutlich: Die Beziehungen zwischen Einzelnen gehen über in die Ordnung des Ganzen, bis in dessen abstrakter Allgemeinheit das von allen kategorialen Bestimmungen gereinigte Einzelne verschwindet. Damit ist das Ganze selber fragwürdig geworden. Es ist so scheinhaft wie die Subjektivität, die es zu stiften vermag. Das abstrakt gewordene Ganze kann indes nur im gleichgültig gewordenen Einzelnen tätig werden. Beide Seiten sind aber auseinandergebrochen. Das erscheint schon bei Fichte.

Die mögliche Verwechslung von empirischem und transzendentalem Ich hat einen systematischen Grund. Das Subjekt, für das das Andere zum bloßen Grenzbegriff der Spontaneität geworden ist, büßt selbst den Charakter des Seienden ein. Deshalb bedarf es wiederum der Spontaneität des Individuums. Die Doppeldeutigkeit, die bei Kant erst naiv auftauchte, wird bei Fichte zum Inhalt der Philosophie. Sie nötigt zur Ineinssetzung. Diese soll in Form einer Appellation erreicht werden. Der unmittelbare Anruf soll Subjektivität überhaupt treffen.

Das Denken, das auf der Position des absoluten Nominalismus anhebt, ist gezwungen, bei Unterschlagung der Vermittlung darüber hinauszugehen. Das konträre Prinzip muß von außen aufgenommen werden. Von daher ist die Willkür von Sartres Ontologie zu erklären. Anders als in konkreter, einziger Situation ist Entscheidung nicht zu vollziehen. Weil für sie das Material gleichgültig ist, wird bloß Ontisches ontologisiert, einzige Situation zur vorgezeichneten Struktur. Verabsolutierung der Wahl des Individuums verabsolutiert die Situation.

Daß dank der nominalistischen Prämisse die Möglichkeit von im Objekt liegender innerer Verschiedenheit geleugnet wird, führt bei Sartre zur Objektlosigkeit und neuerlichem Formalismus, bei Heidegger zur reinen Vermittlung und einem neuen Nominalismus. Bei Heidegger stiftet das Sein als Geschick alles, selbst was die Individuen denken. Bei Sartre führt das vorhegelsche Moment abstrakter Identität zur Unmöglichkeit jeder Entscheidung von Gut und Böse. Abstrakte Moralität und allzu konkrete Sittlichkeit konvergieren ebenso gut wie Andenken des reinen Seins und Stummwerden des Seienden.

In der Diskussion über Namen und Tradition – orientiert am Verhältnis von Benjamin und Adorno, Adorno und Heidegger – ging es um jene der Wahrheit zugehörigen Momente, die dem Positivismus Anathema sind. In Momenten wie der Rhetorik, sofern sie den konstitutiven Charakter der Darstellung für die Wahrheit herausheben, liegt Entscheidendes für den Gehalt. Durch sie soll ins Denken formal jenes Moment der Objektivität – nämlich Gesellschaft – eingehen, das die gängige Wissenschaftslogik außer Kraft setzt. Die Philosophie ist nicht unmittelbar des Namens mächtig. Angesichts der Unversöhntheit würde das den Verlust verbergen, der zur Konstellation von Begriffen nötigt. Deshalb wird sie in die gesamte Problematik der Philosophie hineingerissen.

Das folgt ebenfalls aus der Reflexion der Tradition, um diese zu entgiften. Nicht so sehr die Traditionsbedingtheit überhaupt des Denkens ist gemeint, als daß Denken der bloßen Form nach Tradition in sich hat, von ihr konstituiert ist. Denken, in dessen Form sich vergangene Inhalte niedergeschlagen haben, muß reflektiert werden. Nur dann kann seine Zugerüstetheit gelockert werden, um über Tradition hinauszugehen. Andernfalls, durch Zusammenziehen auf einen dimensionslosen Punkt, verfällt es gerade der Tradition. Indem es von der Zeit abstrahiert, folgt es deren Zug.

Damit begann der Übergang zu jenen Teilen, die sich mit Heidegger beschäftigen.[45] Dessen Philosophie ist mit dem Anspruch auf absoluten Neubeginn verknüpft. Das soll dank der Geschichtlichkeit des Denkens möglich sein, das im Sein gründet. Damit wird aber zugleich die ganze Tradition absolut gesetzt. Vergessen angesichts des Seienden konserviert das Vergangene. Das geschichtslose Denken wird abhängig von seiner konservierten Tradition. Das Hinausgehen über Tradition wird zum Rückgang in den Mythos.

---

[45] Vgl. den Teil *Verhältnis zur Ontologie* (GS, Bd. 6, S. 67–136) mit den Abschnitten *Das ontologische Bedürfnis* (ebd., S. 69–103) sowie *Sein und Existenz* (ebd., S. 104–136).

Sommersemester 1967:
Soziologische Zentralbegriffe

Soziologisches Proseminar

In diesem Semester hält Adorno zudem die philosophische Vorlesung »Ästhetik I« und gibt das philosophische Hauptseminar »Negative Dialektik [I]« sowie ein 14-tägiges soziologisches Kolloquium (Privatissimum)

Das Seminar findet dienstags von 17 bis 19 Uhr statt

427–437 UAF Abt. 139 Nr. 16

427 Bernd Grass,
18. April 1967

Soziologisches Proseminar
Sommersemester 1967
Zentralbegriffe der Soziologie
Protokoll der Sitzung vom 18. 4. 1967   Bernd Grass
Thema: Gesellschaft

Herr Moldenhauer hielt in der letzten Sitzung[1] das Referat mit dem Thema ›Gesellschaft‹.[2] Gegliedert war es folgendermaßen: Als Ansätze dienten kurze Darstellungen der positivistischen und kritischen Soziologie, wobei besonders auf die Kriterien der beiden Richtungen Wert gelegt wurde. Daran schloß sich eine konkrete Darstellung der historischen Entwicklung des Gesellschaftsbegriffs. Hierzu wurden die Theorien von Hegel, Marx und Durkheim herangezogen. Den Abschluß bildete eine Darstellung der Strukturen der entwickelten Industriegesellschaft nach der Theorie Marcuses und seine Kritik an der positivistischen Soziologie.[3]

Positivistischer und kritischer Soziologie ist trotz aller Differenzen eins gemeinsam: Allgemeine Formulierungen des Gesellschaftsbegriffs helfen nicht weiter. Daraus resultiert die Forderung, daß der Begriff Gesellschaft nur auf begrenzte Gebiete angewendet werden sollte. Die beiden Richtungen trennen sich aber bei dem prinzipiellen Ansatz, bei den Kriterien der Betrachtung dessen, was gesellschaftlich ist.

Die positivistische Auffassung beschränkt sich bei ihrer Betrachtung auf gemeinsame Handlungen tatsächlicher oder erwarteter Art. Von Prof. Adorno dazu angeregt, erläuterte Herr Moldenhauer dies an der Metapher vom Regenschirm. Nach Anschauung der Positivisten läge nur dann soziales Handeln eines einzelnen vor, wenn er den Schirm aufspannte, weil andere es auch tun – z. B. aus Modegründen. Irrelevant wäre es, wenn ein einzelner es nur täte, um sich vor dem Regen zu schützen.[4]

---

1 Ein Protokoll dieser Sitzung wurde nicht aufgefunden.
2 Bernd Moldenhauer, »Gesellschaft«, UAF Abt. 139 Nr. 16.
3 Vgl. das »Vorwort«, in: Herbert Marcuse, Kultur und Gesellschaft 1, Frankfurt a. M. 1965 (edition suhrkamp; 101), S. 7–16.
4 Anspielung auf Weber, bei dem es heißt: »Soziales Handeln ist weder identisch a) mit einem *gleichmäßigen* Handeln mehrerer noch b) mit jedem durch das Verhalten anderer *beeinflußten* Handeln. a) Wenn auf der Straße eine Menge Menschen beim Beginn eines Regens gleichzeitig den Regenschirm aufspannen, so ist (normalerweise) das Handeln des einen nicht an dem des

Hierzu bemerkte Prof. Adorno, daß auch im letzteren Fall soziales Handeln vorliegen könne. Da es Leute gebe, die sich bewußt dem Regen aussetzten, um eine bestimmte Haltung zu demonstrieren, handele auch der sozial, der sich dem Regen bewußt nicht aussetze.

Ein Teilnehmer stellte daraufhin die Frage, ob mit dieser Metapher positivistische Soziologie bereits hinreichend kritisiert sei. Prof. Adorno verneinte dies und schloß einen Exkurs über die Relevanz sozialen Handelns in positivistischer und kritischer Sicht an. Die Metapher zeige, daß die Positivisten definierten, was soziologisch relevant sei und was nicht. Die kritische Soziologie sei dagegen mehr an der Sache orientiert und entscheide dann über die Relevanz. Dieser Gegensatz des vorgegebenen Begriffssystems einerseits und der sachlich orientierten Untersuchung andererseits bilde einen der Hauptunterschiede der positivistischen und kritischen Soziologie.

Der Referent fuhr fort in der Darstellung der positivistischen Lehre, die aus dem Handeln aller das sozial Relevante isoliert. Es werden nur Erscheinungsweisen der Gesellschaft betrachtet und nicht nach ihrem Sinn und Ursprung gefragt.

Prof. Adorno griff diesen Punkt auf, warnte vor einer Etikettierung der positivistischen Lehre und ergänzte sie dahin, daß die positivistische Soziologie sich nur mit greifbaren Dingen befasse. Alle Dinge, die nicht faßbar seien, gehörten in den Bereich der Mythologie. Fragen nach Sinn und Ursprung einer Gesellschaft seien metaphysische Fragen und daher für die positivistische Soziologie suspekt.

Der Referent brachte nun einen kurzen Abriß der kritischen Soziologie, ihrer Auffassung von Gesellschaft. Ursprung und Sinn gesellschaftlichen Lebens sind hier zentrale Begriffe. Die historische Bedingtheit einer Gesellschaft wird betrachtet – die Gründe für das so und nicht anders Gewordensein. Der Gesellschaftsbegriff der kritischen Soziologie kann nur im Zusammenhang einer Theorie der bürgerlichen Gesellschaft entwickelt werden, weil der Begriff selbst Ausdruck der bürgerlichen Lebensweise ist. Von Prof. Adorno kam der Hinweis auf Bluntschli, daß Gesellschaft ein Begriff des dritten Standes sei.[5]

---

andern orientiert, sondern das Handeln aller gleichartig an dem Bedürfnis nach Schutz gegen die Nässe. – b) Es ist bekannt, daß das Handeln des Einzelnen durch die bloße Tatsache, daß er sich innerhalb einer örtlich zusammengedrängten ›Masse‹ befindet, stark beeinflußt wird (Gegenstand der ›massenpsychologischen‹ Forschung, z. B. von der Art der Arbeiten Le Bon's): massen*bedingtes* Handeln.« (MWG, Bd. I/23, S. 173)

5 »Der ganze Begriff der Gesellschaft im socialen und politischen Sinne findet seine natürliche Grundlage in den Sitten und Anschauungen des dritten Standes. Er ist eigentlich kein Volksbegriff, sondern immerhin nur ein *Drittenstandsbegriffs*, obwohl man sich in der Literatur schon daran gewöhnt hat, den Staat selbst mit der bürgerlichen Gesellschaft zu identificiren.« ([Johann

Der Referent diskutierte dann den Begriff der Gesellschaft als Funktionsbegriff anhand der Marxschen Theorie über ursprüngliche Gesellschaften.[6] Für Marx ist zentral die Frage, inwieweit die Produktionsverhältnisse den Prozeß der Vergesellschaftung bestimmen. Nach Marx kann man von einer gesellschaftlichen Sphäre bei diesen frühen Gemeinschaften nicht sprechen. Den ursprünglichen Gesellschaften wohnen Tendenzen der Destruktion inne; daraus folgen die Umwandlungen der Produktionsverhältnisse. Der Hinweis, daß »societas« ursprünglich in privatrechtlichem Sinn gebraucht wurde, leitet über zur nächsten These Marxens, daß Gesellschaft im spezifischen Sinn erst in der Neuzeit verwirklicht wurde.[7]

Die Einrichtung von Manufakturen, das Geldsystem und die Etablierung des Marktes sind die Vorbedingungen, die mit der Loslösung der Arbeitermassen aus dem Feudalsystem zu einem Umschwung der wirtschaftlichen Verhältnisse führen. Marx zeigt dann, wie die zunächst theoretisch vorhandene Freiheit und Gleichheit der Individuen beim Abschluß des Arbeitsvertrages zwischen Arbeiter und Kapitalist umschlägt in eine Abhängigkeit des Arbeiters vom Kapitalisten.[8]

Caspar] Bluntschli, Gesellschaft und Gesellschaftswissenschaft, in: Deutsches Staats-Wörterbuch, hrsg. von J[ohann] C[aspar] Bluntschli und K[arl] Brater, Bd. 4, Stuttgart und Leipzig 1859, S. 246–251; hier: S. 247) – Vgl. die entsprechenden Bemerkungen in den *Soziologischen Exkursen* (Institut für Sozialforschung, *Soziologische Exkurse. Nach Vorträgen und Diskussionen*, Frankfurt a. M. 1956 [*Frankfurter Beiträge zur Soziologie*; 4]), S. 23 und S. 37, Anm. 2.

6 Vgl. etwa den Abschnitt »{Formen, die der kapitalistischen Produktion vorhergehen}«, MEW, Bd. 42, S. 383–421.

7 So heißt es etwa in der »Deutschen Ideologie« [1932] von Marx und Engels: »Das Wort bürgerliche Gesellschaft kam auf im achtzehnten Jahrhundert, als die Eigentumsverhältnisse bereits aus dem antiken und mittelalterlichen Gemeinwesen sich herausgearbeitet hatten. Die bürgerliche Gesellschaft als solche entwickelt sich erst mit der Bourgeoisie; die unmittelbar aus der Produktion und dem Verkehr sich entwickelnde gesellschaftliche Organisation, die zu allen Zeiten die Basis des Staats und der sonstigen idealistischen Superstruktur bildet, ist indes fortwährend mit demselben Namen bezeichnet worden.« (MEW, Bd. 3, S. 36)

8 »Die Sphäre der Zirkulation oder des Warenaustausches, innerhalb deren Schranken Kauf und Verkauf der Arbeitskraft sich bewegt, war in der Tat ein wahres Eden der angebornen Menschenrechte. Was allein hier herrscht, ist Freiheit, Gleichheit, Eigentum und Bentham. Freiheit! Denn Käufer und Verkäufer einer Ware, z. B. der Arbeitskraft, sind nur durch ihren freien Willen bestimmt. Sie kontrahieren als freie, rechtlich ebenbürtige Personen. Der Kontrakt ist das Endresultat, worin sich ihre Willen einen gemeinsamen Rechtsausdruck geben. Gleichheit! Denn sie beziehen sich nur als Warenbesitzer aufeinander und tauschen Äquivalent für Äquivalent. Eigentum! Denn jeder verfügt nur über das Seine. Bentham! Denn jedem von den beiden ist es nur um sich zu tun. Die einzige Macht, die sie zusammen und in ein Verhältnis bringt, ist die ihres Eigennutzes, ihres Sondervorteils, ihrer Privatinteressen. Und eben weil so jeder nur für sich und keiner für den andren kehrt, vollbringen alle infolge einer prästabilierten Harmonie der Dinge oder unter den Auspizien einer allpfiffigen Vorsehung, nur das Werk ihres wechselseitigen Vor-

Der Referent brachte nun die Theorien der Naturrechtler, die dem Individuum die hervorragende Stellung in der Gesellschaft einräumen. Sie bezeichnen die Gesellschaft als ein Verhältnis zwischen freien Menschen, deren Freiheit im Urzustand verwirklicht war. Diese abstrahierte und konstruierte Freiheit ist der Ausgangspunkt für ihre Forderung.

Diese Theorien sind der Übergang zu Hegels Auffassung von Gesellschaft. Hegels Kritik an den Naturrechtlern geht davon aus, daß sich Freiheit erst in der Differenz von unmittelbaren Bedürfnissen zeigt und daß die Kompliziertheit der Bedürfnisse schließlich eine Koordinierung durch die Gesellschaft fordert. Gesellschaft wird als ein System von Bedürfnissen gesehen, ist aber selbst nur Übergangsstadium. Das Ziel der Gesellschaft ist der Staat.

Prof. Adorno wies hier auf die Differenz von Marx und Hegel hin. Hegel gehe – subjektivistisch – von Bedürfnissen aus, während Marx zufolge umgekehrt die Produktionsverhältnisse die Bedürfnisse bestimmten. Prof. Adorno kritisierte an Hegel, daß der Staat das Ziel der Gesellschaft sei. Er wies darauf hin, daß der Staat nur Ausdruck des jeweiligen Zustandes der Gesellschaft sei. Der Staat ändere seine Form, wenn die gesellschaftliche Grundlage, auf der er ruhe, sich wandele. Die Gesellschaft präge also den Staat, und nicht umgekehrt.

Der Referent fuhr nun mit der Marxschen Auffassung des Gesellschaftsbegriffs fort. Marx gibt zu, daß gewisse Unterschiede zwischen den römischen Sklaven und den Arbeitern der Neuzeit bestehen.[9] Nur bestreitet er, daß das Prinzip des Marktes verwirklicht wurde. Die Abhängigkeit des Arbeiters der Feudalzeit ist einer neuen Abhängigkeit gewichen. Austausch ist in der bürgerlichen Gesellschaft nur ein oberflächlicher Prozeß, denn der Arbeiter kann sich im Kapitalismus nur über den Markt reproduzieren – im Gegensatz zu den ursprünglichen Gesellschaften. Der Markt aber wird von den Kapitalisten beherrscht und ist nach ihren Interessen ausgerichtet. Die Gesellschaft besteht nicht aus Individuen, sondern aus der Summe von Verhältnissen und Beziehungen, in denen Individuen stehen.

---

teils, des Gemeinnutzens, des Gesamtinteresses. *[Absatz]* Beim Scheiden von dieser Sphäre der einfachen Zirkulation oder des Warenaustausches, woraus der Freihändler vulgaris Anschauungen, Begriffe und Maßstab für sein Urteil über die Gesellschaft des Kapitals und der Lohnarbeit entlehnt, verwandelt sich, so scheint es, schon in etwas die Physiognomie unsrer dramatis personae. Der ehemalige Geldbesitzer schreitet voran als Kapitalist, der Arbeitskraftbesitzer folgt ihm nach als sein Arbeiter; der eine bedeutungsvoll schmunzelnd und geschäftseifrig, der andre scheu, widerstrebsam, wie jemand, der seine eigne Haut zu Markt getragen und nun nichts andres zu erwarten hat als die – Gerberei.« (MEW, Bd. 23, S. 189 f.)

9 Worauf sich diese Bemerkung bezieht, ist nicht ermittelt.

Aus dem Teilnehmerkreis kam der Einwand, auch in den ursprünglichen Gesellschaften hätte sich der einzelne nicht ohne weiteres reproduzieren können. Prof. Adorno stimmte dem zu und äußerte die Vermutung, Marx habe die einfachen Gesellschaften in einem zu rosigen Licht gesehen. Marx stehe in der Geistestradition seiner Zeit, die das Gute nur im Ursprung erkennen wollte.

Prof. Adorno nahm hier auch Stellung zu einem zentralen Punkt des Referats: der Spannung zwischen Gesellschaft und Individuum. Marx habe sich eine Gesellschaft vorgestellt, in der sich das Individuum emanzipiert habe – einen Verein freier Menschen.[10] Zwei Ansätze müsse man bei Marx sehen: 1. habe er das Individuum nicht hypostasiert, und 2. sei Gesellschaft nicht ohne Individuum denkbar, da sie ja nicht abstrakt sei oder im Jenseits oder sonst irgendwo. Prof. Adorno betonte, daß man weder die Gesellschaft noch das Individuum verabsolutieren dürfe, wenn auch die Gesellschaft historisch eine gewisse Vorrangstellung habe: Das Übergewicht der Gesellschaft über das Individuum sei historisch, nicht ontologisch.

Der Referent beschrieb nun, welche Konsequenzen die zunehmende Komplizierung gesellschaftlicher Verhältnisse bei den Theoretikern des Positivismus zur Folge hatte. Sie sahen keinen Anlaß in einer Veränderung der Gegebenheiten und begründeten dahingegen eine neue Wissenschaftsdisziplin – die Soziologie. Diese sollte autonom sein, das heißt von Philosophie und Ökonomie getrennt. Methodisch sollte sie sich an die Naturwissenschaften anlehnen. Durkheim, der sich auf Comte beruft, fordert, daß soziale Erscheinungen wie Naturtatsachen betrachtet werden. Seine grundlegende Regel lautet: Die soziologischen Tatbestände sind wie Dinge zu betrachten.[11] Erkennen kann man die Dinge an dem Widerstand, den der Versuch ihrer Änderung hervorruft. Sozialer Zwang wird hier auf die Ebene von Naturgesetzen gehoben. Produktionsverhältnisse sind für die Soziologie uninteressant; sie gehören in den Bereich der Ökonomie. Die soziologischen Tatbestände geben Normen an. Die Gesellschaft ist ein System, das nach normativen Regeln abläuft. Auch in ursprünglichen Gesellschaften waren diese normativen Regeln schon in Wirkung; die moderne Industriegesellschaft ist nur viel komplexer als die früheren Gesellschaften. Für Änderungen der Gesellschaft oder Kritik an ihr ist in einem solchen System kein Platz: Die Gesellschaft

---

10 »Stellen wir uns endlich, zur Abwechslung, einen Verein freier Menschen vor, die mit gemeinschaftlichen Produktionsmitteln arbeiten und ihre vielen individuellen Arbeitskräfte selbstbewußt als eine gesellschaftliche Arbeitskraft verausgaben.« (Ebd., S. 92)
11 »Die erste und grundlegendste Regel [scil. zur Betrachtung der soziologischen Tatbestände] besteht darin, die soziologischen Tatbestände wie Dinge zu betrachten.« (Emile Durkheim, Die Regeln der soziologischen Methode [1894], übers. von René König, Neuwied, Berlin 1961, S. 115)

läuft nach Naturgesetzen ab; die Menschen können diese nur erkennen, aber nicht ändern.

Als Abschluß wird eine Darstellung der Möglichkeiten und Konsequenzen der modernen Soziologie positivistischer und kritischer Ausrichtung gegeben, wie Marcuse sie sieht.

Marcuse zeigt die Konsequenzen der apolitischen Methode und ihrer tatsächlichen politischen Tendenz der neuen positivistischen Soziologie in der spätindustriellen Gesellschaft. Zwei parallellaufende Prozesse sind zu erkennen: 1. eine extensive Tendenz, das heißt eine quantitative Steigerung der Vergesellschaftung, und 2. eine intensive Tendenz, eine qualitative Steigerung der Kontrolle über Individuen. Durch Automation werden die Produktionsverhältnisse verändert. Neue Manipulationstechniken vervollständigen die Kontrolle und setzen die Kritikfähigkeit des Individuums herab. Mögliche Einwände der kritischen Soziologie werden von der positivistischen Soziologie mit Hinweisen auf Produktivität und Prosperität abgetan. Marcuse bezeichnet dies als ein »eindimensionales Denken«. Dem entspricht ein eindimensionaler Zustand der Gesellschaft. Die Konflikte zwischen Arbeitern und Kapitalisten werden verwischt und als nicht mehr existent betrachtet. Die Gesellschaft ist ein System, dessen jeweiliger Struktur der Einzelne sich anpassen muß, weil dieses System die Gültigkeit von Naturgesetzen zu haben scheint. Marcuse fordert für die kritische Soziologie: »... das Denken muß dem Bestehenden gegenüber negativer und utopischer werden.«[12]

In der an das Referat anschließenden Diskussion antwortete Herr Moldenhauer auf die Frage, warum das Individuum eine gesellschaftliche Kategorie sei, daß das Individuum ja gleichzeitig mit dem gesellschaftlichen Zusammenhang entstehe. Eine andere Frage betraf dein Prozeß des Begriffs Individuum in der Literatur und seine Entstehung. Darauf antwortete Prof. Adorno, daß die Kategorie des Individuums erst mit der Literatur der Renaissance, mit Petrarca, Shakespeare und anderen aufgekommen sei. Im Mittelalter sei der Begriff nicht geläufig gewesen. Auch der antike Begriff weise wesentliche Unterschiede gegenüber den bürgerlich-christlichen Individuumsbegriff auf. Die Kategorie Individuum zerfalle in mindestens zwei Komponenten, deren eine biologisch sei und

---

12 »Mehr als zuvor ist die Durchbrechung des verwalteten Bewußtseins eine Vorbedingung der Befreiung. Aber das Denken im Widerspruch muß fähig sein, die neuen Möglichkeiten der qualitativen Differenz zu begreifen und auszusprechen: fähig, die Gewalt der technologischen Repression zu überholen und die in ihr unterdrückten und verkehrten Elemente der Befriedigung in die Begriffsbildung aufzunehmen. Mit anderen Worten: das Denken im Widerspruch muß dem Bestehenden gegenüber negativer und utopischer werden.« (Marcuse, Vorwort, a. a. O. [s. Anm. 3], S. 16)

die andere reflektiert. Erstere sei unwandelbar, immerwährend vorhanden, während die Reflexionskategorie davon abhängig sei, daß der einzelne sich bewußt werde, daß er anders sei als andere. Diese Bedingung könne sich aber wandeln, zeitweise oder ganz verschwinden.

Ein Teilnehmer fragte, warum Personen wie Durkheim, Parsons und Dahrendorf generell als Positivisten bezeichnet würden. Prof. Adorno antwortete, daß wohl Unterschiede zwischen den einzelnen Auffassungen bestünden, daß man aber dennoch die Einheit ihres positivistischen Denkens beachten müsse, zumal sie ja selber sich als Positivisten bezeichneten.

428 Angela Klüsche, 25. April 1967

|Frankfurt/Main
Sommersemester – 1967

Proseminar: Soziologische Zentralbegriffe
　　　　　　　Prof. Adorno

Protokoll

vom 25.[13] 4. 67　»Integration und Differenzierung«
　　　　　　　　　nach Spencer

　　　　　　　　　　　Stud. phil. Angela Klüsche
　　　　　　　　　　　II. Semester

　　　　　　　　　　　6 Frankfurt am Main-Oberrad
　　　　　　　　　　　Offenbacher Landstraße 514|

Zum Begriff der Gesellschaft als bürgerliche Gesellschaft, gekennzeichnet durch marktgebundenes Verhalten, wurde die Frage gestellt, ob diese Gesellschaft sich ausschließlich oder primär durch die Produktionsverhältnisse bestimmend kennzeichnen läßt.

Bürgerliche Gesellschaft ist nicht als Ausdruck bürgerlicher Lebensgemeinschaft gedacht, sondern war zunächst der Drittenstandsbegriff. Doch trifft der Begriff Gesellschaft nur auf die bürgerliche Gesellschaft zu, da diese durch die Marktfunktionen des Tausches erst möglich wurde. Die Gesellschaft im Feudalstaat läßt sich nicht als bürgerliche Gesellschaft bezeichnen, ihr fehlt vor allem das Kennzeichen der Gleichrangigkeit der Bürger im rechtlichen Sinn. Die feudale Gesellschaft war bestimmt von der ständischen Ordnung, was gleichbedeutend ist mit Zusammenschluß von Untergeordneten, nicht aber von Gleichgeordneten. – Die bürgerliche Gesellschaft trat nicht plötzlich auf. Eine Gesellschaftsform ist nicht einfach über die andere gelagert, sondern ergibt sich aus der vorangegangenen. Eine ganze Reihe von Kategorien der bürgerlichen Gesellschaft war bereits im Feudalismus entstanden, die dann zum Durchbruch kam. Es ist das Verdienst von Max Weber, diese Kategorien zu ordnen. Der Gebrauch des Begriffes Gesell-

---

13 Korrigiert für: »24.«.

schaft für die bürgerliche Gesellschaft soll nicht heißen, daß nur dann von Gesellschaft gesprochen werden dürfe. Durch Negation des allgemeinen Begriffes soll ermöglicht werden, zum speziellen Begriff zu gelangen. Im emphatischen Sinn aber heißt Gesellschaft »bürgerliche Gesellschaft«. Diese Gesellschaft ist gekennzeichnet von Menschen, die sich zwar gesellen aber bereits wieder voneinander getrennt sind. Gesellschaft ist somit eine Einheit von getrennten Einheiten. Das ließe sich verdeutlichen am Vergleich von Familie und Horde.

Um zum Verständnis dieser Begriffserklärung zu kommen, muß berücksichtigt werden, daß es einerseits zwar freisteht, Gesellschaft zu definieren, diese also formal feststellbar sei, andererseits Gesellschaft erst entsteht als bürgerliche Gesellschaft. Die positivistische Einstellung macht einen Begriff von der Methode der Forschung abhängig, dieses Vorgehen ist operationell. Die Methode aber soll die sachlichen Kriterien nicht überziehen. Das Leben der Sache geht der Definition voraus. Bei der Gegenüberstellung von positivistischer und dialektischer Denkweise darf nicht dahingehend vereinfacht werden, daß der positivistische Begriff gleichgesetzt wird mit Unveränderbarkeit, der dialektische gleich Veränderbarkeit der Gesellschaft heißt.

Wie aber läßt sich im beschriebenen Sinn, Gesellschaft als solche, nämlich bürgerliche Gesellschaft, erfahren?

Die Annahme der zeitlichen Begrenzung für eine Gesellschaftsform sagt noch nichts aus über ihre Erfahrbarkeit. – Im nur geistigen Metier, z. B. der Kunst, Sprache oder Religion, ist nichts primär über das Kennzeichen der bürgerlichen Gesellschaft enthalten, vielmehr findet die Produktionsweise Ausdruck in diesem Bereich. – Soll die Gesellschaft durch sinnhaften oder menschlichen Bezug der Individuen untereinander gekennzeichnet sein, dann läßt sich dadurch noch nicht herausfinden, was die bürgerliche Gesellschaft ist. Das »Menschliche« macht eine Gesellschaft nicht aus, auch im Faschismus, der ja gerade von Unmenschlichkeit gezeichnet ist, ist Gesellschaft.

Wesentlich ist, daß das Leben der Menschen vorausgesetzt ist in der Reproduktion von Arbeit. Das Bedürfnis der Selbsterhaltung bedingt die Organisation der Arbeit. Diese ist konstitutiv für die bürgerliche Gesellschaft.

Thema des Referates war:
»Integration und Differenzierung in H. Spencers ›Prinzipien der Soziologie‹«[14]

---

[14] Wolfgang W. Glatzer, »Integration und Differenzierung in H. Spencers ›Prinzipien der Soziologie‹«, UAF Abt. 139 Nr. 16.

Dabei wurde unterschieden zwischen allgemeiner und soziologischer Bedeutung der Begriffe und ihrer Verwendung bei Spencer. Seine These lautet, daß die Gesellschaft ein Organismus sei, bestimmt durch die Verknüpfung von Integration und Differenzierung.[15] Die Darstellung erfolgte in der Gliederung:
– die Gesellschaft als Organismus – Integration sozialer Aggregate – Differenzierung sozialer Aggregate – die politische Entwicklung der Gesellschaft – die ökonomische Entwicklung der Gesellschaft – der Wandel vom kriegerischen zum industriellen Gesellschaftstyp –

Begriff der Integration auf Gesellschaft bezogen bedeutet, daß diese nicht additiv durch Anfügung, sondern integrierend durch Einfügung entstanden ist und wächst. Die Elemente der Gesellschaft stehen in innerer Beziehung zueinander, sie sind veränderlich, wirken wechselseitig und bestimmen die Funktion der Vergesellschaftung. Begriff der Differenzierung im engeren Sinn bedeutet die Verselbständigung von Sozialgebilden, im weiteren die Bildung von Abstufungen und Abweichungen, also das Hervortreten von Unterschieden in einem einheitlichen Gebilde. Bei dieser Darstellung wurde hingewiesen auf die Kategorie des Individuums bei Spencer. Das Individuum wird nicht nur als Naturkategorie, sondern auch als Sozialkategorie verstanden. Die Gesellschaft als Organismus besitzt Individualität, da ihre Einzelteile bzw. Einheiten Lebewesen sind, die in dauernder Beziehung zueinander stehen und deren Zusammenwirken kein lebloses Ganzes zur Folge haben kann.

Das allgemeine Evolutionsgesetz bedeutet für Spencer, daß Integration und Differenzierung untrennbar verbunden sind. Alles organische und soziale Leben entwickelt sich danach. Aus unbestimmter unzusammenhängender Gleichartigkeit wird bestimmte zusammenhängende Ungleichartigkeit. Das allgemeine Evolutionsgesetz läßt erkennen, daß Spencer auf Darwins These von der ›specialisation‹ zurückgeht.

Grundgesetz der Vergesellschaftung sind Integration und Differenzierung. Die Vergesellschaftung vollzieht sich in ständigem Wachstum. Das bedeutet Vielgestaltigkeit. Diese Vielgestaltigkeit macht den Zusammenschluß aller Teile notwendig, damit der Organismus erhalten bleibe. Das quantitative Anwachsen der Gesellschaft wird im Integrationsbegriff gefaßt, das qualitative Moment ist Kennzeichen der Differenzierung. Die fortschreitende Arbeitsteilung bestätigt zwar die These von der wachsenden Integration, jedoch hat sich erwiesen, daß das qualitative Wachstum in der Differenzierung nicht gleichermaßen auftritt.

---

15 Vgl. die Abschnitte »Staatliche Integration« und »Staatliche Differenzirung«, in: Herbert Spencer, Die Principien der Sociologie [1874], übers. von B[enjamin] Vetter, Bd. III, Stuttgart [1888], S. 317–342, sowie ebd., S. 343–368.

Um die quantitativen Veränderungen darzustellen, klassifiziert Spencer die Gesellschaftstypen nach den Grad ihrer Zusammensetzung. Am Anfang einer Gesellschaft steht die Horde, die dann in eine zusammengesetzte Gesellschaft übergeht mit einem Führer bzw. Häuptling an der Spitze.[16] Am Beispiel des Römischen Reiches will Spencer nachweisen, daß sich weiterhin eine zunächst doppelt, später drei- und vierfach zusammengesetzte Gesellschaft entwickelt.[17] Jede Gesellschaft durchläuft diese Stadien der Zusammensetzung. – Der absoluten Notwendigkeit der Hordentheorie ist mit Skepsis zu begegnen. Diese Art der Wissenschaft von primitiven Formen der Gesellschaft ist projiziert aus rationalistisch bestimmter Denkweise.

Für Differenzierung im staatlichen und ökonomischen Bereich beansprucht Spencer gleiche Gesetzmäßigkeit wie für die Gesellschaft. Bestandteil der staatlichen Integration ist der Krieg. Die ökonomische Differenzierung ist bestimmt durch fortschreitende Aufteilung des Arbeitsvorganges. Dabei geht er davon aus, daß im Laufe der Entwicklung natürliche Vorgegebenheiten deutlich werden, die diese Aufteilung notwendig machen, z. B. unterschiedliche Fähigkeiten zur Arbeit von Mann und Frau oder auch verschiedener Bevölkerungsgruppen.[18]

Das gesamte System nach Spencer wird geleitet von einem Fortschrittsbegriff, der besagt, daß die gesellschaftliche Entwicklung im ganzen ungebrochen fortschreitet. Dieser Schluß setzt die Anwendung von der Unveränderlichkeit der

---

16 »Anfänglich gibt es in der Gruppe kein anderes Leben, als was in den Einzelleben ihrer Glieder zu sehen ist, und erst indem die Organisation eine höhere wird, kommt die Gruppe als Ganzes in den Besitz jenes vereinten Lebens, das in wechselseitig von einander abhängigen Thätigkeiten besteht. Die Angehörigen einer primitiven Horde, lose zusammenhängend und keine Unterschiede der Gewalt kennend, sind hauptsächlich zur unmittelbaren Förderung ihres individuellen Unterhalts thätig und wirken nur in verhältnissmässig geringem Umfang zur Erhaltung ihres Verbandes zusammen. [...] Bei socialen Organisationen so gut wie bei Einzelorganismen ist es also stets der Kampf ums Dasein, der, erst indem der eine sich die Mittel zum Wachsthum des anderen aneignet, dann indem der eine den anderen einfach auffrisst, jene grossen Aggregate entstehen lässt, welche eine höhere Organisation überhaupt erst möglich machen und auch zu ihrem Bestand einer höheren Organisation bedürfen.« (Ebd., S. 318–320)
17 Vgl. etwa ebd., S. 325–331.
18 »Die Classenunterschiede reichen [...] bis zu den Anfängen des socialen Lebens zurück, wenn wir wenigstens jene kleinen wandernden Horden ausser Acht lassen, deren einzelne Bestandtheile fortwährend ihre Beziehungen zu einander und zur Umgebung verändern. Sonst beobachten wir überall, wo auch nur einiger Zusammenhang und eine gewisse Dauer der Beziehungen besteht, das Auftreten staatlicher Abtheilungen. Die relative Überlegenheit in physischer Kraft, die in erster Linie eine häusliche und sociale Differenzirung zwischen den Thätigkeiten und der Stellung beider Geschlechter hervorruft, führt bald auch zu einer Differenzirung zwischen den Männern selbst, die sich in der Sklaverei der Gefangenen äussert: es entsteht eine Classe von Herren und eine von Sklaven.« (Ebd., S. 365)

Nationalität voraus. Die Vernunft wird somit eine vorgegebene Größe. – Die Ratio aber wird durch den Prozeß der Vergesellschaftung beeinflußt und entwickelt sich entsprechend. Die spätere Sozialwissenschaft geht von dieser Erkenntnis aus.

Zur Beurteilung des von Spencer entwickelten Systems bleiben folgende Fragen:

1) Inwieweit ist Spencers Schluß über die Gesellschaft als Organismus nur ein Vergleich, oder ist dieser Schluß substantiell in der Gesellschaft enthalten?
2) Ist die Korrelation von Integration und Differenzierung schlechthin gültig?
3) Sind Experten eine gesellschaftliche Notwendigkeit oder überflüssig?

429 Hans-Joachim Asmus, 2. Mai 1967

|*Adorno:* Proseminar

Soziologische Zentralbegriffe

Protokoll vom 2. Mai 1967

Hans-Joachim Asmus|

Die Definition von den Begriffen »Summation« und »Integration« wurden nochmals von Adorno verdeutlicht.

Summation wurde als Ansammlung (Summe) von Teilen ohne inneren Zusammenhang (Konglomerat) verstanden, bei dem Begriff der »Integration« [wurden] die inneren Beziehungen herausgestellt. Dabei darf »Integration« nicht zu optimistisch als unbedingt nützlich oder gut für eine Gesellschaft gesehen werden.

Das folgende Referat[19] behandelt die beiden Begriffe »Integration« und »Differenzierung« in den Arbeiten Mannheims »Mensch und Gesellschaft im Zeitalter des Umbaus« (Darmstadt 1958)[20] [und] »Diagnose unserer Zeit« (Zürich 1951)[21].

Mannheim sieht in der aufkommenden Massendemokratie die Gefahr einer Kulturkrise. Adorno verwies auf die Gefahr solcher allgemeinen Urteile, die empirisch nicht gestützt seien.

Um eine Stabilisierung der Werte zu erreichen, ist es vordringlich, Eliten zu bilden. Kultur wird als homogenes Gebilde verstanden, in dem die Kulturgüter von einer Elite geschaffen und weitergegeben werden. (Integrierende und Integrierte – Gebende und Nehmende.)

Die verstandesmäßigen Fähigkeiten und die moralischen Kräfte einer solchen Herrschaftselite werden von Mannheim hypostasiert. Die Elite gibt der Gesellschaft erst die Form.

---

[19] Bassam Tibi, »Integration und Differenzierung in der Theorie Karl Mannheims«, UAF Abt. 139 Nr. 16.
[20] Vgl. Karl Mannheim, Mensch und Gesellschaft im Zeitalter des Umbaus [1935], teilweise übers. von Ruprecht Paqué, Darmstadt 1958.
[21] Vgl. Karl Mannheim, Diagnose unserer Zeit. Gedanken eines Soziologen [1943], übers. von Fritz Blum, Zürich, Wien und Konstanz 1951.

Mannheim versucht in der Weimarer Republik, politische Schichten für seine Auffassung zu aktivieren.

Die Regierung muß – seiner Meinung nach – eine soziale Kontrolle ausüben bzw. seelische Vorgänge einer Kontrolle unterwerfen. Die Methoden dazu müssen weitergebildet werden. Dafür bieten sich Massenerziehung und Massenpsychologie an.[22]

Hier läßt sich deutlich eine Tendenz zum Faschistischen erkennen. Mannheim weist darauf hin, daß man von den Methoden im Dritten Reich, deren Anwendung zum »Integralen Staat« führen sollten, durchaus lernen kann. Fasziniert vom Erfolg des Faschismus, übersah Mannheim, wie durch die Methoden, die er zur Erreichung eines liberalen Staates anwenden wollte, ein Zwangsstaat hätte entstehen können.

Die lebensnotwendige Differenzierung in einer industriellen Gesellschaft scheint ihm gleichzeitig Quelle der Anarchie zu sein.

Integration soll verschiedene Einzelbereiche umfassen und zu einer Wertstandardisierung führen. Durch eine neue Religionsinterpretation sollen die Werte entstehen, die für Normen der Verhaltensweisen maßgebend sein sollen.[23]

Diese Werte und Normen sollen durch Erziehung verbreitet werden, mittels der es zu einer schrittweisen Eingliederung der Menschen in der Gesellschaft kommt. (Soziale Kontrolle.) Dieses Normensystem wird jedoch nicht nach seinem Nutzen oder Schaden für den Menschen hin untersucht, sondern es wird a priori angenommen, daß diese Art Zwang demokratisch sei.

Der Mensch wird zur berechenbaren Größe degradiert und in eine organisierte Gesellschaft eingebaut. Die Elite steigt zur weitertreibenden Kraft in der Geschichte auf.

Die Kritiker (u. a. Geiger, Habermas, Adorno, Horkheimer, Marcuse, Lukács) sind sich einig, daß Mannheims Auffassung einer Kultursynthese sich als Sammelbecken verschiedener philosophischer sowie soziologischer Richtungen darstellt.

Die kritischen Urteile:
– Mannheim habe eine verhängnisvolle Neigung zum Zwang
– sein Ziel sei eine autoritäre Demokratie
– in der Religion sehe er nur ein Mittel zum Zweck (Blasphemie)

---

[22] Vgl. Karl Mannheim, Massenerziehung Und Gruppenanalyse [1939], in: Mannheim, Diagnose unserer Zeit, a.a.O. (s. vorige Anm.), S. 105–133.
[23] Vgl. Karl Mannheim, Diagnose unserer Zeit als ein Weg zu einer neuen Sozialphilosophie. Eine Herausforderung christlicher Denker durch einen Soziologen [1943], in: Mannheim, Diagnose unserer Zeit, a.a.O. (s. Anm. 21), S. 140–224.

– die durch terroristische Koordination entstehenden Interessenverbände ließen keine wirksame Opposition zu (Marcuse)[24]

faßt Adorno zusammen: Die Theorie Mannheims krankt an ihrer subjektivistischen Auffassung.

Mannheim reflektiert nicht auf die sich reproduzierende Gesellschaft; das Bewußtsein wird in seiner Theorie Schlüssel der Gesellschaft.

Mannheim formuliert dem »totalen Ideologiebegriff«, nach dem der jeweilige sozialkulturelle Gesamthorizont eine unüberspringbare Grenze der Objektivierung der Erkenntnis darstellt.[25] Prof. Adorno bemerkt dazu: Der Begriff der Ideologie setzt ein Wahrheitskriterium voraus.

Die Intellektuellen vertreten das Bewußtsein der Menschen.

Sie werden ohne Begründung in die Funktion des Unparteiischen gedrängt, als ob sie über die Klassengegensätze (die bürgerliche Gesellschaft) erhaben wären.

Noch heute zeigt sich eine tiefgreifende Diskrepanz einer subjektiv gerichteten und einer objektiv von der Gesellschaftsstruktur ausgehenden Sozialforschung. (Adorno, 2. Teil der Negativen Dialektik: »Wissenssoziologie«.)[26]

Eine Diskussion über Spencers Begriffsdeutung von Integration schloß sich an.

Die Diskussion kristallisierte sich um die Frage: »Ist der Vergleich der Gesellschaft mit einem Organismus wahr?«

Einige vertraten die Ansicht, es handele sich um eine Analogie, in der die Gefahr stecke, Widersprüchliches zu verdecken. Alles müßte in Beziehung zum Ganzen stehen. Das Individuum wird als dienendes Glied aufgefaßt. Für ein autonomes Handeln gibt es in solch einer Auffassung keinen Platz.

Deutlich aber wurde der Unterschied zwischen Organismus und Gesellschaft als folgendes herausgearbeitet wurde.

Organismus – blind teleologisch

Gesellschaft – veränderbar (Individuen haben Bewußtsein)

---

24 Vgl. etwa den Abschnitt »Die Abriegelung des Politischen«, in: Herbert Marcuse, Der eindimensionale Mensch. Studien zur Ideologie der fortgeschrittenen Industriegesellschaft [1964], übers. von Alfred Schmidt, in: Herbert Marcuse, Schriften, Bd. 7, Frankfurt a.M. 1989, S. 39–75.
25 Mannheim formuliert: »Während der partikulare Ideologiebegriff nur einen *Teil der Behauptungen* des Gegners – und auch diese nur auf ihre *Inhaltlichkeit* hin – als Ideologien ansprechen will, stellt der totale Ideologiebegriff die gesamte Weltanschauung des Gegners (einschließlich der kategorialen Apparatur) in Frage und will auch diese Kategorien vom Kollektivsubjekt her verstehen.« (Karl Mannheim, Ideologie und Utopie [1929], übers. von Heinz Maus, 3. Aufl., Frankfurt a.M. 1952, S. 54)
26 Gemeint ist der Abschnitt *Dialektik keine Wissenssoziologie* im zweiten Teil der *Negativen Dialektik* [1966]; vgl. GS, Bd. 6, S. 197 f.

Organismus – geschlossenes System
Gesellschaft – offenes System
Organismus – gewachsen
Gesellschaft – nicht organisch gewachsen

Adorno wies auf ein »Regressionsphänomen« hin. Je weiter die Planung der Gesellschaft fortschreitet (d.h., je weiter sie sich vom Organischen entfernt), um so mehr nähert sie sich dem Gebilde eines Organismus.

Gesellschaft funktioniere aber nicht wie ein Organismus. Soziale Konflikte (großer Produktionsapparat – Arbeitslosigkeit) finden sich in ihr nicht nur in Stadien der »Krankheit«, sondern grundsätzlich. Der soziale Konflikt erscheint eher als Lebenselement dieser konkreten Gesellschaft.

Die sozialen Konflikte, die ein Kommilitone auf Unruhestifter, Erfinder neuer Ideen etc. zurückführte, liegen – so Adorno – vielmehr in der objektiven Dynamik der Gesellschaft.

430 Christel Glaß, 9. Mai 1967

|Christel Glaß
3. Semester
Soziologie, Politik

Proseminar Sommersemester 1967 Prof. Adorno

»Zentralbegriffe der Soziologie«

Protokoll der Sitzung vom 9. 5. 67|

In den spätbürgerlichen Theorien zeigt die Gesellschaft einen invarianten Charakter. Es herrscht in ihr ein stabiles Gleichgewicht, das durch fortwährende Integration der Individuen in diese bestehende Gesellschaft und ihre Herrschaftsverhältnisse erhalten bleibt.

Pareto als Vertreter einer subjektiv gerichteten Soziologie betrachtet das subjektive, empirische Individuum und geht von der Voraussetzung seiner Invarianz aus.[27] Diese Vorentscheidung durchzieht sein ganzes Werk. Der italienische Ökonom und Soziologe gehörte zur Lausanner Schule und vertrat die subjektivistische Wertlehre und Grenznutzentheorie.

Die statische Gesellschaftsordnung Paretos ist gekennzeichnet durch eine naturbedingte Ungleichheit. Diese Ungleichheit leitet sich aus der Einteilung der Gesellschaft in sogenannte Residuen ab, durch die sich nach dem Leistungsprinzip Klassen bilden. Mit diesem Leistungsprinzipsgedanken steht Pareto im Gegensatz zum Feudalismus, der die herrschende Klasse als durch die Geburt bestimmt ansah. Bei Pareto entscheidet die Leistung des Einzelnen in der Gesellschaft über seine Zugehörigkeit zur herrschenden Klasse.[28] Die Eliten ernennen sich faktisch selbst, sie leiten ihre Position aus ihrer höheren Leistung ab. Dieses Denken zeigt dominant bürgerliche Züge, demgegenüber bleibt Paretos Glorifizierung der Aristokratie nur sekundär.

---

[27] Bei Pareto heißt es etwa: »Man beachte, daß die Erforschung der Individuen nicht bedeutet, eine Zusammenfassung mehrerer davon als einfache Summe zu betrachten; sie bilden eine Zusammensetzung, die wie chemische Zusammensetzungen Eigenschaften haben können, die nicht die Summe der Eigenschaften der Zusammengesetzen sind.« (Vilfredo Pareto, Allgemeine Soziologie [1916], bes. von Hans Wolfram Gerhard, übers. und eingel. von Carl Brinkmann, Tübingen 1955, S. 21)
[28] Vgl. ebd., S. 220–231.

Charakteristisch für Pareto ist, daß er aus der bestehenden Ungleichheit die Notwendigkeit von Herrschaft folgert. Der Schluß, Ungleichheit müßte Herrschaft bedingen, kann nicht als zwingend angesehen werden. Unterschiede können sich erst in einer herrschaftsfreien Gesellschaft wirklich frei entwickeln. Brecht spricht in diesem Zusammenhang von der bürgerlichen Gesellschaft als einer gleichmacherischen Gesellschaft. Die Notwendigkeit der Bildung von Klassen aus naturgegebenen Ungleichheiten bleibt uneinsichtig.

Die Herrschaft wird nur möglich und bleibt funktionsfähig durch das Zirkulationsprinzip, d. h., die herrschenden Cliquen wechseln.[29] Die herrschende Klasse ist zugleich auch die Elite, die sich immer wieder erneuert, ohne daß Eliten und Herrschaft jemals abzuschaffen wären. Hier zeigen sich faschistische Züge in Paretos Theorie, auf die sich auch Hitler und Mussolini stützten.[30] Als beste Staatsform sieht Pareto eine technokratische, besonders aktive Aristokratie an. Eine Gesellschaft ohne machtausübende Klasse ist ihm, im italienischen zyklischen Denken wie Vico und Machiavelli verhaftet, undenkbar.

Die gesamte Einteilung der Gesellschaft sieht Pareto aus der Sphäre des zirkulierenden Kapitals, einem Bereich also, in dem der Arbeitsprozeß bereits abgeschlossen ist und in dem nur noch der gesellschaftliche Genuß relevant wird. Seine Theorie der Gesellschaft berücksichtigt den Produktionsprozeß nicht, sondern hängt ab vom Verhältnis des geschaffenen Kapitals zu den Mitgliedern der Gesellschaft, die so nur noch zu Spekulanten und Cuponschneidern werden. Die Dynamik, die im Bereich der Arbeit liegt, wird ausgeschaltet. Die Aufstiegsmöglichkeit wird nur durch die Möglichkeit der Korruption offengehalten, und die bestehenden Herrschaftsstrukturen [werden] damit aufrechterhalten. Hier wird »Gedankengut« aus dem 19. Jahrhundert des kapitalmäßig gefährdeten Teils der Gesellschaft deutlich, der um seine Stellung in der Gesellschaft besorgt war und darum geschichtliche Kategorien zu Naturkategorien hypostasierte.

In Paretos Gesellschaftstheorie bewirkt der Zirkulationsprozeß der Eliten ein ständiges Gleichgewicht in der Gesellschaft; die grenzenlose Dynamik wird damit zur Statik. Auch die große Rolle, die das Individuum in der Theorie zunächst zu spielen scheint, erweist sich als trügerisch. Als bloßes Naturwesen wird der Mensch entindividualisiert, denn es bestehen keine wirklichen Differenzen zwi-

---

29 »Durch den Kreislauf der Eliten ist die herrschende Elite in einer beständigen langsamen Umbildung begriffen. Sie strömt wie ein Fluß. Heute ist sie eine andere als gestern. Von Zeit zu Zeit beobachtet man plötzlich heftige Störungen, ähnlich den Überschwemmungen eines Flusses. Dann beginnt auch die neue herrschende Elite sich langsam umzubilden: Der Fluß ist in sein Bett zurückgekehrt und strömt wieder regelrecht.« (Ebd., S. 230)
30 Für den Zusammenhang von Faschismus bzw. Nationalsozialismus und Paretos Soziologie vgl. etwa den Abschnitt »Fascism«, in: Franz Borkenau, Pareto, New York 1936, S. 196–214.

schen den Einzelnen mehr. Die Mitglieder der Gesellschaft werden manipulierbar und austauschbar, für das Individuum bleibt kein Raum mehr. Die Dialektik von Allgemeinem und Besonderem, von Gesellschaft und Individuum geht verloren.

Auch der totale Ideologiebegriff Paretos ist eine Art Scheinradikalismus. Während Marx nur den Kapitalisten Ideologiedenken vorwarf, erklärt Pareto jegliches Denken zu Ideologie. Damit gibt es für ihn kein Kriterium für die Unwahrheit, die eigene Differenzierung in seinem Denken geht verloren. Mannheim dagegen schloß wenigstens noch einen kleinen Kreis von Intellektuellen vom ideologischen Denken aus. (Perspektivismus.) Ein Ideologiebegriff ohne Wahrheitsbegriff aber verliert seinen Sinn.

Indem Pareto als Positivist auftritt, zeigt er sich mit dem Positivismus als unvereinbar, da seine Prämisse darin besteht, die subjektiven Verhaltensweisen als objektiv unveränderlichen Ausgangspunkt anzusehen.

Christel Glaß[31]

---

31 Unterschrift.

431 Norbert Kutz, 23. Mai 1967

|Norbert Kutz
6 Frankfurt am Main
Fritzlarer Str. 34

> *Protokoll*
> Zur Übung: »Zentralbegriffe der Soziologie«
> bei Prof. Adorno
> 23. Mai 1967

Thema: Zum Begriff der Klasse bei Karl Marx[32]|

Einleitend sagte Prof. Adorno, daß das Marx-Referat im Hinblick auf Klasse – Stand – Schicht konzipiert sei. Der Komplex der politischen Ökonomie, den Marx behandle, sei heute der wissenschaftlichen Arbeitsteilung zum Opfer gefallen. Die Volkswirtschaftslehre lehne diesen Begriff wegen mangelnder Mathematisierbarkeit ab. Wissenschaftliche Arbeitsteilung habe die Funktion, Dinge, die sachlich zusammengehörten, zu trennen. Diese Zerlegung der Dinge werde häufig auf die Sache selbst projiziert. Die transzendentalen Erwägungen Fichtes und Hegels seien noch ohne diese branchenmäßigen Verfahrensweisen ausgekommen. Heute werde jede Geisteswissenschaft, die sich der gängigen Arbeitsteilung nicht unterwerfe, mit Wutgeheul und dem Vorwurf der Unwissenschaftlichkeit bedacht, ohne daß dieser Vorwurf sachlich an ihren Arbeitsergebnissen gerechtfertigt würde. Die Trennung von Ökonomie und Soziologie sei ein Beispiel für eine ungerechtfertigte Aufteilung des gesellschaftlichen Geschehens, die als die Sache selbst hypostasiert werde und so notwendig zu falschen Ergebnissen führe.

Die Klassentheorie sei bei Marx nur fragmentarisch ausgeführt und müsse aus der theoretischen Konzeption des Marxschen Werkes extrapoliert werden.

Entfremdung: Dieser, wie alle zentralen Begriffe der Marxschen Theorie, wird nicht abstrakt definiert, sondern an einer detaillierten Analyse der bürgerlichen Gesellschaft gewonnen. Der Gegensatz von vergegenständlichter und lebendiger Arbeit, der die Entfremdung ausmacht, ist identisch mit dem Klassengegensatz. Arbeit ist Ent- und Vergegenständlichung, die Zerstörung von Naturstoffen und deren Umwandlung in Gebrauchsgegenstände. Das Arbeitsprodukt enthält also Naturmomente und geronnene menschliche Arbeit. Das Produkt der Arbeit tritt

---

32 Frank Wolff, »Zum Begriff der Klasse bei Karl Marx«, UAF Abt. 139 Nr. 16.

den Produzenten (Arbeitern) aber als ein ihnen Fremdes entgegen: als Verlust und Knechtschaft des Gegenstandes. Knechtschaft des Gegenstandes meint, daß die Produkte der Arbeit nicht primär Gebrauchs-, sondern Tauschwerte sind. Als Tauschwerte sind sie nicht mehr sie selbst, sind sie ein Für-anderes. Arbeit verwirklicht sich somit nicht in ihren Produkten.

Diese Überlegungen, sagte Prof. Adorno, datierten zurück auf Hegels »Herrschaft und Knechtschaft«[33]. Marxens Leistungen seien nur spezifisch zu verstehen in seiner Abhängigkeit von Hegel. Weiter fügte Prof. Adorno hinzu, daß die Arbeit in zwei Teile zerfalle: in Lohn, der zur Reproduktion der Arbeitskraft nötig sei, und in überschüssige Arbeit. Diesen Unterschied würde Marx an der durchschnittlich gesellschaftlich notwendigen Arbeitszeit messen. Die durchschnittlich aufgewendete Arbeitszeit des Arbeiters an der Produktionsstätte sei größer als die zu seiner Erhaltung notwendige. Aus diesem Mißverhältnis, das für den Mehrwert konstitutiv sei, resultiere, daß dem Arbeiter seine Arbeit nicht gehöre, daß er über die Produkte seiner Arbeit nicht verfügen könne. Seine Produkte seien ihm fremd, das bedeute, daß ein anderer, mächtigerer da sein müsse, der sie ihm entwende. Die Beziehungen der Menschen zueinander bildeten den Kern der Marxschen Überlegungen. Er analysiere ihre Beziehungen aber durch ihre Vergegenständlichung. Die Analyse der Produktionsverhältnisse ergebe bei Marx, daß der Äquivalenz-Tausch ideologischer Schein sei. Marx gelangt zu diesem Ergebnis durch Rechenexempel an der Ware Arbeitskraft. Ein Kommilitone wandte ein, daß der Mehrwert in der Zirkulationssphäre sich manifestiere und Marx ihn hier zuerst nachweise. Die Frage Marxens, woher dieses Mehrgeld komme, löse er an der Ware Arbeitskraft, die sich unter ihrem Wert verkaufen müsse. Prof. Adorno erwiderte darauf, daß das analytische Verfahren wohl mit der Analyse der Zirkulationssphäre anhebe, aber die Sphäre der Produktion bei Marx unbedingten Vorrang vor der Zirkulationssphäre habe. In diesem Zusammenhang wies Prof. Adorno darauf hin, daß die faschistische Pseudo-Kritik an der Gesellschaft in der Zirkulationssphäre verbleibe und somit das Wesen der kapitalistischen Gesellschaft verfehle.

Klasse: Entfremdung als Verlust und Knechtschaft des Gegenstandes ist Ausdruck des Gegensatzes von Lohnarbeit und Kapital, von Herrschaft, von Klassenstruktur. Der Gegensatz von Expropriierten und Expropriateuren, der mit dem Begriff Entfremdung bezeichnet wird, steigert sich ins Unerträgliche und führt zur Negation der kapitalistischen Gesellschaft. Dieser Prozeß der Auflösung soll sich nach Marx mit der Unnachgiebigkeit eines Naturgesetzes vollziehen. Im

---

[33] Vgl. den Abschnitt »Selbständigkeit und Unselbständigkeit des Selbstbewußtseins; Herrschaft und Knechtschaft«, HW, Bd. 3, S. 145–155.

entwickelten Kapitalismus verschwinden die Unterschiede von Grundbesitzer und Kapitalist, von Fabrikarbeiter und Ackerbauer. Die landwirtschaftlichen Produktionsverhältnisse verlieren ihren feudalen Charakter. Die Gesellschaft spaltet sich in zwei diametral entgegengesetzte Klassen: in Lohnarbeiter und Kapitalisten. Diese dichotomische Struktur der kapitalistischen Gesellschaft konzipiert Marx in Erwartung einer unmittelbar bevorstehenden Revolution. Prof. Adorno sagte dazu noch ergänzend, daß Marx die Rationalität der bürgerlichen Gesellschaft überschätzt habe. Der Grundbesitz habe sich äußerst resistent gegen den Warencharakter und das Tauschprinzip gezeigt. Der Grundbesitz hätte immer noch vorkapitalistische Züge an sich: z.B. irrationale Elternformen. Dieser Residualcharakter des Grundbesitzes verweise selber auf die Irrationalität der kapitalistischen Gesellschaft. Marx begreift die bürgerliche Gesellschaft als historische, gewordene, mithin vergängliche, aufhebbare, nicht von der Natur gesetzte ewige. Marx beruft sich zum Nachweis dieser These auf die Bewegung der Geschichte und der bürgerlichen Gesellschaft selber. Die Anfänge der Klassenspaltung datieren aus der Zeit der ursprünglichen Akkumulation. Diese setzte schon die Trennung der Produzenten von den Produktionsmitteln voraus, d.h. die Verwandlung von unmittelbaren Produzenten in Lohnarbeiter, von Produktionsmitteln in Kapital. Historisch geht die Entstehung freier Lohnarbeiter auf die gewaltsame Vertreibung der Bauern von ihrem Boden, auf die Einhegung des Gemeindelandes und die Verwandlung von Acker- in Weideland zurück (16. Jahrhundert in England). Staatliche Eingriffe wie die Blutgesetzgebung förderten diese Entwicklung. Die Arbeitskraft der Mittellosen konnte jetzt auf Zeit gekauft und verwertet werden. Die Arbeitsprodukte werden vom Kapitalisten angeeignet und zum Zwecke der Kapitalvermehrung auf dem Markte verkauft. Prof. Adorno sagte dazu, das für die kapitalistische Produktionsweise Spezifische sei nicht die Herstellung von Gebrauchsgütern, sondern die Produktion um des Profits willen. Der Doppelcharakter der Waren, Tausch- und Gebrauchswert zu sein, widerspiegle auch den Doppelcharakter der Arbeit: einmal als qualitative bestimmte Gebrauchswerte herzustellen, zum anderen Ausdruck von Verausgabung menschlicher Arbeitskraft im physiologischen Sinne zu sein. Die Zeit sei das Moment, mit dem Arbeit ohne Rücksicht auf ihre Qualität gemessen werde. Der Tauschwert stelle entqualifizierte Ware dar, sei der Versuch, Ungleiches kommensurabel zu machen. Tauschwert sei die unmittelbare Gestalt der Arbeit, Gebrauchswert ihre entfremdete. So sehr in der bürgerlichen Gesellschaft dem Tauschwert der Primat zukomme, sei er doch an den Gebrauchswert gebunden. Dieser werde als ein notwendiges Übel mitgeschleppt.

Die Akkumulation des Kapitals hat eine doppelte Tendenz: die Vergrößerung der Lohnarbeiterklasse und die Konzentration der Kapitale. Prof. Adorno sagte hierzu, daß Hegel diese Tendenz auch schon gesehen habe, nämlich daß Reichtum und Armut sich gleichermaßen vermehrten.³⁴

Diese Konzentration oder Polarisierung nimmt im Kapitalismus Formen an, die seine ideologische Hülle (Gleichheit) sprengen. Der Kapitalismus hat zu seinem Prinzip die eigene Negation; er produziert seinen eigen Totengräber – die pauperierten Arbeiter.³⁵ Prof. Adorno sagte dazu, daß Marx' und Engels' Revolutionstheorie von mechanistisch-automatistischen Vorstellungen geprägt sei, daß es aber auch eine gegenteilige Konzeption gäbe: Jede Revolution bedürfe auch immer der Spontaneität und Aktivität der Arbeiterklasse. An die Möglichkeit einer totalen Integration der Arbeiterklasse, wie sie heute erreicht sei, habe Marx nicht geglaubt und daher Spekulationen in dieser Richtung kaum angestellt. Marxens Retrospektive auf die Geschichte läßt den Eindruck entstehen, als sei die gesamte Geschichte eine einzige revolutionäre, dialektische Bewegung zum Kapitalismus hin. Alle bisherige Geschichte ist für ihn eine Geschichte von Klassenkämpfen.³⁶ Klasse heißt bei Marx einmal: revolutionäre, kämpfende Klasse, d.h., sie trägt das Merkmal der bewußten Solidarität an sich (Klasse für sich). Klasse heißt aber auch latentes Herrschaftsverhältnis. Herrschaft definiert immer die Aneignung des gesellschaftlich erarbeiteten Mehrproduktes. Um die Aneignung dieses Mehrwertes wurde zu allen Zeiten mehr oder weniger vehement gekämpft. Latentes Klassenverhältnis bezeichnet vorkapitalistische Epochen.

---

34 »Wenn die bürgerliche Gesellschaft sich in ungehinderter Wirksamkeit befindet, so ist sie innerhalb ihrer selbst in *fortschreitender Bevölkerung* und *Industrie* begriffen. – Durch die *Verallgemeinerung* des Zusammenhangs der Menschen durch ihre Bedürfnisse und der Weisen, die Mittel für diese zu bereiten und herbeizubringen, vermehrt sich die *Anhäufung der Reichtümer* – denn aus dieser gedoppelten Allgemeinheit wird der größte Gewinn gezogen – auf der einen Seite, wie auf der andern Seite die *Vereinzelung* und *Beschränktheit* der besonderen Arbeit und damit die *Abhängigkeit* und *Not* der an diese Arbeit gebundenen Klasse, womit die Unfähigkeit der Empfindung und des Genusses der weiteren Freiheiten und besonders der geistigen Vorteile der bürgerlichen Gesellschaft zusammenhängt.« (Ebd., S. 389)
35 »Die wesentliche Bedingung für die Existenz und für die Herrschaft der Bourgeoisklasse ist die Anhäufung des Reichtums in den Händen von Privaten, die Bildung und Vermehrung des Kapitals; die Bedingung des Kapitals ist die Lohnarbeit. Die Lohnarbeit beruht ausschließlich auf der Konkurrenz der Arbeiter unter sich. Der Fortschritt der Industrie, dessen willenloser und widerstandsloser Träger die Bourgeoisie ist, setzt an die Stelle der Isolierung der Arbeiter durch die Konkurrenz ihre revolutionäre Vereinigung durch die Assoziation. Mit der Entwicklung der großen Industrie wird also unter den Füßen der Bourgeoisie die Grundlage selbst hinweggezogen worauf sie produziert und die Produkte sich aneignet. Sie produziert vor allem ihren eigenen Totengräber. Ihr Untergang und der Sieg des Proletariats sind gleich unvermeidlich.« (MEW, Bd. 4, S. 473 f.)
36 »Die Geschichte aller bisherigen Gesellschaft ist die Geschichte von Klassenkämpfen.« (Ebd., S. 462)

Prof. Adorno sagte dazu, daß der Marxsche Klassenbegriff objektiv deduziert sei. Marx gehe immer von der objektiven Analyse der Gesellschaftsstruktur aus, unabhängig davon, wie sich diese im Bewußtsein der Menschen darstelle. Die moderne Soziologie wie die Dahrendorfsche habe es deshalb leicht, Klassenstrukturen in der gegenwärtigeren Gesellschaft zu leugnen, weil sie auf subjektives Bewußtsein zurückgreife. Die spezifische Differenz in den Klassenstrukturen kapitalistischer und vorkapitalistischer Gesellschaft liegt in dem Verhältnis der Menschen zu ihren Produktionsmitteln. In vorkapitalistischen Epochen wird das Eigentum an Produktionsmitteln metaphysisch sanktioniert, stellt das Eigentum eine Naturvoraussetzung dar. Die Arbeitsbedingungen sind weitgehend vorgegeben und erscheinen noch nicht als vergegenständlichte Arbeit. Herrschaft und Klassenformen realisieren sich in der Unterwerfung anderer Stämme.

Bourgeoisie und Proletariat dagegen entstehen gerade durch die Trennung von Arbeit und Kapital.

Prof. Adorno fügte noch hinzu, daß Marx die ganze Geschichte von ihrem Ende her begreife und die antagonistische Struktur der bürgerlichen Gesellschaft auf die vorkapitalistische Geschichte projiziere. Das habe seine methodischen Gründe. Marx wolle zeigen, daß Herrschaft nur aus dem Lebensprozeß der Gesellschaft ableitbar sei. Dieses würde um so schwieriger, je weiter in die Geschichte zurückgegangen werde, weil die frühen Gesellschaften ökonomisch noch nicht so dicht integriert gewesen seien.

So sehr Marx die dichotomische Struktur der kapitalistischen Gesellschaft betont, so wenig verzichtet er auf die konkreten Analysen der Gesellschaft hic et nunc (18. Brumaire[37] etc.). Der Kapitalismus entwickelt nicht nur die Produktivkräfte, ihm ist auch die Tendenz zur Vergesellschaftung der Produktionsmittel immanent. Privatkapital geht in Gesellschaftsunternehmungen über. Es ist die Aufhebung des Privatkapitals in den Grenzen kapitalistischer Produktionsweisen. Prof. Adorno explizierte hierzu, daß Marx in Hegelschen Thesen denke: daß das Neue im Keim im Alten schon enthalten sei. Das hieße bei Marx, daß sich Formen der sozialistischen Gesellschaft in der kapitalistischen schon ausbildeten. Das Privateigentum konzentriere sich in den Händen weniger und vergesellschafte sich zugleich. Diese Vergesellschaftung des Kapitals sei ein notwendiges Durchgangsstadium zur Vergesellschaftung des Kapitals zum Nutzen aller, zur Aufhebung partikularer Interessen.

Die revolutionstheoretischen Folgerungen erscheinen einem heute angesichts der Frage nach dem Subjekt der Geschichte, das den Übergang zu einer neuen Gesellschaft vollziehen soll, äußerst vage.

---

37 Vgl. Karl Marx, Der achtzehnte Brumaire des Louis Bonaparte [1852], MEW, Bd. 8, S. 111–207.

432 Hannelore Schneider, 30. Mai 1967

Sommersemester 1967 Proseminar: Soziologische Zentralbegriffe
Seminarleiter: Prof. Dr. Th. W. Adorno
Protokoll der Sitzung vom 30. 5. 1967

Der Marxsche Klassenbegriff und die theoretische Bedeutung dieses Begriffs für die Analyse[38] der spätkapitalistischen Gesellschaft standen während dieser Seminarsitzung zur Diskussion.

Der Klassenbegriff bezeichnet, wie alle Marxschen Begriffe, keinen sozialen Zustand, sondern einen sozialen Prozeß. Der Klassenbegriff kann in einer dialektischen Theorie nicht eindeutig definiert werden, weil er die Sache nur in ihrer Bewegung festhält und sie nicht ein für allemal festlegt. Der dialektische Begriff ist also kein Ordnungsbegriff. Der Klassenbegriff wird daher im Sinn von Klassenkonflikt gebraucht. Der Klassenkonflikt beruht auf dem rein ökonomischen Antagonismus, der sich in dem Gegensatz zwischen angehäufter und lebendiger Arbeit darstellt. Die in den Produktionsmitteln vergegenständlichte Arbeit befindet sich im Besitz der Kapitalisten, während die Arbeiter gezwungen sind, ihren einzigen Besitz, die Arbeitskraft, um den Preis ihrer Reproduktionskosten an die Kapitalisten zu veräußern, damit ihr Lebensunterhalt zumindest kurzfristig gewährleistet ist. Die Arbeitskraft ist Träger der lebendigen Arbeit, und die lebendige Arbeit ist selbst nichts wert, da sie nur qualitativen Charakter aufweist; sie schafft aber Werte, und zwar mehr Werte, als zur Reproduktion der Arbeitskraft und des ganzen vorhandenen Kapitals notwendig sind. Der Klassengegensatz besteht nun darin, daß der Mehrwert gesellschaftlich von den Trägern der unmittelbaren Arbeit produziert, aber privat von den Eigentümern der Produktionsmittel angeeignet wird.

Da die Klassengegensätze sich im Kapitalismus auf das ökonomische Kriterium reduzierten, konnte Marx den ökonomischen Hintergrund aller früheren Klassengegensätze durch seine dialektisch-materialistische Geschichtsinterpretation herausschälen. Die Herrschaftsverhältnisse definieren danach in der Geschichte die Aneignung des Mehrprodukts. Der Kampf um die politische Herrschaft ist also im Grunde ein Kampf um das Mehrprodukt. Im Gegensatz zum Kapitalismus vollzieht sich dieser Kampf in den früheren Gesellschaften zwischen Eigentümern und nicht zwischen Eigentümern und Nichteigentümern. Die hi-

------

38 Konjiziert für: »zur Analyse«.

storischen Gesellschaftsschichten fochten also keinen Klassenkampf im strengen Sinn miteinander aus. Auch war das Bewußtsein dieser Schichten seinem Charakter nach immer nur ein partikulares, d.h., sie verfochten nur die eigenen Interessen innerhalb der Schranken, die ihnen von der Geschichte her gesetzt waren. Danach hat also auch das Bewußtsein der bürgerlichen »Klasse« noch ständischen Charakter und kann die Grenze nicht zerstören, die ihr gesetzt ist, nämlich für den Profit zu produzieren. Dagegen ist das Klassenbewußtsein von universellem Charakter, und die Klassenmitglieder sind imstande, aufgrund ihrer objektiv-ökonomischen Lage, über ihr augenblickliches subjektives Interesse hinaus ihr objektives Interesse zu verfolgen. Ihr Bewußtsein ist damit universell. Es hat sich aber herausgestellt, daß die bürgerliche Klasse doch imstande war, ihre eigene Grenze (ausschließliche Produktion für den Profit) zu durchbrechen, um sich selbst zu erhalten. Ein geringer Teil des Mehrwerts fließt an die Arbeiter zurück, und die Arbeiter werden, indem sie scheinbar teilhaben am Fortschritt der Produktion, in den bürgerlichen Staat integriert. Die ökonomischen Gegensätze treten nicht mehr offen zutage und das Bewußtsein des Proletariats bleibt subjektiv. Bei diesem Prozeß handelt es sich nicht um eine geplante bloße Bewußtseinsmanipulation, sondern um eine strukturelle Veränderung des kapitalistischen Systems. Der Klassengegensatz wird tatsächlich und nicht nur scheinbar gemildert. Die Herrschaft reduziert sich nicht auf ihre ökonomische Seite, sondern bleibt im Spätkapitalismus politisch. Die ökonomischen Verhältnisse und Mechanismen geraten aus dem Blickfeld, und es ist nicht mehr ohne weiteres zu erkennen, wie sie die politische Herrschaft beeinflussen. Im sozialistischen Staat ist nun die Herrschaft metaökonomisch, aber es bleibt trotzdem offen, ob die politische Herrschaft der Partei nicht doch ökonomisch determiniert ist.

Die Herrschaft des Kapitals über die Arbeit bedeutet Herrschaft von Menschen über Menschen, und da die Gesellschaft sich tendenziell aufhebt in die Gesamtheit der Menschen, die vom Kapital abhängig sind, wird die Herrschaft tendenziell zur totalen Herrschaft. Die strukturelle Veränderung des Kapitalismus hat die Klassenkämpfe lahmgelegt, so daß sie sich nur in Krisensituationen reaktivieren können. Die Erhöhung der Investitionen steigert nicht nur die Arbeitsproduktivität, sondern auch das Einkommen. Überproduktionskrisen können nur entstehen, wenn mehr produziert wird, als tatsächliche Nachfrage aufgrund der Einkommensstruktur bestehen kann. Diese Situation tritt erst ein, wenn der Wert der Abschreibungen den Wert der Neuinvestitionen übersteigt. Die Konsequenzen des eintretenden Kontraktionsprozesses (Investitionsstop, nur teilweise Ausnützung der Produktionskapazitäten, Einkommensverminderung verursachen ihn) werden durch die staatliche Wirtschaftspolitik gemildert. Das kann nur geschehen, weil sich die Entscheidungsbefugnis des Staates erheblich erweitert hat. Auch die Aktiengesellschaften, die einer immer stärkeren Verflechtung des Kapitals Vorschub leisten und zum Monopolkapitalismus führen, sind sozialistische Produktionsverhältnisse, die im Kapitalismus schon entstehen. Sie bilden ein Paradox zu den kapitalistischen Produktionsverhältnissen, denn in ihnen befindet sich vergesellschaftetes Eigentum in den Händen einiger weniger. Hier sieht man deutlich, wie sozialistische Gesellschaftsverhältnisse im Kapitalismus entstehen, aber sich nicht in ihnen entfalten und ihre Möglichkeiten verwirklichen können, denn im Kapitalismus bleibt das Verhältnis zwischen Subjekt und Objekt verkehrt: Das Subjekt macht sich zum Objekt seines Objektes, des Produktionsapparates. Aber das gesellschaftliche Subjekt kann heute nicht mehr beim Namen genannt werden, und die Herrschaft bleibt anonym. Diese Anonymisierung der Herrschaft resultiert aus dem Prozeß des Kapitals, das zum abstrakten, personell kaum mehr greifbaren Bewegungsgesetz der Gesellschaft wird. Innerhalb des kapitalistischen Systems ist die klassenlose Gesellschaft nicht zu verwirklichen, obwohl sich in ihm schon einzelne Formen sozialistischer Produktion entwickeln. Der Übergang zum Sozialismus kann sich nur durch den qualitativen Sprung vollziehen, der allein in der spontanen revolutionären Handlung des Proletariats bestehen kann. D. h., die proletarische Klasse muß zur revolutionären, kämpfenden, für-sich-seienden Partei geworden sein. Jedoch dürfen die Kämpfe zwischen den Parteien des Proletariats und der Bourgeoisie nicht mehr primär politisch sein, sie dürfen also nicht mehr den objektiven ökonomischen Interessenkonflikt der Klassen verdecken, der Klassenkampf muß offen geführt werden.

Marx hat zwei Konzeptionen der Herrschaft. Erstens beherrscht das System den gesamten gesellschaftlichen Prozeß, was sich daran zeigt, daß die herrschende Klasse einem Zwang unterliegt, und zwar dem Zwang, ihr eigenes Interesse zu verfolgen und Kapital zu akkumulieren. Zweitens ist die gesamte Gesellschaft ökonomisch abhängig vom Kapital, das zuerst als Klasse erscheint, später aber in der Anonymität verschwindet, die durch die neuen Formen des Privateigentums an Produktionsmitteln geschaffen wurde. Nun stellt sich das Problem, ob dem Klassenbegriff heute noch ein wirkliches gesellschaftliches Subjekt entspricht und ob die gesellschaftlichen Widersprüche noch zurückzuführen sind auf ökonomische Widersprüche. Der Begriff der ökonomischen Klassen hat für die Gesellschaftstheorie nur noch Aussagekraft, wenn die gesellschaftlichen Widersprüche sich aus der Entfremdung ableiten lassen. Gesellschaftliche Antagonismen erscheinen heute nicht mehr in der unmittelbaren Existenzbedrohung des Proletariats durch das Anwachsen der industriellen Reservearmee und die periodischen Überproduktionskrisen, sondern in dem Antagonismus zwischen hochindustrialisierten und unterentwickelten Ländern, in der irrationalen Verschwendung von Produktivkräften gegenüber der hochentwickelten Rationalität der Industrieländer und in der Diskrepanz zwischen öffentlichem und privatem Sektor. Der Konflikt ökonomischer Klassen tritt also heute nicht mehr ein, und das Proletariat entwickelte sich nicht zum gesellschaftlichen Subjekt der Geschichte, sondern blieb reformistisch. Angesichts dieser Tatsachen muß man sich fragen, inwieweit die private Verfügungsgewalt über Produktionsmittel heute noch konstitutiv für gesellschaftliche Widersprüche ist. In allen diesen Fragen zeigt sich, daß die Herrschaftsverhältnisse des Spätkapitalismus sich metaökonomisch darstellen. Die Anonymisierung der Herrschaftsverhältnisse erschwert es, die gesellschaftlichen Widersprüche auf die ökonomischen zurückzuführen, nichtsdestoweniger bestehen die ökonomischen Gegensätze weiter, so daß trotz der Anonymisierung der Herrschaft das objektive Klassenverhältnis nicht aufgehoben ist. Es hat sich weder die Akkumulation noch der ständige Rückgang der Zahl ökonomisch selbständiger Existenzen verändert, die objektiven Bedingungen der kapitalistischen Produktionsweise sind also die gleichen geblieben. Demnach bleibt der Klassenbegriff zunächst objektiv, wie er bei Marx auch zunächst objektiv war. Aus strukturellen Gründen fehlt allerdings das Bewußtsein dieses objektiven Antagonismus beim Proletariat. Hier ist zu fragen, warum sich das subjektive Bewußtsein nicht änderte, und ob nur die Bourgeoisie diesen objektiven Antagonismus erkannte und daraufhin die kapitalistische Struktur so veränderte, daß keine revolutionäre Klasse die objektive Basis des Klassengegensatzes bedrohte.

Trotzdem sind folgende Widersprüche heute noch aus dem Gegensatz zwischen angehäufter und unmittelbarer Arbeit abzuleiten: der Widerspruch zwischen anonymer Herrschaft und revolutionärer personaler Handlung, der Widerspruch zwischen Vergesellschaftung der Produktionsmittel im sozialistischen System und einer neuen Form des Privateigentums im kapitalistischen System.

Der letzte Widerspruch meint den Antagonismus zwischen spätkapitalistischer und sozialistischer Industriegesellschaft. Beide Systeme unterscheiden sich fundamental durch die verschiedenen Formen des Eigentums an Produktionsmitteln; fundamental, weil dadurch neue Widersprüche innerhalb der beiden Systeme entstehen.

Dahrendorf verwendet den Klassenbegriff als analytische Kategorie. Jedoch täuschen einige Ähnlichkeiten zwischen der Marxischen und der Dahrendorfschen Theorie nicht über die grundsätzlichen Verschiedenheiten zwischen beiden hinweg. Für Dahrendorf ist der Klassenbegriff »eine Kategorie zur Analyse des sozialen Konflikts und seiner strukturellen Bedeutung«.[39] Dabei bilden die poli-

---

[39] »Klasse ist stets eine Kategorie zur Analyse der Dynamik sozialen Konflikts und ihrer strukturellen Wurzeln und ist als solche streng zu scheiden vom Begriff der Schicht als Kategorie der Deskription als statisch vorgestellter hierarchischer Gefüge.« (Ralf Dahrendorf, Soziale Klassen

tischen Herrschaftsverhältnisse die Grundlage der Klassentheorie und nicht die Eigentumsverhältnisse. Daher sind für Dahrendorf Klassen gleich konfligierenden Gruppen, die ihren Anteil an politischer Herrschaft durch die Herrschaftsverbände erhalten. Der Staat und die Wirtschaft sind prinzipiell voneinander zu unterscheidende Herrschaftsverbände. Diese Feststellung folgt aus der These, die Differenzierung der mit Herrschaft ausgestatteten sozialen Positionen ergäben sich aus der Arbeitsteilung. An diesem Beispiel, läßt sich sehr gut erkennen, wie die zu untersuchende Sache von vornherein verzerrt wird durch den Versuch, dialektische Begriffe durch klassifikatorische Begriffe zu ersetzen. Das politische Gewicht der verschiedenen Herrschaftsverbände gerät völlig aus dem Blickfeld, denn es gibt grundsätzlich so viele Klassen wie Herrschaftsverbände. Den verschiedenen Klassenkonflikten kann daher auch nicht die ihnen gebührende Relevanz zugeordnet werden. Die Klassen stehen in einem ständigen Klassenkonflikt miteinander. Der Klassenkonflikt ist nur eine Form des sozialen Konfliktes.

Da die soziale Schichtung die Konsequenz der Herrschaftsstruktur ist, sind Strukturanalyse und Klassenanalyse voneinander zu unterscheiden. Genau betrachtet, ist jedoch die Strukturanalyse eine rein subjektive Analyse, während die Klassenanalyse sich auf das objektive Kriterium der Herrschaft stützt.

Hannelore Schneider
Hannelore Schneider[40]

---

und Klassenkonflikt in der industriellen Gesellschaft, Stuttgart 1957 [Soziologische Gegenwartsfragen · Neue Folge; 2], S. 82)
40 Unterschrift.

433 Peter Karasek,
6. Juni 1967

|Peter Karasek (2. Semester)
6 Frankfurt
Fritzlarer Str. 34

Protokoll
von
Zentralbegriffe der Soziologie (Prof. Adorno)
6. Juni 1967
Thema: Diskussion und Bericht über die Vorgänge in Berlin
unter der Leitung von Dr. Teschner[41]|

Ein sozialer Konflikt zwischen der Berliner Bevölkerung und der Studentenschaft hat sich, durch welchen Anlaß auch immer hervorgerufen, brutal entladen und scheint Adorno und Horkheimer zu bestätigen, daß Aggression auf jede beliebige Gruppe übertragen werden kann, die bestimmte Privilegien gegenüber der Bevölkerung, wenn auch nur scheinbar, besitzt. Diese Privilegien (bei Studenten: Freiheit, Ungebundenheit etc.) werden beneidet und mit Haß belegt. »Glück ohne Macht provoziert Haß« (Horkheimer und Adorno, Dialektik der Aufklärung).[42]

Zu Beginn der Sitzung informierte Herr H. Schröder[43], der zur Zeit der Demonstrationen in Berlin war und sich sonntags auf dem Ku'damm befand, wo tausende von Menschen über die Vorfälle diskutierten,[44] über die Berliner Ereignisse. Er schilderte die Reaktion der Bevölkerung etwa wie folgt:

Der Großteil der Bevölkerung ist nicht nur gegen die Studentendemonstrationen, sondern ausgesprochen studentenfeindlich eingestellt und macht sich die Meinung der Springerpresse zu eigen, welche die Fakten völlig verdreht, was sich durch die sich laufend ändernden Versionen über den Tod des Studenten Benno

---

41 Manfred Teschner wird 1960 mit der Schrift »Entwicklung eines Interessenverbandes. Ein empirischer Beitrag zum Problem der Verselbständigung von Massenorganisationen« in Frankfurt a. M. promoviert.
42 *Denen, die Natur krampfhaft beherrschen, spiegelt die gequälte aufreizend den Schein von ohnmächtigem Glück wider. Der Gedanke an Glück ohne Macht ist unerträglich, weil es überhaupt erst Glück wäre.* (GS, Bd. 3, S. 196)
43 D.i. Horst Schröder.
44 In der Nacht vom 2. auf den 3. Juni 1967 räumt die Berliner Polizei gewaltsam eine Demonstration gegen den Besuch des Persischen Schahs Mohammad Reza Pahlavi vor der Deutschen Oper; der Student Benno Ohnesorg wird dabei vom Polizisten Karl-Heinz Kurras mit einem Kopfschuss getötet.

Ohnesorg von selbst beweist. Diese Presse bezeichnet die Studenten als Schwachsinnige, Kriminelle und Schmarotzer. Das Vorgehen der Polizei wird damit gerechtfertigt, daß ›die Geduld der Stadt nun am Ende sei‹ (Albertz).[45]

Diese Formulierung, ›die Geduld ist nun am Ende‹, erinnere, so meinte Prof. Adorno, an die Hitlerzeit, in der jede neue Erpressung von Staaten von Hitler mit ›meine Geduld ist nun am Ende‹ eingeleitet wurde. Darin liege vorweg ein projektives Element, der Angegriffene wird zum Angreifer und übernimmt damit jede Schuld. Auch sei in diesem Satz der drohende Finger des Vaters zu spüren.

H. Schröder betonte, daß sein Bericht keine Analyse der Berliner Presse sein könne, jedoch ließe sich behaupten, daß ein Großteil der Presse sich mit den schlagenden Polizisten identifiziere und kritiklos die Versionen des Senats übernehme. Erst am Sonntag druckte die B. Z. ein Bild von schlagenden Polizisten und wendet sich im Text gegen die Brutalität der Schlagenden, entschuldigt sie aber sofort wieder mit der Bemerkung, die Demonstranten hätten sie ja provoziert.[46] Ähnlich die formaldemokratischen Argumente des ›Mannes von der Straße‹: Ja, der Albertz hätte ja ... aber wer mit Tomaten wirft, muß halt damit rechnen. Niemand sieht die Verhältnismäßigkeit der Mittel.

Auch dies zeige, sagte Prof. Adorno, faschistische Züge, gekennzeichnet durch die völlige Disproportionierung von Sanktion und Anlaß und die sofortige Totalität der Sanktionen. Wie kam es zu den Brutalitäten der Polizei?

Nach der Zeugenaussage eines Journalisten seien die Polizeioffiziere die eigentlichen Scharfmacher gewesen, indem sie keine Anweisungen gaben, sondern nur Parolen verstreuten, wie z. B. die, ein Polizist sei erschlagen worden. Außerdem wußten die Polizisten, daß sie von ›oben‹ gedeckt würden, und sie mußten das Gefühl gehabt haben, daß es ihren Vorgesetzten ganz recht ist, wenn sie

---

[45] Das Nachrichtenmagazin »Der Spiegel« berichtet in der Ausgabe vom 12. Juni 1967 über den Ausspruch des Regierenden Bürgermeisters von Berlin, Heinrich Albertz: »Noch in der Nacht [scil. vom 2. auf den 3. Juni 1967] gab Albertz eine Stellungnahme zu den Zwischenfällen vor der Oper ab: ›Die Geduld der Stadt ist am Ende ... Ich sage ausdrücklich und mit Nachdruck, daß ich das Verhalten der Polizei billige.‹« ([Ohne Autorenangabe], Knüppel frei, in: Der Spiegel, 1967, Nr. 25, S. 41–46; hier: S. 44)

[46] In der Montagsausgabe der »B. Z.«, die bereits tags zuvor ausgeliefert wird, heißt es: »Auch die Polizei wird sich zu verantworten haben. Für Übergriffe, die über Pflicht, Schutz und Abwehr hinausgingen. *[Absatz]* Vor allem für den Schuß, den ein Beamter in Zivil abgab und der einen Demonstranten tötete. *[Absatz]* Ob dieser Beamter in berechtigter Notwehr handelte, oder ob er ganz einfach die Nerven verlor – auch das muß zu klären sein. *[Absatz]* Das alles aber ändert nichts daran, daß hier Ursache und Wirkung nicht verwechselt werden dürfen. *[Absatz]* Radikalinskis haben die Polizei provoziert. Sie haben angegriffen.« (Peer, Nicht Ursache und Wirkung verwechseln, in: B. Z., 91. Jg., 5. Juni 1967, Nr. 128, S. [4])

kräftig zuschlügen. So ist zu verstehen, daß die Polizei selbst die Erste Hilfe teilweise verweigerte.

Dr. Teschner stellte folgende Thesen auf, die als Ausgangspunkt zur Diskussion gestellt wurden.

Wie kommt es, daß diese Bewußtseinsstruktur sich erhalten hat, handelt es sich hier um ein cultural lag, oder aber gibt es Institutionen, die dieses Bewußtsein reproduzieren? Evident sei die Tatsache, daß Außenseiter als pathologisch dargestellt werden. Woher kommt es, daß die Presse falsch und verstellt berichtet?

Hierauf der Hinweis eines Kommilitonen, daß sich die Reaktion der Presse und der Polizei nur gegen die Tendenz des studentischen Protests, nur gegen linke Aktivität richte. ›Als 1950 die Studenten die (außenpolitische) Haltung der Bundesregierung begrüßte und als sie 1951 der ›Wiedervereinigungspolitik‹ Konrad Adenauers zustimmte‹ (Spiegel 24/1967)[47], war die Presse voll des Lobes. Erst der Protest gegen das Establishment und den Bürokratismus habe diese Reaktion hervorgerufen.

Prof. Adorno differenzierte seine These, es handele sich hier um NS-Methoden insoweit, als es der Struktur nach sowohl NS-Verhaltensweisen seien als auch metapolitische, die dadurch gekennzeichnet sind, daß sich die Bevölkerung immer erst gegen die ›Linke‹ als gegen die ›Rechte‹ wendet, weil sie fühlt, daß hinter der ›Linken‹ weniger Macht steht. Dahinter stecke die Identifikation mit denen, hinter denen die stärkeren Bataillone stehen. Was die Bevölkerung mit den ›Mauerstudenten‹ sich identifizieren ließ, sei das Gefühl des großen Bruders Amerika. Sonst erfolge gleich eine Identifikation mit Sauberkeit und Ordnung.

Dr. Teschner stellte fest, daß die Äußerungen unabhängig vom Objekt von der Presse ausgelöst wurden. Er neigt zur Annahme des Manipulativcharakters von Massenreaktionen, aber nur dann, wenn in der Masse schon ein Potential vorhanden ist. Deshalb sei es relevant, dieses Potential zu untersuchen und die Mechanismen zu erkennen, die es manipulieren. Das soziale Problem, welches

---

47 »Den Gründerstudenten [scil. der Freien Universität Berlin] behagte die Rolle, die sie innerhalb dieser neuartigen Universitätsverfassung spielen durften. Und sie nutzten ihr hochschulpolitisches Mandat ungeniert und unkritisiert auch zu Exkursionen in die Tagespolitik. Weder Professoren noch Öffentlichkeit fanden etwas dabei, als der FU-Konvent zur Zeit der antikommunistischen Roll-back-Ideologie namens aller FU-Studenten [Absatz] 1950 ›die (außenpolitische) Haltung der Bundesregierung‹ begrüßte; [Absatz] 1951 der ›Wiedervereinigungspolitik‹ Konrad Adenauers zustimmte; [Absatz] 1952 die Frage eines deutschen Beitrags zur westeuropäischen Verteidigungsgemeinschaft zu einem ›Problem der Studentenschaft‹ erhob.« ([Ohne Autorenangabe], Nein, nein, nein, in: Der Spiegel, 1967, Nr. 24, S. 46–59; hier: S. 51)

sich stellt und das man untersuchen müsse, wenn sich etwas ändern solle (falls überhaupt noch Zeit dazu sei), sei, was in den Menschen stecke.[48]

Dazu machte Prof. Adorno auf die Ideologie der Sonderstellung des Studenten aufmerksam, die man leicht durch empirische Untersuchungen entlarven könnte. Diese Ideologie jedoch pervertiere das sozialkritische Bild des ›man of the street‹. Menschen, die sich den Revoltierenden gegenüber benachteiligt fühlten, wendeten sich stets gegen jene. Nur ihre Ohnmacht ließe sie nicht gegen die Macht, sondern gegen das Imago des Glücks (Zigeuner, Gammler, Studenten) revoltieren. Die Wut richte sich gegen die, die exemplarisch versuchen, was die Gesellschaft verspricht.

Dr. Teschner konkretisierte seine Frage, indem er nach den realen Institutionen, die diese realen Bedingungen schaffen, fragte. Einen großen Anteil an diesen Bedingungen habe die Presse, die die Studenten als unnormal bezeichnet. Die Teilung von normalen und unnormalen Menschen sei der Mechanismus, der die Unnormalen ex lege stelle. Dies erkläre die Brutalität und den Haß gegen die Studenten.

Dem Einwand eines Kommilitonen, daß hinter den Ereignissen in Berlin doch ein objektives, ökonomisches Interesse (Springer) stecke und daß die Reaktion der Öffentlichkeit von den Herrschenden anders gelenkt hätte werden können, fügte Prof. Adorno hinzu, auch er sei der Auffassung, man solle die Dinge nicht sozialpsychologisch aufweichen, sondern müsse auch die objektiven Motivationen, und nicht nur die subjektiven, sehen. Eine weitere Perspektive sei die Freudsche Feststellung von der Schwerfälligkeit von Veränderung von Psyche. Solche Verhaltensweisen seien habitualisiert und verselbständigten sich in gewisser Weise noch in Situationen, in denen sie nicht verlangt seien. Daß die Menschen das Anachronistische ihres Verhaltens spürten, zeige ihre Verbissenheit. Auch wies Prof. Adorno auf die Ambivalenz dieses Verhaltens hin, welches sich einmal in Haß gegenüber den Studenten zeige, auf der anderen Seite aber die Anormalitäten der Studenten romantisiert würden (Alt Heidelberg)[49]. Ähnlich der Imago des Zigeuners, das in Operetten seine Verherrlichung findet, die Zigeuner aber nicht davor bewahrte, systematisch ausgerottet zu werden.

Die Berliner Vorgänge hätten demonstriert, sagte Dr. Teschner, wie es mit der Demokratie bei der Bevölkerung und den offiziellen Instanzen bestellt sei und habe klargemacht, daß es nicht selbstverständlich ist, die Aktionen der politi-

---

48 Der Satz wurde konjiziert für: »Das soziale Problem, welches sich stellt, sei, wenn sich etwas ändern solle (falls überhaupt noch Zeit dazu sei), man untersuchen müsse, was in den Menschen stecke.«
49 »Alt Heidelberg« (BRD 1959) ist ein pseudoromantischer Spielfilm von Ernst Marischka.

schen Instanzen hinzunehmen. Das Argument, durch Demonstrationen ändere man nichts, sondern arbeite dem Gegner in die Hände, verblasse angesichts der oligarchisch geführten Parteien, der Großen Koalition[50] und der Berichterstattung der Presse. Diese konkreten gesellschaftlichen Bedingungen ließen es nötig erscheinen, sich des politischen Mittels der Demonstration zu bedienen, damit nicht ohne Widerstand der Abbau der Demokratie geschehen könne. Aber Berlin zeige auch, daß gerade die rationale Artikulation der Kritik notwendig ist und sie zurückgeführt werden müsse auf gesellschaftliche Zustände und daß die Demokratisierung der Gesellschaft eine Änderung der gesellschaftlichen Verhältnisse erfordere.

---

50 Von Dezember 1966 bis September 1969 wird die Bundesrepublik von einer großen Koalition von CDU/CSU und SPD unter Bundeskanzler Kurt Georg Kiesinger (CDU) regiert.

434 Konrad Schacht, 13. Juni 1967

|Soziologisches Proseminar
Prof. Dr. Adorno
Soziologische Zentralbegriffe

Protokoll der

Sitzung vom 13. Juni 1967

Konrad Schacht|

Zu Beginn wurde bemerkt, daß wissenschaftliches Arbeiten sich nicht in der Klassifikation erschöpfen soll, sondern durch die Reflexion auf die Sache immer auch das Verbindende hinter dem bloß begrifflich Geschiedenen zum Vorschein bringen soll.

Zur Methode kritischer Lektüre wurde auf Freuds Beitrag in bezug auf das Erkennen von Problemen hinter dem Schein des Selbstverständlichen eines Satzes verwiesen.[51] Diese Bemerkung wurde einer Diskussion über das Referat »Dahrendorfs Klassenbegriff« vorausgeschickt, aus dessen Problematik einzelne Nervenpunkte herauspräpariert und analysiert wurden.[52]

Zuerst wurde gefragt, ob die These zutreffe, daß Dahrendorf den Begriff der Klasse in gleicher Weise verwende wie Marx. Für Dahrendorf ist der Klassenbegriff ein Instrument zur Analyse des Strukturwandels. »Der Klassenbegriff ist eine Kategorie zur Analyse des sozialen Konflikts und seiner strukturellen Bedeutung«. (Dahrendorf)[53] Der Klassenbegriff soll zur Erklärung von Strukturen bei Dahrendorf etwas leisten, wozu der Begriff der Schicht nicht ausreicht. Der administrative Charakter des mit dem Schichtbegriff operierenden Denkens wurde in anschaulicher Form verdeutlicht mit dem Hinweis auf die farblich gekennzeichnete Aufgliederung der Bevölkerung New Yorks nach Wohngegenden auf einer Karte der Stadt, wobei dann bestimmten Mietpreisgebieten bestimmte durch ihr Einkommen definierte Schichten zugeordnet werden können. Im Gegensatz zu Dahrendorf wurde Marx' Klassenbegriff nicht als ein Instrument der Analyse bestimmt, sondern als ein Teil der gesellschaftlichen Wirklichkeit. Ihm wird bei

---

51 Vgl. etwa Freuds Schrift »Zur Psychopathologie des Alltagslebens (Über Vergessen, Versprechen, Vergreifen, Aberglaube und Irrtum)« [1904], FGW, Bd. IV.
52 Minka Schultz, »Dahrendorfs Klassenbegriff«, UAF Abt. 139 Nr. 16.
53 S. oben, Anm. 39.

Marx Objektivität zugeschrieben. Für Dahrendorf hat der Marxsche Klassenbegriff nur noch Wert als heuristisches Instrument, er ist losgelöst von der objektiven Analyse der Gesellschaft. Der Klassenbegriff Marxens ist für Dahrendorf ein idealtypischer Begriff im Sinne Max Webers. Die Differenz zwischen dem Marxschen und Dahrendorfs Klassenbegriff ist von größerer Relevanz als die zwischen den Begriffen Klasse und Schicht.

Hiernach wurde der Versuch Renners und Burnhams diskutiert, »den Klassenbegriff aus seiner engen Verknüpfung mit dem Privateigentum herauszulösen und ihn allgemeiner auf Herrschaftsverhältnisse anzuwenden.«[54] (Referat) Es wurde gefragt, ob Marx' Klassenbegriff nur vom Eigentum an Produktionsmitteln her bestimmt ist oder sich ganz allgemein auf Herrschaftsverhältnisse bezieht. Die These, der Klassenbegriff sei von beiden in gleicher Weise abhängig, erfaßt nicht, daß Herrschaftsverhältnisse bei Marx erst durch die Eigentumsverhältnisse konstituiert werden. Daß Herrschaft sich aus dem Ökonomischen ableitet, zeigt besonders deutlich Engels im Anti-Dühring und in »Der Ursprung der Familie ...«.[55] Renners und Burnhams Klassenbegriff wurde dann definiert als der Versuch,

---

54 Vgl. die Abschnitte »Die Revolutionen der Manager und der Angestellten (J. Burnham, F. Croner)«, in: Dahrendorf, Soziale Klassen und Klassenkonflikt, a.a.O. (s. Anm. 39), S. 89–95, sowie »Klassengesellschaft ohne Klassenkampf (K. Renner)«, ebd., S. 95–99. – Vgl. Karl Renner, Wandlungen der modernen Gesellschaft. Zwei Abhandlungen über die Probleme der Nachkriegszeit, in: Karl Renner, Nachgelassene Werke, Bd. 3, Wien 1953. – Bei Burnham heißt es etwa: »Das Wirtschaftssystem, welches die gesellschaftliche Führung der Manager gewährleisten wird, gründet sich auf das staatliche Eigentum an den Produktionsmitteln. Innerhalb dieses Systems wird es ein Privateigentum an den wichtigeren Produktionsmitteln nicht geben. *[Absatz]* Nun wird man sofort fragen – darin liegt der Schlüssel zum ganzen Problem –, wie denn in einem solchen Wirtschaftssystem eine herrschende Klasse überhaupt möglich sei. Hatten wir doch gesehen, daß eine herrschende Klasse aus solchen Personen besteht, die auf Grund ihrer besonderen wirtschaftlichen und sozialen Stellung ein besonderes Maß von Kontrolle über den Zugang zu den Produktionsmitteln besitzen und bei der Verteilung von deren Produkten bevorzugt werden. Die Kapitalisten waren eben deshalb eine solche Klasse, weil sie als Individuen die Produktionsmittel zu Eigentum besaßen. Wenn nun in der Managergesellschaft Privatleute keine vergleichbaren Eigentumsrechte besitzen sollen, wie kann dann eine Gruppe von Menschen eine herrschende Klasse bilden? *[Absatz]* Die Antwort ist ziemlich einfach und [...] nicht ohne historische Vorbilder. Nicht durch Eigentumsrechte, die sie als einzelne besitzen, werden die Manager die Kontrolle über die Produktionsmittel ausüben und bei der Verteilung bevorzugt werden, sondern mittelbar durch die Kontrolle über den Staat, der seinerseits die Produktionsmittel zu Eigentum besitzt und kontrolliert.« (James Burnham, Das Regime der Manager [1941], übers. von Helmut Lindemann, mit Nachw. von Léon Blum, Stuttgart 1948, S. 92)

55 Vgl. Friedrich Engels, Herrn Eugen Dührings Umwälzung der Wissenschaft. (»Anti-Dühring«) [1877–1878], MEW, Bd. 20, S. 5–303, sowie Friedrich Engels, Der Ursprung der Familie, des Privateigentums und des Staats. Im Anschluß an Lewis H. Morgans Forschungen [1884], MEW, Bd. 21, S. 25–173.

dieses entscheidende Moment in der Marxschen Klassenkonzeption zu neutralisieren.

Eng verknüpft mit dieser Problematik ist die der Trennung zwischen Privateigentum und Management im Verlauf der Entwicklung des Kapitalismus. Verwiesen wurde in diesem Zusammenhang auf die oszillierende Terminologie bei Marx, der zwischen konkreter Verfügung über die Produktionsmittel und Besitz an Produktionsmitten noch nicht scharf trennt. Dies ist bedingt dadurch, daß der Kapitalismus erst zur Zeit des späten Marx in der Form der Aktiengesellschaft diese Trennung hervorbringt. Bei Marx haben vor den Begriffen Besitz und Nichtbesitz an Produktionsmitteln die Begriffe Verfügung und Nichtverfügung über Produktionsmittel Vorrang. Der legale Eigentumstitel ist für Marx bloß eine Kategorie des Überbaus und ein Epiphänomen im Verhältnis zur Verfügung, in der das konkrete Verhältnis der Menschen zueinander im lebendigen Arbeitsprozeß zum Ausdruck kommt.

»Nach Dahrendorf verliert Marx' Klassenbegriff bereits dann seinen analytischen Wert, wenn rechtliches Eigentum und faktische Kontrolle getrennt werden.« (Referat)[56] Diese These wurde negiert mit der Begründung, daß der Marxsche Klassenbegriff im funktionellen Sinne auch zum Zeitpunkt der Trennung zwischen legalem Eigentum und konkreter Verfügung seine Bedeutung behält, weil mit ihm unabhängig vom Begriff des Eigentums funktionelle Beziehungen zwischen Mensch und Mensch und Mensch und Ware erklärt werden.

Nach Dahrendorf ist für den Klassenbegriff konstitutiv Anschluß an oder Ausschluß von Herrschaft innerhalb beliebiger Herrschaftsverbände. Der Klassenbegriff ist nicht an ökonomische Bedingungen gebunden; er gilt für alle Herrschaftsverbände wie z. B. Staat, Erziehung, Kirche, wobei die einzelnen Ver-

---

56 Bei Dahrendorf heißt es: »Versteht *Marx* unter den Eigentums- bzw. Produktionsverhältnissen die Verhältnisse faktischer Kontrolle und Unterordnung in den Betrieben der industriellen Produktion – oder nur die Herrschaftsverhältnisse, insofern sie auf dem Rechtstitel des Eigentums beruhen? Versteht er Eigentum in einem weiten (soziologischen) Sinn als Ausschließlichkeit legitimer Kontrollbefugnis (nach dem auch der angestellte ›Manager‹ Eigentumsfunktionen hätte) – oder versteht er es nur als verbrieftes Besitzrecht in Verbindung mit solcher Kontrolle? Ist für *Marx* das Eigentum ein Sonderfall der Herrschaft – oder umgekehrt die Herrschaft ein Sonderfall des Eigentums? Die Bedeutung dieser Fragen ist erheblich: Legt man den letzteren, engen Begriff des Eigentums zugrunde, dann ist der Klassenkonflikt das spezifische Merkmal einer Produktionsform, die auf der Verbindung von Eigentum und Kontrolle beruht – und dann kennt eine Gesellschaft, in der die Kontrolle z. B. in den Händen von Staatsbeamten liegt, *per definitionem* keine Klassen. Legt man dagegen den ersteren, weiteren Eigentumsbegriff zugrunde, dann ist die Klassenstruktur in der Autoritätsstruktur des industriellen Betriebes gegeben und die Kategorie der Klasse zumindest der Möglichkeit nach anwendbar auf alle ›Produktionsverhältnisse‹.« (Dahrendorf, Soziale Klassen und Klassenkonflikt, a. a. O. [s. Anm. 39], S. 19)

bände unabhängig voneinander aufgefaßt werden. Kritisiert wurde hieran, daß durch eine derartige Formalisierung des Klassenbegriffs das sehr unterschiedliche Gewicht der einzelnen Kategorien neutralisiert werde. Nach Dahrendorfs Konzeption bestünde z. B. zwischen der Herrschaft eines Generaldirektors in der Industrie und der eines Oberschulrats kein qualitativer Unterschied. Die hier zutage tretende Tendenz zur Normalisierung soziologischer Kategorien ist nichts bloß Formales, sondern tangiert die Vorstellung von Gesellschaft überhaupt entscheidend.

In bezug auf die Herrschaftsverbände wurde bemerkt, daß diese eine Projektion der tragenden gesellschaftlichen Verhältnisse darstellen, wenn auch teilweise in sehr vermittelter Form, wenn man die Verselbständigungstendenz von Organisationsformen bedenkt. So herrschen z. B. in der Kirche heute z. T. Verhältnisse, die den Klassenverhältnissen in der Gesamtgesellschaft opponieren. Ob die Kirche ihre Macht im Mittelalter qua Kirche gehabt hat, wurde in Frage gestellt. Es wurde vermutet, daß auch hier ökonomische Faktoren letztlich bestimmend gewesen sind.

»Dahrendorf jedoch nimmt der Marxschen Vorstellung von den daraus zwangsläufig folgenden Klassenkämpfen ihre Ausschließlichkeit. Bei ihm ist die Möglichkeit, daß ein Konflikt latent bleibt, durchaus vorhanden.« (Referat) Die Diskussion ergab, daß die temporäre Latenz von Klassenkonflikten den Klassenbegriff Marxens nicht auflöst. In ihm ist die mögliche Latenz des Konflikts in Prosperitätsperioden und seine Aktualisierung in Krisen enthalten.

Die referierte These Dahrendorfs, daß sich »Strukturwandel ständig und überall« vollziehe, während dieser bei Marx nur durch Klassenkämpfe herbeigeführt würde,[57] führte zur Diskussion des Verhältnisses zwischen Kontinuität und

---

57 Bei Dahrendorf heißt es: »Wenn wir [...] hier von Strukturwandel sprechen, sind damit nicht Revolutionen gemeint. Wenn wir von Klassenkonflikt sprechen, ist keine Annahme vorausgesetzt, daß dieser einem ›unvermeidlichen‹ Prozeß der Zuspitzung bis zu einer revolutionären Explosion unterliegt. Obwohl die strenge Analyse sozialen Wandels die Konstruktion eines Strukturmodells voraussetzt, darf dieses Strukturmodell nicht als monolithisches Gebilde, das sich nur in irgendeinem vagen Sinn ›als ganzes‹ wandeln kann, vorgestellt werden. Strukturwandel ist vielmehr als ständiger Aspekt der Gesellschaft anzunehmen. Er kann in einem Bereich der Struktur – etwa der Industrie – beginnen und sich von dort auf andere Bereiche – etwa die politische Gesellschaft – fortpflanzen; er kann aber auch auf einen Bereich beschränkt bleiben. Selbst wenn sich also z. B. zeigen läßt, daß die Trennung von Eigentum und Kontrolle in der Industrie ohne Konsequenzen bleibt für die politische Struktur der Gesellschaft, stellt sie doch einen Strukturwandel dar. Nur wenn wir in diesem Sinne Strukturwandel als konstitutives, allgegenwärtiges Element der Sozialstruktur annehmen, befreien wir uns aus den Fesseln der Annahme des revolutionären Charakters sozialen Wandels und vermeiden zugleich die sinnvoll kaum lösbare

Diskontinuität in der gesellschaftlichen Entwicklung. Es ist die Kunst der soziologischen Analyse, unmerkliche Veränderungen in der Gesellschaft zu registrieren, ohne jedoch die Diskontinuität dabei zu übersehen. Die Gesellschaft hat eine unmerkliche Dynamik, in der es zu Knotenbildungen und qualitativen Umschlägen kommt. So gibt es Phasen, in denen sich die Gesellschaft entscheidend ändert, wie z. B. die Französische und Russische Revolution und der Faschismus. Der Schlüssel der gesellschaftlichen Entwicklung ist bei Marx die Entwicklung der Produktivkräfte, wobei die Technik wiederum eine besondere, wenn auch nicht genau fixierte Bedeutung hat. Das Denken Marxens in Bezug auf die Entwicklung der Gesellschaft ist nicht einheitlich. Zu unterscheiden ist die Konzeption vom Klassenkampf und die von der Entwicklung der Produktivkräfte her. Wissenschaftstheoretisch wurde dazu bemerkt, daß ein solches uneinheitliches Denkgebilde, in dem die einzelnen Elemente sich aneinander abarbeiten müssen, von seinen eigenen Bewegungsgesetzen her verstanden werden muß. Ein solches Theorem ist einem auf absolute Einheit hin konstruierten Theorem überlegen, wie es z. B. die Scholastik anstrebte.

Die Marxsche Entwicklungstheorie kennt eine gesamtgesellschaftliche Entwicklung, in der die divergenten Kräfte sich integrieren. Dabei reproduziert sich die Gesellschaft als Ganzes in erweiterter Form durch die Klassengegensätze. Die Totalität, die in der Entwicklung der Produktivkräfte ihren Ausdruck findet, konstituiert sich durch die Klassen hindurch.

Die Diskussion des Dahrendorf-Referats schloß mit einer Kritik des Dahrendorfschen Denkens, das als zu formalistisch bezeichnet wurde. Es besteht hierbei die Gefahr, daß die Soziologen der klassifikatorischen Ordnung zuliebe die eigentlichen sozialen Phänomene aus dem Auge verlieren. Postuliert wurde eine Denkweise, die sich mit der historischen Entfaltung der konkreten gesellschaftlichen Formen auseinandersetzt.

An die Diskussion der Problematik der Klassifikation schloß sich ein Exkurs über das Pedantische an, das dieser eigentümlich ist und das als Problem einer Wissenssoziologie bezeichnet wurde, die mit wirklich relevanten Fragen sich auseinandersetzte. Dialektisches Denken wurde charakterisiert als Auflehnung gegen die Klassifikationspedanterie. Es wurde auf Comte und Durkheim verwiesen, bei denen diese besonders zutage tritt. Material zu einer Arbeit über das Problem der Pedanterie findet sich besonders in der Romanistik. So spielt der Pedant in der französischen Komödie eine relevante Rolle.

Aufgabe der Bestimmung, wann und wo Prozesse des Wandels ›beginnen‹ und ›enden‹.« (Ebd., S. 134)

Dem Referat über »Schicht bei Warner«[58] wurde eine Bemerkung über die Bedeutung der community-Forschung vorausgeschickt. Stichwort hierzu war der Begriff »Mikrokosmos«, als der die community im Referat charakterisierende Begriff. Ihm wandte sich die empirische Sozialforschung in Form der Gemeindestudie zu, weil sie glaubte, in ihm Schlüsselstrukturen für die Gesamtgesellschaft zu finden.[59] Dahinter steht ihr Bestreben, über partikulare Ergebnisse hinauszukommen. Der Mikrokosmos community wurde als Monade bezeichnet, die das Ganze repräsentiert und von der aus auf dieses extrapoliert werden kann. Das Motiv der Gemeindestudien war ursprünglich sozialkritisch. Im Verlauf ihrer Geschichte haben sich deren Intention und Struktur jedoch geändert. Die Untersuchungen wurden mehr und mehr unter einem spezifischen Zwang eines Ideals von Objektivität gemacht, der jede objektive Theorie der Gesellschaft als spekulativ ausschaltet. Statt dessen wurde die Meinung von Leuten über Leute als objektives Material genommen.

Kritisch wurde zu Warners Studie bemerkt, daß Dynamik in ihr in keiner Form zum Ausdruck kommt. Um dieser in der Gemeindestudie Rechnung tragen zu können, wurde die longitudinal study entwickelt, in der Einzelfälle über viele Jahre verfolgt werden und in der so minimale Veränderungen der Gruppen und Gruppenmeinungen registriert werden können.

Bei Warner ist die ursprüngliche sozialkritische Tendenz der Gemeindestudie schon in eine apologetische verwandelt worden. So hat die Analyse der hierarchischen Organisation der Gesellschaft den Sinn, eine Hilfe für den sozialen Aufstieg in ihr durch Einsicht und Anpassung in sie bzw. an sie zu sein. Zum Problem der Schichtverfestigung in Warners Yankee-City[60] wurde bemerkt, daß

---

58 Walter Sedlmayer, »Schicht bei W. L. Warner«, UAF Abt. 139 Nr. 16. – Vgl. W. Lloyd Warner, Marchia Meeker und Kenneth Eells, Social Class in America. A Manual of Procedure for the Measurement of Social Status, Chicago 1949.
59 Vgl. den Abschnitt *Gemeindestudien*, in: Institut für Sozialforschung, *Soziologische Exkurse*, a. a. O. (s. Anm. 5), S. 133–150.
60 Das ›Yankee City‹-Projekt ist eine Langzeitstudie, die unter der Leitung von W. Lloyd Warner von 1930 bis 1935 durchgeführt wird und das soziale Leben in einer US-amerikanischen Kleinstadt untersucht. Die Ergebnisse dieser Studie finden sich in: W. Lloyd Warner und Paul S. Lunt, The Social Life of a Modern Community, New Haven 1941 (Yankee City Series; 1); W. Lloyd Warner und Paul S. Lunt, The Status System of a Modern Community, New Haven 1942 (Yankee City Series; 2); W. Lloyd Warner und Leo Srole, The Social Systems of American Ethnic Groups, New Haven 1945 (Yankee City Series; 3); W. Lloyd Warner und J. O. Low, The Social System of the Modern Factory. The Strike, A Social Analysis, New Haven 1947 (Yankee City Series; 4), und W. Lloyd Warner, The Living and the Dead. A Study of the Symbolic Life of Americans, New Haven 1959 (Yankee City Series; 5).

sich hier eine Parallele zur amerikanischen Gesamtgesellschaft zeigt, die auch die Tendenz zur closed society hat.

Ein zentrales Problem der Gemeindestudie ist, inwieweit ihr Anspruch auf Repräsentation gerechtfertigt ist. Verwiesen wurde dabei auf den geringen historischen Unterschied zwischen den amerikanischen Städten, der einen relativ hohen Repräsentationsgrad ermöglicht. Europäische Städte dagegen haben einen sehr unterschiedlichen Charakter und eine sehr unterschiedliche Geschichte. Die Darmstadt-Studie[61] z. B. beschäftigt sich mit einer Stadt, deren Probleme und Geschichte völlig anders geartet sind als die einer Gemeinde im Ruhrgebiet z. B. Allgemein wurde zum Verhältnis zwischen Stadt und gesellschaftlichem Gesamtsystem bemerkt, daß hier einmal eine Interdependenz besteht, zum anderen jedoch die Städte auch Teilganzheiten bilden, die sich bis zu einem gewissen Grade in bezug auf ihre Funktionen abschließen. Je mehr vergesellschaftet wird, desto mehr verfransen sich die Städte im Ganzen, verlieren sie ihre abgeschlossene Ganzheit. Auch heute noch gibt es Städte mit einem Moment von Autarkie in Europa. Der Grad der Autarkie einer Stadt hängt von der funktionalen Gesamtentwicklung der Gesellschaft ab. Die Stadt hat in der entwickelten kapitalistischen Gesellschaft nur noch den Charakter der relativen Selbständigkeit.

Warners Begriff »class« ist der deutsche Begriff »Schicht« adäquat, wie er von Schelsky und König verwendet wird, die beide stark von Warner angeregt wurden. Kritik wurde geübt an Warners pedantisch detaillierter Schichteinteilung. Es wurde gefragt, was eine derartige Einstufung nach subjektiver Einschätzung überhaupt leistet.[62] Wissenschaftstheoretisch wurde hierzu bemerkt, daß ein Symbol- oder Zeichensystem nur dann Sinn habe, wenn Einsichten über es hinaus gewonnen werden können. Hier liegt auch ein Ansatz zur Kritik der positivistischen Denkweise in den Sozialwissenschaften. So würde eine Schichtanalyse etwas leisten, wenn sie z. B. über die pure Klassifikation hinaus etwas über die behavior patterns der upper upper class interpretierend aussagte. Hierzu kommt

---

[61] Die Darmstädter Gemeindestudie wird ab Ende der 1940er Jahre vom Institut für Sozialwissenschaftliche Forschung in Darmstadt vorbereitet und von der Alliierten Hohen Kommission finanziert. Ziel dieser Studie ist die exemplarische Untersuchung des Zusammenhangs von Stadt- und Landentwicklung nach dem Zweiten Weltkrieg. Ab 1951 löst Adorno den bisherigen Wissenschaftlichen Leiter der Studiengruppe, Hans-Georg Schachtschabel, ab und fungiert als Berater bei der Auswertung der Forschungsergebnisse und deren Publikation in Form von insgesamt neun Monographien; vgl. Adornos *Einführungen in die Darmstädter Gemeindestudien* [1952/1954], in: GS, Bd. 20·2, S. 605–639.

[62] Die Studie unterscheidet zwischen »Upper-Upper Class«, »Lower-Upper Class«, »Upper-Middle Class«, »Lower-Middle Class«, »Upper-Lower Class« und »Lower-Lower Class« (Warner, Meeker und Eells, Social Class in America, a. a. O. [s. Anm. 58], S. 19).

es bei Warner jedoch nicht. Bei ihm bleibt es bei der Konstruktion von Begriffsschemata, die letztlich Tautologie sind und aus denen keine wirkliche Einsicht herausspringt.

Zur Beziehung zwischen Klasse und Schicht wurde bemerkt, daß zwischen ihnen eine solche sachlicher Art besteht, da in den subjektiven Schichten die objektiven Klassenverhältnisse sich spiegeln. So zeigt die Klassenzugehörigkeit sich z. B. in den schichtspezifischen Konsumgewohnheiten. Hierbei wurde darauf hingewiesen, daß heute die herrschenden Klassen z. T. durch Klassendisziplin am Genuß des eigenen Reichtums gehindert werden. So fallen viele Schichtsymbole aus oder wirken nicht mehr so drastisch. Es gibt z. B. Tabus, die Veblens conspicuous consumption[63] unmöglich machen. Weiterhin sind viele Schichtsymbole – wie z. B. das Fernsehen – schon weitgehend sozialisiert durch die Massenproduktion.

Abschließend wurde zusammengefaßt, daß sich hinter den subjektiven Schichten die objektiven Klassenverhältnisse abbilden. In der Schichtung zeigen sich subjektive Modifikationen der objektiven Klassenverhältnisse, die wiederum selbst durch letztere bedingt sind.

---

63 Vgl. den Abschnitt »Der demonstrative Konsum«, in: Thorstein Veblen, Theorie der feinen Leute. Eine ökonomische Untersuchung der Institutionen [1899], übers. von Suzanne Heintz und Peter von Haselberg, Frankfurt a. M. 2007, S. 79–107.

435 Manfred Juttka, 20. Juni 1967

|Manfred Juttka (2. Semester)
Frankfurt/Main-Hausen
Ludwig-Landmann-Str. 343

Proseminar »Soziologische Zentralbegriffe«
Professor Adorno.

Protokoll der Sitzung vom 20. 6. 1967.

Thema: Stand (Lorenz von Stein).[64]|

Der Referent führte aus, daß Lorenz von Stein zwei Prinzipien unterscheidet – das der Gesellschaft und das des Staates, die in widersprüchlichem Verhältnis zueinander stehen.[65] Die Gesellschaft ist die organische Einheit des menschlichen Lebens, durch die Verteilung der Güter bedingt. Sie ist notwendig eine Klassengesellschaft. Der Staat ist die zur persönlichen Einheit erhobene Gemeinschaft des Willens aller.[66] Er ist von den Einzelnen unabhängig. In seiner idealen Form hat er die Freiheit seiner Bürger zur Aufgabe. Im Gegensatz dazu steht der wirkliche Staat, welcher der Gesellschaft gegenüber ohnmächtig ist. Nach H. Marcuse neutralisiert Stein die Grundwidersprüche der modernen Gesellschaft, indem er den Staat mit Freiheit, die Gesellschaft mit Ausbeutung gleichsetzt.[67]

---

64 Karl Schönberg, »Der Begriff des Standes im Werk Lorenz von Steins«, UAF Abt. 139 Nr. 16.
65 Vgl. den Abschnitt »Die nähere Bestimmung des Begriffs der Gesellschaft durch die Scheidung von Gesellschaft und Staat«, in: Lorenz von Stein, Begriff und Wesen der Gesellschaft, ausgewählt und eingel. von Karl Gustav Specht, Köln und Opladen 1956 (Synthese. Gesellschaft und Wirtschaft · Geist und Kultur; 1), S. 23–33.
66 »Man kann die Lehre vom Volke von verschiedenen Standpunkten aus beginnen; der Anfangspunkt aber, welcher er auch immer sey, wird stets bei demselben Schlusse anlangen. Wir wollen daher den einfachsten Weg einschlagen, und das Volk als Mittelglied zwischen Gesellschaft und Staat hinstellen. *[Absatz]* Wenn nämlich der Staat seinem Begriffe nach die zur Persönlichkeit erhobene Gemeinschaft der Menschen ist, so wird diese Gemeinschaft selbst in ihm und durch ihn nothwendig den Charakter einer, obzwar aus verschiedenen Elementen bestehenden, so doch innerlich und äußerlich selbstständigen Einheit dieser Elemente an sich tragen.« (Ebd., S. 47)
67 »Die Weise, in der Steins Trennung von Staat und Gesellschaft sich des wirklichen Problems der modernen Gesellschaftstheorie entledigt, ist für die Entstehung der Soziologie von äußerster Wichtigkeit. Zunächst einmal wird der Klassenantagonismus zum ›allgemeinen und unveränderlichen‹ Gesetz der Gesellschaft erklärt und als ›unvermeidliche Tatsache‹ akzeptiert. Obwohl

Stein erkennt im sozialen Wandel zwei Bewegungen: Die Bewegung der Unfreiheit und die Bewegung der Freiheit. Die Bewegung der Unfreiheit schreitet in organischer Entwicklung von der Klassengesellschaft über die Ständegesellschaft schließlich zur Kastengesellschaft.[68] Dieser Prozeß ist bedingt durch das Wesen des menschlichen Lebens, welches in der Erringung der Herrschaft über die Natur seine Bestimmung findet. Die errungene Herrschaft manifestiert sich im Besitz, der Unabhängigkeit erzeugt. Er allein kann eine dauerhafte Ordnung gewährleisten.[69] Damit will Stein die Unmöglichkeit einer sozialen Revolution nachweisen.

Der von einer Klasse erworbene Besitz macht die Nichtbesitzenden von ihr abhängig. Zur Sicherung der so entstandenen Ordnung müssen sie vom Besitzerwerb ausgeschlossen, also an ihrer freien Entfaltung gehindert werden. Hierzu wird der Staat mißbraucht, der nun in Widerspruch zu seinem Prinzip rechtliche und politische Unfreiheit stiftet.[70]

---

er die hegelsche Terminologie beibehält, unterliegt Stein den positivistischen, affirmativen Tendenzen der frühen Soziologie. Zweitens neutralisiert er die Grundwidersprüche der modernen Gesellschaft, indem er sie unter zwei Bereiche, unter die des Staates und der Gesellschaft, aufteilt. Freiheit und Gleichheit bleiben dem *Staat* vorbehalten, während Ausbeutung und Ungleichheit der ›*Gesellschaft*‹ zugewiesen werden, wodurch sich der innere Widerspruch der Gesellschaft in einen Antagonismus zwischen Staat und Gesellschaft verwandelt.« (Herbert Marcuse, Vernunft und Revolution. Hegel und die Entstehung der Gesellschaftstheorie [1941], übers. von Alfred Schmidt, in: Herbert Marcuse, Schriften, Bd. 4, Frankfurt a.M. 1989, S. 334)

68 Lorenz von Stein unterscheidet verschiedene ›Gesellschaftsformen‹ nach der Art, wie sie Besitzverteilungen regeln; vgl. den Abschnitt »Die Gesellschaftsbildung und die Gesellschaftsformen«, in: von Stein, Begriff und Wesen der Gesellschaft, a.a.O. (s. Anm. 65), S. 37–46.

69 »Eine Gesellschaftsordnung entsteht, indem die einzelne Persönlichkeit in der Gemeinschaft nicht mehr durch ihr eigenes vereinzeltes Wollen und Thun, sondern durch das organische Zusammenwirken der beiden großen Faktoren der Gesellschaft Platz und Aufgabe erhält. [Absatz] Damit also jeder Einzelne dieß in der Gesellschaft finde, muß er durch ein von seiner Wirkung unabhängiges, aber dem Wesen der Gesellschaft angehöriges Element äußerlich seine gesellschaftliche Stellung empfangen. [Absatz] Dieses äußerliche, dem Einzelnen auch wider seinen Willen bestimmte Element ist nun der *Besitz* und seine äußerlich feststehende *Vertheilung*. [Absatz] Der Besitz und seine Ordnung ist daher die *Grundlage aller Gesellschaftsordnung*.« (Ebd., S. 52)

70 »Gegen diesen Verderb der gesellschaftlichen Ordnung [scil. durch Reaktion und Demagogie] kämpft nun eine Zeitlang das höchste, edelste Moment des Lebens, die Kirche als Vertreterin der höchsten Sittlichkeit, die Wissenschaft als Vertreterin der höchsten menschlichen Erkenntniß. Aber sie allein vermögen den Druck des Interesses nicht abzuhalten; die schlechten Elemente im Einzelnen, das wahrhaft unsittliche Element, bricht sich Bahn, und jetzt ist die Zeit da, wo die Gesellschaft in ihrer vollen Entwicklung keine Zweifel mehr übrig läßt, daß sie nicht für sich allein die Ordnung der Menschen unter einander beherrschen kann, sondern daß ihr jener andere Organismus zu Hilfe kommen muß, dessen Wesen wir schon oben bezeichnet haben, *der Staat* mit seinem Princip und seiner Gewalt.« (Ebd., S. 46)

Aus der Ordnung des Besitzes entsteht eine Ordnung der Menschen und ihrer Tätigkeit, die sich durch die Familie reproduziert. Sobald die Klassenzugehörigkeit nicht mehr durch Besitz, sondern durch Geburt bestimmt wird, ist die Stufe der Ständegesellschaft erreicht. Die Zugehörigen eines Standes sind durch bestimmte Lebensführung und gemeinsame Wertschätzungen vereint. Äußerlich kommt dies durch besondere Trachten und Wappen zum Ausdruck.[71] Zugleich wird den Besitzlosen die Chance genommen, durch Arbeit und Erwerb von Besitz sich zu erheben, da erbliche Privilegien nun den herrschenden Stand bestimmen. Er erklärt das gesellschaftliche Resultat seiner Herrschaft für naturhaft, identifiziert sich zunehmend mit dem Staat, der in die sakrale Sphäre gehoben wird, wobei schließlich die privilegierten Stände zu geheiligten Kasten sich wandeln.[72]

Die Bewegung der Freiheit beruht auf der Selbstbestimmung der Persönlichkeit. Zu ihrer Erlangung ist Besitz notwendig, den der Arbeitende mit wachsender Bildung an sich ziehen kann. Schließlich verfügt er über ihn als Kapital, während der besitzende Stand lediglich den toten Stoff in Händen hält. Obwohl der Bedeutung nach beide Stände einander gleich sind, verweigert das herrschende Recht die Anerkennung dieser Gleichheit. Im Gegensatz zwischen wirklicher und rechtlicher Gesellschaft nimmt die Bewegung der Freiheit ihren Ursprung.[73]

Professor Adorno stellte die Frage, ob Stein ein restaurativer Denker sei. – Er teile die Ambivalenz der Hegelschen Philosophie, was jedoch den sozialen Kämpfen seiner Zeit Rechnung trägt. Er sieht die ständische Gesellschaft nicht als Ideal, so wenig er sie als Naturverhältnis romantisch verklärt, vielmehr erscheint sie derart nur im Bewußtsein, ist aber versteinertes gesellschaftliches Verhältnis und wird als solches abgeleitet. Hier zeigen sich in der Nähe zur Fetischtheorie von Marx starke kritische Momente bei Stein, ebenso in seiner Liberalismuskritik, bei der er sich auf die Seite der Opfer stellt, den Preis des Fortschritts nicht übersieht. Was Steins Denken bestimmt, ist die Furcht vor einer gesellschaftlichen Explosion. Nur durch Aufrechterhaltung des Status quo hält er es für möglich, sie

---

71 »Die Sitte hat nun zwei Hauptformen ihrer äußeren Erscheinung, die an sich nicht wichtig, aber als Zeichen eines Wichtigen Bedeutung und Recht zugleich empfangen. Das sind die *gesellschaftlichen Symbole*. Das einfachste gesellschaftliche Symbol ist die *Tracht*, die sich zunächst an die Lebensweise, das Element des Besitzes und die daraus entstehende Art der Arbeit anschließt. [...] Das zweite große gesellschaftliche Symbol ist das *Wappen*. Das Wappen ist ursprünglich ein Zeichen der Stämme innerhalb des Volkes und erscheint hier als *Farbe*. Das eigentliche Wappen ist das Zeichen für das Geschlecht innerhalb des Stammes, das eigentliche *Geschlechterwappen*, gewiß im Anfang nur ein Zeichen auf den Stammesfarben.« (Ebd., S. 62 f.)
72 Vgl. etwa den Abschnitt »Die Gesittung«, ebd., S. 86–90.
73 Vgl. den Abschnitt »Das Wesen der gesellschaftlichen Freiheit«, ebd., S. 76–79.

zu vermeiden. Bei Stein zeigt es sich, daß auch konservatives Denken tief in die Kritik der Gesellschaft zu führen vermag. Progressive Momente verschlingen sich bei ihm mit konservativen.

Erster Diskussionspunkt war der Gegensatz Gesellschaft–Staat bei Lorenz von Stein. Dieser Gegensatz ist von Hegel übernommen, doch sieht Stein in Widerspruch zu ihm keine integrierenden Funktionen des Staates, sondern bestimmt diesen wie Marx als Instrument der herrschenden Klasse. Trotzdem soll er die Gesellschaft patriarchalisch steuern. In der notwendigen Forderung eines Staates, selbst wenn er seiner Bestimmung nicht entsprechen kann, enthüllt sich die Aporie des bürgerlichen Bewußtseins angesichts der Bedrohung durch soziale Revolutionen. Die Dynamik des Sozialprozesses zeugt selbst die apologetische Theorie.

Weiter wies Professor Adorno darauf hin, daß in der Gesellschaftstheorie Steins die Klassen sich auf Stände hin entwickeln, während gemeinhin die Ansicht herrscht, die bürgerlichen Klassen hätten die Stände abgeschafft. Die Tendenzen im Monopolkapitalismus – schon von Veblen als Neo-Feudalismus angekündigt[74] – bestätigen jedoch die Steinsche Antizipation. Die Verfügenden namentlich in den USA nehmen Züge der geschlossenen Gesellschaft an, planen rational die Kooption zu ihrer Gruppe. Mills zeigte, daß die Kandidaten nach Herkunft, Lebensstil usw. durchleuchtet werden, und daß eine planvolle Selek-

---

[74] Bei Veblen heißt es etwa: »In much the same measure and with much the same limitations as the modern democratic nations have departed from the feudal system of civil relations and from the peculiar range of conceptions which characterise that system, they have also come in for a new or revised conception of peace. Instead of its being valued chiefly as a space of time in which to prepare for war, offensive or defensive, among these democratic and provisionally pacific nations it has come to stand in the common estimation as the normal and stable manner of life, good and commendable in its own right. These modern, pacific, commonwealths stand on the defensive, habitually. They are still pugnaciously national, but they have unlearned so much of the feudal preconceptions as to leave them in a defensive attitude, under the watch-word: Peace with honor. Their quasi-feudalistic national prestige is not to be trifled with, though it has lost so much of its fascination as ordinarily not to serve the purposes of an aggressive enterprise, at least not without some shrewd sophistication at the hands of militant politicians and their diplomatic agents. Of course, an exuberant patriotism may now and again take on the ancient barbarian vehemence and lead such a provisionally pacific nation into an aggressive raid against a helpless neighbor; but it remains characteristically true, after all, that these peoples look on the country's peace as the normal and ordinary course of things, which each nation is to take care of for itself and by its own force.« (Thorstein Veblen, An Inquiry into the Nature of Peace and the Terms of its Perpetuation, New York 1917, S. 300 f.)

tion in großem Maße stattfindet.⁷⁵ Aus diesen zentralen Tendenzen lassen sich düstere Prognosen über Staat und Gesellschaft in den USA gewinnen.

Auch die Ansicht Steins, die Entfaltung der Persönlichkeit sei ohne Besitz nicht möglich, verdient Beachtung. Hier behält er recht gegenüber Ideologen der Innerlichkeit und Vulgär-Sozialisten, wenn seine Aussage auf die bestehenden Gesellschaftssysteme bezogen wird. Ein schwer arbeitender Mensch kann sich nicht über die Unmittelbarkeit des Daseins erheben, zur Reflexion gelangen. Statt Persönlichkeit zu werden, ist er der Entmenschlichung preisgegeben. Stein muß nicht geleugnet, sondern kritisch gewendet werden: In einer durch Privateigentum bestimmten Gesellschaft werden die Nichtbesitzenden um die Ausbildung ihrer Persönlichkeit gebracht, die Kinder durch Weitergabe des den Vater belastenden Druckes verstümmelt. Es erweist sich, daß die Struktur der Gesellschaft den Individuen nicht äußerlich ist, sondern in diese hineinreicht.

Professor Adorno wies in diesem Zusammenhang auf Theorien hin, die Besitz als Bedingung des Individuationsprozesses bestimmen. Es heiße, die Entfaltung gewisser Eigenschaften, wie fester Identität, Gedächtnis, Erinnerung, könne nicht in einem System öffentlicher Leistungen stattfinden, sondern sei notwendig an das Vorhandensein festen, ja ererbten Besitzes gebunden. Diese Problematik schließt jedoch nicht aus, daß zukünftige Gesellschaftsformen über die Verwirklichung der Individualität hinausgehen können.

Die Frage, ob eine bürgerliche Demokratie sich Bildung der Massen leisten könne, wurde mit dem Hinweis auf gewisse Verschiebungen im Begriff der Bildung präzisiert. Während bei Stein noch der Glaube verbreitet ist, daß Bildung frei mache, hat es sich erwiesen, daß Menschen dadurch nicht zwangsläufig mündig werden. Sie erhalten lediglich eine Anhäufung von Informationen vermittelt ohne Unterscheidung ihrer Relevanz bzw. Irrelevanz. Marx schon stand dem bürgerlichen Bildungsbegriff sehr skeptisch gegenüber.

Ob Bildung eher auf der Basis von Privilegien als von Besitz stattfinde, ist schwer zu entscheiden. Jedenfalls zeigt es sich, daß eine bestimmte Erfahrungs-

---

75 So heißt es etwa: »Genauso wenig wie das Wort ›Unternehmer‹ auf die Laufbahn der heutigen Multimillionäre paßt, genauso wenig paßt das Wort ›Angestellter‹ auf die Karriere der heutigen Generaldirektoren. Die Machtpositionen der Wirtschaftsführer und der vermögenden Unternehmer sind auf höchster Ebene durch Cliquenbildung bis zur Ununterscheidbarkeit angenähert. Sie bilden ein Ganzes und machen die ›politische‹ Welt der Großindustrie aus. Um in diese Welt aufgenommen zu werden, muß man von den Mächtigen, die über das Geld und die Positionen verfügen, kooptiert werden. Feste Regeln für Aufstieg, Qualifikation oder erforderliches Dienstalter gibt es nicht.« (C. Wright Mills, Die amerikanische Elite. Gesellschaft und Macht in den Vereinigten Staaten [1956], übers. von Hans Stern, Heinz Neunes und Bernt Engelmann, Hamburg 1962, S. 159)

fähigkeit vom Wohlstand abhängt. Einem Armen ist der Zugang zu zahlreichen Erfahrungen verschlossen, und selbst da, wo sie ihm als mögliche widerfährt, im Leid etwa, hindert die Enge seiner permanenten Lebensnot ihn an der notwendigen Reflexion, die jene erst als Erfahrung bewußt machen würde. Ein Beispiel geben Schopenhauer und Fichte ab, deren Gedanken trotz sehr vieler gemeinsamer Begriffe in völlig verschiedenen Klimata beheimatet sind. Fichte, der Sohn armer Eltern, konnte nicht den Erfahrungsschatz sammeln wie Schopenhauer, er war dadurch auf die Macht des Gedankens zurückgeworfen, der ihm zum allmächtigen Prinzip wird. Schopenhauer hingegen, aus wohlhabendem Hause, entwickelte ein sensibles Organ für die herrschende Unterdrückung und die damit verbundenen Leiden.

Abschließend fragte Professor Adorno noch, ob es zuträfe, daß die Sitten um so strenger eingehalten würden, je fester die Besitzverhältnisse geordnet seien. Am Beispiel der Freiherrlichkeit zeigt es sich, daß Zugehörige einer Klasse die Tendenz haben, sich über deren Spielregeln hinwegzusetzen, sobald sie sich in ihr sehr sicher fühlen. Gesellschaftlich Unsicherere hingegen fügen sich strikter in die herrschenden Normen. Die zur Schau getragene Askese der Repräsentanten des Neo-Feudalismus, ebenso wie ihr zwangshaftes Gebundensein an Spielregeln und Pflichtideale erweisen sich als spezifisch bürgerlich, wobei hier die Differenz zwischen Groß- und Kleinbürgertum sehr gering wird. Ganz im Gegensatz dazu stand das Verhalten der historischen Feudalherren. Wie W. Sombart nachwies, betreiben sie eine Ausgaben-Wirtschaft, während die bürgerliche eine der Einnahmen ist.[76] Dies hatte zur Folge, daß die feudale Gesellschaft wohl auch starke disziplinierende Momente kannte (z. B. »Ehre«), aber nicht auf dem Gebiet des Wirtschaftsgebarens. In Schichten wie denen der Offiziere, wo eine tradierte Moral neben den konkreten Lebensumständen einher läuft, kommt es zu typischen Konflikten (Ehrenschulden). Das Problem ist also nicht so einfach, wie Stein es

---

[76] »Im Mittelpunkt aller Bemühungen und aller Sorgen steht, ehe denn Kapitalismus wurde, der lebendige Mensch. Er ist der ›Maßstab aller Dinge‹: mensura omnium rerum homo. Damit ist aber auch die Stellung des Menschen zur Wirtschaft schon bestimmt: diese dient wie alles übrige Menschenwerk menschlichen Zwecken. Also: das ist die grundlegende wichtige Folgerung aus dieser Auffassung – ist der Ausgangspunkt aller wirtschaftlichen Tätigkeit der Bedarf des Menschen, das heißt sein naturaler Bedarf an Gütern. Wieviel Güter er konsumiert, soviel müssen produziert werden; wieviel er ausgibt, soviel muß er einnehmen. Erst sind die Ausgaben gegeben, danach bestimmen sich Einnahmen. Ich nenne diese Art der Wirtschaftsführung eine *Ausgabewirtschaft*. Alle vorkapitalistische und vorbürgerliche Wirtschaft ist eine Ausgabewirtschaft in diesem Sinne.« (Werner Sombart, Die vorkapitalistische Wirtschaft, in: Werner Sombart, Der moderne Kapitalismus. Historisch-systematische Darstellung des gesamteuropäischen Wirtschaftslebens von seinen Anfängen bis zur Gegenwart [1902], Bd. I·1, Berlin 1969, S. 31)

sieht, der seine Bestimmungen zu formal durchführt. Es erweist sich als notwendig, auf die qualitative Struktur der jeweiligen Klasse zu reflektieren.

436 Rolf Wiggershaus, 4. Juli 1967

|Rolf Wiggershaus   Soziologisches Proseminar
Prof. Adorno
Sommersemester 1967

Protokoll vom 4. 7. 67|

Thema der Sitzung war der Begriff des Fortschritts, insbesondere bei Condorcet und Comte.[77] Bei diesen hat der Fortschrittsbegriff bereits eine entscheidende Veränderung gegenüber dem 18. Jahrhundert erfahren. Aus der Vorstellung eines progressiven Geschichtsverlaufs hin zu einem Allgemeinen, an dem die Individuen partizipieren, ist die Herrschaft eines Allgemeinen geworden, das nicht mehr als Vermittlung der Individuen miteinander gedeutet werden konnte, sondern zu einer resignativen, bzw. affirmativen Vorstellung einer invarianten Dynamik führte.

Ohne den Begriff des Fortschritts mitzureflektieren, würde Soziologie zur Vereidigung aufs jeweils Vorliegende. Je mehr deshalb Soziologie auf den Begriff der Tatsachenforschung reduziert wird, desto stärker tendiert sie dazu, den Begriff des Fortschritts zu eliminieren. Jene Reduktion bedeutet zugleich, daß die Beziehung zwischen Einzelbereichen einem immer abstrakter werdenden Ganzen zufällt. Verzicht auf den Begriff der Totalität der Gesellschaft geht zusammen mit einem Verzicht auf das Moment des Terminus ad quem an der Gesellschaft.

Für Condorcet und die späte Aufklärung galt der Fortschrittsbegriff ungebrochen. Emanzipation von Zwängen der Natur und Gesellschaft war Gewähr der sittlichen Vervollkommnung des Menschengeschlechts. Es konnte die naturwissenschaftliche Elementaranalyse in den Dienst der Erforschung komplexerer, gesellschaftlicher Phänomene gestellt werden, ohne Gefahr, daß ein statisches Moment die Dynamik aufhöbe, gerade weil der Fortschritt dank Vernunft, Kritik und Moral sicher vorbestimmt war.

In Comtes Positivismus, dessen Beziehung zur gesellschaftlichen Lage seiner Zeit offensichtlich ist, impliziert die wissenschaftliche Methode bereits, daß dem Begriff des Fortschritts alles die gegenwärtige Ordnung Aufhebende genommen ist. Fortschritt wird zur bloßen Kategorie; er wird der Wissenschaft als dem Selbstbewußtsein der Gesellschaft von den ihr innewohnenden Strukturen eingegliedert. Der Fortschritt wird zu einem der Einsicht in die allgemeinen Gesetzen

---

77 Werner Reuther, »Die Idee des Fortschritts bei Condorcet und Comte«, UAF Abt. 139 Nr. 16.

folgenden Tatbestände. Wenn deshalb Durkheim Comte Mangel an Positivismus vorwirft, weil bei ihm der Begriff des Fortschritts noch vorkomme,[78] so verkennt er die Stellung jenes Begriffs bei Comte. Der Unterschied zwischen beiden Denkern liegt darin, daß bei Durkheim zwischen Selbstbewußtsein der Gesellschaft und den ihr innewohnenden Strukturen gar kein Unterschied mehr besteht. Die von der Wirklichkeit unterschiedene Möglichkeit wird gar nicht mehr gedacht. Von daher läßt sich eher sagen, daß der absolute Idealist Hegel latenter Positivist, als daß Comte latenter Metaphysiker ist.

Im Hinblick auf die Philosophie ist auffallend, daß auch in ihr (nach 1800) der Fortschrittsbegriff eine apokryphe Rolle spielt. In der Hegelschen Philosophie gibt es wohl den Begriff des Fortschritts im Bewußtsein der Freiheit,[79] aber nicht eine explizite Theorie des Fortschritts. Die Gründe dafür liegen bei Hegel u. a. in der Struktur der Dialektik als einer idealistischen. Mit der Wissenschaft der Logik ist alles Dynamische immer schon heimgebracht. In ihr wird die Bewegung nur durch äußerste Steigerung der Abstraktheit der Gedanken erreicht.

Bei Marx wird die Betonung des Fortschrittbegriffs als apologetisch abgewehrt. Denn für ihn gibt es – gerade im Zusammenhang mit einer Vorstellung des Fortschritts erst jenseits der Antagonismen – die Gefahr des Rückfalls in die Barbarei, ohne daß dieser ausschließlich, wie bei Condorcet, von Vorgängen der äußeren Natur verschuldet wäre.[80] Gegenüber einer mechanischen Vorstellung der Selbstdurchsetzung der Geschichte ist nun das Moment der Spontaneität entscheidend.

Bei Condorcet taucht rudimentär jenes Entwicklungsprinzip in Form von Differentiation und Integration auf, wie wir es bei Spencer ausführlich kennen-

---

[78] »Comte hat freilich den Grundsatz aufgestellt, daß die sozialen Erscheinungen Naturtatsachen und als solche den Naturgesetzen unterworfen sind. [...] Den Hauptgegenstand seiner Soziologie bildet der Fortschritt der Menschheit im Laufe der Zeit. [...] Kurz, Comte hat an Stelle der geschichtlichen Entwicklung den Begriff gesetzt, den er davon hatte und der von dem Vulgärbegriff nicht sonderlich abweicht. Aus der Ferne gesehen nimmt die Geschichte ja allzuleicht ein reihenmäßiges und einfaches Aussehen an. Man gewahrt nur Individuen, die aufeinanderfolgen und in dieselbe Richtung gehen, weil sie dieselbe Natur haben. Da dabei außer acht gelassen wird, daß die soziale Entwicklung doch etwas anderes sein kann als die Entwicklung irgendeiner menschlichen Idee, scheint es ganz natürlich, sie durch die Idee zu definieren, die die Menschen von ihr haben. Mit einem derartigen Verfahren bleibt man aber nicht nur in der Ideologie stecken; man macht auch einen Begriff zum Gegenstande der Soziologie, der nichts spezifisch Soziologisches an sich hat.« (Durkheim, Die Regeln der soziologischen Methode, a.a.O. [s. Anm. 11], S. 118 f.)
[79] »Die Weltgeschichte ist der Fortschritt im Bewußtsein der Freiheit – ein Fortschritt, den wir in seiner Notwendigkeit zu erkennen haben.« (HW, Bd. 12, S. 32)
[80] S. unten, Anm. 102.

lernten. Gemäß Condorcet wurde die Schrift aus dem Bedürfnis heraus erfunden, die sich komplizierenden Beziehungen in der Gesellschaft zu rationalisieren.[81] Dieser aus den Antagonismen abgeleitete Zwang zur Organisation, in der dank Nachlassen der Interessen etwas der Versöhnung Vergleichbares zustande kommen soll, scheint urbürgerlich zu sein. Vor Kant zwingt bei Hobbes der Krieg aller gegen alle und die daraus resultierende Todesfurcht zum Vertragsschluß in Form von Übertragung der natürlichen Rechte an den Souverän. Insofern hier in Hinsicht auf die Entstehung der Schrift Condorcet nicht rein auf Vernunft reflektiert, sondern auch auf Vermögen und Fähigkeiten, wie sie aus gesellschaftlichen Antagonismen entspringen, zeigt sich bei ihm ein materialistisches Moment. In solcher Auffassung, daß die Gesellschaft Verhaltensweisen des Individuums determiniert, stimmt Condorcet mit der Aufklärung überein.

Andererseits ist der gemäßigte Condorcet idealistischer als die radikalen Aufklärer. Das idealistische Moment bei Condorcet wurde am Beispiel seiner Geschichte der wahren Ursachen für das Ende der Sklaverei deutlich. Die Priester, die Abschaffung der Sklaverei predigten, führten nach Condorcet die entscheidende Veränderung herbei, die das Bewußtsein allgemeiner Freiheit ermöglichte:[82] Geistige Änderungen sind für Condorcet entscheidend. Das ist eine Folge der einfachen Übertragung naturwissenschaftlicher Prinzipien auf den Geist.

Der Versuch, Fortschritt als Gesetz der Geschichte in naturwissenschaftlicher Weise zu erfassen, erweist sich als ambivalent. Der als allgemeines Gesetz gefaßte Fortschritt zu Freiheit und Glück überdeckt die Mündigkeit, die Autonomie. Die hierin liegende Spannung zwischen immergültigen Naturgesetzen und wirklichem Fortschritt führt zu Comte. Dessen Betonung der Ordnung und äußerlicher Legitimierungsversuch mit Hilfe des klassischen astronomischen Weltbildes ist nicht bloß von außen, politisch bestimmt, sondern zutiefst bürgerlich. Ein Grundmotiv des Bürgertums kehrt wieder. Der Fortschritt – der wirklich nur wäre als einer von Vernunft, die als Natur zugrunde gelegt wird, zu einer, die als auf-

---

81 Vgl. den Abschnitt »Fortschritte der Ackerbauvölker bis zur Erfindung der alphabetischen Schrift«, in: Condorcet, Esquisse d'un tableau historique des progrès de l'esprit humain · Entwurf einer historischen Darstellung der Fortschritte des menschlichen Geistes [1795], hrsg. von Wilhelm Alff, übers. von Wilhelm Alff und Hermann Schweppenhäuser, Frankfurt a. M. 1963, S. 69–97, dort vor allem S. 91–97.
82 »Endlich sah die Sklaverei sich durch den Grundsatz einer allgemeinen Brüderlichkeit verurteilt, der einen Bestandteil der christlichen Moral ausmachte. Und da die Priester kein politisches Interesse hatten, in diesem Punkte einer Maxime zu widersprechen, die ihre Sache ehrte, unterstützten sie durch ihre Predigten die Abschaffung der Sklaverei, die der Gang der Ereignisse und der Wandel der Sitten ohnehin herbeiführen mußten. *[Absatz]* In dieser Veränderung lag der Keim zu einer Revolution in den Geschicken des Menschengeschlechts; es verdankt ihr die Möglichkeit, von wahrer Freiheit überhaupt zu wissen.« (Ebd., S. 169)

geklärte Übereinstimmung der Subjekte, als mündige Menschheit angesichts einer nicht unterjochten Natur wäre – stellt sich als leere Dynamik heraus. Diese deckt sich gerade mit dem Statischen, das im Begriff der Natur liegt. Invariante Dynamik ist die Formel, auf die die gesamte bürgerliche Gesellschaft verhext ist.

Condorcet löst nicht das Problem, Voraussage und Mündigkeit zu vereinen. Bei Comte wird Mündigkeit deutlich als Einsicht in die Prinzipien der Ordnung genannt.[83] Vernünftigkeit ist nur noch platt positivistisch verstanden. Es bleibt die Anpassung ans Heterogene, dem der späte Comte ausgiebige Bedeutung zumaß.

Jene invariante Dynamik wurde nach Hegel von Marx als erstem gesehen. Daher erklärt sich das Fehlen einer Anthropologie bei beiden. Wie der Begriff der Dialektik sich bei Marx auch auf den des Fortschritts erstreckt, so die Kritik des Denkens in den Kategorien Statik und Dynamik auf den Begriff des Menschen.

Innerhalb seiner systematischen Geschichtsphilosophie – deren Mittelpunkt das Dreistadiengesetz bildet[84] – nimmt Comte als Ausgangspunkt des ersten, theologischen Stadiums den Fetischismus an.[85] Dies Motiv, als die frühe Phase der

---

83 So heißt es bei Comte etwa: »Da die tatsächlichen Vorgänge so geordnet sind, daß die gleichartigen bei demselben Studium beisammen bleiben, während die ungleichartigen in verschiedenen Wissenschaften behandelt werden, wird die positive Methode innerhalb des Bereichs derselben Wissenschaft sich gleichmäßig den Gegenständen anschließen können, und sie wird verschiedene und allmählich auch verwickeltere Methoden erst dort annehmen, wo sie von einer Wissenschaft zu einer anderen übergeht. Dadurch sind wir sicher, sie in all ihrer Mannigfaltigkeit kennenzulernen. Dies ist eine sehr wichtige Bemerkung, denn wir haben [...] gesehen, wie unmöglich es ist, die Methode ohne deren Anwendungen kennenzulernen, und man kann überhaupt nur dann eine genaue Kenntnis von ihr gewinnen, wenn man in der angemessenen Ordnung ihre Anwendung auf alle Klassen der Erscheinung studiert.« (Auguste Comte, Die Soziologie. Die positive Philosophie im Auszug [1830–1842], hrsg. von Friedrich Blaschke, Leipzig 1933 [Kröners Taschenausgabe, Bd. 107], S. 28)

84 »Jeder Zweig unserer Kenntnisse durchläuft der Reihe nach drei verschiedene theoretische Zustände (Stadien), nämlich den theologischen oder fiktiven Zustand, den metaphysischen oder abstrakten Zustand und den wissenschaftlichen oder positiven Zustand. Mit anderen Worten: Der menschliche Geist wendet in allen seinen Untersuchungen der Reihe nach verschiedene und sogar entgegengesetzte Methoden bei seinem Philosophieren an; zuerst die theologische Methode, dann die metaphysische und zuletzt die positive. Die erste ist der Punkt, an dem die Erkenntnis beginnt; die dritte der feste und endgültige Zustand, die zweite dient nur als Übergang von der ersten zur dritten.« (Ebd., S. 2)

85 »Die theologische Philosophie hat den Fetischglauben zur Grundlage, der jedes Ding und jeden Vorgang vergöttert, der die schwache Aufmerksamkeit der beginnenden Menschheit erwecken kann. Trotz der Umgestaltungen dieser ältesten Philosophie vermag die soziologische Untersuchung doch immer die ursprüngliche Grundlage bloßzulegen, die selbst in dem von seinem Ursprung entferntesten religiösen Zustand nicht ganz verwischt ist. [...] Bei tieferer Untersuchung des theologischen Geistes erkennt man zu allen Zeiten die Spuren des Fetischglau-

Entwicklung einen Anthropomorphismus anzunehmen, taucht im 19. Jahrhundert häufig auf. Im Kapitel über den Fetischcharakter der Ware bei Marx kehrt wieder, was der Kritik der Religion – als dem für ein Seiendes gehaltenen Selbstgemachten – entspricht.[86] Indes wird Fetischismus hier in neuer Weise als Merkmal der bürgerlichen Gesellschaft festgestellt: Die Autorität der Theologie ist übergegangen an die blinde ökonomische Notwendigkeit, die im Warenverkehr als dingliches Verhältnis bestimmter gesellschaftlicher Verhältnisse erfahren wird.

Comtes Sympathie gilt dem ersten, theologischen Stadium. Der Zusammenhang zwischen Autorität der Kirche und Autorität der Tatsachen erklärt seine Sympathie für die Bündigkeit der theologischen Ordnung. Im Vergleich zu dieser soll das positive Stadium nichts anderes als die Grundlage einer stabilen sozialen Organisation auf höherer Stufenleiter geben. In diesem Zusammenhang wird ein Phänomen wie das des Monotheismus, der tatsächlich Erhebung über manische Gebräuche bedeutet, als Entzauberung in dem Sinne verstanden, daß das, was ist, nicht mehr als solches hingenommen wird. Das Zwischenstadium der Metaphysik wird so mit dem Denken verwechselt.

Bei Comte wurde die ablehnende Haltung des Positivismus gegen den Geist deutlich, der nicht gesonnen ist, das was ist, als solches hinzunehmen. Bei Marx wird gegenüber einer mechanischen Vorstellung von der Selbstdurchsetzung der Geschichte das Moment der Spontaneität entscheidend. Was in jedem Fall gelten soll, ist das Zusammenschlußgesetz des Kapitals, das Anwachsen der Antagonismen im Kapitalismus. Der Möglichkeit von deren Beseitigung durch bewußte Aktion steht der Rückfall in die Barbarei gegenüber. Im Gegensatz zu den vorherigen Theorien geht es nun um die Befreiung vom Gesetz der Immergleichheit, das gerade im Fall des Zusammenbruchs das letzte Wort behielte.

---

bens, trotz der metaphysischen Formen, die er in den feineren Geistern angenommen hat.« (Ebd., S. 176)

[86] Vgl. den Abschnitt »Der Fetischcharakter der Ware und sein Geheimnis«, MEW, Bd. 23, S. 85–98.

437 Henning Becker, 11. Juli 1967

Protokoll der Sitzung des soziologischen Proseminars am 11. 7. 67

Nachdem Herr Prof. Adorno auf das im Wintersemester 67/68 stattfindende Oberseminar über »Probleme der autoritätsgebundenen Persönlichkeit« hingewiesen hatte,[87] bat er Herrn Loewy, über den »Begriff Fortschritt bei Hegel und Marx« zu referieren.[88]

Einleitend führte der Referent aus, schon Spinozas Definition von Freiheit als Einsicht in die Notwendigkeit[89] verweise auf die Diskussion der Problematik im Begriff der Freiheit, deren schrittweise Realisierung geschichtsphilosophische Bestimmung von Fortschritt sei. Kant hingegen bestimme Freiheit einmal als causa sui, als absolute Spontaneität, die die Gesetze der Kausalität durchbreche,[90] zum anderen leugne er in der »Kritik der reinen Vernunft« die so bestimmte Freiheit durch die Aussage, daß »alles in der Welt ... lediglich nach Gesetzen der Natur« geschehe.[91] Dieser Antinomie korrespondiere eine Zuordnung der Subjekte

---

[87] S. die entsprechenden Sitzungsprotokolle 444–457.

[88] Ronny Loewy, »Der Begriff Fortschritt bei Hegel und Marx«, UAF Abt. 139 Nr. 16.

[89] Bei Spinoza heißt es: »Freilich ist menschliche Macht sehr begrenzt und wird von der Macht äußerer Ursachen unendlich übertroffen; mithin haben wir nicht eine unbedingte Gewalt, äußere Dinge für unseren Gebrauch zurechtzuschneiden. Gleichwohl werden wir alle Ereignisse, die dem was das Prinzip unseres Vorteils verlangt, zuwiderlaufen, mit Gleichmut ertragen, wenn wir uns dessen bewußt sind, daß wir unsere Pflicht getan haben und die Macht, die wir haben, nicht so weit sich hat ausdehnen lassen, daß wir Geschehnisse dieser Art hätten vermeiden können, und daß wir ein Teil der ganzen Natur sind, deren Ordnung wir folgen. Wenn wir das klar und deutlich einsehen, wird der Teil von uns, der sich von Einsicht her definieren läßt, d. h. der bessere Teil von uns, damit vollkommen zufrieden sein und streben, in dieser Zufriedenheit zu verharren. Denn, insofern wir einsehen, können wir nur nach dem verlangen, was notwendig ist, und nur mit dem uneingeschränkt zufrieden sein, was wahr ist. Mithin ist, insofern wir diesen Sachverhalt richtig einsehen, das Streben unseres besseren Teils in Übereinstimmung mit der Ordnung der ganzen Natur.« (Baruch de Spinoza, Ethik in geometrischer Ordnung dargestellt [1677]. Lateinisch – Deutsch, in: Baruch de Spinoza, Sämtliche Werke, Bd. 2, hrsg., übers. und eingel. von Wolfgang Bartuschat, 4. Aufl., Hamburg 2015 [Philosophische Bibliothek; 92], S. 523–525)

[90] Kant zufolge »muß eine Kausalität angenommen werden, durch welche etwas geschieht, ohne daß die Ursache davon noch weiter, durch eine andere vorhergehende Ursache, nach notwendigen Gesetzen bestimmt sei, d. i. eine *absolute Spontaneität* der Ursachen, eine Reihe von Erscheinungen, die nach Naturgesetzen läuft, *von selbst* anzufangen, mithin transzendentale Freiheit, ohne welche selbst im Laufe der Natur die Reihenfolge der Erscheinungen auf der Seite der Ursachen niemals vollständig ist.« (KW, Bd. IV, S. 428 [B 474; A 446])

[91] »Es ist keine Freiheit, sondern alles in der Welt geschieht lediglich nach Gesetzen der Natur.« (Ebd., S. 427 [B 473; A 445])

von Freiheit: In der »Kritik der praktischen Vernunft« soll es der autonome Wille der moralischen Person sein, während Kant in der »Idee zu einer allgemeinen Geschichte in weltbürgerlicher Absicht« versuche, die Natur zum metaphysischen Vernunftsubjekt einer zur Menschheit fortschreitenden Gattungsgeschichte zu erheben. Hegels Fortschrittsbegriff ist eingebettet in die Definition von Weltgeschichte als »Fortschritt im Bewußtsein der Freiheit, – ein Fortschritt, den wir in seiner Notwendigkeit zu erkennen haben.«[92]

Das Subjekt der Geschichte, der Weltgeist, entfaltet sich in der Zeit, um endlich zum Bewußtsein der Vernünftigkeit der Geschichte zu gelangen. Diese Bestimmung, daß die Vernunft die Substanz der Geschichte sei, konkretisiert sich erst mit der Darstellung der historischen Totalität, verstanden nicht als Summe historischer Daten, sondern als »das konkrete, geistige Prinzip der Völker« und der »allgemeine Gedanke, der sich durch das Ganze hindurchzieht.«[93] Dieser allgemeine Gedanke reflektiere das allgemeine Subjekt der Geschichte, den Geist, dessen Substanz und Tätigkeit zugleich die Freiheit sei.

Der Prozeß der Selbstverwirklichung des Geistes in der Geschichte, der Fortschritt im Bewußtsein der Freiheit finde sein Ende in der vollkommenen Aneignung dessen, was nicht Geist ist, vermittels des Bewußtseins von der Notwendigkeit; frei sei der Geist an und für sich dann, wenn er die Welt als sein Eigentum wisse.

Herr Loewy versuchte, an Hegels Verhältnis zum Eigentum dessen historisches Bewußtsein zu exemplifizieren. In den »Grundlinien der Philosophie des Rechts« erkläre Hegel das Eigentum, den allgemein gesellschaftlich bestätigten Besitz, für die Konstituante der Freiheit.[94] Gegenüber der These, daß Hegel Frei-

---

[92] S. oben, Anm. 79.
[93] »Der Gesichtspunkt der philosophischen Weltgeschichte ist [...] nicht einer von vielen allgemeinen Gesichtspunkten, abstrakt herausgehoben, so daß von den andern abgesehen würde. Ihr geistiges Prinzip ist die Totalität aller Gesichtspunkte. Sie betrachtet das konkrete, geistige Prinzip der Völker und seine Geschichte und beschäftigt sich nicht mit einzelnen Situationen, sondern mit einem allgemeinen Gedanken, der sich durch das Ganze hindurchzieht.« (Georg Wilhelm Friedrich Hegel, Vorlesungen über die Philosophie der Weltgeschichte. Band I. Die Vernunft in der Geschichte [1837], hrsg. von Johannes Hoffmeister, Hamburg 1994 [Philosophische Bibliothek; 171a], S. 32f.)
[94] »Das Recht ist zuerst das unmittelbare Dasein, welches sich die Freiheit auf unmittelbare Weise gibt, *[Absatz]* a) *Besitz*, welcher *Eigentum* ist; – die Freiheit ist hier die des abstrakten Willens *überhaupt* oder eben damit *einer einzelnen*, sich nur zu sich verhaltenden Person. *[Absatz]* b) Die Person, sich von sich unterscheidend, verhält sich zu einer *anderen Person*, und zwar haben beide nur als Eigentümer füreinander Dasein. Ihre *an sich* seiende Identität erhält Existenz durch das Übergehen des Eigentums des einen in das des anderen mit gemeinsamen Willen und Erhaltung ihres Rechts – im *Vertrag*. *[Absatz]* c) Der Wille als (a) in seiner Beziehung auf sich, nicht von einer anderen Person (b), sondern in sich selbst unterschieden, ist er, als *besonderer* Wille

heit (als die freie Verfügung über Eigentum) zumindest für das Bürgertum in der bürgerlichen Gesellschaft als realisiert und so die Geschichte zu ihrem Ende gekommen ansah, wandte Prof. Adorno ein, daß es fraglich sei, ob Hegel ein Ende der Geschichte für möglich hielt. Hegel habe sehr wohl die Problematik der bürgerlichen Freiheit gesehen, die sich nur vermöge der Polizei und des Terrors durchsetzte;[95] seine Theodizee des Staates habe die Funktion, die Tendenzen der Geschichte zu bremsen, die über die bürgerliche Gesellschaft hinausgehen.

Nach Hegel ist es nicht die Freiheit des Individuums, sondern die des allgemeinen Subjekts, des Weltgeistes, die in der Geschichte verwirklicht werde. Die Individuen sind nur Werkzeuge, nur Mittel des Weltgeistes zur Realisierung seiner Freiheit, wenngleich bei Hegel die Freiheit des Allgemeinen zugleich die der Individuen intendiert. Sie werden dem Fortschritt des Allgemeinen geopfert durch die Bestimmung, daß durch die Negation des Besonderen das Allgemeine zu seinem wahren Wesen fortschreite.

Diese Entfremdung des Allgemeinen von seinen Momenten, die Negation des menschlichen Glückes durch den Weltgeist, sei die philosophische Verlängerung des Prinzips der bürgerlichen Gesellschaft: die Vorherrschaft entfremdeter Arbeit vor den Produzenten.

Herbert Marcuse resümiert in »Vernunft und Revolution« seine Analyse der Hegelschen Philosophie in der These, daß Hegel die Vernunft in der bürgerlichen Gesellschaft verwirklicht gesehen habe und, im Hinblick auf die Theorie von Marx, ein Fortschritt über diese Philosophie hinaus nur »ein Schritt über die Philosophie selbst hinaus« sein konnte.[96]

Für Marx ist die Einsicht in die Notwendigkeit, die Erkenntnis der objektiven Bewegungsgesetze des Geschichtsprozesses, nicht schon realisierte, sondern Vorbedingung der praktisch noch zu verwirklichenden Freiheit.

Ihre Realisierung ist möglich, wenn der Nachweis der Historizität aller bisherigen Produktionsepochen gelingt und die Geschichte selbst als fortschrittlich herstellbar gezeigt wird. Der Grad der Bewußtheit oder Nichtbewußtheit, mit dem

---

von sich *als an und für sich seiendem* verschieden und entgegengesetzt, *Unrecht* und *Verbrechen*.« (HW, Bd. 7, S. 98)
95 Vgl. etwa den Abschnitt »Die absolute Freiheit und der Schrecken«, HW, Bd. 3, S. 431–441.
96 »Hegel hatte gezeigt, daß die materiellen und intellektuellen Kräfte der Menschheit sich weit genug entwickelt hatten, um nach gesellschaftlicher und politischer Praxis zur Verwirklichung der Vernunft zu verlangen. Die Philosophie selbst gelangte so zu unmittelbarer Anwendung in der Gesellschaftstheorie und Praxis, wobei diese nicht irgendeine ihr äußerliche Kraft waren, sondern ihr legitimes Erbe antraten. Wenn es über diese Philosophie hinaus irgendeinen Fortschritt geben sollte, so mußte es ein Schritt über die Philosophie selbst hinaus sein, ein Schritt, der zugleich über die gesellschaftliche und politische Ordnung hinausging, mit der die Philosophie ihr Geschick verbunden hatte.« (Marcuse, Vernunft und Revolution, a.a.O. [s. Anm. 67], S. 228)

die Individuen unter vorgefundenen Bedingungen ihre eigene Geschichte machen, verweist auf die Analyse der Verhältnisse, die sie an der Erkenntnis der Machbarkeit von Geschichte verhindern. Zwar unterliegen die Tätigkeiten der Individuen deren bewußtem Willen und Zwecken, doch »erscheint die Totalität des Prozesses als ein objektiver Zusammenhang, der naturwüchsig entsteht.«[97] Die in der Warenform sich vollziehende Umkehrung des gesellschaftlichen Charakters der menschlichen Arbeit in einen gegenständlichen der Arbeitsprodukte kulminiert im Verkennen des »gesellschaftlichen Verhältnisses der Produzenten zur Gesamtarbeit als ein außer ihnen existierendes gesellschaftlichen Verhältnis von Gegenständen.«[98] Die gesellschaftliche Produktion, unter der die Individuen subsumiert sind, erscheint ihnen als ein von ihnen unabhängiger Prozeß, als ein Verhängnis.

Erst die Einsicht in die diesem vermeintlichen Verhängnis zugrundeliegenden »Naturgesetze«[99] der kapitalistischen Produktionsweise ist die theoretische Vorbedingung revolutionärer Praxis, die das Ziel des Fortschritts, eine vernünftige Gesellschaft zu verwirklichen, im Verein mit dem spontan sich befreienden Proletariat realisieren will.

---

[97] »Die Zirkulation ist die Bewegung, worin die allgemeine Entäußrung als allgemeine Aneignung und die allgemeine Aneignung als allgemeine Entäußrung erscheint. Sosehr nun das Ganze dieser Bewegung als gesellschaftlicher Prozeß erscheint und sosehr die einzelnen Momente dieser Bewegung vom bewußten Willen und besondern Zwecken der Individuen ausgehn, sosehr erscheint die Totalität des Prozesses als ein objektiver Zusammenhang, der naturwüchsig entsteht; zwar aus dem Aufeinanderwirken der bewußten Individuen hervorgeht, aber weder in ihrem Bewußtsein liegt noch als Ganzes unter sie subsumiert wird.« (MEW, Bd. 40, S. 127)

[98] »Das Geheimnisvolle der Warenform besteht also einfach darin, daß sie den Menschen die gesellschaftlichen Charaktere ihrer eignen Arbeit als gegenständliche Charaktere der Arbeitsprodukte selbst, als gesellschaftliche Natureigenschaften dieser Dinge zurückspiegelt, daher auch das gesellschaftliche Verhältnis der Produzenten zur Gesamtarbeit als ein außer ihnen existierendes gesellschaftliches Verhältnis von Gegenständen.« (MEW, Bd. 23, S. 86)

[99] In der *Negativen Dialektik* [1966] heißt es: *Erst eine Verkehrung der Marxischen Motive wie die des Diamat, der das Reich der Notwendigkeit prolongiert mit der Beteuerung, es wäre das der Freiheit, konnte darauf verfallen, den polemischen Marxischen Begriff der Naturgesetzlichkeit aus einer Konstruktion der Naturgeschichte in eine szientifische Invariantenlehre umzufälschen.* (GS, Bd. 6, S. 348) Im Vorwort zum »Kapital« [1867] schreibt Marx entsprechend etwa: »Sollte jedoch der deutsche Leser pharisäisch die Achseln zucken über die Zustände der englischen Industrie- und Ackerbauarbeiter oder sich optimistisch dabei beruhigen, daß in Deutschland die Sachen noch lange nicht so schlimm stehn, so muß ich ihm zurufen: De te fabula narratur! *[Absatz]* An und für sich handelt es sich nicht um den höheren oder niedrigeren Entwicklungsgrad der gesellschaftlichen Antagonismen, welche aus den Naturgesetzen der kapitalistischen Produktion entspringen. Es handelt sich um diese Gesetze selbst, um diese mit eherner Notwendigkeit wirkenden und sich durchsetzenden Tendenzen. Das industriell entwickeltere Land zeigt dem minder entwickelten nur das Bild der eignen Zukunft.« (MEW, Bd. 23, S. 12)

Die gesellschaftliche Befreiung vollzieht sich weder anarchistisch durch den reinen Willen des Proletariats noch automatisch als gesellschaftliches Naturereignis, sondern bedarf des Nachweises, daß sie objektiv möglich ist und des im Klassenbewußtsein sich ausdrückenden Willens des Proletariats.

Prof. Adorno führte in der Diskussion den Begriff der »Fortschrittsgläubigkeit« neu ein, um einen Aspekt der unterschiedlichen Konzeptionen Hegels und Marx' von Fortschritt zu beleuchten. Daß Hegel »fortschrittsgläubiger« als Marx sein konnte, sei aus den total voneinander verschiedenen Zuständen der bürgerlichen Gesellschaft zu beider Lebzeiten zu erklären: Marx erlebte eine Gesellschaft, deren Antagonismen sehr viel weiter vorwärts getrieben waren als zu Lebzeiten Hegels. Auf den Hinweis, daß Hegel Informationen über die gesellschaftlichen Zustände in England erhielt, konstatierte Prof. Adorno Hegels panische Angst vor dem Heraufziehenden. Er habe das Proletariat durch dessen Exterritorialität als bedrohlich erfahren, diese Erfahrung aber versucht von sich fernzuhalten durch seine Staatsauffassung, in dem Glauben, das Equilibrium aufrechterhalten zu können. Die »Fortschrittsgläubigkeit« von Marx ist dadurch begrenzt, daß »Fortschritt« als dialektischer Begriff bei Marx nicht eine eindimensionale, kontinuierliche Entwicklung bezeichnet, sondern den Prozeß erfolgreicher Auflösung der zu Fesseln für die entfalteten Produktivkräfte gewordenen Produktionsverhältnisse.[100] Marcuse führt dazu aus, daß die Transformation der kapitalistischen Gesellschaft sich nicht mit der gleichen Notwendigkeit vollziehe wie ihr Untergang. Obwohl das kapitalistische System aufgrund seiner inneren Widersprüche zum Untergang verurteilt sei, könne dieser Prozeß »eine lange Periode der Barbarei einschließen«.[101] Diese Möglichkeit der Barbarei sieht Marx in einem Brief

---

[100] »Es ist nicht das Bewußtsein der Menschen, das ihr Sein, sondern umgekehrt ihr gesellschaftliches Sein, das ihr Bewußtsein bestimmt. Auf einer gewissen Stufe ihrer Entwicklung geraten die materiellen Produktivkräfte der Gesellschaft in Widerspruch mit den vorhandenen Produktionsverhältnissen oder, was nur ein juristischer Ausdruck dafür ist, mit den Eigentumsverhältnissen, innerhalb deren sie sich bisher bewegt hatten. Aus Entwicklungsformen der Produktivkräfte schlagen diese Verhältnisse in Fesseln derselben um. Es tritt dann eine Epoche sozialer Revolution ein. Mit der Veränderung der ökonomischen Grundlage wälzt sich der ganze ungeheure Überbau langsamer oder rascher um.« (MEW, Bd. 13, S. 9)
[101] »Die Naturnotwendigkeit der von Marx entwickelten gesellschaftlichen Gesetze schloß die Möglichkeit einer [...] Planung unter dem Kapitalismus ein, wenn sie sich auf ein Wechselspiel von Ordnung und Zufall, bewußter Aktion und blinden Mechanismen bezogen. Die Möglichkeit einer rationalen Planung unter dem Kapitalismus beeinträchtigt natürlich nicht die Gültigkeit der fundamentalen Gesetze, die Marx in diesem System entdeckte. Das System ist dazu bestimmt, kraft dieser Gesetze unterzugehen. Aber der Prozeß könnte eine lange Periode der Barbarei einschließen.« (Marcuse, Vernunft und Revolution, a.a.O. [s. Anm. 67], S. 279)

an Kugelmann, wenn er von einem möglichen dreißigjährigen Krieg und einer neuen Teilung Deutschlands spricht, im Falle, daß eine Revolution zur Beseitigung der Habsburger und Hohenzollern nicht erfolgen sollte.[102]

Henning Becker[103]

---

102 In seinen *Marginalien zu Theorie und Praxis* [1969] notiert Adorno: *Marx hat in dem berühmten Brief an Kugelmann vor dem drohenden Rückfall in die Barbarei gewarnt, der damals schon absehbar gewesen sein muß. Nichts hätte besser die Wahlverwandtschaft von Konservativismus und Revolution ausdrücken können. Diese erschien bereits Marx als ultima ratio, um den von ihm prognostizierten Zusammenbruch abzuwenden.* (GS, Bd. 10·2, S. 769) Tatsächlich schreibt Marx, allerdings an Engels, im April 1866, also kurz vor Ausbruch des Deutschen Kriegs zwischen Preußen und Österreich: »Gesetzt selbst, was wahrscheinlich, daß die preußischen Hunde wieder rückkriechen, so bleibt klar und muß selbst den deutschen Philistern klarwerden, daß *ohne Revolution* in Deutschland die Hunde von Hohenzollern und Habsburgern unser Land durch Bürgerkrieg (dynastischen) wieder für 50–100 Jahre rückwerfen werden.« (Marx an Engels, 6. April 1866, MEW, Bd. 31, S. 204)
103 Unterschrift.

Wintersemester 1967/68:
Negative Dialektik II

Philosophisches Hauptseminar, gemeinsam mit Max Horkheimer

In diesem Semester hält Adorno zudem die philosophische Vorlesung »Ästhetik II« und gibt das soziologische Hauptseminar »Probleme der autoritätsgebundenen Persönlichkeit«

Das Seminar findet donnerstags von 18 bis 20 Uhr statt

438–443 Archivzentrum Na 1, 902

438 Bettina von Thümen,
2. November 1967

Hauptseminar Professor Th. W. Adorno
Protokoll vom 2. 11. 1967   Bettina v. Thümen

Inwiefern ist Negation die einzige Gestalt der systematischen Kraft, die das Besondere begreift?

Bestimmte Negation ist nie nur Negation; sie lebt nur vermöge ihrer Intention auf das Besondere, Qualitative. Das aber ist nicht schon greifbar im Objekt, nicht positiv zu benennen. Es ist ein Unbekanntes, Anderes, nicht ein absolut Neues, das schlechthin Andere. Es ist da als »Spur«. In diesem Noch-nicht-Seienden, Treibenden, treffen sich Negation und Intention. Dem Bewußtsein der Spur ist das realgewordene Abstrakte, die Negativität der totalen Gesellschaft erst voll erfaßbar. Erst das nicht nur abstrakte Denken, das zugleich innen und außen ist, kann die Wirklichkeit der Abstraktion erkennen, erst das nicht systemgebundene den Terror des Systems. Wenn aber Negation sich verabsolutiert, verfällt sie dem Zwang, gegen den sie aufbegehrt. Nur wenn negative Dialektik in einer letzten Bewegung sich gegen sich selbst richtet, zerspringt das System und läßt die verdunkelten Spuren frei. Aber auch die befreite Spur ist noch nicht, wohin sie den Gedanken lenkt. Negation kann sich des Utopischen nicht versichern; sie ist nicht seine totale Vermittlung. Eben dieser Gedanke der automatischen Vermittlung durch Negation wäre spekulativer Idealismus.

 Wohl gilt der Satz: Alles Unmittelbare ist vermittelt, und alles Vermittelte ist nur in bezug auf Unmittelbares. Bei Hegel aber sind die Begriffe Unmittelbarkeit und Vermittlung formal äquivalent, austauschbar. Man kann nicht willkürlich herausspringen aus dem Hegelschen Gefängnis von Vermittlungen; Unmittelbarkeit kann nur vermittelt erscheinen, dem Unmittelbaren in der Vermittlung jedoch kommt die größere Dignität zu. Diese Verschiebung der Gewichte bewirkt einen Unterschied ums Ganze. Das Interesse des empirischen Subjekts daran folgt nicht aus der Dialektik per se. Gerade dieses Vernunftinteresse, das seinen Schwerpunkt im realen Individuum hat, wird von Hegel vernachlässigt. Er opfert das individuelle Subjekt der allmächtigen Subjektivität dem Primat des Geistes, jenem Allgemeinen, das durch seine immanente Selbstnegation sich konstituieren soll. Gegenüber Hegel hält die negative Dialektik dem werdenden Subjekt die Treue, um desto kritischer gegen das gewordene Subjekt sich zu verhalten: gegen das idealistische Ich wie gegen das psychologische.

 Die Psychoanalyse entdeckte das Ich als Abstraktion, Individualität als Schleier. Freud entzauberte nicht nur die Seelenmythen, sondern die Vorstellung von der Einmaligkeit des Individuums selbst. Das empirische Subjekt ist ein Deckbild von allgemeinen Triebstrukturen, kaum mehr als ein mechanisches Organisationsprinzip. Was die Psychologie zum Gegenstand hat, gibt es ihren Resultaten zufolge nicht, das ist ihre ungeheure Konsequenz. Psychologie ist nicht mehr Psychologie. Das Furchtbare an der Erkenntnis der Psychoanalyse ist, daß die Menschen, wo sie noch glauben, ganz sie selber zu sein, bis in ihr Innerstes Exemplare von genormten Funktionen sind, die dann in den Statistiken der Positivisten blank sich präsentieren. Das Konträrste ist identisch; das Individuelle Allgemeines: Das empirische Subjekt, als Material von Statistik, ist das transzendentale Subjekt. Die Theorien von der Vormacht des Allgemeinen, Durkheims These vom Kollektiv-Geist und Heideggers Lehre vom Sein als dem constituens von allem schlechthin und auch die Protokollsätze der Positivisten signalisieren ein Reales, Gewordenes, um es – gewollt oder nicht – zur prima philosophia umzumünzen und damit zu rechtfertigen. So kritisch die negative Dialektik dem empirischen Subjekt gegenüber ist, so unnachgiebig verteidigt sie es gegenüber dem Totalitätsanspruch der Gesellschaft. Nur wenn das Subjekt sich individuiert hat, ist es zur Erkenntnis fähig. Aller Fülle der Erfahrung bedarf es, um zu erkennen, was fehlt. Aber auch das reichste Subjekt, das entfaltetste, ist noch nicht das zukünftige. Es ist ein Stück Spur.

Worauf die Spur führt, ist durch kein Bild zu beschwören, ist unmittelbar nicht zu benennen. Die Sprache kann nicht aus dem Verblendungszusammenhang herausspringen. Mimetisch muß sie das aufnehmen, wogegen die Erkenntnis sich richtet; sie bleibt dem verhaftet, von dem sie sich befreien will. Die philosophischen Versuche, zu einer neuen sprachlichen Unmittelbarkeit zu gelangen, sind mißlungen. Die Neologismen verfallen einer fragwürdigen Neigung zum Archaisieren. Angemessener scheint es, die alten terminologisch eingeführten Kategorien zu übernehmen und umzufunktionieren. Um der konkreten Mitteilung willen sträubt sich das Denken gegen die abgegriffenen Schemata der Kommunikation.

Nicht der einzelne Begriff entscheidet über das Intendierte, sondern die Konstellation. Der Schein des Ästhetischen ist nicht äußerliche Zutat, nicht Sublimation, sondern reflektiert die Nicht-Identität von Begriff und Sache. Das Moment des Ästhetischen in der Philosophie darf sich jedoch nicht verabsolutieren. Philosophie darf die Hoffnung auf die Möglichkeit eines anderen Sprechens nicht preisgeben. Gegenwärtig jedoch scheinen den Schwierigkeiten der Realität nur die Schwierigkeiten ästhetischer Akribie gerecht zu werden. Sie sind realistischer als vermeintlich praktikable Parolen.

Insofern das Denken den Vorrang des Objekts, negativ wie positiv, erkennt, ist es Aufklärung, Störung im Getriebe, Eingriff. Es wird zum Moment von Praxis. Zugleich aber durchschaut es die idealistische Vorstellung der Einheit von Theorie und Praxis als ein Stück Ideologie. Weder der Praxis noch der Theorie darf eine Vorherrschaft eingeräumt werden. Der idealistische Gedanke, der Praxis als einfache Konsequenz von Theorie versteht, hat ein Moment von starrer Naturherrschaft ebenso wie der pragmatisch verfügende, der glaubt, alles sei machbar. Beide, Praktiker und Theoretiker, reproduzieren das Unheil, von dem sie die Welt befreien möchten: den Funktionszusammenhang der totalen Gesellschaft, dessen Indiz eben das Mechanische ist. Der Bruch zwischen Theorie und Praxis ist willentlich nicht zu überbrücken. Deswegen darf jedoch die Praxis vom kritischen Gedanken sich nicht lossagen; nichts legitimiert das Verbot des Gedankens. Die Forderung zu praktischem Handeln darf nicht das Moment des Vergeblichen leugnen, das aller historischen Praxis anhaftet, sich nicht verschließen vor der Frage, ob Praxis in diesem geschichtlichen Augenblick möglich sei. Die Theorie aber, die, um die negative Totalität zu begreifen, immer komplizierter, mühseliger, aufhaltsamer wird, scheint von dem unaufhaltsam sich beschleunigenden gesellschaftlichen Prozeß, dem Wachstum der Produktivkräfte, überholt zu werden. In dem Augenblick, in dem das Denken seine Verwirklichung ernstlich bedenkt, wie vielleicht nie in seiner Geschichte zuvor, muß es erfahren, daß es sie verfehlt, daß es vielleicht zu spät kommt. Paradoxerweise sind es die Nicht-Mitgekommenen, die nicht völlig Angepaßten, die zum Anwalt des Zukünftigen werden. Philosophie ist der Wirklichkeit am nächsten, wo sie sich das Moment der Narrheit eingesteht. Nicht nur besteht zwischen Theorie und Praxis ein Bruch – das Bewußtsein selbst muß seiner Brüchigkeit innewerden. In dieser Erfahrung erst geht das autoritär verfügende Wesen des Denkens unter. Nur wenn Skepsis den Bruch zwischen Theorie und Praxis als Lücke versteht, die ein Hinzutretendes, Anderes, Unwiederholbares einlassen könnte, bewahrt sie sich vor fatalistischer Erstarrung.

439 Manfred Schreck,
24. November 1967

Manfred Schreck
61 Darmstadt
Riedlingerstr. 35

Protokoll des philosophischen Hauptseminars von
Prof. Theodor W. Adorno und Prof. Max Horkheimer:
> *Negative Dialektik II*
für die Sitzung vom 24. 11. 67

Faßt man den Begriff der immanenten Kritik als einen Grundlagenbegriff negativer Dialektik, so ist er dahingehend zu modifizieren, daß eine Nötigung zu den Sachgehalten vorliegt, die nicht einem positionslosen Hineinspringen in die Immanenz gleicht. Es sieht zunächst so aus, als sei das Prinzip der immanenten Kritik ein rein argumentierendes; jedoch das blanke Argument ist nicht der alleinige Schlüssel zur Philosophie, denn das Verfahren der Argumentation setzt die absolute Gültigkeit der formalen Logik voraus und damit auch deren Indifferenz gegenüber dem unter ihr Befaßten. So besteht immanente Kritik nicht darin, bestimmte Begründungszusammenhänge aufzuweisen oder bloße logische Stimmigkeit zum einzigen Kriterium der Wahrheit zu machen, sondern darin, die Philosopheme mit ihrem realen Sachgehalt zu konfrontieren und auf ihre Adäquatheit zu prüfen. Deshalb wendet sie sich strikt gegen das Standpunktdenken, gegen die Pedanterie derjenigen Technik, die das Argument nur als Mittel benutzt, um mit ihm das eigene Vorurteil zu verbarrikadieren. Sie arbeitet also nicht konsequenzlogisch, sie ist überwiegend an Sachgehalten orientiert, sie betont den Vorrang des Objekts; den Vorrang dessen also, worüber sich formale Logik gerade erhaben dünkt, sofern sie einerseits mit der Trennung vom Objekt arbeitet und andererseits Wahrheit als die Übereinstimmung von Begriff und Wirklichkeit faßt. Das führt dazu, daß kein endliches Urteil jene Übereinstimmung von Begriff und Wirklichkeit je erreicht[*1] und gezwungen ist, auf die Veränderung der Welt zu verzichten. Nur vor solchem Hintergrund erhält Hegels »Desto schlimmer für die Tatsachen«[1] seinen Sinn, denn indirekt intendiert sein Gericht über die Tatsachen die Veränderung der Welt.

---

1 Dieser Hegel in den Mund gelegte Satz ist apokryph. Adorno zitiert ihn gleichwohl in seiner Schrift *Aspekte* [1957]: *Geht schließlich das Hegelsche System durch die eigene Konsequenz in die Unwahrheit über, so wird damit nicht sowohl, wie die Selbstgerechtigkeit der positiven Wissenschaften es möchte, das Urteil über Hegel gesprochen als vielmehr das über die Wirklichkeit. Das*

Im Sinne einer derart modifizierten immanenten Kritik verfährt die Grundsatzkritik am Sein. Sie tritt von außen an die Ontologie heran und versucht, ihre Immanenz zu durchdringen, die denjenigen verschlossen bleibt, die bis über den Kopf in ihr stecken, wobei es in erster Linie nicht auf die Position ankommt, sondern auf die Kraft der Position in ihrer Darstellung, weil in der Philosophie, die sich nicht auf Standpunkte reduzieren läßt, einzig die Stringenz des Ausgeführten ihre Wahrheit bedingt. Besteht solche Wahrheit also wesentlich in der Ausführung, so ist sie nicht zu trennen von dem Weg, der zu ihr hinführte, »denn die Sache ist nicht«, wie Hegel in der Vorrede zu seiner Phänomenologie sagt, »in ihrem *Zwecke* erschöpft, sondern in ihrer *Ausführung*, noch ist das *Resultat* das *wirkliche* Ganze, sondern es zusammen mit seinem Werden«.²[*2] Immanente Kritik verfährt weder bloß thetisch behauptend noch bloß argumentierend. Denn setzt sie sich zur Aufgabe, Denken dem Denken zu vergleichen, so steht sie vor der Feststellung, daß dies nur möglich ist, wenn ein den zu vergleichenden Denkbereichen Gemeinsames vorhanden ist, wobei dieses Gemeinsame nicht gefaßt werden kann als ein vor dem Vergleich bereits Feststehendes, sondern nur als eines, das aus dem Vergleich selbst hervorgehen muß. Denken wird sich seiner nicht durch sich selbst bewußt, sondern durch die Konstellation, in die es mit anderem Denken tritt. Negative Dialektik bedeutet den Ausbruch aus der idealistischen Gesamtkonzeption. Faßte Hegel das Wahre noch als das Ganze und das Ganze als das in seiner Entwicklung sich vollendende Wesen,³ so reflektierte er darin das Herrschaftsprinzip einer bürgerlichen Tauschgesellschaft, die sich ihres eigenen Herrschaftsprinzips bewußt zu werden beginnt. Andererseits ließ er die Bewegung seiner Dialektik totlaufen in der Totalität des Ganzen, ohne damit die Immanenz seines eigenen Systems zu reflektieren. Negative Dialektik macht mit solcher Immanenz erst Ernst, indem sie im Zwangscharakter des Systems, im

---

höhnische »Desto schlimmer für die Tatsachen« wird nur darum so automatisch gegen Hegel mobilisiert, weil es über die Tatsachen den blutigen Ernst aussagt. Er hat diese im Denken denn doch nicht bloß nachkonstruiert, sondern dadurch, daß er sie denkend erzeugte, begriffen und kritisiert: ihre Negativität macht sie stets zu etwas anderem als dem, was sie bloß sind und was sie zu sein behaupten. (GS, Bd. 5, S. 276)

2 »Denn die Sache ist nicht in ihrem *Zwecke* erschöpft, sondern in ihrer *Ausführung*, noch ist das *Resultat* das *wirkliche* Ganze, sondern es zusammen mit seinem Werden; der Zweck für sich ist das unlebendige Allgemeine, wie die Tendenz das bloße Treiben, das seiner Wirklichkeit noch entbehrt, und das nackte Resultat ist der Leichnam, der die Tendenz hinter sich gelassen.« (HW, Bd. 3, S. 13)

3 »Das Wahre ist das Ganze. Das Ganze aber ist nur das durch seine Entwicklung sich vollendende Wesen. Es ist von dem Absoluten zu sagen, daß es wesentlich *Resultat*, daß es erst am *Ende* das ist, was es in Wahrheit ist; und hierin eben besteht seine Natur, Wirkliches, Subjekt oder Sichselbstwerden zu sein.« (Ebd., S. 14)

Herrschaftsanspruch der Totalität das Moment der Unwahrheit erkennt, sofern sie nämlich Hegels Begriff der Wahrheit mit seinem Begriff der Grenze konfrontiert. Wie das Ganze die Grenze nicht aufhebt, hebt es auch die bestimmte Negation nicht auf; es hebt sie deshalb nicht auf, weil die bestimmte Negation vermöge des ihr innewohnenden Dranges, jegliche Grenze zu negieren, auch vor dem Ganzen als der vermeintlich letzten Positivität nicht haltmacht. »Indem ... Philosophie wider Hegel die Negativität des Ganzen bestimmt, erfüllt sie zum letztenmal das Postulat der bestimmten Negation, welche die Position sei. Der Strahl, der in all seinen Momenten das Ganze als das Unwahre offenbart, ist kein anderer als die Utopie, die der ganzen Wahrheit, die erst noch zu verwirklichen wäre.«[4][*3] Negative Dialektik weist damit nach, daß der Charakter der Negativität noch dem Ganzen anhaftet, und deckt die Kehrseite des Satzes auf, wonach das Wahre das Ganze sei, als sie dessen dialektisches Pendant zutage fördert: »Das Ganze ist das Unwahre.«[5][*4] Adorno durchschaut die Immanenz des idealistischen Systems, daß es einen nicht aus sich herausläßt; und, indem er das System mit seinen eigenen Sätzen konfrontiert, erhebt er es zum Bewußtsein über sich selbst. Sein Denken sprengt die Absolutheit des Systems mit den Mitteln des Denkens selbst.

Bei Heidegger gründet der Sachverhalt der Objektivität darin, daß sich das Sein entbirgt. Denken wird bei ihm zur Hörigkeit, das Sein nimmt es in Anspruch, um darin seine Wahrheit zu sagen, indem es in ihm zur Sprache kommt: »Das Denken vollbringt den Bezug des Seins zum Wesen des Menschen. Es macht und bewirkt diesen Bezug nicht. Das Denken bringt ihn nur als das, was ihm selbst vom Sein übergeben ist, dem Sein dar. Dieses Darbieten besteht darin, daß im Denken das Sein zur Sprache kommt.«[6][*5] Die Sehnsucht nach Erlösung schlägt – anstatt beizutragen zu einer Welt, die der Erlösung nicht mehr bedürfte – um in die Gewalt des Seins. Sein soll selbst transzendent sein. Die Vermittlung wird zum Unmittelbaren. Die im Nominalismus entsubstantialisierten Funktionsbegriffe werden bei Heidegger ontologisiert. Den Begriff des Seins gebraucht er transitorisch, indem das Sein seine eigene Unverborgenheit leisten soll. Sprache, die solche Unverborgenheit zur Sprache bringen soll, wird damit selbst zur Tautologie, denn die Antwort auf die Frage, was das Sein denn nun sei, kann nur in denjenigen Begriffen einer Sprache gegeben werden, denen gegenüber das Sein transzendent ist, in denen das Sein nicht absolut aufgehen darf, da sonst das Sein seinen transitorischen Charakter verlöre und die Sprache auch nicht mehr Spra-

---

4 GS, Bd. 5, S. 324f.
5 GS, Bd. 4, S. 55.
6 Martin Heidegger, Über den »Humanismus«. Brief an Jean Beaufret, Paris, in: Martin Heidegger, Platons Lehre von der Wahrheit. Mit einem Brief über den »Humanismus« [1947], 2. Aufl., Bern 1954 (Sammlung Überlieferung und Auftrag; 5), S. 53–119; hier: S. 53.

che wäre. So bleibt für Heidegger in letzter Konsequenz nichts anderes übrig, als vom Sein zu sagen, daß es nur es selbst sei: »Doch das Sein – was ist das Sein? Es ist Es selbst.«[7][*6]

Darüber hinaus kommt Ontologie einem Kompensationsbedürfnis der bürgerlichen Gesellschaft entgegen, sofern sie deren Antinomie reflektiert, wonach in einer dualistischen Sphäre das vom System Bewältigte der Rationalität und das von ihm Unbewältigte der Irrationalität zugeschrieben wird, von hier aus gesehen bildet Ontologie die komplementäre Seite zu im akademischen Lehrbetrieb herrschenden Lehrmeinung des Positivismus.

Was in der Ontologie nicht aufgeht, ist das ihr äußerliche ontologische Bedürfnis. Negative Dialektik nimmt dieses Wissen in die Kraft ihrer Beweisführung mit hinein, denn sie weiß darum, daß aus der Legitimität der Bedürfnisse noch lange keine Philosophie resultiert. Allein als Antrieb haben Bedürfnisse Gültigkeit. Heideggers Philosophie fängt damit an, das Bedürfnis zum Kriterium dessen zu machen, worauf das Bedürfnis geht. So soll dem Wunsch, in den sich das Bedürfnis kleidet, schon Wahrheit entspringen. Inbegriff des Bedürfnisses ist ein Mangel. Ontologie faßt diesen Mangel als das Fehlen von Bindung. Die durch die bürgerliche Gesellschaft manipulierten Menschen sehnen sich aber nach einer solchen Bindung, also sagt Heidegger, machen wir das und produzieren wir die Leitbilder, die den Menschen fehlen.[8] Latent liegt seiner Philosophie dieser Topos zugrunde. Verborgen enthält seine Philosophie gerade das, was er im Man als dem Verfallen an die öffentliche Meinung im Sein-für-anderes wittert. Dem kommt er selbst entgegen. Aber auch in seinem Verhältnis zum Positivismus ist er konformistisch. Ein System ist die Folge, in dem sich Ontologie und Positivismus verbünden, sofern sie einander komplementär sind. Was man an den ontischen Fakten schmerzlich vermißt, schreibt man dem Sein zu, d. h. einem Überbau, welcher Reflex der zur absoluten Inhaltslosigkeit aufgeblähten Funktionsbegriffe ist, zu welcher diese herabsinken, löst man sie von ihrer realen Grundlage ab. Wobei das falsche Bedürfnis darin liegt, daß dieser Überbau gerade die Haltung

---

[7] Ebd., S. 76.
[8] Im *Jargon der Eigentlichkeit* [1964] heißt es: *Nicht besser als das Wort Bindung ist die Sache: Bindungen werden als Medizin gegen den Nihilismus, nicht um ihrer eigenen Wahrheit willen, ausgeboten, wie eine Generation zuvor die heute wieder umgeisternden Werte. Sie rechnen zur geistigen Hygiene und unterminieren dadurch die Transzendenz, die sie verordnen; der Feldzug, zu dem der Jargon aufbricht, reiht einen Pyrrhussieg an den anderen. Die ohnehin fragwürdige Echtheit von Bedürfnis und Glauben muß sich überspielen zum Kriterium des Ersehnten und Geglaubten und wird unecht; darum kann niemand das bei Nietzsche noch antiideologische Wort Echtheit ohne Ideologie in den Mund nehmen. Im Jargon aber sticht es aus dem endlosen Gemurmel einer Liturgie von Innerlichkeit heraus.* (GS, Bd. 6, S. 459 f.)

einer Gesellschaft reflektiert, die durch ihre Errungenschaften fähig wäre, die Bedürfnisse der Menschen nicht in einem Überbau, der Gott weiß wo in einer transzendenten Sphäre sein soll, als erfüllbar vorzuspiegeln, sondern einzig in der diesseitigen zu erfüllen.

Nachweise:
[*1] Vergleiche Theodor W. Adorno: Drei Studien zu Hegel, Frankfurt 1963,[9] S. 51[10]
[*2] Hegel: Phänomenologie des Geistes, Hamburg 1952[6][11],[12] S. 11
[*3] Theodor W. Adorno: Studien, S. 104
[*4] a.a.O., S. 104
[*5] Martin Heidegger: Humanismus-Brief in Platons Lehre von der Wahrheit, Bern 1954[2][13], S. 53
[*6] a.a.O., S. 76

---

9 Vgl. Theodor W. Adorno, *Drei Studien zu Hegel. Aspekte · Erfahrungsgehalt · Skoteinos oder Wie zu lesen sei*, Frankfurt a. M. 1963 (edition suhrkamp; 38).
10 *Wohl heißt Wahrheit bei Hegel, ähnlich der herkömmlichen Definition und doch in geheimem Gegensatz zu ihr, »eben Übereinstimmung des Begriffs mit seiner Wirklichkeit«; sie besteht »in der Übereinstimmung des Gegenstandes mit sich selbst, ... mit seinem Begriff«. Weil aber kein endliches Urteil jene Übereinstimmung je erreicht, wird der Wahrheitsbegriff der prädikativen Logik entrissen und in die Dialektik als ganze verlegt.* (Ebd., S. 51; vgl. GS, Bd. 5, S. 283) – Vgl. HW, Bd. 10, S. 15, sowie HW, Bd. 8, S. 323.
11 In der Vorlage ist die »6« hochgestellt.
12 Vgl. Georg Wilhelm Friedrich Hegel, Phänomenologie des Geistes [1807], in: Georg Wilhelm Friedrich Hegel, Sämtliche Werke. Neue kritische Ausgabe, hrsg. von Johannes Hoffmeister, Bd. V, 6. Aufl., Hamburg 1952 (Philosophische Bibliothek; 114).
13 In der Vorlage ist die »2« hochgestellt.

440 Irmhild Hoof, 30. November 1967

Irmhild *Hoof*

Protokoll der Sitzung vom 30. November 1967

Der Begriff Historismus kennzeichnet eine Weise des Denkens, die auf die Fakten geradezu vereidigt ist. Sie wird zwar ihrer eigenen Unzulänglichkeit inne, vermag sie jedoch nicht zu korrigieren, geschweige denn sie aufzuheben. Umgekehrt ist in der Heideggerschen Fundamentalontologie jede Art von sich Einlassen auf Faktizität ein Sündenfall und die Historie ein im Sinne des Verfallenseins an das bloß Seiende diskreditierter Tatbestand. Heidegger verflüchtigt daher die Geschichte zur Abstraktion der Geschichtlichkeit. Indem Relativismus und Historismus sich bei Heidegger überschlagen, berührt er sich mit Dilthey. In dem Punkte, daß man glaubte, sich durch reine Wesensschau über die Unzulänglichkeit der Fakten erheben zu können, berühren sich Heideggers und Husserls Denkmodelle strukturell. Husserl teilt ein in die Sphäre des Wesens und in die der Tatsachen; zwischen beiden Sphären klafft seiner Meinung nach ein Sinnesabgrund.[14] Wesenserkenntnis gibt erst die philosophische Basis der Tatsachenerkenntnis ab. Im Husserlschen Sinne steht Heidegger ganz auf der Seite des Wesens; er sanktioniert das Nebeneinander der Bereiche in der Wesenssphäre, indem er nicht einen Bereich aus dem anderen sich resultieren läßt, im äußersten Gegensatz zur Hegelschen Logik, die die Bestimmungen in einem einheitlichen Vermittlungsprozeß auseinander hervorgehen läßt. Heidegger setzt seine Philosophie jedoch jenseits der beiden Sphären an. Adorno kritisiert den Husserlschen Standpunkt folgendermaßen: »Husserl jedoch eröffnet die Preisgabe der Empirie nicht die ungeschmälerte Einsicht in dergleichen Zusammenhänge, sondern er wiederholt achselzuckend das ausgelaugte Vorurteil, es käme alles auf den Standpunkt an. Mit der Erkenntnis des Faktischen wird es nicht so genau genommen, weil sie ohnehin mit dem Mal der Zufälligkeit behaftet bleibe. Die Wirklichkeit wird Objekt des bloßen Meinens. Kein bündiges Kriterium soll an sie heranreichen. Diese Bescheidenheit ist falsch wie ihr Komplement, die Hybris des Absoluten. Husserl überschätzt die Zufälligkeit des Bewußtseinslebens nicht minder als umgekehrt das Ansichsein der Denkgesetze. Die abstrakte Reflexion darauf, daß alles Faktische ›auch anders sein könnte‹, betrügt über die allgemeinen Bestimmungen,

---

14 Vgl. GS, Bd. 5, S. 190–193.

denen unterliegt, daß es nicht anders ist.« (Adorno, Preisgabe der Empirie, in »Zur Metakritik der Erkenntnistheorie«.)[15]

Empirie bliebe ohne Kritik konsequenzlos im Hinblick auf jene »allgemeinen Bestimmungen«, die es zu verändern gälte. Heideggers Sichwehren gegen den Systemzwang ist nur eine antiidealistische Attitüde. Er glaubt, zu den Konstituentien gelangen zu können, ohne sie vom Subjekt abzuleiten, ohne den Zoll des bloß Ausgedachten zu zahlen, ohne die Risiken des spekulativen Idealismus einzugehen. Seit Husserl und Scheler kam der Begriff der Ontologie mit antisystematischem Pathos wieder auf. Heideggers Ontologie ist nicht so objektiv und allen geistesgeschichtlichen Wechselfallen enthoben, wie ihr Selbstverständnis behauptet. Sie führt den Systemzwang weiter, ohne ihn einzugestehen; sie ist ein System malgré elle-même. Die Negative Dialektik gesteht den Systemzwang ein. Es handelt sich in ihr nicht primär um Heidegger-Kritik, sondern es werden in ihr die Motive entwickelt, die zum Übergang zur Negativen Dialektik führen.

Heidegger hat sich nicht in erster Linie von Hegel, sondern von Schelling beeinflussen lassen, insbesondere, was die Geltung des Kunstwerks als Offenbarung des Absoluten (bei Heidegger der Dichtung als Sichzursprachebringen des Seins)[16] betrifft. Zur Ästhetik gibt es nur seine »Erläuterungen zu Hölderlins Dichtungen«;[17] aber gleichviel welcher Dichter, Heidegger interpretiert ihn nur in bezug auf seine eigene Seinsauffassung; die vorgebliche Seinsfülle erweist sich als Armut.

Heideggersche Begriffe wie z. B. »Erneuerung«, »Sein zum Tode«, »Entschlossensein« erinnern an Topoi der Jugendbewegung. Es wäre eine interessante Aufgabe, die Beziehung zwischen den Kategorien der Heideggerschen Philosophie und den Kategorien der Jugendbewegung herzustellen, da die Heideggerschen Grundfragen allem Anschein nach ihr ontisches Widerspiel, ihren Anlaß und Ausgang in der gesellschaftlich vermittelten Problematik der Jugendbewegung haben. Die Aporien der Heideggerschen Philosophie sind denen der Jugendbewegung verwandt. Was an der Jugendbewegung nicht »geht«, der Sprung ins Unmittelbare unter Hintanlassung aller Vermittlung, das »geht« auch an der Heideggerschen Philosophie nicht.

---

15 Ebd., S. 93.
16 »Die Sprache ist das Haus des Seins. In ihrer Behausung wohnt der Mensch. Die Denkenden und Dichtenden sind die Wächter dieser Behausung. Ihr Wachen ist das Vollbringen der Offenbarkeit des Seins, insofern sie diese durch ihr Sagen zur Sprache bringen und in der Sprache aufbewahren.« (Heidegger, Über den »Humanismus«, a.a.O. [s. Anm. 6], S. 53)
17 Vgl. Martin Heidegger, Erläuterungen zu Hölderlins Dichtung [1944], 2. Aufl., Frankfurt a.M. 1951.

Auch der Begriff der Entscheidung findet sich bei Heidegger. Für ihn ist Sein gleich Entscheidung, Entscheidung ist eine Weise des Daseins, eine Form des Seins. Heidegger postuliert die Entscheidung anstelle geschichtsbewußter Praxis. In diesem Punkte konnte Ernst Jünger, obwohl seinerseits Ideologe der Entscheidung, Heidegger nicht ganz folgen, da er sich nicht mit der Passivität der Entscheidung um der Bindung willen begnügen, sondern (etwa in seiner Theorie des Partisanen)[18] eine Pluralität von Entscheidungsmöglichkeiten retten wollte. Der Begriff der Entscheidung wurde von Kierkegaard übernommen, bei dem er insofern den Charakter der Abstraktheit besitzt, als er sich auf die absolute Innerlichkeit des Subjekts bezieht. Entscheidung vollzieht sich um der Entscheidung willen. Diese Konzeption der Entscheidung bei Kierkegaard ist wesentlich bedingt durch seinen ultraprotestantischen, völlig abstrakten Gottesbegriff.

Immer, wenn Philosophen auf Entscheidung insistieren, erhält der Begriff der Entscheidung etwas Leeres, Konsequenzloses. Man redet dann philosophisch von Entscheidung, wenn es auf Entscheidung schon nicht mehr ankommt. Schon bei Fichte ist Entscheidung gleichbedeutend mit freiwilligem Aufsichnehmen einer Bindung.[19] Durch die Loslösung des Begriffes der Entscheidung von der konkreten historischen Situation gewinnt er eine gewisse Affinität zum politischen Quietismus.

Heidegger beschränkt sich aufs blinde Anschauen eines Geistigen des Seins, das gar nicht angeschaut werden kann. Er faßt das Sein funktional; umstandslos dringt er darauf, direkt, ohne Komplikation der vermittelnden Reflexion das Sein zu betrachten, das seiner eigenen Theorie vom funktionalen Charakter des Seins zufolge solcher Kontemplation sich immerfort entzieht. Heideggers Modus Möglichkeit – dies wurde mehr als Frage denn als These formuliert – verweist auf einen möglichen Menschen, der noch nicht er selbst ist und über ein noch nicht aktualisiertes Potential verfügt. Der homo absconditus ist für ihn gesellschaftliches Wesen faute de mieux, animal rationale nur aus Verblendung.

Essenz des Menschen ist für Heidegger die Existenz, die als Ek-sistenz zu begreifen ist,[20] »ihr Wesen ist nicht Selbstand, sondern Ausstand, mit der Auf-

---

18 Vgl. Ernst Jünger, Der Waldgang, Frankfurt a. M. 1951.
19 »Es ist kein EntscheidungsGrund aus der Vernunft möglich; denn es ist nicht von Anknüpfung eines Gliedes in der Reihe, wohin allein VernunftGründe reichen, sondern von dem Anfangen der ganzen Reihe die Rede, welches, als ein absolut erster Act, lediglich von der Freiheit des Denkens abhängt. Er wird daher durch Willkühr, und da der Entschluß der Willkühr doch einen Grund haben soll, durch *Neigung* und *Interesse* bestimmt.« (FGA, Bd. I/4, S. 194)
20 Bei Heidegger heißt es etwa: »Die Metaphysik verschließt sich dem einfachen Wesensbestand, daß der Mensch nur in seinem Wesen west, in dem er vom Sein angesprochen wird. Nur aus diesem Anspruch ›hat‹ er das gefunden, worin sein Wesen wohnt. Nur aus diesem Wohnen ›hat‹ er

gabe, dem Sein gegenüber gehorsam zu sein, um ihm eine beschränkte und ungenügende, aber geschichtlich notwendige und geforderte Stätte zu bereiten, die Ankunft des Seins geschehen zu lassen« (Max Müller, Existenzphilosophie im geistigen Leben der Gegenwart)[21]. Das Sein ist bei Heidegger reiner Vollzug.

›Sprache‹ als die Behausung, die seinem Wesen das Ekstatische wahrt. Das Stehen in der Lichtung des Seins nenne ich die Ek-sistenz des Menschen. Nur dem Menschen eignet diese Art zu sein. Die so verstandene Ek-sistenz ist nicht nur der Grund der Möglichkeit der Vernunft, ratio, sondern die Ek-sistenz ist das, worin das Wesen des Menschen die Herkunft seiner Bestimmung wahrt.« (Heidegger, Über den »Humanismus«, a.a.O. [s. Anm. 6], S. 66f.)

21 »Das Wesen des Menschen ist die Ek-sistenz, heißt: [...] kein Wesen, in dem er selbständig stehen kann, zu haben; nicht in sich selbst selbständig zu stehen wie die Dinge, sondern zu sein: statt Selbst-stand reiner Aus-stand. Nicht der Vollzug der Verwirklichung seines Wesens, seiner Natur ist sein Sein als seine Existenz, sondern: Da-sein zu sein, Da des Seins zu sein. Gehorsam dem Sein gegenüber, um ihm eine beschränkte und ungenügende, aber geschichtlich notwendige und geforderte Stätte zu bereiten.« (Max Müller, Existenzphilosophie im geistigen Leben der Gegenwart, Heidelberg 1949, S. 48f.) Es sei der »Sinn des Da-seins: die Ankunft des Seins geschehen zu lassen und auf Grund dieser Ankunft auch alles Begegnende nicht als ›Widerstand‹ und ›Erfüllung‹ und das heißt als Gegen-stand nur im Horizont menschlicher Absicht und Hinsicht, sondern als ›Seiendes im Sein‹, d.h. als Abkünftiges in seiner Abkunft vom Sein begegnen zu lassen.« (Ebd., S. 69)

441 Volker Müller,
   7. Dezember 1967

Volker Müller

Protokoll der Sitzung vom 7. 12. 1967

Der Begriff der Entscheidung, Spontaneität behauptend, hat deren strikte Negation, die Bindung ans Heteronome, ans Kollektiv in sich selbst. Vorgegeben sind der Entscheidung Alternativen, das bloße Entweder-Oder, in welchem Spontaneität erlischt. Sie fällt mit Quietismus zusammen. Subjektivität, die im Gang der Geschichte reduziert ist auf den Punkt des eigenen Selbst, verfällt dem Heteronomen, dem mythischen Kollektiv, gegen das sie sich ursprünglich richtete. Das archaische Prinzip der Zweiteilung, das Lévi-Strauss an primitiven Gesellschaften aufweist,[22] kehrt wieder in dem Ja oder Nein der Alternativen, die sich dem Subjekt heute aufzwingen. Brechen in Kriegen latente Antagonismen auf, welche die Menschen – um zu überleben – zu kollektiven Reaktionen auf die von der Realität vorgegebenen Alternativen drängen, deren Wahrheitsgehalt irrelevant geworden ist, so ist demgegenüber der Rat, sich nicht zu entscheiden, hilflos. Dem Subjekt, welches sich vor der kollektiven Entscheidung retten will, wird das Unglück seines Bewußtseins unmittelbar zur physischen Erfahrung. Von den Antagonismen profitierend, die darin auf ihren Begriff kommen, münzt Fundamentalontologie die Not, die zu Alternativen zwingt, in Kundgabe der Freiheit und Selbstverwirklichung des Menschen um. Die Insuffizienz, die selbst eine historische ist, wird zur Invarianten, wie sie zugleich seine Würde ausmachen soll. Der Realität, die droht, zur Invarianz zu erstarren, antwortet Fundamentalontologie mit dem erneuten Appell an den Menschen, er selbst zu sein. In dem Beharren auf dem Selbst steckt Trotz, Verhärtung, die das Subjekt nochmals auf sich zurückwirft. Kierkegaards »Sei du selbst«,[23] ursprünglich gegen Kollektivismus konzi-

---

22 Vgl. etwa Claude Lévi-Strauss, The Structural Study of Myth, in: The Journal of American Folklore, 68. Jg., 1955, Nr. 270, S. 428–444.

23 So heißt es bei Kierkegaard etwa: »Ich wähle das Absolute, und was ist das Absolute? Das ist mein eignes Selbst in seiner ewigen Gültigkeit. Etwas andres als mich selber kann ich niemals als das Absolute wählen, denn wähle ich etwas andres, so wähle ich es als eine Endlichkeit, und wähle es also nicht absolut. Selbst der Jude, der Gott wählte, wählte nicht absolut. Wohl wählte er das Absolute, aber er wählte es nicht absolut, und dadurch hörte es auf, das Absolute zu sein, und ward zu einer Endlichkeit. *[Absatz]* Aber was ist denn dieses mein Selbst? Wollte ich von einem ersten Augenblick, einem ersten Ausdruck dafür reden, so wäre meine Antwort: Es ist das Abstrakteste von allem, und doch zugleich das Konkreteste von allem – es ist die Freiheit.« ([Søren

piert, dem Beharren auf Subjektivität gerade gegen abstrakte Vermittlung, gegen das bloße Wegerklären des Negativen entsprungen, ist als bloßer Begriff die Reproduktion dessen, wogegen er konzipiert war. Er fällt in sich zurück, ist Tautologie. Indem abstrakte Subjektivität am Ende der Aufklärung jeden Inhalt als fremden erfährt, ist sie zugleich radikalisiert und entleert. Radikalisierung des Selbst, das unglückliche Bewußtsein, welches Vermittlung nicht mehr erträgt, erweist sich als Narrheit, als welche Jean Paul das absolute Subjekt[24] und später Ibsen in Peer Gynt[25] die Tautologie des Sich-Selbst-Seins objektivieren. Gegen den Narzißmus, in den hinein das asketische Leitbild des Jugendstils, »Werde, der du

---

Kierkegaard], Entweder–Oder. Ein Lebensfragment [1843], übers. von Alexander Michelsen und Otto Gleiß, Leipzig 1885, S. 506)

24 In seinem Roman »Titan« [1800 – 1803] lässt Jean Paul den Bibliothekar Schoppe zum Protagonisten Albano de Cesara sagen: »Herr, wer Fichten und seinen Generalvikar Schelling so oft aus Spaß gelesen wie ich, der macht endlich Ernst genug daraus. Das Ich setzt Sich und den Ich samt jenem Rest, den mehrere die Welt nennen. Wenn Philosophen etwas, z. B. eine Idee oder sich aus sich ableiten, so leiten sie, ist sonst was an ihnen, das restierende Universum auch so ab, sie sind ganz jener betrunkene Kerl, der sein Wasser in einen Springbrunnen hineinließ und die ganze Nacht davor stehen blieb, weil er kein Aufhören hörte und mithin alles, was er fort vernahm, auf seine Rechnung schrieb – Das Ich denkt Sich, es ist also Ob-Subjekt und zugleich der Lagerplatz von beiden – Sapperment, es gibt ein empirisches und ein reines Ich – die letzte Phrasis, die der wahnsinnige Swift nach Sheridan und Oxford kurz vor seinem Tode sagte, hieß: ich bin ich – Philosophisch genug!« (Jean Paul, Titan, in: Jean Paul, Werke, Bd. 3, hrsg. von Norbert Miller, Nachw. von Walter Höllerer, München 1966, S. 7– 830; hier: S. 766 f.)

25 Ibsen lässt den Protagonisten in dessen Selbstgespräch über sich sagen: »Kaiser? *(Lacht inwendig.)* Du alter Wahrsagergauch / Du bist kein Kaiser; du bist ein Lauch. / Nun will ich dich schälen, mein lieber Peer! / Da hilft dir kein Wimmern und Betteln mehr. / *(Nimmt eine Lachzwiebel und rupft Hülle um Hülle ab.)* / Da liegt der äußre, rissige Pack; / Der Mann ist's in Not auf dem Jollenwrack. / Hier die Passagierhaut, schwächlich verdünnt – / Hat doch im Geschmack einen Stick von Peer Gynt. / Drunter das Goldgräber-Ich, das platte; / Der Saft ist weg – falls es je einen hatte. / Diese Grobhaut hier, mit dem Zipfel dran, / An der Hudson-Bai ist es der Pelzjägersmann. / Das drunter, das gleicht einer Krone – ja, Dank! / Das werfen wir weg ohne weiteren Zank. / Hier der Altertumsforscher, ganz leibhaftig. / Und hier der Prophet auch, grün und saftig. / Er stinkt von Lügen, so steht es geschrieben, / Das hat Wasser in ehrliche Augen getrieben. / Diese Haut, deren Ränder sich weich einrollen, / Ist der Herr, dem die Freude quoll aus dem Vollen. / Die nächste dünkt siech. Voll von schwarzen Strichen – / Schwarz sei mit Pfaffen wie Negern verglichen. / *(Rupft mehrere auf einmal.)* / Nein, so eine Vielzahl! Schicht liegt auf Schicht. / Kommt denn nicht *einmal* ein Kern ans Licht? / *(Zerrupft die ganze Zwiebel.)* / Und ob er das tut! Bis ins innerste Innre / Nichts als Schichten – immer dünnre und dünnre. – / Die Natur ist ein Schalk! *(Wirft die Reste von sich.)* Soll's der Teufel ausklügeln.« (Henrik Ibsen, Peer Gynt. Ein dramatisches Gedicht [1867], übers. von Hermann Stock, Nachw. von Ruprecht Volz, Stuttgart 2012 [Reclams Universal-Bibliothek; 2309], S. 126 f.)

bist«,[26] erotische Motive gewendet hat, ist die Utopie des Eros, anders zu sein, gerichtet. Er ist das wesentliche Movens der Kunstwerke, konstituieren sie sich [doch] dadurch, daß sie sich der Sache überlassen, daß sie sich Rettung des Ich dadurch versprechen, daß es sich nicht länger in sich selber verhärtet. »Es möchte etwas gutmachen von dem uralten Unrecht, Ich überhaupt zu sein.«[27][*1]

Die Forderung nach Selbstverwirklichung hat zugleich ein aufklärerisches Moment in sich, ein Moment des Widerstandes gegen Konformität, in welche es allerdings selbst wieder zurückfällt. Die Identität von Autonomie des Subjekts und Konformität kennzeichnet die Struktur des bürgerlichen Bewußtseins insgesamt: »Gründe deine Fabrik selbst, aber halte dich an die Spielregeln.« »Ruggedness« meint zugleich Konformität,[28] wie auch der Begriff des »Fair Play« von Adam Smith[29] den Umschlag des bürgerlichen Ideals von Nichtanpassung in Anpassung bezeichnet, die coincidentia oppositorum von Spontaneität und Konformität. Deren philosophischer Terminus ist Entscheidung, die mit einem verspäteten herrischen Gestus der Autonomie den Subjekten die Reduktion in Würde verzaubert.

Heideggers Philosophie erweist sich weniger als radikaler Neubeginn, wie sie sich versteht, denn als Rückfall in den Idealismus, hinter dessen immanentem

---

26 Der Satz geht zurück auf Pindar, in dessen zweiter »Phythischen Ode« es in der Übertragung durch Hölderlin heißt: »[...] Sei / Gegrüßet. Diß aber gleichwie Phönizische Waare / Der Gesang über das graue Meer gesandt wird. / Das Kastoreion / Aber in Aeolischen Saiten / Willig betrachte die Gaabe der siebentönigen / Phorminx, entgegenkommend. / Werde welcher du bist erfahren. [...]« (Friedrich Hölderlin, Sämtliche Werke. ›Frankfurter Ausgabe‹. Historisch-kritische Ausgabe, hrsg. von D. E. Sattler, Bd. 15, nach Vorarb. von Michael Franz und Michael Knaupp hrsg. von D. E. Sattler, Frankfurt a. M. und Basel 1987, S. 219)
27 GS, Bd. 11, S. 78.
28 In der *Negativen Dialektik* [1966] heißt es: *Die reale Notwendigkeit in der Freiheit, die sich zu behaupten und, wie die ultraliberale Ideologie es pries, mit den Ellbogen sich durchzusetzen hatte, war Deckbild der totalen gesellschaftlichen Notwendigkeit, die den Einzelnen zur* ruggedness *zwingt, damit er überlebe.* (GS, Bd. 6, S. 259)
29 Bei Smith heißt es: »In dem Wettlauf nach Reichtum, Ehre und Avancement, da mag er [scil. jeder] rennen, so schnell er kann und jeden Nerv und jeden Muskel anspannen, um all seine Mitbewerber zu überholen. Sollte er aber einen von ihnen niederrennen oder zu Boden werfen, dann wäre es mit der Nachsicht der Zuschauer ganz und gar zu Ende. Das wäre eine Verletzung der natürlichen Spielregeln, die sie nicht zulassen könnten. Der andere ist für sie in jeder Hinsicht so gut wie dieser; sie stimmen jener Selbstliebe nicht zu, in der er sich selbst so hoch über den anderen stellt, und sie können die Motive nicht nachfühlen, die ihn bewogen, den anderen zu Schaden zu bringen. Deshalb sympathisieren sie bereitwillig mit dem natürlichen Vergeltungsgefühl des Geschädigten und der Beleidiger wird zum Gegenstand ihres Hasses und ihres Unwillens.« (Adam Smith, Theorie der ethischen Gefühle [1759], hrsg. von Horst D. Brandt, übers. von Walther Eckstein, Hamburg 2010 [Philosophische Bibliothek; 605], S. 133)

Anspruch sie sogar noch zurückbleibt. Gegen das bloße Setzen der Identität war die Hegelsche Dialektik konzipiert. Philosophie sollte die Genesis ihrer Begriffe, damit die philosophische Tradition in sich aufnehmen. Sowohl an der Absolutheit des Subjekts sollte festgehalten werden, wie ihm durch die Vermittlung durchs Objekt zu der Fülle der Konkretion verhelfen werden sollte, die es im Verlauf der Geschichte bis hin zu Fichtes entsubstantialisierten Subjekt und Schellings Indifferenz verloren hatte. Hegels Dialektik ist schon Rettungsversuch des absoluten Subjekts durch dessen Kritik hindurch. Identität soll sich erst herstellen im Prozeß der Konkretion und dennoch sich gleich bleiben. Ein ambivalenter Begriff von Identität unterscheidet Hegel von seinen Vorgängern: Zugleich meint er Identifizierung des Subjekts mit dem Objekt, virtuell das Sich-Überlassen der Sache, wie gerade dadurch aus ihr Subjektivität herausspringen soll. Mit dem Anspruch, innerhalb der Identitätsklammer das Objekt zur Geltung zu bringen, erlangt dieses eine Bedeutung wie bei keinem der idealistischen Vorgänger. Wenn Hegel die von Schelling behauptete Indifferenz von Subjekt und Objekt beim Wort nimmt, so ist zwar in der Prämisse schon die Reduktion des Objekts auf seine bloße Form gegeben, zugleich aber ist mit der Kritik Hegels an der Indifferenz, die eben keine durch den Prozeß der Vermittlung hergestellte Identität sei, die Vermittlung durchs Objekt ernstergenommen, als es das Resultat positiver Dialektik verträgt. Ihr Anspruch ist gegen jenes zu wenden. In der »Phänomenologie«, in der sich die Konkretion des absoluten Subjekts darstellen soll, findet sich das Objekt schon am Anfang reduziert auf seinen Begriff; das Besondere ist als »Jetzt«, »Hier«, »Dieses« auf seine allgemeine Form gebracht, wodurch es mit dem Subjekt zusammenfällt, von dem es sich unterscheiden sollte, »Jetzt« und »Hier« sind Reduktionen auf reines Denken, Ontologisierung des Ontischen, dadurch der Subjektivität als Quantitäten subsumierbar. Das Fortschreiten der Hegelschen Methode, welchen Prozeß selbst er als Wahrheit verstand, verdankt sich der Elimination dessen, was ihr zur Konkretion verhelfen sollte. Ihre Bewegung, der Weg, den die Hegelsche Dialektik tatsächlich zurücklegt, ist Arbeit des Denkens, des Subjekts, das Objektivität nicht im Augenblick konstituieren und eliminieren kann, in welcher Anstrengung des Subjekts vielmehr ihr Widerstand noch spürbar wird. (Dieser längere Atem unterscheidet Hegel von Heidegger.) Daher spricht Hegel von »dem Ernst, dem Schmerz, der Geduld und Arbeit des Negativen«.[30][*2] Zugleich objektiviert sich aber in der Arbeit des Negativen, wie Hegel hier den Prozeß der Vermittlung bezeichnet, als welchen er Wahrheit verstand, diese selbst

---

30 »Das Leben Gottes und das göttliche Erkennen mag also wohl als ein Spielen der Liebe mit sich selbst ausgesprochen werden; diese Idee sinkt zur Erbaulichkeit und selbst zur Fadheit herab, wenn der Ernst, der Schmerz, die Geduld und Arbeit des Negativen darin fehlt.« (HW, Bd. 3, S. 23f.)

als Arbeit. Darin erreicht der eigenen Dialektik nach die Hegelsche Methode ihren Begriff. Mit Recht konnte daher Marx behaupten, diese zu übernehmen. Hegels Subjekt, das die Objekte konstituieren soll, erweist sich nun im Prozeß der Arbeit als von diesen ebenso konstituiert. Dies ist in der Hegelschen Dialektik selbst impliziert. Gegen deren Resultat, in dem sich Objektivität wieder verflüchtigt hat, nimmt Marx Hegels eigenen Anspruch beim Wort, daß das Absolute als das Konkrete sich der Vermittlung durchs Objekt verdanke.

Macht sich bei Hegel Objektivität noch innerhalb des Prozesses der sich konstituierenden Subjektivität geltend, so fällt das Heideggersche Konkrete, jenseits der Vermittlung angesiedelt, unmittelbar mit der Subjektivität wieder zusammen. Die Unsagbarkeit des Seins, das tautologisch sich nur selbst spricht, ist jenes Nichts, das Hegel als Inhalt des abstrakten Seins, als bloßes Geraune kritisiert. Unbestimmtheit, welche Heidegger an sich schon für Konkretion nimmt, bestimmt sich als Leere. Sie ist Wiederholung abstrakter Subjektivität: Fichtes absolutes Subjekt reproduziert nur sich selbst, ähnlich wie Heideggers Sein ist. Der Mangel an Reflexion wird diesem in Fülle des eigenen Selbst gedreht; daß von ihm nicht zu reden sei, erweise es als das Ganze. In Heideggers Sein ist Aufklärung, deren Subjekt sich im Prozeß der Geschichte entleert hat, umgeschlagen in ein archaisches, irrationales Ganzes. Archaismus setzt sich gegen Aufklärung, entspringt ihr selbst, wo sie nicht länger bei sich bleibt, das Identitätsdenken nicht durch es selbst hindurch kritisiert. Das ungeschiedene Ganze, das sich im Sein Heideggers wieder herstellen soll, ist Reduktion, der Faktizität des Positivismus gleich, von dem sich Heidegger nur durch die Beteuerung, es sei nicht so, scheidet. Die Tautologie, die Leere des Seins, das west, nimmt die eigene Unverständlichkeit des bloßen Raunens für seine Würde. (Dazu muß der pathetische Gestus der Sprache verhelfen. Die Heideggers ist bloß intentional, reines Wollen, das die eigene Impotenz als Qualität dem Gemeinten zuschlägt. Die Insuffizienz aber ist wiederum nicht zufällig, sie enthüllt schließlich auch die Leere der Sache. Daher ist die Sprachkritik im »Jargon der Eigentlichkeit« zugleich Kritik an der Philosophie Heideggers.)

Hegel, der die Bestimmtheit als das Höhere verteidigt, reduziert zwar mit der Bestimmung des Objekts dieses auf seine bloße Begrifflichkeit, – darin gleicht ihm Heidegger; zugleich aber macht sich das Objekt im Prozeß seiner bloß begrifflichen Entfaltung dennoch als Widerstand geltend. Diesen Widerstand unterdrückt Heidegger, der Prozeß ist ihm zum Punkt geschrumpft; ein Résumé der Hegelschen Dialektik, hinter deren Anspruch der Nichtresümierbarkeit, dem Hegel noch gerecht wird, er der Intention nach zurückfällt. Sätze aus der Vorrede zur »Phänomenologie« lesen sich daher wie eine Kritik an Heidegger und am Positivismus. »Dieses prophetische Reden meint recht im Mittelpunkte und der Tiefe zu bleiben, blickt verächtlich auf die Bestimmtheit (...) und hält sich absichtlich von dem Begriffe und der Notwendigkeit entfernt als von der Reflexion, die nur in der Endlichkeit hause. Wie es aber eine leere Breite gibt, so auch eine leere Tiefe, wie eine Extension der Substanz, die sich in endliche Mannigfaltigkeit ergießt, ohne Kraft, sie zusammenzuhalten, so eine gehaltlose Intensität, welche, als lautere Kraft ohne Ausbreitung sich haltend, dasselbe ist, was die Oberflächlichkeit.«[31][*3]

[*1] Th. W. Adorno: Zum Gedächtnis Eichendorffs, in: Noten zur Literatur I,[32] S. 120
[*2] Hegel: Phänomenologie des Geistes, F. Meiner-Verlag,[33] S. 20
[*3] Hegel: Phänomenologie des Geistes, F. Meiner-Verlag, S. 15

---

31 Ebd., S. 17 f.
32 Vgl. Theodor W. Adorno, *Zum Gedächtnis Eichendorffs* [1957], in: Theodor W. Adorno, *Noten zur Literatur*, Berlin und Frankfurt a. M. 1958, S. 105–143.
33 Vgl. Hegel, Phänomenologie des Geistes, hrsg. von Johannes Hoffmeister, a. a. O. (s. Anm. 12).

442 Helmut Reinicke,
25. Januar 1968

|Professor Adorno

Protokoll der Sitzung
vom 25. 1. 1968

Helmut Reinicke
6 Frankfurt
Lenaustr. 33|

»Grund der ganzen Wissenschaft«[*1] ist nach Hegel der selbst unmittelbare Anfang, das reine Sein.³⁴ »Das Anfangende« exkludiert die Sache »als jenes leere Sein ... was sich ... erst im Verlaufe der Wissenschaft ergeben soll.«³⁵[*2] Reduktion der Dinge auf »leeres Sein« »lebt von dem idealistischen proton pseudos, das alles begrifflich Faßbare in reinen Geist gründen und die Materie in reiner Unbestimmtheit aufgehen läßt.«³⁶[*3] Daß das Sein als Einfaches, Unmittelbares,

---

34 »Hier ist das Sein das Anfangende, als durch Vermittlung, und zwar durch sie, welche zugleich Aufheben ihrer selbst ist, entstanden dargestellt; mit der Voraussetzung des reinen Wissens als Resultats des endlichen Wissens, des Bewußtseins. Soll aber keine Voraussetzung gemacht, der Anfang selbst *unmittelbar* genommen werden, so bestimmt er sich nur dadurch, daß es der Anfang der Logik, des Denkens für sich, sein soll. Nur der Entschluß, den man auch für eine Willkür ansehen kann, nämlich daß man das *Denken als solches* betrachten wolle, ist vorhanden. So muß der Anfang *absoluter* oder, was hier gleichbedeutend ist, abstrakter Anfang sein; er darf so *nichts voraussetzen*, muß durch nichts vermittelt sein noch einen Grund haben; er soll vielmehr selbst Grund der ganzen Wissenschaft sein. Er muß daher schlechthin *ein* Unmittelbares sein oder vielmehr nur *das Unmittelbare* selbst. Wie er nicht gegen Anderes eine Bestimmung haben kann, so kann er auch keine in sich, keinen Inhalt enthalten, denn dergleichen wäre Unterscheidung und Beziehung von Verschiedenem aufeinander, somit eine Vermittlung. Der Anfang ist also das *reine Sein.*« (HW, Bd. 5, S. 68 f.)

35 »Wenn man etwa, gegen die Betrachtung des abstrakten Anfangs ungeduldig, sagen wollte, es solle nicht mit dem Anfange angefangen werden, sondern geradezu mit der *Sache*, so ist diese Sache nichts als jenes leere Sein; denn was die Sache sei, dies ist es, was sich eben erst im Verlaufe der Wissenschaft ergeben soll, was nicht vor ihr als bekannt vorausgesetzt werden kann.« (Ebd., S. 75)

36 »Hegel verwirft die Möglichkeit eines Anfangs mit den ›Sachen‹ selbst. Die Sachen, wenn sie begrifflos nur als sie selbst genommen werden, sind nur ›jenes leere Sein‹, das gerade nicht den Anfang bilden soll. Auch so fängt der philosophische Gedanke mit sich selber an, jedoch ohne es zu wissen. Nur weil die begriffliche Genesis der Dinge in ihnen zur Gegenständlichkeit geronnen erscheint, kann nach Hegel der Schein entstehen, als habe dieser Anfang es mit an sich bestimmten Dingen zu tun. Naiver Realismus habe sein Recht verloren, nachdem die Dinge an sich

»Resultat der vollkommenen Abstraktion«[*4] ist, wird in der Erinnerung zurückgelassen, erst vom Wesen aus wird »jene einseitige Unmittelbarkeit als eine vermittelte«[37][*5] dargestellt. Um den Fortgang zu konkreteren Bestimmungen zu ermöglichen, wird das abstrahiert, von dem bereits abstrahiert wurde. Das Sein, mit dem der Prozeß anhebt, vorentscheidet das Ende: Der Vorentscheid, daß im Begriff geblieben wird, beläßt die Oszillation Subjekt–Objekt im Denken, verbannt, wie Feuerbach polemisiert, Materiales in die Fußnote.[38] Das »Unwesen der Abstraktion«[39][*6], dieses »Fortgehen der äußern Reflexion«[40][*7], verleugne die konstitutive Bedeutung der Abstraktion, »... das bloße Abstrahieren ist nicht mehr

---

auf ›leeres Sein‹ reduziert worden sind. Doch ist diese Reduktion selber bloße Meinung: sie lebt von dem idealistischen proton pseudos, das alles begrifflich Faßbare in reinem Geist gründen und die Materie in reiner Unbestimmtheit aufgehen läßt. Auf diesem Boden konstituiert sich die Hegelsche Philosophie.« (Karl Heinz Haag, Philosophischer Idealismus. Untersuchungen zur Hegelschen Dialektik mit Beispielen aus der Wissenschaft der Logik, Frankfurt a. M. 1967, S. 24f.)
37 »In der reinen Reflexion des Anfangs, wie er in dieser Logik mit dem *Sein* als solchem gemacht wird, ist der Übergang noch verborgen; weil das *Sein* nur als unmittelbar gesetzt ist, bricht das *Nichts* an ihm nur unmittelbar hervor. Aber alle folgenden Bestimmungen, wie gleich das *Dasein*, sind konkreter; es ist an diesem das schon *gesetzt*, was den Widerspruch jener Abstraktionen und daher ihr Übergehen enthält und hervorbringt. Beim Sein als jenem Einfachen, Unmittelbaren wird die Erinnerung, daß es Resultat der vollkommenen Abstraktion, also schon von daher abstrakte Negativität, Nichts ist, hinter der Wissenschaft zurückgelassen, welche innerhalb ihrer selbst, ausdrücklich vom *Wesen* aus, jene einseitige *Unmittelbarkeit* als eine vermittelte darstellen wird, wo das Sein als *Existenz* und das Vermittelnde dieses Seins, der Grund, *gesetzt* ist.« (HW, Bd. 5, S. 104)
38 Bei Feuerbach heißt es: »Der Philosoph muß das im Menschen, was *nicht* philosophiert, was vielmehr *gegen* die Philosophie ist, dem abstrakten Denken *opponiert*, das also, was bei Hegel nur zur *Anmerkung* herabgesetzt ist, in den *Text* der Philosophie aufnehmen. Nur so wird die Philosophie zu einer *universalen, gegensatzlosen, unwiderleglichen, unwiderstehlichen Macht*. Die Philosophie hat daher nicht *mit sich*, sondern mit ihrer *Antithese*, mit der *Nichtphilosophie* zu beginnen. Dieses vom Denken unterschiedene, unphilosophische, absolut *antischolastische* Wesen in uns ist das Prinzip des *Sensualismus*.« (Ludwig Feuerbach, Vorläufige Thesen zur Reform der Philosophie [1842], in: Ludwig Feuerbach, Anthropologischer Materialismus. Ausgewählte Schriften I, hrsg. von Alfred Schmidt, Frankfurt a. M. 1967, S. 82–99; hier: S. 91)
39 »Man sieht, Jakobi hat sehr bestimmt das *Unwesen* der Abstraktion, es sei nun sogenannter absoluter, d. i. nur abstrakter Raum oder ebensolche Zeit oder ebensolches reines Bewußtsein, Ich, erkannt; er beharrt darin zu dem Behuf, die Unmöglichkeit eines Fortganges zu Anderem, der Bedingung einer Synthesis, und zur Synthesis selbst zu behaupten.« (HW, Bd. 5, S. 100)
40 »So ist *Fichtes* absolutester, unbedingter Grundsatz: *A = A Setzen;* der zweite ist *Entgegensetzen;* dieser soll *zum Teil* bedingt, *zum Teil* unbedingt (somit der Widerspruch in sich) sein. Es ist dies ein Fortgehen der äußeren Reflexion, welches ebensowohl das, womit es als einem Absoluten anfängt, wieder verneint – das Entgegensetzen ist die Negation der ersten Identität –, als es sein zweites Unbedingtes sogleich ausdrücklich zugleich zu einem Bedingten macht.« (Ebd., S. 98 f.)

noch weniger etwas Wahrhaftes als das bloße Nichts.«[41][*8] Dagegen sind Sein und Nichts dasselbe; gibt es nichts, »das nicht ein Mittelzustand zwischen Sein und Nichts ist.«[42][*9] Von der Form der Abstraktion, der Identität, gilt es fortzugehen zur Form des Unterschiedes, »welcher zugleich als ein Untrennbares in der Identität bleibt«[43][*10]. Gegen die Leerheit von Abstrakt-Polarem Identität aussprechend, sei somit gleichsam Inhalt erzeugt. »Dialektik aber nennen wir die höhere vernünftige Bewegung, in welche solche schlechthin getrennt Scheinende durch sich selbst ... ineinander übergehen«[44][*11]. Was von reiner Identität unterschieden ist, als deren Selbstauflösung, wird in jene hineingezogen. Identität in der Nichtidentität reduziert das Nichtbegriffliche auf Begriffliches. (Der Satz der Identität ist synthetischer Natur; er enthält »die Reflexionsbewegung, die Identität als Verschwinden des Andersseins.«[45][*12]) Es bleibt die Schwierigkeit, ab-

---

41 »Man *kann* nun, wenn man das *Denken* des Nichts, d. i. sein Umschlagen in Sein vergessen will oder nichts davon wüßte, im Stile jenes *Könnens* fortfahren; es kann nämlich (gottlob!) auch vom Nichts abstrahiert werden (wie denn auch die Schöpfung der Welt eine Abstraktion vom Nichts ist), und dann bleibt nicht Nichts, denn eben von diesem wird abstrahiert, sondern man ist so wieder im Sein angekommen. – Dies *Können* gibt ein äußerliches Spiel des Abstrahierens, wobei das Abstrahieren selbst nur das einseitige Tun des Negativen ist. Zunächst liegt in diesem Können selbst, daß ihm das Sein so gleichgültig ist als das Nichts und daß, sosehr jedes von beiden verschwindet, ebensosehr jedes auch entsteht; aber ebenso gleichgültig ist es, ob vom Tun des Nichts oder dem Nichts ausgegangen wird; das Tun des Nichts, d. i. das bloße Abstrahieren ist nicht mehr noch weniger etwas Wahrhaftes als das bloße Nichts.« (Ebd., S. 105)
42 Gegen »die absolute Trennung des Seins und Nichts« bemerkt Hegel: »Dagegen ist aber gezeigt worden, daß Sein und Nichts in der Tat dasselbe sind oder, um in jener Sprache zu sprechen, daß es gar nichts *gibt*, das nicht ein *Mittelzustand zwischen Sein und Nichts* ist.« (Ebd., S. 111)
43 »Wenn z. B. in der Physik die Denkbestimmung der *Kraft* vorherrschend geworden ist, so spielt in neuerer Zeit die Kategorie der *Polarität*, die übrigens zu sehr à tort et à travers in alles, selbst in das Licht eingedrängt wird, die bedeutendste Rolle, – die Bestimmung von einem Unterschiede, in welchem die Unterschiedenen *untrennbar* verbunden sind; daß auf solche Weise von der Form der Abstraktion, der Identität, durch welche eine Bestimmtheit z. B. als Kraft eine Selbständigkeit erhält, fortgegangen {wird} und die Form des Bestimmens, des Unterschiedes, welcher zugleich als ein Untrennbares in der Identität bleibt, herausgehoben und eine geläufige Vorstellung geworden {ist}, ist von unendlicher Wichtigkeit.« (Ebd., S. 21)
44 »Das [...] Räsonnement, das die falsche Voraussetzung der absoluten Getrenntheit des Seins und Nichtseins macht und bei derselben stehenbleibt, ist nicht *Dialektik*, sondern *Sophisterei* zu nennen. Denn Sophisterei ist ein Räsonnement aus einer grundlosen Voraussetzung, die man ohne Kritik und unbesonnen gelten läßt; Dialektik aber nennen wir die höhere vernünftige Bewegung, in welche solche schlechthin getrennt Scheinende durch sich selbst, durch das, was sie sind, ineinander übergehen, die Voraussetzung {ihrer Getrenntheit} sich aufhebt. Es ist die dialektische immanente Natur des Seins und Nichts selbst, daß sie ihre Einheit, das Werden, als ihre Wahrheit zeigen.« (Ebd., S. 111)
45 »*A* und Nicht-*A* sind unterschieden, diese Unterschiedenen sind auf ein und dasselbe *A* bezogen. Die Identität ist also als *diese Unterschiedenheit in einer Beziehung* oder als der *einfache*

strakte Identität, jenes Produkt der äußeren Reflexion, von der konkreten als dem »reinen Herstellen aus und in sich selbst«⁴⁶[*13] zu unterscheiden; die Erfahrung, die jene beansprucht zu beinhalten – die Identität nur vereinige mit der Verschiedenheit⁴⁷[*14] – bleibt auf den Begriff bezogen, das Anderssein »verschwindet« in der Identität.⁴⁸[*15] Selbstkritik des Begriffs dagegen muß die Reinigung der Logik von ihrem »metalogischen Rudiment« rückgängig machen; ohne das Etwas als »denknotwendiges Substrat des Begriffs«[*16] kann Logik nicht gedacht werden.⁴⁹ Den Anspruch des Allgemeinen, »das nicht mehr als ein Besonderes neben anderem Besonderen steht, sondern über alles dieses über-

---

Unterschied an ihnen selbst hier dargestellt. *[Absatz]* Es erhellt hieraus, daß der Satz der Identität selbst und noch mehr der Satz des Widerspruchs nicht bloß *analytischer*, sondern *synthetischer* Natur ist. Denn der letztere enthält in seinem Ausdrucke nicht nur die leere, einfache Gleichheit mit sich, sondern nicht allein das *Andere* derselben *überhaupt*, sondern sogar die *absolute Ungleichheit*, den *Widerspruch an sich*. Der Satz der Identität selbst aber enthält, wie an ihm gezeigt wurde, die Reflexionsbewegung, die Identität als Verschwinden des Andersseins.« (HW, Bd. 6, S. 45)

46 »Das Wesen ist die einfache Unmittelbarkeit als aufgehobene Unmittelbarkeit. Seine Negativität ist sein Sein; es ist sich selbst gleich in seiner absoluten Negativität, durch die das Anderssein und die Beziehung auf Anderes schlechthin an sich selbst in die reine Sichselbstgleichheit verschwunden ist. Das Wesen ist also einfache *Identität* mit sich. *[Absatz]* Diese Identität mit sich ist die *Unmittelbarkeit* der Reflexion. Sie ist nicht diejenige Gleichheit mit sich, welche das *Sein* oder auch das *Nichts* ist, sondern die Gleichheit mit sich, welche als sich zur Einheit herstellende ist, nicht ein Wiederherstellen aus einem Anderen, sondern dies reine Herstellen aus und in sich selbst, die *wesentliche* Identität.« (Ebd., S. 38f.)

47 »Als Satz ausgedrückt wäre das Konkrete zunächst ein synthetischer Satz. Aus dem Konkreten selbst oder seinem synthetischen Satze würde die Abstraktion den Satz der Identität wohl durch Analyse herausbringen können; aber in der Tat hätte sie die *Erfahrung* nicht gelassen, wie sie ist, sondern *verändert*; denn die *Erfahrung* enthielt vielmehr die Identität in Einheit mit der Verschiedenheit und ist die *unmittelbare Widerlegung* von der Behauptung, daß die abstrakte Identität als solche etwas Wahres sei, denn das gerade Gegenteil, nämlich die Identität, nur vereinigt mit der Verschiedenheit, kommt in jeder Erfahrung vor.« (Ebd., S. 43)

48 »Es erhellt hieraus, daß der Satz der Identität selbst und noch mehr der Satz des Widerspruchs nicht bloß *analytischer*, sondern *synthetischer* Natur ist. Denn der letztere enthält in seinem Ausdrucke nicht nur die leere, einfache Gleichheit mit sich, sondern nicht allein das *Andere* derselben *überhaupt*, sondern sogar die *absolute Ungleichheit*, den *Widerspruch an sich*. Der Satz der Identität selbst aber enthält, wie an ihm gezeigt wurde, die Reflexionsbewegung, die Identität als Verschwinden des Andersseins.« (Ebd., S. 45)

49 *Kein Sein ohne Seiendes. Das Etwas als denknotwendiges Substrat des Begriffs, auch dessen vom Sein, ist die äußerste, doch durch keinen weiteren Denkprozeß abzuschaffende Abstraktion des mit Denken nicht identischen Sachhaltigen; ohne das Etwas kann formale Logik nicht gedacht werden. Sie ist nicht zu reinigen von ihrem metalogischen Rudiment.* (GS, Bd. 6, S. 139)

greift«[50][*17], begegnet Negative Dialektik, indem sie das Besondere einlöst gegen den Machtanspruch der quieszierenden Identität.

Im Idealismus kann die Vorstellung von der Selbständigkeit des Ich nicht neben der des Dinges bestehen. »Nur eines kann das Erste, Anfangende, Unabhängige sein.«[51][*18] Für welches sich entschieden wird, hat seinen Grund in Neigung und Interesse. Das Fichtesche Ich, das ein transzendentales sein soll, entpuppt sich als bürgerliches individuelles. Wie Hegel, nach Marx, auf dem Standpunkt der modernen Nationalökonomie,[52] zeigt Fichte sich in der Ideologie des aufstrebenden Bürgertums wenn er etwa dekretiert: »Das höchste Interesse und der Grund alles übrigen Interesse ist das *für uns selbst*.«[53][*19]

Das Ich wird ursprünglich für sich selbst durch den Akt des Zurückgehens in sich selbst.[54][*20] Diese Handlung sei ihrer Natur nach objektiv, unmittelbares Faktum des Bewußtseins. Jene Frage nach der Objektivität gründe sich, auf »die sonderbare Voraussetzung, daß das Ich noch etwas anderes sei, als sein eigener Gedanke von sich, und daß diesem Gedanken noch irgend etwas außer dem Gedanken – Gott mag sie verstehen, was! – zugrunde liege, über dessen eigent-

---

50 Hegel schreibt, durch Logik gewinne »der Gedanke [...] Selbständigkeit und Unabhängigkeit. Er wird in dem Abstrakten und in dem Fortgehen durch Begriffe ohne sinnliche Substrate einheimisch, wird zur unbewußten Macht, die sonstige Mannigfaltigkeit der Kenntnisse und Wissenschaften in die vernünftige Form aufzunehmen, sie in ihrem Wesentlichen zu erfassen und festzuhalten, das Äußerliche abzustreifen und auf diese Weise aus ihnen das Logische auszuziehen – oder, was dasselbe ist, die vorher durch das Studium erworbene abstrakte Grundlage des Logischen mit dem Gehalte aller Wahrheit zu erfüllen und ihm den Wert eines Allgemeinen zu geben, das nicht mehr als ein Besonderes neben anderem Besonderen steht, sondern über alles dieses übergreift und dessen Wesen, das Absolut-Wahre ist.« (HW, Bd. 5, S. 55 f.)
51 »Nur eines kann das Erste, anfangende, unabhängige seyn: das, welches das zweite ist, wird nothwendig dadurch, daß es das zweite ist, abhängig von dem ersten, mit welchem es verbunden werden soll.« (FGA, Bd. I/4, S. 194)
52 »Vorläufig nehmen wir nur noch das vorweg: Hegel steht auf dem Standpunkt der modernen Nationalökonomen. Er erfaßt die *Arbeit* als das *Wesen*, als das sich bewährende Wesen des Menschen; er sieht nur die positive Seite der Arbeit, nicht ihre negative. Die Arbeit ist das *Fürsichwerden* des *Menschen* innerhalb der *Entäußerung* oder als *entäußerter* Mensch. Die Arbeit, welche Hegel allein kennt und anerkennt, ist die *abstrakt geistige*.« (MEW, Bd. 40, S. 574)
53 FGA, Bd. I/4, S. 194.
54 »Das Ich geht zurück *in sich selbst*, wird behauptet. Ist es denn also nicht schon vor diesem Zurückgehen und unabhängig von demselben da für sich; muß es nicht für sich schon da seyn, um sich zum Ziele eines Handelns machen zu können; und, wenn es so ist, setzt denn nicht eure Philosophie schon voraus, was sie erklären sollte? *[Absatz]* Ich antworte: keineswegs. Erst durch diesen Act und lediglich durch ihn, durch ein Handeln selbst, welchem bestimmten Handeln kein Handeln überhaupt vorhergeht, wird das Ich *ursprünglich* für sich selbst.« (Ebd., S. 213)

liche Beschaffenheit sie (die Philosophen) in Sorgen sind.«[55][*21] Über solche objektive Gültigkeit des Gedankens, so gesteht Fichte ein, könne die Wissenschaftslehre keine Auskunft geben. Jenes gesuchte Unbekannte sei nur abermals der Gedanke.

Diese »Reinigung« des Ich der Transzendentalphilosophie – cf. die Reduktion Husserls, die Reinigung der Bewußtseinsphänomene von allen Elementen, die »dingliche Erscheinungsdeutungen« enthalten – läßt es nicht mehr als zu Material, Empfindung kommend vorstellen. Das, was Raum und Zeit hat, ist bereits Seiendes, es wäre sonst bloße Form. Husserl muß deshalb den Titel Bewußtsein so weit spannen, »daß er alles Immanente, also auch alles Bewußtseins-Gemeinte als solches und in jedem Sinne«[*22] umfaßt.[56] Der Weg des Idealismus geht zwar, nach Fichte, von einem im Bewußtsein Vorkommenden zur gesamten Erfahrung[*23],[57] so daß Empfindung, Raum und Zeit als Bewußtseinstatsachen gelten,

---

55 »Der Philosoph macht sich nun klar, was er eigentlich denkt, und von jeher gedacht hat, wenn er *sich* denkt; daß er aber sich denke, ist ihm unmittelbares Factum des Bewusstseyns. – Jene Frage nach der Objectivität gründet sich auf die sonderbare Voraussetzung, daß das Ich noch etwas anderes sey, als sein eigener Gedanke von sich, und daß diesem Gedanken noch irgend etwas außer dem Gedanken – Gott mag sie verstehen, was! – zu Grunde liege, über dessen eigentliche Beschaffenheit sie in Sorgen sind. Wenn sie nach einer solchen objectiven Gültigkeit des Gedankens, nach dem Bande zwischen dem Objecte und dem Subjecte fragen, so gestehe ich, daß die WissenschaftsLehre hierüber keine Auskunft geben kann. Sie mögen selbst auf die Entdeckung dieses Bandes in diesem, oder in irgend einem Falle ausgehen; bis sie sich etwa besinnen, daß jenes unbekannte, was sie suchen, abermals ihr Gedanke, und das, was sie diesem Gedanken etwa wieder unterlegen werden, auch nur ihr Gedanke ist, und so ins Unendliche; und daß sie überhaupt nach nichts fragen und von nichts reden können, ohne es eben zu denken.« (Ebd., S. 214 f.)
56 »Daß eine Wahrnehmung, wie überhaupt eine Erfahrung, Wahrnehmung gerade von diesem, gerade so orientierten, gerade so gefärbten, geformten etc. Gegenstand ist, das ist eine Sache ihres Wesens, mag es mit der ›Existenz‹ des Gegenstandes stehen wie immer. Daß diese Wahrnehmung sich in eine Wahrnehmungskontinuität, aber nicht in eine beliebige schickt, in der stetig ›derselbe Gegenstand sich in stetig anderer Orientierung usw. darstellt‹, das ist wieder rein Sache der Wesen. Kurz, hier liegen die großen, literarisch noch ganz unbebauten Felder der ›Bewußtseinsanalyse‹, wobei der Titel Bewußtsein, so wie oben der Titel Psychisches, mag er ernstlich passen oder nicht, so weit gespannt werden müßte, daß er alles Immanente, also auch alles Bewußtseins-Gemeinte als solches und in jedem Sinne, zu bezeichnen hätte.« (HEH, Bd. XXV, S. 35)
57 »Dieser Idealismus geht aus, von einem einzigen GrundGesetze der Vernunft, welches er im Bewußtseyn unmittelbar nachweist. [...] Ist die Voraussetzung des Idealismus richtig, und ist in der Ableitung richtig gefolgert worden, so muß als letztes Resultat, als Inbegriff aller Bedingungen des zuerst Aufgestellten, das System aller nothwendigen Vorstellungen, oder die gesammte Erfahrung herauskommen; welche Vergleichung gar nicht in der Philosophie selbst sondern erst hinterher angestellt wird.« (FGA, Bd. I/4, S. 204 f.)

doch bliebe, selbst als rein logische Tatsache ohne Seiendes, Empfindung für das Ich unmöglich. Ein Ich, das Empfindung haben soll, muß schon ein Seiendes sein. Je reiner Ich wird, um so unfähiger wird es erfahren können, was es erfahren soll. »Ich« denke – nicht die Ichheit oder die Intelligenz überhaupt. Ein unräumliches und unzeitliches Wesen, so kritisiert Feuerbach, weiß nicht von Zeit und Raum. »Wenn die Empfindung ein in sich verschlossenes, karthäuserisches, gnostisches, buddhistisch nihilistisches Wesen wäre, so wäre es allerdings unmöglich, ja unsinnig, von ihr aus zu einem Objekt, einem Etwas außer ihr einen Übergang finden zu wollen; aber die Empfindung ist das gerade Gegenteil der asketischen Philosophie: *außer sich* vor Wonne und Schmerz, leut- und redselig, lebenslustig, genußsüchtig, d. h. objektsüchtig, denn ohne Objekt kein Genuß.«[58][*24]

Ein raum-zeitliches Ich ist schon ein empirisches individuiertes, das, was erst konstituiert werden soll. Der Vorrang des konstitutiven Subjekts wird somit fraglich. »Gerade da, wo der Geist seine Unabhängigkeit von Raum und Zeit im allgemeinen Bewußtsein demonstriert, er unbewußt seine Abhängigkeit von den allerspeziellsten Örtlichkeiten und Zeitlichkeiten beweist.«[59][*25]

Auch, daß das durch »gegebene« Elemente ersetzte Ich der Empiriokritiker Mach und Avenarius, eine Zusammenballung von Empfindungs-, Vorstellungs- und Gefühlselementen, jene als »Körper« genannten Komplexe erkennen kann, ist unvorstellbar; denn da alle realen Gegenstände nichts anderes sein sollen als Komplexe von Elementen, tritt die Schwierigkeit auf, mit welchem Elementenkomplex man einen realen Gegenstand identifizieren soll. Einzelne Komplexe herauszugreifen, bedeutet Willkür, die Gesamtheit der Komplexe dem Ding gleichzusetzen, ist unmöglich, da diese verschiedenen Empfindungsmannigfaltigkeiten von einander widersprechenden Eigenschaften sind.[*26] Da der Gegenstand mit Bewußtseinscharakteren ausgestattet wird, bleibt Seiendes außerhalb.[*27] Das Ich des Immanenzpositivismus (Schlick)[60] ist in jener Mythologie

---

58 Ludwig Feuerbach, Kritik des Idealismus [1866], in: Ludwig Feuerbach, Anthropologischer Materialismus, a. a. O. (s. Anm. 38), S. 210–221; hier: S. 215 f.

59 Vollständig und korrekt lautet der Satz: »Doch genug von den Krankheitserscheinungen der Hegelschen Psychologie und der Hegelschen Zeit und Wohnstätte; denn diese Dinge sind unzertrennlich, zum schlagenden Beweis, daß gerade da, wo der Geist seine Unabhängigkeit von Raum und Zeit im allgemeinen mit Bewußtsein demonstriert, er unbewußt seine Abhängigkeit von den allerspeziellsten Örtlichkeiten und Zeitlichkeiten beweist.« (Ludwig Feuerbach, Der Spiritualismus der sogenannten Identitätsphilosophie oder Kritik der Hegelschen Psychologie [1866], ebd., S. 192–209; hier: S. 197)

60 »Der Ausdruck ›Immanenzpositivismus‹ ist eine Bezeichnung, durch die [Moritz] Schlick, der Begründer des Wiener Kreises, den älteren Positivismus von E[rnst] Mach und R[ichard] Avenarius zu kennzeichnen suchte. Dort war die Forderung erhoben worden, *daß sich die Wissenschaft auf eine möglichst exakte und ökonomische Beschreibung des unmittelbar Gegebenen zu beschränken*

verfangen, die in allem Idealismus steckt: daß es dessen bereits inne ist, was erst konstituiert werden soll. Ebenso entmythologisiert der klassische Idealismus: Die Wirklichkeit bleibt nicht als vom Menschen unabhängig bestehen; das konstitutive Subjekt macht sie als veränderbare transparent.

Subjektive Konstitution bei Kant hat gleichfalls einen materialen Rest. Das transzendentale Subjekt Kants wäre nicht ohne das empirische. Dies vermittelt erst jenes durch die sinnliche Anschauung mit der Mannigfaltigkeit. Obwohl die Abstraktheit der Synthesis Kant zwingt zuzugeben, daß »an den Erscheinungen etwas ist, was niemals a priori erkannt wird«[*28],[61] die Empfindung, bleibt die Materie abstrakt. Neben der reinen Apperzeption, ihrerseits Bedingung der Möglichkeit von Erkenntnis, bleibt Empfindung vergänglich, von der subjektiven Konstitution ausgeschlossen. Es zeigt sich die Aporie der mit einem Ersten beginnenden Konstruktion Kants: Ist die Synthesis ursprünglich, kann das Material nicht gegeben sein; ist das Material gegeben, kann die Synthesis nicht ursprünglich sein. Der Widerspruch ist historisch zu erklären aus der Intention Kants, Rationalismus und Empirismus zu vereinigen. Hieraus folgt ebenso die Doppelseitigkeit von Synthesis als Denken im spezifischen Sinn, Tätigkeit, Spontaneität; zum andern die passive Seite, daß überhaupt etwas in den Zusammenhang des Bewußtseins fällt und zur Einheit wird. Das Verhältnis beider Momente ist von Kant nicht artikuliert. Wie konstitutive Subjektivität ihres heterogenen Korrelats bedarf, absolut Erstes und Dualismus sich bedingen, expliziert jene vorkritische Definition der Empfindung als »Wirkung eines Gegenstandes auf die Vorstellungsfähigkeit, sofern wir von demselben affiziert werden.«[62][*29] Der

---

habe. Gegeben aber sind nur solche qualitativen Elemente wie Farben, Töne, Gerüche usw., die Empfindungen genannt werden. Was wir als Körper bezeichnen, sind bloß relativ konstante Komplexe solcher Elemente; auch unser Leib ist ein derartiger Komplex und selbst das eigene Ich ist nichts anderes als eine an einen bestimmten Leib gebundene Zusammenballung von Empfindungs-, Vorstellungs-, Erinnerungs-, Gefühlselementen. Die Aufgabe der Wissenschaft ist *die einfachste Beschreibung der Abhängigkeiten dieser Elemente und Elementenkomplexe untereinander.*« (Wolfgang Stegmüller, Hauptströmungen der Gegenwartsphilosophie. Eine kritische Einführung, Stuttgart 1965, S. 362f.)

61 »Man kann alle Erkenntnis, wodurch ich dasjenige, was zur empirischen Erkenntnis gehört, a priori erkennen und bestimmen kann, eine Antizipation nennen, und ohne Zweifel ist das die Bedeutung, in welcher Epikur seinen Ausdruck πρόληψις brauchte. Da aber an den Erscheinungen etwas ist, was niemals a priori erkannt wird, und welches daher auch den eigentlichen Unterschied des Empirischen von dem Erkenntnis a priori macht, nämlich die Empfindung (als Materie der Wahrnehmung), so folgt, daß diese es eigentlich sei, was gar nicht antizipiert werden kann.« (KW, Bd. III, S. 209 [B 208f.; A 166f.])

62 »Die Wirkung eines Gegenstandes auf die Vorstellungsfähigkeit, so fern wir von demselben affiziert werden, ist *Empfindung.* Diejenige Anschauung, welche sich auf den Gegenstand durch

nicht ausgesprochene Versuch Kants, Ontisches zu retten, die Empfindung als das Etwas zu belassen, wird getroffen von Fichtes Kritik an den Kantianern auf die Frage, ob Kant wirklich den empirischen Inhalt der Erfahrung durch etwas vom Ich Verschiedenes begründet habe.⁶³[*30] Erst Kants Bestätigung, »die Empfindung sei in der Philosophie aus einem an sich außer uns vorhandenen transzendentalen Gegenstande zu erklären«⁶⁴[*31], mache ihn dies glauben. Ohne die Affektion der Kantischen Rezeptivität sei Bewußtsein allerdings unerklärbar.[*32] Fichte insistiert, von einer Affektion gehe alle unsere Erkenntnis aus, »aber nicht durch einen Gegenstand.«⁶⁵[*33]

Jenes Ontische, das philosophische Analyse immanent, »im Inneren der vermeintlich reinen Begriffe«⁶⁶[*34] trifft, desavouiert der von ursprünglicher Apperzeption: Nur dann ist er sinnvoll, wenn »Etwas« bereits ist. Daß Kants »empirischer Realismus« dennoch uneingestanden in der Schuld des transzendentalen Idealismus sei, hat Fichte gesehen, wenn er die Ableitung der Kategorien als Subreption ankreidet: »Er kann durch nichts erhärten, daß seine postulierten Denkgesetze wirklich Denkgesetze ... sind.«⁶⁷[*35] Durch nichts anderes als durch

---

Empfindung bezieht, heißt *empirisch*. Der unbestimmte Gegenstand einer empirischen Anschauung heißt *Erscheinung*.« (Ebd., S. 69 [B 34; A 19 f.])

63 »Die (lediglich historische) Frage ist die: Hat *Kant* wirklich die Erfahrung, ihrem empirischen Inhalte nach, durch *Etwas* vom *Ich Verschiedenes* begründet?« (FGA, Bd. I/4, S. 234)

64 »So lange [...] Kant nicht ausdrücklich mit denselben Worten erklärt, *er leite die Empfindung ab von einem Eindrucke des Dinges an sich*; oder, daß ich seiner Terminologie mich bediene, *die Empfindung sey in der Philosophie aus einem an sich außer uns vorhandenen transscendentalen Gegenstande zu erklären*, so lange werde ich nicht glauben, was jene Ausleger uns von Kant berichten.« (Ebd., S. 239)

65 »Wird denn [...] überhaupt keine *Rührung*, keine *Affection* zur Erklärung der Erkenntniß angenommen? Daß ich den Unterschied in einem Worte fasse: Allerdings geht alle unsere Erkenntniß aus von *einer Affection*; aber nicht *durch einen Gegenstand*. Dies ist *Kants* Meinung, und es ist die der WissenschaftsLehre.« (Ebd., S. 241)

66 *Heute hat sich akademisch der Unterschied eingeschliffen zwischen einer regulären, ordentlichen Philosophie, die es mit den obersten Begriffen zu tun habe, mögen sie auch ihre Begrifflichkeit verleugnen, und einer bloß genetischen, außerphilosophischen Beziehung auf Gesellschaft, deren anrüchige Prototypen Wissenssoziologie und Ideologiekritik seien. Der Unterschied ist so untriftig wie das Bedürfnis nach regulärer Philosophie seinerseits verdächtig. Nicht bloß kehrt eine, die verspätet um ihre Reinheit bangt, von allem sich ab, woran sie einmal ihre Substanz hatte. Sondern die philosophische Analyse trifft immanent, im Inneren der vermeintlich reinen Begriffe und ihres Wahrheitsgehalts, auf jenes Ontische, vor dem es dem Reinheitsanspruch schaudert und das er, hochmütig zitternd, an die Einzelwissenschaften zediert.* (GS, Bd. 6, S. 141 f.)

67 Fichte schreibt, der kritische Idealismus könne »auf zweierlei Art zu Werke gehen. Entweder er leitet jenes System der nothwendigen HandelnsWeisen, und mit ihm zugleich die dadurch entstehenden objectiven Vorstellungen wirklich von den GrundGesetzen der Intelligenz ab, und läßt so unter den Augen des Lesers oder Zuhörers den ganzen Umfang unsrer Vorstellungen

Abstraktion von den Objekten sei die Logik entstanden. »... er (Kant) tut nur mittelbar, was unmittelbar getan uns zu merklich in die Augen fallen würde.«[*36]

Sprache nimmt Kant als Material zur Deduktion der Kategorien. Diese unbefragte Übernahme des sprachlich Erfahrenen dekuvriert das transzendentale Subjekt als seines Nichtidentischen bedürftig; aus wenig vornehmem Hause, muß es die Hintertüre passieren.

Nachzuweisen wären gesellschaftliche Momente, die die Logik reproduziert; mythologische Rudimente, wie etwa das nach Schuld und Buße im Kausalitätsverhältnis. In der Einheit von Formen der Sprache und denen des Denkens übernimmt Kant die aristotelische Adaptation von Logik und Sprache.

Traditionelle Erkenntnistheorie verschüttet den Bereich der Genesis mit dem der Geltung. Wird formale Logik entlarvt als eine gewordene, zerspleißt das Pathos des ihr immanenten Zwangs. Die in A = A verdeckte ontologische Geltung bricht den Anspruch von Logik. »Wenn ein Engel einmal aus seiner Philosophie erzählte, ich glaube«, meint Lichtenberg, »es müßten wohl manche Sätze so klingen, als wie 2 mal 2 ist 13.«[68] Für dieses Recht des Nichtidentischen steht der ahasverische Begriff.

---

allmählig entstehen: oder er faßt diese Gesetze etwa so, wie sie schon unmittelbar auf die Objecte angewendet werden, also auf ihrer tiefsten Stufe (man nennt sie auf dieser Stufe Kategorieen) irgend woher auf, und behauptet nun; durch diese würden die Objecte bestimmt und geordnet. [Absatz] Dem Kritiker von der letzten Art, der die angenommenen Gesetze der Intelligenz nicht aus dem Wesen derselben ableitet, woher mag ihm doch auch nur die materielle Kenntniß derselben, die Kenntniß, daß es gerade diese sind, das Gesetz der Substantialität, der Causalität, herkommen? Denn ich will ihn noch nicht mit der Frage belästigen, woher er wisse, daß es bloße immanente Gesetze der Intelligenz sind. Es sind die Gesetze die unmittelbar auf die Objecte angewandt werden: und er kann sie nur doch Abstraction von diesen Objecten, also nur aus der Erfahrung geschöpft haben. Es hilft nichts, wenn er sie etwa durch einen Umweg aus der Logik hernimmt; denn die Logik selbst ist ihm nicht anders, als durch Abstraction von den Objecten entstanden, und er thut nur mittelbar, was unmittelbar gethan uns zu merklich in die Augen fallen würde. Er kann daher durch nichts erhärten, daß seine postulirten DenkGesetze wirklich DenkGesetze, wirklich nichts als immanente Gesetze der Intelligenz sind: der Dogmatiker behauptet gegen ihn, es seyen allgemeine, in dem Wesen der Dinge begründete Eigenschaften derselben, und es läßt sich nicht einsehen, warum wir der unbewiesenen Behauptung des einen mehr Glauben zustellen sollten, als der unbewiesenen Behauptung des andern.« (FGA, Bd. I/4, S. 201f.)
68 »Wenn uns ein Engel einmal aus seiner Philosophie erzählte, ich glaube es müßten wohl manche Sätze so klingen als wie 2 mal 2 ist 13.« (G[eorg] C[hristoph] Lichtenberg, Sudelbücher [1800], hrsg. von Franz H. Mautner, Frankfurt a. M. 1984 [insel taschenbuch; 791], S. 62 [B 238]) – Adorno nimmt dieses Zitat als Motto des ersten Kapitels der *Metakritik der Erkenntnistheorie* [1956] (vgl. GS, Bd. 5, S. 48).

[*1] Hegel, Logik I,[69] p. 54
[*2] ibid., p. 60
[*3] Haag, Philosophischer Idealismus, p. 25
[*4] Hegel, l.c., p. 85
[*5] ibid., p. 86
[*6] ibid., p. 82
[*7] ibid., p. 81
[*8] ibid., p. 87
[*9] ibid., p. 91
[*10] ibid., p. 11
[*11] ibid., p. 92
[*12] Hegel, Logik II,[70] p. 32
[*13] ibid., p. 26
[*14] ibid., p. 30
[*15] ibid., p. 32
[*16] Adorno, Negative Dialektik,[71] p. 137
[*17] Hegel, Logik I, p. 41
[*18] Fichte, Erste Einleitung in die Wissenschaftslehre,[72] p. 16
[*19] ibid., p. 17
[*20] ibid.,[73] p. 42 f.[74]
[*21] ibid., p. 44
[*22] Husserl, Philosophie als strenge Wissenschaft,[75] p. 42
[*23] Fichte, l.c., p. 32[76]
[*24] Feuerbach/Schmidt, Anthropologischer Materialismus, p. 215 f.
[*25] ibid., p. 197
[*26] Stegmüller, Hauptströmungen der Gegenwartsphilosophie, Stuttgart, 1965, p. 363

---

69 D. i. HSW, Bd. III.
70 D. i. HSW, Bd. IV.
71 Vgl. Theodor W. Adorno, *Negative Dialektik*, Frankfurt a. M. 1966.
72 Vgl. Johann Gottlieb Fichte, Erste Einleitung in die Wissenschaftslehre [1797], in: Johann Gottlieb Fichte, Werke. Auswahl in sechs Bänden, Bd. 3, hrsg. von Fritz Medicus, Leipzig 1910 (Philosophische Bibliothek; 129), S. 1–33.
73 Die Angabe verweist auf Johann Gottlieb Fichte, Zweite Einleitung in die Wissenschaftslehre [1797], in: Fichte, Werke, Bd. 3., a. a. O. (s. vorige Anm.), S. 35–102.
74 Korrigiert für: »42«.
75 Vgl. Edmund Husserl, Philosophie als strenge Wissenschaft, hrsg. von Wilhelm Szilasi, Frankfurt a. M. 1965.
76 Vgl. FGA, Bd. I/4, S. 206 f.

[*27] Hönigswald, Geschichte der Erkenntnistheorie, 177[77]
[*28] Kant, Kritik der reinen Vernunft, A 167
[*29] Kant, Kritik der reinen Vernunft, B 34
[*30] Fichte, op. cit., p. 64
[*31] ibid., p. 70
[*32] ibid., p. 74 f.
[*33] ibid., p. 72
[*34] Adorno Negative Dialektik, p. 140
[*35] Fichte, op. cit., p. 26
[*36] ibid.

---

[77] Vgl. Richard Hönigswald, Geschichte der Erkenntnistheorie, Berlin 1933 (Geschichte der Philosophie in Längsschnitten; 9).

443 Wolfgang Kröpp, 1. Februar 1968

|Professor Adorno

Protokoll der Seminarsitzung vom 1. 2. 1968

>Wolfgang Kröpp
>694 *Weinheim*/Bergstraße
>Burggasse 5|

Die Geschichte der neueren Philosophie wäre zu schreiben als eine ihrer fortschreitenden Reinigung von allem, was ihr nicht als fraglos gewiß galt. Nicht länger mehr Magd der Theologie,[78] nicht gewillt zugleich, den dieser bisher abgeborgten Titel der Verbindlichkeit des Erkannten, Sekurität des Erkennens preiszugeben, unternahm es Philosophie, ihn aus sich selbst zu begründen. Als erkenntnistheoretisch ebenso wie ohnehin moralisch anrüchig wird sinnliche Erfahrung als Erkenntnismoment verdrängt: »Da nämlich die Natur mich zu vielem zu treiben schien, was mir die Vernunft widerriet, so war ich der Meinung, man dürfe dem, was uns die Natur lehrt, überhaupt kein rechtes Vertrauen schenken.«[79][*1] Wie im Virginitätsideal mit bürgerlichem Besitzanspruch religiöse Reminiszenzen einhergehen mögen, so stehen diese innerhalb eines an die Schimäre absoluter Sekurität fixierten und darum von allem Qualitativen abstrahierenden Denkens im Dienst von Naturbeherrschung. Über divergierende Positionen wie die Pascals ist die Entwicklung hinweggeglitten. Er artikuliert das Desiderat qualitativer Erkenntnis, wenn er vom »Geist der Geometrie« abhebt den »esprit de finesse«, der, seien auch seine Prinzipien unmittelbar zugänglich, doch deren Mannigfaltigkeit und Differenziertheit wegen schärferen Verstand, präziseres Urteilen erheische als jener und stets der Gefahr des Irrtums sich exponiere.[80] Im Idealismus schließlich gelangt die Reinigung des Begriffs von allem

---

[78] Die Wendung, Philosophie sei die Magd der Theologie, wird im allgemeinen Petrus Damiani, dem Kardinalbischof von Ostia zugeschrieben.

[79] [René] Descartes, Meditationes de prima philosophia · Meditationen über die Grundlagen der Philosophie [1641], auf Grund der Ausgaben von Artur Buchenau neu hrsg. von Lüder Gäbe, Hamburg 1959 (Philosophische Bibliothek; 250a), S. 139.

[80] Bei Pascal heißt es: »Il y a beaucoup de différence entre l'esprit de Géométrie et l'esprit de finesse. En l'un les principes sont palpables, mais éloignés de l'usage commun, de sorte qu'on a peine à tourner la tête de ce côté là manque d'habitude; mais pour peu qu'on s'y tourne on voit les principes à plein; et il faudrait avoir tout à fait l'esprit faux pour mal raisonner sur des principes si

Sachhaltigen zu ihrer letzten Konsequenz; das Existierende ist bei Fichte nur noch als vom sich eingrenzenden unendlichen Ich gesetzt, das sich auf seine Grenze als auf seinen Gegenstand bezieht. – Wohlwissend, daß keine Erfahrung ist, die nicht durch den Gedanken vermittelt wäre, insistiert negative Dialektik darauf, daß schon die Unterscheidung Gedanke–Etwas das Etwas involviert, und erweist so den Idealismus als widerlegbar: Die Konsequenz der Spekulation führt notwendig übers Identitätsprinzip hinaus. Der Vorrang des Objekts ist nicht der Identitätsphilosophie antithetisch entgegenzuhalten – wie man im Marxismus versucht hat, der Dialektik den Realismus, den sie als aufgehobenes Moment bereits enthält, von außen aufzupfropfen –, ist vielmehr aus ihr immanent zu entwickeln: »Nichts führt aus dem dialektischen Immanenzzusammenhang heraus als er selber.«[81][*2]

Kritisiert negative Dialektik den Idealismus als Hypostase des Begriffs, so ist wiederum gegenüber dem Nominalismus an seiner Realität festzuhalten. Seiner Objektivität, um die es dem Idealismus zu tun war, versichert sie sich, gerade indem sie auf seinem fundamentum in re insistiert; durch die Demontage des Begriffs als eines vom Subjekt autonom gesetzten wird frei die Möglichkeit eines – subjektiv vermittelten – Begriffs in der Sache selbst. Nichtig ist der Begriff nicht, wenn er ebenso vom Gegenstand geprägt ist wie dieser von ihm. Materialistisches und universalistisches, ein den Überschuß des Begriffs über die Sache aufbewahrendes Moment verschränken sich: »alles ist weniger, als / es ist, / alles ist mehr.« (Celan)[82]

Die Kritik, die negative Dialektik am identifizierenden Denken übt, soll dieses nicht einfach verschwinden lassen. Der »Revisionsprozeß der Qualität gegen die Quantität« erheischt methodologisch, daß der qualitativen Unterschiedenheit der Begriffe in sich genauer nachgespürt werde, als formallogisches Denken es vermag[*3]: dieses durch größere Subtilität der Differenzierung zu überbieten: Erkenntnis des Nichtidentischen »will sagen, was etwas sei, während das Identi-

---

gros qu'il est presque impossible qu'ils échappent. *[Absatz]* Mais dans l'esprit de finesse les principes sont dans l'usage commun, et devant les yeux de tout le monde. On n'a que faire de tourner la tête ni de se faire violence. Il n'est question que d'avoir bonne vue: mais il faut l'avoir bonne; car les principes en sont si déliés et en si grand nombre, qu'il est presque impossible qu'il n'en échappe. Or l'omission d'un principe mène à l'erreur: ainsi il faut avoir la vue bien nette, pour voir tous les principes; et ensuite l'esprit juste, pour ne pas raisonner faussement sur des principes connus.« (Pensées de M. [Blaise] Pascal sur la religion et sur quelques autres sujets, qui ont esté trouvées après sa mort parmy ses papiers [1669], 2. Aufl., Paris 1670, S. 308f.)
81 Der Satz lautet korrekt: *Nichts führt aus dem dialektischen Immanenzzusammenhang hinaus als er selber.* (GS, Bd. 6, S. 145)
82 Paul Celan, Atemwende, Frankfurt a. M. 1967, S. 72.

tätsdenken sagt, worunter etwas fällt, wovon es Exemplar ist oder Repräsentant, was es also nicht selbst ist.«[*4][83]

Die Entfaltung der Äquivokationen im Begriff Identifikation markiert die Schwelle zwischen idealistischer und negativer Dialektik. Denken, das, was ist, dem Identitätsprinzip des Bewußtseins subsumiert und so, im Dienste totalen Für-anderes-Seins die Identität des Ansichseins der Dinge gerade verdeckt, ist abzulösen durch eines, das nicht dergestalt die Dinge, sondern, ihnen wahlverwandt[*5], sich mit ihnen in ihrem Ansichsein identifiziert und so Partei nimmt: für die Dinge – gegen Verdinglichung.

[*1] Descartes, Meditationen, Hamburg 1959, S. 139
[*2] Negative Dialektik, S. 143
[*3] vgl. Hengst, Einführung in die mathematische Statistik, Mannheim 1967, S. 22: »... besteht offenbar ein eigentümlicher Antagonismus zwischen Sicherheit und Genauigkeit unserer Wahrnehmungen: je präziser ich ein Objekt oder einen Prozeß zu erfassen suche, um so unsicherer werden meine Aussagen über ihn.«[84]
[*4] Negative Dialektik, S. 150
[*5] vgl. Dialektik der Aufklärung, S. 21: Auf der magischen Stufe ist die Beziehung zwischen Bild und Sache »nicht die der Intention, sondern der Verwandtschaft.«[85]

---

83 *Dialektisch ist Erkenntnis des Nichtidentischen auch darin, daß gerade sie, mehr und anders als das Identitätsdenken, identifiziert. Sie will sagen, was etwas sei, während das Identitätsdenken sagt, worunter etwas fällt, wovon es Exemplar ist oder Repräsentant, was es also nicht selbst ist.* (GS, Bd. 6, S. 152)
84 »Wir wollen hier – in einer vorläufigen Definition [...] – eine Wahrnehmung um so *sicherer* nennen, je öfter sie bei der Wiederholung eines Sinnesreizes unverändert reproduziert wird. Dann besteht offenbar ein eigentümlicher Antagonismus zwischen Sicherheit und Genauigkeit unserer Wahrnehmungen: je präziser ich ein Objekt oder einen Prozeß zu erfassen suche, um so unsicherer werden meine Aussagen über ihn.« (Martin Hengst, Einführung in die mathematische Statistik und ihre Anwendung, Mannheim 1967 [B-I-Hochschultaschenbücher; 42/42a], S. 22)
85 *Auf der magischen Stufe galten Traum und Bild nicht als bloßes Zeichen der Sache, sondern als mit dieser durch Ähnlichkeit oder durch den Namen verbunden. Die Beziehung ist nicht die der Intention sondern der Verwandtschaft.* (Max Horkheimer und Theodor W. Adorno, *Dialektik der Aufklärung. Philosophische Fragmente*, Amsterdam 1947, S. 21; vgl. GS, Bd. 3, S. 27)

Wintersemester 1967/68:
Probleme
der autoritätsgebundenen Persönlichkeit

Soziologisches Hauptseminar

In diesem Semester hält Adorno zudem die philosophische Vorlesung »Ästhetik II« und gibt das philosophische Hauptseminar »Negative Dialektik II«

Das Seminar findet dienstags von 17 bis 19 Uhr statt

444–457 UAF Abt. 139 Nr. 17

444 Peter Liebl,
24. Oktober 1967

Soziologisches Seminar von Professor Adorno:
Probleme der autoritätsgebundenen Persönlichkeit

Protokoll vom 24. Oktober 1967

Kritiker der »Authoritarian Personality« von Adorno u. a.[1] haben oft behauptet, mit diesem Werk werde der Versuch gemacht, soziale Phänomene zu »psychologisieren«; d. h.: Hier werde aus der Psyche der Individuen erklärt, was seine Ursache in der Gesellschaft habe. Professor Adorno wies deshalb gleich zu Beginn des Seminars auf die Schranken dieser Arbeit hin, deren sich die Autoren wohl bewußt seien. In der Tat werden hier im wesentlichen sozialpsychologische Probleme behandelt. Die »Authoritarian Personality« ist eine Analyse des Autoritätsproblems unter einem partikularen – dem subjektiven – Aspekt. Persönlichkeit wird hier verstanden als »eine Organisation von Bedürfnissen«[2] und ist – nach der Freudschen[3] Theorie, daß »Meinungen, Verhalten und Werte von den menschlichen Bedürfnissen abhängen«[4] – als »eine Determinante ideologischer Präferenzen anzusehen«. Sie darf aber nicht »zu einer letzten Determinante hypostasiert werden« (Introduction, p. 5). Die Analyse von Persönlichkeitsstruktu-

---

1 Vgl. T[heodor] W. Adorno, Else Frenkel-Brunswik, Daniel J. Levinson und R. Nevitt Sanford, unter Mitw. von Betty Aron, Maria Hertz Levinson und William Morrow, *The Authoritarian Personality*, New York 1950 (Studies in Prejudice; 1); die *Gesammelten Schriften* Adornos geben jene Teile der *Authoritarian Personality* wieder, die Adorno alleine oder gemeinschaftlich geschrieben hat (vgl. GS, Bd. 9.1, S. 143–509).
2 *Since it will be granted that opinions, attitudes, and values depend upon human needs, and since personality is essentially an organization of needs, then personality may be regarded as a determinant of ideological preferences. Personality is not, however, to be hypostatized as an ultimate determinant.* (Adorno et al., *The Authoritarian Personality*, a. a. O. [s. vorige Anm.], S. 5; vgl. GS. Bd. 9.1, S. 155)
3 Konjiziert für: »Marxschen«.
4 *For theory as to the structure of personality we have leaned most heavily upon Freud, while for a more or less systematic formulation of the more directly observable and measurable aspects of personality we have been guided primarily by academic psychology. The forces of personality are primarily needs (drives, wishes, emotional impulses) which vary from one individual to another in their quality, their intensity, their mode of gratification, and the objects of their attachment, and which interact with other needs in harmonious or conflicting patterns. There are primitive emotional needs, there are needs to avoid punishment and to keep the good will of the social group, there are needs to maintain harmony and integration within the self.* (Adorno et al., *The Authoritarian Personality*, a. a. O. [s. Anm. 1], S. 5; vgl. GS. Bd. 9.1, S. 155)

ren kann also nicht beanspruchen, eine hinreichende Basis zu liefern für eine Theorie der Autorität. Bei der Befragung kann nicht zum Ausdruck kommen, in welchem Maße das Verhalten der Subjekte von den objektiven Verhältnissen bestimmt wird; die Befragten erscheinen hier als viel unabhängiger im Denken und selbständiger im potentiellen Handeln, als sie tatsächlich sind. Eine weitere Einschränkung kommt hinzu: Die Befragten stellen nicht einen repräsentativen Querschnitt der amerikanischen Bevölkerung dar. Es sind Schwerpunkte nach regionaler und sozialer Herkunft gebildet worden (so sind z. B. die Einwohner von Kalifornien und College-Studenten überrepräsentiert).[5]

Der Stellenwert der subjektiven Analyse läßt sich nur von der Theorie der gesamtgesellschaftlichen Verhältnisse her bestimmen. Adorno knüpft hier an Marx an: Die Gesellschaft reproduziert sich durch ein ökonomisches Verhältnis, dessen Kernstück der Klassengegensatz ist. Der Widerspruch der Verbindung von Reproduktion und Antagonismus wird in den gegensätzlichen Tendenzen der gesellschaftlichen Entwicklung sichtbar: Was die Gesellschaft einerseits erhält, drängt andererseits – durch die Versagungen, die ihren Mitgliedern auferlegt werden – zu ihrer Zerstörung. Vor allem in einer Zeit, in der die Diskrepanz zwischen der schäbigen Wirklichkeit und dem, was möglich wäre, immer offener zutage tritt, sollte man eine Verstärkung dieser letzteren Tendenz erwarten. Die Fakten weisen aber in eine andere Richtung: Die antagonistische Ordnung scheint immer stabiler und weniger auflösbar zu werden.

Nach Marx ist es das Interesse der Menschen, das diese veranlaßt, die Spielregeln des Marktes einzuhalten (und nicht ein psychologisches Motiv wie etwa das »Profitstreben der Kapitalisten«). Wenn aber immer offensichtlicher wird, daß die Ordnung, zu deren Erhalt die Menschen beitragen, ihren Interessen entgegensteht, drängt sich die Frage nach dem »Kitt« auf, der dieses System dennoch zusammenhält.[6] Offener Zwang alleine kann nicht ausreichen, denn er setzt die unmittelbare Unterstützung durch die zu Unterdrückenden selbst voraus. Hinzukommen muß die Verinnerlichung der Zwangsmechanismen. Hauptagentur

---

5 Vgl. den Abschnitt »The Groups Studied«, in: Adorno et al., *The Authoritarian Personality*, a. a. O. (s. Anm. 1), S. 19–23; vgl. GS. Bd. 9·1, S. 173–179.
6 Bei Horkheimer, von dem gleich die Rede sein wird, heißt es: »Auch soweit die bisherigen Formen menschlichen Zusammenlebens jeweils die Existenz der Gesamtheit und den kulturellen Fortschritt bedingten, hatten unzählige Individuen je nach ihrer Stellung in diesem Ganzen dessen Entfaltung mit einem für sie selbst sinnlosen Elend und dem Tod zu bezahlen. Daß trotzdem die Menschen in dieser gesellschaftlichen Form zusammenhielten, ist daher niemals ohne Zwang geschehen. Wozu bedarf es also eines dynamischen Begriffs der Kultur, dieser Annahme eines gleichsam geistigen Kitts der Gesellschaft, da doch der Kitt vielmehr in der höchst materiellen Form der staatlichen Exekutivgewalt vorhanden ist?« (HGS, Bd. 3, S. 344 f.)

dieser Bildung von Verhalten zur Autorität ist die Familie. Indem diese und andere epiphänomenale Instanzen auf die Subjekte zurückwirken, wird der Zwang zu deren innerem Bestandteil. Der Gehorsam wird gewährleistet durch die Identifikation der Subjekte mit dem Objektiven; erst hierdurch erhält die Gesellschaft ihren totalitären Charakter, der sie immer unangreifbarer macht. (Diese Funktion der Epiphänomene wurde unterschlagen bei der Dogmatisierung der Marxschen Theorie.)

Das markanteste Beispiel einer Gesellschaft, die den Interessen ihrer Mitglieder zuwider ist, war die faschistische in Deutschland. Warum sie von den Massen geduldet, ja unterstützt wurde, war die aktuelle Frage, die den Anlaß gab zu den »Studien über Autorität und Familie«[7]. Die Einleitung hierzu von Horkheimer[8] war das zentrale Thema dieser ersten Sitzung des Seminars.

Bürgerliche Autorität versteht sich als Sachautorität und leugnet ihre irrationalen Momente. Im Gegensatz zu den alten Formen der Autorität, die sich auf Götter stützten, soll zur Legitimation der bürgerlichen einzig die Vernunft gelten. Die bürgerliche Ordnung ist aber in Wirklichkeit nur zum Teil rational. Schon das Weiterbestehen irrationaler Institutionen, die die Unterwerfung der Menschen erzwingen, läßt es nicht zu, daß die Gesellschaft als Ganzes vernünftig genannt wird. Diese Institutionen zur Manipulation der Subjekte verweisen vielmehr auf die Irrationalität dieser Objektivität. Zwar verhalten sich die Subjekte im Verkehr mit einer selbst rational strukturierten Verwaltung (rational im Sinne höchster technischer Effizienz) scheinbar rational. Aber der Apparat verfolgt nicht mehr seinen ursprünglichen Zweck – die Schaffung einer rationalen Gesellschaft –, sondern gibt vor, ihn bereits verwirklicht zu haben. Er beschränkt sich auf die bloße Reproduktion des antagonistischen Status quo. So irrational wie diese Verselbständigung des Mittels über den Zweck ist, so irrational ist auch die scheinbar rationale Anpassung der Subjekte an diesen Zustand.

Die »Herrschaft der Vernunft«[9] ist zum ideologischen Schlagwort erstarrt. Das gleiche gilt für die bürgerliche Forderung nach der »Befreiung des Menschen«.[10]

---

7 Vgl. Studien über Autorität und Familie. Forschungsberichte aus dem Institut für Sozialforschung [1936], 2. Aufl., Lüneburg 1987.
8 Gemeint ist der einleitende Abschnitt der ersten Abteilung »Theoretische Entwürfe über Autorität und Familie« (ebd., S. 1–228): Max Horkheimer, Allgemeiner Teil, ebd., S. 3–76; vgl. HGS, Bd. 3, S. 336–417.
9 Vgl. ebd., S. 345 f.; in der *Negativen Dialektik* heißt es: [D]*ie unreflektierte Herrschaft der Vernunft, die des Ichs über das Es, ist identisch mit dem repressiven Prinzip, das die Psychoanalyse, deren Kritik vorm Realitätsprinzip des Ichs verstummt, in dessen unbewußtes Walten verschob.* (GS, Bd. 6, S. 269)
10 Vgl. HGS, Bd. 3, S. 362 f.

Die Rede vom »freien Individuum« ist eine Abstraktion;[11] der Mensch ändert sich mit seiner Tätigkeit, die mit fortschreitender Arbeitsteilung immer partikularer und damit abstrakter wird. (Abstrakte Arbeit ist das bloße Arbeitsquantum, das zur Fertigung einer Sache benötigt wird, gleichgültig gegen seine Qualität – nämlich das, was der Arbeiter gelernt hat –. Mit zunehmender Austauschbarkeit der Funktionen drängt dieses quantitative Moment das qualitative in den Hintergrund.) Nur für das Produkt seiner tendenziell immer weniger Qualitatives enthaltenden Tätigkeit erhält das Individuum gesellschaftliche Anerkennung, und nicht auf Grund vielseitiger konkreter Fähigkeiten (soweit sich diese heute überhaupt noch entwickeln lassen). In Wirklichkeit ähnelt sich der »befreite Mensch« dem Roboter an. In dieser Hinsicht waren selbst die rechtlich unfreien Bauern feudaler Gesellschaften – auf Grund der unentwickelten Arbeitsteilung – dem »konkreten Individuum« näher.

Die Autoritätsstruktur der Gesellschaft spiegelt sich in der Familie wider. Auch hier liegt dem Zwang zum Gehorsam eine Verknüpfung rationaler und irrationaler Elemente zugrunde. Von Anfang an wird von dem Menschen Respektierung der Autorität schlechthin gefordert, so daß in ihm die Frage nach ihrer sachlichen Notwendigkeit gar nicht aufkommt. Professor Adorno wies in diesem Zusammenhang auf ein sozialpsychologisches Schlüsselphänomen zum Verständnis der Verselbständigung von Autorität hin: das schlechte Gewissen. Wohl jeder sei schon einmal getadelt worden, ohne seine Schuld eingesehen zu haben; diese Irrationalität hinterlasse Narben in der Charakterstruktur.

Die irrationale Ordnung braucht sowohl den verinnerlichten wie auch den äußeren Zwang zu ihrer Reproduktion; je nach ihrem aktuellen Zustand wird das eine oder das andere Mittel vornehmlich angewandt. In der Frühzeit des Bürgertums (wie auch heutzutage in Krisenzeiten) kam der physischen Gewalt eine hervorragende Bedeutung zu. Professor Adorno erwähnte die Höllenqualen, mit denen Luther gedroht hatte.[12] Das Vorwiegen physischer Strafen (und Strafan-

---

11 Vgl. ebd., S. 366–369.
12 Bei Luther heißt es etwa: »Was ist aber das Urteil über den ungeschmückten Gast und die ungläubigen Christen? ›Bindet ihm Hände und Füße‹, spricht der König zu seinen Dienern, ›und werfet ihn in die Finsternis hinaus! Da wird sein Heulen und Zähneklappen.‹ Das ist, sie müssen mit dem Teufel in der Hölle und im höllischen Feuer ewig gefangenliegen. Das wird die Strafe dafür sein, daß man die Zeit der Heimsuchung nicht erkannt noch angenommen hat, daß wir geladen sind, Abendmahl, Taufe, Evangelium, Absolution gehabt haben und haben es doch nicht geglaubt noch uns zunutze gemacht. Dafür wird man ewiges Gefängnis, Finsternis, Qual, Heulen und Zähneklappen haben müssen.« (Martin Luther, Zwanzigster Sonntag nach Trinitatis. Matth. 22,1–14, in: Luther deutsch. Die Werke Martin Luthers in neuer Auswahl für die Gegenwart, hrsg. von Kurt Aland, Göttingen 1991 [UTB für Wissenschaft, Uni-Taschenbücher; 1656], Bd. 8, S. 390–396; hier: S. 395f.)

drohungen) habe einen Zusammenhang mit der in einer Gesellschaft herrschenden Einstellung zum Körperlichen (hier: Physische Strafen korrelieren mit der Ächtung physischer Lust).

In der Diskussion wurde darauf hingewiesen, daß auch ein System von Prämien zum Gehorsam und dadurch zur Verfestigung der Ordnung beitrage. Professor Adorno betonte aber, daß hier unterschieden werden müsse zwischen den Versprechungen und dem, was wirklich gewährt wird; ein Beispiel sei die Ideologie vom Marschallstab im Tornister des einfachen Soldaten.[13] Wenn man das faschistische System im Hinblick darauf untersuche, werde man feststellen, daß Hitler viel mehr Strafen angedroht als Belohnungen versprochen habe. Zwar habe auch der Einwand, daß diese Drohungen eher den »anderen« galten und deshalb vom Volk in Kauf genommen wurden, etwas Richtiges. Es müsse aber festgehalten werden, daß sie implizit auch für die eigenen Volksgenossen den Hinweis auf das enthielten, was mit ihnen geschehe, wenn sie nicht »parierten«.

Peter Liebl

---

13 Die Redewendung entstammt dem Französischen und wird, je nachdem, entweder Napoleon Bonaparte zugerechnet oder Ludwig XVIII.

445 Wiltrud Oßwald, 31. Oktober 1967

|Wiltrud Oßwald
6 Frankfurt
Wiesenau 12

Protokoll zur Sitzung vom 31. 10. 1967

Seminar: Probleme der autoritätsgebundenen Persönlichkeit

Leiter: Professor Th. W. Adorno|

Den Ausgangspunkt für die gegen Ende des Zweiten Weltkrieges in den USA durchgeführte Untersuchung »The Authoritarian Personality« bildete die kleinangelegte Studie von R. Nevitt Sanford, die von der Frage ausgeht, ob sich ein notwendiger Zusammenhang zwischen Optimismus/Pessimismus und Autoritätsgebundenheit nachweisen läßt.[14] Das zunächst überraschende Ergebnis zeigte, daß Optimisten weit eher zur Ausbildung autoritätsgebundenen Verhaltens tendieren als Pessimisten. Im Verlauf des Referats über die Einleitung zur Authoritarian Personality[15] wurden folgende Komplexe diskutiert.

Heißt es in dem Referat, es sei das Ziel der Studie gewesen, den autoritären Charakter zu »ergründen«, so kam es zunächst darauf an zu beweisen, daß autoritätsgebundene Persönlichkeit in den USA ein der Gesellschaft nicht zufällig integrales Phänomen ist. Das Interesse zielte hierbei nicht auf die Erkenntnis individualpsychologisch motivierten Verhaltens, sondern darauf, das fait social des faschistischen Potentials empirisch zu erfassen. Individuelle Psyche und objektive gesellschaftliche Strukturen stehen einander nicht abstrakt gegenüber, sondern sind vermittelt durch das wenig individuierte Unbewußte, in dem primär übergreifende soziale Bedingungen sich durchsetzen können. Die Komplexität des Zusammenspiels zwischen dem Sozialen und den vom Ich nicht oder kaum kontrollierten psychischen Energien durchsichtig zu machen, war das Ziel der Studie. Formale Kriterien, wie Repräsentativität und methodologische Unanfechtbarkeit, traten gegenüber dem Sachlich-Qualitativen zurück.

---

14 Vgl. R. Nevitt Sanford, Herbert S. Conrad und Kate Franck, Psychological Determinants of Optimism regarding the Consequences of the War, in: The Journal of Psychology, 22. Jg., 1946, H. 2, S. 207–235.
15 Dieter Kraushaar, »Einleitung zu ›The Authoritarian Personality‹«, UAF Abt. 139 Nr. 17.

Einige Besonderheiten der Studie erklären sich aus der Tatsache, daß sie in den USA durchgeführt wurde; so der Inhalt des Terminus ideology, der nicht – wie Ideologie – falsches, gesellschaftlich notwendiges Bewußtsein meint, sondern eine Struktur von Meinungen, Attitüden, Wertvorstellungen, die gesellschaftlich anerkannt sind. Während in der deutschen, von Marx geprägten Terminologie Ideologie ein Begriff der kritischen Soziologie ist, wird er in der amerikanischen Theorie neutral als Bezeichnung von Weltanschauung gebraucht. Diese Bestimmung des Begriffs ideology erklärt sich zum Teil aus der Geschichte der amerikanischen Arbeiterbewegung, in der der Klassenantagonismus nicht so dominierend war wie in Europa. Ebenso, wenn auch aus anderen Gründen, ist der Begriff personality nicht identisch mit seiner Übersetzung ins Deutsche, hat nicht das Prätentiöse, wie der durch den Deutschen Idealismus geprägte Begriff Persönlichkeit.

In ihrem Versuch, gleichbleibendes Verhalten von Individuen und Gruppen unter sich verändernden sozialen Bedingungen zu erklären, greift die Studie auf den Begriff des Charakters zurück. Der Einwand, hier werde eine charakterologische Autonomie psychologistisch strapaziert, übersieht die gegen den Behaviorismus sich richtende Intention, mit der die Autoren der Studie den Begriff des Charakters verwenden. Diese Verwendung ist sachlich legitimiert, da Charakter hier nicht angeblich angeborene Eigenschaften meint, sondern eine psychische Struktur bezeichnet, die sowohl Reflex gesellschaftlicher Verhältnisse, als auch deren Konstituens ist. Ziel der Kritik ist, die an den empirischen Wissenschaften orientierte Psychologie der Ideologie zu überführen, die die Einsicht verwehrt, daß die gesamte gesellschaftliche Dynamik sich in der Charakterstruktur reproduziert, die ihrerseits dieser Dynamik Widerstand entgegensetzen kann.

Modellartig zu entwickeln ist diese Kontroverse zwischen Behaviorismus und einer an der Psychoanalyse orientierten Sozialpsychologie an dem Verhältnis von Rigidität und Flexibilität der Persönlichkeit. Heißt es im amerikanischen Text sinngemäß: Die Probleme der Persönlichkeit können nur erklärt werden, wenn Rigidität und Flexibilität nicht als einander ausschließende Kategorien, sondern Extreme eines gleichwohl in sich einheitlichen Zusammenhangs aufgefaßt werden[16] – so ist diese Formulierung eine Konzession an das in den USA vorherrschende harmonistische Gesellschaftsbild. Demgegenüber wäre es sachlich gerechtfertigt, von einem notwendigen Widerspruch im rigiden und flexiblen

---

16 *It seems clear then that an adequate approach to the problems before us must take into account both fixity and flexibility; it must regard the two not as mutually exclusive categories but as the extremes of a single continuum along which human characteristics may be placed, and it must provide a basis for understanding the conditions which favor the one extreme or the other.* (GS, Bd. 9·1, S. 157)

Verhalten selbst zu sprechen; denn das Charakteristikum des autoritären Charakters besteht eben darin, daß Menschen dieser psychischen Struktur so wenig in sich selbst integriert sind, daß Rigidität und die Fähigkeit, fix auf verschiedene Situationen anzusprechen, dazu tendieren, unter dem Druck von Autorität ineinander umzuschlagen.

Angelpunkt der Diskussion war die Frage nach der Möglichkeit demokratischer Aktion. Die Autoren der Authoritarian Personality meinen, es sei möglich, rationale Einsicht für den Zusammenhang zwischen politischen Programmen und den durchsichtigen Interessenlagern der Individuen zu wecken. Das heißt: Selbstreflexion und Selbstbestimmung gelten als Voraussetzung für demokratisches Verhalten. Marcuse dagegen vertritt die Ansicht, dem unter dem Druck der sozialen Umwelt entstandenen Charakter sei rationale Einsicht versperrt. Allein Manipulation könne erreichen, daß die so strukturierten Individuen sich demokratischen Spielregeln anpassen.[17] Die Stellungnahme zu dieser Kontroverse bleibt partikular, wenn nicht reflektiert wird, inwieweit jene rationalen Interessen in die bestehende Gesellschaft sich einfügen, d. h. dem System immanent bleiben.

---

[17] Marcuse sieht dieses Problem tatsächlich ambivalent; vgl. den Abschnitt »Die Forschung der totalen Verwaltung«, in: Herbert Marcuse, Der eindimensionale Mensch. Studien zur Ideologie der fortgeschrittenen Industriegesellschaft [1964], übers. von Alfred Schmidt, in: Herbert Marcuse, Schriften, Bd. 7, Frankfurt a. M. 1989, S. 123–138.

446 Michael Moering,
7. November 1967

Protokoll der Sitzung vom 7. November 1967 im Hauptseminar
»Probleme der autoritätsgebundenen Persönlichkeit« (Wintersemester 67/68)
bei Herrn Professor Th. W. Adorno

Mit der Konstruktion und Auswertung der PEC-Scale[18] unternimmt Daniel J. Levinson den Versuch, Beziehungen zwischen politisch-ökonomischer Ideologie und Gruppenzugehörigkeit auf der einen und Ethnozentrismus auf der andern Seite nachzuweisen und zu bestimmen. Dabei geht Levinson von der Voraussetzung aus, daß politische und ökonomische Kräfte »play a vital role in the development of ethnocentrism, in both its institutional and individual psychological forms« (151)[19], schränkt jedoch das Ziel der Untersuchung auf die »individual psychological forms« ein: Ihre Absicht sei es nicht, direkt die sozialen Bewegungen und Strukturen (Institutionen) – wie Monopolbildung, Machtkonzentration, Gewerkschaften, gewandelte Regierungsfunktionen, Abstieg der »middle-class« usw. – zu erforschen (obwohl dies, wie Levinson bemerkt, für die Voraussage der künftigen Entwicklung des Ethnozentrismus von entscheidender Bedeutung ist).[20] Sondern die Untersuchung will sich mit den Ideologien der genannten wirtschaftlichen und politischen Phänomene befassen und mit der Erforschung derjenigen Faktoren, die für das Zustandekommen der Ideologien verantwortlich sind. (Ideologie heißt bei Levinson jedes »organized system of opinions, values, and attitudes«, Anmerkung 1, 151,[21] worunter Denken, Einstellung und Verhalten eines Individuums zusammenfallen.)

---

18 Vgl. den Abschnitt »Construction of the Politico-economic Conservatism (PEC) Scale«, in: Daniel J. Levinson, Politic-economic Ideology and Group Memberships in Relation to Ethnocentrism, in: Adorno et al., The Authoritarian Personality, a.a.O. (s. Anm. 1), S. 151–207; hier: S. 153–178.
19 »That political and economic forces play a vital role in the development of ethnocentrism, in both its institutional and individual psychological forms, is no longer questioned by social scientists or even by most laymen.« (Ebd., S. 151)
20 »It is not within the scope of the present research to investigate directly the social movements and structures – monopoly, the concentration of power and wealth, labor unions, changing government functions, the declining middle class, and so on – which are crucial for the elimination of ethnocentrism or for its further development in such forms as war and rigid socio-economic stratification.« (Ebd.)
21 »Since the term ›ideology‹ has acquired many negative connotations, particularly in the realm of political thought, we wish again to emphasize that this concept is used here in a purely descriptive sense: ›ideology‹ refers to an ›organized system of opinions, values, and attitudes.‹ Any

Levinsons Ausgangspunkt bildet die Frage, welche (Denk-, Verhaltens-) Muster
(»patterns«) politisch-ökonomischer Ideologie (= »organized system ...«) mit
ethnozentrischer bzw. anti-ethnozentrischer »group-relations«-Ideologie in Beziehung stehen. (Die »group-relations«-Ideologie bezeichnet ein Denken und
Verhalten, das starr nach »ingroup«–»outgroup« fixiert ist: Ingroup-Mitglieder
sind Freunde, outgroup-Mitglieder Feinde usw. Diese Art der Fixierung spielt beim
Ethnozentrismus eine wichtige Rolle.) Dabei setzt Levinson voraus, daß zwischen
der im politischen Bereich herrschenden Rechts-links-Dimension und Ethnozentrismus eine (positive) Korrelation besteht. So stellt der Faschismus als extrem
rechts in Hinsicht auf politisch-ökonomische Struktur und Ideologie zugleich die
ausgeprägteste, antidemokratischste Form des Ethnozentrismus dar; die ethnozentrische Betonung einer starren statischen Schichtung der Gesellschaft entspricht dem faschistischen Korporationsstaat. Umgekehrt entspricht die von der
Linken geforderte Eliminierung der ökonomisch bedingten Klassenunterschiede
den Interessen verschiedener gesellschaftlicher Minderheiten (gegen die sich
Ethnozentrismus mit Vorliebe richtet), was auf eine eher anti-ethnozentrische
Einstellung deutet.

Da es eine ausgeprägte Rechts-Links-Dimension in den Vereinigten Staaten nicht
gibt, was bedeutet, daß weder die extreme Rechte noch die extreme Linke offene
aktive Unterstützung von einer nennenswerten Anzahl Bürger erhält, muß sich
die Untersuchung mit der Unterscheidung von Konservatismus und Liberalismus
(als den beiden vorherrschenden politischen Ideologien) begnügen. Mit der
Feststellung »There is considerable evidence suggesting a psychological affinity
between conservatism and ethnocentrism, liberalism and anti-ethnocentrism«
(152)[22] deutet Levinson das Ergebnis der Untersuchung an. Inwieweit es dabei zu
mehr kommt als der Bestätigung verbreiteter Ansichten (Antisemitismus »correlates significantly« mit Opposition gegen Gewerkschaften und sozialistische
Einrichtungen; unter den Rechten finden sich durchschnittlich mehr Antisemiten
als unter den Linken usw.)[23], muß sich zeigen. So nennt Levinson die Rechts-Links-Dimension »of course an extremely complex one« – er unterscheidet zwi-

---

body of social thought may, in this sense, be called an ideology, whether it is true or false,
beneficial or harmful, democratic or undemocratic.« (Ebd.)
22 Ebd., S. 152.
23 »In a preliminary study by Levinson and Sanford [...] anti-Semitism correlated significantly
with opposition to labor unions and socialistic institutions (socialized medicine, government
ownership of utilities, etc.). Also, Republicans were, on the average, more anti-Semitic than
Democrats.« (Ebd.) – Vgl. Daniel J. Levinson und R. Newitt Sanford, A scale for the measurement
of anti-Semitism, in: The Journal of Psychology, 17. Jg., 1944, H. 2, S. 339–370.

schen »reactionary fascist, conservative, liberal, socialist communist« – und betont, daß es unterschiedlich starken Ethnozentrismus nicht nur abnehmend von rechts nach links gebe, sondern auch innerhalb der verschiedenen ideologischen Lager: Republikaner und Demokraten, die daher nicht voreilig mit Rechts und Links gleichgesetzt werden dürfen. Da diese Unterscheidungen nicht bei sämtlichen Befragten als bekannt vorausgesetzt werden könnten, müsse man mit einer gewissen Verwirrung der Ideologie und einem Durcheinander der verschiedenen politischen Kategorien rechnen.[24]

Trotz solcher Bedenken bleibt es bei dem Versuch, politisch-ökonomische Ideologie entlang der Liberalismus-Konservatismus-Dimension zu messen, wobei sich Levinson darüber klar ist, daß »political ideologies do not fall neatly along a simple liberalism-conservatism dimension« (183)[25].

Für Liberalismus und Konservatismus gibt es eine Anzahl Definitionen. Entsprechend seinem psychologischen Interesse will Levinson sie als »contrasting approaches to political-economic problems« betrachten, will er »from a more political to a more psychological level« gelangen (153[26]).[27] Vom psychologischen Standpunkt aus soll es möglich sein, die beiden verbreiteten (Denk-, Verhaltens-)

---

[24] »The right-left dimension (reactionary-fascist, conservative, liberal, socialist-communist) is, of course, an extremely complex one. Crucial qualitative differences can be found not only among various degrees of left-ness or right-ness, but also among various ideological camps falling at approximately the same point on the right or left. Furthermore, there exists today a great deal of ideological heterodoxy, not to speak of simple confusion, so that a cutting across of formal political categories may be expected in many individuals.« (Levinson, Politic-economic Ideology and Group Memberships in Relation to Ethnocentrism, a.a.O. [s. Anm. 18], S. 152)

[25] »The above distinction regarding ideological patterns within the political left and right are presented as hypotheses to help explain the scale results. If these hypotheses are not borne out, others will be needed. For it is clear that political ideologies do not fall neatly along a simple liberalism–conservatism dimension; that the relation between ethnocentrism and ›conservatism‹ is extremely complex; and that the individual's receptivity to political ideology, as to ›group relations‹ ideology, is based to a large extent on deep-lying personality trends.« (Ebd., S. 183)

[26] Korrigiert aus: »155«.

[27] »No attempt was made, in the construction of the PEC scale, to cover all the forms in which conservatism and liberalism are currently expressed. The main focus was, rather, on some of the more underlying – and therefore more stable – ideological trends which appear to characterize conservatism and liberalism as *contrasting approaches* to politico-economic problems. [...] The problem was to get behind the specific issues, to move, so to speak, from a purely political to a more psychological level, as a means of differentiating these two broad patterns of social thought.« (Ebd., S. 153)

Muster sozialer (d. h. politischer) Überzeugung (Liberalismus und Konservatismus) zu bestimmen.

Hier ist zu fragen, ob nicht mit der Reduktion politischer Einstellungen auf psychologische Motive gerade die Erforschung politisch-ökonomischer Ideologien in den Hintergrund gerät: Die als psychologischer Vorgang aufgefaßte Entscheidung für Liberalismus oder Konservatismus fällt mit derjenigen für Ethnozentrismus zusammen. Beide, die politisch-ökonomische und die ethnozentrische Einstellung, werden zu Determinanten psychischer Vorgänge im Individuum, werden von dessen Triebstruktur (Bedürfnisse, Bestrebungen) abgeleitet, und die Seite der Beeinflussung durch Familie, Gruppen, kulturelles Klima (Kap. XVII)[28] einer Gesellschaft bleibt unberücksichtigt. Der Erklärungsgrund für die Beziehung politisch-ökonomischer Ideologien und Ethnozentrismus verlagert sich in die »Persönlichkeit«, ohne daß auf die gesellschaftliche Bedingtheit gerade auch ihrer Triebstruktur (Bedürfnisdisposition) eingegangen wird.

Die vier Gesichtspunkte, nach denen die Unterscheidung von Liberal und Konservativ vorgenommen wird,[29] sind deutlich auf den »psychological level« bezogen. Die allgemeine Kennzeichnung von liberaler und konservativer Ideologie (»Support of the American status quo«, »Resistance to social change«, »Support of conservative values«, »Ideas regarding the balance of power ...«) erweist sich als problematisch insofern, als sie nicht die Ergebnisse der empirischen Untersuchung formuliert, sondern vorwegnimmt. Es entsteht die Frage, ob mit den Items etwas anderes als eine mehr oder weniger deutliche Bestätigung der in sie eingegangenen, durch sie ausgedrückten Ansicht vom Unterschied zwischen konservativer und liberaler Ideologie erreicht wird. Die »Unschärfe« einiger Items, die Unsicherheit bei anderen, ob ihre unzureichende Beantwortung auf ideologische Verwirrung der Befragten oder ungenaue Formulierung der betreffenden Items zurückzuführen sind, lassen diese Frage entstehen.

Die Vorformulierung bestimmter Ansichten (welche Einstellung ein Konservativer bzw. Liberaler aufweisen wird, welche Meinungen er vertritt usw.) bringt es mit sich, daß bei der Auswertung der Skalen charakteristische Abweichungen ent-

---

28 Vgl. T[heodor] W. Adorno, *Politics and Economics in the Interview Material*, in: Adorno et al., *The Authoritarian Personality*, a. a. O. (s. Anm. 1), S. 654–726; vgl. GS. Bd. 9·1, S. 332–430.
29 Diese »vier Gesichtspunkte« sind: »Support of the American *Status Quo*« (Levinson, Politic-economic Ideology and Group Memberships in Relation to Ethnocentrism, a. a. O. [s. Anm. 18], S. 153 f.), »Resistance to Social Change« (ebd., S. 154), »Support of Conservative Values« (ebd., S. 154 f.) und »Ideas Regarding the Balance of Power Among Business Labor, and Government« (ebd., S. 156 f.).

stehen. So kommt es zu der Annahme eines »Pseudo-Konservativen« deshalb, weil eine Anzahl von Befragten in spezifischer Weise von der (in den Items ausgedrückten) Ansicht »des« Konservativen abwichen. Da dieser als klassischer Liberaler konzipiert ist (Verfechter eines individualistischen Laissez-faire-Kapitalismus), erscheint es als »apparent contradiction«[30], wenn jemand, der sonst sämtliche Merkmale des Konservativen erfüllt, in der Frage nach einer Ausweitung der Staatsgewalt auch auf wirtschaftliches Gebiet Zustimmung äußert, damit (formal) die Einstellung des (in der Untersuchung) liberal Genannten zeigt.

Levinson sieht in diesem Phänomen »ideological confusion or the beginning of change from right to left or vice versa« und deutet es später als »a shift from traditional laissez-faire conservatism ... to a new type of conservativism«, zu dessen Vorstellungen nicht mehr der ›frei‹ konkurrierende Unternehmer, sondern »organized big business« gehörten. Es zeigt sich, daß die Liberal-konservativ-Dimension »holds only in the most general sense« (162); man muß mit der Möglichkeit rechnen, daß jemand einen relativ niedrigen, damit scheinbar liberalen »score« bekommt, der in dieser Weise »konservativ« eingestellt ist.[31]

Die Ergebnisse der 2. und 3. PEC-Scale[32] bestätigen Levinson in der Annahme, stereotypes Denken nicht ausschließlich auf Gruppenzugehörigkeit und -beeinflussung zurückzuführen. Von einer Gruppe zu sagen, sie sei z. B. konservativ (»in terms of actual policy«), sei nicht gleichbedeutend mit der Tatsache, daß ihre sämtlichen Mitglieder streng konservativ eingestellt seien.[33] Nicht so sehr Gruppenzugehörigkeit als vielmehr Gruppenidentifikation sei für die Ideologie der

---

[30] »Why do many individuals who are otherwise conservative support an increase in government activity? In some cases this inconsistency probably reflects ideological confusion or the beginnings of change from right to left or vice versa. However, this apparent contradiction may reflect something much more basic, namely a shift from traditional laissez-faire conservatism, whose economic unit was the individual competitive businessman, to a new type of conservatism whose economic unit is organized big business. As was pointed out earlier in this chapter, the assumption of liberalism-conservatism as a simple quantitative dimension holds only in the most general sense.« (Ebd., S. 162)

[31] »It was for this reason, among others, that the theory guiding scale construction was presented in some detail. It is possible, then, for an individual to make a moderately high rather than a very high score, not because of any true liberal tendency, but because of a change in the nature of his conservatism.« (Ebd.)

[32] Vgl. ebd., S. 163–168, und ebd. S. 168–175.

[33] »However, to say that such-and-such is a conservative group, in terms of actual policy, is not necessarily to imply that all members are strongly conservative.« (Ebd., S. 166)

Individuen verantwortlich. Damit entsteht eine psychische Variable, deren Abhängigkeit von »deeper emotional trends« (172) untersucht werden muß.[34]

Zur Beziehung zwischen PEC und E ergibt sich die allgemeine Bestimmung, daß sie »statistically significant but not very close« sei, daß der Grad von Ethnozentrismus mit steigendem Konservatismus zunehme und daß »the most liberal groups were among the least ethnocentric« (172)[35]. Diese Ergebnisse waren insofern zu erwarten, als z. B. die nach psychologischen Kriterien konzipierten Liberalen so bestimmt wurden, daß geringer Ethnozentrismus von vornherein unter ihre Definition fallen muß. Indem die politisch liberale Ideologie psychologisch als vorurteilslos, kritisch, progressiv usw. gefaßt wurde, werden ihr geringer Ethnozentrismus oder anti-ethnozentrische Einstellung selbstverständlich zugeordnet, während umgekehrt unter die konservative Haltung des Erfolgsstrebens, der starren gesellschaftlichen Teilung (die als »natürliche« ausgegeben wird) Ethnozentrismus per definitionem fallen muß.

Diese Schwierigkeit bezeichnet Levinson selbst. So nennt er die (positive) Korrelation zwischen Ethnozentrismus und Konservatismus »a probability and not a certainty«[36] und vermutet, daß diese Korrelation durch die Ähnlichkeit »in their major underlying trends« suggeriert sein könnte (180[37]).[38] Ein »major trend«

---

[34] »Why is it that some, perhaps most, workers identify with the middle class or with the economic *status quo*, and some individuals with middle-class background identify with what they conceive to be the true interests of the working class? These may be not so much questions of actual class or group *membership* as questions of class or group *identification* – and ›identification‹ is a psychological variable. An individual, in making his social identification, is determining not only his ideology, but also what he is to be like as a person. We shall have occasion to consider further, in the chapters that follow, the deeper emotional trends that help to determine the individual's group memberships and identifications.« (Ebd., S. 172)

[35] »The rankorder correlation between the PEC means and E_A means for the fourteen groups was +.50, indicating a statistically significant but not very close relationship. In general, as the degree of group conservatism increases, the degree of ethnocentrism also increases. The four groups with conspicuously high E_A means are the San Quentin Men [...], the Maritime School Men [...], the Employment Service Men Veterans [...], and the California Service Club Men [...]. These groups ranked 2, 5, 3, and 1, respectively, on PEC. No groups were conspicuously low on E, the eight lowest groups having no means within the fairly narrow range of 3.64–3.92; the most liberal groups were among the least ethnocentric.« (Ebd.) – Zur »Ethnocentrism (E) Scale« und deren item-Untergruppe E_A vgl. Daniel J. Levinson, The Study of Ethnocentric Ideology, in: Adorno et al., *The Authoritarian Personality*, a. a. O. (s. Anm. 1), S. 102–150.

[36] »The more conservative an individual is, the greater the likelihood that he is ethnocentric – but this is a probability and not a certainty.« (Levinson, Politic-economic Ideology and Group Memberships in Relation to Ethnocentrism, a. a. O. [s. Anm. 18], S. 180)

[37] Korrigiert für: »182«.

des Konservativen (Unterstützung der vorherrschenden politisch-ökonomischen Ideologie und Autorität) sei offensichtlich vielfach Teil der allgemeinen ethnozentrischen Tendenz, sich (akzeptierter) Autorität zu unterwerfen (180),[39] wodurch deutlich wird, daß Ethnozentrismus und politisch-ökonomischer Konservatismus auf psychologischer Ebene zusammenfallen und nur als unterschiedlicher Ausdruck der gleichen Einstellung aufzufassen sind. Deshalb ist es konsequent, wenn Levinson von »politicalized[40] ethnocentrism« spricht (181[41]).[42]

Trotz der vorherrschenden Gleichsetzung von konservativ = potentiell ethnozentrisch, liberal = potentiell anti-ethnozentrisch, kommt es zu weiteren Differenzierungen. Zwar konnte mit den verschiedenen Skalen kein »ethnocentric liberal« ermittelt werden (niedrige PEC-Werte, hohe E-Werte), doch zeigte sich umgekehrt, daß hohe PEC-Werte mit unterschiedlichen E-Werten in Beziehung stehen und ein »non-ethnocentric conservative« (»genuiner« Konservativer mit hohen PEC-, aber niedrigen E-Werten) angenommen werden mußte.[43] Daraus folgt, daß strenger politischer Liberalismus generell als Anzeiger für niedrigen Ethnozentrismus angesehen werden kann, daß jedoch streng konservative politische Einstellung nicht notwendig mit Ethnozentrismus verbunden ist. Während

---

[38] »A theoretical basis for the close tie between conservatism and ethnocentrism is suggested by certain similarities in their major underlying trends.« (Ebd.)
[39] »Support of the prevailing politico-economic ideology and authority is, apparently, often a part of the generalized ethnocentric tendency to submit to accepted authority in all areas of social life.« (Ebd.)
[40] Korrigiert für: »political«.
[41] Korrigiert für: »182«.
[42] »For example: ›America may not be perfect, but the American Way has brought us about as close as human beings can get to a perfect society.‹ To support this idea is, it would seem, to express both politico-economic conservatism and the ingroup idealization so characteristic of ethnocentrism. The item, ›The worst danger to real Americanism during the last 50 years has come from foreign ideas and agitators,‹ is another example of politicalized ethnocentrism: again we find moral stereotypy and externalization of blame for social problems onto the threatening outgroup.« (Ebd., S. 181)
[43] »One can be politically conservative, just as one can be patriotic (in the sense of firm attachment to American culture and tradition), without being ethnocentric. We should like to use the term *genuine conservative* to refer to the individual with this broad pattern of thought. He is ›genuine‹ because, whatever the merits of his political views, he is seriously concerned with fostering what is most vital in the American democratic tradition. He believes, for example, in the crucial importance of the profit motive and in the necessity of economic insecurity; but he wants the best man to win no matter what his social background. He is resistant to social change, but he can be seriously critical of the national and political ingroups and – what is more important – he is relatively free of the rigidity and deep-lying hostility characteristic of ethnocentrism.« (Ebd., S. 181 f.)

die genuin Konservativen frei sind von »rigidity« und »deep-lying hostility« der ethnozentrischen Einstellung, handelt es sich bei den Pseudo-Konservativen um »ethnocentric conservatives«, deren politisch-ökonomische »views« auf den gleichen »underlying trends« – »submission to authority, unconscious handling of hostility toward authority by means of displacement and projection onto outgroups« – basieren wie ihre ethnozentrischen »views«.⁴⁴ Bei niedrigen PEC- und hohen E-Werten halten diese »Konservativen« mit einer bestimmten Veränderung der politisch-ökonomischen Sphäre mit (sind also darin keineswegs konservativ) und akzeptieren oder rechtfertigen die jeweilige gesellschaftliche Ordnung und Schichtung einfach deshalb, weil sie die bestehende ist. Im Gegensatz zu den Liberalen unterstützen sie die Konzentration wirtschaftlicher Verfügungsgewalt beim Staat nicht deshalb, um dadurch z. B. eine gerechtere Verteilung des Sozialprodukts zu erreichen, sondern um die Niederhaltung des Einflusses der Gewerkschaften zu bewirken usw.

Weitere Differenzierungen ergeben sich bei der Untersuchung der Beziehung zwischen Ethnozentrismus und der Zugehörigkeit zu verschiedenen sozialen Gruppen (Parteien, Vereine, Familie, Einkommen). So geht aus der Beantwortung der Frage nach Parteienzugehörigkeit hervor, daß konservative und liberale Einstellungen nicht notwendig mit einer der beiden Parteien identisch sind, sondern relativ gleichmäßig über beide verteilt, und daß die Höhe der E-Werte zwar einer Rechts-links-Ordnung entspricht, damit jedoch nicht »nahtlos« Republikanern–Demokraten.

Diese Unterscheidungen, zusammengenommen mit der, daß die Kinder von Eltern, die der demokratischen Partei angehören, höhere E-Werte aufweisen als die Kinder »republikanischer« Eltern stimmen mit Levinsons Auffassung überein, daß sich aus Gruppenzugehörigkeit und Beeinflussung durch die Eltern keine sicheren Schlüsse auf die Ideologie von Individuen ziehen lassen.⁴⁵ Aus der Gruppenzugehörigkeit allein lasse sich z. B. über den E-Wert kein genauer Aufschluß gewinnen, da eine bestimmte Gruppe von verschiedenen Individuen aus unterschiedlichen Gründen unterstützt werde. Individuen seien nicht voreinge-

---

44 »The ethnocentric conservative is the *pseudoconservative*, for he betrays in his ethnocentrism a tendency antithetical to democratic values and tradition. He is the E-PEC ›correlation raiser‹ because, as discussed above, his politico-economic views are based on the same underlying trends – submission to authority, unconscious handling of hostility toward authority by means of displacement and projection onto outgroups, and so on – as his ethnocentrism.« (Ebd., S. 182)
45 Vgl. den Abschnitt »The Relation Between Ethnocentrism and Membership in Various Political and Economic Groupings«, ebd., S. 185–207.

nommen, *weil* sie bestimmten Gruppen angehörten, sondern weil sie voreingenommen seien, gehörten sie bestimmten Gruppen an, identifizieren sie sich mit deren Ideologie. Ebenso bildeten sich Vorurteile und Ideologien nicht so sehr durch Übernahme der bei den Eltern vorherrschenden Ansichten und Einstellungen, sondern »as a selective, dynamic process«, bei dem der Einfluß der Umgebung »on the basis of needs and strivings of the individual« akzeptiert oder zurückgewiesen werden (190).[46]

Aus der Tatsache, daß die Kinder von »Demokraten« höhere E-Werte als die von Republikanern aufweisen, schließt Levinson auf eine generelle Tendenz des Sohnes, von der »ideology« des Vaters abzuweichen (ganz gleich, welche politisch-ökonomische Färbung sie hat), und nimmt in solchen Fällen einen auch gegenüber anderen Autoritäten rebellischen Charakter an. (Diese Annahme geht zurück auf Freud, der z. B. über Irreführung auf sexuellem und Einschüchterung auf religiösem Gebiet von Kindern durch ihre Eltern schreibt: »Die stärkeren Naturen widerstehen allerdings diesen Beeinflussungen und werden zu Rebellen gegen die elterliche und später gegen jede andere Autorität« in: Zur sexuellen Aufklärung der Kinder in: Drei Abhandlungen zur Sexualtheorie, Fischer Bücherei Nr. 422, S. 117 f.)[47]

Levinson ist der Ansicht, den E-Wert eines Individuums ebensogut auf der Basis seines »agreements« oder »disagreements« mit dem Vater (und letztlich der Familie als der »ingroup«) bestimmen zu können, als es auf der Basis seiner aktuellen Parteienzugehörigkeit möglich ist.[48]

---

[46] »These data suggest what everyday observation has often seemed to indicate, namely, that people do not necessarily believe what their parents tell them. This hypothesis is neither original nor profound – although we believe that it has profound implications for the understanding of the formation of ideology. It contradicts another commonly held theory, namely that one learns mainly by *imitation*. The ›imitation‹ theory expects a high correlation between parents' ideology and offspring's ideology, on the assumption that one ›naturally‹ (that is, imitatively) takes over parental ideology relatively intact. The present data, however, as well as those of many previous studies, e. g., those discussed by Murphy, Murphy and Newcomb [...], suggest that the formation of ideology in the individual is a selective, dynamic process, in which any ideological pressure from the environment will be accepted or rejected on the basis of the needs and strivings of the individual.« (Ebd., S. 190) – Vgl. Gardner Murphy, Lois Barclay Murphy und Theodore Mead Newcomb, Experimental Social Psychology. An Interpretation of Research upon the Socialization of the Individual, New York 1937.
[47] Sigmund Freud, Drei Abhandlungen zur Sexualtheorie und verwandte Schriften, Nachw. von Alexander Mitscherlich, Frankfurt a. M. und Hamburg 1961 (Fischer Bücherei; 422), S. 117 f.; vgl. FGW, Bd. VII, S. 25.
[48] »What kinds of personalities take over intact the views of their parents or other authorities and under what psychological conditions do we find various forms of change or rebellion? *[Absatz]*

Der Versuch, zwischen der Höhe des Einkommens (auch der Eltern) und dem Grad an Ethnozentrismus eine (positive) Korrelation herzustellen, erbrachte nur das Ergebnis, daß das Einkommen nicht per se den Maßstab für die E-Wertigkeit eines Individuums liefert, obwohl sich die Tendenz zeigte, daß die Gruppe derjenigen, deren Vater in der höchsten Einkommensstufe rangierte, weniger Ethnozentrismus aufwies, als sämtliche Gruppen mit Vätern in niedrigeren Einkommensstufen zusammen.[49] Außerdem scheinen »upward class mobility« und Identifikation mit dem Status quo zu verstärktem, »downward class mobility« und Negierung des Status quo zu vermindertem Ethnozentrismus zu führen.

Levinsons Zusammenfassung der verschiedenen Ergebnisse lautet: 1. Die AS- und E-Skalen zeigen »statistically significant relationships« zur Rechts-links-Dimension der politisch-ökonomischen Ideologie.[50] 2. Es besteht Affinität zwischen Konservatismus und Ethnozentrismus, zu deren wichtigster Differenzierung die Unterscheidung in genuine und Pseudo-Konservative gehört.[51] 3. Ethnozentrismus (als Antisemitismus, Anti-»negroism« usw.) muß als Teil eines umfassenderen Musters (»pattern«) von »social thinking and group functioning« angesehen werden. Ethnozentrische und politisch-ökonomische Ideologie folgen dem

---

Questions such as those above were raised by the tendency for Republican fathers (presumably more ethnocentric) to have less ethnocentric offspring than did the Democratic fathers. This suggested the hypothesis that ›disagreement with father‹ is related to anti-ethnocentrism, regardless of father's political views [...]« (Levinson, Politic-economic Ideology and Group Memberships in Relation to Ethnocentrism, a.a.O. [s. Anm. 18], S 190–192).

49 »*The E means* [...] *do not vary consistently in relation to father's income.* They show negligible and unsystematic variations [...] among the various levels below $10,000. However, the group whose fathers earned $10,000 per year and above is significantly *less* ethnocentric than the combined lower income levels [...]. Whether this lower mean holds for *all* individuals whose fathers are in this income group, or only for those individuals who get into organized groups such as those tested, is not clear. Further study may reveal that the lower E mean characterizes those individuals who were born in wealthier families but who tend – presumably for emotionally important reasons – to gravitate toward middle- or working-class groups, occupations, and ideologies. We are led to suspect, on the basis of results in numerous areas, that upward class mobility and identification with the *status quo* correlate positively with ethnocentrism, and that downward class mobility and identification go with anti-ethnocentrism.« (Ebd., S. 202–204)

50 »The Anti-Semitism and Ethnocentrism scales, our primary measures of antidemocratic trends, show statistically significant relationships with the right-left dimension of politico-economic ideology.« (Ebd., S. 207)

51 »There appears to be an affinity between conservatism and ethnocentrism, liberalism and anti-ethnocentrism. The relationship is, however, quantitatively imperfect (r = approximately .5) and qualitatively complex. It is proposed, in further studies, to break down the right-left dimension into numerous ideological patterns. One of these – perhaps the most significant in terms of potential antidemocracy – is the *pseudoconservative*.« (Ebd.)

gleichen Muster.⁵² Damit ist 4. die Kenntnis des »anti-democratic individual« erweitert: Die einzelnen Ideologien, die es auf verschiedenen sozialen Bereichen beweist, müssen als »a facet of the total person« und Ausdruck zentraler, »subideologischer« psychologischer Dispositionen (Bedürfnisse, Ängste, Bestrebungen) aufgefaßt werden (207).

Michael Moering

---

52 »In previous chapters we have seen that anti-Semitism or anti-Negroism, for example, are not isolated attitudes but parts of a relatively unified ethnocentric ideology. The present chapter suggests that ethnocentrism itself is but one aspect of a broader pattern of social thinking and group functioning. Trends similar to those underlying ethnocentric ideology are found in the same individual's politico-economic ideology. In short, ideology regarding each social area must be regarded as a facet of the total person and an expression of more central (›subideological‹) psychological dispositions.« (Ebd.)

447 Olga-Maria Reintko, 14. November 1967

|Olga-Maria Reintko

Seminar: Probleme der autoritätsgebundenen Persönlichkeit
            bei Prof. Adorno

            Protokoll der Sitzung vom 14. 11. 67|

Das in dieser Sitzung vorgetragene Referat bezieht sich auf die qualitative Analyse der Items der PEC-Scale.[53] Mit Hilfe dieser Items soll ein Bild davon gewonnen werden, was die Befragten wirklich denken. Die qualitative Analyse geht aus von der Voraussetzung eines allgemein-kulturellen Klimas als Determinante der subjektiven Antworten. Daraus folgt: Wenn die subjektiven Bewußtseinsinhalte Derivate grundlegender gesellschaftlicher Verhältnisse sind, dann kann das Bewußtsein nur verändert werden durch eine Veränderung der Produktionsverhältnisse. Diese Konzeption unterscheidet zwei Aspekte des Konservativismus: 1. die genuin Konservativen, 2. die Pseudokonservativen. Die zuerst genannte Gruppe (auf der PEC-Skala high, auf der E-Skala low) verteidigt den Kapitalismus in seiner liberalen individualistischen Form, ebenso aber auch den traditionellen Amerikanismus, der antirepressiv und demokratisch ist; deswegen haben die genuin Konservativen auch keine Vorurteile gegenüber Minoritäten; sie tendieren infolge der gesellschaftlichen Entwicklung eher zum Liberalen, während der Pseudokonservative (auf der PEC- und E-Skala high) der genuine von morgen sein könnte. Die Konservativen sind im Monopolkapitalismus ein Anachronismus, deswegen sind sie im traditionsgebundenen Establishment zu finden, während die Pseudo-Konservativen im Kleinbürgertum anzutreffen sind; für den sozialen Aufstieg der Kleinbürger ist die Identifikation mit den Normen der herrschenden Gruppen notwendig (diese Identifikation hat ihnen aber noch nie Nutzen gebracht). Die Pseudokonservativen lassen sich unterscheiden in antidemokratische und subversive; für die erste Gruppe ist der Faschismus generell akzeptabel, für die zweite Gruppe wurde das »sozialistisch« an das »national« herangehängt; dies wehrt sich dagegen, ausgebeutet zu werden, aber nur, um andere ausbeuten zu können. Ein wichtiges Moment ist deswegen auch die sozialkritische Einstel-

---

53 Aleko Karaberis, »Politico-economic Conservativism (PEC-Scale) sowie Kritischer Anhang zum Kapitel XVII: Politics and Economics in the Interview Material«, UAF Abt. 139 Nr. 17. – Vgl. den entsprechenden Abschnitt, GS, Bd. 9·1, S. 332–430.

lung des Faschismus im Bereich des Konsums (Forderung, die Warenhausbesitzer zu enteignen), aber die Produktionsverhältnisse selbst werden nicht angegriffen (Pseudokritik).

Aufgrund welcher Erfahrungen ist die Unterscheidung in genuin Konservative und Pseudokonservative gemacht worden? Erstens haben die Nationalsozialisten zunächst konservative Interessen vertreten, von einem angebbaren Moment aber haben sie sich gegen diese gewandt und sie zerstört. Zweitens haben sich Konservative im traditionellen Sinne dem NS gegenüber integer verhalten, während Liberale übergelaufen sind.

Die faschistischen Bewegungen verwenden traditionelle Vorstellungen und Werte, denen sie tatsächlich eine antihumanistische Wendung geben. Entwicklungstendenzen, die in die Richtung mehr oder weniger faschistischer, staatskapitalistischer Organisationen deuten, scheinen in der Möglichkeit ihrer Verwendbarkeit durch Faschisten eine ursprünglich verhüllte Tendenz zur Gewaltanwendung zu zeigen. Die zunehmende Barbarei des Ausbeutungsverhältnisses (gemessen an den technischen Möglichkeiten) im monopolistischen Kapitalismus verschafft auch der Barbarei in Worten öffentliche Anerkennung, begünstigt die anwachsende Ohnmacht. Unter diesem Aspekt müßte Bildungssoziologie eine Soziologie der Barbarei sein mit der Fragestellung: Wieso nimmt trotz Anwachsen der Produktivkräfte die Barbarei zu (Valéry, Spengler)?

Angesichts der umfassenden gesellschaftlichen Organisierung und des totalen Krieges müßte selbst den naivsten Menschen die Bedeutung der politisch-ökonomischen Sphäre klarwerden, aber es besteht kein Interesse bei den Betroffenen, die Halbinformation zu überwinden, weil sie in der gegebenen Gesellschaft leben möchten und auch müssen; sie müßten sonst mit zunehmender Kritik ihre Identifikation aufgeben. Als Orientierungshilfen für das Individuum in einer für es selbst unklaren Welt vermitteln Stereotypisierung und Personalisierung ein scheinbares Wissen und nehmen dem Individuum seine Angst und Unsicherheit (»Märchen«; Wiederholung infantiler Verhaltensmuster). Diese beiden Begriffe sollen aber nicht psychologisch abgeleitet werden, sondern es wird mit ihrer Hilfe der Versuch unternommen, sozialpsychologische Verhaltensweisen aus Strukturverhältnissen der Gesellschaft zu erklären. Da die Stereotypisierung das ordnen hilft, was dem Unwissenden undurchsichtig erscheint, trägt sie nur dazu bei, die Äußerlichkeit zu verdoppeln und bringt ihr eigenes Gegenteil, die Personalisierung hervor. (Entfremdung der politischen Sphäre vom Menschen; Zusammenhang Authoritarian Personality – Jargon der Eigentlichkeit: Ideologie der Entmenschlichung.) Je mehr jedoch in unserer Gesellschaft auf individuelle Spontaneität verzichtet wird, desto eher neigen die Menschen dazu, sich der Idee zu verschreiben, der Mensch sei alles, und finden Ersatz für ihre eigene soziale Impotenz in der Omnipotenz, die sie den Persönlichkeiten zuschreiben. Erst in dem Augenblick werden die politischen Idole entmächtigt, in dem die unmittelbaren Interessen der Menschen durchsichtig werden.

Das allgemeine Unbehagen der Pseudokonservativen richtet sich gegen die Demokratie als solcher; anstatt ihre positiven Implikationen zu verwirklichen und sich nicht mit der formalen Ausübung des demokratischen Systems zufrieden zu geben, wird gefordert, den »prominent people« zu gehorchen, da dadurch den Interessen aller am ehesten genügt werde.[54] Das, dessen Verwirklichung unmöglich erscheint, soll auch nicht sein, da es mit dem Realitätsprinzip kollidiert. Diejenigen, die die Utopie vertreten und verwirklichen wollen, werden zu Schuldigen und Störenfrieden gestempelt, wie es unter anderem im Antiintellektualismus zum Ausdruck kommt.

Ein weiteres Element der pseudokonservativen Persönlichkeitsstruktur ist der Sado-Masochismus, der als nochmals pervertierter Puritanismus interpretiert werden kann (der genuine Puritanismus ist mit der Entwicklung der Produktivkräfte obsolet geworden).[55] Die Erfahrung der eigenen Unzulänglichkeit oder des eigenen Versagens wird auf die anderen projiziert, und dadurch, daß diese als schlecht diskriminiert werden, bestraft man sie und damit sich selbst.

Da also für den Pseudokonservativen die Menschen schlecht sind und nicht die Reproduktionsverhältnisse der Gesellschaft, müssen notwendig die Menschen erst gebessert werden, wenn die Gesellschaft besser werden soll. Wahrscheinlich aus diesem Grunde und auch aus Mangel einer gefügten Tradition gewinnt die »education« in Amerika ihren fast magischen Charakter (auch Problem in der BRD momentan?).

Bei dem Kriterium »Einstellung zu den Gewerkschaften« besteht eher ein gradueller Unterschied zwischen genuin Konservativen und Pseudokonservativen hinsichtlich der Ablehnung dieser Institution im ganzen und in den verschiedenen Problemen, die von den Gruppen im einzelnen angesprochen werden.[56] Beide

---

54 »Examples of a hierarchical conception of human relationships are found in the following reports of high-scoring subjects: [...] Subject likes to mingle with people, likes big parries, used to have an inferiority complex, but now is at ease. Likes to associate and talk with famous people, to be in the ›upper crust.‹ ›Well, I've met a lot of people since I've been up here; it certainly made a difference to me. I've set my goal, and I want to be one of them (mentions army and navy people, a lot of wealthy and socially prominent people).‹« (Else Frenkel-Brunswik, Sex, People, and Self as Seen through the Interviews, in: Adorno et. al, *The Authoritarian Personality*, a.a.O. [s. Anm. 1], S. 390–441; hier: S. 413)
55 Vgl. den Abschnitt *Pseudoconservatism*, GS, Bd. 9.1, S. 360–374.
56 Das Item lautet: »Labor unions should become stronger by being politically active and by publishing labor newspapers to be read by the general public.« (Levinson, Politic-economic

billigen den Gewerkschaften keinen politischen Einfluß zu. Die Pseudokonservativen gehen noch etwas weiter als die genuinen, wenn sie in den Gewerkschaften ein Konglomerat aus Judentum, Arbeitslosigkeit, Ausländischem, New Deal, Diktatur sehen.[57] Die Einstellung zur Außenpolitik ist bestimmt durch Mystifikation, Chauvinismus und Sozialdarwinismus, vermischt mit Stereotypisierung und Personalisierung. Die genuinen Konservativen propagieren eher eine Art »Freihandels-Ideologie« (Vertrauen und Freundlichkeit der Länder zueinander), während die Pseudokonservativen offen den Sozialdarwinismus vertreten. Auch in der Einstellung zum Kommunismus zeigen sich keine grundlegenden Unterschiede zwischen genuinen und Pseudokonservativen (fließender Übergang der Antworten von starker Ablehnung des Kommunismus bis zu »jeder kann tun, was er will«).[58]

Zur Sündenbockrolle des Juden muß abschließend gesagt werden, daß auf ihn das Unbehagen abgewälzt und ihm das Dilemma der Produktionsverhältnisse zugeschrieben wird; das ökonomische Unrecht der ganzen herrschenden Klasse wird ihm allein aufgebürdet.[59]

Ideology and Group Memberships in Relation to Ethnocentrism, a. a. O. [s. Anm. 18], S. 158) bzw. in seiner abgeänderten Form: »Labor unions should become stronger and have more influence generally.« (Ebd., S. 163, sowie ebd., S. 169) – Vgl. den Abschnitt *Unions*, GS, Bd. 9·1, S. 398 – 410.
57 *To the high scorers anti-unionism is no longer an expression of dissatisfaction with concrete conditions from which they might have suffered, but a plank in the platform of reactionism which also automatically includes anti-Semitism, hostility toward foreign countries, hatred of the New Deal, and all those hostile attitudes which are integrated in the negative imagery of American society underlying fascist and semifascist propaganda.* (Ebd., S. 410)
58 Der Abschnitt *Communism* (ebd., S. 425 – 430) zitiert eine Versuchsperson mit der Aussage: »We can cooperate with Russia; if they want communism they have to have it.« (Ebd., S. 429)
59 Vgl. den entsprechenden Passus aus der *Dialektik der Aufklärung* [1947]: *Der Fabrikant wagte und strich ein wie Handelsherr und Bankier. Er kalkulierte, disponierte, kaufte, verkaufte. Am Markt konkurrierte er mit jenen um den Profit, der seinem Kapital entsprach. Nur raffte er nicht bloß am Markt sondern an der Quelle ein: als Funktionär der Klasse sorgte er dafür, daß er bei der Arbeit seiner Leute nicht zu kurz kam. Die Arbeiter hatten so viel wie möglich abzuliefern. Als der wahre Shylock bestand er auf seinem Schein. Auf Grund des Besitzes der Maschinen und des Materials erzwang er, daß die andern produzierten. Er nannte sich den Produzenten, aber er wie jeder wußte insgeheim die Wahrheit. Die produktive Arbeit des Kapitalisten, ob er seinen Profit mit dem Unternehmerlohn wie im Liberalismus oder dem Direktorengehalt wie heute rechtfertigte, war die Ideologie, die das Wesen des Arbeitsvertrags und die raffende Natur des Wirtschaftssystems überhaupt zudeckte.* [Absatz] *Darum schreit man: haltet den Dieb! und zeigt auf den Juden. Er ist in der Tat der Sündenbock, nicht bloß für einzelne Manöver und Machinationen, sondern in dem umfassenden Sinn, daß ihm das ökonomische Unrecht der ganzen Klasse aufgebürdet wird.* (GS, Bd. 3, S. 197 f.)

Diese Differenzierung in genuin Konservative und Pseudokonservative muß noch eingehender diskutiert werden.[60] Der Pseudokonservative ist statistisch zwar nicht belegbar durch entsprechende upward-mobility, aber diese Unterscheidung soll auch nicht als statistische Größe verstanden werden, sondern sie zielt auf Ideologisches. Die Identifizierung mit der Ideologie der Herrschenden ist wesentlich wichtiger als die tatsächliche Gruppenzugehörigkeit der Pseudokonservativen. Daß diese die genuin Konservativen von morgen sein können, muß im Zusammenhang einer Umfunktionierung der Gesellschaft im faschistischen Sinne gesehen werden; in einer solchen Gesellschaft könnten die Pseudokonservativen tatsächlich die Konservativen sein, während die genuin Konservativen eher durch eine »Da-mache-ich-nicht-mit-Haltung« gekennzeichnet wären. Diese These darf allerdings nicht generalisiert werden. In Deutschland hat die ideologische Übereinstimmung zwischen Pseudokonservativen und genuin Konservativen den Faschismus begünstigt, die genuinen sind aber »abgesprungen«, als ihre ureigensten Interessen berührt wurden. Einige hatten sich von Anfang an distanziert (z. B. der George-Kreis). Diese Differenzierung scheint zwar etwas künstlich, aber die objektive Theorie der Gesellschaft sollte doch nicht so undifferenziert angewendet werden, daß kleine Differenzen verschwinden (Kontroverse Adorno–Brecht)[61]. Der Unterschied zwischen Pseudokonservativen und genuin Konservativen ist eher einer des Verhaltens als einer der Ideologie (Konservative geringer auf der F-Skala[62])[63]; dieser scheint nicht so akzidentell zu sein, wenn man Deutschland und Österreich während der NS-Zeit als Beispiele heranzieht; die Ausrottung ganzer Völker in Deutschland ist kein Epiphänomen.

Der Nationalsozialismus kann insofern als radikal-bürgerlich bezeichnet werden, als er sich gegen feudalistische Momente wandte. Dafür setzte er eine neue Hierarchie entsprechend den Leistungsprinzipien der Partei und dem nordischen Typus. Eine pseudodemokratische Einstellung wird offenbar in der Wendung gegen den Adel (gegenseitig: der Adel hatte eine Abneigung gegen das Pöbelhafte des Nationalsozialismus).

Es sei noch darauf hingewiesen, daß der Widerstand gegen den Faschismus in den noch nicht so entwickelten Ländern größer war (Jugoslawien, Griechenland). Hier stellt sich die Frage, ob etwas, was den Kapitalismus noch nicht erreicht hat, die größere Chance hat über ihn hinauszukommen.

Das Begriffspaar des genuinen und des Pseudokonservativen wurde unter Eindruck deutscher Verhältnisse gebildet und in Amerika bestätigt; es scheint

---

60 Vgl. den Abschnitt *Pseudoconservatism*, GS, Bd. 9.1, S. 360–374.
61 Zu Adornos Haltung gegenüber Brecht vgl. etwa *Engagement* [1962], GS, Bd. 11, S. 409–430.
62 Zur »Fascism (F) Scale« vgl. GS, Bd. 9.1, S. 185–261.
63 Vgl. den *Excursus on the Meaning of Pseudoconservatism*, ebd., S. 370–374.

deswegen auf beide Gesellschaften anwendbar. Die amerikanischen Konservativen (die »liberals«) sind nicht so antiplebejisch eingestellt, aber diese Haltung kann möglicherweise übernommen werden mit zunehmender Isolierung der Oberen.

448 Renate Sadrozinski,
21. November 1967

Seminar: The Authoritarian R. Sadrozinski
Personality Frankfurt am Main, Lessingstr. 2–4

Prof. Adorno

Wintersemester 1967/68

Protokoll vom 21. 11. 67

Die AS-[64], E- und PEC-Skalen stellten Instrumente dar zur Messung von Meinungen, Attitüden oder aktuellen Einstellungen. Aus der Reaktion der Befragten auf bestimmte statements wurde direkt auf die Einstellung etwa gegenüber outgroups oder auf politisch-ökonomische Anschauungen geschlossen.

Gegenstand der F-Skala sind die dem sozialen Denken und Verhalten zugrundeliegenden psychischen Strukturen; jedoch beinhalten sie auch die *soziale* Dimension der sozialen Anschauungen und Verhaltensweisen, die nicht notwendig politisch oder ökonomisch bestimmt sein müssen.

Der Anspruch der F-Skala, »Charakterstrukturen« zu messen, darf nicht zu eng verstanden werden als Frage nach der Psychologie des Faschisten; es geht u. a. um die sozialpsychologischen Grundlagen, die diese Charakterstrukturen erzwingen.

Die Variable »Konventionalismus« des faschistischen Syndroms umfaßt die Anerkennung konventioneller Werte, die in der Bindung an äußere Gewalt begründet ist.[65] Dabei muß es sich nicht immer um physische Gewalt handeln; Gewalt kann auch als »Sitten«, »Bräuche«, »mores« auftreten.

Viele der items teigen deutlich, daß Vorurteile oft einen Kern von Wahrheit beinhalten. Jedoch wird bei der Zustimmung zu vorurteilsvollen statements niemals dieser objektive Hintergrund betrachtet, sondern es wird nur die vordergründige subjektive Einstellung zum Ausdruck gebracht.

---

64 Zur »Antisemitism (A-S) Scale« vgl. Daniel J. Levinson, The Study of Anti-Semitic Ideology, in: Adorno et al., *The Authoritarian Personality*, a. a. O. (s. Anm. 1), S. 57–101.
65 Die Variable *Conventionalism* wird erläutert als: *Rigid adherence to conventional, middle-class values.* (GS, Bd. 9·1, S. 194)

In dem statement »Jeder Mensch sollte völliges Vertrauen zu *irgendeiner* übernatürlichen Macht haben und sich ihrem Ratschluß fraglos unterwerfen«[66] wird die Abstraktheit der akzeptierten Autorität offenbar. Es geht hier um Autorität an sich, nicht um eine religiös oder sachlich legitimierte.

Dieser Abstraktismus ist eng verknüpft mit Konkretismus, der sich z. B. in der Abwehr von »Intrazeption« ausdrückt.[67] Wertbesetzte Kategorien werden formal gehandhabt, ihres spezifischen Inhalts entleert. (»Eltern«: »Es gibt kaum etwas gemeineres, als einen Menschen, der seinen Eltern nicht große Liebe, Dankbarkeit und Ehrerbietung entgegenbringt.«[68] Dabei spielt es keine Rolle, ob eine tatsächliche Veranlassung zur Dankbarkeit etc. gegeben ist.)

Die Anerkennung von Macht und Härte – ruggedness – geht einher mit der Notwendigkeit zur Anpassung. Diese Verbindung geht bereits zurück auf die liberale Wirtschaftstheorie: Adam Smith verband die Notwendigkeit des rücksichtslosen Wirtschaftens mit dem Begriff des »fair play«;[69] was sich heute noch ausdrückt in der Anerkennung des Draufgängers – go-getter – und der gleichzeitigen Forderung des »keep smiling«.

Diese Anerkennung von Macht und Härte resultiert aus einem allgemeinen Denken in hierarchischen Dimensionen. Dabei ist diese Art zu denken symptomatischer als die faktische Einordnung der eigenen Person und Umgebung in dieses Schema der Unter- und Überordnung. Deshalb kommt es niemals zur Kritik an diesem hierarchischen Schema.

---

66 *Every person should have a deep faith in some supernatural force higher than himself to which he gives total allegiance and whose decisions he does not question.* (Ebd., S. 197)
67 Die Variable *Anti-intraception* wird erläutert als: *Opposition to the subjective, the imaginative, the tender-minded.* (Ebd., S. 194)
68 *He is indeed contemptible who does not feel an undying love, gratitude, and respect for his parents.* (Ebd., S. 197)
69 Bei Smith heißt es: »In dem Wettlauf nach Reichtum, Ehre und Avancement, da mag er [scil. jeder] rennen, so schnell er kann und jeden Nerv und jeden Muskel anspannen, um all seine Mitbewerber zu überholen. Sollte er aber einen von ihnen niederrennen oder zu Boden werfen, dann wäre es mit der Nachsicht der Zuschauer ganz und gar zu Ende. Das wäre eine Verletzung der natürlichen Spielregeln, die sie nicht zulassen könnten. Der andere ist für sie in jeder Hinsicht so gut wie dieser; sie stimmen jener Selbstliebe nicht zu, in der er sich selbst so hoch über den anderen stellt, und sie können die Motive nicht nachfühlen, die ihn bewogen, den anderen zu Schaden zu bringen. Deshalb sympathisieren sie bereitwillig mit dem natürlichen Vergeltungsgefühl des Geschädigten und der Beleidiger wird zum Gegenstand ihres Hasses und ihres Unwillens.« (Adam Smith, Theorie der ethischen Gefühle [1759], hrsg. von Horst D. Brandt, übers. von Walther Eckstein, Hamburg 2010 [Philosophische Bibliothek; 605], S. 133)

Die Destruktionstendenz der autoritären Persönlichkeit muß als größtes subjektives Potential angesehen werden, das auf einen Krieg hinarbeitet; »es soll lieber alles in die Luft gehen, als daß Änderungen vorgenommen werden«, ist eine typische Ausdrucksweise dieser Tendenz. Die Forderung, »die Menschen müssen wieder Ideale haben«, ist eine Reaktion auf den nackten Destruktionswillen, der allerdings nur bei den anderen entdeckt wird.

Es ist anzunehmen, daß die items der F-Skala zu schwach sind, um die wirkliche Stärke dieser Destruktionstendenz aufzuzeigen. Die Astrologie kann hier wesentlich offener arbeiten, da dabei die psychische und gesellschaftliche Zensur wesentlich schwächer ist.

Für die Konstruktion von Skalen-statements muß berücksichtigt werden, daß »klare« Formulierungen oft nicht adäquat sind, da hier das Sprachgefälle eine bedeutende Rolle spielt, die bei exakten Formulierungen zu verzerrten Ergebnissen führen kann.

Die Qualität der items korreliert hoch mit der Libido-Besetzung der erfragten Gegenstände; z. B. der immer wiederkehrende laute Ruf nach der Todesstrafe für »Sittenstrolche«, obwohl es sicher mehr Eltern gibt, die ihre Kinder mißhandeln als Kindesmörder.

449 Rainer Ruge,
   28. November 1967

Professor Adorno
Seminar: Probleme der autoritätsgebundenen Persönlichkeit

> Protokoll der Sitzung 28. Nov. '67

Am bisherigen Verlauf des Seminars wurde kritisiert, die Diskussion sei merkwürdig schlaff gewesen, obwohl das Thema bei der gegenwärtigen Situation vom allerunmittelbarsten Interesse sei: Verhältnis von subjektiven und objektiven Faktoren der Gesellschaftsanalyse; Autorität als ›Kitt‹, der die Gesellschaft zusammenhält.

Während Freud Soziologie für angewandte Psychologie ansah,[70] versuchten einige analytische Psychologen – unter ihnen Erich Fromm, Karen Horney, [Harry] Stack Sullivan und E. H. Erikson – soziologische Faktoren in die Psychologie einzuführen. Die derart direkt auf Äußerliches angewandte Psychoanalyse verflacht. Die Idee eines befreiten Subjekts wird ersetzt durch die eines gesellschaftlich gut angepaßten Ichs. Resultat ist eine relativ bequeme Ich-Psychologie, die viel geneigter ist, mit der Gesellschaft zu paktieren als die ›orthodoxe‹ Psychoanalyse.[*1]

Ebensowenig läßt sich ein Kontinuum aller Gesellschaftswissenschaften dadurch herstellen, daß man sie auf einen gemeinsamen Nenner bringt, wie Talcott Parsons das versucht.

In dem revisionistischen Sinn ist die Authoritarian Personality zu aufgeweicht. Ihre Ergebnisse wären anders weniger aufregend gewesen, aber ferner von der Gesellschaft hätte man mehr über den Destruktionstrieb lernen können.

Die prästabilierte Harmonie, die zwischen der äußeren Herrschaft und der Charakterstruktur der Menschen besteht, machte der Faschismus offenbar. Er

---

70 »Wenn jemand imstande wäre, im einzelnen nachzuweisen, wie sich diese verschiedenen Momente, die allgemeine menschliche Triebanlage, ihre rassenhaften Variationen und ihre kulturellen Umbildungen unter den Bedingungen der sozialen Einordnung, der Berufstätigkeit und Erwerbsmöglichkeiten gebärden, einander hemmen und fördern, wenn jemand das leisten könnte, dann würde er die Ergänzung des Marxismus zu einer wirklichen Gesellschaftskunde gegeben haben. Denn auch die Soziologie, die vom Verhalten der Menschen in der Gesellschaft handelt, kann nichts anderes sein als angewandte Psychologie. Streng genommen gibt es ja nur zwei Wissenschaften, Psychologie, reine und angewandte, und Naturkunde.« (FGW, Bd. XV, S. 194)

setzte sich durch mittels ›Gefolgschaft‹ und Massenbewegung. Ob heute eine autoritäre Herrschaft der Massenbasis entraten kann, ob heute Zustimmung eher unerwünscht ist (Beispiel: Notstandsgesetze)[71], oder ob das nicht der Fall ist – zumal in Deutschland ja eine faschistische Partei sich konstituiert hat, die potentiell eine Massenpartei ist[72] –, blieb offen.

Angesichts des sozialökonomischen Entwicklungsstandes ist eine konservativ-restaurative Herrschaft wohl nicht mehr möglich. Folglich spielt auch die offene Irrationalität der Menschen, von der Authoritarian Personality stark betont, heute eine geringe Rolle. So wird das middle management, das selbst keine Entscheidungen trifft, vorwiegend danach ausgesucht, ob es ›ins Klima paßt‹. Während die lows tendenziell Neurotiker sind, sind die highs tendenziell psychotische Charaktere; trotzdem sind die highs gesellschaftlich gut angepaßt.

Die gesellschaftliche Anpassung ist vermittelt über die Kulturindustrie und über den Arbeitsprozeß selbst. Die Bewußtseins*inhalte* können nicht über die Arbeit vermittelt sein, wohl aber die autoritäre Disposition: durch die Einübung des Gehorchens und durch das Abschneiden eigener Denkfähigkeit am Arbeitsplatz. Die Kritik an den Eltern wird im Betrieb zerbrochen. Dazu gehört auch das am Beispiel der Bundeswehr oft beschriebene Phänomen der Egalisierung: ›Man könne kein Buch mehr lesen‹. Wie aus dem Pauper der Lohnarbeiter mit Pflichtgefühl wurde, wie im Arbeitsprozeß Autorität verinnerlicht wurde, das hätte eine Arbeitspsychologie zu zeigen, die über die Friedmannschen Modelle[73] noch hinausginge. In die sogenannte Freizeit hinein verlängert sich die Arbeit schattenhaft.[74] Das ist ein zusätzlicher Grund für die gesamtgesellschaftliche Ausdehnung von Phänomenen, die strictissimu sensu der Arbeitssphäre angehören.

Nach Freud gehen alle kulturellen Leistungen auf Sublimierung von Aggression zurück, was man der Kultur auch anmerkt. Festzuhalten ist allerdings der Unterschied zwischen objektgebundener, gezielter und diffuser Aggression. (›Alles soll zugrunde gehen und ich auch.‹) Ebenso wären Destruktion der Autorität und

---

[71] Die Notstandsgesetze der Bundesrepublik Deutschland werden am 30. Mai 1968 vom Deutschen Bundestag verabschiedet.
[72] 1964 formiert sich unter dem Vorsitz Friedrich Thielens die Nationaldemokratische Partei Deutschlands (NPD). Die rechtsextremistische Partei wird 1966 in die Landesparlamente von Hessen und Bayern gewählt, ein Jahr später in die von Niedersachsen, Rheinland-Pfalz und Schleswig-Holstein sowie in die Bürgerschaft Bremens.
[73] Vgl. Georges Friedmann, Zukunft der Arbeit. Perspektiven der industriellen Gesellschaft [1950], übers. von Burkart Lutz, Köln 1953.
[74] *In einem System, wo Vollbeschäftigung an sich zum Ideal geworden ist, setzt Freizeit schattenhaft die Arbeit unmittelbar fort.* (GS, Bd. 10·2, S. 652f.)

destruktiver Autoritarismus zu scheiden. Der Verweis auf den Destruktionstrieb als ein notwendiges Moment beider formalisiert ihn in unzulänglicher Weise.

Auf die Seite des Destruktionstriebes tritt als weitere Determinante des autoritären Charakters die fehlende Erfahrungsfähigkeit, die Distanzlosigkeit, die Unfähigkeit, sich selber in Frage zu stellen. Sie sind eine Funktion der Ichschwäche.

Kritisiert werden muß an der F-Scale wie an der A-Skala die »*Bildungsanfälligkeit*« (Egon Becker). Erst von einem gewissen Bildungsniveau an werden die Kategorien überhaupt verstanden. Und: Wie tief reichen die statements? ›Gebildete‹ verhalten sich Geschriebenem gegenüber oft kritisch. Sie passen auf, möglichst nichts zu sagen oder anzukreuzen, was gegen die herrschende Ideologie geht.

Wenn ›Gebildete‹, höhere Beamte etwa, aus Konformismus Demokraten sind, also gewissermaßen aus autoritären Gründen anti-autoritär, dann ergibt sich die Frage, ob Pseudo-Identifikation und Identifikation wirklich starr geschieden sind, oder ob ein gleitender Übergang stattfinden kann.

Wie sich highs und lows tatsächlich verhalten, hängt ab von der gesellschaftlichen Situation. Manche ›Radfahrernaturen‹ – vgl. E. Fromms Theorie des sadomasochistischen Charakters[75] – treten in der Praxis mehr, manche buckeln mehr.

Schon Marx wies darauf hin, daß sich der Überbau, zu dem auch die ganze Sphäre der Psychologie gehört, langsamer umwälzt als der Unterbau.[76] Das berührt sich

---

75 Bei Fromm heißt es: »Vermutlich finden sich sadistische und masochistische Charakterzüge bei allen Menschen. Das eine Extrem bilden Menschen, deren gesamte Persönlichkeit von diesen Charakterzügen beherrscht wird; ihnen stehen die gegenüber, für die solche sado-masochistischen Züge nicht charakteristisch sind. Nur in bezug auf erstere können wir von einem sadomasochistischen Charakter sprechen. Ich bediene mich des Begriffs ›Charakter‹ hier in dem dynamischen Sinn, in dem Freud vom Charakter spricht. [...] Da der Begriff ›sado-masochistisch‹ mit Perversion und Neurose in Zusammenhang gebracht wird, möchte ich lieber statt von einem sadomasochistischen Charakter von einem *autoritären Charakter* sprechen, besonders wenn es sich dabei nicht um einen neurotischen, sondern um einen normalen Menschen handelt. Diese Bezeichnung scheint mir deshalb gerechtfertigt, weil für einen sado-masochistischen Menschen stets eine Einstellung für Autorität charakteristisch ist. Er bewundert die Autorität und neigt dazu, sich ihr zu unterwerfen, möchte aber gleichzeitig selbst eine Autorität sein, der sich die anderen zu unterwerfen haben.« (Erich Fromm, Die Furcht vor der Freiheit [1941], übers. von Ernst Mickel und Liselotte Mickel, in: Erich Fromm, Gesamtausgabe, [hrsg. von Rainer Funk], Bd. I, Stuttgart 1980, S. 215–337; hier: S. 312f.)

76 »In der gesellschaftlichen Produktion ihres Lebens gehen die Menschen bestimmte, notwendige, von ihrem Willen unabhängige Verhältnisse ein, Produktionsverhältnisse, die einer bestimmten Entwicklungsstufe ihrer materiellen Produktivkräfte entsprechen. Die Gesamtheit

mit der Freudschen Einsicht, die Entscheidung fiele in der frühen Kindheit; wenn der Ödipus-Komplex in der einen oder anderen Weise gelöst sei, lägen psychische Struktur und Lebensschicksal der Individuen weitgehend fest; viel sei nicht mehr zu ändern. Dafür spricht etwa, daß die Emanzipation der Frau durch revolutionäre Aktion, wie sie Frantz Fanon in »Die Verdammten dieser Erde« beschrieb,[77] nach dem Sieg der Revolution wieder verlorenging.

[*1] Vgl. die Kritik Adornos und H. Marcuses am psychoanalytischen Revisionismus:

(I) Th. W. Adorno: Die revidierte Psychoanalyse in: M. Horkheimer und Th. W. Adorno: Sociologica II, p. 94 ff., Frankfurt, 1962[78]

(II) Herbert Marcuse: Triebstruktur und Gesellschaft, p. 234 ff. (Kritik des Neo-Freudianischen Revisionismus), Frankfurt, 1967[79]

---

dieser Produktionsverhältnisse bildet die ökonomische Struktur der Gesellschaft, die reale Basis, worauf sich ein juristischer und politischer Überbau erhebt und welcher bestimmte gesellschaftliche Bewußtseinsformen entsprechen. Die Produktionsweise des materiellen Lebens bedingt den sozialen, politischen und geistigen Lebensprozeß überhaupt. Es ist nicht das Bewußtsein der Menschen, das ihr Sein, sondern umgekehrt ihr gesellschaftliches Sein, das ihr Bewußtsein bestimmt. Auf einer gewissen Stufe ihrer Entwicklung geraten die materiellen Produktivkräfte der Gesellschaft in Widerspruch mit den vorhandenen Produktionsverhältnissen oder, was nur ein juristischer Ausdruck dafür ist, mit den Eigentumsverhältnissen, innerhalb deren sie sich bisher bewegt hatten. Aus Entwicklungsformen der Produktivkräfte schlagen diese Verhältnisse in Fesseln derselben um. Es tritt dann eine Epoche sozialer Revolution ein. Mit der Veränderung der ökonomischen Grundlage wälzt sich der ganze ungeheure Überbau langsamer oder rascher um.« (MEW, Bd. 13, S. 8 f.)

77 Vgl. Frantz Fanon, Die Verdammten dieser Erde [1961], übers. von Traugott König, Vorw. von Jean-Paul Sartre, 6. Aufl., Frankfurt a. M. 1994.

78 Vgl. T[heodor] W. A[dorno], *Die revidierte Psychoanalyse* [1952], übers. von Rainer Koehne, in: Max Horkheimer und Theodor W. Adorno, *Sociologica II. Reden und Vorträge*, Frankfurt a. M. 1962 (*Frankfurter Beiträge zur Soziologie*; 10), S. 94–112; vgl. GS, Bd. 8, S. 20–41.

79 Vgl. den Abschnitt »Epilog. Kritik des Neu-Freudianischen Revisionismus«, in: Herbert Marcuse, Triebstruktur und Gesellschaft. Ein philosophischer Beitrag zu Sigmund Freud [1955], übers. von Marianne von Eckardt-Jaffe, 2. Aufl., Frankfurt a. M. 1967, S. 234–269.

450 Jörg Sachs, 5. Dezember 1967

|Prof. Th. W Adorno
Soziologisches Seminar:
»Probleme der autoritätsgebundenen Persönlichkeit«
im Wintersemester 1967/68

Protokoll der Sitzung vom 5. XII. 1967

Protokollant:
Jörg Sachs
6. Semester Soziologie (phil.)
6 Frankfurt/Main
Bäckerweg 27|

Die Sitzung vom 5. XII. befaßte sich mit der an der F-Skala geübten Kritik, wobei geklärt werden sollte, inwieweit diese Kritik Berechtigung habe und inwieweit sie schon von ihrem Ansatz her verfehlt war.

Der Referent[80] beschränkte sich bei der Darstellung der zahlreichen Kritiken im wesentlichen auf die Kritik am Konzept und an der Konstruktion der F-Skala, eine Auswahl aus der Kritik also, deren Behandlung den zeitlich engen Rahmen eines Seminars nicht sprengen würde. Ein weiterer Vorwurf, nämlich daß die Autoren der »Authoritarian Personality« objektiv gesellschaftliche und politische Phänomene auf psychologische reduzierten, wurde weiterhin erwähnt.

Professor Adorno wies dabei darauf hin, daß der Punkt der Beschränkung auf psychologische Ursachen in der Diskussion immer wieder auftauche und er dieses Problem innerhalb des Seminars in einem Referat[81] darstellen werde, vor allem deswegen, um seine eigene Arbeit über das Verhältnis von Psychologie und Soziologie,[82] die über das Problem noch keine genügende Antwort gebe, durch neue Gedanken zu ergänzen, die die Vermitteltheit beider Sphären deutlicher ausdrücken sollen.

Dem Vorwurf einiger Kritiker (Hyman und Sheatsley), die »Authoritarian Personality« habe die ihr zugrunde gelegte Theorie nicht verifizieren können,[83]

---

80 Klaus Baumann, »Zur Kritik der F-Skala«, UAF Abt. 139 Nr. 17.
81 Ein entsprechender Referatstext wurde nicht aufgefunden.
82 Vgl. Adornos Schrift *Zum Verhältnis von Soziologie und Psychologie* [1955], GS, Bd. 8, S. 42–85.
83 Vgl. den Abschnitt »Measuring Instruments«, in: Herbert H. Hyman und Paul B. Sheatsley, »The Authoritarian Personality« – A Methodological Critique, in: Studies in the Scope and Method

sowie dem Vorwurf, daß Untersuchungsergebnisse verallgemeinert worden seien, obwohl die Autoren der »Authoritarian Personality« selbst festgestellt hätten, daß keine repräsentativen Samples zugrunde gelegen hätten, ist wiederum entgegenzuhalten, daß möglicherweise aus Zeitgründen, welche nicht zuletzt aus finanziellen Gründen resultierten, die abschließende Koordination des Werkes nicht ihren Abschluß gefunden habe; man hatte eine Vielzahl von Forschern für die jeweiligen Aufgabengebiete zur Verfügung (Theorie, Statistik etc.), so daß durch eine möglicherweise mangelhafte abschließende Koordination Widersprüche möglich seien. Dennoch trifft diese Kritik der Vorwurf des Formalismus. Sicherlich sei das Sample der Untersuchung aufgrund der beschränkten Mittel zumeist schlecht gewesen und man habe daher Schwierigkeiten bei der Untersuchung gehabt, da hauptsächlich Studenten untersucht worden seien. Aber gerade diese Unbalanciertheit des Samples, und dies übersehen die Kritiker zumeist, war eine hinsichtlich der »Lows« günstige, d. h., Gebildete, Psychologiestudenten etc. tendieren weit geringer zu Rasseideologien und anderen faschistischen Einstellungen als üblicherweise die Bevölkerung. Also sind die Schlußfolgerungen hinsichtlich der Verteilung der »Highs« eher zu günstig als zu pessimistisch. Der Fehler des Samples tendiert also in entgegengesetzte Richtung als die, in die der Vorwurf weist.

Hinsichtlich der Vorwürfe der Kritiker, die sich dagegen wenden, daß die Autoren der »Authoritarian Personality«, den gemessenen Einstellungen »Organisiertheit« einen Syndromcharakter zuschreiben, daß sie also glauben, daß diese Einstellungen in gewisser Regelmäßigkeit miteinander zusammengingen,[84] ist zu verweisen auf die Berichtigung dieser These aus der »Authoritarian Personality«, wie sie sich in der »Dialektik der Aufklärung«, speziell im letzten Kapitel aus »Elemente des Antisemitismus«[85] findet. Horkheimer und Adorno weisen hier in der »ticket-These« darauf hin, daß es sich um Dinge in mehr oder weniger dinghafter und stereotyper Weise handelt, die miteinander verbunden sind (ticket). Es zeigt sich dabei, daß die Überlegungen des »Instituts für Sozialforschung« hier weniger psychologisch und weniger naiv sind als die der »Authoritarian Personality«. Schon 1945 berichtigten Horkheimer und Adorno die naiven Auffassungen der »Authoritarian Personality« in ihrem Werk.[86]

---

of »The Authoritarian Personalty«. Continuities in Social Research, hrsg. von Richard Christie und Marie Jahoda, Glencoe 1954, S. 50 – 122; hier: S. 70 – 89.
84 Vgl. ebd., S. 57 – 61.
85 Vgl. GS, Bd. 3, S. 192 – 234.
86 Die *Dialektik der Aufklärung* wird zunächst 1944 unter dem späteren Untertitel *Philosophische Fragmente* vom IfS als mimeographierter Druck hergestellt und erscheint 1947 bei Querido, einem deutschsprachigen Exilverlag in Amsterdam.

Geht man davon aus, daß die Haltung der »Highs« konventionalisiert, nach außen gerichtet ist, so ist die Annahme der Tiefenintegration nicht richtig. Das bedeutet, daß diese Haltung sich eher bei Menschen zeigt, bei denen es tiefenpsychologisch gar nicht zu Integrationen kommt, bei denen eher Agglomerationen mechanischer Art vorhanden sind; das weist auf die dialektische Verzahnung hin, nämlich daß der psychologische Grund im Gegenteil liegt, daß eben keine Integration vorhanden ist.

Zur formalen Kritik an den statistischen Verfahren der Untersuchungen bemerkte Prof. Adorno »im Sinne der kritischen Universität«, daß man hier einen Typ der »Fetischisierung der Wissenschaft« vor sich habe. Die Kritiker zweifeln nicht an der Existenz einer autoritätsgebundenen Persönlichkeit, kritisieren aber, daß bestimmte Korrelationsregeln in der »Authoritarian Personality« vernachlässigt worden seien.

Aber wenn es dem Buch gelungen sein sollte, die Existenz des autoritären Charakters und den Zusammenhang zu politischen Strukturen aufzuzeigen, so ist dies doch viel wichtiger, als an den Einzelheiten formale Kritik zu üben und zu beklagen, daß man sich über die »Spielregeln der Statistik« hinweggesetzt habe. Diese Kritiker kritisieren nicht die Grundlage des behaupteten Zusammenhanges, sondern vertreten einen »stur szientifischen Zusammenhang«, d.h. kritisieren nicht die Erkenntnis als solche, sondern formale Fehler der Untersuchung. Dies ist ein Streit, der auch heute noch die Soziologie in Deutschland beherrscht, der Streit zwischen der dialektischen und der szientifischen Methode nämlich.

In ihrer Kritik offenbaren sich die Kritiker der »Authoritarian Personality« als bloße »methodologists«, als Formalisten, ohne auch nur zu berücksichtigen, daß eine formal korrektere Untersuchung die theoretischen Konsequenzen in ihrer Tendenz noch stärker betont hätten, als es diese für die »Lows« günstigen Samples ohnehin schon getan haben. Die Kritik, und das zeigt sich hier, verwechselt die Messung mit der Entwicklung des Instruments. Im Ernstfall soll das Instrument anwendbar sein. In der Behandlung der Instrumente selbst zeigt die Kritik an der Methode apologetischen Charakter in der Ablehnung des Phänomens einer massenpsychologischen Prädisposition zum Faschismus.

Die Tatsache[87], daß differenzierte Reaktionen der Befragten bei einem normierten Fragebogen mit wenigen vorgegebenen Antwortkategorien nicht möglich seien, die Befragung also Suggestivcharakter habe, ist auch den Befragern bewußt gewesen. Gerade zur Ausschaltung dieser suggestiven Effekte dienten detaillierte Interviews. Die Häufung statistischer Methoden bei der Untersuchung war nicht sinnlos vorgenommen worden, sondern stand in der Hoffnung, durch mehrere

---

87 Konjiziert für: »Der Vorwurf«.

Verfahren jeweils die Mängel anderer Verfahren zu kompensieren, was anscheinend die Kritiker der »Authoritarian Personality« nicht sehen oder sehen wollen. Die Techniken waren nicht sinnlos aneinandergereiht, sondern aufeinander abgestimmt in kritischer Funktion; keine bloße Agglomeration, sondern eine gezielte Einsetzung der komplementären Techniken als kompensatorisches Verfahren war das Ziel.

Das item: »Ob man sie mag oder nicht, man muß Henry Ford oder J. P. Morgan bewundern, die ... alle Konkurrenten aus dem Feld schlugen«[88], zeigt, wie man versuchte, items zu finden, mit denen »mehrere Fliegen mit einer Klappe geschlagen werden können«, statt eine totale Trennung der Momente zu betreiben, die einen gewissen Sinnzusammenhang besitzen.

Auffallend ist, daß sich die Kritiker teilweise selbst widersprechen. Unterstellten sie zunächst den Autoren der »Authoritarian Personality«, daß diese den Zusammenhang der beiden Skalen (PEC- und F-Skala) zum Beweis der Theorie des Syndromcharakters der Einstellung benutzten, wohingegen die Kritiker hier eine mangelnde Korrelation feststellten, so behaupten die Kritiker andererseits, daß ein Beweis mit Hilfe der Korrelation der beiden Skalen eine bloße Tautologie sei, keinesfalls den Syndromcharakter nachweisen könne, da die inhaltliche Verwandtschaft der statements der beiden Skalen die Korrelation erzwinge.[89]

Die Kritik wendet sich nun gegen die Tatsache, daß Interviewer, »die die Skalendaten des Befragten schon kannten«, Kontroll-Daten ermittelt hätten.[90] Diese Kritik wendet sich »ad personam« statt an die Methode. Hierzu wäre aber zu bemerken, daß die Untersucher besonders interessiert waren an Unstimmigkeiten, das heißt an Ergebnissen, die entgegen der Hypothese auftraten. Man wollte

---

88 Das Item der »Initial Politico-Economic Conservatism Scale« (PEC-Skala) lautet: »Whether one likes them or not, one has to admire men like Henry Ford or J. P. Morgan, who overcame all competition on the road to success.« (Levinson, Politico-Economic Ideology and Group Memberships in Relation to Ethnocentrism, a. a. O. [s. Anm. 18], S. 158); Hyman und Sheatsley zitieren dieses Item (vgl. Hyman und Sheatsley, »The Authoritarian Personality«, a. a. O. [s. Anm. 83], S. 74).
89 Vgl. ebd., S. 72–79.
90 »The interview data were coded by two individuals under the approximately ninety variables defined in the interview schedule, and the relationship between personality factors and social attitudes was then determined by the size of the categories for the two contrasted group of respondents. Considerable attention was given to the danger that the coding might have been biased if the coders knew in advance the ideology of the respondents whose interviews they processed. Because of this danger, all the coding was done blindly, with the coder in ignorance of the respondent's scale scores. Such a procedure represents a rigorous control of one source of error, but the attention devoted to this type of precaution is largely wasted when one recalls that the interviewers, whose material the coders processed, were given all available information on every aspect of the respondent's ideology.« (Ebd., S. 80 f.)

nun erforschen, wie es zu den Abweichungen kam, um eventuell Modifikationen der Hypothese zu formulieren. Sanford war der betreffende Untersucher, der, wenn sich innerhalb einzelner items Widersprüche ergaben, nachfragte, wie es dazu kam.[91]

Der im Résumé der Kritik wiederholte Vorwurf, es sei in der »Authoritarian Personality« Samplefragen zu wenig Beachtung geschenkt worden, fordert eine prinzipielle Entgegnung. Es scheint als besonders wirksame Kritik erachtet zu werden, wenn man in der Kritik Mängel, die ein Autor selbstkritisch angibt, übernimmt und daraus dann das stärkste Gegenargument zieht. Gerade die Autoren der »Authoritarian Personality« haben nämlich auf ihre Schwierigkeiten mit den Samples hingewiesen, die aus finanziellen Gründen entstanden und hinsichtlich vieler Methoden Probleme aufwarfen.[92]

Der Einwand der Vernachlässigung des Faktors »formale Bildung«[93] trifft in gewisser Weise tatsächlich die »Authoritarian Personality«. Das heißt, die Be-

---

[91] So heißt es etwa in einem von Sanford bearbeiteten Kapitel der *Authoritarian Personality:* »Mack's [scil. eines Probanden] hostility against minority groups and other groups and individuals is almost always justified by him on moral grounds. And the morality to which he appeals is that of the external authorities to which he is subservient. His manifest aggression is, so to speak, in the name of authority. He arranges things so that his conscience and his deepest antisocial impulses operate in collaboration. But if we ask what is his conception of the outgroup and why it provokes him so we are led back to the same sources that gave rise to his conceptions and attitudes concerning ingroup authorities. Outgroups are hated [...] for being selfishly and ruthlessly aggressive. (That outgroups are also ›weak‹ may be a logical contradiction, but it is not a psychological one; Mack's thinking about social and political matters is dominated by unconscious processes and, hence, cannot be expected to conform with the rules of logic.)« (R. Nevitt Sanford, Genetic Aspects of the Authoritarian Personality: Case Studies of Two Contrasting Individuals, in: Adorno et al., *The Authoritarian Personality*, a.a.O. [s. Anm. 1], S. 787–816; hier: S. 805)
[92] In der Einleitung zur *Autoritarian Personality* heißt es etwa: »It is important to note that the present samples are heavily weighted with younger people, the bulk of them falling between the ages of twenty and thirty-five. *[Anhang]* It will be apparent that the subjects of the study taken all together would provide a rather inadequate basis for generalizing about the total population of this country. The findings of the study may be expected to hold fairly well for non-Jewish, white, native-born, middle-class Americans. Where the same relationships appeared repeatedly as different groups – e.g., college students, women's clubs, prison inmates – came under scrutiny, generalizations may be made with the most certainty. When sections of the population not sampled in the present study are made the subjects of research, it is to be expected that most of the relationships reported in the following chapters will still hold – and that additional ones will be found.« (Adorno et al., *The Authoritarian Personality*, a.a.O. [s. Anm. 1], S. 23; vgl. GS, Bd. 9·1, S. 179)
[93] »We submit that, despite the authors' concern in matching their groups on such demographic characteristics as sex and age, they completely overlook a quite obvious factor which could easily account for the correlations they report. That factor is formal education, or years of schooling

deutung des Einflusses von Bildungs- und Intelligenzniveau auf die Beantwortung der Fragen ist unterschätzt worden. Es besteht das Dilemma, daß die items einerseits sprachlich so verständlich und einfach sein müssen, daß auch untere soziale Schichten sie verstehen, andererseits aber so gestaltet sein müssen, daß Personen mit höherem Bildungsniveau nicht von vornherein erkennen, was hier gemessen werden soll und ihre eigene Antwort entsprechend manipulieren. Es ist also ganz einfach fraglich, ob ein niederer F-Skala-Wert, kombiniert mit höherer Schulbildung tatsächlich auf einen »Lowcharakter« hinweist. Dieses Argument sticht, denn eine höhere Zahl von »Lowcharakteren« in einer oberen Bildungsschicht erscheint zweifelhaft zu sein, wenn man die empirischen Ergebnisse in Deutschland vergleicht, wo die Intelligenz mit den Faschisten zusammenarbeitete, worin kein psychologisches, sondern ein charakterologisches Moment zu sehen ist. Gerade die Gebildeten zeigen sich auch anfällig für Faschismus in den Grenzsituationen, wenn das handgreifliche politische Klasseninteresse quasi zur Rettung dessen, was noch möglich ist, sich mit dem Faschismus verbündet. So läßt sich nach wie vor nicht feststellen, was die Ursache ist bei einem high- oder low-score; auch bei der deutschen A-Skala zeigt sich dieses Problem, so daß man »Bildungsanfälligkeit« in der Schaffung der A-Skala als Kriterium hinzugenommen hat, also statements, die bildungsabhängig sind, weggelassen hat.[94] Ein »Hereinfallen« der Arbeiter und ein »Herausfallen« der Oberschüler soll vermieden werden. Dies gelingt aber einfach noch nicht. Es sind einfach noch nicht alle Zusammenhänge zwischen besserer Schulausbildung und Einstellungsangaben zu fassen, somit die Sicherheit für die Bildungsunabhängigkeit eines statements nicht gegeben. In der A-Skala zeigten sich als besonders bildungsanfällig statements, wie etwa diese, die forderten, einen Schlußstrich unter die Vergangenheit zu ziehen oder Lustmorde härter zu bestrafen.[95] Hier fallen Personen mit besserer Ausbildung einfach heraus.

---

completed. Neither in the original choice of the groups nor through higher order cross-tabulation in the subsequent analysis was there any control of possible education differences among the ethnocentric and non-ethnocentric respondents.« (Hyman und Sheatsley, »The Authoritarian Personality«, a.a.O. [s. Anm. 83], S. 91)

[94] S. die Sitzungsprotokolle 200–207 des soziologischen Hauptseminars »Zum Studium des autoritätsgebundenen Charakters« vom Wintersemester 1959/60, die das Zustandekommen jener Skala dokumentieren, sowie die Darstellung der A-Skala in: Michaela von Freyhold, Autoritarismus und politische Apathie. Analyse einer Skala zur Ermittlung autoritätsgebundener Verhaltensweisen, Frankfurt a.M. 1971 (Frankfurter Beiträge zur Soziologie; 22).

[95] Die Items lauten: »Wir sollten unter unsere Vergangenheit einen Schlußstrich ziehen, bei den anderen sind genau so schlimme Dinge vorgekommen.« sowie »Für so scheußliche Verbrechen wie den Lustmord verlangt das gesunde Rechtsempfinden die Todesstrafe.« (Ebd., S. 326)

Auch zeigen die Berkeley-Resultate gerade, daß in Wirklichkeit die IQ bei den »highs« und den »lows« nicht signifikant variiert haben. Dabei ist zu berücksichtigen, daß es hier bei »Intelligenz« vielleicht nicht um die Differenz der abstrakten Denkfähigkeit geht, als um eine qualitative Differenz der einzelnen Intelligenzen. In gewissem Sinn sind die highs realitätsgerechter, das heißt, übermäßig angepaßt, und überall, wo es um manipulative Intelligenz geht, sind sie den lows überlegen; die Intelligenz, die sich mehr mit der Reflexion auf Zwecke, statt auf Mittel, befaßt, dürfte dagegen eher bei den lows etwas höher liegen. Diese Meinung sprechen auch Sanford und Brunswik aus.[96]

Es wäre sehr naiv, die formale Intelligenz der highs zu unterschätzen. Dies gehört zum Gesamtproblem der subjektiven Momente im Faschismus. Auf die Frage, ob man nicht auch in der Unterschicht mit projektiven Tests arbeiten könne, meinte Professor Adorno, daß dieser nur äußerst formale Dinge messe, während die F-Skala gerade gewisse materiale Dinge fassen sollte, d. h., das Interesse der »Authoritarian Personality« war eigentlich gerichtet auf eine Skala, die gar nicht bloße formale Schemata von Reaktionsweisen messen sollte, sondern gerade gewisse inhaltliche, von außen mit der Charakterstruktur vermittelte Dinge, was aber eben der TAT- oder gar Rohrschach-Test gar nicht fassen kann.[97]

Eine andere Kritik, die von Shils,[98] geht davon aus, daß autoritärer Charakter nicht allein das Merkmal faschistischer, sondern auch extrem linker, nämlich bolschewistischer Auffassungen sei. Die F-Skala aber treffe eben nicht die »linken

---

96 Vgl. etwa R. Nevitt Sanford, The Contrasting Ideologies of Two College Men, in: Adorno et al., *The Authoritarian Personality*, a. a. O. (s. Anm. 1), S. 57–101, sowie Else Frenkel-Brunswik, Dynamic and Cognitive Personality Organization as Seen through the Interviews, ebd., S. 442–467.
97 In einem von Adorno, Jacques Décamps, Lothar Herberger, Heinz Maus, Diedrich Osmer, I. Rauter und Hans Sittenfeld gemeinsam verfassten Artikel über *Empirische Sozialforschung* [1954] werden beide Testverfahren erläutert: *Der* Rorschach-Test *besteht aus 10 Tafeln mit Klecksbildern, die von der V*[ersuchs]*p*[erson] *gedeutet werden sollen. Die Auswertung wird nach einer höchst entwickelten Spezialtechnik vorgenommen, die viel Übung erfordert. Der Test wurde vielfach in der empirischen Sozialforschung angewandt, z. B. zur Feststellung von Unterschieden zwischen Völkern und zur Feststellung des Grades der kulturellen Anpassung verschiedener primitiver Volksstämme (z. B. Indianer) an westliche Völker und zuweilen auch in der Marktforschung. Es scheint jedoch, daß er bei individueller Anwendung erfolgreicher ist, da er nur formale Charakteristiken der Persönlichkeit liefert und im Zusammenhang inhaltlich-sozialpsychologischer Probleme nicht die notwendige Trennschärfe besitzt. [...] Der* TAT *(Thematic Apperception Test) und der* FPT *(Four Picture Test) bestehen je aus einer Reihe thematisch verschiedener und mehrdeutiger Bilder. Im Gegensatz zum Rorschach-Test, der beabsichtigt, die Struktur und den Grad der Organisation einer Persönlichkeit zu untersuchen, steht beim TAT und FPT das Inhaltliche (Wünsche, Konflikte usw.) einer Persönlichkeit im Vordergrund.* (GS, Bd. 9·2., S. 350)
98 Vgl. Edward A. Shils, Authoritarianism: »Right« and »Left«, in: Studies in the Scope and Method of »The Authoritarian Personalty«, a. a. O. (s. Anm. 83), S. 24–49.

Faschisten«, sondern sie erscheinen in der »Authoritarian Personality« quasi als »perfekte Demokraten«.

Hier handelt es sich offensichtlich um eine Polemik, die der Art der politischen Denunziation sehr nahe kommt, wenn nicht entspricht, und verständlich ist auf dem Hintergrund der Ära des »McCarthyismus«[99]. Als Beispiel für seine Auffassung erwähnt Shils, daß ein Satz, der fordere, daß Kinder ihren Eltern zu gehorchen hätten,[100] von »linken Faschisten« abgelehnt werden müsse, da für sie Gehorsam gegen Partei und Führer das Primäre seien und nicht etwa, weil ihre Gesinnung liberaler und demokratischer wäre.[101] Hier zeigt sich, wie Shils sich im eigenen Argument verfängt, denn dann hätten auch rechte Faschisten diesen Satz ablehnen müssen, denn bei ihnen wird ja der Gehorsam gegen die Autorität der Partei und des Führers ebenso gefordert.

Christie bemängelt, daß die F-Skala zwar den politischen Faschismus messe, nicht aber den »allgemeinen Autoritarismus«,[102] ein Argument, was in die Richtung von Shils geht. So folgert er, daß also die F-Skala etwas messe, was man einfach nicht wisse, eine Auffassung, die aber durch den Nachweis des Syndromcharakters der Auffassungen von den Forschern der »Authoritarian Personality« klar widerlegt wurde.

---

[99] Benannt nach dem Antikommunisten und Verschwörungsanhänger Joseph McCarthy, der von 1950–1955 als Senator für den Bundesstaat Wisconsin Kongressmitglied ist, steht die Bezeichnung für eine Ära in den USA, die von allgegenwärtigem Misstrauen, der Denunziation Unliebsamer als Kommunisten, einer generellen Ablehnung des ›New Deal‹ von Franklin D. Roosevelt und von Propaganda einer reaktionären Gesinnung zu Beginn des Kalten Krieges geprägt ist.
[100] Shils zitiert ein Item aus der »Authoritarian Personality«: »Obedience and respect for authority are the most important virtues children should learn.« (R. Nevitt Sanford, T[heodor] W. Adorno, Else Frenkel-Brunswik und Daniel J. Levinson, *The Measurement of Implicit Antidemocratic Trends*, in: Adorno et al., *The Authoritarian Personality*, a.a.O. [s. Anm. 1], S. 222–279; hier: S. 248; vgl. GS, Bd. 9·1, 192); vgl. Shils, Authoritarianism, a.a.O. (s. Anm. 98), S. 34.
[101] »The ›left‹ authoritarians would deny familial authority, not as the liberal tradition sought, on behalf of the freedom of the individual, but rather on behalf of the authority of the Party and of the Party leader. Communists in Western countries preach the relaxation of family loyalties where these interfere with loyalty to the Party and they exploit and manipulate them where they can for the benefit of the Party.« (Ebd., S. 36)
[102] Zum Beschluss seines Aufsatzes schreibt Christie: »The first focus of attention was upon the F scale. An examination of the relevant data indicated that it appeared to tap a political *Weltanschauung* characteristic of formal fascist ideology. However, it did not appear to capture authoritarianism *per se* as displayed in other forms of political ideologies. At least those individuals who were members of or closely affiliated with the Communist Party did not emerge as authoritarian on the F scale. Furthermore, an examination of the relationship between F scale items indicated that the postulated personality variables underlying their acceptance had tenuous but proactive support.« (Richard Christie, Authoritarianism Re-examined, in: Studies in the Scope and Method of »The Authoritarian Personalty«, a.a.O. [s. Anm. 83], S. 123–196; hier: S. 193)

Der Vorwurf, daß außerhalb der Gesellschaft stehende Personen hier gemessen werden, trifft vordergründig zu.[103] Tatsächlich waren die befragten Zuchthäusler sehr high.[104] Aber hier besteht doch eine Differenz. Betrachtet man nämlich Freikorpsangehörige, so findet man die Bindung an traditionelle Werte, an Konventionalismus, gepaart mit einer Schlägermentalität. In der Praxis ist die destruktive Dimension, die entscheidende also, viel stärker als die konventionalistische. Gerade der Konventionalismus ist doch wohl mehr ein Epiphänomen zur äußeren Verneinung bzw. Verschleierung des darunterliegenden destruktiven Potentials.

In der Unterschicht ist durch weitgehenden Ausfall der Sublimierung die Neigung zur physischen Gewalt stärker als in der Oberschicht. Andererseits neigt aber im Ernstfall der Bildungsoffizier oder Partisan zur physischen Gewalt. Offenbar müßte, wie es Aufgabe von Frau Brunswik war, Phänotypisches und Genotypisches stärker unterschieden werden.

Die Kritik hat des weiteren betont, auch Nichtkonformisten seien konformistisch in ihrer Intoleranz gegenüber der Mehrheit.[105] Hier aber haben wir es mit einer sinnlosen Unterschiebung durch einen bloßen logischen Formalismus zu tun, wobei vom *Inhalt* der Dinge abgesehen wird.

Als letztes Problem trat die Frage auf, ob die F-Skala eher Meinungen messe, die veränderbar sind, jeweils der momentanen Situation des Befragten entsprechen, oder ob es sich hier um ein Instrument zur Messung von konstanten Charakterstrukturen handele. Es zeigt sich, daß die Annahme der Tiefendimension der Einstellungen problematisch wird, wenn es stimmt, daß entsprechende

---

103 Frenkel-Brunswik beschreibt die interviewten Gruppen wie folgt: »Of the thirty to forty different socioeconomic groups to which the questionnaire had been administered [...], subjects for interviews were selected from the following twelve: Psychiatric Clinic Patients from the Langley Porter Clinic of the University of California (men and women, abbreviated *LPC*); University of California Public Speaking Class (men and women, *PSM* and *PSW*); Alamenda School for Merchant Marine Officers (men, *Maritime*); San Quentin State Prison Inmates (men, *SQ*); University of California Extension Testing Class (men and women, *TC*); University of California Extension Psychology Class (men and women, *EdPs*); Students at the Pacific School of Religion (men, *PSR*); Employment Service Veterans (men, *Vets*); Professional Women – public school teachers, social workers, public health nurses (*N* and *RW*); University of Oregon Summer Session Students (women, *OG*); Students at the University of California Medical School (women, *Med*).« (Else Frenkel-Brunswik, The Interviews as an Approach to the Prejudices Personality, in: Adorno et al., The Authoritarian Personality, a. a. O. [s. Anm. 1], S. 291–336; hier: S. 294 f.) – Vgl. zudem William R. Morrow, Criminality and Antidemocratic Trends: A Study of Prison Inmates, ebd., S. 817–890.
104 Vgl. »Table 1«, in: Else Frenkel-Brunswik, The Interviews as an Approach to the Prejudices Personality, a. a. O. (s. vorige Anm.), S. 296.
105 Nicht ermittelt.

Schulen eine Änderung der Meinungen herbeiführten, die als Änderung der Charakterstrukturen angesehen werden können. Dann zeigen die von der F-Skala gemessenen Werte im wesentlichen eine Anpassung an Gruppenmeinungen. Hier wird offenbar, daß das Freud'sche Axiom der Unveränderbarkeit der Meinungen eines der Kernprobleme im Zusammenhang zwischen Soziologie und Psychologie darstellt.

Die Meinungsänderung, die bei College-Studenten sich im Laufe der Erziehung offenbart hat, scheint aber mehr eine Änderung der ouverten Anschauungen als eine echte Änderung der Charakterstruktur zu sein; auch hier scheint das Problem der Bildung wieder hineinzuspielen.

Die von Frau Seifert[106] gemachte Differenzierung zwischen dem »klassischen Typ« des Autoritären und dem Typ des angepaßten Autoritären, der dem Konventionellen entspricht, bestätigte sich auch in den neuen deutschen Untersuchungen, wie zu der Kritik von Frau Seifert bemerkt wurde.

Im Anschluß an das Referat sollte die Stringenz der Kritik gegen die »Authoritarian Personality« diskutiert werden.

Die Beantwortung der zunächst gestellten Frage, ob der low-score für Beamte mit dem Bildungseinfluß zusammenhänge, mußte auf eine spätere Sitzung vertagt werden.

Deutlich wurde aber auf eine notwendige Differenzierung hingewiesen: »Bildungsanfälligkeit« bedeutet ein Durchschauen der Skala und damit eine gezielt falsche Antwort. »Bildungseinfluß« hingegen besagt, daß die Bildung die Menschen zu einer echt anderen Anschauung bringe. Die »Bildungsanfälligkeit« allein genügt aber nicht zur schlüssigen Beantwortung der aufgetauchten Probleme; dieses Thema soll im Zusammenhang mit der Behandlung der A-Skala behandelt werden.

Auf ein Problem sei an einer Stelle im Referat hingewiesen worden: Das Kriterium der Auswahl der statements sei die Fähigkeit der items gewesen, vorurteilsvolle scorer von toleranteren zu trennen. Korreliere man, so hieß es, so könne die F-Skala zur Messung von Vorurteilen genommen werden, nicht aber für Charakterstrukturen.

Aber hier sollte man zunächst den Inhalt der items sehen. Oft ist er so nah am Psychologischen und fern vom Vorurteil, so daß man eher von Messung der Charaktereinstellung als von Vorurteilsabhängigkeit sprechen könne.

Die F-Skala war als solche zunächst auch bloß gerichtet als Instrument zur indirekten Messung faschistischer Meinungen (means), was sie auch zu erreichen scheint. Also kann von der F-Skala auch eine charakterologische Aussage gar

---

106 D.i. Monika Seifert, vormals Mitscherlich.

nicht gefordert werden, da man über die Genese ouverter Charaktereigenschaften mit standardisierten Tests nichts erfahren kann. Bloß – hier ist die Kritik, auch soweit sie berechtigt ist, zu einseitig. Die ganze Methode versucht ja den Zusammenhang aufzudecken, der intendiert ist. Die F-Skala ist also kein charakterologisches Forschungsinstrument, weist nur auf solche Elemente hin, will aber keine konkrete Analyse der Charaktereigenschaften und der Vorurteile bieten.

Ein anderes Argument Jahodas war, daß das Kriterium der Gültigkeit der F-Skala abhängig gemacht wurde von der Korrelation zur Ouvertheit der Auffassung, wohingegen man anschließend im Verfahren Indirektheit zugrundegelegt habe.[107] Aber hier ist nur ein scheinbarer Widerspruch des Verfahrens gegeben. Zur Erklärung dieser Handlungsweise könnte man anführen, daß es nicht bloß um eine Frage der Charakterologie ging, sondern man behauptet, um das Indirekte zu fassen, müsse man das Direkte messen. Andererseits hingegen galt die Annahme, daß das Indirekte sich gerade dem Direkten entziehe. An diesem Punkt sollte die Diskussion der nächsten Sitzung einsetzen.

---

[107] So schreibt Jahoda etwa: »At first glance *The Authoritarian Personality* with its many tables and verbatim quotations from clinical interviews and projective tests gives the impression of an overwhelmingly empirical emphasis, an impression which is strengthened by the absence of a concise formulation of its theoretical position in the almost one thousand pages of the book. A more thorough study, however, makes it possible to glean the theory from statements interspersed throughout the text. And under the critical eyes of some experts the empirical emphasis dissolves altogether; they suggest that here, too, empirical evidence is obtained and used only to bear out the researchers' theoretical position assumed before they started the study and not modified after the effort. All that can be said, then, is that with regard to the handling of the relationship between empirical data and theory, *The Authoritarian Personality* has not clarified a generally confused picture.« (Marie Jahoda, Introduction, in: Studies in the Scope and Method of »The Authoritarian Personalty«, a.a.O. [s. Anm. 83], S. 11–23; hier: S. 19)

451 Almut Jesse,
   12. Dezember 1967

|Seminar: Probleme der autoritätsgebundenen Persönlichkeit
Prof. Adorno   Wintersemester 1967/68
Protokoll der Sitzung vom 12. 12. 67

Almut Jesse|

In der Sitzung vom 12. 12. wurde das Referat »Klinische Interviews«[108] verlesen.

Beabsichtigt war, mit Hilfe der Interviews »die Hauptgebiete der sozialpsychologischen Entwicklung in ihrer Beziehung auf die Ausbildung sozialer und politischer Meinungen und Verhaltensweisen zu untersuchen.« Dabei wurde insbesondere nach Familie, Kindheit, Sexualität, Verhältnis zu sich selbst und zu anderen Menschen gefragt.

Das Modell der familialen Identifikation ist am stärksten der sozialen Dynamik unterworfen, daher ergibt sich die Frage, inwieweit heute die Familienstruktur für die Bildung autoritärer bzw. nicht autoritärer Charaktere von Bedeutung ist.

Kennzeichnend für die autoritäre Persönlichkeit ist ein strenger Vater, der Unterwerfung verlangt und willkürliche Strafen verlangt. Dem Kind, das kein Bewußtsein von Schuld und Sühne hat, erscheint Strafe grundsätzlich als blind und schicksalhaft. Die Einsicht in den Sinn der Strafe fehlt, da sich das Realitätsprinzip noch nicht durchgesetzt hat. Zudem wird die Strafe vom Kind immer als überdimensional empfunden.

Typisch für highs ist das Hervorheben mütterlicher Qualitäten wie Gesundheit, Sauberkeit etc. Diese positiven Kategorien der highs, dem analen Syndrom entnommen, haben einen von der Liebe losgelösten, verdinglichten Charakter. Die Mutter wird mehr als Ernährer denn als Liebesobjekt angesehen. Menschen werden nach ihrer Nützlichkeit für die eigene Person eingestuft, als Mittel, nicht als Zweck. Man kommt hier dicht an die Genese des bürgerlichen Vulgär-Materialismus.

Demzufolge vollzieht sich die Partnerwahl im Aufstiegsinteresse. Innerhalb einer durchgebildeten Tauschgesellschaft geht die materielle Wertigkeit in das Image des geliebten Objektes mit ein; nach Prof. Adorno reicht dies bis ins Unbewußte.

---

[108] Irmgard Riesche und Peter Kehnen (Arbeitsgruppe II): »Klinische Interviews«, UAF Abt. 139 Nr. 17.

Es hieße allerdings die Realität verkennen, wollte man fordern, den Menschen bloß als Zweck anzusehen: »Die Welt jenseits des Tausches wäre die Welt des gerechten Tausches«[109]. Wenn nur Unmittelbarkeit zwei Menschen verbindet, hat diese Unmittelbarkeit selber etwas Ideologisches an sich.

Ist der verinnerlichte Mensch der zu erstrebende Typus? Im Begriff der Innerlichkeit, der selber reaktiv auf die Phänomene der Welt bezogen ist, steckt ein resignatives Moment. »Verinnerlichung trägt die Schandmale der Welt, die zur Verinnerlichung zwingt.« »Im falschen Leben gibt es kein richtiges.«[110] Dies gilt sowohl für den verinnerlichten, als auch für den ungebrochen außengeleiteten Menschen. Innerlichkeit als entscheidender Wert entspricht kleinbürgerlichem Idealismus. (Siehe Marcuse »Vernunft und Revolution« S. 24 f.)[111]

Freud wäre gegen Verinnerlichung gewesen, da ein Moment der Verdrängung absolut gesetzt wird. Man sieht, daß eine psychologische Dimension wie die der Verinnerlichung eine soziologische Funktion hat.

Der Narzißmus verdrängt Ich-fremde Impulse als Abwehrmechanismus. Die Differenz zwischen Idealbild und »Ich« wird weggeleugnet.

---

[109] *Kritik am Tauschprinzip als dem identifizierenden des Denkens will, daß das Ideal freien und gerechten Tauschs, bis heute bloß Vorwand, verwirklicht werde. Das allein transzendierte den Tausch. Hat ihn die kritische Theorie als den von Gleichem und doch Ungleichem enthüllt, so zielt die Kritik der Ungleichheit in der Gleichheit auch auf Gleichheit, bei aller Skepsis gegen die Rancune im bürgerlichen Egalitätsideal, das nichts qualitativ Verschiedenes toleriert. Würde keinem Menschen mehr ein Teil seiner lebendigen Arbeit vorenthalten, so wäre rationale Identität erreicht, und die Gesellschaft wäre über das identifizierende Denken hinaus.* (GS, Bd. 6, S. 150)

[110] Anspielung auf die *Minima Moralia* [1951], in denen es heißt: *Es gibt kein richtiges Leben im falschen.* (GS, Bd. 4, S. 43)

[111] »Eine der entscheidenden Funktionen des Protestantismus hatte darin bestanden, die emanzipierten Individuen zu veranlassen, das neue gesellschaftliche System, das entstanden war, zu akzeptieren, indem er ihre Ansprüche und Forderungen von der äußeren Welt auf ihr inneres Leben verlagerte. Luther begründete die christliche Freiheit als einen unabhängig von jeglichen äußeren Bedingungen zu verwirklichen inneren Wert. Die gesellschaftliche Wirklichkeit wurde belanglos, was das wahre Wesen des Menschen betraf. Der Mensch lernte es, sein Verlangen nach einer Entwicklung seiner Anlagen auf sich selbst zu richten und ›in sich‹, nicht in der Außenwelt, die Verwirklichung seines Lebens zu suchen. *[Absatz]* Die deutsche Kultur ist nicht zu trennen von ihrem Ursprung im Protestantismus. Es entstand ein Reich der Schönheit, Freiheit und Sittlichkeit, das durch äußerliche Realitäten und Kämpfe nicht erschüttert werden konnte. Es war der erbärmlichen gesellschaftlichen Wirklichkeit entrückt und in der ›Seele‹ des Individuums verankert. Diese Entwicklung ist die Quelle der Tendenz, die uns auf weite Strecken im deutschen Idealismus begegnet, einer Bereitschaft, sich mit der gesellschaftlichen Wirklichkeit auszusöhnen.« (Herbert Marcuse, Vernunft und Revolution. Hegel und die Entstehung der Gesellschaftstheorie [1941], übers. von Alfred Schmidt, in: Herbert Marcuse, Schriften, Bd. 4, Frankfurt a. M. 1989, S. 24 f.)

Nicht-autoritäre Menschen sind zugänglicher, weniger verhärtet, ansprechbarer als autoritäre, da sie sich als Resultate eines Entwicklungsprozesses begreifen. Highs dagegen meiden Diskussionen aus Angst, daß dabei ihr Denkskelett sichtbar werden könnte.

In der anschließenden Diskussion wurde die Frage gestellt: Sind politische Stellungnahmen durch psychologische Genese determiniert? – Wenn das so wäre, gäbe es keine Ausweichmöglichkeit.

Prof. Adorno gab an, die Antwort hierauf finde sich in »Elemente des Antisemitismus«, in »Dialektik der Aufklärung«.[112]

Die Authoritarian Personality sollte ein Stück praktischer Aufklärung sein. Trotz der Grenzen, die der Aufklärung gesetzt sind, muß man versuchen, den Stromkreis zu unterbrechen, denn die Vermittlung der gesellschaftlichen Tendenzen liegt in den Subjekten. Aus der Gefahr der objektiv gerichteten Tendenzen dürfe kein Tabu gegen die subjektiv gerichteten gemacht werden, da man sich sonst der Rigidität schuldig machte.

In diesem Zusammenhang wurde auf das Problem des Vietnam-Krieges, die Faschisierung in den USA und die verschlechterte Lage der amerikanischen Neger verwiesen.

Es ist die Frage, wo die Grenzen, die der Aufklärung gesetzt sind, liegen, Veröffentlichungen wie die der »Authoritarian Personality« werden von einem ohnehin interessierten Kreis gelesen, so daß es fraglich ist, inwieweit man auf diese Weise tatsächlich Aufklärung betreiben kann.

---

[112] Vgl. den Abschnitt *Elemente des Antisemitismus. Grenzen der Aufklärung*, GS, Bd. 3, S. 192–234.

452 Heinz-Dieter Loeber,
9. Januar 1968

Seminar: »Probleme der autoritätsgebundenen Persönlichkeit«
Prof. Adorno

Protokoll von der Sitzung am 9. 1. 1968   Heinz-Dieter Loeber

Grundlage für die Sitzung war das Referat mit dem Titel: »Typen und Syndrome unter vorurteilsgebundenen und vorurteilsfreien Menschen.«[113]

Prof. Adorno bemerkte zu der Problematik der Bildung von »psychologischen Typen«, sie seien nicht direkt auf den individuellen Fall anwendbar. Ihr Sinn sei eine von pragmatischen Intentionen getragene Strukturierung des vorfindlichen Materials. Auch die positivistische Soziologie bediene sich zunehmend der Typenbildung. Im Falle der »Authoritarian Personality« wurde die Typologie in den Jahren 1940/41 entworfen. Durch das Material der quantitativen Interviews aus Untersuchungen der Jahre 1944/45 wurden die Kategorien soweit wie nötig modifiziert. Damals standen allerdings noch nicht die für das Thema aufschlußreichen Biographien von Höß[114], Eichmann[115] etc. zur Verfügung.

Die Charaktertypen, die im Verlauf der Studie gebildet wurden, lassen sich zunächst in zwei Gruppen einordnen: 1. vorurteilsgebundene und 2. vorurteilsfreie Charaktere. Die erste Gruppe läßt die Gliederung nach 6 qualitativen Typen zu, die im einzelnen ausführlich im Referat dargestellt wurden.[116] Hier sollen vor allem die zum besseren Verständnis notwendigen Ergänzungen wiedergegeben werden.

---

113 Leo Darrelmann, »Typen und Syndrome unter vorurteilsgebundenen und vorurteilsfreien Menschen«, UAF Abt. 139 Nr. 17.
114 Vgl. Rudolf Höß, Kommandant in Auschwitz. Autobiographische Aufzeichnungen [1958], eingel. und kommentiert von Martin Broszat, 2. Aufl., Stuttgart 1961 (Quellen und Darstellungen zur Zeitgeschichte; 5).
115 Vgl. Quentin Reynolds, Ephraim Katz und Zwy Aldouby, Adolf Eichmann. Der Bevollmächtigte des Todes. Der Fall Adolf Eichmann, Konstanz und Stuttgart 1961.
116 Das Referat von Darrelmann legt sechs »Typen und Syndrome« dar, »wie sie von Professor Adorno an Hand qualitativer Interviews in der ›Authoritarian Personality‹ entwickelt worden sind«: »1) Oberflächenressentiment (Surface Resentment)«, »2) Der ›Konventionelle‹ (The ›Conventional‹ Syndrome)«, »3. Das ›autoritäre‹ Syndrom«, »4. Der ›Rebell‹ und der ›Psychopath‹«, »5. Der ›Querulant‹ (The ›Crank‹)« und »6. Der ›manipulative‹ Typus« (UAF Abt. 139 Nr. 17). – *A rough characterization of the several types may precede their detailed presentation. Surface Resentment can easily be recognized in terms of justified or unjustified social anxieties; our construct does not say anything about the psychological fixations or defense mechanisms underlying the pattern of opinion. With the* Conventional *pattern, of course, acceptance of conventional values is*

Zu 1. Das Oberflächenressentiment.

Im Unterschied zu den anderen Kategorien handelt es sich bei dieser Form der Vorurteilsbereitschaft um kein eigentliches Syndrom. Die Stereotypen werden nicht intensiv affektiv besetzt, sondern weitgehend als Rationalisierung für Fehlschläge einfach übernommen. Typisches Beispiel für diese Form der Vorurteilsgebundenheit ist der Vulgärantisemitismus der Zeit von 1933 in Deutschland. Auch heute finden sich Menschen, die ihrer Einstellung nach diesem Typ zuzurechnen sind. Im Gegensatz zu anderen vorurteilsvollen Charakteren scheinen sie dem rationalen Argument, der politischen Bildung zugänglich, während der gemeine Faschist nicht mehr ansprechbar ist.

Zu 2. Der »Konventionelle« ist der in der Industriegesellschaft wohl am weitesten verbreitete Menschentyp. Er paßt sich an ohne Verinnerlichung. Die Übernahme von [Konventionen und] das[117] Denken in starren Kategorien sind für ihn konstitutiv. Seine Ablehnung von Gewalt geht ebenso wie sein Verhältnis zu ihm fremden Formen menschlichen Verhaltens von ethnischen Minderheiten (z. B. Gestik und Mimik von Juden beim Gespräch) aus einer Vorstellung vom angemessenen Umgang (normales gutes Benehmen) hervor. Seiner Übernahme von strengen verhaltensbestimmenden Stereotypen (»männlich«, »weiblich«) sind die Formen des Protests vieler Jugendlicher entgegengesetzt. Als Auflehnung gegen Konventionen interpretiert man das Phänomen des Widerstandes gegen die Konsequenzen aus Begriffen wie »männlich« und »weiblich« wohl angemessener als durch Versuche, sie vordergründig sexuell abzuleiten. Politisch ist der »Konventionelle« der typisch bürgerliche Vertreter der »gesunden Mitte«. In der

---

outstanding. The superego was never firmly established and the individual is largely under the sway of its external representatives. The most obvious underlying motive is the fear of »being different.« The Authoritarian *type is governed by the superego and has continuously to contend with strong and highly ambivalent id tendencies. He is driven by the fear of being weak. In the* Tough Guy *the repressed id tendencies gain the upper hand, but in a stunted and destructive form. Both the* Crank *and the* Manipulative *types seem to have resolved the Oedipus complex through a narcissistic withdrawal into their inner selves. Their relation to the outer world, however, varies. The cranks have largely replaced outward reality by an imaginary inner world; concomitantly, their main characteristic is projectivity and their main fear is that the inner world will be »contaminated« by contact with dreaded reality: they are beset by heavy taboos, in Freud's language by the* délire de toucher. *The manipulative individual avoids the danger of psychosis by reducing outer reality to a mere object of action: thus he is incapable of any positive cathexis. He is even more compulsive than the authoritarian, and his compulsiveness seems to be completely ego-alien: he did not achieve the transformation of an externally coercive power into a superego. Complete rejection of any urge to love is his most outstanding defense.* (GS, Bd. 9·1, S. 466f.)

117 In der Vorlage: »von das«.

Oberschicht findet er sich seltener, da über die dort vorgefundene materielle Sicherheit eher die Chance besteht, sich über Konventionen hinwegzusetzen.

Zu 3. Der autoritäre Charakter geht hervor aus einer sado-masochistischen Lösung des Ödipuskomplexes. Die Form der Überwindung der ödipalen Phase führt zu einem nicht integrierten Ich, in dem sich Triebbedürfnisse und veräußerlichtes Überich unvermittelt gegenüberstehen. Eine psychoanalytische Kritik dieses Charaktertyps muß ausgehen von einer Analyse des Überichs. Dabei müßte differenziert werden zwischen der Forderung nach Abbau dieser psychischen Instanz und dem Versuch, durch Kritik die restriktive Funktion gesellschaftlicher Normen, der »Moral«, bewußtzumachen. Der Forderung nach Abbau des Überichs entspräche die Konstituierung eines Charakters, der – etwa wie bei Nietzsche – alle Triebe auslebt, auch die aggressiven. Diese Konzeption entspricht nicht den Intentionen der Autoren der Authoritarian Personality. Dem Kultus des Destruktionstriebes wird hier die Aufhebung des Überichs entgegengesetzt. Wäre das Überich sich selbst bewußt, d. h. in seiner repressiven Gestalt verschwunden, dann gäbe es auch die Destruktion, das »Böse« nicht. Die Kritik der Moral zielt auf deren repressive Gestalt, nicht auf die humanen Momente. (Hinweise zu diesem Themenkreis geben Horkheimer: »Egoismus und Freiheitsbewegung« 1936[118] und Adorno: »Psychologie und Soziologie« in Sociologica I[119]).

Zu 4. Der »Rebell« und der »Psychopath«. Diesen beiden Typen ist eine negative Fixierung an die Autorität gemeinsam. Dadurch jedoch, daß es sich bei dieser Form der Ablehnung von Autorität nicht um eine Leistung des autonomen Ichs handelt, findet sich eine die Charakterstrukturen beherrschende Ambivalenz: Haß und die insgeheime Neigung, mit der Autorität zu paktieren. Beispiel für diesen Charakter ist der kleinbürgerliche Rebell. Röhm, Chef der SA, bezeichnete sich selbst gern als »Hochverräter«.[120] Auch die Psychogenese Hitlers deutet auf seine Nähe zu diesem Charaktertyp hin. Der extreme Vertreter ist der Rowdy, der psychopathische Schläger, dessen Regression auf Omnipotenzphantasien ihn zu ungehemmter exzessiver Aggressivität mit starkem Schuldbedürfnis treibt.

Zu 5. Beim »Querulanten« oder besser »Spinner« ist die Anpassung an die Umwelt so weitgehend mißlungen, daß nur der verkrampfte Rückzug auf »Innerlichkeit« übrigbleibt. Statt die Realität zu reflektieren, baut sich dieser Cha-

---

118 Vgl. HGS, Bd. 4, S. 9–88.
119 Vgl. Theodor W. Adorno, *Zum Verhältnis von Soziologie und Psychologie*, in: Sociologica. Aufsätze, Max Horkheimer zum sechzigsten Geburtstag gewidmet, Frankfurt a. M. 1955 (*Frankfurter Beiträge zur Soziologie*; 1), S. 11–45; vgl. GS, Bd. 8, S. 42–85.
120 Ernst Röhm veröffentlicht 1928 seine Autobiographie unter dem Titel: »Die Geschichte eines Hochverräters« (München).

raktertyp eine eigene verlogene Innenwelt auf. Eine Vorform dieser Regression findet sich häufig bei absteigenden Eliten (s. a. Habermas: »Student und Politik«)[121]. Das Syndrom des Spinners weist große Ähnlichkeit mit der Psychose auf. Das veranlaßte Prof. Adorno zu einem Exkurs über einen Charaktertyp, den er als »psychotischen Charakter« bezeichnete. Der psychotische Charakter ist nicht im klinischen Sinne paranoisch oder offen schizophren. Das Realitätsprinzip ist noch nicht durchbrochen. Ihre Persönlichkeitsstruktur ist der des Psychotikers sehr ähnlich, jedoch besteht der Kontakt zur Umwelt noch. An die Stelle des gespaltenen Bewußtseins tritt ein gesellschaftlich akzeptiertes Wahnsystem, das – wie Simmel andeutete[122] – verhindert, daß der Wahnsinn offen zum Ausbruch kommt, obwohl es sich um eine Vorstufe handelt. Bei den Mitgliedern von Sekten, Kulten etc. zeigen sich manifest keine Zwangszüge, da der Zwang selbst sozialisiert ist. (S. a. »Verschwörung von Alljuda«[123] etc.)

Die Genese des psychotischen Charakters scheint verwandt mit der des Zwangsneurotikers. Hier wie dort tritt ein gravierender Bruch zwischen »innen« und »außen« ein. Beim Neurotiker erscheinen jedoch nur gewisse Symptome Ichfremd, während es beim psychotischen Charakter ganze Schichten des Bewußtseins sind. Trotzdem kommt es nicht zu schwerwiegenden Zusammenstößen mit der Realität wie beim Neurotiker. Ein Moment zur Erklärung dieses noch weitgehend unerforschten Charaktertyps könnte der Rückgriff auf Wahrnehmungsprobleme bieten. Während kognitive Störungen vorliegen, scheint es der Gruppe, der sich der psychotische Charakter anschließt, zu gelingen, den Bruch zwischen der inneren Tendenz und der Realität zu verdecken.

---

[121] Vgl. den Abschnitt »Das demokratische Potential«, in: Jürgen Habermas, Ludwig von Friedeburg, Christoph Oehler und Friedrich Weltz, Student und Politik. Eine soziologische Untersuchung zum Bewußtsein Frankfurter Studenten, Red.: Frank Benseler, Neuwied 1962, S. 221–235.
[122] So bemerkt Simmel etwa zum Phänomen der Opposition, sie habe ihre gesellschaftliche Funktion »nicht nur dann, wenn sie es nicht zu merkbaren Erfolgen bringt, sondern auch, wenn sie überhaupt von vornherein nicht in die Erscheinung tritt, rein innerlich bleibt; auch wo sie sich kaum praktisch äußert, kann sie das innere Gleichgewicht – manchmal sogar bei *beiden* Elementen des Verhältnisses –, eine Beruhigung und ein ideelles Machtgefühl herstellen und dadurch Verhältnisse retten, deren Weiterbestand für Außenstehende oft unbegreiflich ist. *[Absatz]* Dann ist eben die Opposition ein Glied des Verhältnisses selbst, sie verwächst zu völlig gleichen Rechten mit den übrigen Gründen seiner Existenz; sie ist nicht nur ein *Mittel*, das Gesamtverhältnis zu konservieren, sondern eine der konkreten Funktionen, in denen dieses in Wirklichkeit besteht.« (Georg Simmel, Soziologie. Untersuchungen über die Formen der Vergesellschaftung [1908], in: Georg Simmel, Gesamtausgabe, hrsg. von Otthein Rammstedt, Bd. 11, hrsg. von Otthein Rammstedt, Frankfurt a. M. 1992, S. 290)
[123] Vgl. die im Nationalsozialismus einflußreiche Schrift von Hans Gracht, Alljuda als Kriegstreiber, Berlin 1939.

Zu 6. Der »manipulative Typ« – die letzte Variante des autoritären Syndroms – ist dem »Spinner« verwandt. Zeigt dieser mehr paranoische Züge, so jener mehr schizophrene. Jedoch schon die Alltagssprache differenziert, sagt von einem, daß er »spinnt«, während der andere »verrückt« ist. Beim manipulativen Typ zeigt sich der Hang zur Überbewertung der Organisation, er hat die Vorliebe, sich für etwas »einzusetzen«. Bei ihm ist der Verlust der Objektbindung, der extreme Narzißmus, zur Affektlosigkeit auch gegen sich selber umgeschlagen. Er begreift sich als »instrumentelle Vernunft« (Horkheimer)[124]. Verbreitet ist dieser Typ des »Apparatschiks« sowohl in der Wirtschaft und beim Militär wie bei den Organisationen des Massenmordes im Faschismus.

Die Typenbildung bei den nicht vorurteilsgebundenen Personen trifft auf größere Schwierigkeiten als bei den Vorurteilsvollen. Während es sich bei letzteren im Grunde um ein einziges Syndrom handelt, das differenziert wurde, sind die Vorurteilsfreien zur Erfahrung fähig. Sie gerinnen weniger leicht zu Typen, da der »low« ex definitione kein »Typ« ist.

Zu 1. Der »starre« (rigid) Vorurteilsfreie hat am ehesten eine gewisse Ähnlichkeit mit den »highs«. Der Mangel an Vorurteilen resultiert nicht aus lebendiger Erfahrung, sondern zeigt selbst stereotype Züge. Die Blindheit gegenüber der Realität bringt diesen Charakter leicht in die Nähe des Martyriums. Da für den »starren Vorurteilsfreien« die Notwendigkeit besteht, sich mit einem System zu identifizieren, wird er leicht anfällig für Ideologien. Die Unfähigkeit, die eigene Position kritisch zu reflektieren, scheint oft darauf zu verweisen, daß es zufällig ist, mit welcher Position sich der starre Vorurteilsfreie identifiziert. Die Familie spielt oft eine Vermittlungsrolle[125], durch die »progressives« Engagement zustande kommt.

Zu 2. Der »protestierende« Vorurteilsfreie ist das Gegenstück zum »autoritären Charakter«. Hier wie dort findet sich eine primär psychologische Erklärung für das Verhalten, das bedingt ist durch eine besondere Lösung des Ödipuskomplexes. Die ausgeprägte Identifikation mit den Unterdrückten ist durch das Gewissen vermittelt, das Produkt der Wendung des Überichs gegen den Vater selbst ist.

Zu 3. Der impulsive Vorurteilsfreie läßt sich nur schwer tiefenpsychologisch ableiten. Zu diesem Typ zählen diejenigen, die sich trotz starker libidinöser Bedürfnisse in die Umwelt eingeordnet haben, vom Libertin, über den Süchtigen bis zur Prostituierten und zum Nichtgewalt-Verbrecher. Zu bemerken ist aber hierzu, daß zwar bestimmte soziale Gruppen wie Asoziale etc. zum Vorurteilsfreien hin-

---

124 Vgl. Max Horkheimer, Zur Kritik der instrumentellen Vernunft [1947], übers. von Alfred Schmidt, HGS, Bd. 6, S. 19–186.
125 Konjiziert für: »Vermittlungsinstanz«.

tendieren. Jedoch handelt es sich dabei oft nicht um autonome Entscheidungen, sondern um die Kompensation der eigenen sozialen Lage. Die Emanzipation des Individuums ist nur möglich durch die Anpassung hindurch.

Zu 4. Der »lässige« Vorurteilsfreie ist in hohem Maße fähig zu spontaner Erfahrung seiner Umwelt. Zwar hindert ihn seine Vorstellung, in einer konfliktfreien Welt zu leben, oft am politischen Engagement, jedoch ist er gegen faschistische Strömungen völlig gefeit.

Zu 5. Der »echte Liberale« ist ausgezeichnet durch das ausgeprägte Bewußtsein seiner Individualität. Zur Ausbildung dieser Charakterstruktur scheint die Aufgeschlossenheit der Eltern dem Kind gegenüber eine notwendige Bedingung zu sein. – Im Gegensatz zum deutschen Sprachgebrauch, wo liberal primär sich auf die Organisationsform der Ökonomie bezieht, ist im Amerikanischen mit liberal die Bedeutung »progressiv« verknüpft.

453 Norbert Kutz,
16. Januar 1968

|Norbert Kutz

Frankfurt am Main, 23. 1. 68

6 Frankfurt am Main-Rödelheim
Bottenhorner Weg 48

Protokoll der Sitzung vom 16. 1. 68
im Seminar von Professor Adorno: »Die autoritätsgebundene
Persönlichkeit«|

A) *Kritik am Seminar*

Die Diskrepanz zwischen der Aktualität des Seminar-Themas und der mangelnden Intensität der Diskussion von seiten der Studenten machte eine Reflexion auf die Organisation, Disposition und Exposition des Seminars notwendig.

Folgende Einwände wurden gegen das Seminar vorgetragen:

1. Die Diskussion der Authoritarian Personality sei insofern zu spezifiziert, als sie sich vom historischen Hintergrund, auf dem die Authoritarian Personality entstand, nicht genügend distanziert habe. Dadurch ginge auch die Nutzanwendung der Authoritarian Personality für eine Analyse gegenwärtiger Autoritätsstrukturen verloren. Das Seminar sei bisher wie eine typische Lehrveranstaltung verlaufen, die historische Erkenntnisse ohne Bezug auf die Gegenwartspraxis vermittelt. Das liefe dem Selbstverständnis einer kritischen Theorie diametral entgegen. Auch sei eine Diskussion über die Umformulierung der F-Skala in die A-Skala überhaupt noch nicht geführt worden.
2. Einzelne Kapitel der Authoritarian Personality würden buchstabengetreu »durchgekaut«. In einem Oberseminar sollte der Text eines Standardwerkes, wie der der Authoritarian Personality vorausgesetzt werden können.
3. Es wurde der Vorschlag gemacht, die Referate abziehen zu lassen, um ein gleiches Informationsniveau für jede Seminarsitzung zu gewährleisten. Der Inhalt der Authoritarian Personality, z. B. die Typologie, sei wahrscheinlich auch denen nicht gegenwärtig, die die Authoritarian Personality einmal gelesen hätten.
4. Die Referate setzten sich nicht weit genug vom Stoff der Authoritarian Personality ab, was durchaus den Referenten zuzuschreiben sei. Frau Hofmann[126]

---

[126] Nicht ermittelt.

erwiderte darauf, daß das Seminar in der ersten Hälfte auf Informationen angelegt sei.

5. Frau von Freyhold[127] dagegen bemängelte, daß die Referate zu stark theoretisch und verallgemeinernd konzipiert seien. Auf solch einem abstrakten Niveau gingen die spezifischen Erfahrungen der Referats-Autoren verloren. Wenn die Referate konkreter aufgebaut würden, wäre auch die Frage nach dem Sinn der Authoritarian Personality transparent.

6. Die Integration der Materialien dürfe in einem Oberseminar nicht erst am Schluß erfolgen. Das Seminar verschleppe sich auf diese Weise unnötig.

7. Was sollte eigentlich auf dem background der Authoritarian Personality durchsichtig gemacht werden: das Verhältnis von Soziologie und Psychologie. Die beiderseitige Durchdringung dieser Disziplinen, die zum Verständnis sowohl gesellschaftlicher als auch psychologischer Prozesse sehr wichtig ist, wurde bisher zuwenig diskutiert.

8. Frau von Freyhold stellte die Frage, warum das Seminar nicht aktueller verfahren würde, z. B., indem es Bezug auf den Universitätskonflikt nähme.[128] An einer Analyse des Verhaltens von Rektor und Senat zur Universitätsreform und Drittelparitätsforderung der Studenten könnte die Gültigkeit der Authoritarian-Personality-Kategorien festgestellt werden. Wie im »Lach-Seminar«[129] sollten auch in dieser Lehrveranstaltung konkrete Fälle zur Diskussion kommen.

---

127 D. i. Michaela von Freyhold, vormals von Alth.

128 Im Mai 1966 verabschiedet der Hessische Landtag das Hochschulgesetz, das zum ersten Mal für alle vier hessischen Hochschulen (in Darmstadt, Frankfurt a. M., Gießen und Marburg) einen einheitlichen juristischen Rahmen u. a. bezüglich ihrer Aufgaben und der Zusammensetzung ihrer Organe setzt. In den folgenden Jahren werden verschiedentlich Forderungen seitens der Studierenden laut, die Hochschulen zu politisieren sowie die institutionelle Trennung zwischen Ordinarien einerseits und Nicht-Ordinarien andererseits aufzuheben, etwa durch die Einführung einer Drittelparität in allen Hochschulgremien.

129 Im Wintersemester 1964/65 hält Adorno das soziologische Hauptseminar »Empirische Beiträge zur Soziologie des Lachens« ab. Gemeinsam mit Ursula Jaerisch verfasst Adorno den Aufsatz *Anmerkungen zum sozialen Konflikt heute* [1968], der aus jenem soziologischen Hauptseminar und dem des Sommersemesters 1965, »Sozialer Konflikt«, hervorgegangen ist. Im Text heißt es einleitend: *Vor einiger Zeit wurden im Institut für Sozialforschung zwei Seminare abgehalten, eines über das Lachen, das andere über sozialen Konflikt heute. Eine doppelte Absicht wurde verfolgt. Die Studenten sollten bestimmte Situationen unmittelbar beobachten. Deren präzise Beschreibung, und Versuche zur Interpretation, sollten verdeutlichen, daß, wo mehrere Menschen zusammen lachen oder feindselig aneinander geraten, soziale Momente sich ausdrücken, die über den direkten Anlaß hinausgehen, zuweilen in diesem sich verstecken. Mit der, wenn man will, pädagogischen Absicht verband sich das sachliche Interesse an der gesellschaftlichen Relevanz scheinbar individueller Aggression. Sie wurde als Konstituens des Lachens vorausgesetzt und durch die Analyse der Beobachtungen oft bestätigt. Die Seminare hätten bezeichnet werden können als Übung zur Ent-*

9. Die Zulassungsbeschränkung intendierte, durch quantitative Beschränkung der Teilnehmerzahl bessere Arbeitsbedingungen zu erreichen und gleichzeitig eine qualitative Auslese zu treffen. Wie der bisherige Verlauf des Seminars zeigte, hat sich dieses Verfahren als sinnlos herausgestellt. Es sollte in Zukunft kein Numerus clausus mehr geltend gemacht werden und alle Studenten, die Interesse an einem bestimmten Seminarthema haben, auch die Chance zur Teilnahme erhalten. Vielleicht bestehen dann bessere Ausgangsbedingungen für eine Diskussion.
10. Der Stellenwert der Sozialpsychologie innerhalb einer kritischen Theorie wurde bisher noch nicht bestimmt.

B) *Diskussion der Typologie*

Fragen, die im Zusammenhang mit der Authoritarian Personality für uns heute noch wichtig sind, stellte Dr. Becker[130] an den Anfang der Typologiediskussion: »Wie sieht gegenwärtig das autoritäre Syndrom und seine Genese aus? Worin besteht der Erkenntniswert der Authoritarian Personality? Was stellen die sechs High-Typen[131] dar?«

Die High-Typen seien instrumentell aus dem oberen Quartil gewonnen worden. Dieses obere Quartil enthalte in bezug auf die Statements einheitliche Reagierer. Die sechs High-Typen: Oberflächenressentiment, der Konventionelle, der Autoritäre, der Rebell und der Psychopath, der Spinner (the crank) und der manipulative Typus seien nicht direkt an den Statements abgelesen, sondern mit Hilfe intensiver Interviews und Auswertung biographischer Daten herauskristallisiert worden. Diese sechs High-Typen hätten nicht sechs verschiedene Genesen; sie stellten Abschattierungen des autoritären Syndroms dar. Um autoritätsgebundene Charaktere direkt aus den Statements herauslesen zu können, müßten sehr sensible Indikatoren in den Fragebogen eingebaut sein. Die Statements seien im allgemeinen mehrdimensional, so daß die Projektion verschiedener inhaltli-

---

wicklung jenes bösen Blicks, ohne den kaum ein zureichendes Bewußtsein von der contrainte sociale zu gewinnen ist. (GS, Bd. 8, S. 177)

130 Egon Becker wird 1951 mit der Schrift »Die Grundlagen und Erscheinungsformen der öffentlichrechtlichen Entschädigung in ihrer Entwicklung bis zur Gegenwart« in Hamburg promoviert.

131 Die *Syndromes Found Among High Scorers* (vgl. GS, Bd. 9·1, S. 466–491) sind: *1. Surface Resentment* (vgl. ebd., S. 467–471), *2. The »Conventional« Syndrome* (vgl. ebd., S. 471–474), *3. The »Authoritarian« Syndrome* (vgl. ebd., S. 474–479), *4. The Rebel and the Psychopath* (vgl. ebd., S. 479–483), *5. The Crank* (vgl. ebd., S. 483–486) und *6. The »Manipulative« Type* (vgl. ebd., S. 486–491).

cher Vorstellungen und Interpretationen mit in die Beantwortung dieser eingingen.

Ein Seminarteilnehmer wies auf die Gefahr des »Schubladendenkens« hin, die diese Typologie mit sich brächte, z. B. daß jeder »Waldläufer« gleich in die Kategorie »Crank« eingestuft würde.[132] Es könnte vergessen werden, daß diese Typen aus dem Komplex einheitlicher Reagierer stammten, die hinsichtlich ihrer Persönlichkeitsstruktur gar nicht verschieden seien. Dr. Becker erwiderte darauf, daß in der Authoritarian Personality durchaus ein allgemein-genetischer Ansatz zur Erklärung des autoritätsgebundenen Charakters zu finden sei, der solchem Mißverständnis vorbeugen würde.

»Wie weisen sich heute diese High-Typen aus? Sind sie aufgrund gesellschaftlicher Strukturveränderungen, z. B. Auflösung der traditionellen bürgerlichen Familie und der damit verbundenen Nivellierung der Ödipussituation, überhaupt noch auffindbar? Wenn nicht, hat es dann einen Sinn von Typen der aggressiven Untertänigkeit zu sprechen?«

Frau von Freyhold meinte dazu, daß der klassische sado-masochistische Typ heute in der Realität sehr selten vorkomme. Trotzdem müsse aber an der Differenzierung in Charakter-Typen festgehalten werden, um eine historisch bedingte Veränderung in der Sozialisierung von Menschen aufzeigen zu können. Ein Kommilitone meinte, daß die High-Typen auch in Hinblick auf die Verhärtung und Intensität von Aggressivität klassifiziert werden sollte und zwar mit ganz praktischen Intentionen: Welche Typen sind noch kommunikationsfähig und durch Aufklärung erreichbar?

Highs und Lows werden auf instrumentellem Wege voneinander getrennt. Was die Authoritarian Personality aber zeigt ist, daß diese Trennung nicht aufrechterhalten werden kann: Die Neigung zur Aggressivität ist durchgängig.

Ein Kommilitone sagte dazu, daß es richtig sei, daß sowohl bei den Highs als auch bei den Lows ein aggressives Potential vorhanden sei, aber bei den letzteren so etwas wie ein verinnerlichtes Demokratiebewußtsein vorliegen müsse.

---

132 Über den Typus »Crank« heißt es: *In so far as the introjection of paternal discipline in the »Authoritarian« syndrome means continuous repression of the id, this syndrome can be characterized by frustration in the widest sense of the term. However, there seems to be a pattern in which frustration plays a much more specific role. This pattern is found in those people who did not succeed in adjusting themselves to the world, in accepting the »reality principle« – who failed, as it were, to strike a balance between renunciations and gratifications, and whose whole inner life is determined by the denials imposed upon them from outside, not only during childhood but also during their adult life. These people are driven into isolation. They have to build up a spurious inner world, often approaching delusion, emphatically set against outer reality. They can exist only by self-aggrandizement, coupled with violent rejection of the external world. Their »soul« becomes their dearest possession.* (GS, Bd. 9.1, S. 483)

Die Legitimation psychologischer Typen wäre für eine soziologische Theorie nur dann gegeben, wenn eine Zuordnung dieser zu bestimmten sozialen Gruppen und Institutionen sich herstellen ließe, die Erklärungen für den Zusammenhang von Gesellschaft und Charakterausprägung liefern könnte. In concreto würde das heißen: Welches Milieu führt zu welchen Typen. Frau von Freyhold äußerte dazu, daß sich solch eine Zuordnung im Bereich politischer Verbände leicht bewerkstelligen ließe: den Autoritären zur NPD, den Easy-Going-Low zu den Provos und Hippies etc.

Wenn die Typologie etwas über das aggressive Potential von Menschen aussagt, müßte die Soziologie genau angeben, unter welchen Bedingungen und Konstellationen äußerer Faktoren dieses Potential aus der Reserve heraus in Aktion überginge.

Ein Kommilitone wollte wissen, ob Persönlichkeitsstrukturen aus besonderen historischen Wendepunkten rekonstruiert worden seien, z. B. aus der Zeit der Oktoberrevolution von 1917. Die Verketzerung der aggressiven Persönlichkeit sei doch dann ein Widerspruch in sich, wenn man die Aufhebung eines gesellschaftlichen Zustandes wünscht, der eben diese Brutalität ständig reproduziert. Politische Praxis, die repressive Herrschaftsverhältnisse abschaffen wolle, müsse sich aggressiver Mittel bedienen. Destruktivität könne nicht ex cathedra verurteilt werden. Hier sei doch eine differenzierte Einschätzung von linker und rechter Aggressivität notwendig. Dr. Becker antwortete darauf, daß hier die Grenzen psychologischer Erkenntnis sichtbar würden. Die politische Bewertung von Destruktivität sprenge den Rahmen rein psychologischer Erkenntnisse. Frau von Freyhold meinte, entgegen der Kritik des Kommilitonen, daß die Psychologie nur zu einem abstrakten, für die politische Praxis zu undifferenzierten Begriff von Destruktivität käme, daß psychologisch der Typ des linken Revolutionärs durchaus beschrieben werden könne. Dieser sei wahrscheinlich durch Anpassungsuntüchtigkeit und Masochismus gekennzeichnet. Außerdem unterscheide die Psychologie zielgerichtete und diffuse Aggressivität, was in etwa mit revolutionärer und reaktionärer Aktion kongruent sei. Diffuse Aggressivität könne ihr Objekt beliebig auswechseln. Ein Diskussionsteilnehmer wies darauf hin, daß Kriterien wie zielgerichtete und diffuse Aggressivität noch keine Entscheidung über den politischen Stellenwert von Destruktivität erlaube. Auch Konterrevolutionen seien zielgerichtet.

Ein Sprecher warf der Authoritarian Personality vor, daß immer beteuert werde: Die psychische Deformation der Menschen sei nicht auf die Verkettung zufälliger Unglücksmomente zurückzuführen, sondern habe ihre Ursache in objektiven gesellschaftlichen Verhältnissen. Diese Beteuerung in der Authoritarian Personality bliebe äußerlich, weil ihr nicht ernstlich nachgegangen würde.

454 Wolfgang Pohrt, 23. Januar 1968

Probleme der autoritätsgebundenen
Persönlichkeit   Wintersemester 67/68
Protokoll vom 23. 1. 68

In ihrem Referat über die A-Skala[133] betonte die Autorin, diese sei gegenüber der F-Skala gekennzeichnet durch Verengung und Sterilität, welche sie in die Nähe demoskopischer Umfragen befördert. Als pures Instrument zur Messung des Grades faschistischer Einstellung erhebt sie nicht unmittelbar den Anspruch, über psychische Strukturen Auskunft zu geben. In dieser Bescheidenheit spiegelt sich die Hypothese, das Bewußtsein der aktuellen Variante des Autoritären, des Manipulativen, sei im Gegensatz zu dem des klassischen anal-sadistischen Typus gleichgültig gegenüber seinem Inhalt; die triebökonomische Beziehung zwischen dem Komplex Bewußtsein–Einstellung–Verhaltensweise und psychischer Struktur entfiele, da diese sich in der Form eines relativ stabilen Gebildes gar nicht mehr ausprägt. Destruktivität, deren Intensität sich bei der Arbeit mit der A-Skala als empfindlicher Indikator der manipulativen Autoritären Persönlichkeit erwiesen hatte, muß als nicht von in frühester Kindheit gesellschaftlich Präformierten produziert, sondern unmittelbar durch die Agenturen der Manipulation induziert vorgestellt werden. Der Komplex Bewußtsein–Einstellungen–Verhaltensweisen wäre demnach nicht mehr durch psychische Strukturen vermittelt, sondern unmittelbar gesellschaftlich.

Dem entspricht die Mitteilung Tjadens, daß polit-soziologischer Unterricht innerhalb eines kurzen Zeitraums die Intensität autoritärer Einstellungen – definiert durch den Meßwert auf der A-Skala – bei einer Gruppe von Schülern erheblich reduzieren konnte.[134] Dieses Resultat wiederspricht der genetischen Verankerung des Bewußtsein–Einstellung–Verhaltensweise-Komplexes in einer psychischen Struktur von der Form eines relativ stabilen und, einmal sedimentiert, äußerer Beeinflussung kaum zugänglichen Gebildes – wenn nicht gar deren Existenz. Genetisch entstünde dieser Komplex, anders als beim anal-sadistischen Typus, nicht aus paranoisch-projektiven, sondern mimetischen Reaktionsweisen.

Potential an Destruktivität ist ebenso, wie es Konstituens der manipulativen Autoritären Persönlichkeit ist, notwendige, wenngleich nicht hinreichende Be-

---

133 [Ohne Autorenangabe], »Entwicklung und gegenwärtige Form der A-Skala«, UAF Abt. 139 Nr. 17.
134 Vgl. Kay [d. i. Karl Hermann] Tjaden, rebellion der jungen. Die Geschichte von tusk und von dj. 1. 11, Frankfurt a. M. 1958.

dingung zur Auflösung dieser psychischen Struktur. Als unersetzliche Motivation kritischen Denkens wirkt sie aufklärerisch und der durch sie konstituierten Charakterstruktur entgegen. In diesem Prozeß ändert sie ihre Qualität: Statt als diffuse blind und unreflektiert sich in die Praxis umzusetzen, kehrt sie sich als aufgeklärte gegen ihre gesellschaftlichen Ursachen und damit gegen sich selbst. Als Beispiel für ein Organ, welches destruktive Bedürfnisse befriedigt und gleichzeitig in aufklärerischem Sinne verändert, wurde der »Spiegel« genannt.

Im Kapitel »Autoritarismus und politische Apathie« nannte die Autorin des Referats auch jenes politische Interesse, welches aus rationaler Einstellung resultiert, irrational, da ihm der sense of political efficiency fehle. Dem ist entgegenzuhalten, daß, abgesehen davon, daß eine Analyse der Gesellschaft, die die gegenwärtige Aussichtslosigkeit politischen Engagements stringent ableitete, gar nicht existiert – wie eingewendet wurde, ein System, das wesentlich auf Irrationalität basiert, nicht durch deren Korrelat, einen sense of efficiency, verändert werden kann. Wenn Vernunft durch ein System ungerechter Zwecke definiert ist, ist der Kampf gegen es, wenn an diesem Vernunftbegriff gemessen, allerdings irrational. Diese Irrationalität, in der Spannung zur ihr immer drohenden Verselbständigung gehalten, behält recht gegen die Vernunft wie die Krankheit als Protest psychischer Instanzen gegen die schlechte Realität gegen die Gesundheit.

455 [N.N.],
30. Januar 1968

Protokoll vom 30. Januar 1968

Grundlage für die Diskussion waren Thesen[135] zum Referat »Sexualmoral und Herrschaft in frühen Schriften von Wilhelm Reich«[136] und Thesen zu »Marcuses Theorie der Entstehung zunehmender Aggressivität in der Industriegesellschaft und der Möglichkeit nichtrepressiver Vergesellschaftung«[137].

Zu den Reich-Thesen:

Aus Reichs theoretischem Ansatz fällt die Kategorie der Arbeit heraus – seine Theorie ist insofern subjektiv gerichtet. Die anthropologisch-biologistischen Elemente erinnern an Feuerbach: Reich ist romantischer Anarchist wie dieser. Daß das Triebleben durch die Gesellschaft geformt wird, wird nicht genügend reflektiert; durch Lockerung der Tabus – bei Reich die Zauberformel – hat nichts sich geändert.[138] Die Glorifizierung des Proletariats bei Reich entspricht dem instinct of workmanship Veblens:[139] Beides ist gleichsam Trostideologie von Intellektuellen.

---

135 [Ohne Autorenangabe] (Arbeitsgruppe I), »Thesen zum Reich-Referat«, UAF Abt. 139 Nr. 17.
136 [Ohne Autorenangabe] (Arbeitsgruppe I), »Sexualmoral und Herrschaft in frühen Schriften von Wilhelm Reich«, ebd.
137 Ulrich Rödel, »Marcuses Theorie der Entstehung zunehmender Aggressivität in der ›Industriegesellschaft‹ und der Möglichkeit nichtrepressiver Vergesellschaftung«, ebd.
138 Bei Reich heißt es: »Die ganze bisherige Kulturforschung behauptet, daß es gesellschaftliche Ordnung bei Triebfreiheit nicht geben kann. Dagegen behauptet und beweist die Sexualökonomie nicht nur, daß es das gibt und geben kann, sondern vielmehr, daß mit der sexualökonomischen Regulierung des Geschlechtslebens, welche restlose Sexualbejahung anstelle der Sexualverneinung zur ersten Voraussetzung hat, sich zum ersten Male einige der großen Fragen der Menschheit lösen lassen werden, die heute ihr Leben bedrückt, daß mit dem sexualökonomischen Geschlechtsleben der arbeitenden Bevölkerung der Erde die soziale Demokratie und wirkliche Massenkultur erst beginnen kann.« (Wilhelm Reich, Einbruch der Sexualmoral [1932], Graz 1972, S. 116)
139 Vgl. Thorstein Veblen, The Instinct of Workmanship and the State of the Industrial Arts, New York 1914. – Adorno schreibt über diese Schrift: *Der Positivist erlaubt sich die Möglichkeit des Menschen nur zu denken, indem er sie in eine Gegebenheit verzaubert. Mit anderen Worten: in die Vergangenheit. Es gibt für ihn keine Rechtfertigung versöhnten Lebens, als daß es noch gegebener, noch positiver, noch daseiender sei als die Hölle des Daseins. Das Paradies ist die Aporie des Positivisten. Den Arbeitsinstinkt erfindet er nebenher, um Paradies und industrielles Zeitalter doch noch auf den gleichen anthropologischen Nenner zu bringen. Schon vor der Erbsünde wollten ihm zufolge die Menschen im Schweiße ihres Angesichts ihr Brot essen.* (GS, Bd. 10·1, S. 89f.)

Zu den Marcuse-Thesen:

Marcuses These von der zunehmenden Repression[140] entspricht der Freudschen Theorie. Allerdings sind bei Freud die Schuldgefühle dazwischengeschaltet. Als gesellschaftliche Intention der Neurose bei Freud könnte man erklären, daß dauerhafte Repression nicht möglich ist. Zum Aggressionstrieb ist zu sagen, daß gerade, wenn man ihn als so stark und gefährlich einschätzt – Adorno stimmt hier mit Marcuse überein – dennoch, und gerade deshalb, der Selbsterhaltungstrieb als entgegengesetzte Triebkomponente zu berücksichtigen ist, der bei Marcuse fehlt. Dieser gerät in die Gefahr eines psychoanalytischen Wahnsystems, indem er die Ichtriebe eliminiert. Wenn der Selbsterhaltungstrieb nicht beachtet wird, dann ist das schlechter Psychologismus: Psychologisches wird hypostasiert auf Kosten der Verflechtung der Menschen in den Lebensprozeß. Die von Marcuse postulierte Tendenz der Selbstsublimierung, als der Selbstbeschränkung des Eros,[141] erinnert an Schelling, bei dem die Materie von selbst in Geist übergeht.[142] Das materialistische Salz von Marcuses Theorie wird durch idealistisches Gedankengut verdünnt. Überhaupt ist zu fragen, warum eigentlich Libido sich sublimieren soll. Marcuse folgt hier ganz Freud. Eine gewisse Notwendigkeit für

---

140 Vgl. etwa den Abschnitt »Der Sieg über das unglückliche Bewußtsein: repressive Entsublimierung«, in: Marcuse, Der eindimensionale Mensch, a. a. O. (s. Anm. 17), S. 76–102.
141 Bei Marcuse heißt es: »Die Weise, in der kontrollierte Entsublimierung die Triebrevolte gegen das bestehende Realitätsprinzip schwächen kann, läßt sich erhellen an dem Gegensatz zwischen der Darstellung der Sexualität in der klassischen und romantischen Literatur und unserer Gegenwartsliteratur. Wählt man unter den vielen Werken, die ihrer ganzen Substanz und inneren Form nach vom erotischen Engagement bestimmt wird, solche wesentlich verschiedenen Beispiele aus wie Racines *Phädra*, Goethes *Wahlverwandtschaften*, Baudelaires *Blumen des Bösen*, Tolstois *Anna Karenina*, so erscheint die Sexualität übereinstimmend in hochsublimierter, ›vermittelter‹, reflektierter Form – aber in dieser Form ist sie absolut, kompromißlos, bedingungslos. Der Herrschaftsbereich des Eros ist seit Anbeginn ebenso der des Thanatos. Erfüllung ist Zerstörung, nicht in einem moralischen oder soziologischen, sondern in einem ontologischen Sinne. Sie ist jenseits von Gut und Böse, jenseits gesellschaftlicher Moral und bleibt so jenseits der Reichweite des bestehenden Realitätsprinzips, das von diesem Eros abgelehnt und gesprengt wird.« (Ebd., S. 96)
142 Bei Schelling heißt es etwa: »Nicht nur für das Handeln gibt es ein Schicksal: auch dem Wissen steht das An-sich des Universums und der Natur als eine unbedingte Nothwendigkeit vor, und wenn, nach dem Ausspruch eines Alten, der tapfere Mann im Kampf mit dem Verhältniß ein Schauspiel ist, auf das selbst die Gottheit mit Lust herabsieht, so ist das Ringen des Geistes nach der Anschauung der ursprünglichen Natur und des ewigen Innern ihrer Erscheinungen ein nicht minder erhebender Anblick. Wie in der Tragödie der Streit weder dadurch, daß die Nothwendigkeit, noch dadurch, daß die Freiheit unterliegt, sondern allein durch die Erhebung der einen zur vollkommenen Gleichheit mit der andern wahrhaft gelöst wird: so kann auch der Geist aus jenem Kampf mit der Natur allein dadurch versöhnt heraustreten, daß sie für ihn zur vollkommenen Indifferenz mit ihm selbst und zum Idealen sich verklärt.« (SW, Bd. 3, S. 347 f.)

die Libido zu sublimieren scheint darin begründet, daß das psychische Energiequantum das physische weit übersteigt und daher auf andere Gestalten der Befriedigung drängt. Bei Freud gibt es eigentlich kein Kriterium der Differenzierung zwischen Sublimierung und Verdrängung; insofern scheint der Begriff der Sublimierung recht suspekt. So stimmt auch Freuds Sublimierungstheorie der Kunst nicht.[143] Geistiges läßt sich nicht so einfach auf Libido zurückführen.

Marcuses Unterscheidung zwischen notwendiger und überflüssiger Unterdrückung erweist sich als zu einfach. Es bedarf der zusätzlichen Repression, ohne sie würde Libido zu jäh sich durchsetzen. Nur durch das Böse hindurch wird das Gute realisiert. Notwendige Arbeit bei Marcuse ist etwas anderes als gesellschaftlich notwendige Arbeit bei Marx: Die Forderung nach Abschaffung der Arbeit ist bei Marx erwachsen aus dem Quantum der Arbeit (Arbeitszeit), das zur Verstümmelung führt. Mit einer qualitativen[144] Veränderung würde Arbeit total Verschiedenes meinen, Unterdrückung (Arbeitsmoral) wäre dann gegenstandslos.

---

[143] Bei Freud heißt es: »Es gibt [...] einen Rückweg von der Phantasie zur Realität, und das ist – die Kunst. Der Künstler ist im Ansätze auch ein Introvertierter, der es nicht weit zur Neurose hat. Er wird von überstarken Triebbedürfnissen gedrängt, möchte Ehre, Macht, Reichtum, Ruhm und die Liebe der Frauen erwerben; es fehlen ihm aber die Mittel, um diese Befriedigungen zu erreichen. Darum wendet er sich wie ein anderer Unbefriedigter von der Wirklichkeit ab und überträgt all sein Interesse, auch seine Libido, auf die Wunschbildungen seines Phantasielebens, von denen aus der Weg zur Neurose führen könnte. Es muß wohl vielerlei zusammentreffen, damit dies nicht der volle Ausgang seiner Entwicklung werde; es ist ja bekannt, wie häufig gerade Künstler an einer partiellen Hemmung ihrer Leistungsfähigkeit durch Neurosen leiden. Wahrscheinlich enthält ihre Konstitution eine starke Fähigkeit zur Sublimierung und eine gewisse Lockerheit der den Konflikt entscheidenden Verdrängungen.« (FGW, Bd. XI, S. 390f.)
[144] Konjiziert für: »quantitativen«.

456 Diether Heesemann,
   6. Februar 1968

Seminar von Prof. Adorno: Probleme der autoritätsgebundenen
                           Persönlichkeit
(Wintersemester 1967/68)

Protokoll der Sitzung vom 6. 2. 68
Protokollant: Diether Heesemann

Zu dem Referat »Zum Verhältnis von objektiver Theorie der Gesellschaft und Sozialpsychologie«[145] wurden Thesen[146] ausgearbeitet und in der Sitzung des Seminars vorgetragen. Anmerkungen, Fragen und Diskussion erfolgten abschnittweise, d. h. im Anschluß an die jeweiligen Kapitel des Referates bzw. der Thesen.

Kapitel I: Soziale Aspekte in der Psychoanalyse Freuds
   Zu der in These 1 aufgestellten Behauptung, die Begriffe in Freuds psychoanalytischer Theorie seien gesellschaftliche, fragte Prof. Adorno, wie sich das mit der auch in diesem Seminar vorgetragenen Kritik vertrage, Freuds Psychoanalyse sei gerade durch einen Mangel an gesellschaftlicher Reflexion gekennzeichnet. Daß jene These in gewissem Sinne dieser berechtigten Kritik nicht widerspricht, zeigt der Freud'sche Begriff der »Lebensnot«.[147] Freuds Soziologie beschränkte

---

145 [Ohne Autorenangabe], »Zum Verhältnis von objektiver Theorie der Gesellschaft und Sozialpsychologie«, UAF Abt. 139 Nr. 17.
146 [Ohne Autorenangabe], »Thesen zum Referat: Objektive Theorie der Gesellschaft und Sozialpsychologie«, ebd.
147 Bei Freud heißt es etwa: »Wir glauben, die Kultur ist unter dem Antrieb der Lebensnot auf Kosten der Triebbefriedigung geschaffen worden, und sie wird zum großen Teil immer wieder von neuem erschaffen, indem der Einzelne, der neu in die menschliche Gemeinschaft eintritt, die Opfer an Triebbefriedigung zu Gunsten des Ganzen wiederholt. Unter den so verwendeten Triebkräften spielen die der Sexualregungen eine bedeutsame Rolle; sie werden dabei sublimiert, d. h. von ihren sexuellen Zielen abgelenkt und auf sozial höherstehende, nicht mehr sexuelle, gerichtet. Dieser Aufbau ist aber labil, die Sexualtriebe sind schlecht gebändigt, es besteht bei jedem Einzelnen, der sich dem Kulturwerk anschließen soll, die Gefahr, daß sich seine Sexualtriebe dieser Verwendung weigern. Die Gesellschaft glaubt an keine stärkere Bedrohung ihrer Kultur, als ihr durch die Befreiung der Sexualtriebe und deren Wiederkehr zu ihren ursprünglichen Zielen erwachsen würde. Die Gesellschaft liebt es also nicht, an dieses heikle Stück ihrer Begründung gemahnt zu werden, sie hat gar kein Interesse daran, daß die Stärke der Sexualtriebe

sich auf abstrakte, vermeintlich ›urtypische‹ Kategorien. Er übersah, daß es nicht »Lebensnot« als solche, wohl aber in mannigfachen sozialen Ausprägungen gibt.

Freud interpretierte Gesellschaft nicht in historischen Kategorien; sein theoretisches Motiv dafür war die Annahme, daß sich entscheidende Grundmechanismen durch die Geschichte von Anfang an durchhalten, daß sie unveränderlicher Bestandteil psychischer Struktur seien. Einwirkungen aktueller gesellschaftlicher Bedingungen würden nach Freud nur das Ich treffen, die »äußerliche« Instanz der Persönlichkeitsstruktur, nicht aber das geschichtslose Es.

In diesem Sinne ist Freud Schrift »Das Unbehagen in der Kultur«[148] ein antimarxistisches Werk und die Unterdrückung der Psychoanalyse im sowjetischen Marxismus z.T. als Reaktion darauf zu werten.

Soziologie ist für Freud weitgehend angewandte Psychologie.[149] Vermutlich würde er versucht haben, den Kapitalismus aus der analen Triebstruktur abzuleiten, meinte Prof. Adorno.

Offenbar hat Freud nicht erkannt, daß es objektive Gesetzmäßigkeiten und Zwänge sozialer Art gibt, die von unserer Triebstruktur unabhängig sind. (Als Beispiel sei nur an die Opfer des von außen aufgezwungenen Krieges in Vietnam erinnert.) In diesem Bereich wird eine Harmonie zwischen Psychoanalyse und Soziologie sehr fraglich.

Kritisch setzt man sich auch mit Freuds Analyse der Rolle der Kultur in der bürgerlichen Gesellschaft auseinander. Freud selbst geht nicht über eine Kritik überflüssiger Versagungen hinaus, die die Kultur dem Menschen auferlegt. Er will lediglich die schlimmsten Auswüchse der Repression beseitigen, nicht ihre eigentlichen Ursachen. Man würde Freud vermutlich überbewerten, sähe man in ihm in dieser Hinsicht mehr als einen spätbürgerlichen Kritiker. Einer der Gründe dafür, daß sich in seinem Gesamtwerk so wenig gesellschaftskritische Ansätze finden, ist vermutlich in seiner eigenen gesellschaftlichen Position zu suchen. Als Arzt mußte er wohl für eine Anpassung an das Realitätsprinzip eintreten – aus Angst vor den Folgen einer zu radikalen Kulturkritik (die Anna Freud sogar selbst als neurotisch gekennzeichnet hat)[150].

---

anerkannt und die Bedeutung des Sexuallebens für den Einzelnen klargelegt werde, sie hat vielmehr in erziehlicher Absicht den Weg eingeschlagen, die Aufmerksamkeit von diesem ganzen Gebiet abzulenken.« (FGW, Bd. XI, S. 15f.)
148 Vgl. FGW, Bd. XIV, S. 419–506.
149 S. oben, Anm. 70.
150 S. oben, Anm. 82.

Kapitel II: Die Revisionisten (Horney und Sullivan)[151]

Den Vorwurf, er habe gesellschaftliche und ökonomische Strukturen lediglich als Wirkungen psychologischer Impulse verstanden, die selber einer weitgehend geschichtslosen trieblichen Konstitution des Menschen entsprängen, nimmt die neo-freud'sche oder revisionistische Schule auf in ihrem Versuch, das Problem der Beziehung von Psychologie zur Soziologie neu zu ordnen. Die Intention wurde jedoch verfehlt, als soziale Begriffe unkontrolliert Einzug in die Psychoanalyse hielten. Horney und Sullivan fielen damit teilweise hinter die Einsichten Freuds zurück. Wenn Horney Freud ein gewisses Verhaftetsein in den Denkstrukturen seiner Zeit attestiert,[152] so gilt auch ihr (wie anderen Revisionisten) der Vorwurf, mit im strengen Sinne ideologischen Begriffen ihre Umwelt zu analysieren.

Das scheinbare Hinnehmen sozialer Phänomene in die Psychoanalyse läuft Gefahr, objektiv gesellschaftlich reaktionären Zielen zu dienen, wenn – bis hin zu Fromm – im Rahmen des geltenden Wertesystems die ganze bürgerliche Moral und Ideologie durch die Hintertür wieder Einlaß finden. Diese Gefahr ist schon in der Struktur des Denkens selber angelegt: Der psychoanalytische Revisionismus steht in den USA unter dem übermächtigen Desiderat des Marktes, einen Neurotiker so schnell wie möglich wieder arbeitsfähig in den Produktionsprozeß zurückzuführen; unter einem ökonomischen Zwang also, der eine Reflexion über Freud und über diesen hinaus entscheidend erschwert.

Der repressive, vielfach nicht nur mittelbar gewalttätige Charakter kapitalistischer Gesellschaften wird von den Revisionisten verharmlost durch die (vor allem bei Horney sichtbare) Überbewertung der Konkurrenz.[153] Schon Marx er-

---

151 [Ohne Autorenangabe], »Thesen zum Revisionismus in der Psychoanalyse«, UAF Abt. 139 Nr. 17.
152 »Es erscheint banal, [...] daß niemand, selbst nicht ein Genie, sich völlig aus seiner Zeit lösen kann; daß also trotz aller visionären Kühnheit jedes Denken dem Einfluß des Zeitgeistes unterworfen bleibt. Diesen Einfluß auf Freuds Werk zu erkennen, ist nicht nur vom historischen Gesichtspunkt aus interessant, sondern es ist auch für diejenigen wichtig, die sich bemühen, die verwickelte und scheinbar undurchdringliche Struktur der psychoanalytischen Theorien genauer zu verstehen.« (Karen Horney, Neue Wege in der Psychoanalyse, Stuttgart 1951, S. 35) Horneys Urteil über die »Beeinflussung des Freud'schen Denkens durch die philosophischen Lehren des 19. Jahrhunderts oder durch die psychologischen Schulen seiner Zeit« (ebd.) lautet, »daß die Psychoanalyse sich von der Erbschaft der Vergangenheit losmachen muß, wenn sie ihre großen Möglichkeiten zur Entwicklung bringen soll [...]« (Ebd., S. 44).
153 »[W]enn gewisse Charakterzüge nicht mehr als letztes Ergebnis triebhafter, nur durch das Milieu modifizierter Kräfte erklärt werden, liegt das ganze Schwergewicht auf den charakterbildenden Lebensbedingungen, und wir müssen erneut die für die Entstehung neurotischer Konflikte verantwortlichen Faktoren der Umgebung erforschen; so werden Störungen im Bereiche der Beziehungen zum Mitmenschen zum Hauptfaktor bei der Entstehung von Neurosen. Eine vorwiegend soziologische Orientierung ersetzt dann eine mehr anatomisch-physiologische. Wenn die

kannte, daß die Konkurrenz nicht das entscheidende repressive Phänomen sei in einer Gesellschaft, in der der Mehrwert bereits expropriiert, der Unternehmer in das System eingespannt sei und nur noch sekundär aus Profitstreben so handele.

Daß in einer repressiven Gesellschaft Triebverstümmelung in der Kindheit sich immer wiederholt, daß insofern in diesem Teufelskreis nichts Neues passiert, hat Freud sehr richtig erkannt. Er kommt damit dem Marx'schen Begriff der »Vorgeschichte« sehr nahe.[154]

---

einseitige Betrachtung des in der Libido-Theorie enthaltenen Lust-Prinzips aufgegeben wird, gewinnt das Sicherheitsbedürfnis mehr Gewicht, und die Rolle der Angst und das von ihr erzeugte Streben nach Sicherheit erscheint in neuem Licht. Der entscheidende Faktor bei Entstehung von Neurosen ist dann weder der Ödipus-Komplex noch irgendeine Art kindlichen Lust-Strebens, sondern entscheiden sind alle jene widrigen Einflüsse, die einem Kind das Gefühl der Hilflosigkeit und Wehrlosigkeit geben und es die Welt als potentiell bedrohlich empfinden lassen. Auf Grund dieser Furcht vor möglichen Gefahren muß das Kind gewisse ›neurotische Tendenzen‹ entwickeln, die ihm gestatten, mit einiger Sicherheit der Welt gegenüberzutreten. Narzißtische, masochistische, perfektionistische Neigungen erscheinen in diesem Licht nicht als Ausflüsse triebhafter Kräfte, sondern bedeuten in erster Linie Versuche des Individuums, Wege durch eine Wildnis voll unbekannter Gefahren zu finden.« (Ebd., S. 9f.)

[154] »Die bürgerlichen Produktionsverhältnisse sind die letzte antagonistische Form des gesellschaftlichen Produktionsprozesses, antagonistisch nicht im Sinn von individuellem Antagonismus, sondern eines aus den gesellschaftlichen Lebensbedingungen der Individuen hervorwachsenden Antagonismus, aber die im Schoß der bürgerlichen Gesellschaft sich entwickelnden Produktivkräfte schaffen zugleich die materiellen Bedingungen zur Lösung dieses Antagonismus. Mit dieser Gesellschaftsformation schließt daher die Vorgeschichte der menschlichen Gesellschaft ab.« (MEW, Bd. 13, S. 9)

457 Rainer Ruge, 13. Februar 1968

Prof. Adorno
Seminar: Probleme der autoritätsgebundenen Persönlichkeit
Wintersemester 1967/68

> Protokoll der Sitzung vom 13. 2. 1968
> (Abschlußdiskussion mit Prof. Mitscherlich)[155]

Die Doppelschlächtigkeit der Psychoanalyse steckt schon in Freud drin: Gesellschaftliche Anwendung (Sozialpsychologie) und therapeutische Anwendung (Verständnis von Individuen) sind nicht geschieden. Möglich ist eine analytische Sozialpsychologie deshalb, weil in die Grundkategorien der Psychoanalyse Gesellschaftliches eingegangen ist. So weist etwa der Ödipuskomplex auf die monogame und patriarchalische Ehe zurück. Nötig ist eine analytische Sozialpsychologie, weil zahllose Massenphänomene – bes. irrationales Verhalten – nicht aus der ökonomischen Sphäre abgeleitet werden können.

Freud, der sich Le Bons massenpsychologische Befunde[156] zu eigen gemacht hat,[157] fügte dessen phänotypischen Analysen die eigenen genotypischen hinzu. Das Verhalten der Menschen näherte sich in Extremsituationen dem Le Bon-Freudschen Modell tendenziell an, weil durch ein dichtes gesellschaftliches Kommunikationsnetz die Verhaltensweisen stärker sozialisiert worden sind. Die soziale Kontrolle dürfte zu allen Zeiten unerträglich gewesen ein. Dann ergibt sich die Frage: Ist es wahr, daß das Überich im 14. oder 18. Jahrhundert eine andere Qualität besessen hat als heute? (Mitscherlich)[158] Folgt man Löwenthal und Gu-

---

155 Der Psychoanalytiker Alexander Mitscherlich ist seit 1960 Leiter des Sigmund-Freud-Instituts in Frankfurt a. M. Dem Seminar zugrunde liegt sein Text, »Die Idee des Friedens und die menschliche Aggressivität (vorläufiges Manuskript)«, UAF Abt. 139 Nr. 17; vgl. Alexander Mitscherlich, Die Idee des Friedens und die menschliche Aggressivität, in: Alexander Mitscherlich, Die Idee des Friedens und die menschliche Aggressivität. Vier Versuche, Frankfurt a. M. 1969, S. 105–137.
156 Vgl. Gustave Le Bon, Psychologie der Massen [1895], übers. von Rudolf Eisler, 2. Aufl., Leipzig 1912 (Philosophisch-soziologische Bücherei; II).
157 So etwa in »Massenpsychologie und Ich-Analyse« [1921], FGW, Bd. XIII, S. 71–161.
158 So heißt es etwa bei Mitscherlich, es zeige sich, »daß die Wildheit aggressiver Äußerungen im ganzen des Lebensstiles zurückgeht, mindestens stärker mißbilligt wird. Welche Faktoren diesen Prozeß definitiv bestimmen, darüber gibt es zuwenig empirische Forschung. Es ist aber denkbar, daß die ›Verwandlung des Affekthaushaltes‹ dadurch weiter fortschreitet, daß es uns gelingt, die soziale Einpassung des Menschen in den frühen Phasen der Kindheit schonender,

terman (»Prophets of Deceit«, N.Y. 1949)[159] bei ihrer Rekonstruktion der psychischen Struktur eines gläubigen mittelalterlichen Christen, so ergibt sich: das Überich war sehr viel rigider ausgebildet als heute.

Entscheidend ist die Veränderung in der Qualität des Sozialisierungs- und Integrationsprozesses. Die Bedeutung der vermittelnden Instanzen (Familie, Kirche etc.) ist geschrumpft. Früher vollzog sich die Repression nicht unmittelbar. Zwischenschaltung der individuellen Sphäre hieß aber auch: Möglichkeit, sich dem Druck zu entziehen. Die voll entfaltete bürgerliche Familie war bis zu einem gewissen Grade vor der Gesellschaft schützender Raum, außerdem jedoch mußten sich die Kinder viel stärker am Vater abarbeiten, was wieder der Ich-Bildung zugute kam. Heute gilt demgegenüber: »Die Prokura der Familie ist eingezogen worden«. (Horkheimer) In der »vaterlosen Gesellschaft« (Mitscherlich)[160] herrscht die Produktionssphäre unmittelbar.

Damit korreliert die Zunahme der psychosomatischen Krankheiten gegenüber den Psychoneurosen, egal ob man darin eine Vertiefung der Konflikte – Abwandern in die weniger beeinflußbare somatische Schicht – sieht oder eine Verschiebung. Die Grabenschlachten im Ersten Weltkrieg führten bei den Soldaten zu Zittern als konversionshysterischem Symptom. Die Kranken wurden jedoch als Simulanten angesehen. Im Zweiten Weltkrieg dagegen wurde dieses Symptom nicht mehr beobachtet, statt dessen ein sprunghaftes Ansteigen von vegetativen Störungen. Sie waren ›medizinisch nachweisbar‹ und verliehen das Prestige der Krankheit. Zur Bestimmung des gesellschaftlichen Moments von Krankheit muß neben die Analyse der historischen Wandlung von Krankheitsbildern aufgrund klinischer Daten die der schichtenspezifischen Verteilung treten (z. B. Schizophrenie: vorwiegend in der Unterschicht).

---

d. h. nicht mit einer falschen Toleranzideologie, sondern mit Einfühlung zu vollziehen, so daß sich die Bereitschaft, später auf regressive Weise mit der Aggression umzugehen, weiter verringert.« (Mitscherlich, Die Idee des Friedens und die menschliche Aggressivität, a.a.O. [s. Anm. 155], S. 135f.) – Vgl. Norbert Elias, Über den Prozeß der Zivilisation. Soziogenetische und psychogenetische Untersuchungen. Erster Band. Wandlungen des Verhaltens in den weltlichen Oberschichten des Abendlandes [1939], in: Norbert Elias, Gesammelte Schriften, hrsg. von Heike Hammer, Johan Heilbron, Peter-Ulrich Merz-Benz, Annette Treibel und Nico Wilterdink, Bd. 3·1, bearb. von Heike Hammer, Frankfurt a.M. 1997, S. 283.
159 Vgl. Leo Lowenthal und Norbert Guterman, Prophets of Deceit. A Study of the Techniques of the American Agitator, New York 1949 (Studies in Prejudice; 5); vgl. Leo Löwenthal und Norbert Guterman, Falsche Propheten. Studien zur faschistischen Agitation, in: Leo Löwenthal, Schriften, hrsg. von Helmut Dubiel, Bd. 3, Frankfurt a.M. 1982, S. 9–159.
160 Vgl. Alexander Mitscherlich, Auf dem Weg zur vaterlosen Gesellschaft. Ideen zur Sozialpsychologie, München 1963.

Die psychoanalytischen Kategorien sind historische – für den Soziologen. Der Therapeut benutzt sie naiv und formalisiert, behandelt sie als Konstrukte. Freilich, wenn der Analytiker die Kategorien so naiv beläßt und die Reflexion auf den historischen Gehalt unterdrückt, tauchen in der Therapie selbst Probleme auf. Erfolgskriterien sind dann: ob der Patient schön angepaßt, arbeits- und genußfähig ist.

Allerdings: Die meisten Leute kommen zum Psychoanalytiker, weil sie sehr schwer leiden, qualvoller als bei einer körperlichen Krankheit. Viele Analytiker haben sich in die Gesellschaft integriert; es ist die Frage, ob sie im strengen Sinn noch welche sind. Denn die Analyse macht die Patienten per definitionem kritischer; sie ist eine immens subversive Methode. Wenn jemand nachher etwa im Büro arbeiten kann, ist das ein Fortschritt; auch noch die Bedeutung des tertiären Sektors zu erläutern, ist ›beyond‹ (Mitscherlich). Das klinische Argument, so Adorno, sei evident; der kontroverse Bereich sei die analytische Sozialpsychologie, wobei weder durch eine schlechte Soziologisierung die Arbeitsteilung absolut gesetzt werden bzw. die Reflexion auf sie unterbleiben darf. Nur so ist der Gefahr einer Psychologisierung von Momenten zu entgehen, die gesellschaftlich zu erklären wären.

Zentralproblem ist die schon bei Freud angelegte Verquickung von radikal geschichtlich-dialektischem Denken und naturwissenschaftlich beeinflußter Invariantenlehre. Die objektiv vermittelten gesellschaftlichen Momente erscheinen dem Subjekt als ihm eigen. Dieselbe Problematik bewegt den aristotelischen Begriff der πρώτη ουσία, der sinnliche Unmittelbarkeit *und* Objektivität meint.[161] *Für uns* ist Psychologie immer das nächste; es ist schwierig, darüber hinauszukommen. *An sich* ist das Individuum ein Epiphänomen. Die Dialektik von Für-uns und An-sich (das wieder durch das Für-uns vermittelt ist) gilt es auszutragen.

Sozialwissenschaftler neigen dazu, die Eigengesetzlichkeit biologischer Abläufe zu unterschätzen. Die Psychoanalyse versucht nun, der Biologie wie der Soziologie gegenüber das Individuum durchzusetzen. Allerdings ist der Satz vom Vorrang der Gesellschaft über das Individuum kritisch. Wir leben noch in der »Vorgeschichte« (Marx)[162]. Das Individuum wäre erst noch herzustellen in einer nicht-repressiven Gesellschaft. In dieser aufklärerischen Intention treffen sich Psychoanalyse und Soziologie.

---

161 Zur Darstellung dessen, was im Deutschen allgemein als ›primär Seiendes‹ oder ›erste Substanz‹ übersetzt wird, vgl. das fünfte Kapitel in: Aristoteles, Kategorien, übers. von Eugen Rolfes, in: Aristoteles, Philosophische Schriften in sechs Bänden, Bd. 1, Hamburg 1995, S. 1–42; hier: S. 3–10 (2a–4b).
162 S. oben, Anm. 154.

Sommersemester 1968:
Hegel, »Ästhetik«

Philosophisches Hauptseminar mit Max Horkheimer

In diesem Semester hält Adorno zudem die soziologische Vorlesung »Einleitung in die Soziologie« und gibt das soziologische Proseminar »Übungen zur Vorlesung ›Einleitung in die Soziologie‹«

Das Seminar findet donnerstags von 18 bis 20 Uhr statt

458 – 463 Archivzentrum Na 1, 903

458 Gerhard Stamer,
   25. April 1968

Angesichts der gegenwärtigen Aktualität des politischen Interesses der Studentenschaft stellt sich die Frage nach der Legitimation eines philosophischen Seminars über die Hegelsche Ästhetik und allgemeiner nach der Beziehung von Politik und Ästhetik.

Politisches Engagement bedeutet nicht Verbot der Ästhetik. Es kommt darauf an, der Ästhetik und der Kunst innerhalb eines philosophischen Konzepts, dessen Intention die Veränderung der gesellschaftlichen Verhältnisse ist, ihren systematischen Ort und ihre funktionelle Bedeutung zuzuweisen.

Kunst und Ästhetik können revolutionäre Praxis nicht ersetzen. Politisches Handeln verlangt eine zweckrationale Instrumentalisierung des Bewußtseins, sowie der psychischen als auch physischen Kräfte der Subjekte, welche die Sphäre der Kunst prinzipiell inadäquat ist.

Kunst ist im Verhältnis zur bestehenden Realität Antizipation eines Verhaltens, wie es in einer repressionsfreien Gesellschaft selbstverständlich wäre. In der Vorwegnahme liegt der Beitrag der Kunst für die Emanzipation. Sie bewahrt ein in der Realität Eliminiertes. Insofern kommt also der Kunst selbst eine befreiende Funktion zu. Freilich ist die Kunst nicht pure Antizipation eines in der Gegenwart nicht vorhandenen Zukünftigen. Als Kunst ist sie ja anwesend, nur als Form des Lebens der gesellschaftlichen Realität nicht. Darin besteht die Verbindlichkeit des Antizipierten, daß es als ästhetisches Bedürfnis gegenwärtig ist.

Das Künstlerische, das Spezifische der Kunst, ist ihre Affinität zum Lustprinzip gegenüber dem die Gattungsgeschichte bestimmenden Realitätsprinzip. Phantasie geht ihr vor begriffliche Präzision, Spiel vor Arbeit. Zweckmäßigkeit ohne Zweck, innere Stimmigkeit, sind in ihr leitend, anstatt naturbeherrschender Rationalität und Technik. Nicht dem Identifikationsprinzip untersteht sie, sondern einer Freiheit, die im »Miteinander des Verschiedenen« kompositorisch eingelöst wird.[1]

---

1 Dieses Wort gebraucht Adorno in der *Negativen Dialektik* [1966], um auf ein utopisches Moment jenseits des Identifikationsprinzips hinzuweisen: *Bereits im einfachen identifizierenden Urteil gesellt sich dem pragmatistischen, naturbeherrschenden Element ein utopisches. A soll sein, was es noch nicht ist. Solche Hoffnung knüpft widerspruchsvoll sich an das, worin die Form der prädikativen Identität durchbrochen wird. Dafür hatte die philosophische Tradition das Wort Ideen. Sie sind weder χωρίς noch leerer Schall sondern negative Zeichen. Die Unwahrheit aller erlangten Identität ist verkehrte Gestalt der Wahrheit. Die Ideen leben in den Höhlen zwischen dem, was die Sachen zu*

In der »Ästhetischen Erziehung des Menschengeschlechts« verbindet Schiller Schönheit, Spiel und Menschsein in der Kategorie des Ästhetischen.[2]

»... der Mensch soll mit der Schönheit nur spielen, und er soll nur mit der Schönheit spielen. Denn, um es endlich einmal herauszusagen, der Mensch spielt nur, wo er in aller Bedeutung des Worts Mensch ist, und er ist nur da ganz Mensch, wo er spielt.«[3][*1][4]

In dem »Götterstande« des Ästhetischen bzw. dem der repressionsfreien Gesellschaft sind »sowohl der materielle Zwang der Naturgesetze als der geistige Zwang der Sittengesetze« aufgelöst und ein Leben in Frieden und Freiheit gewährleistet.[5] Alle »Spuren des Willens«[*2], das Schopenhauersche Modell der Zwangstheorie des Willens,[6] sind real durchbrochen.

---

sein beanspruchen, und dem, was sie sind. Utopie wäre über der Identität und über dem Widerspruch, ein Miteinander des Verschiedenen. (GS, Bd. 6, S. 153)

2 Der genannte Titel ist eine Vermischung zweier Titel, nämlich der »Erziehung des Menschengeschlechts« Lessings sowie der in Rede stehenden Schrift von Schiller: »Über die ästhetische Erziehung des Menschen in einer Reihe von Briefen«.

3 »Nun spricht aber die Vernunft: das Schöne soll nicht bloßes Leben und nicht bloße Gestalt, sondern lebende Gestalt, das ist, Schönheit sein; indem sie ja dem Menschen das doppelte Gesetz der absoluten Formalität und der absoluten Realität diktiert. Mithin tut sie auch den Ausspruch: der Mensch soll mit der Schönheit nur *spielen*, und er soll nur *mit der Schönheit* spielen.« (Friedrich Schiller, Über die ästhetische Erziehung des Menschen in einer Reihe von Briefen [1795], in: Friedrich Schiller, Sämtliche Werke, hrsg. von Gerhard Fricke und Herbert G. Göpfert in Verb. mit Herbert Stubenrauch, Bd. 5, 3. Aufl., München 1962, S. 570–669; hier: S. 617 f.)

4 Diese sowie die folgenden beiden Anmerkungsziffern werden in der Vorlage nicht wiederaufgenommen.

5 »Denn, um es endlich auf einmal herauszusagen, der Mensch spielt nur, wo er in voller Bedeutung des Worts Mensch ist, und *er ist nur da ganz Mensch, wo er spielt*.« (Ebd., S. 618) Weiter schreibt Schiller: »Von der Wahrheit desselben [scil. des Satzes] geleitet, ließen sie [scil. die antiken Griechen] sowohl den Ernst und die Arbeit, welche die Wangen der Sterblichen furchen, als die nichtige Lust, die das leere Angesicht glättet, aus der Stirne der seligen Götter verschwinden, gaben die ewig Zufriedenen von den Fesseln jedes Zweckes, jeder Pflicht, jeder Sorge frei und machten den *Müßiggang* und die *Gleichgültigkeit* zum beneideten Lose des Götterstandes: ein bloß menschlicherer Name für das freieste und erhabenste Sein. Sowohl der materielle Zwang der Naturgesetze als der geistige Zwang der Sittengesetze verlor sich in ihrem höhern Begriff von Notwendigkeit, der beide Welten zugleich umfaßte, und aus der Einheit jener beiden Notwendigkeiten ging ihnen erst die wahre Freiheit hervor. Beseelt von diesem Geiste, löschten sie aus den Gesichtszügen ihres Ideals zugleich mit der *Neigung* auch alle Spuren des *Willens* aus, oder besser, sie machten beide unkenntlich, weil sie beide in dem innigsten Bund zu verknüpfen wußten.« (Ebd.)

6 »Der Begriff des *Rechts*, als der Negation des Unrechts, hat [...] seine hauptsächliche Anwendung, und ohne Zweifel auch seine erste Entstehung, gefunden in den Fällen, wo versuchtes Unrecht durch Gewalt abgewehrt wird, welche Abwehrung nicht selbst wieder Unrecht seyn kann, folglich Recht ist; obgleich die dabei ausgeübte Gewaltthätigkeit, bloß an sich und abgerissen

Kunst ist in diesem Sinne nicht krude stoffliche Vorwegnahme utopischer Gehalte, nicht die in die Zukunft projizierte idealisierte Gegenwart, sondern ist in bis zum äußersten gesteigerter Negativität des gegenwärtigen ausweglos geschlossenen Immanenzzusammenhangs sowohl Ausdruck dafür, daß das, was ist, nicht die Totalität ist, mit der es auftritt, als auch der Verweis auf das, was es nicht ist, ohne dies in ihren Gestaltungen fixieren zu können. Beckett ist dem näher als der Vietnam-Diskurs von Peter Weiss.[7] Noch die negative Darstellung der »Negativität des Zeitalters« macht »Reklame fürs Unmenschliche«. Das, was das Wort »äußerste Negativität« meint, ist in den »Noten zur Literatur« expliziert:

»Im Akt des Weglassens überlebt das Weggelassene als Vermiedenes wie in der atonalen Harmonik die Konsonanz. Der Stumpfsinn des Endspiels wird mit höchster Differenziertheit protokolliert und ausgehört. Die protestlose Darstellung allgegenwärtiger Regression protestiert gegen eine Verfassung der Welt, die so willfährig dem Gesetz von Regression gehorcht, daß sie eigentlich schon über keinen Gegenbegriff mehr verfügt, der jener vorzuhalten wäre.«[8][*3]

Kunst kann offenbar, wenn sie kein Körnchen von dem Ungeist der gegenwärtigen Gesellschaft reproduzieren will, nur in der radikalen Negation derselben Antizi-

---

betrachtet, Unrecht wäre, und hier nur durch ihr Motiv gerechtfertigt, d. h. zum Recht wird. Wenn ein Individuum in der Bejahung seines eigenen Willens so weit geht, daß es in die Sphäre der meiner Person als solcher wesentlichen Willensbejahung eindringt und damit diese verneint; so ist mein Abwehren jenes Eindringens nur die Verneinung jener Verneinung und insofern von meiner Seite nichts mehr, als die Bejahung des in meinem Leibe wesentlich und ursprünglich erscheinenden und durch dessen bloße Erscheinung schon *implicite* ausgedrückten Willens; folglich nicht Unrecht, mithin *Recht*. Dies heißt: ich habe alsdann ein *Recht*, jene fremde Verneinung mit der zu ihrer Aufhebung nöthigen Kraft zu verneinen, welches, wie leicht einzusehen, bis zur Tödtung des fremden Individuums gehen kann, dessen Beeinträchtigung, als eindringende äußere Gewalt, mit einer diese etwas überwiegenden Gegenwirkung abgewehrt werden kann, ohne alles Unrecht, folglich mit Recht; weil alles, was von meiner Seite geschieht, immer nur in der Sphäre der meiner Person als solcher wesentlichen und schon durch sie ausgedrückten Willensbejahung liegt (welche der Schauplatz des Kampfes ist), nicht in die fremde eindringt, folglich nur Negation der Negation, also Affirmation, nicht selbst Negation ist. Ich kann also, *ohne Unrecht*, den meinen Willen, wie dieser in meinem Leibe und der Verwendung von dessen Kräften zu dessen Erhaltung, ohne Verneinung irgend eines gleiche Schranken haltenden fremden Willens, erscheint, verneinenden fremden Willen *zwingen*, von dieser Verneinung abzustehen: d. h. ich habe so weit ein *Zwangsrecht*.« (Arthur Schopenhauer, Die Welt als Wille und Vorstellung. Erster Band. Vier Bücher, nebst einem Anhange, der die Kritik der Kantischen Philosophie enthält [1819], in: Arthur Schopenhauers Werke in fünf Bänden, hrsg. von Ludger Lütkehaus, Bd. I, Zürich 1988, S. 440 f.)

7 Das Stück »Viet Nam Diskurs« von Peter Weiss wird 1968 in Frankfurt a. M. uraufgeführt.
8 GS, Bd. 11, S. 289.

pation einer künftigen freien Gesellschaft sein. Andererseits geht sie aber, je mehr sie Negation wird, in völlige Substanzlosigkeit über. Wenn sogar die sie konstituierenden Organisationsformen in ihrer Verwandtschaft mit der scheinhaften Harmonie der gesellschaftlichen Ordnungsinstanzen durchschaut werden, nimmt sie, um auch hier nicht Ideologie zu sein, die Destruktion ihrer eigenen Formen vor. Es scheint, daß Kunst, wenn sie sich der Negativität des Bestehenden entwinden will, um ein Transzendentes zu antizipieren, zur Negation ihrer gezwungen ist. Es ist ohnehin schwierig vorzustellen, wie Kunst in finsterster Negativität Vorwegnahme eines Positiven sein soll. Die Frage stellt sich unausweichbar, wie Kunst Negation eines Negativen in der kritischen Einstellung zu einer unmenschlichen Realität und zugleich Antizipation eines Lebens der Freude und der Freiheit sein kann.

Vorausgesetzt aber, die Kunst in ihrem negativen Reflex auf die bestehende Realität vermag doch irgendwie Antizipation eines Daseins jenseits der Herrschaft von Menschen über Natur und über Menschen zu sein, so wird der kritische Geist doch noch nach deren ideologischem Charakter suchen, wie die Kunst ihn als Selbstdarstellung der herrschenden Klassen immer besaß. Entweder die Kunst versucht in kathartischer Disziplin, ideologiefrei zu bleiben, d. h. in keiner Weise Affirmation der bestehenden Verhältnisse zu werden, dann gerät sie – wie beschrieben – an den Rand ihrer eigenen Auflösung, wenn nicht gar in diese. Oder die Kunst wehrt den Vorwurf, prinzipiell ideologisch zu sein, nicht ab. Im Gegenteil, sie erkennt, daß in ihrem ideologischen Charakter ihre Chance liegt.

Wie Kunst einst als Ideologie die Affirmation des Lebens einer von Naturbeherrschung enthobenen Klasse war, so wäre sie heute angesichts des zum Totalen gewordenen Herrschaftssystems als ein der Naturbeherrschung prinzipiell inadäquates Verhalten Negation dieser Gesellschaft. Gegen die Belustigung des Adels konnten die unterdrückte Klassen, die nichts zu lachen hatten, mit Recht opponieren. Die Lust, welche heute die Kunst in den Menschen zu erwecken vermöchte, opponiert hingegen dem ganzen freudlosen System – und wenn als Schein. Und wenn als Scheinbefriedigung. Besser als Schein bliebe die Freude, das Leichte und die Naivität bewahrt, denn überhaupt nicht.

Es ist eben die Frage, ob nicht eher wirkliche unbefangene Freude die Kälte und Verschlagenheit des versteinerten Menschen und die Gesellschaft in Bewegung bringt, als daß die krasse Negativität ein Bewußtsein erzeugt, welches diesen Prozeß einleitet. Abstrakt ist äußerste Negation ohnehin: Sie deutet auf keine Möglichkeit sinnvoller Praxis.

Es ist die Frage, ob freudlose Negativität nicht doch eher das triste Negative, welche die Realität ist, bestärkt: So sei es, und zwar unentrinnbar. Es ist die Frage, ob nicht in ganz unerwartet allesverdrehender Weise in der Negativität der Kunst gegen den negativen Zusammenhang der gesellschaftlichen Realität sich das Negative reproduziert. Die negative Reaktion auf die negative Realität schlägt vielleicht nicht ins erhoffte Positive um, sondern treibt das Negative in einer wahren Eskalation zwischen den Polen des mörderischen Krieges und der todernsten Kunst ins unentrinnbare Unausdenkbare.

Es ist die Frage, ob die Menschen, die bereits so zugerichtet sind, daß sie kein Bewußtsein mehr haben von dem Grauen, welches ihr Leben darstellt, nicht eher dadurch ein Bewußtsein davon erhalten, daß sie konfrontiert werden mit den Möglichkeiten eines tatsächlich glücklichen Lebens, als dadurch, daß ihnen in der »protestlosen Darstellung allgegenwärtiger Repression« der Protest einleuchtete. Die protestlose Darstellung ist ihrerseits nur die Reproduktion einer protestlosen Realität. Es scheint gegen den gewohnten Gedankengang kritischer Vernunft nur das Positive die Negation dieser negativen Gesellschaftsverfassung sein zu können.

Immerhin regt sich der Verdacht, daß so etwas wie die äußerste Negation selbst ideologisch sei, derart daß die Kunst einem falschen Anspruch obliegt, wenn sie darauf abzielt, wozu einzig revolutionäre Praxis imstande wäre, sich dem Bann des bestehenden Systems zu entwinden.

In abgewandelter Form läßt sich hier ein Satz von Marx zitierten: Was praktisch entstanden ist, läßt sich nicht ästhetisch aufheben, sondern nur praktisch.[9] Als negative soll Kunst dem Zwang des Herrschenden sich entwinden; sie vermag es nicht. Mit ein Schritt in der Befreiung aus der Welt von Angst, Schuld und Strafe ist es, die Kunst von der Bürde der ihr nicht zukommenden Aufgabe zu befreien.

Die Kunst gibt der Negativität an die durch den kritischen Begriff vermittelte Praxis ab, die dadurch revolutionäre Praxis ist. Revolutionäre Praxis vermittelt die Gegenwart mit der antizipierten Sphäre der Kunst. Diese ist viel eher das Bild einer befreiten Gesellschaft als die kommunistische Utopie.

---

9 Bei Marx und Engels heißt es etwa: »Sie [scil. die kommunistischen Arbeiter] wissen, daß Eigentum, Kapital, Geld, Lohnarbeit u. dgl. durchaus keine ideellen Hirngespinste, sondern sehr praktische, sehr gegenständliche Erzeugnisse ihrer Selbstentfremdung sind, die also auch auf eine praktische, gegenständliche Weise aufgehoben werden müssen, damit nicht nur im *Denken*, im *Bewußtsein*, sondern im massenhaften *Sein*, im Leben der Mensch zum Menschen werde.« (MEW, Bd. 2, S. 55 f.)

Praxis ist selbstverständlich problematisch. Die vergangenen Jahrzehnte demonstrierten die Erfolgslosigkeit des Handelns aus Vernunft und gegen Unterdrückung. Aktivität schlug in blinde Betriebsamkeit um, Engagement in Terror. Gegenwärtig jedoch – so scheint es – beginnt die Welt zu atmen. Die unterdrückten Völker und Individuen haben die Sprache zurückgewonnen. Ihre Intentionen lassen sich nicht mehr als umweghafte Integration ins bestehende System bezeichnen. Wenn die Theorie auf der Darstellung der verwalteten Welt als abstraktem Einerlei beharrt, um nicht Konkretion und Mannigfaltigkeit zur Ideologie zu entwürdigen – wie es in der Negativen Dialektik heißt[10] –, so sollte es nicht minder – angesichts der in Bewegung geratenen Welt – Aufgabe der Theorie sein, die Existenz der revolutionären Kräfte in der Theorie zu reflektieren, um nicht in repressive Ignoranz derselben das Schauerliche einer Einheitswelt zu malen, um nicht in kritischer Absicht gegenüber dem Bestehenden doch deren Ideologie zu sein in der Auffassung, das Gegenwärtige sei ein zur Totalität geschlossenes System der Immanenz.

---

10 *Widerspruch ist Nichtidentität im Bann des Gesetzes, das auch das Nichtidentische affiziert.* [Absatz] *Dies Gesetz aber ist keines von Denken, sondern real. Wer der dialektischen Disziplin sich beugt, hat fraglos mit bitterem Opfer an der qualitativen Mannigfaltigkeit der Erfahrung zu zahlen. Die Verarmung der Erfahrung durch Dialektik jedoch, über welche die gesunden Ansichten sich entrüsten, erweist sich in der verwalteten Welt als deren abstraktem Einerlei angemessen. Ihr Schmerzhaftes ist der Schmerz über jene, zum Begriff erhoben. Ihr muß Erkenntnis sich fügen, will sie nicht Konkretion nochmals zu der Ideologie entwürdigen, die sie real zu werden beginnt.* (GS, Bd. 6, S. 18)

459 Christian Strohbach, 9. Mai 1968

Protokoll der Sitzung vom 9. Mai 1968
des Philosophischen Hauptseminars von
Professor Adorno
Protokollant: Christian Strohbach

Die Bestimmung des Begriffs »delice« verstrickt sich in die Schwierigkeit, die vielleicht ähnlich ist der der Empfindungsästhetik: eine vorentschiedene Trennung von Kunstwerk und Publikum im Verlauf der Untersuchung dennoch negieren zu müssen.[11] Als Kategorie des Geschmacks des bürgerlichen Publikums hat »delice« einen Stellenwert in der Kritik am Schleier, der an Kunstwerken das Moment des Delicieusen allein hervortreten läßt; als Kategorie des Kunstwerkes selber aber bezeichnet »delice« das Moment des »bien fait« in diesem; die Kritik argwöhnt, es sei dessen wesentlichstes Moment, um gegen Leiden und Barbarei indifferent zu bleiben. Delice ist Objekt zweifacher Kritik: einmal einer – scheinhafte – Bedürfnisse befriedigenden Funktion von Kunst, zum anderen einer Kritik am Schein der Kunst, sie sei des Zwanges der Bedürfnisbefriedigung ledig.

Die Bestimmung des Begriffs »delice« verbietet, meine ich, die gleichen Folgerungen zu ziehen, die Herr Imhoff[12] so ausgedrückt hat:

– Dieses Delice ist ein Moment der traditionellen Kunst und zwar ihr charakteristischstes; dieses Moment wäre zu destruieren. Das Delice muß nicht nur der *wirkliche* Genuß sein – der Genuß, oder besser: das »delice« am, als auch im Kunstwerk und diesem unabdingbar –, vielmehr muß im Genuß drinliegen, daß er *Kunst*genuß ist. Wenn dies im Kunstwerk herausgebracht wird, dann schlägt es um, dann wird erkennbar, daß das Kunstwerk Ideologie ist, und der Grund wird bemerkbar, warum Kunst destruiert werden muß. –

»Delice« verweist auf eine vorindustrielle Produktionsweise, vielleicht auf die feudale Gesellschaftsform: Das Moment des Entrücktseins vom gesellschaftlich Nützlichen, das Wählerische angesichts von Verfügung über Luxus wird darin, mehrdeutig, festgehalten. Im Zeitalter bürgerlicher Gesellschaftsformation wird das Moment des »bien fait« unkritisch; dem entspricht das Gesellschaftliche, daß Luxus nicht mehr sein soll. Mimetisch muß angesichts dieses Verdikts das Moment genannt werden, das Kitsch und Kunst gemeinsam ist: die Monadologisie-

---

11 Der Anlaß dieser Diskussion ist nicht ermittelt.
12 Der Referatstext »Der Künstler« von Hans Imhoff wurde nicht aufgefunden.

rung des für die gesellschaftliche Reproduktion Überflüssigen; »das Vollkommene soll nicht geworden sein.«[13][*1] Gibt Kitsch vor, Bedürfnisse qua ökonomische Momente der Freizeit unmittelbar zu befriedigen, verzichtet er, als Anhängsel der Produktion auf die Dialektik von Wahrheit und Schein, so verleugnet er die Scheinhaftigkeit seiner Befriedigung von Bedürfnissen, während er den Schein des Ungewordenen mit Kunst gemein hat. Fast bewiese die allergische Reaktion auf Kitsch die monadologische Beschaffenheit auch des Geschmacks, der sich unter den Bedingungen der bürgerlichen Gesellschaft kristallisiert.

Das Moment des »bien fait«, weiter als herrschaftliches festgehalten, als Mimesis der Herrschaft und nicht frei vom Vorwurf, Herrschaft zu reproduzieren, – das Moment des »bien fait« in einem als bloße Rezeption vorgestellten, letztlich subjektiven Geschmack, versucht den Vorrang des Objekts zwangvoll wiederherzustellen im Dekret übers Niveau von Kunstwerken, im parasitären Anheften an nun einmal Gegebenes. Hinter der aktuellen Fähigkeit des Geschmacks: »... den Widerspruch zwischen dem Gemachten und dem Schein des Ungewordenen in der Kunst zu balancieren«[14][*2], bleibt diese bürgerliche Vorstellung zurück. Diese Vorstellung bleibt zurück dahinter: daß der subjektive Anteil an der Bildung des Geschmacks unendlich klein dürfte; dahinter: daß Geschmack eine historische, eine veränderbare Instanz ist. Die gesellschaftliche Funktion des ideologisierten Geschmacks und umgekehrt, die Chance, die allen Kunstwerken einmal zuwachsen soll, mögen zwei Zitate aus den geschichtsphilosophischen Thesen Walter Benjamins bezeichnen:

---

13 »*Das Vollkommene soll nicht geworden sein.* – Wir sind gewöhnt, bei allem Vollkommen die Frage nach dem Werden zu unterlassen: sondern uns des Gegenwärtigen zu freuen, wie als ob es auf einen Zauberschlag aus dem Boden aufgestiegen sei. Wahrscheinlich stehen wir hier noch unter der Nachwirkung einer uralten mythologischen Empfindung. Es ist uns *beinahe* noch so zu Muthe (zum Beispiel in einem griechischen Tempel wie der von Pästum), als ob eines Morgens ein Gott spielend aus solchen ungeheuren Lasten sein Wohnhaus gebaut habe: anderemale als ob eine Seele urplötzlich in einen Stein hineingezaubert sei und nun durch ihn reden wolle. Der Künstler weiss, dass sein Werk nur voll wirkt, wenn es den Glauben an eine Improvisation, an eine wundergleiche Plötzlichkeit der Entstehung erregt; und so hilft er wohl dieser Illusion nach und führt jene Elemente der begeisterten Unruhe, der blind greifenden Unordnung, des aufhorchenden Träumens beim Beginn der Schöpfung in die Kunst ein, als Trugmittel, um die Seele des Schauers oder Hörers so zu stimmen, dass sie an das plötzliche Hervorspringen des Vollkommenen glaubt. – Die Wissenschaft der Kunst hat dieser Illusion, wie es sich von selbst versteht, auf das bestimmteste zu widersprechen und die Fehlschlüsse und Verwöhnungen des Intellects aufzuzeigen, vermöge welcher er dem Künstler in das Netz läuft.« (NW, Bd. 2, S. 141)
14 *Geschmack ist die Fähigkeit, den Widerspruch zwischen dem Gemachten und dem Schein des Ungewordenen in der Kunst zu balancieren; die wahren Kunstwerke aber, niemals einig mit dem Geschmack, sind die, welche jenen Widerspruch im Extrem ausprägen und zu sich selber kommen, indem sie daran zugrunde gehen.* (GS, Bd. 4, S. 259)

»Wer immer bis zu diesem Tage den Sieg davontrug, der marschiert mit in dem Triumphzug, der die heute Herrschenden über die dahinführt, die heute am Boden liegen. Die Beute wird, wie das immer so üblich war, im Triumphzug mitgeführt. Man bezeichnet sie als die Kulturgüter ... Es ist niemals ein Dokument der Kultur, ohne zugleich ein solches der Barbarei zu sein. Und wie es selbst nicht frei ist von Barbarei, so ist es auch der Prozeß der Überlieferung nicht, in der es von dem einen an den andern gefallen ist.«[15][*3]

»Freilich fällt erst der erlösten Menschheit ihre Vergangenheit vollauf zu. Das will sagen: erst der erlösten Menschheit ist ihre Vergangenheit in jedem ihrer Momente zitierbar geworden.«[16][*4]

Die These, daß im modernen Kunstwerk »delice« sich als *Kunst*genuß, als Genuß am sich als ahistorisch selber schon Verstehenden, darstellen *muß*, daß das Kunstwerk in der Destruierung von »delice« ein Ideologisches bezeichnen solle, sieht imperativ ab von den Möglichkeiten von Kunst selbst. Einem totalen Begriff von Machbarkeit, von Praxis scheint auch dies noch möglich zu sein: daß Kunst instrumentell werde; und es scheint, als solle die kategoriale »Heiterkeit der Kunst«,[17] dies Apriorische: daß Kunst ist, gestraft werden am gleichwohl doch auch mimetischen Impuls: daß keine Kunst sein könne. Gewaltsam soll eine ästhetische Gemeinsamkeit gestiftet werden, zwischen den Monaden der Gesellschaft, denen Kunst sich zu erkennen geben soll. Die Destruktion von »delice«, als Gelungene vorgestellt, hätte die Attraktivität, Rehabilitierung des »bien fait« auf höherer Ebene zu sein. Die Möglichkeit des guten Endes soll sich danach abzeichnen in der schlechten Unendlichkeit des mimetischen Regresses, an dem Kunst sich abarbeitet. Das Neue, zugleich Kategorie des Geschmacks, ist das Versprechen der Unvereinbarkeit mit Konsum. »Die wahren Kunstwerke aber, niemals einig mit dem Geschmack, sind die, welchen jenen Widerspruch« – zwischen dem Gemachten und dem Schein des Ungewordenen – »im Extrem ausprägen und zu sich selber kommen, indem sie daran zugrunde gehen.«[*5] Gerade im Zeichen der Wiederaufnahme der alten Empfindungsästhetik in

---

15 BGS, Bd. I·2, S. 696.
16 Ebd., S. 694.
17 Bei Adorno heißt es: *Das Heitere an der Kunst ist, wenn man so will, das Gegenteil dessen, als was man es leicht vermutet, nicht ihr Gehalt sondern ihr Verhalten, das Abstrakte, daß sie überhaupt Kunst ist, aufgeht über dem, von dessen Gewalt sie zugleich zeugt. Darin bestätigt sich der Gedanke des Philosophen Schiller, der die Heiterkeit der Kunst in ihrem Wesen als Spiel erkannte und nicht in dem, was sie, auch jenseits des Idealismus, an Geistigem ausspricht. Kunst ist a priori, vor ihren Werken, Kritik des tierischen Ernstes, welchen die Realität über die Menschen verhängt. Indem sie das Verhängnis nennt, glaubt sie es zu lockern. Das ist ihr Heiteres; freilich ebenso, als Veränderung des jeweils bestehenden Bewußtseins, ihr Ernst.* (GS, Bd. 11, S. 600 f.)

Kommunikationstheorie und Informationsästhetik muß Hegels Wendung zur Objektivität des Ästhetischen festgehalten werden; auch gegen Hegel selbst, als seine Ästhetik von den idealistischen Prämissen zu lösen wäre.

Muß bei Hegel die metaphysische Allgemeinheit – das kalon Platons[18] – mit der der Bestimmtheit realer Besonderheit vereinigt werden[*6], um zum konkreten Begriff des Schönen zu gelangen,[19] so sind »ganz theoretische Reflexion«[20] und subjektive Sinnlichkeit Stufen eines Prozesses, in dem: »das Kunstwerk ... nicht so unbefangen für sich – ist –, sondern wesentlich eine Frage – ist –, eine Anrede an die wiederklingende Brust, ein Ruf an die Gemüter und Geister«[21].[*7]

Die Säkularisierung des »gänzlich anderen« scheint beendet, damit scheint die Schwierigkeit der Wechselwirkung, mit der die Empfindungsästhetik es zu tun hatte, ausgeräumt.

Im voraus kann, rückblickend, gesagt werden, »was erst später bewiesen werden kann, daß die Mangelhaftigkeit des Kunstwerks nicht nur etwa stets als subjektive Ungeschicklichkeit anzusehen ist, sondern daß die Mangelhaftigkeit der Form auch von der Mangelhaftigkeit des Inhalts herrührt.«[22][*8]

»Dafür ist dann aber dieses sinnlich Konkrete, in welchem ein seinem Wesen nach geistiger Gehalt sich ausprägt, auch wesentlich für das Innere; das Äußerliche der Gestalt, wodurch der Inhalt anschaubar und vorstellbar wird, hat den Zweck, nur für unser Gemüt und Geist dazusein. Aus diesem Grund allein sind Inhalt und Kunstgestalt ineinandergebildet.«[23][*9]

---

18 Vgl. etwa den Abschnitt »Die Vollendung des Lebens in der Schau des Schönen selbst«, in: Platon, Symposion, in: Platon, Sämtliche Werke, hrsg. von Ursula Wolf, Bd. 2, übers. von Friedrich Schleiermacher, Reinbek bei Hamburg 1994 (Rowohlts Enzyklopädie; 562), S. 37–101; hier: S. 86 f. (210b–212a).
19 Vgl. HW, Bd. 13, S. 39 f.
20 Nach Darstellung der »erste[n] Weise der Kunstbetrachtung, welche vom Partikulären und Vorhandenen ausgeht«, kommt Hegel auf die »entgegengesetzte Seite« zu sprechen, »nämlich die ganz theoretische Reflexion, welche das Schöne als solches aus sich selbst zu erkennen und dessen *Idee* zu ergründen bemüht ist.« (HW, Bd. 13, S. 37 f.)
21 »Das Kunstwerk aber ist nicht so unbefangen für sich, sondern es ist wesentlich eine Frage, eine Anrede an die wiederklingende Brust, ein Ruf an die Gemüter und Geister.« (Ebd., S. 102)
22 »Denn irgendein Inhalt kann dem Maßstabe seines Wesens nach ganz adäquat zur Darstellung kommen, ohne auf die Kunstschönheit des Ideals Anspruch machen zu dürfen. Ja, im Vergleich mit idealer Schönheit wird die Darstellung sogar mangelhaft erscheinen. In dieser Beziehung ist im voraus zu bemerken, was erst später erwiesen werden kann, daß die Mangelhaftigkeit des Kunstwerks nicht nur etwa stets als subjektive Ungeschicklichkeit anzusehen ist, sondern daß die *Mangelhaftigkeit der Form* auch von der *Mangelhaftigkeit des Inhalts* herrührt.« (Ebd., S. 105)
23 »Daß das Konkrete den beiden Seiten der Kunst, dem Inhalte wie der Darstellung, zukommt, ist gerade der Punkt, in welchem beide zusammenfallen und einander entsprechen können, wie die Naturgestalt des menschlichen Körpers z. B. solch ein sinnlich Konkretes ist, das den in sich

Kants Ästhetik sollte die Objektivität des Ästhetischen erweisen trotz der Unmöglichkeit, Kunst unter Kategorien wie Allgemeinheit und Notwendigkeit zu subsumieren; Kants Definition des Schönen als dasjenige, das ohne Begriff allgemein gefällt,[24] spiegelt das Resultat bürgerlicher Arbeitsteilung, die die unterschiedliche Stellung des Begriffs in Kunst einerseits und Philosophie andererseits tendenziell als absolute Gegensätze erscheinen läßt. Im Gedanken freilich des »notwendigen« Gefallens am Schönen, dem erkenntnisanaloger Charakter zukommt, hat Kant das begriffliche Moment der Kunst, das in dieser, wenn auch mit einem anderen Stellenwert als in der diskursiven Erkenntnis, vorkommt, bewahren wollen. Als Kritik der Kantischen »Theorie der Erhabenen«[25], in der das Erhabene ausschließlich den Naturerscheinungen zukommt, ist Hegels Satz zu interpretieren, daß das Kunstschöne, weil es »die aus dem Geiste geborene und wiedergeborene Schönheit«[26] sei[*10], höher stehe als das Naturschöne darum, weil es eine höhere Stufe des Geistes ist. Gegen Hegel – dem Kunst ein Moment des absoluten Geistes ist, der vorgängig die Versöhnung ist – müßte der Erfahrungsgehalt des Kantischen Subjektivismus mobilisiert werden: das Kunst historisch zurückweist auf einen Stand des Bewußtseins, da zwischen der Sache und der Reaktion darauf noch nicht so unterschieden werden konnte wie im Zeitalter der Subjektivität.

---

konkreten Geist darzustellen und ihm sich gemäß zu zeigen vermag. Deshalb ist denn auch die Vorstellung zu entfernen, als ob es eine bloße Zufälligkeit sei, daß für solche wahre Gestalt eine wirkliche Erscheinung der Außenwelt genommen wird. Denn die Kunst ergreift diese Form weder, weil sich dieselbe so vorfindet, noch weil es keine andere gibt, sondern in dem konkreten Inhalte liegt selber das Moment auch äußerer und wirklicher, ja selbst sinnlicher Erscheinung. Dafür ist denn aber dieses sinnlich Konkrete, in welchem ein seinem Wesen nach geistiger Gehalt sich ausprägt, auch wesentlich für das Innere; das Äußerliche der Gestalt, wodurch der Inhalt anschaubar und vorstellbar wird, hat den Zweck, nur für unser Gemüt und Geist dazusein. Aus diesem Grund allein sind Inhalt und Kunstgestalt ineinandergebildet.« (Ebd., S. 101f.)

24 Vgl. den Abschnitt »Das Schöne ist das, was ohne Begriffe, als Objekt eines allgemeinen Wohlgefallens vorgestellt wird« (KW, Bd. X, S. 288f. [BA 17f.]).

25 Vgl. den Abschnitt »Analytik des Erhabenen«, ebd., S. 328–371 (B 74–131; A 73–129).

26 »Im gewöhnlichen Leben zwar ist man gewohnt, von *schöner* Farbe, einem *schönen* Himmel, *schönem* Strome, ohnehin von *schönen* Blumen, *schönen* Tieren und noch mehr von *schönen* Menschen zu sprechen, doch läßt sich, obschon wir uns hier nicht in den Streit einlassen wollen, inwiefern solchen Gegenständen mit Recht die Qualität Schönheit beigelegt und so überhaupt das Naturschöne neben das Kunstschöne gestellt werden dürfe, hiergegen zunächst schon behaupten, daß das Kunstschöne *höher* stehe als die Natur. Denn die Kunstschönheit ist die *aus dem Geiste geborene und wiedergeborene* Schönheit, und um soviel der Geist und seine Produktionen höher steht als die Natur und ihre Erscheinungen, um soviel auch ist das Kunstschöne höher als die Schönheit der Natur.« (HW, Bd. 13, S. 14)

Die Problematik der Mimesis, daß Mimesis Anpassung um des Überlebens willen und zugleich nur als von Zwecken freigestelltes Verhalten gedacht werden kann, daß Kunst selber mimetisch ist insofern, als sie sich an Verhaltensweisen orientiert, die an die Kultur der technischen Welt anwachsen, diese Problematik wird aufgeworfen durch den Stellenwert, den das Naturschöne in der Hegelschen Ästhetik hat. Der Erfahrungsgehalt, der darin liegt, daß das Naturschöne aus dem Bereich der wissenschaftlichen Ästhetik ausgeschieden wird, ist der, daß wir vom Naturschönen – das dem Allegorischen verwandt ist – nur sprechen, wenn Natur als sinnvoll quasi, als Bedeutungsvolles, wenn auch zugleich Verdunkeltes erfahren wird. Kann auch von Identität des Geistes mit dem Naturschönen nicht gesprochen werden, weil primär Erhebung des Geistes Unterjochung der Natur ist, so fehlt doch der Natur das Moment der Bestimmtheit, Kennzeichen dessen, was durch den Geist hindurchgegangen ist, nicht gänzlich. Gegen Hegel kann geltend gemacht werden, daß wir bei Landschaften etwa, kaum ohne Kriterium sind.

Das Naturschöne hat eine von Hegel vernachlässigte historische Dimension insofern, als der Begriff des Naturschönen reaktiv auf das Zivilisatorische sich entwickelt hat, als das Naturschöne entdeckt wird nach Maß der der Natur widerfahrenen Unterdrückung. Das Reversbild dieses Historischen ist die Absenz des Naturschönen dort, wo die Natur, als barbarische, die Übermacht zurückgewinnt.

Dies weist auf eine andere Problematik: die Beziehung von Kunst und Natur. Kunst, immer Sprecherin unterdrückter Natur, übt, nicht in Gestalt von Urteilen, allein durch ihre Existenz, Kritik am Realitätsprinzip, das im Hegelschen Geistbegriff vorausgesetzt wird. Die Reflexion auf das griechische Verständnis von Natur und Naturschönem würde den seitherigen Zuwachs an technischer Verfügungsgewalt bezeichnen. Die Nachahmung der menschlichen Handlung bei den Griechen, der Versuch, die Notwendigkeit der menschlichen Natur zu transzendieren, die Wiederherstellung der unbegriffenen und unbewältigten Naturgewalt in der Gestalt des Schicksals sind das Kraftfeld griechischer poesis. Gerade weil Natur noch nicht in dem Sinn beherrschbar ist, wird das Schöne in der Antike viel unmittelbarer mit Naturbeherrschung gleichgesetzt. Das Bild der »Eule der Minerva« ist das Bild des Menschen, der sich als eines Herrschenden inne wird. An der Tätigkeit der Naturbeherrschung hat das Kunstschöne seinen Motor; das zur Untätigkeit verhaltene Bewundern der Natur, im Timaios und auch noch in der Kritik der Urteilskraft, wird durch Hegel als gesellschaftliches Moment dechiffrierbar. Wiewohl unbewußt, hat Hegel das Problem der politischen Herrschaft in der Antike ästhetisch rezipiert, indem der bei ihm vorausgesetzte Geistbegriff auf die Kunst Kategorien der Naturbeherrschung überträgt.

An der Stellung des Naturschönen im System, das selber nach ästhetischen Gesichtspunkten gebaut ist, entspringen die Probleme der Mimesis und der Dialektik von Geist und Natur als Momente der Dialektik des Fortschritts der Naturbeherrschung.

[*1] Nietzsche; Menschliches, allzu Menschliches I, Aphorismus 145 zitiert nach: Adorno; Minima Moralia III Aphorismus 145[27]
[*2] Adorno a. a. O.
[*3] Walter Benjamin; Illuminationen Frankfurt am Main 1961[28] S. 271
[*4] Walter Benjamin a. a. O. S. 269
[*5] Adorno a. a. O.
[*6] Hegel; Ästhetik, Frankfurt am Main – Berlin – Weimar;[29] Einleitung, S. 33
[*7] Hegel, a. a. O. S. 79
[*8] Hegel a. a. O. S. 81[30]
[*9] Hegel a. a. O. S. 78
[*10] Hegel a. a. O. S. 14

---

27 *Der Widerspruch des Gemachten und Seienden ist das Lebenselement der Kunst und umschreibt ihr Entwicklungsgesetz, aber er ist auch ihre Schande: indem sie, wie sehr auch vermittelt, dem je vorfindlichen Schema der materiellen Produktion folgt und ihre Gegenstände »macht«, kann sie als seinesgleichen der Frage des Wozu nicht entgehen, deren Negation gerade ihr Zweck ist. Je näher die Produktionsweise des Artefakts der materiellen Massenproduktion steht, um so naiver gleichsam provoziert es jene tödliche Frage. Die Kunstwerke aber versuchen die Frage zum Schweigen zu verhalten. »Das Vollkommene soll«, nach Nietzsches Wort, »nicht geworden sein« (Menschliches, Allzumenschliches I, Aph. 145), nämlich als nicht gemacht erscheinen. Je konsequenter jedoch es durch Vollkommenheit vom Machen sich distanziert, um so brüchiger wird notwendig zugleich sein eigenes gemachtes Dasein: die endlose Mühe, die Spur des Machens zu verwischen, lädiert die Kunstwerke und verurteilt sie zum Fragmentarischen.* (GS, Bd. 4, S. 258)
28 Vgl. Walter Benjamin, Illuminationen. Ausgewählte Schriften (Die Bücher der Neunzehn; 78), Frankfurt a. M. 1961.
29 Vgl. Georg Wilhelm Friedrich Hegel, Ästhetik, Bd. 1, hrsg. von Friedrich Bassenge, mit einer Einführung von Georg Lukács, Frankfurt a. M. [1965] (Lizenzausgabe der Ausgabe des Aufbau-Verlags, Berlin und Weimar 1955).
30 Korrigiert für: »83«.

460 Rolf Wiggershaus,
   6. Juni 1968

|Rolf Wiggershaus   Hauptseminar Prof. Adorno
                                                                                 Sommersemester 1968

    Protokoll vom 6. 6. 68|

    Das Referat der letzten Stunde[31] stellte Hegels »Widerlegung einiger Einwände gegen die Ästhetik« dar. Das im Mittelpunkt des Kapitels stehende Verhältnis von Wissenschaft und Ästhetik führte zur Diskussion des Verhältnisses von Aristoteles und Hegel in bezug auf die Kunst und das Verhältnis von Metaphysik bzw. Logik zur Ästhetik. Das läßt zugleich den Blick auf das Verhältnis der von Aristoteles bestimmten Ästhetik zu der vom Deutschen Idealismus ausgehenden zu.

    Die Würdigkeit der Kunst, wissenschaftlich betrachtet zu werden, scheint durch ihr eigentümliche Eigenschaften in Frage gestellt: Als vergnügend gehört sie der Nachlassung des Geistes an; als Vermittlerin zwischen Vernunft und Sinnlichkeit tritt sie in den Dienst von ihr nicht beeinflußter Elemente; als Schein ist sie ein jedem würdigen Zweck unangemessenes Mittel.[32] Die Möglichkeit, die Angemessenheit der wissenschaftlichen Betrachtung der Kunst scheint dadurch in Frage gestellt, daß deren Medium das Sinnliche ist, ihre Produktion der Freiheit verdankt und ihre Quelle die Phantasie ist. Es geht um die Frage nach Eigengewicht und Gesetzmäßigkeit der Kunst.

    Hegel wie Aristoteles setzen die Kunst gegen die Geschichtsschreibung und die gewöhnliche Wirklichkeit ab. Die Kunst steht bei Aristoteles höher im Rang als die Geschichtsschreibung, denn »die Dichtung redet eher vom Allgemeinen, die Geschichtsschreibung vom Besonderen«.[33] Die Bedeutung des Allgemeinen bleibt indes ambivalent: Es steht teils für das Durchschnittliche, Wahrscheinliche, teils

---

31 Dimitrios Markis, »Widerlegung einiger Einwände gegen die Wissenschaftlichkeit der Ästhetik«, Archivzentrum Na 1, 903.
32 Vgl. HW, Bd. 13, S. 15–17.
33 Bei Aristoteles heißt es, »der Geschichtsschreiber und der Dichter unterscheiden sich nicht dadurch voneinander, daß sich der eine in Versen und der andere in Prosa mitteilt – man könnte ja auch das Werk Herodots in Verse kleiden, und es wäre in Versen um nichts weniger ein Geschichtswerk als ohne Verse –; sie unterscheiden sich vielmehr dadurch, daß der eine das wirklich Geschehene mitteilt, der andere, was geschehen könnte. Daher ist Dichtung etwas Philosophischeres und Ernsthafteres als Geschichtsschreibung; denn die Dichtung teilt mehr das Allgemeine, die Geschichtsschreibung hingegen das Besondere mit.« (Aristoteles, Poetik. Griechisch/Deutsch, hrsg. und übers. von Manfred Fuhrmann, Stuttgart 2014 [Reclams Universal-Bibliothek; 7828], S. 29 [1451b]).

für das Charakteristische, Wesentliche, Vorweisende. Angesichts der Aristotelischen Metaphysik besteht nur eine Analogie zwischen Ästhetik und Metaphysik dadurch, daß in dieser das Denken statisch, die Materie vorgegeben ist. Metaphysik und Ästhetik bleiben ohne inneren Zusammenhang. Die Poetik bleibt im Bereich des Kunsttechnischen und Empirisch-Psychologischen.

Die Beispiele des Bildhauers, der aus günstigem Material schönere Körper als die geborenen schafft; des Dichters, der bessere Menschen als die wirklichen darstellt,[34] verweisen auf das Problem des Verhältnisses von Hylomorphismus und Metaphysik bei Aristoteles. Sie sind nicht Beispiele dafür, daß der ästhetische Schein gegenüber der gewöhnlichen Wirklichkeit mit dem Absoluten zusammengebracht wird.

Durch die Kritik der Platonischen Ideenlehre bekommt die Kunst bei Aristoteles einen anderen Akzent. Weil Aristoteles mit Platon darin übereinstimmt, daß die οὐσία nicht ins τόδε τι übergehend ist,[35] wird gerade nicht der ästhetische Schein als Schein des Absoluten ernst genommen. Die Kunst gilt nicht als Erscheinungsform des Absoluten. Das In-Erscheinung-Treten des Wesens bei Aristoteles impliziert nicht einen Wahrheitsgehalt der Kunstwerke. Es geht in der Aristotelischen Poetik um auf die Dichtung bezogene und bezogen bleibende Gesetzmäßigkeiten, nicht um die Idee des Schönen.

---

34 »Die Nachahmenden ahmen handelnde Menschen nach. Diese sind notwendigerweise entweder gut oder schlecht. Denn die Charaktere fallen fast stets unter eine dieser beiden Kategorien; alle Menschen unterscheiden sich nämlich, was ihren Charakter betrifft, durch Schlechtigkeit und Güte. Demzufolge werden Handelnde nachgeahmt, die entweder besser oder schlechter sind, als wir zu sein pflegen, oder auch ebenso wie wir. So halten es auch die Maler: Polygnot hat schönere Menschen abgebildet, Pauson häßlichere, Dionysios ähnliche. *[Absatz]* Es ist nun offenkundig, daß von den genannten Arten der Nachahmung jede diese Unterschiede hat und daß sie dadurch je verschieden ist, daß sie auf die beschriebene Weise je verschiedene Gegenstände nachahmt. Denn auch beim Tanz sowie beim Flöten- und Zitherspiel kommen diese Ungleichheiten vor, und ebenso in der Prosa und in gesprochenen Versen. So hat Homer bessere Menschen nachgeahmt, Kleophon uns ähnliche und Hegemon von Thasos, der als erster Parodien dichtete, sowie Nikochares, der Verfasser der ›Deilias‹, schlechtere. Dasselbe gilt für die Dithyramben und die Nomen; man könnte nämlich ebenso nachahmen, wie Timotheos und Philoxenos die Kyklopen nachgeahmt haben. Auf Grund desselben Unterschiedes weicht auch die Tragödie von der Komödie ab: die Komödie sucht schlechtere, die Tragödie bessere Menschen nachzuahmen, als sie in der Wirklichkeit vorkommen.« (Ebd., S. 7–9 [1448a])

35 In der *Negativen Dialektik* [1966] heißt es entsprechend: *Keine Sympathie mit Platons Enthusiasmus gegenüber den resignativ-einzelwissenschaftlichen Zügen des Aristoteles entkräftet den Einwand gegen die Ideenlehre als Verdoppelung der Welt der Dinge; kein Plädoyer für den Segen der Ordnung räumt die Schwierigkeiten weg, welche das Verhältnis von τόδε τι und πρώτη οὐσία in der Aristotelischen Metaphysik bereitet; sie rühren her von der Unvermitteltheit der Bestimmungen des Seins und des Seienden, welche die neue Ontologie entschlossen naiv restauriert.* (GS, Bd. 6, S. 79)

Das Verhältnis von Wesen und Schein bei Hegel soll erlauben, Kunst gerade als frei ihre höchste Aufgabe erfüllen zu sehen. Im Dienste der Idee sollen der Schein und das Spielerische im Ästhetischen Eigengewicht bekommen. Weil für Hegel das Wesen selber Schein ist, kann zum Gegenstand seiner Ästhetik die Idee des Schönen werden: In der Kunst wird thematisch, daß das Absolute Schein ist. Danach richtet sich die Stellung der Kunst, die »in den gemeinschaftlichen Kreis mit der Religion und Philosophie gestellt« ist,[36] wie die Hierarchie der Künste.

Das Ernstnehmen des Scheins im Ästhetischen als des Scheins des Absoluten bei Hegel stellt die Kunst zugleich von neuem in Frage. Sie soll als Moment einer nichtutopischen, realen Versöhnung gelten. Auf diese zu verweisen hat der Schein keine Kraft mehr im Unterschied zur antiken und christlichen Kunst. Das Absolute erscheint in der Kunst, weil es selber Schein ist. Damit ist der Schein in sich substanzlos. Die Kunst geht in sich nicht weiter. Das Kunstwerk ist zum leeren Transport geworden. (Der ästhetische Schein, die Kunst bekommt, als gesetzt vom Absoluten, als dessen sinnlicher Schein, nur Bedeutung, um sie als Voraussetzung, als Vorschein zu verlieren.) Das Absolute als das unendliche konkrete Allgemeine ist in einer noch geistigeren, heimischeren Welt zu begreifen, in der es zugleich seine Unendlichkeit und Freiheit erst ganz genießt. »Der Gedanke und die Reflexion hat die schöne Kunst überflügelt.«[37] Die Kunst kann nur noch verweisen auf die Menschheit, in der das Absolute sein Bewußtsein findet. Die Ästhetik zeigt nur, daß auch in der Geschichte der Kunst – die mit ihrer logischen identisch ist – das Ziel in der Philosophie erreicht ist.

Die Verschränkung von ästhetischem Schein und Versöhnung, die Konstruktion des Klassischen verfällt demselben Gang. Nur weil das, was in der Vergangenheit substantiell gedacht wurde, sich als Schein erwies, ist Versöhnung. Die griechische Kunst erweist sich erst als dem Ideal angemessen, wo die Kunst überholt ist, wo ihre Unwiederholbarkeit und Verschiedenheit sie zum Moment der Reflexion und des Gedankens macht. Es »ist in Griechenland die Kunst der höchste Ausdruck für das Absolute gewesen, und die griechische Religion ist die Religion der Kunst selber, während die spätere romantische Kunst,

---

[36] »In dieser ihrer Freiheit nun ist die schöne Kunst erst wahrhafte Kunst und löst dann erst ihre *höchste* Aufgabe, wenn sie sich in den gemeinschaftlichen Kreis mit der Religion und Philosophie gestellt hat und nur eine Art und Weise ist, das *Göttliche*, die tiefsten Interessen des Menschen, die umfassendsten Wahrheiten des Geistes zum Bewußtsein zu bringen und auszusprechen.« (HW, Bd. 13, S. 20 f.)
[37] Ebd., S. 24.

obwohl sie Kunst ist, dennoch schon auf eine höhere Form des Bewußtseins, als die Kunst zu geben imstande ist, hindeutet«.[38]

Die Erkenntnis und die Verwirklichung der Erkenntnis im Staat bedeuten die reale Versöhnung. Würde dem Staat als einem Mechanischen gegenüber die Kunst als höheres Medium der Versöhnung Gewicht haben, würde Hegel damit seine gesamte Logik und Rechtsphilosophie kritisieren. Angesichts der Strenge des Begriffs im absoluten Wissen und der realen Versöhnung im absoluten Staat ist das Ende der Kunst, des sinnlichen Scheins des Absoluten, »ein ganz unbefangenes, leichtes, unscheinbares Fortschlendern ..., das in seiner Unbedeutendheit gerade den höchsten Begriff von Tiefe gibt«[39]. Damit hat das Hereinkommen des Zufälligen, des Alltäglichen in die Kunst nach der Vollendung des Reichs der Schönheit in der klassischen Kunst seinen Sinn in der Präsenz des Absoluten bekommen.

---

38 »In diesem Sinne hat sich das griechische Volk auch in den Göttern seinen Geist zum sinnlichen, anschauenden, vorstellenden Bewußtsein gebracht und ihnen durch die Kunst ein Dasein gegeben, welches dem wahren Inhalte vollkommen gemäß ist. Dieses Entsprechens wegen, das sowohl im Begriff der griechischen Kunst als der griechischen Mythologie liegt, ist in Griechenland die Kunst der höchste Ausdruck für das Absolute gewesen, und die griechische Religion ist die Religion der Kunst selber, während die spätere romantische Kunst, obwohl sie Kunst ist, dennoch schon auf eine höhere Form des Bewußtseins, als die Kunst zu geben imstande ist, hindeutet.« (HW, Bd. 14, S. 26 f.)

39 »Zum wahren Humor [...] gehört [...] viel Tiefe und Reichtum des Geistes, um das nur subjektiv Scheinende als wirklich ausdrucksvoll herauszuheben und aus seiner Zufälligkeit selbst, aus bloßen Einfällen das Substantielle hervorgehen zu lassen. Das Sichnachgeben des Dichters im Verlauf seiner Äußerungen muß, wie bei Sterne und Hippel, ein ganz unbefangenes, leichtes, unscheinbares Fortschlendern sein, das in seiner Unbedeutendheit gerade den höchsten Begriff von Tiefe gibt; und da es eben Einzelheiten sind, die ordnungslos emporsprudeln, muß der innere Zusammenhang um so tiefer liegen und in dem Vereinzelten als solchem den Lichtpunkt des Geistes hervortreiben.« (Ebd., S. 231)

461 Michael Hildebrand,
20. Juni 1968

Protokoll des Philosophischen Hauptseminars vom 20. 6. 1968

Protokollant: Michael Hildebrand

Während der Vorlesung des 3. Teils des Referates von Dr. Markis[40] wurde zunächst die Frage diskutiert, ob Kunst nur sinnlichen Charakters sei, oder ob sie doch auch ein wesentlich geistiges Moment enthalte. Kunst als Reservat des Sinnlichen zu sehen, ohne spezifische Kriterien zu bemerken, ist ebenso eine bürgerliche Auffassung wie die, der Kunst gar nicht irrational genug sei kann, ja nicht einmal begriffen werden dürfe. Im Gegensatz dazu sieht Hegel in der Kunst ein Konkretionsmittel, um ihren abstrakten Begriff zu ergänzen. Für Hegel, der in seiner Wertschätzung der Kunst Klassizist war, ist Wissenschaft gleichbedeutend mit Philosophie; das erklärt seine Überlegung, daß weder der Gedanke, die Vernunft, als das Organ der Wissenschaft abstrakt, noch daß die Phantasie, Organ der Kunst, willkürlich sei.[41] Diesen Gedanken finden wir bereits in Kants Kritik der Urteilskraft, nach der Kunst auch anders als in klassifikatorischen Wissenschaften begriffen werden könne. Kant zufolge ist die Zweckmäßigkeit selber Moment der subjektiven Sinnhaftigkeit und sowohl mit dem Subjekt als auch mit dem Objekt verbunden. In Hegels Ästhetik als einer durchgeführten Kritik der Urteilskraft taucht die Überlegung über die innere Zweckmäßigkeit in der Organisation des Kunstwerks auf: gleichsam die Gesetzmäßigkeit von Einbildungskraft und Vernunft. Hegels Abstraktheit weist in Wahrheit tiefe Übereinstimmung mit dem Künstlerischen auf, denn Phantasie ist in der Kunst gebunden und kein beliebiges Verfügen. Der Begriff des Genies ist bei Kant dagegen subjektiv, da er

---

40 Dimitrios Markis wird 1967 mit der Schrift »Epekeina ousias. Platon und die Platoninterpretation Hegels« in Frankfurt a. M. promoviert.
41 Hegel schreibt, man könnte »z. B. bei poetischen Hervorbringungen so verfahren wollen, daß man das Darzustellende schon vorher als prosaischen Gedanken auffaßte und diesen dann in Bilder, Reime usf. brächte, so daß nun das Bildliche bloß als Zier und Schmuck den abstrakten Reflexionen angehängt würde. Doch möchte solches Verfahren nur eine schlechte Poesie zuwege bringen, denn hier würde das als *getrennte* Tätigkeit wirksam sein, was bei der künstlerischen Produktivität nur in seiner ungetrennten Einheit Gültigkeit hat. Dies echte Produzieren macht die Tätigkeit der künstlerischen *Phantasie* aus. Sie ist das Vernünftige, das als Geist nur ist, insofern es sich zum Bewußtsein tätig hervortreibt, doch, was es in sich trägt, erst in sinnlicher Form vor sich hinstellt. Diese Tätigkeit hat also geistigen Gehalt, den sie aber sinnlich gestaltet, weil sie nur in dieser sinnlichen Weise desselben bewußt zu werden vermag.« (HW, Bd. 13, S. 62)

allein von dem Künstler her denkt und das Kunstwerk für eine freie Schöpfung des Künstlers hält.[42]

Der Unterschied und die Abgrenzung von Kunst und Wissenschaft liegen nach Hegel weniger im Inhaltlichen als vielmehr in der Form als sinnliche Darstellung der ästhetischen Idee. Andererseits ist in Hegels Ästhetik, die gewisse Invarianten aufweist, doch die Hierarchie der Gestalten des absoluten Geistes dominierend. (Gegen eine Hierarchie ist, an anderer Stelle, der Aphorismus von K. Kraus gerichtet, es sei Chaos in die Ordnung zu bringen.)[43]

Die Begründung Hegels in seiner Logik (Meiner Bd. II,[44] p. 484), Philosophie rangiere höher als Kunst, weil ihre Weise der Begriff, das Höchste sei,[45] ist zu allgemein, um wahr zu sein. Kunst ist erst dann ein Ephemeres, wenn die Philosophie das absolute Wissen ist. Hegels Position ist aber so starr auch wieder nicht, wenn er sagt, daß sich der Geist in seiner Entäußerung in den Kunstwerken wiedererkenne, die das Andere des Geistes seien, der somit vermittelt ist. Zwar ist das Kunstwerk ein Durchgeformtes, also ein geistiges Gebilde. Andererseits aber bedingt der bestimmte Inhalt eine bestimmte Form, keine zufällige. Ästhetische Inhalte entstehen nicht im Vakuum; vielmehr kommen die Inhalte als konkrete dem Künstler geschichtlich zu; die Materialien sind nicht der Form heterogen, sondern um so verbindlicher, je zahlreicher sie aus den Derivaten heraus gehoben werden.

Aufgabe einer Neuentwicklung der Ästhetik ist es, den Versuch zu machen, der Kunst Materialgerechtigkeit widerfahren zu lassen; die Ästhetik hat sich der Sachverhalte anzunehmen, anstatt etwas von oben zu dekretieren; der Künstler schließlich muß innervieren, was von keiner Allgemeinheit gedeckt wird.

---

42 Vgl. KW, Bd. X, S. 405–421 (B 180–203; A 178–201).
43 Das Gemeinte entstammt der Parabel »Die chinesische Mauer«, in der es heißt: »Die große chinesische Mauer der abendländischen Moral schützte das Geschlecht vor jenen, die eindringen wollen, und jene, die eindringen wollen, vor dem Geschlecht. So war der Verkehr zwischen Unschuld und Gier eröffnet, und je mehr Pforten der Lust verschlossen wurden, umso ereignisvoller wurde die Erwartung. Da schlägt die Menschheit an das große Tor und ein Weltgehämmer hebt an, daß die chinesische Mauer ins Wanken gerät. Und das Chaos sei willkommen; denn die Ordnung hat versagt.« (Karl Kraus, Die chinesische Mauer, in: Die Fackel, XI. Jg. 1909, H. 285–286, 1909, S. 1–16; hier: S. 16)
44 D.i. HSW, Bd. IV.
45 »Die Natur und der Geist sind überhaupt unterschiedene Weisen, *ihr Dasein* darzustellen, Kunst und Religion ihre verschiedenen Weisen, sich zu erfassen und ein sich angemessenes Dasein zu geben; die Philosophie hat mit Kunst und Religion denselben Inhalt und denselben Zweck; aber sie ist die höchste Weise, die absolute Idee zu erfassen, weil ihre Weise, die höchste, der Begriff ist.« (HW, Bd. 6, S. 549)

462 Heinz Brüggemann, 27. Juni 1968

Prof. Dr. Theodor W. Adorno
Philosophisches Hauptseminar
Sommer-Semester 1968

Protokoll der Sitzung vom 27. Juni 1968

»In solchem Verhältnis nun der Begierde steht der Mensch zum Kunstwerk nicht. Er läßt es als Gegenstand frei für sich existieren und bezieht sich begierdelos darauf, als auf ein Objekt, das nur für die theoretische Seite des Geistes ist. Deshalb bedarf das Kunstwerk, obschon es sinnliche Existenz hat, in dieser Rücksicht dennoch eines sinnlich-konkreten Daseins und einer Naturlebendigkeit nicht, ja es darf sogar auf diesem Boden nicht stehenbleiben, insofern es nur geistige Interessen befriedigen und alle Begierde von sich ausschließen soll.«[46][*1] Diese Reflexionen Hegels lassen sich lesen wie ein metaphysischer Exkurs zu Kants Bestimmung des Schönen als Gegenstand des interesselosen Wohlgefallens. Die Objekte werden durch die aneignende Begierde zunächst in einem direkten physischen Sinne zerstört, zugleich fallen sie durch die Subsumtion unter die klassifikatorischen Begriffe der traditionellen Philosophie der Wut des allesverschlingenden idealistischen Systems anheim.[*2] Die Kunstwerke sollen jene Zerstörung wiedergutmachen, indem sie zu den Objekten so sich verhalten, daß sie »der Hinfälligkeit des bloß Einzelnen Relief verleihen und zugleich in ihm jenes Ganze ergreifen, dessen Moment das Einzelne ist und von dem es doch nichts wissen kann.«[47][*3] Indem die Kunst, was Philosophie und Wissenschaften unter die Kategorie bzw. unter den klassifikatorischen Begriff subordinieren: das Besondere und die einzelne Erfahrung, koordiniert zu einer Konfiguration, in der ein geistig Allgemeines aufleuchtet, korrigiert sie, was jene dem konkreten Besonderen antun und was sie von seiner Erkenntnis abschneiden. Solche Rettung des Besonderen vermag die Kunst nur deshalb zu leisten, weil sie nur in der Beziehung auf ein Anderes, das nicht selber Kunst ist, ihrem Begriff

---

46 HW, Bd. 13, S. 58.
47 *Schein aber ist das losgelöste Subjekt, weil objektiv die gesellschaftliche Totalität dem Einzelnen vorgeordnet ist und durch die Entfremdung hindurch, den gesellschaftlichen Widerspruch, zusammengeschlossen wird und sich reproduziert. Diesen Schein der Subjektivität durchschlagen die großen avantgardistischen Kunstwerke, indem sie der Hinfälligkeit des bloß Einzelnen Relief verleihen und zugleich in ihm jenes Ganze ergreifen, dessen Moment das Einzelne ist und von dem es doch nichts wissen kann.* (GS, Bd. 11, S. 262)

genügt. Zugleich halten die zitierten Sätze Hegels einen entscheidenden Gegensatz zur gesamten ihm voraufgehenden Einstellung zur Kunst fest: Das sinnliche Erscheinen des Kunstwerks, nicht länger allein dessen Gehalt, wird als uneigentlich angesehen.

Alles Sinnliche im Kunstwerk ist uneigentlich, weil die Werke es kraft des eigenen Formgesetzes organisieren zur eigenen Wirklichkeit des ästhetischen Bildes, zum Sonderbezirk als sinnlichem Als-Ob. Das Sinnliche im Kunstwerk ist so eigentlich keins; erst die Kulturindustrie macht aus dem uneigentlich Sinnlichen der Kunst ein Sinnliches, das zu bloßer kulinarischer Unmittelbarkeit heruntergebracht der Reklame für den verordneten Genuß verfällt. Solche Genußversicherung der Kultur betrügt darüber, daß das Sinnliche immer schon durch den Charakter des Kunstwerks als einem Geistigen bestimmt und selber Träger eines Geistigen ist.

Philosophie und Wissenschaft sind darin einig, daß sie buchstäblich Seiendes zum Gegenstand ihrer Aussagen nehmen, freilich bescheiden sie sich nicht bei der bloßen Hinnahme der empirisch erfahrbaren Phänomene, sondern suchen in und hinter diesen die eigentlich und wesentlichen Strukturen freizulegen. Mit dem reflektierenden und szientifischen Bewußtsein konvergiert das ästhetische insofern (und insofern hat Kunst ihre eigene Wahrheit und ist eine Gestalt von Erkenntnis), als auch die Dichtung die empirische Wirklichkeit nicht einfach reproduzierend und abbildend hinnimmt. Die Wirklichkeit des Kunstwerks ist nie in dem Sinne wirklich wie die Wirklichkeit in ihrem unmittelbar-sinnlichen oder unmittelbar-historischen Vorkommen. Kein Empirisches, das ins Kunstwerk aufgenommen wird, bleibt unverändert. Nur kraft dieser »ästhetischen Differenz«[48][*4] vom empirischen Dasein, »nicht in der passiven Hinnahme der Objekte, konvergiert Kunst mit dem Wirklichen«[*5]; im »ästhetischen Schein« wird der Bann des »empirischen Scheins« gebrochen. Doch ist die ästhetisch vermittelte Erkenntnis am Modell der philosophischen und wissenschaftlichen Er-

---

48 *Nur in der Kristallisation des eigenen Formgesetzes, nicht in der passiven Hinnahme der Objekte konvergiert Kunst mit dem Wirklichen. Selbst der vorgebliche Solipsismus, Lukács zufolge Rückfall auf die illusionäre Unmittelbarkeit des Subjekts, bedeutet in der Kunst nicht, wie in schlechten Erkenntnistheorien, die Verleugnung des Objekts, sondern intendiert dialektisch die Versöhnung mit ihm. Als Bild wird es ins Subjekt hineingenommen, anstatt, nach dem Geheiß der entfremdeten Welt, dinghaft ihm gegenüber zu versteinern. Kraft des Widerspruchs zwischen diesem im Bild versöhnten, nämlich ins Subjekt spontan aufgenommenen Objekt und dem real unversöhnten draußen, kritisiert das Kunstwerk die Realität. Es ist deren negative Erkenntnis. Nach Analogie zu einer heute geläufigen philosophischen Redeweise könnte man von der »ästhetischen Differenz« vom Dasein sprechen: nur vermöge dieser Differenz, nicht durch deren Verleugnung, wird das Kunstwerk beides, Kunstwerk und richtiges Bewußtsein. Eine Kunsttheorie, die das ignoriert, ist banausisch und ideologisch in eins.* (Ebd., S. 261)

kenntnis nicht zu messen. Zwar steht Kunst in Differenz zum unmittelbar Daseienden, doch verharrt sie im Bereich des konkreten Besonderen und der Einzelphänomene, deren bloß zufälliges Dasein sie von aller Kontingenz befreit, indem sie es auf ein geistig Allgemeines hin transparent macht. Dadurch, daß Kunst »ihren Gegenstand frei für sich bestehen läßt«[*6],[49] setzt sie ihn nicht – wie die Wissenschaft – zum bloßen Exempel herab. Das konkrete Besondere jedoch, das die Wissenschaft auf solche Weise vernichtet, ist durch seine Rettung im Kunstwerk selber uneigentlich geworden. Das Ideal der Konkretion wird von der Kunst mit der Uneigentlichkeit bezahlt. Hegel versucht gegenüber Kunst und Wissenschaft Philosophie als ein Drittes, Mittleres zu konstituieren, das wiederherstellt, was durch die Wissenschaft zerstört wurde. Allerdings gelingt solche entwicklungsgeschichtliche Ableitung nicht stringent. Auch die positive Aufhebung der Kunst im Absoluten bleibt Postulat. Die Kunst muß in einem strengen Sinne viel dialektischer betrachtet werden als es bei Hegel geschieht.

Alle Besonderung in der Kunst ist gleichsam eine Sublimierung von sinnlichen Momenten. Die Vergeistigung, die Kunst leistet, ist nur möglich als Vergeistigung von Sinnlichem durch ein selber Sinnliches. Vergeistigung kann sich nur vollziehen in der Formung von sinnlichen Elementen: Das Geistige im Kunstwerk ist der immanente Zusammenhang der sinnlichen Momente, i.e. deren Organisation. Sieht man von den metaphysischen Implikationen der Hegelschen Theorie ab, so bedeutet das: Die Form ist vom Sinngehalt nicht zu trennen, der Sinngehalt wird formuliert im ästhetischen Bild und tritt niemals rund in Erscheinung. Die unvermittelte ideengeschichtliche Zuordnung eines ästhetischen Phänomens zu einer Weltanschauung oder Philosophie versucht, den Gehalt auf einen sei's geistesgeschichtlichen, sei's theologischen Begriff abzuziehen und zerstört damit den Bildcharakter des Kunstwerks. Kunst eignet die historische Wirklichkeit nach eigenem Gesetz, autonom, sich an und nimmt sie auf im ästhetischen Bild, zu dem sie sie gestaltet. Die Konstituierung des Bereichs der Kunst fällt nicht mit dem Begriff der Aura zusammen: Noch das radikal nicht-auratische Werk ist allein schon durch die Auswahl seiner Elemente doch von der empirischen Realität abgehoben. Das moderne Kunstwerk reflektiert in seiner eigenen Gestalt seinen Scheincharakter; die Werke lösen den Schein innerhalb ihres Scheins selber auf. Von daher erweist sich Benjamins Scheidung in auratische und nicht-auratische

---

49 »Von dem praktischen Interesse der Begierde unterscheidet sich das Kunstinteresse dadurch, daß es seinen Gegenstand frei für sich bestehen läßt, während die Begierde ihn für ihren Nutzen zerstörend verwendet; von der theoretischen Betrachtung wissenschaftlicher Intelligenz dagegen scheidet die Kunstbetrachtung sich in umgekehrter Weise ab, indem sie für den Gegenstand in seiner einzelnen Existenz Interesse hegt und denselben nicht zu seinem allgemeinen Gedanken und Begriff zu verwandeln tätig ist.« (HW, Bd. 13, S. 60)

Werke als undialektisch.⁵⁰ Auch im nicht-auratischen Kunstwerk ist das Sakrale verändert noch mitenthalten; Benjamin hat nicht gesehen, daß Kunst gegenüber dem magischen Bezirk eine erste Stufe der Aufklärung darstellt.

Das Kunstwerk ist gleichzeitig ein Sinnliches und ein Nicht-Sinnliches, »das Sinnliche im Kunstwerk ist selbst ein ideelles, das aber, als nicht das Ideelle des Gedankens, zugleich als Ding noch äußerlich vorhanden ist.«⁵¹[*7] Man könnte so das sinnliche Moment am Kunstwerk allemal als Abschied fassen. Hegels Satz, daß das Sinnliche in der Kunst vergeistigt sei, »da das Geistige in ihr als versinnlicht erscheint«⁵²[*8], scheint zunächst von den metaphysischen Voraussetzungen des idealistischen Systems nicht ablösbar: Erscheinen des Geistigen im Sinnlichen scheint nur im Prozeß des absoluten Geistes, der sich in sein Anderes entäußert, denkbar. Fällt jedoch die Hypostasierung des Weltgeistes, erfahren auch die zentralen Begriffe entscheidende inhaltliche Modifikationen. An die Stelle der final ausgerichteten Geschichte des in Erscheinung tretenden Weltgeistes tritt die reale, nicht teleologisch verstandene Geschichte, deren Subjekt die menschlichen Individuen und die durch diese sich durchsetzenden geschichtli-

---

50 Bei Benjamin heißt es etwa: »Eine antike Venusstatue etwa stand in einem durchaus andern Traditionszusammenhange bei den Griechen, die sie zum Gegenstand des Kultus machten, als bei den mittelalterlichen Kirchenvätern, die einen unheilvollen Abgott in ihr erblickten. Was aber bei den in gleicher Weise entgegentrat, war ihre Einzigkeit, mit einem andern Wort: ihre Aura. Die ursprünglichste Art der Einbettung des Kunstwerks in den Traditionszusammenhang fand ihren Ausdruck im Kult. Die ältesten Kunstwerke sind, wie wir wissen, im Dienst eines Rituals entstanden, zuerst eines magischen, dann eines religiösen. Es ist nun von entscheidender Bedeutung, daß diese auratische Daseinsweise des Kunstwerks niemals durchaus von seiner Ritualfunktion sich löst. Mit andern Worten: der einzigartige Wert des ›echten‹ Kunstwerks ist immer theologisch fundiert.« (BGS, Bd. I·1, S. 441)
51 »Deshalb ist das Sinnliche im Kunstwerk im Vergleich mit dem unmittelbaren Dasein der Naturdinge zum bloßen *Schein* erhoben, und das Kunstwerk steht in der *Mitte* zwischen der unmittelbaren Sinnlichkeit und dem ideellen Gedanken. Es ist *noch nicht* reiner Gedanke, aber seiner Sinnlichkeit zum Trotz auch *nicht mehr* bloßes materielles Dasein, wie Steine, Pflanzen und organisches Leben, sondern das Sinnliche im Kunstwerk ist selbst ein ideelles, das aber, als nicht das Ideelle des Gedankens, zugleich als Ding noch äußerlich vorhanden ist.« (HW, Bd. 13, S. 60)
52 »Das für diese Sinne [scil. Geruch, Geschmack und Gefühl] Angenehme ist nicht das Schöne der Kunst. Die Kunst bringt deshalb von seiten des Sinnlichen her absichtlich nur eine Schattenwelt von Gestalten, Tönen und Anschauungen hervor, und es kann gar nicht die Rede davon sein, daß der Mensch, indem er Kunstwerke ins Dasein ruft, aus bloßer Ohnmacht und um seiner Beschränktheit willen nur eine Oberfläche des Sinnlichen, nur Schemen darzubieten wisse. Denn diese sinnlichen Gestalten und Töne treten in der Kunst nicht nur ihrer selbst und ihrer unmittelbaren Gestalt wegen auf, sondern mit dem Zweck, in dieser Gestalt höheren geistigen Interessen Befriedigung zu gewähren, da sie von allen Tiefen des Bewußtseins einen Anklang und Wiederklang im Geiste hervorzurufen mächtig sind. In dieser Weise ist das Sinnliche in der Kunst *vergeistigt,* da das *Geistige* in ihr als versinnlicht erscheint.« (Ebd., S. 61)

chen Tendenzen sind. Der objektive Geist wird dann begriffen als das durch die jeweiligen historischen Konstellationen vermittelte geistige Allgemeine. Die Hegelsche Idee indessen wird bestimmt als der konkrete objektive Gehalt, der im ästhetischen Gebilde zur Darstellung gelangt und als eine autonome Gestalt des objektiven Geistes selbst ein in der Geschichte Werdendes ist.

Das Kunstwerk neutralisiert alles Sinnliche, das in ihm erscheint. Das Vermögen dazu wächst ihm dadurch zu, daß der Geist in ihm sich auf etwas bezieht, das selbst nicht reiner Geist ist. Die Materialien der Kunst sind selber nicht unmittelbar sinnliche, sondern vermittelte, insofern sie geschichtlich sind und mit einem geschichtlichen Anspruch an das Kunstwerk herantreten. Eben diese historische Vermittlung aber ist für Hegel der Geist.

Die materiale Präformation in der Kunst folgt einer gewissen Logizität, insofern die Stoffe selber schon Niederschlag von Naturbeherrschung sind. Natur soll gerade durch die Vergeistigung die Freiheit wiedergewinnen; durch das Extrem der Vergeistigung hindurch soll Kunst dem Vergeistigten seinen Namen wiedergeben. Indem sie den naturbeherrschenden Mächten widersteht, nimmt sie Rationalität – als erinnerte – doch auch bei der Darstellung in sich hinein: Widerstand und Rationalität sind aufeinander verwiesen, wenn Kunst ihrem Begriff genügen soll.

Protokollant: Heinz Brüggemann, 11. Semester Germanistik, Geschichte

[*1] G. W. F. Hegel, Ästhetik Bd. I, Frankfurt/Main 1965[53],[54] p. 46f.
[*2] cf. Th. W. Adorno, Negative Dialektik, Frankfurt/Main 1966, p. 32[55]

---

53 Korrigiert für: »1967«.
54 Vgl. Hegel, Ästhetik, a.a.O. (s. Anm. 29).
55 *Das System ist der Geist gewordene Bauch, Wut die Signatur eines jeglichen Idealismus; sie entstellt noch Kants Humanität, widerlegt den Nimbus des Höheren und Edleren, mit dem sie sich zu bekleiden verstand. Die Ansicht vom Menschen in der Mitte ist der Menschenverachtung verschwistert: nichts unangefochten lassen. Die erhabene Unerbittlichkeit des Sittengesetzes war vom Schlag solcher rationalisierten Wut aufs Nichtidentische, und auch der liberalistische Hegel war nicht besser, als er mit der Superiorität des schlechten Gewissens die abkanzelte, welche dem spekulativen Begriff, der Hypostasis des Geistes sich weigern. Nietzsches Befreiendes, wahrhaft eine Kehre des abendländischen Denkens, die Spätere bloß usurpierten, war, daß er derlei Mysterien aussprach. Geist, der die Rationalisierung – seinen Bann – abwirft, hört kraft seiner Selbstbesinnung auf, das radikal Böse zu sein, das im Anderen ihn aufreizt. – Der Prozeß jedoch, in dem die Systeme vermöge ihrer eigenen Insuffizienz sich zersetzten, kontrapunktiert einen gesellschaftlichen. Die bürgerliche ratio näherte als Tauschprinzip das, was sie sich kommensurabel machen, identifizieren wollte, mit wachsendem, wenngleich potentiell mörderischen Erfolg real den Systemen an, ließ*

[*3] Theodor W. Adorno, Noten zur Literatur II, Frankfurt/Main 1961,[56] p. 165
[*4] Th. W. Adorno, Noten zur Literatur II, a.a.O. p. 164
[*5] ebenda
[*6] G. W. F. Hegel, Ästhetik Bd. I, a.a.O. p. 48
[*7] G. W. F. Hegel, Ästhetik Bd. I, a.a.O. p. 48
[*8] G. W. F. Hegel, Ästhetik Bd. I, a.a.O. p. 49

---

immer weniger draußen. Was in der Theorie als eitel sich überführte, ward ironisch von der Praxis bestätigt. (Theodor W. Adorno, *Negative Dialektik*, Frankfurt a. M. 1966, S. 32; vgl. GS, Bd. 6, S. 34)
56 Vgl. Theodor W. Adorno, *Noten zur Literatur II*, Frankfurt a. M. 1961 (Bibliothek Suhrkamp; 71).

463 Arnulf Marzluf, 11. Juli 1968

Philosophisches Hauptseminar Arnulf Marzluf
Protokoll vom 11. 7. 68

Transzendentaler Schein, als »natürliche und unvermeidliche Illusion«[57] in jeglicher begrifflicher Erkenntnis, ist nicht zuletzt eine Absage an die Möglichkeit des Begriffs, die Wahrheit zu sagen. Und selbst wenn die Wahrheit sich als Schein erwiese – er hätte ihn nur, ohne ihn nennen zu können, und gerade Nennen ist er.

Der Begriff mag zwar Schein produzieren, nicht jedoch kann er den Schein vom Vorhandenen nehmen, denn es ist sein eigener: Seine Einheit, Mitbedingung der Erscheinungen, wird dort unwahr, wo die Abstraktheit gegenseitig negativer Momente verdinglicht wird; wo der Begriff als Einheit sich gegen die abstrakten, negativen Momente negativ verhält. Was ihm hierbei bleibt, ist das Ding überhaupt, reine Substanz. Diese Substantialisierung abstrakter Verhältnisse, Verdinglichung des Scheins, ist der Schein des Begriffs als Substanz. Die Erscheinungen der Sinnenwelt vermittelt der Begriff um den Preis seiner Wahrheit, der Erscheinung ohne Täuschung. Diese Täuschung widerspricht jedoch seiner Intention, etwas zu haben, *wie* es sei, anstatt nur zu wissen, *daß* es sei. So hat der Begriff seinen Weg, aber kein Ziel.

Aus jenem verhexten Material der Erscheinungen macht die Kunst ihre Werke und versucht das zu leisten, was der Begriff allein zu leisten hätte, nämlich seinen falschen Schein abzuwerfen. Sie versucht zu zeigen, daß die Organisation von Momenten möglich ist, ohne ihren Schein zu zerstören, der das Subjekt unmittelbarer trifft als jedes vermeintlich Unmittelbare und so dieses an Konkretion zuweilen übertrifft. Ihr Rätselhaftes hängt an dieser paradoxen Fähigkeit, wahrer Begriff zu sein, um den Preis konkreter Bedeutung; das Subjekt völlig zu überzeugen, ohne daß es wüßte, wovon es nun überzeugt sei. Ihre Bedeutung mag sie selber sein als der bessere Begriff. Darin sind Kunst und Philosophie komple-

---

57 »Die transzendentale Dialektik wird [...] sich damit begnügen, den Schein transzendenter Urteile aufzudecken, und zugleich zu verhüten, daß er nicht betriege; daß er aber auch (wie der logische Schein) sogar verschwinde, und ein Schein zu sein aufhöre, das kann sie niemals bewerkstelligen. Denn wir haben es mit einer *natürlichen* und unvermeidlichen *Illusion* zu tun, die selbst auf subjektiven Grundsätzen beruht, und sie als objektive unterschiebt, anstatt daß die logische Dialektik in Auflösung der Trugschlüsse es nur mit einem Fehler, in Befolgung der Grundsätze, oder mit einem gekünstelten Scheine, in Nachahmung derselben, zu tun hat.« (KW, Bd. III, S. 311 [B 354; A 297 f.])

mentär. Beide wollen sein, ohne dafür zu opfern. Wäre es ihnen gegeben, so wäre allerdings die sich herstellende Tautologie die Möglichkeit zum Ende.

Sommersemester 1968:
Übungen zur Vorlesung
»Einleitung in die Soziologie«

Soziologisches Proseminar

In diesem Semester hält Adorno zudem die soziologische Vorlesung »Einleitung in die Soziologie« und gibt das philosophische Hauptseminar »Hegel, ›Ästhetik‹«

Das Seminar findet dienstags von 17 bis 19 Uhr statt

464–473 UAF Abt. 139 Nr. 18

464 Gerhard Rupp, 23. April 1968

|*Soziologisches Proseminar Sommersemester 1968*
Übungen zur Vorlesung ›Einleitung in die Soziologie‹

Prof. Adorno (und Horkheimer)

Protokoll der 1. Sitzung am 23. 4. 1968

vorgelegt von

Gerhard Rupp, Frankfurt am Main
Ziegenhainer Str. 183 – Tel. 52 27 87[1]

(phil.; 4. Semester)|

Debatten entspannen sich an Punkten von Fräulein Brückners Referat »*Soziologie und empirische Forschung*«[2] über Prof. Adornos gleichnamigen Aufsatz (in den *Sociologica II*, Reden und Vorträge, zusammen mit Horkheimer; Frankfurter Beiträge zur Soziologie 10, Frankfurt/Main 1962),[3] welches anstatt des angekündigten über Max Horkheimers Aufsatz »Der neueste Angriff auf die Metaphysik« (Zeitschrift für Sozialforschung VI/1937)[4] gehalten wurde. Prof. Adorno charakterisierte vorher diese seine eigene Arbeit als Auslöserin der Positivismus-Debatte in der deutschen Soziologie überhaupt,[5] jene aber als konstitutiv für die beherrschenden soziologische Problematik heute. Als Ausgangspunkt seines Textes gab er den allgemeinen agglomerativen Charakter der Soziologie an, die mit ihrem Namen nur verschiedene Verfahrensweisen zusammenfaßt. Die verschiedenen Methoden innerhalb der Soziologie erklären sich aus der historischen Entwick-

---

1 In der Vorlage von »Gerhard« bis »87« gestempelt.
2 Renate Brückner, »Soziologie und empirische Forschung«, UAF Abt. 139 Nr. 18.
3 Vgl. T[heodor] W. A[dorno], *Soziologie und empirische Forschung* [1957], in: Max Horkheimer und Theodor W. Adorno, *Sociologica II. Reden und Vorträge*, Frankfurt a. M. 1962 (*Frankfurter Beiträge zur Soziologie*; 10), S. 205–222; vgl. GS, Bd. 8, S. 196–216.
4 Vgl. Max Horkheimer, Der neueste Angriff auf die Metaphysik, in: Zeitschrift für Sozialforschung, VI. Jg., 1937, H. 1, S. 4–53; vgl. HGS, Bd. 4, S. 108–161.
5 Vgl. die Sammlung Theodor W. Adorno, Ralf Dahrendorf, Harald Pilot, Hans Albert, Jürgen Habermas und Karl R. Popper, *Der Positivismusstreit in der deutschen Soziologie*, Darmstadt und Neuwied 1969. Der Aufsatz über *Soziologie und empirische Forschung* findet sich ebd., S. 81–101.

lung des Fachs, aber auch aus der spezifisch deutschen Situation. Mit einem Hinweis auf den kürzlich in Frankfurt abgehaltenen 16. Deutschen Soziologentag[6] entwickelte auch die Referentin, daß sich diese Verfahrensweisen »in ihren Voraussetzungen und Zielen in der Bestimmung ihres Gegenstandes und der Methodik klar voneinander abheben.« Prof. Adorno hatte dort, wie er selber einflocht, einen »common ground« zwischen den positivistischen Positionen und der dialektischen Theorie im Sinn von »kritischer Rationalität« etablieren wollen. Die empirische Arbeitsweise faßte Fräulein Brückner als »systematische Hypothese«. Prof. Adorno wandte da ein, dieser Terminus gebe nicht exakt die für den Positivismus eigentümliche Tatsache, daß in ihm *alle* Sätze widerspruchslos miteinander verbunden sind, jeder einzelne sich logisch stimmig in eine Reihe einfügt. Prof. Horkheimer fügte dem Referat der Kritischen Theorie – sie messe die Sache an ihrem eigenen Anspruch – hinzu, daß Kritische Theorie gerade gefordert sei, wo die empirischen Disziplinen ihrer entbehren müssen: in der Reflexion auf die wissenschaftlichen Prozesse und ihre Motivationen, die das bloß Instrumentelle: Tests und exakte Forschungen, übersteigt. Prof. Adorno verschärfte noch den Unterschied zwischen Kritischer Theorie und empirischer Methode, indem er die Kritische Theorie »gar nicht einfach Wissenschaft in dem üblichen Sinn« nannte, weil bei ihr zur Empirie zugleich Reflexion auf deren Legitimität und Grenzen trete. Zumal in der Soziologie soll der Wissenschafts-Begriff selber zur Reflexion stehen, weil hier, nach den Worten von Prof. Adorno, »das erkennende Subjekt oder auch die Intersubjektivität der erkennenden Gelehrten selber ein Teil dessen sind, was von ihrer Subjektivität zu erkennen ist.« Die Resultate der empirischen Sozialforschung werden zum gesamtgesellschaftlichen Prozeß in Beziehung gebracht, nicht allzu szientifisch bloß zu einer Wissenschaft strukturiert. Deutung allen gesellschaftlichen Lebens und Denkens gilt ihr mehr als immanent-wissenschaftliche Postulate. Prof. Adorno stellte hier die Dichotomie »vorwissenschaftlich«–»wissenschaftlich« selber in Frage, weil sie die Erfahrung fessele. Der unaufgelöste Widerspruch – zwischen »vorwissenschaftlicher« Erfahrung und dem Methodenzwang der »Wissenschaft« – muß heute gerade gegen die Empiristen wieder geltend gemacht werden. Das pejorativ so genannte »Vorwissenschaftliche« vermag – als Reflexion, nachwissenschaftlich oder postwissenschaftlich – Naivität und Enge des sogenannten Wissenschaftlichen zu richten. Prof. Horkheimer sprang dieser Deutung des Wissenschaftsbegriffs, der das »Vorwissenschaftliche« abstoße, bei mit Hinweisen auf dessen seit dem 19. Jahrhundert herrschendes Prestige: »Wissenschaft hat zum Ziel, Formeln aufzustel-

---

6 Vgl. die *Verhandlungen des 16. Deutschen Soziologentages. Spätkapitalismus oder Industriegesellschaft?*, hrsg. von Theodor W. Adorno, Stuttgart 1969.

len, Sätze, Formulierungen, die es gestatten, an der richtigen Stelle des Raumes und der Zeit das Richtige zu erwarten.« Andere Gedanken, Berechnungen und Erfahrungen werden somit als vorwissenschaftlich diffamiert, auch wenn sie nur einem anderen Gang der Wissenschaft gewidmet sind. Wissenschaft bleibt dem Instrumentellen verhaftet, ohne je kritisch zu werden. Prof. Adorno bezeichnete als die Basis dieser Dichotomie die Unterstellung von zwei Arten von Vernunft. Die positivistische Methode wiederholt eigentlich den alten philosophischen Fehler, in einem Einbruch von Irrationalität die Vernunft und das Denken überhaupt vorm Übergang auf das Reich der Zwecke zu sistieren. Nach den Folgerungen der Referentin treibt die Kritische Theorie jedoch Mimesis an die Sache, ohne daß sich eine Methode in ihr durchsetzt. Weiter schrieb sie der Kritischen Theorie – wie ihren Vorgängern Marx und Engels – den Wunsch zu, konstruktiv Anweisung zu sein für die Praxis, auf das »richtige Zusammenleben der Menschen« hinzuweisen. Prof. Horkheimer wand ein, daß sie doch im Grunde, genauso wie die Klassiker, auf das *un*richtige Zusammenleben der Menschen hinweise und von daher, nicht von einer ›utopia‹, ihren Namen empfange. Marx und der Kritischen Theorie ist die Negation als einziger Aussagemodus geblieben, die »Darstellung, wie die Gesellschaft fälschlicherweise ist.« Positive Gestaltung muß vom historischen Punkt, von den Menschen abhängen. Daher formulierte Prof. Horkheimer Soziologie anders, als Attacke auf die im Positivismus fetischisierte Wissenschaft, primär als »Kritische Theorie der Gesellschaft, wie sie ist«, welcher sich die empirischen Verfahrensweisen unterordnen.

Kommilitone Krahl[7] wies auf die Schwierigkeit für den empirischen Analytiker hin, die Differenz von Wesen und Erscheinung zu fassen, eben weil sie sich ihm als nichtempirisch entziehe. Wie bei Moritz Schlick heißt es dann: »Die Welt ist nur Erscheinung und nicht Wesen.«[8] Weil eine allgemeine Abstraktion, ohne dinglich zu sein, eine spezifische gesellschaftliche Realität haben soll, wähnt die Empirie stereotyp – so Prof. Adorno – Metaphysik. Kritische Theorie hätte aber

---

7 D.i. Hans-Jürgen Krahl.
8 Bei Schlick heißt es: »Wir haben keinen Grund, über die Unerkennbarkeit der Welt zu klagen, und darüber, daß etwa nur ihre ›Erscheinung‹ uns zugänglich sei. Im Gegenteil, was wir durch unsere Begriffe erkennen, ist immer nur Wesen; es gibt keine Erscheinung. *[Absatz]* Die unmittelbaren Daten des Bewußtseins sind selbständiges Sein, vollgehaltiges Wesen; und wir vermögen keinen Sinn mehr zu verbinden mit der Behauptung, daß sie nur die Phänomene eines verborgenen, transzendenten Seins wären. Gewiß sind sie von andern Realitäten abhängig, aber nur in dem Sinne, in dem eben überhaupt alles Wirkliche miteinander zusammenhängt – und wenn jemand *das* Erscheinung nennen wollte, so wäre *alles* Erscheinung von *allem*.« (Moritz Schlick, Erscheinung und Wesen [1919], in: Moritz Schlick, Gesamtausgabe, hrsg. von Friedrich Stadler und Hans Jürgen Wendel, Abt. I, Bd. 5, hrsg. und eingel. von Edwin Glassner und Heidi König-Porstner, unter Mitarb. von Karsten Böger, Wien und New York 2012, S. 39–68; hier: S. 67)

Herrn Krahl zufolge trotz der Kritik an der Metaphysik an der Existenz allgemeiner Abstraktionen festzuhalten, die »auf der anderen Seite auch ein aufzuhebender Schein ist.« Prof. Adorno wies zunächst den Metaphysik-Verdacht, den die Positivisten gegen die dialektische Soziologie erheben, zurück: Der Kritischen Theorie sei das Wesen vielmehr das Unwesen, die Erwartung positiver Wesensgesetze, ewiger Wahrheiten Fiktion, ganz im Gegensatz zu traditioneller Metaphysik. In der objektiven Realität gibt es ja ein Moment von Abstraktion, der für die gegenwärtige Gesellschaft prototypische Tausch, der »bewußtlos« in der Sache enthalten ist. Die Eruierung des Tauschprinzips aber rührt niemals von nominalistischer Praxis, weist vielmehr auf Dialektik. Prof. Horkheimer entwickelte dazu am Beispiel der heute staatlich gesteuerten Wirtschaft, daß diese als Krise allein aus dem Marxschen Modell zu verstehen sei, das, als »Wesen«, von der Erscheinung negiert wird, als Unwesen des Wesens auftritt. Zwar sind Verelendungstheorie und manch andere Prophezeiung der Klassiker »nicht eingetroffen«, aber durch den staatlichen Eingriff in den Kapitalismus allein hat sich dieser genügend expandieren können. Das Bündnis Staat–Kapitalismus in der Rüstungs- und militärischen Forschungs-Industrie gibt das eindringlichste Beispiel.

Als die Referentin den Methodenglauben der Positivisten erläuterte, zitierte Prof. Adorno Prof. Scheuch, der diesen Primat der Methode auf dem Soziologentag ausdrücklich als für sich bindend beglaubigt hatte.[9] Genau hier entlarvt sich die positive Rationalität als in Irrationalität verkehrt. Genau hier forderte Prof. Adorno auch die Demarkationslinie Kritische Theorie–Positivistische Positionen. Weil die Methode erlaubt, »ganz bestimmte Dinge zu vernachlässigen« (Horkheimer), ist sie selber »Herrschaftswissen« (Adorno). Exemplifiziert wurde die Differenz der beiden Soziologien am Praxis-Begriff, den die positivistischen Positionen vordergründig, als »Verkehrsplanung in einer Stadt« (Adorno) zum Beispiel, zu nehmen pflegen, die Kritische Theorie als »praktische Veränderung einer gegebenen zu einer besseren Realität hin« (Fräulein Brückner). Positivistische Soziologie liefert einzig Daten, die »für den Faschismus und Kommunismus gleichermaßen brauchbar sind« (Lundberg)[10] (die Kritische Theorie, so brauchte

---

9 Vgl. Erwin K. Scheuch, Methodische Probleme gesamtgesellschaftlicher Analysen, in: *Verhandlungen des 16. Deutschen Soziologentages*, a. a. O. (s. Anm. 6), S. 153–182.

10 »There are scores of instruments in use today in the social sciences that detect, reduce, or measure the bias of our senses and the prejudice of different observers. Have we any examples of sociological conclusions uninfluenced by the author's likes, dislikes, and group affiliations? Let each one answer for himself. Does a *scientific* public opinion poll predict the election results irrespective of the sentiments of the sentiments of the poll-taker? Does the prediction of the number of marriages, divorces, school enrollment, or success in college vary according to the material or educational status or hopes of the predicter? These personal characteristics and

nicht mehr wiederholt zu werden, reflektiert auf die Verhinderung abermaliger gesellschaftlicher Katastrophen).

Zur folgenden Kritik der Referentin an der positivistischen Arbeitsmethode und ihren Ergebnissen empfahl Prof. Adorno seine eigene Arbeit (zusammen mit Fräulein Jaerisch) über »Sozialen Konflikt« in der Festschrift für Abendroth, die sich von Dahrendorf, Simmel und einigen amerikanischen Theoretikern abgrenzt.[11]

Bei ihren Deskriptions-Schwierigkeiten scheinen, wie die Referentin berichtete, die Positivisten oft den Gesellschafts-Begriff aus der Soziologie vertreiben zu wollen.

Prof. Adorno erinnerte da an schon semantische Bedenken, jedoch auch inhaltliche mit Parallelen zur Psychologie ohne Seele vor 50 Jahren; schon da sei Ortung und Vergegenständlichung des Psychischen orientierungslos gewesen; ähnlich versage Soziologie als Scheinaufklärung, wenn sich die Erfahrung kastriert, sich vergehen muß am eigenen Oberbegriff.

Der Behandlung des Allgemeinen und Besonderen durch die Positivisten, die Fräulein Brückner hierauf darlegte, gab Prof. Horkheimer die Bemerkung bei, ob die referierte Disqualifizierung des Individuums bei Verklärung des Allgemeinen nicht kennzeichnend für die gegenwärtige historische Epoche sei? Prof. Adorno antwortete, daß in der Tat zwischen Positivismus und Gesellschaft eine »adaequatio rei atque cogitationis« vorliege. Die einzelnen Individuen treiben tatsächlich Mimesis an ihre eigene Entqualifizierung und Verdinglichung. Sie haben, in satanischem Sinn, die Soziologie, die sie verdienen; die Realität ist bestimmbar falsch, und diesem Umstand wird diese Soziologie auf ihre borniert, regressive Weise gerecht. So nannte Prof. Horkheimer das Handeln eines Menschen Hobby, denn im übrigen wird er heute nur statistisch erfaßt. Hauptaufgabe der Kritischen Theorie kann daher nicht mehr die Untersuchung konkurrierender Subjekte sein, sondern die konkurrierender Cliquen. Weiter führte Prof. Adorno einen anderen Kritik-Punkt der Referentin aus, die positivistische Tabula-rasa-Vorstellung. Diese

---

wishes in no way influence the predictions of a properly trained social scientist. Or consider the Census Bureau's facts and generalizations regarding trends in our population, labor force, and income. Are these conclusions Communist, Capitalist, or Fascist? The question makes no more sense than to ask whether the law of gravity is Catholic, Protestant, or Pagan.« (George A. Lundberg, Can Science Save Us?, New York, London und Toronto 1947, S. 21)

11 Vgl. Theodor W. Adorno und Ursula Jaerisch, *Anmerkungen zum sozialen Konflikt heute. Nach zwei Seminaren*, in: Gesellschaft, Recht und Politik, hrsg. von Heinz Maus, in Zusammenarb. mit Heinrich Düker, Kurt Lenk und Hans-Gerd Schumann, Neuwied und Berlin 1968 (Soziologische Texte; 35), S. 1–19; vgl. GS, Bd. 8, S. 177–195; bei dem Buch handelt es sich um eine Festschrift für Wolfgang Abendroth zum 60. Geburtstag.

sei besonders in der amerikanischen empirischen Sozialforschung notorisch als »sponsor's bias«; tabula rasa herrscht nicht, weil sich ganz ohne Korruption auf subtile Art die Interessen der Auftraggeber doch durchsetzen, wie eben in der Mikrostruktur die präformierten Ansichten des Fragestellers in seinem genormten Bogen auftreten. Auch durch Addieren der subjektiven Meinungen wird nicht Objektives destilliert. Prof. Horkheimer widersprach mit dem Beispiel, daß das in Meinungsumfragen festgestellte Anwachsen bestimmter politischer Meinungen nicht irgendeine bloße Meinung sei, sondern mehr als wieder nur Subjektivität. »Eine Art von sozialer Objektivität« billigte Adorno den sozialen Daten zu, nicht aber die objektive Wahrheit schlechthin, gar unter Abstraktion von Tendenz-Mechanismen, von denen die Umfrage-Ergebnisse nur Symptome sind.

465 Herwig Milde,
30. April 1968

> Herwig Milde
> Berliner Str. 22
> 6 Frankfurt am Main – 1

Soziologisches Proseminar; Übungen zur Vorlesung. Prof. Adorno

Protokoll der 2. Sitzung am 30. 4. 68

Zu Beginn der Sitzung wiederholte Frl. Brückner noch einmal die Thesen der Kritik der Gesellschaftstheorie an der empirischen Sozialforschung, nämlich daß die Objektivität, die die empirische Forschung beansprucht, eine der Methoden ist, nicht des Erforschten, daß also die Dinghaftigkeit der Methode auf die ermittelten subjektiven Tatbestände übertragen werde und der Wissenschaftler so jedenfalls nicht zur Sache selbst vordringe. Die Funktion einer solchen Sozialforschung ist lediglich die Verdoppelung des Dinghaften. Den Erfolg dieser Soziologie führte die Referentin auf die Tatsache zurück, daß sie der Herabsetzung des Menschen zum Objekt der gegenwärtigen Gesellschaft genau entspricht, die mehr und mehr menschliches Handeln durch mechanisches Reagieren zu ersetzen bestrebt ist. Prof. Adorno fügte dem hinzu, daß die Empirie wohl unentbehrlich sei, aber nicht zum Selbstzweck werden und die wesentliche gesellschaftliche Einsicht verdrängen dürfe. Frl. Brückner spitzte ihre Ausführungen dahingehend zu, daß gar keine andere Art von Soziologie bestehen könne, weil die Gesellschaft nur solche Erkenntnisse zulasse, die ihr selbst förderlich seien, und die empirische Sozialforschung kritischer Selbstreflexion nicht fähig sei. Prof. Adorno korrigierte, eine vernünftige Sozialforschung müsse ganz selbstverständlich zu einer kritischen Theorie kommen, ebenso wie eine kritische Theorie nicht ohne Empirie auskomme, da ja das eine durch das andere vermittelt sei. Die Referentin ging noch einmal auf die Notwendigkeit empirischer Methoden ein, indem sie Adornos Hinweis referierte, die bisher überbetonte geisteswissenschaftliche Richtung in der deutschen Soziologie bedürfe der empirischen Methoden als Korrektiv, da die Ermittlung bloßer Fakten naturwissenschaftliche Methoden verlangt. Die Gesetze aber, die in diesen Fakten wirken, können nur durch eine kritische Theorie erfaßt werden. Adornos Kritik meint also, daß die empirische Forschung [und] kritische Theorie sich gegenseitig ergänzen und korrigieren müssen.

Anschließend brachte Frl. Brückner Schelskys Antwort auf diese Kritik, entnommen seiner ›Ortsbestimmung der deutschen Soziologie‹[12]. Dem Vorwurf der Subjektivität begegnet Schelsky mit der Feststellung, soziale Meinungen und Haltungen seien ebenso soziale Tatbestände wie etwa die Klassenschichtung.[13] Adorno unterbrach mit dem Einwand, soziale Tatbestände seien die Meinungen zwar, aber es sei ein Unterschied, ob man allein aus der statistischen Verallgemeinerung der Meinungen über die Sache urteile oder ob man die Verbreitung einer Meinung als Tatsache in ihrem Stellenwert sehe, sie ableite. Im übrigen dürfe man soziale Meinungen und Klassenschichtungen in ihrer Bedeutung nicht gleichsetzen, da ihre sozialen Auswirkungen unvergleichlich verschieden seien. Die Referentin fuhr fort mit der Feststellung, daß zu den Meinungen auch ihre Vermittlungen gefunden werden müssen, die eigentliche Soziologie also erst bei der ermittelten Meinung anfängt, um die objektiven Kräfte, die sie verursachen, auszumachen, während die Empirie sich auf eine Verdoppelung der subjektiven sozialen Tatsachen beschränkt. Diesem Vorwurf hält Schelsky entgegen, daß es doch Aufgabe der empirischen Sozialforschung sei, das Subjektive als das Vermittelnde von der Erfahrung abzusondern und diese dadurch zu versachlichen (Glaubens- und Ideologie-Minimierung[14]).[15] Aus diesem Grunde habe sie ja nach dem 2. Weltkrieg einen bedeutenden Auftrieb erhalten, da sie damit dem damaligen antiideologischen Realitäts- und Orientierungsbedürfnis in Deutschland entgegengekommen sei. Nach Adorno ist jedoch die Entideologisierung selbst eine Gestalt der Ideologie; die Hinnahme der Faktizität, also die konstatierte Verdoppelung der Tatsachen, ist heute eigentlich der Prototyp des Ideologischen. Schelsky stellt zum Beispiel fest, daß jeder Reformversuch heute daran scheitere, daß sowohl der kapitalistische Unternehmer als auch das Proletariat restauriert worden sei, worin sich eine Ohnmacht der Sozialgestaltung gegenüber den gesellschaftlichen Zuständen zeige, die sich in einen Vorwurf gegen die Wissenschaften kehre, die diese Tatsachen feststellen.[16] Adorno identifizierte diese These

---

12 Vgl. Helmut Schelsky, Ortsbestimmung der deutschen Soziologie, Düsseldorf und Köln 1959.
13 Vgl. den Abschnitt »Die Wirklichkeitserfassung der empirischen Sozialforschung«, ebd., S. 67–85.
14 Konjiziert für: »Ideologie-Minimisierung«.
15 So spricht Schelsky etwa von der »Frontenstellung der empirisch-sozialwissenschaftlichen Wirklichkeitserfassung [...] gegen die primäre Erfahrung der handelnden und erlebenden Einzelperson [...]. In dem Versuch, eine entsubjektivierte, sich in einem experimentierenden Denken wissenschaftlich begründende und kontrollierende *Beschreibung der Wirklichkeit* zu geben, schafft die sozialwissenschaftliche Empirie eine sekundäre Wirklichkeit, die den unmittelbaren Erfahrungsumfang des einzelnen grundsätzlich überschreitet.« (Ebd., 68 f.)
16 »Ich habe an anderer Stelle dargelegt, weshalb und aus wievielfachen Quellen gespeist sich praktisch alle politischen und sozialen Anstrengungen nach 1945 in Richtung einer ›Restauration‹

als ideologisch insofern, als sie materiellen Besitz mit der Stellung des Menschen im Produktionsprozeß verwechselt: Der wirtschaftliche Zusammenbruch hat an den Grundlagen des Kapitalismus nichts geändert.

Anschließend referierte Frl. Brückner Schelskys Vorstellungen von einer transzendentalen Theorie der Gesellschaft, seinem Gegenstück zur Kritischen Theorie. Ihre Aufgabe ist die der Kritik im Sinne Kants, d.h. die Bedingungen des soziologischen Denkens und die Wirklichkeit kritisch zu reflektieren. Er nennt sie transzendental in Anlehnung an Kants Definition der transzendentalen Erkenntnis, während er sie jedoch nicht als apriorische Theorie verstanden wissen will. Adorno wandte ein, es sei unsinnig zu sagen, eine transzendentale Theorie solle keine apriorische Theorie sein, denn transzendental ist bei Kant eine Untersuchung, die sich mit der Möglichkeit apriorischer Erkenntnisse beschäftigt, Transzendentales ist also mit Apriorischem unlösbar verknüpft. Schelskys transzendentale Theorie soll die Bestimmungen der Freiheit des Menschen von der Gesellschaft explizieren und von da aus den von der empirischen Soziologie erkannten sozialen Gesamttatbestand sinnkritisch – und das heißt auch wertend – reflektieren. Diese Theorie bleibt jedoch vorerst noch ein Desiderat. Abschließend unterstrich die Referentin noch einmal die Überlegenheit einer dialektischen Methode, wie sie Adorno vertritt, gegenüber der empirischen.

Zu Beginn der anschließenden Diskussion kritisierte Kommilitone Baier[17], daß im Streit zwischen den beiden soziologischen Schulen nicht geklärt werde, daß sie mit dem Begriff der Theorie jeweils etwas anderes verbinden, daß nämlich die eine eine Theorie der Gesamtgesellschaft mit allgemeinen Wesensgesetzen intendiert, während die andere überhaupt die Existenz einer solchen Gesamtgesellschaft leugnet. Zur Differenzierung des Theorie-Begriffs sagte Adorno, auf der einen Seite stehe die Vorstellung einer Theorie, die auf Interpretation der gesellschaftlichen Tatsachen und auf ihre Klärung aus Gesetzen abziele, während der empiristische Theorie-Begriff »eine Art Holding-Gesellschaft, so etwas wie eine Dachorganisation« sei, die das Ganze überwölbe. Was die Klage über die allgemeine Theorielosigkeit betreffe, so sei dieser Mangel heute in dem Maße nicht

---

der jeweils für wertvoll gehaltenen Vergangenheit ergangen haben; nirgends ist die Situation im Sinne einer neuen Konzeption des ›Fortschritts‹ oder gar einer ›weitergetriebenen Revolution‹ bewältigt worden, schon gar nicht von der SED in der sowjetischen Besatzungszone. Der ›kapitalistische Unternehmer‹ ist genau so ›restauriert‹ worden wie ›das Proletariat‹, und es gehört schon eine gewisse soziologische Kurzsichtigkeit dazu, jeweils das Restaurative bei den anderen, nicht aber bei sich selbst zu sehen.« (Ebd., S. 58 f.) – Vgl. Helmut Schelsky, Über das Restaurative unserer Zeit [1955], in: Helmut Schelsky, Auf der Suche nach Wirklichkeit. Gesammelte Aufsätze, Düsseldorf und Köln 1965, S. 405–414.

17 D.i. vermutlich Lothar Baier.

mehr vorhanden. Besonders in der ›Dialektik der Aufklärung‹ sei an Theorie der Gesellschaft einiges zu finden. Allerdings müsse daran energisch weitergearbeitet werden, und er hoffe, in nicht allzu ferner Zeit einen weiteren Beitrag dazu vorlegen zu können. Auf die Forderung Baiers, die Debatte des Frankfurter Soziologentags in diesem Proseminar weiterzutreiben und die erstarrten Fronten einander näher zu bringen, antwortete er, es müsse nicht immer möglich sein, zu einer Art Verständigung oder Versöhnung zu gelangen, es gebe auch die Möglichkeit, daß es gar keine Synthese gibt, wie es sich ja schon in den terminologischen Differenzen andeute. Man müsse jedoch die Argumentation kommensurabel machen, anstatt sie bloß herzusagen.

466 Axel Depireux,
7. Mai 1968

Proseminar »Einleitung in die Soziologie«
Prof. Adorno, Sommersemester 1968
Axel Depireux, Frankfurt am Main, Sachsenhäuser Landwehrweg 230

Protokoll vom 7. 5. 1968

Unter Bezug auf die Erörterungen von Schelsky, die problematisch geblieben waren, wurde eine Ergänzung zum Referat »Soziologie und empirische Forschung« vorgetragen:[18]

Auf dem Gebiet der Sozialwissenschaften tritt der Dualismus von analytischer Wissenschaftstheorie und hermeneutischer Grundlagenreflexion besonders deutlich zutage. Ihn auf einen unterschiedlichen Entwicklungsstand der verschiedenen Konzeptionen von Soziologie zurückzuführen, liegt nahe, jedoch gründen die tiefgreifenden Differenzen in der Logik der Forschung selbst. Daß die Diskussionen zwischen den Vertretern der beiden in der vergangenen Stunde referierten Konzeptionen sich auf einen Methodenstreit reduzierten, liegt an folgendem: Da bei der kritischen Theorie der Gesellschaft Theorie und Methode als vermittelt angesehen werden in dem Sinne, daß Theorie sich in ihrem Aufbau und in der Struktur ihrer Begriffe dem Forschungsgegenstand anmißt, ganz wie dieser sich auch in der Methode durchsetzt, kann sie die Kontroverse in ihren Konsequenzen für die positivistische Methodologie aufweisen und dadurch die Methodologie als Methodologie sprengen. Die dialektische Methode kann die empirischen Methoden gleichsam in sich aufnehmen, während die Vorstellung von gesellschaftlicher Dialektik auf dem Boden des Positivismus vollständig nicht zu entfalten ist.

Der empirische Forscher (Schelsky) kann auf Grund seiner Verfahrensweisen weder Wesentliches über die Gesellschaft, noch über die eigene Methode als Moment des gesellschaftlichen Ganzen aussagen. Für Marx war die dialektische Methode eine Forschungs- und Darstellungsweise zugleich, wobei nach ihm formell die Forschung der Darstellung vorauszugehen habe. Prof. Adorno bemerkte hierzu, daß solche genetischen Fragen immer ein Problem seien. Ob die Forschung der Konzeption bei Marx vorausgegangen sei, sei zu bezweifeln, und ob

---

[18] Renate Brückner, »Ergänzung zum Referat: Soziologie und empirische Forschung«, UAF Abt. 139 Nr. 18.

dieser Anspruch von Marx zutreffe, sei Thema für eine philologische Arbeit. Es sei die Frage, ob es sich bei dieser Forderung nicht nur um eine Angleichung an die damalige Denkweise handelte, oder ob es sich um einen theoretischen Gedanken handelte, der sich aufgrund des derzeit bereits gesellschaftlich entfalteten Warentauschs gleichsam aufdrängte.

Sich den Stoff im Detail anzueignen, seine verschiedenen Entwicklungsformen zu analysieren und deren inneres Band aufzuspüren, muß die Forschung, wie Marx sie verstand, leisten und hat es damit mit einer Fülle sozialwissenschaftlicher Daten zu tun. Ihr Verfahren ist das des analytischen Verstandes. Bei der Erfassung von isolierten sozialen Tatbeständen in ihrer Unmittelbarkeit leistet der empirische Forscher Verstandesarbeit, und die empirischen Methoden sind nichts als ein adäquates Mittel, eine verdinglichte Welt verfügbar zu machen. Die Frage des Wozu? – zu Stabilisierung und Perpetuierung oder ihrer kritischen Durchdringung, ist jedoch entscheidend.

Vorsicht sei zu üben, meinte Prof. Adorno, bei der Behauptung, die positivistische Soziologie nehme die Welt als ein starres System von isolierten Dingen und unauflöslichen Gegensätzen hin, weil der Verstand die zufällige Erscheinung für das Wesen der Dinge halte, dem Verstand Existenz und Wesen identisch seien. Die Positivisten (Albert) würden hier schon sagen, daß in einem starren System von isolierten Dingen und unaufgelösten Gegensätzen die Dinge wohl alle zusammenhängen. Die Frage der Interdependenz der Tatsachen sei aber nicht identisch mit derjenigen nach dem Widerspruch von Wesen und Erscheinung. Gerade Albert würde die Soziologie der Form der Logik unterordnen wollen und verlangen, daß diese Gegensätze so behandelt würden, daß sei ein einheitliches Darstellungssystem ergäben, d. h., daß sie dargestellt würden als Teile des Systems. Darin müsse erklärt werden, ob sich eine Widersprüchlichkeit bildet. Insbesondere Interaktionsanalysen müßten so behandelt werden. Prof. Adorno warnte in diesem Zusammenhang davor, es sich mit dem zu untersuchenden Gegenstand zu leicht zu machen und eine Gegenposition einfach abzufertigen. Abfertigendes Denken sei eine gefährliche Form und hänge mit Klischee-Denken zusammen; man habe sich vor jeder Art solchen Denkens zu hüten.

In den Antagonismen der »isolierten Reflexion« spiegeln sich die realen Antagonismen in der Gesellschaft wider. Theoretische Konservierung in strukturell-funktionalen Systemmodellen suggeriert eine Harmonie der Gesellschaft trotz aller Widersprüche. Nur im theoretischen Nachvollziehen und Darstellen des Prozesses, durch den die isolierten und gegensätzlichen Formen so geworden sind, sind sie begrifflich zu fassen und ist in der Praxis die Isolation aufzuheben, sind die Antagonismen zu versöhnen. Empirische Forschung leistet hier nur notwendige Vorarbeit, Verstandesarbeit, wie Hegel sagen würde.[19] Den zergliederten und mannigfachen Stoff zu einer Einheit zu bringen, d. h., ihn in Vernunftbegriffe zu fassen, bleibt die Hauptarbeit; denn die Vernunft mißtraut der Autorität des Tatsächlichen, negiert die »schlechte« Form der Wirklichkeit, die Welt des gesunden Menschenverstandes und die mit ihm erfaßten analytischen Kategorien, die selbst dann noch statisch sind, wenn sie Bewegung und Wechsel ausdrücken.

Prof. Adorno merkte hier an, man dürfe sich aber das, was von Theorie gefordert wird, nicht als andere Art des Denkens vorstellen. Eine Theorie, die gegen den gesunden Menschenverstand gerichtet sei, sei falsch. Dialektisches Denken sei kein privilegiertes Denken, und es gäbe nicht eine besondere dialektische Art, die sich nicht durch einen gesunden Menschenverstand ausweisen und vor der Sache bewähren müßte. Dialektik sei keine Art von Geheimwissen, man sei damit nicht »dans le vrai«. Vor diesem elitären Moment müsse man sich schützen. Die Formen des Denkens, die über den gesunden Menschenverstand hinausführten, seien immer ein Moment des gesunden Menschenverstandes selber.

Auf den Einwand, daß die positivistischen Forscher auch über die Tatsachen hinausgingen, indem sie Gesetze aufstellten, Voraussagen lieferten usf., entgegnete Prof. Adorno, daß sie aber dem Gegebenen verhaftet blieben, d. h. bei solchen Gesetzen, Prognosen Theorien, Hypothesen und Begriffen stehenblieben, auf bloße Erscheinungen eingeschworen seien. Der Begriff des Wesens werde abgelehnt und damit auch die Einsicht in die Möglichkeiten, die sich in den Erscheinungen nicht verwirklichen.

Weitreichende gesellschaftliche Konsequenzen ergeben sich durch die Beschränkung auf das je Erfahrbare. Unter einem bestimmten Begriff versteht man z. B. nichts als eine Reihe von Operationen. Unter dem operationellen Gesichtspunkt muß man sich versagen, Begriffe zu gebrauchen, die im Sinne von Operationen nicht hinreichend Rechenschaft ablegen können. Ein wahrer Begriff kann und soll indes mehr aussagen, soll wesentliches beinhalten. Der Forscher sollte sich von der Erscheinung lösen, um das Wesen der Dinge auszumachen. Er sollte nicht versuchen, in einem metaphysischen Hinterland durch mystische Intuition Wesensschau zu betreiben, sondern es gilt, von den empirischen Fakten zu den empirischen Faktoren vorzudringen mit dem Ziel, vergangene, historische Prozesse, die sich in den dinghaften Begriffen niedergeschlagen haben, zu verlebendigen und so einen reicheren, d. h. konkreten und historischen Begriff des Dinghaften zu gewinnen. Lefebvre und Sartre sprechen von einer progressiv-re-

---

19 Bei Hegel heißt es: »Die Tätigkeit des Scheidens ist die Kraft und Arbeit des *Verstandes*, der verwundersamsten und größten oder vielmehr der absoluten Macht.« (HW, Bd. 3, S. 36)

gressiven Methode,²⁰ und Marx kann mit einer Beschreibung seines Verfahrens (Grundrisse der Kritik der politischen Ökonomie – Rohentwurf Berlin 1953, S. 21f.)²¹ als Illustration dienen.

Prof. Adorno wendete dagegen ein, daß die Bestimmung eines solch dogmatischen Prozesses ein Versuch sei, die dialektischen Beziehungen mit den Mitteln eines nicht-dialektischen Ganges darzustellen. Das Verfahren sei dem traditionellen Wissenschaftsmodell näher als dem, was in einem strengen Sinne dialektisch sei. Marx ließe seiner eigenen Methode in der erwähnten Stelle des Rohentwurfs keine Gerechtigkeit widerfahren, er habe sie wohl deshalb auch nicht aus diesem Entwurf übernommen. Immerhin bliebe die Frage, inwieweit Marx überhaupt dialektisch gearbeitet habe, es gäbe verschiedene Stellen in seinen Werken, die Zweifel daran aufkommen ließen. Prof. Adorno verwies in dieser interessanten Frage auf eine Dissertation, die noch zu schreiben wäre.

Die Allgemeinheit des dialektischen Begriffes ist also eine konkrete Totalität, aus der sich die besonderen Differenzen all der Tatsachen entwickeln, die dieser Totalität angehören. Der dialektische Begriff ist sehr inhaltsreich, so umfaßt der Marx'sche Begriff »Kapitalismus« z. B. die drei Bände des »Kapitals«, in denen die wirkliche Bewegung des Kapitalismus, sein Wesen, seine Möglichkeiten und seine Grenzen aufgezeigt werden. Marx schrieb dazu im Nachwort zur 2. Auflage des »Kapitals« (Berlin 1965,²² S. 27), daß, wenn sich das Leben des Stoffes ideal widerspiegele, es so aussehe, als habe man es mit einer Konstruktion a priori zu tun.²³

---

20 Vgl. Henri Lefebvre, Perspectives de la Sociologie Rurale, in: Cahiers Internationaux de Sociologie, 14. Jg., 1953, S. 122–140, sowie den Abschnitt »Die progressiv-regressive Methode«, in: Jean-Paul Sartre, Fragen der Methode [1957], in: Jean-Paul Sartre, Gesammelte Werke in Einzelausgaben, hrsg. von Vincent von Wroblewsky, Philosophische Schriften, Bd. 5, hrsg. von Arlette Elkaïm-Sartre, übers. von Vincent von Wroblewsky, Reinbek bei Hamburg 1999, S. 94–178.
21 Vgl. Karl Marx, Grundrisse der Kritik der politischen Ökonomie (Rohentwurf) 1857–1858. Anhang 1850–1859, hrsg. vom Marx-Engels-Lenin-Institut Moskau, Berlin 1953, S. 21f.; vgl. MEW, Bd. 42, S. 34–36.
22 Karl Marx, Das Kapital. Band 1. Buch 1 [1867], 12. Aufl., Berlin 1965 (inhaltlich und seitenidentisch mit MEW, Bd. 23).
23 »Allerdings muß sich die Darstellungsweise formell von der Forschungsweise unterscheiden. Die Forschung hat den Stoß sich im Detail anzuzeigen, seine verschiednen Entwicklungsformen zu analysieren und deren innres Band aufzuspüren. Erst nachdem diese Arbeit vollbracht, kann die wirkliche Bewegung entsprechend dargestellt werden. Gelingt dies und spiegelt sich nun das Leben des Stoffs ideell wider, so mag es aussehn, als habe man es mit einer Konstruktion a priori zu tun.« (MEW, Bd. 23, S. 27)

Auf den Satz des Referates, daß der Empiriker, der auf den Teil der Forschung verzichte, den Marx als Darstellung kennzeichnete, damit auf die Erkenntnis des Wesentlichen verzichte, bemerkte Prof. Adorno, daß der Empiriker auf die Bestimmung des Wesens verzichte, weil das Wesen selber für ihn eine Chimäre sei. Die Postulierung eines Wesens hinter den Erscheinungen weise der Empiriker »ab ovo« bereits ab. Man müsse hier immanent nachweisen, daß gewisse Grundbegriffe des Positivismus mehrdeutig und problematisch seien, wie etwa der Satz Wittgensteins: »Die Welt ist alles, was der Fall ist.«[24]

Da der Positivist die mannigfachen Bestimmungen und Beziehungen des Untersuchungsgegenstandes nicht reflektiert, bleiben dialektische Begriffe wie etwa der der (kapitalistischen) Gesellschaft ihm verschlossen, er muß sie als spekulativ, weil von seinem Ansatz her nicht kontrollierbar, abtun, und es erscheint ihm die Kritische Theorie als eine Apriori-Philosophie.

Auf eine entsprechende Frage bekräftigte Prof. Adorno: Die empirischen Daten sollten hier nicht abgewertet werden. Empirische Forschung sei unbedingt notwendig, obwohl sie eine Theorie der Gesellschaft hervorbringe, die nichts sei als Kodifizierung der Spielregeln der empirischen Sozialforschung. Es gehe hier viel mehr um das Selbstverständnis der Soziologie, als daß empirische Kenntnisse entqualifiziert würden. Es sei in der Soziologie nicht so, daß man vom Einfachen zum Komplizierten vorschreite und dann ein Urteil bilde.

---

[24] Ludwig Wittgenstein, Tractatus logico-philosophicus. Logisch-philosophische Abhandlung [1921], in: Ludwig Wittgenstein, Schriften, [Bd. 1], [hrsg. unter Mitw. von Gertrude Elizabeth Margaret Anscombe und Rush Rhees], Frankfurt a. M. 1960, S. 7–83; hier, S. 11.

467 Gerd Müller,
14. Mai 1968

|Übung zur Einführung in die Soziologie   Frankfurt am Main; 21. 5. 68
Prof. Th. W. Adorno
Sommersemester 1968

Protokoll der Sitzung vom 14. Mai
a – – Diskussion um die Notstandsgesetze
b – – Referat zur Kontroverse Popper–Adorno[25]

                      Gerd Müller
                      Soziologie (3. Semester)
                      6 Frankfurt am Main; Florstädter Str. 24|

a) Diskussion um die Notstandsgesetze

Zu Beginn der Sitzung ergab sich eine Diskussion zwischen dem Übungsleiter und einigen Studenten, hinter deren Argumente sich das Forum fast geschlossen stellte.

Zuerst forderte die Seminarsprecherin die Anwesenden dazu auf, den für den folgenden Tag vorgesehenen Streik zu unterstützen und auf dem für den Abend geplanten Teach-in mit über den Streik im allgemeinen und den an der Frankfurter Universität im besonderen zu diskutieren.[26] Dann wandte sich die Seminarsprecherin[27] an Prof. Adorno und sagte, es wäre interessant, einmal seine Meinung über die Notstandsgesetze[28] zu hören.

---

[25] Ulrich Vogel, »Über die Diskussion Popper–Adorno«, UAF Abt. 139 Nr. 18.

[26] Die »Chronik« der Sammlung »Frankfurter Schule und Studentenbewegung« vermeldet für den 21. Mai 1968: »Der SDS veranstaltet an der Frankfurter Universität ein Teach-in zum Thema *Autoritärer Staat und Widerstand*. Die Hauptreferate halten Hans-Jürgen Krahl *Zur Geschichtsphilosophie des autoritären Staates* und Reimut Reiche zu der Frage *Hat der autoritäre Staat in der BRD noch eine Massenbasis?*.« (Frankfurter Schule und Studentenbewegung. Von der Flaschenpost zum Molotowcocktail 1946–1995, hrsg. von Wolfgang Kraushaar Frankfurt a. M. 1998, Bd. 1, S. 327)

[27] Die Sprecherin ist nicht ermittelt.

[28] Die Notstandsgesetze werden am 30. Mai 1968 vom Deutschen Bundestag (unter der Regierung einer großen Koalition aus CDU/CSU und SPD mit Kurt Georg Kiesinger, CDU, als Bundeskanzler) verabschiedet.

Prof. Adorno erklärte, aus allem, was er in seinen Veranstaltungen vortrage, sei doch wohl leicht abzuleiten, was er von solchen Gesetzen halte. Wer das nicht merke, dem sei nicht zu helfen.

Mehrere Studenten schlugen nun einhellig vor, die gerade begonnene Übungssitzung darauf zu verwenden, über die Problematik der drohenden Notstandsgesetze und des möglichen Kampfes dagegen zu diskutieren. Dies sei angesichts der zweiten Lesung der Gesetze,[29] die u. a. nach ihrer Verabschiedung einen neuen Faschismus in der BRD möglich machen würden, wichtiger, als sich mit dem Positivismus in der Soziologie zu befassen.

Der akklamierenden Reaktion des Auditoriums setzte Professor Adorno entgegen, daß er auf seiner Lehrfreiheit beharre. Wenn durch ein Plebiszit verhindert werde, daß er »über die Dinge, die ich für sinnvoll halte«, sprechen könne, müsse er zu der von ihm noch nie gebrauchten Drohung greifen: gegebenenfalls freiwillig auf seinen Lehrstuhl zu verzichten. Die Konsequenzen möge man bedenken.

Als die Studenten die Weigerung des Übungsleiters, das Thema der Veranstaltung zu wechseln, mit Zischen mißbilligten, äußerte er, jetzt übe man Terror auf ihn aus. Im übrigen werde es wahrscheinlich nichts nützen, wenn man jetzt über die Notstandsgesetze diskutieren würde. Das sei auch zuviel Zeitverlust für das eigentliche Thema der Übung, das durchaus einiges zur Klärung der mit den Notstandsgesetzen zusammenhängenden Dinge bereitstellen könne. Der anliegende Streik sei »eine Sache der Studenten«.

Ein Student argumentierte, es sei aber doch nötig, daß er, Prof. Adorno, aus seiner Rolle als Hochschullehrer heraustrete und die Studenten in der Praxis unterstütze.

Prof. Adorno antwortete, so sei das Verhältnis von Theorie und Praxis nicht richtig gefaßt. Schließlich habe Theorie in der von ihm vertretenen Richtung auch schon eine praktische Funktion. Er lehne die Notstandsgesetze ab, und seine Sympathie gehöre dem Streik der Studenten, fuhr er fort und verwies auf die Weimarer Ermächtigungsgesetze, die den Faschismus mit ermöglicht hätten. Er könne aber an Ort und Stelle schon gar nicht über die Notstandsgesetze diskutieren, da er nicht genügend darüber informiert sei, sicher weniger als viele der Anwesenden. Die Notstandsgesetze seien auch nicht so wichtig, sie stellten nur ein Stück Ideologie dar.

Anschließend bat Prof. Adorno, die Diskussion abzuschließen und ließ den Referenten zur Kontroverse Popper–Adorno mit seinem Referat beginnen. Dieser sagte zur Vorbemerkung, er sei nicht der Meinung von Prof. Adorno, wolle aber

---

29 Die zweite Lesung der Notstandsgesetze im Bundestag findet am 15. Mai 1968 statt.

jetzt doch sein Referat vortragen. Er bitte Prof. Adorno, das am Abend stattfindende Teach-in zu besuchen.

b) Referat zur Kontroverse Popper–Adorno

Karl R. Popper, in der Tradition des positivistischen Denkens A. Comtes stehend, überträgt die ihm einzig legitime experimentelle Methode der Naturwissenschaften als »kritizistische« auf die Sozialwissenschaften. Für zu untersuchende Probleme müssen nach Popper Lösungsversuche gefunden werden. Sind diese kritisierbar, so werden sie entweder einem Widerlegungsversuch (für Popper mit Kritik identisch) erliegen und damit fortfallen, oder diesen erfolgreich bestehen. Im zweiten Falle werden sie vorläufig akzeptiert und später weiteren Kritikversuchen unterworfen (»trial and error«).[30] Das Falsifikationskriterium bilden auch dabei Basissätze, die nach Popper der Beobachtung zugängliche Vorgänge zum Inhalt haben[31] und unabhängig und intersubjektiv nachprüfbar sein müssen.[32] Die endlose Kette sich einander begründender möglicher Basissätze kürzt dabei die Einigung der Wissenschaftler auf methodische Spielregeln ab. So wird Falsifikation als einzig wissenschaftliche Methode ermöglicht. Dieser Zweck der Einigung wird von Popper als undiskutierbar übergangen, da er für ihn auf dem außerwissenschaftlichen Feld der Wertsetzung entstanden ist, überhaupt Wissenschaft zu treiben. Das Falsifikationskriterium Poppers dient der Abgrenzung seiner empirisch-analytischen Methode u. a. von der spekulativer Systeme und der, jener nur heuristisch brauchbaren, dialektischen.

---

[30] »Die Methode der Wissenschaft ist also die des tentativen Lösungsversuchs (oder Einfalls), der von der schärfsten Kritik kontrolliert wird. Es ist eine kritische Fortbildung der Methode des Versuchs und Irrtums (›trial and error‹).« (Karl R. Popper, Die Logik der Sozialwissenschaften [1962], in: Adorno et al., *Der Positivismusstreit in der deutschen Soziologie*, a.a.O. [s. Anm. 5], S. 103–123; hier: S. 106)
[31] »Die *Basisprobleme*, die Fragen nach dem empirischen Charakter der besonderen Sätze, nach der Methode ihrer Überprüfung, spielen [...] innerhalb der Forschungslogik eine etwas andere Rolle als die meisten anderen Fragen, die uns beschäftigen werden; während diese sonst meist in enger Beziehung zur Forschungs*praxis* stehen, sind die Basisprobleme fast ausschließlich von rein erkenntnis*theoretischem* Interesse. Dennoch werden wir auch auf sie zu sprechen kommen, da sie zu vielen Unklarheiten Anlaß gegeben haben. Das gilt insbesondere von den Beziehungen zwischen den Basis*sätzen* (so nennen wir jene Sätze, die als Obersätze einer empirischen Falsifikation auftreten können, also etwa: Tatsachenfeststellungen) und den Wahrnehmungs*erlebnissen*.« (Karl R. Popper, Logik der Forschung [1935 (recte: 1934)], 11. Aufl., in: Karl R. Popper, Gesammelte Werke in deutscher Sprache, Bd. 3, hrsg. von Herbert Keuth, Tübingen 2005, S. 20)
[32] »Wir halten nun zwar die wissenschaftlichen Theorien nicht für begründbar (verifizierbar), wohl aber für nachprüfbar. Wir werden also sagen: Die *Objektivität* der wissenschaftlichen Sätze liegt darin, daß sie *intersubjektiv nachprüfbar* sein müssen.« (Ebd., S. 21)

Für Adorno, der die Tradition Hegels und Marx' bewahrt, ist dagegen dialektisches Denken einzig autonom, das ebensowenig wie die Gesellschaft, die es auf den Begriff zu bringen suche, zu testen sei. Die dialektische Theorie spüre, ohne diesen sich zu entziehen, die hinter den Fakten liegende Tendenz auf. Die fortlaufende Kritik der Ergebnisse sei dann durch Weiterdenken zu leisten, nicht aber durch deren bloße Konfrontation mit Protokollen von Tatsachen oder mit Basissätzen. Habermas weist darauf hin, daß auch die Formulierung von solchen gemeinsamen Sätzen nur möglich sei, wenn man sich auf Werte wie »gute Theorie«, »befriedigende Argumentation« usw. geeinigt habe.[33]

Fruchtbarkeit und Relevanz von Forschungsgegenständen werden bei Popper unwichtig, da er kein wesentliches Prinzip in den Dingen anerkennt. Ihre »letzte« Erklärung durch eine Theorie zu finden, wird so unmöglich, da jede Theorie durch eine größere Universalität weiter erklärbar wird. Ziel der Wissenschaft sei, je allgemeiner und überprüfbarer, desto vollkommener die Erklärung der Erscheinungswelt.

Für Adorno zeigt die überraschende dialektische Unterscheidung von Wichtigem, Wesentlichem und Unwichtigem, Unwesentlichem am Schluß des Tübinger Referats von Popper,[34] daß bei ihm trotz allen Positivismus doch etwas von der

---

33 So heißt es bei Habermas etwa: »Die technischen Empfehlungen für eine rationalisierte Mittelwahl bei gegebenen Zwecken lassen sich aus wissenschaftlichen Theorien nicht etwa nachträglich und wie zufällig ableiten: diese geben vielmehr von vornherein Informationen für Regeln technischer Verfügung nach Art der im Arbeitsprozeß ausgebildeten Materie. Poppers ›Entscheidung‹ über die Annahme oder Verwerfung von Basissätzen wird aus dem gleichen hermeneutischen Vorverständnis getroffen, das die Selbstregulierung des Systems gesellschaftlicher Arbeit leitet: auch die am Arbeitsprozeß Beteiligten müssen sich über die Kriterien von Erfolg und Mißerfolg einer technischen Regel einig sein. An spezifischen Aufgaben kann diese sich bewähren oder scheitern; die Aufgaben aber, an denen sich ihre Geltung empirisch entscheidet, haben ihrerseits eine allenfalls soziale Verbindlichkeit. Die Erfolgskontrolle technischer Regeln bemißt sich an den mit dem System gesellschaftlicher Arbeit gesetzten, und das heißt sozial verbindlich gemachten Aufgaben, an Normen, über deren Sinn ein Konsensus bestehen muß, wenn Urteile über Erfolg und Mißerfolg intersubjektiv gelten sollen. Der an analytisch-empirische Vorschriften gebundene Forschungsprozeß kann hinter diesen Lebensbezug nicht zurück; er ist stets hermeneutisch vorausgesetzt.« (Jürgen Habermas, Analytische Wissenschaftstheorie und Dialektik. Ein Nachtrag zur Kontroverse zwischen Popper und Adorno, in: Zeugnisse. Theodor W. Adorno zum sechzigsten Geburtstag, hrsg. von Max Horkheimer, Frankfurt a. M. 1963, S. 473–501; hier: S. 494)

34 Dort heißt es: »Zum Schluß noch eine Bemerkung. Ich glaube, daß die Erkenntnistheorie nicht nur wichtig für die Einzelwissenschaften ist, sondern auch für die Philosophie, und daß das religiöse und philosophische Unbehagen unserer Zeit, das uns wohl alle beschäftigt, zum erheblichen Teil ein erkenntnis-philosophisches Unbehagen ist. *Nietzsche* hat es den europäischen Nihilismus genannt und *Benda* den Verrat der Intellektuellen. Ich möchte es als eine Folge der sokratischen Entdeckung charakterisieren, daß wir nichts wissen, das heißt, unsere Theorien

Sache durchdringe. Sein Ziel, universale, unhistorische Gesetze zu erforschen, löse aber doch jede individuelle Beschaffenheit der Sache auf. Die Frage nach dem Wesen eines Gegenstands ist in der von ihm als einzig wissenschaftlich bezeichneter und »modifizierter Essentialismus« genannter Methode[35] nicht stellbar. Für Popper beginnt wie für Adorno, gegen das empiristische Primat von Wahrnehmung und Daten gerichtet, Erkenntnis mit einem Problem. Einem solchen Problem geht für Popper nicht auch schon Erfahrung voraus, vielmehr konstituiere eine angeborene Reaktionsbereitschaft dieses. Wellmer hat auf die Schwierigkeit, angeborene Reaktionsweise und sprachlich formulierte Hypothese zur Deckung zu bringen, hingewiesen.[36] Das aus der Diskrepanz zwischen Wissen und Nichtwissen entsprungene Problem wird bei Popper zu vorwissenschaftlichen Hypothesen umgewandelt, nach deren Herkunft er nicht weiter fragt, weil sie vorwissenschaftlich sind.

Popper bestreitet jede Induktionsmöglichkeit. Mit deduktiver Logik, die die einzig nachprüfbare sei, werden, von den Prämissen ausgehend, mit Hilfe vorläufiger Theorien Konklusionen gezogen, deren Gültigkeit von der der Basissätze abhängt, die dann eventuell zu ändern seien. Wissenschaftliche Systeme müssen nach Popper zwei Bedingungen erfüllen:

a) intersubjektiv nachprüfbar sein mit deduktiver Methode

---

niemals rational rechtfertigen können. Aber diese wichtige Entdeckung, die unter vielen anderen Malaisen auch den Existen[t]ialismus hervorgebracht hat, ist nur eine halbe Entdeckung; und der Nihilismus kann überwunden werden. Denn obwohl wir unsere Theorien nicht rational rechtfertigen und nicht einmal als wahrscheinlich erweisen können, so können wir sie rational kritisieren. Und wir können bessere von schlechteren unterscheiden. [Absatz] Aber das wußte, sogar schon vor *Sokrates*, der alte *Xenophanes*, als er die Worte schrieb: [Absatz] Nicht vom Beginn an enthüllen die Götter den Sterblichen alles. [Absatz] Aber im Laufe der Zeit finden wir suchend das Bess're.« (Popper, Die Logik der Sozialwissenschaften, a.a.O. [s. Anm. 30], S. 122f.)

35 »Unser ›modifizierter Essentialismus‹ ist, wie ich glaube, nützlich, wenn wir die Frage nach der logischen Form der Naturgesetze stellen. Er erinnert uns daran, daß unsere Gesetze, oder unsere Theorien, *universell* sein müssen, das heißt, daß sie Aussagen über alle Raum- und Zeitgebiete der Welt machen müssen. Außerdem weist er darauf hin, daß unsere Theorien Aussagen über strukturelle oder relationale Eigenschaften der Welt machen und daß die durch eine erklärende Theorie beschriebenen strukturellen Eigenschaften in irgendeinem Sinne tiefer sind als diejenigen, die erklärt werden sollen.« (Karl R. Popper, Realismus und das Ziel der Wissenschaft. Aus dem Postskript zur Logik der Forschung [1956], in: Karl R. Popper, Gesammelte Werke in deutscher Sprache, Bd. 7, hrsg. von W[illiam] W[arren] Bartley III, übers. von Hans-Joachim Niemann und Eva Schiffer, Tübingen 2002, S. 159f.)

36 Vgl. den Abschnitt »Das Induktionsproblem. Poppers Kritik am ›Empirizismus‹«, in: Albrecht Wellmer, Methodologie als Erkenntnistheorie. Zur Wissenschaftslehre Karl R. Poppers, Frankfurt a.M. 1967, S. 31–69.

b) eine mögliche widerspruchsfreie Welt darstellen.³⁷

Bei der kritischen, dialektischen Theorie liegen Problem, die ihm angemessene Methode und seine Relevanz in der Sache selbst, deren Widersprüche die Erkenntnis miteinbezieht. Ihre Methode richtet sich nicht nach einem methodologischen Ideal. Widersprüche bei Popper sind, so Adorno, solche der subjektiven Logik, nicht der Sache. Deshalb würden antagonistische Sachverhalte harmonisiert zu einem System widerspruchsfreier, einheitlicher Sätze. Die kritische Theorie weigert sich, die historische, widerspruchsvolle Gesellschaft so neutral wie die Natur zu behandeln³⁸, sich in der Erklärung isolierter und approbistisch entscheidbar gemachter Einzelphänomene zu erschöpfen, und beharrt auf der reziproken Vermittlung von Einzelnem und Ganzem. Sie geht davon aus, daß die heutige Gesellschaft von ihren Individuen, die ihre immer neue Reproduktion ermöglichen, unabhängig existiert und doch deren Leben entscheidend mitbestimmt. Zwar gebe es auch Bereiche mit eigener Logik, aber sie würden im Medium des Ganzen geprägt. Diese dialektische Bestimmung sei weit mehr als die triviale Feststellung, alles hänge mit allem zusammen, worauf H. Albert sie reduziere und bei Adorno reduziert sehe.³⁹ Diese Verdächtigung ist nach Adorno »Denkprodukt« und »Grundbestand« der Gesellschaft, des dort vorherrschenden Tausches. In dessen universalem Vollzug werde, nicht erst in wissenschaftlicher

---

37 Bei Popper heißt es: »Die Methode der kritischen Nachprüfung, der Auslese der Theorien, ist nach unserer Auffassung immer die folgende: Aus der vorläufig unbegründeten Antizipation, dem Einfall, der Hypothese, dem theoretischen System, werden auf logisch-deduktivem Weg Folgerungen abgeleitet; diese werden untereinander und mit anderen Sätzen verglichen, indem man feststellt, welche logischen Beziehungen (z.B. Äquivalenz, Ableitbarkeit, Vereinbarkeit, Widerspruch) zwischen ihnen bestehen. [Absatz] Dabei lassen sich insbesondere vier Richtungen unterscheiden, nach denen die Prüfung durchgeführt wird: der logische Vergleich der Folgerungen untereinander, durch den das System auf seine innere Widerspruchslosigkeit hin zu untersuchen ist; eine Untersuchung der logischen Form der Theorie mit dem Ziel, festzustellen, ob es den Charakter einer empirisch-wissenschaftlichen Theorie hat, also z.B. nicht tautologisch ist; der Vergleich mit anderen Theorien, um unter anderem festzustellen, ob die zu prüfende Theorie, falls sie sich in den verschiedenen Prüfungen bewähren sollte, als wissenschaftlicher Fortschritt zu bewerten wäre; schließlich die Prüfung durch ›empirische Anwendung‹ der abgeleiteten Folgerungen.« (Popper, Logik der Forschung, a.a.O. [s. Anm. 31], S. 8f.)
38 Konjiziert für: »handeln«.
39 »Mir scheint, die Unüberprüfbarkeit des [...] *Adorno*schen Gedankens hängt zunächst wesentlich damit zusammen, daß weder der verwendete Begriff der Totalität noch die Art der behaupteten Abhängigkeit auch nur einer bescheidenen Klärung zugeführt wird. Es steckt wohl nicht viel mehr dahinter als die Idee, daß irgendwie alles mit allem zusammenhänge.« (Hans Albert, Der Mythos der totalen Vernunft. Dialektische Ansprüche im Lichte undialektischer Kritik [1964], in: Adorno et al., *Der Positivismusstreit in der deutschen Soziologie*, a.a.O. [s. Anm. 5], S. 193–234; hier: S. 207, Anm. 26)

Reflexion, abstrahiert von qualitativen Beschaffenheiten der Produzierenden und Konsumierenden, dem Modus der Produktion, dem Bedürfnis, die alle der Tatsache, daß der Profit primär sei, unterlägen.

Die soziologische Theorie dürfe den Fakten bei einer Konfrontation nicht widersprechen, erst eine Antizipation des Ganzen mache sie aber einsichtig.

Wie die Philosophie den Erscheinungen, so mißtraut die kritische Soziologie der Fassade der Gesellschaft.

Für Popper ist Kritik ein methodisches Instrument. Das geht zurück auf einen Wahrheitsbegriff, der Tatsachen als objektive Dinge anerkennt. Er hält Dinge für wahr, die so sind, wie die Aussage sie darstellt. Die Begriffe sind hier auf reine Beschreibung reduziert.

Th. W. Adorno weist auf den metaphysischen Charakter des Satzes von Popper, der die Wahrheit von Dingen definiert, hin.[40] *Seine* Kritik ist immanenter Art, indem sie die Sache mit dem Begriff, den sie von sich selber hat, konfrontiert. Wahrheit bedeutet mehr als bloße Richtigkeit: die Kritik aus dem Bewußtsein der Konflikte der Gesellschaft und ihrer sozialhistorischen Bedingtheit, ohne daß daraus schon eine konkrete Utopie entsteht. Während man das Ziel dieser Wissenschaft in der Richtung von Vorstellungen eines »wahren Lebens« suchen muß, obwohl Adorno sich von romantischen Vorstellungen der Art, wie sie bei Herbert Marcuse zu finden sind, abgrenzt, läuft die Wissenschaft im Sinne Karl R. Poppers hinaus auf ein Interesse an technischer Verfügungsgewalt und beinhaltet so die Möglichkeit, als Herrschaftsinstrument zu dienen.

Aus Poppers Begriff von Geschichte als einer Akkumulation von natürlich unvorhersehbarem Wissen folgt, daß er es für unmöglich hält, Prognosen zu geben. Historische Notwendigkeiten oder Bewegungsgesetze etwa, die sich in den immanenten Widersprüchen der Gesellschaft manifestieren, erkennt Popper nicht an.

---

40 Bei Popper heißt es etwa: »Den sensualistischen und ›positivistischen‹ Erkenntnistheorien gilt es als selbstverständlich, daß die erfahrungswissenschaftlichen Sätze ›von unseren Erlebnissen sprechen‹. Denn wie sollten wir ein Wissen von Tatsachen erlangen, wenn nicht durch Wahrnehmung? Durch Denken allein können wir doch nichts über die Welt der Tatsachen erfahren; nur die Wahrnehmungserlebnisse können die ›Erkenntnisquelle‹ der Erfahrungswissenschaften sein; alles, was wir über die Welt der Tatsachen wissen, müssen wir daher auch in Form von *Sätzen über unsere Erlebnisse* aussprechen können. Ob dieser Tisch rot ist oder blau, das können wir durch Vergleich mit unseren Erlebnissen feststellen; durch unmittelbare Überzeugungserlebnisse können wir den ›wahren‹ Satz, die richtige Zuordnung der Begriffe zu den Erlebnissen, von dem ›falschen‹ Satz, der unrichtigen Zuordnung, unterscheiden. Die Wissenschaft ist ein Versuch, unser Wissen, unsere Überzeugungserlebnisse zu ordnen und zu beschreiben: sie ist die *systematische Darstellung unserer Überzeugungserlebnisse*.« (Popper, Logik der Forschung, a. a. O. [s. Anm. 31], S. 70)

Während er diese Welt für die beste aller möglichen hält, erscheint bei Adorno ihre Änderung als nötig.

Popper lehnt zwar das Prinzip der Wertfreiheit ab, da es wieder einen Wert schaffe und eine unzulässige Trennung von Wissenschaftler und Mensch vornehme, aber er weist, wie oben dargelegt wurde, Werturteile aus dem Bereich der Wissenschaft aus.

Adorno und Habermas sind sich darin einig, daß der Positivismus Poppers sich nicht mit den realen Problemen befasse.

Die konsequente Anwendung der positivistischen Methodologie laufe, so Habermas, auf eine strikte Trennung der Menschen in wenige versierte Herrscher und viele Beherrschte hinaus.[41]

Eine andere Gefahr sah der Referent, einer These von B. Willms folgend, für die kritische Theorie: in resignativem Denken zu erstarren und nicht zur revolutionären Praxis überzugehen.[42]

---

41 Vgl. etwa Habermas, Analytische Wissenschaftstheorie und Dialektik, a.a.O. (s. Anm. 33), S. 495–497.

42 Vgl. Bernard Willms, Theorie, Kritik und Dialektik. Zum Denken Theodor W. Adornos, in: Soziale Welt. Zeitschrift für sozialwissenschaftliche Forschung, 17. Jg., 1966, H. 3, S. 206–231; der Schlußabsatz dieser Schrift lautet: »In der kritischen Sozialtheorie *Adornos* ist die Rede von einer als andere zu denkenden Gesellschaft, vom erst herzustellenden Menschen und schließlich von der Versöhnung und Erlösung in einem Sinne, der sich deren Festhalte aber auch schon wieder kaum gestattet. Besonders an diesem Punkt wird subjektiv habitualisierte Dialektik deutlich: sie dient dem Überleben. Ein subjektives, artistisch-spielerisches Element dieser Dialektik ist oft überbetont worden; zu leichtes Mittel, sich ihrem Anspruch zu entziehen. Hier wurde versucht, sie von sich selbst her ernst zu nehmen. Es geht ihr um das Ganze, und das ist ihr Ernst. Aber die Aggressivität der kritischen Sozialtheorie ist ein Rückzugsgefecht. Eines strategischen Rückzugs vielleicht; das Denken zieht sich auf seinen Ausgangspunkt, die Subjektivität, zurück, um wenigstens diese zu erhalten. Es ist Theorie der Freiheit, aber bloß negativ. Damit behauptet dieses Denken sich selbst; das Feld behauptet es nicht.« (Ebd., S. 231)

468 Rolf Wiggershaus, 21. Mai 1968

|Rolf Wiggershaus

Proseminar Prof. Adorno
Sommersemester 1968

Protokoll vom 21. 5. 68|

In seinem Aufsatz »Was ist Dialektik?« behauptet Popper, daß ein System, das den Widerspruch zuläßt, deshalb sinnlos ist, weil es damit »jede beliebige Aussage« zuläßt.[43] Dem entspricht, daß der Widerspruch bei Popper immer als einer der subjektiven Logik gilt. Begriffe beschreiben – laut Popper – Tatsachen. Der Sinn der Theorie ist die Bereitstellung von Informationen. Der Problembegriff ist beschränkt durch die Behandlung von Einzelproblemen und das Prinzip der Falsifikation. Mit der Gesellschaft als Totalität wird zugleich die Gesellschaft als historischer Lebenszusammenhang als ideologisch ausgeklammert. Von diesem Standpunkt aus erfolgen die Einwände gegen die dialektische Theorie, die wesentliche Widersprüche eines Systems als solche des objektiven Standes der Geschichte zu begreifen behauptet.

Die Momente des Widerspruchs und des Systems werden von Popper vorgeführt als die Behauptung der Dialektik, »daß die Widersprüche nicht vermieden werden können, da sie überall in der Welt auftreten«,[44] und als der Anspruch der Dialektik, »eine allgemeine Theorie der Welt zu sein.«[45]

---

43 »Die alleinige ›Kraft‹, die die dialektische Entwicklung vorwärtstreibt, ist deshalb unser Entschluß, den Widerspruch zwischen Thesis und Antithesis nicht zu akzeptieren bzw. nicht zu dulden. Es ist keine mysteriöse Kraft im Inneren dieser beiden Ideen, keine mysteriöse Spannung zwischen ihnen, die die Entwicklung vorwärtstreibt – es ist lediglich unsere Entscheidung, unser Entschluß, keine Widersprüche zuzulassen, wodurch wir veranlaßt werden, uns nach einer neuen Ansicht umzuschauen, die uns die Vermeidung der Widersprüche ermöglichen kann. Und dieser Entschluß ist völlig gerechtfertigt. Denn es läßt sich leicht zeigen, daß man jedwede Art wissenschaftlicher Tätigkeit aufgeben müßte, wenn man bereit wäre, Widersprüche zu akzeptieren: es würde den völligen Zusammenbruch der Wissenschaft bedeuten; dies läßt sich durch den Beweis dafür erhärten, daß, *falls zwei kontradiktorische Aussagen zugelassen werden, jede beliebige Aussage zugelassen werden muß* – denn aus einem Paar kontradiktorischer Aussagen kann jede beliebige Aussage logisch gültig abgeleitet werden.« (Karl R. Popper, Was ist Dialektik [1949], übers. von Gottfried Frenzel und Johanna Frenzel, in: Logik der Sozialwissenschaft, hrsg. von Ernst Topitsch, Köln und Berlin 1965 [Neue wissenschaftliche Bibliothek; 6], S. 262–290; hier: S. 267)

44 »Nachdem die Dialektiker nun richtig festgestellt haben, daß Widersprüche – besonders natürlich der Widerspruch zwischen einer Thesis und einer Antithesis, der den Fortschritt in der Form einer Synthesis ›hervorbringt‹ – äußerst fruchtbar, ja tatsächlich die Triebkräfte jedweden

Dabei wird von oben her über die Dialektik geurteilt. Von der dialektischen Theorie werden Widersprüche nicht einfach geduldet oder als solche verleugnet. Sie werden als wesentliche Widersprüche begriffen, bei denen es nicht bleiben darf. In dieser Richtung wird der Widerspruch bereits bei Hegel viel ernster genommen als in der formalen Logik.

Die dialektische Theorie beansprucht nicht, eine allgemeine Theorie der Welt zu sein. Sie ist Darstellung und Kritik der gesellschaftlich-historischen Produktionsverhältnisse. Sie erlaubt deshalb nicht die qualitätslose Subsumtion wissenschaftlicher Resultate unter immer abstraktere Gesetzmäßigkeiten im Sinne des naturwissenschaftlichen Fortschrittsschemas.

Sie läßt sich vielmehr einerseits Daten von der wissenschaftlichen Forschung vorgeben und ist andererseits bestimmte Negation, d. h., sie sucht die Sache im Widerspruch zu ihrem Begriff zu begreifen. Damit ist die Information in der Theorie aufgehoben, d. h. erhalten und qualitativ verändert.

So ist weder der Widerspruch zugelassen wie ein Axiom, noch eine jede Behauptung möglich, noch Wissenschaft von der Dialektik einfach durchgestrichen. Poppers Kritik nimmt zum Gegenstand eine unvermittelt einseitig gesehene oder zur Weltanschauung verarbeitete dialektische Theorie. Daraufhin einfach von zwei Wissenstypen zu reden, würde sich solcher zurechtstellenden Kritik anpassen. Dialektik müßte den Aufweis der Beschränktheit der analytischen Wissenschaftstheorie leisten, ohne – wie Hegel – die Einsicht in die Verstandesbeschränktheit zu hypostasieren, zu ontologisieren.

Dabei ginge es nicht um eine Übersetzung dialektischer Kategorien in operationelle Termini. Das Erkenntnisinteresse der dialektischen Theorie ist von vornherein ein anderes als das der analytischen Wissenschaftstheorie. Deshalb läßt sich auch die Dialektik nicht auf die Naturwissenschaften übertragen. Die Physik seit Galilei und das an ihr orientierte analytische Wissen stehen unterm Zwang der Naturbeherrschung, der zunächst die große geschichtliche Seite der kapitalistischen Entwicklung der Produktivkräfte einschloß. Das darin liegende

---

Fortschritts sind, schließen sie – fälschlicherweise, wie wir sehen werden –, daß keine Notwendigkeit zur Vermeidung dieser fruchtbaren Widersprüche besteht. Und sie behaupten sogar, daß Widersprüche nicht vermieden werden können, da sie überall in der Welt auftreten.« (Ebd., S. 266)

45 »Wenn sich die Dialektiker nun auf die Fruchtbarkeit der Widersprüche berufen, so fordern sie die Aufgabe dieses Gesetzes der traditionellen Logik [scil. des Gesetzes vom ausgeschlossenen Widerspruch]. Sie behaupten, daß die Dialektik auf diese Weise zu einer neuen Logik führt – zu einer dialektischen Logik. Die Dialektik, die ich bislang als bloße Geschichtslehre dargestellt habe – als eine Theorie der historischen Entwicklung des Denkens –, würde sich nunmehr als eine davon sehr verschiedene Doktrin erweisen: Sie würde gleichzeitig eine Theorie der Logik und (wie wir sehen werden) eine allgemeine Theorie der Welt sein.« (Ebd.)

aufklärerische Interesse ist erloschen, wo die Forschungsweise unkritisch an den Stand der Produktionsverhältnisse gebunden bleibt. Wo die dialektische Theorie – statt die wissenschaftlichen Resultate auf ihrem eigenen, gesellschaftlich-historischen Boden auf ihre gesellschaftlich-historische Relativität durchsichtig zu machen – auf Natur als solche angewendet wird, wird sie zur Weltanschauung verdünnt. Sie verfällt dem Zwang der Naturbeherrschung, ohne die Möglichkeiten technischer Verfügung zu erweitern. Das geschieht bei dem Versuch der Konzeption einer Dialektik der Natur beim späten Engels.[46] In ihr gehen Modellvorstellung und Ontologie durcheinander.

Demgegenüber müßte Dialektik im Übergang von den Einzelwissenschaften zur Totalität das Unkritische der Verhaftung an eine historische Stufe reflektieren. Das führt – über die Kritik an der Trennung von Genesis und Geltung der Wissenschaften hinaus – zum zentralen Punkt der Kritik an den empirischen Wissenschaften: Gerade die Lehre, die die Erfahrung betont zur Geltung bringen will, beschränkt sie – schon im Sinne einer verhärteten, ihr vorgeordneten Apparatur.

Popper brachte gegenüber dem Wiener Kreis den Begriff der Subjektivität wieder ins Spiel; er sah die Konstitutionsproblematik wohl, hielt aber am restringierten Erfahrungsbegriff fest. Die fehlende Reflexion auf das Verhältnis des restriktiven und des konstitutiven Moments an der Erfahrung läßt die Frage nach Objektivität in einem weiteren Zusammenhang als dem der Frage nach dem, was der Fall ist, nicht zu.

---

46 Vgl. Friedrich Engels, Dialektik der Natur [1925], MEW, Bd. 20, S. 307–568.

469 Elmar Stracke, 11. Juni 1968

Elmar Stracke
1. Semester

Proseminar: Zur Einleitung in die Soziologie
Prof. Th. W. Adorno, Sommersemester 68

Protokoll vom 11. 6. 1968

Referate von Herrn M. Siegert zur Positivismusdebatte:

»*Die Kontroverse Habermas–Albert*«[47]

Der Referent ging davon aus, daß die Kontroverse der analytisch-empirischen mit der kritisch-dialektischen Theorie nicht nur auf dem positivistischen Felde der Methodologie, sondern auch auf dem der Erkenntnistheorie auszutragen sei, da sich auch diese auf eine aufklärerische Tradition berufen könne. Ob und inwieweit sich beide Theorien zu Recht auf Rationalität beziehen, sollte eine vergleichende Analyse der wissenschaftstheoretischen Positionen von Habermas und Albert erweisen.

1) Zum Habermasschen Begriff des erkenntnisleitenden Interesses:

Habermas sieht die Textauslegung nicht nur auf das Verständnis dessen beschränkt, was an Intentionen des Autors in den jeweiligen Text einging, sondern bereits vorbereitet durch ein »hermeneutisches Verstehen«, das auch solche Textaussagen zu antizipieren in der Lage ist, die vom Autor nicht intendiert wurden. Das Echtheitssiegel jeder kritischen Interpretation besteht für ihn gerade darin, daß die objektive Information aus dem Rückgriff auf eine sie einbettende soziale Struktur gewonnen wird, an der ein unmittelbares Interesse besteht. Dieses die Erkenntnis leitende Interesse basiert auf den gleichen realen Bedingungen, aus denen sich das gesellschaftliche Gesamtsubjekt selbst konstituiert.[48]

---

47 Michael Siegert, »Zur Positivismusdebatte – Die Kontroverse Habermas–Albert«, UAF Abt. 139 Nr. 18.

48 »Solange wir die Selbstkonstituierung der Gattung durch Arbeit allein im Hinblick auf die, in den Produktivkräften sich akkumulierende Verfügungsgewalt über Naturprozesse betrachten, ist es sinnvoll, von dem gesellschaftlichen Subjekt in der Einzahl zu sprechen. Denn der Entwicklungsstand der Produktivkräfte bestimmt das System der gesellschaftlichen Arbeit insgesamt. Die

(Ihm ist auch die positivistische Methodologie verpflichtet, allerdings uneingestandenermaßen.)

Hieran erweist sich, daß die Praxis selber eine eminent theoretische Kategorie und die Theorie eine praktische Verhaltensweise ist, daß beide also in sich selbst bereits vermittelt sind, ihr Verhältnis demnach nicht etwa nur als Wechselwirkung verstanden werden kann.

2) Zum Albertschen Tatsachenbegriff:

Indem Albert die von der kritisch-dialektischen Theorie getroffene Unterscheidung zwischen Wesen und Erscheinung nicht akzeptiert, sich auf die Erscheinung beschränkt, weil Tatsachen für ihn zur Falsifikationsinstanz für Theorien werden können, verengt er den Begriff der Soziologie um seine historische Dimension[49] (womit, wenn er recht hätte, das Gesamtœuvre Max Webers aus der Soziologie verwiesen wäre).

Anders als sein Lehrer Popper, der die deutende Dimension der Soziologie noch gelten ließ, ist die Erklärungskraft bei Albert nicht mehr gesellschaftlich, sondern naturwissenschaftlich zu verstehen (als Folge von zwei Zuständen).

Mitglieder der Gesellschaft leben im Prinzip alle auf dem gleichen Niveau der Naturbeherrschung, das mit dem verfügbaren technischen Wissen jeweils gegeben ist. Soweit die Identität einer Gesellschaft an diesem Stand des wissenschaftlich-technischen Fortschritts sich bildet, handelt es sich um das Selbstbewußtsein ›des‹ gesellschaftlichen Subjekts.« (Jürgen Habermas, Erkenntnis und Interesse, Frankfurt a. M. 1968 [Theorie; 2], S. 75)

[49] Albert kritisiert die Annahme, man könne »die Erscheinungen der realen Welt dadurch erklären, daß man sie auf das Wesen der Dinge, auf ihre notwendigen und daher wesentlichen Eigenschaften, zurückführt, die durch eine Art geistiger Anschauung erfaßbar sind. Problematisch ist an dieser Anschauung nicht so sehr die allgemeine Vorstellung, man müsse vom Zufälligen absehen und in das Wesen der Dinge eindringen, eine Idee, die man ohne weiteres so deuten kann, daß sie auch für das übliche naturwissenschaftliche Verfahren in Anspruch zu nehmen ist. Bedenklich ist nur die spezielle Deutung dieses Erkenntnisprogramms durch den Essentialismus, die zu einer Form des Apriorismus führt. Man geht nämlich davon aus, daß das Wesen einer Sache in ihren notwendigen Merkmalen und daher in ihrem Begriff zu finden ist, so daß Wesensbestimmungen letzten Endes nichts anderes sein können als Begriffsbestimmungen: Definitionen. [...] Auf die Frage nach dem Wesen wird also im allgemeinen eine Antwort gegeben, die bestenfalls einige Klarheit über die Verwendungsweise des betreffenden Wortes zu schaffen in der Lage ist, über die Art also, in der der betreffende Autor das Wort zu verwenden gedenkt. Das angebliche *Wesen der Sache* ergibt sich also dann in Wirklichkeit aus dem *Gebrauch der Sprache*. Derartige Wesensaussagen informieren nicht über die Realität und können daher auch keine Erklärungskraft haben.« (Hans Albert, Probleme der Theoriebildung. Entwicklung, Struktur und Anwendung sozialwissenschaftlicher Theorien, in: Theorie und Realität. Ausgewählte Aufsätze zur Wissenschaftslehre der Sozialwissenschaften, hrsg. von Hans Albert, Tübingen 1964 [Die Einheit der Gesellschaftswissenschaften. Studien in den Grenzbereichen der Wirtschafts- und Sozialwissenschaften; 2], S. 3–70; hier: S. 19 f.)

3) Vergleich beider Positionen:

Albert verkennt bereits vermittelte Tatbestände als letztes Gegebenes, ohne zu bemerken, daß er zur Erklärung ihrer epiphänomenalen oder tatsächlichen Natur bereits einer Theorie bedarf.

Dabei hindert die Raum-Zeit-Verhaftung der Erscheinungen keineswegs, daß aus ihnen universell anwendbare Gesetze entwickelt werden können. Die kritische Theorie leugnet nicht die Existenz von Invarianten, die weder beweisbar noch zu widerlegen sind. Der Unterschied beider Positionen liegt vielmehr in den Erkenntnisinteressen.

Dynamische Richtungen – wie die Poppers oder Alberts – beabsichtigen eine Auskristallisation dieser Invarianten, während die kritische Theorie solch willkürliche Konzentration auf Invarianten und deren Abspaltung vom konkreten Augenblick, in dem sie Gestalt annehmen, ablehnt. Ihr geht es um Konstellationen, in denen diese (invarianten) Gesetze wirksam werden. Sie wendet sich dagegen, das Objekt selbst solange subjektiv-logisch zu modeln, bis es so scheint, als gebe es keinen Widerspruch zwischen Subjekt und Objekt.

Nach Meinung Alberts leidet die analytische Theorie lediglich darunter, daß ihre Überprüfung in variierenden Testsituationen nicht ohne weiteres vorgenommen werden kann, weil man, um herstellbare Situationen zu schaffen, von so vielen Faktoren und gesellschaftlichen Konstellationen absehen muß, daß der Geltungsbereich soziologischer Experimente außerordentlich beschränkt ist. Der Einwand der kritischen Theorie hingegen geht dahin, daß der Großteil aller Erfahrungen bereits durch die gesellschaftliche Totalität vermittelt ist, daß gesellschaftliche Standards aus der Testanlage nicht auszuklammern sind, Wertfreiheit also gar nicht zu erreichen ist.

4) Unterscheidung des kritischen Totalitätsbegriffs vom Systembegriff Parsons' (und der Positivisten):

Während die kritische Theorie darauf besteht, daß das Bild der Gesamtgesellschaft nicht gedacht werden kann, ohne daß Individuen miteinander kommunizieren, somit als intendierte wie auch objektiv intentionale Zusammenhänge entstehen, greift Albert auf rein mechanische Beziehungen zurück, die den gesellschaftlichen Gleichgewichtszustand eines Ganzen regulieren. Die Ähnlichkeit zum Parsonsschen Systembegriff liegt nahe. Dort mußten vier Phasen (adaptation, goal attainment, integration und pattern maintenance) durchlaufen werden, damit die ursprüngliche Ruhe sich wiederherstellen konnte.[50] Parsons' System

---

[50] »Wir betrachten soziale Systeme, zusammen mit kulturellen und Persönlichkeitssystemen sowie Verhaltensorganismen, als primäre Bestandteile des allgemeinen Handlungssystems; alle

mit seiner Stabilisierung durch selbstregulierende Anpassung an externe Bedingungen gab das Modell für eine rein instrumentelle Beziehung zur Umwelt, konnte aber innerhalb dieses Bezugssystems subjektive Intentionen und deren Nichtübereinstimmung mit den objektiven weder einfangen noch die Richtung der Divergenzen angeben.

Solchermaßen instrumentelle Modelle orientieren sich nur an der wissenschaftlichen Systematik, an der bruchlosen Konzeption derselben Kategorie; Einstimmigkeit des Erkenntnisinstruments ist hier vorrangig gegenüber der Erkenntnis der Gesellschaft selbst. Bei solcher Anlage der Kategorien ist für Antagonismen zwischen Individuum und Gesellschaft von vornherein kein Raum, weil sie auf beide passen. Die Konstanterhaltung dieses Systems wird im biologischen Sinn der Selbsterhaltung hypostasiert, ohne daß gefragt wird, ob ein solches gesellschaftliches System seinen Zwangsmitgliedern Opfer auferlegt, ob diese Homöostase, die hier als wesentliches Kriterium gilt, nicht viel zu formal ist, um gelten zu können.

Solange ein System sich selbst perpetuieren kann, scheint es gleichgültig, was es darin Lebenden bedeutet; schon insofern läßt sich kein positives Modell von Totalität denken. Aber wenn die Totalität auch objektive Macht über uns hat, so ist sie andererseits kein objektives Ganzes, weil sie sich aus lauter einzelnen, abgetrennten und bewußten Wesen zusammensetzt; sie ist Realität und Schein zugleich. Daß dieses letztgenannte Moment vom instrumentellen Modell verschluckt wird, ist kritikwürdig; nicht die Inanspruchnahme der biologischen Selbsterhaltung, sondern deren unreflektierte Übertragung auf das Ganze.

---

vier Elemente werden im Verhältnis zum konkreten sozialen Interaktionsverhalten durch Abstraktion definiert. Wir behandeln das zweite, dritte und vierte Handlungssubsystem als Bestandteil der Umwelt des ersten, des sozialen Subsystems. [...] Die Unterschiede zwischen den vier Handlungssubsystemen sind rein funktionaler Natur. Sie richten sich nach den vier Hauptfunktionen, die wir allen Handlungssystemen zuweisen: nämlich Normenerhaltung, Integration, Zielverwirklichung und Anpassung. *[Absatz]* Das vorrangige Integrationsproblem eines Handlungssystems ist die Koordination seiner Teileinheiten, in erster Linie also menschlicher Individuen, obwohl zu bestimmten Zwecken auch Gesamteinheiten als Akteure behandelt werden können. Daher schreiben wir dem sozialen System hauptsächlich Integrationsfunktion zu.« (Talcott Parsons, Das System moderner Gesellschaften [1951], übers. von Hans-Werner Franz, Red. von Carol Hagemann-White und Biruta Schaller, München 1972 [Grundfragen der Soziologie; 15], S. 12)

470 Udo Rossbach,
18. Juni 1968

|Institut für Sozialforschung   Sommersemester 1968

Proseminar:
Zur Einleitung in die Soziologie
   Prof. Th. W. Adorno

Protokoll

zur Sitzung vom 18 – 6 – 68

Udo Rossbach
6 Frankfurt/Main
Porthstr. 1 – 3|

Die charakteristische Differenz von analytisch-empirischer und dialektischer Theorie zeigt sich zunächst an deren verschiedenem Begriff von System.

Die dialektische Gesellschaftstheorie, dem Hegelschen Begriff der Totalität verpflichtet, weigert sich, soziale Tatsachen als Phänomene sui generis anzuerkennen und sie funktionalistisch aufeinander zu beziehen. Sie versucht vielmehr, jene als Momente des gesamtgesellschaftlichen Prozesses, worin sie erst ihren spezifischen Stellenwert erhalten, zu begreifen. Demgegenüber kann der funktionalistische Systembegriff »nur formal den interdependenten Zusammenhang von Funktionen bezeichnen, die ihrerseits als Beziehungen zwischen Variablen sozialen Verhaltens interpretiert werden.« (Habermas)[51]

Habermas expliziert diesen Typus von System am Modell Parsons'. Diesem gemäß sind gesellschaftliche Systeme gekennzeichnet durch funktionalistischen Zusammenhang von Institutionen. Dieser Zusammenhang wird gewährleistet durch die Möglichkeit des Systems, sich gegenüber externen Bedingungen der Umgebung abgrenzen zu lassen, wie auch seine Fähigkeiten, sich gegen jene adaptiv zu verhalten. Der instrumentell-mechanistische Charakter des Modells ist

---

51 »Im Rahmen einer strikt erfahrungswissenschaftlichen Theorie kann der Begriff des Systems nur formal den interdependenten Zusammenhang von Funktionen bezeichnen, die ihrerseits etwa als Beziehungen zwischen Variablen sozialen Verhaltens interpretiert werden. Der Systembegriff selber bleibt dem analysierten Erfahrungsbereich so äußerlich wie die theoretischen Sätze, die ihn explizieren.« (Habermas, Analytische Wissenschaftstheorie und Dialektik, a.a.O. [s. Anm. 33], S. 474)

evident: Er zeigt sich erneut am Verleugnen antagonistischer, systemsprengender Widersprüche, wie auch daran, den Antagonismus von Gesellschaft und Individuum nicht einzubekennen. Nach Parsons können allemal jene virtuell systemtranszendierenden Elemente durch Mechanismen gesellschaftlicher Kontrolle in den Schranken des Systems gehalten werden, gar zu dessen Stabilisierung beitragen.

Wesentlich für die Position von Habermas, aber auch für dialektische Theorie insgesamt, ist der Begriff der Deutung. Für König gar wird dieser zum Unterscheidungsmerkmal seiner und dialektischer Theorie der Gesellschaft überhaupt.[52] Damit gerät diese in den Verruf der Fortschrittsfeindlichkeit; im Gegensatz zu den modernen Naturwissenschaften, die am Beginn der Neuzeit von spekulativen Denken des Mittelalters sich nur emanzipieren konnten durch völlige Abstinenz von normativen und interpretativen Gehalten in ihren wissenschaftlichen Aussagen.

Im Gegensatz dazu aber glaubt die dialektische Theorie, daß die charakteristische Form einer kritischen Theorie die ihrer Interpretation sei, denn soll der Unterschied zwischen der Fassade und dem Wesen einer Sache herausgearbeitet werden mit dem Begriff der gesellschaftlichen Phänomene, denn die objektiv uns gegenüberstehenden sozialen Phänomene sind ihrerseits zurückführbar auf menschliche Verhaltensweisen, die auf die Erhaltung des Lebens der Individuen ausgerichtet sind. (Adorno)

Doch auch die Frage des Fortschritts in den Naturwissenschaften und Gesellschaftswissenschaften ist durch Popper[53] allzu verkürzt wiedergegeben: Tatsächlich sind auch die naturwissenschaftlichen Gesetze nicht strikt von den Beziehungen zwischen den Menschen zu trennen. Soziologie hat es gerade mit dem Wechselspiel zwischen naturwüchsigen und deutbaren Verhältnissen zu tun. (Als Extreme soziologischer Tätigkeit wäre zu nennen:

---

52 König unterscheidet »zwischen einer *soziologischen Theorie* einerseits und einer *Theorie der Gesellschaft* andererseits [...]. Während sich die soziologische Theorie in einzelnen, deutlich gegeneinander abgrenzbaren Problemen bewegt, die auf bestehender Erkenntnis weiterbauen oder diese auch widerlegen, bemüht sich die Theorie der Gesellschaft um die Deutung der Totalität des sozialen Daseins.« (René König, Einleitung, in: Soziologie, hrsg. von René König, Frankfurt a. M. 1958 [Das Fischer Lexikon; 10], S. 7–14; hier: S. 10)

53 Konjiziert für: »König«. In Königs »Einleitung« (a. a. O. [s. vorige Anm.]) findet sich keine Bemerkung über die Naturwissenschaften, bei Popper hingegen heißt es: »Unsere Unwissenheit ist grenzenlos und ernüchternd. Ja, es ist gerade der überwältigende Fortschritt der Naturwissenschaften [...], der uns immer von neuem die Augen für unsere Unwissenheit öffnet, gerade auch auf dem Gebiet der Naturwissenschaften selbst.« (Popper, Die Logik der Sozialwissenschaften, a. a. O. [s. Anm. 30], S. 103)

deutendes Extrem: Simmel
deskriptives Erfassen von Fakten: Positivisten.)

Der Begriff der Deutung ist in Verbindung zu bringen mit dem des hermeneutischen Vorverständnisses. Erst beide geben die Bedingungen der Möglichkeiten von Erkenntnis der Sache selbst an: indem die subjektiv an die Sache herangetragenen Begriffe sich fortschreitend klären durch Erfahrung mit dieser und deren immanenten Widersprüchen.

Gleichwohl haftet dieser Forschungspraxis allemal ein Moment des Subjektivismus an. Doch Positivisten wie König wäre nachzuweisen, daß jene Subjektivität selbst noch aus dem objektiven Forschungsprozeß zu begründen wäre; in den Worten von Habermas: »Theorien dieses beweglichen Typs nehmen noch in die subjektive Veranstaltung der wissenschaftlichen Apparatur reflektierend auf, daß sie selbst Moment des objektiven Zusammenhangs bleiben, den sie ihrerseits der Analyse unterwerfen.«[54]

Das Verhältnis von Theorie und Gegenstand weist zugleich auf das von Theorie und Erfahrung. Habermas weist nach, daß gerade empirisch-analytische Theorie Erfahrung im emphatischen Sinn abschafft oder zumindest durch methodologische Vorentscheidungen stark beschränkt. Er führt aus: »Einzig die kontrollierte Beobachtung physischen Verhaltens, die in einem isolierten Feld unter reproduzierbaren Umständen von beliebig austauschbaren Subjekten veranstaltet wird, scheint intersubjektiv gültige Wahrnehmungsurteile zu schaffen.«[55]

Dialektische Theorie sperrt sich einer solchen Restriktion von Erfahrung. Gerade ihr Begriff von Totalität verweist sie auf »vorwissenschaftlich akkumulierte Erfahrung, die den Resonanzboden einer lebensgeschichtlich zentrierten

---

54 »Die Forderung [...], daß sich die Theorie in ihrem Aufbau und der Struktur des Begriffs an die Sache anmessen, daß die Sache in der Methode ihrem eigenen Gewicht nach zur Geltung kommen soll, ist, jenseits aller Abbildtheorie, nur dialektisch einzulösen. [...] Anstelle des hypothetisch-deduktiven Zusammenhangs von Sätzen tritt die hermeneutische Explikation von Sinn; statt einer umkehrbar eindeutigen Zuordnung von Symbolen und Bedeutungen gewinnen undeutlich vorverstandene Kategorien ihre Bestimmtheit sukzessive mit dem Stellenwert im entwickelten Zusammenhang; Begriffe relationaler Form weichen Begriffen, die Substanz und Funktion in einem auszudrücken fähig sind. Theorien dieses beweglicheren Typs nehmen noch in die subjektive Veranstaltung der wissenschaftlichen Apparatur reflektierend auf, daß sie selbst Moment des objektiven Zusammenhangs bleiben, den sie ihrerseits der Analyse unterwerfen.« (Habermas, Analytische Wissenschaftstheorie und Dialektik, a.a.O. [s. Anm. 33], S. 475 f.)
55 Ebd. S. 476.

sozialen Umwelt, also die vom ganzen Subjekt erworbene Bildung noch nicht als bloß subjektive Elemente ausgeschieden hat.« (Habermas)[56]

Der Rekurs auf Erfahrung in diesem Sinn hat etwas Anachronistisches an sich: Dialektische Theorie muß zugleich auch einbekennen, daß jene Erfahrung realiter tendenziell sich auflöst, in Walter Benjamins Worten – aus dem Essay Der Erzähler – : »Die Erfahrung ist im Kurse gefallen. Und es sieht aus, als fiele sie weiter ins Bodenlose.«[57]

Doch bei solcher Resignation darf Soziologie sich nicht bescheiden: Eine ihrer Funktionen wäre es gerade, durch Reflexion darauf die Erfahrungsfähigkeit des Menschen zu schaffen und den Bann des verdinglichten Bewußtseins zu brechen.

---

[56] »Wenn der formale Aufbau der Theorie, die Struktur der Begriffe, die Wahl der Kategorien und Modelle nicht blindlings den abstrakten Regeln einer allgemeinen Methodologie folgen können, sondern [...] vorgängig an einen präformierten Gegenstand sich anmessen müssen, darf Theorie nicht erst nachträglich mit einer dann freilich restringierten Erfahrung zusammengebracht werden. Die geforderte Kohärenz des theoretischen Ansatzes mit dem gesamtgesellschaftlichen Prozeß, dem die soziologische Forschung selbst zugehört, verweist ebenfalls auf Erfahrung. Aber Einsichten dieser Art stammen in letzter Instanz aus dem Fond einer vorwissenschaftlich akkumulierten Erfahrung, die den Resonanzboden einer lebensgeschichtlich zentrierten sozialen Umwelt, also die vom ganzen Subjekt erworbene Bildung noch nicht als bloß subjektive Elemente ausgeschieden hat.« (Ebd., S. 476 f.)

[57] »Immer häufiger verbreitet sich Verlegenheit in der Runde, wenn der Wunsch nach einer Geschichte laut wird. Es ist, als wenn ein Vermögen, das uns unveräußerlich schien, das Gesichertste unter dem Sicheren, von uns genommen würde. Nämlich das Vermögen, Erfahrungen auszutauschen. *[Absatz]* Eine Ursache dieser Erscheinung liegt auf der Hand: die Erfahrung ist im Kurse gefallen. Und es sieht aus, als fiele sie weiter ins Bodenlose.« (BGS, Bd. II·1, S. 439)

471 Manfred Juttka, 25. Juni 1968

|Manfred Juttka
Frankfurt/Main-Hausen
Ludwig-Landmann-Str. 343

Proseminar: Einleitung in die Soziologie
Professor Adorno

Protokoll der Sitzung vom 25. 6. 1968

Thema: M. Horkheimer: Der neueste Angriff auf die Metaphysik[58]|

Zu Beginn der Sitzung wurde rückgreifend auf die vorhergegangene Diskussion die Frage gestellt, wie denn – angesichts der festgestellten gesellschaftlichen Präformierung des Denkmöglichen – aus dem Denken selbst noch Anleitung zur Praxis der Veränderung eben jenes gesellschaftlichen Zustandes zu entspringen vermöge. Die Antwort, dies könne durch Diskussion zwischen mündigen Partnern bewirkt werden, wies Professor Adorno als zu ungebrochen zurück; fragwürdig sei, wer als mündig bestimmt werden könne. Das vorgebrachte Argument habe etwas schlecht Abstraktes, weil anstatt auf die konkreten Möglichkeiten und Schranken des Denkens einzugehen, rein logisch formal prozediert würde.

Dem Hinweis, daß die immanente Begründung einer dialektischen Methode gegeben sei durch Gegenüberstellung des Selbstverständnisses einer Gesellschaft und ihrer dem widersprechenden Wirklichkeit, fügte Professor Adorno hinzu, die gesamte Theorie der Verdinglichung und der tendenziellen Abschaffung von Erfahrungsmöglichkeit impliziere das Fortbestehen der Widersprüche innerhalb der Gesellschaft, selbst dort, wo sie scheinbar versöhnte Zustände geschaffen habe. Sie höre nicht auf, Situationen zu produzieren, in denen die Mitglieder der Gesellschaft mit deren Ansprüchen konfrontiert würden. Auf seine Ausführungen über Aldous Huxleys Zukunftsvision verweisend,[59] sagte Professor Adorno, hier sei die Situation völliger Erfahrungslosigkeit ausgeführt. Die nicht mehr erfahrbaren Probleme erschienen dann nur noch in der Gestalt des überlieferten

---

[58] M. Schmidt, »Referat über den Aufsatz von M. Horkheimer ›Der neueste Angriff auf die Metaphysik‹«, UAF Abt. 139 Nr. 18. – Vgl. HGS, Bd. 4, S. 108–161.
[59] Vgl. Theodor W. Adorno, *Aldous Huxley und die Utopie* [1951], GS, Bd. 10·1, S. 97–122.

theoretischen Wissens, welches in dem von Huxley anvisierten gesellschaftlichen Zustand denn auch konsequenterweise sekretiert sei.

Professor Adorno sagte weiter, die Ungleichzeitigkeit des historischen Prozesses berge das Potential einer Änderung der herrschenden Verhältnisse. Solange man noch studieren könne, sei die Problematik offen. Die studentische Bewegung zeige, daß das Bewußtsein der vorliegenden Widersprüche noch nicht erstickt sei. Gegen eine schlecht abstrakte Diskussion der Möglichkeiten zur Veränderung wandte Professor Adorno ein, der Fetischismus der Fakten dürfe nicht ersetzt werden durch einen Fetischismus der Begriffe. Eine Einschränkung der Diskussion auf die erkenntnistheoretische Dimension sei selbst bestimmt durch ein gesellschaftliches Interesse. Die Begriffe bezeichneten Tendenzen, enthielten aber in sich die Möglichkeit der Abweichung. In diesen abweichenden Splittern läge noch die Chance für Erfahrung, wenn auch vielleicht gar keiner des Glücks, so doch des Unglücks. Erfahrung sei hier nicht einfach als ein Vorwissenschaftliches gemeint, zu dem sie der Szientismus stempele. Vielmehr enthalte wissenschaftliche Arbeit, wenn sie fruchtbar sei, unablässig die Kommunikation zwischen unreglementierter Erfahrung und präzis wissenschaftlicher Prozedur. Nur wenn Wissenschaft regrediere, wolle sie sich auf letztere beschränken. Abschließend sagte Professor Adorno, solange es noch ein Bewußtsein von Heteronomie innerhalb des heteronomen Zustandes gebe, seien Möglichkeiten subjektiver Praxis vorhanden. Inwieweit diese in gesellschaftsveränderndes Handeln überführt werden könne, müsse Gegenstand eingehender Diskussion sein.

In dem anschließenden Referat wurde eine Zusammenfassung von Horkheimers Aufsatz »Der neueste Angriff auf die Metaphysik« gegeben. Vorweg bemerkte Professor Adorno, daß der Positivismus, auf den sich der Aufsatz beziehe, wesentlich militanter gewesen sei als der heutige.

Horkheimer stellt fest, daß in der bürgerlichen Gesellschaft, zu deren bestimmenden Zügen die Wissenschaft gehöre, dennoch metaphysische Denkformen fortbestünden. Dies läge an der Tatsache, daß Wissenschaft allein das Bedürfnis der Menschen, einen Sinn ihrer Lage in dieser Gesellschaft zu erkennen, nicht befriedigen könne.[60] Traditionelle Aufgabe der Philosophie war es, Weltin-

---

60 »Wenn die Metaphysiker seit Jahrhunderten fortfahren, davon zu reden, daß eine Seele existiere, die ethischen Geboten unterworfen sei und ein ewiges Schicksal habe, so verraten sie ihre Unsicherheit allein schon durch den Umstand, daß ihre Systeme an den entscheidensten Stellen durch pure Meinungen, unwahrscheinliche Behauptungen und Fehlschlüsse geflickt sind. Sie drücken dabei das widerspruchsvolle Bewußtsein der Gebildeten nach seinen verschiedenen Gestalten hin aus. Die wissenschaftliche Erkenntnis des Zeitalters wird formell für richtig gehalten; zugleich wird in metaphysischen Ansichten fortgefahren. Die Wissenschaft als Spiegel der sinnlosen Realität in Natur und Gesellschaft hätte die unbefriedigten Massen und das denkende

terpretationen wissenschaftlich zu konstruieren. Sie dienen der Harmonisierung eines Zustandes, in dem die Individuen, deren Lebensbasis von den Ergebnissen der Wissenschaft durchdrungen ist, gleichwohl auf metaphysische Illusion nicht verzichten können. Während die Metaphysik die Wissenschaft als untergeordnetes Substrat für die Möglichkeit wahrer Erkenntnis klassifiziert, sieht die positivistische Tendenz in ihr den einzigen Raum, in dem Erkenntnis sich vollziehen kann. Beide sind in ihrer Gegnerschaft fest mit den herrschenden Verhältnissen verknüpft, die zu verändern sie nicht vermögen.

Wenn der Positivismus von seinem Vorläufer, dem philosophischen Empirismus eines Locke und Hume sich dadurch unterscheidet, daß, statt auf unmittelbare Erfahrung zu rekurrieren, er vorgeformte Sätze über diese zur Basis nimmt, so ist das – wie Adorno bemerkte – begründet durch die Einsicht, daß jede Erfahrung, die festgehalten und mitgeteilt wird, schon durch Sprache vermittelt ist. Daß diese selbst wiederum ein Vermitteltes ist, bleibt für den positivistischen Ansatz außerhalb der Reflexion. Indem der Positivismus sich an das hält, was ist, verzichtet er auf die Konstruktion von Zukunft. Alle Gedanken, die über das Vorhandene hinausreichen, werden aus der Wissenschaft verbannt. Die Orientierung an Modellen des naturwissenschaftlichen Prozesses erzeugt das harmonistische Gesellschaftsbild des Positivismus, das selbst noch – wie Adorno einflocht – bei Popper vorliegt, wenn er die Objektivität wissenschaftlicher Erkenntnis durch den Konsensus der Wissenschaftler hergestellt sieht. Während der moderne Positivismus nur Tatsachen kennt, war noch dem älteren Empirismus diese Gleichsetzung der Welt mit bloßen Gegebenheiten unbefriedigend erschienen. Professor Adorno führte aus, daß Hume noch überlegte, wie das Gegebene zustande gekommen sei. Aber als Erkenntnistheoretiker habe er gewußt, daß er nicht nach der Herkunft der Daten fragen dürfe, wenn er die Welt erst aus diesen konstruieren wolle. Genau hier habe die Dialektik anzusetzen, indem sie zeige, daß das vorgeblich Letzte selbst ein Produziertes sei.

Individuum einem gefährlichen und verzweifelten Zustand überlassen, weder im eigenpsychischen noch im öffentlichen Haushalt war ohne überwölbende Ideologie auszukommen. So hielt man beides, Wissenschaft und metaphysische Ideologie, nebeneinander aufrecht.« (HGS, Bd. 4, S. 110)

472 Hans Schinke,
2. Juli 1968

|Prof. Adorno – Sommersemester 1968
Proseminar: Einleitung in die Soziologie

Protokoll vom 2. Juli 1968

Hans Schinke stud. phil.|

Im Proseminar vom 2. Juli wurde verlesen ein Referat über den Aufsatz von M. Horkheimer »Traditionelle und kritische Theorie«, Referent: Bernward Leineweber.[61]

An die letzte Stunde anschließend, bemerkte Prof. Adorno, daß Horkheimer in »Der neueste Angriff auf die Metaphysik« zwischen dem Gang der Metaphysik und dem der Wissenschaft eine doch sehr scharfe Unterscheidung getroffen und die Metaphysik einfach auf die Seite der Apologetik und die Wissenschaft auf die der unreflektierten Aufklärung gestellt habe. So einfach stelle sich jedoch deren Verhältnis zueinander nicht dar. M. a. W.: Die Philosophie, gerade in der Gestalt wie sie im 17. Jh. auftritt, ist doch viel tiefer mit dem traditionellen Wissenschaftsbegriff liiert, als es in jenem Text von Horkheimer den Anschein hat.

B. Leineweber: Die traditionelle Theorie ist primär bestimmt von Rationalismus und Empirismus, ihr Selbstverständnis bezieht sie aus der nominalistischen Tradition.

Prof. Adorno zu der Feststellung Horkheimers, daß »die Tatsachen, welche die Sinne uns zuführen, ... in doppelter Weise gesellschaftlich präformiert sind: durch den geschichtlichen Charakter des wahrgenommenen Gegenstandes und den geschichtlichen Charakter des wahrnehmenden Organs.«[62] Hier werde gesagt, daß sogar die menschlichen Sinnesorgane in gewisser Weise etwas geschichtlich Gewordenes und keine bloßen Naturgegebenheiten seien. Solche Motive fänden

---

61 Bernward Leineweber, »Referat über den Aufsatz von M. Horkheimer ›Traditionelle und kritische Theorie‹«, UAF Abt. 139 Nr. 18. – Vgl. HGS, Bd. 4, S. 162–216.
62 Der Satz lautet vollständig korrekt: »Die Tatsachen, welche die Sinne uns zuführen, sind in doppelter Weise gesellschaftlich präformiert: durch den geschichtlichen Charakter des wahrgenommenen Gegenstands und den geschichtlichen Charakter des wahrnehmenden Organs.« (Ebd., S. 174)

sich jedoch bereits auch bei Hegel und bei Engels, der wissenschaftlich exakt nachzuweisen versucht, daß nicht die menschliche Hand, wie allgemein angenommen, die Voraussetzung der gesellschaftlich-geschichtlichen Entwicklung gewesen sei.[63] Vielmehr: daß durch die Erfordernisse der gesellschaftlichen Entwicklung die Hand sich eigentlich erst so recht ausgebildet habe.

Kein Zweifel, daß in einem tieferen Sinne die Sensorik, die menschlichen Sinnesorgane auch geschichtlich sind: Die Art und Weise etwa, wie wir Objekte wahrnehmen und was uns an ihnen bedeutsam erscheint und was nicht, verändert sich selbst im Prozeß gesellschaftlicher Umwälzungen.

In dem Glauben der bürgerlichen Subjekte, die gesamte wahrnehmbare Welt sei ein Inbegriff von Faktizitäten, die da sind und als Daseiende einfach hingenommen werden müssen, reflektiert sich die Kunstfremdheit, ja Kunstfeindlichkeit des Bürgertums. Wo die Dialektik von Subjekt und Objekt unterschlagen wird, ist auch Kunst nicht möglich. »Sie (die Kunst) nimmt vielmehr unbarmherzig die Schründe der zerrissenen Welt kritisch in ihre Darstellung auf, aber so, daß sie nicht in veristischer Verdoppelung ihre Zufälligkeit imitiert, sondern in artifizieller Verfremdung die als Krise konstruierte Welt entblößt zur Schau stellt.« (Habermas)[64]

Prof. Adorno zur Dialektik von traditioneller und kritischer Theorie: Auf der einen Seite muß anerkannt werden, daß in den traditionellen Theorien, d.h. in den traditionellen Wissenschaften, ein ungeheurer Vorrat an tatsächlichen Erkenntnissen über die Welt, so wie sie ist, angehäuft wurde. Denn genau dieses analytischen Wissens hat dann dialektische Theorie sich zu bedienen. Und wenn auf

---

63 Bei Engels heißt es etwa: »Durch das Zusammenwirken von Hand, Sprachorganen und Gehirn nicht allein bei jedem einzelnen, sondern auch in der Gesellschaft, wurden die Menschen befähigt, immer verwickeltere Verrichtungen auszuführen, immer höhere Ziele sich zu stellen und zu erreichen. Die Arbeit selbst wurde von Geschlecht zu Geschlecht eine andre, vollkommnere, vielseitigere. Zur Jagd und Viehzucht trat der Ackerbau, zu diesem Spinnen und Weben, Verarbeitung der Metalle, Töpferei, Schiffahrt. Neben Handel und Gewerbe trat endlich Kunst und Wissenschaft, aus Stämmen wurden Nationen und Staaten. Recht und Politik entwickelten sich, und mit ihnen das phantastische Spiegelbild der menschlichen Dinge im menschlichen Kopf: die Religion. Vor allen diesen Gebilden, die zunächst als Produkte des Kopfs sich darstellten und die die menschlichen Gesellschaften zu beherrschen schienen, traten die bescheidneren Erzeugnisse der arbeitenden Hand in den Hintergrund; und zwar um so mehr, als der die Arbeit planende Kopf schon auf einer sehr frühen Entwicklungsstufe der Gesellschaft (z.B. schon in der einfachen Familie) die geplante Arbeit durch andre Hände ausführen lassen konnte als die seinigen.« (MEW, Bd. 20, S. 450f.)

64 Jürgen Habermas, Zwischen Philosophie und Wissenschaft: Marxismus als Kritik, in: Jürgen Habermas, Theorie und Praxis. Sozialphilosophische Studien, Neuwied und Berlin 1963 (Politica. Abhandlungen und Texte zur politischen Wissenschaft; 11), S. 162–214; hier: S. 205.

ihrer Erkenntnisstufe das Bewußtsein der traditionellen Theorie ein verdinglichtes ist, so kann man sagen, daß darin die verdinglichte Welt zu ihrem adäquaten theoretischen Selbstverständnis kommt.

Auf der anderen Seite bleibt aber auch das kritische Denken der Dimension, der Dialektik des unkritischen [Denkens] verhaftet, ist doch das ganze bisherige Denken wesentlich bürgerlicher Geist gewesen. Kritische Theorie hat zwar einen Begriff, wie es besser sein müßte, was sie aber der Welt, d.h. der bürgerlichen Theorie, entgegensetzt (im Sinne der Marxschen »Kritik der politischen Ökonomie«), ist eigentlich nichts anderes als die Einsicht in den Schein und die Problematik dessen, was traditionelle Theorie zum Inhalt hat. M.a.W.: Stringent dialektische Negation ist stets konkrete und nicht abstrakte Negation.

Prof. Adorno zu dem Zitat von Marx, »wie selbst die abstraktesten Kategorien, trotz ihrer Gültigkeit – eben wegen ihrer Abstraktion – für alle Epochen, doch in der Bestimmtheit dieser Abstraktion selbst ebensosehr das Produkt historischer Verhältnisse sind und ihre Vollgültigkeit nur für und innerhalb dieser Verhältnisse besitzen.«[65]

Die abstrakten Bestimmungen sind gerade diejenigen, aus denen die konkreten historischen Verhältnisse entfernt sind; je abstrakter ein Begriff ist, desto mehr entfernt er sich gleichzeitig von seinem Material und damit von der konkreten geschichtlichen Bestimmtheit. Das Interessante an dieser Stelle ist nun, daß Marx nachweist, daß gerade diese Geschichtslosigkeit, diese Ahistorizität des allgemeinen Begriffs selber ein eminent Geschichtliches ist – so wie die Abstraktionen selber einen historischen Vorgang darstellen. Die Identität der Begriffe hat notwendig ihre Nichtidentität, das wovon abstrahiert wurde, an sich selber. Der Prozeß der Abstraktion stellt aber auch insofern einen historisch-gesellschaftlichen Vorgang dar, als die Menschen in einem sehr mühevollen und langwierigen Weg überhaupt erst lernen müssen zu abstrahieren, d.h., sich von der äußeren Natur zu emanzipieren. Abstraktion ist nur auf einem bestimmten Stand der Geschichte möglich: »So entstehn die allgemeinsten Abstraktionen überhaupt nur bei der reichsten konkreten Entwicklung, wo eines vielen gemeinsam erscheint, allen gemein.« (Marx.)[66]

Wenn aber nun das Prinzip der Abstraktion etwas objektiv Geschichtlich-Ökonomisches ist, nämlich in der entfaltenden Tauschgesellschaft der Aspekt des Tauschverhältnisses, in dem von den bestimmten Qualitäten der zu tauschenden Objekte und ebenso von der besonderen Beziehung zu den Individuen, die sie

---

65 MEW, Bd. 13, S. 636.
66 Ebd., S. 635.

produzieren, abgesehen wird, dann ist der Tauschvorgang und der mit ihm verbundene Abstraktionsprozess selber eine objektive Gegebenheit und nicht einfach nur durch das abstrahierende Denken des Subjekts hervorgebracht. »Andrerseits ist diese Abstraktion der Arbeit überhaupt nicht nur das geistige Resultat einer konkreten Totalität von Arbeiten. Die Gleichgültigkeit gegen die bestimmte Arbeit entspricht einer Gesellschaftsform, worin die Individuen mit Leichtigkeit aus einer Arbeit in die andre übergehn und die bestimmte Art der Arbeit ihnen zufällig, daher gleichgültig ist.« (Marx)[67]

M.a.W.: Nicht komme es darauf an, die Sprache in Logik zu übersetzen als vielmehr darauf, die Logik selber zum Sprechen zu bringen.[68]

Prof. Adorno: Die Dialektik der Wahrheit und Falschheit geschichtlicher Prozesse ist stets im Auge zu behalten. Ohne den Vorgang der Verdinglichung hätte eine Beziehung zwischen den Menschen überhaupt nicht konstituiert werden können. Die Menschen sind überhaupt nur vergesellschaftet worden durch ihre Entfremdung hindurch. »Dennoch hat das weltumspannende, zur Totalität gewordene Kaptalverhältnis, das zu seiner ›Voraussetzung‹ hat, ›daß das Individuum nur noch als Tauschwert Produzierendes Existenz hat, also schon die ganze Negation seiner natürlichen Existenz eingeschlossen ist, es also ganz durch die Gesellschaft bestimmt ist‹,[69] und die Individuen ›abstrakte Individuen geworden sind‹, über-

---

[67] Ebd.
[68] In der Einleitung zur *Metakritik der Erkenntnistheorie* [1956] schreibt Adorno: *Auch die hinfälligen Begriffe der Erkenntnistheorie weisen über sich hinaus. Bis in ihre obersten Formalismen hinein, und vorab in ihrem Scheitern, sind sie ein Stück bewußtloser Geschichtsschreibung, zu erretten, indem ihnen zum Selbstbewußtsein verholfen wird gegen das, was sie von sich aus meinen. Diese Rettung, Eingedenken des Leidens, das in den Begriffen sich sedimentierte, wartet auf den Augenblick ihres Zerfalls. Er ist die Idee philosophischer Kritik. Sie hat kein Maß als den Zerfall des Scheins. Ist das Zeitalter der Interpretation der Welt vorüber und gilt es sie zu verändern, dann nimmt Philosophie Abschied, und im Abschied halten die Begriffe inne und werden zu Bildern. Möchte Philosophie als wissenschaftliche Semantik die Sprache in Logik übersetzen, so ist ihr als spekulativer noch übrig, die Logik zum Sprechen zu bringen. Nicht die Erste Philosophie ist an der Zeit sondern eine letzte.* (GS, Bd. 5, S. 47)
[69] Marx schreibt, »daß von vornherein die *Voraussetzung* des Tauschwerts als der objektiven Grandlage des Ganzen des Produktionssystems schon in sich schließt den Zwang für das Individuum, daß sein unmittelbares Produkt kein Produkt für es ist, sondern ein solches erst *wird* im gesellschaftlichen Prozeß und diese allgemeine und doch äußerliche Form annehmen *muß*; daß das Individuum nur noch als Tauschwert produzierendes Existenz hat, also schon die ganze Negation seiner natürlichen Existenz eingeschlossen ist; es also ganz durch die Gesellschaft bestimmt ist; daß dies ferner Teilung der Arbeit etc. voraussetzt, worin das Individuum schon in andren Verhältnissen als denen der bloß *Austauschenden* gesetzt ist etc. Daß also nicht nur die Voraussetzung keineswegs weder eine aus dem Willen noch der unmittelbaren Natur des Indi-

haupt erst die Möglichkeit geschaffen, daß sie ›in den Stand gesetzt werden, als Individuen miteinander in Verbindung zu treten.‹[70]« (B. Leineweber) Insofern kann dann auch von der Sinnlosigkeit der allgemeinen Begriffe nicht geredet werden. Die Abstraktionen sind sowenig sinnlos wie die Technik, die ohne den Gebrauch mathematischer Formeln, Inbegriff abstrakten Denkens, nicht vollziehbar wäre. D. h.: Keine Kategorie ist einseitig positiv oder negativ zu bewerten. Vielmehr: ist sie in ihrer Produktivität und Notwendigkeit ebenso zu erkennen und zu durchschauen wie in ihrer Endlichkeit und Begrenztheit. Das genau macht die dialektische Betrachtungsweise gesellschaftlicher Sachverhalte aus.

Zur Kategorie der Leibeigenschaft: Wenn Marx ausführt, »daß die Menschen nun von Abstraktionen beherrscht werden während sie früher voneinander abhingen«[71], so ist dazu zu sagen, daß zwar erst in der bürgerlichen Gesellschaft das Prinzip der Abstraktion zum universellen und konstitutiven wird, daß es aber auch bereits in vorbürgerlichen Epochen mehr oder minder latent vorhanden ist. Der Leibeigene hängt zwar stets von einem bestimmten Herrn ab. Daß er aber überhaupt und in dieser Form abhängig arbeitet, verdankt sich nicht diesem besonderen Verhältnis, sondern dem allgemeinen Produktionsverhältnis der Leibeigenschaft, in diesem Zusammenhang ist davor zu warnen, die Feudalzeit zu

---

viduums hervorgehende, sondern eine *geschichtliche* ist und das Individuum schon als durch die Gesellschaft *bestimmt* setzt.« (MEW, Bd. 42, S. 173)

[70] »Es zeigen sich hier also zwei Fakta. Erstens erscheinen die Produktivkräfte als ganz unabhängig und losgerissen von den Individuen, als eine eigne Welt neben den Individuen, was darin seinen Grund hat, daß die Individuen, deren Kräfte sie sind, zersplittert und im Gegensatz gegeneinander existieren, während diese Kräfte andererseits nur im Verkehr und Zusammenhang dieser Individuen wirkliche Kräfte sind. Also auf der einen Seite eine Totalität von Produktivkräften, die gleichsam eine sachliche Gestalt angenommen haben und für die Individuen selbst nicht mehr die Kräfte der Individuen, sondern des Privateigentums {sind}, und daher der Individuen nur, insofern sie Privateigentümer sind. In keiner früheren Periode hatten die Produktivkräfte diese gleichgültige Gestalt für den Verkehr der Individuen *als* Individuen angenommen, weil ihr Verkehr selbst noch ein borniertere war. Auf der andern Seite steht diesen Produktivkräften die Majorität der Individuen gegenüber, von denen diese Kräfte losgerissen sind und die daher alles wirklichen Lebensinhalts beraubt, abstrakte Individuen geworden sind, die aber dadurch erst in den Stand gesetzt werden, *als Individuen* miteinander in Verbindung zu treten.« (MEW, Bd. 3, S. 67)

[71] Marx schreibt, die »*sachlichen* Abhängigkeitsverhältnisse im Gegensatz zu den *persönlichen* erscheinen auch so (das sachliche Abhängigkeitsverhältnis ist nichts als die den scheinbar unabhängigen Individuen selbständig gegenübertretenden gesellschaftlichen Beziehungen, d. h. ihre ihnen selbst gegenüber verselbständigten wechselseitigen Produktionsbeziehungen), daß die Individuen nun von *Abstraktionen* beherrscht werden, während sie früher voneinander abhingen.« (MEW, Bd. 42, S. 97)

romantisieren und das Phänomen der Entfremdung für eine spezifisch und ausschließlich bürgerliche Erscheinung zu betrachten.

In »Geschichte und Klassenbewußtsein« führt Lukács aus, daß »das Proletariat das identische Subjekt-Objekt des Geschichtsprozesses ist, d. h. das erste Subjekt im Laufe der Geschichte, das eines adäquaten gesellschaftlichen Bewußtseins (objektiv) fähig ist«.[72]

Prof. Adorno verwies darauf, daß Lukács zwar einerseits glaubte, die Revolution stünde 1922–23 vor der Tür, auf der anderen Seite aber hat Lukács die Problematik von Wesen und Schein, von objektiver Klassenlage und subjektivem Klassenbewußtsein, nicht recht durchschaut. Der Vorwurf des Idealismus bezieht sich vor allem darauf, daß Lukács, von Hegel herkommend, offensichtlich geglaubt hat, der Hegelsche Weltgeist sei ins Proletariat gefahren: Das Proletariat, weil es objektiv dran ist, ist dadurch ohne weiteres zugleich auch der Träger der Geschichte und der Revolution.

Adorno: Weder sollte das Proletariat (im Sinne einer schlichten Identifizierung von subjektiver und objektiver Situation) fetischisiert werden, noch sollte die Kategorie der »Klasse« einfach aufgegeben und durch die der »Unterprivilegierten« ersetzt werden.

Zum Schluß wurde ein Diskussionsbeitrag verlesen über den Begriff der technologischen Rationalität bei Marcuse, der dem des ›technologischen Schleiers‹ bei Adorno entspricht.[73] Im Zuge der zunehmenden Abstraktifizierung und Verdinglichung der Gesellschaft – »Den letzteren erscheinen daher die gesellschaftlichen Beziehungen ihrer Privatarbeiten als das was sie sind, d. h. nicht als unmittelbar gesellschaftliche Verhältnisse der Personen in ihren Arbeiten selbst, sondern vielmehr als sachliche Verhältnisse der Personen und gesellschaftliche Verhält-

---

[72] »›The proof of the pudding is in the eating‹ (Das Essen ist der Beweis für den Pudding), sagt Engels [...]. Dieser Pudding ist aber die Konstituierung des Proletariats zur Klasse: das Parktisch-zur-Wirklichkeit-Werden seines Klassenbewußtseins. Der Standpunkt, daß das Proletariat das identische Subjekt-Objekt des Geschichtsprozesses ist, d. h. das erste Subjekt im Laufe der Geschichte, das eines adäquaten gesellschaftlichen Bewußtseins (objektiv) fähig ist, erscheint damit in konkreterer Gestalt. Es erweist sich nämlich, daß die objektiv gesellschaftliche Lösung der Widersprüche, in denen sich der Antagonismus der Entwicklungsmechanik äußert, nur dann praktisch möglich ist, wenn diese Lösung als neue, praktisch errungene Bewußtseinsstufe des Proletariats erscheint. Die funktionelle Richtigkeit oder Falschheit der Handlung hat also ihr letztes Kriterium in der Entwicklung des proletarischen Klassenbewußtseins.« (Georg Lukács, Geschichte und Klassenbewußtsein. Studien über marxistische Dialektik [1923], in: Georg Lukács, Werke, Bd. 2, Neuwied und Berlin 1968, S. 161–517, hier: S. 386 f.) – Vgl. MEW, Bd. 22, S. 296.
[73] Ein Text zu jenem Beitrag wurde nicht aufgefunden.

nisse der Sachen.« (Marx)[74] – anonymisiert und versachlicht sich auch die Herrschaft von Menschen über Menschen, Herrschaft wird in einem schlechten Sinne aufgehoben. »... sind die im ökonomischen Prozeß angewandte Technologie und Technik mehr als je zuvor Instrumente sozialer und politischer Kontrolle.« (Marcuse)[75] Herrschaft tritt dann auf im Gewande der technischen Notwendigkeit, des Sachzwanges und der Sachgesetzlichkeit.

– – – – – – – – – – –

---

[74] MEW, Bd. 23, S. 87.
[75] »Auf der fortgeschrittenen Stufe der Industrialisierung, d. h. zu einem Zeitpunkt, da die Automation auf die grundlegenden Industrien der Massenproduktion und -distribution ausgedehnt wird, sind die im ökonomischen Prozeß angewandte Technologie und Technik mehr als je zuvor Instrumente sozialer und politischer Kontrolle.« (Herbert Marcuse, Die Gesellschaftslehre des sowjetischen Marxismus [1958], übers. von Alfred Schmidt, in: Herbert Marcuse, Schriften, Bd. 6, Frankfurt a. M. 1989, S. 17)

473 Konrad Knappe,
9. Juli 1968

Professor Adorno eröffnete die Generaldebatte zum Proseminar »Einleitung in die Soziologie«, indem er die positivistische Konzeption der Gesellschaft, für die Gesellschaft ein Objekt unter anderen Objekten ist, gegenüberstellt der Konzeption der kritischen Theorie, für die Gesellschaft nicht nur Objekt, sondern auch Subjekt ist, und fragte, ob es zwischen der empirischen Methode und der kritischen Methode Vereinbarkeiten gibt. Angesichts der weit auseinandergehenden Interessen der beiden Methoden wäre es fragwürdig, so zu tun, als ob eine gemeinsame Diskussionsgrundlage vorhanden wäre.

Im Verlauf der Diskussion wurde angeführt, daß der Positivismus alle jene Dinge, deren er innerhalb seines Gebietes vermittels seiner auf Widerspruchsfreiheit angelegten Logik nicht habhaft werden kann, in Exklaven verweist, wo sie dann als in sich logisch und widerspruchsfrei (weil nicht mehr im gesellschaftlichen Zusammenhang stehend) abgehandelt werden. Als Beispiel wurde hierfür die von Marcuse im »Eindimensionalen Menschen« kritisierte Behandlung der Sprache angeführt.[76] Der Sprache wird im Bereich der Dichtung gestattet, irrational zu sein, aber auch nur dort, und damit wird die Dichtung losgelöst von ihrem gesellschaftlichen Inhalt und zum bloßen Harlekinstück. Es werden entsprechend der »verwalteten Kultur«[77] die heiklen Probleme unserer Kultur in ein anderes Gebiet der Öffentlichkeit hinüberinterpretiert und somit der Diskussion entzogen.

Adorno warnte davor, dem Positivismus gegenüber nur die Position zu beziehen: »Die kritische Theorie betreibt reflektierte –, die empirische Theorie unreflektierte Wissenschaft«. Der Positivismus verfüge über eine außerordentlich durchgebildete Wissenschaftslehre, die jedoch in der Soziologie, mit Ausnahme begrenzter Gebiete, wie Gruppensoziologie, an wirklichen Resultaten erstaunlich *wenig* zeigt.

---

[76] Vgl. den Abschnitt »Die Absperrung des Universums der Rede«, in: Herbert Marcuse, Der eindimensionale Mensch. Studien zur Ideologie der fortgeschrittenen Industriegesellschaft [1964], übers. von Alfred Schmidt, in: Marcuse, Schriften, Bd. 7, Frankfurt a. M. 1989, S. 103–138.
[77] Bei Adorno heißt es: *Wer Kultur sagt, sagt auch Verwaltung, ob er will oder nicht. Die Zusammenfassung von so viel Ungleichnamigem wie Philosophie und Religion, Wissenschaft und Kunst, Formen der Lebensführung und Sitten, schließlich dem objektiven Geist eines Zeitalters unter dem einzigen Wort Kultur verrät vorweg den administrativen Blick, der all das, von oben her, sammelt, einteilt, abwägt, organisiert.* (GS, Bd. 8, S. 122)

Von der Frage des gereizten Verhältnisses der beiden Positionen ausgehend, wies Professor Adorno darauf hin, daß seit dem mittelalterlichen Nominalismus Ontologie als im weitesten Sinne geistige Sicherheit gewährende Seinsordnung in Auflösung ist. Die heute in dieser Realität lebenden Menschen fühlen sich dieser übermächtigen Realität ausgeliefert. Entsprechend Brechts »Aufstieg und Fall der Stadt Mahagonny«, weil es nichts gibt, woran man sich halten kann,[78] suchen die Menschen eine feste Sicherheit gewährende Ordnung letzten Endes auch im geistigen Bereich des Seins. Der Positivismus scheint diese Sicherheit zu gewähren. Die vergesellschaftete Schwäche, sich nicht autonom und geistig in der Realität bestimmen zu können, verführt zu einem arbeitsteiligen, in Sachgebiete gespaltenen Denken der Positivisten, welches die ineinandergreifende Argumentationsweise der Dialektiker der Willkür und Ideologie verdächtigt, anstatt vermittels der kritischen Theorie die Summe seiner Sachgebiete zu erfahren.

Dieses Bedürfnis nach Verfahrensregeln des Positivismus klammert sich an die formalsten logischen Regeln, z. B. A = A, ohne zu merken, daß, indem man sagt: »A = A«, eine erweiterte Identität erstrebt wird durch das »=«. Um die Aussage, was A ist, wird man in der formalen Logik betrogen. Alles, was über dieses A = A, also über die formalen Fakten hinausgeht, wird mit dem totalen Ideologieverdacht belegt.

Auf die Frage, welche Untersuchungen die kritische Theorie leisten müsse, um die Kategorien, die sie durch abstrakte Reflexionen gewonnen hat, empirisch nachzuweisen, antwortete Adorno, daß die kritische Theorie sich immer um Konkretisierung bemüht, wie z. B. in seinem »Aberglauben aus zweiter Hand«[79] und dem Vortrag des Soziologentages, wo Adorno über die Alternativen »Industriegesellschaft und Spätkapitalismus« hinauszukommen versucht,[80] also das Problem der Produktivkräfte und der Produktionsverhältnisse angegriffen habe, sowie Ha-

---

78 In jenem Stück, uraufgeführt 1930 in Leipzig, wird erklärt: »Aber dieses ganze Mahagonny / Ist nur, weil alles so schlecht ist / Weil keine Ruhe herrscht / Und keine Eintracht / Und weil es nicht gibt / Woran man sich halten kann.« (Bertolt Brecht, Aufstieg und Fall der Stadt Mahagonny [1929], in: Bertolt Brecht, Werke. Große kommentierte Berliner und Frankfurter Ausgabe, hrsg. von Werner Hecht, Jan Knopf, Werner Mittenzwei und Klaus-Detlef Müller, Bd. 2, bearb. von Jürgen Schebera, Berlin, Weimar und Frankfurt a. M. 1988, S. 333–392; hier: S. 337)
79 Vgl. Theodor W. Adorno, *Aberglaube aus zweiter Hand* [1957], nach einer Übers. von Hermann Schweppenhäuser, GS, Bd. 8, S. 147–176.
80 Vgl. Theodor W. Adorno, *Spätkapitalismus oder Industriegesellschaft? Einleitungsvortrag zum 16. Deutschen Soziologentag* [1968], GS, Bd. 8, S. 354–370.

bermas' Untersuchung des »Strukturwandels[81] der Öffentlichkeit«,[82] in der gezeigt wird, wie der Begriff der Öffentlichkeit selbst zu einer Ideologie wird.

Adorno machte darauf aufmerksam, daß das Problem einer neuen Kritik der politischen Ökonomie, die weder an die herrschende subjektive Ökonomie Zugeständnisse macht, noch dogmatisch die marxistische Theorie nachbetet, heute die größten Schwierigkeiten bereitet. Menschen, die die kritische Theorie vertreten, sollten sich nicht durch den Ekel vor der Vorherrschaft des Ökonomischen davon abhalten lassen, Kritik der politischen Ökonomie zu versuchen. Auf der anderen Seite wird durch das in der gegenwärtigen Gesellschaft und Ökonomie anwachsende Chaotische und Desintegrative eine befriedigende Theorie, wie die Marxsche eine der liberalen Ökonomie gewesen ist, immer schwerer. Selbst ein solches Buch, wie Barans und Sweezys Untersuchung des Monopolkapitalismus,[83] verbleibt im Bann der Fragestellung der herrschenden subjektiven Ökonomie; die Fragestellung an die herrschende Ökonomie bzw. die Frage nach einer heutigen politischen Ökonomie ist entfernt nicht so radikal gestellt worden, wie es notwendig ist.

Auf die Frage der Revision der Marxschen Analyse und dem ökonomischen Ansatz bei Hofmann[84], der in einer Soziologie endet, kam zum Vorschein, daß dieses Problem von Marx, Hilferding, bis Marcuse besteht. Bei Marcuse wird die Konzeption der Klassengesellschaft aufgegeben, da es den ursprünglichen Kapitalismus nicht mehr gibt und durch die heutigen Verblendungsmechanismen der Öffentlichkeit die Entstehung der »Klasse für sich« im Keime erstickt wird.[85] Jedoch fügt Marcuse sich allzusehr der Gegenthese, daß es so etwas wie Klasse oder Kapitalismus nicht gibt. Die daraus folgenden Vorstellungen Marcuses, auf welche Gruppen man sich stützen könne, scheinen ein Rückfall zu sein hinter die Marxsche politische Ökonomie.

---

81 Korrigiert für: »Funktionswandel«.
82 Vgl. Jürgen Habermas, Strukturwandel der Öffentlichkeit. Untersuchungen zu einer Kategorie der bürgerlichen Gesellschaft, Neuwied und Berlin 1962 (Politica; 4).
83 Vgl. Paul A. Baran und Paul M. Sweezy, Monopolkapital. Ein Essay über die amerikanische Wirtschafts- und Gesellschaftsordnung [1966], übers. von Hans-Werner Saß, Frankfurt a. M. 1967.
84 Konjiziert für: »Hoffmann«. – Vgl. Werner Hofmann, Die volkswirtschaftliche Gesamtrechnung, Berlin 1954 (Volkswirtschaftliche Schriften; 11).
85 Anspielung auf Marx, bei dem es heißt: »Die ökonomischen Verhältnisse haben zuerst die Masse der Bevölkerung in Arbeiter verwandelt. Die Herrschaft des Kapitals hat für diese Masse eine gemeinsame Situation, gemeinsame Interessen geschaffen. So ist diese Masse bereits eine Klasse gegenüber dem Kapital, aber noch nicht für sich selbst. In dem Kampf, den wir nur in einigen Phasen gekennzeichnet haben, findet sich diese Masse zusammen, konstituiert sie sich als Klasse für sich selbst. Die Interessen, welche sie verteidigt, werden Klasseninteressen. Aber der Kampf von Klasse gegen Klasse ist ein politischer Kampf.« (MEW, Bd. 4, S. 180 f.)

Auf die Frage, warum in einer Veröffentlichung von Alberts Assistenten Spinner in der »Sozialen Welt« dieser der kritischen Theorie vorwirft, die Position des Positivismus zu hinterfragen,[86] während die kritische Theorie selber sich auf eine unangreifbare Position zurückziehe; warum Adorno immer wieder darauf hinweise, daß der Positivismus sein eigentliches Anliegen, die Erfahrung, verrate, und hervorhebe, daß Erfahrung des eigentliche Ziel der kritischen Theorie sei, an welchen Kriterien empirische Untersuchungen kritischer Absicht gemessen werden, bzw. ob es überhaupt die Möglichkeit gibt, daß die kritische Theorie an der Erfahrung scheitert, gab Adorno zur Antwort: Albert und sein Assistent aus der vorfaschistischen Heidegger-Schule beziehen sich auf den Vorwurf Heideggers gegenüber der Soziologie, daß die Soziologie das von der Philosophie errichtete Lehrgebäude wie ein Fassadenkletterer von außen besteige und aus den Räumen all die schönen Dinge herausnehme, die die Philosophie dort aufgestellt habe.[87] Aber schließlich ist es ja Aufgabe einer kritischen Theorie, so gut sie kann, alle möglichen Argumente gegen sie vorwegzunehmen. Indem sie alle möglichen Einwände gegen sie in sich hineinnimmt, sichert sie sich gegen alle möglichen Einwände. Die kritische Theorie bleibt auch nicht bei einmal von ihr aufgestellten Theoremen dogmatischen stehen, sondern verändert sie dem historischen dialektischen Prozeß zufolge.

---

[86] So schreibt Spinner etwa: »Das ›Ideal‹ des nichtargumentativen Denkens scheint erreicht, wenn die Theorien zu rein verbalen Hülsen entleert sind, die – als beliebig manipulierbare Wortfassaden zur dogmatischen Verteidigung jeder Position geeignet – alle vielleicht noch vorhandenen kognitiven Reste verbergen und so dem Zugriff der Kritik entziehen.« (Hartmut F. Spinner, Wo warst du, Platon? Ein kleiner Protest gegen eine »große Philosophie«, in: Soziale Welt. Zeitschrift für sozialwissenschaftliche Forschung, 18. Jg., 1967, H. 2/3, S. 174–189, hier: S. 174) Weiter heißt es: »Daß der kritische Rationalismus *Poppers* lediglich eine moderne Version jenes Positivismus ist, wie er bereits von *Hegel* exemplarisch kritisiert wurde, daß *Popper* und alle ihm nahestehenden Denker wie *Agassi*, *Albert*, *Bartley*, *Feyerabend*, *Lakatos* und andere Positivisten sind, scheint den Vertretern der hegelianisch orientierten dialektischen Sozialwissenschaft so evident, daß sie in dieser Hinsicht kaum noch argumentieren.« (Ebd., S. 175)
[87] In einer Vorlesung im Wintersemester 1929/30 sagt Heidegger: »Wandel des Sehens und Fragens ist immer das Entscheidende in der Wissenschaft. Die Größe einer Wissenschaft und ihre Lebendigkeit zeigt sich in der Kraft zur Fähigkeit zu diesem Wandel. Dieser Wandel des Sehens und Fragens wird aber mißverstanden, wenn man ihn als Wechsel der Standpunkte nimmt oder als Verschiebung der soziologischen Bedingungen der Wissenschaft. Dergleichen ist zwar heute dasjenige, was viele am meisten und ausschließlich an der Wissenschaft interessiert – ihre psychologische und soziologische Bedingtheit –, dergleichen ist aber Fassade. Dergleichen Soziologie verhält sich zur wirklichen Wissenschaft und ihrem wirklichen Verständnis wie ein Fassadenkletterer zum Architekten oder – um nicht so hoch zu gehen – zum rechtschaffenen Handwerker.« (Martin Heidegger, Die Grundbegriffe der Metaphysik. Welt – Endlichkeit – Einsamkeit, hrsg. von Friedrich Wilhelm von Herrmann, Frankfurt a. M. 2004, S. 379)

Selbst das Kernstück der kritischen Theorie, die Mehrwertlehre, ist also revidierbar; ob allerdings kritische Theorie ohne Mehrwertlehre denkbar ist, hielt Adorno einer Doktorarbeit [für] würdig, die äußerst schwer sein dürfte. Sollte die von der Mehrwertlehre vorausgesagte Tendenz sich nicht erfüllen, müßte auch dieses Kernstück revidiert werden. Die kritische Theorie gesteht selbstkritisch zu, daß kein Theorem dogmatisch verteidigt wird. Der Positivismus fordert jedoch einen Katalog einzeln aufzählbarer Theoreme von der kritischen Theorie, die die kritische Theorie jedes für sich zu verifizieren habe. Eine solche Zerlegung in einzelne Probleme, da, wo es sich um den Strukturzusammenhang der Gesellschaft handelt, gibt es nicht für die ineinandergreifende Argumentation der kritischen Theorie. Selbst wenn sich einzelne Theoreme als falsch erweisen, so bedeutet das nicht, wie der Positivismus entsprechend dem Satz des ausgeschlossenen Dritten meint, den Sturz der gesamten Theorie.

In einer Zwischenbemerkung zu Adorno Ausführung über die Tendenz des Kapitalismus, die Voraussage des Theorems der sinkenden Profitrate ad absurdum zu führen, wurde darauf hingewiesen, daß eine bürgerliche Öffentlichkeit nach[88] Habermas' Darstellung den Funktionswandel der Öffentlichkeit auch in dem Sinne vollzogen hat, daß sie den Prozeß der sinkenden Profitrate[89] (den arbeitenden Massen) in zyklische Schwierigkeiten uminterpretieren kann und mit Hilfe einer dynamischen Kreislauftheorie von John Maynard Keynes[90] die Politik der sinkenden Profitrate in Form von Konjunkturpolitik, Lohnpolitik und Sozialpolitik verschleiern kann. Indem der Spätkapitalismus in der Lage ist, seine soziale Funktion im Vollbeschäftigungserfolg nachzuweisen, hat er seinen Prolongationsmechanismus gefunden, der ihm erlaubt, die Gewinne zu privatisieren und die Verluste zu verstaatlichen. Hierdurch wird das Theorem der sinkenden Profitrate des liberalen, sein Unternehmerrisiko tragenden Privatkapitals bei Marx durchbrochen.

Adorno wies darauf hin, daß in allen keynesianisierten Ländern, die mit dem Gesetz der sinkenden Profitrate zusammenhängende Verelendungstendenz nach wie vor relativ fortbesteht. Trotzdem abgezweigter Mehrwert den Massen zugeführt wird, vollzieht sich auf die Dauer über die inflationäre Konjunkturpolitik die Expropriation der Massen.

---

88 Korrigiert für: »Öffentlichkeit, die nach«.
89 Anspielung auf das »Gesetz des tendenziellen Falls der Profitrate« bei Marx; vgl. MEW, Bd. 25, S. 221–241.
90 Vgl. den Abschnitt »Bemerkungen über den Konjunkturzyklus«, in: John Maynard Keynes, Allgemeine Theorie der Beschäftigung, des Zinses und des Geldes [1936], übers. von Fritz Waeger, Berlin 1955, S. 265–281.

Zur Massenaufklärung über die Mehrwerttheorie wurde darauf hingewiesen, daß gerade durch das Interpretationsprinzip der Gesellschaft im Kapitalismus die Vollbeschäftigung als das Allheilmittel angesehen wird. Der zur Aufklärung notwendige geistige Überschuß wird durch das Maß der von den Herrschenden bestimmten Arbeit verhindert und die Gesellschaft dadurch repressiv gestaltet.

Auf die Machtverhältnisse eingehend, die mit dem heutigen Stand der Aufklärung ihre Grenze gefunden haben, hielt Adorno es für die heutige Pflicht der Aufklärung, alle Möglichkeiten der Popularisierung bis zum äußersten auszunutzen, aber ohne daß die Strenge der Einsicht gesellschaftlicher Zusammenhänge verlorengeht.

Es wurde der Vorwurf erhoben, daß man sich die Auseinandersetzung mit dem Positivismus zu einfach mache; indem man ihn der Tautologie verdächtige, verhindere man, seine Methode fruchtbar anzuwenden. Die formale Logik des Positivismus erhebt ja keinen Anspruch, etwas zu erklären, sie sei wertfrei.

Adorno zeigte an der Theorie der Sozialwissenschaften von Popper, daß der Positivismus am Postulat der Widerspruchslosigkeit orientiert ist. Die formallogische Vereinfachung der Sätze sei das Kriterium der Sozialwissenschaften überhaupt. Der entscheidende Kontroverspunkt sei, daß die Möglichkeit von objektiven Widersprüchen in der Gesellschaft durch Formalisierung zu etwas Widerspruchslosem gestaltet wird. Mit dem Positivismus kann man sich nur über Grundsatzfragen auseinandersetzen, weil immanente Kritik dadurch ausgeschlossen ist, daß der Positivismus auf das deduktive System verhext ist. Im Augenblick, wo man sich in die Kalküle hineinbegibt, kann man gar nichts mehr machen, weil man in einer Rechenmaschine sitzt. Der Positivismus ist bisher absolut schuldig geblieben zu zeigen, welche Typen von Fragen man mit den angeblich so weit fortgeschrittenen positivistischen Methoden lösen kann, die für die kritische Theorie nicht lösbar sind.

Es wurde darauf hingewiesen, daß die gesellschaftlichen Systeme des Positivismus Anspruch auf empirischen Gehalt erheben, zu der objektiven Realität jedoch in einem Verhältnis der Äußerlichkeit oder der bloßen Verdoppelung stehen. Bei Popper ist dieses Verhältnis der Äußerlichkeit exakt charakterisiert. Seine hypothetisch deduktiven Systeme stehen im Verhältnis der Anwendung gegenüber diesen kritischen Systemen: Sie gibt es in dreifacher Ausführung bei Popper; die Systembenutzung rein technisch, die zur Vorhersage, die zur Erklärung.[91] Dies

---

91 Bei Popper heißt es: »Ein rein theoretisches Problem – ein Problem der reinen Wissenschaft –

genügt jedoch nicht. Die Äußerlichkeit der positivistischen Methode erzeugt Schwierigkeiten, gesellschaftliche Phänomene auf ihren eigenen Begriff zu bringen.

Adorno erläuterte, daß im Begriff der Anwendung das Moment der Äußerlichkeit liegt; unabhängig vom Gegenstand wird ein in sich logisches Darstellungssystem von außen her auf die Objekte angewendet, während der Kern der dialektischen oder kritischen Theorie (eine Forderung Hegels) entwickelt ist aus der Sache selbst. Der Positivismus ist eigentlich ein »verkappter« Idealismus, er glaubt aus Formen des Geistes heraus, die der Realität aufgeprägt werden, wie bei Kant, die Realität optimal zu erfassen und gestalten zu können. Während demgegenüber für eine Theorie, die auch den Geist selber als ein Moment im Leben der Gesellschaft auffaßt, die Gesetze des Geistes und die Kategorien aus der Gesellschaft bzw. aus der Sache selbst kommen.

Es wurde gefragt, wie man sich eine Forschungsstrategie denken kann, wenn man von einem dialektischen Verhältnis zwischen Allgemeinem und Besonderem ausgeht: Hieße das, daß die einzelnen Forschungshypothesen immer in Hinblick auf das Ganze bzw. auf das gesellschaftliche Ganze gestellt werden müssen? Umgekehrt sollten die von der Forschung gewonnenen empirischen Daten als Korrektiv der gesellschaftlichen Theorie verwendet werden, wie Adorno sagt, obgleich die allgemeine Gesellschaft als Ganze, wie sie die kritische Theorie darstellt, nicht dem Falsifikationsprinzip unterliegen kann.

Adorno erläuterte, nicht die empirische Forschung sei falsch, sie sei nur borniert in dem Sinne, daß sie die Vermittlung durch das Allgemeine weglasse. Man könne sich vorstellen, daß es eine ganze Reihe von Einzeluntersuchungen gibt, die dann doch noch auf das Ganze zurückwirken. Nehme man rein methodisch einmal an,

---

besteht immer darin, eine Erklärung zu finden – die Erklärung einer Tatsache oder eines Phänomens oder einer merkwürdigen Regelmäßigkeit oder einer merkwürdigen Ausnahme. Das, was wir zu erklären hoffen, kann man das Explikandum nennen. Der Lösungsversuch – das heißt: die Erklärung – besteht immer aus einer Theorie, einem deduktiven System, das es uns erlaubt, das Explikandum dadurch zu erklären, daß wir es mit anderen Tatsachen (den sogenannten Anfangsbedingungen) logisch verknüpfen. Eine völlig explizite Erklärung besteht immer in der logischen Ableitung (oder Ableitbarkeit) des Explikandums aus der Theorie, zusammen mit den Anfangsbedingungen. [...] Dieses Grundschema hat erstaunlich viele Anwendungen. Man kann zum Beispiel mit seiner Hilfe zeigen, was der Unterschied zwischen einer *ad-hoc*-Hypothese und einer unabhängig überprüfbaren Hypothese ist; und man kann, was Sie vielleicht mehr interessieren wird, in einfacher Weise den Unterschied zwischen theoretischen Problemen, historischen Problemen und Problemen der Anwendung logisch analysieren.« (Popper, Die Logik der Sozialwissenschaften, a.a.O. [s. Anm. 30], S. 117f.)

eine empirische Untersuchung ergäbe, daß den Arbeitern in einem überwältigenden Maße das abgeht, was man Klassenbewußtsein nennt. Wenn eine solche Untersuchung – wie z. B. in Amerika – einen Grenzwert ergibt, der besagt, daß überhaupt kein Arbeiter von sich weiß, daß er Proletarier ist, dann ist genau der Punkt erreicht, wo Marcuses Ketzerei angeht, gegenüber der traditionellen Marxschen Theorie zu sagen, »daß es kein Proletariat gibt«. Trotzdem ist Marcuses Theorie, rein methodologisch gesehen, Bestandteil der kritischen Theorie

Innerhalb der kritischen Theorie besteht dann die Möglichkeit, daß durch Befunde, wie etwa, daß subjektiv kein proletarisches Bewußtsein vorhanden ist (Klasse für sich), die Lehre von der Objektivität der Klasse sich dem Mythologem nähert. Adorno fällt es trotz Festhalten an einer kritischen Klassentheorie deshalb schwer, mit dem Begriff des Proletariats weiter zu operieren. Die Konsequenzen Marcuses affizieren, ob richtig oder falsch, die traditionelle kritische Theorie.

Wie sehr die kritische Theorie affiziert wird, zeigte Adorno daran, daß im Augenblick, wo kein Arbeiter mehr die Notwendigkeit zur gesellschaftlichen Veränderung fühlt und wo ihm auch nicht plausibel gemacht werden kann, daß die bestehende Gesellschaft verändert werden muß, natürlich auch die Stellung des Proletariats, wie sie Marx dem Proletariat zugewiesen hat, außerordentlich problematisch wird. Schon vor 20 Jahren (1948) fragte Adorno in den »Minima Moralia«: »wo ist eigentlich das Proletariat?«[92] Nicht bloß die kritische Theorie wird zur realen Gewalt, wenn sie die Massen ergreift, wie Marx und Engels sagen,[93] sondern auch das falsche Bewußtsein, wenn es sich in den Massen ausbreitet.

---

92 *Daß die technischen Kräfte den privilegienlosen Zustand erlaubten, wird tendenziell von allen, auch von denen im Schatten, den gesellschaftlichen Verhältnissen zugute gehalten, die es verhindern. Allgemein zeigt die subjektive Klassenzugehörigkeit heute eine Mobilität, welche die Starrheit der ökonomischen Ordnung selber vergessen macht: stets ist das Starre zugleich das Verschiebbare. Selbst die Ohnmacht des Einzelnen, sein ökonomisches Schicksal noch vorauszukalkulieren, trägt das ihre zu solcher tröstlichen Mobilität bei. Über den Sturz entscheidet nicht Untüchtigkeit, sondern ein undurchsichtiges hierarchisches Gefüge, in dem keiner, kaum die obersten Spitzen, sicher sich fühlen darf: Egalität des Bedrohtseins. Wenn im erfolgreichsten Spitzenfilm eines Jahres der heroische Fliegerkapitän zurückkehrt, um als drugstore jerk von Kleinbürgerkarikaturen sich schikanieren zu lassen, so befriedigt er nicht nur die unbewußte Schadenfreude der Zuschauer, sondern bestärkt sie überdies im Bewußtsein, alle Menschen seien wirklich Brüder. Äußerste Ungerechtigkeit wird zum Trugbild der Gerechtigkeit, die Entqualifizierung der Menschen zu dem ihrer Gleichheit. Soziologen aber sehen der grimmigen Scherzfrage sich gegenüber: Wo ist das Proletariat?* (GS, Bd. 4, S. 221)

93 In der Einleitung zur »Kritik der Hegelschen Rechtsphilosophie« [1844] von Marx heißt es: »Die Waffe der Kritik kann allerdings die Kritik der Waffen nicht ersetzen, die materielle Gewalt muß gestürzt werden durch materielle Gewalt, allein auch die Theorie wird zur materiellen Gewalt, sobald sie die Massen ergreift.« (MEW, Bd. 1, S. 385)

Auf die Frage, wie sich Adorno vorstelle, daß Theorie und damit Erkenntnis selbst schon die Praxis beeinflusse, sagte er zum Verhältnis von Theorie und Praxis: Erkenntnis selber ist treibende Kraft, Praxis nicht ein äußerlich Hinzugefügtes; in bestimmter Negation ist Erkenntnis ein praktischer Impuls.

Die verdinglichte Trennung von Theorie und Praxis ist ebenso falsch wie die von Geschichte und Praxis; die Einrichtung des Denkens auf Praxis hin ist ein Zensurmechanismus. Erkenntnis ist Spontaneität, Praxis, weil Unwahrheit unerträglich ist, andererseits ist aber gerade die ungeheure Dichte der Verblendungsmechanismen in die Reflexion aufzunehmen.

K. Knappe[94]

---

94 Unterschrift.

Sommersemester 1969:
Subjekt-Objekt-Dialektik

Philosophisches Hauptseminar mit Max Horkheimer

In diesem Semester hält Adorno zudem die philosophische Vorlesung »Einleitung in dialektisches Denken« und gibt das soziologische Hauptseminar »Probleme des Strukturalismus«; aufgrund der Störungen seitens der Studentenschaft kann keine dieser Veranstaltungen zu Ende geführt werden.

Das Seminar findet donnerstags von 18 bis 20 Uhr statt

474–478 Archivzentrum Na 1, 906

474 Friedrich W. Schmidt,
[ohne Datum]

Das dialektische Verhältnis von Subjekt und Objekt

Der Ausgangspunkt war die Frage, inwieweit das Individuum (Subjekt) bei Erforschung und Klärung wissenschaftlicher Fragen von der jeweiligen Gesellschaft abhängig ist.

Jede Betrachtung des Subjekts führt auf ein Etwas, wobei das inhaltlich bestimmte Etwas nicht isoliert, sondern in seinen geschichtlichen und gesellschaftlichen Konstellationen gesehen werden muß. Das empirische Subjekt verfällt allzu leicht der Verstocktheit des Beharrens auf dem, was man bloß selber ist, der Enge und Partikularität des Einzelinteresses. Der je Redende beansprucht für sich das Primat der Wahrheit. Das dialektische Denken legt diesen Schein an der Individuation auseinander: Das Allgemeine ist immer zugleich das Besondere und das Besondere das Allgemeine. Dadurch wird dialektisches Denken der gesellschaftlichen Struktur gerecht, in der alles Individuelle von vornherein gesellschaftlich bestimmt ist und in der wiederum sich nichts realisiert als durch die Individuen. Zwischen den Kategorien von Subjekt und Objekt wie von Besonderem und Allgemeinen, von Individuum und Gesellschaft läuft ein dialektischer Prozeß ab, der die Wahrheit selber ist: Der Anteil beider Momente ist nur in der historischen Konkretion darzustellen.

Gegen angeführte Betrachtung erkenntnistheoretischer Art wurde der Einwand erhoben einerseits vom Positivismus, der vom »Positiven«, d. h. vom Gegebenen, Tatsächlichen, Sicheren, Zweifellosen ausgeht und seine Forschung und Darstellung darauf beschränkt. Der Positivismus lehnt sich engstens an das Weltbild und die Methoden der Naturwissenschaften an.

Vom dialektischen Standpunkt wird dem Positivismus Mangel an Reflexion vorgeworfen; er sehe den Doppelcharakter: das in sich selbst immanent Bestimmte und das über sich Hinausreichende nicht.

Andererseits wurde der Einwand erhoben vom Nominalismus, wonach die Begriffe nur subjektive Bewußtseinsgebilde oder bloße sprachliche Namen sind. Die Allgemeinbegriffe sind nur Worte, nomina, die als Zeichen für die Dinge und ihre Eigenschaften dienen und außerhalb des Denkens nichts zu besagen haben, nichts objektiv Wirkliches bezeichnen.

Diese Versteifung auf den Nominalismus ist insofern unbegründet, als in der äußersten Verdünnung der formalen Logik noch das Etwas erscheint, das auf den Immanenzzusammenhang hindeutet. In der Sprache ist eben nicht bloß Logisches, sondern auch das Etwas. Das Etwas ist das Nachbild dessen, was der Gedanke meint und ohne was er selber nicht sein könnte; das nicht Gedankliche ist logisch-immanente Bedingung des Gedankens. Die Kopula, das Ist, enthält immer schon Gegenständlichkeit.

Bei dem Versuch, Subjekt und Objekt definieren zu wollen, gerät man bald in die Unmöglichkeit, zur Auflösung zu gelangen, weil in den verwendeten Begriffen Widersprüche enthalten sind. Nach der klassischen Logik ist die Definition die Bestimmung eines Begriffes durch Begriffe, durch Aufzählung seiner Merkmale, d.h. durch Angabe des Begriffsinhalts (Begriff, Prädikat). Die subjektive Vernunft bringt es so mit sich, sich zu hypostasieren, sie ergeht sich in Definitionen. (Die Rechtsphilosophie ist z.B. eine solche, die es ausschließlich mit Definitionen zu tun hat.)

Die Priorität des Geistes aber, die als solche bereits die absolute Stringenz und Geschlossenheit des Denkverlaufs statuiert, liegt vor jeglicher Definition des Begriffs. Es ist die subjektive Tätigkeit der Reflexion, die auf die Bestimmung der Sache geht, obzwar sie eine gewisse Relativität impliziert.

Wenn bestimmte (nicht praktikable) Begriffe nicht zu definieren sind (z.B. Kitsch), so kommt man überhaupt – wenn man nicht dogmatisch verfahren will – zu der Einsicht, daß sich philosophische Begriffe nicht definieren lassen. Worauf es ankommt, sind die – im Hegelschen Sinne Abstraktionen genannten – begrifflichen Schritte, die nicht isoliert, sondern nur in der Konstellation gedacht werden dürfen. Wahre Philosophie (dialektisches Denken) zerstört also die Definitionen. Dialektik, der organisierte Widerspruchsgeist,[1] ist dasjenige Organ des Denkens, das sich nicht in den Regeln des reinen Denkens überhaupt erschöpft. Die Regel der Widerspruchslosigkeit z.B. ist für das objektiv Allgemeine nicht ausreichend, es bleibt zweifelhaft. Denn der Begriff ist nicht nur mehr als die darunter durch Definitionen mit zahllosen anderen Bestimmungen befindlichen Elemente, sondern auch weniger. Unter diesem Aspekt ist Philosophie das nicht festsetzende Denken, jedoch ohne Willkür.

Wenn Philosophie in jener Tätigkeit bestehen soll, Vermittlungen zu denken, dann ist sie unnaiv, d.h., ihre Denkbewegung entfernt sich von der Unmittelbarkeit, schaut hinter die Kulissen des Gegebenen. Vermittlung heißt aber niemals ein Mittleres zwischen den Extremen (von Subjekt und Objekt), sondern sie ereignet sich durch die Extreme hindurch in ihnen selber. Das Subjekt ist durch das

---

1 Für den 18. Oktober 1827 erinnert sich Eckermann eines Gespräch zwischen Hegel und Goethe: »Sodann wendete sich das Gespräch auf das Wesen der Dialektik. – Es ist im Grunde nichts weiter, sagte Hegel, als der geregelte, methodisch ausgebildete Widerspruchsgeist, der jedem Menschen inwohnt, und welche Gabe sich groß erweiset in Unterscheidung des Wahren vom Falschen.« (Johann Peter Eckermann, Gespräche mit Goethe in den letzten Jahren seines Lebens. Dritter Theil, Marburg 1848, S. 222) Adorno hat diese Bemerkung Hegels in den *Minima Moralia* zitiert, vgl. GS, Bd. 4, S. 80.

Objekt, das Objekt durch das Subjekt vermittelt, wobei aber die subjektive Vermittlung gleichsam einen Block vor der Objektivität darstellt. Vermittlung des Objekts heißt, daß es nicht statisch, dogmatisch hypostasiert werden darf, sondern nur in seiner Verflechtung mit Subjektivität zu erkennen ist. Vermittlung des Subjekts, daß es ohne das Moment der Objektivität praktisch nichts wäre.

475 Michael Kelpanides, 12. Juni 1969

Philosophisches Hauptseminar
Sommersemester 1969
Professor T. W. *Adorno*

Michael Kelpanides

Protokoll der Seminarsitzung vom 12. Juni 1969

Die Trennung von Subjekt und Objekt ist real und Schein, wahr und falsch. Wahr, weil sie nicht weggedacht werden kann durch dubiosen Rekurs auf eine suggerierte Unmittelbarkeit – wie es in manchen Seinsphilosophien geschieht. Falsch, weil sie nicht hypostasierbar ist, als wäre sie ontologisch, denn sie ist eine gewordene, produzierte. Subjekt und Objekt sind wechselseitig durcheinander vermittelt. Isoliert voneinander sind sie abstrakt. Das radikal getrennte Objekt ist eine chaotische, qualitätslose Mannigfaltigkeit, völlig unbestimmt. Jede Bestimmung fällt außerhalb desselben in das zum Konstituens erhobene transzendentale Subjekt. Diese Reduktion von immer mehr an Objektivität auf das Subjekt begründet seine angebliche Autonomie über das Objekt, die schon deswegen Schein ist, weil der Herrschaftsanspruch selber etwas Naturwüchsiges und nicht Geistiges ist. Die Vernunft, die die Natur zwingt, sich ihren Prinzipien zu fügen, sie berechenbar, manipulierbar macht, beugt sich selber dem Zwang der Selbsterhaltung und negiert des Geistes ureigenen Anspruch auf Freiheit. »In der geistigen Allmacht des Subjekts hat seine reale Ohnmacht ihr Echo ... In der Ausübung seiner Herrschaft wird es zum Teil von dem, was es zu beherrschen meint«. (Adorno, Negative Dialektik, S. 179.)[2] Die totalitäre Rationalität ist entgegen ihrem Anspruch, Einheit zu konstituieren, partikular, weil ihr Prinzip der subsumie-

---

[2] *Weiter ist das Feste, Beharrende, Undurchdringliche des Ichs Mimesis an die vom primitiven Bewußtsein wahrgenommene Undurchdringlichkeit der Außenwelt fürs erfahrende Bewußtsein. In der geistigen Allmacht des Subjekts hat seine reale Ohnmacht ihr Echo. Das Ichprinzip imitiert sein Negat. Nicht ist, wie der Idealismus über die Jahrtausende es einübte, obiectum subiectum; wohl jedoch subiectum obiectum. Der Primat von Subjektivität setzt spiritualisiert den Darwinschen Kampf ums Dasein fort. Die Unterdrückung der Natur zu menschlichen Zwecken ist ein bloßes Naturverhältnis; darum die Superiorität der naturbeherrschenden Vernunft und ihres Prinzips Schein. An ihm partizipiert erkenntnistheoretisch-metaphysisch das Subjekt, das sich als Baconschen Meister und schließlich idealistischen Schöpfer aller Dinge ausruft. In der Ausübung seiner Herrschaft wird es zum Teil von dem, was es zu beherrschen meint, unterliegt gleich dem Hegelschen Herrn. Wie sehr es dem Objekt hörig ist, indem es dieses verzehrt, kommt in ihm zutage.* (Theodor W. Adorno, *Negative Dialektik*, Frankfurt a. M. 1966, S. 179; vgl. GS, Bd. 6, S. 181)

renden Identifikationen das Moment des Nicht-Identischen am Gegenstand eliminiert.

Wahre Einheit von Subjekt und Objekt wäre ein Zustand, in dem beide als Unterschiedene herrschaftslos beieinander sind. Einheit aber ist denkbar nur als Einheit von Unterschiedenen, sie ist nicht deren unmittelbares Einssein. Unmittelbare Identität wäre leer.

Aus der Erfahrung der Trennung entstand die Sehnsucht der Romantik nach Versöhnung, die sie trügerisch als unmittelbares Einssein sich vorspiegelte. Den Gedanken der Versöhnung selbst nicht preisgegeben zu haben, ist das Wahrheitsmoment der großen Religionen. Im Zustand von der Zerrissenheit und der schmerzhaften Trennung des Subjekts vom Objekt intendierte die Kunst, wie die idealistische Ästhetik sie verstand, die Versöhnung des Geistes mit der Realität. Wie Hegel sagt:

»Diesen Bruch aber, zu welchem der Geist fortgeht, weiß er ebenso zu heilen; er erzeugt aus sich selbst die Werke der schönen Kunst als das erste versöhnende Mittelglied zwischen dem bloßen Äußerlichen, Sinnlichen und Vergänglichen und zwischen dem reinen Gedanken, zwischen der Natur und Wirklichkeit und der menschlichen Freiheit des begreifenden Denkens.« (Hegel, Ästhetik, Bd. 1, S. 19.)[3] Hegel wußte wohl, daß die Versöhnung von der Kunst allein nicht geleistet werden kann, und deswegen hebt er sie als eine vergängliche Gestalt des Geistes auf. Der großen Kunst mußte die Versöhnung doch mißlingen, eben weil die reale Versöhnung mißlang. Das zu ignorieren, wäre Ideologie. Das Wahre an der großen Kunst ist das Festhalten an der Hoffnung auf die Utopie und zugleich die Weigerung, Knechtschaftsdienste dem Bestehenden zu leisten. Der Autonomieanspruch der großen Kunst ist gegen das Verschachern des Kunstwerks, gegen seine Kommerzialisierung gerichtet und insofern antiideologisch. Falsch wird dieser Anspruch der Autonomie, wenn er die einseitige, im Medium der Kunst geleistete Versöhnung für die reale Welt ausgibt.

Der Vorrang des Objekts vor dem Subjekt stellt die Subjekt-Objekt-Dialektik nicht still. Aber es ist der Punkt, an dem materialistische und idealistische Dialektik radikal divergieren. Vorrang des Objekts heißt nicht, daß es unmittelbar gegeben wäre. Objekt kann nicht anders als vermittelt durch Subjektivität gedacht werden. Subjekt dagegen wäre nichts ohne das Moment von Objektivität. Die Vermittlung des Subjekts durchs Objekt ist eine radikalere als die des Objekts durchs Subjekt. Setzt sich nun die These vom Vorrang des Objekts nicht dem Verdacht der prima philosophia aus? Impliziert sie nicht den Rekurs auf Materie

---

3 HW, Bd. 13, S. 21.

als absolut Erstes? Die Frage aber nach dem ersten Auftauchen des Bewußtseins aus der »Materie« wird immer schon im Medium der Geschichte gestellt, und daher ist jede Antwort darauf eine historisch vermittelte. Wenn willkürlich von dieser Vermittlung abstrahiert wird, dann ist dies ein Rückfall in Metaphysik. Die Natur ist immer schon eine Natur-für-uns und nie Natur-an-sich. Eine Lösung des Subjekt-Objektproblems aus neurophysiologischem Aspekt, unter Ausklammerung der geschichtlich-gesellschaftlichen Dimension, eine Zurückführung des Bewußtseins auf einfache Empfindungen, etwa auf Elemente, als wären sie ein Erstes, vergißt, daß diese selbst das Produkt eines langen Abstraktionsprozesses sind.

Die naive Abbildtheorie des ontologisierten Diamat leugnet die Spontaneität des Subjekts und fällt hinter den geschichtlich erarbeiteten Stand der Erkenntnistheorie zurück. Sie eliminiert die notwendigen, subjektiven Bedingungen, die konstitutiv in die Erkenntnis eingehen, ohne die überhaupt Reflexion nicht möglich ist. Diese theoretische Haltung konvergiert mit einer bürokratischen Verwaltungspraxis, die die konkreten Subjekte auch praktisch ausschaltet und die erhoffte Befreiung Lügen straft. Die von Engels übernommene Naturdialektik ist dogmatisch, weil sie sich erkenntnistheoretisch nicht begründen kann.

Entgegen einer Erkenntnis, die von ihrer historischen Vermittlung abstrahiert, muß das Denken, ausgehend von den gewordenen Phänomenen, durch kritische Analyse ihre Genesis erhellen.

Die Marxsche Methode der Analyse des kapitalistischen Produktionsprozesses ist progressiv-regressiv. Sie beginnt mit der Analyse der Ware, als wäre sie ein Erstes, während sie das Resultat des gesamten Prozesses ist, und deckt im Gange der Analyse die komplexen Vermittlungsstufen auf. Hier zeigt sich eine Beziehung der Marxschen Methode auf die von Hegel: »Und zwar stellt es sich so vor, daß das Vorwärtsschreiten in der Philosophie vielmehr ein Rückwärtsgehen und Begründen sei.« (Hegel, Logik, Bd. 1, S. 55.)[4] Die Analyse enthüllt den Doppelcharakter der Ware, Gebrauchsgegenstand und Tauschwert zu sein. Beim Tauschvorgang wird von der qualitativen Verschiedenheit der Gegenstände abstrahiert, und sie werden auf abstrakt menschliche Arbeit reduziert. Die Waren sind kommensurabel und miteinander austauschbar, weil sie das festgeronnene Resultat menschlicher Arbeit sind. Das Entscheidende dabei ist, daß dieser Sachverhalt im Bewußtsein der Produzenten auf den Kopf gestellt erscheint. »Das Geheimnisvolle der Warenform besteht also einfach darin, daß sie den Menschen die gesell-

---

4 »Und zwar stellt sie es so vor, daß das Vorwärtsschreiten in der Philosophie vielmehr ein Rückwärtsgehen und Begründen sei, durch welches erst sich ergebe, daß das, womit angefangen wurde, nicht bloß ein willkürlich Angenommenes, sondern in der Tat teils das *Wahre*, teils das *erste Wahre* sei.« (HW, Bd. 5, S. 70)

schaftlichen Charaktere ihrer Arbeit als gegenständliche Charaktere der Arbeitsprodukte selbst, als gesellschaftliche Natureigenschaften dieser Dinge zurück spiegelt, daher auch das gesellschaftliche Verhältnis der Produzenten zur Gesamtarbeit als ein außer ihnen existierendes gesellschaftliches Verhältnis von Gegenständen.« Und weiter: »Es ist nur das bestimmte gesellschaftliche Verhältnis der Menschen selbst, welches hier für sie die phantasmagorische Form eines Verhältnisses von Dingen annimmt.« (Marx, Kapital, Bd. 1, S. 86.)[5] Das falsche Bewußtsein dieser verkehrten Widerspiegelung ist kein zufälliger Irrtum, kein Fehler eines bloß subjektiven Bewußtseins, sondern gesellschaftlich notwendiger Schein. Die Abweichung der ideologischen Bewußtseinsformen von der objektiven gesellschaftlichen Realität ist selber Funktion dieser Realität. »Der Schein ist hier eine objektive Kategorie, eine Erscheinungsweise des Wesens der Gesellschaft, freilich eine Weise, in der das Wesen negativ bestimmt ist.« (Alfred Schmidt, Die Ideologien in der industriellen Gesellschaft.)[6] Auch hier ist die Beziehung zur Hegelschen Logik unverkennbar. »Der Schein im Wesen ist nicht der Schein eines Anderen, sondern es ist der Schein an sich, der Schein des Wesens selbst.« (Hegel, Wesenslogik, S. 11.)[7]

Die in der kapitalistischen Produktionsweise institutionalisierte Gewalt der Eigentümer von Produktionsmitteln über die Nichteigentümer, der objektiv-existierende Klassenwiderspruch, wird von der Ideologie des gerechten Äquivalententausches verschleiert; diese Ideologie bildet die Legitimationsgrundlage des Kapitalismus. Die Fetischisierung der Warenform, die Verdinglichung der gesellschaftlichen Verhältnisse, ist also eine immanente Notwendigkeit für das Funktionieren der kapitalistischen Produktionsweise. Die Kategorie der Verdinglichung bezeichnet die ideologische Gestalt des Bewußtseins, die das gewordene, dynamische Resultat des historischen Prozesses als ein fixes, an-sich-seiendes Ding auffaßt und von der Tätigkeit seiner Hervorbringung abstrahiert. Jedoch muß sich diese dialektisch-dynamische Betrachtungsweise gegen einen Prozessualismus abgrenzen, in dem idealistisch die Dingstruktur sich auflöst. Das Ding ist zwar ein Produziertes, aber nicht das Produkt der reinen Tätigkeit etwa eines absoluten Geistes, der aus sich selbst die Welt herausspinnt, sondern das Produkt einer menschlichen, gegenständlichen Tätigkeit, die sich an einem Naturstoff objektiviert. Der Schmerz der Trennung verführte den Geist dazu, die Dinge als sein Produkt zu setzen, ihre Selbständigkeit qua Dinge zu bestreiten, um ihren

---

5 MEW, Bd. 23, S. 86.
6 Alfred Schmidt, »Ideologien in der fortgeschrittenen Industriegesellschaft«, Archivzentrum Na 62, 587.
7 HW, Bd. 7, S. 22.

Verlust in der Verdinglichung zu kompensieren und die Verdinglichung bloß ideell zu negieren.

Marx wirft Hegel vor, daß er in seiner Philosophie mit der Aufhebung der Entfremdung die Gegenständlichkeit überhaupt aufhebt. »Die Aneignung des entfremdeten, gegenständlichen Wesens oder die Aufhebung der Gegenständlichkeit unter der Bestimmung der *Entfremdung* – die von der gleichgültigen Fremdheit bis zur wirklichen feindseligen Entfremdung fortgehen muß – hat für Hegel zugleich oder sogar hauptsächlich die Bedeutung, die *Gegenständlichkeit* aufzuheben, weil nicht der *bestimmte* Charakter des Gegenstandes, sondern sein *gegenständlicher* Charakter für das Selbstbewußtsein das Anstößige in der Entfremdung ist.« (Marx, Kritik der Hegelschen Dialektik und Philosophie überhaupt[8], S. 119.)[9]

Im Abschnitt über die entfremdete Arbeit faßt Marx die Entfremdung als Entäußerung und Entgegenständlichung des Arbeiters, als Verlust des Gegenstandes, in dem er sich vergegenständlicht, »in den er sein Leben gelegt hat«. (Marx.)[10] Je mächtiger die gegenständliche Welt, das Produkt seiner Tätigkeit wird, desto ärmer wird der Arbeiter selbst, die Verwirklichung seiner Arbeit ist die Entwirklichung des Arbeiters, bis zum Hungertod. Diese Entfremdung des Arbeiters von seinem Produkt und von seiner Tätigkeit impliziert die Entfremdung des Arbeiters vom Anderen, dem Nicht-Arbeiter und Privateigentümer, und von sich selbst. Die Entstellung der menschlichen Beziehungen ist für Marx notwendig unter der Herrschaft des Privateigentums. Allerdings faßt er die Entfremdung selbst als notwendige Stufe der Vergegenständlichung im historischen Prozeß der Konstitution der Gattung: »Das *wirkliche*, tätige Verhalten des Menschen zu sich als Gattungswesen ... ist nur möglich dadurch, daß er wirklich alle

---

[8] Vgl. den Abschnitt »{Kritik der Hegelschen Dialektik und Philosophie überhaupt}«, in: Karl Marx, Texte zu Methode und Praxis II. Pariser Manuskripte 1844 [1932], hrsg. von Günther Hillmann, [Reinbek bei Hamburg] 1966, S. 107–128; vgl. MEW, Bd. 40, S. 568–588.
[9] Marx, Texte zu Methode und Praxis II, a.a.O. (s. vorige Anm.), S. 119; vgl. MEW, Bd. 40, S. 579f.
[10] »Je mehr der Arbeiter sich ausarbeitet, um so mächtiger wird die fremde, gegenständliche Welt, die er sich gegenüber schafft, um so ärmer wird er selbst, seine innere Welt, um so weniger gehört ihm zu eigen. Es ist ebenso in der Religion. Je mehr der Mensch in Gott setzt, je weniger behält er in sich selbst. Der Arbeiter legt sein Leben in den Gegenstand; aber nun gehört es nicht mehr ihm, sondern dem Gegenstand. Je größer also diese Tätigkeit, um so gegenstandsloser ist der Arbeiter. Was das Produkt seiner Arbeit ist, ist er nicht. Je größer also dieses Produkt, je weniger ist er selbst. Die *Entäußerung* des Arbeiters in seinem Produkt hat die Bedeutung, nicht nur, daß seine Arbeit zu einem Gegenstand, zu einer *äußeren* Existenz wird, sondern daß sie *außer ihm*, unabhängig, fremd von ihm existiert und eine selbständige Macht ihm gegenüber wird, daß das Leben, was er dem Gegenstand verliehen hat, ihm feindlich und fremd gegenübertritt.« (Marx, Texte zu Methode und Praxis II, a.a.O. [s. Anm. 8], S. 53; vgl. MEW, Bd. 40, S. 512)

seine *Gattungskräfte* – was wieder nur durch das Gesamtwirken der Menschen möglich ist, nur als Resultat der Geschichte – herausschafft, sich zu ihnen als Gegenständen verhält, was zunächst nur in der Form der Entfremdung möglich ist.« (Marx, Kritik der Hegelschen Dialektik und Philosophie überhaupt, S. 113.)[11]

Entfremdung und Verdinglichung sind zu unterscheiden. Entfremdung ist, wie schon angedeutet, die durch die Abstraktion des Tausches entstellte menschliche Beziehung, Selbstverlust und Verlust des Anderen, wie des Produkts der eigenen Tätigkeit, die eine fremde ist. Die Tauschenden stehen sich gegenüber als Fremde, sie betrachten sich wechselseitig als Mittel zur Aneignung des fremden Produkts.

Die Verdinglichung ist das Resultat der Entfremdung. Sie nimmt das Gewordene, als wäre es an sich, sie abstrahiert von seiner historischen Dynamik. Die Produzenten erfahren ihre gesellschaftlichen Beziehungen, als wären sie Eigenschaften der Dinge, was im Warenfetischismus auf die Spitze getrieben wird.

Die Marxsche Werttheorie wird heute von manchen Ökonomen und Soziologen als nicht mehr uneingeschränkt gültig betrachtet, weil ihre Anwendungsbedingungen entfallen seien. Wissenschaft und Technik sind heute zur ersten Produktivkraft geworden und zur unabhängigen Quelle von Wert, da »aus der Produktivitätssteigerung per se Wert entspringt«, wie Habermas annimmt.[12] Es ist also nicht mehr die einfache, unqualifizierte Arbeitskraft die eigentliche Quelle von Wert, sondern der wissenschaftlich-technische Prozeß, dessen angewandte Resultate die Produktivität und damit auch den Umfang der Produktion täglich steigern. Doch halte ich das Problem auf dem heutigen Diskussionsstand noch nicht für ausdiskutiert.

---

11 Marx, Texte zu Methode und Praxis II, a.a.O. (s. Anm. 8); vgl. MEW, Bd. 40, S. 574.
12 »Wenn man [...] von der Annahme ausgeht, daß aus Produktivitätssteigerung per se Wert entspringt, läßt sich zeigen, daß innerhalb eines expansiven kapitalistischen Systems der aus doppelter Quelle gespeiste Mehrwert unter Umständen ausreichen kann, um gleichzeitig eine angemessene Profitrate *und* ein steigendes Niveau der Reallöhne zugleich zu sichern. Gewiß reproduziert das System aus sich je die Tendenz, auf der Basis antagonistischer Produktionsverhältnisse die Konsumtionskraft der großen Masse der Bevölkerung einzuschränken; eine politische Regulierung der Distributionsverhältnisse wäre aber, unter Voraussetzungen der revidierten Arbeitswerttheorie, mit den Bedingungen einer an Profitmaximierung orientierten Produktion nicht unvereinbar.« (Jürgen Habermas, Zwischen Philosophie und Wissenschaft: Marxismus als Kritik, in: Jürgen Habermas, Theorie und Praxis. Sozialphilosophische Studien, Neuwied und Berlin 1963 [Politica. Abhandlungen und Texte zur politischen Wissenschaft; 11], S. 162–214; hier: S. 196 f.)

476 Margret Möllmann,
   19. Juni 1969

Philosophisches Hauptseminar, Prof. Adorno Sommersemester 69
Protokoll vom 19. Juni 1969 – Margret Möllmann

In der dritten These über Subjekt und Objekt[13] werden zwei Fragen problematisiert. 1. Das Verhältnis von psychologischem und transzendentalem Subjekt, von Genesis und Geltung. 2. Die Frage nach der Realität des transzendentalen Subjekts. Offensichtlich setzt der Begriff des transzendentalen Subjekts ein menschliches Einzelwesen voraus. Um Erkenntnis zu garantieren, ergab sich für die philosophische Tradition die Notwendigkeit, das empirische Subjekt selber als ein durch das transzendentale Subjekt Bedingtes zu verstehen. Diese subsumierende Argumentationsweise erfüllt heute eine ideologische Funktion angesichts der Bedrohung der lebendigen Einzelwesen. Doch ist das transzendentale Subjekt nicht ein in den Köpfen der Philosophen entstandenes Hirngespinst, sondern zugleich auch wirklicher als das wirkliche Individuum. Die reale Vormacht des gesellschaftlich Allgemeinen macht die ungeheure Plausibilität der Lehre vom transzendentalen Subjekt verständlich. Die Frage nach der Realität des transzendentalen Subjekts weist auf die gesellschaftliche Wahrheit des theoretisch Falschen.

Die Theorie vom absoluten Geist schließt die Vernichtung des Individuums ein. Der Idealismus erfüllt den Kompensationsanspruch, den real ohnmächtigen Menschen zum Schöpfer der Welt durch sein eigenes Bewußtsein zu machen. Auch Heidegger entgeht nicht dem Kompensationsmechanismus, wenn er das Pathos der Subjektivität reduziert und den schöpferischen Anspruch des Subjekts auf das Sein projiziert. Bei Hegel ist das Individuum durch eigene Aufhebung, die es permanent an sich vollziehen muß. Mit seinem Antipoden Hegel stimmte Schopenhauer[14] in der Verachtung alles Partikularen und Individuellen überein, trotz der ungeheuren Anstrengung, es ins transzendentale Subjekt einzubringen. Schopenhauer legte den Gedanken der Vernichtung bloß. Bei ihm ist das Absolute nicht sich entwickelnder Geist, sondern unvernünftiger, blinder Wille. Der idealistische Philosoph verhält sich ähnlich wie der Astrologe, der seine Kunden nicht merken lassen darf, daß seine Auskünfte Lüge und Verblendung sind.

---

13 Gemeint sind Adornos Thesen *Zu Subjekt und Objekt*, deren dritte das im folgenden genannte Thema behandelt (vgl. GS 10·2, S. 741–758; hier: S. 744–746).
14 Ersetzt für: »er«. Diesem Satz geht in der Vorlage ein gestrichener voran, der lautet: »Schopenhauer entdeckte die Irrationalität in dieser Dialektik.«

In Kants Erkenntnistheorie ist das transzendentale Subjekt nur ein notwendiger Gedanke zur Begründung von Wissenschaft. Er untersucht die Bedingungen der Möglichkeit synthetischer Urteile a priori. Er entdeckt eine alle Erfahrung begründende Allgemeinheit und Notwendigkeit der Geltung von Vernunftprinzipien. Es ist in der Kantischen Konstruktion, den Geltungsanspruch zu begründen, den wir als empirisches Subjekt schon in Anspruch nehmen, angelegt, daß das transzendentale Subjekt metaphysische Substanz sei. Bei Hegel dann wird die Logik zu Metaphysik. Für Fichte ist Kants transzendentales Subjekt nur ein Arsenal von gegebenen Kategorien und Anschauungsformen, die keine Erkenntnis liefern können, wenn sie nicht selbst produzierte sind. Die Tathandlung des Selbstbewußtseins, die ursprüngliche Selbstsetzung des Ich soll bei Fichte geschehen durch absolute Spontaneität, einen reinen Akt. Dieser Begriff des Reinen ist nicht durchzuhalten. Denken, auch wenn es als absolutes deklariert wird, ist ein Tun, Arbeit. Und Arbeit ist nicht ohne Material, an dem gearbeitet wird. Hegel hat gesehen, daß das transzendentale Subjekt, die erzeugenden Bedingungen des Geistes, nicht möglich sein können ohne ein empirisches Subjekt. Er hat das Verhältnis als dialektisch vermittelt durchschaut. Trotzdem kann das Gegebene, das Etwas, nur im Ich gedacht werden und bleibt unauflösliches Skandalon des Idealismus.

Es ist illusionär, aus den gegebenen Verhältnissen abstrahierte Modelle der Sozialwissenschaften oder der Psychologie als gelungene Vermittlungen zwischen empirischem und transzendentalem Subjekt anzusehen. Durkheims »conscience collective[15]«[16], Marcel Mauss' »phénomène social total«[17], Kardiners

---

[15] Korrigiert aus: »sociale«.

[16] »Die Gesamtheit der gemeinsamen religiösen Überzeugungen und Gefühle im Durchschnitt der Mitglieder einer bestimmten Gesellschaft bildet ein umgrenztes System, das sein eigenes Leben hat; man könnte es das *gemeinsame* oder *Kollektivbewußtsein* nennen.« (Emile Durkheim, Über soziale Arbeitsteilung. Studie über die Organisation höherer Gesellschaften [1893], übers. von Ludwig Schmidts, durchges. von Michael Schmid, eingel. von Niklas Luhmann, mit Nachw. von Hans-Peter Müller und Michael Schmid, 2. Aufl., Frankfurt a.M. 1988, S. 128)

[17] »Schon seit Jahren richtet sich unser Interesse sowohl auf den Bereich des Vertragsrechts wie auf das System der wirtschaftlichen Leistungen zwischen den verschiedenen Sektionen oder Untergruppen, aus denen sich die sogenannten primitiven Gesellschaften und auch jene Gesellschaft zusammensetzen, die wir archaische nennen können. Es gibt hier einen großen Komplex außerordentlich vielschichtiger Tatsachen. Alles, was das eigentliche gesellschaftliche Leben der Gesellschaften ausmacht, die den unseren vorausgegangen sind – einschließlich der Gesellschaften der Urgeschichte –, ist darin verwoben. In diesen (wie wir es nennen möchten) ›totalen‹ gesellschaftlichen Phänomenen kommen alle Arten von Institutionen gleichzeitig und mit einem Schlag zum Ausdruck: religiöse, rechtliche und moralische – sie betreffen Politik und Familie zugleich; ökonomische – diese setzen besondere Formen der Produktion und Konsumtion oder vielmehr der Leistung und Verteilung voraus; ganz zu schweigen von den ästhetischen

»basic personality [structure]«[18] sind bloße Verallgemeinerungen partikularer Vorfindlichkeiten, die, Kantisch formuliert, in die Welt der Erscheinungen fallen. Die Allgemeinheit und Totalität des spekulativ gedachten transzendentalen Subjekts ist qualitativ anders als die ephemerer Modelle. Realität des transzendentalen Subjekts besagt nicht, nach empirischen Einzelmodellen zu suchen. Diese wirken harmlos gegenüber der Abstraktheit des transzendentalen Subjekts, das sich realisiert als instrumentelle Vernunft.

Die Dialektik zwischen transzendentalem und psychologischem Subjekt kann nicht auf empirische Wege durch einen Gewaltstreich von außen zerbrochen werden. Nur durch Versenkung in die Problematik kann man versuchen, innerhalb des Konstitutionsbereichs aus dem Idealismus herauszukommen. Eine platte nominalistische Auflösung, wie z. B. Topitsch sie versucht hat,[19] bleibt partikular und ist ebenso falsch wie die Hypostasierung des Allgemeinen.

Phänomenen, in welche jene Tatsachen münden, und den morphologischen Phänomenen, die sich in diesen Institutionen offenbaren.« (Marcel Mauss, Die Gabe. Form und Funktion des Austauschs in archaischen Gesellschaften [1923/1924], übers. von Eva Moldenhauer, mit Vorw. von E[dward] E. Evans-Pritchard, Frankfurt a. M. 1968 [Theorie; 1], S. 17 f.)

18 Vgl. den Abschnitt »Conclusion: Basic Personality Structure«, in: Abram Kardiner, The Individual and His Society. The Psychodynamics of Primitive Social Organization [1939], mit Vorw. von Ralph Linton, 5. Aufl., New York 1949, S. 126–134.

19 Vgl. Ernst Topitsch, Die Sozialphilosophie Hegels als Heilslehre und Herrschaftsideologie, Red. von Jürgen Hartmann, Neuwied und Berlin 1967.

477 Maja Oesterlin,
26. Juni 1969

[stud.] phil. Maja Oesterlin
6 Frankfurt am Main 70
2. Sandbergsgäßchen 36

Sommersemester 1969
Philosophisches Hauptseminar Adorno/Horkheimer
Protokoll vom 26. 6. 69

Die Frage nach dem Verhältnis von der Irreduktibilität von Subjekt und Objekt auf seine Momente und der Präponderanz des Objekts erregte zunächst die Diskussion einer Unterscheidung zwischen dem radikalen Dialektikbegriff der kritischen Theorie und dem verkürzten Marcuses.

Marcuse, dessen Satz vom »Geschehenlassen des eigenen Daseins« (Kultur und Gesellschaft)[20] unverkennbare Züge der Heideggerschen Seinsphilosophie trägt, welche Gehorsam des Daseins gegenüber dem Sein fordert, um »die Ankunft des Seins geschehen zu lassen« (Max Müller, Existenzphilosophie im geistigen Leben der Gegenwart)[21], jener Marcuse verrät die Tendenz zur Trennung von ge-

---

[20] »In seinem Tun läßt er [scil. der Arbeitende] sich von der Sache leiten, unterwirft er sich ihrer Gesetzmäßigkeit und bindet sich an sie, – auch dann, wenn er seinen Gegenstand beherrscht, mit ihm schaltet, ihn lenkt und gehen läßt. In jedem Fall ist er nicht ›bei sich selbst‹, ist er beim ›Anderen seiner selbst‹ – auch dann, wenn dieses Tun gerade sein eigenes frei übernommenes Leben erfüllt. Diese Entäußerung und Entfremdung des Daseins, dieses Aufsichnehmen des Gesetzes der Sache statt des Geschehen-lassens des eigenen Daseins, ist prinzipiell unaufhebbar (obwohl sie während und nach der Arbeit bis zu völligen Vergessen verschwinden kann); die deckt sich keineswegs mit dem Widerstand des ›Stoffes‹ und sie hört auch nicht mit der Beendigung des einzelnen Arbeitsvorgangs auf; das Dasein ist an sich selbst auf diese Sachhaltigkeit hin ausgerichtet.« (Herbert Marcuse, Über die philosophischen Grundlagen des wirtschaftswissenschaftlichen Arbeitsbegriffs [1933], in: Herbert Marcuse, Kultur und Gesellschaft 2, Frankfurt a. M. 1965 [edition suhrkamp; 135], S. 7–48; hier: S. 30 f.)

[21] »Das Wesen des Menschen ist die Ek-sistenz, heißt: [...] kein Wesen, in dem er selbständig stehen kann, zu haben; nicht in sich selbst selbständig zu stehen wie die Dinge, sondern zu sein: statt Selbst-stand reiner Aus-stand. Nicht der Vollzug der Verwirklichung seines Wesens, seiner Natur ist sein Sein als seine Existenz, sondern: Da-sein zu sein, Da des Seins zu sein. Gehorsam dem Sein gegenüber, um ihm eine beschränkte und ungenügende, aber geschichtlich notwendige und geforderte Stätte zu bereiten.« (Max Müller, Existenzphilosophie im geistigen Leben der Gegenwart, Heidelberg 1949, S. 48 f.) Es sei der »Sinn des Da-seins: die Ankunft des Seins geschehen zu lassen und auf Grund dieser Ankunft auch alles Begegnende nicht als ›Widerstand‹

sellschaftlicher Realität und an sich seiender Wahrheit. Seine aus jener unvermittelt abstrahierten Begriffe glaubt er, durch ontologisch-ahistorische Definitionen vor dem Umschlagen in ihr Gegenteil bewahren zu können, wider seinen eigenen dialektischen Anspruch.

Analog zur Marcuseschen Unterscheidung von gesellschaftlicher Basis und Ideologie rangiert Max Scheler, zu dessen Verfahren Horkheimer bemerkt: »Scheler ordnet die Denkarten entweder der Ober- oder Unterklasse zu, ohne dabei geschichtlich zu differenzieren. Die sozialen Klassen erscheinen gleichsam als natürliche, ja als ewige Wesenheiten.« (Horkheimer/Adorno, Sociologica II)[22]

Dieser Begriffsfetischismus führt notwendig zu einer verkürzten Dialektik, einer ontologisch-positivistischen Spielart derselben, die stets in einem Kurzschluß, einem »Rest von Inkommensurabilität« (Marcuse)[23] endet. Auch Habermas ordnet der Natur ein Inkommensurables, einen »substantiellen Kern« zu, »der sich uns nicht aufschließt.«[24] Diese Erfahrung des »unaufschließbaren Kerns«, hier gleichwohl kritisch geäußert – ich komme später auf den Habermasschen Lösungsversuch zurück –, dürfte ein Resultat instrumenteller Vernunft sein; sie gerinnt zur Herrschaftsideologie, die ihren eigenen Autonomieanspruch durch Ontologisierung der Unaufschließbarkeit des Kerns wider Willen negiert. Es besteht demnach die Annahme zurecht, daß Marcuse die Dialektik und den

---

und ›Erfüllung‹ und das heißt als Gegen-stand nur im Horizont menschlicher Absicht und Hinsicht, sondern als ›Seiendes im Sein‹, d. h. als Abkünftiges in seiner Abkunft vom Sein begegnen zu lassen.« (Ebd., S. 69)

22 M[ax] H[orkheimer], Ideologie und Handeln, in: Max Horkheimer und Theodor W. Adorno, *Sociologica II. Reden und Vorträge*, Frankfurt a. M. 1962 (*Frankfurter Beiträge zur Soziologie*; 10), S. 38–47; hier: S. 41; vgl. HGS, Bd. 7, S. 15.

23 Bei Marcuse heißt es: »Wenn die fortschreitende Rationalität der avancierten Industriegesellschaft dazu tendiert, die störenden Elemente von Zeit und Gedächtnis als ›irrationalen Rest‹ zu liquidieren, dann tendiert sie auch dazu, die störende Rationalität in diesem irrationalen Rest zu liquidieren. Die Anerkennung der Vergangenheit und die Beziehung zu ihr als einem Gegenwärtigen wirkt der Funktionalisierung des Denkens durch die bestehende Realität und in ihr entgegen. Sie widersetzt sich der Abriegelung des Universums von Sprache und Verhalten; sie ermöglicht die Entfaltung von Begriffen, die das geschlossene Universum aus seiner Festigkeit lösen und überschreiten, indem sie es als geschichtliches Universum begreifen.« (Herbert Marcuse, Der eindimensionale Mensch. Studien zur Ideologie der fortgeschrittenen Industriegesellschaft [1964], übers. von Alfred Schmidt, in: Herbert Marcuse, Schriften, Bd. 7, Frankfurt a. M. 1989, S. 118)

24 »Die Äußerlichkeit der Natur zeigt sich in der Kontingenz ihrer letzten Konstanten: an Natur bleibt, wie weit wir auch unsere technische Verfügungsgewalt über sie ausdehnen, ein substantieller Kern, der sich uns nicht aufschließt.« (Jürgen Habermas, Erkenntnis und Interesse, Frankfurt a. M. 1968 [Theorie; 2], S. 46)

Vorrang von Objekt als voneinander Geschiedenes ansieht und daß damit sein Begriff von Dialektik überhaupt fraglich geworden ist.

Die radikale Dialektik verharrt nicht bei Restbeständen, sondern denkt immer die Vermittlung von Gegebenem mit seinem gesellschaftlichen Gewordensein. Radikale Dialektik verneint eine Trennung von Gesellschaft und Wahrheit, ohne jedoch Wahrheit zu relativieren; sie erklärt den Analogieschluß von gesellschaftlichen Verhältnissen und deren Produkten als Kriterium für die Wahrheit einer Theorie für unzulässig und wendet sich vielmehr den Produkten selbst zu, ähnlich wie sich Marx der Warenanalyse zuwandte. In diesem gesellschaftlich *Vermittelten*, dem Produkt, sucht radikale Dialektik die Physiognomie der Gesellschaft und mit und in ihr die Kritik am Bestehenden. Horkheimer bemerkt hier, im Zusammenhang mit der Subjekt-Objektproblematik: »Die Selbsterkenntnis des Menschen in der Gegenwart ist – – – nicht die mathematische Naturwissenschaft, die als ewiger Logos erscheint, sondern die vom Interesse an vernünftigen Zuständen durchherrschte kritische Theorie der gegenwärtigen Gesellschaft ... Es muß zu einer Auffassung übergegangen werden, in der die Einseitigkeit, welche durch die Abhebung der Teilvorgänge aus der gesamtgesellschaftlichen Praxis ihr notwendig anhaftet, wieder aufgehoben wird.« (Traditionelle und kritische Theorie)[25]. Eben diese Fixierung von Teilbeständen aber hat die Geschwätzigkeit gepachtet, welche in ihrer Funktion als Wort- und Begriffsbildnerin im Prozeß derselben an der historischen Wahrheit geradewegs vorbeiredet; so zu verstehen ist die Formulierung Adornos von der »Philosophie« als »Metaphysik der Geschwätzigkeit«[26]. Seine ironisch-abschätzige Haltung zur Philosophie bringt Marx den Verdacht ein, seine Präponderanz von Objekt durch die Notwendigkeit der Reproduktion von Subjekt durch Objekt sei eine ontologische. Hier liegt der Grund für die Annahme, daß Marx trotz heftiger Kritik am Feuerbachschen mechanischen Materialismus einen nur ungenügend dialektischen eigenen nachfolgen ließ, von dem man wiederum eine Verbindung zu Lenin zu beobachten glaubt, der sich der Dialektik nur mehr formal bedient und im übrigen eine Abbildtheorie der Natur postuliert.

In diesem Zusammenhang läßt Marx sich indessen nicht ganz so leicht einordnen. Eine unabhängige Natur impliziert ein Moment von Fremdheit, ein pessimistisches Moment und relativiert den Begriff der Versöhnung, ohne welchen Dialektik undurchführbar würde. Zwar konstatiert Marx jenes Fremdheitsmoment, aber er ontologisiert es nicht, wenn er dabei die »Humanisierung der Natur«

---

[25] Max Horkheimer, Traditionelle und kritische Theorie, in: Zeitschrift für Sozialforschung, VI. Jg., 1937, H. 2, S. 245–294; hier: S. 254: vgl. HGS, Bd. 4, S. 172f.
[26] Zusammenhang nicht ermittelt.

oder die »Naturalisierung des Menschen« als Versöhnungsimplikat mitdenkt. Und in den Pariser Manuskripten heißt es: »Daß das physische und geistige Leben des Menschen mit der Natur zusammenhängt, hat keinen andren Sinn, als daß die Natur mit sich selbst zusammenhängt, denn der Mensch ist ein Teil der Natur.« (Die entfremdete Arbeit).[27]

Die Gesetze der Naturwissenschaft scheinen indessen nicht vollends historisierbar und lassen damit etwas vermuten, was nicht in die Subjekt-Objekt-Dialektik eingeht; die Frage nach der Irreduktibilität bleibt, und, da um der Dialektik willen kein statisches Objekt angenommen wird, die Frage nach dem »Relat der Vermittlung« (Referat Thomas Meyer)[28] von Subjekt und Objekt. Welches ist es also, was die Präponderanz von Objekt bewirkt?

Adorno erklärt es als Nicht-Ontologisches, Dialektisches, was erhalten bleibt durch Selbstreflexion von Subjekt. Der Vorrang von Objekt manifestiert sich in einem Verhältnis, welches Objekt ohne Subjekt denkbar erscheinen erläßt, eine Umkehrung jedoch deshalb nicht zuläßt, weil in Subjekt bereits die Substratkategorie von Objekt, von »etwas«, »etwas« Denkendem nämlich, enthalten ist. »Vermittlung des Objekts besagt, daß es nicht statisch, dogmatisch hypostasiert werden darf, sondern nur in seiner Verflechtung mit Subjektivität zu erkennen sei; Vermittlung des Subjekts, daß es ohne das Moment der Objektivität buchstäblich nichts wäre. Index für den Vorrang des Objekts ist die Ohnmacht des Geistes in all seinen Urteilen wie bis heute in der Einrichtung der Realität.« (Negative Dialektik.)[29] Ein Hinauskommen über den eigenen Objektbegriff (»Subjekt fällt in Objekt«), ein Nicht-Zurückfallen in Mythisch-Ungeschiedenes, wird nur möglich durch Selbstkritik, durch permanente Selbstreflexion. Objekt erschöpft sich nicht darin, Subjekt Denkinhalte vorzuschreiben; denn der Imperativ der physischen Selbsterhaltung ist nicht das alleinige Konstituens von Gesellschaftsbildung.

Vorstellbar wäre entgegen dem gewordenen Verhängnis eine zwangfreie Gesellschaft. Meyers Postulat eines – wie Objekt – unabhängig denkbaren Subjekts spiegelt die Habermassche These wider von der Befreiung des Subjekts vom zwanghaften Verhältnis zum Objekt durch eine alternative Handlungsstruktur: »Symbolisch vermittelte Interaktion« anstelle von »zweckrationalem Handeln«.[30]

---

27 Vgl. den Abschnitt »{Die entfremdete Arbeit}«, MEW, Bd. 40, S. 501–522; hier: S. 516.
28 Der entsprechende Referatstext wurde nicht aufgefunden.
29 GS, Bd. 6, S. 186f.
30 »Unter ›Arbeit‹ oder *zweckrationalem Handeln* verstehe ich entweder instrumentales Handeln oder rationale Wahl oder eine Kombination von beiden. [...] Unter *kommunikativem Handeln* verstehe ich andererseits eine symbolisch vermittelte Interaktion. Sie richtet sich nach obligatorisch *geltenden Normen*, die reziproke Verhaltenserwartungen definieren und von mindestens zwei handelnden Subjekten verstanden und anerkannt werden müssen.« (Jürgen Habermas,

Habermas konstatiert, »daß eine noch gefesselte Subjektivität der Natur nicht wird entbunden werden können, bevor nicht die Kommunikation der Menschen untereinander frei ist.« (Technik und Wissenschaft als Ideologie.)[31] (Diese »noch gefesselte Subjektivität der Natur« scheint identisch zu sein mit dem oben erwähnten »substantiellen Kern«, zu dessen Lösungsversuch mit dem Postulat ein erster Schritt getan sein dürfte.) Mit der herrschaftsfreien Gesellschaft nämlich begäbe sich der materialistische Objektbegriff zur Reproduktion der menschlichen Gattung seines repressiven Vorrangs.

Das hier mitgedachte Desiderat der Versöhnung von Subjekt und Objekt erfährt in der neuen Philosophiegeschichte divergierende Formen der Erfüllung. Die idealistische Variante hat die Versöhnung bereits vollzogen; allerdings ist diese radikale Versöhnung eine scheinhafte, da sich Versöhnung als Totalität des Negativen, die sich durchs permanente Opfer vollzieht, nur schwerlich unter den Versöhnungsbegriff subsumieren läßt, der ja ohne das Implikat menschlichen Glücks seines kritischen Sinngehalts und damit seiner Berechtigung überhaupt verlustig geht. Der marxistische Begriff von Versöhnung erfüllt sich in der klassenlosen Gesellschaft, im gleichen Glück für alle. Die kritische Theorie endlich bietet keine Lösung an im formelhaften Sinne; Versöhnung wird vielmehr möglich nur durch den Prozeß negativer Dialektik hindurch. Die Kritik oder die Negativität werden verstanden als Medium zur Versöhnung, in welchem der Vorrang des Objekts sich durchsetzt ohne Rekurs auf eine Abbildtheorie und ohne ideologische Resignation vor dem Gedanken der kosmologischen Kontingenz. In der kritischen Theorie ist kein Gedanke ohne den Wunsch nach Versöhnung »denkbar«. Wie Horkheimer vom »Interesse an vernünftigen Zuständen«[32], so spricht

---

Technik und Wissenschaft als ›Ideologie‹ [1968], in: Jürgen Habermas, Technik und Wissenschaft als ›Ideologie‹, Frankfurt a. M. 1968 [edition suhrkamp; 287], S. 48–101; hier: S. 62)

31 »Statt Natur als Gegen*stand* möglicher technischer Verfügung zu behandeln, können wir ihr als Gegen*spieler* einer möglichen Interaktion begegnen. Statt der ausgebeuteten Natur können wir die brüderliche suchen. Auf der Ebene einer noch unvollständigen Intersubjektivität können wir Tieren und Pflanzen, selbst den Steinen, Subjektivität zumuten und mit Natur *kommunizieren*, statt sie, unter Abbruch der Kommunikation, bloß zu *bearbeiten*. Und eine eigentümliche Anziehungskraft, um das mindeste zu sagen, hat jene Idee behalten, daß eine noch gefesselte Subjektivität der Natur nicht wird entbunden werden können, bevor nicht die Kommunikation der Menschen untereinander von Herrschaft frei ist. Erst wenn die Menschen zwanglos kommunizierten und jeder sich im anderen erkennen könnte, könnte womöglich die Menschengattung Natur als ein anderes Subjekt – nicht, wie der Idealismus wollte, sie als ihr Anderes, sondern sich als das Andere dieses Subjektes – erkennen.« (Ebd., S. 57)

32 »Die Selbsterkenntnis des Menschen in der Gegenwart ist [...] nicht die mathematische Naturwissenschaft, die als ewiger Logos erscheint, sondern die vom Interesse an vernünftigen Zuständen durchherrschte kritische Theorie der bestehenden Gesellschaft.« (Horkheimer, Traditionelle und kritische Theorie, a.a.O. [s. Anm. 25], S. 254; vgl. HGS, Bd. 4, S. 172)

Habermas hier vom »erkenntnisleitenden Interesse«[33], welches Dialektik vor Sinnlosigkeit und positivistischer Resignation bewahrt: »In der Kraft der Selbstreflexion sind Erkenntnis und Interesse eins« (Erkenntnis und Interesse)[34]. Und selbst bei einem Denker wie Kafka, der das Gewordene streng als unbekanntes, ewig verschuldendes Gesetz ansieht, erscheint Auswegslosigkeit nicht absolut, sondern als brüchige: »Die Lichtquelle, welche die Schründe der Welt als höllisch aufglühen läßt, ist die optimale« (Adorno, Prismen: Aufzeichnungen zu Kafka).[35]

---

33 Vgl. den Abschnitt »VI.«, in: Jürgen Habermas, Erkenntnis und Interesse [1965], in: Habermas, Technik und Wissenschaft als ›Ideologie‹, a. a. O. (s. Anm. 30), S. 146–168; hier: S.159–164.
34 »In der Selbstreflexion gelangt eine Erkenntnis um der Erkenntnis willen mit dem Interesse an Mündigkeit zur Deckung. Das emanzipatorische Erkenntnisinteresse zielt auf den Vollzug der Reflexion als solchen. [...] *In der Kraft der Selbstreflexion sind Erkenntnis und Interesse eins.*« (Ebd., S. 164)
35 GS, Bd. 10·1, S. 284.

478 Bettina von Thümen,
3. Juli 1969

Hauptseminar Professor Adorno
Protokoll vom 3. 7. 1969   Bettina von Thümen

Ist jegliches Zugeständnis von Inkommensurabilität der Ontologie verdächtig? Ist das Nichtidentische, das im Begriff nicht aufgeht, zugleich das Heideggersche absolut Andere,[36] jenseits von Subjekt und Objekt, das als Sphäre sui generis der Dichotomie von Subjekt und Objekt sich zu entziehen sucht?

Unter solchem Begriff von Sein, der nur als unbestimmt Schwebender sich erhalten kann, läßt sich nichts Bestimmtes mehr denken. Während es so sinnlos wird, überhaupt von ihm zu reden, wohnt dem Kantischen Ding an sich als einem dem Subjekt Transzendenten ein Ontisches inne[37]. Zwar ist es im Grunde nur denknotwendige Konsequenz der Erscheinung, die aus Etwas heraus erscheinen muß – das doch vom Nichts sich kaum unterscheidet; in dessen Unbestimmbarkeit aber ist Raum gelassen für ein Nichtidentisches. Bei Kant setzt sich ein Vorrang des Objekts durch. Er will die Objektivität retten, indem er sie subjektiv begründet.

Darin, daß es Kant zwar möglich ist, vom Ding an sich zu sprechen, unmöglich aber, inhaltliche Bestimmungen von ihm zu geben, erscheint ein geschichtlich Wahres: der Verlust der Erfahrung des Besonderen. Der nachfolgende Idealismus verblendet sich gegen diese Erfahrung mit der Hypostase des all-

---

36 Der Ausdruck vom ›absolut Anderen‹ findet sich bei Levinas; etwa, wenn es heißt: »Das absolut Andere ist *der* Andere. Er bildet keine Mehrzahl mit mir. Die Gemeinsamkeit, in der ich ›Du‹ oder ›Wir‹ sage, ist nicht ein Plural von ›Ich‹. Ich, Du sind nicht Individuen eines gemeinsamen Begriffs. An den Anderen bindet mich weder der Besitz noch die Einheit der Zahl noch auch die Einheit des Begriffs. Es ist das Fehlen eines gemeinsamen Vaterlandes, das aus dem Anderen den Fremden macht, den Fremden, der das Bei-mir-zu-Hause stört. Aber Fremder, das bedeutet auch der Freie. Über ihn vermag mein Vermögen nichts.« (Emmanuel Lévinas, Totalität und Unendlichkeit. Versuch über die Exteriorität [1961], übers. von Wolfgang Nikolaus Krewani, München 1987, S. 44) Bei Heidegger wiederum liest man Aussagen wie: »Das ›Sein bei‹ der Welt, in dem noch näher auszulegenden Sinne des Aufgehens in der Welt, ist ein im In-Sein fundiertes Existenzial. Weil es diesen Analysen um das *Sehen* einer ursprünglichen Seinsstruktur des Daseins geht, deren phänomenalem Gehalt gemäß die Seinsbegriffe artikuliert werden müssen, und weil diese Struktur durch die überkommenen ontologischen Kategorien grundsätzlich nicht faßbar ist, soll auch dieses ›Sein bei‹ noch näher gebracht werden. Wir wählen wieder den Weg der Abhebung gegen ein ontologisch wesenhaft anderes – d. h. kategoriales Seinsverhältnis, das wir sprachlich mit denselben Mitteln ausdrücken.« (Martin Heidegger, Sein und Zeit [1927], 9. Aufl., Tübingen 1960, S. 54 f.)
37 Konjiziert für: »ein«.

mächtigen Subjekts. Seinem Identitätsdenken existiert nichts Unbestimmbares; unbestimmt zu sein ist ihm bereits Bestimmung.

Diese strenge Verpflichtung auf Bestimmung, deren Notwendigkeit der Idealismus selbst zutiefst erfuhr, erfüllt sich trügerisch in der Konstruktion von Identität, die schließlich alles unter subjektive Kategorien zwingt. Solchem Zwang leistet Kant Widerstand.

Es gibt eine Konsequenz der philosophischen Reflexion, durch welche die Konsequenz selbst in Frage gestellt wird.

Wäre damit der Gedanke vom Zwang zur Identität entbunden?

Ohne Synthesis im Begriff ist Denken nicht möglich. Während es jedoch diese Synthesis zu vollziehen gezwungen ist, kann es, mit den Mitteln synthetischen Denkens, auf dessen Zwang selbst reflektieren. In einer letzten Bewegung richtet Denken sich gegen sich selbst um des Nichtidentischen Willen.

Wenn die einzige Bestimmung der Natur des Dings an sich diejenige ist, unbestimmbar zu sein, wäre damit das Ding nicht Gegenstand der Ontologie?

Die Thesis der gänzlichen Unbestimmbarkeit des Dings an sich, die Theorie des Blocks zwischen erkennendem Subjekt und wahrem Sein wird zunächst getroffen vom Einwand, daß auf Grund der Undurchdringlichkeit des Blocks das Subjekt zu einer Ontologie gerade nicht fähig ist. Vor allem aber wendet sich der Verdacht gegen den Gedanken des Blocks als philosophischer Verklärung der realen Gefangenschaft der Menschen im ihnen unwiderruflich zugeteilten Bereich, der Verdacht, »jener Block, die Schranke vorm Absoluten, sei eins mit der Not von Arbeit, welche die Menschen real im gleichen Bann hält, den Kant zur Philosophie verklärte. Die Gefangenschaft in der Immanenz, zu der er ... den Geist verdammt, ist die der Selbsterhaltung, wie sie den Menschen eine Gesellschaft auferlegt, die nichts konserviert als die Versagung, deren es schon nicht mehr bedürfte«[38][*1].

---

38 *Daß die Idee der Wahrheit dem szientifischen Ideal Hohn spricht, hätte Kant schwerlich bestritten. Aber das Mißverhältnis offenbart sich keineswegs erst im Hinblick auf den mundus intelligibilis sondern in jeder vom ungegängelten Bewußtsein vollzogenen Erkenntnis. Insofern ist der Kantische Block ein Schein, der am Geist lästert, was in den Hymnen des späten Hölderlin philosophisch der Philosophie voraus ist. Den Idealisten war das nicht fremd, aber das Offene geriet ihnen unter den gleichen Bann, der Kant zur Kontamination von Erfahrung und Wissenschaft zwang. Während manche Regung des Idealismus ins Offene wollte, verfolgte er es in Ausdehnung des Kantischen Prinzips, und die Inhalte wurden ihm unfreier noch als bei Kant. Das verleiht dessen Block wiederum sein Wahrheitsmoment: er hat der Begriffsmythologie vorgebeugt. Gegründet ist der gesellschaftliche Verdacht, jener Block, die Schranke vorm Absoluten, sei eins mit der Not von Arbeit, welche die Menschen real im gleichen Bann hält, den Kant zur Philosophie verklärte. Die Gefangenschaft in der Immanenz, zu der er, so redlich wie grausam, den Geist verdammt, ist die in der*

Im Nichtbestimmbaren des Dings an sich jedoch ist gleichzeitig das Inkommensurable enthalten, das im Begriff nicht Aufgehende, vom Gedanken Verschiedene.

Wäre der Begriff des Inkommensurablen dem Denken nicht notwendig, liefe alles auf Anamnesis, Wiedererkennen des je schon Geschauten heraus, jeder Bezug auf die Sache selbst würde unnötig. Gegenstand der Erkenntnis wäre immer nur wieder die Erkenntnis selbst. Eine jede Erkenntnis, die sich nicht eigentlich auf Erkenntnis des Inkommensurablen richtet, wäre Technik. Denken muß unnachgiebig seine Rationalität bis zu Grenzen treiben, wo die Widersprüche hervortreten. Im Inneren des Paradox selbst liegt das Nichtidentische verborgen.
Die immanente Notwendigkeit der Bestimmung des Nichtkommensurablen verweist auf das Problem der Möglichkeit seiner Bestimmung.
Ständig leidet der Begriff an Insuffizienz der Sache gegenüber, die er bestimmen will. Sein Unvermögen aber ist kein absolutes. Nicht fügt sich das Inkommensurable Denkoperationen mit Hilfe isolierter Begriffe; erschließen läßt es sich nur durch ihr Zusammentreten zur Konstellation, indem sie ihres einsamen Absolutheitsanspruches sich entäußern zugunsten des ihnen Anderen in der Sache selbst.
In der Intention, dem Inkommensurablen sein Recht werden zu lassen, treffen sich Philosophie und Kunst im Problem der Darstellung. »Philosophie ist ihre Darstellung nicht gleichgültig und äußerlich ... sondern ihrer Idee immanent. Ihr integrales Ausdrucksmoment, unbegrifflich-mimetisch, wird nur durch Darstellungen objektiviert.«[39][*2] Philosophie hat ihr Element am Begriff, Kunst als Schein ist versenkt ins Besondere. Doch konvergieren beide in ihrem Wahrheitsgehalt, der Sehnsucht, des Nichtidentischen innezuwerden. Sie stehen im genauesten Verhältnis zueinander, nie aber gehen sie ineinander über. Doch konvergieren sie auch im Innersten ihrer Form, deren fragmentarischen Charakter, der ihnen selbst die Gestalt des Inkommensurablen verleiht. »Erst Fragmente als Form der Philosophie brächten die vom Idealismus illusionär entworfenen Monaden zu dem Ihren. Sie wären Vorstellungen der als solche unvorstellbaren

---

Selbsterhaltung, wie sie den Menschen eine Gesellschaft auferlegt, die nichts konserviert als die Versagung, deren es schon nicht mehr bedürfte. (GS, Bd. 6, S. 381f.)
39 *Das Bedürfnis, Leiden beredt werden zu lassen, ist Bedingung aller Wahrheit. Denn Leiden ist Objektivität, die auf dem Subjekt lastet; was es als sein Subjektivstes erfährt, sein Ausdruck, ist objektiv vermittelt.* [Absatz] *Das mag erklären helfen, warum der Philosophie ihre Darstellung nicht gleichgültig und äußerlich ist sondern ihrer Idee immanent. Ihr integrales Ausdrucksmoment, unbegrifflich-mimetisch, wird nur durch Darstellung – die Sprache – objektiviert.* (Ebd., S. 29)

Totalität im Partikularen.«⁴⁰[*3][*4] Dies Offensein des Fragments, das jedes Festwerden in sich verhindert, die Bewegung in der Darstellung selbst verwirklicht, beläßt diese Bewegung nicht im unendlich Schwebenden, sondern hält unabdingbar daran fest, worauf sie geht: die Utopie, die Dinge bei ihrem Namen zu nennen.

Könnte nun, wenn Denken seiner Forderung nachkam, das Begrifflose aufzutun mit Begriffen, ohne es ihnen gleichzumachen,⁴¹ das Recht des Unwiederholbaren durch entschlossene Praxis zustande gebracht werden? Bleibt nicht ohne das praktische Moment das Inkommensurable in die Identität des Begriffs gezwungen?

Alles was ist, findet sich im Bann. Innerhalb des Banns aber wiederholt sich das falsche Sein der Gesellschaft im Begriff von Praxis selbst. Seine Durchbrechung allein ließe die Sache selbst zutage treten, die dem Identitätszwang entzogen wäre. Deren Erkenntnis wäre also durch Praxis und Praxis selbst durch jene wirkliche Erkenntnis vermittelt. Die Aporie: daß erst durch Befreiung vom Bann Handeln wirklich und Erkenntnis zur wahren würde, Befreiung aber der Erkenntnis und des Handelns bedarf, muß Denken als seinen innersten Widerspruch erfahren. Zur Reflexion dieser Aporie, die Teil eben jenes Banns ist, muß Theorie die äußerste Anstrengung aufbringen. Auch Erkenntnis inmitten des Banns ist fragmentarisch, verwiesen auf die Erkenntnis des Falschen, der Befreiung bedürftig. Unter dem Blick der befreiten Welt, wirklicher Erkenntnis, würde sich selbst dies Falsche noch einmal verändern. »Freilich fällt erst der erlösten Menschheit ihre Vergangenheit vollauf zu ... Erst der erlösten Menschheit ist ihre Vergangenheit in jedem ihrer Augenblicke zitierbar geworden.«⁴²[*5]

---

40 Ebd., S. 39.
41 *Ein wie immer fragwürdiges Vertrauen darauf, daß es der Philosophie doch möglich sei; daß der Begriff den Begriff, das Zurüstende und Abschneidende übersteigen und dadurch ans Begrifflose heranreichen könne, ist der Philosophie unabdingbar und damit etwas von der Naivetät, an der sie krankt. Sonst muß sie kapitulieren und mit ihr aller Geist. Nicht die einfachste Operation ließe sich denken, keine Wahrheit wäre, emphatisch wäre alles nur nichts. Was aber an Wahrheit durch die Begriffe über ihren abstrakten Umfang hinaus getroffen wird, kann keinen anderen Schauplatz haben als das von den Begriffen Unterdrückte, Mißachtete und Weggeworfene. Die Utopie der Erkenntnis wäre, das Begrifflose mit Begriffen aufzutun, ohne es ihnen gleichzumachen.* (Ebd., S. 21)
42 »Der Chronist, welcher die Ereignisse hererzählt, ohne große und kleine zu unterscheiden, trägt damit der Wahrheit Rechnung, daß nichts was sich jemals ereignet hat, für die Geschichte verloren zu geben ist. Freilich fällt erst der erlösten Menschheit ihre Vergangenheit vollauf zu. Das will sagen: erst der erlösten Menschheit ist ihre Vergangenheit in jedem ihrer Momente zitierbar geworden. Jeder ihrer gelebten Augenblicke wird zu einer citation à l'ordre du jour – welcher Tag eben der jüngste ist.« (BGS, Bd. I·2, S. 694)

Die Erfahrung der Aporie ist Movens der Kritik, das Verlangen ihrer Auflösung der Dorn, der ihr Resignation angesichts der Macht der Verstrickung verwehrt.

»Nur von innen kommt man heraus«;[43] »was jenseits wäre, erscheint nur in den Materialien und Kategorien drinnen.«[*6][44] Und doch läßt nicht von innen heraus allein sich der Immanenzzusammenhang durchbrechen. Es bedürfte des Anstoßes von außen, eines qualitativ Anderen. »Um aus ihrem Traum zu erwachen, bedarf Philosophie dessen, was ihr Bann fest hält, was in eigener Bewegung ihr nicht möglich ist, eines Anderen, Neuen«[45][*7].

Die abstrakte Realität, die das Konkrete, das allein Praxis wäre, verhindert, darf Theorie nicht nachlassen zu reflektieren. Schwer wiegen die Folgen des Versäumten in der Theorie. »Was in Hegel und Marx theoretisch unzulänglich blieb, teilte der geschichtlichen Praxis sich mit, darum ist es erneut theoretisch zu reflektieren«[*8].[46]

Die reale Allgemeinheit der Gesellschaft wiederholt den Zusammenhang notwendiger und invarianter Formen, den Kant als Bestimmung des transzendentalen Subjekts postulierte. Gerade in den Momenten seiner Invarianz und Starrheit erscheint genau jene Verdinglichung und Immergleichheit, welche un-

---

43 Dieses Wort, notiert im Juni 1969 (vgl. Theodor W. Adorno, *Graeculus (II). Notizen zu Philosophie und Gesellschaft 1943–1969*, hrsg. von Rolf Tiedemann, in: Frankfurter Adorno Blätter, 2003, H. VIII, S. 9–41; hier: S. 37), übernimmt Adorno in die *Ästhetische Theorie* [1970]: *So wenig wie in irgendeinem anderen gesellschaftlichen Bereich ist in der Kunst Arbeitsteilung bloß Sündenfall. Wo Kunst die gesellschaftlichen Zwänge reflektiert, in die sie eingespannt ist, und dadurch den Horizont von Versöhnung freilegt, ist sie Vergeistigung; diese aber setzt Trennung körperlicher und geistiger Arbeit voraus. Durch Vergeistigung allein, nicht durch verstockte Naturwüchsigkeit durchbrechen die Kunstwerke das Netz der Naturbeherrschung und bilden der Natur sich an; nur von innen kommt man heraus. Sonst wird Kunst kindisch. Auch im Geist überlebt etwas vom mimetischen Impuls, das säkularisierte Mana, das, was anrührt.* (GS, Bd. 7, S. 411)

44 *Was immer das Wort Sein an Erfahrung mit sich führen mag, ist ausdrückbar nur in Konfigurationen von Seiendem, nicht durch Allergie dagegen; sonst wird der Gehalt der Philosophie zum ärmlichen Resultat eines Subtraktionsprozesses, nicht anders als einst die Cartesianische Gewißheit des Subjekts, der denkenden Substanz. Man kann nicht hinaussehen. Was jenseits wäre, erscheint nur in den Materialien und Kategorien drinnen.* (GS, Bd. 6, S. 143)

45 *Die Enttäuschung darüber jedoch, daß gänzlich ohne Sprung, in eigener Bewegung, die Philosophie aus ihrem Traum nicht erwacht; daß sie dazu dessen bedarf, was ihr Bann fernhält, eines Anderen und Neuen – diese Enttäuschung ist keine andere als die des Kindes, das bei der Lektüre von Hauffs Märchen trauert, weil dem von seiner Mißgestalt erlösten Zwerg die Gelegenheit entgeht, dem Herzog die Pastete Souzeraine zu servieren.* (Ebd., S. 184) – Vgl. Wilhelm Hauff, Der Zwerg Nase [1826], in: Wilhelm Hauff, Sämtliche Werke in drei Bänden. Nach den Originaldrucken und Handschriften, Red.: Sibylle von Steinsdorff, Bd. 2, München, 1970, S. 112–139.

46 *Was in Hegel und Marx theoretisch unzulänglich blieb, teilte der geschichtlichen Praxis sich mit; darum ist es theoretisch erneut zu reflektieren, anstatt daß der Gedanke dem Primat von Praxis irrational sich beugte; sie selbst war ein eminent theoretischer Begriff.* (GS, Bd. 6, S. 147)

sere Welt bestimmt, während in Wahrheit dies transzendentale Subjekt ebenso geschichtlich ist wie die Gesellschaft selbst. »Ontisch vermittelt ist nicht nur das reine Ich durchs empirische, sondern das transzendentale Prinzip selber. In ihm, der allgemeinen notwendigen Tätigkeit des Geistes, birgt unabdingbar sich gesellschaftliche Arbeit«[47][*9].

In der Trennung des Unauflöslichen, des transzendentalen vom empirischen Subjekt, zeigt sich die Divergenz von Allgemeinem und Besonderem in der Gesellschaft. Sie läßt sich weder überspringen noch widerrufen.

Wäre also Praxis, die gegen die Trennung aufbegehrt, die gegen die Vorherrschaft des Allgemeinen sich richtet, ganz aufs Einzelne, aufs Subjekt gestellt?

Das Gesetz des Allgemeinen ist nicht nur Schein. Wenn Theorie die reale Gewalt des Allgemeinen erkannt hat, kann sie wohl das Besondere nicht erzeugen, aber in höchster Insistenz auf es verweisen und die Praxis schützen, daß sie nicht in der Zufälligkeit des Einzelnen sich verliert.

Abstraktion ist Wirklichkeit – das Konkrete noch gar nicht geworden. Ursprung wäre erst das Ziel.[48][*10]

[*1] Th. W. Adorno »Negative Dialektik«, 379 f.
[*2] a.a.O., 27
[*3] a.a.O., 37
[*4] vgl. Walter Benjamin, Schriften I, Suhrkamp Verlag, 1955,[49] S. 118 »Dieses (das Ausdruckslose) erst vollendet das Werk, welches es zum Stückwerk zerschlägt, zum Fragmente der wahren Welt, zum Torso eines Symbols.«[50]

---

47 *Ontisch vermittelt ist nicht bloß das reine Ich durchs empirische, das als Modell der ersten Fassung der Deduktion der reinen Verstandesbegriffe unverkennbar durchscheint, sondern das transzendentale Prinzip selber, an welchem die Philosophie ihr Erstes gegenüber dem Seienden zu besitzen glaubt. Alfred Sohn-Rethel hat zuerst darauf aufmerksam gemacht, daß in ihm, der allgemeinen und notwendigen Tätigkeit des Geistes, unabdingbar gesellschaftliche Arbeit sich birgt.* (Ebd., S. 178)
48 *In dem konservativ klingenden Satz von Karl Kraus »Ursprung ist das Ziel« äußert sich auch ein an Ort und Stelle schwerlich Gemeintes: der Begriff des Ursprungs müßte seines statischen Unwesens entäußert werden. Nicht wäre das Ziel, in den Ursprung, ins Phantasma guter Natur zurückzufinden, sondern Ursprung fiele allein dem Ziel zu, konstituierte sich erst von diesem her. Kein Ursprung außer im Leben des Ephemeren.* (Ebd., S. 158) – Jener Satz stammt aus dem Schlußteil des Gedichts »Der sterbende Mensch« (Karl Kraus, Der sterbende Mensch, in: Die Fackel, XV. Jg., 1913, H. 381–383, S. 74–76), in dem Gott zum Sterbenden spricht: »Im Dunkel gehend, wußtest du ums Licht. / Nun bist du da und siehst mir ins Gesicht. / Sahst hinter dich und suchtest meinen Garten. / Du bliebst am Ursprung. Ursprung ist das Ziel. / Du, unverloren an das Lebensspiel, / Nun mußt, mein Mensch, du länger nicht mehr warten.« (Ebd., S. 76)
49 Walter Benjamin, Schriften, hrsg. von Th[eodor] W. Adorno und Gretel Adorno, unter Mitw. von Friedrich Podszus, Frankfurt a.M. 1955, Bd. II.

[*5] Walter Benjamin, Schriften I, 1955, S. 495
[*6] [Th. W. Adorno »Negative Dialektik«,] a.a.O., 141
[*7] a.a.O., 182
[*8] a.a.O., 145
[*9] a.a.O., 176
[*10] vgl. a.a.O., S. 156[51]

---

50 »Im Ausdruckslosen erscheint die erhabne Gewalt des Wahren, wie es nach Gesetzen der moralischen Welt die Sprache der wirklichen bestimmt. Dieses nämlich zerschlägt was in allem schönen Schein als die Erbschaft des Chaos noch überdauert: die falsche, irrende Totalität – die absolute. Dieses erst vollendet das Werk, welches es zum Stückwerk zerschlägt, zum Fragmente der wahren Welt, zum Torso eines Symbols.« (BGS, Bd. I·1, S. 181)
51 Eine Notiz aus dem selben Konvolut, dem auch die Vorlagen der hier wiedergegebenen Sitzungsprotokolle entstammen, bemerkt: »Von den Sitzungen vom 17. 4., 24. 4. und 10. 7. wurden keine Protokolle angefertigt. Weitere Sitzungen fanden nicht statt.« (Archivzentrum Na 1, 906)

Personenverzeichnis

Abendroth, Wolfgang 506
Adenauer, Konrad 340
Agassi, Joseph 549
Albert, Hans 502, 513, 519, 522, 528–530, 549
Albertz, Heinrich 339
Aldouby, Zwy 450
Alger, Horatio, Jr. 278 f.
Alth, Michaela von (s. Freyhold, Michaela von)
Altwicker, Norbert 149
Anders, Günther (eigentlich Günther Stern) 77
Aristoteles 54, 106, 126 f., 129, 131, 133, 141 f., 145–147, 179, 203, 205, 472, 487 f.
Aron, Betty 404 f., 409–412, 415, 417, 425, 432 f., 436–446, 449 f., 452, 456–460
Aron, Raymond 274
Asmus, Hans-Joachim 321–324
Avenarius, Richard 394

Bachofen, Johann Jakob 180
Backhaus, Hans-Georg 236 f., 240
Bacon, Francis 48, 559
Baier, Lothar 510
Balzac, Honoré de 49
Baran, Paul A. 548
Bärmann, Michael 84–89
Bartley, William Warren, III 549
Baudelaire, Charles 464
Bauer, Jochen 269–273
Baumann, Klaus 436
Beaufort, Jean 375
Becker, Egon 434, 458–460
Becker, Henning 363–368
Beckett, Samuel 283, 476
Beethoven, Ludwig van 115
Benda, Julien 520
Bendix, Reinhard 274
Benjamin, Walter 293 f., 307, 481 f., 486, 495 f., 535, 577, 579 f.
Bergson, Henri 295

Berkeley, George 442
Bernstein, Eduard 269
Beyer, Ulrich 159
Bezzel-Dischner, Gisela 289–292
Biesalski, Lili 274–280
Birke, Peter 43–46
Böhm, Franz 236
Bluntschli, Johann Caspar 310 f.
Böhm-Bawerk, Eugen 236
Böhme, Jacob 89, 155, 160, 180
Borkenau, Franz 326
Braunstein, Dirk 20
Brecht, Bertolt 43, 326, 427, 547
Breton, André 300
Bretz, Manfred 71–76, 255–261
Brückner, Renate 502–506, 508–510, 512
Brüggemann, Heinz 493–498
Burckhardt, Jacob 51–55
Burnham, James 278, 344

Cassirer, Ernst 124 f.
Castles, Stephen 241
Celan, Paul 401
Christfreund, Roswitha 90–93
Christie, Richard 443
Cicero, Marcus Tullius 203
Clemenz, Manfred 113–117
Colli, Giorgio 156
Comte, Auguste 118, 221, 274, 313, 347, 358–362, 519
Condorcet, Marie Jean Antoine Nicolas Caritat, Marquis de 358–361
Conrad, Herbert S. 409
Cornelius, Hans 145
Croce, Benedetto 238

Dahrendorf, Ralf 210, 274, 315, 336 f., 343–347, 502, 506, 522
Darrelmann, Leo 66, 450
Darwin, Charles 61, 318
Décamps, Jacques 442
Depireux, Axel 512–516

Descartes, René 82, 119, 150, 152, 174, 196, 400, 402, 578
Dettlof, Werner 182
Dickens, Charles 49
Diels, Hermann 198, 202f.
Dilthey, Wilhelm 223, 378
Diogenes Laertios 203
Dorner, Rainer 81–83
Dühring, Eugen 232, 344
Duns Scotus, Johannes 147, 182
Durkheim, Émile 34, 309, 313, 315, 347, 359, 371, 566

Eckermann, Johann Peter 557
Eckl, Hans-Jürgen 212–217
Eells, Kenneth 348f.
Eichendorff, Joseph von 387
Eichmann, Adolf 450
Eisenhower, Dwight D. 275
Elias, Norbert 471
Empedokles 203
Engels, Friedrich 39, 50, 231–233, 258, 293, 311, 331, 344, 368, 478, 504, 527, 540, 543f., 553, 561
Englert, Ewald 208–211
Epikur 395
Erikson, Erik H. 432

Fanon, Franz 435
Feuerbach, Ludwig 228, 246, 389, 394, 398, 463, 570
Feyerabend, Paul K. 549
Fichte, Christian 356
Fichte, Johann Gottlieb 85, 91, 95, 99f., 114, 119, 148, 163, 167, 170f., 176–178, 195f., 201f., 204, 212, 304–306, 328, 356, 380, 383, 385f., 389, 392f., 396–399, 401, 566
Fichte, Johanna Dorothea 356
Ford, Henry 275, 439
Franck, Kate 409
Frank, Günther 164–168
Frenkel-Brunswik, Else 404f., 409–412, 415, 417, 425, 432f., 436–446, 449f., 452, 456–460
Freud, Anna 73, 467

Freud, Sigmund 67–69, 242, 298f., 341, 343, 370, 404, 420, 432–435, 445, 448, 451, 464–470, 472
Freyhold, Michaela von 53, 441, 457, 459f.
Friedeburg, Ludwig von 453
Friedmann, Georges 433
Fröhlich, Eckart 225–230
Fromm, Erich 432, 434, 468
Fuetscher, Lorenz 116f.

Galilei, Galileo 526
Galland, Georg 181–185
Gehlen, Arnold 66–76, 78
Geiger, Theodor 322
George, Stefan 427
Giering, Dietrich 281
Gigas, Volker 154–158
Glaß, Christel 325–327
Glatzer, Wolfgang W. 317
Goethe, Johann Wolfgang 120, 204, 206, 464, 557
Gorsen, Peter 19–25
Gracht, Hans 453
Grass, Bernd 309–315
Griese, Friedrich 262, 267
Grimm, Jacob 204
Grimm, Wilhelm 204
Guterman, Norbert 470f.

Haag, Karl Heinz 117, 388f., 398
Habermas, Jürgen 245, 322, 453, 502, 519f., 522, 524, 528f., 532–535, 540, 547f., 550, 564, 569, 571–573
Habermeier, Rainer 136–139, 202–206
Hagen, Volker von 94
Hauff, Wilhelm 578
Hebel, Johann Peter 157, 235
Heesemann, Diether 466–469
Hegel, Georg Wilhelm Friedrich 30, 36, 44, 46, 51, 57f., 78, 81–111, 113–122, 131, 134, 138–181, 183–206, 212–223, 233, 238, 246, 271, 289–294, 301, 303f., 309, 312, 328f., 331f., 352–354, 359, 361, 363–365, 367, 370, 373–375, 377–379, 385–390, 392, 394, 398, 448, 483–487, 489–498, 514, 520,

526, 532, 540, 544, 549, 552, 557, 559–566, 578
Hegemon von Thasos 488
Hegger, Leonie 262
Heidegger, Martin 138, 170, 195, 205, 296, 300, 302, 305–307, 371, 375–381, 384–386, 549, 565, 568, 574
Hengst, Martin 402
Herberger, Lothar 442
Herborth, Friedhelm 133–135
Herodot von Halikarnassos 487
Hertz Levinson, Maria 404f., 409–412, 415, 417, 425, 432f., 436–446, 449f., 452, 456–460
Hildebrand, Michael 491f.
Hildebrandt, Hans-Hagen 94–96
Hilferding, Rudolf 548
Hillgärtner, Rüdiger 109–112
Hippel, Theodor Gottlieb von, der Ältere 490
Hitler, Adolf 59, 326, 339, 408, 452
Hobbes, Thomas 69, 360
Hofmann, (?) 456
Hofmann, Klaus 129–132
Hofmann, Werner 548
Hölderlin, Friedrich 120, 177f., 180, 185, 379, 384, 575
Homer 488
Hönigswald, Richard 389
Hoof, Irmhild 378–381
Horkheimer, Max 20, 36, 74–76, 90, 104, 141, 149, 154, 164, 175, 181, 197, 221, 246, 264f., 290, 292, 296, 322, 338, 373, 402, 405f., 426, 435, 437, 449, 452, 454, 471, 502–507, 536–539, 568–570, 572
Horney, Karen 432, 468f.
Höß, Rudolf 450
Hume, David 121, 176, 538
Husserl, Edmund 148, 194, 378f., 393, 398
Huxley, Aldous 282, 284, 536f.
Hyman, Herbert H. 436f., 439, 441

Ibsen, Henrik 383
Imhoff, Hans 164, 480

Jacobi, Friedrich Heinrich 389

Jaerisch, Ursula 457, 506
Jahoda, Marie 446
Jesse, Almut 447–449
Jünger, Ernst 380
Juttka, Manfred 351–357, 536–538

Kafka, Franz 573
Kaldar, Nicolas 270
Kant, Immanuel 20–25, 31, 33, 41, 56, 81f., 84, 92, 95, 100, 107f., 110f., 115, 118, 122, 124–134, 136–139, 142f., 147, 150f., 157, 161, 165, 167f., 170–172, 175–178, 200f., 203f., 237, 274, 292, 297, 306, 360, 363f., 395–397, 399, 476, 484f., 491–493, 497, 499, 510, 552, 566f., 574f., 578
Karaberis, Aleko 423
Karasek, Peter 338–342
Kardiner, Abram 566f.
Katz, Ephraim 450
Kehnen, Peter 447
Kelpanides, Michael 559–564
Keynes, John Maynard 222, 265, 267f., 273, 550
Kierkegaard, Søren 59, 178, 184, 380, 382f.
Kiesinger, Kurt Georg 342, 517
Klages, Ludwig 300
Klee, Paul 71
Klein, Reimar 104–108
Kleophon 488
Klüsche, Angela 316–320
Knappe, Konrad 546–554
König, René 218, 241–245, 349, 533f.
Kopernikus, Nikolaus 129, 170
Kordatzki, Gundula 57–64
Kosack, Godula 241
Krahl, Hans-Jürgen 186–191, 504f., 517
Kratylos 136f., 205
Kraus, Karl 492, 579
Kraushaar, Dieter 409
Krelle, Wilhelm 253f.
Kröpp, Wolfgang 400–402
Kugelmann, Louis 368
Kurras, Karl-Heinz 338f.
Kutz, Norbert 328–332, 456–460

Lakatos, Imre 549

Landmann, Ludwig   351, 536
Lange, Oskar   262f., 267
Langley Porter, Robert   444
Lasson, Georg   85, 149, 186, 191
Le Bon, Gustave   310, 470
Lefebvre, Henri   514f.
Leibniz, Gottfried Wilhelm   58, 115, 303
Leineweber, Bernward   539, 543
Lenin, Wladimir Iljitsch   50, 246, 570
Lessing, Gotthold Ephraim   429, 475
Lévi-Strauss, Claude   382
Levinas, Emmanuel   574
Levinson, Daniel J.   404, 409–422, 425f.,
   432f., 436–446, 449f., 452, 456–460
Liberman, Jewsei Grigorjewitsch   280
Lichtenberg, Georg Christoph   397
Lichtwark, Werner   241–247
Liebl, Peter   404–408
Lipset, Seymour Martin   274, 276
Locke, John   41, 84f., 176, 538
Loeber, Heinz-Dieter   450–455
Loewy, Ronny   363f.
Löwe, Adolph   264
Löwenthal, Leo   470f.
Lücke, Theodor   264, 372
Ludwig XVIII. (König von Frankreich)   408
Lukács, Georg   51, 322, 494, 544
Lundberg, George A.   241, 244, 505f.
Lunt, Paul S.   348
Luther, Martin   39, 182, 407, 448

Mach, Ernst   394
Machiavelli, Niccolò   326
Malthus, Thomas Robert   253
Mannheim, Karl   321–323, 327
Marcuse, Herbert   226f., 281–287, 309,
   314, 322f., 351f., 365, 367, 411, 435,
   448, 463–465, 523, 544–546, 548,
   553, 568f.
Marischka, Ernst   341
Markis, Dimitrios   129f., 487, 491
Marx, Karl   34, 39, 43–52, 58, 63f., 122,
   171f., 178, 206, 214f., 219f., 222–225,
   228–240, 246, 248–271, 279, 284,
   293, 295, 309, 311–313, 327–333,
   335f., 343–347, 353–355, 359, 361–
   363, 365–368, 386, 392, 401, 404–
   406, 410, 432, 434f., 465, 467–469,
   472, 478, 504, 512f., 515f., 520, 540–
   543, 545, 548, 550, 553, 561–564, 570–
   572, 578
Marzluf, Arnulf   499f.
Maus, Heinz   442
Mauss, Marcel   566f.
Mautz, Kurt A.   221
McCarthy, Joseph   443
Meeker, Maechia   348f.
Meiner, Felix   387, 492
Merton, Robert K.   63, 243
Meyer, Thomas   571
Milde, Herwig   508–511
Mill, John Stuart   27, 32, 35
Mills, C. Wright   276, 279, 354f.
Milton, John   63f.
Mitscherlich, Alexander   470–472
Moering, Michael   412–422
Mohl, Ernst Theodor   248, 250, 261, 267f.
Moldenhauer, Bernd   293–295, 309–311,
   314
Möllmann, Margret   565–567
Montaigne, Michel de   27
Montinari, Mazzino   156
Morgan, John Pierpoint   439
Morgan, Lewis H.   344
Morrow, William   404f., 409–412, 415, 417,
   425, 432f., 436–446, 449f., 452, 456–
   460
Müller, Gerd   517–524
Müller, Max   381, 568f.
Müller, Volker   382–387
Murphy, Gardner   420
Murphy, Lois Barclay   420
Mussolini, Benito   326

Napoleon I. (Napoléon Bonaparte)   408
Napoleon III. (Louis Napoléon Bonaparte)
   332
Newcomb, Theodore Mead   420
Nietzsche, Friedrich   73–75, 104, 106, 118,
   131, 138, 156, 160f., 172, 180, 183, 376,
   452, 481, 486, 497, 520
Nikochares   488

O'Brien, Steven   275

Ockham, Wilhelm von 182
Oehler, Christoph 453
Oesterlin, Maja 568–573
Ohnesorg, Benno 338 f.
Osmer, Diedrich 442
Oßwald, Wiltrud 409–411

Pahlavi, Mohammad Reza 338
Pareto, Vilfredo 75, 246, 293, 325–327
Parmenides von Elea 109 f., 136, 157, 198 f., 202 f.
Parow, Eduard 27–31
Parsons, Talcott 219, 274, 277, 279, 284, 315, 432, 530–533
Pascal, Blaise 400 f.
Paul, Jean 383
Pauson 488
Peer, (?) 339
Pelzer, Regina 192–196
Pesel, Helga 101–103, 169–174, 296–300
Petrarca, Francesco 27, 314
Petrus Damiani 400
Phaidros von Myrrhinous 136
Philoxenos von Kythera 488
Pilot, Harald 502, 519, 522
Pindar 384
Platon 53, 92, 105, 127, 129–134, 136 f., 146, 157, 178 f., 202 f., 205, 222, 245, 375, 377, 483, 488, 491, 549
Plessner, Helmuth 92
Pohrt, Wolfgang 461 f.
Polygnotos 488
Popper, Karl Raimund 241, 244–246, 286, 302 f., 502, 517–527, 529 f., 533, 538, 549, 551 f.
Portmann, Adolf 66, 70
Preus, Otmar 27, 29 f.
Pross, Helge 278
Proust, Marcel 73

Racine, Jean 464
Rauter, I. 442
Reich, Wilhelm 463
Reiche, Reimut 517
Reichelt, Helmut 231, 233
Reinhardt, Karl 110
Reinhold, Karl Leonhard 86–88, 304

Reinicke, Helmut 388–399
Reintko, Olga-Maria 423–428
Reni, Guido 205
Renner, Karl 344
Reuther, Werner 358
Reynolds, Quentin 450
Ricardo, David 27, 32–34, 237, 248 f.
Riechmann, Udo 301–304
Riesche, Irmgard 447
Ritter, Joachim 159 f.
Robespierre, Maximilien de 39, 41
Robinson, Joan 248, 269–273
Rödel, Ulrich 225, 227, 269, 271, 463
Röhm, Ernst 452
Roosevelt, Franklin D. 443
Rorschach, Hermann 442
Rossbach, Udo 532–535
Roth, C. Rainer 231–235
Rousseau, Jean-Jacques 41
Ruge, Rainer 432–435, 470–472
Rupp, Gerhard 502–507

Sachs, Jörg 436–446
Sadrozinski, Renate 429–431
Saint-Simon, Claude-Henri de Rouvroy de 40, 48, 118, 260, 274
Sanford, R. Nevitt 404 f., 409–413, 415, 417, 425, 432 f., 436–446, 449 f., 452, 456–460
Sartre, Jean-Paul 305–307, 514 f.
Sauter, Edgar 281–287
Schacht, Konrad 343–350
Schachtschabel, Hans-Georg 349
Schäfer, (?) 263
Schäffle, Albert Eberhard Friedrich 57, 61–63
Schafmeister, Peter 241, 246
Scheler, Max 73, 138, 379, 569
Schelling, Friedrich Wilhelm Joseph 100, 102, 118 f., 148, 158, 174 f., 177–180, 182–185, 237, 304, 379, 383, 385, 464
Schelsky, Helmut 76–79, 218, 349, 509 f., 512
Scheuch, Erwin K. 208, 505
Schiller, Friedrich 475, 482
Schinke, Hans 539–545
Schiwy, Günther 149–153

Schlechta, Karl 156
Schlichting, Manfred 97–100
Schlick, Moritz 394, 504
Schlüpmann, Heide 197–201
Schmidt, Alfred 44, 46, 48f., 73, 75, 222, 229, 233f., 238–240, 269, 398, 562
Schmidt, Friedrich W. 177, 182, 556–558
Schmidt, M. 536
Schnädelbach, Herbert 212, 216–218, 223, 267
Schneider, Hannelore 333–337
Schneider, Sigrid 47–52
Schönberg, Karl 351
Schopenhauer, Arthur 69, 130, 153, 356, 475f., 565
Schöpping, Wolfgang 175–180
Schreck, Manfred 373–377
Schröder, Horst 74, 338f.
Schultz, Minka 343
Schumpeter, Joseph 236
Schwab, Herbert 32–37
Sedlmayer, Walter 348
Seifert, Monika 445
Shakespeare, William 27, 56, 314, 426
Shapiro, Jeremy J. 51, 118–122
Sheatsley, Paul B. 436f., 439, 441
Sheridan, Thomas 383
Shils, Edward A. 442f.
Siebel, Walter 43, 47, 50
Siegert, Michael 528
Silbermann, Alphons 266
Simmel, Georg 453, 506, 534
Sittenfeld, Hans 442
Smelser, Neil J. 277
Smith, Adam 27–35, 248, 272, 384, 430
Sohn-Rethel, Alfred 579
Sokrates 136, 521
Sombart, Werner 356
Spann, Othmar 57–61, 63f.
Spencer, Herbert 274, 316–320, 323, 359
Spengler, Oswald 72, 424
Spinner, Hartmut F. 549
Spinoza, Baruch de 137, 173–178, 363
Sprecher, Thomas 28, 460
Srole, Leo 348
Stamer, Gerhard 124–128, 474–479
Stegmüller, Wolfgang 395, 398

Steiger, Horst 53–56
Stein, Lorenz von 351–357
Sterne, Laurence 490
Stirner, Max 221
Stracke, Elmar 528–531
Strohbach, Christian 236–240, 480–486
Sullivan, Harry Stack 432, 468
Sweezy, Paul M. 548
Swift, Jonathan 383

Teschner, Manfred 75f., 79, 211, 221–223, 228f., 235, 246, 272, 279, 338, 340f.
Thielen, Friedrich 433
Thielen, Hans-Helmut 38–42
Thomas von Aquin 147, 181f.
Thomssen, Wilke 75, 78
Thorndike, Edward 245
Thümen, Bettina von 370–372, 574–580
Thyssen, Stefanie 129
Tibi, Bassam 321
Tiedemann, Rolf 5
Timaios von Lokroi 202, 485
Timotheos von Milet 488
Tjaden, Karl Hermann 461
Tolstoi, Lew Nikolajewitsch 464
Topitsch, Ernst 567
Trabant, Jürgen 139
Trendelenburg, Adolf 238

Valéry, Paul 73, 302, 424
Veblen, Thorstein 274, 350, 354, 463
Vico, Giambattista 326
Vinnai, Gerhard 77–79
Vogel, Ulrich 517
Voltaire (eigentlich François-Marie Arouet) 62
Vorländer, Karl 182

Warner, W. Lloyd 348–350
Weber, Max 58, 72f., 276f., 279, 309f., 316, 344, 529
Wegeleben, Gunter 71, 77
Weiss, Peter 476
Weisser, Gerhard 243
Wellmer, Albert 521
Weltz, Friedrich 453
Wiese, Leopold von 242

Wiggershaus, Rolf   305–307, 358–362,
    487–490, 525–527
Willms, Bernard   524
Wilson, Charles Erwin   275
Wittgenstein, Ludwig   146, 516
Wohlfarth, Irving   296–300
Wolff, Christian   60, 205

Wolff, Frank   328
Wysocki, Gisela von   141–148

Xenophanes von Kolophon   110, 521

Zenon von Elea   136, 203
Zilch, Hubert J.   65–70, 218–224
Zimpel, Gisela   57, 248–254

Gesamt-Personenverzeichnis der Bände 1–4

Abendroth, Wolfgang **Bd. 4:** 506
Achminow, German Feofilowitsch **Bd. 1:** 534
Adam, Heribert **Bd. 2:** 638–640, 642–645; **Bd. 3:** 489
Adenauer, Konrad **Bd. 3:** 105, 114; **Bd. 4:** 340
Adler, Wolfgang **Bd. 1:** 247; **Bd. 2:** 568–571
Adorno, Gretel **Bd. 1:** 343, 358; **Bd. 2:** 409
Agassi, Joseph **Bd. 4:** 549
Agop, Rolf **Bd. 3:** 241
Ahlborn, Bodo **Bd. 2:** 601–605
Ahlers, Conrad **Bd. 3:** 494
Ahlwardt, Hermann **Bd. 1:** 562
Aischylos **Bd. 3:** 57
Albert, Hans **Bd. 4:** 502, 513, 519, 522, 528–530, 549
Albertz, Heinrich **Bd. 4:** 339
Albrecht, (?) **Bd. 1:** 51–53
Aldouby, Zwy **Bd. 4:** 450
Alger, Horatio, Jr. **Bd. 4:** 278 f.
Allport, Gordon W. **Bd. 1:** 375
Altenstein, Karl Siegmund Franz vom Stein zum **Bd. 2:** 161
Alth, Michaela von (s. Freyhold, Michaela von)
Althaus, Axel **Bd. 3:** 488, 573, 591–594
Altwicker, Norbert **Bd. 3:** 620; **Bd. 4:** 149
Amend, Volker **Bd. 2:** 158–162
Anaximander **Bd. 1:** 258 f.; **Bd. 2:** 212; **Bd. 3:** 176
Anders, Günther (eigentlich Günther Stern) **Bd. 1:** 340, 546; **Bd. 4:** 77
Anderson, Sherwood **Bd. 1:** 332
Angell, Robert Cooley **Bd. 1:** 358
Angelus Silesius (eigentlich Johannes Scheffler) **Bd. 2:** 553, 560, 588
Anselm von Canterbury **Bd. 1:** 520 f.; **Bd. 2:** 471
Antonius, Marcus **Bd. 3:** 665
Apelles **Bd. 3:** 394
Apelt, Ernst Friedrich **Bd. 1:** 122
Aristophanes **Bd. 1:** 224

Aristoteles **Bd. 1:** VII, 46, 60, 96, 135 f., 309, 369–371, 491, 515, 540; **Bd. 2:** 28, 31 f., 39, 81, 186, 192, 196 f., 201, 284, 291, 317, 360, 447, 466 f., 478, 511, 514, 522, 587, 594, 597 f.; **Bd. 3:** 163, 310, 636, 664; **Bd. 4:** 54, 106, 126 f., 129, 131, 133, 141 f., 145–147, 179, 203, 205, 472, 487 f.
Armbruster, Ludwig **Bd. 2:** 196
Arnim, Bettine von **Bd. 1:** 490; **Bd. 3:** 480, 691
Aron, Betty **Bd. 1:** 347, 364, 418; **Bd. 2:** 393–397, 402, 422; **Bd. 3:** 79–81, 85, 91, 554; **Bd. 4:** 404 f., 409–412, 415, 417, 425, 432 f., 436–446, 449 f., 452, 456–460
Aron, Raymond **Bd. 4:** 274
Asmus, Hans-Joachim **Bd. 4:** 321–324
Äsop **Bd. 1:** 137
Augstein, Rudolf **Bd. 3:** 494
Augustinus von Hippo **Bd. 1:** 520; **Bd. 2:** 549, 590 f.; **Bd. 3:** 207, 419
Avenarius, Richard **Bd. 4:** 394
Axmann, Max **Bd. 3:** 101

Baader, Franz von **Bd. 2:** 548, 586
Bach, Johann Sebastian **Bd. 1:** 577; **Bd. 2:** 243; **Bd. 3:** 198, 206, 215, 218, 241, 247
Bachmann, Ingeborg **Bd. 3:** 250
Bachofen, Johann Jakob **Bd. 3:** 636; **Bd. 4:** 180
Backhaus, Hans-Georg **Bd. 3:** 359, 361; **Bd. 4:** 236 f., 240
Bacon, Francis **Bd. 1:** 451, 478, 531; **Bd. 2:** 259, 494, 631; **Bd. 3:** 436–441, 449 f.; **Bd. 4:** 48, 559
Bahl, Franz **Bd. 1:** 70–72, 76–78
Bahrdt, Hans Paul **Bd. 2:** 623; **Bd. 3:** 478
Baier, Lothar **Bd. 4:** 510
Balser, Ewald **Bd. 3:** 200

Balzac, Honoré de **Bd. 1:** 544, 547;
Bd. 2: 238, 241–243, 249–255, 334,
622; **Bd. 3:** 314; **Bd. 4:** 49
Balzter, Edgar **Bd. 3:** 445–450, 642–647
Baran, Paul A. **Bd. 4:** 548
Barbarossa (s. Friedrich I.)
Barck, Klaus **Bd. 3:** 405–409, 576–579
Bärmann, Michael **Bd. 4:** 84–89
Bartels, Siegfried **Bd. 2:** 489; **Bd. 3:** 24,
163–165
Bartholomäi, Reinhart Chr. **Bd. 2:** 144–147
Bartley, William Warren, III **Bd. 4:** 549
Bartók, Béla **Bd. 3:** 217, 251
Barton, Allan H. **Bd. 3:** 73f., 79
Baudelaire, Charles **Bd. 2:** 231f., 234, 250,
260; **Bd. 3:** 593; **Bd. 4:** 464
Bauer, Bruno **Bd. 3:** 385
Bauer, Jochen **Bd. 4:** 269–273
Baum, Vicki (eigentlich Hedwig Baum)
Bd. 1: VIII, 546
Baumann, Klaus **Bd. 4:** 436
Baumann, Rüdeger **Bd. 3:** 317–323
Bazard, Amand **Bd. 2:** 331
Beaufort, Jean **Bd. 4:** 375
Beaumarchais, Pierre-Augustin Caron de
Bd. 3: 207
Beccaria, Cesare **Bd. 1:** 144
Becher, Johann Joachim **Bd. 2:** 548
Beck, Fritz **Bd. 1:** 358
Becker, (?) **Bd. 2:** 362
Becker, Egon **Bd. 1:** 331, 343; **Bd. 3:** 492;
Bd. 4: 434, 458–460
Becker, Hellmut **Bd. 2:** 618–629
Becker, Henning **Bd. 4:** 363–368
Becker, Werner **Bd. 2:** 331–316, 383, 385,
440, 443, 471, 558, 561, 563, 569, 572f.
Becker-Schmidt, Regina **Bd. 1:** VII;
Bd. 2: 405–412; **Bd. 3:** 89, 97, 228–
232, 532, 670f.
Beckett, Samuel **Bd. 2:** 252; **Bd. 3:** 224,
231, 408; **Bd. 4:** 283, 476
Beethoven, Ludwig van **Bd. 1:** 55f., 163,
291, 487, 543; **Bd. 2:** 242, 280f., 462,
614; **Bd. 3:** 208–210, 218f., 223, 241,
247, 257–260; **Bd. 4:** 115
Behncke, Claus **Bd. 1:** 280–283, 498–501;
Bd. 2: 590–594; **Bd. 3:** 548

Bekker, Paul **Bd. 3:** 260
Bell, Daniel **Bd. 1:** 555
Benda, Julien **Bd. 4:** 520
Bendix, Reinhard **Bd. 4:** 274
Benecke, Brigitte **Bd. 3:** 20–23
Benjamin, Walter **Bd. 1:** 4, 575; **Bd. 2:** 45,
101, 231–234, 236f., 260, 337, 540,
614; **Bd. 3:** 123, 246; **Bd. 4:** 293f., 307,
481f., 486, 495f., 535, 577, 579f.
Benn, Gottfried **Bd. 2:** 235; **Bd. 3:** 552
Berelson, Bernard **Bd. 1:** 348; **Bd. 2:** 92;
Bd. 3: 66
Berg, Alban **Bd. 1:** 2; **Bd. 3:** 200, 241, 251f.
Bergmann, Joachim **Bd. 1:** 470–473;
Bd. 2: 143
Bergson, Henri **Bd. 1:** X, 107, 287, 412f.,
474, 501; **Bd. 2:** 41f., 74, 490, 507, 514,
574, 579; **Bd. 3:** 268, 297f., 344–354,
356, 395, 680; **Bd. 4:** 295
Berkeley, George **Bd. 1:** 364; **Bd. 2:** 166,
422; **Bd. 3:** 20–22, 513; **Bd. 4:** 442
Berle, Adolf A. **Bd. 3:** 482
Berlioz, Hector **Bd. 3:** 249
Berndt-Schröter, (?) **Bd. 3:** 531–534
Bernoulli, Jakob **Bd. 2:** 95
Bernstein, Eduard **Bd. 2:** 58, 60, 69f., 73;
Bd. 3: 492; **Bd. 4:** 269
Bertram, Ernst **Bd. 1:** 287
Berz, Hildegard **Bd. 1:** 468
Besseler, Heinrich **Bd. 3:** 234
Bettelheim, Bruno **Bd. 1:** 329, 339f., 345f.,
348f., 351, 357
Beuter, Gerhard **Bd. 1:** 218, 221, 410
Beyer, Helmuth **Bd. 1:** 358
Beyer, Ulrich **Bd. 3:** 217–220, 540–543,
580–584; **Bd. 4:** 159
Bezzel-Dischner, Gisela **Bd. 4:** 289–292
Biesalski, Lili **Bd. 4:** 274–280
Billerbeck, Rudolf **Bd. 2:** 64–72; **Bd. 3:** 251
Birke, Peter **Bd. 4:** 43–46
Bismarck, Otto von **Bd. 1:** 213f., 562;
Bd. 2: 655; **Bd. 3:** 94f.
Blacher, Boris **Bd. 3:** 241
Blasche, Siegfried **Bd. 3:** 43, 50
Blaukopf, Kurt **Bd. 3:** 245, 247–252
Bloch, Ernst **Bd. 2:** 26, 83, 484, 552;
Bd. 3: 353, 686

Blumenstock, Konrad **Bd. 3:** 183–189, 305–307
Blunck, Hans Friedrich **Bd. 1:** 548
Bluntschli, Johann Caspar **Bd. 4:** 310 f.
Bobka, Nico **Bd. 1:** VI, 1, 3
Boccaccio, Giovanni **Bd. 2:** 631
Bochow, Peter **Bd. 2:** 373–378, 572–577
Bockelbeßmann, Mechthild **Bd. 1:** 490–493
Bogardus, Emory S. **Bd. 1:** 253, 345
Böhm, Franz **Bd. 4:** 236
Böhm-Bawerk, Eugen **Bd. 4:** 236
Böhme, Jacob **Bd. 2:** 539, 548, 551, 553, 588 f., 598; **Bd. 4:** 89, 155, 160, 180
Böhmer, Auguste **Bd. 2:** 626
Bohr, Niels **Bd. 2:** 205
Bollnow, Otto Friedrich **Bd. 2:** 610
Bolzano, Bernard **Bd. 2:** 507
Bonaventura da Bagnoregio (eigentlich Giovanni di Fidanza) **Bd. 3:** 305
Borgmeier, Klaus **Bd. 1:** 536–539; **Bd. 2:** 83, 153
Borkenau, Franz **Bd. 4:** 326
Börne, Ludwig **Bd. 3:** 185
Borries, Hans-Joachim **Bd. 1:** 407, 474–478, 555–558
Boswell, James **Bd. 2:** 128
Bottenberg, Ursula **Bd. 1:** 436–440; **Bd. 2:** 144
Boulainvilliers, Henri de **Bd. 1:** 559, 564
Brahms, Johannes **Bd. 3:** 208, 251, 258
Brandt, Gerhard **Bd. 1:** 417–422, 563, 573 f.; **Bd. 2:** 52, 54–56, 59–61, 64 f., 84, 87, 89, 124, 127, 142, 256, 268; **Bd. 3:** 528 f.
Braun, Otto **Bd. 3:** 187
Braun, Siegfried **Bd. 1:** 98–100
Braunstein, Dirk **Bd. 1:** VI, 1, 3, 5; **Bd. 4:** 20
Brecht, Bertolt **Bd. 1:** 340, 546, 573 f.; **Bd. 2:** 273 f., 433, 650; **Bd. 3:** 179, 228; **Bd. 4:** 43, 326, 427, 547
Brede, Werner **Bd. 3:** 550–554, 630–632
Brentano, Franz **Bd. 1:** 94, 98, 527 f.; **Bd. 2:** 28 f., 30–35, 37, 39–41, 217
Brentano, Lujo **Bd. 1:** 243
Breton, André **Bd. 4:** 300

Bretz, Manfred **Bd. 3:** 623–629; **Bd. 4:** 71–76, 255–261
Breuning, Stephan von **Bd. 3:** 209
Bridgman, Percy Williams **Bd. 1:** 417
Brinkmann, Carl **Bd. 2:** 88
Brockmann, Jürgen **Bd. 3:** 359
Broglie, Louis de **Bd. 2:** 200
Brown, John **Bd. 2:** 626
Bruckner, Anton **Bd. 3:** 219, 241, 251
Brückner, Gisela **Bd. 2:** 171–175
Brückner, Renate **Bd. 4:** 502–506, 508–510, 512
Brüggemann, Heinz **Bd. 4:** 493–498
Brühl, Heinrich von **Bd. 2:** 281
Brunner, Otto **Bd. 1:** 537
Bruno, Giordano **Bd. 2:** 598
Brunswig, Alfred **Bd. 1:** 65
Buber, Martin **Bd. 2:** 541
Bucharin, Nikolai Iwanowitsch **Bd. 2:** 271
Bücher, Karl **Bd. 2:** 89
Bühler, Karl **Bd. 2:** 101
Bülow, (?) **Bd. 2:** 353–356
Bulthaup, Peter **Bd. 2:** 204 f., 384
Burali-Forti, Cesare **Bd. 1:** 45
Burbach, Gisela **Bd. 3:** 92, 118–121, 486
Burckhardt, Jacob **Bd. 3:** 634; **Bd. 4:** 51–55
Buridan, Johannes **Bd. 2:** 602
Burnham, James **Bd. 2:** 87; **Bd. 4:** 278, 344
Busse, Ludwig **Bd. 2:** 490, 545

Cage, John **Bd. 2:** 277
Calderón de la Barca, Pedro **Bd. 2:** 598
Calvin, Johannes **Bd. 1:** 75
Carle, Hans **Bd. 2:** 86–90
Carlin, (?) **Bd. 1:** 383, 385
Carnap, Rudolf **Bd. 1:** 189
Carus, Karl Gustav **Bd. 1:** 124
Cassirer, Ernst **Bd. 3:** 141; **Bd. 4:** 124 f.
Castles, Stephen **Bd. 4:** 241
Cebulla, Claus **Bd. 2:** 530–535; **Bd. 3:** 159–163
Celan, Paul **Bd. 4:** 401
Céline, Louis-Ferdinand **Bd. 2:** 235
Cervantes, Miguel de **Bd. 1:** 267; **Bd. 2:** 255
Chamberlain, Houston Stewart **Bd. 1:** 560 f.
Chempolil Koshy, Elizabeth **Bd. 3:** 662–667

Cherubini, Luigi   Bd. 3: 210
Chopin, Fréderic   Bd. 2: 241; Bd. 3: 208
Christfreund, Roswitha   Bd. 4: 90–93
Christie, Agatha   Bd. 1: X, 545
Christie, Richard   Bd. 4: 443
Chruschtschow, Nikita Sergejewitsch
   Bd. 2: 427
Cicero, Marcus Tullius   Bd. 1: 309;
   Bd. 4: 203
Cladel, Léon   Bd. 2: 232
Clarke, Samuel   Bd. 2: 348
Claussen, Detlev   Bd. 3: 548
Clemenz, Manfred   Bd. 3: 480–485, 520–
   523, 623; Bd. 4: 113–117
Cocteau, Jean   Bd. 3: 107
Codrington, Robert Henry   Bd. 1: 473
Cohen, Hermann   Bd. 2: 570
Colli, Giorgio   Bd. 4: 156
Comte, Auguste   Bd. 1: 217, 240, 379, 405,
   407; Bd. 2: 249, 330f., 444, 479, 487,
   490, 513; Bd. 3: 326, 329, 333, 340,
   344, 361, 531f., 672f.; Bd. 4: 118, 221,
   274, 313, 347, 358–362, 519
Condillac, Étienne Bonnot de   Bd. 1: 540
Condorcet, Marie Jean Antoine Nicolas
   Caritat, Marquis de   Bd. 1: 76–78;
   Bd. 2: 654f.; Bd. 4: 358–361
Conrad, Herbert S.   Bd. 4: 409
Coolidge, Calvin   Bd. 3: 93
Cornehl, (?)   Bd. 1: 161
Corneille, Pierre   Bd. 2: 243
Cornelius, Hans   Bd. 2: 37; Bd. 4: 145
Coughlin, Charles   Bd. 3: 100
Courths-Mahler, Hedwig   Bd. 1: 546f.
Cramer, Erich   Bd. 2: 277–282, 625
Cramer, Fokko   Bd. 2: 125; Bd. 3: 206–208
Cramer, Wolfgang   Bd. 1: 45f., 48
Croce, Benedetto   Bd. 1: 178, 182f., 185;
   Bd. 2: 307; Bd. 3: 679; Bd. 4: 238
Crossmann, Richard H. S.   Bd. 3: 363
Curtius, Ernst Robert   Bd. 2: 231; Bd. 3: 489
Curtius, Marcus   Bd. 2: 231

Dahmer, Helmut   Bd. 3: 544–549
Dahms, Hellmuth Günther   Bd. 3: 103
Dahrendorf, Ralf   Bd. 2: 639; Bd. 3: 313,
   452–454, 524, 532–534, 540–543;
   Bd. 4: 210, 274, 315, 336f., 343–347,
   502, 506, 522
Damm, Helmut   Bd. 2: 191–194
Dankemeyer, Iris   Bd. 1: 10
Dannay, Frederic   Bd. 1: 544
Darrelmann, Leo   Bd. 4: 66, 450
Darwin, Charles   Bd. 1: 484, 559; Bd. 2: 88,
   422; Bd. 3: 54, 278, 466, 468; Bd. 4: 61,
   318
Debussy, Claude   Bd. 2: 243; Bd. 3: 213, 219
Décamps, Jacques   Bd. 1: 345, 358;
   Bd. 4: 442
Dehio, Georg   Bd. 2: 266
Deininger, Dieter   Bd. 1: 211–215;
   Bd. 2: 28f., 32
Deininger, Ursula   Bd. 2: 95–97
Demirović, Alex   Bd. 1: 5f.
Demokrit von Abdera   Bd. 1: 469;
   Bd. 2: 165; Bd. 3: 294
Dempf, Alois   Bd. 1: 537
Denney, Reuel   Bd. 3: 482
Depireux, Axel   Bd. 4: 512–516
Derrik, Leo   Bd. 3: 430–434
Descartes, René   Bd. 1: 176, 206, 297, 318,
   402, 407, 505; Bd. 2: 41, 103, 114f., 155,
   158, 165f., 198, 285f., 522, 579, 590,
   631; Bd. 3: 20–22, 58, 160, 174, 189,
   436, 449, 475, 510; Bd. 4: 82, 119, 150,
   152, 174, 196, 400, 402, 578
Desselberger, Ulrich   Bd. 2: 109–113
Destutt de Tracy, Antoine Louis Claude
   Bd. 1: 122, 451, 540
Dettlof, Werner   Bd. 4: 182
Dettmar, Karl   Bd. 1: 433–435
Deussen, Paul   Bd. 1: 66
Dewey, John   Bd. 2: 24; Bd. 3: 255, 390
Dickens, Charles   Bd. 4: 49
Diderot, Denis   Bd. 1: 68; Bd. 2: 243
Dieckmann, Jo   Bd. 1: 429–432
Diels, Hermann   Bd. 1: 191, 204, 253, 326;
   Bd. 2: 34, 177, 212; Bd. 3: 23;
   Bd. 4: 198, 202f.
Dilcher, Liselotte   Bd. 1: 441–444, 482–
   485
Dilthey, Wilhelm   Bd. 1: 206, 242, 290;
   Bd. 2: 490, 511, 515, 545; Bd. 3: 368f.;
   Bd. 4: 223, 378

Dimenstein, Horst   **Bd. 1:** 324–328
Diogenes Laertios   **Bd. 4:** 203
Diogenes von Sinope   **Bd. 2:** 637
Dirks, Walter   **Bd. 1:** 343
Dobb, Maurice   **Bd. 2:** 66
Doermer (oder Dörmer), (?)   **Bd. 2:** 62, 84
Döll, Klaus   **Bd. 3:** 80–85, 213–216
Dolls, Margot   **Bd. 3:** 202–205
Don Carlos   **Bd. 3:** 200, 209
Donath, Andreas   **Bd. 1:** 250 f.
Donso Cortés, Juan   **Bd. 2:** 406
Dorner, Rainer   **Bd. 4:** 81–83
Dowling, Walter C.   **Bd. 3:** 93
Drake, Eberhard   **Bd. 3:** 221–224
Driesch, Hans   **Bd. 1:** 106; **Bd. 2:** 201 f.
Dubiel, Helmut   **Bd. 1:** 481, 557; **Bd. 3:** 87
Dühring, Eugen   **Bd. 1:** 262 f.; **Bd. 2:** 80, 86 f., 131; **Bd. 3:** 36, 312; **Bd. 4:** 232, 344
Duncker, Carl Friedrich Wilhelm   **Bd. 1:** 67
Dunkmann, Karl   **Bd. 1:** 444
Duns Scotus, Johannes   **Bd. 2:** 522; **Bd. 4:** 147, 182
Dürer, Albrecht   **Bd. 2:** 278
Durkheim, Émile   **Bd. 1:** VII, X, 405–435, 440–446, 448, 472–476, 479; **Bd. 2:** 43, 46, 211, 507, 510–516, 523; **Bd. 3:** 331 f., 334–340, 347–349, 351–354, 449, 471, 479, 487, 540, 551 f., 626 f., 631, 643; **Bd. 4:** 34, 309, 313, 315, 347, 359, 371, 566
Durkheim, Moïse   **Bd. 3:** 352
Dvořák, Antonín   **Bd. 3:** 213, 241
Dyck, Anthonis van   **Bd. 2:** 241; **Bd. 3:** 208

Ebbinghaus, Julius   **Bd. 2:** 485
Eberhard, Johann August   **Bd. 3:** 419
Eckardt, Heinz   **Bd. 1:** 256–260; **Bd. 2:** 214–219, 347 f., 350, 493, 507, 512
Eckermann, Johann Peter   **Bd. 2:** 604; **Bd. 4:** 557
Eckhart von Hochheim   **Bd. 1:** 560; **Bd. 2:** 588
Eckl, Hans-Jürgen   **Bd. 4:** 212–217
Eddington, Arthur S.   **Bd. 1:** 97
Eells, Kenneth   **Bd. 4:** 348 f.
Eggert, (?)   **Bd. 1:** 405

Ehrhardt, Hans-Heinrich   **Bd. 1:** 565–570; **Bd. 2:** 83, 127, 145, 148–153, 269–272, 651–653
Eichendorff, Joseph von   **Bd. 4:** 387
Eichmann, Adolf   **Bd. 3:** 101 f., 106; **Bd. 4:** 450
Eigenson, Moris Semjonowitsch   **Bd. 1:** 96
Einstein, Albert   **Bd. 1:** 99; **Bd. 2:** 496; **Bd. 3:** 95, 120
Eisenhower, Dwight D.   **Bd. 3:** 93; **Bd. 4:** 275
Eisler, Hanns   **Bd. 1:** 340, 546; **Bd. 3:** 76
Elias, Norbert   **Bd. 4:** 471
Empedokles   **Bd. 2:** 570; **Bd. 4:** 203
Engel, Hans   **Bd. 3:** 233–239, 241–244
Engelmann, Hans Ulrich   **Bd. 2:** 518–521, 653–657
Engels, Friedrich   **Bd. 1:** 456 f., 460–462, 523; **Bd. 2:** 60, 71, 80, 82, 86–88, 131, 330 f., 334–336, 503 f.; **Bd. 3:** 36, 49, 56, 59, 62, 312, 330, 342 f., 453, 457 f., 491, 533, 607, 657, 671, 695; **Bd. 4:** 39, 50, 231–233, 258, 293, 311, 331, 344, 368, 478, 504, 527, 540, 543 f., 553, 561
Englert, Ewald   **Bd. 4:** 208–211
Epicharmos   **Bd. 1:** 253
Epiktet   **Bd. 3:** 143
Epikur   **Bd. 1:** 469; **Bd. 2:** 310; **Bd. 3:** 144; **Bd. 4:** 395
Erdmann, Benno   **Bd. 2:** 490, 545
Erikson, Erik H.   **Bd. 4:** 432
Ernst, Paul   **Bd. 2:** 271
Esra   **Bd. 1:** 568
Eucken, Walter   **Bd. 2:** 88–90
Euklid von Alexandria   **Bd. 1:** 66; **Bd. 2:** 262
Eulenberg, Herbert   **Bd. 1:** 547
Eymann, Dietlinde   **Bd. 1:** 48 f.

Faden, Hannelore   **Bd. 1:** 85–88
Falckenberg, Richard   **Bd. 2:** 490, 545
Fanon, Franz   **Bd. 4:** 435
Faßbender, Erich   **Bd. 1:** 379–382
Fecher, Hans   **Bd. 2:** 91, 95–97
Fechner, Gustav Theodor   **Bd. 2:** 96
Feidel-Mertz, Hildegard   **Bd. 2:** 648, 650
Fein, (?)   **Bd. 2:** 43
Felsenstein, Walter   **Bd. 3:** 209
Fessenkow, Wassili Grigorjewitsch   **Bd. 1:** 97

Fetscher, Iring **Bd. 1:** 7
Feuerbach, Ludwig **Bd. 1:** 131, 455f., 460–464; **Bd. 2:** 119, 225, 461; **Bd. 3:** 40, 62, 181f., 185, 303, 355, 437, 558f., 577, 582, 590, 593, 607; **Bd. 4:** 228, 246, 389, 394, 398, 463, 570
Fey, Gerti **Bd. 3:** 650–661
Feyerabend, Paul K. **Bd. 4:** 549
Fichte, Christian **Bd. 4:** 356
Fichte, Immanuel Hermann **Bd. 1:** 403
Fichte, Johann Gottlieb **Bd. 1:** X, 43f., 72, 79, 93, 122, 301, 307, 322, 389–403, 507, 529; **Bd. 2:** 26, 108, 115, 159–161, 218, 302f., 321, 397, 426–429, 448, 455, 463, 484, 531f., 534, 537, 543, 549f., 558, 561f., 568–570, 572, 574, 587, 598, 636; **Bd. 3:** 27f., 31, 48f., 53, 133, 147, 155, 163, 178, 180, 183f., 191f., 194, 196, 264, 269, 289, 307, 368–372, 374–378, 380–385, 398f., 413, 419f., 422f., 518, 574, 580, 598; **Bd. 4:** 85, 91, 95, 99f., 114, 119, 148, 163, 167, 170f., 176–178, 195f., 201f., 204, 212, 304–306, 328, 356, 380, 383, 385f., 389, 392f., 396–399, 401, 566
Fichte, Johanna Dorothea **Bd. 4:** 356
Fielding, Henry **Bd. 2:** 256; **Bd. 3:** 631
Fijalkowski, Jürgen **Bd. 3:** 553f.
Fischer von Erlach, Johann Bernhard **Bd. 2:** 243
Fischer, Dietrich **Bd. 3:** 459–464
Fischer, Helga **Bd. 3:** 359–366
Fischer, Karl Anton **Bd. 3:** 239
Flaubert, Gustave **Bd. 2:** 250, 253, 256f., 273
Fleck, Christian **Bd. 3:** 563
Flüs, Günther **Bd. 1:** 358
Ford, Henry **Bd. 4:** 275, 439
Forkel, Johann Nikolaus **Bd. 3:** 247
Fourier, Charles **Bd. 3:** 342
France, Anatole **Bd. 2:** 483f.; **Bd. 3:** 686
Franck, Kate **Bd. 4:** 409
Frank, Günther **Bd. 4:** 164–168
Frank, Karl Hermann **Bd. 3:** 407
Frank, Philipp **Bd. 1:** 189
Franke, Helmut **Bd. 3:** 112
Franklin, Benjamin **Bd. 1:** 235; **Bd. 2:** 128

Frans Hals **Bd. 3:** 249
Franz von Sickingen **Bd. 3:** 264
Frazier, E. Franklin **Bd. 3:** 75
Freedman, Paul **Bd. 1:** 358
Frenkel-Brunswik, Else **Bd. 1:** 347, 364, 418; **Bd. 2:** 393–397, 402, 422; **Bd. 3:** 79–81, 83, 85, 91, 554; **Bd. 4:** 404f., 409–412, 415, 417, 425, 432f., 436–446, 449f., 452, 456–460
Freud, Anna **Bd. 2:** 234, 645; **Bd. 3:** 657; **Bd. 4:** 73, 467
Freud, Sigmund **Bd. 1:** 222, 261, 263f., 345, 375, 385, 437, 439, 443, 448f., 481; **Bd. 2:** 214–221, 250, 510, 613, 621, 626, 635; **Bd. 3:** 66, 75, 80, 82, 87, 94, 96, 205, 230, 348, 356, 471, 486–488, 536f., 547, 553, 641, 646, 676; **Bd. 4:** 67–69, 242, 298f., 341, 343, 370, 404, 420, 432–435, 445, 448, 451, 464–470, 472
Frey, Gerhard **Bd. 3:** 97f.
Freyer, Hans **Bd. 3:** 478, 554
Freyhold, Klaus von **Bd. 3:** 340
Freyhold, Michaela von **Bd. 2:** 500–506; **Bd. 3:** 80f., 85, 313, 520, 527, 531f., 668; **Bd. 4:** 53, 441, 457, 459f.
Frick, Willi **Bd. 1:** 392–394
Fricke, Heidi **Bd. 2:** 493–499
Friedeburg, Ludwig von **Bd. 1:** 10, 331f., 343, 347, 358, 386, 569; **Bd. 2:** 145f., 407f., 418, 425, 435f., 622f., 640, 642, 645, 652; **Bd. 3:** 64, 79, 83f., 243; **Bd. 4:** 453
Friedländer, Walter **Bd. 1:** 54–58
Friedmann, Georges **Bd. 4:** 433
Friedrich I. (Kaiser des römisch-deutschen Reichs) **Bd. 3:** 104
Friedrich II. (Preußischer König) **Bd. 2:** 281
Friedrich, Hannes **Bd. 3:** 436
Fries, Jakob Friedrich **Bd. 1:** 122; **Bd. 2:** 239
Frisch, Max **Bd. 3:** 407
Frobenius, Leo **Bd. 2:** 267
Fröhlich, Eckart **Bd. 4:** 225–230
Fromm, Erich **Bd. 3:** 75f., 670; **Bd. 4:** 432, 434, 468
Fuetscher, Lorenz **Bd. 4:** 116f.
Füg, Heinz **Bd. 3:** 392–397, 585–590

Fulda, Hans Friedrich **Bd. 1:** VII, 236–241, 346–349, 351f., 373–378, 433
Funk, Karlheinz **Bd. 2:** 317f., 381, 447–451, 601
Funke, Rainer **Bd. 3:** 310–315
Furtwängler, Wilhelm **Bd. 3:** 226

Gäbe, Lüdger **Bd. 3:** 405, 547
Gabelentz, Hans von der **Bd. 1:** 548
Gadamer, Hans-Georg **Bd. 1:** 2
Gainsborough, Thomas **Bd. 3:** 208
Galbraith, John Kenneth **Bd. 3:** 321–325, 481–483
Galilei, Galileo **Bd. 4:** 526
Gall, Ernst **Bd. 2:** 266
Gall, Franz Joseph **Bd. 3:** 147
Galland, Georg **Bd. 4:** 181–185
Ganghofer, Ludwig **Bd. 1:** 557
Gans, David ben Šelomo **Bd. 1:** 568
Gassmann, Florian Leopold **Bd. 3:** 236
Gaudet, Hazel **Bd. 1:** 348; **Bd. 2:** 92
Gaudigs, Joachim **Bd. 2:** 196–200
Gauß, Carl Friedrich **Bd. 1:** 45
Gautier, Théophile **Bd. 2:** 232
Gehlen, Arnold **Bd. 2:** 148–153; **Bd. 3:** 534, 551; **Bd. 4:** 66–76, 78
Geiger, Theodor **Bd. 3:** 440; **Bd. 4:** 322
Gelb, Adhémar **Bd. 2:** 33, 36, 101
Gelhard, Maischa **Bd. 1:** VI
George, Stefan **Bd. 1:** 214, 233; **Bd. 2:** 232–234, 616; **Bd. 4:** 427
Gershwin, George **Bd. 3:** 241
Geyer, (?) **Bd. 1:** 189–196; **Bd. 2:** 136, 139f.
Giegel, Hans-Joachim **Bd. 3:** 571–575
Giegel, Volker **Bd. 3:** 591, 597
Giering, Dietrich **Bd. 4:** 281
Gigas, Volker **Bd. 4:** 154–158
Giolitti, Giovanni **Bd. 1:** 477
Glagau, Otto **Bd. 1:** 562
Glasebock, Willy **Bd. 3:** 99
Glaser, Horst Albert **Bd. 2:** 344
Glaß, Christel **Bd. 4:** 325–327
Glaß, Christian **Bd. 3:** 324–328, 494–496
Glatzer, Wolfgang W. **Bd. 4:** 317
Glazer, Nathan **Bd. 3:** 482
Globig, Eckart **Bd. 1:** 383

Glockner, Hermann **Bd. 2:** 297, 347, 351; **Bd. 3:** 131, 133, 135, 137f., 167, 401f., 404, 614
Gobineau, Arthur de **Bd. 1:** 559f., 564
Gock, Johanna Christiana **Bd. 3:** 24f.
Goebbels, Joseph **Bd. 1:** 376f.; **Bd. 3:** 100, 106, 121, 640
Goethe, Johann Wolfgang **Bd. 1:** 5, 68, 289, 292; **Bd. 2:** 161, 188, 281, 408, 534, 557f., 595, 597f., 603–605, 607f., 636; **Bd. 3:** 44f., 161, 191, 257, 303, 383, 419; **Bd. 4:** 120, 204, 206, 464, 557
Goetzke, Herbert **Bd. 1:** 101, 104, 109
Goode, William J. **Bd. 3:** 553
Göring, Hermann **Bd. 3:** 97, 107
Görres, Joseph **Bd. 2:** 161
Gorsen, Peter **Bd. 1:** VII, 395–403; **Bd. 2:** 34, 36f., 297; **Bd. 4:** 19–25
Gossen, Hermann Heinrich **Bd. 2:** 95
Götte, Elisabeth **Bd. 1:** 89–92
Gracht, Hans **Bd. 4:** 453
Grass, Bernd **Bd. 4:** 309–315
Grenfell, Russell **Bd. 3:** 102
Griese, Friedrich **Bd. 4:** 262, 267
Grimm, Hans **Bd. 1:** 548
Grimm, Jacob **Bd. 4:** 204
Grimm, Wilhelm **Bd. 4:** 204
Groethuysen, Bernhard **Bd. 1:** 537
Groppler, Burkart **Bd. 1:** 269
Grossmann, Henryk **Bd. 1:** 154; **Bd. 2:** 69–72, 336; **Bd. 3:** 555
Groth, Sepp **Bd. 1:** 434
Grün, Karl **Bd. 2:** 330f.
Guercino (eigentlich Giovanni Francesco Barbieri) **Bd. 2:** 281
Guggenheimer, Walter Maria **Bd. 2:** 242
Gumplowicz, Ludwig **Bd. 1:** 444; **Bd. 2:** 513
Günteroth, Walter **Bd. 3:** 633
Günther, Albrecht Erich **Bd. 3:** 112
Gurewitsch, Lew Emmanuilowitsch **Bd. 1:** 96
Gürster, Eugen **Bd. 1:** 141
Gurvitch, Georges **Bd. 2:** 227; **Bd. 3:** 254
Guterman, Norbert **Bd. 1:** 481, 557; **Bd. 3:** 87; **Bd. 4:** 470f.
Gutfleisch, Wolfgang **Bd. 3:** 380–384
Guttman, Louis **Bd. 1:** 346f.; **Bd. 3:** 79

Haag, Karl Heinz **Bd. 1:** 49, 304, 515; **Bd. 2:** 183f., 186f., 189, 191–193, 204, 217, 224, 358–360, 365, 379, 383f., 470; **Bd. 3:** 139, 163; **Bd. 4:** 117, 388f., 398

Habermas, Jürgen **Bd. 1:** VII, 468, 482, 537f., 548f., 574, 578; **Bd. 2:** 68, 70, 87, 90, 97, 146, 148f., 151f., 262, 267, 275, 397, 488, 540, 542, 548, 554, 624f.; **Bd. 3:** 534; **Bd. 4:** 245, 322, 453, 502, 519f., 522, 524, 528f., 532–535, 540, 547f., 550, 564, 569, 571–573

Habermeier, Rainer **Bd. 4:** 136–139, 202–206

Hacker, Friedrich **Bd. 1:** 3
Hacker, Volker **Bd. 3:** 674–676
Haenisch, (?) **Bd. 3:** 465
Hagen, Volker von **Bd. 1:** 343, 358; **Bd. 4:** 94
Hahn, Hans **Bd. 1:** 189
Halévy, Daniel **Bd. 1:** 474
Hallwachs, Wilhelm **Bd. 1:** V
Hamann, Johann Georg **Bd. 3:** 418
Hamelin, Octave **Bd. 2:** 46
Händel, Georg Friedrich **Bd. 3:** 219, 241f.
Hänel, Gisela **Bd. 3:** 86
Hanf-Dressler, Elke **Bd. 2:** 417–424
Harding, Warren G. **Bd. 3:** 93
Häring, Dieter **Bd. 3:** 552, 554
Harmuth, Erich **Bd. 1:** 472; **Bd. 2:** 81, 125, 223–228
Hartmann, Karl Amadeus **Bd. 3:** 241
Hartmann, Nicolai **Bd. 2:** 537
Haselberg, Peter von **Bd. 1:** 358
Hauff, Wilhelm **Bd. 4:** 578
Hausenstein, Wilhelm **Bd. 2:** 259
Hauser, Arnold **Bd. 2:** 237–243, 245–247, 250, 258–262, 264–268
Haydn, Joseph **Bd. 3:** 207, 213, 236, 241
Hayek, Friedrich August von **Bd. 2:** 88
Hays, William Harrison **Bd. 1:** 546
Hebbel, Friedrich **Bd. 2:** 271, 438
Hebel, Johann Peter **Bd. 2:** 60; **Bd. 3:** 306f., 582; **Bd. 4:** 157, 235
Heckscher, Eli F. **Bd. 2:** 89
Heesemann, Diether **Bd. 4:** 466–469

Hegel, Georg Wilhelm Friedrich **Bd. 1:** V, 7f., 11, 32, 38f., 41f., 44, 51–69, 71, 77f., 80f., 117–146, 149–154, 157–159, 161–174, 176–179, 182f., 185–187, 192, 197–200, 202f., 225, 237, 240, 252, 258, 285, 290, 296–298, 300–328, 335–337, 348, 351, 354f., 361, 398f., 411, 414, 441, 444, 452, 454–456, 459–462, 464, 468, 500, 502, 515, 522, 526, 529, 531f., 575, 577; **Bd. 2:** 23f., 26f., 35, 37, 44f., 61, 66, 69, 81, 90, 101–105, 112, 116–118, 121, 155f., 158–169, 171–179, 181–189, 191–194, 197, 202, 204, 214, 217f., 223f., 239, 251, 274, 284–295, 297f., 300–311, 314–323, 328, 330, 335f., 339, 344–360, 362–368, 370–387, 389f., 401, 440–463, 466–475, 481–483, 490–492, 494–499, 501–505, 510, 525, 528f., 538, 543–547, 549–551, 553–555, 557f., 561f., 564, 566–576, 578, 580–582, 596, 598, 601, 608, 625, 632–634, 637; **Bd. 3:** 28, 32–47, 49–51, 53, 55, 58, 62, 123–144, 146–148, 150f., 153–158, 160–175, 177–196, 201, 230, 233, 246, 255f., 258, 262–281, 283, 285–293, 295–299, 301–307, 312, 314, 318f., 347, 359–362, 364–366, 368–371, 373–375, 378–434, 456, 462, 489, 494, 506f., 511, 516, 528, 540, 552, 557, 563f., 567–589, 591–605, 607–611, 613–615, 617, 619–621, 627, 633, 656, 673, 678f.; **Bd. 4:** 30, 36, 44, 46, 51, 57f., 78, 81–111, 113–122, 131, 134, 138–181, 183–206, 212–223, 233, 238, 246, 271, 289–294, 301, 303f., 309, 312, 328f., 331f., 352–354, 359, 361, 363–365, 367, 370, 373–375, 377–379, 385–390, 392, 394, 398, 448, 483–487, 489–498, 514, 520, 526, 532, 540, 544, 549, 552, 557, 559–566, 578

Hegemon von Thasos **Bd. 4:** 488
Hegger, Leonie **Bd. 4:** 262
Heidegger, Martin **Bd. 1:** V, 11, 39, 94, 124, 291, 402, 457, 527–529; **Bd. 2:** 21f., 32f., 182, 290, 306, 355, 357, 359, 481, 507, 552, 574, 579f., 597; **Bd. 3:** 382,

386, 415, 419f., 424, 580, 593;
Bd. 4: 138, 170, 195, 205, 296, 300, 302, 305–307, 371, 375–381, 384–386, 549, 565, 568, 574
Heifetz, Jascha **Bd. 3:** 226
Heine, Heinrich **Bd. 1:** 306f., 568; **Bd. 3:** 185
Heinz, Friedrich Wilhelm **Bd. 3:** 112
Heisenberg, Werner **Bd. 2:** 199f., 205, 207f.; **Bd. 3:** 140
Helmert, Horst **Bd. 1:** 242–245
Helvétius, Claude-Adrien **Bd. 1:** 451; **Bd. 3:** 441f., 444–448, 489
Hemingway, Ernest **Bd. 1:** 332
Hengst, Martin **Bd. 4:** 402
Henning, Leopold von **Bd. 2:** 347
Henze, Hans Werner **Bd. 3:** 250, 252
Hepp, Günther **Bd. 1:** 445f.; **Bd. 2:** 230–236
Heraklit von Ephesos **Bd. 1:** 191, 258, 369; **Bd. 2:** 177, 307; **Bd. 3:** 176
Herbart, Johann Friedrich **Bd. 1:** 398
Herberger, Lothar **Bd. 1:** 343, 345, 358; **Bd. 4:** 442
Herborth, Friedhelm **Bd. 3:** 600–603; **Bd. 4:** 133–135
Herder, Johann Gottfried **Bd. 1:** 79–83, 568; **Bd. 2:** 632, 636; **Bd. 3:** 419
Herding, Richard **Bd. 3:** 436–444, 544
Herkommer, Sebastian **Bd. 1:** 550–554; **Bd. 2:** 249–257, 658; **Bd. 3:** 671f.
Hermann, Klaus **Bd. 2:** 609–611
Herodot von Halikarnassos **Bd. 3:** 489; **Bd. 4:** 487
Hertz Levinson, Maria **Bd. 1:** 347, 364, 418; **Bd. 2:** 393–397, 402, 422; **Bd. 3:** 79–81, 85, 91, 554; **Bd. 4:** 404f., 409–412, 415, 417, 425, 432f., 436–446, 449f., 452, 456–460
Herzer, Ludwig **Bd. 3:** 203
Herzog, Christine **Bd. 2:** 350–352
Herzog, Herta **Bd. 1:** 551; **Bd. 3:** 81, 83f., 121
Hess, Moses **Bd. 1:** 460
Heuer, Bernhard **Bd. 3:** 417–423
Heydrich, Reinhard **Bd. 3:** 407
Hielscher, Friedrich **Bd. 3:** 112

Hietala, Marjatta **Bd. 3:** 112
Hildebrand, Michael **Bd. 4:** 491f.
Hildebrandt, Hans-Hagen **Bd. 4:** 94–96
Hilferding, Rudolf **Bd. 2:** 66; **Bd. 4:** 548
Hilleke, Hubert **Bd. 2:** 540–546
Hillgärtner, Rüdiger **Bd. 4:** 109–112
Hindemith, Paul **Bd. 3:** 241
Hippel, Theodor Gottlieb von, der Ältere **Bd. 3:** 419; **Bd. 4:** 490
Hitler, Adolf **Bd. 1:** 250, 477, 481, 546, 548, 558, 562, 572; **Bd. 2:** 74, 83f., 394, 401, 412, 429, 431; **Bd. 3:** 70, 93–95, 97, 100f., 110–112, 481, 639f., 642, 649, 672f., 682; **Bd. 4:** 59, 326, 339, 408, 452
Hobbes, Thomas **Bd. 2:** 187f., 654; **Bd. 3:** 441, 473f., 479, 533; **Bd. 4:** 69, 360
Hobson, Wilder **Bd. 3:** 74
Hochhuth, Rolf **Bd. 3:** 643
Hochleitner, Erna **Bd. 1:** 376f.; **Bd. 2:** 129–135
Hoffmann, Ernst Theodor Amadeus **Bd. 2:** 231
Hoffmeister, Johannes **Bd. 2:** 102; **Bd. 3:** 164, 171, 187, 434, 614
Hofmann, (?) **Bd. 4:** 456
Hofmann, Klaus **Bd. 2:** 553–560; **Bd. 4:** 129–132
Hofmann, Werner **Bd. 4:** 548
Hofmannsthal, Hugo von **Bd. 2:** 405; **Bd. 3:** 247
Höger, Armin **Bd. 1:** 343
Holbach, Paul Thiry d' **Bd. 3:** 441–448, 450
Hölderlin, Friedrich **Bd. 2:** 159, 281, 570; **Bd. 3:** 24f., 369, 420, 439f., 606; **Bd. 4:** 120, 177f., 180, 185, 379, 384, 575
Holler, Wolfgang **Bd. 3:** 633–638
Holz, Hans Heinz **Bd. 1:** 93–98
Holzinger, Rudolf **Bd. 1:** 358
Homer **Bd. 1:** 569; **Bd. 2:** 245; **Bd. 3:** 193f., 394; **Bd. 4:** 488
Honegger, Arthur **Bd. 3:** 241
Honigsheim, Paul **Bd. 3:** 254
Hönigswald, Richard **Bd. 4:** 389
Hoof, Irmhild **Bd. 4:** 378–381

Hoover, Herbert **Bd. 3:** 93
Horaz (Quintus Horatius Flaccus) **Bd. 1:** 256
Horkheimer, Max **Bd. 1:** V, VII f., 2 f., 5–7, 65–69, 100, 104, 137, 141, 143, 157, 176, 187, 192, 197, 200, 202, 211, 216 f., 220, 227–229, 234, 252 f., 259, 275, 284, 300 f., 303 f., 320, 324, 329, 340, 352, 358, 392, 443 f., 446, 458, 463, 480, 499–503, 528, 533, 537, 543 f., 546, 549, 552, 554, 571, 573; **Bd. 2:** 33, 35 f., 44, 47, 103 f., 121, 126 f., 129–135, 155, 171, 173, 200, 204–206, 213, 284, 344, 357–360, 363 f., 370, 372–375, 381, 383, 385, 409, 442, 444, 451–453, 458, 461 f., 464, 468 f., 477 f., 530, 536; **Bd. 3:** 30, 36 f., 43, 45, 49, 56, 100 f., 153, 166, 172–175, 193 f., 256, 277, 301, 412, 437, 460, 500, 521, 532 f., 535, 538, 544 f., 549–551, 560–564, 633, 636, 673, 675, 687–689; **Bd. 4:** 20, 36, 74–76, 90, 104, 141, 149, 154, 164, 175, 181, 197, 221, 246, 264 f., 290, 292, 296, 322, 338, 373, 402, 405 f., 426, 435, 437, 449, 452, 454, 471, 502–507, 536–539, 568–570, 572
Horn, Klaus **Bd. 2:** 49–51, 237–244, 338–342, 393–398, 477–480, 607 f., 645; **Bd. 3:** 64 f., 96, 198–201, 315
Horney, Karen **Bd. 4:** 432, 468 f.
Horowitz, Vladimir **Bd. 3:** 226
Höß, Rudolf **Bd. 4:** 450
Hoyer, Benjamin Carl Henrik **Bd. 2:** 582
Huch, Kurt Jürgen **Bd. 2:** 451–453, 551, 554 f.; **Bd. 3:** 38–42, 125, 134
Hugo, Victor **Bd. 2:** 232, 250
Hull, Cordell **Bd. 3:** 92
Humboldt, Wilhelm von **Bd. 2:** 161, 607 f., 624, 632; **Bd. 3:** 160
Hume, David **Bd. 1:** 79, 100; **Bd. 2:** 155, 166, 202 f., 212 f., 215, 300, 472 f., 522; **Bd. 3:** 22, 39, 152, 607; **Bd. 4:** 121, 176, 538
Husenmüller, Franz **Bd. 1:** 211
Husserl, Edmund **Bd. 1:** VII, IX, 98, 176, 208, 211, 232 f., 277 f., 302, 527; **Bd. 2:** 20 f., 29, 32 f., 35–43, 45–47, 99–103, 106, 109, 111 f., 114–116, 119,
198 f., 202, 310, 365 f., 380, 441, 449, 460, 487, 507–510, 514 f., 574; **Bd. 3:** 128, 431, 475, 580, 627; **Bd. 4:** 148, 194, 378 f., 393, 398
Huxley, Aldous **Bd. 1:** 228, 340, 546; **Bd. 3:** 536, 547, 687; **Bd. 4:** 282, 284, 536 f.
Hyman, Herbert H. **Bd. 4:** 436 f., 439, 441

Ibsen, Henrik **Bd. 2:** 243, 274, 376; **Bd. 3:** 192; **Bd. 4:** 383
Imhoff, Hans **Bd. 4:** 164, 480
Ionesco, Eugène **Bd. 2:** 512

Jacobi, Friedrich Heinrich **Bd. 1:** 64, 79, 304; **Bd. 2:** 287; **Bd. 3:** 368, 418–420, 598; **Bd. 4:** 389
Jaenicke, Heinz Dieter **Bd. 3:** 689–697
Jaerisch, Ursula **Bd. 2:** 437; **Bd. 3:** 470, 673 f., 678; **Bd. 4:** 457, 506
Jahnke, Jens **Bd. 3:** 639–641, 648 f.
Jahoda, Marie **Bd. 4:** 446
Jakob, J. **Bd. 3:** 225–227
Jaspers, Karl **Bd. 1:** 203, 220; **Bd. 2:** 162; **Bd. 3:** 687
Jericho, (?) **Bd. 3:** 50–52
Jerusalem, Johann Friedrich Wilhelm **Bd. 3:** 419
Jesse, Almut **Bd. 4:** 447–449
Jevons, William Stanley **Bd. 2:** 95
Johnson, Samuel **Bd. 2:** 128
Jordan, Pascual **Bd. 1:** 189 f.
Jost, Heinrich **Bd. 3:** 272–276, 414–416, 555
Jung, Carl Gustav **Bd. 2:** 219
Jung, Helga **Bd. 3:** 176–182
Jung, Herta **Bd. 1:** 465–467
Jünger, Ernst **Bd. 3:** 112; **Bd. 4:** 380
Jünger, Friedrich Georg **Bd. 3:** 112
Junghölter, Gisela **Bd. 3:** 337–343
Jüres, Ernst August **Bd. 2:** 623; **Bd. 3:** 478
Juttka, Manfred **Bd. 4:** 351–357, 536–538
Juvenal (eigentlich Decimus Iunius Iuvenalis) **Bd. 2:** 232

Kafka, Franz **Bd. 1:** 279; **Bd. 2:** 269, 271; **Bd. 3:** 343; **Bd. 4:** 573

Kaiser, Christian **Bd. 1:** 343
Kaiser, Horst Helmut **Bd. 1:** 357, 486–489; **Bd. 2:** 73–76
Kaldar, Nicolas **Bd. 4:** 270
Kant, Immanuel **Bd. 1:** 3, 32–34, 36 f., 39–44, 47–49, 62, 65, 76, 78 f., 82 f., 85–87, 89 f., 92–96, 98–115, 119 f., 126 f., 142, 144, 149–153, 161–163, 171–174, 200, 206, 211 f., 220, 244, 250 f., 257, 266–271, 286, 288–290, 293, 296, 298, 300–303, 305–307, 315, 321 f., 324, 328, 392 f., 395, 398–400, 414, 498–504, 506–523, 525 f., 578; **Bd. 2:** 24, 31, 33, 36 f., 44, 46, 99 f., 106–111, 115 f., 120, 150, 155 f., 159 f., 166, 177, 180, 185, 187 f., 192, 197, 200–203, 205, 208, 210, 212 f., 216, 218, 221, 223, 285, 298–300, 304 f., 311, 313–318, 320–322, 352 f., 355–359, 370, 376, 379–382, 385 f., 389, 445–451, 454–457, 459–461, 465, 467, 469 f., 472–475, 481–493, 511, 514 f., 518, 522 f., 531, 533 f., 537, 541 f., 545, 550, 555, 558, 561–563, 569 f., 573, 581 f., 586 f., 595 f., 599, 603, 608, 635 f.; **Bd. 3:** 22, 24–32, 35 f., 38–42, 47 f., 53, 125, 127, 129, 132 f., 135–137, 139–142, 145–147, 151–153, 155 f., 158, 160, 163, 173 f., 177 f., 183 f., 190, 192 f., 196, 257 f., 262 f., 267, 270–272, 274–276, 278, 281–292, 297–299, 301 f., 305–307, 312, 334 f., 365, 368–382, 384, 387, 390, 395, 398, 404, 410–412, 417–420, 427, 430, 432–434, 436, 439, 446, 500–518, 544–546, 563, 567–571, 574, 581, 583 f., 587, 589, 595 f., 598 f., 603, 605, 607, 609, 620 f., 626, 678; **Bd. 4:** 20–25, 31, 33, 41, 56, 81 f., 84, 92, 95, 100, 107 f., 110 f., 115, 118, 122, 124–134, 136–139, 142 f., 147, 150 f., 157, 161, 165, 167 f., 170–172, 175–178, 200 f., 203 f., 237, 274, 292, 297, 306, 360, 363 f., 395–397, 399, 476, 484 f., 491–493, 497, 499, 510, 552, 566 f., 574 f., 578
Kanz, Werner **Bd. 1:** 358
Karaberis, Aleko **Bd. 4:** 423
Karasek, Peter **Bd. 4:** 338–342
Kardiner, Abram **Bd. 4:** 566 f.
Karplus, Margarete (s. Adorno, Gretel)
Kasprik, Ingelore **Bd. 2:** 389
Kastil, Alfred **Bd. 2:** 40
Katz, Ephraim **Bd. 4:** 450
Kautsky, Karl **Bd. 2:** 70, 87
Kehnen, Peter **Bd. 4:** 447
Keil, Ernst **Bd. 1:** 546
Keiling, Ruth **Bd. 1:** 169 f.
Keitel, Wilhelm **Bd. 3:** 407
Keller, Gottfried **Bd. 2:** 233 f.
Keller, Harald **Bd. 2:** 266 f., 280–282
Kelpanides, Michael **Bd. 4:** 559–564
Kelsen, Hans **Bd. 2:** 210–213, 489
Kennedy, John F. **Bd. 3:** 92 f., 105, 109–113
Kesselring, Albert **Bd. 3:** 107
Kesting, Hanno **Bd. 2:** 623; **Bd. 3:** 478
Keynes, John Maynard **Bd. 2:** 136, 140 f.; **Bd. 3:** 686; **Bd. 4:** 222, 265, 267 f., 273, 550
Kierkegaard, Søren **Bd. 1:** 1, 68, 131, 220, 529, 576; **Bd. 2:** 162, 356, 364, 554, 569, 602 f.; **Bd. 3:** 51, 144, 181, 185, 385, 419, 593; **Bd. 4:** 59, 178, 184, 380, 382 f.
Kiesinger, Kurt Georg **Bd. 4:** 342, 517
Kinsky, Ferdinand **Bd. 1:** 441
Kirchheimer, Otto **Bd. 3:** 663
Kirchhoff, Gustav Robert **Bd. 1:** 189
Klages, Ludwig **Bd. 1:** 124; **Bd. 2:** 22; **Bd. 4:** 300
Klee, Paul **Bd. 4:** 71
Klein, Reimar **Bd. 4:** 104–108
Kleist, Heinrich von **Bd. 3:** 24, 190, 250
Kleopatra **Bd. 3:** 665
Kleophon **Bd. 4:** 488
Kloss, Elisabeth **Bd. 3:** 560–565
Kloss, U. **Bd. 2:** 325–328
Klüsche, Angela **Bd. 4:** 316–320
Knappe, Konrad **Bd. 4:** 546–554
Knox, Frank **Bd. 3:** 93
Koch, Alexander **Bd. 2:** 413–416, 437, 630–637
Koffka, Kurt **Bd. 2:** 101
Köhler, Wolfgang **Bd. 2:** 101
Kohlmaier, Annemarie **Bd. 2:** 536–539
Köhne, Rainer **Bd. 1:** 358

Kojève, Alexander **Bd. 3:** 580, 582, 585, 592–594, 596, 600–602, 604
Kolbenheyer, Erwin Guido **Bd. 1:** 549
Kolisch, Rudolf **Bd. 3:** 251f.
König, René **Bd. 3:** 544f., 552–555, 626; **Bd. 4:** 218, 241–245, 349, 533f.
Kopernikus, Nikolaus **Bd. 1:** 43; **Bd. 2:** 79; **Bd. 3:** 137; **Bd. 4:** 129, 170
Kopp, Bernhard **Bd. 1:** 492f., 533–535
Körber, Klaus **Bd. 3:** 456–458
Kordatzki, Gundula **Bd. 3:** 677–688; **Bd. 4:** 57–64
Kosack, Godula **Bd. 4:** 241
Kracauer, Siegfried **Bd. 2:** 646; **Bd. 3:** 68, 70f.
Krahl, Hans-Jürgen **Bd. 1:** 11; **Bd. 4:** 186–191, 504f., 517
Kramers, Hans **Bd. 1:** 553, 556
Kratylos **Bd. 1:** 369; **Bd. 4:** 136f., 205
Kraus, (?) **Bd. 1:** 64–69
Kraus, Karl **Bd. 3:** 79, 94; **Bd. 4:** 492, 579
Kraus, Oskar **Bd. 2:** 28, 32
Kraushaar, Dieter **Bd. 4:** 409
Krelle, Wilhelm **Bd. 4:** 253f.
Kretschmer, (?) **Bd. 3:** 132–138
Kriesel, Werner **Bd. 2:** 319–323, 381, 399–404, 440–444, 490, 522f., 644; **Bd. 3:** 73, 337f., 488, 532
Kröner, Alfred **Bd. 2:** 121; **Bd. 3:** 82, 479
Kroner, Richard **Bd. 3:** 125, 129, 132f., 156–158, 183
Kröpp, Wolfgang **Bd. 4:** 400–402
Krovoza, Alfred **Bd. 3:** 639, 642
Krüger, (?) **Bd. 2:** 99
Krüger, Gerhard **Bd. 1:** 176
Krüger, Hans **Bd. 3:** 679
Krüger, Heinz **Bd. 2:** 362f., 379, 384, 447f., 469
Küchler, W. **Bd. 1:** 104–108
Kugelmann, Louis **Bd. 4:** 368
Kulenkampff, Arend **Bd. 3:** 139–144, 293–300, 596
Kurras, Karl-Heinz **Bd. 4:** 338f.
Kutz, Norbert **Bd. 4:** 328–332, 456–460

Lagarde, Paul de **Bd. 1:** 560f.
Lagardelle, Hubert **Bd. 1:** 477

Lakatos, Imre **Bd. 4:** 549
Landauer, Karl **Bd. 1:** 446
Landmann, Ludwig **Bd. 4:** 351, 536
Landshut, Siegfried **Bd. 1:** 455
Lange, Oskar **Bd. 4:** 262f., 267
Langley Porter, Robert **Bd. 4:** 444
Laske, Otto-Ernst **Bd. 2:** 65, 77–85, 117–121, 136–139, 163–171, 223f., 226–228, 279, 288–296, 356
Lass, Werner **Bd. 3:** 112
Lassalle, Ferdinand **Bd. 1:** 126f.; **Bd. 2:** 75; **Bd. 3:** 54
Lasson, Georg **Bd. 1:** 64, 308; **Bd. 2:** 445, 456; **Bd. 3:** 44, 49, 151, 171, 188, 279, 304, 570; **Bd. 4:** 85, 149, 186, 191
Lasswell, Harold Dwight **Bd. 1:** 361
Laternser, Hans **Bd. 3:** 106
Lauderdale, James Maitland, Earl of **Bd. 2:** 56
Lautemann, Willi **Bd. 2:** 560–567; **Bd. 3:** 56–62, 145–151, 277–283, 369
Lazarsfeld, Paul F. **Bd. 1:** 334, 342, 347f., 555; **Bd. 2:** 92; **Bd. 3:** 73f., 79
Le Bon, Gustave **Bd. 4:** 310, 470
Lee, Manfred Bennington **Bd. 1:** 544
Leeb, Wilhelm von **Bd. 3:** 107
Lefebvre, Henri **Bd. 4:** 514f.
Lehár, Franz **Bd. 3:** 203
Lehnhardt, Christian **Bd. 3:** 648
Leibniz, Gottfried Wilhelm **Bd. 1:** VII, 79, 96, 206, 311f., 348, 395, 498–500, 503–506, 511–514, 516–519, 568; **Bd. 2:** 44, 158, 285, 348, 363, 385, 522, 590f., 595, 635; **Bd. 3:** 48, 265, 302f., 516; **Bd. 4:** 58, 115, 303
Leineweber, Bernward **Bd. 4:** 539, 543
Leinhos, Jürgen **Bd. 3:** 325
Leithäuser, Thomas **Bd. 3:** 152f., 301–304, 456, 459f., 462
Lenin, Wladimir Iljitsch **Bd. 1:** 381; **Bd. 2:** 56, 275, 406; **Bd. 3:** 176, 491, 645f.; **Bd. 4:** 50, 246, 570
Lenk, Klaus **Bd. 1:** 149–151
Lenk, Kurt **Bd. 1:** 350–352, 492, 536; **Bd. 2:** 82, 90, 125, 145, 243, 254, 256, 271, 342
Léon, Victor **Bd. 3:** 203

Leone, Enrico **Bd. 1:** 477
Lepper, Gisbert **Bd. 3:** 424–429
Lequis, Arnold **Bd. 3:** 98
Lessing, Gotthold Ephraim **Bd. 1:** 455;
　Bd. 2: 243, 373, 636; **Bd. 3:** 419;
　Bd. 4: 429, 475
Levinas, Emmanuel **Bd. 4:** 574
Levinson, Daniel J. **Bd. 1:** 347, 364, 418;
　Bd. 2: 393–397, 402, 422;
　Bd. 3: 79–81, 85, 91, 554; **Bd. 4:** 404,
　409–422, 425f., 432f., 436–446,
　449f., 452, 456–460
Lévi-Strauss, Claude **Bd. 4:** 382
Lévy-Bruhl, Lucien **Bd. 2:** 211; **Bd. 3:** 643
Lewin, Kurt **Bd. 1:** 434
Lewis, Sinclair **Bd. 1:** 436; **Bd. 3:** 74, 79
Liberman, Jewsei Grigorjewitsch **Bd. 4:** 280
Lichtenberg, Georg Christoph **Bd. 4:** 397
Lichtwark, Werner **Bd. 4:** 241–247
Liebel, Manfred **Bd. 3:** 451
Liebl, Peter **Bd. 4:** 404–408
Liebrucks, Bruno **Bd. 3:** 191
Liepelt, Klaus **Bd. 1:** 330–332, 357f.
Likert, Rensis **Bd. 1:** 347
Lilie, Rudolf **Bd. 1:** 296
Lim, Sok-Zin **Bd. 1:** 540–545
Limmer, Herbert **Bd. 1:** 358
Lindgren, Uta **Bd. 3:** 668–673
Lindquist, Elken **Bd. 3:** 209–212, 329–336,
　495–498
Lindquist, Nils **Bd. 2:** 612–617;
　Bd. 3: 73–79, 535
Lipps, Hans **Bd. 1:** 80f.
Lipset, Seymour Martin **Bd. 4:** 274, 276
List, Wilhelm **Bd. 3:** 107
Litt, Theodor **Bd. 2:** 615f.
Llull, Ramon **Bd. 2:** 598; **Bd. 3:** 438
Locke, John **Bd. 1:** 301, 439, 503f., 512f.;
　Bd. 2: 155; **Bd. 3:** 21f., 355, 513–515;
　Bd. 4: 41, 84f., 176, 538
Lockwood, David **Bd. 3:** 533
Loeber, Heinz-Dieter **Bd. 4:** 450–455
Loesch, Hans von **Bd. 2:** 329–333, 431–
　434, 650–652; **Bd. 3:** 89–91
Loewy, Ronny **Bd. 4:** 363f.
Löffelholz, Franz **Bd. 1:** 117–120
Löhner-Beda, Fritz **Bd. 3:** 203

London, Jack **Bd. 1:** 332
Löns, Hermann **Bd. 3:** 103
Lope de Vega, Félix **Bd. 2:** 598
Lorenz, Erika **Bd. 2:** 501, 503, 505;
　Bd. 3: 68
Lorenz, Margarete **Bd. 3:** 100–109
Lorenz, Richard **Bd. 2:** 86f., 126, 269
Lortzing, Albert **Bd. 3:** 243
Lotze, Hermann **Bd. 3:** 631
Löw, Judah **Bd. 2:** 584
Löwe, Adolph **Bd. 3:** 693, 697; **Bd. 4:** 264
Löwenthal, Leo **Bd. 1:** 481, 557; **Bd. 3:** 87;
　Bd. 4: 470f.
Löwith, Karl **Bd. 3:** 179, 181, 634
Lübbe, Hermann **Bd. 3:** 185
Lücke, Theodor **Bd. 1:** 384, 397; **Bd. 4:** 264,
　372
Lüdde, Heinz **Bd. 3:** 154–158, 619–621
Ludendorff, Erich **Bd. 3:** 95f.
Ludwig XIV. (König von Frankreich)
　Bd. 2: 262
Ludwig XVIII. (König von Frankreich)
　Bd. 4: 408
Lukács, Georg **Bd. 1:** 39f., 214, 222, 491,
　537, 563; **Bd. 2:** 67, 74, 171f., 226f., 241,
　254, 256, 269–271, 273–275, 277, 382,
　636; **Bd. 3:** 345, 564, 605–612, 617,
　693f.; **Bd. 4:** 51, 322, 494, 544
Lukian von Samosata **Bd. 3:** 57
Lundberg, George A. **Bd. 4:** 241, 244, 505f.
Lunt, Paul S. **Bd. 1:** 438; **Bd. 4:** 348
Luria, Isaak **Bd. 2:** 539, 553, 586
Lüter, Irmgard **Bd. 2:** 618–620;
　Bd. 3: 470–479
Lütgens, Jessica **Bd. 1:** VI
Luther, Martin **Bd. 1:** 244, 288; **Bd. 2:** 331,
　661; **Bd. 3:** 477; **Bd. 4:** 39, 182, 407, 448
Luxemburg, Rosa **Bd. 2:** 60, 71

Mach, Ernst **Bd. 1:** 350; **Bd. 2:** 215;
　Bd. 3: 89, 483, 528, 649; **Bd. 4:** 394
Machiavelli, Niccolò **Bd. 1:** 494; **Bd. 3:** 441,
　487; **Bd. 4:** 326
Magnus, Evelies (s. Mayer, Evelies)
Mahler, Gustav **Bd. 2:** 463; **Bd. 3:** 219, 258
Maier, (?) **Bd. 1:** 550
Maier, Heinrich **Bd. 2:** 490, 545

Mailer, Norman **Bd. 1:** VIII, 546
Maimon, Salomon **Bd. 3:** 183 f.
Malinowski, Bronislaw **Bd. 3:** 233 f.
Mallarmé, Stéphane **Bd. 2:** 232
Malthus, Thomas Robert **Bd. 2:** 56; **Bd. 4:** 253
Mangold, Werner **Bd. 1:** VII, X, 157–160, 339, 343–346
Mann, Heinrich **Bd. 2:** 334
Mann, Thomas **Bd. 1:** 141, 270; **Bd. 2:** 235, 277 f.
Mannheim, Karl **Bd. 1:** 192, 229, 353, 472, 485 f., 494–496, 531, 536 f.; **Bd. 2:** 520–523; **Bd. 3:** 446 f., 560, 596, 632, 653; **Bd. 4:** 321–323, 327
Marcuse, Herbert **Bd. 1:** 340, 546; **Bd. 2:** 152, 633; **Bd. 3:** 230, 561, 597 f.; **Bd. 4:** 226 f., 281–287, 309, 314, 322 f., 351 f., 365, 367, 411, 435, 448, 463–465, 523, 544–546, 548, 553, 568 f.
Marcuse, Ludwig **Bd. 1:** 340, 546
Marischka, Ernst **Bd. 4:** 341
Markis, Dimitrios **Bd. 4:** 129 f., 487, 491
Marr, Wilhelm **Bd. 1:** 561 f.
Marshall, George C. **Bd. 3:** 92
Märthesheimer, Peter **Bd. 2:** 477
Martin, Alfred von **Bd. 1:** 537
Martini, Joachim Carlos **Bd. 2:** 381
Marx, Karl **Bd. 1:** 7, 39, 58, 131, 139, 154 f., 165, 196, 198, 220, 227 f., 240, 242, 252, 256, 294, 307, 312, 323, 373 f., 381 f., 406, 408, 427, 436, 441, 446, 451 f., 454–472, 474 f., 478 f., 483, 486 f., 490 f., 493, 495, 523, 531–535, 537–539, 542 f., 547, 549, 577; **Bd. 2:** 45, 50, 52–71, 73, 77, 79–83, 85, 87 f., 90, 93, 97, 104 f., 119–121, 126, 140, 171–173, 224–228, 239, 242, 245–247, 250, 270, 274 f., 294, 304, 330–332, 334–342, 407, 433, 464, 478, 492, 494, 497–505, 520 f., 526, 529, 553 f., 648; **Bd. 3:** 37, 51, 53–62, 176, 192, 201, 265, 270, 276, 312–314, 317, 320, 324 f., 330–334, 342, 348, 353–355, 359–362, 364–366, 400, 437, 443, 450–453, 456–459, 461–463, 466–468, 476, 480, 487–489, 491 f., 494 f., 525 f., 530 f., 533, 536, 539, 548, 554–559, 563–565, 577 f., 580, 588–590, 592, 599, 602, 605–607, 610–612, 634, 645, 655, 657, 665, 671 f., 676, 682–684, 690–692, 694–696; **Bd. 4:** 34, 39, 43–52, 58, 63 f., 122, 171 f., 178, 206, 214 f., 219 f., 222–225, 228–240, 246, 248–271, 279, 284, 293, 295, 309, 311–313, 327–333, 335 f., 343–347, 353–355, 359, 361–363, 365–368, 386, 392, 401, 404–406, 410, 432, 434 f., 465, 467–469, 472, 478, 504, 512 f., 515 f., 520, 540–543, 545, 548, 550, 553, 561–564, 570–572, 578
Marzluf, Arnulf **Bd. 4:** 499 f.
Massenhart, Sigrid von **Bd. 1:** 109–113
Massing, Otwin **Bd. 2:** 520; **Bd. 3:** 76, 316
Matthes, Werner **Bd. 3:** 233–244
Maupassant, Guy de **Bd. 1:** 196
Maus, Heinz **Bd. 1:** 212, 214, 233, 245, 301, 345, 358; **Bd. 4:** 442
Mauss, Marcel **Bd. 2:** 511; **Bd. 4:** 566 f.
Mautz, Kurt A. **Bd. 1:** 126–134; **Bd. 4:** 221
Maydell, Jost von **Bd. 3:** 555–559, 677, 681 f., 684 f., 687 f.
Mayer, Evelies **Bd. 3:** 110–121, 356
Mayo, Elton **Bd. 1:** 470, 539, 555; **Bd. 3:** 681
McCarthy, Joseph **Bd. 4:** 443
McDougall, William **Bd. 1:** 386
McTaggart, John McTaggart Ellis **Bd. 2:** 363 f., 383
Meeker, Maechia **Bd. 4:** 348 f.
Mehner, Harald **Bd. 1:** 358
Mehring, Reinhard **Bd. 1:** 11
Meiner, Felix **Bd. 1:** 159; **Bd. 2:** 319; **Bd. 3:** 42, 53, 135, 143, 151, 153, 184, 192, 279, 282, 381, 409; **Bd. 4:** 387, 492
Mendelssohn, Moses **Bd. 1:** 285, 455; **Bd. 3:** 206, 418
Menger, Carl **Bd. 2:** 91, 95 f.
Menon von Pharsalos **Bd. 1:** 368; **Bd. 2:** 598
Mensching, Günther **Bd. 3:** 513–518, 613–618
Menzel, Gertraude **Bd. 3:** 30–34
Merton, Robert K. **Bd. 3:** 77, 455, 538 f.; **Bd. 4:** 63, 243

Meyer, Elisabeth Barbara **Bd. 2:** 210 – 213, 256, 357 – 361, 585 – 589
Meyer, Rudolf W. **Bd. 1:** 537
Meyer, Thomas **Bd. 4:** 571
Meyerhold, Wsewolod Emiljewitsch **Bd. 2:** 276
Meyersohn, Rolf **Bd. 3:** 64, 67, 94
Meyrink, Gustav **Bd. 1:** 258
Michel, Karl Markus **Bd. 1:** VII f., 230 – 235, 540 – 551, 556; **Bd. 3:** 262
Michels, Robert **Bd. 1:** 491 f.; **Bd. 3:** 476, 678
Milde, Herwig **Bd. 4:** 508 – 511
Mill, John Stuart **Bd. 2:** 37, 52, 508; **Bd. 4:** 27, 32, 35
Mills, C. Wright **Bd. 3:** 77, 362, 483 f.; **Bd. 4:** 276, 279, 354 f.
Milton, John **Bd. 4:** 63 f.
Mises, Ludwig von **Bd. 2:** 88
Mitchell, Brigitta **Bd. 3:** 453
Mitscherlich, Alexander **Bd. 1:** 193 f.; **Bd. 3:** 537; **Bd. 4:** 470 – 472
Mitscherlich, Monika (s. Seifert, Monika)
Moering, Michael **Bd. 4:** 412 – 422
Mohl, Ernst Theodor **Bd. 2:** 54, 62, 88 – 90, 127, 146; **Bd. 4:** 248, 250, 261, 267 f.
Mohr, Grudrun **Bd. 2:** 201 – 203, 309 – 312, 363, 383, 547 – 552; **Bd. 3:** 368 – 371
Moldenhauer, Bernd **Bd. 4:** 293 – 295, 309 – 311, 314
Moldenhauer, Eva **Bd. 3:** 262
Molitor, Jacob **Bd. 1:** 304, 315 – 317, 368 – 371, 389 – 391, 465, 468, 500, 548, 554; **Bd. 2:** 43, 51, 126, 146, 152, 349, 356, 383, 486
Möller-Witten, Hanns **Bd. 3:** 98
Möllmann, Margret **Bd. 4:** 565 – 567
Mommsen, Wolfgang J. **Bd. 3:** 646
Monroe, (?) **Bd. 1:** 154
Monsheimer, Otto **Bd. 2:** 658, 661
Montaigne, Michel de **Bd. 4:** 27
Montesquieu, Charles de Secondat, Baron de **Bd. 1:** 491
Monteux, Pierre **Bd. 3:** 226
Montinari, Mazzino **Bd. 4:** 156
Moonweg (oder Mooneweg), (?) **Bd. 1:** 176 – 181

Moos, Karlheinz **Bd. 2:** 158
Moreno, Jacob Levy **Bd. 1:** 154
Morgan, John Pierpoint **Bd. 4:** 439
Morgan, Lewis H. **Bd. 4:** 344
Morgenthau, Henry **Bd. 3:** 93
Morrow, William **Bd. 1:** 347, 364, 418; **Bd. 2:** 393 – 397, 402, 422; **Bd. 3:** 79 – 81, 85, 91, 554; **Bd. 4:** 404 f., 409 – 412, 415, 417, 425, 432 f., 436 – 446, 449 f., 452, 456 – 460
Mosca, Gaetano **Bd. 1:** 490 – 492; **Bd. 3:** 77 f.
Motika, Barbara **Bd. 3:** 491 – 494
Mozart, Wolfgang Amadeus **Bd. 3:** 206 f., 213, 218, 239, 241, 258, 636
Müller, Alfred **Bd. 1:** 405
Müller, Dieter **Bd. 2:** 417 – 424
Müller, Gerd **Bd. 1:** XII; **Bd. 4:** 517 – 524
Müller, Hermann **Bd. 1:** 525 – 529
Müller, Karl Valentin **Bd. 2:** 638, 640, 642 f.
Müller, Max **Bd. 4:** 381, 568 f.
Müller, Volker **Bd. 4:** 382 – 387
Müller-Liebsch, Inge **Bd. 3:** 398 – 404
Münch, Ernst **Bd. 3:** 264
Munz, Horst **Bd. 1:** 39 – 44, 571 f.; **Bd. 2:** 61, 64, 82, 85, 123, 258, 264 f.
Mure, Geoffrey Reginald Gilchrist **Bd. 2:** 363 f., 383
Murger, Henri **Bd. 2:** 238
Murphy, Gardner **Bd. 4:** 420
Murphy, Lois Barclay **Bd. 4:** 420
Musil, Robert **Bd. 2:** 180
Mussolini, Benito **Bd. 1:** 477; **Bd. 3:** 100, 645; **Bd. 4:** 326

Nabokov, Vladimir **Bd. 2:** 420
Nachman von Brazlaw **Bd. 2:** 540 f.
Nadar (eigentlich Gaspard-Félix Tournachon) **Bd. 2:** 232
Nagel, Ivan **Bd. 1:** VII, 161 – 163, 303, 358; **Bd. 2:** 433, 496
Nägeli, Hans Georg **Bd. 3:** 236 f.
Napoleon I. (Napoléon Bonaparte) **Bd. 1:** 122, 451 f., 488; **Bd. 2:** 71; **Bd. 3:** 359; **Bd. 4:** 408
Napoleon III. (Louis Napoléon Bonaparte) **Bd. 4:** 332

Nargeot, Jean-Denis **Bd. 2:** 232
Naumann, Hans **Bd. 2:** 133
Nebel, (?) **Bd. 1:** 297–299
Neff, Dorothee **Bd. 1:** 101–103
Negt, Ingeborg **Bd. 3:** 441
Negt, Oskar **Bd. 1:** 6; **Bd. 2:** 43, 111, 224, 227, 334, 338, 341, 444, 490, 494f.; **Bd. 3:** 673
Neubeck, Klaus **Bd. 3:** 344–352
Neuendorff, Hartmut **Bd. 3:** 356
Neumann, Balthasar **Bd. 2:** 243
Neumann, Caspar **Bd. 2:** 548
Neumann, Franz **Bd. 3:** 481
Neumann, Helga **Bd. 2:** 39–42
Neurath, Otto **Bd. 1:** 189
Newcomb, Theodore Mead **Bd. 4:** 420
Newman, Francis William **Bd. 2:** 60
Newton, Isaac **Bd. 1:** 108, 111f.; **Bd. 2:** 188, 348, 351, 597, 607; **Bd. 3:** 310f.
Nicklas, Hans Wilhelm **Bd. 1:** 143
Nicolai, Friedrich **Bd. 2:** 636; **Bd. 3:** 418
Niekisch, Ernst **Bd. 3:** 112
Nietzsche, Friedrich **Bd. 1:** X, 80, 99, 123, 132, 200, 222, 247–294, 319, 377, 399, 414, 436, 484; **Bd. 2:** 21, 86, 126, 217, 359; **Bd. 3:** 168, 172, 179, 181, 219f., 345, 385, 424, 660, 680; **Bd. 4:** 73–75, 104, 106, 118, 131, 138, 156, 160f., 172, 180, 183, 376, 452, 481, 486, 497, 520
Nikochares **Bd. 4:** 488
Nikolaus von Kues **Bd. 2:** 594, 597–599
Nitz, Irmela **Bd. 2:** 646–649; **Bd. 3:** 86–88, 254–256, 344, 353
Nivelle, Robert **Bd. 3:** 116
Novalis (eigentlich Georg Philipp Friedrich von Hardenberg) **Bd. 2:** 531–533

O'Brien, Steven **Bd. 4:** 275
Oberländer, Theodor **Bd. 3:** 107f.
Ochs, Hannelore **Bd. 2:** 525–529
Ockham, Wilhelm von **Bd. 4:** 182
Odoaker **Bd. 1:** 263
Oehler, Christoph **Bd. 1:** 336, 338–341, 343, 353–359, 363–366; **Bd. 2:** 61, 397; **Bd. 4:** 453
Oesterlin, Maja **Bd. 4:** 568–573

Oetinger, Friedrich Christoph **Bd. 2:** 547f., 656
Ogburn, William Fielding **Bd. 1:** 427, 563; **Bd. 3:** 536
Ohnesorg, Benno **Bd. 4:** 338f.
Oken, Lorenz **Bd. 2:** 596
Olivetti, Angelo Oliviero **Bd. 1:** 477
Olles, Helmut **Bd. 1:** 222–229
Opeln-Bronikowski, Friedrich von **Bd. 2:** 238
Opolony, Maximilian L. **Bd. 3:** 101f., 106
Orano, Paolo **Bd. 1:** 477
Orff, Carl **Bd. 3:** 199
Ortega y Gasset, José **Bd. 3:** 642f., 687
Ortland, Eberhard **Bd. 2:** 162
Orwell, George **Bd. 1:** 159, 228, 545; **Bd. 3:** 547
Osmer, Diedrich **Bd. 1:** 121–125, 343, 345, 358; **Bd. 4:** 442
Oßwald, Wiltrud **Bd. 4:** 409–411
Overdyck, Wulf **Bd. 2:** 425

Pabst, Georg Wilhelm **Bd. 1:** 575
Padilla Sánchez, José **Bd. 3:** 218
Pahlavi, Mohammad Reza **Bd. 4:** 338
Pareto, Vilfredo **Bd. 1:** 354, 416, 479, 482–486, 489–492, 538; **Bd. 2:** 96; **Bd. 3:** 317f., 350, 440, 476, 486f., 522, 645; **Bd. 4:** 75, 246, 293, 325–327
Parmenides von Elea **Bd. 1:** 135, 204, 326; **Bd. 2:** 34, 176f., 186, 307; **Bd. 3:** 23; **Bd. 4:** 109f., 136, 157, 198f., 202f.
Parow, Eduard **Bd. 4:** 27–31
Parsons, Talcott **Bd. 1:** 330, 419, 438; **Bd. 2:** 66, 144–148, 341; **Bd. 3:** 453–455, 478, 520–531, 533, 535f., 559, 561, 643; **Bd. 4:** 219, 274, 277, 279, 284, 315, 432, 530–533
Pascal, Blaise **Bd. 1:** 282; **Bd. 2:** 294, 595; **Bd. 4:** 400f.
Pauck, Helga **Bd. 2:** 512–517
Paul, Jean **Bd. 4:** 383
Paulsen, Andreas **Bd. 2:** 136
Pauson **Bd. 4:** 488
Peer, (?) **Bd. 4:** 339
Peguy, Charles **Bd. 1:** 477
Pehnt, Wolfgang **Bd. 1:** 284–287

Pelzer, Regina   **Bd. 4:** 192–196
Pelzer, Roland   **Bd. 1:** 266–268, 318–320, 414–416, 451; **Bd. 2:** 245–248, 365, 379, 382
Pesel, Helga   **Bd. 3:** 595–599; **Bd. 4:** 101–103, 169–174, 296–300
Pesel, Sigrid   **Bd. 2:** 435–438, 507–511; **Bd. 3:** 66f.
Petrarca, Francesco   **Bd. 2:** 631; **Bd. 4:** 27, 314
Petri, Horst   **Bd. 3:** 257–260
Petrus Damiani   **Bd. 4:** 400
Phaidon von Elis   **Bd. 3:** 294
Phaidros von Myrrhinous   **Bd. 4:** 136
Philipp II. (Spanischer Monarch)   **Bd. 3:** 200
Philoxenos von Kythera   **Bd. 4:** 488
Picasso, Pablo   **Bd. 1:** 279; **Bd. 2:** 180, 243, 424; **Bd. 3:** 219, 232
Picht, Georg   **Bd. 2:** 644
Pilot, Harald   **Bd. 4:** 502, 519, 522
Pindar   **Bd. 2:** 623; **Bd. 4:** 384
Piwitt, Hermann Peter   **Bd. 2:** 207–209
Plaas, Hartmut   **Bd. 3:** 112
Planck, Max   **Bd. 1:** 68; **Bd. 2:** 205
Platner, Ernst   **Bd. 1:** 401
Platon   **Bd. 1:** X, 64, 80, 128f., 135, 195f., 199, 236, 273, 281, 309, 317, 323, 368–371, 438, 486, 509, 515, 576; **Bd. 2:** 32, 47, 201, 300, 309f., 325, 367, 441, 447, 463, 470, 478, 487, 522, 525, 532f., 549f., 557, 568f., 571, 574f., 586f., 594, 597f.; **Bd. 3:** 66, 294f., 299, 301, 303, 357, 360, 363, 439, 614; **Bd. 4:** 53, 92, 105, 127, 129–134, 136f., 146, 157, 178f., 202f., 205, 222, 245, 375, 377, 483, 488, 491, 549
Plessner, Helmuth   **Bd. 2:** 121; **Bd. 4:** 92
Plessner, Monika   **Bd. 1:** 358
Poe, Edgar Allan   **Bd. 2:** 231
Pohrt, Wolfgang   **Bd. 4:** 461f.
Pollock, Friedrich   **Bd. 1:** 340, 546
Polybios   **Bd. 1:** 491
Polygnotos   **Bd. 4:** 488
Ponte, Lorenzo da   **Bd. 3:** 207
Pontmartin, Armand de   **Bd. 2:** 232
Popitz, Heinrich   **Bd. 2:** 623; **Bd. 3:** 478

Popper, Karl Raimund   **Bd. 1:** XIIf.; **Bd. 3:** 356–364, 534; **Bd. 4:** 241, 244–246, 286, 302f., 502, 517–527, 529f., 533, 538, 549, 551f.
Portmann, Adolf   **Bd. 2:** 148; **Bd. 4:** 66, 70
Pressel, Alfred   **Bd. 1:** 494–496; **Bd. 2:** 646
Preus, Otmar   **Bd. 3:** 486–490; **Bd. 4:** 27, 29f.
Pross, Helge   **Bd. 1:** 344f., 490; **Bd. 3:** 480f., 483–485, 494, 691–693, 696; **Bd. 4:** 278
Proust, Marcel   **Bd. 1:** 160; **Bd. 2:** 215, 235, 251, 253, 558; **Bd. 3:** 282, 347; **Bd. 4:** 73
Ptasnik, Ingeborg   **Bd. 1:** 341–343
Puder, Martin   **Bd. 3:** 506–512
Pythagoras von Samos   **Bd. 1:** 66

Racine, Jean   **Bd. 4:** 464
Raffael da Urbino   **Bd. 1:** 274; **Bd. 2:** 246; **Bd. 3:** 394
Raible, U.   **Bd. 3:** 535–539
Rajewsky, Xenia   **Bd. 3:** 662, 668
Rang, Adalbert   **Bd. 2:** 43–47, 609
Rang, Bernhard   **Bd. 3:** 500–505
Rathenau, Walther   **Bd. 1:** 568
Ratzenhofer, Gustav   **Bd. 1:** 444
Rauter, I.   **Bd. 1:** 345; **Bd. 4:** 442
Ravel, Maurice   **Bd. 2:** 243; **Bd. 3:** 213
Ravenstein, Christa von   **Bd. 1:** 358
Raymond, Walter   **Bd. 1:** 558
Razumowsky, Dorothea   **Bd. 1:** 479–481, 565; **Bd. 2:** 216, 277
Reck, Siegfried   **Bd. 3:** 284–289, 528
Regius, Henricus   **Bd. 2:** 166
Reich, Wilhelm   **Bd. 4:** 463
Reichardt, Brigitte   **Bd. 2:** 347–349
Reiche, Reimut   **Bd. 4:** 517
Reichelt, Helmut   **Bd. 4:** 231, 233
Reichenbach, Hans   **Bd. 1:** 340, 547
Reichert, Klaus   **Bd. 3:** 249
Reichpietsch, Max   **Bd. 3:** 96
Reimer, Georg Andreas   **Bd. 3:** 418
Reinhardt, Karl   **Bd. 2:** 307; **Bd. 4:** 110
Reinhold, Karl Leonhard   **Bd. 1:** 396, 402f.; **Bd. 2:** 159; **Bd. 3:** 412f., 432; **Bd. 4:** 86–88, 304
Reinicke, Helmut   **Bd. 4:** 388–399

Reintko, Olga-Maria **Bd. 4**: 423–428
Reiße, Rosemarie **Bd. 3**: 538
Rembrandt van Rijn **Bd. 1**: 548; **Bd. 2**: 241;
    Bd. 3: 249
Renan, Ernest **Bd. 1**: 560
Reni, Guido **Bd. 2**: 281; **Bd. 4**: 205
Renner, Karl **Bd. 4**: 344
Renoir, Pierre-Auguste **Bd. 2**: 281
Reuss, Helmuth **Bd. 2**: 471–475
Reuther, Werner **Bd. 4**: 358
Reybaud, Louis **Bd. 2**: 331
Reynolds, Quentin **Bd. 4**: 450
Ricardo, David **Bd. 1**: 223; **Bd. 2**: 52, 56, 95,
    137; **Bd. 3**: 320, 549, 556; **Bd. 4**: 27,
    32–34, 237, 248f.
Richard von Greiffenklau zu Vollrads
    Bd. 3: 264
Rickert, Heinrich **Bd. 1**: 206–209, 211f.,
    220, 226; **Bd. 2**: 40, 490, 515, 545;
    Bd. 3: 329, 529, 625
Riechmann, Udo **Bd. 4**: 301–304
Riehl, Alois **Bd. 2**: 490, 545
Riehl, Wilhelm Heinrich **Bd. 2**: 88
Riem, Andreas **Bd. 3**: 183
Riesche, Irmgard **Bd. 4**: 447
Riesman, David **Bd. 3**: 482
Righter, Caroll **Bd. 3**: 86
Rimbaud, Arthur **Bd. 2**: 260
Ritter, Joachim **Bd. 4**: 159f.
Ritter, Johann Wilhelm **Bd. 2**: 597
Rjasanow, Dawid **Bd. 1**: 455
Robespierre, Maximilien de **Bd. 2**: 498;
    Bd. 3: 385; **Bd. 4**: 39, 41
Robinson, Joan **Bd. 2**: 493; **Bd. 4**: 248,
    269–273
Rockefeller, John D. **Bd. 1**: 555
Rödel, Ulrich **Bd. 3**: 376–379, 650;
    Bd. 4: 225, 227, 269, 271, 463
Rogler, Erwin **Bd. 2**: 140
Röhm, Ernst **Bd. 4**: 452
Rolfes, Eugen **Bd. 2**: 360
Rolshausen, Klaus **Bd. 3**: 451–455
Roosevelt, Franklin D. **Bd. 1**: 312;
    Bd. 3: 92f., 95; **Bd. 4**: 443
Roosevelt, Theodore **Bd. 3**: 658
Röpke, Wilhelm **Bd. 2**: 88
Rorschach, Hermann **Bd. 4**: 442

Rosenberg, Alfred **Bd. 1**: 480, 560, 562,
    565, 567–569
Rosenkranz, Karl **Bd. 2**: 159
Ross, Edward Alsworth **Bd. 1**: 286, 337
Rossbach, Udo **Bd. 4**: 532–535
Rössner, Lutz **Bd. 1**: 206–210
Rostow, Walt Whitman **Bd. 3**: 310–320,
    322, 324f.
Roth, C. Rainer **Bd. 4**: 231–235
Roth, Friedrich **Bd. 3**: 418
Rothacker, Erich **Bd. 1**: 537
Rothe, Friedrich **Bd. 2**: 264–268
Rothschild, Mayer Amschel **Bd. 1**: 568;
    Bd.2: 334
Röttges, (?) **Bd. 3**: 32
Rousseau, Jean-Jacques **Bd. 1**: 452, 491,
    503; **Bd. 2**: 82, 240, 484, 635; **Bd. 4**: 41
Royce, Josiah **Bd. 3**: 390
Rubens, Peter Paul **Bd. 2**: 241, 282
Rubini, Nicolò **Bd. 3**: 210
Rudolph, Fritz **Bd. 1**: 358
Ruge, Rainer **Bd. 4**: 432–435, 470–472
Rülcker, Tobias **Bd. 1**: 164–168, 242, 302
Rumpf, Mechthild **Bd. 1**: 152–156
Rupp, Gerhard **Bd. 4**: 502–507
Rusche, George **Bd. 3**: 663
Russell, Bertrand **Bd. 1**: 45f., 48;
    Bd. 2: 507, 509; **Bd. 3**: 563
Rüstow, Alexander **Bd. 1**: 260, 537;
    Bd. 2: 88–90; **Bd. 3**: 95

Sachs, Jörg **Bd. 4**: 436–446
Sade, Donatien Alphonse François de
    Bd. 2: 334f.
Sadrozinski, Renate **Bd. 4**: 429–431
Saint Simon Sandricourt, Charles-François
    de **Bd. 2**: 329
Sainte-Beuve, Charles-Augustin **Bd. 1**: 547
Saint-Martin, Louis Claude de **Bd. 2**: 548
Saint-Simon, Claude-Henri de Rouvroy de
    Bd. 1: 382, 406, 467; **Bd. 2**: 163, 249,
    329–333, 497; **Bd. 3**: 312, 350, 450–
    453, 468, 531, 691; **Bd. 4**: 40, 48, 118,
    260, 274
Salomon, Ernst von **Bd. 3**: 112
Sand, George (eigentlich Amantine Aurore
    Lucile Dupin) **Bd. 2**: 250

Sanford, R. Nevitt **Bd. 1:** 347, 384, 418;
  Bd. 2: 393–397, 402, 422;
  Bd. 3: 79–81, 85, 91, 554; **Bd. 4:** 404f.,
  409–413, 415, 417, 425, 432f., 436–
  446, 449f., 452, 456–460
Santayana, George **Bd. 2:** 24
Sardemann, Karl **Bd. 1:** 358
Sargeant, Winthrop **Bd. 3:** 74
Sartre, Jean-Paul **Bd. 1:** 375, 390;
  Bd. 2: 587; **Bd. 3:** 355; **Bd. 4:** 305–307,
  514f.
Sauter, Edgar **Bd. 4:** 281–287
Savigny, Friedrich Carl von **Bd. 1:** 145f.
Say, Jean-Baptiste **Bd. 2:** 56
Schaaf, Julius **Bd. 1:** 536–539
Schacht, Konrad **Bd. 4:** 343–350
Schachtschabel, Hans-Georg **Bd. 1:** 189;
  Bd. 3: 669; **Bd. 4:** 349
Schad, Susanna **Bd. 2:** 481–484; **Bd. 3:** 95
Schäfer, (?) **Bd. 4:** 263
Schäfer, Herbert **Bd. 2:** 213, 348, 363,
  384f., 460–466, 487f., 610, 642f.;
  Bd. 3: 81, 83, 269
Schäffle, Albert Eberhard Friedrich
  Bd. 2: 513; **Bd. 4:** 57, 61–63
Schafmeister, Peter **Bd. 3:** 262–268;
  Bd. 4: 241, 246
Schanze, Helmut **Bd. 3:** 166–171
Schäuffelen, Konrad Balder **Bd. 2:** 578–585
Schauwecker, Franz **Bd. 3:** 112
Scheler, Maria **Bd. 2:** 101
Scheler, Max **Bd. 1:** IX, 172, 232, 291, 303,
  439, 472, 486–489, 492, 496;
  Bd. 2: 29, 31–33, 36, 101, 243, 342,
  382, 486f.; **Bd. 3:** 23, 353f., 440;
  Bd. 4: 73, 138, 379, 569
Schelling, Friedrich Wilhelm Joseph
  Bd. 1: 64, 71, 127, 178, 304, 390, 392f.,
  468, 529, 537; **Bd. 2:** 68, 125, 146, 159,
  161f., 262, 298, 302, 304, 314f., 371,
  441, 452, 456, 488, 525–554, 556–558,
  560–573, 576, 582f., 586–605, 624–
  626; **Bd. 3:** 28, 45–47, 126f., 131, 166,
  174, 186f., 368f., 375f., 380f., 383,
  396, 399, 411, 413, 415, 419, 422f., 611;
  Bd. 4: 100, 102, 118f., 148, 158, 174f.,

177–180, 182–185, 237, 304, 379, 383,
  385, 464
Schelsky, Helmut **Bd. 1:** 454; **Bd. 2:** 76,
  478, 639; **Bd. 3:** 478, 544–547, 549–
  552, 691f.; **Bd. 4:** 76–79, 218, 349,
  509f., 512
Schenk-Danzinger, Lotte **Bd. 2:** 641f.
Scheschkewitz, Jürgen **Bd. 2:** 109, 467–
  470, 481f.
Scheuch, Anne-Margret **Bd. 1:** 454–458,
  531–535
Scheuch, Erwin K. **Bd. 4:** 208, 505
Schikaneder, Emanuel **Bd. 3:** 636
Schiller, Friedrich **Bd. 1:** V, 311; **Bd. 2:** 408;
  Bd. 3: 150, 164, 200, 209, 384, 419;
  Bd. 4: 475, 482
Schinke, Hans **Bd. 4:** 539–545
Schiwy, Günther **Bd. 4:** 149–153
Schlechta, Karl **Bd. 4:** 156
Schlegel, August Wilhelm **Bd. 2:** 598, 626
Schlegel, Caroline **Bd. 2:** 626
Schlegel, Friedrich **Bd. 2:** 598; **Bd. 3:** 369,
  383
Schleiermacher, Friedrich Daniel Ernst
  Bd. 1: 64; **Bd. 2:** 371, 608
Schlichting, Manfred **Bd. 3:** 290–292,
  567–570; **Bd. 4:** 97–100
Schlick, Moritz **Bd. 1:** 189; **Bd. 4:** 394, 504
Schlüpmann, Heide **Bd. 4:** 197–201
Schmidt, (?) **Bd. 1:** 498, 502, 504, 511, 513,
  538; **Bd. 2:** 488
Schmidt, Alfred **Bd. 1:** 3, 7, 454, 468;
  Bd. 3: 50, 525, 531f., 534, 555, 557f.;
  Bd. 4: 44, 46, 48f., 73, 75, 222, 229,
  233f., 238–240, 269, 398, 562
Schmidt, Friedrich W. **Bd. 4:** 177, 182, 556–
  558
Schmidt, M. **Bd. 4:** 536
Schmidt, Regina (s. Becker-Schmidt, Regina)
Schmidtchen, Gerhard **Bd. 1:** 358
Schmidt-Hackenberg, Dietrich **Bd. 2:** 175,
  181, 186, 191, 226
Schmitt, Carl **Bd. 2:** 406; **Bd. 3:** 473f.,
  479–481, 651
Schmitz, Elsmarie **Bd. 1:** 247–249
Schmückle, Gerd **Bd. 3:** 108

Schnädelbach, Herbert **Bd. 1:** 7;
  Bd. 2: 220–222, 366–369, 454–459,
  599; **Bd. 3:** 160; **Bd. 4:** 212, 216–218,
  223, 267
Schneider, Erich **Bd. 2:** 140–143
Schneider, Hannelore **Bd. 4:** 333–337
Schneider, Hanns-Helge **Bd. 3:** 604–608
Schneider, Sigrid **Bd. 4:** 47–52
Schölch, Ellen **Bd. 2:** 56–63, 140–280,
  329
Scholem, Gershom **Bd. 2:** 526, 539, 551f.,
  582; **Bd. 3:** 564
Schölzel, Günter **Bd. 1:** 182–184
Schönbach, Peter **Bd. 2:** 413, 437;
  Bd. 3: 67, 96, 527
Schönberg, Arnold **Bd. 2:** 462, 614;
  Bd. 3: 218f., 241, 248, 250f.
Schönberg, Karl **Bd. 2:** 614; **Bd. 4:** 351
Schöne, Wilhelm **Bd. 2:** 250
Schopenhauer, Arthur **Bd. 1:** 65f., 131, 212,
  256f., 272, 292f., 301, 484, 499f., 567;
  Bd. 2: 162, 214, 216–221, 284, 474f.,
  519, 550, 554, 587; **Bd. 3:** 36, 184, 188,
  516; **Bd. 4:** 69, 130, 153, 356, 475f., 565
Schöpping, Wolfgang **Bd. 4:** 175–180
Schramm, (?) **Bd. 1:** 113
Schreck, Manfred **Bd. 4:** 373–377
Schreff, A. Maria **Bd. 1:** 305–307
Schröder, Horst **Bd. 4:** 74, 338f.
Schröter, Manfred **Bd. 2:** 302, 552
Schubert, Franz **Bd. 3:** 219, 241
Schulte, (?) **Bd. 2:** 114
Schultheiß, (?) **Bd. 1:** 474f.
Schultz, Minka **Bd. 4:** 343
Schumann, (?) **Bd. 2:** 624
Schumann, Robert **Bd. 3:** 241
Schumpeter, Joseph **Bd. 3:** 494–497;
  Bd. 4: 236
Schüring, Heinz-Jürgen **Bd. 1:** 211, 213–215
Schütz, Heinrich **Bd. 2:** 243
Schwab, Herbert **Bd. 4:** 32–37
Schwab, Otmar **Bd. 2:** 603
Schwarz, Michael **Bd. 3:** 249
Schweppenhäuser, Hermann **Bd. 1:** 32–38,
  358, 527; **Bd. 2:** 182f., 187f., 357f., 481,
  483
Sebottendorf, Rudolf von **Bd. 3:** 101

Sedlmayer, Walter **Bd. 4:** 348
Sedlmayr, Hans **Bd. 2:** 260, 414;
  Bd. 3: 245f.
Seidel, Alfred **Bd. 3:** 312, 690f.
Seifert, Monika **Bd. 2:** 325; **Bd. 3:** 354;
  Bd. 4: 445
Selig, (?) **Bd. 2:** 485
Sell, Hans Joachim **Bd. 1:** 358
Serfling, Tamara **Bd. 1:** 377, 435, 447–449,
  475
Sewig, Niels **Bd. 3:** 269–271
Shakespeare, William **Bd. 1:** 159, 574;
  Bd. 2: 243; **Bd. 3:** 394, 665; **Bd. 4:** 27,
  56, 314, 426
Shapiro, Jeremy J. **Bd. 3:** 609–612;
  Bd. 4: 51, 118–122
Shaw, George Bernard **Bd. 2:** 88, 243
Sheatsley, Paul B. **Bd. 4:** 436f., 439, 441
Sheridan, Thomas **Bd. 4:** 383
Shils, Edward A. **Bd. 4:** 442f.
Siebel, Walter **Bd. 4:** 43, 47, 50
Siebert, Renate **Bd. 3:** 334
Siegert, Michael **Bd. 4:** 528
Sigwart, Christoph **Bd. 2:** 490, 508, 545
Silbermann, Alphons **Bd. 3:** 254–256;
  Bd. 4: 266
Simmat, William **Bd. 1:** 230
Simmel, Georg **Bd. 1:** 211f., 226, 238f.,
  242, 353, 407, 418; **Bd. 2:** 411, 515–520,
  631; **Bd. 3:** 78, 254, 365, 546, 624,
  677f.; **Bd. 4:** 453, 506, 534
Simons, Josef **Bd. 1:** 558; **Bd. 2:** 330
Sinowjew, Grigori Jewsejewitsch **Bd. 2:** 271
Sittenfeld, Hans **Bd. 1:** 345, 358; **Bd. 4:** 442
Smelser, Neil J. **Bd. 4:** 277
Smith, Adam **Bd. 1:** 223; **Bd. 2:** 52, 88f.,
  325–328; **Bd. 3:** 318, 320, 549, 556;
  Bd. 4: 27–35, 248, 272, 384, 430
Sohn-Rethel, Alfred **Bd. 4:** 579
Sokrates **Bd. 1:** 128f., 236, 258, 368f.;
  Bd. 2: 286, 367, 478; **Bd. 3:** 363;
  Bd. 4: 136, 521
Solms-Hohensolms-Lich, Dorothea zu
  (s. Razumowsky, Dorothea)
Sombart, Werner **Bd. 1:** 386, 439; **Bd. 2:** 55,
  341, 631; **Bd. 3:** 311, 527, 645, 664, 668;
  Bd. 4: 356

Sommerkorn, Ingrid **Bd. 2:** 123–128
Sonnleithner, Joseph **Bd. 3:** 209
Sophokles **Bd. 2:** 243; **Bd. 3:** 247, 394
Sorel, Georges **Bd. 1:** 474–481; **Bd. 2:** 510
Sörgel, Werner **Bd. 1:** 571–579; **Bd. 2:** 258–263; **Bd. 3:** 98
Spaeth, Sigmund **Bd. 2:** 614f.
Spalding, Johann Joachim **Bd. 3:** 418
Spann, Othmar **Bd. 1:** 444; **Bd. 4:** 57–61, 63f.
Spencer, Herbert **Bd. 1:** 259, 351, 405, 413; **Bd. 2:** 66; **Bd. 3:** 313, 325–327, 329, 333, 335, 337, 340, 357, 529; **Bd. 4:** 274, 316–320, 323, 359
Spengler, Oswald **Bd. 1:** 431, 484; **Bd. 2:** 262, 267, 501, 631; **Bd. 3:** 664, 668; **Bd. 4:** 72, 424
Spieldiener, F. R. **Bd. 1:** 358
Spinner, Hartmut F. **Bd. 4:** 549
Spinoza, Baruch de **Bd. 1:** 71f., 153, 199, 257, 286, 326, 455; **Bd. 2:** 285, 543; **Bd. 3:** 179, 271, 293, 422, 430f., 438, 516, 582, 608; **Bd. 4:** 137, 173–178, 363
Spitta, Philipp **Bd. 3:** 215
Spontini, Gaspare **Bd. 3:** 210
Sprecher, Thomas **Bd. 3:** 89, 407, 438; **Bd. 4:** 28, 460
Srole, Leo **Bd. 4:** 348
Stahl, Friedrich Justus **Bd. 2:** 145f.
Stalin, Josef Wissarionowitsch **Bd. 2:** 271, 275f.; **Bd. 3:** 678
Stamer, Gerhard **Bd. 4:** 124–128, 474–479
Stammberger, Wolfgang **Bd. 3:** 494
Stark, Harold R. **Bd. 3:** 92
Steffen, Hans-Eberhard **Bd. 2:** 362
Stegmüller, Wolfgang **Bd. 4:** 395, 398
Stehfen, Elisabeth **Bd. 2:** 155, 158
Steiger, Horst **Bd. 4:** 53–56
Stein zum Altenstein, Karl Siegmund Franz von Steinbart, Gotthelf Samuel **Bd. 2:** 161
Stein, Leo **Bd. 3:** 203
Stein, Lorenz von **Bd. 2:** 331; **Bd. 3:** 317; **Bd. 4:** 351–357
Steinbart, Gotthelf Samuel **Bd. 3:** 419
Steinbeck, John **Bd. 1:** 332

Stendhal (eigentlich Marie-Henri Beyle) **Bd. 1:** 290f.
Stern, Hans **Bd. 1:** 292
Sterne, Laurence **Bd. 4:** 490
Sternheim, Carl **Bd. 1:** 196
Steuart, James **Bd. 2:** 159
Steuermann, Eduard **Bd. 3:** 250f.
Stevenson, (?) **Bd. 1:** 339
Stickforth, John **Bd. 1:** 171–175, 237, 241
Stimson, Henry L. **Bd. 3:** 93
Stirner, Max **Bd. 4:** 221
Stockhausen, Karlheinz **Bd. 3:** 215, 229, 249, 251f.
Stoecker, Adolf **Bd. 1:** 561
Stolberg, Hans Peter **Bd. 1:** 358
Stracke, Elmar **Bd. 4:** 528–531
Strauß, Franz Josef **Bd. 3:** 494
Strauss, Richard **Bd. 2:** 180, 279, 405; **Bd. 3:** 241, 247, 249
Strawinsky, Igor **Bd. 2:** 235, 243, 510, 614; **Bd. 3:** 203, 217, 231f.
Streicher, Julius **Bd. 1:** 562
Strick, Hans-Georg **Bd. 3:** 105
Striker, Fran **Bd. 3:** 82
Strohbach, Christian **Bd. 4:** 236–240, 480–486
Strohm, Theodor **Bd. 1:** 321, 559, 561
Stuckenschmidt, Kurt **Bd. 2:** 607, 609
Sturm, Kaspar **Bd. 3:** 264
Suárez, Francisco **Bd. 3:** 305
Suchmann, Edward A. **Bd. 1:** 576
Suhren, (?) **Bd. 2:** 278
Sullivan, Harry Stack **Bd. 4:** 432, 468
Sumner, William Graham **Bd. 1:** 354, 383–385, 387
Sweezy, Paul M. **Bd. 2:** 67; **Bd. 4:** 548
Swift, Jonathan **Bd. 4:** 383

Tacitus (Publius Cornelius Tacitus) **Bd. 1:** 569
Taine, Hippolyte **Bd. 1:** 484
Tausend, Ingeborg **Bd. 1:** 45–47
Taylor, Frederick Winslow **Bd. 2:** 64; **Bd. 3:** 681
Teller, Wilhelm Abraham **Bd. 3:** 418
Tertullian (Quintus Septimius Florens Tertullianus) **Bd. 3:** 419

Teschner, Manfred **Bd. 1:** 330, 339, 341–344, 360–362, 575; **Bd. 2:** 54, 66–68, 70, 73, 77, 79, 83f., 141, 610; **Bd. 3:** 84, 452, 454–456, 478, 485, 488, 520, 524f., 528f., 531–534, 559, 564, 631f.; **Bd. 4:** 75f., 79, 211, 221–223, 228f., 235, 246, 272, 279, 338, 340f.
Thales von Milet **Bd. 1:** 259; **Bd. 2:** 532
Thielen, Friedrich **Bd. 4:** 433
Thielen, Hans-Helmut **Bd. 4:** 38–42
Thierry, Augustin **Bd. 2:** 163
Thomae, Jutta **Bd. 1:** 338–340, 353–356, 358; **Bd. 2:** 249, 253, 265, 267, 515; **Bd. 3:** 35–37
Thomae-Burger, Jutta (s. Thomae, Jutta)
Thomas von Aquin **Bd. 1:** 531; **Bd. 2:** 186, 194, 264, 467, 522; **Bd. 3:** 306; **Bd. 4:** 147, 181f.
Thomas, Helga **Bd. 2:** 176–179
Thomas, Martin Luther **Bd. 1:** 354
Thomssen, Wilke **Bd. 1:** 469, 556; **Bd. 2:** 91–94; **Bd. 3:** 632, 671f., 694f.; **Bd. 4:** 75, 78
Thönnessen, Werner **Bd. 1:** 276–279, 340
Thorndike, Edward **Bd. 4:** 245
Thümen, Bettina von **Bd. 4:** 370–372, 574–580
Thyssen, Stefanie **Bd. 4:** 129
Tibi, Bassam **Bd. 4:** 321
Tiedemann, Rolf **Bd. 1:** 4, 6, 11, 16; **Bd. 2:** 5, 99–105, 271, 280; **Bd. 3:** 5, 683; **Bd. 4:** 5
Tiewes, Gerhard **Bd. 3:** 664
Tillack, Hilmar **Bd. 2:** 28–34, 52–55, 106–108, 214, 237, 245, 284–287, 334–337, 379–385, 405, 485–492, 595–600, 621–629, 405–412; **Bd. 3:** 92–99, 154, 245–253
Timaios von Lokroi **Bd. 1:** 438; **Bd. 2:** 532; **Bd. 4:** 202, 485
Timotheos von Milet **Bd. 4:** 488
Tirpitz, Alfred von **Bd. 3:** 96
Tizian (eigentlich Tiziano Vecellio) **Bd. 2:** 282
Tjaden, Karl Hermann **Bd. 1:** 557; **Bd. 2:** 654, 656f.; **Bd. 4:** 461

Tolstoi, Lew Nikolajewitsch **Bd. 1:** 543; **Bd. 2:** 273–276, 280; **Bd. 3:** 180; **Bd. 4:** 464
Tönnies, Ferdinand **Bd. 2:** 511f.; **Bd. 3:** 340–343
Topitsch, Ernst **Bd. 4:** 567
Toscanini, Arturo **Bd. 1:** 571; **Bd. 3:** 222f., 225f.
Toulouse-Lautrec, Henri de **Bd. 1:** 547
Toynbee, Arnold J. **Bd. 3:** 254, 355
Trabant, Jürgen **Bd. 1:** 577; **Bd. 4:** 139
Trautmann, Kurt **Bd. 1:** 447; **Bd. 2:** 273, 624
Treitschke, Georg Friedrich **Bd. 3:** 209
Treitschke, Heinrich von **Bd. 1:** 391; **Bd. 3:** 443
Trendelenburg, Adolf **Bd. 1:** 177–179; **Bd. 4:** 238
Trendle, George W. **Bd. 3:** 82
Troeltsch, Ernst **Bd. 2:** 515
Troost, (?) **Bd. 3:** 560
Trost, Hella **Bd. 3:** 172–175, 410–413, 560
Trotzki, Leo **Bd. 3:** 678
Truman, Harry S. **Bd. 3:** 93
Tschaikowsky, Pjotr Iljitsch **Bd. 2:** 614; **Bd. 3:** 241
Tugan-Baranowsky, Michael von **Bd. 2:** 57f.
Tümler, Heinrich **Bd. 2:** 210–212
Turgenjew, Iwan Sergejewitsch **Bd. 1:** 140f.
Turner, William **Bd. 3:** 249

Urbach, Dietrich **Bd. 3:** 309–316

Vaihinger, Hans **Bd. 1:** 200; **Bd. 2:** 490, 545
Valéry, Paul **Bd. 1:** XII, 160, 271f.; **Bd. 2:** 196, 501; **Bd. 3:** 82f., 347, 389; **Bd. 4:** 73, 302, 424
Vallès, Jules **Bd. 2:** 232
Varga, Eugen **Bd. 2:** 55
Veblen, Karl **Bd. 3:** 465
Veblen, Thomas Anderson **Bd. 3:** 465
Veblen, Thorstein **Bd. 1:** X, 146, 373–385, 387; **Bd. 2:** 24, 172, 495f.; **Bd. 3:** 465–469, 523, 536; **Bd. 4:** 274, 350, 354, 463
Velázquez, Diego **Bd. 3:** 249
Vergil (Publius Vergilius Maro) **Bd. 3:** 394
Verlaine, Paul **Bd. 2:** 250
Vico, Giambattista **Bd. 3:** 349; **Bd. 4:** 326

Viehmann, Günther **Bd. 1:** 555, 575
Vierkandt, Alfred **Bd. 1:** 444
Viertel, Berthold **Bd. 1:** 340, 546
Vilmar, Fritz **Bd. 1:** 135–138, 321; **Bd. 2:** 125f.
Vinnai, Gerhard **Bd. 4:** 77–79
Vischer, Friedrich Theodor **Bd. 1:** 225, 333
Vischer-Bilfinger, Wilhelm **Bd. 2:** 21
Voelkel, Klaus **Bd. 3:** 465–469
Vogel, Ulrich **Bd. 2:** 233f., 422; **Bd. 4:** 517
Voigtländer, Hans-Dieter **Bd. 1:** 185–188
Voltaire (eigentlich François-Marie Arouet) **Bd. 1:** 162, 275; **Bd. 2:** 88f., 595; **Bd. 3:** 265; **Bd. 4:** 62
Vorländer, Karl **Bd. 4:** 182
Vring, Thomas von der **Bd. 2:** 618, 621, 623

W., U. (?) **Bd. 2:** 638–645
Waeger, Fritz **Bd. 3:** 686
Wagner, Erhard **Bd. 1:** 330, 333–337, 343, 373, 417
Wagner, Richard **Bd. 1:** 288, 560f.; **Bd. 2:** 218, 247, 281; **Bd. 3:** 205f., 219f., 222, 231, 241, 243, 246–249
Wähner, Wolfram **Bd. 2:** 582, 586
Wallenstein, Alfred von **Bd. 3:** 226
Walras, Léon **Bd. 2:** 95f.
Walter, Rudolf **Bd. 1:** 321–323, 376; **Bd. 2:** 25–27, 114–116
Walther, Manfred **Bd. 2:** 180–184
Warner, W. Lloyd **Bd. 1:** 438; **Bd. 4:** 348–350
Watteau, Jean-Antoine **Bd. 2:** 281
Weber, Alfred **Bd. 1:** 537; **Bd. 3:** 254, 447, 560
Weber, Carl Maria von **Bd. 3:** 241
Weber, Ernst Heinrich **Bd. 2:** 96
Weber, Karl-Otto **Bd. 1:** 502–505
Weber, Marianne **Bd. 1:** 211, 213–215, 241; **Bd. 2:** 49
Weber, Max **Bd. 1:** VIII–X, 206, 211–228, 230–245, 386, 406, 413, 416, 418f., 429f., 433, 439, 454, 502, 557f.; **Bd. 2:** 49, 55, 141, 143, 146, 341, 479, 512, 517, 626; **Bd. 3:** 198, 311, 330, 381, 470–479, 488, 522f., 535, 539, 552, 623–628, 630–637, 639f., 642–646, 648, 650–669, 673–691, 694; **Bd. 4:** 58, 72f., 276f., 279, 309f., 316, 344, 529
Webern, Anton **Bd. 3:** 251
Weck, (?) **Bd. 2:** 140
Wegeleben, Gunter **Bd. 3:** 53–55, 190–196, 385–391, 524–530; **Bd. 4:** 71, 77
Weick, Edgar **Bd. 3:** 353–358
Weidmann, Hannes **Bd. 1:** VI
Weill, Kurt **Bd. 1:** 574; **Bd. 3:** 76, 228
Wein, Hermann **Bd. 2:** 156
Weinstock, Heinrich **Bd. 2:** 615f.
Weiß, Hilde **Bd. 3:** 75
Weiss, Peter **Bd. 4:** 476
Weisser, Gerhard **Bd. 4:** 243
Weitling, Wilhelm **Bd. 2:** 60
Weizsäcker, Carl Friedrich von **Bd. 3:** 140f.
Wellek, Albert **Bd. 3:** 248
Wellhausen, Julius **Bd. 3:** 652
Welling, Lena **Bd. 1:** VI
Wellmer, Albert **Bd. 4:** 521
Welteke, Reinhart **Bd. 1:** 433
Weltz, Friedrich **Bd. 1:** 332, 341–344, 349, 363; **Bd. 2:** 397; **Bd. 4:** 453
Wenzel, Wilfried **Bd. 1:** 206, 308–314
Wertheimer, Max **Bd. 2:** 101
Wesener, Udo **Bd. 3:** 531
Westermarck, Eduard **Bd. 2:** 130
Whyte, William Foote **Bd. 3:** 78
Wieland, Christoph Martin **Bd. 3:** 419
Wieland, Wolfgang **Bd. 2:** 525
Wiese, Leopold von **Bd. 4:** 242
Wiesengrund, Maria **Bd. 1:** 3
Wiesengrund, Oscar **Bd. 1:** 3
Wiggershaus, Rolf **Bd. 4:** 305–307, 358–362, 487–490, 525–527
Wilde, Oscar **Bd. 2:** 250; **Bd. 3:** 247
Wilhelm II. (Friedrich Wilhelm Viktor Albert von Preußen) **Bd. 1:** 213f., 222; **Bd. 2:** 406
Wilkening, Werner **Bd. 1:** 203, 216f., 423–428, 451–453, 553; **Bd. 2:** 153
Willms, Bernard **Bd. 4:** 524
Wilson, Charles Erwin **Bd. 4:** 275
Wilson, Woodrow **Bd. 3:** 93, 113, 115
Winckelmann, Johannes **Bd. 2:** 49; **Bd. 3:** 662

Windelband, Wilhelm **Bd. 1:** 398;
    Bd. 2: 490, 515, 545
Wintzer, Wolfgang **Bd. 2:** 658–662
Wittgenstein, Ludwig **Bd. 1:** 189; **Bd. 3:** 296;
    Bd. 4: 146, 516
Woeller-Paquet, Wilhelmine **Bd. 1:** 237
Wohlfarth, Irving **Bd. 4:** 296–300
Wolf, Ernst **Bd. 1:** 145
Wolf, Hartmut **Bd. 3:** 24–29, 123–131
Wolf, Hugo **Bd. 3:** 243
Wolf, Ute **Bd. 2:** 182
Wolfenstädter, Oskar **Bd. 2:** 660f.
Wolff, Christian **Bd. 1:** 520; **Bd. 2:** 522, 595, 635; **Bd. 3:** 370; **Bd. 4:** 60, 205
Wolff, Frank **Bd. 4:** 328
Wolff, Imme **Bd. 2:** 182, 413–416;
    Bd. 3: 68–72
Wolff, Kurt **Bd. 1:** 358
Wolfram von Eschenbach **Bd. 2:** 267f.
Woznica, Marcel **Bd. 1:** VI, 5
Wundt, Wilhelm **Bd. 2:** 211
Wysocki, Gisela von **Bd. 3:** 372–375;
    Bd. 4: 141–148

Xenophanes von Kolophon **Bd. 4:** 110, 521

Zapf, Wolfgang **Bd. 3:** 81
Zehm, Günther **Bd. 3:** 43–49
Zeller, Eduard **Bd. 2:** 490, 545
Zelter, Carl Friedrich **Bd. 3:** 237
Zenge, Wilhelmine von **Bd. 3:** 24, 190
Zenon von Elea **Bd. 4:** 136, 203
Zieler, (?) **Bd. 2:** 62
Ziermann, Christoph **Bd. 2:** 234
Ziesel, Kurt **Bd. 3:** 107
Zilch, Hubert J. **Bd. 4:** 65–70, 218–224
Zimmer, Marianne **Bd. 2:** 386
Zimmermann, Johann Christian **Bd. 2:** 547
Zimpel, Gisela **Bd. 4:** 57, 248–254
Zink, Elfriede **Bd. 1:** 383–387
Zola, Émile **Bd. 2:** 243, 249f., 334
Zoll, Rainer **Bd. 2:** 35–38
Zoll, Ralf **Bd. 3:** 321, 488
Zöllner, Johann Friedrich **Bd. 3:** 418
Zuckmayer, Carl **Bd. 3:** 224
Zweig, Stefan **Bd. 1:** 547

www.ingramcontent.com/pod-product-compliance
Lightning Source LLC
Chambersburg PA
CBHW031407230426
43668CB00007B/235